公共行政学（第四版）

Public Administration

张国庆 主编

图书在版编目(CIP)数据

公共行政学/张国庆主编.—4版.—北京:北京大学出版社,2017.10
(21世纪公共管理学规划教材·行政管理系列)
ISBN 978-7-301-28843-6

Ⅰ.①公… Ⅱ.①张… Ⅲ.①行政学—高等学校—教材 Ⅳ.①D035-0

中国版本图书馆 CIP 数据核字(2017)第 247668 号

书　　名	公共行政学(第四版)
	GONGGONG XINGZHENGXUE(DI-SI BAN)
著作责任者	张国庆　主编
责任编辑	梁　路　胡利国
标准书号	ISBN 978-7-301-28843-6
出版发行	北京大学出版社
地　　址	北京市海淀区成府路 205 号　100871
网　　址	http://www.pup.cn　新浪微博:@北京大学出版社
微信公众号	北京大学出版社　北大出版社社科图书
电子邮箱	编辑部 ss@pup.cn　总编室 zpup@pup.cn
电　　话	邮购部 010-62752015　发行部 010-62750672　编辑部 010-62753121
印　刷　者	天津中印联印务有限公司
经　销　者	新华书店
	730 毫米×980 毫米　16 开本　40 印张　892 千字
	1990 年 11 月第 1 版　2000 年 8 月第 2 版　2007 年 2 月第 3 版
	2017 年 10 月第 4 版　2025 年 3 月第 11 次印刷
定　　价	99.00 元

未经许可,不得以任何方式复制或抄袭本书之部分或全部内容。
版权所有,侵权必究
举报电话: 010-62752024　电子邮箱: fd@pup.cn
图书如有印装质量问题,请与出版部联系,电话: 010-62756370
本书采用出版物版权追溯防伪凭证,读者可通过手机下载 APP 扫描封底二维码,或者登录互联网查询产品信息。

第四版前言

本次修改,力图实现以下目标:

第一,突出国家观念,体现国家治理体系和治理能力现代化的新探索。威尔逊在《行政之研究》一文中写道:"关于国家的观念正是行政管理的灵魂。"①公共行政学的学术史亦表明,传统行政学、新公共行政、新公共管理、治理理论之间的分歧和争论,本质上是国家观念的分歧与争论。突出国家观念,在国家治理体系和治理能力的视野下才能对公共行政思想、知识和实践做出合理的定位和清晰的阐释,才能在国情和国政比较的基础上,寻求各国行政的共同点和差异性。2013年召开的中国共产党第十八届三中全会通过了《中共中央关于全面深化改革若干重大问题的决定》(以下简称《决定》),该《决定》确立了"全面深化改革的总目标是完善和发展中国特色社会主义制度,推进国家治理体系和治理能力现代化"。继"四个现代化"之后,中国开启了第五个现代化的历程。《决定》指出:"到2020年,在重要领域和关键环节改革上取得决定性成果……形成系统完备、科学规范、运行有效的制度体系,使各方面制度更加成熟更加定型。"为了实现2020年目标,在这几年里,改革力度加强、速度加快、幅度加大、深度加深和广度加宽。在2013年12月30日中央全面深化改革领导小组成立后的1000天内,中央深改组共召开了27次会议,审议了162份改革文件。各领域标志性、支柱性改革任务基本上已经推出,重要领域和关键环节改革取得突破性进展,全面深化改革、全面依法治国的主体框架正在逐步确立。② 基于上述考虑,本次修订补充完善了各章内容,力图在理论和实践上体现国家观念,突出中国国家治理体系和治理能力现代化的新探索。

第二,更新升级,打造"互联网+"型公共行政新模式。行政生态学家里格斯认为社会、经济、政治符号与沟通系统、政治制度、权力观念等因素的差异会导致行政模式的差异。他总结了三种行政模式:农业社会的行政模式——融合型行政模式,工业社会的行政模式——衍射型行政模式,过渡社会的行政模式——棱柱型行政模式。

人类从20世纪70年代进入后工业社会以来,行政模式一直随着行政生态环境的变化而不断地变革。本书第三版出版后的十年间,全球范围内的科技、政治、经济、社会和文化环境发生了划时代的变革,在物联网、大数据、人工智能、云计算等信息科技的推动下,人类社会进入了智能社会,传统的社会思想和社会结构发生了质的变化,人类社会的生产、生活、组织、管理呈现出明显的网络特征。"互联网+"改变了传统社会结构的实体属性和运行属性。这意味着传统意义上的各类疆界和藩篱在不断地被打破,在组织分化的基础上,不同参与主体各司其职,发挥各自制度的比较优势,通过良好治理走向繁荣成为现代社会的一大特征。公共行政也不例外,"互联网+"型公共行政成为新时代的公共行

---

① Woodrow Wilson,"The Study of Administration," *Political Science Quarterly*, Vol. 2, No. 2,1887, pp. 197-222.
② 新华网:《开启全面深化改革的新航程——写在中央深改组成立1000天之际》。

政模式。这决定了公共行政学的研究对象、范围、深度、广度的网络化,只有在学科网络、知识网络、治理行动网络、政策网络、组织网络中才能全面、深刻、真实地把握"互联网+"型公共行政的真谛。

基于上述考虑,我们重申本书第三版对公共行政学研究范围的界定:"凡与政府公共政策和公共管理相关的一切思想、理论、价值观、方法、技术和实际事务,都应当纳入公共行政学的研究视野。"在此基础上,本次修订力图呈现"互联网+"时代公共行政思想、理论、制度、技术和实务的新发展。

第三,重视比较,力倡公共行政的中国模式。罗伯特·达尔在《公共行政学的三个问题》一文中曾指出:"公共行政学的研究必须变成一门具有更广泛基础的学科,不应将它束缚在一种狭窄地界定了的技术知识和过程之上,而必须扩展到变化着的历史、社会、经济和其他条件因素上(这些因素给每个国家行政学打上特殊的印记)。"①世界各国的行政实践与国家相伴而生,具有悠久的历史。如果将1887年威尔逊发表《行政之研究》作为现代公共行政学的象征性起点,至今公共行政学已经经历了一百三十年的发展。在这段历史中,公共行政学基本是欧美的公共行政学,中国行政学的学术群星在国际星空中还略显暗淡。

中国的文明开化历史已经充分显示了中国的行政实践和行政思想对国家建构的原创性意义;中国一百多年来的抗争、发展和崛起历史已经充分证明了一个强大而有效的政府的重要性;当前中国已经发生了翻天覆地的变化,取得举世瞩目的成就和诸多共识;学界同人的比较研究已经积累了扎实的基础,上述种种因素都为"中国公共行政学"的概念体系、价值体系、学术体系、思想体系和话语体系的建构奠定了基础。在历史比较的视野中,完善中国公共行政学是一件光荣而艰巨的历史使命和时代责任,任重而道远。本书第一版出版至今的二十年里,我们的研究重点一直放在当代中国行政体制改革等政府管理问题上。此次修订,我们力图在已有研究的基础上,扎根中国的行政土壤,从公共行政学的各个子范畴入手尝试探索公共行政的中国模式。

第四,整合章节,凝练结构,充实内容。此次修订对各章内容都进行一定程度的更新、充实和修改。补充了从2007年至今重要的行政思想、理论和实践的新发展。比如增加了中国新一轮的行政改革、政府职能转变、整体政府理论、逆民营化趋势、现代法治行政是法治国家的组成部分等内容。修改了部分章节的内容。比如行政行为的基本方式。对一些数据进行了补充更新,比如公共财政一章的统计数据等。

为了便于读者研读和教学,此次修订重点对第四部分"行政发展与发展行政"进行了适度整合。本书第三版大幅度地拓展了第二版"公共行政(学)的发展"的内容,把20世纪60年代以来的公共行政(学)的发展分为西方国家行政改革的理论背景、典范革命与官僚制典范批判、政府理论创新、修正政策与改革政府、问题与争论五个部分。这种拓展有必要,也收到了良好的反响,为了使结构更加紧凑,此次修订,将第三版的第二十章、第二十一章、第二十二章合并为两章,即新版的第二十章和第二十一章。

不幸的是,在本书修订即将完成之时,张国庆教授因突发疾病医治无效在北京溘然长逝。张国庆教授在北京大学学习和执教36年,在国内率先设立当代中国政府管理博士研

---

① R. Dahl,"The Science of Public Administration: Three Problems," *Public Administration Review*, Vol. 7, No. 1, 1947, pp. 1-11.

究方向,是改革开放以来北京大学和我国行政学教学与学术研究的开拓者和奠基者之一。他的逝世是北京大学的重大损失,也是我国行政学教学科研领域的重大损失。

按照张国庆教授生前的安排,第四版的修订工作按照预期顺利完成,具体分工情况如下:

时和兴:第三章　行政权力
　　　　第十七章　行政伦理
刘新胜:第六章　人事行政(第六节吴知论)
胡象明:第七章　行政决策
曹堂哲:第八章　行政执行
黄仁宗、李丹阳:第九章　行政方式方法(第一、二、五节黄仁宗,第三、四节李丹阳)
周志忍:第十章　行政效率
白智立:第十一章　机关管理
徐惠玲:第十二章　公共财政和预算(曹堂哲补充更新数据)
王志明:第十四章　行政行为
张国庆:第一章　绪论
　　　　第二章　行政职能(李春校改)
　　　　第四章　行政领导(王琳琳校改)
　　　　第五章　行政组织(江永清校改)
　　　　第十三章　依法行政
　　　　第十五章　法制行政
　　　　第十六章　行政责任
　　　　第十八章　现代政府能力(项冶校改)
　　　　第十九章　当代中国行政改革(孙彩红校改)
　　　　第二十章　典范革命与新公共行政(曹堂哲校改)
　　　　第二十一章　新公共管理及其批评(曹堂哲、姜佳莹校改)
　　　　第二十二章　修正政策与改革政府(杨旎校改)
　　　　第二十三章　问题与争论(黄仁宗校改)

我们希望第四版能跟上快速变革的世界,能够在第三版诠释21世纪公共行政学的研究范畴和研究对象的基础上,探索中国公共行政学术体系。尽管我们做了很大的努力,但总自觉功夫不够,书中仍可能存在某些不妥、缺点甚至谬误,我们真诚欢迎同行和读者的批评指正。

最后,对曹堂哲的统稿工作,对黄仁宗、李丹阳所做的全书资料核对工作,对责任编辑所付出的辛苦,对北京大学出版社的理解和支持,表示由衷的感谢!

张国庆初稿
本书编写组校改
2016年12月1日

第三版前言

通过第三版的修订,我们试图实现以下几个目标:

第一,修正书名。第三版的书名由"行政管理学概论"修正为"公共行政学"。本书十五年前出版的时候,按照"本土文化"的称谓,将书稿定名为"行政管理学概论"。在2000年第二版修订的时候,我们曾想维持既定的事实也无不可。现在看来,既然"在国际通用和更为专业的意义上,'公共行政学'或许更为精当,更能准确表现本学科的内涵"(第二版前言),更能表现公共行政的本质属性,即公共性,同时"国际标准"或"国际视野"已经成为国内学术界的一般共识,那么,按照国际通行的称谓修正书名应当是有道理的。

第二,诠释21世纪公共行政学的研究范畴和研究对象。界定公共行政学的研究范畴,选择公共行政学的研究对象,一直是直接影响作为社会科学的公共行政学的"批判力""解释力""行动力"的至关重要的基本问题之一。

1887年,伍德罗·威尔逊在《行政学研究》中这样界定行政学:(1)关于建立行政科学的意义。"简言之,如果在以往许多世纪中可以看到政府活动方面的困难在不断聚集起来,那么在我们所处的世纪则可以看到这些困难正在累积到顶点。……这就是当前必须认真和系统地调整行政工作使之适合于仔细试验过的政策标准的原因。我们现在之所以正产生一种前所未有的行政科学,原因也在这里。关于宪政原则的重要论战甚至到现在还远没有得出结论,但是在实用性方面它们已不再比行政管理问题更突出。执行一部宪法变得比制定一部宪法更要困难得多。""没有任何一种政府职责现在没有变得复杂起来,……全民的意见正在稳步地扩展成为一种关于国家职责的新观念。与此同时,政府的职能日益变得更加复杂和更加困难,在数量上也同样大大增加。行政管理部门将手伸向每一处地方以执行新的任务。……关于国家以及随之而来的关于国家职责的观念正在发生引人注目的变化,……当你了解国家每天应该做的新事情之后,紧接着就应该了解国家应该如何去做这些事情。……这就是为什么应该有一门行政科学的原因,它将力求使政府不走弯路,使政府专心处理公务减少闲杂事务,加强和纯洁政府的组织机构,为政府的尽职尽责带来美誉。这就是为什么会有这一门科学的原因之一。"[①](2)关于行政学研究的性质、目标和目的。"公共行政就是公法的明细而系统的执行活动。一般法律的每一次具体实施都是一种行政行为。例如,有关捐税的征收和增加,罪犯的处以绞刑,邮件的运输和投递,陆海军的征募和装备等,显然都属于行政行为。然而指导这些应予进行的工作的一般性法律,却显然是在行政管理之外和行政管理之上的。""行政学研究的目标在于了解:首先,政府能够适当地和成功地进行什么工作。其次,政府怎样才能以尽可能高的效率及在费用或能源方面用尽可能少的成本完成这些适当的工作。""行政管理研究的目的就在于

---

① 〔美〕伍德罗·威尔逊:《行政学研究》,载彭和平、竹立家等编译:《国外公共行政理论精选》,北京:中共中央党校出版社1997年版,第4、4—5页。

把行政方法从经验性实验的混乱和浪费中拯救出来,并使它们深深植根于稳定的原则之上。"①(3)关于行政管理的特点。"行政管理的领域是一种事务性的领域,它与政治领域的那种混乱和冲突相距甚远。在大多数问题上,它甚至与宪法研究方面那种争议甚多的场面也迥然不同。行政管理作为政治生活的一个组成部分,仅在这一点上与企业办公室所采用的工作方法是社会生活的一部分以及机器是制造品的一部分是一样的。但是行政管理却同时又大大高出于纯粹技术细节的那种单调内容之上,其事实根据就在于通过它的较高原则,它与政治智慧所派生的经久不衰的原理以及政治进步所具有的永恒真理是直接相关联的。……需要注意的最重要的一点是这样一条真理,……行政管理置身于'政治'所特有的范围之外。行政管理的问题并不是政治问题,虽然行政管理的任务是由政治加以确定的,但政治却无需自找麻烦地去操纵行政管理机构。"②显然,威尔逊注重的是政府的执行法律的"行动能力",因而,威尔逊定义的公共行政学是关于政府的"行政管理学"。

1926年,美国行政学家伦纳德·怀特(Leonard White)提出:"行政研究应当建立在管理的基础之上,而不应当建立在法律的基础之上。……行政已经成为,而且将继续是现代政府的中心问题。"③在此基础上,美国另一位行政学家戴维·罗森布鲁姆(David Rosenbloom)提出,基于权力分立的国家宪政体制,公共行政包含着三种观点或研究途径。德怀特·沃尔多(Dwight Waldo)对此概括说:"宪政制度中的每一个政府部门,皆有一套信条、一套价值、一套工具以及完整的程序。对于行政部门而言,它们便是行政、管理、官僚,以及对效率和效能的强调。对立法部门而言,它们便是政治和政策制定以及对代表性和回应性价值的强调;对于司法部门,它们便是法律,强调的是宪法的完整以及对个人的实质性和程序性平等保护。……我们的任务在于找到整合这三种途径的恰当方法。"④显然,在这里,关于公共行政学的研究范畴和研究对象的界定是广泛的,基本的国家公权力机关,即"广义政府",也即国家的立法、司法、行政机关的信条、价值、工具、程序等,都被认为属于公共行政学的研究范畴和研究对象。

在我们看来,世界已经进入了信息化时代。发展性、动态性、复杂性、关联性、不确定性、高风险性构成了这个时代的明显的特征。在信息化的时代,原本认为没有关系的诸多事物相互间的交叉、影响、渗透、融合、重组已经成为一种常态。与此相联系,在政府管理领域里,由于不能对"变化"做出及时、准确和坚强有力的反应,"执政无能"有所普遍化,进而,政府的公共政策的质量和政府的公共管理的有效性,已然成为一个涉及国家问题、经济问题、社会问题、伦理道德问题、时代问题等诸多问题的共生性的问题,政府的思想、意愿和能力因此面临前所未有的挑战。在信息化时代,政府与社会组织的界限,政府与社会组织的社会性的专业分工,政府公共管理的方式与企业管理的方式,等等,在某些方面正在变得越来越模糊。与此同时,传统意义上原本比较清晰的学科分类的标准或界限也正在变得越来越模糊。在这样的历史条件下,我们认为公共行政学理应"与时俱进",重

---

① 〔美〕伍德罗·威尔逊:《行政学研究》,载彭和平、竹立家等编译:《国外公共行政理论精选》,北京:中共中央党校出版社1997年版,第16、1、14页。
② 同上书,第14页。
③ 〔美〕伦纳德·D.怀特:《公共行政学研究导论》,载彭和平、竹立家等编译:前揭书,第42页。
④ 〔美〕戴维·H.罗森布鲁姆、罗伯特·S.克拉夫丘克:《公共行政学:管理、政治和法律的途径》,张成福等译,北京:中国人民大学出版社2002年版,"第一版序言",第14页。

新审视自身的研究范畴、研究对象和研究方法,使作为社会科学的公共行政学有能力回应现实的公共管理问题。据此,我们尝试这样定位21世纪公共行政学的研究范畴和研究对象:政府应当为谁服务、政府应当做什么、政府如何履行职能,是公共行政学的永恒的学术命题。政府的公共政策的质量和政府的公共管理的有效性,是公共行政学的基本的研究主题。关于国家(政府)的思想、职能和行为的边界,就是公共行政学研究的边界。政府公共管理所面临的所有问题,都是公共行政学应当关注并力求现实解决之道的问题。凡与政府公共政策和公共管理相关的一切思想、理论、价值观、方法、技术和实际事务,都应当纳入公共行政学的研究视野。

第三,改写和补全内容。第三版重写了"行政领导""行政决策""行政执行""行政方法"四章,基本重写了"公共行政(学)的发展"一章,同时,绝大部分章节作了修改,增加了一些我们认为必要的内容。例如,"现代政府能力"一章增加了"公共危机与政府能力"一节,"行政职能"一章增加了"美国企业界的管理革命","行政权力"一章增加了"21世纪的行政权力展望"等方面的内容。

基于以上关于公共行政学研究范畴的定位,第三版特别大大扩展了"公共行政(学)的发展"一章,按照一定的逻辑结构,把20世纪60年代以来的公共行政(学)的发展分为西方国家行政改革的理论背景、典范革命与官僚制典范批判、政府理论创新、修正政策与改革政府、问题与争论五个部分,试图对这个时期公共行政(学)的发展作出全景式的"素描"。然而,这个时期的理论创新和政策实践的确是丰富多彩的,其中包括许多不同的,甚至截然对立的价值观和政策主张。对此,我们试图通过脉络清晰、简明扼要、重点突出的描述,尽可能地为修习者提供全面和准确的知识,包括关于某种理论或政策选择的批评意见和争论。

第三版基本维持了第二版的架构,少数章节的顺序作了必要的调整。由于同一个问题存在不同的研究角度,因此一个知识点可能与若干个章节的内容有关,加上作者比较多,如何避免明显的重复就成为一个问题。对这类问题,我们采取了前后照应、简写与详写相结合的方法处理,尽可能做到既保证相关章节内容的完整性,又不出现明显的重复。

第四,补正资料。关于"注释",第三版凡重写和新增加的内容,基本上都按照通行的学术规范,以"脚注"的方式给出了出处,同时对第二版的某些内容亦追补了部分注释。只是,由于多种原因,未能全面追补第二版的注释。关于"注释",第三版采取的处理方式是:(1)凡第一次引用,一般全称注释,例如,〔美〕F.W.泰罗:《科学管理原理》,胡隆昶等译,北京:中国社会科学出版社1984年版,第170页。(2)同一作者的同一本书第二次被引用,一般简化处理,例如,〔美〕F.W.泰罗:前揭书,第60页。(3)同一作者有两本或两本以上的书第二次被引用,一般也简化处理,但为了避免混淆,一般会重复书名,例如,〔美〕塞缪尔·亨廷顿:《变化社会中的政治秩序》,第54—65页。这样做的目的,意在不仅加强第三版的学术严肃性和严谨性,而且能够通过这种方式为修习者提供进一步深入研究的一种学术路径。

关于书中所涉及的外国人名,第三版采取了一种简明的对照方式:(1)凡第一次出现的人名,按照中、英文复名,而不是全名的方式对照,例如,弗雷德里克·泰罗(Frederick Taylor)。我们想,对中国读者来说,中、英文复名已经足以避免人名混淆了。(2)对以后再次或多次出现的人名,一般不再给出英文名。(3)由于作者比较多,因此,跨章第一次出现的人名,一般给出中文复名,例如,弗雷德里克·泰罗,同一章再次或多次出现的人名,尤其是著名学者,则可能仅使用中文单名,例如,泰罗。

第三版的作者有所变动,具体分工情况如下:

时和兴:第三章　行政权力
　　　　第十七章　行政伦理
刘新胜:第六章　人事行政(第六节吴知论)
胡象明:第七章　行政决策
曹堂哲:第八章　行政执行
黄仁宗:第九章　行政方法
周志忍:第十章　行政效率
白智立:第十一章　机关管理
徐惠玲:第十二章　公共财政
王志明:第十四章　行政行为
张国庆:第一章　绪论
　　　　第二章　行政职能
　　　　第四章　行政领导
　　　　第五章　行政组织
　　　　第十三章　依法行政
　　　　第十五章　法制行政
　　　　第十六章　行政责任
　　　　第十八章　现代政府能力
　　　　第十九章　当代中国行政改革
　　　　第二十章　西方国家行政改革的理论背景
　　　　第二十一章　典范革命与官僚制典范批判
　　　　第二十二章　政府理论创新
　　　　第二十三章　修正政策与改革政府
　　　　第二十四章　问题与争论

我们希望第三版基本上反映20世纪公共行政学的重要内容。然而,由于受篇幅的限制,虽已修订到第三版,感觉上仍有不少的缺憾;与此同时,由于我们试图诠释21世纪公共行政学的研究范畴和研究对象,因而亦有自觉功夫不够的惶惑。或许,"书不尽言,言不尽意"①就有这个意思吧。尽管我们做了很大的努力,但书中仍可能存在某些不妥、缺点甚至谬误,我们真诚欢迎同行和读者的批评指正。

最后,我们对李丹阳博士为第三版的资料核对所做的工作,对责任编辑所付出的辛苦,对北京大学出版社的理解和支持,表示由衷的感谢!

张国庆
2006年4月1日
于北京大学政府管理学院大楼

---

① 《周易·系辞上》。

第二版前言

十年前,我们编写了《行政管理学概论》,意在为一些行政管理学的修习者提供一个准确、充实和相对系统的读本。这个读本应当包括现代行政管理学的主要知识、理论和方法,反映当时重要的理论成果和最新的研究进展,并为修习者提供进一步研究的线索。现在看来,这一目标完成得并不够理想。另外,十年来,人们对世界公共行政管理和行政管理学科的历史和现状有了更多的了解和把握,中国的公共行政管理和行政管理学科也有了长足的发展。相比之下,十年前的读本确实显得有些陈旧、滞后,其知识体系也明显存在一些缺憾。我们希望现在的第二版不仅能够弥补当年的某些缺憾,而且能够较为准确、清晰、概要地介绍和讨论近十年来世界和国内公共行政的研究成果和发展动态。

当年定名"行政管理学"而不是"行政学"或"公共行政学",是因为在80年代中期中国行政学恢复的时候,基于当时的历史条件,多数研究者使用了前一个称谓,且已经在全社会得到了比较广泛的播扬和应用。这样,我们亦选择了表现"本土文化"的称谓,将书稿定名为"行政管理学"。其实,在国际通用和更为专业的意义上,"公共行政学"或许更为精当,更能准确表现本学科的内涵。不过,既然《行政管理学概论》的印次已有十余次,印数已经超过了10万册,第二版似乎并没有必要同时修订书名了。当年在"行政管理学"之后加上"概论"二字,则是因为我们认为百余年间有关公共行政的专业研究已经十分的丰富和庞杂,若再加上相关学科交叉研究的领域,其内容实在不是一本30万字的教科书所能充分反映的。那恐怕需要类似数卷本学科史的表现方式才能如愿。出于以上两个方面的考虑,第二版我们仍然沿用了"行政管理学概论"的书名。

本次修订我们力图实现以下目标:

一,体例编排和分类恰当、合理。为此,我们尝试着把全文分为了四大部分,共二十章。

第一部分:行政原理与行政体制,共七章。主要在阐释公共行政学以及相关学科发展历程的基础上,介绍和讨论那些涉及公共行政原理的最重要的理念性的问题,那些关系国家公共行政制度的最基本的规范性的问题。这些问题多与国家的宪政原则直接相联系,其规定性多是国家宪政体制的一部分。就学术研究而言,本部分各章多半已是公共行政学科的相对独立的分支学科,例如,行政组织、人事行政、行政领导、行政决策,或者虽然不一定可以称为分支学科,但却是不可或缺的基础性研究领域,例如,行政权力、行政职能。

第二部分:行政程式与行政技术,共五章。主要介绍和讨论政府公共行政管理过程中一些与规范性、有效性、灵活性直接联系的范畴。这些范畴大体上是中央政府即国家行政机关和各级地方政府即地方国家行政机关,在实施公共行政管理过程中经常遭遇的不可回避的管理问题。我们选择了行政实施、行政方法、行政效率、机关管理、公共财政五个范畴作为介绍和讨论的主要范畴。其中,行政实施包括了行政指挥、行政沟通、行政控制、行政协调等若干基本的行政管理范畴,行政方法则包括了行政程序、行政计划、行政基本方法、行政技术等若干经常性的行政管理问题。其实,这一部分涉及的范畴和问题是很多的,可以包括的内容并不限于本修订版的内容,某些问题也未必只是行政管理的方式方法问题,同时,如果设定不同的标准,不仅可以另行分类,而且某些范畴也是可以单独成章的。但那样一来恐怕有违初衷,很难再是"概论"了。

第三部分:行政行为与法制行政,共五章。主要介绍和讨论公共行政学与相关学科交叉研究的某些问题。之所以确定这样一个部分,并分出行政行为、法制行政、依法行政、行政责任、行政伦理各章,是基于这样一种认识:"我国虽有源远流长的法制思想史,却无根深蒂固的法制制度史。"与此相联系,"官本位""政府中心论"等观念的长期盛行,事实上已经影响到我国建立、完善和发展市场经济的历史进程,进而影响到我国实现国家现代化的进程。在强调"依法行政""依法治国"的今天,我们中国的公共行政管理,实在需要多一些法制或法治。另外,仅就学科分类而言,在欧洲大陆法系的国家,行政学与行政法学从来就没有明晰的学术界限,且公共行政管理与关于公共行政之研究,从来就伴生着复杂的伦理道德问题。从世界各国相对有效的行政管理模式来看,"他律"(制度)与"自律"(伦理道德)的有机结合,应是行政制度建设的方向。

第四部分:行政发展与发展行政,共三章。主要介绍和讨论发展中的公共行政研究问题,包括行政能力、当代中国行政改革和20世纪70—80年代以来西方公共行政研究的状况。如此安排,是因为我们认为存在这样一种逻辑维:(1)进入20世纪90年代以来,人类世界明显开始了新的产业革命的进程,人类社会的发展进程出现和形成了许多前所未有的主流特征,即所谓信息化社会的时代已经到来,知识经济的时代已经到来,经济全球化的时代已经到来。在世纪之交,如何通过调整国家与社会、政府与市场的关系,进而实现经济结构的调整,增强企业的活力,从整体上提高国家的竞争力,是几乎所有国家政府的首要的、战略性的任务。对西方经济发达国家政府而言,则还有一个如何牢牢控制世界经济的主导权的问题。(2)与此相联系,为了有效地对付日趋激烈的竞争和挑战,各国政府能力正在变得愈来愈重要。政府能力事实上是国家竞争力的基本构成部分,而政府能力只有通过顺天应势、切实有效的行政改革,才有可能不断得到提升。(3)与新的、具有转折意义的历史进程相一致的行政改革,只有建立在"典范革命"的基础之上,才有可能量、能、势、形一致,广泛而深入,切实而有效。70—80年代西方公共行政研究的发展,是在60年代社会科学典范革命的基础上实现的。在典范革命的基础上,西方国家以批判官僚制为前提和理论基础,兴起了以创新为基调、以鼎新革故为内容的"新公共管理思潮",其间涌起了许多新的思想、理论和公共政策主张。与此相联系,通过政府行政改革提高公共政策和公共管理的品质,使政府管理不仅能够跟上时代变迁的潮流,而且能够在其中发挥不可或缺的作用,合乎逻辑地成为历史对政府的新的客观要求。正是在这样的历史要求下,西方各国从重新审视公共行政的某些基本理念开始,逐步拓宽为治道(governance)变革,再发展成为关于政府典则规范的全面修正,普遍开展了"政府再造"(government reengineering)或"重塑政府"(reinventing government)运动。至于今后的发展趋势和最后的结论,则还需要时日观察和分析。(4)与"文化大革命"以前相比较,80年代以来中国政府的行政改革取得了突破性的进展,但与国家全面实现现代化的历史进程相一致,尚无完日。

为此,我们首先需要进一步寻求和择定我们的价值标准。

二,知识和理论广泛、均衡。本次修订意在介绍和讨论"20世纪的行政学",相应在时间跨度上选择了1887年伍德罗·威尔逊(Woodrow Wilson)的《行政学研究》和1914年古德诺(Frank J. Goodnow)的《政治与行政——对政府的研究》,作为现代公共行政学开端的理论标志,选择了1992年戴维·奥斯本(David Osborne)和特德·盖布勒(Ted Gaebler)的《改革政府——企业精神如何改革着公营部门》,以及1998年丹尼尔·耶金(Daniel Yergin)和约瑟夫·斯坦尼斯罗(Joseph Stanislaw)的《制高点——重建现代世界的政府与市场之争》①作为20世纪末期公共行政的理论标志。对其间百余年重要的思想、观点、理论、争论、人物及其代表作等,我们力求有相应的介绍和讨论,希望不要有明显的疏漏。为此,第二版增加了行政职能、公共财政、行政能力、依法行政、行政伦理、当代中国行政改革、公共行政学的发展各章,同时重写或改写了绪论、行政权力、行政效率、行政实施、行政方法各章,充实、补正、调整了人事行政、行政领导、行政决策、机关管理各章,基本维持了行政组织、行政行为、法制行政、行政责任各章,删去了财务行政一章。

三,分析和评价客观、公正。由于第二版涉及众多的理论、人物、文著,而不同的理论、人物、文著经常表现不同的价值偏好,因此,批评、争执、论战是难免的。第二版在处理这些问题时,力求首先能够较为准确、全面地反映不同的观点,然后能够较为公正、客观地进行分析和评价。应当说,真正做到这一点是不大容易的。毕竟,分析和评价者的头脑中"隐藏着一些假设、偏好和偏见,它们决定我们如何看待现实,留意什么事实和怎样判断它们的重要性和价值"②。第二版的分析和评价究竟是否客观、公正,最终还是需要读者鉴别。

四,学术规范严谨、周正。为了尽可能保证学术规范的严谨和周正,第二版力求:(1)外国人名对照注明英文;(2)直接引文和重要观点引证以脚注方式注明出处。另外,考虑到教科书性质,第二版在各章的后面按照统一格式分别设置了三个部分:"名词与术语""复习与思考""主要参考书目"。我们想,这样处理既有利于修习者的修习,也有利于教授者的教授。同时,各章分别开列了总数约在两百本左右的参考书目和学术论文,相信对修习者进一步的深入修习会提供有益的帮助。当然,"思考"是难以穷尽的,对那些愿意、勤于和善于思考的修习者来说,相信可以提出许多更为深入、细致的理论和实践问题。或许,这可以作为第二版的"留白"之处。

由于各种原因,第二版的作者较之1990年版有所变动,具体分工情况如下:

时和兴:第三章　行政权力

　　　　第八章　行政实施

　　　　第九章　行政方法(第二节赵成根)

　　　　第十七章　行政伦理

王志明:第六章　行政领导

　　　　第十三章　行政行为

---

① 〔美〕丹尼尔·耶金和约瑟夫·斯坦尼斯罗:《制高点——重建现代世界的政府与市场之争》,段宏等译,北京:外文出版社2000年版。

② 参见〔美〕塞缪尔·亨廷顿:《文明的冲突与世界秩序的重建》,周琪等译,北京:新华出版社1999年版,第5页。

赵成根:第七章　行政决策
徐惠玲:第十二章　公共财政
刘新胜:第五章　人事行政(第三节吴知论、蒋建军)
周志忍:第十章　行政效率
田玲、白智立:第十一章　机关管理
张国庆:第一章　绪论
　　　　第二章　行政职能
　　　　第四章　行政组织
　　　　第十四章　法制行政
　　　　第十五章　依法行政
　　　　第十六章　行政责任
　　　　第十八章　现代政府能力
　　　　第十九章　当代中国行政改革
　　　　第二十章　公共行政的发展(第一节时和兴)

应当说,第二版大体上反映了现阶段我们关于公共行政学的认知水平。但脱稿之后总觉得还有一些遗憾,总觉得假如再多花费一些时间,我们还可以做得更好一些,或许,这就是所谓学术研究的遗憾吧。第二版虽然统一安排了大纲,统一进行了必要的规范性处理,但限于水平,书中可能存在某些不妥、缺点甚至谬误。我们竭诚欢迎阅者的批评指正。

最后,我们对北京大学出版社理解和支持我们的编辑们表示由衷的感谢!

张国庆
2000 年 2 月 28 日

第一版前言

经过几年的教学实践和不断总结,我们编写了这本行政管理学教科书。

行政管理学是一门研究范围比较广泛的独特学科。在一百余年的发展进程中,它逐步形成了四个方面的突出特征:第一,它是关于公共行政管理的系统科学,它有较为完整的理论体系和特有的研究对象;第二,它是关于公共行政管理的综合科学,它有效借鉴和运用了各个时期的相关学科的研究成果;第三,它是关于公共行政管理的实践科学,它从论证现实行政问题发端,并始终强调理论研究与现实行政相结合;第四,它是关于公共行政管理的创新科学,在它不同的发展阶段上,都不断有新的理论观点和新的研究方法问世。

行政管理学所包括的内容是丰富多彩的。它不但有一般的原理原则、基本范畴、研究方法,还有若干分支学科和许多专门问题。显然,这不是我们这本教科书所能全部包容的。在编写过程中,我们注意了以下三点:首先,在内容上我们着眼于"概论",力图帮助读者建立起关于行政管理学的基本概念,使之初步了解行政管理学的主要理论规范和一般研究方法;其次,我们力图原理原则与技术方法并重,同时适当论及我国现实行政管理的某些问题;再次,在某些存疑的问题上,我们较多地采用了多数人所接受的观点,在其中某些问题上,我们则采用了我们自己的看法。

这本教科书由张国庆主编,是集体努力的结果,本书的写作分工为:张国庆编写第一、二、十四、十五章,刘新胜编写第三章,王志明编写第四、九、十一章,赵成根编写第五、七章,时和兴编写第六、八、十章,田玲编写第十二、十三章。

在编写过程中,我们得到了本系肖超然、陈哲夫两位教授的积极支持,在此,我们一并表示由衷的感谢。另外,由于我们水平所限,书中难免有不妥之处,我们竭诚欢迎读者批评指正。

张国庆
1989 年 12 月 10 日

目 录

第一部分 行政原理与行政体制

第一章 绪 论　　3
  第一节 公共行政学概述　　3
  第二节 公共行政学的演进　　19
  第三节 国家行政管理体制　　37
  名词与术语　　48
  复习与思考　　48
  主要参考书目　　49

第二章 行政职能　　51
  第一节 现代政府行政职能问题的由来与发展　　51
  第二节 行政职能的含义　　58
  第三节 行政职能的构成　　60
  第四节 关于政府职能的争论　　62
  名词与术语　　72
  复习与思考　　72
  主要参考书目　　73

第三章 行政权力　　74
  第一节 行政权力概述　　74
  第二节 行政权力分配　　89
  第三节 行政授权　　94
  第四节 行政权力行使　　100
  名词与术语　　109
  复习与思考　　110
  主要参考书目　　111

第四章 行政领导　　113
  第一节 行政领导概述　　113
  第二节 领导者的人生价值观　　119

第三节　优秀领导者的品格　　　　　　　　　　　124
　　第四节　优秀领导者的基本素质　　　　　　　　　128
　　第五节　领导力及其提升　　　　　　　　　　　　132
　　名词与术语　　　　　　　　　　　　　　　　　　134
　　复习与思考　　　　　　　　　　　　　　　　　　134
　　主要参考书目　　　　　　　　　　　　　　　　　135

第五章　行政组织　　　　　　　　　　　　　　　　　137
　　第一节　行政组织概述　　　　　　　　　　　　　137
　　第二节　组织目标　　　　　　　　　　　　　　　143
　　第三节　组织结构　　　　　　　　　　　　　　　147
　　第四节　组织原则　　　　　　　　　　　　　　　150
　　第五节　组织环境　　　　　　　　　　　　　　　154
　　第六节　组织变革　　　　　　　　　　　　　　　156
　　名词与术语　　　　　　　　　　　　　　　　　　160
　　复习与思考　　　　　　　　　　　　　　　　　　160
　　主要参考书目　　　　　　　　　　　　　　　　　161

第六章　人事行政　　　　　　　　　　　　　　　　　162
　　第一节　人事行政概述　　　　　　　　　　　　　162
　　第二节　现代人事行政制度：国家公务员制度　　　166
　　第三节　现代人事行政中的职位分类和级别分类　　168
　　第四节　现代人事行政的更新机制：考任、退休与培训　　172
　　第五节　现代人事行政的激励—保健机制：考核、奖励、晋升与工资福利　　176
　　第六节　现代人事行政的行为调控机制：义务、道德、监督与惩戒　　179
　　第七节　当代西方人事行政的发展　　　　　　　　182
　　第八节　我国公务员制度　　　　　　　　　　　　184
　　名词与术语　　　　　　　　　　　　　　　　　　192
　　复习与思考　　　　　　　　　　　　　　　　　　193
　　主要参考书目　　　　　　　　　　　　　　　　　194

第二部分　行政程式与行政技术

第七章　行政决策　　　　　　　　　　　　　　　　　197
　　第一节　行政决策概述　　　　　　　　　　　　　197
　　第二节　行政决策体制　　　　　　　　　　　　　202
　　第三节　行政决策过程　　　　　　　　　　　　　207
　　第四节　行政决策方法　　　　　　　　　　　　　213
　　名词与术语　　　　　　　　　　　　　　　　　　216

复习与思考　216
　　主要参考书目　217

第八章　行政执行　219
　　第一节　行政执行概述　219
　　第二节　行政执行的能力与有效性　225
　　第三节　行政执行研究的线索、途径和模型　227
　　第四节　行政执行的方式　237
　　第五节　政府执行力与公信力　239
　　名词与术语　244
　　复习与思考　244
　　主要参考书目　244

第九章　行政方式方法　246
　　第一节　行政方式方法概述　246
　　第二节　行政方式方法的类别　249
　　第三节　行政程序　253
　　第四节　行政计划　258
　　第五节　行政技术　265
　　名词与术语　271
　　复习与思考　272
　　主要参考书目　272

第十章　行政效率　274
　　第一节　行政效率概述　274
　　第二节　行政效率研究的历史与现状　278
　　第三节　行政效率测定与绩效评估　281
　　第四节　行政效率测定的方法与技术　286
　　名词与术语　291
　　复习与思考　291
　　主要参考书目　291

第十一章　机关管理　293
　　第一节　机关管理概述　293
　　第二节　财务管理　300
　　第三节　文书管理　303
　　第四节　会议管理　306
　　第五节　后勤管理　309
　　名词与术语　311
　　复习与思考　311
　　主要参考书目　312

第十二章　公共财政和预算　313
    第一节　公共财政的职能与国家预算　313
    第二节　公共财政支出　318
    第三节　公共财政收入　323
    第四节　公共财政政策　326
    名词与术语　331
    复习与思考　332
    主要参考书目　332

第三部分　行政行为与法制行政

第十三章　依法行政　337
    第一节　依法行政的历史缘由和发展　337
    第二节　依法行政的基础　341
    第三节　依法行政的制度机制　344
    名词与术语　348
    复习与思考　349
    主要参考书目　349

第十四章　行政行为　350
    第一节　行政行为概述　350
    第二节　行政行为的功能　353
    第三节　行政行为的基本方式　354
    第四节　行政行为的合法要件　361
    第五节　行政违法、行政不当及其行政法律责任　362
    名词与术语　366
    复习与思考　366
    主要参考书目　367

第十五章　法制行政　368
    第一节　法制行政概述　368
    第二节　行政监督　370
    第三节　法制监督　376
    第四节　社会监督　381
    名词与术语　384
    复习与思考　384
    主要参考书目　385

第十六章　行政责任　386
    第一节　行政责任概述　386

第二节　行政责任的基本范畴　　394
　　第三节　行政责任的确定　　400
　　名词与术语　　405
　　复习与思考　　405
　　主要参考书目　　405

第十七章　行政伦理　　407
　　第一节　行政伦理概述　　407
　　第二节　行政伦理的结构与功能　　413
　　第三节　行政伦理制度化　　422
　　名词与术语　　429
　　复习与思考　　430
　　主要参考书目　　431

第四部分　行政发展与发展行政

第十八章　现代政府能力　　435
　　第一节　现代政府能力问题的缘起　　435
　　第二节　现代政府能力的内涵　　440
　　第三节　现代政府能力的构成　　442
　　第四节　公共危机与政府能力　　448
　　名词与术语　　454
　　复习与思考　　454
　　主要参考书目　　455

第十九章　当代中国行政改革　　456
　　第一节　我国政府机构改革的历史沿革与发展　　456
　　第二节　当代中国行政改革界说　　485
　　第三节　当代中国行政改革的基本价值选择　　491
　　名词与术语　　502
　　复习与思考　　502
　　主要参考书目　　502

第二十章　典范革命与新公共行政　　504
　　第一节　典范革命　　504
　　第二节　"威尔逊-韦伯范式"的批判　　505
　　第三节　新公共行政学与公共行政研究的重建　　511
　　名词与术语　　519
　　复习与思考　　519
　　主要参考书目　　520

第二十一章　新公共管理及其批评　521

第一节　新公共管理与重塑政府　521
第二节　新公共管理与重塑政府的理论基础　537
第三节　新公共管理之后的理论与实践探索　553
名词与术语　566
复习与思考　566
主要参考书目　567

第二十二章　修正政策与改革政府　568

第一节　福利国家、公共管理与改革　568
第二节　市场化、社会化与改革　572
第三节　修正政策与改革政府国家案例：英国、美国、新西兰　577
名词与术语　602
复习与思考　602
主要参考书目　603

第二十三章　问题与争论　604

第一节　关于"企业家政府"的批评　604
第二节　政府职能与"钟摆"　604
第三节　公共行政（学）的任务　611
名词与术语　613
复习与思考　613
主要参考书目　613

重要阅读书目　615

第一部分　行政原理与行政体制

第一章 绪 论

行政管理古来有之,是一种与人类的有组织的活动紧密联系的行为。公共行政(管理)则是近代世界的历史性转折和深刻变化的结果,是一种近代以来与人类的"主权在民"的民族国家现象紧密联系的国家行为。换言之,作为一种国家行为,公共行政(管理)以"共和"为现实条件,以1648年欧洲各国达成的威斯特伐利亚公约体系(Westphalian System)所标志的民族国家(Nation State)即独立自主的政治、地理、文化、族群等方面单一完整共同体的政治实体的形成为前提,发端于英国1640—1688年资产阶级革命胜利后的君主立宪政体,丰富于各类的共和制政体,并形成了与之相辅相成的丰富多彩的观点、思想、理论、学说。

第一节 公共行政学概述

公共行政学历经一百多年的演变,学科内容丰富而庞杂,涉及众多的理论、方法、人物、事件、文著,其中相当一部分历来存在广泛的争论和不同的评价。与此同时,作为国家公共管理的一部分,公共行政在不同的国家又有着迥然不同的实践。本节概要介绍和讨论公共行政学的学术体系和百余年的演变。

一、公共行政学的含义

公共行政学亦称行政学、行政管理学,相近的学术称谓另有公共事务管理学、公务管理学、政府管理学、公共管理学等。其英文名称为"Public Administration"或简称"Administration",词源来自拉丁文的"Administratre"。这些名称不存在本质上的区别,都是关于政府公共行政现象的研究,从一定意义上反映了公共行政学的发展历程,反映了研究理念和研究侧重点的差异。本书在同一意义上使用"公共行政学"与"行政管理学""公共行政学"与"行政学"两组称谓。

从一定的意义上说,公共行政学是一门"借用"的学科。这是因为,公共行政学在研究公共行政现象的过程中,大量应用了不同时期许多学科的研究成果。就起源而言,一般认为公共行政学脱胎于政治学学科。这是因为,早期的公共行政学虽然从一开始就强调行政执行的特殊意义,但那时所涉及的主要领域是理论的、范畴的和逻辑思辨的,而不是技术的、过程的和实际运作的,且有关公共行政的诸多问题常常是与政治学学科合并讨论的。因此,早期公共行政学关于公共行政的研究的政治理论倾向是比较明显的,由于这种历史的渊源,即使到了今天,有关公共行政的若干问题,也仍然是与政治学学科交叉研究的。这种历史的渊源以及公共行政学的国家公共行政的属性,决定了它与政治学学科的必然的和内在的联系,以至于有人认为,从基础学科的角度划分,公共行政学是政治学学科的一个分支学科。

但是,进入20世纪以后,情况开始发生变化。以1911年美国人弗雷德里克·泰罗(Frederick Taylor)的《科学管理原理》一文的问世为标志,西方国家工商企业界率先进行了观念、文化和管理技术的革新。在当时,效率、成本、时间—动作分析等观念和方法几乎成了提高产量、增加利润的同义语,并以此为中心迅速在西方世界形成了一股革故鼎新的潮流。在这一潮流的影响和推动下,像其他领域里发生的情况一样,"管理"的观念和方法也开始逐渐注入关于公共行政问题的研究之中。这就为公共行政学的学科方法论的丰富化和学科领域的拓展建立了新的基础,推动着公共行政学朝着实证研究的方向不断发展。

20世纪60年代以后,以美国人赫伯特·西蒙(Herbert Simon)为代表的全新决策理论的提出及其应用,不仅从理论上对20世纪初期以美国人弗兰克·古德诺为代表的政治与行政的"两分法"的行政观提出了挑战,而且拓宽了行政研究的领域,提高和强化了"管理"在行政研究中的重要性。在这方面,无论是科学管理还是科学决策,都属于技术的、运作的和方法的性质。

但这并不是说,早期有关行政的理论范畴和研究方法已经过时无用了,而是相反,保持和延续了下来。这是因为,早期有关公共行政的研究不但从宏观上阐释了公共行政的性质,确定了公共行政的主体与客体及其相互关系,以及这种关系的总体特征,而且为公共行政设定了某些包括检验尺度在内的原则标准。与此同时,后期的公共行政管理科学也为前期的政治性的公共行政管理提供了许多可以实操和运作的规范及手段。因此,二者在国家公共行政研究的领域中融合成统一的、互补和促进的理论和方法体系是历史的必然。这种必然从根本上来自国家公共行政的政治法律理论与现实行政实施的双重性质和双重需要。这种统一的理论和方法体系就是我们所说的公共行政学。这种理论和方法体系经过后来的行为科学、管理科学、政策科学以及系统论、权变理论、新公共行政观,特别是20世纪后30年的以社会科学的"范式革命"为基础的公共管理理论的发展,正在变得愈来愈丰富多彩和行之有效。有必要指出的是,尽管20世纪后30年的公共管理理论的发展和政府管理革新运动的内容很是丰富,多有突破,譬如,引入市场化的管理思想、原则和方式,建立"企业家政府",推动政府与公民互动,实行社会共治,等等,但并没有从根本上改变国家的宪政体制,没有从根本上改变国家的公共管理制度,没有从根本上改变政府的主要职能,政府仍然是公共管理的主体,并承担相应的公共责任。换一个角度看问题,由于政府积极行政,大幅度修正和强化公共政策,政府的作用不仅没有被削弱,反而在某种意义上得到了加强。这意味着,公共行政的本质没有改变,基本功能没有改变。作为国家政治上层建筑的一部分,只有在国家的作用逐渐弱化以至开始消亡的时候,政府(公共行政)的作用才会随之弱化以至逐渐消亡。或许,这就是为什么说"关于国家的观念正是行政管理的灵魂"的原因所在。①

一般认为,最早使用"行政学"一词的是德国学者冯·斯坦因(Von Stein)。他的行政思想最早见于1856年出版的《国家学说体系》,1865年增补修改后以《行政学》为名发表。

---

① 〔美〕伍德罗·威尔逊:《行政学研究》,载彭和平、竹立家等编译:前揭书,第5页。

书中涉及诸多行政管理问题,但一般认为其内容侧重于官房学和行政法学。作为一个公共行政的概念,"行政学"一词一般认为始见于美国学者伍德罗·威尔逊1887年所著的《行政学研究》一文。① 该文被认为标志着公共行政学的发端。从那以后,在公共行政学一百多年的发展史上,许多研究者从不同的角度给公共行政学下过许多不同的定义。各种定义区别的关键在于对"行政"一词的不同理解,区别的要点则主要集中在两个层面,即"政治"的层面和"管理"的层面。这两个层面恰好反映了公共行政学发展史上两个不同时期研究的不同侧重点。

持"政治"行政观的人主要是一些早期的行政学者。他们根据三权分立学说和自然法原则、议会至上的原则认为,凡国家立法、司法以外的政务总称行政;政治是国家意志的表现,行政是国家意志的执行;行政是政府行政部门所管辖的事务,或是政府官吏推行政府功能时的活动。② 显然,他们的基本出发点是宏观的国家权力的分配,并在此基础上将行政理解为狭窄的国家行政机关的功能或事务。这种定义方法并没有错,但不够全面。因为,政治与行政无论在法理上或实际过程中都存在很强的内在联系性和功能的交叉性,都不存在截然的职能划分或不可逾越的界限。另外,仅就行政功能而言,政府公共行政管理的有效性在某种意义上更为重要。

持"管理"行政观的人主要是科学管理运动兴起以后的一些行政学者。他们认为,行政是如何使人民对政府的期望取得成功的各种方法;是完成或实现一个权力机关所宣布的政策而采取的一切运作;是一种活动或程序;是通力完成共同目标的团体行动;行政特别注重管理方法、程序和具体操作,是研究政府做些什么和如何做的理论和方法;是经由集体合作实现共同目标的艺术。③ 从这些观点中可以看出,他们是从科学管理的原则出发看待公共行政的,将行政理解为一个实际而广泛的运作过程。他们所注重的,是公共行政实施过程中的方法及其有效性。这样,行政就被理解成为一个包括政府、其他公共权力机关,甚至工商社会组织的,有着较为广泛的内涵和外延的概念。正因为如此,西方国家的某些大学在专业分类上将公共行政学或行政管理学归并于工商学院。但一般说来,行政管理学仍以政府活动及其科学化为主要研究对象,并据此设定研究范畴和研究方法,以区别于工商企业界的管理。英文里的"Administration"与"Management",或者"Public Administration"与"Private Administration""Business Administration",从更为广泛的意义上说,包括"Public Management"与"Private Management"等,都可以用来表示上述区别。20世纪后70年,倾向企业化、市场化政府管理的人们,提出了新公共管理(New Public Management)的理论,主张建立企业化、市场化、民主化、社会化、多元化的政府公共管理模式。相关内容我们将在最后几章加以讨论。

综观公共行政学发展的历史过程,关于公共行政(学)的定义不是太少而是太丰富了。理查德·斯蒂尔曼二世(Richard Stillman II)在其《公共行政学:概念与案例》中提到

---

① Woodrow Wilson,"The Study of Administration," Political Science Quarterly, No. 2, 1887.中译文又译为《行政之研究》,参见〔美〕弗兰克·古德诺:《政治与行政——政府之研究》,丰俊功译,北京:北京大学出版社2012年版。
② 张润书:《行政学》,台北:台湾三民书局股份有限公司1980年版,第2—3页。
③ 同上书,第3—4页。

了十二种有影响的定义。① 在中国,公共行政学与行政管理学都是大众化的称谓。我们认为,二者并无本质的或重大的差异。如使用公共行政学,则公共行政是国家公共管理之一种,"公共性"因此构成了公共行政管理的本质属性。与此相联系,公共行政泛指各级国家行政机关以公共利益为目的,依据宪法及法律的规定,通过科学、及时地制定和准确、有效地执行公共政策、管理公共事务、维护公共秩序、保证公共安全、提供公共产品、实施公共服务的活动。换言之,公共行政是依法运用公共权力、承担公共责任、解决公共问题、保障公众利益、满足公众需求的一种最为广泛、最为经常、最为直接的国家行为。

如使用行政管理学,则行政管理学是由"行政"与"管理"以及"学"所组成的一个复合词组。该复合词组相应表述的亦是一个复合概念:其中"行政"通常指政府公共行政过程中的政务的分析和推行。具体表现为政府以为全体国民服务等宪法原则和宪法精神为依据,以实现社会公平和社会正义等行政理念为指导,以运用公共行政权力为基础,以承担行政责任为前提,以合法的行政管理方式为手段,以追求卓越为目标履行政府职能,制定国家宏观公共政策。不难理解,价值判断和价值选择,是政府分析和推行政务的核心问题。"管理"通常指政府(行政)运用依法获授的国家公共行政权力,并在法律原则规定的范围内运用行政裁量权,以行政效率和社会效益为基本考虑标准,处理公共行政事务的过程和活动。通过合法、规范、民主、进取而有创造性,合理、务实、灵活、坚定而有效的公共管理方式、方法的选择,执行或实施国家宏观公共政策,是政府公共行政管理的主要问题。在实行民主政治体制的国家,提供广泛而高品质的公共服务,是政府基本的公共行政管理职能之一。

无论使用公共行政学还是行政管理学,"学"都是比较系统化和有着独特领域的理论、方法或知识的体系。因此,行政管理学就是关于公共行政制度或行政体制及其运行机制的合法性、合理性、有效性、发展性的比较系统的思想、理论、逻辑、知识和方法的体系。在一般情况下,它主要反映政府(国家行政机关)管理国家事务、社会事务和自身事务的活动,并通过对这些活动的本质与现象、主体与客体、观念与技术、内容与形式、制度与过程、历史与未来的研究,发掘公共行政管理的规律性,帮助和推动这些活动的科学化、法治化、规范化、合理化、效率化和时代化的进程。值得强调的是,政府公共行政管理在宪法意义上具有明确无误的公共属性和公共服务的职能,与此相一致,"合法性"和"有效性"构成了政府一切行政管理思想和行政行为的基本价值标准。

二、公共行政学的研究对象与学科目的

与国家公共行政管理的主体与客体相一致,国家公共行政管理包括相互联系、互为因果的两大部分,即政府管理与政府公共管理,前者广义上泛指广义政府及国家公权力主体的管理,狭义特指狭义政府即国家行政机关的管理;后者指国家公权力机关(行政机关)对社会包括法人和自然人的各类行为主体的管理。政府管理包括一切政府自身事务的管理,政府公共管理则包括一切与政府职责有关的社会事务的管理。公共行政学以政府管

---

① 〔美〕理查德·J.斯蒂尔曼二世:《公共行政学:概念与案例》,竺乾威等译,北京:中国人民大学出版社 2004 年版,第 2—4 页。

理为研究中心,关注一切与政府职责相关联的问题。

与上述概念相一致,公共行政学的动态、发展的学科功效和学科目的主要集中在:

第一,研究关于建立和完善国家行政制度的理念、理论和方法,根本目的在于如何确保政府的行政宗旨,确保政府及其官员依法行政,防止政府及其官员侵权、越权甚至行政专横,同时确保政府及其官员积极而有效地履行宪法和法律赋予的公共行政职能。

第二,研究关于提升政府公共行政管理的水准和行政效率的思想、途径与方式。其基本任务集中在四个方面,即如何不断地提升政府公共政策的质量、不断地提升政府公共管理的水准、不断地强化政府公共服务的功能、不断地提升政府的"与时俱进"的创新能力和自律能力。

第三,在不断提高行政学术水准的同时,为政府公共行政管理提供系统的理论依据、论证方法和实证技术,为国家行政发展和发展行政提供专业性意见。

第四,全面培养政府公务员,尤其是行政通才。其综合性的学科优势有助于弥补技术专家的不足。其独特的学科体系既可以对现职人员进行业务培训,也可以对未来人员进行基础教育。因此说,公共行政学是一门作用独到的学科。

三、公共行政学的研究范畴与研究方法

研究范畴的确定和研究方法的选择对构建公共行政的学科体系具有重要意义。

(一)公共行政学的研究范畴

公共行政学既然是一门系统化的理论、逻辑和知识的体系,就应当有其独特的由各种范畴组成的领域。在这方面,不少研究者提出了自己的观点,其中较具代表性的有:

伦纳德·怀特将公共行政学的范畴归纳为四大部分,即组织原理、人事行政、财务行政、行政法规。"惟在行政各支系中,均有数种根本问题:组织、人事、监督、财政,此即本书所极欲揭示者也。"[1]他的这种观点见之于美国的第一本大学公共行政学教科书《行政学概论》,对后来的研究产生了一定的影响。

卢瑟·古立克(Luther Gulick)和林达尔·厄威克(Lyndall Urwick)合编的《行政管理科学论文集》提出了著名的"七环节"理论,即计划(Planning)、组织(Organizing)、人事(Staffing)、指挥(Directing)、协调(Coordinating)、报告(Reporting)、预算(Budgeting),以此概括行政管理的七大基本职能,并为此创造了一个新的英文单词"posdcorb",这在当时颇有影响。其中计划理论后来逐步发展成为设计理论,为新的决策科学的创立提供了有益的准备。[2]

我国台湾学者张金鉴试图用更细致的分类来表述公共行政学的研究范畴,提出了"15M"理论,即目标(Aim)、计划(Program)、人员(Men)、经费(Money)、物材(Materials)、组织(Machinery)、方法(Method)、领导(Command)、激励(Motivation)、沟通(Communication)、士气(Morale)、协调(Harmony)、及时(Time)、空间(Room)、改进(Improvement)。[3]

---

[1] 〔美〕伦纳德·D.怀特:《行政学概论》,刘世传译,上海:商务印书馆1941年版,第2页。
[2] 〔美〕卢瑟·古立克:《组织理论按语》,彭和平、竹立家等编译:前揭书,第73页。
[3] 张金鉴:《行政学典范》,台北:台湾三民书局1979年版,第5页。

一般说来,公共行政学的基本研究范畴主要有以下各个方面:行政原理、行政职能、行政权力(授权)、行政组织、人事行政(公务员制度)、行政领导、行政决策、行政计划、行政程序、行政执行、行政技术、行政行为、行政效率(绩效)、机关管理、公共财政(财务行政)、物材行政、行政责任、行政监督、行政道德、法制(治)行政、行政改革、行政能力、行政发展等范畴。这大体上正是本教科书的内容。

(二) 公共行政学的研究方法

公共行政学既然是一个系统化的方法体系,就应当具有能够相互印证或相互补充的若干分析方法。这些方法为学科的科学性和实用性提供保证,并形成了学科的综合优势。应当指出的是,公共行政学使用的分析方法具有两个方面的特征:其一,公共行政学使用的大多数分析方法是众多社会科学共同使用的方法,例如,逻辑分析的方法(包括归纳和演绎等)、社会调查的方法、社会统计的方法等。其二,在实际的研究过程中,公共行政学的分析方法常常是交叉、交替和混合使用的。公共行政学常用的分析方法如下:

1. 逻辑分析方法,又称哲学研究法,主要从哲学的观点出发研究公共行政现象,通过运用理性判断、非理性判断、逻辑推理、因果关系分析等直接与哲学思想相关的分析方法,研究公共行政过程中矛盾的普遍性与特殊性、共性与个性的关系,一般规律与特殊规律的关系,进而形成一定的普遍适用的有关公共行政的理论基础和行为准则。逻辑分析方法同时广泛应用于公共政策分析。

2. 法规分析方法,主要从法理、法律、法规的角度来研究政府和政府官员及其行政行为的合法性、规范性、合理性,研究政府行政行为的条件性或局限性。在现代实行民主宪政的国家,因政府"他建立"的公共属性,法规研究方法是广泛使用的分析方法之一。正因为如此,公共行政学与行政法学在某些国家经常被视为同一研究范畴。

3. 历史分析方法,又称史学研究法,注重公共行政和公共行政学的起源、发展及演变沿革的过程,不同时期的不同特点和历史类型,以及历史情形对现实行政的影响和借鉴意义。历史分析方法是一种基于时间序列的纵向的分析方法。

4. 实证分析方法,又称事实研究法、行政调查法,指通过观察、描述事实,进而依据事实得出结论的分析方法。其特点是,以实际、具体的行政事项或行政过程为研究对象,本着具体情况具体分析而不拘泥于通则或定律的原则,研究行政问题的症结所在,并制定切合实际、行之有效的对策。一般认为,实证分析主要回答"是什么"的问题。最大限度地收集与客观事实相关的一切资料或数据,是实证分析方法的基础,也是实证分析结论科学性的关键。"实然性"是实证分析方法的主要的方法论特征。由于所谓"事实"在实际上总是观察主体与客观存在相互作用的结果,观察主体对观察对象的认定总是取决于他所受的教育和经历,所以,人们观察到的虽然是客观存在(自然)本身,但得出的结论却不一定反映或完全反映客观事实。换言之,偏见很难完全避免。另外,分析的客观程度也与观察者的观察方式有关,即分析的客观程度取决于分析者的修为程度。

5. 规范分析方法,又称理论分析方法,主要指通过价值判断做出结论的分析方法,即根据一定的理念、价值标准或行为规范对"是非"做出一定的评价。规范分析方法主要回答"应该怎么样"的问题。"应然性"是规范分析的主要的方法论特征。规范分析方法重视价值赋予,认为寻求公正、合理的价值应是人类行为的基本准则。但是,由于人类社会在许多方面存在着广泛的差异和分歧,相应形成了许多的意识形态以及许许多多的价值观念,直接或间接地作用于人们对特定问题的观点。因此,价值赋予和寻求公正、合理的价值都是必要的,但被赋予的、引为准则的价值是否公正、合理,则经常可能存在不同的意见,从而引发关于价值的不确定性。

6. 比较分析方法,主要通过对不同行政制度或行政模式、不同公共政策选择等行政问题的对比分析,研究不同政府间在行政理念、行政思想、行政原则和管理职能、管理体制、管理方式、管理手段等方面的差异,研究实现高效、民主行政的途径和方法,是一种既适用于空间序列,又适用于时间序列的分析方法。比较研究特别需要注意不同比较对象间的可比性和可比程度。

7. 系统分析方法,又称生态研究法或环境研究法,其特点是,将相关行政活动进而整个行政过程乃至社会环境视为一个有机整体,着重研究各个相关部分的交互影响、双向往来、动态平衡、彼此关系,进而寻求最优化的行政选择。由于系统具有几乎无限的相关性,因此作为一种分析方法,如何合理地建立"分析单元",进而正确地解析各个分析单元之间的联动、因果关系,是系统分析方法的基础性工作。

8. 生理分析方法,主要研究政府成员的生理需要和生理状况与物质欲望满足和物质工作条件之间的关系,研究的目的在于建立二者之间的合理的对应关系。由于衣、食、住、行等生理需要是人类的基本的需求,且直接关系人类的精神状态,因此,有必要关心政府成员的生理需求与工作状态之间的关系。

9. 心理分析方法,在广泛的意义上可以包括行为研究法或人际关系研究法。该方法注重研究人的心理活动、心理特征及与之一致的个体行为、团体行为和组织行为,强调通过满足人的合理的精神需求达到激励效果,通过团体交互行为的影响来改变人的心态,实现心理平衡,建立集体行为准则,培养团队精神。人的内在的行为动机,团体内人与人交互作用的方式,团体与团体交互作用的方式,以及有效地诱导动机、改变团体交互影响特质的途径等,是心理分析方法主要的研究范畴。

10. 资料分析方法,又称间接研究或图书馆分析方法,其研究方式主要通过查阅现有的法律法规条文、政策文件、文书档案、书刊、论文、研究报告等,寻求对一定行政问题或行政现象的理解。由于政府行政行为具有相当强的规范性,因此通过使用资料分析方法,经常便于较为清晰地了解问题的起因、政策形成的过程,便于进行比较研究,有利于保持政策的连续性和稳定性。资料分析方法通常与其他分析方法综合运用。

11. 案例分析方法,又称个案研究法,其特点是,对已经发生的真实而典型的行政事件,通过广泛收集各种可能的资料,再以公正的观察者的态度撰写成文,以供分析研究和借鉴之用。该方法的关键,在于资料真实、全面,充分反映事件全过程中的各个主要因素及其相互关系。该方法的困难,主要亦在于所依据资料的真实性、完整性,在于分析者价值观念的客观性、公正性以及专业训练的水准。

12. 量化分析方法,又称数学模型研究法或数量分析研究法,其基本特点是,直接和广泛应用电子计算机,注重通过统计学、对策论、线性规划、矩阵和建立数学模型等数量化分析方法,研究和证明行政管理现象的因果对应关系和规范性,实现行政抉择和对未来预测的正确性。作为一种分析方法,量化研究最大的难点在于人类感情的复杂性、人类行为的不确定性、人类心理活动的难以预知性。

13. 模拟分析方法,是第二次世界大战以后,尤其是 20 世纪 60 年代以来流行于欧美的一种分析方法。其出发点是力图解决社会科学中长期存在的一个问题,即如何控制和反复实验。模拟分析方法是量化分析方法的继续和发展,其特点是,通过使用定量概念和方法,来模拟行政管理中的某些基本因素或条件,从中寻求符合行政管理合理、效率和效益要求的模式。由于行政管理所涉及的自变量、因变量及其相互关系极为复杂,所以这种方法在目前局限性较大。

14. 利益分析方法,主要研究利益在公共行政管理过程中的特殊作用。与关于人性的研究相联系,利益分析方法注重利益的形成,利益的存在形式,利益的合法性、合理性,利益的分配与再分配的原则、形式、调节机制,利益的表现或争夺形式,利益的改变,利益集团的形成及其演变等利益问题。更重要的是,利益分析方法注重政府公共政策选择与利益、利益集团或压力集团之间的关系。由于现代社会存在明显的表现为群体化、集团化、区域化、行业化的利益分化的趋势,所以利益分析方法在实际政府行政决策过程中几乎是不可缺少的。

四、公共行政学的学科特点及与相关学科的关系

公共行政学的学科特点是在与相关学科比较的意义上存在的。

(一) 公共行政学的学科特点

公共行政学作为一门理论与应用相结合的系统的科学,其学科特点是比较突出的,具体表现在以下几个方面:

1. 综合性,即它是交叉的、丰富的、广泛的。这一特点是由政府公共行政管理的复杂性、广延性所决定的。政府公共行政管理涉及的对象和事务几乎无所不包,与此相一致,公共行政学也就必须要研究涉及各个方面的管理问题。因此,研究行政管理现象必须具备许多相关学科的知识,并为此发展出了许多专业行政理论,如司法行政、公安行政、商业行政等。综合性,是公共行政学的最大学科优势和最突出的特点之一。

2. 实践性,即它是实际的、应用的、具体的。政府公共行政管理是一个实实在在的过程,公共行政学就是要使这一过程合法、合情、合理、行之有效。为此,就必须从这一过程中寻找、觉察和发现问题,经过客观的分析和周详的论证,进而提出有助于解决问题的对策。实践性是公共行政学的生命力和效用性的基础。如果不能从实践中发掘问题和研究解决问题,公共行政学就失去了现实意义。

3. 系统性,即它是整体的、有序的、相互关联的。政府是一个按照一定法则建立的、有着一定结构和序列的组织系统,其管理功能和行政活动或行政行为是按照一定法则相互联系开展的,进而产生整体效应。这就要求公共行政学具有同样的特点。只有用系统的观点和方法看待、研究各种行政现象及其相互关系,才能提出解决各种复杂的行政问题的正确之道。

4. 技术性,即它是方法的、工具的、手段的。研究和解决行政问题,不仅要有正确的概念、范畴和理论指导,而且要有科学、可靠的方法和技术。如前所述,公共行政学就是一门建立了众多的研究和解决问题方法的学科,并形成了方法论方面的综合优势。

5. 发展性,即它是动态的、进步的、创新的。国家行政管理是人类社会发展的产物,是随着时代的进步而演变的。与此相一致,研究国家行政现象的公共行政学也必须不断更新、创造和发展变化。在公共行政学的发展史上,新的理论和方法是层出不穷的。这些理论和方法每每适应了政府在新的社会历史条件下公共行政管理的需要。正因为这样,公共行政学才历久不衰,为各国政府和相关学科所重视。

(二)公共行政学与相关学科的关系

任何一门社会科学的内涵,都不仅限于该学科的中心点,其意义都是建立在与其他学科相互联系、相互比较、彼此相交的相互关系的基础之上的。这就有必要讨论公共行政学与相关学科的关系。

1. 公共行政学与政治学。一般认为,公共行政学源自政治学,其最初的目的是研究如何有效地保卫宪法和执行宪法。所以,从渊源上说,公共行政学是政治学的分支学科。但经过百余年的演变,二者已经各具比较明显的领域差别。

政治学主要研究国家的基本理论和制度,比如,国家的起源、构成要素、体制,国家的政治原则、政治权力、政治制度,以及其他政治性的原理原则和实践。公共行政学则主要研究政府体制和政府行为等行政现象,研究如何制定正确的政府目标和有效地达成这些目标。因此,实务是其基本内容。就相互关系而言,有人认为行政学是借政治学指引其努力的方向,政治学则赖于行政学充实它的内涵。

2. 公共行政学与行政法学。有的学者认为,公共行政学源出行政法学,因为公共行政学的形成是从研究法律对行政活动的规范开始的。后来由于行政活动日渐繁多,由客观需求所促成的行政裁量日渐增多,引起了人们对行政的普遍关注,公共行政学才逐渐分离独立成一门学科。

从现代学科的领域看,行政法学是以行政法律关系为研究对象的学科,其性质和内容是研究和规定公共行政管理的法律规范,比如,行政权力主体如何行使职权,以及在其对民权和其他公共权力有所侵犯时如何惩处和补救等。其典型表述方式,是各种行政法律规范。公共行政学则研究推行和执行政务及如何使之有效的原理原则和技术方法,尤其注重在实际行政过程中的有效性。行政法学与公共行政学都是以国家行政为中心观念的学科。前者有赖于后者不断充实其内容,后者则有赖于前者提供维护自身合法权威的规范,进而加强自身的效能。因此,公共行政学与行政法学在现代社会中是紧密联系、相互促进的两门学科。

3. 公共行政学与企业(商业)管理学。企业管理学是科学管理运动兴起以来的有关企业管理的理论和方法的总称。一般认为,企业管理学较之行政学后起,它主要研究如何管理和改进企业的经营状况,提高生产率和增加利润。但它兴起之后却不断对公共行政学产生重大、直接的影响和推动。应当说,公共行政学借用或吸收了相当多的企业管理学的概念和方法,同样,企业管理学也从公共行政学借鉴了某些思想、理论和方法。因此,可以说,二者在本质上是一致的,仅就方法论而言,二者也是相通的,但在研究对象、目的和范畴等方面却存在明显的差别。公共行政学与企业管理学是内容上交叉、理论和研究方法上互鉴、学科发展上相互影响和相互渗透、研究领域上各异的两门学科。

4. 公共行政学与社会学。社会学是研究人类社会各种社会生活现象的学科,是社会科学的基本学科之一。从广义上说,一切社会生活都是它的研究内容,其中包括社会公共管理的概念、方式和手段。公共行政学只有将行政现象置于广大的社会环境中来考察,才能获得比较符合实际的理论和解决办法。从狭义上说,社会学则不以公共权力的成立和行使为特定研究对象。就相互关系而言,社会公共事业的管理是公共行政管理的重要内容,许多重大社会问题只有依靠国家行政机关的法权地位和特有的方式、手段才能解决。所以,公共行政学与社会学是相互促进、相互支持的。

除了以上学科外,公共行政学与(公共)经济学、政策科学、财政学、统计学、心理学、社会心理学、行为科学、运筹学、高等数学、计算机语言学、公共关系学等学科都有着比较密切的关系。

五、现代行政现象与现代行政精神

现代行政现象是指第二次世界大战以后,尤其是20世纪60年代以来,国际上主要是发达国家所出现和形成的某些公共行政现象。现代行政精神则是指与现代行政现象相一致的、政府在实施公共行政管理过程中比较重视和强调的某些行政精神。

(一) 现代行政现象

现代行政现象主要表现在三个方面。

1. 行政职能扩展。行政国家职能的扩展是一种历史的必然,它反映了一种对国家职能和法治原理的再认识。在比较长的一个历史时期里,西方国家一直奉行自然法的国家理论,以自然法理论作为资产阶级正统权力的理论基础,认为唯有立法才能直接和真正反映国民的意志。因此,议会被认为具有至高无上的法权地位,而政府只能依法行政、依法为治。进而,宪法规定行政活动的限度和秩序,国家行政机关的一切行政行为都必须以法律为依据,受立法的严格控制,由此形成"无法律即无行政"的法治行政原理。行政被看作仅仅是国家官员依法行使职权和寻求行政效率提高的活动。与这种国家理论相一致,西方国家政府的职能在相当长一个历史时期被限定在维护国家安全、社会秩序以及个人财产不受侵犯等方面。

自由资本主义发展成为垄断资本主义,特别是第二次世界大战至20世纪60年代以来,人类社会发展进步的节奏明显加快,出现了大量的新思想、新观念、新学科、新技术、新行业、新文化、新财富,推动着人们形成新的需求和新的价值观念,同时给西方国家带来了日渐增多、日益复杂的政治、经济和社会问题,这就需要一种能够对变化及时做出反应并有效解决问题的力量。这种力量就是政府,即国家行政机关。显然,因其权力属性和运用权力的方式,缓慢而欠灵活的传统的立法和司法制度是无法及时满足社会发展变化的需求的,而政府的权能又受到较大的抑制,这就难以避免地要激化传统的国家制度与现实需求之间的矛盾。在这种条件下,具有较强机动性、灵活性、伸缩性的国家行政机关,顺理成章地要被推向国家的主导权。西方国家认为,纯粹的法治行政有其局限性——"法律有限,人事无穷"使既有法律难以适应快速复杂的环境变迁,过分强调既定法律对行政的支配作用,实际上造成了现实政府的消极性,否定了现实政府发挥积极、主动、创造作用的可能性。因此,依法行政不应是一切行政行为均须依照法律条款,而是必须符合法律原则。也就是说,在不违反宪法和法律的条件下,国家行政机关有自由裁量、采取行政行为的自主权力。上述行政观念的变化,使政府不仅承担起了保国卫民的责任,而且承担起了扶助各行各业均衡发展,普遍提高各个阶层生活水准和道德、文化水准,防止个人私欲损害社会公益以及缓解社会矛盾的责任。政府行政职能的扩展造成了"行政国家"(Administrative State)的兴起,"行政国家"的兴起则造就了一个"大政府"(big government)。① 与此相一致,也形成了适应现代国家权力格局变化的现代公共行政学。

"行政国家"作为一种学术研究的概念和理论,最早由美国行政学家德怀特·沃尔多(Dwight Waldo)于 1948 年发表、1984 年再版的《行政国家:美国行政学的政治理论研究》②一书中提出,经过弗里茨·马克斯(Fritz Marx)于 1957 年发表的《行政国家:科层体制概论》③等研究成果的发展,已经成为一种确认的理论和公共行政的研究领域。行政国家首先是一种国家公共行政职能现象,其次是一种国家公共权力现象,同时也是一种公共事务管理现象,主要指 19 世纪末 20 世纪初,与垄断的进程相一致,尤其是第二次世界大战以后,在资本主义国家立法、司法、行政三权分立的国家权力主体的关系中,行政权力和活动扩展,具有制定同议会立法效力相当的行政命令权和制定同法院判决效力相近的行政裁判权,大量直接管理和介入国家事务和社会事务,从而起着最活跃和最强有力国家作用的一种国家现象。有关"行政国家"的情况我们将在相关章节进一步介绍和讨论。

但是,进入 20 世纪 80 年代以后,尤其是 90 年代以来,鉴于政府职能扩张带来的许多严重的问题,例如,官僚主义盛行,行政效率低下,公众意愿和权利受到侵害等,西方国家公共行政的理论与实践都出现了涉及广泛的革新。有关西方国家公共行政的理论与实践的革新、发展,我们将在相关章节进一步介绍和讨论。

2. 不良行政现象增加。行政权力的扩展和强化导致了行政国家的出现,行政国家的出现则进一步大大加强了行政活动。行政裁量权的广泛使用,使政府的行政活动几乎涉及社会生活的每一个领域。以行政权力的强化和行政职能的扩展为基础的政府行政活动的加强相应带来了一系列的不良行政现象。

(1) 行政组织规模庞大,形成了许许多多结构复杂、分工细致、门类繁多的专业部门和各种行政委员会,与此同时,政府公务人员也大量增加。例如,英国在 1901 年只有常任文官 11.6 万人,到 1955 年则猛增至 63.56 万人。这种现象,一方面提高了政府行政管理的专业化水平,另一方面也使政府在设官分职、划分权责、提高效率等自身行政管理方面遇到了重重困难,同时使政府各部门及人员之间相互依赖的程度加深,造成了不同的行政主体必须经常协同处理同一管理问题,而协同效果总是不佳的现象。尽管近年来西方国家通过一系列行政改革试图缓解以至解决这些问题,但实际成效还有待实践的进一步检验。

(2) 行政决策迟缓,使政府行政管理的效率和有效性受到影响。造成这种情形的原

---

① Richard Rose, *Understanding Big Government*: *The Programme Approach*, London, Beverly Hills: Sage Publications, 1984.
② Dwight Waldo, *The Administrative State*: *A Study of the Political Theory of American Public Administration*, 2nd, New York Holmes & Meier, Publishers, 1984.
③ Fritz Morstein Marx, *The Administrative State*: *An Introduction to Bureaucracy*, Chicago, Illinois: University of Chicago Press, 1957.

因,主要在于参与决策各方的差异,比如,价值观念、技术标准、议政程序、集团利益等。决策迟缓并不总是一种不良现象。在某些情况下,相对延长的决策过程为科学决策提供了反映各种不同观点的机会,从而增加决策的正确性。但在多数情况下,它直接妨碍或损害公共决策应有的时效性。尤其在 21 世纪快速发展变化的历史条件下,行政决策迟缓将导致各种可能的发展机遇的丧失。行政决策迟缓的原因是复杂的。政府整体的知识能力,政府首长的品格、素养等,都有可能影响行政决策的进程。在现代民主宪政体制的国家里,尽可能地兼顾各方面的利益,是政府行政决策的一个出发点。因此,不同行为主体的错综复杂的利益关系常常也会直接引发利益纠葛,从而影响行政决策。

(3) 政府人员专业化,主要是指政府大量招揽和使用专业人才的现象。这种现象从根本上是由现代社会再分工和学科再分化以及公共行政管理对象的多样化、复杂化所决定的。面对日新月异的社会,用"常识"来实施公共行政管理显然已经远远不够了。要适应社会的快速发展变化,符合社会的需求,就必须经常吸收新观念、采用新技术、启用新人才,而这些在现代社会里都是以专业来划分的。因此,招揽专业人才,成为现代政府的一项经常性业务。在这方面,即使是如英国这样传统重视"通才"的国家,近些年来也开始比较注意吸收专才。美国等国家则历来重视专才,且无论政务官或常务官都是如此。但在政府决策过程中广泛使用专业人才,也相应造成了"专业人员国家"的现象①,成为新一类的公共行政问题。这主要是指,政府管理人员专业化在提高政府行政管理的水平和效率的同时,也造成了不同专业人员之间、政府与公众之间在相互理解方面的某些障碍。另外,人员专业化并不否定行政通才的地位和作用。在许多综合性事务中,行政通才的独特作用是不可取代的,只是在现代政府中,所谓行政通才一般是指具有某一种专业知识、同时又具有比较丰富的综合管理经验和知识的人才。在人才学中,一般称之为"T 型"人才。

(4) 官僚化倾向滋长,导致了"程序化"行政现象的出现,不仅使国家行政组织中人际关系淡薄,主动进取精神受到抑制,而且导致政府与公众关系恶化。政府组织是典型的、大规模的、功能型的、层级节制的组织形态,组织内部有着严格的上下级关系和各自的权责范围,重阶层、尚服从是其组织关系的基本特征。这种特征由于基于对民意机关负责的法律规章的重重限制而得到强化。在这种情况下,"办公"与"公办"司空见惯,奉命办事、例行公事、恪守边界成为一种经常的现象,首创精神被削弱,进而造成行政机关行为方式和管理程序的某种程度的僵化现象。除此之外,政府公务员终身任职的永业制度,也在一定程度上妨碍了其进取精神的发扬。充分的职业保障免除了公务员的后顾之忧,但也在一定意义上形成了一个特殊的社会阶层,削弱了政府内部的竞争机制,使公务员可能出现斗志衰退,养成按部就班、不慌不忙、慢条斯理的习性。这一切都有可能疏远政府与国民的关系,造成民众对政府的失望情绪。这种现象如果不能得到及时和有效的克服或抑制,则会加重官僚化的行政现象。

关于不良行政现象的描述,"帕金森定律"和"彼得原理"的影响较大。

"帕金森定律"。为英国学者诺斯科特·帕金森(Northcote Parkinson)1957 年在《帕

---

① 〔美〕R.J.斯蒂尔曼:《公共行政学》,李方等译,北京:中国社会科学出版社 1988 年版,第六章。

金森定律——组织病态之研究》(Parkinson's Law)一书中提出。① 作者在书中对官僚组织机构、事业单位易于发生又极难改进的近似病态的多种现象进行了描述。因为这些现象均是组织的积垢——"官场病",实在难以改变,所以,作者冠之以"定律",借以强调其常态属性。迄今为止,书中描写的现象仍然是广泛存在的不良组织现象。

定律一:冗员增加原理。官员数量增加与工作量增加并无关系,而是由两个原因造成的:(1)每一位官员都希望增加部属而不是对手;(2)官员们彼此为对方制造工作。在正常条件下,人员增加符合这样一个公式②:

$$x = \frac{2k^m + l}{n}$$

式中 k 表示增加部属而自己因此获得晋升的官员数;l 表示任官时年龄与退休年龄之差;m 表示机关内部答复琐碎问题所需要的人时数(劳动时数);n 表示官员的管辖单位数;x 表示每年需要增加的人员数。加以百分比,公式变成③:

$$x = \frac{100(2k^m + l)}{yn}\%$$

其中 y 表示原有全部人员。按照该公式,无论工作量有无变化,计算得到的数值永远在 5.17%—6.56% 之间。

定律二:中间派决定。中间派在议会等"票决制"政策议程中具有举足轻重的作用,以至于中间派实际决定政策制定。所谓中间派指这样一些人:对事先分发的会议资料不加了解的人,没头没脑不清楚议程进行情形的人,耳朵不大灵光的人,醉意未尽、昏头昏脑的人,年纪老迈而自以为精神矍铄的人,意志薄弱的人。为了争取多数,争执双方不得不费尽心机、用尽手段争取中间派。

定律三:"鸡毛蒜皮定律"。财政委员会的大部分成员由不了解百万、千万元而只懂得千元的人组成,以至于讨论各种财政议案所花费的时间与所涉及的金额呈反比例,即涉及金额愈大,讨论的时间愈短,反之时间则愈长。只有在涉及金额实在不值得一提时,情况才可能反转。

定律四:无效率系数。由于复杂的利益关系,决策性委员会的非必须成员愈来愈多,以至于会议开始变质,变得效率低下,变得不可救药,不得不在委员会中再设立核心决策委员会或核心决策团体。无效率系数计算公式如下④:

$$x = \frac{m^o(a-d)}{y + p\sqrt{b}}$$

式中 m 表示实际平均出席人数;o 表示受外界压力影响的人数;a 表示出席人员的平均年龄;d 表示最远相互距离的平均值;y 表示委员会成立年数;p 表示主席的忍耐力;b 表示开会前测量的最老的三位出席者的平均血压;x 表示委员会无法有效工作的委员人数,即无效率系数。

---

① 〔英〕C.N.帕金森:《帕金森定律》,潘焕昆等译,台北:台湾中华企业发展中心1989年版。
② 同上书,第10页。
③ 同上书,第12页。
④ 同上书,第144页。

定律五:人事遴选庸才。人们设计了许许多多的人事遴选的方法,譬如世袭、笔试、心理测试、行为测试等。但大部分测试是事与愿违、徒劳无功的。遴选条件和遴选方法将遴选者引入歧途,最终不得不依靠偶然性标准遴选。

定律六:办公场所的豪华程度与机关的事业和效率成反比。事实上,那些事业处在成长期的机关是没有足够的兴趣和时间设计完美无缺的总部的。因此,"凡是尽善尽美的规划,就是工作衰退的征兆","完善等于终结,终结等于死亡"。①

定律七:"鸡尾酒会公式"。会议与鸡尾酒会是现代社会的两种紧密联系在一起的运作方式。召开会议通常同时意味着鸡尾酒会。后者通常最能体现人物的实际重要性。假如把酒会会场从左到右分为 A—F 六段,从进门处到最远端分为 1—8 八段,就可以划分出 48 个方块;再假定酒会开始时间为 H,且最后一名客人离开的时间是最初一名客人进场后两小时二十分钟,那么,重要人物都会在 H+75 至 H+90 的时间在 E/7 方块集合。最重要的人物自然会在其中。

定律八:嫉妒症。在嫉妒症流行的机关里,高阶主管勤苦而迟钝,中层干部钩心斗角,低级人员丧气而不务正业。嫉妒症病象可以分为三期:第一阶段,出现了既无能又好嫉妒的人物,即患上了"庸妒症"。第二阶段,"庸妒症"患者不幸进入或原本就在高层,于是尽一切可能排斥比自己本领强的人,拒绝提升能干的人,其结果,才智者挂冠而去,以至于机关似乎在进行愚蠢比赛,竞相表现愚蠢。第三阶段,机关仿佛被喷了 DDT,凡才智者一概不得其门而入,以至于从上至下是一群缺乏智慧的糊涂虫,机关病入膏肓,实际处于"昏厥"状态,此时已无药可救。嫉妒症之所以得以流行,是因为第三流水准成了政策原则。自鸣得意、自我陶醉、吹毛求疵、嘲笑他人、毋庸申辩等均是嫉妒症的病理表象。

定律九:财不露白。(略)

定律十:退休混乱。无论退休年龄(R)如何确定,一般的退休理论都会认为,在退休之前三年左右(R-3)人的精力会开始自然减退。这并没有错。问题在于如何确定退休年龄,更大的问题在于有无合适的接替者。因为,工作表现越优秀,任职时间越长,越难寻得合适的接替者,而在位者总会设法阻止职位较低者接近自己的职位,以延迟自己的退休时间。对此,安排"恋栈"者不断地航空旅行,天南海北参加温差明显、日程紧凑的会议,同时不断填写多种表格,终会使当事者承认自己年老体迈。

"彼得原理"。"彼得原理"由美国教育学家、心理学家、管理学家劳伦斯·彼得(Laurence Peter)于 1960 年首次公开发表,1969 年在《彼得原理》(The Peter Principle)一书中系统提出。② 该文以剖析人性的弱点为出发点,揭示了广泛存在于社会组织的痼疾——不称职。"彼得原理"的公式是:"在层级组织中,每位员工都将晋升到自己不能胜任的阶层。……彼得原理的推论结果是:每个职位终将由不能尽职的不胜任的员工所占据。"③ 这是因为,由于层级组织的结构性特性,无论一个人有多少聪明才智,又多么勤奋努力,总会有不能胜任的职位,而晋升是必然的,一直到不能胜任为止,更何况还存在许许多多不

---

① 〔英〕诺斯古德·帕金森:《官场病:帕金森定律》,陈休征译,北京:生活·读书·新知三联书店 1982 年版,第 68 页。
② 〔美〕劳伦斯·彼得:《彼得原理》,陈美容等译,北京:中国文联出版社 1996 年版。
③ 同上书,第 7—8 页。

良组织病象。

彼得原理内容广泛,我们仅介绍其中部分精彩定律:

彼得原理推论:每一个职位最终将由不能尽责、胜任的员工占据,层级组织的工作多半由尚未到达胜任阶层的员工完成;

彼得差别定律:政府机关与私人机构的最大的差异在于前者忙着花钱,后者忙着赚钱;

胡尔定理:多位贵人的共同提拔,可能产生乘数提拔效应;

艾利斯进步定律:所谓进步,就是以一件麻烦事替换另一件麻烦事;

马克·吐温禁果定律:亚当不是为了苹果才要苹果,而是因为那是禁果他才要;

庞德定律:任何以善始者必定恶终;

欧瑟定律:一个组织的权位最高者,通常存在把所有时间花费在出任委员会委员及签名的趋势;

道定律:层级体系中的职位越高者,困惑越大;

斯威夫特野心定律:野心驱使人从事最为平凡的事,所以,攀登的姿势与匍匐前进别无二致;

甘地枷锁法则:金枷锁较之铁枷锁危害更大;

哈佛定律:即使在严密控制压力、温度、音量、湿度以及其他变数的条件下,人体内的器官仍然会随心所欲、为所欲为;

汉密尔顿人性法则:人类是一种会讲述理由而不会理智思考问题的动物;

梅尔定律:如果事实与理论不符,那么事实必定被唾弃;

链条定律:链条与其最脆弱的环节有着相同的强度,链条越长,脆弱的环节越多;

华盛顿办事规律:一人做事敷衍了事,二人合作做事互相推诿,三人共事永无成事之日;

奈什规则:坐着工作的人比站着工作的人赚的钱多;

理发定律:不要问理发师你是否该理发了;

萧伯纳经济学家规律:如果所有的经济学家排圈坐,他们绝无可能达成一个共同的结论。①

3. 公共行政管理和公共行政管理理论现代化。这主要是指随着社会的发展进步,政府相应形成的某些行政现象:

(1)重视社会目的。现代社会是民主政治的社会。民主的观念、意识已经深化为一种大众的、社会的现象,国民行使公民民主权力达到了前所未有的程度。这种情况的出现,就国家的阶级职能而言,是因为在现代国家中,民主不仅是调整统治阶级内部各种力量或派别的重要手段,而且是调整统治阶级与被统治阶级之间阶级关系的重要手段,换言之,民主是阶级统治的必要条件;就国家的社会职能而言,民主则是政府取得社会的理解、合作和支持,以推行政令的必要条件,而国家的阶级职能,是以其社会职能为条件的。这就要求包括政府在内的一切国家机关重视国民意愿,接受大众监督,要求政府以实现一定

---

① 〔美〕劳伦斯·彼德:前揭书,第4—6页。

的社会目的为一切行政行为的出发点,以国民的利益为一切行政行为的价值标准,即以国民的意志为转移。现代的世界是相互联系、相互依赖的世界,因此,政府在采取行政措施的时候还应当充分考虑到国际影响。

从积极意义上说,重视社会目的、为国民利益服务是现代国家政府的天经地义的职守;从消极意义上说,轻视社会目的、不为或不能为国民利益服务的政府,则会为国民所不容、被国民所抛弃。因此,现代各国政府,一般都配置了相当的机构和人员,来经常和及时地调查了解民意,并尽量将政府的行政行为及其合理性、公益性诉之以国民,竭力搞好大众关系,以获得国民的谅解和支持。

必须看到的是,与国家或政府的历史存在的必然性、必要性相联系,"精英政治"与"大众民主"的矛盾将长期存在。从这个意义上说,重视社会目的将是一个渐进的过程。

(2) 公共行政管理手段现代化,主要是指政府为适应现代管理的需要,不断和大量吸收、采用现代化的技术设备和技术方法的行政现象。在这方面,电话、电报、电传、复印、光纤通信、卫星传送、高速交通工具,尤其是互联网及其衍生产品等现代化、自动化、智能化、数字化办公设备,已经在发达国家政府中得到了比较广泛的使用,特别是计算机的微机化、高速化、大容量的迅猛发展和互联网、数据库技术的普及,更使政府输入和输出信息的容量和速度、分析和处理信息的广泛性和准确性大大提高。这就大大增强了政府处理突发、偶发、大型、复杂行政问题的能力,提高了政府的行政效率,同时大大改善了政府与国民沟通的状况。

(3) 公共行政管理理论现代化。这种理论,直接反映现代公共行政的发展过程。从科学管理理论开始,经过人际关系—行为科学学派的激荡,管理科学理论的充实,系统论—权变观的发展,当代公共行政学已经成为一门内容丰富多彩、分支学科众多、研究领域独特、实践针对性较强的学科。为民服务、依法行政、高效管理、适应发展成为其中心观念。我们将在相关章节进一步介绍和讨论。

(二) 现代行政精神

现代行政精神也主要表现在三个方面:

1. 主动进取。传统的行政是征税募兵、维持秩序的行政,民众对政府也多以纳税完粮为己任,不求其他。科学技术推动了大工业的形成,大工业则在造成了社会化大生产同时,也促进了商品经济的发展,进而形成了一系列新的文化价值观念,出现了一系列复杂的社会问题。这就要求政府经常地审时度势,不断地提出对策,进而有效地解决面临的各种问题。随着21世纪信息化社会的时代、知识经济的时代、经济全球化的时代的到来,世界各国政府都面临着大量涌现出来的、前所未有的复杂问题。对此,只有那些锐意进取的政府,才有可能获得国民的支持,进而获得国家和民族的竞争优势。在此意义上,主动进取成为国民"他律"和政府"自律"的首要的现代行政精神。

对政府而言,主动进取意味着重新寻求和确定政府的基本价值标准,意味着重新选择政府的宏观公共政策,意味着制度创新。竞争是现代社会的基本特征之一。在竞争的条件下,国与国之间、地区与地区之间的竞争优势,在相当程度上是依靠政府促成的。为了稳定和提高民众的生活水平,适应和满足民众的精神需求,政府就必须正确估计环境,不但要及时制定政策,有效解决现实问题,而且要正确预测未来,有力地防患于未然。在现代条件下,政府主动进取,有效解决复杂社会问题的能力,已经成为衡量政府优劣的一个基本标志。因此,各国政府无不将此作为一个施政标准,并在实践中努力贯彻。在世界现代史上,政府通过重新确定基本价值标准和重新选择宏观公共政策,进而引发巨大社会进步成效的范例是很多的,例如,美国富兰克林·罗斯福总统的"新政",我国邓小平同志的"对内搞活、对外开放"的政策等。但是,主动进取在某些条件下也可能导致行政裁量权的无限膨胀,危及民主宪政体制。

2. 追求卓越。作为一种行政精神,所谓追求卓越主要指现代政府在主观意愿与客观效果相统一的意义上追求出色的政府公共行政管理,在比较的意义上追求不断提升并在实践中表现出具有卓越品质的公共政策能力、综合实施社会公共行政管理的能力、有效地向公众全面提供公共产品和公共服务的能力、自律和自我更新的能力。这种精神直接表现政府的工作动机、工作意愿、工作状态。追求卓越涉及两种相互联系的价值取向,即效率与效果。一般而论,效率(efficiency)和效果(effectiveness)都是考虑政府主观动机和能力卓越与否的主要标准,也是考虑组织绩效(organizational performance)的主要标准。但效率与效果表现不同的价值理念。效率是一个内涵丰富的概念。首先,它是数量的,指一种合理的投入产出比;其次,它是时间的,指在尽可能短的时间内完成尽可能多的工作;最后,它是情境的,指在既定条件下作最佳的抉择。效率注重的是在单位时间内做了没有、做了些什么,注重的是政府运用资源实现目标的状况和能力。现代政府无不视提高效率为提高行政管理水平的基本内容之一,将其作为长期的管理目标而加以刻意追求。效果强调的则是政府做过的事情对不对、好不好,注重的是政府实现既定目标的程度。不难理解,效果评估尤其是全面效果评估,由于一般同时会涉及政府行为的动机、出发点、方式等的是非评价问题,所以,不可避免地会涉及错综复杂的价值判断和价值选择问题。相比之下,追求效果更能在综合层面上体现行政目的,更能体现通过公共管理过程实现公共政策价值的程度,因而更应成为政府行政行为的价值标准。

3. 创新发展。创新发展是一个政府乃至一个国家、一个民族的生命力和适应环境能力的主要标志之一。在农业社会里,政轻刑简、社会单纯,因此,汉承秦制、萧规曹随是可行的。在现代社会条件下,发展变化的节奏明显加快,优胜劣汰已经成为一种随处可见的社会现象,政府对国民负责。要使国富民强、永远立于不败之地,就必须具有强烈的忧患意识,不断创新发展。因此,成功的政府无不强调创新发展的重大意义,将创新发展奉为政府乃至国家、民族的基本精神。为了实现创新发展,许多国家政府设置了专门的研究机构,招聘优秀人才,同时与民间研究单位保持经常的、密切的联系。不仅如此,许多国家政府还将"创新性"列为公务员考核的要项。这些都是值得我们借鉴的。

第二节 公共行政学的演进[①]

公共行政与政府的概念和文明的兴起同步发展。[②] 公共行政学的演进是指公共行政

[①] 本节部分内容引自张国庆:《行政管理中的组织、人事与决策》,北京:北京大学出版社1990年版。
[②] E.N.Gladden, *A History of Public Administration*, London: Frank Cass., 1972, p. 1.

学的演变与发展的过程,以及在不同发展阶段上的不同内容和特点。不同的历史阶段受不同理论的影响,侧重不同的研究方向,使用不同的研究方法,有着不同的代表人物和不同的代表论著。一般认为,公共行政学发端于19世纪末期,以威尔逊的《行政学研究》一文为标志,但自那以后的历史分期,研究者提出了许多不同的观点。我们认为,以新学派的创立、新理论的形成、新的研究方法的提出为主要划分标准,公共行政学的演进大致可以分为早期行政研究时期、传统公共行政研究时期、修正公共行政研究时期、整合公共行政研究时期四个大的历史阶段。20世纪70年代以来的发展,从世界范围内学科研究的主体特征上初步分析,或许可以称之为重建或革新行政研究时期。其具体的理论内容,我们将在第二十章介绍和讨论。

一、早期公共行政研究时期

这一时期是指1887年威尔逊发表《行政学研究》一文到科学管理理论兴起之前的一段历史时期。在这一时期里,公共行政学建立了基本的理论基础,形成了初步的学科体系,产生了比较大的影响,因而受到了各方面的注意。这就为公共行政学的进一步发展提供了条件。

公共行政学发端于这一个时期是有其历史必然性的,它是这一个时期社会生活和思想理论的直接产物。这一时期是西方国家由自由资本主义向垄断资本主义过渡的历史时期。在这一时期里,欧美各主要国家早已完成了产业革命。随着各国工业化的迅猛进程,不仅在工商、金融界形成了一批对国民经济和国民生活具有举足轻重影响的大型垄断组织,而且在社会发展过程中出现了都市化以及随之而来的一系列的、前所未有的复杂的社会问题。矛盾冲突甚至对抗成为一种普遍的社会现象。这就对国家控制和管理提出了新的要求,要求通过国家干预,来有效地减少、缓和、解决矛盾,保证社会的稳定和均衡的发展。而在国家的社会职能中,政府是最直接、最经常、最繁重的国务活动的承担者。在这种情况下,政府地位的增强、权力的加大、职能的扩展、责任的加重、管理方式的科学化是不可避免的。但政府及其人员的状况却不能令人满意。诸如效率低下、不负责任、贪污腐化、铺张浪费等现象并不鲜见。这就促使人们进一步关注政府,研究有关公共行政的问题,以求解决现实矛盾。因此,在这个时期提出公共行政问题、产生公共行政学是合乎逻辑的,它是社会发展进步的客观要求,也是社会发展进步的一种表现。

从理论渊源上看,行政学的产生也不是偶然的。不少学者认为,它是在四种理论的基础上或直接促进下发展起来的。这四种理论是:

第一,西方近代政治学说,尤其是国家学说,它为公共行政学提供了有关国家权力(行政权)、民权民意、政府结构、政治过程等概念和范畴,提供了传统的理论和思辨的研究方法。

第二,君主制时代德、奥两国的官房学。官房学又译计臣学,主要研究如何有效地为国家(君主)管理财政、经济、行政等问题。当时政府将官房学作为候补官员的培训项目,并于1727年起设立了专门的讲座。官房学在改进行政制度、积累行政经验和人员培训等方面为后来的行政学提供了有益的启示。官房学以后逐步演变为公共财政学。

第三,普鲁士的任官制度和英国的文官制度。18世纪初期,普鲁士在西方首先创立了依据考试任用官吏的制度。1713年,普鲁士规定必须经过考试竞争才能任用法官,10年后进一步明确此规定适用其他官吏。英国则在1805年设立了常任文官,1854年正式确立了常任文官制度。文官制度为公共行政学的公共人事行政的研究提供了最主要的范畴和最早的规范,因而对公共行政学的形成具有直接的推动作用。

第四,西方资产阶级革命时代兴起的行政法学。行政法学与资产阶级革命几乎同期产生,其最初的宗旨,是要反对和制止封建君主对资产阶级的强权的、粗暴的甚至是肆无忌惮的干涉和掠夺,后来则演变为研究行政法律关系的学问。行政法学开创了"依法行政"思想源流,建立了"法制行政"的最初的理论规范,而这恰恰是迄今为止公共行政学的最重要的理论基础之一。从这个意义上可以说,行政法学直接促进了公共行政学的产生。在近代史上,一般认为冯·斯坦因的行政法理论最早对公共行政学产生了影响。

早期行政研究阶段的主要代表人物是二位美国人——威尔逊和古德诺。他们对公共行政学的最大贡献是突出和强调了公共行政活动及其研究在所有国家现象中的特殊意义,并为此提出了一系列的理论观点和某些范畴。这样,他们就将公共行政学推上了独立发展的轨道。

威尔逊曾任美国普林斯顿大学教授和校长,后任美国新泽西州州长和美国第二十八任总统(1913—1921),是美国"学术地位最高"的一位总统。1887年,他在美国哥伦比亚大学《政治科学季刊》上发表了他于前一年在美国莫尔学院向学生们所做的一篇关于行政研究的报告,即我们现在所说的《行政学研究》一文。[①] 这篇论文不长,大约只有两万字,然而却在发表之后很快蜚声政治学界并产生了深远的影响。一般认为,该文是公共行政学发端的标志,威尔逊本人也因此被认为是公共行政学的创始人。

在《行政学研究》一文中,威尔逊首先批判了当时美国的民主政治体制所表现出来的清淡、迟缓、彼此牵制和行为无力等现象,主张重新认识权力和授权,认为如果对权力控制和使用得当,那么集中的权力则能够更好地为国民造福,这种权力愈大愈好。威尔逊认为,传统的论证主要集中在政治过程方面,而对如何实施法律则注意不够。事实上,执行一部宪法与制定一部宪法相比较,正在变得愈来愈困难。所以,应当把研究的重点放到行动的政府方面,即放到政府行政管理(administration)方面。为此,就应当从法律和文件的背后去开掘出"现实研究法"。威尔逊还认为,要恢弘政治的功能,就必须纯正政府的组织机构,加强执行,提高行政效率。为了效率,应当适当牺牲民主。为此,应当建立一门新的学科,通过它,使民主宪政制度臻于完善。这门学科就是行政学。威尔逊认为国家的权力主要是掌握在决定政治的议会和执行政治的行政部门手中。这就从结构上否定了三权分立的学说,提出了政治与行政的两分法(dichotomy of politics and administration)。威尔逊说,这种理论前人已经明确阐释:"例如布隆赤里就叮嘱我们要把行政管理与政治和法律同样地区别开来。他说,政治是'在重大而且带普遍性的事项'方面的国家活动,而'在另一方面','行政管理'则是'国家在个别和细微事项方面的活动。因此,政治是政治家的特殊活动范围,而行政管理则是技术性职员的事情'。'政策如果没有行政管理的帮助就将一事无成',但行政管理并不因此就是政治。然而我们在采取这一立场时并不需要求

---

① 〔美〕伍德罗·威尔逊:《行政学研究》,载彭和平、竹立家等编译:前揭书,第1—27页。

助于德国人的权威,很幸运的是行政和政治的这种区别现在已是极为明显,并不需要作进一步的讨论。"①这一观点,后来被古德诺发展成系统的理论,并产生了广泛的影响。在政治与行政两分法的基础之上,威尔逊进一步提出,一个良好的政府应有两大支柱,即坚强有力的政务官和效能精干的文官。此外,威尔逊还论及了创造精神、行政责任、文职官员培养等问题。尽管《行政学研究》并未涉及行政学的基本框架,也未规定其基本范畴,但因其拟定了行政学的内涵,因而奠定了行政学的基础,成为后来研究公共行政的必读篇目。另外,威尔逊还著有《国会政府》《美国内阁政府》《委员会和内阁政府》等论著。

古德诺曾任美国哥伦比亚大学教授和霍普金斯大学校长,以及美国政治学会的第一任主席和威廉·塔夫脱(William Taft)总统的"经济与效率委员会"顾问。古德诺长期教授行政法学。1893年,他出版了《比较行政法》一书,在当时颇负声誉,被许多大学视为教科书。但他的最有代表性的名著,是1900年发表的《政治与行政:对政府的研究》一书。

古德诺全面、系统地论述了两分法理论,认为传统的三权分立的学说不符合民主国家的实际,因为民主国家的主要职能只有政治和行政两种,司法只不过是行政的一小部分而已。所谓政治,是国家意志的表现,也是民意的表现和政策的决定。它是由议会掌握的制定法律和政策以表达国家意志的权力。所谓行政,是国家意志的执行,也是民意的执行和政策的执行。它是由行政部门掌握的执行法律和政策的权力。这样,古德诺就否定了立法、司法、行政的三分法,而代之以政治与行政的两分法。古德诺进一步认为,行政学不研究政治问题,那是政治学的任务,也不使用民主或程序的标准,而是研究政府的行政效率、使用方法或技术的标准。为了提高行政效率,最好将政党的因素和政治权宜等政治排斥在行政之外,而将政府文职官员区分为政务官和常务官,并规定常务官在政治上中立。

《政治与行政:对政府的研究》是最早的公共行政学专著之一,对后来的公共行政学有着深刻的影响。它直接和强有力地推动了行政学的发展,使公共行政学在独立发展的进程中迈出了意义重大的一步。因此,一般认为,古德诺是公共行政学的奠基人之一。但是,应当看到,古德诺以两分法划分国家职能,固然有其合理的一面,但却忽视了政治与行政内在的、必然的联系;同时,他过分偏重了行政的技术属性,因而忽视了行政在国家政治生活中的独特的和重要的地位。古德诺一生论著甚丰,较有影响的还有1895年的《市自治:行政研究》、1897年的《市政问题》、1909年的《市政府》等。

一般认为,"两分法"之于公共行政学的意义在于从四个方面提出了关于学科的论证基础②:

1. 政府由"政治"与"行政"两种过程构成,"行政"是其中一种单独的过程;
2. 行政研究应当建立在管理的基础上而不是法律的基础上;
3. 关于"行政"的科学研究可以寻得类似于物理学的普遍原则,行政研究可以由艺术转变为一门科学;
4. 行政将成为现代政府的中心问题,运用行政科学可以增进政府管理的效率。

---

① 〔美〕伍德罗·威尔逊:前揭文,第15页。
② 〔美〕弗兰克·古德诺:《政治与行政》,王元译,北京:华夏出版社1989年版;赖维尧等:《行政学入门》,台北:台湾空中大学出版社1996年版,第49—50页;〔美〕伦纳德·D.怀特:《公共行政学研究导论》,载彭和平等编译:前揭书,第43—44页。

二、传统公共行政研究时期

这一时期以美国人泰罗 1911 年的《科学管理原理》一文为标志,到 30 年代行为科学兴起之前。在这一时期里,公共行政学在前一段研究的基础上,同时受到科学管理理论的启发和影响,开始转向建立学科的基本框架和基本体系的方向上来,其研究的重点,集中在谋求行政组织的合理化、行政过程的制度化、行政行为的效率化、行政方法的标准化。这一时期提出了公共行政学的研究目的、研究对象、理论范畴、管理原则、研究方法等一系列的规范,基本形成了公共行政学的学科体系,使之成为一门领域广泛深入、内容丰富充实、作用独特卓然的独立学科。

泰罗开创了科学管理的源流,因而被称为"科学管理之父"。以他为代表的科学管理理论是在美国企业管理落后、企业劳动生产率的提高和经济的发展远远落后于当时科学技术成果和国内经济条件所提供的可能性的历史条件下产生的。面对这种情况,一批具有科学知识又同企业管理有关的工程技术人员开始进行各种试验,试图将科技成果应用于企业的生产和管理之中,从而形成了一套科学的理论和方法,并迅速在工商企业界得到推广,进而引起各行各业,其中包括政府的广泛重视和吸收应用。从反映工业文明的意义上说,科学管理理论可以理解为是一个包括这一历史时期一大批研究者的各种管理理论的广泛的概念。其中以美国人泰罗、法国人亨利·法约尔(Henri Fayol)、德国人马克斯·韦伯(Max Weber)最具代表性。他们的理论和方法直接对公共行政管理的理论和实践产生了重大的影响。他们的理论的要点综述如下。

弗雷德里克·泰罗。泰罗着眼于企业的基层管理,提出了以时间动作分析、工作定额制度、标准化管理、对工人进行职业培训和刺激性的差别工资等概念为核心的管理理论,因此被称作管理技术学派。泰罗是以自己在米德威尔(Midvale)钢铁厂和伯利恒(Bethlehem)钢铁公司的基层管理经历为基础归纳出自己的组织管理哲学思想的。因此,在他的整个思想发展过程中,他始终注重从技术分析的角度研究工人的工作方式、工作过程和工作协作,试图通过最合理最有效的组织配合,来达到提高工人的工作效率的目的。1895年,泰罗发表了第一篇说明自己观点的文章《计件工资制》。1903 年,泰罗发表了《工厂管理》一文。1910 年,泰罗又发表了《科学管理原理》一文,直至 1911 年在美国国会的证词,泰罗的组织管理理论完全形成,并成为这一时期组织管理思想和方法的主导学派。因此,他的理论被称为"泰罗制",泰罗本人也因此被尊称为"科学管理之父"。

泰罗组织管理思想的逻辑维是:劳动生产率低下是工厂中存在的主要问题。解决这一问题的途径不仅在于解决劳动力问题,更重要的在于解决低劣的管理问题。为此,就需要建立一套完整的工作制度,而实施这套制度的主要办法就是任务管理,即对工人在一定时间里的工作和完成工作所需的技术手段做标准化的处理,并把工人的报酬与工作成绩直接联系起来。这样做,首先碰到的就是组织管理的问题,即由谁来提出标准、提出什么样的标准和如何提出标准。计划与控制的问题由此产生。为此,泰罗提出了一种富于技术性质的、"有明确界说和原已经确定基本原则"的职能主义理论。他认为,应当把计划与执行区分开来,并加强专业化职能人员在组织中的作用。他说:"在老体制下,所有工作程序都由工人凭他个人的经验去干,而在新体制下,则由资方按科学规律去办事了。"①而要加强职能化的计划工作,就必须设立计划室。"计划室的最重要职能之一是维护企业的全部制度及其标准方法和设备,包括计划室本身在内。"②泰罗认为,加强专业性计划工作的好处,不仅可以造成组织的标准化、程序化的工作流程,增进组织的稳定性和有效性,而且可以改善工厂行政首脑处理"例外"事件的活力。正是在这一点上,泰罗摆脱了传统的、依靠个性进行组织管理的旧模式,开创了科学组织管理之先河。

用今天的眼光来看,泰罗的科学管理思想和职能主义方法,不仅奠定了大型企业科学管理的基础,而且也推动了企业中所有权与经营权的分离,造就了一个所谓管理阶层。这对于科学化组织管理思想的不断创新,起到一种十分重要的推动作用。然而,泰罗本人作为这个阶层的一员,虽然登上了哈佛大学的讲坛,但却遭到了美国国会的抵制。但他确实影响和启发了同代人。丹尼尔·雷恩(Daniel Wren)评论说:"科学管理之父弗雷德里克·温·泰罗和他的同事是对管理思想进行综合整理的第一代人。管理曾被描述为一个把组织的物质资源或技术力量同人力资源结合起来以便实现组织的目标的进程。在泰罗之前,没有任何人曾像他那样把管理问题发展为如此程度的一种系统方法,并同时把管理同哲学范畴结合在一起。"③科学管理在实践中显示了有效性。进入20世纪以后,在资本主义生产经营中,从美国开始出现了影响全世界的"科学管理运动",科学管理成为一种占据主导地位的学术思潮和管理方式。

亨利·法约尔。早在1900年,法约尔就在国际采矿和冶金代表大会上提出了他的行政管理理论的思想。1908年,法约尔为矿业公会成立百年纪念会撰写了《论一般管理上的原则》的论文,提出了他的行政管理的14项一般原则。1916年,法约尔又发表了《工业管理和一般管理》一文,首次和系统地提出了他的行政管理的要素论。稍后,他的另一篇论文《国家的行政管理理论》于1937年被《管理学论文集》收集并在美国出版。

法约尔注重管理人员管理方法的改进,提出了以职能分工、统一指挥和14项管理原则等概念为核心的管理理论。因他以加强企业上层的行政管理为目标,并自认为其理论适用于一切组织,所以,他的理论被称之为行政管理理论或一般管理理论。法约尔提出的14项管理原则是④:(1)分工,减少浪费、增加产出和便于人员培训。(2)权力,实现正式的职位权力与个人的智慧经验、道德品质、领导能力、经历等个人权力的统一,同时强调权力与责任相称。(3)纪律,建立以服从与尊重为基础的组织与雇员之间的关系,有力的领导、明确的协议和审慎的制裁是必要的。(4)统一指挥,每一名部属只应有一位上司,双重指挥对权力、纪律、稳定、效率都是一种威胁。(5)统一指导,组织只能有一个计划、一个目标、一名负责人,组织需要集中精力、协调力量、统一行动。(6)个人利益服从整体利益,借以消除无知、野心、自私、懒惰等人性弱点。(7)报酬,酬劳合理取决于多种因素,合理的报酬既是为了使人员具有更大的价值,也是为了增强人们的工作动机,调动积极性。(8)集权,自上而下实行管理,权力最终归属最高领导者。凡增加下级的作用及其重要性

---

① 〔美〕F.W.泰罗:《科学管理原理》,胡隆昶等译,北京:中国社会科学出版社1984年版,第170页。
② 〔美〕F.W.泰罗:前揭书,第170页。
③ 〔美〕丹尼尔·A.雷恩:《管理思想的演变》,孙耀君等译,北京:中国社会科学出版社1986年版,第158页。
④ 同上书,第239—243页。

的行动都属于分权,反之都属于集权,但集权不是表明好坏的一项制度。(9)等级链(权力线),组织从上至下形成明确而无间断的等级、权力和沟通通道。它表示权力等级的顺序和传递消息的途径。但在等级链中,允许横跨权力线进行横向交往与联系,即"跳板原则"。"跳板原则"既可以减轻直线指挥线路的负担,又有助于使联系迅速有效地进行。不过,横向联系只有当所有各方都同意并且在上级主管人员随时都了解情况的条件下才允许进行,目的在于既维护统一指挥的原则,又扩大和加强组织联系。(10)秩序,任务活动有严密的安排,形成进退有序的工作规范。(11)平等,人格平等且公正合理,以此作为成员关系的基本准则。(12)人员保持稳定,制定稳定的人员计划,更新人力资源。(13)主动性,诱导和劝告每一个人在工作中充满热情和发挥干劲。(14)团结精神,强调和谐与团结一致,将分裂看作是反对公司的一大罪状。

法约尔首先确定,在所有的工商企业组织中都存在六大类基本活动:技术活动、商业活动、财政活动、安全活动、会计活动和行政管理活动。这六大类基本活动构成一个组织的六种基本职能。其中行政管理活动又分为计划(planning)、组织(organizing)、指挥(commanding)、协调(coordinating)和控制(controlling)五种。他把管理的五种活动称为管理的五要素,并集中对其进行了研究。在他的概念里,管理与行政管理是不能混为一谈的。管理是企业确保六项基本职能得以顺利执行的全部活动,行政管理则只是这些职能之一种。行政管理职能只影响到人员,其他各种职能则控制着物质和机器。"行政管理就是计划、组织、指挥、协调和控制。计划意味着研究未来和工作计划。组织意味着建立企业的物质和人事机构,把人员和物质都组织起来。指挥意味着要工作人员去做工作。协调意味着把所有活动统一和联系起来。控制意味着设法把一切工作都按已经规定的章程和已经下达的指示去做。"①法约尔关于管理与行政管理的区分,在当时对促进人们对组织高级领导层的职能和作用的认识起到了推动作用。

组织是法约尔行政管理五要素的核心内容之一。他在这方面的主要贡献集中于组织的目的和结构方面。他认为,组织包括为各种活动和各种关系以及人员的雇用、评价和培训等做好准备;组织一个企业就是为企业提供一切有助于实现其职能的东西。在这方面,管理人员和管理部门的职责,就是要设法使人员和物质的组织符合公司达成其目标的需要,而做到这一切的途径,是建立合理的组织结构。

法约尔认为,合理的结构就是能保证公司在实现其目标的过程中能进行统一领导的结构。合理的结构不仅将会对全组织工作的职责做出明确的规定,鼓励发挥主动性和承担责任,而且有利于协调活动和集中努力。这样一来,既能确保控制,又不会出现过多的条例、文牍主义和控制性公文。法约尔认为,组织中的等级系列和横向职能部门的增多是组织所承担工作数量增长的结果,但不合理的管理层次和幅度也是造成前一种增长的原因。他主张在组织中把管理层次和幅度都保持在最低的限度以内。组织是按照简单的几何级数发展的,因此,根据这一级数设想一种方法,就能把管理层次和幅度限制在合理的范围以内。法约尔所提出的职能和等级系列的发展进程及比例,是15名工人需要一名管

---

① H.Fayol, *General and Industrial Management*, translated by Constance Storrs, London: Sir Issac Pitman & Sons, 1949, pp. 3-5.

理人员,往上各级则均以4:1的比例为基础。例如,60名工人要求4名工头则又需要一名监理人,如此类推。

法约尔主张建立只听命于一个总经理的参谋人员机构。在这方面,他借助了军队总参谋部的概念。参谋人员的职能是在总经理的指导下协调管理人员执行其所承担的任务,并帮助拟定计划和探求改进工作的方法。后一点是法约尔的独特贡献,因为他认为只有不需要处理日常事务的参谋人员,才最有可能探索更好的工作方法,发现企业条件的变化,以及关心和研究组织所面临的中、长期战略规划问题。在这一点上,法约尔的影响是深远的,我们可以从现代"脑库"的广泛应用中看到这种影响。

马克斯·韦伯。韦伯曾任维也纳大学和慕尼黑大学教授,出任过魏玛宪法起草委员会顾问。韦伯是一位兴趣广泛的典型的知识分子,作为社会学的三大"奠基人"之一,作为现代最具生命力和影响力的思想家之一,其研究领域涉及政治学、行政学、法学等。他的以"合理性"(rationality)和"合法性"(legitimacy)为中心概念的官僚制(bureaucracy)或官僚科层组织理论,即以"官僚模型"为主体的"理想的行政组织体系"(Bureaucratic Ideal Type),被认为是组织学的也是行政学的最重要的理论之一。

韦伯认为,官僚科层组织并不是指文牍主义、效率低下的组织现象,而是指一种组织形态及其结构特点。合理合法的职权是官僚概念的内涵。这种组织是应用于复杂组织的最有效的形式,因而是已知的对人类进行必要管理的最合理的形式。韦伯的官僚科层组织理论的形成曾经借助于他对政府组织的大量观察。对他来说,在大型行政管理工作中,官僚形式是不可避免的,在行政管理领域中,人们只能在官僚形式和外行之间选择。尽管如此,韦伯还是将他的理论称之为"理想的行政组织体系"。

韦伯是一位多才多艺的知识分子。与泰罗和法约尔相比较,他更像一位理论家。他从来没有过治理组织的经历,其理论的出发点也不是为任何一个组织的实际需要而设计的,而只是组织的理想的、标准的、通用的形态。设计这种标准化组织形态的目的,也只是为了进行理论上的分析,"以便说明从小规模的企业('世袭')管理过渡到大规模的专业管理的转变过程"。韦伯的最大贡献,就是提出和建立了现代社会的官僚模型(Bureaucracy Model)的组织理论,并因此被称为"组织理论之父"。在韦伯的概念中,"官僚"这个词并不含有现在流行的"官僚主义"的意思,而只表明组织结构设计中的某些特点和规范。韦伯认为,官僚集权组织是适用于一切复杂组织的最有效的组织形式。

韦伯的理想组织形态是以他关于"权力"的观点为基础的。他认为,合法的权力有三种:第一种是传统权力(traditional authority),是世袭的,它来自对传统文化的信仰和对个人明确而特殊的尊严;第二种是超人权力(charismatic authority),是个人奋斗得来的,它来自领导者的意志和强制性权威;第三种是法定权力(legal authority),是选举产生的,它来自法律和社会契约。韦伯认为,某种形式的权力是组织实现其目标的基础,没有这种权力,组织就将一事无成。权力可以消除混乱,形成秩序,带来组织的有效性。其中法定的权力构成官僚集权组织的基础。因为这种权力既合理又合法,既重视了人的能力,又重视了管人的制度。

合理——合法的职权观点是韦伯官僚概念的基本观点。"合理合法的职权就是根据所处的地位来行使职权的权利。……当这种职权演进为有组织的行政管理人员时,它就形成'官僚结构'的形式。"①合理—合法的职权的基本范畴的结构包括:(1)一个由规则约束官员职责的连续的组织。(2)详细规定权限范围。(3)官职的组织遵循等级制原则,即每一个较低的官职处于一个较高的官职的控制和监督之下。(4)管理官员行为的规则可以是技术性规则或规范。(5)在合理的组织类型中,行政人员应该完全和生产资料或管理资料的所有权分开。(6)在合理类型的情况下,任职者完全不能滥用其官员职位。(7)行政法令、决定和条例以书面加以规定和记录。(8)用种种不同方式行使法定权力。②在这种结构的范围内,组织是依靠规章制度来实行管理的,每名组织成员都占有一个被明确说明了其职权的职位,而各种职位都在职权的等级系列之内。这样,通过对组织内部权力与责任的严格划分,就可以形成明确无误的官僚结构。韦伯认为,官僚结构是适应环境需要而出现的组织形式,这种形式是当代世界中大型而复杂化组织实施行政管理的最有效的工具。

韦伯指出:一般地说,经验往往表明,纯官僚式的行政组织,即各种独裁的官僚形式,从纯技术观点上看,能够取得最高的效率;从这个意义上说,它是已知的对人类进行必要管理的最合理的方法。它优于其他形式之点是其准确性、稳定性、严格的纪律性和可靠性。这样,就有极大的可能来评估组织的领导人及与其有关的执行人员的工作效果。还有,它在效率方面和经营范围方面都比其他形式优越,而且完全可以正式地应用于各种行政管理任务。在各领域中,公司组织的现代形式的发展就是官僚式行政管理的发展与进一步的扩展。这适用于各种组织,从正式的、技术的观点上看,官僚式行政管理将是最合理的形式。

韦伯从来没有为他的理想的官僚集权组织下过定义,但却详细地描述了这种组织结构的特征:

(1) 官僚组织形态是根据完整的法规制度设立的一种组织结构。这种组织有确定的组织目标,并依靠完整的规章制度去规范组织成员的工作行为,从而有效地达成组织目标。

(2) 这种组织是井然有序的权责体系,组织内部根据需要实现劳动分工,同时明确规定每一个成员的权责并使之合法化,权责按等级的原则组织起来,形成一个统一的等级序列。

(3) 根据组织中不同层级的职位需要,公开招考和挑选具备某种技术资格的成员,按照其专长进行合理分配和正式任命,务求每一位成员称职并只有一位上司。

(4) 行政管理人员不是他们所管辖公司的所有者,他们只是公职人员,他们领取固定的薪金,他们的奖惩与升迁用制度加以明确规定并与工作成效相联系。

(5) 行政管理人员要遵从官场的严格规则、纪律和制约,而不受个人感情的影响,且毫无例外地适用于各种情况。

在韦伯看来,官僚集权的组织结构体现了理想的行政管理体系,这种体系是大规模组织的最合理的形式。资本主义的发展需要稳定、可靠、严格和精细的管理,而行政管理体

---

① 〔美〕弗里蒙特·E.卡斯特、詹姆斯·E.罗森茨韦克:《组织与管理——系统方法与权变方法》,李柱流等译,北京:中国社会科学出版社1985年版,第78—79页。
② 〔英〕D.S.皮尤:《组织理论精粹》,彭和平、竹立家等译,北京:中国人民大学出版社1990年版,第6—8页。

系正是实现这种管理的最有效的形式。正是这种需要,使得官僚集权组织作为任何一种大规模组织的中心因素,在社会中具有极其重要的作用,并使官僚集权组织理论成为研究现代复杂组织现象的理论基础。

韦伯的社会学和政治学知识帮助他开创了一种新的研究行政问题的方法,即将行政组织和行政管理问题放到比较广泛的社会经济、政治环境中去考察。这从一定意义上可以说是生态行政学的先声。韦伯一生著书立说较多,主要的有《新教伦理与资本主义精神》《社会组织和经济组织的理论》等。

科学管理思想和方法在企业组织经营领域里的成功运用,鼓舞和推动了人们在其他方面的实践。首先在美国,人们开始把科学管理方式应用于国家行政组织的职能范围之内。1906年,从纽约市政调查委员会开始,美国全国各地迅速推广开展了市政调查运动。各级政府把科学管理的调查方法和效率的原则应用到行政部门,将科学管理的技术方法推广到行政乃至联邦行政,调整机构,精简人员,简化程序,从而促进了政府工作的改革,提高了行政效率。1911年,美国又根据塔夫脱(William Taft)总统的主张,设置了"效率与经济委员会"(Commission on Efficiency and Economy),开始用行政立法的形式来肯定和强调科学管理在国家行政领域里的重要性。市政调查运动和"效率与经济委员会"的设立,反映了现代化工业都市的兴起及其对国家公共行政管理的新的要求,是美国也是资本主义世界致力于提高行政管理水平的标志。

在工商企业管理理论蓬勃发展的同时,公共行政管理理论也取得了长足的进步,这一时期行政管理研究的主要代表人物及其论著如下:

1. 美国人怀特。他是一位杰出的行政学家和人事行政专家,曾在芝加哥大学任教多年,为该校的行政学研究带来了声誉。不仅如此,他还曾任美国文官委员会主席,有较高的政治地位。怀特于1926年出版了《行政学概论》一书。该书简明扼要、取舍得当,是全美第一本行政学教科书,因而有相当的影响。在书中,怀特使用传统的理论研究的方法,比较全面地概括和介绍了新兴行政学所面临的各种问题。他指出,在错综复杂的现代社会中研究行政事务,必须运用科学的方法以得出某些规律性的东西,进而建立相关的原理、法则和知识体系。怀特在书中提出,组织原理、人事行政、财务行政和行政法规应是行政学的基本内容。他的理论对后来的行政学产生了积极的影响。怀特在行政学研究方面学力深厚,另有许多理论建树,其中较重要的有《近世公共行政的趋势》《联邦主义者》《外国的文官制度》等。

2. 美国人威廉·魏洛比(William Willoughby)。他曾任美国劳工部专家顾问和普林斯顿大学教授,擅长政治学和心理学,对经济和法律也颇有研究,后曾主持美国行政研究所及美国国会图书馆的行政书籍出版事宜。1928年,魏洛比发表了《行政学原理》一书。他认为,财政、预算和物资管理是公共行政学的主要研究范畴之一,而这些内容常常被人们忽视了。因此,他用了比较大的篇幅来论证这些内容。这样,魏洛比就拓宽了公共行政学的研究范围。他对公共行政学的主要贡献就在这里。此外,魏洛比还有《现代国家的政府》等论著。

3. 美国人约翰·费富纳(John Pfiffner)。他多年在美国南加州大学任教,1946年出版了《行政学》一书。该书与怀特的《行政学概论》和魏洛比的《行政学原理》齐名,在那个年代被称为三足鼎立的三大行政学教科书。他的其他重要著作还有《行政组织论》和《行政学研究方法》等。

4. 美国人卢瑟·古立克。他从20世纪20年代到60年代一直担任美国公共行政研究所所长和美国政府事务研究所主席等职,是一位卓越的、实践的行政学家。由他主持的研究报告甚多,其中相当一部分被政府所接受并用于行政工作中。他还在联合国等世界组织中先后担任过政府计划、组织、都市管理、财政、人事等部门的负责人。古立克在哥伦比亚大学任教二十多年,学术研究内容广泛、成果丰硕,其中较著名的是他与厄威克合编的《行政管理科学论文集》。他的管理七职能理论基本上概括了他那个时代有关管理的各个方面,因而成为以后同类研究的出发点。

5. 英国人林达尔·厄威克。他曾任设在日内瓦的国际管理协会会长,一生编写过许多管理方面的著作。较著名的有《作为一个技术问题的组织》《管理的职能》《科学的组织原则》以及与古立克合编的《行政管理科学论文集》等。该文集总汇和整理了当时科学管理学派的各种理论观点,因而是了解当时行政研究情况的重要文献资料。厄威克是有关组织理论研究的代表人物之一,他的最主要的理论贡献,是提出了他认为适合一切组织的八项组织原则。

三、修正公共行政研究时期

这一时期以艾顿·梅奥(Elton Mayo)1933年的《工业文明的人类问题》为标志,到20世纪60年代系统管理学派崛起之前。这一时期是行为科学——人际关系管理理论盛行的时期。行为科学——人际关系学说并不是独以公共行政学为研究对象的,而是一种非常广泛的社会科学研究现象。它使用反传统的研究方法,开拓了以人的行为和人际关系为中心的新的研究领域,所以有人称之为"新社会科学"。

"行为科学"的概念最早是美国芝加哥大学的一些教授于1949年提出来的。起因于美国福特基金会资助该校"个人行为与人群关系"的研究计划,该计划简称行为科学。此后,行为科学就作为一种全新的社会科学概念而流行于世。

一般认为,行为科学发端于1927—1932年美国的"霍桑实验"(Hawthorne Experiments)。从1927年到1932年,梅奥和伊瑞茨·罗特利斯伯格(Eritz Roethlisberger)及托马斯·怀特赫德(Thomas Whitehead)三位美国哈佛大学的教授在美国西方电气公司的霍桑工厂连续五年进行了新的实验,即著名的"霍桑实验"。通过对组织中人的行为的实证性研究,他们开创了行为科学——人际关系学说的理论先河。他们认为,对人格的尊重、参与、情绪发泄、社会平衡、士气、小团体及其制约、非正式组织等,是组织管理过程中决定性的因素,而法律、制度、规章、纪律、精密性等则是次要的。这样,他们就从根本上背弃了传统的管理学的主要理论,开创了一种崭新的管理理念和研究视角,进而奠定了行为科学的基础。

"霍桑实验"分为三个阶段:

第一阶段,继电器装配室实验和云母剥离室实验。该阶段证明:客观的物质性质的变量,比如工作环境、工作场所、工时长短、疲劳程度、劳动强度、照明条件、身体状况连同工资制度是造成劳动生产率升降的原因,但不是主要的原因。主要原因是工人的态度与情绪的改变以及与之相关联的团体社会关系的改变。

第二阶段,访谈计划。该阶段证明:士气与监督工作存在着因果关系,而士气和监督又与工作产量发生一定的因果关系。在这里,监督是指以人(监工)的行为方式出现的正式的组织监督。因此,这种监督实际上也体现了一种人际关系。改善这种人际关系,使之变得坦率、合理、善意,是改善工作环境中人际关系模式、实现人性激励的重要方面。这种改善将直接影响到士气以至工作成果。处理这种人际关系的能力,是新型的领导能力所在。访谈计划还证明:在组织中建立有效的信息沟通渠道,实行参与管理,可以使工人的工作态度和情绪好转,从而使产量增加。

第三阶段,绕线机组实验。该阶段实验证明:企业中不仅存在正式组织,而且存在非正式组织;企业成员不仅受正式组织的约束,而且受非正式组织的约束。非正式组织以感情、地位和相互间的社会作用为基础,形成特定的群体,并以群体特有的行为方式来保护或制约自身的成员,以使其行为符合群体规范,从而在正式组织所要求的"效率的逻辑"与非正式组织所要求的"感情的逻辑"之间建立平衡,并通过满足组织成员的某种社会—心理需要来调动其工作积极性。

在实验的基础上,梅奥等人对他们的理论进行了阐述:梅奥发表了《工业文明的人类问题》《工业文明的社会问题》,罗特利斯伯格发表了《职工的生产率中的人的因素》,怀特赫德发表了《企业界的工人》,罗特利斯伯格和威廉·狄克逊(William Dickson)合作发表了《管理与工人》等,从而奠定了人际关系—行为科学的理论基础。

梅奥等人开创了以人、人的行为和人的社会关系为中心的新的研究方向,以及用社会—心理的观点和方法研究组织现象的先例,从而把组织管理过程中的活的因素——人及人际关系摆回到组织中来,并摆在最重要的位置之上。但是,正如有评论所指出的:"从实质上讲,梅奥主义同泰罗主义追求的是同样的目标,即工业中的协调与合作。达到这个目标的手段是不同的,但两者预计的结果却都是工人和企业管理当局双方都认识的那种彼此有利的相互关系。"①梅奥等人以实验的结果为依据,主要提出了三条原理:②

第一,工人是复杂的社会系统的"社会人",而不仅是"经济人"。所以,工人会追求金钱收入,但也会追求人与人之间的友情、安全感、归属感和受人尊重等,他们还有社会、心理方面的需求。因此,社会、心理因素是鼓励工人提高劳动生产率的基本途径。

第二,企业中普遍存在着经常表现为某种团体的"非正式组织"。这些团体有自然形成而其成员必须服从的规范或惯例。并且,非正式组织同正式组织是相互依存的,对生产率存在直接的影响。

第三,新型的领导能力在于,"要在正式组织的经济需求和工人的非正式组织的社会需求之间保持平衡"③,即通过提高职工的满足度而激励职工的"士气",从而实现提高生产率的目标。因为,在职工的需要中,金钱只是其中的一部分,甚至不是主要的部分,职工更多的是感情、安全感、归属感等与人类情感、情绪相联系的需求。

---

① 〔美〕丹尼尔·A.雷恩:前揭书,第321页。
② 马洪:《〈国外经济管理名著丛书〉前言》,载〔美〕弗里蒙特·E.卡斯特、詹姆斯·E.罗森茨韦克:前揭书,第6—7页。
③ 同上书,第7页。

从梅奥他们以后,行为科学—人际关系学说得到了迅速的发展。受其影响和激荡,管理理论领域相应形成了一系列的新的学说及理论观点,例如:亚伯拉罕·马斯洛(Abraham Maslow)的人类需要层次论,弗雷德里克·赫茨伯格(Frederick Herzberg)的激励—保健因素理论,道格拉斯·麦格雷戈(Douglas McGregor)的X—Y理论,库尔特·卢因(Kurt Lewin)的团体动力学,维克托·弗鲁姆(Victor Vroom)的期望概率模式理论,伯尔赫斯·斯金纳(Burrhus Skinner)的强化理论,克里斯·阿吉里斯(Chris Argyris)的不成熟—成熟理论,罗伯特·坦南鲍姆(Robert Tannenbaum)和沃伦·斯密特(Warreu Schmidt)的领导方式连续统一体理论,罗伯特·布莱克(Robert Blake)和简·穆顿(Jane Mouton)的管理方格法,斯达西·亚当斯(Stacey Adams)的公平理论,约翰·莫尔斯(John Morse)和杰伊·洛希(Jay Lorsch)的超Y理论,威廉·大内(William Ouchi)的Z理论,詹姆斯·穆尼(James Mooney)的管理过程理论等。这些理论和学说的提出,大大丰富了行为科学的学科内容,推动了行为科学的扩展和泛化,使行为科学大有占领一切人文科学学术领域的气势。但终因其内容庞杂、偏走极端,否定了传统理论的合理性,因而忽视了组织管理的全面性,所以,第二次世界大战以后,尤其是进入60年代以后,其主导地位逐渐被系统管理理论所取代。①

行为科学—人际关系学说直接影响了关于行政研究的进程,许多行政学者开始使用行为主义的观点和方法研究行政现象,其中,以西蒙为代表的决策理论学派较具影响。

西蒙曾任美国社会科学研究会主席,先后在芝加哥大学、伯克利大学和伊利诺伊工艺学院任教,1949年后则一直执教于卡内基—梅隆大学。西蒙在经济学、心理学、政治学、社会学、组织学、计算机科学等方面都有所造诣,是当代最著名和最有影响的公共行政学学者之一,也是1978年诺贝尔奖获得者。"行政行为"(administrative behavior)的概念就是在他的倡导下逐渐在公共行政学界流行的。

西蒙认为,传统的理论对组织的说明只限于组织的结构、权责和指挥,因而过分简单和不切实际,要真正了解组织就必须对组织每一成员的逻辑抉择和心理抉择加以研究。传统的组织理论把组织中的人看成组织的一个毫无生气的既定因素,而不是一个可变因素,因而忽略了人的行为的重要性。

西蒙认为,组织是决策过程的复杂系统。他把组织成员的心理、行为与决策联系起来,认为决策充满组织管理的全过程,是组织的中心因素。因此,领悟和把握一个组织的结构和功能的最好办法,就是对组织的决策进行分析,这种分析以对组织内影响成员决策和行为的因素进行分析为前提。所有的管理活动都是团体活动,决策是许多团体活动的共同结果,而不是等级系列中的个人决定。因此,团体参与是组织管理的合理方式,而要实现团体参与就必须首先实现组织平衡,即在成员对组织的贡献与组织对成员的满足之间建立平衡。这种平衡是以组织对其成员实现激励而产生的诱因为基础的。

西蒙不满意传统的行政研究的方法,认为那不能正确表现行政现象和反映行政过程,主张用行政行为的动态的研究方法来取代传统的法度体制的静态的研究方法,从而使行

---

① 〔美〕丹尼尔·A.雷恩:前揭书,第三部分;孙耀君:《西方管理思想史》,太原:山西人民出版社1987年版,第二编第二、三、四、五章。

政研究切实有效。他的理论被称为管理决策理论,亦有人称之为逻辑实证学派。西蒙的行政学说自成体系,大致可以分为三大部分:行政管理研究方法理论、决策理论、对行政组织及决策技术的实际研究,其中决策理论影响较大。他的决策理论迄今为止仍是决策领域的主要流派之一。1944 年,西蒙在美国《公共行政评论》上发表题为《决策与行政组织》的长篇论文,初步提出了他的行为主义的行政观;在此基础上,他又于 1947 年出版了他的成名著作《管理行为——管理组织决策过程的研究》①,进一步明确提出了他的行为主义的行政观:

第一,传统的行政研究所提出的一些行政原则只不过是一些"行政谚语",因为他们的研究不够科学。

第二,必须区分事实因素与价值因素,并在此基础上区分政策与行政。

第三,公共行政学与包括自然科学在内的各个科学相通,都应以事实为对象进行实证研究。

第四,正确的概念工具是建立科学原则的基础。

第五,研究行政行为必须重视借鉴经济学、社会学、心理学等科学的发展。

第六,决策或决定是行政行为的核心问题。

西蒙一生著述甚多,除《行政行为》外,主要著作还有:《经济学和行为科学中的决策理论》《管理决策新科学》《发现的模型》《思维的模型》以及与他人合著的《行政学》《组织》等。"西蒙的贡献主要在于他的中心思想,即:为了对组织进行研究,就必须对影响人的行为的全部决策过程的复杂网络进行研究。"②在这个时期,西蒙与另一位行政学家德怀特·沃尔多发生了一场关于公共行政学价值取向的著名争论。我们将在《行政执行》一章中介绍和讨论。

在这个时期里,国外许多行政学者也在努力对公共行政学进行新的探索或归纳,其中较有影响的有:菲利克斯·奈格鲁(Felix Nigro)的《行政学》、理查德·沃纳(Richard Warner)的《公共行政原理》、奥德韦·狄德(Ordway Tead)的《行政目的与行政行为》和《行政艺术》、德怀特·沃尔多的《行政国家》和《行政管理中的观念与问题》、狄莫克夫妇(Marshall Dimock and Gladys Dimock)的《行政学》等。

四、整合公共行政研究时期

这一时期开始于 20 世纪 60 年代初,没有明显的标志,而是一种渐进的过程。从提出新问题的角度划分,该时期或许可以以哈罗德·孔茨(Harold Koontz)发表于 1961 年的《管理理论丛林》一文为启端。在该文中,孔茨用"丛林混战"一词来描述和形容管理理论的名词、术语、定义、假设漫天飞舞,学派、理论、体系、方法林立的现象,由此提出了管理理论价值取向和价值标准混乱,造成学术研究和管理实务困惑迷茫的问题。1980 年,孔茨

---

① 〔美〕赫伯特·西蒙:《管理行为——管理组织决策过程的研究》,杨砾等译,北京:北京经济学院出版社 1988 年版。笔者认为,按照西蒙原文的词义和内容,标题中"Administrative Behavior"即"管理行为"一词译为"行政行为"应更为准确。

② 〔美〕丹尼尔·A.雷恩:前揭书,第 371 页。这种研究的最终目的不是为了提高组织的效率,而是为了实现组织的效果。在这里,效率只是达到效果的手段。决策虽然也同效率相关,但更重要的是解决效果问题。

再著《再论管理理论的丛林》一文,认为当时至少可以概括出社会系统学派、决策理论学派、系统管理学派、经验主义学派、权变理论学派、管理科学学派、组织行为学派、社会技术学派、经理角色学派、经营管理理论学派等十余个学派。为了突破和摆脱"丛林混战"造成的困境,人们开始试图寻求一种能够较为有效地整合各种管理理论的新的基础。这就是后来的系统理论(systems theory)和权变理论(contingency theory)。

新的研究是从对行为主义的批判开始的。1964 年,戴维·伊斯顿(David Easten)在《政治学评论》刊物上发表了《政治学的革命》一文,对行为主义的理论进行了抨击,认为制度研究与行为研究同等重要,研究方法与理论架构不可偏废,同时反对价值中立观,主张后行为主义(Post-Behavioral Science)革命。受此影响,管理学的研究主流开始发生转变。

人类早就有关于系统的概念,但多偏重于哲学的理解。一般认为,最早提出一般系统理论的是奥地利生物学家路德维希·贝塔朗菲(Ludwig Von Bertalanffy)。他在 20 世纪 20 年代末提出了有机系统理论的概念,其后,在 1937 年美国芝加哥大学的一次讨论会上,他首次正式使用了"一般系统理论"一词,并将系统(有机体)定义为"相互作用的诸要素的复杂体"。这可以说是一般系统理论产生的标志。1968 年,贝塔朗菲出版了《一般系统理论的基础、发展和应用》一书,比较全面地阐述了他的动态开放系统理论。该书被西方学者认为是一般系统论的经典著作。美国经济学家肯尼思·博尔丁(Kenneth Boulding)1956 年发表的《一般系统理论:一种科学的框架》,则被认为是另一本关于一般系统论的经典著作。

系统论是对传统的科学管理和行为科学各自偏颇的否定。前者过分看重制度、纪律、标准化在组织管理中的有效性,后者则过分强调人性激励、心理满足、自我实现对组织管理的合理性,因而都在实践中显露了相当的局限性,无法普遍适用于各类组织。同时,科学管理和行为科学也忽视了组织管理与广泛的社会环境之间的相互关系,因而限制了人们的视野。在这种情况下,用综合的、全面的、相互关联的观点来看待、分析和研究组织管理现象,寻求一种能够广泛适合于各种组织的理论构架,就成为一种历史的要求,一般系统理论就是这种要求的产物。

系统论为人们研究世界提供了新的指导思想和方法论,也为各个学科的沟通提供了前提。它强调组织的部分、部分之间的交互影响、部分之和组成的整体的重要性,强调组织对环境的影响和环境对组织的影响,把组织看成为一个相互联系的、动态的、开放的系统,从而使人们对组织的一般性质和一般发展规律有了更深刻的认识。但是,一般系统观念却包含着比较高的概括性,它更倾向于"原则性"而不是"技术性"。

系统管理理论提供了一种宏观的关于普遍联系和互动作用的管理思想,这无疑是正确的,但这还不够,必须同时强调组织管理的具体的、特定的特征。进入 70 年代以后,西方社会间经历了一个以社会不安、经济混乱、政治骚动为特征的时代。在这个时代中,人们对生活和组织管理的准则都变得不确定了。"最佳途径""标准建议"和"通用方法"受到怀疑。正是在这种背景下,人们开始寻求更为具体、更为特殊的组织特征和相互关系的模式,寻求一般系统论在具体的组织管理过程中的作用和应用。权变观应运而生。

权变观是 20 世纪 70 年代形成于西方的一种管理理论,其中包括权变管理理论、权变领导理论、权变组织理论等。权变管理理论以弗雷德·卢桑斯(Fred Luthans)1973年的《权变管理理论:走出丛林的道路》《管理导论:一种权变学说》等为代表;权变领导理论以弗雷德·菲德勒(Fred Fiedler)的"菲德勒模型"和"LPC"(Last Preferred Coworker)衡量法,罗伯特·豪斯(Robert House)和特伦斯·米切尔(Terence Mitchell)的"目标—途径"理论等为代表;权变组织理论则以琼·伍德沃德(Joan Woodward)、埃里克·特里斯特(Eric Trist)、保罗·劳伦斯(Paul Lawrence)、杰伊·洛希(Jay Lorch)等人为代表。

所谓权变,就是权宜通达、应付变化。权变观是以系统理论为基础的,它否认一成不变、普遍适用的"最佳"管理理论和方法,认为每一种组织都有其特定的社会环境和内部条件,因此,随机应变,一切以时间、地点和条件为转移是组织管理行之有效的关键。权变观强调管理现象的多变性,但并不否认"类型"的意义。相反,它主张通过大量实例的研究和概括,来建立管理关系的基本类型,因此,"权变管理就是依据环境自变数和管理思想及管理技术因变数之间的函数关系来确定的一种对当时当地最有效的管理方式"①。

权变观的中心思想是,在承认系统关于组织与环境以及各个分系统之间存在相互联系、互动作用和一致性的基础上,制定特定条件下组织的最有效的管理方式。在权变组织观的概念中,"它取决于"具有决定性意义。这意味着每一个特定的组织都必须确切地了解自己所处情境的各种可变数以及这些变数之间的相互关系和相互作用,把握组织管理过程中各种复杂的因果关系。因此,不存在一种普遍适用的管理原则和组织模式,一切都取决于时间、地点和条件。但一般系统论并没有被抛弃,而是在提供总体指导思想的基础上,由原则性转向灵活性、由标准化转向多样化。

这一个时期管理理论的研究是十分活跃的。以弗里蒙特·卡斯特(Fremont Kast)和詹姆斯·罗森茨韦克(James Rosenzweig)为代表的系统管理学派,以彼得·德鲁克(Peter Druker)为代表的经验主义学派,以埃尔伍德·伯法(Elwood Buffa)为代表的管理科学学派,以亨利·明茨伯格(Henry Mintzberg)为代表的经理角色学派,以汤姆·伯恩斯(Tom Burns)等为代表的机械—有机组织管理理论等,均在不同程度上对有关公共行政的研究产生了影响。②

一般系统理论与公共行政学相结合,形成了所谓的生态行政学。生态学原是研究生物与环境相互关系的一门自然科学。遵循系统论的观点将其引入行政现象的研究,于是就有了所谓生态行政学。其研究的基点,在于政府赖以生存和运作的生态系统(ecological system)的重要性,强调政府与其环境(environment)的互动(interactions)和动态平衡(dynamic equilibrium)。一般认为,最早运用生态观点来研究公共行政现象的是美国人约翰·高斯(John Gaus)。他在1936年和1947年分别发表了题为《美国社会与公共行政》《公共行政的境界》和《政府生态学》等文章和著作,阐述了政府及其行政行为与社会环境相互关系的重要性,强调政府与其生态环境的交互作用,从而开创了从社会文化的角度研究公共行政的先例。集生态行政研究之大成,用生态理论和模式来解释行政现象的则是美国人弗雷德·雷格斯(Fred Riggs)。他于1957年所著的《农业型与工业型行政模式》以

---

① 孙耀君:前揭书,第659页。
② 唐兴霖主编:《公共行政组织原理:体系与范围》,广州:中山大学出版社2002年版,第44—54页。

及于1961年发表的《行政生态学》都是当时风行一时、被引为典范的有名的生态行政学论著。他认为,迄今为止人类的行政模式可以分为融合型(fused model)的农业型行政模式、棱柱型(prismatic model)的过渡行政模式、绕射型(diffracted model)的工业型行政模式三种模式。这三种模式反映不同社会形态的发展水平,因而能够适用和解释现代工业社会、传统社会和开发中社会国家的行政现象。雷格斯的生态模式(ecological model)以及上述理论为在比较中确定各种行政类型的特质提供了一种研究框架。对这种特质的正确理解,对任何一种类型的行政制度都是十分重要的。此外,约翰·费富纳和罗伯特·普瑞休斯(Robert Presthus)1967年合著的《行政学》、奈格鲁夫妇(Felix Nigro and Lioyd Nigro)1973年合著的《现代行政学》等,当时均产生了一定的影响。

在这个时期,西方国家出现了大量新的社会现象和现实、尖锐的问题,迫切需要政府公共管理及时和有效地加以应对。在这种历史条件下,一种新的理论和技术方法——公共政策分析应运而生。

五、发展时期

关于这一时期的情况,我们将在最后几章合并讨论。

六、我国公共行政学的历史与现状

我国是世界上为数有限的文明古国之一。在漫长的封建发展史上,逐步形成了一套内容丰富、特点突出、相对完善的封建行政管理制度,其中尤以中央集权的大一统国家行政体制、官吏制度和监察制度见长于世。对这些历史成就及其在人类文明史上的先进性,国外的很多学者都是推崇备至的。

但是,现代意义上的公共行政学却是从西方国家引进和借鉴的。19世纪末20世纪初,几乎与西方国家行政学的形成同期进行,我国一些学者很快就开始了翻译和引进。这从一个侧面反映了行政学的影响。当时较有影响的出版译著有:《行政纲目》《行政学总论》《行政法撮要》等。从30年代开始,我国一些学者陆续发表了一些研究专著,根据可以查证的资料,最早的首推1935年张金鉴的《行政学的理论与实际》;翌年,江康黎出版了《行政学原理》。这在当时都被列入大学丛书。另如龚祥瑞、楼邦彦合著的《欧美官吏制度》等,也有相当的影响。

在理论研究发展的同时,公共行政学也步入了我国高等院校的殿堂,到新中国建立以前,各大学政治学系及培训学校大都开设了行政学课程,并有一定数量的留学生出国深造。不仅如此,公共行政学传入我国并与我国实际相结合,也影响了我国的实际行政过程。例如,伟大的资产阶级革命家孙中山先生提出并实践了五权分立的思想,组建了我国现代史上的第一个资产阶级政府。1934年,当时的国民政府也曾成立了"行政效率研究会",并发行了《行政效率》半月刊,后更名为"行政效率促进委员会"和《行政研究》月刊,直属行政院领导。

新中国建立以后,中国共产党和政府从我国国情和不同阶段的不同任务出发,对改善我国的国家行政管理状况作了巨大、艰苦的努力,积累了一定的关于公共行政学的历史经验和教训。但是,作为一门社会科学的公共行政学,却由于众所周知的原因,在1952年我国高校院系调整时与某些学科一样被撤销了。不能不指出,这在相当的程度上影响了我国公共行政即各级国家行政机关管理科学化的进程,亦影响了我国公共行政学的历史积累和发展,更影响了我国公共行政与公共行政学的有效结合。

这种情形从1978年开始得到改变。1978年中国共产党十一届三中全会纠正了较长期以来的"左"的错误,进行了比较广泛的拨乱反正。这就为我国社会科学的繁荣发展提供了充足的条件。1980年12月中国政治学学会的成立,酝酿了恢复和发展公共行政学的氛围,一些研究者开始公开著文呼吁和讨论有关公共行政学的问题。1982—1984年我国国家行政改革过程中所暴露出来的缺乏系统的科学行政管理理论指导的缺陷,则对恢复和发展公共行政学提出了现实要求。这就从理论和实际两个方面为恢复和发展公共行政学创造了充分的条件。

1984年夏,由国务院办公厅和劳动人事部联合发起召开了全国性的行政管理研讨会,并正式筹备建立中国行政管理学会。此后,在全国范围内很快掀起一股学习和研究行政管理学的热潮,不少大学和研究单位先后设置了行政管理学专业或开设了行政管理学课程,同时成立了一批行政管理干部学院,行政管理学甚至被视为我国几千万党政干部的必修课。1988年,中国行政管理学会正式成立,并发行了会刊《中国行政管理》。1995年,国家行政学院在北京正式成立,主要培训各级政府司局级以上官员。行政管理学开始纳入国家行政建设的轨道。

在我国行政管理学恢复和发展的过程中,先后发表或出版了一大批论文、专著或教材,较早的有:国务院办公厅编辑的《中国行政管理学初探》、夏书章教授主编的《行政管理学》、李方教授的《行政管理学纲要》、唐代望教授的《现代行政管理学教程》、周世裘教授主编的《行政管理学通论》、李方教授主编的《行政管理学基础》、黄达强和刘怡昌教授主编的《行政学》,以及后来徐颂陶、徐理明教授主编的"跨世纪现代政府管理丛书"等。①进入20世纪90年代中期以后,各类关于公共行政研究的专著开始多起来,且研究质量明显提升;与此同时,还引进和翻译出版了一批西方学者的公共行政学教科书和专著。这些都对我国公共行政学的建设起到了积极和直接的推动作用,为我国公共行政学的不断发展提供了必要的条件。

但是,正如有的研究者指出的那样,中国作为后发展国家,关于公共行政的研究也相应呈现出了某些后发展的特征。其中,有两个较为明显的特征:

第一,自80年代中期行政学的教学和研究得以恢复以来,在不到20年的时间内,我国的行政学研究以加速度的节律迅速发展,表现为学科体系、学科分化、应用研究不断扩大和深入,尤其是90年代中期以来,研究领域开始触及世界公共行政研究的某些前沿问题。

第二,尽管我国的公共行政研究发展迅速,但是,应当看到,迄今为止的许多研究,尚停留在对西方国家公共行政理论进行介绍的层面,理论研究的广泛性和深度明显不够,尤其,我们还缺乏依靠自身的力量开掘具有重大理论价值和重要理论研究意义的命题、课题、问题的强烈意愿和能力。造成这种状况的原因是多方面的、复杂的。其中一个问题,

---

① 刘怡昌、许文惠、徐理明主编:《中国行政科学发展》,北京:中国人事出版社1996年版,第304—340页。

在于"本土行政"受到重视的程度严重不足,以至于无法建立提出和形成新观点、新思想、新理论所必需的坚实的现实基础。应当看到,我国公共行政学的恢复和发展从一开始就具有某种"本土行政"的倾向。许多研究者在研究的过程中不仅大量引经据典,而且经常试图结合我国特定的行政现象,并提出了许多颇有见解和切实可行的观点或方案。这对促进我国公共行政的科学化进程起到了直接和十分有益的作用。但同时应当承认,迄今为止我国本土行政的研究是远远不够的。并且,随着国家现代化进程进入可持续发展阶段,我国公共行政管理还会面临愈来愈多、愈来愈复杂的理论和政策问题。可以认为,历史要求我们的公共行政研究结合我国的国情,加强本土行政的研究,进而面对挑战、迎接挑战,并以此来促进我国公共行政学科的发展。我国公共行政管理研究近、中期所面临的主要课题如下:

第一,从宏观上研究与我国社会总体发展水平、所有制状况、经济体制、传统文化、权力关系相一致的政府行政管理的基本职能,并在此基础上建立符合国情的、中国式的国家公共行政管理模式。我国正处在历史的转型期,改革和制度创新的任务尚任重道远,建设中国公共行政学的理论体系亦还需要从事大量艰苦的工作。

第二,从结构、比例与行为、运作的结合上研究我国国家行政管理的内部机制,理顺关系、分清权责、减少不必要的环节,降低行政成本,提高行政效率,不断增强行政效果。

第三,从宪法原则、国家制度、民族传统、社会规范、经济实力、全民文化素质与世界通则结合上研究我国的公务员(文官)制度,关键是要能够吸引、考选、任用、提拔优秀人才,通过公平合理的竞争和职业保障制度,调动政府公务员的积极性。

第四,从观念、思想、理论与制度、体制、纪律的结合上研究我国公共行政管理的民主化进程,其主要问题,是实现公务员权利与义务的统一,领导人决策与群众参与决策、政府决策与公众决策的统一,决策制定、实施与决策有效反馈的统一。

第五,从历史的经验教训、社会发展的要求与世界有关国家范例的结合上研究我国公共行政管理的法制化进程。其要义,是要制定一套能够"依法行政"的制度,以及保证这种制度、使之切实有效的监督、控制制度。

第六,从现实与可能、目前与未来、国情与世界潮流的结合上研究我国的公共行政发展战略,并制定相应的规划,使我国的行政研究后继有人、继往开来,不断发展,为促进我国国家行政的现代化、民主化、科学化、法制化进程不懈努力。

第三节 国家行政管理体制

在公共行政的意义上,国家行政管理体制主要涉及国家的领导体制、政府的组织结构、公共行政权力的归属、政府的管理运作方式等问题。

一、国体与政体

自人类形成国家以来,曾经出现过多种国家类型及其相应的国体和政体。所谓国体,即国家体制或国家制度(state system),简单地说就是一个国家的性质和形式,一般指一定阶级的政治统治和社会各阶级在国家中的政治地位及政治关系,是以宪法和法律形式确立的一国统治与被统治阶级关系的基本制度,是国家在以公权力为主的政治权力组成与分配方面的体制,反映国家的本质和国家的阶级属性。所谓政体,即政治体制(political system；system of government；form of government),简单地说就是政权的组织形式,一般指一个国家政府的组织结构和管理体制及相关的法律和制度,体现一个国家的政治关系形态和国家政治体系运作的形式。需要指出的是,国体和政体并重是马克思主义政治学的一个基本命题,在西方国家的宪政理论中,较多"政体"之说而较少"国体"的讨论。

国家行政管理体制亦称国家行政体制、国家公共行政体制或国家公共行政管理体制。一般而论,国家行政管理体制属于"政体"的范畴,是一种通过法定形式确立的制度安排,主要规定一个国家政府的领导体制、组织结构、管理制度。这种制度安排通常包括纵向和横向两个维度,并纵向、横向结合共同形成体制,其中,纵向的国家权力安排方式被称为国家结构形式,各个国家机关之间横向的关系被称为政权(府)组织形式。国家行政管理体制包含有诸多的领域,如宪政体制、领导体制、组织体制、财政体制等。世界各国的政体形式繁多,根据不同的分类标准有不同的形式,例如,以国家最高权力的归属为主要标准有民主制——独裁制、君主制——共和制、君主立宪制——议会制共和制等,以国家行政权力的归属为主要标准有总统制——内阁制等,以中央与地方的权利关系为标准有联邦制——单一制等。我们以君主制——共和制政体为基本类型,兼顾内阁制——总统制,介绍和讨论涵盖了当今多数国家的政治体制。

二、君主制与共和制

1. 君主制。君主制(monarchy)即君主政体。"君主"一词来源于拉丁语"monarcha",基本的意思是独一的、绝对的统治者。君主制相对于共和制或神权政治而言,指国家君主——国王、皇帝、天皇、苏丹、天子等,作为单一的国家元首(head of state),名义上享有或实质上执掌政体权力的政权组织形式。君主制又分为君主专制制(autocratic monarchy)或君主独裁制和有限君主制或君主立宪制(constitutional monarchy)两大类。君主专制政体曾经是一种人类历史上广泛存在的政治体制和政府组织形式,已有数千年的发展史。奴隶制国家、封建制国家都是君主政体国家。君主实行终身制,多数王位世袭,也有禅让(如上古中国"五帝时代"产生国家领导人的制度)和选举产生(如神圣罗马帝国的皇帝)。君主专制制政体的君主拥有至高无上的、绝对的权力,君主的意志就是国家意志,就是法律。君王总揽天下的包括行政、财经、司法、军事在内的所有公权力,并为此拥有庞大的官僚办事机构,同时以武力为后盾控制舆论、钳制宗教势力。

在漫长的征服与被征服的国家变迁中,主要在资产阶级革命之后,许多绝对君主制或君主专制的国家演变为现代的君主立宪制国家。一般认为,1215 年,英格兰国王约翰王(King John)被迫与贵族们签署的《自由大宪章》(Great Charter),在历史上第一次以成文政治契约的方式,在明确限制了封建君王权利的同时保证了贵族的权利,因而既是君主立宪制的开端,也是现代国家宪法的起源。1688 年,反对詹姆斯二世(King James II)的"光荣革命"成功之后,英国议会于 1689 年通过了《权利法案》(the Bill of Rights),全称《国民权利与自由和王位继承宣言》(An Act Declaring the Rights and Liberties of the Subject and Settling the Succession of the Crown)。该法案并不是成文宪法而是属于宪法性质文件,且只有短短的13条,但却确立了臣民的权利和自由不被侵犯、议会至上、司法独立等几大基本原则,由此奠定了英国君主立宪政体的理论和法律基石,并建立了君主立宪制政体。当今欧洲的英国、西班牙、沙特阿拉伯、科威特、日本、泰国、摩洛哥、莱索托等都属于君主立宪制国家。

君主立宪制又称立宪君主制,是指在宪政体制下由一个世袭或选出的君主作为"虚位元首"(Titular Head)的政治体制。"虚位元首"是"实权元首"(Vacant Power Head of State)的对称,指虽为国家的象征但缺少行政权力的国家元首。君主立宪制的君主在名义上依然是国家的最高领导人,但其权利和义务受到宪法和法律的严格限制和明确规定,一般仅仅是象征性的国家元首和国家的代表而不享有实际的权力。议会才是国家权力的中心。与此相联系,君主立宪制虽然承认君主的存在并视为国家的象征,连带承认贵族、爵位等封建等级身份的合法性,但信奉"王在议会,王在法下"的政治伦理信念,坚持保障人民主权的政治原则,并以此为指导设计和安排包括内阁制、普选制、政党政治制等制度在内的宪政制度架构,在保留君主制以为国家道统象征的同时,实现了实际上的共和政体。

2. 共和制。共和制(republicanism)即共和政体,是当今世界多数国家的施行的政治体制。"共和"一词来源于拉丁语"respublica",基本的意思是"人民的公共事务"。共和制相对于君主制或神权政治而言,指国家最高权力(机关和元首)由选举产生并有一定任期的政权组织形式。实行共和制的国家称为共和国或民国。古代最著名的共和国包括公元前509年建立的罗马共和国,中世纪的威尼斯城邦共和国等,不过那时的共和制基本上"贵族共和"。现代共和制一般称为民主共和制,以共和主义为治国的意识形态。共和主义主张国家权力是公有物,国家治理是所有公民的权力、义务和共同事业,进而立宪及其有效实施是确定和保障人民的基本权利不受国家的侵害的基本途径,而选举制是共和制合法性、正当性的来源,同时强调所有公民参与国家法律、公共政策的制定和执行。与此相联系,共和制强调全民地位平等,不承认国王、贵族、爵位等封建等级身份的合法性。在法理上,共和制就是国家不同的阶级、阶层、族群通过制度途径协商、妥协,共同理政的一种管理国家的制度方法。

民主共和制又可分为议会制共和制(parliamentary republic system)和总统制共和制(presidential republic system)。议会制共和制是指议会居于国家政治权力中心并由议会组织政府和监督政府的一种政体形式,因此立法机关与行政机关并不完全分立,而政府首脑即行政首长则与国家元首完全分立。以议会为国家权力中心的政体包括议会制共和制和议会制君主立宪制两种类型,其行政统称内阁制,二者的区别在于,前者没有国王,国家元首即总统由议会选举产生并对议会负责,实行任期制,后者以世袭的君主为国家元首,实行终身制。总统制共和制指总统居于国家政治权力中心,总统既是国家元首又是政府首脑,掌握行政实权,自负政治责任和行政责任的一种政体形式。议会制共和制和总统制共和制的主要区别在于议会、政府首脑和国家元首的产生方式不同,由宪法和法律确立的职责、权限不同,立法机关、行政机关、国家元首的关系模式不同:

(1)国家元首的产生方式与地位不同。议会制共和制国家的元首即总统,大部分由议会选举产生,只有少数国家由选民直接或间接选举产生。其地位是虚位,其作用是象征性的。议会是国家权力中心;总统制共和制的总统一般由全民直接或间接选举产生,直接对选民负责。总统既是国家元首又是政府首脑,还是三军统帅,总揽行政权,是国家的权力中心。

(2) 行政机关和议会的关系不同。议会制共和制国家的议会是国民的代议机关,不仅具有立法权,而且具有组织政府、监督政府和决定财政预算等权力。后者是指,议会制民主共和制的政府由议会产生,由议会选举的多数党或政党联盟(执政党)组阁,政府对议会负责。当议会通过对政府的不信任案时,政府必须集体总辞职,或呈请国家元首解散议会,重新大选,由新议会决定内阁的去留。议会制共和制国家的政府首脑一般称为首相或总理,其内阁成员与议员可以相互兼任。当今实行议会制共和制的国家包括德国、意大利、芬兰、奥地利、印度、新加坡等。

总统制共和制的总统由国民直接或间接选举产生并对选民负责,政府成员由当选总统(经国会通过)任命并领导,对总统负责。当选总统所在政党或政党联盟是执政党。总统制共和制国家的议会没有组织政府的权力,可以在总统违宪时对总统提出弹劾案但不能通过对政府的不信任案,总统有义务向议会报告工作,无权解散议会,对议会通过的法律可以行使否决权,而议会可以对总统的否决实行再否决。总统制共和制和立法机关与行政机关相互独立,政府成员与议员不能相互兼任。当今实行总统制共和制国家包括美国、墨西哥、伊朗、埃及、巴西、阿根廷、印度尼西亚等。

在议会制共和制和总统制共和制外,还存在所谓半总统制(semi-presidentialism)共和制。半总统制又名半议会制、混合制、双首长制,是一种兼有"总统制"和"议会制"特点的共和制政体。半总统制国家的总统由选民直接选举产生,既是国家元首又掌握着全国主要的最高行政权力,是宪法的保证人和国家武装力量的最高统帅,同时拥有解散议会权、付诸公民投票权、议会法案否决权、最高法院判决的核准权、特赦及大赦权、国家紧急状态处置权等权利,但总统必须提名总理作为其行政上的首要助手,总理来自议会多数党或政党联盟,享有部分行政文件的副署权。总理与总统的分工原则是总统掌握大政方针,总理负责具体行政,总统的施政重点是国防外交,总理的施政重点在内政经济。半总统制国家的政府由议会中占多数的政党组成,向议会负责,地位相对较稳固。半总统制国家国会的权力相对薄弱,享有立法权以影响总统,且总理的任命必须经由议会的认可或背书,借以制约总统,分享总统的行政权,但不能通过不信任案或弹劾迫使总统下台。当今实行半总统制的国家包括法国、俄罗斯、韩国、乌克兰、瑞士等国家。

三、国家公共行政管理的基础

国家公共行政管理是一个政治的、经济的、社会的、文化的、心态的综合性概念、行为和过程。政府(国家行政机关)是这一概念、行为和过程的主体。在政治和法律的意义上,这种主体地位是以本质的政治合法性即多数国民认同与宪政的合法性即宪法和法律的明确规定为基础的。在公共管理的意义上,这种主体地位则是以合法合理的权力即公共行政权力为基础的。政府从这种权力地位出发,通过履行特定的职能,实现国家对广泛的社会生活的有效管理。"行政的第一个目标就是获得并保持权力,行政官员的职位就是建立在这个基础之上的。这个目标是完成其他目标的先决条件。"① 但是,行政权力是典型的国家公共权力,这种权力的获得和行使这种权力的方式,都不能脱离既定的由宪法和法律所规定的国家体制。换言之,公共行政权力注定了只能是一种制度的或体制内的权力。

国家公共行政管理的基础实际上是指作为国家公共权力机构一部分的国家行政机关,以国家名义进行的政府公共行政管理的基础。在现代民主宪政社会中,这种基础由两大部分构成:其一,经由宪法、法律以及政治传统、社会习惯合法认定和授予的政府行政职能。没有这种合法认定和授予的职能,政府就变成了无本之木、无源之水,国家公共行政管理事实上将无从谈起。关于政府职能的问题,我们将在相关章节全面介绍和讨论。其二,政府在名义上享有、在实际上行使的国家公共行政权力。

首先,公共行政权力是一种权力。所谓权力,是一种社会现象,是一种人与人之间的支配关系,即权力主体之于权力客体的支配关系。权力是一种存在于无形而又实际作用于人们关系、并可以转化为物质存在的力量。

其次,公共行政权力是一种公共权力。所谓公共权力,从狭义上说,是一种基于广泛的社会契约、并以现实力量的对比和历史的连续性为条件的、对契约各方均有约束力的权力。在现代民主社会中,公共权力的产生及其效力,通常是通过民主的程序、经由法定的民意代表和机关授权、并由宪法和有关法律所确认的;从最广泛的意义上说,则适用一切经过公决而产生、并对决议各方均有约束力的权力。公共行政学所说的公共权力,主要指前一种意义而言。

再次,公共行政权力是一种政治权力。所谓政治权力,主要指国家公共权力。有的学者认为,它是所有权力中最高的权力。其基本特征,一是以国家武装力量为后盾,因而具有极大的强制力;二是适用于国家公共行政管理所涉及的每一个领域,即权力范围广大,实际上包括社会生活的每一个方面。从资产阶级政治理论上说,公共行政权力适用的唯一例外,是所谓的"人权",即人的自然权利。但对"人权"的内涵和外延,不同的国家和民族又有不同的理解和不同的法律规范。

公共行政权力作为国家公共行政管理的基础,其有效性主要取决于三个要素的交互作用,即合法、合理、实际运用。合法性是公共行政权力的第一要素。在现代民主国家中,无论是三权分立或是议行合一的国家体制,公共行政权力的合法性都表现为符合宪法和有关法律所规定的范围、种类、程序和限度。合理性是公共行政权力的第二要素,其基本含义,是指公共行政权力的存在和运用,必须要符合国家、民族、国民的利益和有利于社会的发展。实际运用作为公共行政权力的第三个要素,主要是指公共行政权力所特有的实际操作性质。公共行政权力操作不当,必不能实现其合理性,也必有违于其合法性。从这个意义上可以说,公共行政权力的实际操作及其有效性,是公共行政权力的现实基础,归根到底,行政研究的全部任务,就是要寻求保证公共行政权力有效运用的途径和方法。我们将在相关章节进一步介绍和讨论公共行政权力问题。

---

① 〔美〕诺顿·朗:《权力和行政管理》,载〔美〕R.J.斯蒂尔曼:前揭书,第216页。

四、国家公共行政管理的主体与客体

如前所述,行政管理可分为政府自身管理与政府公共管理两大部分。这里主要讨论政府公共管理,即国家公权力机关(行政机关)对社会包括法人和自然人的各类行为主体的管理。

(一)国家公共行政管理的主体

公共行政管理是国家社会职能的基本的和主要的存在形式和表现形式之一,是一种国家行为。在通常情况下,政府作为国家行政机关,代表国家,是国家行为的主体。政府通过实施公共行政管理,来履行国家的社会职能。在此基础上,从名义享有公共行政权力和具体行使公共行政权力的角度分析,国家公共行政管理的主体又可以分为四种:

1. 政府,包括中央政府和地方政府。政府是国家公共行政权力象征、承载体和实际行为体。以政府名义发布的行政命令、行政决定、行政政策、行政法规、行政司法、行政裁决、行政惩处、行政检查等,在不违反宪法和有关法律的范围内,都对所规定的适用对象产生效力,并以国家武装力量为后盾强制执行。

2. 政府行政机关。政府机关的公共行政权力是通过法律规定以及在法律规定之下的政府内部授权获得的。在实际过程中,政府行政机关的公共行政权力,通常表现为以机关的名义向社会发布涉及本机关所管辖的行政领域或行政业务的行政规定,这种规定一般受政府的约束。在获得法律和政府充分授权的条件下,行政机关所发布的行政规定的效力,等同于政府。在程序上,行政机关的规定一般需要经过同级政府或上级政府同类机关的批准或许可。从这个意义上说,行政机关所掌握的公共行政权力是一种不完整的权力。另外,在实际过程中,常常出现若干个机关联合发布某一项行政规定的现象,这是由政府内部专业化、部门化分工的权责体制所决定的,但其效力在性质上与一个机关类同,只在程序、程度和适用范围上有所差别。

3. 行政首长。各国政府即行政机关通常实行首长负责制。因而,行政首长无论在名义上还是在实际执行上都是公共行政权力的一种主体。在这里,行政首长是指一种非人格化的特定的职位,而不是作为社会存在的自然人。行政首长作为公共行政权力的主体大致可以分为四类情况:

(1)政府首脑。他们根据宪法和有关法律的规定,经过普选或间接选举直接获得权力,他们掌握最高一级政府最高的公共行政权并对法律和选民负责。在法律规定的范围内,经过他们签署,可以发布一系列的行政命令,例如,宣布处于紧急状态,宣布大赦等。

(2)政府首脑以下的高级政务类行政首长,他们也根据宪法和有关法律的规定获得权力,但他们的权力受制于政府首脑的权力,尤其在权力的实际运行方面,基本上必须以政府首脑的权力为转移。得到授权,他们可以代表政府。

(3)政务首长以下的各级常务首长。他们主要负责有效地推动和执行各种既定的政府决策。其权力,主要来自政府内部按照逐级授权原则而下授的一部分有限的权力。但得到授权,他们也可以代表政府。由于他们最熟悉相关的法律规范、惯例、程序,比较多地了解行政的历史和行为技巧,所以,他们对政府决策具有实际上的影响力,在某些情况下可能直接参与行政决策,比如制定决策方案。因此被某些西方学者称为"第四权力"。对他们的研究,是现代行政研究的一个重要的方面。

（4）由宪法和有关法律所特别授权的一部分官员,主要是指主持人事行政事项的少数首长。他们对政府保持相对独立,拥有准立法权,并在经济上和身份保障上受法律的特殊保护,具体情形在不同的国家有不同的做法。

4. 政府普通公务员。普通公务员是国家行政管理的又一种主体。他们人数众多,由法律保障其身份和规定其职责。他们是政府内逐级授权的最后一级,得到特殊授权,他们有时也能代表政府。他们的主要职责,是处理政府的大量的日常事务,具体执行和技术操作既定的政府决策或首长决定。但是,由于实行永业制,长期在政府供职,所以,他们对行政的技术程序和技术规范有较多的了解。他们是技术作业层上国家公共行政管理的主体。按照"管理即决策"的观点,他们以其特有的方式、专长和优势,直接影响到国家公共行政管理的过程和时效性。通过他们的努力,国家公共行政管理才能转化为社会过程,产生社会效应。因此,对他们的研究与对常务官员的研究一样,是现代人事行政的一个重要方面。

（二）国家公共行政管理的客体

国家公共行政管理是一种以全社会为对象的管理类型,这是它区别于其他任何管理的最显著的特点之一。政府通过行使公共行政权、实施公共行政管理,与社会生活中的几乎一切行为主体发生行政、法律关系。在通常情况下,所谓社会行为主体是指具有法人和自然人的资格和地位,且有一定行为能力的公民、公民团体、社会组织。因此,国家公共行政管理的客体是十分广泛的。国家的行政行为是影响乃至决定它们社会生存条件的最重要的因素之一。概括起来说,国家公共行政管理的客体大致可以分为以下六类：

1. 经济性组织,包括制造业、服务业、金融业、科技业和其他一切以营利为目的的组织。政府与它们的公共行政管理关系,主要表现在利率、税收、正当开支、公共卫生、环境保护、人身保障等方面。政府通过制定和执行公共政策影响和督导经济性组织的经营趋向、经营行为、经营方式,对它们进行必要的监督和检查,防止非法或不正当经营、生产行为的发生。执照、许可证等申请、登记、备案、审批制度,限期改正、吊销营业执照直至拘捕等惩处制度,是政府对经济性组织实施行政管理的经常性方式。

2. 社会性组织,包括教会、社区团体、群众团体等一切以非营利为目的的组织。这类组织通常有一个共同的宗旨或目的,但活动区域和影响则差别较大。一般说来,政府对它们的公共行政管理以不妨碍他人、不危害社会和公众、不违反国家法律和公共行政管理法规为限度。登记制度和检查制度是政府对其管理的主要方式。

3. 政治性组织,包括政党和一切以政权或政治性权力为目的的组织。政府对它们的行政管理主要是依据法律促使它们按照政治竞争的规则开展政治活动,防止和制止它们颠覆国家的政治企图。一般说来,政府不允许任何用武力推翻现政权的政治组织及其行为的存在。登记制度和检查制度通常也适用于政治性组织。

4. 教科文组织,包括学校、科学研究单位和各种文化团体。政府在多数情况下对这类组织予以支持、财政资助和提供各种便利,但同时要求它们遵守国家法律和政府行政法规,不得危害公共安全和公共健康,在必要时,也可能对其采取强制性的行政措施。

5. 新闻性组织,包括报社、新闻社、出版社、电台、电视台等一切新闻传播媒介组织。

政府对它们的公共行政管理也以不违背国家法律和政府行政法规为限度。这里所说的国家法律和政府行政法规,主要是指关于不得煽动以暴力推翻国家制度的法规,不得泄露国家机密的法规,不得毒害社会风尚或败坏社会公道的法规、不得危害他人和公众的法规等。新闻性组织是政府公共行政管理的一大难点,因为政府本身是新闻监督的主要对象之一。在实际过程中,新闻传播的合法性,也常常是分歧最大的领域之一。

6. 公民,是政府公共行政管理的最大量的行为对象。管理的原则仍然是依据国家法律和政府行政法规,其最经常的标准是:履行对国家所承担的义务,比如:交纳税金、服兵役等;遵守社会生活的行为规范和道德规范,比如:不妨碍公共道德和他人私生活等。在对公民实施公共行政管理方面,政府可能采用的行政手段是多种多样的。这方面情况,我们将在相关章节进一步介绍和讨论。

五、国家公共行政管理的主要方式

国家公共行政管理的根本目的是实现国富民强,推动社会的均衡稳定的发展。为此,就必须正确地制定和有效地实施行政方略,其中,正确地选择管理方式是至关重要的。因为一定的行政目标和一定行政内容是通过一定的行政管理方式来实现的。政府的公共行政管理方式是十分丰富的,也是发展变化的。不同历史文化传统、不同发展阶段、实行不同政治体制、经济体制的国家,其公共行政管理方式有着较大的差异。从世界各国政府公共行政管理实践的情况看,常见的国家公共行政管理的方式主要有以下各种:

1. 行政立法、行政司法、行政管理法规。行政立法是行政国家兴起以后比较常见的一种行政现象。它是指政府依据立法机关授权而自行制定的行政法规,其效力等同于立法,具体包括两种情况:一是委任立法,即立法机关委托政府制定和发布具有法律效力的行政法规。委任立法是行政职能扩展的主要标志之一。二是管辖立法,主要指依据政府职权而订立的规章制度。

行政司法则是指行政机关兼掌一部分审判事务的行政现象,所涉及的内容,主要是一些行政法规适用、行政机关熟悉的专业性、技术性的纠纷或事件。在某些国家,行政仲裁或裁判亦属于行政司法的范畴。行政司法是行政职能扩展的另一个标志。

行政管理法规简称行政法规,是国家行政机关依法制定的具有行政法规范性的文件的总称。具体说来,又可以分为三种类型:(1)自主性行政管理法规,主要对法律或行政法规未规定的事项加以规定。例如,有些国家的宪法还规定政府在重大自然灾害、社会动乱或战争期间可以制定紧急命令以应付事变,其时效等同于法律。(2)执行性行政法规,主要指为执行法律或行政上级行政法规而制定的行政管理法规,通常表现为制定实施细则。(3)补充性行政管理法规,主要指用以补充现行法律或行政法规而制定的行政管理法规。三种情况都不得与宪法和法律相抵触。

行政管理法规不同于行政法,它是以国家行政管理的客体为主要适用对象的各种行政规范性文件的总称,行政法则是主要适用于国家行政机关的组织体制、管理制度、职责权限、工作程序和行为原则的法律规范的总称。但是,从行政过程分析,两种法律规范事实上是相互联系、部分交叉的,因此,在某些条件下很难作严格的区分。

2. 行政决策、行政决定、行政政策。"决策"一词最早见于我国先秦古籍《韩非子》一书。现在我们所说的"决策",则是译自西方管理著作。所谓行政决策,是指行政行为主体即政府运用行政权力,发挥行政管理的职能,为解决行政管辖范围内诸种公共事务而做出的价值选择或行动对策。它与非行政决策的区别在于:(1)法定的行政行为主体或法定授权者所特有。(2)通常涉及变数较多,相应关系较为复杂且波及面较广。(3)约束力强,适用于决策所规定一切行为主体。(4)非营利性,以贯彻宪法和法律、维护社会正义和公众利益为基本目的。(5)决策综合效益在许多情况不易衡量等。

行政决定在本质上等同于行政决策,但在裁处对象、适用范围和层次上存在着差别。如果说行政决策具有宏观的、整体的、原则的、目标的特征,那么行政决定则具有具体的、实施的、方法的、区域的特征,但在某些管理著作中,二者也混合使用,也可以认为行政决定是层次较低的行政决策。

行政政策是政治政策的对称,主要指政府从当时当地的社会环境出发,为实现一定历史时期的基本任务或解决一定的行政管理问题而具体规定的行动准则或方案。行政政策和政治政策都属于公共政策的范畴。与政治政策相比较,行政政策不强调政治信仰,主要从公共行政管理角度考虑问题,注重政策的可行性、合理性和时效性。与此相一致,制定行政政策的过程主要是一种技术分析和技术论证的过程。但在实际过程中,行政政策与政治政策常常是相辅相成、互为因果的。行政政策从作用、影响力、时效序列的角度可以分为三种情况:长期政策,是在较长一个历史时期指导行政行为的政策,其作用类同于方针,一般不会轻易改变;中期政策,是在一定的时间长度内相对稳定的政策;近期政策,一般针对某一个特定行政管理问题而制定,问题解决,政策完结。

3. 行政领导、行政指导、行政引导。行政领导是国家行政机关中的行政行为主体、主要是领导者,依法履行政府职能、行使国家公共行政权力,组织和管理公共行政事务所进行的各种行政活动的通称。行政领导具有三要素,即行政行为主体、行政行为客体(对象)和行政行为自身(过程)。行政领导与行政领导者相联系。新型领导观念认为,领导不仅是权力的行使,而且是服务,是责任、服务和职权三位一体的科学活动。行政领导区别于其他领导的最突出的特点主要表现在三方面:(1)国家公共行政权力的内涵及与之相一致的公信力、权威性和约束力,(2)服务于全社会的领导目的和领导形象,(3)直接关系国家安危、民族昌盛、社会稳定和进步。

行政指导是政府为完成一定的行政管理目标而对特定的行为主体提出的特定行政规范或意向,例如:意见、要求、希望、劝说等。行政指导不同于行政命令,不具有绝对的权威和完全的约束力,一般只对指导对象具有原则的约束力,具体行为则由指导对象结合自身的情况自行裁处。行政指导对象多与政府有一定的正式或非正式、直接或间接的行政隶属关系,或接受政府的财政资助。在战争等非常时期,行政指导的对象可以扩展到几乎所有的社会行为主体,并可以发展成为行政甚至军事管制。

行政引导是指政府通过改变国家政策来对社会行为主体施加影响,促使他们的价值取向和行为趋势朝着有利于国家行政目标实现的方向改变。常见的行政引导的手段有:改变国家投资方向和投资结构,调整金融政策和银行制度,制定新的土地使用政策和环境保护政策,制定新的科学技术和文化教育政策,倡导和推广新的价值观念,推崇和鼓励高尚情操,宣传和赞美英雄行为等。

4. 行政规划、行政计划、行政预算。行政规划亦称行政企划,是政府对未来较长一个历史时期的行政目标、实现目标的方式和手段以及就其他行政事项所做出的预测性总体构想。科学的行政规划是在历史研究、现状分析和未来预测的综合基础上进行的。它对未来行政主要起一种框架的和导向的作用,但一经制定,就会不仅对政府自身,而且对社会行为产生影响,行政规划的特征是战略性、总体性、整合性和原则性。

行政计划又称行政设计,是行政机关依据职权范围,在调查研究的基础上,审时度势,预先拟定的自身的工作目标、工作程序和方法,以作为下一步工作的根据。行政计划与国计民生关系极大,它是管理的基础,行动的准则和考核的尺度。为保证行政管理的整体性、有序性、连续性,行政计划是必不可少的。行政计划种类甚多,按时间分有即时、短期、年度、中期、长远、推移性计划;按对象分有人、财、物、事、时、机构、方法性计划;按效力分有指令性、指导性、引导性、参考性计划;按功能分有业务、扩充、改良、预防、效用、备用性计划,如此等等。现代行政要求行政计划的制定、执行、监督和反馈形成回路,尽量克服主观想象。与行政规划相比较,行政计划的管理层次略低,其特征是过程性、可行性、技术性和实用性。

行政预算即国家预算,亦称公共财政预算,是由政府即国家行政机关按法定程序编制和提出,由立法机关评议、审批的国家年度财政收支计划。行政预算由中央预算和地方预算两部分组成。国家预算收入主要来自各种税金以及诸如公产收入、罚没收入、国债收入等其他收入,用于社会建设和发展、人民生活保障和提高以及国防开支。预算是政府管理社会公共事务、履行政府职能的最重要的工具之一,也是国民经济综合平衡的关键环节。因此,历来为各国政府所重视。

5. 行政协调、行政沟通、行政平衡。行政协调是政府为求得和谐一致而采取的一种行政行为,它在范围上有两个层次:首先是指政府内部各单位和各成员之间的协调,其次是指政府以公共权力的权威和公平的地位协调社会各方的行为,以促进国家总体利益的实现。行政协调在内容上也有两个层次:其一是政府内部避免工作重复或事权冲突,在政府外部缓和或化解社会矛盾;其二是前后左右、上下内外协同一致,形成合力,以实现"整体大于部分之和"的管理效应。

行政沟通是国家行政组织内外的相关人员或团体之间在观念、意见、信息、感情方面相互了解和相互认同的活动和过程。沟通是重要的行政管理方式,它能减缓分歧、摩擦、对立和冲突,造成祥和融洽的氛围,化阻力为助力,因而有利于社会的稳定与发展,为现代各国政府所重视。现代行政沟通是与政府的公共关系联系在一起的。公共关系是一种管理职能和方式,指政府与国民保持密切的接触和联系,并通过广泛而有效的新闻媒介传播,以寻求大众对政府及其公共政策的了解、理解、信任和支持。公共关系同样适用于政府内部。

行政平衡是政府在制定政策和施政的过程中,在维护国家阶级实质的前提下所采取的一种管理方式,其特点表现为充分考虑和兼顾各种利益或意见。经常存在的平衡问题有:各个社会阶层或利益集团的意见和利益的平衡,物质消费与精神生活的平衡,目前利益与社会发展的平衡等。行政平衡是由政府超然于社会之上的国家行政权力的主体地位所决定的。有效的行政平衡有助于平息事端、避免激化矛盾、安定社会,求得社会的稳定和均衡的发展。

6. 行政干预、行政检查、行政制裁。行政干预是政府依据一定的法律和行政法规,对一定社会行为主体的行为过程或行为方式进行介入、干涉、制止和责令改正的总称。在通常情况下,行政干预是政府维护法律和法规的行为,换言之,是政府对违反法律和法规的社会行为的反应。值得指出的是,行政干预必须以法律和法规为依据,即使是行政裁量行为,也必须按照法律和法规的精神实际实施,否则就可能构成侵权行为。在非常时期,行政干预的适用范围较为广泛。

行政检查又叫行政性检查,主要是行政执法的形式,在某些条件下则具有一定的司法行政性质,是行政机关依法对社会组织或公民就有关法定标准和法律规定所进行的检验、对照和评定,并对达不到标准者和违反规定者予以制裁或处罚。常见的行政检查有:安全检查、卫生检查、商业检查、计量检查以及对社会关系和生活状况的调查和检查。行政检查多数情况下根据既定法律条文,有时也由行政机关根据法律条文制定细则实施。检查者根据条文规定有时有较大的自由裁量权,有时则只有事务处理权。一般说来,检查者至少应具有三个条件,即对检查事项具有专门的知识和技术,了解和熟知有关法律规章,具有相当的行政经验和人事应付能力。

行政制裁是以政府为行为主体而做出的各种行政纪律处分和处罚的总称。其行为对象是犯有轻微违法行为、尚不够刑事处分的社会行为主体或违反内务纪律的政府人员。行政制裁有两个最突出的特点:第一,行政制裁是行政机关行使国家行政权力单方面做出的决定方,除非提起行政仲裁或行政诉讼并胜诉,否则不得改变;第二,行政制裁是一种强制性行政措施,除非服从,否则将受到包括武力在内的强制执行。行政制裁种类甚多,比如罚款、行政处分、行政警告、停业、没收、查封、行政拘留等。

7. 行政扶助、行政救济、行政服务。行政扶助又称行政支持,主要指政府依据一定的价值判断,例如,社会公平、促进发展等,通过财政、税收、信贷、政策宣示等公共政策形式,对社会特定的阶层、群体、行业等给予某种支持。作为一种公共行政管理方式,行政扶助经常表现为一定的政府计划,例如,中小企业贷款计划、就业和再就业训练计划、我国政府实施的"星火计划""贷学金计划"等。行政扶助以造就一定的活力或发展能力为直接目的,表现为凭借政府的行政扶助,一定的主体可以形成一定的能力,进而实现一定的具有积极意义的社会成就。

行政救济与行政扶助相联系,亦经常表现为一定的政府计划。作为一种政府公共行政管理方式,亦表现为对社会特定的阶层或群体等给予某种支持。但其政策目的不是为了促成发展,而是为了解决存活问题。因此,现金给付以及近似于现金给付是行政救济的主要内容。行政救济的形式主要有:(1)现金给付,例如,孤老救济、残疾人救济、失业救济、贫困救济等,还包括发放食品券等。(2)税收和费用减免,例如,设定社会贫困线并减免低收入者所得税,减免低收入家庭孩童上学费用等。(3)兴建救济设施,例如,兴建孤儿院、无家可归者收容所等。行政救济是社会财富再分配的一种形式,在一定程度上缓和了社会矛盾。

行政服务特指国家行政机关为国民提供的服务。为国民服务本是政府的宗旨,也是政府的基本职能之一。作为一种公共行政管理方式,行政服务可以分为直接服务和间接服务两种类型。直接服务主要指政府兴办各种公共事业,例如,公共卫生事业、公共教育事业、公共福利事业,具体如幼儿注射疫苗、少年免费入学、成年福利医疗等。一般说来,一个国家的物质文明和政治现代化的程度越高,政府为国民提供的直接服务就越广泛。间接服务主要指政府通过积极而有效的公共政策推动经济发展、社会安定、民族和谐,进而创造良好的社会环境、自然环境、人文环境,增进国民的福祉。

名词与术语

泰罗	等级链	行政国家	行政管理学	行政管理理论
孔茨	系统论	彼得原理	新公共行政	管理理论丛林
梅奥	权变观	追求卓越	生态行政学	弗雷德里克森
西蒙	威尔逊	行为科学	帕金森定律	逻辑分析方法
	古德诺	霍桑试验	七环节理论	法规分析方法
	法约尔	15M 理论	生态行政学	规范分析方法
	沃尔多	行政权力		历史分析方法
	两分法	行政立法		公共政策分析
		行政司法		比较分析方法
		行政决策		系统分析方法
		行政决定		生理分析方法
		行政政策		心理分析方法
		行政指导		资料分析方法
		行政领导		案例分析方法
		行政引导		利益分析方法
		行政规划		量化分析方法
		行政计划		模拟分析方法
		行政预算		行政管理法规
		行政协调		
		行政沟通		
		行政平衡		
		行政干预		
		行政检查		
		行政制裁		
		行政扶助		
		行政救济		
		行政服务		

复习与思考

1. 如何理解"从一定的意义上说,公共行政学是一门'借用'的学科"?
2. 公共行政学的一般含义。

3. 公共行政学的学科功效。
4. 公共行政学的基本研究范畴。
5. 公共行政学常用的研究方法。
6. 公共行政学的学科特点。
7. 公共行政学与政治学、行政法学、企业管理学、社会学的相互关系。
8. 现代行政现象。
9. 现代行政精神。
10. "帕金森定律"及其对现实公共行政管理的意义。
11. "彼得原理"对现实公共行政管理的意义。
12. 公共行政学的理论渊源。
13. 威尔逊的行政思想。
14. 古德诺的行政思想。
15. "两分法"之于学科发展的意义。
16. 泰罗的科学管理理论及其意义。
17. 法约尔的行政管理理论及其意义。
18. 韦伯的官僚科层组织理论及其意义。
19. "霍桑试验"及其在管理学发展过程中的意义。
20. 西蒙的科学决策理论。
21. 权变观中心思想。
22. 我国公共行政研究的特点和所面临的主要任务。
23. 国家公共行政管理的基础。
24. 实现行政权力有效性的主要条件。
25. 国家公共行政管理的主体。
26. 国家公共行政管理的客体。

主要参考书目

1. 〔美〕R.J.斯蒂尔曼:《公共行政学》,李方等译,北京:中国社会科学出版社 1988 年版。

2. 〔美〕戴维·H.罗森布鲁姆、罗伯特·S.克拉夫丘克:《公共行政学》,张成福等译,北京:中国人民大学出版社 2002 年版。

3. 〔美〕理查德·J.斯蒂尔曼二世:《公共行政学:概念与案例》,竺乾威等译,北京:中国人民大学出版社 2004 年版。

4. 彭和平、竹立家等编译:《国外公共行政理论精选》,北京:中共中央党校出版社 1997 年版。

5. 〔美〕奥斯特罗姆:《美国行政管理危机》,江峰等译,北京:北京工业大学出版社 1994 年版。

6. 〔美〕普拉萨德等:《行政思想家评传》,朱国斌等译,广州:广东高等教育出版社 1988 年版。

7.〔美〕劳伦斯·彼德:《彼德原理》,陈美容等译,北京:中国文联出版公司1996年版。

8.〔美〕C.N.帕金森:《帕金森定律》,潘焕昆等译,台北:台湾中华企业发展中心1989年版。

9.〔美〕菲利克斯·A.尼格罗等:《公共行政学简明教程》,郭晓来等译,北京:中共中央党校出版社1997年版。

10.〔美〕丹尼尔·A.雷恩:《管理思想的演变》,孙耀君等译,北京:中国社会科学出版社1986年版。

11.〔美〕F.J.古德诺:《政治与行政》,王元译,北京:华夏出版社1989年版。

12. 刘怡昌等主编:《中国行政科学发展》,北京:中国人事出版社1996年版。

13. 张金鉴:《行政学典范(重订第4版)》,台北:"中国行政学会"1990年版。

14. 赖维尧等:《行政学入门》,台北:台湾空中大学出版社1996年版。

15. 徐颂陶、徐理明主编:《走向卓越的中国公共行政》,北京:中国人事出版社1996年版。

第二章 行政职能

第一节 现代政府行政职能问题的由来与发展

政府的公共行政职能问题是一个与国家现象同样久远和复杂的问题。自有国家以来,政府行政职能问题始终是关于政府的基本问题之一。在政策制定和理论研究的过程中,政府行政职能问题通常是与广义政府职能问题一起讨论的。现代政府的行政职能问题端启于20世纪30年代西方资本主义世界的经济大危机。自那时开始,政府职能问题始终是西方经济学、政治学、社会学和公共行政学的基本问题。围绕着政府职能问题在多层面上展开的争论,相应构成了当代西方国家社会科学最丰富多彩的领域之一。其后,关于政府职能的争论大体上沿着发达国家和后发展国家两条轨迹发展变化。在西方,争论发展于20世纪60年代的社会正义运动和70年代的经济"滞胀",丰富于80年代反传统思潮、改革政府运动和90年代的再造政府运动。在东亚,端启于60年代的经济起飞,发展于70年代的经济高速增长,丰富于80年代的"东亚经济奇迹",修正于90年代的"东亚金融危机"。其间,围绕政府职能问题,学界发生了广泛的、激烈的争论,提出了丰富的、有些则是截然相反的理论观点和政策主张。

一、罗斯福新政——现代政府行政职能问题的由来

1929年10月24日,美国爆发了席卷整个资本主义世界的,也是资本主义历史上最惨烈的一次经济大危机。在危机开始的第一周之内,投资人在证券交易所失去的财富高达100亿美元,大危机的序幕正式拉开,随即扩展到德国、日本、英国和法国,终于席卷了资本主义世界。① "它所引起的最初的震动,近似人们遇到生死大事最初的感受。"② 在英国,成千上万的工人向唐宁街进军;在新西兰,暴民甚至闯进内阁会议厅并且殴打了总理。③ 这次大危机一直延续到1933年。人们这样描述当时的情景和感受:"它像世界末日,使我们那么多人心都凉透了。……它像一阵阴风,连我们住的房屋似乎都在瑟缩,毫无安逸的希望。"④ 当时纽约流行的一首儿歌说:"梅隆拉响汽笛,胡佛敲起钟。华尔街发出信号,美国往地狱里冲!"⑤ 1929—1933年的大危机波及面广,破坏性强,持续时间长,将整个资本主义世界推到了崩溃的边缘。

---

① 宋则行、樊亢:《世界经济史》(中),北京:经济科学出版社1998年版,第121—122页。
② 〔美〕威廉·爱·洛克腾堡:《罗斯福与新政——1932—1940年》,朱鸿恩等译,北京:商务印书馆1993年版,"著者前言",第4页。
③ 同上书,第35页。
④ 同上书,第26页。
⑤ 蔡跃蕾、张伟罗:《罗斯福"新政"复兴美国》,《环球时报》2002年3月18日第13版。

第一,企业破产和经济持续衰退。在危机期间,企业大批破产,失业人数激增,经济持续衰退。从 1929 年至 1933 年,美国有超过 86500 多家工商企业倒闭,工业生产猛烈下降了 55.6%,企业利润从 100 亿美元下降到 10 亿美元,在危机最严重的时候,主要工业基本停止运行,汽车工业生产开工率仅为 5%,钢铁工业开工率仅为 15%;1932 年全国公司的平均利润为负数;谷物价格下降了三分之二,退回到了 19 世纪的最低水平,农业货币收入总额由 113 亿美元减少为 47.4 亿美元,低于 1914 年的 60.5 亿美元;进出口贸易锐减了 77.6%;国民生产总值(按 1958 年价格计算)从 2036 亿美元急剧萎缩为 1415 亿美元,国民收入从 1714 亿美元大幅度下降至 1004 亿美元,降幅高达 54.7%。美国经济出现大崩溃局面。①

第二,金融体系接近崩溃。大危机从金融危机开始。罗斯福上台时所面临的局面是:银行挤兑、黄金外流、利率上升。萧条导致 5000 家银行倒闭,900 万户存款荡然无存,9000 多家共有商业银行在三年大危机中被消灭,金融体系面临巨大压力,迫使银行关闭停业。1933 年 3 月,美国破产银行高达 10500 家,占全国总数的 49%,同时,大量黄金外流,大量银行存款被提取,致使整个银行体系处于瘫痪状态。纽约股票价格跌掉六分之一以上,全美证券贬值总计 840 亿美元。②

第三,失业剧增。大萧条时期美国有 1500 万以上工人失业,每 4 个人中间就有一个人失业,失业率高达 25%,到处都在解雇工人。在大城市里,失业者排起长长的队伍领取微薄的救济。③ 整个资本主义世界的全失业人数曾经高达 3000 万人以上,加上半失业者达 4000 万—4500 万人。

第四,生产相对过剩的危机。1932 年,失业者衣着褴褛,而农场主却有 1300 万包棉花销不出去;孩子们穿着用纸板掌底的鞋子艰难地上学,而马萨诸塞州林思和布多克顿的制鞋厂这一年却有六个月不能开工;有些人已经开始吃野菜,而西部牧场主的羊销不掉又喂不起,便抛进了峡谷,牛奶被倾倒,以至于密西西比河成了"银河"。"人民缺少食物,而庄稼却烂在地里。"④

第五,社会危机。失业、饥饿、寒冷与财产的大幅贬值使美国社会处于深刻的以信念和信任崩溃为基础的社会危机之中。在全国至少有 100 万人在流浪,也许多达 200 万,在芝加哥,一群饥民为争夺一家饭店外的一桶残羹剩菜而大打出手。⑤ "领救济食品的长队,从一个街区伸展到另一个街区……'胡佛村'——由简陋的棚屋、废弃的汽车和包装箱构成的一种小型住宅却像雨后春笋般地在大城市的垃圾堆和土屋附近出现。"⑥1932 年,25 万个家庭失去了住宅,1933 年上半年,每天有 1000 多住宅被取消赎取权,司法拍卖随处可见。⑦ 收入锐减的农民、失业的工人都采取了各种形式激烈的抗争活动。罢工随处可见,公开的叛乱已经发生,而且在蔓延,暴动在酝酿中。分崩离析景象已现,社会好像

---

① 林晨辉:《危机时刻——200 年来的经济大动荡》,北京:中央文献出版社 1998 年版,第 298—301 页。
② 同上书,第 295 页。
③ 〔美〕威廉·爱·洛克腾堡:前揭书,第 27 页。
④ 同上书,第 31 页。
⑤ 同上书,第 8—9 页。
⑥ 〔美〕詹姆斯·麦哥雷戈·伯恩斯:《罗斯福传》,孙天义等译,北京:商务印书馆 1987 年版,第 174 页。
⑦ 〔美〕威廉·爱·洛克腾堡:前揭书,第 63 页。

在解体。① 更为严重的问题还在于,人民的愤怒凝聚成了一个凌驾一切的问题:"该怨谁?"事实是:"银行家和企业家的所作所为,已经激起了举国的愤怒,……萧条的持续,不仅引起对企业界领袖的怀疑,而且引起了对资本主义本身的怀疑。"②

大萧条一直延续到1941年,美国国民生产总值才超过危机前的1929年。整个20世纪30年代,美国经济都是在危机中度过的。有美国经济学家称30年代为"危机的十年"或"萧条的十年"。③

美国经济学家鲁迪·多恩布什(Rudi Dornbusch)在回顾20世纪经济发展史时说:"本世纪的经济悲剧就是大萧条——贸易流动的全面崩溃。凝聚了一个世纪的经验仅在1929年至1932年的3年之内便名誉扫地,跨国境的商品总量减少了25%,外贸流动的商品总值甚至减少了70%。世界贸易价格下降。人们到处设立阻止进口的屏障,以便保护本国产品避免国外竞争","两次世界大战期间由于英国日益不景气,金融市场倒闭和随之而来的世界经济危机,对于传统自由主义经济学家提出了戏剧性的挑战。危机本不该发生,至少不该发生那种越来越恶化的日益严重的危机","1930年左右,古典经济理论都成了废物。革命思想为人们所需求。新一代经济学家发明了这些理论"。④ 凯恩斯主义经济理论应运而生。

传统的"守夜人"政府面对这场大危机束手无策、一筹莫展,显现出了相当的软弱性。随着与凯恩斯主义经济理论相关的⑤、以国家干预为核心的富兰克林·罗斯福新政(New Deal)的推行,危机得到了有效的控制,并逐步走出了困境。以罗斯福为首的新政派相信,大萧条不仅是经济衰退的结果,而且是政治崩溃的结果。⑥ "新政派断言:亚当·斯密的自由市场已永远消失。"⑦因此,必须大大扩展联邦政府的权力,加强国家的作用,挽救国家和国民。为此,罗斯福总统启动了应对危机的三R革命:改革(Reform)、复兴(Recovery)和救济(Relief)。主张国家干预的人们认为:"美国只有找到一个领袖并且赋予他以独裁的权力,才能走出犹豫不决的泥坑","现在是应将某种专制权力交给某个可以信赖的人手中的时候了"。⑧ 他们甚至认为:"秘密揭穿了。没有什么看不见的手。从来没有过。我们现在必须提供一只真实的、看得见的指导之手,来执行那种被认为是由神话式的、不存在的、看不见的力量去完成而从未完成的任务。"⑨"就连企业家们也赞成罗斯福就职时授予他以独裁的权力。"⑩

---

① 〔美〕威廉·爱·洛克腾堡:前揭书,第27—37页。
② 同上书,第29—30页。
③ 林晨辉:前揭书,第301页。
④ Rudi Dornbusch, "A Century of Unrivalled Prosperity," *Der Spiegel*, April 1, 1999.
⑤ 关于凯恩斯主义经济理论与罗斯福新政的关系,学术界大体上有五种看法:(1)新政以凯恩斯主义为理论基础,(2)新政与凯恩斯主义无关,(3)新政在一定程度上或一部分新政派受到凯恩斯主义的影响,(4)后期新政受到凯恩斯主义的影响,(5)凯恩斯主义和罗斯福新政相互影响。参见刘绪贻:《罗斯福新政与凯恩斯主义》。笔者倾向最后一种观点。
⑥ 〔美〕威廉·爱·洛克腾堡:前揭书,"译校者前言",第2页。
⑦ 同上书,第43页。
⑧ 同上书,第38页。
⑨ 同上书,第43页。
⑩ 同上。

罗斯福宣称:"首先让我表示我坚定的信念。我们唯一必须畏惧的就是畏惧这种情绪本身——无可名状、没有道理、毫无根据的畏惧。""我不会逃避那时我所面临的明显的职责。我将向国会要求对付危机的最后手段,这就是对紧急状态作战的广泛的行政权力,像我们真正遭受外敌侵略时所赋予我的权力一样大。"在得到授权的基础上,罗斯福明确提出:政府必须"像一支训练有素、忠贞不渝、愿为公共纪律的利益而做出牺牲的军队一样"行动。①

罗斯福是这样说的,也是这样做的。在第一个"百日新政"期间,新总统发表了 10 次重要演说,建立了每周举行记者招待会的惯例和召开两次内阁会议的制度,向国会提出了 15 篇政策咨文,指引议员们通过了 13 个重要法案。通过两个"百日新政",罗斯福政府在美国的法律中写进了美国历史上最不寻常的一系列改革:紧急银行法案、节约法案、啤酒法案、农业法案、失业救济法案、工业复兴法案、以工代赈法案、社会保障法案、税制改革法案、银行法案等。罗斯福"使现代总统职位恢复了生气。他就任总统时,总统职位已在前 12 年丧失了许多威信和权力,而他则赋予它以重要性"②。为了保证"行动"的有效性,罗斯福和新自由派"集中注意力于公共事物"③,大大强化了政府的职能。

首先,大大扩充了总统的立法职能。那一个时期国会已经习惯于政府行政部门提出议案,听从总统的"指导",似乎成了行政部门的表决机器。

其次,大大扩充了总统的行政职能。罗斯福建立了总统办事机构总统办公厅——"是美国政治制度史上划时代的事件"④,以及各种各样的总统辅助机构,同时将预算局、经济顾问委员会、国家安全委员会等重要机构置于总统的直接领导之下。这一做法为罗斯福以后的历届美国总统认同,一直延续至今。这也是造成美国官僚机构膨胀的直接和重要的原因之一。⑤

最后,大大扩充了总统的经济职能。其典型做法表现为设立田纳西河流域管理局等经济管理机构,第一次规定联邦政府对华尔街的管制,由政府承担巨大的公共工程开支并进行工程监管等。"总统即将成为'经济总工程师'。"⑥

罗斯福新政使美国"避免了一场革命"⑦,开创了国家强力干预社会经济的先例,并因此结束了强烈放任自由的资本主义时代,罗斯福本人也因此成为那一个时期美国人的共同的领袖。威廉·洛克腾堡(William Leuchtenburg)在评价罗斯福新政的历史作用时精辟地指出:"罗斯福和新政派在八年之内几乎彻底改变了美国政治的议事日程。"⑧"大萧条是美国历史上的一个转折点。……1933 年至 1938 年这六年,标志着美国制度上的剧变。"⑨这正是罗斯福新政的历史价值所在。

---

① 〔美〕威廉·爱·洛克腾堡:前揭书,"译校者前言",第 50—51 页。
② 同上书,第 372 页。
③ 同上书,第 389 页。
④ 同上书,第 372 页。
⑤ 同上书,第十四章。
⑥ 同上书,第 381 页。
⑦ 同上书,第 34 页。
⑧ 同上书,第 371 页。
⑨ 同上书,"著者前言",第 4 页。

从大危机开始,人们一直讨论这样一个问题,即亚当·斯密关于"看不见的手"的自由市场经济理论是否存在缺陷？如果存在缺陷,那么是些什么缺陷,又应该如何克服呢？罗斯福新政有效地克服了经济大危机,但大危机后人们开始在讨论,罗斯福新政是否存在缺陷？如果存在缺陷,那么是些什么缺陷,又应该如何克服呢？自那以后,尽管西方国家围绕国家干预还是自由经营形成了长时期的争论,先后出现了现代货币学派、理性预期学派、供给学派、公共选择学派等自由经营的理论和实践,亦出现了新福利经济学、新凯恩斯主义等主张国家干预的理论以及克林顿的国家干预的政策实践,但从总体上看,争论的焦点已不在于在理念上政府是否需要干预经济,而在于在实践上政府应当干预什么、什么时候干预、干预到什么程度和通过什么方式干预。人们至少已经认识到,在诸如财产权、资源垄断、外部效应、共用品、社会性收入分配和调控宏观经济一类问题上,政府的干预是不可缺少的。[①]

其实,在信奉经济自由主义的西方主要国家的资本主义发展史上,与政府的职能相联系,国家干预经济生活不仅由来已久,而且从来就不是个别或偶然的现象。毫无疑问,在性质上近代以来的西方经济体制是以市场为基础的自由经济体制,但与此同时,早在资本原始积累阶段的重商主义晚期,西方国家就出现过以法国的柯尔培尔主义和德国的官方主义为代表的原始的国家干预主义。随着资本主义的需要和发展,出现过托马斯·马尔萨斯(Thomas Malthus)的"适度干预"学说、约翰·穆勒(John Mill)的"国家适度干预学说"等主张国家干预经济的理论及政策。

与对政府的职能再认识相关,在政府与经济、国家与社会的相互关系方面,20世纪60年代以来西方国家先后出现了"混合经济""福利国家"以及"行政国家"的现象。其中,"混合经济"描述的是现代西方国家政府与经济的关系,"福利国家"概括的是现代西方国家政府与社会的关系,"行政国家"表现的则是现代西方国家各个国家公共权力主体之间,以及政府与经济、政府与社会之间的综合关系。"混合经济""福利国家""行政国家"分属于不同的范畴,却反映了一种共同的现象,即政府在经济和社会生活中的地位已不再是"守夜人"的角色,而是成为其中一个积极的、不可缺少的重要组成部分,在某些情况下甚至是最主要的组成部分。例如,利用政府和政府首脑特有的影响力促进本国企业与他国企业之间的贸易或合作；再例如,发挥政府专属的权威制定对外经贸政策,以推动或保护本国企业的发展。由于政府的这类活动和行为直接关系到社会经济整体发展水平的持续提高,直接关系到国民生活质量的不断提升以及其他相关的切身利益,因此,有关政府职能的定位和调整,以及连带的政府公共行政能力的提升和强化,就合乎逻辑地成了社会普遍关注的焦点问题之一,亦成为当代行政学关注的焦点问题之一。政府干预经济事实上已经成为西方国家的一种普遍的既定国策。但是,干预的合理性或实践效用,则取决于政府的职能定位以及政府履行职能的能力。

二、"东亚经济奇迹"——后发展国家政府行政职能问题的产生

如果说罗斯福新政的实践效用主要表现在对付经济危机的话,那么自20世纪60年

---

① 朱光华主编:《政府经济职能和体制改革》,天津:天津人民出版社1995年版,第34—44页。

代末期以来,"东亚经济奇迹"的出现、形成及其规模化、持续化,则从积极的意义上证明了政府职能扩展之于后发展国家社会经济发展的突出作用。东亚"儒文化"圈国家和地区在推动社会经济发展的过程中,普遍实行了政府主导(指导)型的经济发展战略。政府通过制定经济计划和产业政策、实行金融和价格管理、确定外资外贸体系等方法,形成了"官、产、学"高度协同的一体化的经济发展和运行体制,进而促成了社会经济的超常规的高速发展,创造了举世瞩目的"东亚经济奇迹"。例如,日本通过组建通产省等方式对国民经济实行计划管理,通过宣示产业政策实行政府导向,通过推行行政指导等方式实行政府微观干预,并形成了独特的政—企关系。相比之下,韩国政府介入经济较之日本政府程度更深、方式更直接:韩国政府通过六个五年计划和进口替代发展战略、出口导向型经济发展战略、国际化自由化科技化发展战略三次大的战略调整,以及一系列的产业政策和行政规制,推动了韩国经济的迅速发展。1960—1978年韩国经济年均增长率达到了9.9%,其中1973—1977年达到了15%,远远高于同期世界其他国家和地区;1962年韩国人均国民生产总值仅为87美元,1979年增加到1634美元,1991年又增加到6498美元,在不到30年的时间内韩国迅速成为一个新兴的中等发达的工业化国家。① 与此同时,两国基本上保持了社会的稳定。如此惊人的可资比较的总体社会效果,至少可以证明这一时期日、韩两国政府职能扩展的现实合理性和历史进步意义。

东亚国家和地区在实践方面的成功,不仅在于政府据有广泛的权能地位,而且在于这种权能地位得到了社会的比较普遍的认同和遵从,更在于政府从权能地位出发,通过发展规划、产业政策、行政规制等合理的方式有效地促进了社会经济的发展和国民生活水平的提高,并因此唤醒了国民的民族自信心和自豪感。也就是说,在因果关系上,社会对政府权能地位的认同和遵从,除了传统文化观念的影响以外,主要是以政府通过实践表现出来的有效地发展社会经济的意愿和能力为基本前提的。在这一方面,东亚及东南亚儒学国家和地区的政府,通过本国爆发式的社会经济的快速增长令人信服地向其国民证明了既定国家领导体制的可靠性,证明了政府公共政策的合理性,证明了政府公共行政管理能力的有效性,从而获得了多数社会阶层或群体的理解和认同,进而为相对的国家政治稳定和社会安定创造了条件并与之形成了良性的互动。由此证明,后起的工业化国家和地区只有在强大政府即既具有权威又具有卓越政策制定和政策执行能力政府的基础之上,实行政府主导或指导型的、政府与市场相结合的经济发展战略、经济体制和经济政策,实行适度的政—经分离,才有可能最快、最合理、最大限度地动员、开发和组合资源,在较短的时间内形成发展势头并及时调整产业结构,实现经济的快速增长和社会财富的快速积累,缩短与发达国家的距离,进而实现国家经济现代化。它们的经验还证明,经济现代化的过程不可能是纯经济的过程,而只能是特定的政治、经济、社会、文化等诸方面因素互动的过程。从基本价值认同的角度说,如果将尽快实现经济现代化作为国家的最高目标,那么,在一定历史时期内遵从政府的导向和经济规制,暂时放弃有关政治理念的纷争,避免社会动荡,对于后发展的国家来说可能是最明智的选择。

---

① 孙鲁军等:《韩国——政府主导型的市场经济》,武汉:武汉出版社1994年版,第1—16页。

三、"东亚金融危机"——后发展国家政府行政职能问题的修正

东亚金融危机反映出,实现和初步实现了现代化发展目标的东亚国家和地区,其社会内蕴着的"传统"与"现代化"的矛盾较之启动现代化的时期更为严重和深刻,反映出在当代人类社会发展进步的主流特征急剧发生质量变换——工业化社会向信息化社会转换、工业经济向知识经济转换、区域经济向全球经济转换的历史性过程中,东亚国家和地区对新的、正在形成的主流经济显然认识、准备和参与不足,同时,在经济持续高速增长的特有的乐观氛围中,显然高估了国际金融资本对发展本国经济的积极意义,低估了国际金融资本和经济全球化对后发展国家可能造成的消极影响,以至于未能及时而有效地调整政府的职能和公共行政管理方式,未能及时而有效地改变经济体制和经济增长方式,未能及时而有效地修正政府的公共政策,因而失去了继续引导和推动社会经济持续增长的契机,终于以金融危机及其引发的严重经济衰退的方式付出了惨重的机会成本。

由"东亚模式"的特质和属性所决定,东亚金融危机与东亚国家和地区的政府职能、政府权力、政府体制、政府能力、政府管理方式有着直接的关系。在此意义上可以认为,东亚金融危机实际上是一种政府公共政策的危机,一种政府公共行政管理的危机。换言之,在信息时代已经到来、世界性的知识经济和国际金融格局初步形成、世界经济一体化程度不断加深的新的历史条件下,东亚各国和地区政府公共行政管理体制的僵化、失效以及缺乏足够的灵活性,政府公共政策的滞后、失误以及缺乏应有的前瞻性,政府公共行政能力的走低、弱化以及缺乏必要的坚定性,是造成东亚金融危机的主因之一。与此同时,由于历史文化和现实体制的原因,东亚各国和地区能否在较短的时间内克服金融危机、实现经济复苏,亦首先取决于政府对危机的理解,取决于政府克服危机的意愿、理念以及相应的公共政策的选择。其中,关于政府自身的改革及其涉及的政治、经济、社会等各种关系的调整、修正、改变,是政府行为选择的关键问题。在这里,政府改革就是对政府的行政理念、行政职能、行政责任、行政权力、行政管理体制、行政管理方式等重新做出定义,进而实现制度创新。

不同的国家关于政府职能有不同的规制,问题在于既定的规制是否有利于国家的发展进步。东亚国家和地区政府职能重新阐释的要旨在于改变传统的"政府替代",转而由市场和社会发挥更为重要、更为广泛的功能。从发展的意义上说,政府的职能只在于那些社会管不了、管不好、不能管、不愿管的各类公共事务。其中,承认、维护市场在资源配置中的基础作用,是重新阐释政府经济职能的核心问题;尊重经济主体"自主经营、自负盈亏、自我发展、自我约束"的独立法人地位,则是重新阐释政府经济职能的关键所在。

东亚国家和地区重新阐释政府经济职能的历史必要性和必然性之一,就在于随着市场主体的普遍发育成熟,而任其自由地选择经营方式和发展道路。政府的基本经济职能则相应转向通过制定和执行公共政策实施宏观经济调控,转向制定国家经济发展战略和发展规划,转向顺应市场制定和监督市场规则。但是,在强调市场作用的同时必须看到,政府与市场一样是不可或缺的。从成功发展的范例来看,"无论是近期的还是历史上的,都是市场与政府形成合作关系从而纠正市场失灵,而不是取代市场"[1]实现的,"各国需要

---

[1] 世界银行:《1997年世界发展报告:变革世界中的政府》,蔡秋生等译,北京:中国财政经济出版社1997年版,第25页。

市场来促进增长,但它们也需要有能力的政府机构来发展市场"①。因此,改变政府职能并不是意味着无限地削弱政府,而是要求"政府要发挥新的、不同的作用——不是作为唯一的提供者,而是作为促进者和管理者"②。东亚国家和地区政府职能的重新阐释只在于改变传统政府职能的领域、范围、方式,改变其强制力、主导力、压迫力,而不是全面削弱政府的职能。这种"转变政府职能"而不是弱化政府职能理念是基于以下这样的认识:

自亚当·斯密创立以"经济人"理性假定为基础的自由主义经济学以来,关于"看得见的手"与"看不见的手"的争论一直是缠绕西方经济学的主要争论之一。东亚金融危机部分证明了"公共选择"理论的正确,即政府存在难以克服的缺陷。"囚犯困境"理论则证明,个人的理性选择存在着局限性,同时,个人的理性会导致集体的非理性。因此,市场亦存在着难以克服的矛盾和缺陷,因而也是会失灵的。个体生产的精确化与社会生产的无序化所导致的生产过剩是市场矛盾和缺陷的主要存在形式之一。制度的意义就在于通过制定社会行为规则,减少个人行为的盲目性和不确定性,降低生产和交易成本,最大限度地弥补和修正个人理性的不足,实现社会选择的相对理性。政府则是制度的主要构成主体和存在形式之一。政府作为公共权力的委托主体,是制度创新、制度供给、制度变迁的主要推动者之一。当制度不能弥补和修正个人理性的不足、进而实现社会理性时,就需要通过制度创新——首先是政府改革恢复制度的功能。这一点对于后发展国家尤为重要。因为在相对的意义上,由于后发展国家广泛存在"二元体系"结构③,并且市场和市场主体发育不全、信息沟通不畅、基础设施落后,因而理性选择的程度更低,更需要政府通过特定的制度安排实现社会的集体理性。在大多数东亚国家和地区,由于市场规范化的程度普遍偏低,导致企业的市场开发成本普遍偏高,因此,企业主动采用新技术、研制新产品、开发新市场的主观意愿普遍不足。这就需要政府通过制度创新提供有效的公共产品,形成有利于创新的社会环境,激发企业创新的意愿,进而提高企业的品质,有力地参与国际竞争。

东亚国家和地区政府在新的历史条件下的社会职能可以表述为:通过制定和执行社会发展政策,从主要维护社会秩序转向维护社会正义与公平、实现社会均衡发展,包括适时制定和执行退休养老政策、医疗保健政策、安全和保险政策、环境和资源保护政策、住房政策、物价政策、教育政策以及道德重塑等。破除资源占有的垄断——尤其是借助公共权力实现资源占有的垄断、实现社会财富相对公平的分配、提高国民生活质量水准而不仅仅是富裕程度,是重新阐释政府社会职能的基本问题。

第二节 行政职能的含义

行政职能是狭义政府即国家行政机关的职能。政府公共行政管理是政府履行其职能的基本形式。政府公共行政管理是以国家行政权为基础的、以社会为对象的全方位的公共管理。它在本质上反映国家的阶级属性,同时履行国家的社会职能。

---

① 世界银行:前揭书,第38页。
② 同上书,第2页。
③ 罗志如等:《当代西方经济学说》,北京:北京大学出版社1989年版,第337—343页。

一、行政职能的含义

职能又称功能、职责。就国家现象而言,职能是一个与公共权力、公共责任紧密相关的概念。职能问题的核心价值点,在于回答一定的公共主体"应该做什么"的问题,其反题则在于"不应该做什么"。在扩展的意义上,职能问题还与履行职能的方式、能力、时效性等问题直接相关。

行政职能又称公共行政职能,在某些条件下亦称政府职能。概括地说,行政职能是狭义政府即国家行政机关承担的国家职能,是相关政治权利主体按照一定的规则,经由一定的过程,通过多种表达形式实现彼此价值观念和利益关系的契合,从而赋予的国家行政机关在广泛的国家政治生活、社会生活过程中的各种任务的总称,是国家行政机关因其国家公共行政权力主体的地位而产生,并由宪法和法律加以明示规定的国家行政机关各种职责的总称。行政职能是一个广泛的概念。在宪政体制不同、历史文化传统不同的国家里,其性质、内容、规范和作用方式等都存在明显的差别,即使在同一个国家里,不同的历史时期也有不同的规范和特点,即关于行政职能的规定性,在客观上会随着社会物质文明的发展进步而发生变化,在主观上则会随着人们对国家或政府的再认识而发生变化。

就国家职能而言,行政职能是立法职能、司法职能的对称,是国家公共职能之一种。国家的公共行政职能主要就是国家行政机关承担的职能。在静态的意义上,行政职能指宪法和法律对国家行政机关功能与任务的界定和赋予;在动态的意义上,行政职能指政府依据宪法和法律赋予的责任、权力和义务,通过行政行为管理国家事务和社会事务的活动,因而会随着国家职能的变化而相应发生变化。在实际的过程中,静态意义上的行政职能与动态意义上的行政职能由于复杂的原因有时是不相吻合的。公共行政职能是复杂的。考察公共行政职能可以有许多角度:

第一,公共行政职能与国家的产生相联系。行政职能是国家职能的一部分,因此,行政职能缘起于早期人类建立国家的政治契约。作为国家公共权力主体之一种的职能,行政职能从一开始就是与人们对国家的定义紧密联系在一起的,就是人们对国家职能设定的一部分。因此,关于行政职能的考察,不能离开关于国家作用的考察。

第二,公共行政职能与公共行政目的相联系。行政目的是关于政府基本价值理念的阐释和规定性,其中包括行政道德的基本价值标准。例如,政府理应"全心全意为人民服务",政府必须"保障国民生命财产安全"。在实际过程中,行政目的表现为政府行政目标与政府行政动机的统一。行政目的在价值形态上表示政府存在必要性。行政目的引导行政职能,即为了实现行政目的而相应设定行政职能。

第三,公共行政职能与公共政策相联系。其逻辑关系可以表述为:为了履行政府职能而正确地制定和有效地执行公共政策。在此意义上可以认为,公共政策是政府履行其职能的主要形式。公共政策的有效性因此构成了政府履行行政职能的现实基础。

第四,公共行政职能与制度创新相联系。人类长盛不衰、经久不息地追逐利益、追逐成就、追逐兴趣的本性和愿望,是人类不断发展进步的主观动力,而随着物质生产规模的不断扩大和物质生产内涵的不断变换、升华,人们的价值理念和现实观念事实上也在不断地发生变化,其中包括关于政府公共行政原理的再认识,促使人们不断进行行政改革以调整或改变公共行政关系,进而不断实现政府制度的创新,并通过政府制度的不断创新,不断引导、诱发、推动一定的新的制度安排,最终形成良性的互动关系,不断实现社会的整体发展进步。在此意义上,行政改革是政府制度创新的基本形式之一,而转变、修正、调整政府职能,增强政府公共政策和行政管理的有效性,是行政改革最经常的诉求对象。

二、行政职能的扩展

在现代国家中,政府的行政功能较之传统行政得到了大大的扩展。由于享有立法创议权,且获得了广泛的委托权,国家行政机关事实上已经涉足相当多的立法功能、司法功能和检察功能,即行政立法和行政司法。

政府行政职能的扩展是一种世界现象,也是一种历史的必然。它一方面反映了当今世界各国对发展问题的重视和关切,另一方面反映了人们对国家职能和传统法制原理的再认识,同时反映了当今世界的时代特征。从发展趋势上说,当代社会有三个较为突出的特征:首先,发展变化的节奏明显加快,发展变化的内容趋向多元化、丰富化、复杂化;其次,诸种"新"的事物层出不穷,譬如新思想、新观念、新学科、新技术、新行业、新文化、新财富、新需求等带来了一系列的新问题;最后,竞争日趋激烈,并使各类主体之间的社会关系进一步趋向错综复杂。

如前所述,在这样一种历史条件下,"法律有限、人事无穷"的现象明显增多并造成和激化了传统国家组织体制、领导制度、管理方式与现实需要之间的矛盾。这就需要一种能够对现实变化及时做出反应并有效解决问题,对未来需要做出前瞻性判断并提前进行战略性规划的力量。在传统的国家公共权力主体的体系中,这种力量就是政府(行政)。这是因为,在传统的国家公共权力主体的体系中,唯有国家行政机关决策权力集中,并集合了管理现代社会所必需的各类专业人才。从这个意义上说,狭义政府即国家行政机关被推向国家公共权力的主导地位是合乎逻辑的。以"三权分立"与制衡体制较为分明的美国为例:美国1996年通过的《单项法案条款否决权利法案》规定,总统有权对国会通过的预算案等法案中的某项条款进行否决,实际上将美国分配预算开支的一部分权力历史性地转移到了总统手里,实现了130年来美国历届总统的夙愿,从而再次提升了美国总统的地位,扩大了其行政权力,并因此为进一步锻造和展示政府的公共行政能力提供更大的空间。

第三节 行政职能的构成

行政功能在性质上完全不同于立法功能和司法功能,在特点上,与立法功能相比较,行政功能具有更强的实践性、操作性、技术性、具体性和经常性;与司法功能相比较,行政功能则更具创造性、主动性、灵活性、积极性和变化性。行政功能可以从不同的角度进行考察和划分:从功能的作用领域看,有政治功能、经济功能、文化功能、科技教育功能、社会功能等;从功能的属性看,有统治功能、保卫功能、管理功能、服务功能等;从功能的性质看,有行政立法功能、行政司法功能、行政检察功能等;从功能的过程和作用方式看,有计划功能、指导功能、协调功能、控制功能、沟通功能、监督功能等。

关于政府的职能,有着不同历史文化传统、处于不同发展阶段上的国家有不同的规制,学术界自19世纪以来亦有不同的理解和认同,相应分类的标准亦有所不同。

按照亚当·斯密的理论,政府的最佳作用只在于这样三大职能:"君主的义务,首在保护本国社会的安全,使之不受其他独立社会的暴行与侵略,……君主的第二个义务,为保护人民不使社会中任何人受其他人的欺侮和压迫,换言之,就是设立一个严正的司法行政机构,……君主或国家的第三种义务就是建立并维持某些公共机关和公共工程。"①

按照詹姆斯·布坎南的理论,政府的职能(集体行动)可以分为三个层次:

"第一,执行现行法律的那些行动。这一类行动包括霍布斯所说的君主的合法行动,即包括在我称之为'保护性国家'、诺齐克称之为'最低限度国家'和19世纪哲学家称之为'守夜人国家'的那些行动。打一个熟悉的体育比赛上类似的譬喻,这里的任务是裁判员的任务,指定他来执行规则,督促比赛的进行。第二,包括现行法律范围内的集体行动的那些活动。……用经济学家熟悉的话来说,这一套活动包括提供资金,供给和提供'公众所需的商品和服务'。个人和私人团体在现行法律范围内的活动可能不足以充分供应那些商品和服务。第三,包括改变法律本身和现行成套法律规定的那些活动。……用体育比赛做比喻,这里所说的活动是指改变过去和现在实行的比赛规则的那些活动。"②

按照我国台湾张金鉴教授对许多研究成果的总结,在一般的意义上,行政职能大体可以分为维持、保卫、扶助、管制、服务、发展六个范畴。③ 我们以此为线索进行讨论。

1. 维持(maintenance)职能,即维护国家法典和制度的职能。主要通过制定得到社会公众较为普遍认同的国家典章法令,建立、确定和巩固国家的政治意识形态,国家的基本社会制度,国家的主要价值规范,国家的法统。维护职能实质上是政府的制度职能,维持国家统一、民族团结、社会和谐而实现基本社会制度的稳定,是政府维护职能的基本目标。维护宪法和国家政治制度是政府维护职能的核心问题。倡导和培植国民的主导价值观,亦属于政府维护职能的范畴。

2. 保卫(protection)职能,即保卫国家和民族独立,保卫公民生命、财产和公民权利,维持社会秩序的职能。保卫职能在国家间关系问题上主要表现为通过国防、外交、对外政策,保卫国家主权,并最大限度地实现国家利益。对内则主要表现为:(1)保卫公民的宪法权利,包括财产拥有权、言论自由权、劳动权、种族和性别等平等权、被保护权等等;(2)维持社会秩序,表现为通过运用国家强制力量,譬如警察、军队、监狱等,使法律得到遵从。诸如知识产权保护、商标权益保护、消费者合法权益等,都属于政府保卫职能的范畴。

3. 扶助(assistance)职能,即扶助各界公民、公民团体、工商组织均衡发展,扶助弱者生存的职能。扶助各界公民、公民团体、工商组织均衡发展,主要是政府确定价值取向和价值标准,进而通过广泛的产业政策、关贸政策、税收政策、信贷政策等政策规制和政策倾斜,帮助各界顺利发展的职能。扶助弱者生存主要是政府保障和救济职能,包括由政府组

---

① 〔英〕亚当·斯密:《国民财富的性质和原因的研究》,郭大力、王亚南译,北京:商务印书馆1994年版,第254、272、284页。
② 〔美〕詹姆斯·M.布坎南:《自由、市场和国家——80年代的政治经济学》,平新乔、莫扶民译,上海:上海三联书店1989年版,第244页。
③ 张金鉴:《行政学典范(重订第4版)》,台北:"中国行政学会"1990年版,第103—104页。

织或监管的退休金、健康保险、失业救济、老弱病残者救济等。政府关于扶助职能的理解、履行扶助职能的意愿、能力和实际状况,直接关系社会的公平和稳定。

需要指出的是,在一定的条件下,政府可以通过加大公共投资、扩展政府产业、提供政府担保、实施政府收购等方式,直接发挥"推动"或"促动"经济振兴、经济增长、经济发展的作用。"罗斯福新政""东亚模式"等,都是成功的范例。

4. 管制(regulation)职能,即管制社会行为主体与国家公共权力主体的社会行为的职能。其主旨集中在两个方面:(1)依法控制、限定和约束社会行为主体与国家公共权力主体的行为,使其不会、不能因自身的利益而非法或不当地侵扰国家、社会、他人、其他行为主体的权利。侵扰者由政府实施惩罚。诸如"近亲不得结婚""严重传染病隔离"等法律规定都属于政府履行社会管制职能的范畴。(2)为实现国家利益、社会利益、多数人的利益、长远利益,依法控制、限定和约束社会行为主体与国家公共权力主体的行为。诸如外汇管制、尾气排放标准管制等,都是政府履行经济和环境保护管制职能的表现形式。

5. 服务(direct service)职能,即通过兴办各类公共事业,直接造福于国民的职能。政府服务是典型的公共服务。公共服务取之于国民的税赋,用之于国民的福祉。公共设施、公共卫生、公共交通、公共通讯、公共咨询、公共信息、公共教育等政府投资兴办及监管的事业,都属于政府公共服务的范畴,公园、公立图书馆、公立学校、政府公共信息网页等则是典型的政府公共服务的方式。提供更为广泛、更为快捷、更为有效、更为公平的公共服务,是现代国家政府普遍面临的世纪性挑战。

6. 发展(development)职能,即运用各种可能的方式启发、诱导创新的意愿和积极性,促动、推进发展和进步的行为的职能。创新与发展是当代社会的主旋律。由数千年的农业文明、数百年的工业文明到现今的知识(信息)文明,人类社会进步的节律已由算术级数转变为几何级数,发展的性质、内涵和能力较之农业文明和工业文明已经不可同日而语。在信息化社会的时代已经到来,知识经济的时代已经到来,经济全球化的时代已经到来的历史背景下,政府发展职能的重要性正在日益凸显。这就要求政府通过积极而有效的公共政策的导引,推动社会的全面进步。科学技术的不断创新、综合国力的不断增强、国民生活质量的不断提高,是政府发展职能的价值内涵,也是政府发展职能的价值评判标准。

按照20世纪60年代以来革新行政学的观点,政府的职能有一些新的、不同的理论观点。具体内容我们将在相关章节介绍和讨论。

第四节　关于政府职能的争论

与政府职能直接相关的争论由来已久。争论的焦点在于政府到底应该管什么,不应该管什么。争论的中心问题,则集中在国家与社会的关系、政府与市场的关系、公平与效率的关系等三个相互联系的问题上。这三个方面的问题均与关于政府的地位和作用的法律原则有着直接的相关性,与政府公共政策的基本价值取向有着直接的相关性,因而与政府的职能有着直接的相关性。就争论的一般情形而言,国家与社会、政府与市场、公平与效率的关系问题并不存在孰要孰不要的问题,而是孰先孰后、孰轻孰重的问题,即时序和侧重点的问题,而时序和侧重点的选择既直接反映政府的价值偏好,也直接反映不同政治主体和公众的价值偏好,因而实际上涉及一个孰重孰轻的问题。争论由此而起。

一、国家与社会的关系

这种关系主要涉及政府的政治职能。权威与民主的关系问题是其核心问题。事实是,资产阶级成功地取得国家政权以来,政府的公共权力在一直在加强,政府的公共职能始终在增加。政府的影响力不断在扩展。不论是什么原因所致,也不论人们怎么评价,政府的公共权威一直在上升通道中运行是一种不争的客观事实,以至于已经成为名副其实的"大政府",并有可能成为詹姆斯·布坎南称之为自行其是、"拥有独立利益的巨物"①。政府从来没有像现在这样广泛而深刻地影响人们的生活。这可以从两个方面来看:

1. 精英政治盛行。所谓精英政治,是西方政治学的一个概念。其基本的含义在积极的意义上是指,由于人类社会发展的局限性,社会的极少数卓越分子及其组合的集团,承担起了领导社会前进的责任,并因此实际享有和运用广泛的国家权利;在消极的意义上则是指所谓精英统治(meritocracy),即社会的极少数人及其组合的集团,实际控制甚至垄断了国家权利,国民实际政治权利因此受到限制、侵害甚至被剥夺。精英政治现象之所以为人们所关注,是因为迄今为止,在可以观察到的任何政治制度下,总是少数人统治着多数人。② 以美国为例。大权集中于极少数人手里。两亿多美国人当中,决定战争与和平、工资和物价、消费和投资、就业和生产、法律和司法、税收和利润、教育和学术、卫生和福利、广告和通讯、生活和休息等一系列与国民利益息息相关重大问题者,不过是几千人,而不论他们是否假借"人民"的名义来行使这种权力。③ 对政治精英们来说,国民政治参与并不是一种正当的、必不可少的民主政治生活的理念,更不是一种基本的价值观,至多只是一种手段,一种使政治精英的统治得以延续的政治策略。④

2. 公共支出增长。一百多年前,德国经济学家阿道夫·瓦格纳(Adolph Wagner)在考察了几个国家的公共支出的情况后,曾经以"瓦格纳定律"(亦称政府活动扩张法则或公共支出膨胀法则)的方式预言:随着工业化社会的到来,公共部门在经济活动中的数量和所占比例具有一种内在的扩大趋势,公共支出因此将不断膨胀。这一预言在一百多年来许多国家的实践中一再得到验证。部分国家公共支出占 GNP 的比重如表 2-1 所示:

表 2-1 部分国家政府公共支出占 GNP 比率对照表(%)

年份 国家	1965	1970	1980	1986
瑞典	—	43.72	61.95	64.90
法国	—	44.45	46.99	52.85
德国	36.94	38.99	48.77	47.18

---

① 何清涟:《现代化的陷阱:当代中国的经济社会问题》,北京:今日中国出版社 1998 年版,第 8 页。
② 〔美〕詹姆斯·E.安德森:《公共决策》,北京:华夏出版社 1990 年版,第 26 页。
③ 〔美〕托马斯·戴伊:《谁掌管美国》,梅士等译,北京:世界知识出版社 1980 年版,第 5 页。
④ 〔美〕塞缪尔·亨廷顿和琼·纳尔逊:《难以抉择》,汪晓星等译,北京:华夏出版社 1988 年版,第 30—31 页。

续表

年份 国家	1965	1970	1980	1986
英国	35.86	39.54	45.23	46.02
美国	27.83	32.20	34.07	37.16
日本	19.05	19.10	32.09	33.03

资料来源：转引自赖维尧等：《行政学入门》，台北：台湾空中大学出版社1996年版，第2页。

在同一问题上，恩格尔定律是德国统计学家恩斯特·恩格尔（Ernst Engel）1857年根据统计资料对消费结构的变化得出的一个规律：随着家庭和个人收入增加，收入中用于食品方面的支出比例将逐渐减小，这一定律被称为恩格尔定律，反映这一定律的系数被称为恩格尔系数。恩格尔定律的公式是：食物支出对总支出的比率（R1）=（食物支出变动百分比）/（总支出变动百分比）或食物支出对收入的比率（R2）=（食物支出变动百分比）/（收入变动百分比）。R2又称为食物支出的收入弹性。恩格尔系数是根据恩格尔定律得出的比例数，是表示生活水平高低的一个指标。其计算公式如下：恩格尔系数=（食物支出金额）/（总支出金额）。根据联合国粮农组织提出的标准，恩格尔系数在0.59以上为贫困，0.5—0.59为温饱，0.4—0.5为小康，0.3—0.4为富裕，低于0.3为最富裕。它告诉人们，随着社会物质财富的不断增加，消费者用于那些对物质福利并非必需的物品和劳务等支出的比重将不断增加。其结果，由于公共产品不属于生活必需品，而社会对公共产品数量和质量的需求又将逐步提高，从而导致公共产品的扩张，且日益挤占消费结构中私人产品的相对份额。公共产品社会需求的不断提高，构成了公共支出不断膨胀的原始动力，而公共资本存量与私人资本存量之间的函数关系，则构成了公共支出日益扩大的客观要求。① 这样，凭借巨额公共支出及其不断增加，政府相应获得了日益广泛的影响力，在某些条件下甚至是支配力。

那么，在上述背景下，人民的政治权利，尤其是作为个人的公民政治权利——政治支配权、政治决定权、政治参与权、政治表达权等，应当怎样得到保护、得到体现呢？基于这样一种担忧，20世纪六七十年代以约翰·罗尔斯（John Rawls）为代表的一批人从社会政治哲学和伦理道德出发，严肃而系统地再次提出了社会正义问题。1971年，罗尔斯发表了著名的《正义论》，以后，又相继发表了《政治自由主义》《万民法》以及最后的著作《作为公平的正义》。

罗尔斯的理论是从解析构成人权的自由与平等的不可调和的矛盾开始的。这种矛盾在于，要彻底保障个人的包括言论、思想、参政、拥有财产、积聚财富的自由，就可能由于人们在天赋、出身方面的差别而导致不平等，而如果推行具有平等主义倾向的政策以缩小人们财富和权力等方面的差距，又有可能导致政府对个人自由和经济活动的严重干预。对此，罗尔斯提出了正义至上理论：普遍的正义理念高于一切价值，正义是社会制度的首要道德，正义来自于不受任何利益制约的个人自由权，正义不应建立在特定的利益之上，不能为了公共利益而牺牲个人权利。因为，每一社会成员都拥有一种基于正义或自然权利

---

① 郑秉文：《强大的国家与发达的市场》，载〔美〕斯蒂格利茨：《政府为什么干预经济》，郑秉文译，北京：中国物资出版社1998年版，第1—15页。

的不可侵犯性,这种不可侵犯性即使以社会整体利益之名也不能逾越,所以,正义既否认为了一些人享受更大利益而剥夺另一些人的自由是正当的,也不承认多数人享受的较大利益能够补偿少数人迫不得已的损失。正义的对象是用于分配公民的基本权利和义务、划分社会利益和社会负担的制度结构,正义应当成为评价社会制度的首要道德标准和基本价值尺度。① 罗尔斯基于平等和社会契约的正义论的第一原则是:每个人都拥有和其他所有人同样的自由体系相容的,最广泛平等的基本自由体系的平等权利。正义论的第二个原则是:社会和经济的不平等应当这样安排,以使它们(1)适合于最少受惠者的最大利益,并与正义的储存原则相一致;(2)在公平的机会平等的条件下,使所有职务和地位向所有人开放。② 罗尔斯说:假如正义荡然无存,人类在这世界生存,又有什么价值?③

评论者认为,罗尔斯的理论反映了20世纪60年代美国社会发展起来的对公民权利的诉求,在理论上结束了功利主义在欧美政治哲学中的主导地位,并代之以个人权利为核心的自由主义以及支撑这种自由主义的社会分配学说。罗尔斯的理论被称为自由意志论(libertarianism)或自由至上主义。批评者认为,罗尔斯过度强调了权利的先验性,忽视了权利与"善",尤其是社会的"善"、人类的"善"的关系。事实上,权利的先验性并不是人的支配力以外的自然(规律)力所赋予,而是人类通过一定的制度安排(规则)所赋予的。没有国家的保护,个人的权利是无法实现的。

以布坎南、弗里德里希·哈耶克(Friedrich Hayek)、米尔顿·弗里德曼(Milton Friedman)为代表的一批人则试图跨越技术经济理论的沼泽,用传统政治经济学的眼光透析市场经济与政治体制的关系,进而重新确定自由的价值。④ 以乔治·弗雷德里克森(George Frederickson)为代表的新公共行政学派,则强调为了实现社会公平坚持和强化政府的公共性质,主张通过行政组织重构实现政府的公共目的。

由于人类代议制民主发展阶段的特征,围绕着公共权威与民主的价值首要性问题,关于国家与社会的关系的争论还将继续下去。

二、政府与市场的关系

这种关系主要涉及政府的经济职能。通常,人们使用"市场失灵"(market failures)与"政府失灵"(government failures)来概括凯恩斯经济理论之后关于政府与市场关系争论过程中两种几乎是截然相反的价值取向。一般而论,所谓"市场失灵"主要是指市场机制在实现资源配置方面存在许多的局限性或缺陷性,因而不能达到帕累托最优⑤,不能实现预

---

① 〔美〕罗尔斯:《正义论》,何怀宏等译,北京:中国社会科学出版社1988年版,第3页。
② 同上书,第3—8页。
③ John Rawls, *A Theory of Justice*, Cambridge, Mass.: Belknap Press of Harvard University Press, 1971, p. 586.
④ 〔美〕詹姆斯·M.布坎南:前揭书;〔英〕弗里德里希·冯·哈耶克:《自由秩序原理》,邓正来译,北京:生活·读书·新知三联书店1997年版。
⑤ 意大利经济学家维尔弗雷多·帕累托(Vilfredo Pareto)1897年提出的一个关于资源配置效率的概念:对于某种经济资源配置,如果不存在其他生产上可行的配置,使该经济中的所有个人至少他们在初始时更好,那么,这个资源配置就是最优的,进而,在不使其他人境况变糟的情况下,就不可能再使另一部分人的处境变好。帕累托改进则是指:用帕累托标准衡量,任何经济活动,不损害任何一个人的利益,但至少会使其中一个人收益,这样,社会财富总量就会增加,或者如果一个人可以在不损害他人利益的同时能改善自己的处境,他就在资源配置方面实现了帕累托改进。

期社会经济目标。"市场失灵"是主张实行政府干预的强有力的理由。所谓"政府失灵"主要是指政府的政策干预措施不能实现预期的调节市场的作用,在某些条件下甚至导致比"市场失灵"更坏的结果。"政府失灵"是主张实行更为彻底的市场经济的基本根据。

围绕着政府职能的争论是十分丰富和广泛的。往前追溯,关于政府经济职能的主张早在 500 年前资本主义生产关系萌芽时期的重商主义经济学就开始了。那时民族国家行将建立,商业资本得到了发展壮大。商业资本要求保护和扩大贸易,为此要求建立中央集权的国家体制,实行国家干预,消灭封建割据,在统一国内市场的同时开辟海外市场。18 世纪后半期,随着工业革命的发生,商业资本转向了工业资本,资本诉求随之由主张国家干预转向主张自由资本主义。为反映这种历史性的新的诉求,亚当·斯密于 1776 年发表了产生深远影响的《国富论》,全面阐述了自由主义经济学的原理。

亚当·斯密以理性"经济人"假定为理论基础,提出"自私的动机、私有的企业、竞争的市场"是自由经济制度的三要素,认为不断增加国民财富的最佳途径就是给予经济活动完全的自由,由一只"看不见的手"支配市场,概括地说,政府职能规范的基本价值标准,就在于成为一个好的"守夜人"。在此意义上,管的最少的政府是最好的政府(government that governs least governs best)。作为主流经济学理论,亚当·斯密的自由资本主义的经济理论支配了欧美国家一百多年,直至 20 世纪 30 年代席卷整个资本主义世界的经济大危机为止。

20 世纪 30 年代的经济大危机引发了西方经济学说在 20 世纪的第一次革命,即"凯恩斯革命"。以亚当·斯密经济理论为基础的传统的、新古典的经济学说因此让位于以约翰·凯恩斯(John Keynes)经济理论为核心的国家干预经济理论。凯恩斯的经济理论有一个形成过程:1919 年出版《凡尔赛和约的经济后果》,1923 年出版《货币改革论》,1926 年发表《自由放任主义的终结》,1930 年出版《货币论》,1933 年出版《繁荣之道》,1935 年发表《一个自行调整的经济体系?》,1936 年出版了其理论的奠基作《就业、利息和货币通论》。凯恩斯否定传统经济学的基本命题:私人利益与社会利益存在一致性;认为自由市场经济制度可以保证个人自由并激发个人的创造潜能,但市场经济存在缺陷,主要表现为在放任自由的经济条件下,由于有效需求不足,失业是不可避免的,而与放任经济直接相关的三种"基本心理法则"——消费倾向、资本边际效率倾向和流动倾向,是造成有效需求不足的主要原因,有效需求和失业的长期积累,则会导致经济危机。这样,凯恩斯实际否定了以萨伊定律①为支撑的古典经济学,以"有效需求不足"代替了"供给能创造自身的需求"这一传统的理论。

凯恩斯认为,为了弥补自由市场经济有效需求的不足,克服经济危机,政府必须干预经济生活,通过增加公共投入以刺激消费。为此,凯恩斯以有效需求原理和就业理论为基础,提出了一整套的"反危机"的政策主张。概括地说,凯恩斯政策主张的要点主要集中在:(1)国家调节和干预经济生活,实现国家公共经济活动与私人资本运作的合作,指导社会消费倾向;(2)实行积极的公共财政和金融政策,通过有意识的国家财政岁入、岁出

---

① 法国经济学家让·巴蒂斯特·萨伊(Jean-Baptiste Say)1803 年在其《政治经济学概论》一书中首先明确提出的一个概念,是对苏格兰启蒙思想家詹姆斯·穆勒的名言"供给创造需求"或"生产自行创造销路"论断的进一步提升:在一切社会,生产者越多,产品越多样化,产品便销得越快、越多和越广泛。

和货币供应、利率等国家经济活动影响有效需求和社会总就业水平,包括改变租税体系、政府直接举办公共工程和投资非生产部门,甚至扩充军备等;(3)举债支出,即政府举债投资公共事业和弥补预算赤字,借此提高有效需求,增加总就业量。① 凯恩斯经济理论影响了一代经济学家,并成为那个时期西方国家政府基本公共政策选择的理论基础,以至于20世纪30—70年代被称为"凯恩斯时代",凯恩斯本人因此被称为"战后繁荣之父"。

凯恩斯经济理论之后,出现了阿尔文·汉森(Alvin Hansen)、保罗·萨缪尔森(Paul Samuelsen)、约翰·希克斯(John Hicks)等人为代表的新古典综合学派,后又称后凯恩斯主流经济学。他们试图消弭宏观经济学与微观经济学的"巨大裂缝",途径是实现凯恩斯总量经济范畴与新古典微观经济范畴的综合,静态经济分析与动态经济分析的综合,即实现所谓"新古典综合"或"混合经济",从而建立一种新的经济理论体系。60年代中期以前,新古典综合经济理论一直广泛流行于西方各国,被奉为西方国家的正统经济学,并成为国家干预经济的主导经济理论。

"凯恩斯革命"之后不久,另一场与凯恩斯经济思想和"罗斯福新政"的价值取向相互印证的"管理革命"逐步兴起。美国企业史研究学者阿尔弗雷德·钱德勒(Alfred Chandler)以三部曲式的经典之作,即《战略与结构——美国工业企业成长的若干篇章》(1962)、《看得见的手——美国企业的管理革命》(1977)和《企业的规模与范围——工业资本主义的原动力》(1990)为理论形式,在美国工商管理领域掀起了一场"美国企业界的管理革命",也有人称之为新"科学管理"运动,或者称之为"钱德勒革命"。

钱德勒宣称:"现代工商企业在协调经济活动和分配资源方面已取代了亚当·斯密的所谓市场力量的无形的手。……由于获得了原先为市场所执行的功能,现代工商企业已成为美国经济中最强大的机构,经理人员则已成为最有影响力的经济决策集团。因此,在美国,随着现代工商企业的兴起,出现了所谓经理式的资本主义。"② 经理式的资本主义就是"管理资本主义"。在钱德勒看来,"美国传统的公司是单一单位的企业。在此种公司内一个或少数所有者是在一个办事处内经营其商店、工厂、银行或运输公司的。通常此种类型的公司只掌管一种经济职能,经营单一的产品系列,且仅在一个地区内经营。在现代公司兴起之前,这种小规模的、由个人拥有和经营的企业的各项活动是由市场和价格机制来协调和控制的。现代企业则将许多单位置于其控制之下,经营于不同地点,通常进行不同类型的经济活动,处理不同类型的产品和服务。这些单位的活动和它们之间的交易因而被内部化,它们是由支薪雇员而非市场机制所控制并协调的。因此,现代工商企业雇用各种层次的中、高级支薪经理来管理并协调在其控制下的各单位的工作。这些中、高层经理乃形成一个完全的新的企业家阶层"③,同时形成了"现代复合经济企业"。由此,理性工业领袖已经取代了资本主义蛮荒阶段的扩张掠夺的"强盗大亨",而企业家阶层或职业经理群体与"现代复合经济企业"的结合,使企业已经获得了"自主的生命",不仅对生产与消费产生了巨大的促进作用,而且事实上获得了前所未有的科学预见能力和经济调节

---

① 罗志如等:前揭书,第二章。
② 〔美〕小艾尔弗雷德·D.钱德勒:《看得见的手:美国企业的管理革命》,重武译,北京:商务印书馆2004年版,第1页。
③ 同上书,第2—3页。

能力,以及主动、有效地干预经济发展的能力。在这种历史条件下,以自由竞争、市场调节、经济周期为特征的古典式资本主义经济,已经被以大公司经理阶层主导、管理、协调下的比较稳定发展的"管理资本主义"经济所取代。与此相联系,在更为广泛的层面上,"随着技术变得更为复杂和具有更高的生产力,随着市场继续在扩大,这些经理人员乃承担了在美国经济最重要的一些部门中的指挥重任"①。以大公司经理阶层为主体,以管理、协调为手段的"看得见的手",比亚当·斯密的市场自发协调的"看不见的手",更能增加资本的竞争力,更能有效地促进经济的发展,更能推动社会的进步。

为了阐明"为什么管理上的有形的手取代了市场机制的看不见的手",钱德勒提出了关于现代工商企业的八大观点:

第一,当管理上的协调比市场机制的协调能带来更大的生产力、较低的成本和较高的利润时,现代多单位的工商企业就会取代传统的小公司。

第二,在一个企业内把许多营业单位活动内部化所带来的利益,要等到建立起管理层级制以后才能实现。因此,管理层级制的存在是现代工商企业的一个显著特征。

第三,现代工商企业是当经济活动量达到这样一个水平,即管理上的协调比市场的协调更有效率和更有利可图时,才首次在历史上出现的。

第四,管理层级制一旦形成并有效地实现了它的协调功能后,层级制本身也就变成了持久性、权力和持续成长的源泉。由此,现代工商企业开始具有了"其本身的生命"。

第五,指导各级工作的支薪经理这一职业,变得越来越技术性和职业化。选拔与晋升变得越来越依赖培训、经验和表现,而不是家族关系或金钱。

第六,当多单位工商企业在规模和经营多样化方面发展到一定水平,其经理变得越加职业化时,企业的管理就会和它的所有权分开。

第七,在做出管理决策时,职业经理人员宁愿选择能促使公司长期稳定和成长的政策,而不贪图眼前的最大利润。因此,经理人员要维持其组织被充分利用的愿望乃变成了一种使企业进一步发展的持续力量。

第八,随着大企业的成长和对主要经济部门的支配,它们改变了这些部门乃至整个经济的基本结构。②

钱德勒开创了美国工商史研究的钱德勒时代。以钱德勒为代表的学者群体被称为钱德勒学派。人们赞誉钱德勒的贡献,认为钱德勒掀起的"管理革命"是管理史的一个里程碑,其意义在于使管理成为一个有着独特的理论与实践形式的研究领域。尽管,关于钱德勒的理论从一开始就存在批评,尽管,垂直整合的钱德勒式企业已经不再是今天美国主导经济发展的组织形式,大企业不再像在过去那样成功,但钱德勒的影响仍然是人们所不能忽视的。

进入20世纪70年代以后,西方国家先后出现了新的经济危机,并且,通货膨胀与经济停滞同时出现,形成了所谓"滞胀"现象。与此同时,国家财政赤字愈来愈大,而社会失业人口却愈来愈多。凯恩斯主义因此在政策实践中面临一种难以解脱的两难选择境地:

---

① 〔美〕小艾尔弗雷德·D.钱德勒:前揭书,第571页。
② 同上书,第6—11页。

如果采用扩张性的财政政策,势必加剧通货膨胀;如果采用紧缩性的财政政策,又会导致经济停滞,加剧经济危机。事实上,受凯恩斯理论影响愈大的国家,遭受的痛苦也愈多。面对如此现实,人们不能不承认凯恩斯主义失灵了。

在这样的历史条件下,出现了对凯恩斯主义的否定。从弗里德曼针对凯恩斯经济理论提出现代货币主义理论开始,一大批学者从不同的角度提出了许多的理论主张,其中,以哈耶克、埃德温·坎南(Edwin Cannan)、莱昂内尔·罗宾斯(Lionel Robbins)为代表的自由主义的伦敦学派,以阿瑟·拉弗(Arthur Laffer)、马丁·费尔德斯坦(Martin Feldstein)、罗伯特·孟德尔(Robert Mundell)为代表的供给学派,以约翰·穆思(John Muth)、罗伯特·卢卡斯(Robert Lucas)、尼·华莱士(Neil Wallace)为代表的理性预期学派,以布坎南、戈登·图洛克(Gordon Tullock)、邓肯·布莱克(Duncan Black)为代表的公共选择学派,等等。这些理论统称新自由主义经济理论。他们的理论成为这一个时期的主流经济理论,成为政府制定经济政策的理论依据。他们的主要理论观点集中在:(1)基于自由竞争的市场原理是正确的,只有市场可以对资源进行有效的配置。因此,自由市场制度及与其一致的私人企业制度,是人类现阶段可能选择的最好的制度,而个人自由是自由市场制度及私人企业制度存在的基础。(2)政府的缺陷源自担任政府公职者的有理性的自私人的人类特征,也就是说,基于人的理性地追求私利的本性,政治生活中人们同样要对自己行为的成本与收益进行计算。因此,"政府失灵"是不可避免的。政府的缺陷至少与市场一样严重,所以,政府不但不能纠正市场,反而会使之恶化,政府解决市场缺陷的唯一正确的途径是进一步明晰产权,而不是进行政府干预。(3)必须强调价值判断和伦理规范的重要性。因为,价值判断较之数学计算、预测更能真实地反映和有效地解决实际的经济和社会问题。受到充分体现自由精神的法律保护和约束的、私有制条件下的自由市场经济制度,是一个公正、合理社会的基本准则。

但是,进入20世纪80年代以后,西方国家再次普遍出现了失业率猛增且居高不下、国内生产总值下降、经济增长停滞、政府财政状况恶化等一系列的问题。这就不能不引起人们对新自由主义经济学理论的怀疑。正是在这样的历史条件下,新凯恩斯主义(New Keynesianism)或新凯恩斯主义经济学(New Keynesian Economics)应运而生,出现了凯恩斯主义的某种"复兴",国家干预论东山再起,并成为克林顿政府经济政策的重要理论依据。① 但好景不长,新凯恩斯主义最终还是被"新经济"的浪潮所淹没。

在过去五十多年中,关于政府与市场关系争论的不同价值取向的要点可以概括如下②:"市场失灵"的主要问题在于:(1)个人的价值观和自由与社会公理和原则存在矛盾;(2)在现实经济运行中由于存在独占、寡头垄断、垄断竞争、自然垄断、过度竞争等问题,完全竞争假定从来就没有得到充分满足,因此会损害社会效率;(3)一般竞争均衡不适用某些领域,尤其涉及规模效率速增的经济活动;(4)帕累托最优由于完全市场假定不成立而不能实现;(5)信息存在不完备性或非相关性;(6)由于存在不完全均衡,因此资源不能

---

① 傅殷才、颜鹏飞:《自由经营还是国家干预——西方两大经济思潮概论》,北京:经济科学出版社1995年版,第十二章。
② 〔美〕施蒂格里兹:《政府经济学》,曾强等译,北京:春秋出版社1988年版;黄少军、何华权:《政府经济学》,北京:中国经济出版社1998年版;厉以宁:《宏观经济学的产生和发展》,长沙:湖南出版社1997年版。

得到充分利用;(7)外部效应导致市场在配置社会资源时产生偏离;(8)市场不会自动供给公共产品。在发展中国家,由于存在较多的市场缺陷,问题可能更为严重。

"政府失灵"的主要问题则在于:(1)政府对社会的经济管理经常缺乏明确的利益主体、责任主体,由此导致政府效率低下和政府官员冷漠无情;(2)政府维护社会公平的职能因为从来就不存在绝对的公平而难以履行,而政府追求社会公平经常以牺牲效率为代价;(3)政府由具体的官员组成,作为自然人的政府官员并不会因为承担公共责任而自然产生任何道德优势,他们既不比常人更坏,也不比常人更好,他们同样也会犯错误;(4)政府与人民之间的法理或法律上的契约关系在现实生活中往往是不完整、不对等的,政府行为因此时有失序或失控,并导致对政府违约行为惩罚的空置;(5)政府作为特殊的政治主体和经济主体,其微观经济运作如同私营企业一样也涉及复杂的产权关系和激励机制,所以,政府与市场不能实现相互替代;(6)垄断性是政府的不可克服的弱点,而垄断性导致低效率、机构膨胀、寻租行为等一系列加剧政府行为社会成本的消极问题;(7)"逃避错误"因政府行为无法直接比较、政府效率无法直接评估而成为政府官员的普遍行为准则,其结果导致短视、惰性、缺乏创新精神等程序化政府行为的泛化;(8)"多数人原则"选举体系的维持,从来都是以牺牲一部分人的利益为代价的,而且,事实上这种体系既不能保证选举体系选举的效率,也不能保证完全代表每个人利益,因此,物竞天择、优胜劣汰以及与之相一致的少数人决策是必然的。

以上可见,与政府职能问题相联系,关于"看得见的手"与"看不见的手"的争论一直是缠绕西方经济学的主要争论之一。现在看来,这种争论还将继续下去。但经过大的历史反复,问题将不会集中在是否需要市场或是否需要政府干预,而会集中在如何实现市场对资源的基础配置与政府对市场的合理干预之间的平衡方面。

三、公平与效率的关系

这种关系主要涉及政府的社会职能。这种关系也可以理解为是个人利益与公共利益,经济增长与大众福利,政府的经济职能与社会职能的关系。关于效率和公平的解释是多种多样的。一般而论,所谓公平,通常是指社会成员机会或收入的均等化,以及社会权力的平等化。效率则是指资源的合理、有效的配置,在同一时间内投入的最小化与产出的最大化是效率的恒定标准。按照经济学家格里高利·曼昆(Gregory Mankiw)的解释,效率是社会能从其稀缺资源中得到最多东西的特性,平等则是经济成果在社会成员中公平分配的特性。"效率是指社会能从其稀缺资源中得到最多东西。平等是指这些资源的成果公平地分配给社会成员。换句话说,效率是指经济蛋糕的大小,而平等是指如何分割这块蛋糕。在设计政府政策的时候,这两个目标往往是不一致的。"①

公平与效率的问题与国家发展战略的选择相联系,不只是现代经济问题的焦点之一,更是人类社会政治和道德问题的轴心。② 因此直接与广泛和深层次的人类价值判断问题相联系,进而与政府的职能及宏观公共政策选择相联系,成为每一个国家的政府过去、现

---

① 〔美〕曼昆:《经济学原理》,梁小民译,北京:生活·读书·新知三联书店、北京大学出版社1999年版,第5页。
② 曾昭宁:《公平与效率》,北京:石油大学出版社1994年版,封底。

在和将来都不可能回避的问题。公平与效率作为两种价值取向存在一种此消彼长的替代关系,在同一时间和空间可以有主次之分,却很难做到并行不悖。这样,作为一种宏观公共政策选择,政府事实上必须取舍维护社会公平抑或提高效率,作为政府基本的价值取向和政策标准。

关于公平与效率的争论是广泛和持久的。在这方面,大体上存在"效率优先论""公平优先论"和"效率与公平平衡论"三类观点。效率优先论认为,效率是竞争的产物,竞争与市场相联系,市场则与"天赋人权"的自由权力相联系。换言之,效率优先论认为存在这样一种逻辑关系,即没有个人权力就没有个人自由,没有个人自由就没有市场竞争,而没有市场竞争就没有效率。因此,个人权力是效率优先的前提、基础和结果。效率优先论同时认为,效率是个人勤奋工作的结果,直接反映个人努力的程度,而勤奋的人理应占有更多的资源,获得更多的报酬。因此,效率反映真正的公平,政府不能通过干预实现"结果均等",因为这会损坏社会发展的机制,最终导致"公平"的虚无化。

公平优先论认为,公平是个人"天赋权利"具体化。这种权利不适用于市场交换,不能用后天源自市场竞争的金钱作为衡量的尺度。市场竞争导致的个人收入的巨大反差,是对个人权利的直接侵害。不仅如此,与市场竞争相联系的效率不但与"公平"无关,而且是不公平的结果。因为,市场竞争不仅会导致个人收入的两极分化,而且会形成竞争优势与竞争劣势——资财占有、信息占有、社会关系占有、受教育程度、个人能力等等,从而严重破坏"机会均等"的原则,形成事实上的权力的不平等。这种不平等导致社会差距的扩大化、深刻化、持续化,进而可能导致制度危机。同时,市场从来就不是按照个人对社会的实际贡献评价和付酬的。因此,只有通过运用公共权力,即通过政府干预才能实现社会收入分配和社会权力分配的均等。

效率与公平平衡论认为公平与效率同等重要,主张在公平与效率之间建立一种平衡关系,即以最小的公平代价换取最大的效率结果。据此,效率与公平平衡论主张同时建立以利润为目标的私有经济和以社会福利为目标的公共经济,进而在"混合经济"的基础上建立一种兼顾公平与效率、结果均等与机会均等的制度,借以在保持以"自利"为导向的效率的同时,通过政府对社会收入再分配的有效的宏观调节,维护基本的社会公平。

美国经济学家阿瑟·奥肯(Arthur Okun)是效率与公平平衡论的代表之一。他在1974年出版的经典著作《平等与效率——重大的抉择》中,提出了公平与效率的交替(trade off)理论,试图找到一条既维护市场机制,又能消除收入差别扩大的途径,主张在保留市场经济制度的情况下增进平等。奥肯指出,在市场经济条件下,公平与效率之间的确存在矛盾和冲突:"对效率的追求不可避免地产生出各种不平等,因此,在平等与效率之间,社会面临着一种选择。"[①]"在这条路的许多岔口上,社会面临着选择:或是以效率为代价的稍多一点的平等,或是以平等为代价的稍多一点的效率。"[②]平等和效率之间的取舍是我们社会经济中最重大的取舍,我们在许许多多的社会政策领域受着它的困扰。"我认为,这是最大的社会经济抉择,而且它在社会政策的各个方面困扰着我们。我们无法在保

---

① 〔美〕阿瑟·奥肯:《平等与效率——重大的抉择》,北京:华夏出版社1999年版,第2页。
② 同上。

留市场效率这块蛋糕的同时又平等地分享它。"①在奥肯看来,平等和效率都是很重要的,社会要存在下去,必须在二者之间进行折中。折中的途径既不是效率优先,也不是平等优先,而是二者兼顾,即以最小的不平等换取最大的效率,或者以最小的效率损失换取最大的公平。奥肯的名言是:"或许这正是为什么它们互相需要的道理——在平等中注入一些合理性,在效率中注入一些人道。"②为了更多地实现平等,政府应当发挥作用,通过调整所得税、社会保险、转移支付等措施,来缩小过于悬殊的贫富差距。

效率与公平平衡论是当代世界多数国家政府宏观公共政策的价值选择。

名词与术语

公平	守夜人	行政职能	罗斯福新政	东亚经济奇迹
	凯恩斯	精英政治	瓦格纳定律	东亚金融危机
		政府失灵	恩格尔定律	行政职能扩展
		市场失灵		

复习与思考

1. 行政职能。
2. 考察行政职能的角度。
3. 罗斯福新政之于政府职能再认识的意义。
4. 东亚经济奇迹之于认识后发展国家政府职能的意义。
5. 东亚金融危机之于后发展国家政府职能再认识的意义。
6. 东亚金融危机与东亚国家和地区的政府职能等有着直接的关系。
7. 东亚国家和地区重新阐释政府经济职能的基本价值标准。
8. 政府行政职能不断扩展的现象及其原因。
9. 政府与市场关系的历史演变,谈一谈你对两者关系的看法。
10. 斯密经济理论的要点。
11. 凯恩斯经济理论的要点。
12. 新古典综合学派的要点。
13. 市场失灵的主要问题。
14. 政府失灵的主要问题。
15. 斯密的政府职能理论。
16. 布坎南的政府职能理论。
17. 张金鉴关于政府职能的理论。
18. 效率优先论。
19. 公平优先论。
20. 效率与公平平衡论。

---

① 〔美〕阿瑟·奥肯:《平等与效率——重大的抉择》,王奔洲等译,北京:华夏出版社1999年版,第2页。
② 同上书,第116页。

21. 为什么说公平与效率的关系是现代经济问题的焦点之一,更是人类社会政治和道德问题的轴心,与国家发展战略的选择相联系?

22. 关于现阶段中国政府主要职能的再认识。

主要参考书目

1. 黄光国:《儒家思想与东亚现代化》,台北:台湾巨流图书公司1988年版。
2. 〔德〕马克斯·韦伯:《新教伦理与资本主义精神》,于晓等译,北京:三联书店1987年版。
3. 〔美〕塞缪尔·P.亨廷顿:《变化社会中的政治秩序》,王冠华等译,上海:上海三联书店1989年版。
4. 〔美〕保罗·A.萨缪尔森、威廉·D.诺德豪斯:《经济学》,高鸿业等译,北京:商务印书馆1979年版。
5. 罗荣渠:《现代化新论》,北京:北京大学出版社1993年版。
6. 〔美〕威廉·爱·洛克腾堡:《罗斯福与新政——1932—1940年》,朱鸿恩等译,北京:商务印书馆1993年版。
7. 〔英〕亚当·斯密:《国民财富的性质和原因的研究》,郭大力、王亚南译,北京:商务印书馆1994年版。
8. 〔美〕小艾尔弗雷德·D.钱德勒:《看得见的手:美国企业的管理革命》,重武译,北京:商务印书馆2004年版。
9. 罗志如等:《当代西方经济学说》,北京:北京大学出版社1989年版。
10. 〔美〕詹姆斯·M.布坎南:《自由、市场和国家——80年代的政治经济学》,平新乔等译,上海:上海三联书店1989年版。
11. 〔美〕约瑟夫·斯蒂格里兹:《政府经济学》,曾强等译,北京:春秋出版社1988年版。
12. 〔美〕约翰·罗尔斯:《正义论》,谢延光译,上海:上海译文出版社1991年版。
13. 〔美〕阿瑟·奥肯:《平等与效率——重大的抉择》,王奔洲等译,北京:华夏出版社1999年版。

第三章 行政权力

第一节 行政权力概述

一切行政活动都是通过行政权力的运行来实现的。"行政管理的生命线就是权力。权力的获得、保持、增长、削弱和丧失是实践工作者和研究者所不能忽视的。忽视了这点，其后果几乎可以肯定就会是丧失现实性和导致失败。"① 无论就逻辑而言还是从实践来看，如果一个行政机构没有相应的权力，那么这个机构在行政管理中就不会有实际的效用。因而，行政权力是一切行政现象的基础。人们对于行政权力的探讨由来已久。它作为一种权力现象，既有一般权力的共同特征，又有着不同于其他权力的特殊内容、结构功能和发展规律。

一、行政权力的含义

在人类社会生活当中，凡是有组织的地方都存在权力现象。一般说来，权力是根据行使者的目的去影响他人行为的能力，其内容包括主体、客体、目的、作用和结果等方面。人们依据不同的标准，将权力作了多种不同的划分。如果就其性质而言，权力可以划分为政治权力、经济权力、社会权力等。不言而喻，行政权力属于政治权力中的一种。

那么，什么是政治权力呢？简而言之，政治权力就是某一政治主体依靠一定的政治强制力，为达到某种目标而在实际政治过程中体现出来的对于政治客体的制约能力，凭借这种制约能力，政治主体拥有对于社会价值的支配手段。在这里，政治主体主要指政府、政党和其他社会政治集团、社会政治人物等。社会价值是指具有某种社会效用的东西。它既包括像财富、人力资源、自然资源等经济方面的东西，也包括诸如地位、机会、知识、荣誉等非经济方面的东西，还包括政治权力本身。

行政权力作为政治权力的一种，它是国家行政机关依靠特定的强制手段，为有效执行国家意志而依据宪法原则对全社会进行管理的一种能力。行政权力的这一定义，包括以下五个方面的主要内容：

第一，行政权力的主体必须是国家行政机关及其工作人员。

通常，人们对于行政权力主体的理解是不尽一致的，这有狭义、较狭义、广义之分。狭义的理解认为，行政权力的主体就是狭义的政府，亦即国家行政机关。较狭义的理解认为，除国家行政机关之外，立法和司法机关或者其中的某些机构都可作为行政权力的主体，原因在于立法和司法机关当中都有执行性的行政事务存在，也就是说，行政主体应该是广义的政府。广义的理解认为，行政权力普遍存在于各种公共组织当中，因而行政主体

---

① 〔美〕诺顿·朗：前揭文，载〔美〕R.J.斯蒂尔曼：前揭书，第211页。

也就等于是公共管理主体。照此说法,不仅政府,就连非政府组织、政党和各种社会团体也都可以成为行政权力的主体。

我们认为,行政权力主体应该是国家机关中的一种,即专司行政管理职能的行政机关。至于其他国家机关、非政府组织和其他各种社会组织,它们为开展其业务活动,也具有负责组织管理工作的机构。对于这类机构,我们称之为"准行政主体"。"准"表示程度上虽不完全够,但可以作为某类事物看待。"准行政主体"所拥有的管理权力尽管和行政权力有诸多相似之处,但不具备行政权力的全部功能和特征,故只能把这些权力叫做"准行政权力",或曰"行政性权力"。广义的行政权力也可称作"公共治理权力"。现代治理理论从管理的公共性特征角度,把行政主体和准行政主体都归为公共治理主体的范畴,这些主体在公共治理活动中运用的权力统称公共治理权力。

第二,行政权力的根本目标,是通过执行国家的法律和政策有效地实现国家意志。

国家意志集中体现国家利益。不管国家利益是代表全社会,还是代表某些强势集团,抑或代表某种社会阶级,从形式上看它都以公共利益的面目出现。公共利益既不简单等于某种社会集团或党派利益,也绝不是各种不同社会利益的简单相加,而是体现为在国家意志形成过程中各种政治势力意志的合力状态。在现代社会中,公共权力通过一定的宪法制度安排而体现为国家权力,公共利益则通过一定的宪法原则而体现为国家意志。公共利益和公共权力都是某种特定的力量均衡结构。在实际的政治力量对比中,强势集团往往占据优势地位,所以从本质上讲,国家意志主要代表的是社会强势集团或阶级的利益。尽管如此,又由于行政权力的"公共性"是其在全社会获得正当性的基础,国家利益也不得不以公共利益的面貌出现。是故,执行国家意志并实现社会的公共利益,属于行政权力的内在要求。作为力量对比的均衡结构,公共利益不可避免地会带有时间和空间方面的相对性,公共权力自然也会受到时空结构的限制,超越时空就有可能失效。因而,行政权力在实现国家意志的过程中还必须体现出时空范围内的有效性。卓有成效是每一个国家行政机关所必须追求的。如果说实现以公共利益为核心的国家意志是行政权力根本目标的话,那么效率问题就是一切行政权力的直接目的。

第三,行政权力的作用方式主要是强制性地推行政令。

任何权力都带有强制性,这种强制性通过制裁等威胁情势体现出来。"正是制裁的威胁,使得权力和一般的影响力区分开来。"①行政权力的强制性又有其特殊的规定性。行政权力要有效地执行国家意志,其所推行的政策、法律、法令等都应当是行政客体所能够顺利接受,并且是必须接受的。为此,行政权力就不仅需要正当性的基础,它同时也离不开必要的强制手段。恩格斯在论及权威的作用时就曾经认为,它一方面是一定的权威,不管它是怎样形成的,另一方面是一定的服从,二者都必不可少。不管社会组织的条件如何,组织管理中权力运行的"首要条件也是要有一个能处理一切所管辖问题的起支配作用的意志"②。马克斯·韦伯更是明确提出,持续的行政管理不仅需要行政客体对于行政权力及其权力主体正当性的承认,而且,需要物质报偿和社会荣誉两种显示个人利益的手

---

① 〔美〕哈罗德·D.拉斯韦尔(Harold D. Lasswell):《权力与社会:一项政治研究的框架》,王菲易译,上海:上海人民出版社 2012 年版,第 84 页。
② 《马克思恩格斯选集》第 3 卷,北京:人民出版社 1995 年版,第 226 页。

段,需要"那些必要时要应用有形的暴力所需要的履行职责的手段:人的行政管理班子和物的行政管理手段"①。当然,行政权力作用方式中并不排除非强制的手段。即便如此,强制力也是作为行政管理的一种基本依靠力量而经常存在的。至少,行政管理的持续和有效实施总是以暴力的威慑作用为后盾。与暴力机关的强制性不同,行政权力的强制性以暴力为后盾,直接表现为科层制的结构性制裁威胁。从行政法意义上讲,行政主体所拥有的权力在起作用过程中转化为具体的行政职权。行政职权的内容主要包括行政立法权、行政命令权、行政决定权、行政检查监督权、行政制裁权、行政强制执行权、行政裁判权等。② 这些内容无一不带有强制性色彩。

第四,行政权力的客体包括所有的居民及其所组成的各种社会组织和集团,囊括领土范围内的整个社会。

众所周知,国家权力具有普遍性。国家权力的普遍性主要是通过行政权力对全社会的普遍作用而体现出来的,国家权力的时空范围就是行政权力的场域。作为国家权力的重要组成部分,行政权力不像政府之外的其他组织权力那样囿于一定的范围,这就决定了行政权力客体的普遍性。对于其他准行政权力来说,其客体都或多或少有一定的局限性,或者是局限于某个单独国家机关的某些情况,或者是限于社会上某一个单独的组织、团体及其成员。行政权力的限度只是在于,它在规范和调控社会公共事务的同时,一般不涉足具体社会组织的内部事务和社会成员的私人事务。这是行政权力功能性质的限度,而非其客体范围的限度。对于行政主体而言,它在管理整个社会的过程中,依据社会事务的性质而确定自己的权力限度。对于行政客体而言,它既接受行政权力对于其所涉及的公共事务的管理,同时本身又拥有自主性领域。

第五,行政权力的性质是一种由社会上少数人行使的管理权力。

在人类历史上,从传统农业时代到近世工业时代,再从工业时代到当今的信息时代,行政权力的实施都是由少数人推行的。这种现象实际上是一种社会分工的结果,即权力所有者和行使权力的管理者之间的分工。相对于执行者而言,权力所有者是一个多数人的集合。在政治社会中,权力所有者表现为社会中强势集团的整体,而权力的执行者则由占社会少数的管理者来担当。行政权力的这种性质在现代社会表现得尤为明显,这和当今社会权力来源的重大变化有关。就一般意义而言,权力的来源主要有三:人格、财产和组织。在当代,"权力愈来愈少地产生于拥有财产,正如权力愈来愈少地产生于人格一样,其首要原因是组织的兴起。确实,在政府中,源于组织的权力已大范围地超过了源于财产和人格的权力"③。行政组织是典型的金字塔结构,这种结构与社会分工及分层相结合,决定了行政权力主体规模的有限性。由于科层制结构,又由于组织技术上的需要,组织管理需要由特定管理知识的职业管理者来承担,这就决定了行政权力主体更加明显的少数人特征。多数人的参与只能让少数管理者行使权力的方式有所改变,但改变不了少数人管理的本质。

---

① 〔德〕马克斯·韦伯:《经济与社会》,林荣远译,北京:商务印书馆1998年版,第733页。
② 罗豪才主编:《行政法学》,北京:北京大学出版社2001年版,第3、36—38页。
③ 〔英〕约翰·肯尼思·加尔布雷思:《权力的分析》,陶远华译,石家庄:河北人民出版社1988年版,第41页。

二、关于行政权力的主要学说

自从国家产生之日起,行政权力就成为国家治理社会,乃至国家政权体系本身运作所不可或缺的重要权力手段。随之,人们对于行政权力的认识与研究也便开始展开并随着历史的发展而不断深入。

(一) 早期分权学说

人们对于行政权力的认识最早发端于分权学说。一般认为是亚里士多德(Aristotle)开了分权学说的先河。他在《政治学》一书中将国家权力分为三种机能:议事、执行和审判。古罗马的波利比阿(Polybius)在描绘古罗马体制特征时,又孕育了元老院、执政官和平民大会之间相互制约的思想萌芽。虽然古代的三种权力与近代以来的三权分立内容有许多不同,当时执政官的执行权力与现代行政权力也不能等量齐观,但是无疑的,早期分权学说所描述的执行权力属于行政权力的重要组成部分。

(二) 三权分立学说

近代意义上的分权学说是从洛克(John Locke)开始的。而集分权学说之大成、明确划分国家权力的是孟德斯鸠(Montesquieu)。他把国家权力划分为三种:立法权代表国家的一般意志,行政权主要执行国家意志,司法权则主要在于保护民众的利益。后来,人们又将三权分立深化为立法、行政和司法三种权力的机构分立、职能分工和人员分离的诸项具体内容。现代政治学进一步发展了以三权分立为代表的分权学说,通过研究分权之后出现的权力不平衡现象,强调了分权基础上权力制衡的重要意义,人们对于行政权力的认识也日趋深化。战后初期美国著名行政学家保罗·阿普尔比(Paul Appelby)就是这方面的著名代表人物。①

(三) 政治与行政二分法

一般认为,近代德国学者布隆赤里(Johann Bluntschli)较早提出了将政治与行政分开的思想。行政学创始人伍德罗·威尔逊以及社会组织理论之父马克斯·韦伯都对此做了进一步的继承与发展。美国政治学家古德诺全面阐明了"政治与行政二分法"的理论。古德诺认为,国家只有政治与行政两种权力。其中,"政治与政策或国家意志的表达相关,行政则与这些政策的执行相关"②。二分法与三权分立相对应,它把行政权力作为一个独立的领域来看待,促成了行政科学的诞生,从而为对行政权力的专门研究奠定了基础。然而,进一步的研究表明,政治与行政二分法对于权力所进行的分割过于简单化,在解释复杂多变的权力运行时显得力不从心。因此,它先是遭到管理决策学派的反对,后来又遭到新公共行政学派的反对。但是,管理决策学派和新公共行政学派对于政治权力和行政权力之间的关系,并未能给出令人满意的解释。经过长期的探索,20世纪末期出现的新管理主义又在政治与行政二分法的基础上,对于政治权力与行政权力之间的交互作用进行了专门研究,提出了国家治理权力问题,在一定程度上克服了政治与行政二分法的局限

---

① Paul H. Appleby, *Policy and Administration*, The University of Alabama Press, 1949, pp. 93-120.
② 〔美〕F.J.古德诺:《政治与行政》,王元译,北京:华夏出版社1987年版,第10页。

性。这也可以说是对政治与行政二分法的新发展。

（四）五权宪法学说

五权宪法是孙中山先生在借鉴西方三权分立学说的基础上，结合中国的政治传统所创立的一种学说。五权宪法将国家权力分作立法权、司法权、行政权、监察权和考试权五种。这是孙中山在总结西方历史并看到了三权分立的弊端之后，为克服行政权力膨胀趋势而提出的设想。五权当中的考试权凸显国家录用公务人员时要通过考试选贤任能的特殊意义，监察权也就是要对行政官员进行监督的权力。可见，在三权基础上所增加的考试权和监察权，实际上是从三权之中的行政权里分离出来的两大权力。五权宪法学说表明，孙中山对于行政权力的复杂特征已经有所察觉。

（五）议行合一学说

议行合一理论既不同于三权分立学说，又不同于政治与行政二分法的学说，这是马克思主义的观点，认为行政权力与立法权力是统一的。法国巴黎公社首创了议行合一的先例。公社兼有立法和行政两种权力，并统一行使这两种权力。马克思对这种形式给予了充分肯定，后来列宁又对此进行了进一步阐述。随着社会主义理论与实践的发展，议行合一理论日臻完善，其形式也渐趋多样化。在议行合一的权力结构当中，民主集中制原则成为权力运行的基本原则。后世的社会主义国家比之巴黎公社虽然有所改变，分别设立行使立法权力的代表机关、行使行政权力的执行机关和行使司法权力的司法机关，但执行机关由代表机关产生，对代表机关负责，向代表机关报告工作，并接受代表机关的制约与监督。可见，议行合一在当代并非是议行不分，而是在现代社会权力的所有者与执行者分离条件下解决二者关系，保证权力执行者切实执行权力所有者意志的重要理论。从理论上讲，议行合一不仅可以克服行政权力失控的现象，而且更能够体现民主原则。它把政治上的民主与行政上的权力集中统一特性有机地结合在一起。当代中国提出"决策权、执行权、监督权既相互制约又相互协调"的理论，受到马克思主义议行合一理论的重要影响，与三权分立学说有着本质区别。

（六）组织权力学说

组织权力学说是组织理论产生之后出现的一种权力学说。它从组织的角度来研究行政管理权力的各个层面。从一般组织的共同意义出发，这种学说把行政权力视为组织中的权力。组织权力学说所着意研究的是行政权力作为一般组织权力的功能和特点，其主要代表人物包括阿道夫·贝利（Adolf Berle）、赫伯特·西蒙、约翰·加尔布雷思（John Galbraith）、米歇尔·克罗齐埃（Michel Crozier）、尼克拉斯·卢曼（Niklas Luhmann）、诺顿·朗（Norton Long）、肯尼斯·E.博尔丁（Kenneth E. Boulding）、詹姆斯·马奇（James March）和杰弗里·普费弗（Jeffrey Pfeffer）等人。他们认为，组织权力普遍存在，其重要功能在于建立和维持特定的秩序。根据普费弗等人的总结，组织权力学说倾向于把权力看成是一种结构现象。[1] 在组织权力学说中，一个明显的特点表现在对决策问题的重视。行为主义

---

[1] Jeffrey Pfeffer, *Power in Organizations*, Boston：Pitman Publishing, 1981, pp. 2-4；〔美〕杰夫里·普费弗：《用权之道》，隋丽君译，北京：新华出版社1998年版，第69—71页；〔法〕米歇尔·克罗齐埃：《科层现象》，刘汉全译，上海：上海人民出版社2002年版，第197—199页。

研究方法在美国社会科学界兴起之后,以赫伯特·西蒙为代表的行政学家看到了政治与行政二分法的缺陷,认为它没有表达出行政权力的本质内容。他们认为,行政权力不简单表现为纯粹的执行,决策同样是其重要的基本功能。诺顿·朗则把行政权力放置于整个政治权力之中进行研究。普费弗等人在研究决策权力的基础之上,进一步探讨了组织内部的权力与政治问题,提醒人们注意在决策过程中权力的地位和作用。

上述种种学说,从不同的侧面对于行政权力做了相应的分析,并在一定程度上揭示了行政权力的本质和运行规律。然而,由于它们大多并非是对行政权力所做的专门研究,因而面对复杂的行政现象,这些学说对有些问题还不能做出令人满意的解释。因此,作为专门的行政科学,有必要全面正确地解释行政权力的实质与特征,并阐述其运行规律,对行政权力做进一步的研究。

三、行政权力的结构

行政权力结构建立在行政管理活动中权力分层和分工的基础之上,它指的是行政权力整体性的关系状态和有序性的活动过程,既包括行政管理中权力安排的静态结构,也包括行政管理中权力运行的动态活动过程。

（一）行政权力的静态结构

行政权力的静态结构是指行政权力与其行使主体结合之后所形成的一种网络架构。它表现为行政权力关系及其制度安排的总格局,是行政管理活动赖以展开的基本框架。马克斯·韦伯将这种结构称为官僚制结构,中文习惯上依照其分层设科称之为科层制。构成行政权力静态结构的首先是纵向的层级结构。行政权力的层级结构简称层级制,它与行政组织体系的金字塔结构相一致,表明行政权力主体在垂直方向上的差异,是组织直线权力的体现。

构成行政权力静态结构还应当包括横向的部门结构。但是,行政权力的这种横向结构往往被人们忽略。① 必须看到,除去垂直方向上的差异外,行政权力尚包括水平方向的差异,这主要来自行政管理活动所需要的专业化分工,表现为功能、资源、技术、信息等方面的差别。横向结构属于组织职能权力关系和参谋权力关系的结构,此类权力关系同直线权力关系相比,不能不说是有限的。一方面,此类权力是由直线权力分割的结果,另一方面,它们若无限扩张,便可能削弱直线权力。所谓"条块关系",实际上就与这两个方面有关。在行政管理实践中,横向权力关系于行政权力结构中的定位非常重要。

（二）行政权力的动态结构

广义而言,行政权力是一种政治权力。因而,它和政治权力一样,其动态结构也是由权力作用的方向、方式、轨道、层次、时间和结果等要素结合在一起所构成的权力运行模式。② 虽则行政权力的这种模式离不开静态结构的框架,但它所构成的动态结构却更能

---

① Jeffrey Pfeffer, op. cit., p. 3.
② 这里借鉴了李景鹏教授关于权力结构要素的分析单元,参见李景鹏:《权力政治学》,北京:北京大学出版社2008年版,第34—36页。

够体现行政权力的实际内容。

第一,行政权力是一种矢量,其作用方向和轨道具有明显的指向。在行政权力运行过程中,它的作用呈现出自上而下的方向,其轨道呈伞状放射。这种结构恰恰与行政权力金字塔式的组织结构相一致。之所以如此,是因为行政权力的发生机制和国家意志的集中相关。正因为如此,行政权力的势能很高,作用范围很广。为了政令统一,为了使国家政策得以普遍地有效贯彻,行政权力运动必然作用于自上而下的放射状层级轨道当中。

第二,行政权力的运行呈现明显的层次性,其中间过程存在许多中介。行政权力运行的这种层次性通过行政组织的层级结构体现出来。国家行政体系从中央到地方再到基层按照严密的层次进行划分即是如此。行政权力的层次性使得行政管理的主体和客体之间不能简单发生直接作用,而是要经过若干中介的传递过程。因此,在行政权力的实际运行过程中,其"衰减"或"折射"就不可避免,用卢曼的话讲就是权力抵消。[①] 在行政管理实践中,要解决好管理层次问题,就必须把握上述因素的变化。与行政权力衰减问题相关,尚存在一个层级化地补充行政权力的问题,这就是政治权力对于行政权力的逐级授权。

第三,时间在行政权力动态结构中是一个必不可少的因素,此乃行政权力的动态结构和静态结构之间的最大区别。行政权力的运行必须在有效时间内起到应有的作用,否则将失去其活动的意义。所以,行政效率问题就成为行政权力运行的基本原则和直接目的。当然,行政权力动态结构当中的层次因素和时间因素之间存在某种冲突。法约尔所提出的"跳板原则"就是针对这一问题的方案。

第四,行政权力动态结构中还应该包括权力作用的结果,这是反映行政权力结构效应的因素。行政权力作用的结果主要体现为行政权力客体服从于主体的状况。结果的如何反映行政权力强度的大小及其运行状况,也是检验行政权力之目的和公众需要之间距离的重要标尺。在实际的行政管理过程中,行政权力作用的结果表现为政府绩效,对行政权力作用结果的测量演变为专门的绩效评估技术。

四、行政权力的特征及其与其他权力的关系

(一)行政权力的特性

通过对行政权力内容的分析可见,行政权力具有一般国家权力所表现出的正当性、强制性和普遍性等特点。然而,我们同时也看到,行政权力具有独特的结构,这又是它不同于一般国家权力的,也就是说,行政权力还有着自己独自的特性。这些特性主要表现在:

1. 公共性。作为一种国家权力,行政权力本来就属于公共权力,公共性自然是其主要特征。它的运作集中体现为公共管理和公共服务等活动,其目的在于提供公共物品、维护公共利益。但因为集体物品的非排他性,行政权力的公共性又引发一系列问题。公共利益乃公众利益制度化的表现,是一种动态平衡结构。而作为公共权力之一的行政权力,就

[①] 参见〔德〕尼克拉斯·卢曼:《权力》,瞿铁鹏译,上海:上海人民出版社2005年版,第116页。

是公共利益制度化的重要手段。① 至于行政权力采取什么样的制度化机制才能体现公共利益,则又是一个众说纷纭的问题,或曰通过市场式的廉洁高效机制来实现,或曰通过政治性的公众参与机制来实现,或曰通过应变式的惠民机制来实现,或曰通过解制式的政府活力机制来实现。② 实际上,这些模式都是在不同时期或不同领域行政权力组织机制和运行机制的不同表现,并不存在非此即彼的选择,质言之都是围绕行政权力的公共性而产生的制度化机制。

2. 手段性。行政权力本身不是目的,而是实现目的的手段。行政权力要实现的目的并非产生于行政系统本身,而是来自于行政权力之外。从法理上讲,行政权力属于派生性的权力,是经公民政治授权或经立法权力委任之后产生的,它必须执行赋予它权力的公民或国家立法机关的意志。所以,威尔逊在其行政学的开山之作《行政学之研究》当中就曾揭示道:行政管理就是"政府的执行、政府的操作"③。毫无疑问,行政权力也具有决策功能,但这种决策功能不同于立法决策权或政治决策权。从整个国家权力的运行过程来看,行政权力是在立法权力的输出功能之后起作用的,行政决策属于国家权力输出过程中的决策。如果说输入过程是国家目的的形成过程,那么,输出的过程乃是通过一定的手段实现该目的的过程。行政权力所充当的正是这种手段。它与政治权力相比,不能不说更加带有策略性和手段性。

3. 自主性。行政权力的自主性首先是其相对独立的特性,这主要表现在两个方面:即相对于社会权力的独立性和相对于统治权力的独立性。④ 行政权力相对于社会权力的自主性源自于其公共性。马克思认为,"正是由于私人利益和公共利益之间的这种矛盾,公共利益才以国家的姿态而采取一种和实际利益(不论是单个的还是共同的)脱离的独立形式"⑤。这也就是说,行政权力所代表的利益,是独立于各种特殊利益之外的,公共政策应该免受个别势力的直接干预。行政权力相对于统治权力的自主性,主要指它在执行管理国家事务和社会公共事务的功能时,必须保持社会公平,而不能偏向于某个强势集团。否则,社会分利集团将会导致大量排他性政策的出现,违背政府提供公共物品的原则。而且,如果分利集团的增多"加剧了利益分配斗争、增加了法律的繁文缛节、强化了政治统治、激化了讨价还价、造成了协议的复杂性",这将大大降低政府治理的效率。⑥ 行政权力自主性还有一种更为具体的表现形式,即行政权力在行使过程中所表现的自由裁量性质。对于相当一部分需由行政主体自己决定是否采取行动和如何采取行动的职权,法律只规定原则,行政主体可在法律范围内以合法手段自由行使之。当然,自由裁量权的不当使

---

① 时和兴:《关系、限度、制度》,北京:北京大学出版社 1996 年版,第 122 页。历史上关于公共利益的解释请参见亨廷顿的概括:〔美〕塞缪尔·亨廷顿:《变化社会中的政治秩序》,第 23—25 页。弗雷德里克森对当代行政学界关于公共利益的观点又做了专门概括:其一是多元主义观点,其二是公共选择学派,其三是代议主义观点,其四是市场主义观点,其五是参与主义观点。参见〔美〕乔治·弗雷德里克森:《公共行政的精神》,张成福等译,北京:中国人民大学出版社 2003 年版,第 24—38 页。
② 〔美〕盖伊·彼得斯:《政府未来的治理模式》,吴爱明等译,北京:中国人民大学出版社 2001 年版,第 52—55、80—85、102—105、124—127 页。
③ 〔美〕T.W.威尔逊:《行政学之研究》,李方译,《国外政治学》1987 年第 6 期。
④ 罗豪才主编:前揭书,第 3—4 页;时和兴:前揭书,第 110—146 页。
⑤ 《马克思恩格斯全集》第 3 卷,北京:人民出版社 1960 年版,第 37—38 页。
⑥ 〔美〕曼库尔·奥尔森:《国家兴衰探源》,吕应中等译,北京:商务印书馆 1993 年版,第 71—79 页。

用,也可能会损害公民权利和其他公共利益,这些都属于非常态的行政权力自主性。但是,行政权力并不是而且也不能是完全脱离于政治权力之外的东西。所以,行政权力的自主性也只能具有相对意义。

4. 一元性。行政权力的一元性表现在三个方面:其一,在一个国家内,拥有和行使行政权力的组织系统只能是一个,否则,如果存在其他主体的干扰,行政权力的强度、轨道和效能都将受到影响,这最终还会影响到行政权力目标的实现。其二,在一个国家的行政系统内部,只能存在一个权力中心。政出多门必然带来行政客体的无所适从。由于行政权力作用方向和方式的特殊性,集中和统一就成为行政权力的固有特点。所以,首长负责制是一般行政管理机关的领导原则。其三,行政权力的一元性还表现在行政权力主体与客体之间的不可逆性,亦即行政权力运行的单向性。行政权力自上而下的线性运动,其原因在于它要执行的是已经集中了的国家意志。

5. 时效性。如果说立法权力重在公正表达公共利益,司法权力重在明了界定公共利益的话,那么行政权力则主要是要有效地执行国家意志。所以,时间就成为行政权力结构中重要的坐标,效率也成为行政权力所追求的直接目的。当然,从时间角度看,时效还有短期、中期和长期之不同。所以,注重时效并不一定意味着单纯追求时间距离的长短。否则,行政权力的运作就会出现短期行为,不利于行政管理长远目的的达成。效率和效能是两个互相关联的概念,效能更加偏重于行政权力运行的结果和长期效应。时效的概念应该包括效能在内。时效性还涉及效率和民主的关系问题。需要指出的是,不能将效率和民主两个概念进行简单对立,也应该看到效率的追求和民主的发展之间并行不悖的关系。民主和效率的二律背反在当代社会通过权力分工得到了一定程度的统一。立法权力和司法权力是达成社会民主与公正的必要途径,行政权力是实现效率的必备手段。

6. 膨胀性。行政权力还有一个很重要的特性,即自我膨胀特性。这种特性表现为两种情况:一种是行政权力的自然增长,由行政权力的结构功能正向发展所决定,属正常状态;另一种是行政权力的恶性膨胀,就如帕金森定律和彼得金字塔原理所揭示的那样,属异常现象。行政权力的自我膨胀导源于行政权力的自身结构、行政权力的性质以及行政权力客体的状况。行政权力的运动是自上而下的放射结构,且每经过一层中介,其放射都要扩大一定的范围;而由于自主性的逻辑,各级权力的行使者又常常产生扩大权力的本能冲动,这就使行政权力具有一种无限延伸的能力;随着社会的发展,行政权力作用的对象也必然日益增加,行政权力也就随之扩大,这样又自然会带来行政权力结构的变化,形成连锁反应。如此三种因素相互作用,行政权力的膨胀就成为不可避免的事情,对行政权力的制约和以精简为主要内容的行政改革也就成为政治学和行政学永恒的主题之一。

(二)行政权力和其他政治权力的关系

1. 行政权力和立法权力

行政权力和立法权力同属国家权力,但二者之间是有区别的:(1)从权力的性质和作用结果看,立法权力是各种社会权力集中的直接体现,其方向和轨道是多数人向少数人的集中,在整个国家权力回路中是输入的过程和阶段;行政权力则是由少数人向多数人的扩散,在整个国家权力回路中是输出阶段。(2)从权力的功能看,立法权力的功能在于制定国家的法律和政策,其作用在于根据社会发展的情势和规律,概括出社会活动和各种集体行动的准则与规则;行政权力则是要执行国家法律,推行政府政策,其作用在于将立法权力确定的制度规则和一般准则再具体应用于行政权力客体。(3)从权力的价值原则看,立法权力更多体现民主,行政权力更多体现效率。

2. 行政权力和司法权力

二者也同属于国家权力,所不同的是:(1)权力运行方向不同。行政权力运行的方向是自上而下的,司法权力则可以视作国家权力运行过程当中的平衡调节器。(2)主体在权力体系中的自主性不同。行政权力的下级主体受上级的指挥与控制,司法权力的各级主体则独立行使审判权。(3)权力的作用和功能不同。行政权力是要积极地去实现国家意志,而司法权力主要在于消极地保障国家意志的实现不受干扰。(4)从权力的价值原则看,司法权力追求公正,行政权力追求效率。

3. 行政权力和政党权力

如果说行政权力与立法权力和司法权力的区别是国家权力内部区别的话,那么其与政党权力的区别则属于国家权力与其他政治权力之间的关系问题。行政权力和政党权力的区别在不同社会制度下的表现是不同的。在现代民主政治条件下,行政权力和政党权力之间的区别是相当明显的:(1)权力的目的不尽相同。行政权力的目的在于执行国家意志,实现社会公共利益或保证社会利益的实现。政党权力的目的则是执行本党集体的意志,其所要实现的目的受制于其代表性。(2)权力结构不同。一般说来,行政权力是国家权力运行回路的一部分,但政党权力却自成回路,本身就有一套完整的权力输入和输出系统。(3)权力客体不同。行政权力的客体是整个社会,而政党权力的客体只限于党内。(4)权力手段不同。行政权力拥有暴力威慑的后盾,且主要通过法律手段行使权力,而政党则主要依靠意识形态等符号力量,主要通过纪律手段行使权力。

五、行政国家——20 世纪行政权力发展的独特现象

历史地看,行政权力萌芽于原始社会的管理权,是人类社会组织分工发展的结果。作为国家权力的重要组成部分,它是随着国家的产生而出现的。行政权力产生以后,经历了一个由传统向现代的不断发展过程。传统行政权力是与农业社会发展状况相适应的行政权力。它在内部结构上表现为个人权力大于职位权力,人格权威大于职务权威;在外部权力关系上表现为和立法、司法权力交织存在,与宗教、宗法权力的连结也根深蒂固;在功能上与国家政治权力的统治职能及社会组织的经济功能亦无明确界限。现代行政权力是与现代工业社会发展状况相适应的行政权力。马克斯·韦伯曾对现代行政权力进行了专门研究和经典概括。① 现代行政权力内部分化相当完备,不仅科层分工严谨,而且职位权力大于个人权力,法律权威大于人格权威;其外部权力关系呈现出明显的自主性,在和其他国家权力明确分立的同时,也和社会组织的权力保持相对独立,公私分明和非人格化的运行使其成为典型的法理型权力;其功能也因同政治统治的剥离和经济经营的脱钩而表现为显著的公共性。在工业革命完成以后,现代行政权力的发展突飞猛进,这导致在 20 世

---

① 参见马克斯·韦伯,前揭书,第 278—281 页。

纪出现了一种特殊的现象——行政国家。①

近代国家形成以后,出于对绝对主义专制制度的深恶痛绝,人们提出"管得最少的政府就是最好的政府",在政府与社会关系方面提倡自由主义的同时,在政府权力内部结构方面也极力推崇分权与制衡的原则,来尽可能限制行政权力。然而,后来的历史发展证明,行政权力并没有按照人们想象的方向去发展。进入20世纪以后,工业化和都市化加速发展,经济生活瞬息万变,科学技术日新月异,社会生活方式不断改变,政治结构大幅度调整,国际格局变幻不定,从发达国家开始,在世界范围内逐渐出现一种普遍的现象,那就是行政权力的急剧扩张,行政国家登上历史舞台。

行政国家在当代的发展已经不仅仅是结构上的庞大而已,它正在沿着管理、政治和法律三个维度扩张,这从本质上而言对于个人自由是一种潜在的威胁。② 20世纪行政权力的扩张主要有三种情况,一种情况是纯粹的行政权自身扩张即"自由裁量"活动,另一种情况是行政权向立法权的扩张即"委任立法"猛增,再一种情况是行政权向司法权的扩张即"行政司法"突显。③ 此外,行政权力在扩张过程中也不断侵蚀着各种经济与社会权力的领域。不同于古典自由主义警察国家的福利国家开始出现,"看不见的手"开始为"看得见的手"所取代。公共事务的扩张带来了公共利益的扩大化,行政管理机构在其规模、作用和自主权方面都明显增大,行政管理与民主政治之间的张力也凸现出来。④

简而言之,20世纪的行政权力已不再仅仅是担负"守夜警察"的角色,它从"政治侍女"的地位一跃上升到执政治牛耳之位。在行政制度充分发展的国家,行政事务、政府职能、官员制度都相当发达,以自由裁量权、委任立法权和行政司法权为主要内涵的行政权力扩张,使得国家活动几乎遍及社会生活的各个方面。对于这种情况,英美法学家形象地将其概括为"行政国家"是恰如其分的。美国行政学家沃尔多又对此进行了专门的系统描述。⑤

如何认识"行政国家"现象呢?早在20世纪初期,列宁在看到行政权力扩张的消极作用时,曾经提出了一个著名论断:"民主适应于自由竞争。政治反动适应于垄断。"⑥他把行政权力扩张现象概括成垄断资本主义的必然产物。许多人也因此认为,行政国家现象是资本主义世界政治反动的表现之一。后来,西方有些学者又提出了所谓"行政的政治"等概念,以此来否定政治与行政二分法学说对行政权力特征的某些描述。对此,究竟应该

---

① 关于行政权力发展的详细论述,参见张国庆主编:《行政管理学概论》,北京:北京大学出版社2000年版,第142—151页。

② 〔美〕戴维·H.罗森布鲁姆、罗伯特·S.克拉夫丘克、德博拉·戈德曼·罗森布鲁姆:《公共行政学:管理、政治和法律的途径》,张成福译,北京:中国人民大学出版社2002年版,第83页。

③ 谢晖:《行政权探索》,昆明:云南人民出版社1995年版,第137—159页。

④ Dwight Waldo, *The Administrative State: A Study of the Political Theory of American Public Administration*, 2nd, NY: Holmes & Meier Publishers, 1984, pp. 67-77.

⑤ 龚祥瑞:《比较宪法与行政法》,北京:法律出版社1985年版,第6—9页;Dwight Waldo, op. cit., 尤其是 pp. xxxiii-xxxiv, 67-77. 继沃尔多之后,Fritz M. Marx, Emmett S. Redford 等人都进一步探讨了行政国家问题,参见 Fritz M. Marx, *The Administrative State*, Illinois: University of Chicago Press, 1957; Emmett S. Redford, *Democracy in the Administrative State*, New York: Oxford University Press, 1969。

⑥ 列宁:《论面目全非的马克思主义和"帝国主义经济主义"》,载《列宁全集》第28卷,北京:人民出版社1990年版,第133页。

如何判断呢？历史地看，行政国家现象是经济与社会发展的必然产物。它有积极的一面，同时又有消极的一面。但是，它并没有使行政权力的本质和特性发生根本改变。

首先，行政国家的出现，是大工业时代科学技术突飞猛进和生产力迅速提高所导致的结果。随着工业革命的完成，社会经济高度发展，社会分工因此越来越细，公共事务迅猛增加，行政权力的社会管理功能日益扩大。工业时代的国家治理活动改变了原有面目。政务纷繁，公务扩张，社会对于管理的需求膨胀导致了行政权力的自然增长。从20世纪初期开始，世界范围内发生了一场"管理革命"。这场管理革命首先是从经济领域开始的。它源于财产所有权和经营管理权力的分离，在此基础上形成了所谓"没有财产权的权力"，亦即具有相对独立意义的组织管理权力。[①] 与此同时，统治与管理之间的区分打开了政府部门自主的新篇章。随着管理权力的扩张，管理者渐趋支配整个社会，政府权力涉足经济与社会的领域也越来越宽。行政国家现象便是这场管理革命的产物。

其次，应该看到，与行政国家现象相伴而生的行政越权现象，是在行政权力增长过程中自身的恶性膨胀造成的。它是行政权力自然膨胀过程中所产生的负效应。所以，面对行政国家现象，关键的问题在于如何控制行政权力。这既为现代立法权力和司法权力提出了新的要求，又迫使传统行政权力进行某种分解与转移。在一些国家，预算权和审计权就从行政权力中分离出来。各种社会组织在公共事务管理中的作用加大，也成为时代发展的新趋势。同时，为应对行政国家现象，公民对于行政权力的各种直接控制方式也在增加，如信任投票、舆论监督、参与管理、社会自治等也都大量出现。

最后，必须强调指出，行政权力在由"守夜警察"的消极身份转变为积极干预者身份的过程中，其本质特征并没有发生根本改变。毋宁说，行政国家现象的种种表现，正是由行政权力的本质特征所产生的，是行政权力自主性、膨胀性等特征所造成的。所以，不能由行政国家现象的出现而抹杀行政权力固有的特性，更不能因此将行政权力和其他政治权力或社会权力混淆起来。

六、21世纪的行政权力展望

行政权力随着经济、政治、科技和文化的发展而不断发展，受到社会经济制度、政治制度和社会非正式制度的制约。传统行政权力与现代行政权力是一种典型意义上的划分。传统行政权力是以传统农业社会为基础的，现代行政权力则与近现代工业社会相适应。然而，即便是在现代化的工业社会，传统行政权力的痕迹也并非是荡然无存了。在由农业社会向工业社会过渡的国家里，行政权力的发展状况就更为复杂。此时，传统行政权力的特征依然部分地存在，而现代行政权力的特征已大量出现，但却尚未完全具备。于是，在转型期社会，行政权力的现代性与传统性两种特征就盘根错节地交织在一起。这种转变中社会的行政权力可称为转型期的行政权力，是20世纪行政权力发展的一种重要现象。值得注意的是，在20世纪后半叶出现了后工业社会的端倪，21世纪伊始信息社会又以超乎想象的速度进入人们视野，这使得本来就复杂的行政权力更加扑朔迷离。如何把握行

---

① 〔美〕阿道夫·贝利：《没有财产权的权力》，江清译，北京：商务印书馆1962年版；James Burnham, *The Managerial Revolution*, Bloomington: Indiana University Press, 1961。

政权力在 21 世纪的发展趋势,成为行政学的前沿问题之一。

信息时代的到来,使得社会发展呈现出和工业时代根本不同的特征,更遑论农业时代。如今,大数据、互联网、物联网、人工智能等新技术都以超乎人们想象的速度发展,从电子政府,到"互联网+政务",再到智慧治理,行政权力的变革日渐加深。未来学家阿尔温·托夫勒(Alvin Toffler)早就指出:"创造财富的新系统的出现,削弱了旧权力系统的每一根支柱,最终改变着家庭生活、商业、政治、民族国家以及全球权力本身的结构。"① 随着权力基础的变化,权力的结构、特性、关系、规则都在变化,行政权力也在经历一个转移和转换的过程。在较早进入信息社会的发达国家,行政权力发展循着固有的逻辑开始进入一个更高的阶段,后现代的思想与实践业已开始进入行政管理领域。与此同时,由于经济全球化趋势的加剧,科技创新和信息传播速度迅速提升,加之为克服数字鸿沟而采取的积极努力,发展中国家也开始步入信息社会的门槛。这样,发展中国家本来就复杂的转型期行政权力变得异常斑驳。观发达国家新型行政权力之滥觞,察发展中国家行政权力新的转型之端倪,我们可以预测 21 世纪行政权力发展的基本趋势。

(一)权力结构的扁平化

在 20 世纪下半叶,随着信息社会的孕育,以沃伦·本尼斯(Warren Bennis)为代表的一批学者,早就断言了韦伯官僚制模型行将就木。20 世纪 80 年代开始,随着社会其他部门与等级制度分道扬镳,新公共管理学派也开始关注公共管理当中"等级制度的没落"问题,提出"集思广益的协商"模式取代"命令控制"模式是一种必然趋势。② 世纪之交,在美国举办的"再造政府"全球论坛上有人断言:"21 世纪的政府很可能会将更多的政策制定权和管理职责移交给政府治理的较低层次。"③ 从现实的发展来看,在社会网络化、经济模块化、技术电子化、组织团队化、管理智能化等情势的推动下,行政权力结构扁平化的趋势日益呈现出来。"完成各项任务的组织将不再是实际上主要由上面控制的等级金字塔",而将是"交织在一起的网络,在这些网络中,控制是宽松的,权力是分散的,决策中心是多元的"。④ 行政权力扁平化的主要表现是:上下级之间、人与人之间的权力距离日渐缩短,权力中心逐渐下移,尽可能地缩短决策链以减少决策在时间和空间方面的延迟问题,尽可能地减少管理层次和中间环节以提高施政效率,最大程度地面对权力客体以体现便民原则和人本价值。行政权力扁平化实质上是一种动态化的权力结构状态,其影响力更多来自知识、信息、人格和社会资本。

(二)权力分配的均等化

信息社会人们的自主性空前增强,工作方式和生活方式的变化也使人们强化了独立思考和行动的能力,人们开始更自觉地关注高层次的需求,包括发展事业的机会、个人兴趣、独立自主和影响决策的权利等。权力均等化的需要应运而生。权力均等化是组织理

---

① 〔美〕阿尔温·托夫勒:《权力的转移》,刘江等译,北京:中共中央党校出版社 1991 年版,第 18 页。
② 〔美〕戴维·奥斯本、特德·盖布勒:《改革政府——企业精神如何改革着公营部门》,周敦仁等译,上海:上海译文出版社 1996 年版,第 236 页。
③ Donald F. Kettl:《有效政府:全球公共管理革命》,张怡译,上海:上海交通大学出版社 2005 年版,第 62 页。
④ 〔美〕威廉·哈拉尔:《新资本主义》,冯韵文等译,北京:社会科学文献出版社 1991 年版,第 155 页。

论中的一个概念,在行政管理中它意味着更广泛的权力分配,就是在行政权力分配过程中更加突出公平和均衡的价值,坚持以人为本,贯彻机会均等的原则,扩大公众在从事公共服务、管理自己工作和生活等方面的参与权,让权力由更多的人执掌,适当增加人性化社会因素在权力资源中的比重,形成决策民主化、沟通网络化、管理分权化的权力模式。宏观而论,在国家行政管理体制方面,权力均等化的关键是努力保障市场主体的公平竞争和公民参与公共事务的机会均等,包括维护公民权利和地区间发展权利的均等诸多方面,其基本目的在于实现公共服务水平的均等化。在行政体系内部,权力均等化的关键问题是行政权力在地区之间和政府不同部门之间的分配关系问题,也就是财政关系和制度安排的平衡问题。就此意义而言,权力均等化可以看作是行政权力在政府间关系方面的一种走向,是处理府际关系的新策略。

（三）权力行使的共享化

信息社会的重要特征之一就是资源共享。资源共享造成利害相关,利害相关又导致权力相互依赖。信息时代行政权力对于社会提供的公共服务就是在这种权力相互依赖关系中进行的。行政权力共享化首先是一种包容意识,即对社会多样性的兼容;行政权力共享化更是一种伙伴关系,即政府、民营部门和民间社会的有机结合;行政权力共享化还体现为参与施政,即公民对于公共管理活动的直接参与。行政权力的这些共享机制是弥补其因等级化运行而发生衰减的重要方式,其效果是在分享过程中实现增权,加强治理能力,以达共享发展之目的。质言之,行政权力共享化是政府与社会关系在权力行使过程中的一种具体模式。在丰富的内涵当中,行政权力共享化的核心内容是国家治理过程中的伙伴关系。联合国大会早在1996年关于公共行政发展的决议中就强调了这一点,千年首脑会议和《千年宣言》又将其列为新世纪公共行政发展的重要议程。2003年第四届政府创新全球论坛主题就定为"市民、商界和政府:为实现民主与发展的对话和合作",突出了伙伴关系的价值。2004年,联合国公共行政专家委员会专门提交了一份报告,题目就是《为实现千年发展目标而强化公共行政:建立伙伴关系的办法》。[1] 从新世纪开头的发展趋势看,在"公私伙伴关系"的带动下,以关系平等、观点分享、知识互补、伦理互信的合作伙伴关系为基础[2],行政权力共享化在全球范围内广泛发展开来。

（四）权力运行的透明化

权力透明化是权力共享化逻辑的必然结果。行政权力透明化本质上是一种制度设计,它集中表现为在法律制度框架内的政府信息公开化。据不完全统计,截至2002年,全球已有50多个国家进行了信息公开化立法,其中在1993年到2002年10年间立法的国家和地区高达34个,超过200年间总数的一半,这不能不说是一种新的趋势。到了2016

---

[1] Report of the Secretariat, *Strengthening Public Administration for the Millennium Development Goals: A Partnership-building Approach*, United Nations E/c.16/2004/5, NY, 29 March-2 April 2004.

[2] 〔美〕皮埃尔·卡蓝默:《破碎的民主:试论治理的革命》,高凌翰译,北京:生活·读书·新知三联书店2005年版,第158—170页。

年,联合国 193 个成员国中有 105 个对获取政府信息权利进行立法。① 2005 年第六届政府创新全球论坛的主题确定为"增加政府工作透明度和公众参与"。概括地说,作为一种制度设计,行政权力透明化的目的是确保公众的权利和利益不受侵害。行政权力透明化至少有三个基本方面:一个方面是作为权力主体的政府信息公开化,即政府有责任和义务公开信息,并以低成本传播信息;另一个方面是作为权力客体的公众依法享有信息自由权利和表达自由权利,这里包括获取与传播信息的权利;再一方面是权力载体的电子化,电子技术、信息技术和网络技术在作为权力运行透明化支持条件的同时,其所带来的电子政府、电子政务和网络传递本身也成为权力运行透明化的基本要件。此外,信息安全本身也应该属于透明化的应有之义。这些方面结合起来,透明化的权力、公开化的运作、阳光下的行使、监督中的施政,将是 21 世纪行政权力运行机制的发展方向。

（五）权力约束的法治化

前述透明化是行政权力运行的重要约束机制,但只是其中的一部分。约束行政权力的根本出路在于法治化。现代法治首先意味着政府守法,并意味着政府尊重公民权利和自由,更意味着法律面前人人平等。这就要求限制行政权力,用宪法法律和法治原则对行政权力的发生、配置、行使、监督等方面进行全方位的制约。早在 1959 年,当国际法学家会议试图解释当代法治含义时,专门论述了法治原则在行政权力领域的应用:"法治原则不仅要对制止行政权力滥用提供法律保障,而且要使政府能有效地维护法律秩序,借以保证人们有充分的社会和经济的生活条件。"②无论人们怎样界定,制约政府权力以保障公民权利的法治都成为良治的基本要素之一。进入新世纪,联合国《新千年第一个十年国际发展战略草案》在把良治作为理想目标时,又对良治内涵进行了勾勒,指出"良治包括法治、国家制度有效性、公共事务管理的透明度和问责制、尊重人权以及所有公民在影响其生活的决策方面之参与"③。显然,法治是良治目标的第一要件,是新千年国际发展战略的重要组成部分。

（六）权力价值的合意化

进入 21 世纪的网络化时代,在合理合法基础上,行政权力的价值更突出了合情问题。合情问题也就是以人为本的问题。以人为本并非是与非人格化的理性原则完全对立的东西,而是和以物为本不相容的管理理念,强调的是对人性的理解和尊重,注重的是人的权利与自主,追求的是人的全面发展,目的是为了实现社会的全面进步。《联合国千年宣言》提出新千年要在全球努力实现维护人的尊严、平等与公平的价值和原则,提出:"我们决心使每一个人实现发展权,并使全人类免于匮乏。"④其后,人本理念进一步得以深化,人们对善治的追求从 20 世纪的技术和结构层面进展到伦理和文化层面。纵观治理理论

---

① 周汉华主编:《外国政府信息公开化制度比较》,北京:中国法制出版社 2003 年版,第 1—12 页;联合国经济和社会事务部:《2016 联合国电子政务调查报告》,中文版第 6 页,浏览时间 2017 年 3 月 29 日,地址见 https://publicadministration.un.org/egovkb/en-us/Reports/UN-E-Government-Survey-2016。

② 龚祥瑞:前揭书,第 82 页。

③ Report of the Secretary-General, *Draft Text of an International Development Strategy for the First Decade of the New Millennium*, United Nations A/55/89-E/2000/80, 22 June 2000, p. 4.

④ United Nations: *Millennium Declaration*, http://www.un.org/millennium/declaration/ares552e.htm, 2017-03-29.

与实践的发展,从有效治理到民主治理,再到人本治理,不能不说是人们对行政权力发展规律认识的进步。以人为本的行政权力就是合情化、合理化、合法化有机统一的行政权力,简言之就是合意化的行政权力。具体而言,行政权力的合意化表现在三个主要方面:其一,合意化意味着行政权力正当性的进一步增强,摒弃单一的工具理性,做到价值理性和工具理性并重,以公共理性为基础;其二,合意化意味着行政权力共识机制的形成,认定公共利益是公民与政府共商形成的社会共识,而非由行政主体单方面判定;其三,合意化意味着行政权力回应性的增强,行政主体主动、积极、程序化、制度化地对行政客体的要求做出反应,最大限度满足公民需求。须知,行政权力价值合意化、人本化的实现殊非易事。权力是要求客体按照主体意志行为的能力,而以人为本则强调对公民人格与权利的尊重,二者之间存在某种张力。人本化的过程就是从制度和文化上缓解并销蚀这种张力的过程。为此,在微观方面要正确处理行政权力和人格尊严之间的关系,在宏观方面要正确处理政府治理和公民权利之间的关系。化解了权力与权利之间、政府与公众之间的张力,实现了行政权力价值的人本化,才能真正实现国家对于社会的和谐治理。

总而言之,扁平化、均等化、共享化、透明化、法治化与合意化是 21 世纪行政权力发展的大势所趋。伴随着全球化时代的深入发展,行政权力的这些趋势在世界各国不同程度地显现出来。历史的机遇使发达国家先行一步,而发展中国家行政权力发展的任务就显得异常艰巨。面对着传统、现代和后现代的混杂局面,行政权力的发展至少需要四个方面的进程并行:首要的是改革弊端,排除传统社会所遗留的其他权力对行政权力的不必要干扰;同时要防患于未然,制约由工业时代所造成的行政权力自身无限膨胀;而且要与时俱进,赶上信息时代行政权力发展的步伐;另外还需要未雨绸缪,引入以人为本的可持续发展价值,应对人工智能时代行政权力发展中可能出现的问题。这样,才能使行政权力在新的世纪里真正实现公正、廉洁、高效的运转。

第二节 行政权力分配

行政权力结构的层次性和行政权力目的的可分性,决定了行政权力不可能铁板一块地进行活动。它需要划分为若干系统和层次,并在此基础上进行分工,这就必然带来行政权力的分配问题。实际上,行政权力分配乃是行政组织内部的结构分化和功能分割问题,而行政机构的设置和职能配置就是行政权力分配的外在表现形式。

一、行政权力分配的方式与途径

(一)行政权力的分配方式

1. 结构性分配。这是根据行政权力的层次性而对其所做的纵向垂直性分割。此种分配所形成的结果是行政组织的结构权力。结构权力使行政主体呈现出层级性的差别。结构性权力的大小应该与其所在权力层次的高低成正比,层次越高,权力也就越大。在结构性分配过程中,权力幅度的大小直接影响到行政权力的层级。因此,处理好管理层次与管理幅度之间的关系,就成为行政机构设置的基本问题。

2. 功能性分配。这是根据行政权力所承担的任务及其客体的状况而对它进行的横向水平分割。此种分配所形成的结果是行政组织的功能性权力。功能性权力使行政主体呈现出职能上的差别。功能性权力的大小往往同功能本身的重要程度呈正比,功能越重要,权力也就越大。行政权力的功能性分配在具体行政组织当中,就表现为行政机构设置中部门与部门之间的关系安排。

结构性划分与功能性分割是行政权力分配的两种基本方式。这两种分配方式使行政权力主体在每一个层次、每一个部分都拥有相应的权力。作为行政权力总体运行过程的行政管理活动,就是在这些分配基础上实现的。

(二) 行政权力分配的途径

行政权力的分配主要是通过逐级授权的途径实现的。所谓行政授权,就是较高层次的行政主体授予下级行政主体以一定的责任与管理权限,使下级行政主体在上级的监控下获得某种自主行使的权力。这种授权是按照行政权力的层级性逐级实现的,上级行政主体通过法律或条例,将行政权力按照层级原则授予下级,逐级类推,然后由各级领导负责完成相应的任务。行政授权不仅仅是行政权力结构性分配的主要途径,而且在行政权力的功能性分配中也是常见的基本途径,其用途很广,形式多样。对此,本章下一节将专门论述。

行政权力分配的另一种途径是所谓权力下放。这是现代社会许多国家为实现治理活动的因地制宜或因事制宜,而对行政权力进行的一种分配。权力下放与逐级授权不同。行政权力一旦下放后,上级行政主体只做一般原则上的指导与检查,不过多干涉下级行政权力的具体行使。比较而言,逐级授权只是为了执行任务的方便而采取的一种措施,它一般不影响上级行政主体原本拥有的行政权力。权力下放不像逐级行政授权那样,可以经常性、普遍性地运用。它只存在于一定条件下行政权力的结构性分配当中。

行政权力分配的再一种途径就是权力"外放"。所谓"外放",是针对权力下放而言的。与权力下放旨在解决行政主体内部相互之间的权力关系不同,权力外放主要在于解决行政权力主体和社会权力主体之间的关系,实际上也就是行政组织与社会经济组织之间功能的重新划分。由于行政权力外放涉及政府与社会的关系,触及国家治理过程中带有根本性的问题,所以它只有在国家行政权力体制进行根本调整时才大量出现。世界上曾经出现的关于"大政府""小政府"的讨论,中国行政改革中的政府职能转变,都涉及这种权力分配途径。

行政权力分配还有一种常见的途径即地方自治。这是中央和地方之间行政权力分配的特殊形式。这种特殊的权力分配途径在不同国家有着不同的情况。在单一制国家中,地方自治权力往往是由中央政府规定的,这种自治权力与中央政府的权力相一致。为了提高行政效率,或由于某种政治原因,地方自治权力的大小可能会因国家政策不同而有所增减。此其一。其二,在复合制国家当中,尤其像美国、瑞士等联邦制国家,其地方行政机构的自治权力往往是地方所固有的,待中央政府成立之后通过相互约定而保留下来的。在相互约定的情况下,地方自治主体所拥有的行政权力是中央政府所不能随意侵犯的。

(三) 行政权力的再分配

行政权力的分配不可能是一劳永逸的事情。因为社会变化不断带来行政权力客体的变化,人们的认识也在不断地深化和提高,行政权力自身也有一个逐渐发展的过程,所以,行政权力分配还涉及一个不断的再分配问题。行政权力的再分配一般有两种情况:一种是外源型行政权力再分配,即随着整个社会利益的调整和政治权力的再分配而进行的行政权力再分配。由于社会政治经济状况发生了重大变化,社会利益结构的重新组合引起经济体制的变革,或引起政治体制的变革,或者是引起政治体制、经济体制同时发生变革。在这种情况下,行政权力由于受到来自行政体系外部的巨大压力,需要进行变革性调整。此乃行政管理体制的全面改革。另一种是内源型再分配,即在既定的政治、经济体制之内,由于行政体系内部的权力主体或对象发生了局部变化,行政权力需要做小幅度调整,在计划、组织、人事和服务的产出等方面发生相应变化。这种情况称作行政改组,主要表现为机构的改变、撤销、合并甚至扩大等,且属于行政组织内部经常发生的保持平衡的行为。行政改组的主要原因可以概括为六个大的方面:"(1)机构所在的地区扩大,人口增加或者接受服务的人数增加;(2)由于面临新问题,机构的职责有了改变;(3)某项政府计划的宗旨有了改变;(4)新技术、新设备和先进知识的影响;(5)人员资格有了改变(通常指提高);(6)由于上级有所行动,常使下属单位发生改变。"①

可见,行政权力再分配并不总是带来体制的根本变革。与行政权力再分配的两种情况相适应,作为其外在表现形式的行政改革表现为两种情况:一是作为外源型行政权力再分配表现形式的突破性改革,即新旧行政体制的交替;二是作为内源型行政权力再分配表现形式的经常性改革,即行政体系通常所进行的小幅度的个别调整。两种形式的行政改革,都推动了行政权力的不断发展。

(四) 行政权力的人格化

行政权力主体包括人的因素,行政权力的客体也包括人的因素,行政权力的运行只有靠人才能实现。这一方面要有行使权力、发号施令的人,另一方面也要有服从命令、听从指挥的人。因此,在行政权力分配过程中,权力与人的结合就成为关键的一环。这种结合过程便是行政权力人格化的过程,行政权力人格化的过程通过人事行政过程而得以实现。无论是结构性行政权力,抑或是功能性行政权力,都包含着一系列的职位,这些职位都是需要人来承担的,行政权力的分配最终也是将权力授予特定的人。只有在人发挥了作用之后,行政机构才具有活的动力,整个行政权力主体也才能运转起来。

但是,从本质上讲,行政权力分配的对象是特定的行政职位,而不是具体的人。人只有在取得了一定的职位之后,才拥有行政权力。这种与职位相联系的权力就是职权。虽然整体的行政权力属于公共权力,但当其分解为具体的职权之后,它就与占据一定职位的人的利益产生了相关性。这样,如果没有对于拥有自己利益、占据相应职位的人的约束,滥用职权的现象就不可避免会出现。所以,马克斯·韦伯在论述行政权力时特别强调非人格化的意义。他认为,行政管理必须采取合理的形式主义,用义务的压力取代感情的支配,用人人平等的观念取代因人而异的做法,用非个人制度的规则取代个人号令,以对法和制度规范的服从取代对个人命令的服从。行政权力非人格化的根本在于制度化。当然,由于韦伯过分强调义务的压力和团体的利益,其非人格化论断也招致许多攻击。实际

---

① 〔美〕R.J.斯蒂尔曼:前揭书,第180页。

上,人们对于韦伯的批评在很大程度上反映的是行政权力人格化与非人格化之间内在的张力。如果我们充分考虑权利义务之间应有的对应关系,将个人的情感和利益也纳入权利义务关系体系当中,韦伯所谓非人格化的制度安排也未尝不是有效的解决方案。

鉴于人格化与非人格化之间的冲突,在行政权力分配过程中必须认真处理好权力、机构、职位和个人之间的关系,建立合理界定权利义务关系的制度化机制。所以,与制度化相应的"普遍标明"的原则,就成为行政权力分配过程中必不可少的了。

二、行政权力分配的原则

在行政管理实践中,确保行政权力的合理分配,是各级行政主体有效行使行政权力的基本前提和重要步骤。为此,行政权力分配必须遵循相应的分配原则。

(一) 程序必须合法

合法是行政权力的重要特征,也是其运行的根本保证。行政权力分配首先必须严格按照合理—合法的规则进行。只有程序合法,行政权力才能保证有明确的法律依据,也才能获得行政客体乃至全社会的认可与接受,从而也才能具有足够的权威。行政权力合理—合法的特性要求:第一,上级行政主体在分配权力的过程中要本着合理的行政目的,依照明确的法律法规来进行分配,不得随心所欲;第二,应兼顾层次性与功能差异两种因素,适当进行权力分配,过大或者过小都是不足取的;第三,行政权力分配不能以人为基础,必须以事为准绳,从而保证权力的稳定性。

(二) 职权必须分明

在行政权力分配过程中,每一个层次、每一个部门的权力都必须做出明确无误的规定。权限划分既要考虑到行政主体内部上级的权力控制能力和下级的权力承受能力,又要考虑到行政客体的范围等问题。行政权力分配的对象既不能有职无权,也不能权大于职。职位与权力要保持切实的统一,否则,就会引起行政组织内部的矛盾,甚至会发生权力争夺现象,导致某种无序化状态,影响行政管理活动的正常进行。

(三) 权责必须一致

比职权更本质的东西是职责,也就是与职权相应的责任和义务。权力与责任、义务是不能分离的。行政权力来自公民及国家政治机关的授权,也来自上级行政机关的授权。因此,要对其授权的主体负责,行政权力所要负起的责任既包括政治层面的责任,也包括管理层面的责任。每一级的行政权力主体既要对公民、宪法及国家政治权力负有相应的政治责任和义务,又要对它的上级机关、行政法规和行政制度负有相应的责任。权责分离的现象,无论有权无责抑或有责无权,都是在行政权力分配过程中所应该防止的。不仅如此,权力的大小也必须同责任的大小相一致。权大于责会导致权力滥用,责大于权会导致工作无法开展。所以,在行政权力的分配过程中,还应该把握权力与责任的匹配。行政责任一般是通过法律后果表现出来的,权责一致是实现法治行政、建立法治国家的重要步骤。

(四) 权利必须明确

行政权力主体完成职责的过程就是承担义务的过程。人们知道,没有无权利的义务,也没有无义务的权利。因此,权利和利益问题在行政权力分配过程中也是一个不容忽视的因素。行政权力分配必须考虑每一个行政主体在恪尽厥责后应得的利益和应该享受的权利。满足了这些要求,行政权力的行使才能获得现实的动力。需要指出的是,和权利直接相关的应该是行政责任,而不能简单根据权力的大小来进行分配。否则,不仅责任无定,行政权力分配过程本身还会成为官本位滋生的土壤。

（五）内容必须全面

在行政权力分配过程中,各级行政主体都应获得与其权力层次及功能相一致的全面的职权。权力主体在人权、财权和物权各方面应该齐备,缺一不可。行政主体既要有权指挥一定数量的下级人员,又要有权调配和使用一定数量的物资或一定数额的资金。同时,各级行政权力主体在如上所述的职位、权力、责任、权利和利益等方面,也必须实现完整的结合。唯有在分配时保证内容的全面,行政权力才能成为完整统一的体系而发挥作用。

三、行政权力分配过程中的相关问题

（一）行政权力分配与政治授权的关系

行政权力是一种执行性的权力,它来自于人民及其代议机关,这便是政治授权问题。

政治授权也有层次之分。譬如在中国,全国人民代表大会与中央行政机关之间、地方各级人民代表大会与地方各级行政机关之间,都存在政治授权关系。这种授权与行政权力分配过程中的行政授权是不同的。行政权力分配是行政权力体系内部不同层次主体之间的权力分配,而政治授权则是行政权力的外部来源。不同层次的政治授权可以看成是对行政权力在多级分配过程当中能量消耗的补充。政治授权和行政授权之间的区别,实际上是立法权力与行政权力之间的关系问题。

（二）集权与分权之间的关系

与行政权力的两种分配方式相适应,行政权力分配当中的集权与分权关系也包括两种情况。一种是结构性权力的集中与分散问题,即政府间关系,包括国家行政机关内部中央与地方、上级政府与下级政府之间的关系等。另一种情况是功能性权力的集中与分散问题,即在行政职能和任务方面权力主体对于客体之间的关系。前者乃"集"与"分"的关系,后者乃"收"与"放"的关系。无论是集分关系,还是收放关系,都必须使权力在集中与分散之间保持一个恰当的度。行政权力过于分散会使行政工作迟滞不前乃至宏观失控,行政权力过于集中又有出现专制甚至是独裁的可能。随着社会公共事务的逐渐增多,行政客体日益庞大,行政环境更加复杂多变,上级行政机关又无力事事过问,适当地分散权力给下级主体,或适当放权给市场和社会主体,这也是大势所趋。

（三）权利与义务之间的关系

在行政权力分配过程中,还有一个现象值得注意,那就是行政主体因为特殊需要,具有某些不受一般行政法规约束的权力,美国行政法将这些权力称为行政特权,而法国习惯上称其为"公务优先权",中国也有人把它叫作行政优先权。[①] 行政特权实际上是一些法

---

① 罗豪才主编:前揭书,第38页。

定的特殊权力,它主要有几种情况:(1)某些行政主体为保卫国家利益、维持公共秩序,有权在特殊情况下采取必要的措施,包括一些同保护人身自由、集会和言论自由等公民权利相冲突的紧急状态;(2)某些涉及国家安全、对外关系等方面的行政决定或行政措施的审查权,往往有专门的国家机关去执行;(3)某些担任特殊公职的行政人员,如在行政机构中执行监督、审查或准司法职责的行政人员,享有某种保护其工作进行的行政豁免权;(4)行政主体还拥有获得社会协助权以及在其他的非常情况下的自由裁量权等。

行政特权是一种很特殊的权力。它的授予,固然能满足工作的某种需要,但处理不好又可能非法侵害公民的正当权利。实际上,行政特权的特殊还表现在另一个方面,特殊的权力意味着特殊的权利,它是以特殊的义务为前提的。对于牺牲相应权利的公民而言,他们需要行政主体尽到特殊的义务来交换。行政主体与客体之间这种特殊的权利义务关系也仍然是一种对应关系。行政主体不能只享有特殊权利而不履行特殊义务。从法理上讲,"行政权一旦形成,便与公民权利结成一种既互相依存,又相互对立的关系。在行政主体与相对方形成的关系中,一方权力(权利)的实现,要求另一方履行相应的义务。每一方既是权利主体又是义务主体,双方的权利义务在总体上应是平衡的"①。因此,行政特权的授予必须谨慎,既要有特殊的需要作为前提,又要有特殊的责任义务作为基础,执行时也要有一定的制约机制,而且还必须符合宪法的规定。在行政权力分配过程中,绝不因为行政特权而导致行政机关或行政人员不受任何法律约束的"特权"现象,导致只拥有行政特权而不尽特殊义务和责任的"特殊公民"。

第三节 行政授权

行政授权作为行政权力分配的主要形式,它不仅存在于行政权力的纵向分配当中,而且也存在于行政权力的横向分配当中。因此,行政授权是经常发生的,而且使用范围也非常之广。对它进行专门研究是非常必要的。

一、行政授权的性质和特点

"权力有政权与职权之分。"政权和主权概念相关,它在法律上是无限的、不可转让和不可分割的。而"职权则是最高权力所委任、所体现或由法律制裁所支持的权力",其在法律上是有限的、可委任和可划分的。② 我们这里所讲的行政授权,便是从职权意义上而言的。

(一)行政授权的含义

就授权的一般意义来讲,它是把权力委托给相应的人或相应的机构代为执行,"就是分配他人具体任务以及完成这些任务的权力,同时双方对如何评估任务结果的方法达成

---

① 罗豪才主编:前揭书,第4—5页。关于行政权力与公民权利的关系问题,罗豪才先生在20世纪90年代曾提出著名的平衡论观点,即行政主体与相对方在权利义务关系上的平衡问题,亦称兼顾论。参见罗豪才等:《现代行政法的理论基石——论行政机关与相对一方的权利义务平衡》,《中国法学》1993年第1期;《行政法的语义与意义分析》,《法制与社会发展》1995年第4期;罗豪才主编:《现代行政法的平衡理论》,北京:北京大学出版社1997年版,等等。

② 龚祥瑞:前揭书,第464页。

一致意见"①。任何一个组织,当其达到一定的规模或实行职能分工之后,就必然要发生授权行为。从现在的观点看,授权的意义在于,它能加速决策过程并缩短反应时间,能激发下属的主动性、积极性、创造性、责任感和成就感,能简化管理过程并节约管理成本。这些优越性使得授权成为当代管理中权力分配和运行的重要机制之一。

行政授权乃是授权的一种形式,系指行政组织内部上级机关把某些权力授予下级行政机关或职能机构,以便下级能够在上级的监督下自主地行动和处理行政事务。行政授权缘于两个主要的因素:其一是处理复杂公共事务的需要,其二是由完成行政任务所引起的建立行政组织的需要。行政系统通过建立组织来引进人才,分担各种行政任务。这些是行政系统之所以要建立科学授权体制的基本原因。

从形式上看,行政授权总是以行政任务为基础的。它通过工作任务指派的方式表现出来。但是,上级在向下级交派任务的同时,必须给予下级相应的权力。否则,下级行政机关的工作是无法展开的。而下级一旦得到了权力,就需要负有相应的责任才不至于滥用权力。因此,行政授权由三个基本的要素构成:(1)指派工作任务,(2)授予行政权力,(3)承担工作责任。

从内容上看,行政授权包括两个层面:其一是决策权力的授予,即上级把一部分问题的决策权授予下级行政机关或职能机构;其二是执行权力的授予,即上级行政机关允许下级在一定范围内自主决定完成工作任务的步骤和方法。至于行政授权在具体实施过程中应在哪个层次上进行,这需要根据行政任务而定。

(二)行政授权的特点

就其性质而论,行政授权是上级行政主体将其部分权力分配给下级行政主体的一种管理行为。这一行为有三个方面的主要特征:

第一,行政授权在本质上是行政组织内部权力分配的特定方式。它通过上下级行政主体间在不同层次上的授权与被授权,进而形成一种新的动态权力配置体系,来不断适应公共事务和行政工作经常性的发展变化。

第二,行政授权实际上是行政领导活动过程的一部分。任何授权活动都必定是发生在上下级之间的事情,一般都是上级领导对于其部属或下级的一种管理行为,其核心内容是上级领导给下属分派任务。从一定意义上说,行政授权也可以看作是领导方法或者领导艺术问题。

第三,行政授权也是一种权责高度统一的管理行为。在行政授权中,上级指派任务也就是将一定的职权和责任同时交给下级,下级在行使权力的同时,也担负有相应的责任。这样,就导致一个权责体系的产生。

一言以蔽之,"良好的行政授权需要在分派工作任务时尽量使权威与责任也获得等量的分配"②。

以上三个方面的特征,使得行政授权在整个行政权力的分配中呈现出明显特点。也

---

① 〔美〕弗兰克·F.佛帕:《管理分身术:成功授权》,刘敏娟译,长沙:湖南科技出版社2001年版,第3页。
② Robert B. Denhardt, *Public Administration: An Action Orientation*, Pacific Grove: Brooks/Cole Publishing Company, 1991, p. 369.

正是这三个方面的特征,将行政授权与行政法律关系上的委托、代理、助理及一般的组织分工区别开来。(1)行政授权与行政委托不同。行政委托指的是行政主体将其职权的一部分,依法委托给其他组织或个人来行使的法律行为。其中作为委托对象的组织和个人,既可以是行政权力主体,也可以是其他社会组织或法定个人,且委托事务比较具体。而行政授权的对象一般在行政权力体系内部,授予的任务也不像委托的事务那么具体。(2)行政授权与行政代理不同。行政代理指的是代理人依法代替某一行政人员执行其任务,并要自负其责。而行政授权则是被授权者负责行使其法定的职权,并非代替他人。(3)行政授权与行政助理不同。行政助理是由人来帮助负责者去处理行政事务,接受别人帮助的行政人员仍然负有其全部责任,而助理别人的人自己没有多少责任。在行政授权中,被授权者则负有相当的责任。(4)行政授权与行政分工不同。行政分工是指不同的行政机关或行政工作人员各负其责,彼此之间未必有上下级隶属关系;而行政授权则包含上下级之间必须具有的监控与报告关系。

二、行政授权方式

行政授权方式非常复杂。人们所站的角度不同,对于行政授权方式的认识也各有所异。根据不同的标准,可以对其进行分类认识。

1. 根据行政工作内容的重要性程度、上级行政主体的管理水平和下级行政主体的管理能力等综合情况,可将行政授权划分为充分授权、不充分授权、制约授权和弹性授权等方式。

(1)充分授权,也叫一般授权,是指上级行政主体在下达任务时,允许下属自己决定行动方案,并能进行创造性工作。以这种方式进行授权并非上级向下级指派特定的行政事务,而是上级行政主体向下级发布一般工作指示。大多数的行政授权都属于这一类。充分授权具体又可以分为三种情况:(1)柔性授权,即上级领导者对工作不做具体安排,仅指示出一个大纲或轮廓,下属可以随机应变、因地或因事制宜地处理工作,有比较大的自由。这种情况要求精明能干的下属。(2)模糊授权,即授权者一般不明确地讲明工作的事项与范围,只指示所要达到的任务和目标,被授权者自己去选择完成任务的具体途径。该形式一般适用于任务艰巨、需要调动下属积极性的情况。(3)惰性授权,即上级领导者把自己无暇顾及的纷乱烦琐事务交给下属处理,其中也可能包括领导者本身也力所不逮的事务。此种形式需要授权者对下属有充分的了解,并且下属有较强的独立工作能力。

(2)不充分授权,也叫特定授权,或称刚性授权,是指上级领导对于下属的工作范围、内容、应达成的绩效目标和完成工作的具体途径都有详细规定,下级行政主体必须严格执行这些规定。这种授权事关重大,涉及一些重要的事务和问题。上级行政领导不能不负起主要责任,下级行政主体被授予的权力是有限的。在刚性授权过程中,被授权者的职务、责任和权力等均有明确的指定。

(3)制约授权,又叫复合授权,这是把某项任务的职权分解授给两个或多个子系统,使子系统之间产生互相制约的作用,以免出现疏漏。制约授权所适用的情况主要是:工作难度较大、技术性较强且容易出现疏漏,故而不宜进行充分授权;上级领导者管理幅度大、任务重,无足够的精力实施不充分授权;或者领导者本人专业知识或时间精力有限,而无法实施刚性授权。需要指出的是,采取复合授权方式,授权者离不开助理的协商和帮助。

(4)弹性授权,亦称动态授权,是指在完成同一项任务的不同阶段采用不同的授权方式。这种授权适用的情况是:任务复杂,上级对下属的能力和水平无充分把握,环境和条件处于多变状态。

可以看出,这四类授权方式当中,前两个类型是基本的授权方式,后两个类型是前两种基本方式的复杂综合,其适用的场合比较少,且运用起来难度较大,授权者必须谨慎使用。

2. 根据在授权时所利用媒介的不同,行政授权又可以划分为两大类基本的方式:书面授权和口头授权。当然,随着时代发展和科技进步,行政授权所使用的信息传递介质也在不断发生变化。传统的介质主要依赖纸质和人与人面对面的沟通。而当社会进入信息时代,多媒体沟通成为社会生活的重要组成部分,自动化、计算机化、数字化和网络化在行政管理中扮演着日益重要的角色。数码技术不仅带来电子介质大量出现,而且还使以网络为核心的虚拟介质成为可能。进入21世纪,无纸办公催生了红头文件的电子化,电子文件在信息沟通中占有越来越重要的地位。但是,多媒体和虚拟介质的出现主要是为行政授权提供了方便快捷的技术,并未改变书面授权和口头授权两大基本形态。

(1)书面授权,系上级行政主体以文字形式对下属工作的职责范围、目标任务、组织情况、等级规范、分层负责办法、处理规程等都有明确规定的授权形式。不管所使用的介质如何,这里所谓文字形式包括工作说明书、组织手册、职级规范、办法条例、事务规章、工作分配表、上级对下级的工作训令与指令等。

(2)口头授权,系上级行政领导对下属用口头语言所做的工作交代,或者是上下级之间根据会议所产生的工作分配。随着多媒体介质的增多,直接面对面的口头授权开始变得越来越少。需要注意的是,对于责任重大的事情,不宜采用此种方式。否则,将可能导致权责不清、互相扯皮、玩忽职守等后果。

3. 根据授权的合法程度和规范化、程序化的程度,行政授权还可以划分为两种类型:正式授权和非正式授权。

(1)正式授权,是指行政主体依据法律规定并按照法定程序所进行的授权活动,换言之,即下属行政人员根据其合法地位获得相应职权的过程。这是通常情况下普遍采用的授权方式,其规范性和程序性都比较高,但相对古板。

(2)非正式授权,是指无法律特别规定或组织体系之外的非程序性授权。非正式授权一般都是在如下情况中采用的,即在工作过程中,下属工作人员厌恶正式程序,或不愿遵守规定的程序,甚至抵制正式的授权。非正式授权主要使用于非正式组织大量存在的行政权力体系当中,其规范性和程序性较低,却相对灵活。虽不属于普遍现象,但非正式授权确是行政授权中所不可或缺的形式之一。

三、行政授权过程

(一)行政授权的条件

行政授权意义非常重大,事关管理成败。一方面,进行授权既可以减少上级权力主体的负担,使之有时间处理重大问题,又可以提高下属的能力,充分发挥其专长,还可以对下级管理主体有巨大的激励和推动作用。显然,忽略授权必将影响到管理事业的成败。另一方面,说授权意义重大,并不意味着在任何情况下都可以进行授权。须知授权是需要一定条件的,在条件不具备情况下进行授权也可能出现问题。

就行政管理而言,行政授权的条件至少可以理解为如下几个方面。

1. 行政授权需要良好的组织和人事基础。

第一,行政管理的目标已经确立,方向正确,任务明确。行政工作的预期成果标准已经普遍制定,并且这些标准都是公平合理、切实可行的。

第二,行政组织机构已经建立,组织结构系统完善,要素完整,功能健全。这也就是说,"一个实现授权的组织需要明确的目标和坚强的领导"①。

第三,行政首长认为组织内部的人事安排大致已经确定,不再担心部属的过分变动,而且被授权的下属具有相应的能力和工作技能。

第四,"授权意味着信任"②。这就要求行政组织各个层次的人员尤其是主管与部署之间彼此都能互相信任,组织内部气氛和谐。授权者充分信任部署,也是人本主义在以任务为中心的授权过程中的体现。

第五,授权也需要相应组织文化的支持,要求行政组织文化与工作环境良好,工作人员心情舒畅,忠于职守。

2. 行政授权还必须把握适当的时机。

第一,当行政首长工作负担过重,而且下属在工作中随时都要请示领导,让领导决定时,就必须进行授权。

第二,当行政组织的指挥系统中有人因工作或其他任务暂时离开,或者遇到高层职位缺位,组织又感到没有适当人员接替时,必须进行适当授权。

第三,当行政机关力求开创新局面,重视解决新问题,行政首长必须集中精力专注于开拓创新和重大的组织工作目标时,需要进行适当授权。

第四,当有关工作人员并不在一处工作时,因为空间上的差别,容易造成不同的想法、不同的意见和不同的解决问题方式,这也需要有适当的授权。

3. 从操作意义上讲,行政授权还必须考虑工作需要,必须考虑一定的限度,这是行政授权的限制条件。通常,那些重复性、例行性、烦琐性的工作,还有那些过于专业化的工作,或者行政首长不擅长的工作,都可以作为授权的工作内容。但是,行政授权不能将属于上级主管职责范围内的事务作为具体内容给予下级,这要视上级主管手中职权直接的控制幅度而定。一般而言,不应该授权的内容主要涉及:(1)授权本身的安排和处理,(2)成果和绩效的评估,(3)纪律处分和态度劝告,(4)制定政策和总计划,(5)机密任务和自己亲自做的特派任务,(6)危机问题的解决方案,(7)复杂敏感的特殊任务。③ 对于什么任务应该授权,什么任务不应该授权,著名管理学家泰罗所提出的"例外原则",可以看作是界定授权工作界限的原则。所谓例外原则,指的是上级管理者把一般的日常例行性

---

① 〔美〕保罗·约翰逊:《授权的艺术》,向萍等译,北京:国际文化出版公司2000年版,第4页。
② 同上书,第6页。
③ 〔美〕弗兰克·F.佛帕:前揭书,第76—79页。

事务交给下属处理,而自己保留对诸如重大政策决定和重要人事任免等例外事项的决定权。这样,能够保证上级管理者有时间和精力去考虑大政方针并研究重要的人事和财政等问题。

(二)行政授权的程序

明确了行政授权所需要的条件之后,随之而来的便是怎样进行授权的问题,亦即行政授权的程序和步骤。具体说来,它们是:

1. 确定授权的工作内容。根据行政管理的目标和任务,行政领导必须先确定自己工作的内容与范围,而后对这些工作进行分析比较,确定哪些事务是自己应该做的,哪些事务是应交由下属或下级行政机关去处理的。

2. 选择授权的对象。确定行政授权的内容后,上级要根据指派给下级工作的性质、工作量的大小、事务的重要性与复杂性程度,以及组织层级关系和职能分工,选定授权的对象。为充分发挥行政授权的功能,上级应该根据授权内容选择最适当的下属。

3. 规定授权工作应该达到的目标、成果以及完成工作的权限和应负的责任。授权工作的数量、质量、时限、权力范围和奖惩的规定等,都必须做到明白无误。因而,在授权工作中采用目标管理,不失为行之有效的方法。

4. 正式授予权力。这是授权者与被授权者之间的契约或承诺的达成。授权者可以采取开会任命方式,也可以采取下发文件、任命书或聘任书等方式进行授权。被授权者可以口头表示接受,也可以通过立军令状或签订合同等形式加以接受。

5. 检查评估授权成效。行政授权需要规定检查授权成效的办法,最好是避免对过程的不断干预,而采用绩效控制的方法。譬如,规定下属定期填报表格、提出书面报告,规定主要负责人定期作述职报告,保证上下之间沟通渠道畅通。

(三)行政授权过程中授受关系的处理

行政授权的目的在于使行政系统内部上下一致,各尽所能,按照既定政策达成行政目标,完成行政任务。所以,尽管完整的过程必不可少,但过程只具有形式上的意义,建立良好的授受关系才是其真正的本质内涵。良好的授受关系是行政授权成功的象征,它应该贯穿于整个行政授权过程的始终。

那么,究竟怎样才能处理好行政授权关系呢?这就要求人们在进行授权时,必须注意行政授权的条件,遵循行政权力分配的原则,尤其要保持授权者和受权者之间良好的信任和支持关系。授受关系处理的"3R式授权"模式值得肯定。[①] 所谓3R式授权,即在授权过程中要做到尊重下属,保证下属所需资源,并对在组织成长过程中做出重要贡献的下属进行再投资。其中,尊重(respect)、资源(resources)和再投资(re-investment)三个关键词的第一个英文字母均为"R",故此得名。3R式授权不失为处理授受关系的有效方式。

为达到有效授权的目的,在具体的行政授权过程中,行政授权主体还必须发挥能动作用,主动克服各方面的干扰,消除行政授权所可能遇到的障碍。这些障碍既包括主观方面的,又包括客观方面的。首先,行政授权主体要克服心理方面的障碍。行政授权主体主要

---

① 〔美〕Kenneth L. Murrell、Mimi Meredith:《有效授权》,杜丁丁译,北京:企业管理出版社2001年版,第134—137页。

的心理障碍有:(1)自负心理。主管有高度的优越感,过于自信,认为自己比下属高明,不愿授权。(2)恐惧心理。主管不信任下属,怕下属没有能力或不负责任,不敢放手让下属去做事情,唯恐闹出乱子、贻误工作。(3)猜疑心理。对于有潜力的下属,上级主管害怕其做出成绩,威胁自己的地位。帕金森定律中的妒贤嫉能症,揭示的就是这种现象。(4)权力独占欲。主管有强烈的控制欲望,喜欢大权独揽,从而获得心理上的满足,故不愿分散手中的权力,以免削减自己的权势。

其次,行政授权主体要克服能力方面的障碍。这种障碍存在的一般情况是,行政授权主体控制能力不够,缺乏行政授权所需要的应变能力,以致当下级在行使权力过程中遇到困难和挫折时无可奈何。另一种情况是,授权主体根本就不具备相应的领导能力,不善于运用指导、督查与考核等方法。

再次,行政授权还要克服来自授权客体方面的障碍。行政授权的关键在于授权客体能够接受权力。但是,就客体而言,障碍也是很多的。这主要表现为眼高手低,或能力有限等,从而无法接受权力。如果上级授权者事先不考虑这种情况而授予下属权力,就有可能导致逆向授权现象的发生。所谓逆向授权,就是下属将本应自己解决的问题上交,使上级授权主体反又成为授权的客体,成为下属的牺牲品。这属于行政授权的负面效应,是行政授权必须加以克服的。[①]

复次,行政授权也要克服来自组织方面的障碍。因为授权的基本条件之一就是要有良好的组织基础,所以这一点是不容忽视的。如果行政组织的机构不健全,组织的制度规则不完善,权责划分不清,沟通线路不畅,这都将影响到行政授权过程中的授受关系,必须引起足够重视。

最后,行政授权还必须克服来自环境方面的障碍。环境的变化经常影响到行政管理活动,行政授权活动自然也毫无例外。行政授权中的授受关系在原有的情况下可能畅通无阻,而换了另一种环境就可能是寸步难行。一旦权力授出,当因为环境变化而导致信息、资源、时空等因素发生了重大改变,而这些改变又都是授权主体乃至授权客体在授受关系发生之前所预料不及的,被授权者就很难圆满完成任务。

第四节 行政权力行使

国家行政管理的目的与使命只有通过行政权力的运行才能实现。行政权力运行的过程就是行政主体分配和行使权力的过程。行政权力的行使过程即行政权力主体对客体施加影响并使客体按照主体意愿采取行动的过程。这一过程包括计划、组织、用人、指挥、执行、控制、监督和反馈等一系列具体行为。行政权力的行使需要一定的基础和手段,采用相应的运作方式。在不同情况下,行政权力行使的程度会有所区别,这种差别反映出一个政府的效能。为保证政府廉洁高效地运转,必须遵循行政权力运行的规律,同时克服行政权力在行使过程中出现的负效应。

---

① Robert B. Denhardt, op. cit., p. 369.

一、行政权力行使的基础、手段和影响力

（一）行政权力行使的基础

行政权力行使的目的在于让行政客体服从行政主体。这种服从是与行政权力的基础分不开的。行政主体拥有了相应的资源,操控了相应的事物,便具备了支配客体的资本,也就获得了相应的权力基础。总体上讲,行政权力的基础如同国家权力基础,分为"硬权力"和"软权力"两大类,硬权力集中体现为命令性权力,软权力集中体现为同化性权力。如果硬权力和软权力能够有机结合,行政权力的行驶就能够获得"巧实力"①。具体而言,由于权力基础的多样性,行政主体行使权力从而对客体施加影响的方式也是多种多样的。按照相应的基础来划分,行政权力大致可以概括为以下几种情况:

1. 结构性权力。结构性权力即组织权力,其基础是行政组织的层级结构和组织分工,以及由此所带来的地位差异。一般而言,"权力来自一个人在分工中和在机构的联络系统中所处的地位"②。行政组织常被人们比作金字塔,这些都是就其层级性而言的。科层组织结构具有强有力的内部约束机制,它通过层级制度安排,使每一级行政主体都拥有相应的权力,每一个组织成员都有其适当的地位。层级越高,地位越重要,权力也就越大。与此同时,与科层结构相一致的组织目标结构,也构成强大的功能权力体系,把权力运行和组织目标的实现紧密联系起来,把权力责任、资源控制和利益达成紧密联系起来。根据权力运行的双峰对称原理,"组织只有赢得内部对其目标的服从时才能赢得外部的服从。其外在权力的大小和可靠性取决于内部服从的程度"③。行政客体对于结构性权力的服从与行政主体自上而下的层级约束力密不可分。

2. 制度性权力。这种权力的基础是行政组织结构所赖以运行的制度规则、制度安排,也包括一些程序性规范和行为准则。需要清楚的是,结构和制度是两个不同的概念。早在20世纪50年代,西蒙就明确区分了团体(group)、组织(organization)和制度(institution)之间的含义。20世纪末期,新制度主义又着力区分了组织与制度两个不同的概念。④行政主体通过集体行动的规章制度,可以迫使客体按照主体的意愿去行动。法律和伦理是制度性权力的两种基本形态,二者的有机结合构成合法合理的权力。合法—合理权力是现代行政管理的基础。既合法又合理的权力在社会看来才是具有正当性的权力,行政客体对于制度权力的服从是和这种正当性分不开的。

3. 报酬性权力。报酬性权力起源于交换的不平衡性,此种权力的基础是行政主体对于资源的控制,而这些资源又正是客体所希望得到的东西。如果主客体双方实力相当,彼此存在相等的依赖或影响,那就说明主体缺乏权力基础。在大多数情况下,资源匮乏是行政管理中不可避免的问题,于是便产生了相互依赖关系,产生了权力与服从的关系。正如普费弗所揭示的,"一个影响相互依赖性质和程度的至关重要的因素是资源的

---

① 〔美〕约瑟夫·S.奈:《硬权力与软权力》,门洪华译,北京:北京大学出版社2005年版,第117页;另参阅《权力大未来》,王吉美译,北京:中信出版社2012年版。
② 〔美〕杰夫里·普费弗:前揭书,第69页。
③ 〔美〕约翰·肯尼思·加尔布雷思:前揭书,第44页。
④ 〔美〕V.奥斯特罗姆:《美国行政管理危机》,江峰等译,北京:北京工业大学出版社1994年版,第158页;〔美〕道格拉斯·C.诺斯:《制度、制度变迁与经济绩效》,刘守英译,上海:上海三联书店1994年版,第5页。

匮乏"①。行政主体一旦控制了资源本身或控制了取得资源的途径,它就拥有了相应的权力,创造了相应的权力格局。譬如在人力资源方面控制了工资报酬、职位和升迁的途径,也就获得了人事权力。行政客体对于报酬性权力的服从是一种不对称的依赖或某种摆脱依赖的愿望,因为他们希望得到相应的资源,就不得不依赖于某种既定的资源分配格局。

4. 强制性权力。强制性权力的基础是行政组织所拥有的威胁和惩罚手段。恩格斯讲,"文明国家的一个最微不足道的警察,都拥有比氏族社会的全部机构加在一起还要大的'权威'"②。这一方面说明了法律的意义,另一方面就是说明强制性权力的威力。行政主体可以依赖权力集中的势能,利用物理的力量进行制裁或威胁,强迫行政客体服从就范。这种权力最原始的形式就是体罚、鞭笞等手段的运用。现代社会则以科层的强制势能为主,暴力通常只是一种后盾,而法律则是必要的依据。强制性权力离不开对于人身自由或公民权利的限制,因而在现代文明国家中,其使用自然也离不开一定的限度,必须依法进行。行政客体对于强制性权力的服从是因为他们惧怕惩罚,惧怕失去自由与权利。

5. 象征性权力。从一定意义上讲,"组织权力是由组织符号体系的结构所构成并得以再现的"③。在行政管理过程中,象征性的符号资源可以成为行政权力的基础。构成这种基础的资源包括风俗、伦理、舆论、宗教及意识形态等文化精神方面的因素,也包括语言、仪式和氛围等行动方面的象征性因素,还包括徽标、建筑物、设施设备等物质方面的象征性因素。著名权力分析大师哈罗德·拉斯维尔曾对权力的象征性资源进行过专门分析,他甚至还专门强调了象征性资源的物质表现形态。卢曼认为,从互动意义上讲,权力就是代码,是一种符号的普遍化。普费弗在分析组织权力时,亦曾对构成象征性权力的主要因素进行了概括。④ 应该说,象征性权力是行政权力最原始而又常新的基础性资源,人们对于这种权力的服从主要是由于对象征性符号的精神敬畏。

6. 知识性权力。知识性权力来源于专业、技术和信息等知识性资源,以及与此相关的大数据的拥有和运用,集中体现为专家所拥有的知识技能和信息处理能力,故也有人称之为专家权力或信息权力。专家所掌握的关于人、事件或其他有助于预测未来行为方向的信息资源,以及作为专家对这些信息处理结果的知识,是行政权力的重要基础。能够带来权力的知识不仅包括有关工作程序本身的技术知识,而且也包括对组织社会系统理解的知识。"如果我们把知识看作权力,那么对可交易信息的不同拥有就给予利用障碍阻止其扩散的人以可观的利益",而且,"对信息的拥有造成了等级性的交易结构"。⑤ 就此意义而言,现代行政管理的重要特征在于,知识就是力量,信息就是权力。人们的服从来自于对专家知识水平的认可和信息资源的依赖。

---

① 〔美〕杰夫里·普费弗:前揭书,第 35 页;类似的相关论述可参见〔美〕罗德里克·马丁:《权力社会学》,丰子义等译,北京:生活·读书·新知三联书店 1992 年版,第 111—127 页。
② 《马克思恩格斯选集》第 4 卷,北京:人民出版社 1995 年版,第 172 页。
③ 〔美〕丹尼斯·K.姆贝:《组织中的传播和权力:话语、意识形态和统治》,陈德民等译,北京:中国社会科学出版社 2000 年版,第 75 页。
④ Harold D. Lasswell, *The Signature of Power*, NJ: Transaction Books, 1979;〔德〕尼克拉斯·卢曼:前揭书,第 35—37 页;〔美〕杰夫里·普费弗:前揭书,第 55—56、267—286 页。
⑤ 〔美〕马克斯·H.布瓦索:《信息空间:认识组织、制度和文化的一种框架》,王寅通译,上海:上海译文出版社 2000 年版,第 185—186 页。

7. 关系性权力。关系性权力的基础是与行政主体相关的人际关系、社会网络、非正式组织等,这种资源是行政权力运行的重要社会资本。常有人说,权力是由一个人在交流与社会网络中的地位决定的。由于关系可以创造机会,增加施展权力的余地,现代思想家米歇尔·福柯(Michel Foucault)干脆把权力视作复杂的、不断变化的关系域,每个人都是其中的一个元素。① 在这里,人际关系处理技巧和行政客体的情感支持是关系性权力的基础。行政客体对于关系性权力的服从是基于一种非正式约束。

8. 人格性权力。行政活动是通过人的行为体现出来的。人格性的行政权力取决于具有充任行政主体资格的个人。他们的才能、品德、智慧、处事风格、技巧、作风等,甚至体格特征,都可以构成一种影响力使客体服从。榜样的力量可以看作是这种权力。即所谓"其身正,不令而行"②。人格性权力集中体现为个人魅力。魅力一词原本来自神学,其意义是具有与生俱来的优雅风度。但人格性权力又不局限于个人魅力,它同时也包括与个人特质相契合的情势。人们对于人格性权力的服从来自于特定情势下对作为行政主体的人的尊敬与爱戴。

(二) 行政权力行使的手段

构成行政权力基础的各个方面是权力运行的重要资源。有了这些资源,行政权力的行使就拥有了各种相应的手段。但是,仅有这些资源,行政权力还不足以自动运行。需要构成行政权力资源的要素采取一定的组合方式,在行政主体意志的推动下,行政权力手段才能活动起来。

1. 权力压力。在行政权力行使过程中,行政主体会运用强制性权力基础,通过物理学、生物学和心理学等方面的力量,以威胁、限制和恫吓等形式,让行政客体在物理、生理和心理上不可或缺的需要遭到破坏,或处于危险境地,而行政客体要保证其自愿选择和行为的能力,又离不开这些需要。这样,当行政客体不得不满足的需要到了被剥夺的危险境地时,权力的压力就开始起作用。一般情况下,将施加压力的方式用于阻止人们的行为或行为倾向,比用来迫使人们按照给定方式行动更为有效。因为有压力就有反作用力,所以,在行政管理过程中采用这种权力方式需要谨慎从事。又因为这种权力手段会伤及公民权利,故压力的使用必须严格限定在法律允许的范围之内。

2. 权力控制。权力控制是行政主体通过结构权力和制度权力资源,以行政法规、命令、指示、规定、章程、要求等形式,按照行政组织的层级结构明示,要求权力客体依主体的愿望行事。行政主体在使用这种权力手段时的假定是,人的行为程序原则上是可以编制的,可以通过外部影响保证行为的方向。当行政主体的愿望引起客体的行为和倾向改变时,就说明行政主体控制了行政客体。控制手段多用于让行政客体按照主体给定方式行动的情况下,是行政权力运行过程中所普遍采用的方式。在行政主体采用控制手段持续存在的状态下,久而久之,行政客体受控的行为方式就会变成自动的行为方式,故权力控制手段较适合程序性的事务管理。

---

① 参见〔美〕杰夫里·普费弗:前揭书,第102页;汪民安等编:《福柯的面孔》,北京:文化艺术出版社2001年版,第137页。
② 《论语·子路》。

3. 权力操纵。权力操纵是指行政主体通过限制信息供应、进行信息误导或蒙蔽性宣传等手段,隐瞒或部分隐瞒事实真相及行动目的,从而影响权力客体,并使权力客体采取行动以满足权力主体的意愿。"当掌权者对权力对象隐瞒他的意图,即他希望产生的预期效果时,就是企图操纵他们。"① 因而,权力操纵的重要特征就在于其"隐秘性"。它主要通过心理活动施加影响,"不仅促使受影响的人做别人想叫他做的事情,而且迫使他自愿做这件事情"②。当然,操纵也可能通过物质利益的诱惑来完成。不管采取何种手段,在目的上的隐秘性是操纵的关键之所在。一旦"隐秘性"不复存在,"自愿"即告消失。由于权力操纵在伦理上的问题,这种方式不可避免会引起怀疑和不信任。即便是善意的操纵,即便是综合运用权力行使的其他手段,就其广延性、综合性及强度而言,操纵的效果都是有限的。滥用操纵手段必然带来行政权力的危机。

4. 权力诱导。如果行政主体提出呼吁或劝告,并提供相应的理由和诱因,行政客体根据自己的价值观和目标,经过自主思考或独立估量之后,接受行政主体的意见并将其作为自己行动的依据,那么,这种权力运作就是成功的诱导方式。诱导自然离不开物质利益的诱因,但物质诱因的使用重在奖励而非剥夺。虽然诱导方式也和操纵方式一样运用知识性权力资源,但它是在理性说服的条件下发生的,靠的是循循善诱和谆谆教导。因而,诱导方式在伦理上被认为是一种良好手段,其应用范围比其他权力手段要广泛得多。但因受到价值判断的影响,这种权力行使方式和行政权力本身的正当性密切相关。如果行政权力的合理性与正当性丧失或部分丧失,权力诱导手段就开始失去效力。和其他权力手段相比,权力压力带来的服从是被迫的,而权力控制带来的服从尽管自动,权力操纵带来的服从虽然自愿,但都不像权力诱导方式那样,其所带来的服从是自觉的。

(三) 行政权力的影响力

为实现国家意志,达成行政目标,行政权力必须依赖各种资源,采取各种手段和方式。从行政主体的角度看,客体按照主体意愿行动的数量与质量,表明了主体自己影响力的状况。而站在行政客体的角度,权力主体所施加的影响不见得都是自己乐于接受的。尽管行政权力的强制性可以造成某种不得不服从的效果,但这种服从未必都是心悦诚服。要分析不得不服从和心悦诚服之间的关系,就必须弄清权力和权威两个不同的概念。

人们知道,权力是主体根据自己的目的去影响客体行为的能力,而权威则是权力和威信共同作用的结果。毋宁说,权威是主体令客体服从的一种权利资格,它是建立在主客体双方认同的基础上的。赫伯特·西蒙就认为,"权威关系包括上级和下属的行为。只有当双方当事人的行为确实发生时,他们之间才存在权威关系"③。而真正理解权威的关键性问题在于"信服",在于"对与特定决策有关事实前提或价值前提的一种信任"④。可见,权力和权威之间有着明显的区别。它们是:

第一,权力主要指一种力量,依靠这种力量可以造成某种特定的局面,使客体的行为符合于主体的目的;权威则主要是一种社会心理过程,它依靠某种威势或威望来取得信任

---

① 〔美〕丹尼斯·朗:《权力论》,陆震纶等译,北京:中国社会科学出版社2001年版,第33页。
② 〔美〕谢·卡拉穆尔扎:《论意识操纵》,徐昌翰等译,北京:社会科学文献出版社2004年版,第22页。
③ 〔美〕赫伯特·西蒙:《管理行为》,詹正茂译,北京:机械工业出版社2004年版,第167—168页。
④ 同上。

与赞同。

第二，权力通常是以强力作为后盾，具有某种强制性；而权威则主要是以合意性、正当性、合理性作为依靠，具有一定的影响性。

第三，权力的作用不一定带来服从的结果，客体的对抗和不服从是时常发生的；权威所起的作用则往往是心悦诚服，客体一般是基于认同而进行的服从。

可见，虽然权力和权威之间具有相关性，而且在多数情况下权力和权威是一致的，但由于它们之间存在着区别，故在特殊情况下，二者之间也可能发生分离。从历时的情况看，专制时代权力和权威分离的现象比较突出，民主时代权力和权威一致的现象较为普遍。伯特兰·罗素（Bertrand Russell）在分析这些现象时指出："就大多数臣民而论，服从权力超出单一部落的国王的最初原因是恐惧，而不是赞成。"①而到了民主时代，乾坤就倒转过来了。从共时的情况看，权力和权威分离的一种情况是，权力在组织活动中不起作用，不为客体所接受，导致有权力而无权威现象的出现；另一种情况是，某些人并不处于一定的权力地位，但却拥有相当大的影响力，出现无权力而有权威的现象。因此，在行政权力行使过程中，行政主体应该力求权力与权威的统一，并保证合法与合理的统一。从法理上讲，一切行政手段都应该是合法的。行政权力作为一种国家权力，其区别于其他权力手段的根本之点就在于此。然而，任何权力手段都未必具有天然的合理性，物理的强制并不意味着价值的正当。因此，行政权力手段的正当性与合理性就成为行政主体所不得不经常考虑的问题。

二、行政权力行使的程度

（一）行政权力的行使程度与政府治理能力

行政主体在行使权力过程中，由于所采用的行政手段的权威性与正当性不同，其所获致的服从状况不尽相同。也就是说，行政主体对于行政客体施加影响的过程，会表现出不同程度的差别。行政客体对于行政主体可能服从，也可能部分服从，还可能不服从。行政权力客体服从与主体的状况，一般也就是社会成员对于政府的服从状况。在这里，完全服从一般是不多见的，而不服从的情况也只有在反政府的过程中才会出现，经常见到的情况是部分服从。部分服从又有程度不同的差别。如果客体对于主体的反应能够通过正常渠道发生反馈作用，或者社会公众能够保持正常的参与政府的活动，公民普遍拥护政府的政策，那么这就说明行政客体的服从度是比较高的。如果行政客体对于行政主体的正当性表示怀疑，社会公众不满意政府的政策，常常通过非正常的渠道抗议政府，如非暴力反抗或局部暴力抵抗等情况的发生，那么这就是行政权力的服从度较低的表现。

分析可见，行政权力程度实际上是行政权力关系的一种表现形式。一切权力关系，都包含三种不同的属性，行政权力也不例外。一个是权力的广延性问题，即服从权力主体命令的客体数量，涉及权力控制的跨度、权力主体与权力客体在数量上的比例等；另一个是权力的综合性问题，即权力主体能够控制的权力客体活动领域的数量和范围，也可以看作是权力主体掌握权力领域的数量和范围；再一个是权力的强度，即权力主体发号施令在权

---

① 〔英〕罗素：《权力论》，靳建国译，北京：东方出版社1988年版，第148页。

力客体那里遇到阻力的大小,也就是在综合性问题所涉及的领域内权力主体能够做出有效选择的程度。① 这三种属性综合决定了行政权力的有效性,归根结底表现为权力客体对于权力主体的服从情况。

行政客体对行政主体服从情况的差别,就表示了行政权力行使过程中不同的实现程度,简称行政权力程度。它是成功的权力行动与行使的权力行动之间的比率。行政权力程度同成功的权力行动之间成正比例关系。尽管对行政权力程度进行数量化计算的难度极大,但是,有一点是可以肯定的:当成功的权力行动是零数时,行政权力程度即为零。事实上,当行使的权力行动是零数时,根本就没有意义,谈不上行政权力的行使问题。

行政权力程度是一个综合指标,它涉及权力行使的数量分量、广延范围、强度密度、成本代价等问题,既包括行政权力在运行过程中的增值,也包括其在运行过程中的损耗。它不仅反映政府工作的效率,而且也反映政府工作的效能。效率和效能的统一便是政府的有效性。所以,有效政府必须是既有效率又有效能的政府。

在思考行政权力的行使程度及其相关的政府治理能力时,人们免不了要涉及政府的"大""小""强""弱"等问题。其实,所谓"大政府"和"小政府",并没有明显的界限。它们之间的主要区别在于政府治理的规范性原则、职能范围、行为方式、实施方式和成本规模等方面,这些都属于表象性的东西。根本的问题还要看政府治理的有效性,要看政府在集体行动和资源获取及资源分配等方面作用的效果如何。②

(二)影响行政权力行使程度的因素

行政权力的行使程度是由多种因素决定的。首先,行政权力目的与手段的合理性与正当性是一个根本的因素。行政权力在行使过程中所凭借的资源、选择的方式及其与行政目的之间的关系,行政客体对于行政权力目的的认同等,都属于这方面的影响因素。目的之合理性与正当性直接影响到行政权力自身的权威性。行政权力的目的直接体现为政策目标,这是与国家目标相关的,其合理性也就反映了国家权威的正当性。拥有正当性的国家权威往往体现了能够为社会公众所接受的价值体系。正当性的政策目标是行政客体之所以服从的前提。行政权力目的的合理性也会影响到行政手段的正确与否。而不同的行政手段,又能产生不同的行政管理效果。当然,在某些情况下,正确的目的也可能产生某种不正确的手段。但是,从整体上讲,保证行政权力目的与手段的合理与统一,是实现有效政府的首要前提。

其次,影响行政权力行使程度的另一个因素是行政权力的强度。强度的大小取决于行政权力的结构,更取决于行政权力的基础。行政权力的结构无论是静态方面还是动态方面,一般是相对稳定的,只有在改革调整时期才发生明显变化,影响到行政权力强度。而行政权力的基础则经常以变量的形式出现。如前所述的行政权力的各种基础,基本上可以概括为两个大的主要方面,其一是分配的基础,其二是个人的基础。所谓分配基础,

---

① 〔美〕丹尼斯·朗:前揭书,第15—21页。
② 关于政府能力的政治学分析,参见时和兴:《关系、限度、制度:政治发展过程中的国家与社会》,第147—194页;关于"大政府"与"小政府"的详细分解,参见李景鹏主编:《政治管理学概论》,北京:高等教育出版社1991年版,并参见时和兴:《政府能力与政府形象》,载胡宁生主编:《中国政府形象战略》,北京:中共中央党校出版社1998年版,第207—357页。另见本书第十八章。

是指与职位相关的行政权力。它是通过行政权力分配而来的,在行政权力行使过程中体现为职务权威和法的权威。这种基础虽然与行政权力结构相关,也具有相应的稳定性,但因为行政权力人格化与非人格化的张力集中体现于此,所以其变动性也相当突出。加之,不同层次上及不同功能方面的职位权力,其权威的大小也是不一样的,因而在行使过程中的作用也各不相同。所谓个人基础,是指作为行政权力主体的个人自身可能带来的某种权力,包括品质、经验、知识、专长等方面的影响力。个人权力在行使过程中体现为人格权威和技术权威。这种权威的大小是因人而异的,所以,用人是行政权力行使过程中非常重要的环节。个人权力在行政权力行使过程中的作用不容忽视。在现实中,经常出现一种现象,因其在位人员不同,相同职位权力的行使程度也会有所不同,原因就在于此。

再次,影响行政权力实现程度的因素也包括行政客体的潜在能力问题。作为行政客体的个人,其财富的多寡、教育水平的高低、文化知识的多少和技术能力的强弱,都在很大程度上影响到行政客体的认知与行为能力,影响到客体对于政府政策与法令的认同与反应程度。就作为行政客体的社会集团与社会组织来说,它们潜在能力的最佳组合与整体效应,对其每一个成员能力的发挥都有很大的影响。

复次,影响行政权力实现程度的因素也包括行政权力作用的范围。范围的大小需要视权力强度、权力基础、权力手段、社会发展水平等情况而定。超越行政权力的能力发展,无视行政客体的认同,而一味追求过大、过宽的管理范围,行政权力在行使过程中就有可能发生衰减或衰变,影响行政权力的最终实现。

最后,影响行政权力实现程度的因素还包括行政环境问题。无论是政治环境、社会环境、文化环境和国际环境等外部环境,抑或行政文化、行政氛围等内部环境,都对行政权力的行使起着一定的制约作用。其中,一个国家的政治遗产和经济发展阶段是影响行政权力行使程度的重要因素。

三、行政权力行使过程中的负效应及其克服

(一)行政权力行使过程中的负效应

在经济与社会发展过程中,行政权力具有双重作用。一方面,它在维护社会秩序、推动经济发展和增进公共利益、保障公民权利方面会起到积极的能动作用。另一方面,行政权力也可能带来社会矛盾,阻碍经济发展、损害公共利益,甚至侵犯公民权利,起到消极的负面作用。[①] 所以,对于行政权力行使过程中有可能产生的负效应,必须引起足够的重视。行政权力的负效应是行政主体在行使权力过程中所产生的某种结果,这是一种违背公共利益和行政根本目的的现象。它主要表现为:

第一,利益倒错,公仆变成主人。行政权力的根本目的是要实现表现为国家意志的公共利益。但是,由于行政权力在特定条件下的自利性,又由于行政权力在行使时必然有一个人格化的过程,亦即是说,行政科层制结构中需要安排大量拥有固定职位、领取一定薪俸的公职人员。他们不可避免地都有自己的特殊利益。如果缺乏相应的利益关系管理机制和权力制约机制,公职人员不能通过正常渠道满足自己的利益要求,或者不能正确处理

---

① 罗豪才主编:《行政法学》,北京:北京大学出版社2001年版,第4页。

公私利益关系,那么,在行政权力行使过程中,他们就有可能为了追求自己的特殊利益而置国家利益于不顾,用公共行政权力去满足私人的需要。加之在历史跨入文明社会的门槛后,权力"决定几乎所有的由社会所拥有的剩余产品的分配"①。这样一来,行政腐败现象就很容易发生,公共管理者有可能变成贪官污吏,甚至由社会公仆变成社会主人。

第二,权力角逐,手段变成目的。行政权力虽然是由社会中少数人行使的权力,但它应该是为全体社会公众服务的权力。从本质上讲,行政权力只是实现国家目的的一种手段。但是,由于行政权力自身的层次性能够带来利益的差别,加之行政权力又拥有有效的行为手段,这样,在行政权力行使过程中,人们就容易产生"权力崇拜"意识。在权力崇拜意识的支配下,人们有可能为追求权力而互相角逐,全然不顾自己肩负的使命,甚至把权力追求作为自己一切行为的主要目的,不择手段地往上爬,最后达到自己所不能胜任的职位。组织理论中著名的彼得原理就解释了这种现象。权力角逐的结果,会导致行政权力手段与目的的本末倒置。这比在官僚制度中因人们过分遵从而带来的组织"目标置换"要更为严重。②

第三,权力僭越,职权扩张为特权。行政权力作为政治权力的一种,同样具有能够对社会价值进行权威性分配和再分配的功能。正因为如此,公职人员有可能利用手中的权力攫取私利。在正常情况下,行政权力不仅具有集中统一的特性,而且存在一种自然增长的趋势。当遇有权力行使对象不明、范围不清或其他有利可图的情况时,行政越权现象就更可能发生。而当遇有不利于自己的情况时,行政权力主体又总是尽量利用权力进行规避。这就是为什么特权现象在行政权力行使过程中时有发生的根本原因。

第四,传统惯性,导致权力滥用。在行政权力既归少数人所有、又归少数人支配行使的社会形态中,利益倒错、权力角逐和特权化等腐败现象是司空见惯的事情。在现代民主社会,行政权力本质上归全体公民所有。这本来是人类历史的重大进步,但由于经济与社会发展水平的限制,由于社会分工结构的制约,由于行政权力本身集中的特性,公共行政权力又不得不由少数人来行使。因此,在相当长的历史时期,行政权力依然保留着许多原有的特性。另外,这里还有行政文化传统的影响在起作用。正如恩格斯所言:"人们从小就习惯于认为,全社会的公共事业和公共利益像迄今为止那样,由国家和国家的地位优越的官吏来处理和保护"③,所以,在行政权力行使过程中,上述腐败现象在一定范围和一定程度上还会有所发生。这种死灰复燃现象系由多种社会"基因"所导致的遗传现象。现代社会中行政权力的拥有者要正视这种现象,既不能惊慌失措,也不能掉以轻心,关键是要建立完善的权力制约机制,以防止并纠正行政权力行使的负效应。

(二) 行政权力的制约机制

行政权力行使过程中负效应出现的原因多种多样,有政治背景的影响,有经济发展的制约,有社会心理的约束,有文化积淀的掣肘,但更主要的还来自于行政权力作为权力自身的特性。

---

① 〔美〕格尔哈斯·伦斯基:《权力与特权:社会分层的理论》,关信平等译,杭州:浙江人民出版社1988年版,第58页。
② 〔美〕罗伯特·默顿:《官僚制结构和人格》,载彭和平、竹立家等编译:前揭书,第94—104页。
③ 《马克思恩格斯选集》第3卷,北京:人民出版社1995年版,第13页。

由于行政权力自身具有膨胀特性,在不受约束的情况下,其结果会是非常危险的。其实,任何权力在不受约束的情况下都会产生腐败。早在18世纪,孟德斯鸠就向人们揭示了这一规律。他明确指出,"一切有权力的人都容易滥用权力,这是万古不易的一条经验。有权力的人们使用权力一直到遇有界限的地方才休止"①。到了19世纪,约翰·阿克顿勋爵(Lord John Acton)又进一步将其概括为权力腐败定律,即"权力导致腐败,绝对权力绝对腐败"②。这一定律到20世纪上升为政治理论的主要命题之一。正因为如此,对于行政权力的制约必须是与行政权力同生并存的东西。这就要求人们在完善行政权力的同时,必须建立完善合理的制约机制,以求最大限度地防止和克服随时可能出现的负效应。

行政权力的制约机制首先包括他律机制。孟德斯鸠认为,"从事物的性质来说,要防止滥用权力,就必须以权力约束权力"③。分权与制衡是现代政治权力的一种制度性安排。所以,他律机制在行政权力制约机制中带有根本性质。他律机制也就是其他政治权力以及行政客体对于行政权力主体的制约,这主要包括立法权力和司法权力等行政权力之外的国家权力的监控、政党政治权力的监督、舆论权力的监督、公民和公民集团的监督等多种形式。需要清楚的是,监督制约绝不等于干涉内部事务或越俎代庖,而是要通过法律制度形成一套规则体系,并形成发现违反规则和纠正违反规则的机制。这样,才能真正适应现代政治经济与社会发展的趋势,实现法治行政。

行政权力的制约机制还包括自律机制,即行政权力自身所应具备的防范措施与制度等,这主要包括利益关系机制、行政责任机制和行政道德机制。行政权力的自律机制意味着,行政主体内部的利益分配与利益关系管理必须有一套健全完善的制度,行政主体必须具有明确的责任与义务并忠实履行之,公务人员必须忠诚努力、遵守纪律、执行法律、履行行政职责、服从上级指挥、尊重公民权利、关注社会未来。这里需要指出的是,自律机制必须是建立在相应的权利义务关系之上的机制,自律机制还必须和他律机制有机结合起来。只有这样,行政权力才能真正得到制约,其行使也才能真正符合于公共利益,从而推动社会进步,建设文明社会。

名词与术语

行政权力	不充分授权	组织权力学说	行政权力自主性
行政主体	非正式授权	传统行政权力	行政权力再分配
行政客体	报酬性权力	行政权力分配	行政权力扁平化
三权分立	强制性权力	现代行政权力	行政权力均等化
五权宪法	制度性权力		行政权力共享化
议行合一	人格性权力		行政权力透明化

---

① 〔法〕孟德斯鸠:《论法的精神》,张雁深译,北京:商务印书馆1961年版,第154页。
② Lord Acton, *Essays on Freedom and Power*, Boston: The Beacon Press 1949, p. xi, p. xv, p. 364.需要注意的是,中文翻译对于腐败铁律的表述有些出入。20世纪比较流行的表述是:"权力导致腐败,绝对权力导致绝对腐败。"参见〔英〕阿克顿著:《自由与权力》,侯健等译,北京:商务印书馆2001年版,第1、328、342页。世纪之交,人们对于这种表述颇有争议,但并未达成一致意见。这里的引文是笔者对照原文所做的重新翻译。阿克顿勋爵的原文是:"Power tends to corrupt and absolute power corrupt absolutely."
③ 〔法〕孟德斯鸠:前揭书,第154页。

非人格化　　　知识性权力　　　　　　行政权力法治化
行政特权　　　关系性权力　　　　　　行政权力合意化
行政授权　　　结构性权力
充分授权　　　象征性权力
制约授权
弹性授权
书面授权
口头授权
正式授权
授权关系
逆向授权
3R式授权
权力程度
政府能力
权力压力
权力控制
权力操纵
权力诱导
行政国家

复习与思考

1. 行政权力的内涵。

2. 行政权力的学说的演变。

3. 行政权力的结构。

4. 行政权力的特征。

5. 行政权力和其他政治权力之间的关系。

6. 行政权力的分配方式。

7. 行政改革就是行政权力的再分配。

8. 解析行政权力人格化与非人格化之间的张力。

9. 行政权力分配应该遵循的原则。

10. 行政权力分配与政治授权之间的不同。

11. 在行政权力分配过程中集权与分权之间关系的处理。

12. 行政特权体现的权利义务关系。

13. 行政授权同一般意义上的行政分工、行政助理、行政委托及法律关系上的行政代理之间的区别。

14. 划分行政授权的方式。

15. 行政授权需要的条件。

16. 行政授权的程序。

17. 行政权力行使的基础。
18. 行政权力行使的方式。
19. 权力和权威之间的关系。
20. 影响行政权力行使程度的因素。
21. 行政权力行使过程中产生的负效应及其克服。
22. 试比较现代行政权力与传统行政权力。
23. 论 20 世纪的行政国家现象。
24. 论 21 世纪行政权力的发展趋势。
25. 关于当代中国行政权力发展的思考。

主要参考书目

1. 〔法〕孟德斯鸠：《论法的精神》，张雁深译，北京：商务印书馆 1961 年版。
2. 〔美〕汉密尔顿等：《联邦党人文集》，程逢如等译，北京：商务印书馆 1982 年版。
3. 〔英〕罗素：《权力论》，靳建国译，北京：东方出版社 1988 年版。
4. 〔德〕马克斯·韦伯：《经济与社会》，林荣远译，北京：商务印书馆 1998 年版。
5. 〔美〕F.J.古德诺：《政治与行政》，王元译，北京：华夏出版社 1987 年版。
6. 〔美〕阿道夫·贝利：《没有财产权的权力》，江清等译，北京：商务印书馆 1962 年版。
7. 〔美〕哈罗德·D.拉斯韦尔：《权力与社会：一项政治研究的框架》，王菲易译，上海：上海人民出版社 2012 年版。
8. 〔德〕尼克拉斯·卢曼：《权力》，瞿铁鹏译，上海：上海人民出版社 2005 年版。
9. 〔美〕赫伯特·西蒙：《管理行为》，詹正茂译，北京：机械工业出版社 2004 年版。
10. 〔美〕约翰·K.加尔布雷思：《权力的分析》，陶远华等译，石家庄：河北人民出版社 1988 年版。
11. 〔美〕肯尼斯·E.博尔丁：《权力的三张面孔》，张岩译，北京：经济科学出版社 2012 年版。
12. 〔美〕斯蒂尔曼：《公共行政学》，李方等译，北京：中国社会科学出版社 1988 年版。
13. 〔美〕阿尔温·托夫勒：《权力的转移》，刘江等译，北京：中共中央党校出版社 1991 年版。
14. 〔美〕杰夫里·普费弗：《用权之道》，隋丽君译，北京：新华出版社 1998 年版。
15. 〔美〕丹尼斯·朗：《权力论》，陆震纶等译，北京：中国社会科学出版社 2001 年版。
16. 彭和平、竹立家等编译：《国外公共行政理论精选》，北京：中共中央党校出版社 1997 年版。
17. 〔法〕克罗齐埃：《科层现象》，刘汉全译，上海：上海人民出版社 2002 年版。
18. 〔法〕皮埃尔·卡蓝默：《破碎的民主：试论治理的革命》，高凌翰译，北京：生活·读书·新知三联书店 2005 年版。
19. 〔美〕戴维·H.罗森布鲁姆、罗伯特·S.克拉夫丘克、德博拉·戈德曼·罗森布鲁姆：《公共行政学：管理、政治和法律的途径》，张成福译，北京：中国人民大学出版社 2002 年版。

20. 〔美〕约瑟夫·S.奈:《硬权力与软权力》,门洪华译,北京:北京大学出版社2005年版。

21. 〔美〕约瑟夫·S.奈:《权力大未来》,王吉美译,北京:中信出版社2012年版。

22. 龚祥瑞:《比较宪法与行政法》,北京:法律出版社1985年版。

23. 罗豪才主编:《行政法学》,北京:北京大学出版社2001年版。

24. 李景鹏:《权力政治学》,北京:北京大学出版社2008年版。

25. 张国庆主编:《当代中国行政管理体制改革论》,长春:吉林大学出版社1994年版。

26. 时和兴:《关系、限度、制度:政治发展过程中的国家与社会》,北京:北京大学出版社1996年版。

27. 谢晖:《行政权探索》,昆明:云南人民出版社1995年版。

28. Dwight Waldo, *The Administrative State: A Study of the Political Theory of American Public Administration*, 2nd, NY: Holmes & Meier Publishers, 1984.

29. Jeffrey Pfeffer, *Power in Organizations*, Boston: Pitman Publishing Inc., 1981.

30. Robert B. Denhardt, *Public Administration: An Action Orientation*, Pacific Grove: Brooks/Cole Publishing Company, 1991.

第四章　行政领导

第一节　行政领导概述

"领导是人类最永恒、最普遍的职责之一。"①古今中外,领导从来就是任何组织存续和发展的关键性因素之一。

"我们从来没有像现在这样需要杰出的'领导'。"②这是因为,新的世纪是一个充满了变化和挑战的世纪。"当世界充满了不确定性和复杂性时,唯一真正可预测的事情就是事情的不可预测性。新的时代就是无序的时代。就像贝拉瑜珈士说的:'未来非往日'。"③"为了不被21世纪淘汰,我们就需要新一代的领导者,而不是管理者。……领导者能够战胜周围复杂、无常、动荡、含糊所带来的……各种困难。"④在此意义上,提高领导的领导力是组织在新世纪的竞争中成功的关键。

一、领导的含义

"领导"是一种复杂的现象,其观察和分析的角度甚广,包括领导过程、领导结构、领导模式、领导行为、领导方式(法)、领导艺术、领导风格、领导理念、领导战略、领导品格、领导权力、领导魅力、领导修养、领导(能)力、领导法(规)则等,但"领导者"无疑是领导现象研究的核心问题。与此相联系,"领导"属于那种内涵丰富、外延广阔的概念之一,因而不仅是一个很难确切界定的概念,而且是一个很难取得共识的概念。

观点之一:"领导不是地位、特权、头衔或金钱,它是责任。领导不会问:'我想要什么',总是问:'需要我做些什么?'领导做正确的事,而不只是正确地做事。领导不是布道者,而是实干家。"⑤

观点之二:"领导者是实干家,他们在干一种能够卓越超群的实事。……唯一能对领导者进行界定的就是:他(她)们必须有紧跟其后的部下……没有被领导者,就无所谓领导者。"⑥

观点之三:"领导是一种人与人的关系,是领导者与其追随者之间的关系。""无论何时,无论在任何情况下,领导都是一种人际关系。……领导都是一种想领导大家的人与选

---

① 〔美〕罗莎贝什·莫什·坎特:《世界级的领导者——合作的力量》,载刘守英主编:《70位领导学家谈如何成为世界级领导》,北京:中国发展出版社2002年版,第15页。
② 〔美〕林恩·乔伊·麦克法伦、拉里·E.塞恩:《领导与变革》,载〔美〕肯·谢尔顿编:《领导是什么——美国各界精英对21世纪领导的卓见》,王伯言译,孙经纬校,上海:上海人民出版社2000年版,第20页。
③ 〔美〕沃伦·本尼斯:《21世纪的领导》,载〔美〕肯·谢尔顿编:前揭书,第4—5页。
④ 同上书,第5页。
⑤ 〔美〕肯·谢尔顿编:前揭书,封面。
⑥ 〔美〕彼得·F.德鲁克:《领导者是实干家》,载〔美〕肯·谢尔顿编:前揭书,第247、248页。

择领导者的人之间的关系。领导上的成功,生意场的成功,生活中的成功,过去是,现在是,将来还是我们如何很好地一起工作的问题。"①

观点之四:"行政领导就是机关的各级主管适应部属的心意与需要,运用思想沟通、人格感召、智能表现及管理措施,促使之踊跃热烈地共赴事功,以协同一致的努力,有效地完成机关的使命与任务。"②

观点之五:"在生活中大致有三种人:一种人促成各种积极事态的发生;另一种人只旁观各种事态;还有一种人则对各种已经发生的事态感到怀疑。领导者善于促成各种积极事态的发生,而且为了使自己能够有效地促成各种积极事态的发生,他们必须竭力鼓励其他两种人加入到自己的队伍中来。……领导者的职能就是通过与群众建立同盟关系,通过鼓励和联系群众,完成各种任务。领导是一种高级的沟通。"③

观点之六:"领导是一个涉及领导者、追随者和情境的复杂现象",或"对一个有组织的群体施加影响,以推动其达到目标"。④

观点之七:"领导是存在于领导者与其追随者之间的一种有影响力的关系,在这种关系中,双方都寻求真正的改变并期待改变的结果能够反映他们的共同目标。"⑤

观点之八:《现代汉语词典》中的解释是(1)率领并引导;(2)担任领导工作的人。⑥马克思说:"一切规模较大的直接社会劳动或共同劳动,都或多或少地需要指挥,以协调个人的活动,并执行生产总体的运动——不同于这一总体的独立器官的运动——所产生的各种一般职能。一个单独的提琴演奏手是自己指挥自己,一个乐队就需要一个乐队指挥。"⑦领导就是"乐队指挥"。

简要地说,"领"是统领、带领、率领,"导"是教导、指导、引导,领导就是选择一个方向,确定一个目标,制定一个规则,集合一个群体为实现既定的目标而共同工作。

二、领导的基本功能

毛泽东曾经说:"必须善于使用干部。领导者的责任,归结起来,主要地是出主意、用干部两件事。一切计划、决议、命令、指示等等,都属于'出主意'一类。使这一切主意见之实行,必须团结干部,推动他们去做,属于'用干部'一类。在这个使用干部的问题上,我们民族历史中从来就有两个对立的路线:一个是'任人唯贤'的路线,一个是'任人唯亲'的路线。前者是正派的路线,后者是不正派的路线。共产党的干部政策,应是以能否坚决地执行党的路线,服从党的纪律,和群众有密切的联系,有独立的工作能力,积极肯干,不谋私利为标准,这就是'任人唯贤'的路线。"⑧在这里,毛泽东把领导者的主要功能

---

① 〔美〕詹姆斯·库泽斯、巴里·波斯纳:《领导力》,李丽林、杨振东译,北京:电子工业出版社2004年版,第25、9页。
② 张金鉴:《行政学新论》,台北:台湾三民书局股份有限公司1984年版,第428页。
③ 〔美〕罗伯特·E.斯道布二世:《超越自我》,载〔美〕肯·谢尔顿编:前揭书,第304页。
④ 〔美〕理查德·哈格斯等:《领导学》,朱舟译,北京:清华大学出版社2004年版,第6、7页。
⑤ 〔美〕理查德·L.达夫特:《领导学》,杨斌译,北京:电子工业出版社2011年版,第4页。
⑥ 中国社会科学院语言研究所词典编辑室编:《现代汉语词典(第5版)》,北京:商务印书馆2005年版,第870页。
⑦ 马克思:《资本论》第1卷,北京:人民出版社1953年版,第368页。
⑧ 《毛泽东选集》第2卷,北京:人民出版社1991年版,第527页。

分为两大方面,即出主意和用人。所谓"出主意"可以理解为就是决策,所谓"用人"可以理解为就是选择管理团队。

有研究者认为,"可以把领导活动分解为三个基本功能或活动:寻找路径、协同和授权"①。也有人认为,领导的主要功能是:"1.确定方向——为未来,通常是遥远的未来规划出愿景,并制定变革所需战略以实现愿景。2.联合员工——与需要合作的人,就既定的经营方向进行沟通以实现同盟,对愿景达成共识,并致力于该目标的实现。3.激励和鼓舞——通过唤起人们基本的但又经常未能满足的需要、价值和感情,使人们克服变革中主要的政治、官僚以及资源上的困难,向正确的方向前进。"②

综合地看,领导的基本功能主要包括三个方面:

1. 确立发展方向和前进目标。其要义在于综合事实判断和价值判断,即通过对问题、条件和可能性的理性分析和直觉感悟,确定价值基点、价值标准、价值坐标,以及实现目标的基本方式。例如,毛泽东在20世纪40年代后期做出的转入全国性战略大反攻的战略决策。1947年7月21日至23日,中共中央在小河村召开扩大会议,科学地分析了敌我力量对比和全国形势,果断地做出了由战略防御转入战略进攻的英明决策。随后,刘伯承、邓小平率领晋冀鲁豫野战军计四个纵队十二万人马,分兵三路,在鲁西之东阿与濮城间三百余里地段上,一举突破了国民党军四十万大军布防的黄河天险,实施了"不要后方"的千里跃进大别山的战略进攻,由此揭开了人民解放军全国性战略反攻的序幕。毛泽东宣称并预言:"这是一个历史的转折点。这是蒋介石的二十年反革命统治由发展到消灭的转折点。这是一百多年以来帝国主义在中国的统治由发展到消灭的转折点。这是一个伟大的事变。"③"这个事变一经发生,它就将必然地走向全国的胜利。"④再如,20世纪80年代初,邓小平筹划确定的两个十年"翻两番"的战略目标。邓小平说:"对于我们的建设事业说来,八十年代是很重要的,是决定性的。这个十年把基础搞好了,加上下一个十年,在今后二十年内实现中国式的四个现代化,就可靠,就真正有希望。"⑤继而,邓小平再提出了"两个阶段分三步走"的发展战略。邓小平接着说:"如果能实现这个目标,我们的情况就比较好了。更重要的是我们取得了一个新起点,再花三十年到五十年时间,接近发达国家的水平。……从现在到本世纪末是一个阶段,再加三十至五十年,就是说我们希望至少有五十年到七十年的和平时间。"⑥邓小平的这些思想构成了中国共产党第十三次代表大会关于全面开创社会主义现代化建设新局面的纲领和方针政策:第一步,从1981年到1990年,人均国民生产总值翻一番,解决人民的温饱问题;第二步,到本世纪末再翻一番,人民生活达到小康水平;第三步,到下个世纪中叶,人均国民生产总值达到中等发达国家水平,人民生活比较富裕,基本实现现代化。⑦

---

① 〔美〕史蒂芬·R.科维:《新型领导者的三个角色》,载刘守英主编:前揭书,第46页。
② 〔美〕约翰 P.科特:《科特论变革》,胡林林译,北京:中国人民大学出版社2005年版,第4—5页。
③ 《毛泽东选集》第4卷,北京:人民出版社1991年版,第1244页。
④ 同上。
⑤ 《邓小平文选》第2卷,北京:人民出版社1994年版,第241页。
⑥ 同上书,第417页。
⑦ 《沿着有中国特色的社会主义道路前进》,中共中央文献研究室编:《十一届三中全会以来党的历次全国代表大会中央全会重要文件选编》(上),北京:中央文献出版社1997年版,第451页。

2. 聚合追随者。在这里,"追随者"指那些基于理想、理念和目标认同的志同道合者。他们通常人数不会太多,以坚持信念为动机,立场坚定,构成组织的核心团队,心甘情愿为实现组织的目标而贡献自己的一切。聚合追随者就是通过某种思想、信念、理想或理念的传播和交织,使一些人经过理性思考,接受既定的价值选择,无怨无悔地为实现自己的选择而奋斗。所以,有人说,优秀领导人全都善于挑选那些支持、笃信他们所确定的方向而又能发挥作用的伙伴。例如,解放战争期间中国共产党的由毛泽东、朱德、刘少奇、周恩来、任弼时等人组合的核心领导团队。再如,美国小布什政府的由包括副总统理查德·切尼(Richard Cheney)、国务卿康多莉扎·赖斯(Condoleezza Rice)、国防部长唐纳德·拉姆斯菲尔德(Donald Rumsfeld)、前国务卿科林·鲍威尔(Colin Powell)、前副国务卿理查德·阿米蒂奇(Richard Armitage)、前国防部副部长保罗·沃尔福威茨(Paul Wolfowitz)等称作"火神"的新保守派的政治人物所组合的"火神帮"。①

3. 动员和组织群众。动员和组织群众,就是使分散的、无序的、无关的人群接受既定的价值标准,加入组织并确定位置,按照一定的规则协同工作和行动。例如,摩西(Moses)准备率领他的门徒希伯来人逃出埃及法老王奴役时,他的岳父在观察了摩西不分时间和地点,事无巨细听取人们的诉说的情形之后告诉摩西,他一个人不能管事太多,建议采取具体步骤解除他的过重负担。他的第一个建议是必须以"律例和法度"形式教育人民,即确立统一的价值标准;第二个建议是挑选一些能干的人进行管理,并且按所辖人数封以"千民之侯、百民之侯、半百民之侯和十民之侯",即分级组织和管理;第三个建议是授权这些诸侯管理一切日常事务,他们分级向摩西汇报重大问题,即集中精力思考战略性问题和掌控全局。摩西通过有效地动员和组织群众,相对顺利实现了他"出埃及"的战略目标。②

动员和组织群众同样需要传播某种思想、信念、理想或理念,但更多的则需要依靠现实利益的吸引和激励。例如,中国明朝李自成农民起义军的"迎闯王、不纳粮"的口号,对于动员和组织农民参加与支持农民起义军起到了直接和明显的作用。对于非组织成员而言,动员和组织群众的任务在于如何吸引那些符合组织要求的人加盟组织;对于组织成员而言,动员和组织群众的任务则在于如何最大限度地激发他们的工作意愿和工作潜能,并形成合力。例如,中国共产党初创时期不过几十人,今天则已发展成为超过8000万成员的大组织。

需要指出的是,"追随者"与"群众"之间存在宽广的过渡层面。通常,越上行,其成员越以信念作为行为选择的基础,越下行,其成员越以现实利益作为行为选择的基础。

三、领导与管理的联系与区别

领导者与管理者是相对的。在宽泛的意义上,对上级而言下级就是管理者,对下级而言上级就是领导者。但是,在严格的意义上,只有那些确定方向、制定规则的组织人才是完全意义上的领导者,而执行政策及使政策具体化的组织人则是管理者。弗雷德里克·泰罗

---

① 《"火神帮"里的鲍威尔》,《中国青年报》2005年1月20日。
② 《圣经·出埃及记》。

认为:"管理这门学问注定会具有更富于技术的性质。……管理将会像一门技术那样被研习,……管理的首要目的就在于把高工资和低劳动成本结合起来。"①弗里蒙特·卡斯特和詹姆斯·罗森茨韦克认为:管理"典型的定义是,管理就是计划、组织、控制等活动的过程。……管理是组织中协调各分系统的活动,并使之与环境相适应的主要力量。……管理者可以将人、机器、材料、金钱、时间、场地等各种资源转变成一个有用的企业。从根本上说,管理就是将上述这些相关的资源组合成一个达到目标的总系统的过程"②。

区分领导者与管理者是重要的,因为他们在组织中承担的任务不同,甚至很不同。本尼斯(Bennis)、纳努斯(Nanus)等学者相信,领导和管理在性质上就有着根本不同,是互斥的。③"管理者是必需的,而领导者则是根本的。"④所以,麦克曼尼斯说:"缺乏领导是阻碍美国获得竞争力的最大问题。"⑤换言之,组织可能因为领导者而发生方向性或根本性的改变,管理者的工作则主要改变组织的状态或情形。与此相联系,领导者与管理者有不同的综合素养,包括不同的价值取向、不同的思维方式、不同的性格特征、不同的行为模式。

沃伦·本尼斯这样描述管理者与领导者的不同:(1)管理者好于管束,领导者善于革新;(2)管理者是模仿者,领导者是原创者;(3)管理者因循守旧,领导者追求发展;(4)管理者依赖控制,领导者营造信任;(5)管理者目光短浅,领导者目标远大;(6)管理者只顾眼前,领导者放眼未来;(7)管理者接受现状,领导者挑战现状;(8)管理者是听话的士兵,领导者是自己的主人;(9)管理者习惯正确地做事,领导者注重做正确的事;(10)管理者问怎样做和何时做,领导者问做什么和为何做。⑥

另一位研究者比尔·韦斯特福尔(Bill Westfall)则这样描述管理者与领导者的不同⑦:

表4-1　管理者与领导者的不同

管理者	领导者
正确地做事	做正确的事
可见	不可见
裁判	啦啦队队长
指导	教练
做什么	如何做
发号施令	帮助
负责	反应

---

① 〔美〕F.W.泰罗:前揭书,第60页。
② 〔美〕弗里蒙特·E.卡斯特、詹姆斯·E.罗森茨韦克:前揭书,第8—9页。
③ W.G.Bennis and B. Nanus, *Leaders: The Strategy for Taking Charge*, New York: Harper& Row Published, 1985.
④ 〔美〕沃伦·本尼斯:《21世纪的领导》,载〔美〕肯·谢尔顿编:前揭书,第5页。
⑤ 〔美〕杰拉尔德·L.麦克曼尼斯:《领导:魅力还是能力?》,载〔美〕肯·谢尔顿编:前揭书,第70页。
⑥ 〔美〕沃伦·本尼斯:《21世纪的领导》,载〔美〕肯·谢尔顿编:前揭书,第5页。
⑦ 〔美〕比尔·韦斯特福尔:《领导人重视精神》,载〔美〕肯·谢尔顿编:前揭书,第362—363页。

续表

管理者	领导者
有对任务的看法	有关于任务的愿景
从里向外看世界	从外向内看世界
高高在上的领导	第一线的领导
说什么	如何说
保守	进取
得过且过	对生活充满热情
受约束驱动	受目标驱动
关注做错的事	关注做对的事
以成本为中心	以努力为中心
注重数量	注重质量
提出方案	发起持久的过程
开发方案	开发人
关注方案	关注人
关注效率	关注有效性
逞英雄	韬光养晦

资料来源：〔美〕比尔·韦斯特福尔：《领导人重视精神》，载〔美〕肯·谢尔顿编：《领导是什么——美国各界精英对21世纪领导的卓见》，王伯言译、孙经纬校，上海：上海人民出版社2000年版，第362—363页。

其实，人们还可以进一步描述领导者与管理者的不同：

1. 领导者是源于理想和信念的原创（造）者，富于创新精神，强调思想和价值观，注重方向感和感悟力，依靠个性和魅力吸引群众；管理者倾向于安于现状，至多是基于既定理念的创新者，强调制度和规则，注重管束和控制，依赖程序和数量化的方法实施管理。

2. 领导者有理想、有抱负，崇尚革新，乐于挑战现状，主张"不破不立"，即通过不断打破旧的平衡，建立新的平衡；管理者接受传统，重视原则、秩序和稳定性，习惯和强调技术方法。

3. 领导者富有激（热）情和奉献精神，愿意为实现既定的理想和目标而付出巨大的、包括生命在内的代价；管理者通常比较理性，比较在意付出与所得之间的平衡。

4. 领导者放眼未来，追求前瞻性的视角、历史的视角，注重谋取战略性和长远的利益；管理者重视策略性和短期效应，追求现实的利益。

5. 领导者着眼于全局性、综合性和宏观的问题；管理者着眼于局部的、专业性和微观的问题。

6. 领导者讲求"抓大放小"，善于抓住主要矛盾，主张有所为、有所不为；管理者重视勉力勤为、事必躬亲。

7. 领导者更依靠发自内心感悟的，包括来自灵感或直觉的个性化的行为选择，所以，在本质上，领袖从来是无法培养的；管理者更注重通过学习而获得知识，以及对规律性、普遍性方法的掌握。

第二节 领导者的人生价值观

在制度条件下,领导者是指依照正式规定受领一定的领导职位,并依据正式规定行使领导职权,同时承担相应领导责任的个人。在任何制度条件下,由于基本上无法对领导者的职权做出数量化的明晰规定,加上实际的过程经常处于变化之中,因此,领导者的职权事实上存在相当大的伸缩度,而且,领导职位愈高,伸缩度就愈大。与此同时,即使正式规定是明晰的,客观环境是稳定的,领导者个人的意愿、精神状态乃至身体条件也存在差异,也是变化的。与此相联系,领导者的理念、品格、性格特征、思想能力和行为能力、领导方式的选择,直接关系到领导行为的社会后果。

有人说,在这个世界上,有七样东西可以毁灭我们:没有道德观念的政治、没有责任感的享乐、不劳而获的财富、没有是非观念的知识、不道德的生意、没有人性的科学、没有人性的崇拜。显然,这些都与关于人生的价值观有着密切的联系。对于领导者来说,关于人生价值的看法,是影响领导者的行为选择的基本因素。换言之,领导者的基本理念决定领导者的行为选择。

在这里,理念主要指领导者基于对客观世界的基本观点或看法而形成的、用于指导自己行为选择的应然价值标准,其中有两个基本的、相互联系的支点,即态度和思维方式。态度是"对于事情的看法和采取的行动"①。进一步说,态度是个人对某一特定对象的心理反应倾向,具有行为指向性的特点。思维是"在表象、概念的基础上进行分析、综合、判断、推理等认识活动的过程"②。思维方式是这些分析、综合、判断、推理等认识活动的方式。

领导者的人生价值观内涵丰富:英雄观、生死观、名利观、修养观、荣辱观、幸福观、苦乐观、理想观、道德观、美丑观、善恶观、亲情观等等。本文主要讨论前五个方面。

一、英雄观

英雄观是一种关于人生价值的看法。在这方面,成功的领导者与失败的领导者之间最明显的差别之一就在于,前者习惯于用乐观的精神、积极的思考和辉煌的经验,引领和支配自己的领导生涯乃至整个人生;后者正相反,他们的领导生涯乃至整个人生,总是有过多的疑虑,总是过多地受到过去的种种挫折、失败的影响和控制。在此意义上,优秀领导者的英雄观可以理解为领导者追求卓越的人生价值取向,以及相应的动机强旺的进取状态,表现为有着比较强烈的建功立业的欲念以及比较高的成就期望值,并愿意因此面对风险、接受挑战、付出代价、承担责任。

从历史总结来看,大凡出类拔萃、优秀的领导者,都坚持某种信念,都有某种英雄情结,并愿意为此付出代价乃至生命。南宋女词人李清照的名句"生当为人杰,死亦为鬼雄,

---

① 中国社会科学院语言研究所词典编辑室编:前揭书,第1221页。
② 同上书,第1320页。

至今思项羽,不肯过江东",就是最好的写照。信念和英雄情结是他们矢志不渝、百折不挠、不惧风险、永远进取的精神支柱。"强大的共和国和杰出的人,无论面对何种命运,都能保持同样的勇气、同样的尊严。"①在实际生活中,英雄观表现为对一定的功名、功利、功德的追求。

英雄观适用一切承担领导职务的人,下至镇长、乡长,上至部长、总统,以至政治家、领袖,都存在一个做英雄还是凡夫的选择问题。因为,领袖是由领导发展而来的,大领导是由小领导发展而来的,高层领导是由基层领导发展而来的。

自古以来,关于"英雄"并没有统一的定义。"夫草之精秀者为英,兽之特群者为雄。"②在广泛的意义上,凡有常人没有的意愿,肯付出常人不肯付出的代价,成就常人无法成就的功业者,均可以称为英雄。在习惯上,至少有四类人被人们称为英雄:

其一,开历史之先河,创前无古人之伟业,并深刻影响后世者,谓之英雄。例如,"千古一帝"秦始皇,先后灭韩、赵、魏、楚、燕、齐六国,建立了中国历史上第一个大一统的、多民族的、中央集权制的秦王朝,由此开创了华夏文化道统之先河。再如,开创了"希腊化时代"的亚历山大(Alexandre le Grand,356 BC-323 BC)。亚历山大担任马其顿国王13年,以其坚定的信念、饱满的热情和雄才大略,通过武力征服,先是确立了这个希腊北部的贫瘠落后、默默无闻的城邦在全希腊的统治地位,继而逐步建立了一个以巴比伦为首都,西起希腊、马其顿,东到印度恒河流域,南临尼罗河第一瀑布,北至药杀水的横跨欧、亚、非大陆的庞大的军事帝国,创下了彪炳千秋的辉煌业绩。更重要的是,伴随着军事征服,亚历山大把灿烂的古希腊文明带到了中亚、北非辽阔的原野上,又把两河流域的文明遗产载向了欧洲,从而促成了东西方文明广泛的相互渗透和交融。与此相联系,在他死后,虽然他的军事帝国很快分崩离析,但他的文化帝国却绵延了数百年,对人类的历史进程产生了深刻的影响。

其二,摧锋于正锐,挽澜于极危者,且"死而不亡",即精神(遗产)永存者,谓之英雄。例如,1935年遵义会议之后,毛泽东等人以大智慧引领红军走出困境,避免了重蹈石达开全军覆没的历史悲剧,进而,经过14年艰苦卓绝的奋斗,于1949年建立了中华人民共和国。再如,美国开国总统乔治·华盛顿(George Washington),不仅作为美国独立战争时期大陆军的总司令,领导美国人民取得了独立战争的胜利,为美利坚合众国的诞生和发展做出了杰出、独特和巨大的贡献,而且在1796年第二届总统任期届满之际,断然拒绝美国朝野绝大多数人士要求他再次竞选连任总统的诉愿,开创了美国总统任期制的政治传统,同时在任职期间身体力行,为美国后来的政治家树立了一个忠于职守、克己奉公的典范。正因为如此,他被美国民众尊称为"国父"。1799年,华盛顿与世长辞,美国国会为了表示对华盛顿总统的敬意,决定以他的名字为美国首都命名。

其三,"夫英雄者,胸怀大志,腹有良谋,有包藏宇宙之机,吞吐天地之志者也。"英雄乃人间之龙。"龙能大能小,能升能隐;大则兴云吐雾,小则隐介藏形;升则飞腾于宇宙之间,隐则潜伏于波涛之内。方今春深,龙乘时变化,犹人得志而纵横四海。龙之为物,可比

---

① 〔意〕马基雅维里:《论李维》,冯克利译,上海:上海人民出版社2005年版,第402页。
② (魏)刘邵:《人物志·英雄》。

世之英雄。"①在中国历史上,那些出豪言壮语,并身体力行,且自有一番气象者都属于这一类。那些脍炙人口的豪言壮语包括:面对秦始皇仪仗万千、威风凛凛的南巡车队,刘邦的"大丈夫生当如此"和项羽的"彼可取而代之";陈胜、吴广的"王侯将相,宁有种乎";霍去病的"匈奴未灭,何以家为";西汉名将陈汤的"犯强汉者虽远必诛";冉闵的"天下大乱,尔曹夷狄禽兽之类尤称帝,况我中土英雄,何为不得称帝也";王安石的"人言不足恤,天变不足畏,祖宗不足法";完颜亮的"万里车书尽混同,江南岂有别疆封?提兵百万西湖上,立马吴山第一峰";岳飞的"待从头,收拾旧山河,朝天阙";谭嗣同的"我自横刀向天笑,去留肝胆两昆仑";等等。

其四,"夫英雄者,论世惊骇,言事有理,有纵观古今之能,通晓天地之智","夫英雄者,横则可理天下,纵则可惊世俗"。这类人秉承"宁鸣而死、不默而生"②的人生态度,"笔诤时政,心在苍生","亦欲究天人之际,通古今之变,成一家之言"③,虽未必身居官位,但思想力强大,以其"思想"引领众生乃至整个人类。其影响之深邃、恒久,足以绵延数千年,成为一个民族乃至全人类文化的一部分。西方历史上的亚里士多德、尼可罗·马基雅维利(Niccolo Machiavelli)、亚当·斯密等,中国历史上的孔子、孟子、老子、司马迁、司马光等,都是至今仍然在影响我们的旷古大师。

二、生死观

生死观是关于生与死的根本看法,是人生价值的核心命题,是人类永恒的话题。这是因为,对任何人来说,生命都是无价的,生命不仅短暂,而且只有一次。所以,有人说,死亡是人类的最原始的恐惧,也是所有恐惧的终极指向。"夫人情莫不贪生恶死,念亲戚,顾妻子"④。在此意义上,"贪生怕死"是人的本能与天性。与此相联系,正是出于对"死"的极度恐惧,人类才会强烈地追求"生",以至"永生"。

然而,在物质世界里,由人的自然属性所决定,"永生"是不存在、不可能存在的。恩格斯说:"生命总是和它的必然结果,即始终作为种子存在于生命中的死亡联系起来考虑的。辩证的生命观无非就是这样。……生就意味着死。"⑤死亡是生命的重要组成部分。那么,在精神世界里,存在"永生"吗?存在的形式又是什么?对此,文天祥的回答是:"人生自古谁无死,留取丹心照汗青。"⑥通常的回答是,与人的社会属性相联系,在人的物质形式灰飞烟灭之后,人的精神,即通过"事迹"所创立的某些独特的理念、知识、技术等,是可以通过人类或民族的文化传承而彪炳千秋、名垂青史,永远活在人们的精神世界里的。在中国历史上,人们甚至归纳出了"太上立德,其次立功,其次立言"的精神存续标准,并成为许多英俊豪杰、仁人志士的无怨无悔的共约,催生、演义出了无数惊天地、泣鬼神的故事。进而,引申出了对现世人生的非物质生命的价值标准。

---

① 罗贯中:《三国演义》第二十一回。
② 范仲淹:《灵乌赋》。
③ 司马迁:《报任安书》。
④ 同上。
⑤ 〔德〕恩格斯:《自然辩证法》,北京:人民出版社1971年版,第271页。
⑥ 文天祥:《过零丁洋》。

孟子说:"生亦我所欲也,义亦我所欲也;二者不可得兼,舍生而取义者也。生亦我所欲,所欲有甚于生者,故不为苟得也;死亦我所恶,所恶有甚于死者,故患有所不避也。……是故所欲有甚于生者,所恶有甚于死者。"①屈原说:"亦余心之所善兮,虽九死其犹未悔","伏清白以死直兮"。②朱熹说:"义在于生,则舍死而取生;义在于死,则舍生而取死。"③卢梭说:"死亡对恶人来说是生命的结束,然而对真正的人来说却是生命的开始。"④歌德说:"生命的全部奥秘就在于为了生存而放弃生存。"⑤毛泽东说:"彻底的唯物主义者是无所畏惧的"⑥。

所以说,勘破了生死关的人是视死如归的人,是无所畏惧的人。勘破了生死关的领导者,是无所畏惧的领导者,是组织的栋梁。但是,问题的另外一面是,生命诚可贵,匹夫之勇非真勇,不得有无谓的意气之争。生死抉择的唯一标准是要看是否能实现人生的价值与社会的价值。"古之真人,不知说生,不知恶死"⑦;司马迁说"没世无闻,古人惟耻"⑧,"人固有一死,或重于泰山,或轻于鸿毛,用之所趋异也"⑨,又说"向令伍子胥从奢俱死,何异蝼蚁。弃小义,雪大耻,名垂于后世"⑩,"知死必勇,非死者难也,处死者难。方蔺相如引璧睨柱,及叱秦王左右,势不过诛,然士或怯懦而不敢发。相如一奋其气,威信敌国;退而让颇,名重泰山,其处智勇,可谓兼之矣"⑪。

三、名利观

一般认为,名利观是关于个人的名位和利益的看法。在这方面,中国人自古以来的崇高境界是"先天下之忧而忧,后天下之乐而乐","以天下苍生为念";基本的要求是"君子爱财,取之有道"⑫,"道常无为而无不为"⑬;保守的古训是"君子喻以义,小人喻以利"⑭,"王亦曰仁义而已矣,何必曰利"⑮;出世的看法是"结庐在人境,而无车马喧。问君何能尔?心远地自偏。采菊东篱下,悠然见南山。山气日夕佳,飞鸟相与还。此中有真意,欲辨已忘言"⑯。

对于领导者来说,"名利"的内容主要包括五个方面,即权力、名望、金钱、美色、成就感。其中,权力是重中之重。这是因为,唯有权力才有呼风唤雨、翻江倒海、颠倒众生、改

---

① 《孟子·告子上》。
② 《屈原·离骚》。
③ 朱熹:《朱子语类·卷五十九》。
④ 〔法〕卢梭:《爱弥儿》,李平沤译,北京:商务印书馆1981年版,第683页。
⑤ 〔德〕歌德:《歌德的格言和感想集》,程代熙、张惠民译,北京:中国社会科学出版社1982年版,第35页。
⑥ 《毛泽东文集》第七卷,北京:人民出版社1999年版,第275页。
⑦ 《庄子·大宗师》。
⑧ 司马迁:《悲士不遇赋》。
⑨ 司马迁:《报任安书》。
⑩ 《史记·伍子胥列传》。
⑪ 《史记·廉颇蔺相如列传》。
⑫ 《孔子·论语》。
⑬ 《老子·三十七章》。
⑭ 《孔子·论语》。
⑮ 《孟子·梁惠王章句上》。
⑯ 陶渊明:《饮酒·其五》。

天换日之现实功效和巨大潜能,进而衍生获得(如认为必要)如日中天的名望、无穷无尽的金钱、倾绝天下的美色和指点江山的快意。所以,获取尽可能多、尽可能高、尽可能重、尽可能长远的权力(位),历来是为政者不绝的人生追求。然而,权力以及名望、金钱、美色、成就感从来就是"双刃剑",理解失察,运用失当,必祸其身。这方面的例证举不胜举。

一般说来,名利观之于领导者正确与否的原则界限主要有以下两个互为条件的方面:

其一,出发点和目的是否具有正当性、有益性。正派的领导者的名利观,必须以天下苍生为念,是建立在"大济于苍生"的价值基点之上的①,也就是说,领导者个人的名利,是在为他人、为集体、为组织、为公众、为社会、为全人类谋福祉的过程中实现的。其名利非自己所谋夺,而是公论、公予。这种领导者,被认为是一个高尚的人,即使犯错误,也属于好人犯错误;反之,则是一个卑微的人,即使做过一些好事,也不能得到赞赏。秦桧因以"大丈夫不能流芳百世,亦当遗臭万年"的方式谋取功名,至今还跪在西子湖畔。

其二,行为方式和权谋手段是否具有合法性、合理性。目的正当并不能代替行为方式和权谋手段的正当。正派的领导者必须遵循目的的正当性、有益性与行为方式和权谋手段的合法性、合理性的统一。通过不合法、不合理的行为方式和权谋手段达到不可告人的目的,乃"小人"所为,通过不合法、不合理的行为方式和权谋手段达到正当的目的,亦非"君子"所取。尽管,在现实的过程中关于合法、合理总有不同的诠释,总有诸多介于合法与非法、合理与不合理之间的灰色区域,但在任何条件下,"不择手段"都是不可接受的。譬如,"杀人恶魔"曾经残害当事人,法律可以判决终身监禁,也可以判处死刑,却不可以同样残忍地加害于他。所谓"不择手段",指突破制度规范制约和伦理道德束缚的自选择行为。"不择手段"之所以不可接受,是因为那样一来,无异于官与匪同道,其最终的结果,是人与兽不分。正因为如此,尼克松总统才会因"水门事件"而下台,全球舆论才会同声谴责美军的"虐囚"丑闻。

四、修养观

修养表示一个人在理论、知识、艺术、思想等方面的一定水平,亦表示养成正确的待人处世的态度。② 在这方面,有古今中外有太多的训诫和正、反两个方面的案例。在第一个层面上,领导者必须有修养。修养的背后是积极的人生态度,艰苦的学习过程,丰富的人生阅历和领导经验。"以其昏昏,使人昭昭"是领导者的最大的忌讳之一。③ 在第二个层面上,领导应当是充盈、内敛、谦冲、和顺、平实的,修养的背后是大智大慧,静水流深。在这方面,中国传统的政治智慧讲求"智者不锐、慧者不傲、谋者不露、强者不暴"。例如,周恩来总理的品格修养和人格感召力是有口皆碑的。有人把他的品格特质和人格魅力概括为四种力量,即净化灵魂的力量,振奋精神的力量,道德启迪的力量和榜样示范的力量。再如,美国现代大企业管理制度的奠基人之一,美国通用汽车公司的创始人阿尔弗雷德·斯隆(Alfred Sloan)本着"打人不打脸"的原则,从不当着旁人的面呵斥下级。这些都是值得研究和学习的。

---

① 陶渊明:《感士不遇赋》。
② 中国社会科学院语言研究所词典编辑室编:前揭书,第1533页。
③ 《孟子·尽心下》。

五、荣辱观

恩格斯曾经指出:"每个社会集团都有它自己的荣辱观。"①"荣"是荣誉,"辱"是耻辱。荣辱观就是关于荣誉和耻辱的基本看法。中国人自古以来就认为荣辱观是与人格一样重要的人生价值观,主张无论做人还是为官,都应当"仓廪实而知礼节,衣食足而知荣辱",并把礼义廉耻上升到"国运"的高度加以理解:"礼义廉耻,国之四维,四维不张,国乃灭亡"②。

关于什么是"荣"、什么是"辱",先哲有诸多的观点:

知荣辱者先义后利:"荣辱之大分,安危利害之常体:先义而后利者荣,先利而后义者辱;荣者常通,辱者常穷;通者常制人,穷者常制于人:是荣辱之大分也。"③

知荣辱者先国后己:"行己有耻,使于四方,不辱君命"④,又说"邦有道,贫且贱焉,耻也。邦无道,富且贵焉,耻也"⑤。

知荣辱者仁、信为本:"仁则荣,不仁则辱"⑥,"信近于义,言可复也;恭近于礼,远耻辱也"⑦。

不知荣辱者"居处不庄,事君不忠,莅官不敬,朋友不信,战阵无勇"⑧。

不知荣辱者"巧言,令色,足恭,左丘明耻之,丘亦耻之。匿怨而友其人,左丘明耻之,丘亦耻之"⑨。

进入21世纪后,作为国家意识形态的一部分,胡锦涛提出了引导国民、匡正政府官员的以"八荣八耻"为主要内容的新荣辱观:"坚持以热爱祖国为荣、以危害祖国为耻,以服务人民为荣、以背离人民为耻,以崇尚科学为荣、以愚昧无知为耻,以辛勤劳动为荣、以好逸恶劳为耻,以团结互助为荣、以损人利己为耻,以诚实守信为荣、以见利忘义为耻,以遵纪守法为荣、以违法乱纪为耻,以艰苦奋斗为荣、以骄奢淫逸为耻。"⑩

第三节 优秀领导者的品格

人是万物之灵,但人与动物的区别其实只有那么一点:"人之所以异于禽兽者几希,庶民去之,君子存之。舜明于庶物,察于人伦,由仁义行,非行仁义也。"⑪在孟子看来,人与禽兽的区别,全在于人有"四端"的道德心,即所谓"恻隐之心,仁之端也;羞恶之心,义之

---

① 《马克思恩格斯全集》第39卷,北京:人民出版社1974年版,第251页。
② 《管子·牧民》。
③ 《荀子·荣辱第四》。
④ 《论语·子路》。
⑤ 《论语·泰伯》。
⑥ 《孟子·公孙丑章句上》。
⑦ 《论语·学而》。
⑧ 《礼记·祭义》。
⑨ 《论语·公冶长》。
⑩ 《胡锦涛吴邦国温家宝贾庆林曾庆红吴官正李长春罗干分别看望出席全国政协十届四次会议委员并参加讨论》,《人民日报》2006年3月5日。
⑪ 《孟子·离娄下》。

端也;辞让之心,礼之端也;是非之心,智之端也"①。人之所以为人,是因为人有"人品",即人的品格。品格包括品性和品行。品性即品质性格,品行即有关道德的行为。② "德者事业之基,未有基不固而栋宇坚久者;心者修裔之根,未有根不植而枝叶荣茂者。"③

对于领导者而言,品格之所以重要,是因为领导者掌握着一种足以影响组织和他人的独特和稀缺的资源,即权力。在某些条件下,领导者所掌握的权力是决定性的,甚至生死予夺。所以,在现代社会里,人们一方面通过制度安排实现权力的制衡,同时通过制度设计尽可能挑选那些品格优秀的人承担领导责任,另一方面则强调领导者"常修为政之德",通过修心、修行,净化灵魂,提升境界,实现自律。领导者的品德修养和人格魅力之于社会的"教化"、示范作用是无与伦比的。"上好礼,则民莫敢不敬;上好义,则民莫敢不服;上好信,则民莫敢不用情。夫如是,则四方之民襁负其子而至矣,焉用稼?"④优秀领导者的品格至少包括以下几个方面的内容。

一、道德无缺

道德是品格的基础。一般认为,道德是"社会意识形态之一,是人们共同生活及其行为的准则和规范。道德通过人们的自律或通过一定的舆论对社会生活起约束作用"⑤。对于领导者来说,道德是立身之本,是自律的核心。道德可以分为三个层次:

1. 公民道德。一个道德观完整无缺的领导者,其道德观首先要符合公民道德。公民道德是社会通行的道德规范,包括了社会约定俗成的一些关于是与非、对与错、好与坏的基本的价值标准和行为规范。例如,诚实、正直、尊重他人等。公民道德构成了领导者的道德底线。

2. 职业道德,即官德。"道亦有道"。领导是一种特殊的职业。如同任何职业,领导者也有一些特殊或特定的职业道德准则,例如,忠于宪法和法律,恪尽职守,不损公权,不窃公利。

3. 使命道德。优秀领导者是视领导为崇高职业或岗位的敬业者。他们有着"以天下为己任"的抱负,有着强烈的责任感,勇于承担自己的责任,不回避应由自己解决的矛盾。

二、心存仁义

基于"执政"即执掌公共权力、履行公共职能的职业特点,心存仁义对于领导者是极其重要的。

心存仁义之人是善良之人。法国浪漫主义文学大师雨果(Victor Hugo)说:善良的心就是太阳。善良是历史中稀有的珍珠,善良的人优于伟大的人。美国批判现实主义文学的奠基人马克·吐温(Mark Twain)称:善良为一种世界通用的语言,它可以使盲人"看

---

① 《孟子·公孙丑上》。
② 中国社会科学院语言研究所词典编辑室编:前揭书,第1049—1050页。
③ (明)洪应明:《菜根谭·闲适》。
④ 《论语·子路》。
⑤ 中国社会科学院语言研究所词典编辑室编:前揭书,第281页。

到"、聋子"听到"。孟子说:"无恻隐之心,非人也。……恻隐之心,仁之端也。"①意思是说,一个人如果失去了同情、怜悯、关爱之心,那就会丧失人的本性。善良开启智慧、高尚情操、纯洁灵魂、宽阔胸怀。善良的人热爱生活、热爱自然、热爱人类。善良的人自然、诚信、大度、公正、宽厚,富有同情心。对于领导者而言,心存仁义有两种情形:

其一,善心常驻。智者无虑,勇者无惧,仁者无敌。善心常驻的领导者是具有悲天悯人情怀之人,是大智大慧之人,是无所畏惧之人,是仁义、仁德之人。孟子说:"人皆有不忍人之心。先王有不忍人之心,斯有不忍人之政矣。以不忍人之心,行不忍人之政,治天下可运之掌上",所以,"仁则荣,不仁则辱","行仁政而王,莫之能御也",又曰"以力假仁者霸,霸必有大国;以德行仁者王,王不待大……以力服人者,非心服也,力不赡也;以德服人者,中心悦而诚服也"。② 相反,那些心中充满怨恨、歹毒之人,那些习惯用阴暗、扭曲的心态忖度他人之人,那些兴风作浪、唯恐天下不乱之人,那些总是用个人的欲望、好恶衡量天下之人,即使天资聪明,也决不可能成为出类拔萃的领导者;如在位,则绝非组织的福音。

其二,大仁大义。领导者的职责注定了领导者的仁义在某些条件下绝非妇孺之仁,而是大仁大义。在这里,大仁大义意味着领导者必须承担"除魔卫道"的责任,而且"除恶务尽"。在现实生活中,"除魔卫道"的内容和范围是广泛的,小如为维护公平、秩序、纪律而惩戒违规、犯错之人,例如,"诸葛亮挥泪斩马谡",即使心中悲凄,也得毅然送别;大如为了维护公理、正义、道义而以暴制暴、以战止战、止戈为武以换得天下太平,例如,20 世纪 40 年代的反法西斯战争,即使血流成河、尸横遍野,也必须坦然面对和痛苦抉择。值得强调的是,在大变革时期或历史的转折关头,大仁大义乃是领导者必备的品质。

三、为人正直

"正直"是人类有关价值观和道德观的基本问题之一,也是为官者有关政治品格和政治道德的基本问题之一。要做一个正直的人、正直的官并不容易。无论在社会还是在官场,"正直"都是稀有和珍贵的,或许与此有关,所以,正直(integrity)成为美国韦氏网络版词典 2005 年度十大流行词语之首。③ 然而要清晰地界定"正直"却也不容易。但是,人们至少可以同意,"是谓是,非谓非曰直"④,正直源自于良知。以领导者而论,"正直者顺道而行,顺理而行,公平无私,不为安肆志,不为危易行"⑤。正直的领导者至少具有以下几个方面的行为特征:

其一,正直的领导者是天下为公之人。"人人好公,则天下太平;人人营私,则天下大乱。"⑥所以,"大道之行也,天下为公"⑦。正是许许多多正直的领导者的不懈追求,共同铸就了昌明政治。

---

① 《孟子·公孙丑章句上》。
② 同上。
③ 《美国05十大关键词评选"正直"居榜首》,《中国日报》2005 年 12 月 19 日。
④ 《荀子·修身》。
⑤ (西汉)韩婴:《韩诗外传》。
⑥ (清)刘鹗:《老残游记》。
⑦ (西汉)戴圣:《礼记·礼运》。

天下为公之人"不降其志,不辱其身"①,"国尔忘家,公尔忘私,利不苟就,害不苟去,惟义所在"②;天下为公之人"公家之利,知无不为,忠也"③;天下为公之人信奉"治国有常,而利民为本"④。

其二,正直的领导者是正心诚意之人。"诚者,天之道也;思诚者,人之道也。"⑤"唯天下至诚,方能经纶天下之大经,立天下之大本。"⑥"君子养心莫善于诚,致诚则无它事矣。惟仁之为守,惟义之为行。诚心守仁则形,形则神,神则能化矣。诚心行义则理,理则明,明则能变矣。变化代兴,谓之天德。天不言而人推其高焉,地不言而人推其厚焉,四时不言而百姓期焉。夫此有常,以至其诚者也……诚者,君子所守也,而政事之本也。"⑦

正心诚意之人是恪守原则之人。任何领导者的职业生涯都难免遇到大是大非问题。"无是非之心,非人也。"⑧正心诚意之人秉承良知,宁愿破财、弃官、受辱,甚至付出生命的代价,也不会拿基本原则做交易。"志士仁人,无求生以害仁,有杀身以成仁"⑨,信奉的是"粉身碎骨浑不怕,留得清白在人间"⑩;正心诚意之人看重名誉、气节,"不为穷变节,不为贱易志"⑪;正心诚意之人矢志不渝、坚定不移,"咬定青山不放松,立根原在破岩中。千磨万击还坚劲,任尔东西南北风"⑫;"失信不立"⑬。"夫轻诺必寡信,多易必多难。是以圣人犹难之,故终无难矣。"⑭"上好信,则民莫敢不用情。"⑮正心诚意之人以诚信取天下,故"佑者助也。天之所助者,顺也;人之所助者,信也。履信思乎顺,又以尚贤也。是以自天佑之,吉无不利也"⑯。

其三,正直的领导者是公道正派之人。"举直错诸枉,则民服;举枉错诸直,则民不服。"⑰"衡之于左右,无私轻重,故可以为平;绳之于内外,无私曲直,故可以为正。"⑱"公生明,偏生暗。"⑲"有公心必有公道,有公道必有公制。"⑳"奉公如法则上下平。"㉑

---

① 《论语·微子》。
② (西汉)贾谊:《新书·阶级》。
③ 《左传·僖公九年》。
④ 《淮南子·泛论训》。
⑤ 《孟子·离娄上》。
⑥ 《孔子·中庸》。
⑦ 《荀子·不苟》。
⑧ 《孟子·公孙丑上》。
⑨ 《论语·卫灵公》。
⑩ (明)于谦:《石灰吟》。
⑪ (西汉)桓宽:《盐铁论·地广》。
⑫ (清)郑燮:《题画·竹石》。
⑬ 《左传·襄公二十二年》。
⑭ 《老子·六十三章》。
⑮ 《论语·子路》。
⑯ 《易经·系辞上传》。
⑰ 《论语·为政第二》。
⑱ 《淮南子·主术训》。
⑲ 《荀子·不苟》。
⑳ (晋)傅玄:《傅子·通志》。
㉑ 《史记·廉颇蔺相如列传》。

公道正派之人"不别亲疏,不殊贵贱,一断于法"①,"圣人不敢以亲戚之恩而废刑罚,不敢以怨仇之忿而废庆赏"②;公道正派之人"公正无私,一言而万民齐"③,"以公灭私,民其允怀"④;公道正派之人"刑过不避大臣,赏善不遗匹夫"⑤。

其四,正直的领导者是清正廉洁之人。"惟公则生明,惟廉则生威。"⑥"临官莫如平,临财莫如廉。"⑦清正廉洁之人秉承的理念是"且夫天地之间物各有主。苟非吾之所有,虽一毫而莫取"⑧。"志士不饮盗泉之水,廉者不受嗟来之食。"⑨

第四节 优秀领导者的基本素质

关于领导者应有的素质,人类历史上已经积累了丰富的知识,但要全面论证领导者的素质却并容易。这是因为,"金无足赤、人无完人",实际生活中原本就不存在具备所有最高素质的"完人",何况有些素质是相生相克的。换言之,只有与领导者所处的历史背景和现实环境相联系,所谓优秀的素质才有实际意义。

尽管如此,人们还是可以观察和概括出优秀领导者的某些普遍的、共同的特征。他们有"很强的自我意识、战略思考的能力、面向未来的方向、对人类行为的基本原则的信仰。他们有很强的自信心,而且毫不犹豫地展现自己的才能。他们在策略上都很机敏。他们知道如何有效地利用权力,并且知道如何利用权力以获取他们所看到的最大利益。他们也是一个感情投入的领导者,这样他们就有能力进入与有关的其他人的内心深处。……这些领导者经常会改变他们价值观、管理方式和优先等级"⑩。"未来的领导者仍然需要具备历史当中的领导者的特性和能力:一双能看到变化的眼睛,一双能提供变化并能控制住目标和保证有力的手,能清楚地阐释团体意愿并能把它塑造成积极结果的语音,以及在使其他人感到有权力,从而使他们能增加和利用自己的才干时,能通过人格的力量来激励他人的能力。"⑪这里主要讨论优秀领导者的三种基本素质。

一、动机强旺、意在高远

这主要指他们有明确的理想、志向和抱负,以及相应的追求卓越,建功立业的强烈而持久的欲念。韩非子说:"苟全性命于乱世,力求闻达于诸侯。"⑫孟子说:"居天下之广居,立天下之正位,行天下之大道;得志,与民由之;不得志,独行其道。富贵不能淫,贫贱不能

---

① 《史记·太史公自序》。
② (东汉)徐干:《中论·赏罚》。
③ 《淮南子·修务训》。
④ 《尚书·周官》。
⑤ 《韩非子·有度》。
⑥ (清)石成金:《传家宝·绅瑜》。
⑦ (西汉)刘向:《说苑·政理》。
⑧ 苏轼:《前赤壁赋》。
⑨ 《后汉书·列女传》。
⑩ 〔美〕理查德·贝克哈德:《论未来的领导者》,载刘守英主编:前揭书,第13页。
⑪ 〔美〕罗莎贝什·莫什·坎特:《世界级的领导者——合作的力量》,载刘守英主编:前揭书,第15—16页。
⑫ 《韩非子·难二》。

移,威武不能屈,此之谓大丈夫"①;又说"故士穷不失义,达不离道。穷不失义,故士得己焉;达不离道,故民不失望焉。古之人,得志,泽加于民;不得志,修身见于世。穷则独善其身,达则兼养天下"②。左宗棠23岁入赘时在新房自提的对联是"身无半亩,心忧天下;读破万卷,神交古人"。毛泽东在湖南第一师范读书时的文章中有"振斯民于水火之中"之说,成年后有"怅寥廓,问苍茫大地,谁主沉浮"的深沉之问,后有"欲与天公试比高。……江山如此多娇,引无数英雄竞折腰。惜秦皇汉武,略输文采;唐宗宋祖,稍逊风骚。一代天骄,成吉思汗,只识弯弓射大雕。俱往矣,数风流人物,还看今朝"的气概,终有"久有凌云志,重上井冈山。……风雷动,旌旗奋,是人寰。……可上九天揽月,可下五洋捉鳖,谈笑凯歌还"的冲天豪情。其实,看看人类的人文历史,凡出类拔萃之辈多有独特的豪情壮志。

在现实生活中,"功业"构成了动机强旺、意在高远的价值基点,具体又包括三个方面,即功名、功利、功德。在中国历史上,这些被经典地概括为"太上有立德,其次有立功,其次有立言,虽久不废,此之谓不朽"③;简称立德、立功、立言。后有唐代学者孔颖达对此作了精辟的阐述:"立德,谓创制垂法,博施济众;立功,谓拯厄除难,功济于时;立言,谓言得其要,理足可传。"④简而言之,"立德"的价值取向是做圣人,"立功"的价值取向是做英雄,"立言"的价值取向是做传世之文章。不能不说,这"三立"的标准无一不是极高的,合集于一人更难,但也因此成为历代仁人志士终生奋斗的人生理想。

二、意志坚强、坚韧不拔

意志是"决定达到某种目的而产生的心理状态,往往由语言和行动表现出来"⑤。意志力表示这种心理状态的特质和程度,即意志力愈强大,这种心理状态愈是自觉、强烈、持久、稳定。强大的意志力具有果敢性、忍耐性、自控性、持续性等特性。强大的意志力通常以忍辱就屈、坚韧刚毅为外在的表现形式,而忍辱就屈、坚韧刚毅则与"图谋"相联系。"图谋"远大,则意志力强炽。所以,孔子说:"士不可以不弘毅,任重而道远。"⑥苏轼评价张良说:"匹夫见辱,拔剑而起,挺身而斗,此不足为勇也。天下有大勇者,卒然临之而不惊,无故加之而不怒。此其所挟持者甚大,而其志甚远也。"⑦再如勾践的卧薪尝胆,都是关于意志力的显证。

从历史经验来看,大凡能够成就一番大业的领袖人物,都是具备了强大而持久的意志力的人物。英国第二次世界大战的"名将之花"伯纳德·蒙哥马利(Bernard Montgomery)说:"如果没有意志,即使有能力也无济于事。"⑧美国前总统理查德·尼克松(Richard Nixon)的名言是:"永远不要放弃奋斗。"他写道:"有建树的领袖人物都具有坚强的意志,

---

① 《孟子·滕文公下》。
② 《孟子·尽心上》。
③ 《左传·襄公二十四年》。
④ 孔颖达:《左传正义》。
⑤ 中国社会科学院语言研究所词典编辑室编:前揭书,第1618页。
⑥ 《论语·泰伯》。
⑦ 苏轼:《留侯论》。
⑧ 〔英〕蒙哥马利:《领导艺术之路》,刘文涛等译,北京:世界知识出版社1992年版,第4页。

而且懂得如何调动别人的意志。本书论及的领袖人物,都是用意志影响了历史进程的人,其中有些成就大些,有的成就小些。"他又说:"没有坚强的意志……成不了伟大领袖。"①梁启超这样评价曾国藩:"人不可无希望,然希望常与失望相倚。至于失望,而人心盖死矣。养其希望勿使失者,厥惟毅力。故志不足恃,气不足恃,才不足恃,惟毅力足恃";"功成业定之后,论者以为乘时际会,天独厚之;而岂知其停辛仵苦,铢积寸累,百折不回,而始有今日也?使曾文正毅力稍不足者,则其为失败之人,无可疑也"。②

美国第十六任总统亚伯拉罕·林肯的无与伦比的意志力同样足以为千古案例。林肯出生在肯塔基州哈丁县一个伐木工人的家庭,迫于生计,从小就必须艰苦地劳动,少年时总共只上过一年学。用他自己的话说,他的童年是"一部贫穷的简明编年史",5岁时已经开始帮助家里干活,9岁时生母去世。成年前后先后干过店员、村邮务员、测量员和劈栅栏木条等多种工作。1832年23岁时竞选州议员,尽管失败,但从此开始了他的充满艰辛的政治生涯:1832年,23岁,竞选州议员落选了,转而想进法学院学法律,失败;1833年,24岁,借钱经商,年底破产,接下来花了16年才还清这笔债;1834年,25岁,再次竞选州议员,当选;1835年,26岁,订婚后即将结婚时,未婚妻却死了;1836年,27岁,精神完全崩溃,卧病在床6个月;1838年,29岁,试图出任州议员的发言人,失败;1840年,31岁,试图成为国会议员被选举人,失败;1843年,34岁,参加国会大选,落选;1846年,37岁,再次参加国会大选,当选;1848年,39岁,寻求国会议员连任,失败;1849年,40岁,试图出任所在州政府的土地局局长,失败;1854年,45岁,竞选参议员,落选;1856年,47岁,在共和党全国代表大会上争取副总统提名,失败;1858年,49岁,再度竞选参议员,再度落选;1860年,51岁,当选美国总统;1864年,55岁,再次当选为美国总统;1865年,56岁,遇刺身亡。

为此,马克思高度评价了林肯的伟大和坚韧不拔:他是一个"不会被困难所吓倒,不会为成功所迷惑的人;他不屈不挠地迈向自己的伟大目标,而从不轻举妄动,他稳步向前,而从不倒退;……总之,他是一位达到了伟大境界而仍然保持自己优良品质的罕有的人物。这位出类拔萃和道德高尚的人竟是那样谦虚,以致只有在他成为殉道者倒下去之后,全世界才发现他是一位英雄"③。强大意志力的来源,则是艰难困苦的社会实践。"故天将降大任于是人也,必先苦其心志,劳其筋骨,饿其体肤,空乏其身,行拂乱其所为,所以动心忍性,曾益其所不能。人恒过,然后能改;困于心,衡于虑而后作;征于色,发于声而后喻。入则无法家拂士,出则无敌国外患者,国恒亡。然后知生于忧患而死于安乐也。"④

三、执中有权、通权达变

通达,即执中有权、通权达变,乃政治谋略的核心内容之一。在一般的意义上,执中有权、通权达变指酌客观情势的变化而因事制宜和因人制宜。在延伸的意义上,执中有权、通权达变与权谋相联系。权谋亦称权术、权机、权变、权略、权数、权宜。其原本含义是中

---

① 〔美〕尼克松:《领导者》,尤勰等译,北京:世界知识出版社1992年版,第370、379—380页。
② 梁启超:《新民说·论毅力》。
③ 《马克思恩格斯全集》第16卷,人民出版社1964年版,第108—109页。
④ 《孟子·告子下》。

性的,即以灵活、机动、多变的方法、技术和手段看待和处理问题,但在目的不正当的条件下,具有贬义。成功的领导者都是权谋的高手。这是因为,要在错综复杂、波谲云诡的环境中纵横捭阖,权谋乃不可或缺的制胜之道。

"通变以知常,执常以应变"。"穷则变,变则通,通则久远。"①自古以来,智者审时度势、通权达变,愚者拘泥固执、刚愎自用。"所谓圣人者,知通乎大道,应变而不穷,能测万物之情性者也。"②在这方面,中国诸子百家的基本理念大体上是一致的。孔子说:"言必信,行必果,硁硁然小人哉!抑亦可以为次矣。"③孟子说得更为明确"大人者,言不必信,行不必果,惟义所在"④,又说"嫂溺,援之以手者,权也"⑤。庄子说:"知道者必达于理,达理者必明于权,明于权者不以物害己。"⑥老子说:"将欲翕之,必故张之;将欲弱之,必故强之;将欲废之,必固兴之;将欲夺之,必固与之——是谓微明。"⑦荀子说:"所以知之在人者,谓之知;知有所合谓之智。智所以能之在人者,谓之能;能有所合谓之能。"⑧韩非子说:"世异则事异,事异则备变。"⑨孙子说"兵者,诡道也。故能而示之不能,用而示之不用,近而示之远,远而示之近。利而诱之,乱而取之,实而备之,强而避之,怒而挠之,卑而骄之,佚而劳之,亲而离之,攻其无备,出其不意。此兵家之胜,不可先传也"⑩,又说"善藏者藏于九地之下,善攻者动于九天之上,故能自保而全胜"⑪;还说"凡战者,以正合,以奇胜。故善出奇者,无穷如天地,不竭如江河"⑫,"夫兵形象水,水之形,避高而趋下;兵之形,避实而击虚。水因地而制流,兵因敌而制胜。故兵无常势,水无常形,能因敌变化而取胜者,谓之神。"⑬甚至文学家刘勰说:"文律运周,日新其业,变则其久,通则不乏。"⑭

"自古不谋万世者,不足谋一时;不谋全局者,不足谋一域。"⑮审时度势、通权达变的领导者是战略目光深远、洞察先机、未雨绸缪之人。"夫未战而庙算胜者,得算多也;未战而庙算不胜者,得算少也。多算胜,少算不胜,而况于无算乎!吾以此观之,胜负见矣。"⑯"善弈者谋势,不善弈者谋子","故善战者,求之于势,不责于人,故能择人而任势。"⑰所以说,审时度势、通权达变之道,是任何现实领导者的制胜之道。

---

① 《易经》。
② 《大戴礼记·哀公问五义》。
③ 《论语·子路》。
④ 《孟子·离娄下》。
⑤ 同上。
⑥ 《庄子·秋水》。
⑦ 《道德经·三十六章》。
⑧ 《荀子·正名》。
⑨ 《韩非子·五蠹》。
⑩ 《孙子兵法·计篇》。
⑪ 《孙子兵法·军形》。
⑫ 《孙子兵法·势篇》。
⑬ 《孙子兵法·虚实篇》。
⑭ 《文心雕龙·通变》。
⑮ (清)陈澹然:《寤言·二迁都建藩议》。
⑯ 《孙子兵法·计篇》。
⑰ 《孙子兵法·势篇》。

第五节 领导力及其提升

领导力(The Leadership Challenge)研究是近些年关于领导能力和领导成效研究的主要领域之一。对于领导者来说,领导力关注的基本问题,在于面对快速变化、错综复杂、竞争日趋激烈的客观情势,如何提升自己的判断力和决断力;对于组织来说,在于面对同样的客观情势,如何选择领导者。其共同的问题,则在于如何对"以变制变","好梦成真"。

一、领导力的含义与构成

"领导力就是在实践中有用的一系列人们能看到的技巧和能力。"[1]领导力讨论的是领导者要创造一种氛围,让人们在此氛围下抓住极富挑战性的机会,取得非凡的成功,即如何激励他人自愿地在组织中做出卓越的成就。领导力讨论的中心问题,"是领导者如何通过实际行动,把理念化为行动;把愿景化为现实;把障碍化为革新;把分裂化为团结;把风险化为奖赏"。[2]

为此,领导者必须注重构成领导力的五种行为和完成十种使命。这五种行为是:(1)以身作则,(2)共启愿景,(3)挑战现状,(4)使众人行,(5)激励人心。这十种使命是:(1)明确自己的理念,找到自己的声音;(2)使行动与共同理念一致,为他人树立榜样;(3)展望未来,想象令人激动的各种可能;(4)诉诸共同愿景,感召他人为共同的愿景奋斗;(5)通过追求变化、成长发展、革新的道路来猎寻机会;(6)进行实验和冒险,不断取得小小的成功,从错误中学习;(7)通过强调共同目标和建立信任来促进合作;(8)通过分享权力和自主权来增强他人的实力;(9)通过表彰个人的卓越表现来认可他人的贡献;(10)创造一种集体主义精神来庆祝价值的实现和胜利。[3]

值得强调的是,在一定的意义上,领导力就是行动能力。"如果说经济学家和其他思想家们拥有思想,把思想付诸实践的却是政治家;这场思想巨变的一个突出的教训就是领袖和领导作用的重要性。"英国的玛格丽特·撒切尔革命,美国的罗纳德·里根革命,中国的邓小平革命,都是以信念和理想为先导,在献身精神的支撑下,坚定不移、顽强奋斗的经典。[4]

二、领导力的层次

中国古来就有关于领导者的层次之分。优秀的领导人被明确分为英、俊、豪、杰四个层次:"故智过万人者谓之英,千人者谓之俊,百人者谓之豪,十人者谓之杰。明于天道,察于地理,通于人情。大足以容众,德足以怀远,信足以一异,知足以知变者,人之英也;德足以教化,行足以隐义,仁足以得众,明足以照下者,人之俊也;行足以为仪表,知足以决嫌

---

[1] 〔美〕詹姆斯·库泽斯、巴里·波斯纳:前揭书,第311页。
[2] 同上书,第1页。
[3] 同上书,第19、26页。
[4] 〔美〕丹尼尔·耶金、约瑟夫·斯坦尼斯罗:《制高点——重建现代世界的政府与市场之争》,段宏等译,北京:外文出版社2000年版,第10页。

疑,廉足以分财,信可使守约,作事可法,出言可道者,人之豪也;守职而不废,处义而不比,见难不苟免,见利不苟得者,人之杰也。"① 又道:"道、德、仁、义、礼,五者一体也。道者人之所蹈,德者人之所得,仁者人之所亲,义者人之所宜,礼者人之所体,不可无一焉。"②

如从不入流者算起,领导者可以分为庸人、士人、君子、贤者、圣者五个层次:"所谓庸人者,心不存慎终之规,口不吐训格之言,不择贤以托身,不力行以自定,见小暗大,而不知所务,从物如流,而不知其所执。此则庸人也。所谓士人者,心有所定,计有所守。虽不能尽道术之本,必有率也;虽不能遍百善之美,必有处也。是故知不务多,务审其所知;言不务多,务审其所谓;行不务多,务审其所由。智既知之,言既得之,行既由之,则若性命形骸之不可易也。富贵不足以益,贫贱不足以损,此则士人也。所谓君子者,言必忠信而心不忌,仁义在身而色不伐,思虑通明而辞不专,笃行信道,自强不息,油然若将可越而终不可及者,此君子也。所谓贤者,德不逾闲,行中规绳,言足法于天下而不伤其身,道足化于百姓而不伤于本,富则天下无菀财,施则天下不病贫。此则贤者也。所谓圣者,德合天地,变通无方,究万事之终始,协庶品之自然,敷其大道而遂成情性,明立日月,化行若神,下民不知其德,睹者不识其邻。此圣者也。"③

也有人认为:领导力就是能不能、有没有办法影响他人。领导力可以分为五个层次:第一层次是职位和权力。大家跟随你是因为他们必须这样做。第二层次是资源和个人关系。大家跟随你,是因为他们自愿的选择。第三层次是成绩和贡献。大家跟随你是因为你为组织做出了成绩和贡献,因而建立了威信。第四层次是薪火相传。大家跟随你是因为你对他们的培养和提拔,你因此受到尊敬,虽然说你不是管他们,甚至有些人比你的职位更高,但是他愿意接受你的意见。第五层次,也是最高的层次,是因为大家尊重你的品德、为人、能力和你所代表的目标和理想。这一点与机遇和天赋有关。领导力实际上到最后影响两件事情:一是组织的风格或文化,二是组织的价值观。④

三、提升领导力的主要途径

如同人的指纹、DNA 不同一样,人的精神世界,包括价值观、思维方式以及相应的行为选择也是不同的。历史惊人地相似却不会重复。在此意义上,提升领导力是一个复杂的问题。本文主要讨论两种途径:

1. 悟道。悟道的意义在于领导者通过在自觉的过程中不断提高个人修养,不断理解客观世界、理解自我,以及客观世界与自我的关系。其价值基点在于寻求和确立主体的宇宙观和人生观。在这里,宇宙观的意义在于确立客观世界的含义,即通过不断的事实判断,解析客观世界究竟是什么样的;人生观的意义在于确立主观世界的含义,即通过不断的价值判断,确立自我的价值标准和价值目标,并选择相应的思维方式和行为。

在实际的过程中,以上两个方面是密不可分的,无论确立宇宙观还是人生观的过程,

---

① (西汉)刘安:《淮南子·泰族训》。
② (西汉)黄公石:《三略·下略》。
③ 赵蕤:《反经·品目第三》。
④ 宗英俊:《企业领袖成长的轨迹》,载《周伟焜:与大象齐舞》,北京:中国纺织出版社 2005 年版,第 68 页;《周伟焜与"大象"齐舞的领导艺术》,《新浪科技》2003 年 11 月 25 日。

都是主体的"心路历程",包括三个要点:其一,观摩,即以客观现象、客观世界为研究对象,琢磨"物理"以及衍生的"事理""人理",不断认知客观世界及其规律。所谓"师法自然"就是这个意思。其二,"自视其心",即以自我为中心,不断审视以及校正自己的宇宙观和人生观,中国古代所谓"内省",就是这个意思。其三,悟道,即以自我与客观世界的关系为中心,进而寻求自我与客观世界的健康、强劲、持久、广泛的交互作用的最佳途径和方式。

"养其小者为小人,养其大者为大人。贱而小者,口腹也;贵而大者,心志也。"①一个奋斗不息、卓越的领导者的"悟道"总是独特的。李嘉诚这样诠释他的成功之道:人生是一个很大、很复杂和常变的课题。我们用分析、运算、逻辑等的理性智商(Intelligence Quotient,IQ)解决诸多问题;用理解力和自我控制的情绪智商(Emotional Quotient,EQ)去面对问题;用追求卓越、价值及激发自强的心灵智商(Spiratl Quotient,SQ)去超越问题。理性智商、情绪智商、心灵智商及其提升皆重要:学术专业的知识,使我们有能力去驰骋于社会各行各业中;对自己及他人环境的了解,能发挥人与人之间的同情心,加强团队精神;慎思明辨的心灵能力驱使我们对意义和价值的追求,促动创造精神,把经验转化成智慧,在顺境和逆境之中从容前进。②

2. 知行合一。在这里,"知"是知识、感知;"行"是行为、行动;"合一"是二者的统一。"知者行之始,行者知之成。圣学只一个功夫,知行不可分作两事。"③换言之,"知之真切笃实处即是行,行之明觉精察处即是知"④。对于领导者提升领导力而言,无知的行是盲动,无行的知则非真知。所以,唯有知行合一,才是不断提升领导力的正途。

名词与术语

领导	英雄观	思维方式
理念	生死观	知行合一
态度	名利观	
修养	领导力	
品格		
道德		
正直		
意志		
悟道		

复习与思考

1. 21世纪领导的重要性。
2. 为什么说"领导做正确的事,而不只是正确地做事。领导不是布道者,而是实干家"?
3. 为什么说"没有被领导者,就无所谓领导者"?

---

① 《孟子·告子上》。
② 吴酩:《"3Q"造就"李超人"》,《人民日报·华南新闻》2001年12月12日。
③ 王阳明:《传习录·上》。
④ 王阳明:《传习录·下》。

4. 领导的基本功能。
5. 传播思想、信念与现实利益的吸引和激励的关系。
6. 领导与管理的联系与区别。
7. 领导者的英雄观。
8. 领导者的生死观。
9. "义在于生,则舍死而取生;义在于死,则舍生而取死"释义。
10. "没世无闻,古人惟耻"释义。
11. "君子爱财,取之有道"释义。
12. "君子有所为,有所不为"释义。
13. 名利观之于领导者正确与否的原则界限。
14. "大济于苍生"释义。
15. "智者不锐、慧者不傲、谋者不露、强者不暴"释义。
16. "常修为政之德"释义。
17. 领导者的道德。
18. "无恻隐之心,非人也。……恻隐之心,仁之端也"释义。
19. "天下为公"释义。
20. "惟公则生明,惟廉则生威"释义。
21. 优秀领导者的素质。
22. "苟全性命于乱世,力求闻达于诸侯"释义。
23. "太上有立德,其次有立功,其次有立言,虽久不废,此之谓不朽"释义。
24. 意志力之于领导者的意义。
25. "通变以知常,执常以应变"释义。
26. 政治谋略之于领导者的意义。
27. "言必信,行必果,硁硁然小人哉!抑亦可以为次矣""大人者,言不必信,行不必果,惟义所在""兵者,诡道也"释义。
28. 领导力的五种行为和十种使命。
29. 领导力(者)的层次。
30. 提升领导力的主要途径。

主要参考书目

1.《韩非子》。
2.《道德经》。
3.《四书》。
4.《孟子》。
5.《左传》。
6.《荀子》。
7.《孙子兵法》。
8.《史记》。

9.《资治通鉴》。

10.《传习录》。

11. 李景鹏:《权力政治学》,北京:北京大学出版社 2008 年版。

12. 余华青:《权术论》,西安:陕西人民出版社 1992 年版。

13. 刘守英主编:《70 位领导学家谈如何成为世界级领导》,北京:中国发展出版社 2002 年版。

14.〔美〕肯·谢尔顿编:《领导是什么——美国各界精英对 21 世纪领导的卓见》,王伯言译,上海:上海人民出版社 2000 年版。

15.〔美〕理查德·哈格斯等:《领导学》,朱舟译,北京:清华大学出版社 2004 年版。

16.〔日〕涩泽荣一:《〈论语〉与算盘》,宋文等译,北京:九州图书出版社 1994 年版。

17.〔意〕马基雅维里:《论李维》,冯克利译,上海:上海人民出版社 2005 年版。

18.〔英〕蒙哥马利:《领导艺术之路》,刘文涛等译,北京:世界知识出版社 1992 年版。

19.〔美〕尼克松:《领导者》,尤勰等译,北京:世界知识出版社 1992 年版。

20.〔美〕詹姆斯·库泽斯、巴里·波斯纳:《领导力》,李丽林、杨振东译,北京:电子工业出版社 2004 年版。

第五章 行政组织

第一节 行政组织概述

公共行政学所说的行政组织特指国家行政组织,即狭义的政府组织。

行政组织具有突出的地位和作用,它是国家机器的主要组成部分。国家行政组织以其特有的公共行政管理方式,最直接地表现国家职能的性质:一方面,在本质上,它是占据国家统治地位的阶级推行其意志的工具,要保证反映国家性质的宪法和法律全部、正确地实施;另一方面,在形象上,它是社会和公众利益的正式代表者,要实现国家对广泛的社会生活的有效领导和管理。

行政组织是日常、大量、繁重国务活动的直接承担者,其管理思想、管理行为和管理方式,直接关系到国计民生、国富民强以及社会的稳定与发展。组织是管理的物质存在形式,任何行政管理的问题都与行政组织相联系,所以,行政组织始终是公共行政学的最基本的问题之一,也是关于国家组织的最重要的宪法和法律范畴之一,因而始终为各国政府及行政研究所重视。

一、行政组织的含义辨析

1. 行政组织的含义。"组织一词本身指群体的一种类型。"①迄今为止,公共行政学界关于行政组织并没形成一个公认的或权威的定义,许多研究者根据自己的理解对行政组织做过许许多多的注释,其中比较有代表性的大致有三种:

(1) 广义与狭义的理解:从广义上说,行政组织是指为执行一定事务而将从事共同工作的人们通过权责和任务分配结成系统协调的组织机构;从狭义上说,则指为执行国家的政务所结成的有系统的组织机构。

(2) 静态与动态的理解:从静态上说,行政组织是指国家为执行政务而依法组建的行政机关体系;从动态上说,则指行政机关作为管理系统发挥领导和管理国家政务职能而产生的各种组织活动。

(3) 阶级属性与社会属性的理解:从阶级属性上说,行政组织是占据国家政治生活主导地位的阶级推行本阶级意志的组织工具;从社会属性上说,则是国家为实现社会目的而通过一定的法律程序所建立和规定的行政机关体系。

2. 行政组织与类似词之异同。这主要是为了辨析行政组织的含义,进一步界定行政组织的概念。与行政组织类同和间或使用的常见的习惯性词语主要有以下几种:

(1) 行政机关。国家行政组织是狭义政府的同义语。政府是一个大的组织系统。行

---

① 〔英〕邓肯·米切尔编:《新社会学词典》,蔡振扬等译,上海:上海译文出版社1987年版,第310页。

政机关则只是政府大系统的一个次级系统。换言之,国家行政组织是综合的、整体的、享有完全行政权的法律和行为的主体,行政机关则是单一的、部分的、享有有限行政权的法律和行为的主体。行政机关在整个行政组织中处于枢纽地位,行政机关的有机配合,构成整体的行政组织体系。

(2)行政机构。行政机构常与政府机构、行政机关混用,事实上,二者也确实不存在根本的区别。从管理的角度看,行政机构常偏重于编制的、预算的、组织结构的含义,行政机关常偏重于主体的、职权的、法规的含义。行政机关恒定是行政机构,行政机构则不一定是行政机关。在正式的法律用语中,关于国家行政权力主体,通常称行政机关或政府机构。

(3)官署。在行政学的意思上,官署主要指具有决定权并对外代表国家意志的事权机关,因而官署是行政机关之一种。在我国历史上,官署亦称官府、官衙,主要是民间对政府或政府机关的一种称呼。随着现代政府组织形态的变迁,称呼也随之改变。

二、国家行政组织的特征

国家行政组织的法权地位和与之相一致的公共行政管理的广泛性及其对国民承担的责任,决定了国家行政组织的特征。

1. 政治性。政治性是一切国家组织的共同属性。对国家行政组织而言,政治性主要表现在两个方面:

(1)阶级性。阶级性是国家行政组织的本质特征。这种特征贯穿于国家行政管理的整个过程和全部活动中。但是,这种特征常常在有意无意之间被其社会特征所掩盖。我国国家行政组织的阶级性,集中表现为以工人阶级为领导的、以工农联盟为基础的、有最广大人民群众参加的人民民主专政。

(2)代表性。随着行政国家的兴起,国家行政组织在国家政治生活中的地位日趋重要,作用日趋突出,正在和已经占据国家政治生活的主导地位。因此,国家行政组织即是政府的代表,是现代国家最重要的权力主体,其活动是最重要的国家现象之一。

2. 社会性。社会性由国家的社会职能所决定,主要指国家行政组织所承担的社会一般公共事务管理的职能。它也有两个相互联系的层次:

(1)服务性。服务性是国家行政组织行政行为的出发点与社会效果的统一。国家为了维护统治阶级的利益,维持凌驾于社会之上的权威地位,就必须同时服务于社会,施益于社会公众,因此,所谓服务性首先是指为执行宪法和法律服务,其次是指为一定社会公众的利益提供条件或保障。

(2)管理性。国家行政组织的服务性主要是通过它对广泛社会生活的有效的领导和管理来实现的。这种领导和管理主要表现为从高于社会的权威地位提出国家发展的战略规划、制定政策、维持秩序、提供机会、监督协调、组织公共事业的实施。政府的公共决策力日趋强大,政府的意志事实上近乎左右国家的发展,其职能不仅几乎覆盖了社会生活的每一个领域,而且延伸到立法、司法等其他国家权力领域。

3. 权威性。权威性以人类社会发展过程中的强力和契约关系为基础,并以宪法、法律和国家武装力量为后盾。行政组织权威性有两个最突出特点:

（1）约束性。无论是三权分立的国家还是议行合一的国家,行政权都归属国家行政组织即政府,只是权力的大小不同而已。从这种法权地位出发,国家行政组织依据法律规定或进行行政裁量,对各种社会组织和公民以及广泛的社会生活实施领导、干预和施加各种影响,依法通过行政行为对各种社会行为主体实行普遍的约束,适用者必须遵从。

（2）强制性。当行政组织依法推行政令、依法实行的约束遭到抵抗、触犯、抵制、违背等时,它就将以国家的名义并以国家强制力为后盾对其实行行政制裁,比如,行政处罚、勒令停止、经济罚款、行政强制等手段。当遭到大规模武力反对时,政府还可以宣布紧急状态、戒严,通过依法适用武装力量来恢复秩序。

4. 法治性。法治性的基本含义是"依法行政",具体说来,又可以分为两个相互联系的方面:

（1）国家行政组织自身建设的法治性。这种法制性主要表现在,国家行政组织是依据宪法和法律的精神、原则、规范、程序所建立的国家组织系统,其组织宗旨、人员编制、机关设置、财政预算等都必须符合宪法和法律的规定,这些方面的变更也必须经过法定的程序由立法机关或事权机关予以重新审批。

（2）国家行政组织对社会进行管理的法制性。"公共行政组织必须由人民代表机关制定的法律予以授权和限制,其活动必须以促进与保障人权为其宗旨,政府必须对公众负责。"①国家行政组织行政行为或行政管理的内容和方式必须遵从宪法和法律的要求,一切重大的国务方针和政策都必须取得立法机关的同意,即使是行政裁量行为,也必须符合宪法和法律的精神或原则。法制性的含义还在于,无论是自身管理还是社会公共管理,行政组织都不得自行其是,而必须接受其他国家权力主体和社会的法制化监督,超越权限的行为,将受到追究和制裁。

5. 系统性。系统性是说国家行政组织具有极强的整体性,其权力关系、组织结构和工作流程具有上统下属、上下贯通、左右联系、纵横交错、头尾相接、政令归一的特征。除整体性之外,系统性还有两个突出特征:

（1）结构性。结构性指国家行政组织的按照社会分工对应组织起来的部门化和专业化的机关权责体系的特征,在这个体系中,不同的机关司掌不同的社会行为主体或行业,并实施相应的行政管理,同时通过行政首脑在各机关之间予以整体性协调。国家行政组织以社会分工和社会行为主体为依据的部类化的结构方式,是其独特的结构方式。

（2）有序性。有序性指国家行政组织的按一定序列和等级组织起来的特征。这种序列和等级是以逐级授权为基础的,表现为各级行政首长或机关职责与权力的统属关系。所以,国家行政组织通常可以划分为中央政府与地方政府、上级机关与下级机关、行政首长与普通公务员等。

6. 发展性。发展性是说国家行政组织适应社会历史的进步,相应改变组织自身及社会管理行为的特征。这可以作两点理解:

（1）动态性。动态性指国家行政组织永远处在调整变革之中,国家行政改革,比如,

---

① 姜明安、沈岿:《法治原则与公共行政组织——论加强和完善我国行政组织法的意义和途径》,《行政法学研究》1998年第4期。

机构和人员的调整,决策力的增强,行政职能的扩展,新行政技术和手段的采用等,都是在一个持续不断的动态过程中完成的。离开了动态的过程,行政组织就将失去活力,僵化而低效。

(2) 适应性。适应性与动态性相联系,指国家行政组织适应生态环境,即本国当时、当地的社会综合因素和总体发展水平,相应建立行政组织模式的特征。与此同时,国家行政组织也将通过行使国家行政权,积极实施行政管理,来推动社会的发展与进步。在正常情况下,国家行政组织是在与社会交互作用的动态平衡的过程中,相互促进,共同发展的。

三、行政组织的基本要素

国家行政组织是一个由若干要素组成的有机整体。了解行政组织要素的目的在于建立科学的分析单元,进而寻求考察和优化行政组织效能的有效途径。国家行政组织是模式的,也是动态的,是自成体系的,也是生态的,其构成要素有:权责利、人财物、组织目标和行为方式、法制思想和价值观念、法律规范和自由裁量、结构形态和运作过程、功能和信息等八个方面:

1. 法律制度健全。"行政组织法是行政管理科学性和合法性的集中反映和基本保障。"[①]国家行政组织是执掌公共权力的以社会为行为对象的代表公众利益的特殊组织,因此,依法行政是首要的和基本的要素。可以认为,法律制度健全与否是行政组织是否规范并健康主要标志之一。法律制度不仅是国家行政组织实施公共行政管理的基础,同时也是使其高效运转的根本保障。

2. 组织目标明确。目标反映行政组织的社会行为的方向,对具体行政机关来说,目标则反映本单位在整个公共行政组织体系中的分工和任务。行政组织目标是一个由总目标与分目标、原则目标与工作目标组成的目标网,各个行政机关都以目标为导向寻求自己在组织大系统中的位置和发挥应有的功能。组织目标不明确,在外部将会造成消极行为或无所作为的行为倾向,在内部则将引发纠纷和冲突,造成行政组织关系紊乱。

3. 人事调派恰当。人是组织的活的灵魂,根据行政管理的需要有选择地吸收、调派、使用、培训人员是行政组织发展的关键。人的素质直接影响到行政组织的效能,因此是行政组织的一个基本的要素。要使人事调派恰当,就必须制定和实施正确的公共人事政策,识才和用才,做到人尽其才、才尽其用,造就一支宏大的行政管理干部队伍为政府工作,进而通过不断的新陈代谢和培养提高,形成政府高效能所必需的合格人才群。

4. 权责分配合理。行政组织是典型的层级节制的金字塔结构,权力与责任合理配置是行政组织结构均衡和有效运转的基础。在这种组织中,权责分配是指根据工作需要和授权原则,而对一定的行政行为主体的权力与责任所做的规定。权责分配合理则是指权力与责任之间的对应关系。在通常情况下,权力与责任成正比关系,即权愈大责愈大,反之亦然。权责分配合理将使上级与下级、机关与机关、成员与成员之间既彼此分工又相互合作,形成促进整体效能的内在机制。否则,就可能造成权责失衡、无人负责、低效浪费的现象。

---

① 应松年:《完善行政组织法制探索》,《中国法学》2013年2期。

5. 财物数量适中。财物是行政组织的物质条件。没有这个条件,国家行政组织就不能实施行政管理,甚至无法存在。因此,财物是行政组织的一大要素。行政经费是财物的核心问题。"适中"是个相对的概念,在不同的国家、地区、机关、层级有不同的含义或标准。一般说来,财物数量过大不仅会影响国家对社会公益事业的投入,而且会促发机关崇尚豪华的习性;财物数量过小,则可能妨碍机关日常行政工作,抑制行政组织的发展。如何规定和使用财物,是立法机关和政府必须面对的基本问题。

6. 运行机制有效。国家行政组织是规模庞大、人员众多、对象复杂、范围广大的组织形态。这种组织单纯依靠首长意志和个性实施管理是不能奏效的,而必须建立一整套的既重法度又重灵活性的可调控的管理制度。这套制度通过规范、目标、分工、程序、反馈、监督等因素的有机配合形成内在的运行机制,并通过机制的有效作用保证组织行为的有效性,进而实现政府职能。

7. 行为方式优化。行为是组织的一种属性,组织行为总是表现为一定的方式。国家行政组织对社会公共事物的管理是通过一定的行政行为方式来实现的。没有一定的行为方式,主体与客体的关系就不能成立,国家行政组织的社会目的就不能达成。因此,行政行为方式是国家行政组织的一个基本要素。只有通过一定的行政行为,才能对社会管理对象施加定向和定量的影响,只有行为方式选择得当,才能产生最佳管理效应。

8. 价值观念整合。国家行政组织价值观念整合表现为政府公务人员对组织的共同感受、一致态度,即认同感,共同的信念、责任和利益是价值观念整合的基础。在实践中,价值观念整合关系到组织的和谐与稳定,关系到组织成员的工作状态和进取精神,进而关系到组织的有效运转的能力和进步发展的活力。尤其在现代社会中,价值观念的整合更是决定政府公务员队伍的稳定性和公共管理效能的一大要素。

四、行政组织的产生与成立

国家行政组织不同于社会组织,是一种法定的组织形态,因此,其产生与成立必须有法律的依据,经过法定的程序,得到法律的认可,才能获得和行使合法的权力。

1. 依据。国家行政组织产生与成立的依据主要集中在三个方面:

(1)依据宪法。在现代社会中,各国宪法通常都有关于国家行政组织即政府的原则规定。这些规定除明确政府的基本职权和宗旨外,通常还有法律适用行政组织自身的原则规定。因此,宪法是行政组织产生与成立的基础。

(2)法律。现代国家一般都有关于国家行政组织的专项法律,其中以国家行政组织法最为常见。以日本为例,二战后日本遵循新宪法所制定的就有《国家行政组织法》《内阁法》《地方自治法》以及关于各省厅的《设置法》等一系列行政组织法规,使日本行政组织的产生、成立、变更和发展有了比较可靠的法律依据。法律关于行政组织的规定大致又可以分为两类情况:一类是明定设置,另一类则由政府行使创议权,再由法律加以确认。

(3)依据行政裁量权。即由政府根据需要,自行裁定设置与否。具体又可以分成两种情况:一是政府根据法律特别授权自行设置某些组织,二是政府根据法定职权建立某些机构。但在多数情况下,政府基本职能部门的设置需要依据法律,行政裁量通常只适用于某些临时机构或过渡性行政单位。

2. 效力。效力是指行政组织产生与成立的合法性。这种合法性对行政组织职权的实际行使或权威地位是至关重要的。要具有效力，就必须经由法定权力主体的批准或决定。能够使行政组织的产生与成立并发生效力的法定权力主体主要有三类：

（1）立法机关。立法机关在不同的国家称谓不一，如议会、国会或人民代表大会。立法机关又称民意机关，是经过全民直接或间接选举产生的国家权力机关。在现代民主宪政国家中，立法机关通常执掌立法权，并对重要国事活动进行监督，其中包括设置行政组织的活动。在多数情况下，未经立法机关的审议批准，行政组织不具有法律效力，因而不得行使公共权力。

（2）内阁。在实行内阁制的国家里，内阁对议会负政治责任，除宪法和法律有特别限制外，一般行政组织均由内阁依据行政裁量权自行设定，而不需经过立法机关决定。德国、英国等都属于这种情况。

（3）立法机关与内阁。即折中制或混合制，由立法机关与政府共同决定行政组织产生与成立的效力。折中制通常的做法表现为：立法机关享有名义上的批准权，也可以规定原则标准，除少数特别情形外，一般通过授权由政府自行裁定设置与否；政府则通过授权实际行使批准权，以法律的名义裁并、变更、设置和组建行政组织。

3. 规程。规程是指国家行政组织产生与成立的法定程序。在一般情况下，法定程序如下：

（1）由政府或立法机关提起创议案，说明设置特定行政组织的法律依据和现实原因；

（2）由立法机关或政府领导机关审议其合法性和合理性；

（3）由立法机关或政府领导机关决定设置与否；

（4）由批准机关以法定方式向社会公布其产生与成立，并赋予其相应的公共权力。

五、行政组织的种类

政府复杂的管理功能是通过不同行政机关功能的整合体现的。按照各种机关的职权和管辖范围，行政组织大体可以分为以下几种类型：

1. 首脑机关。是指中央政府或地方政府统辖全局的领导机关。首脑机关是政府的指挥、决策和督导核心，在多数国家称为内阁，在形式上一般是指由政府首脑召集主持的内阁会议、部长会议或国务会议。首脑机关的职能是对辖区内的重大行政问题进行集中领导和决策，并督导决策的实施。首脑机关是行政组织的中枢或统率，是政府效能的关键。

2. 职能部门。亦称部、委机构，是隶属领导机关或行政首长之下、执掌一定专业行政事务、由本身或督率其所属机构实际实施的机关。大部分行政机关都是职能机关。在我国，国务院所属各部、委、办及直属局，地方政府所属各厅、局、处、科，均属于职能机关。职能机关对上听命于首脑机关，贯彻首脑机关的决定和指示，接受行政首长的指挥监督，对下行使行政管理职能，并负责管理职权内的社会公共事务。

3. 办事机构。亦称辅助机关或办公机构，通常指协助行政首长处理日常事务的综合性办事机关。其典型存在形式是各级政府的办公厅（室）。办事机关没有特定的专业性，不能离开行政首长而独立存在，其活动直接听从行政首长的指挥和要求。它对各专业行政职能部门没有直接指挥和监督的权力，但在授权条件下可以代表行政首长。由于办事机关是紧靠行政首长且完全受命于首长的一个组织环节,事实上参与政务、协助决策、沟通关系、协调活动、汇集信息、处理纠纷,因此,它的状态直接关系到首脑机关功能的发挥,历来被认为是一种重要的行政机关。

4. 咨询机构。亦称智库,是一种现代政府的参谋机构,通常汇集专家学者和有实际经验的政府官员专门为政府出谋划策、提供论证和较佳政策方案。咨询机构既不是执行机构,也不是办事机构,其基本职能是研究咨询、参与决策、协调政策、培训人才和宣传科学知识。行政组织中的咨询机构大多是官方智库,各级党委和政府组织的政策研究室、发展研究中心、参事机构属于其中。其他半官方咨询机构不属于行政组织,但也发挥咨询的功能作用,如社科院、党校、行政学院和高校研究机构等。

5. 派出机构。是一级政府根据政务管理需要,按管辖地区授权委派的代表机关。派出机关不构成一级政府行政机关,其权力是委派机关的延伸,因而以委派机关授权的性质、程度和范围为转移。派出机关的主要职能是承上启下实行管理,即督促检查辖区行政机关贯彻执行行政上级的决议和指示,同时向委派机关报告辖区行政机关的情况和意见,并完成委派机关交予的其他事项。

第二节　组织目标

目标是组织的核心要素之一。它是组织预定在一定时间和空间内所要取得的最后成果,或者说是组织为之而奋斗以争取实现的一种未来状况,也可以理解成是组织的一整套的价值标准。目标直接反映行政组织的属性。

一、目标的功用与层次

1. 目标的功用。目标是组织及其成员行为的导向坐标,是组织聚合力的内在源泉。它为组织及其成员提供奋斗的方向,并激发人们的奋斗精神。从管理的观点来看,目标的功用有以下四点:

(1) 促进组织结构和权责体系合理化,以目标为导向设立机构和分配权责,有益于促进其合理化,减少和避免权责不清、机构重叠、人浮于事、苦乐不均、互相推诿、互相扯皮等现象,从而各司其职,提高效率。

(2) 建立考核的公平和客观的标准。组织目标尤其是具体的工作目标,可以作为考核的客观和公平的对照标准,有助于克服考核方面的主观臆断、笼统含糊、抽象原则、亲疏相向的不良现象,为组织稳定创造条件。

(3) 增强组织的协调能力和整合能力。明确和相互配合的目标系统有助于各个行政单位和人员工作定位,确定相对位置,使每个单位和每个人都知道自己应该干什么和如何去干、何时去干、与谁一起干,这样就有利于提高整体协调能力和发挥总体功效。

(4) 激发组织成员的工作热情和合作意识。既具有一定挑战性又切实可行的工作目标将成为组织成员自我引导、自我控制的准绳,因为完成工作目标意味着自我成就和得到工作肯定。因此,合理的目标有助于调动内在的工作欲望。

2. 目标的层次。目标作为组织的一个次级系统,本身又包含着一定的子系统,存在一定的结构。从时间序列上看,目标系统可以分为长期—中期—近期目标;从空间序列上看,可以分为整体—部分—个人目标;从性质上看,可以分为综合—技术—心理目标,如此等等。一般说来,组织目标系统可以分为三个基本层次:

(1) 总目标。也称整体目标,是由组织最高决策层制定并通晓全组织、统率其他、全力以赴的主体目标。对国家行政组织而言,总目标通常通过政府施政纲领加以表述和阐明。

(2) 分目标。也称机关目标或部门目标,一般指政府之下各个行政机关的工作目标。它受制、服从和服务于总目标,但必须表现出自身的业务性和职权范围,即结合自身的实际。

(3) 个人目标。通常指行政公务人员个人的工作目标。其特点与分目标类同,只是层次更低,值得强调的是,个人工作目标往往不着形式地掺杂了较多的个人感情、追求和价值观。因此弹性较大,要将其较好地纳入组织目标的体系,需要机关首长有效把握,其核心问题是调动积极性的问题。

二、目标的合理化与特征

1. 组织目标合理化。组织目标反映一定的客观需求、客观制约条件与组织对这种需求和制约条件的认知程度,同时反映组织的决心和行为能力。认知程度愈高则组织目标设置愈合理。所谓合理化的组织目标,就是比较准确和全面地反映了社会客观需求和行政组织决心的组织目标。一般而论,组织目标合理与否取决于四个方面的认知程度和条件。

(1) 社会承认。社会承认是衡量组织目标合理与否的主要标准,这意味着组织目标必须符合一定的社会需要或带来一定的利益,同时还必须符合社会生活的一般准则。社会对行政组织目标认同与否,往往通过国家法律制度和社会民主生活的形式表现出来。不合理的行政组织目标,不仅会受到以宪法为依据,以立法审查、司法判决及行政裁判为形式的国家制约,而且会遭到以社会新闻舆论抨击和公众抗议为形式的社会制约。在这方面,社会承认是组织目标合理与否的实践标准。

(2) 组织能力。目标直接反映组织对社会环境和自身能力的判断,尤其反映组织领导者的个性、学识和胆魄。在这方面,组织常犯的错误是过高或过低估计环境和自身能力,因而目标期望值高于或低于组织实际可能的承载负荷。无论是哪种情况,都将造成不应有的损失。在这方面,合理的组织目标反映环境与组织能力之间的综合平衡。

(3) 团体状态。目标的合理性直接受制于组织所包含的若干工作团体的状态,比如,行政机关、行政部门、行政机构、行政单位等。团体目标的形成取决于组织的正式规定性和以利益为基础的对组织目标的认同。当二者一致或接近时,团体目标的实现就意味着组织目标的实现,反之,则将形成障碍,不能获得团体认同的目标往往是不合理的目标,因而是需要调整的目标。另外,工作团体之间的关系和非正式组织的性质也将影响到组织目标的合理性。

(4) 成员意识。这主要表现为组织成员对组织目标的了解程度、理解程度、关心程度和参与程度。当成员目标与组织目标一致时,就比较容易建立良好的工作意识,从而为实现组织目标提供最基本的保障。

2. 行政组织目标的特征。行政组织目标的特征可以从基本特征与合理目标的特征两个层次理解。行政组织目标的基本特征主要有三个方面：

（1）规定性。这种规定性集中表现为国家行政组织的目标由宪法、法律、法规及行政上级所规定，行政组织本身不得自行其是、随意改变。这包含两种情况：第一，国家行政组织的总体性原则目标由宪法、法律规定或由立法机构审批，否则不发生法律上的效力。即使在总统制国家里，重大国策非经国会确认，也是违法行为。第二，国家行政组织的具体工作目标由行政法规和行政上级所决定或确认，否则将违背行政责任，不发生行政法规上的效力。

（2）服务性。"政治统治到处都是以执行某种社会职能为基础，而且政治统治只有在它执行了它的这种社会职能时才能持续下去。"① 按照现代民主政治理论，行政权源于全体国民，因此，国家行政组织的一切目标都必须以全体国民的意志为转移，对社会公众负责，为大众谋求利益，即为全体国民服务。这种服务性是通过政府的行政行为体现的。服务性是有阶级性的。但公共行政管理的对象是全社会和全体国民，因此，服务性具有普遍性质。

（3）复杂性。国家行政组织行为的对象和管理事务的普遍性、广泛性和自身组织规模庞大、部门横生、人员众多的特点，决定其目标的复杂性和多样性。为了对广泛的社会生活进行有效的管理，推动社会的发展，提高国民生活水平，国家行政组织就必须设置众多的工作目标，并有效和合理地设置目标，实现目标系统的有机配合。

合理的行政组织目标主要有三个方面：

首先，目标明确。目标既然是组织成员的奋斗方向，就应当明确透彻，否则将使组织成员无所适从。所以目标明确是目标合理的首要的条件。目标明确有三重含义：第一，表述上要清楚，即不会产生歧义。第二，时间概念上要准确。一般说来，总体目标在时间长度上较为抽象，具体工作目标在时间长度上则界定性较强。在这方面，具体是抽象的基础。第三，空间概念上要严格，空间意味着范围或领域。

其次，目标一致。一致的基本意思是指组织目标上下贯通、前后衔接、左右联系、由高至低、由内而外、互为因果、共同服从于总目标，并在彼此作用、互为条件、相互关联、相互支持的过程中产生综合效应的特征。目标不一致，势必政出多门、各行其是，削弱目标的导向功能和凝聚功能，妨碍组织的社会目的。

再次，目标组合。组合是指政府内部各级各个行政组织目标的层次性、差异性和整合性。行政组织目标是一个完整的目标链，其中每一个目标都是为实现上一层目标而设定的，每一个目标又是由若干个内层目标所组合成的。在这个目标链中，除总目标外，每一个目标都应有特定的性质、时间、空间、数量等因素，由此组成目标阶梯，通过层层渐进式组合，达成总目标。在这方面，组织可能犯的错误，是将总目标混同于分目标，将原则目标混同于工作目标，以至于总目标空有其名，失却行政组织的社会责任。

三、目标管理

目标管理是一种化组织需要为个人奋斗目标的管理哲学，也是一种组织实施计划和

---

① 《马克思恩格斯选集》第3卷，北京：人民出版社1995年版，第523页。

控制的管理方法。其中心思想,就是要经由集体的努力及自我控制来完成机关的共同目标。因此又是一种化消极被动为积极主动的管理方法。

1. 目标管理的概念。目标管理的系统思想最早见于美国学者德鲁克的《管理实践》一文。作为一个概念和管理方式,它反映了传统功能型组织的困境以及克服困境的客观要求:

(1) 它是一种过程,是上下两级管理人员共同确定目标和主要职责范围的过程;

(2) 它是一种实施管理的计划和考核的方法,以它为标准,每一位管理人员都能按预期的成果来评价每一个单位和每一个成员的贡献;

(3) 它是一种个人与组织的关系,通过它,有利于协调个人与组织在行为和努力方向方面的关系,以达到提高组织成员积极性和工作效率的目标。

因此,有的研究者认为,目标管理有两条必须遵循的基本原则:一是注重工作成果,即以工作成果作为衡量整个组织工作效绩的标准;二是重视人的行为,即通过积极的激励密切组织关系,使个人目标与组织目标融为一体。

2. 目标管理的性质。目标管理是以行为科学——人际关系学说为基础的一种管理思想和管理方法。它强调管理人员应该由他所要达到的目标而不是他的上级来指挥和控制,即目标管理和自我控制。也就是说,应当用更严格、更精确、更有效的内部控制来取代传统的外部控制,只有这样,才能激励管理人员进行活动,而引导他的是他的工作目标而不是他的上级。目标管理还强调参与,认为只有本人参与并最终确认的目标,才能为组织成员提供持久的导向并调动工作热情。因此,目标管理是一种以激励代替惩戒,以民主代替集权的管理方式。

但是,目标管理并不意味着个人自由选择工作目标,而且必须在理解组织总体目标的基础上,并在行政上级的指导下,通过参与,即民主协商与合作,将组织目标置换成具体的工作目标。从这个意义上讲,目标管理的核心问题,是要普遍地调动组织成员的积极性,并将这种积极性引导到组织所希望的方向上来。

3. 目标管理的实施。目标管理的概念并不复杂,但作为一种具体的管理方式却并不简单。其主要障碍集中在两个方面:第一,要使组织普遍地自觉承担某种确切的任务和责任常常是困难的,而自觉性是自我控制以至目标管理的基础;第二,各级管理人员往往不习惯于下级的参与和自主性,常常情不自禁地使用传统方法,同时缺乏目标管理的技巧。一般说来,成功地实施目标管理应当至少具备四个条件:

(1) 整个组织特别是各级管理人员,在理解的基础上对目标管理采取基本的支持态度,这对于系统地制定目标和评价结果是必不可少的。

(2) 各级管理人员应当比下级具备更高的协调、组织、领导能力和政策水平以及订立目标的技能,并彼此进行交流,以使目标恰到好处、有机配合。

(3) 实行以激励为主、物质奖励为辅的激励制度,以此作为提高积极性、实现自我控制的催化剂。

(4) 目标管理从组织的高层管理部门开始。高层管理部门不仅要提出总体目标和考核评判工作成果的客观标准,而且要树立榜样,以利仿效。

第三节 组织结构

行政组织结构是机关组织各部门和各层级之间依据法定规则所建立的一种正式的关系体系。结构是组织的基本属性之一。组织的性质不但决定于它的组成要素,而且取决于它的结构方式。结构方式不同,即使要素相同,组织的功能也可能存在较大的差异。属于结构的问题包括:组织中的权力关系和等级关系;指导各机关及成员活动和关系的、经过计划的正式政策、程序及控制方法;规定职责和任务的方式;协调各种活动的方式、报酬的安排以及其他引导成员行为的设计。

一、组织结构的性质

结构是组织的基本框架。它确定组织的总格局,规定组织的法定权力、职责以及各种行为主体之间的相互关系。在正常发展时期,结构直接反映和表现组织的持久和稳定的内部关系;在变革时期,结构则是变革的基本方式之一。

1. 结构与功能。结构是功能的结构,功能是结构的功能。结构具有功能才有意义,功能依据结构才能产生。因此,结构与功能相互依存、相互作用、相互关联、互为条件。结构产生组织的静态特性,功能产生组织的动态特性,两种特性相结合,形成关于组织的完整概念。

2. 结构与职位。职位是结构的基本元素,是组织体制的联结点和支撑点。职位与职权、职责相联系,从一定意义上说,职权与职责只是职位的特有属性。机关活动的往来,实际上表现的是机关内大量职位的衔接,这种衔接直接体现机关的法规制度。

职位的设置及其联结方式直接表现机关权力及其连带责任的分配形式,因为一定的职位代表一定的职权和职责。从这个意义上说,职位、职权、职责是一种一体化的过程,三者以职位为基础形成正比例关系。在国家行政组织中,强调的是职位、职权、职责的非人格化和统一,并以此来保证组织结构的稳定性和持久化。职位、职权、职责的组合方式,实际上反映了组织结构的方式。因此,通过对职位的分析,就可以把握住组织结构的特征。

3. 结构与模式。自工业革命以来,可以称为模式的组织结构主要有以下几种:

(1) 直线集权制,是一种较早、较简单的金字塔等级结构。其特点,是将组织的各种职位按垂直系统直线排列,各级主管人对所属的一切问题负责。因此,它是一种以行政首长完全行使行政权力作为组织动力和以指挥—服从关系为特征的结构形态。

(2) 直线参谋制,是一种在直线集权制基础上建立与行政首长相对应的参谋系统的组织结构。这种结构的设计思想,是要通过纳入一批具有某种知识、经验和技能的管理人员,并赋予他们一定职能的办法,来解决组织大型化、复杂化、专业化与首长个人局限性的矛盾。参谋系统直接为行政首长服务,其影响和作用是通过其思想被首长采用而实现的。他们的介入,为行政首长提供了更多的比较和选择的可能性。从这个意义上说,参谋技术是现代专家智囊技术的先声。

(3) 直线职能制,其特点是在统一的指挥系统之外,另设一套按专业化分工原则建立的职能机构。它们一方面对行政首长提出工作建议,另一方面受首长委托实施专业行政管理,形成所谓部门管理体制。

(4) 直线综合制,是直线参谋制与直线职能制的混合体。其特点,是在直线集权制的基础上,同时设立直接向行政首长负责的参谋机构和职能机构。前者主要起"思想库"和智囊作用,为行政决策尤其是重大决策提供建议、方案、论证或可行性分析;后者则主要实施部门行政管理,并参与决策。直线综合制是现代社会发展对国家行政组织的必然要求,因此是现代政府的主要结构形式。

(5) 直线分权制,其比较流行的有项目型结构和矩阵型结构等,在国家行政组织结构中,除某些大型公共建设项目需要外,通常较少采用。

(6) 多维结构,是近年来发展起来的一种为大型化、复杂化组织设计的综合式结构,它可以是三维的,也可以是四维的甚至更大。多维结构通常为经济性组织所采用。

4. 结构差异。主要指不同的组织有不同的结构和同一组织结构的前后变化,模式表现结构的共性,差异则反映结构的个性。就国家行政组织而言,由于国别、地区和历史发展时期等因素,行政组织的结构是存在差异的。在议行合一的政治体制中,行政组织的内部结构差异小一些,在三权分立的政治体制中,差异则大一些,尤其在实行联邦制的国家中,国家行政组织的内部结构差异可能更大。差异为比较提供条件,从而为观察和分析组织结构提供条件。

二、管理幅度与管理层次

管理幅度与管理层次是组织结构的基本范畴。幅度构成组织的横向结构,层次构成组织的纵向结构,水平与垂直相结合构成组织的整体结构。因此,管理幅度与管理层次是影响组织结构的两个决定性因素。在组织条件不变的情况下,管理幅度与管理层次通常成反比例关系,即管理幅度宽,则管理层次少,反之亦然。

1. 管理幅度。管理幅度又称控制幅度,是指一名主管人员所能够直接领导、指挥和监督的下级人员或下级部门的数量及范围。科学合理的管理幅度没有统一的标准,它取决于管理机构的合理程度以及物质设备和技术水平的先进程度,并与管理层次密切相关。一般说来,决定组织管理幅度宽窄的主要因素有三个方面:一是管理者与被管理者的性格、知识、专业、技能、才干、精力、经历、经验、习惯、性别、年龄、动机、作风等;二是组织的正式规定,如规章、制度、规划、计划、程序、纪律、责任、待遇、惯例,以及技术设备、氛围、人际关系、权力的集中程度等;三是社会的总体发展水平、社会对组织的需求、社会道德风尚和意识形态,以及与组织有关的家庭或家族意志等。

管理幅度是与专业化联系在一起的,它要解决的问题之一,是如何和根据什么标准对组织进行横向分工。在这方面,国家行政组织采用的基本标准主要有四类:

(1) 按功能划分,即将性质相同或相似的工作归类组成一个组织单位,由该单位全权负责处理这一类行政事务。按功能划分组建单位,有利于权力统一、责任明确、提高效率、评判政绩、培养专才,但如果处理不当,也可能对内造成协调困难、妨碍综合优势和培养行政通才,对外增加社会负担。

(2) 按程序划分,即按工作程序或设备技术标准组建单位。其优点,是有利于充分利用现代科学知识与技术,促使有效的技术合作,节省人财物力和进行成本效益分析。其缺点,是有可能造成技术官僚倾向,比如,重视技术轻视政策,崇拜手段漠视法律,淡化公共行政的社会公益目的等。

(3)按地域划分,即按自然、社会和历史条件划分行政区域,在此基础上组建行政单位,辖区一切行政事务均由其掌理。这种划分权力集中,因地制宜,行政一致,有利于照顾地方利益和反映地方意见,也有利于形成综合优势,但处理不当也可能出现地方本位主义或挟地自重现象,引起纠纷,妨碍国家的整体进步和发展。

(4)按人或物划分,即以管辖对象——人或物为划分标准组建行政单位。这种职能划分好在对象明确、职责清楚,因而有利于不受干扰、全力以赴,但也可能肢解行政职能、割裂机体,妨碍整体行政功能。

2. 管理层次。管理层次也称管理层级,是指组织的纵向等级结构和层级数目。管理层次是以人类劳动的垂直分工和权力的等级属性为基础的。因此,管理层次的划分,不但取决于组织劳动分工的需要,而且取决于组织权力构成的需要。

不同的行政组织其管理层次的多寡不一,但多数可以分为上、中、下三级或高、中、低、基层四级。但无论哪一种层次组建方式,其上下之间都有比较明确和严格的统属关系,都是自上而下的梯形金字塔结构。一般说来,组织高层比较偏重组织的总目标、原则、决策、协调、监督等方面的事务,因而人数和机构相对较多。从这个意义上说,行政事务的性质与管理层次的高低成正比。因此,国家行政组织通常都是金字塔式结构。

三、行政组织体制

行政组织体制即行政组织类型,通常指行政组织各层级、各部门之间行政关系的法制形态。行政组织体制的核心问题是行政权力的分配,即行政权力的归属及其运用。以此为内涵,行政组织体制大致可以分为三种类型:

1. 首长制与委员制——权力归属和运用完全不同的两种体制。

(1)首长制。亦称首长负责制,指行政机关权力交由行政首长一人负责,并同时承担全部领导责任的组织体制。在这种体制下,由于行政首长权力集中,所以,指挥高度统一、命令上下贯通,对信息的反应速度和决策的速度都比较快,因而行政效率较高,行政责任也比较明确,因而为多数国家政府所采用。但如果处理不当,也可能由于行政首长个人的局限性而贻误决策,或者滥用权力、独断专行、营造私利,而置国民利益于不顾。在现代国家政府中,在普遍实行首长负责制的同时,往往还同时通过法定制度,建立和强化了权力决策程序和监督制约机制。

(2)委员制。亦称集体制或会议制,指行政权力交由若干人组成的集体共同负责,并集体承担领导责任的组织体制。委员制体现民主精神,有利于反映各方面的意见和集思广益,也有助于防止和克服舞弊现象。但如果运用不当,也可能出现职责不清、争功诿过、决策迟缓、行动不力等现象,并可能由于法不责众而妨碍行政责任的落实和行政纪律的执行。

2. 分级制与分职制——纵横相交、相辅相成的两种体制。

(1)分级制。又称层级制,指行政组织纵向结构的各个层级的工作性质相同,但管辖范围随层级下降而缩小的一种组织体制。在实行分级制的组织体制中,组织的每一个层级在性质上都是普遍的和完全的,在范围上或领域上都是部分的和不完全的。分级体制是典型的层级节制结构,其优势在于:结构严谨、事权集中、指挥灵活、行动统一,但如果层级节制过严,有可能抑制下级的主动精神,并使行政首长忙于处理日常事务,无暇顾及调查研究和组织的变革与发展。

(2)分职制。又称职能制,指横向划分部门的组织体制。分职制的特征,是将组织一定层级上的职能,按照一定的标准分配给平行的、不相统属的机关去完成。与分级制相反,分职制所形成的每一个部门,在性质上都是部分的和不完全的,在范围上和领域上却是普通的和完全的。分职制有利于集中技术人才和发挥技术优势,也有利于行政首长将注意力集中到组织的整体谋略方面。但如果运用不当,也可能松弛行政权力,使组织的横向配合与协调发生困难。

专业分工是分职制的要义,指挥统一是分级制的精神。在现代政府中,分职制与分级制是相辅相成、互相依赖的。因此,现代国家行政组织一般都实行所谓"职级综合制"。

3. 分权制与集权制——行政权力的集中程度存在较大差别的两种体制。

(1)集权制。亦称独立制或完整制,指行政权力集中于上级,下级处于被动服从和严格受控地位,其行政行为基本上取决于上级指令的一种组织体制。集权制指挥坚强有力,计划统筹兼顾,同时有利于严明行政纪律,也有助于行政事务的统一领导和管理。但权力过分集中不仅会使下级意志消沉,而且一旦权力的行使出现重大失误,就可能严重损害行政组织的社会目的,并抑制组织的持续效绩。

(2)分权制。亦称多元制或分离制,指将行政权力较多授予下级的一种组织体制。其特征,表现为行政下级在其管辖权范围内、名义和实际上都享有主动采取行政措施的自主权,上级除负监督责任外不横加干涉,而由下级根据具体情况自行其是。分权制具有灵活性和适应性的特点,因而容易收到因地制宜的功效,同时也有利于培养民主精神、主体意识和工作热情。但分权过甚,也可能破坏政令的统一,出现各自为政、政出多门的现象,从而损害国家行政组织的整体目标和功能。

分权与集权历来是一大政治问题,也是一大组织管理问题,是行政研究的一个长期课题。一般说来,统中有分、分中有合、统分结合、整体联动是比较理想的行政组织体制,但在什么条件下偏重于集权或分权,需要从组织的总体战略目标,组织的进步和发展、服务社会和市场等多方面进行考量。

第四节 组织原则

行政组织原则是为行政行为提供指导的一种基本论述,是使行政组织长期稳定、平衡、有效和充满活力的一系列的一般性或共同性的规范或法则,是行政组织机构设置所应遵循的范例。

一、组织原则的形成与意义

可以称之为原则的规范或法则至少应当具备四个方面的条件:

第一,理论前提,即原则必须建立在对一定客观事物或现象的普遍特性的观察基础之上,换言之,实践是原则的理论前提。

第二,理论概括,即原则有赖于对一些现象所进行的分析研究,进而进行理论概括,并以凝练的语言进行准确的理论表述。

第三,理论规范,即原则应当具备相对明确的准确性和规定性,一般应当附有原则的适用条件。

第四,社会价值,即原则必须能够为实践提供一定的规范性指导,原则必须具有实用性,这种实用性就是原则的社会价值。

二、组织原则的主要内容

在关于组织研究的不同历史时期,先后有过许多关于组织原则的理论概括,其中较为系统、明确和具有代表性的有:

(一)利恩·阿尔福特(Leon Alford)的十项工商管理原则①

1. 目标的原则:组织各部门的目标与全部事业的目标和方针相一致。
2. 权责一致的原则:指挥权力与执行责任相等。
3. 最高权威的原则:高级首长有督促部属责任心的责任。
4. 权威系统的原则:明确规定自上而下的控制系统,以具有正式权威。
5. 控制幅度的原则:一个首长正式指挥管理5—6人为宜。
6. 特殊注意的原则:特别注意例外事务或计划以外的政策问题,提高管理效率。
7. 指派任务的原则:每一个人应当限定一项主要职务。
8. 权责确定的原则:明确规定每一个人的工作任务、权限、责任及其相互关系。
9. 业务类同的原则:同类与相关工作任务,应交由一个单位或一个人去完成。
10. 组织成效的原则:组织工作顺利有效,是检验组织结构的最后标准。

(二)卢瑟·古立克和林达尔·厄威克的八项行政管理组织原则②

1. 目标的原则:所有的组织都必须建立和表现出一个明确的目标。
2. 相符的原则:每一个职位的权力与责任都应当一致。
3. 权限的原则:上下级之间、成员之间应当建立一种明确的权限关系和责任关系。
4. 专业化的原则:每一个人的工作都应当限制为一种单一的职能。
5. 控制幅度的原则:每一位主管人直辖下属不得超过5—6人。
6. 协调性的原则:以协调来保证组织的和谐与促进组织的统一。
7. 明确性的原则:每种职位和工作规范都应有明确规定。
8. 平衡的原则:组织结构应当系统考虑,避免畸形或偏激,以利于长期稳定发展。

(三)马克斯·韦伯的八项理想行政组织的原则③

1. 劳动分工的原则:明确规定每个人的工作任务及其相应权责,并通过规章制度使之作为正式的合法化的职守。

---

① L. P. Alford, *Principles of Industrial Management for Engineers*, New York: Ronald Pr. Co., 1940.
② Luther Gulick and Lyndall Urwick, eds., *Papers on The Science of Administration*, Institute of Public Administration, Columbia University, N. Y., 1937, pp. 3-13.
③ 〔德〕马克斯·韦伯:前揭书,第242—245页。

2. 层级节制的原则:按地位高低规定命令与服从的关系,除最高领导者外,每个人都只有一位上司。

3. 公平合理的原则:每一个人都必须经过公开和公平合理的考试进入组织或得到提升。

4. 职业训练的原则:必须经常对成员进行有效的职业培训,以期提高专业知识或技能水平。

5. 法制的原则:法制具有崇高的地位,以使组织及其成员能够遵循规定的途径,有序和有效地追求和完成组织目标。

6. 职业化的原则:公务人员一旦获得公务资格就同时获得职业保障,以使其专心致力于业务工作。

7. 固定薪俸的原则:每一名机关成员薪金都按其地位和资历由明确的薪俸制度所规定,同等职位或工作的人享受同等待遇。

8. 奖惩制度的原则:根据机关成员的功绩和工作状态,按预定标准和尺度给予相应的奖惩。

(四)行为学派的组织原则

1. 人格尊重的原则:社会—心理需求是人们工作热情的主要动因,因此应当在人们的感情与工作任务之间建立合理的平衡。

2. 运用非正式组织的原则:非正式组织不可避免地要影响到正式组织的领导、管理制度及其效能,因此,应当充分认识并合理运用之。

3. 参与管理的原则:通过参与管理,增加成员的主体意识,进而调动人的潜能。

4. 优化人际关系的原则:人际关系直接影响组织的整体氛围和成员心理平衡,因此,应当经常注意调节人际关系,引导健康、和谐、有益互动人际关系的形成和发展。

5. 培养新型领导能力的原则:其核心是民主管理意识和技能,因此,应当培养各级管理人员倾听意见、了解下情、吸引群众的观念、技能和魅力。

(五)系统学派的组织原则

其内容较多,基本的理论规范如下:

1. 整体性原则:规定组织系统是个整体,整体是要素的有机结合,只有整体才能产生整体效应,因此,应当强调总体目标、利益和功效。

2. 有序性原则:规定组织是按一定秩序和等级形成的系统,因此,应当合理划分等级和部门,并相应规定权力和责任。

3. 结构性原则:规定不同的组织有不同的结构,要素和结构共同决定组织的性质,因此,必须正确选择组织的结构。

4. 动态性原则:规定任何组织都处在动态之中,一个系统的质一旦流入其他系统就会具有其他系统的质,因此,应当注重社会环境和组织自身条件的变化,实现二者之间的动态平衡,并不断努力改造内外环境。

5. 相关性原则:规定任何事物都是相互联系的,一个因素的变动将影响其他因素的变化,因此,组织的一切决策都必须做系统的设计。

6. 开放性原则:规定只有开放的系统才能与环境大量交流信息、能量和材料,才能形成有效的投入、转换和产生的良性循环,实现熵的负值转换,因此,组织应当尽可能扩大与环境超系统的双向交流,以取得不断发展。

7. 最优化原则:规定期望值将引导组织的持续努力,较强的动机和较好的组织条件是将组织推向前进的动力,因此,应当努力使组织始终处于最佳状态,首先是最佳决策状态。

8. 反馈原则:规定信息反馈对保持组织的稳定、有效和发展具有至关重要的意义,因此,应当设计组织活动流程中的回路,建立及时、有效的反馈机制,包括较为灵敏的自动报警系统。

(六)权变观的组织原则

权变观的主要理论倾向并不重视原则的意义,而是强调灵活性和适应性的重要性,强调从特定的条件出发实施具体的管理,即强调特定的社会历史条件与组织性质、状况、能力等诸因素之间的对应关系。因此,权变观的组织"原则"只有一条,即一切以时间、地点和条件为转移。从这个意义上说,迄今为止一切行之有效的组织管理原则,都是权变观所认同的原则,问题的关键在于对环境与组织之间相互关系的理解和判断。

三、我国行政组织的基本原则

我国行政组织即政府组织,其基本原则从根本上说是由我国社会主义制度所决定的。就国家的政治生活、法律生活和社会生活而言,它是通过国家的最高权力机关——全国人民代表大会制定的宪法和有关法律所规定的。就行政现象和管理行为而言,它则是政府通过行政法规和方针、政策所确认和实施的。概括起来说,我国行政组织所遵奉的基本原则有以下几个方面:

1. 为民便民的原则。这是我国国家行政组织第一的和最高的原则。违背了这一原则,也就背离了社会主义方向。为民,就是要以为最广大的人民群众谋利益,作为一切政府工作的出发点和宗旨;便民,就是要与人民群众保持最密切的联系,方便人民群众,通过国家行政管理的有效运用,更好地为人民办实事。

2. 完整统一的原则。完整,既指各种行政行为所拥有的行政权力在其职责范围内应当完整,也指国家行政组织的结构应当整齐划一;统一,则主要指国家行政组织所特有的层级节制的组织关系,应当事权确实、上下贯通、政令归一,同时按照各自的职守和功能实行有效的协作和配合,共同实现国家行政组织的大目标。实现完整统一的关键在于合理的行政授权,并在此基础上实现国家行政决策、行政行为的一致性。

3. 权责一致的原则。该原则的要义,是建立行政权力与行政责任之间的对应关系,并用科学、严格的规章制度加以确认和规定。一般说来,行政权力应当与行政责任成正比,职位、职权、职责应当相一致。在权责一致的原则下,对那些"例外"的边界事务或特殊事项,则应当由主管首长裁定后补入正式规定,变"例外"为"例行"。

4. 精干效能的原则。精干,是指国家行政组织的一种数量状态,其内涵是指以较少的机构、人员和财物投入完成较多的工作任务。效能,是指国家行政组织有效的程度,或完成国家行政管理目标的能力。精干与效能相联系,则是指国家行政组织的(人)才、(资)财、(物)材力与其工作效绩之间的合理比例。精干与效能组成一个完整的概念,精干促进效能,效能需要精干。精干效能不仅有助于提高行政效率,而且有助减少行政开支。因此是社会主义国家行政组织所必须的。

5. 依法行政的原则。其核心,是要建立法制观念,培养对法制的遵从。在我国,行政制度是社会主义的法制制度。依法行政就是要遵从宪法和法律对国家行政组织的宗旨、地位、权力、职能、预算、编制、机构、程序等的规定,并自觉接受国家权力机关和人民群众的监督,同时,依照法的精神、原则和条款实施行政管理。依法行政是保证社会主义方向,抑制和克服官僚主义,减少和避免行政决策失误,反对和杜绝违法乱纪,取信于民和造福于民的重要原则。

6. 适应发展的原则。其基本要求,是根据历史条件的变化,相应进行国家行政组织的调整或变革。它包括三个方面的含义:其一,根据国家中心任务的变化而相应采取适当的组织形式和公务活动方式,其二,根据社会进步和不同时期的特点相应调整行政机构和行政手段,其三,以国家和人民的长远利益为根本出发点设计未来。

最后,值得强调的是,我国行政组织是一个复杂的大系统,关于这个系统的任何规定性即原则,都是相互联系、互相强化支持的。因此,各项原则的协调性、互动性制约着对行政组织的指导功能。

第五节　组织环境

每一个组织都是一个系统,每一个系统都只是一个更大系统的次级系统,更大的系统构成次级系统的外部环境。对国家行政组织而言,外部环境通常是指社会环境大系统。从广义上说,社会环境就是组织以外的一切社会事物。

组织与环境之间存在着既可分辨又可渗透的界限。这种界线将组织与环境区分开来,又使二者交互影响,相互依存。组织与环境之间通过彼此间的交互作用,来影响对方的活动和行为,这种交互作用总是双向的。

组织不但受到外部更大社会系统的影响,而且受到内部更小结构系统的制约。组织内部诸因素的总和,构成组织的内部环境。内外环境的交互作用,共同作用于组织的总行为,并影响组织成员的行为倾向。

一、一般社会环境

一般社会环境,是指对包括国家行政组织在内的一切社会组织均发生影响或制约作用的宏观的社会因素之和,它直接关系到国家行政组织的总体目标、功能状态和管理方式,其内涵和特征主要有以下 10 个方面。[①]

1. 文化:历史背景、意识形态、民族心理、传统习惯、价值观念、社会风尚、道德标准、行为规范、权力关系、人伦关系、领导形态、理性倾向、公共机构的性质和作用等。

2. 技术:社会的科学技术的发展水平和物质基础、科学技术知识的普及程度以及科技界推广、应用和开发新知识、新技术的才智和能力等。

---

① 〔美〕弗里蒙特·E.卡斯特、詹姆斯·E.罗森茨韦克:前揭书,第 155 页。

3. 教育：国民的普遍文化水准、教育制度的完善程度与分化程度、国民义务教育的范围和年限、接受高等教育和专业训练的人在总人口中所占的比例等。

4. 政治：社会中的一般政治气氛和倾向、政治权力的集中程度、分权和国民参政的程度、政治性组织的普遍程度和职能倾向、政党制度和政党政治的性质及运用、社会民主意识的强烈程度等。

5. 法制：宪法的地位和功能、法律制度的特性、完善程度及其有效性、国家权力的格局及其规定性、政府的委托立法权、行政司法权及其运用、法制精神的社会性、法律的制定程序、特别法的制定等。

6. 自然资源：自然资源的蕴藏量、种类、分布、可用性、开发状况和前景，包括国土面积大小、肥瘠、气候、水源、矿藏、物产、山脉、海岸、森林等。

7. 人口：人口的数量、质量、性别、年龄、分布、生育率、死亡率、就业率、平均寿命、人力资源的再生能力、人口集中程度、都市兴起的程度等。

8. 社会：社会制度的性质和发展、社会结构和阶级或阶层状况、贫富距离及对抗或融洽程度、各阶级或阶层力量对比以及社会物质资料的分配形式、社会组织的性质及普遍程度、社会角色的界线等。

9. 经济：经济制度和国家基本经济结构、不同所有制在国民经济中的地位和比重、市场经济或计划经济政策、银行体制、财政和金融政策、税收政策、资源开发的热情和状况、投资水平、结构及消费特征等。

10. 国防：武装力量和军人在社会生活中的地位和作用、军费开支占国家财政预算的比重、军事人员占劳动力人口的比例、军事装备的技术水平和有效性、武装力量在保卫国家安全和国民生命财产安全以及社会安定方面所起的作用等。

二、特定社会环境

所谓特定社会环境，是指那些与行政组织的决策、转换和输出过程相关联的更为具体的力量和直接因素。

一般社会环境的诸因素在与特定组织进行交换的过程中存在着程度上的差别，特定组织也不会在特定时间内对所有的因素做出同等的反应，而只会对那些与本组织的功能有着直接关系的因素做出强烈的反应。这些与特定组织直接相关的社会因素之和就是组织的特定社会环境。换言之，一般社会环境与特定社会环境对一个组织而言只有程度上的差别而无实质上的不同。

特定社会环境对组织的目标和价值系统、结构系统、技术系统、管理系统和社会心理系统都产生直接和具体的影响。这种影响主要是通过组织对外部信息的感知和处理，并转化为影响组织内部特征的决策过程来实现的。从这个意义上说，有效的组织领导首先取决于正确地辨别和认识特定社会环境的能力，决策的过程就是正确判断特定社会环境并做出决断的过程。

在正常情况下，组织的宏观指导思想和总体战略反映一般社会环境的要求和制约，组织的管理制度、行为方式和策略思想则反映特定社会环境的要求和制约。在许多情况下，国家行政组织不但有必要而且有能力建立组织的界线并改造特定社会环境，以为自身创造一个相对平稳的工作环境。相对稳定的环境,常常是国家行政组织有效施为和进步发展的必不可少的条件。

三、团体社会环境

社会组织或团体是当代社会的一种普遍的现象。在当今社会中,数不胜数的各种社会性组织或团体共同组成了一个复杂的团体社会。这些组织彼此矛盾、冲突或协调、一致,国家行政组织正是处在这样一个团体和社会环境之中。

组织的广泛性使其成为政府解决当代公共行政问题的关键之一,政府只有正确地处理好与各种社会组织或团体的关系,才能有效地达成自身的目标。在这方面,政府与社会性组织或团体相互作用的方式大致有三类:

1. 国家行政组织从团体社会环境输入信息,即通过接触、商洽、接待、座谈、询问、调查、谈判等方式了解社会团体的要求和愿望,在充分输入的基础上,经过内部转换,变为指示、规章、条例、意见、规划、计划等输出给社会,并以此获得社会团体的理解、赞同和支持。

2. 社会团体从国家行政组织输入信息,了解和把握国家行政组织的方针、政策和各项规定,经过内部转换,以态度、需求、意见等方式求得国家行政组织的理解、协助和支持。由于国家行政组织掌握和行使国家行政权,所以,社会团体的许多意图和利益常常只有得到国家行政组织的认同才能实现。因此,各个公民团体无不将与国家行政组织保持某种友好关系或一定接触渠道作为追求既得利益的目标,在必要时,也可能采取一定的方式对国家行政组织施加压力,比如,游行、示威等。

团体利益的矛盾和冲突,使国家行政组织经常处于错综复杂的团体影响和压力之下。这就要求国家行政组织从"利益整合"的原则出发,统筹兼顾各方面的意见和利益。

3. 国家行政组织以公平仲裁者的立场、态度和方法来化解、调停、斡旋、了结各社会组织或公民团体之间的矛盾,以维护社会的安定和基本的社会秩序,并以此实现各社会团体的有益互动。在社会主义国家里,解决遵从宪法的各社会团体之间矛盾的基本方法,是解决人民内部矛盾的方法,比如,说服教育、思想政治工作、行政裁决等。

正确处理与社会团体的关系是国家行政组织适应团体社会环境、治国安邦艺术的一个重要标志,处理各社会团体之间的关系,则是现代国家行政组织社会管理职能的一项重要的和经常的任务。

第六节 组织变革

行政组织由其性质、地位和功能所决定,既需要连续性和稳定性,又需要适应性和革新性。在当今迅速发展变化的社会环境中,组织唯有通过经常性的自我调整和革新,才能保持自身的一体化进程和履行社会职能。因此,变革是组织稳定的基础,是组织发展的动力,也是衡量组织自我净化、自我调控机能的重要标志。变革是一个有着较为广泛的内涵和外延的概念。一般说来,变革是一种组织行为。对国家行政组织而言,因其特有的法权地位和公共行政管理职能以及社会责任,所以,它的变革更是一种以法制为基础的严格的组织行为。

一、组织变革的动力与过程

（一）组织变革的动力

组织变革的动力由多重复合因素驱动,并在交互作用的过程中推动变革的进行。但在具体的变革中,主要推动力则总是来自一个方面。变革的动力主要有以下因素:

1. 环境。组织的变革常常是由其环境变化引起的,比如,政治格局、法律规范、伦理道德、经济发展、文化观念、民族意识的改变等。在大的社会环境发生明显变化的情境中,国家行政组织的变革是难以避免的。

2. 目标与价值观。目标是价值观的产物,也是组织战略的凝聚点。因此,价值观和目标的变化(重新制定或修正)将改变组织的行为方向或行为方式,引起组织的变革。目标的改变可能来自于组织外部的强制压力,也可能形成于组织自觉地对环境的再估量。

3. 技术。这里所说的技术,既是物质的,也是方法的。技术是组织变革的直接的动力源,主要表现在:技术水平和技术手段是区分组织技术程度的标准;组织技术水平的提高和组织在改进技术方面所做的努力将对组织产生广泛的影响,组织分析技术将对组织变革产生推动作用。

4. 结构调整。组织结构的任何改变,无论渐进式还是突变式,都是组织变革的外在表现形式,包括新建、重建、改组、合并、裁减、撤销以及与之相适应的行政权力的再分配或职位的重新设置等。一般说来,在组织的其他方面处于相对稳定的条件下是调整组织结构的较好时机。

5. 管理创新。在任何情况下,管理思想和管理方式的改变都是变革的基础。这主要表现在两个方面:第一,管理过程的每一个环节,都是组织变革的不可缺少的实施条件;第二,管理本身就是最经常、最重要、最直接的变革动力源。由管理者或管理部门发动的变革在组织中是司空见惯的,变革也正是组织管理的基本职能之一。

6. 社会心理因素。这主要指组织成员的动机、愿望、态度以及与之相一致的群体效应对组织变革的推动。组织成员不满现状和要求变革的意愿常常表现为意见、建议、方案、呼吁、消极抵抗等行为,并以此来促成或加强领导阶层变革意识。组织成员的普遍的变革意愿是变革顺利进行的重要条件。

7. 专家介入。专家或专家团体不一定是组织的正式成员,也不一定拥有固定的职权,但他们的丰富和优越的系统知识、理论和方法,有助于他们对组织的历史、现状和发展前途做出科学的分析和论证,而这正是变革所必需的。由于他们的介入和帮助,行政组织的变革往往会变得比较清晰和容易。因此,专家和专家团体是现代国家行政组织变革的一个动力。

（二）变革的过程

任何变革都表现为一个过程,即在特定的社会环境和自我判断的交互作用下,经过一定的发展阶段,实现某种更新。更新是变革的实质。一般说来,变革的过程可以分为以下几个阶段:

1. 对组织的历史和现状进行反省、检讨、批评,并对组织的内外环境进行跟踪监视和分析研究。

2. 感知、觉察和了解组织的问题所在,进而认识变革的必要性。

3. 确认变革的现实条件和理想条件之间的差距,尽可能克服不利条件或创造有利条件。

4. 找到解决问题的方法,包括制定、评价、选择变革方案,同时确定实验性的先行变革模式并检测其可行性,在此基础上确定变革计划和制定测量效绩的标准。

5. 根据已确定的方案具体实施变革。

6. 对照计划予以反馈和评价,如果不合目标,就要按照以上步骤重新循环。

二、变革的阻力与克服

(一)变革的阻力

阻力是动力的对立面,有动力就有阻力。这种矛盾现象来自组织及其成员的两种不同的需要和追求:既需要稳定性,又需要变革性。在通常情况下,人们会对变革持一定的欢迎态度,因为变革可能带来一定的好处。但是,当变革可能带来不利后果时,人们就会对变革持怀疑和反对的态度,从而形成关于变革的阻力。就国家行政组织而言,因其特殊的法权地位和独特的社会职能,变革的阻力是比较复杂的。各种社会行为主体都将十分关注国家行政组织变革的结果对自身的影响,从而引发自身的行为。阻力既可能来自组织内部,又可能来自组织外部,既可能来自社会团体,也可能来自其他国家权力主体。一般说来,变革的阻力主要可能来自以下方面:

1. 利益差别。它主要指国家行政组织变革结果对不同社会行为主体的不同影响。对一定的社会行为主体来说,如果变革恰恰是自身所忌讳的,那么,对变革持消极、冷漠和反对的态度就是很自然的。

2. 习惯性。习惯性是对一定工作方式和环境的较为固定的看法或行为方式的惯性。习惯性的力量常常是巨大的,它对变革的阻力主要有两种情况:一是职业认同感,二是对变革更新的潜在的不安全感。

3. 认知。这主要表现为由于对变革的目的、方式、后果的不完全的、模糊的、主观臆测的了解和理解,而对变革持怀疑和反对的态度。从这个意义上说,合情合理的、实事求是的变革宣传,是变革成功的重要条件。

(二)变革阻力的克服

在实践中,变革的阻力来自许多方面,对阻力的克服也有许多对策,主要有以下十个方面,这些对策常常是交替或混合使用的:

1. 创造和谐的变革气氛,其关键在于使人们感觉到变革势在必行、迫不得已和公平合理,从而建立理解和支持变革的基础。这种方法强调和风细雨的工作方式,通常具有慢节奏的特征。

2. 力场分析,是一种目标诊断和解决问题的技术。这种技术将变革过程中的力量分为推动力与抑制力两种,认为同时增强驱动力与削弱抑制力是强化变革成果的有效途径。

3. 广泛的参与,即让与变革相关的行为主体直接参加关于变革的讨论、决策和实施。

这种方法既有利于博采众人之长,也有助于使相关行为主体获得心理上的平衡,同时可以增加相关者对变革的了解和理解,从而加强关于变革的主体意识,主动承担责任,努力推动变革。

4. 重构群体规范,即利用群体的准则、规范、压力和一致性意识来克服变革的阻力。在这里,群体既指正式的工作团体,也指非正式的人群组织。

5. 强制力,即使用行政决定、行政命令、行政法规、行政决策等强制性行政手段,强行推动变革的进行,强力克服阻力。

6. 利用个人威望,即利用德高望重的行政首长的个人号召力或非正式群体"天然领袖"的个人影响力,来达到减轻以至克服阻力的目的。

7. 改变领导方式以及采取合理方式,这有两个要点:一是注意采用讨论和协商的办法处理分歧,减少对抗的烈度;二是合理设计变革的进程,避免强行加速所可能带来的震动和逆反心理及抵制。

8. 加强组织沟通,即及时和有效开展关于变革的正确性、必要性、重要性的宣传,以避免由于不了解情况而可能产生的误会、歧义和抵制。真诚的感情沟通有利于增加对变革的关心和责任感,密切的工作沟通有利于形成变革的合力。

9. 加强革新性行为,公开表现出对变革所必须的新观念、新态度、新技术、新行为的充分肯定,可以通过表扬、奖励等具体方式来体现这种肯定。在这方面,组织高层领导人的公开的、倾向性的肯定态度,往往对抑制关于变革的反对力量具有重要意义。

10. 折中妥协,即在变革阻力较强大且持久的情况下,暂时放弃较高的变革目标期望值,以降低目标的方式来换取有限目标的实现。折中妥协是一种迫不得已的对策,但常常是必要的。在实际过程中,多数变革都或多或少地使用过这种对策。

三、成功变革的一般条件

变革是一种组织行为,这种行为是一种有计划的行为,这就要求组织不仅要研究组织的问题所在、研究注意的焦点和改进的战略,而且要研究变革的条件性和应遵循的原则即规定性。一般说来,成功实施变革的条件和原则主要包括以下几个方面:

1. 组织所面临的情境压力已将组织推到非改不可的境地,除非变革,组织将无法继续生存下去。压力可能来自组织的外部,也可能来自组织的内部。前者诸如国家政策的调整,法律规定的改变,同行业的激烈竞争,后者诸如工作效率极为低下,成员情绪极不稳定,资金用度极为拮据等。在这种情况下,往往会从组织内部产生变革的要求。这时我们可以认为具备了变革的条件。但如何变革,则取决于组织对环境的认知。在另外一种条件下,组织状况良好,变革只是为了获得更优越的生存条件和推动组织的发展,在这种情况下,组织变革就应当更多地考虑成员的心理承受力和实际可能性。

2. 有计划的变革必须由组织管理部门来制定系统的规划和模型,这一规划和模型既要能适应当前的环境,又要能适应未来的变化,并且要同时考虑到目标、结构、技术、知识、态度、行为等诸方面的因素及其综合效应,还要使组织目标与个人目标作最佳的配合。

3. 负责考察组织历史、现状和设计未来的人必须对变革承担责任,他们必须了解成员的需要并把需要最终反映到解决问题的方案中来。组织应当通过让成员参与变革计划的制定过程,来吸收成员关于变革的合理化建议,同时将变革变成全组织的共同认识和自觉行为,变"领导的"为"大家的"。

4. 为避免重大失误破坏变革的进程和打击人们对变革的信心,应当首先在小范围进行变革实验,待取得成功的经验和失败的教训后,再向大范围推广。但必须注重实验的条件性和局限性,不可将实验典范绝对化。以包括国家行政组织在内的超大型组织来说,这一点尤其重要。

5. 必须从组织外部引入一些新的思想和方法,以帮助组织内的人们开阔视野、活跃观念、启发创新思维,从而找到改善组织状况和提高组织效益的新途径。在这方面,很好地了解其他组织成功变革的思想和方法,是促发本组织有益联想的有效途径。

6. 组织各级领导层和变革的主持者应当经常收集他人关于变革的新想法,并将自己关于变革的新想法介绍给他人,以实现互相促进;同时,组织的管理阶层要始终如一、坚定不移地肯定人们的变革热情,支持人们为提高组织效益而做出的任何努力。

7. 组织的管理人员应当准确而全面地了解和把握变革的阻力,了解和把握主要矛盾所在以及各种阻力之间的相互关系,并在此基础上根据阻力的性质和主要表现形式正确地选择克服阻力的方法,以有效而巧妙地克服阻力,推动变革的不断发展。

名词与术语

首长制　　行政组织　　直线集权制　　一般社会环境
委员制　　行政机关　　直线职能制　　特定社会环境
分级制　　行政机构　　直线综合制　　团体社会环境
分职制　　目标管理　　直线分权制
分权制　　管理幅度
集权制

复习与思考

1. 国家行政组织的一般含义。
2. 国家行政组织的特征。
3. 国家行政组织的基本要素。
4. 国家行政组织产生与成立的依据。
5. 国家行政组织产生与成立的效力。
6. 组织目标的功用。
7. 组织目标的层次。
8. 组织目标合理化及其一般条件。
9. 组织目标的基本特征。
10. 合理组织目标的特征。
11. 目标管理的性质。
12. 成功实施目标管理的基本条件。
13. 观察组织结构的主要角度。

14. 国家行政组织横向分工的基本标准。
15. 行政组织体制的基本类型。
16. 构成组织原则的基本条件。
17. 厄威克的行政管理组织原则。
18. 韦伯的理想行政组织原则。
19. 行为学派的组织原则。
20. 系统学派的组织原则。
21. 我国国家行政组织的基本原则。
22. 一般社会环境。
23. 特定社会环境。
24. 政府与社会团体相互作用的方式。
25. 组织气候的主要变数。
26. 组织变革的主要动力。
27. 组织变革的一般过程。
28. 组织变革的主要阻力。
29. 克服变革阻力的经常性方法。
30. 成功变革的一般条件。
31. 信息时代政府的组织形式及其有效性的再思考。

主要参考书目

1. 〔德〕马克斯·韦伯:《经济与社会》,林荣远译,北京:商务印书馆1998年版。
2. 〔美〕弗里蒙特·E.卡斯特、詹姆斯·E.罗森茨韦克:《组织与管理——系统方法与权变方法》,李柱流等译,北京:中国社会科学出版社1985年版。
3. 〔美〕丹尼尔·A.雷恩:《管理思想的演变》,孙耀君等译,北京:中国社会科学出版社1986年版。
4. 〔美〕唐·赫尔雷格尔等:《组织行为学》,孙康琦译,北京:中国社会科学出版社1989年版。
5. 杨锡山:《西方组织行为学》,北京:中国展望出版社1986年版。
6. 〔美〕R.A.沙曼:《组织理论和行为》,郑永年等译,南宁:广西人民出版社1988年版。
7. 孙彤:《组织行为学》,北京:中国物资出版社1986年版。
8. 〔美〕马丁·阿尔布罗:《官僚制》,阎步克译,北京:知识出版社1990年版。

第六章 人事行政

第一节 人事行政概述

人事行政是国家行政管理的重要内容之一。人事行政的好坏,直接关系到政府工作的成败,甚至国家命运的兴衰。从某种意义上说,古人所谓"人存政举、人亡政息"讲的就是选官、用官之于国家和民族的重要性。因此,现代国家政府无不竭尽全力试图构建行之有效的国家人事行政制度,制定公平合理、充满生机和活力的公共人事行政政策。

一、人事行政的含义及相近词语辨析

所谓人事行政(Personnel Administration),是指政府为达成其职能、推行其工作,通过一定的人事机关及相应的法规、制度、方法和手段等,对其所任用的国家工作人员进行选拔、任用、培训、奖惩、考核、调配、工资福利、退职退休等方面的管理活动。具体来讲,"人事行政"这一概念包含以下几个方面的要义:

1. 人事行政是指政府对其所任用的工作人员的管理活动,人事行政的范围仅限于政府系统内部。

2. 人事行政的内容主要体现为政府的人事管理机构通过相应的人事行政制度,对政府人事问题所做的规划、决策、组织、指挥、协调、控制等管理活动。在西方国家中,为与其他领域的人事管理活动区分开,人事行政又叫作"公共人事行政"(Public Personnel Administration),而"人事管理"(Personnel Management)一词,一般指的是除政府系统以外其他领域(其中主要是工商企业界)的人事管理活动。"人事行政制度"是指国家对政府工作人员的管理所做出的种种系统化、规范化的规定,它可以是法律、法规,也可以是政策和行政命令。人事行政制度并不是人事行政本身,它只是人事行政所依据的规则,而人事行政在一定程度上可以看作是人事行政制度的实际运作。

3. 人事行政的总体目标是力求政府中"人"与"事"的协调,是为了使政府中的人力资源得到充分利用,达到人尽其才,才尽其用,并在适才适所的情况下,达到事竟其功。

4. 人事行政的核心是行政人才的管理问题,它包括"取才、用才、育才和留才"四个环节,体现在人事行政的实际运作中,即包含了更新、激励—保健、行为调控三个机制。

人事行政作为国家行政管理的重要内容,与其他行政管理活动一样,具有"二重性"。一方面它是国家政治活动的一个组成部分,具有一定的政治性;另一方面它又有自身内在的发展规律,是一门科学,具有科学性。人事行政既应研究其政治性,也应研究其科学性,更应注意研究如何达成人事行政的政治性与科学性在现实中的统一。

二、人事行政的管理机构

人事行政的管理机构,顾名思义,是指主管或办理政府人事行政业务的机构。我国古代自唐宋起,至元、明、清历代王朝中设置的吏部,即封建国家所专门建立的主管官吏考铨任用的人事行政机构。在西方国家中,随着公务员制度的确立,现代意义上的人事行政管理机构也开始出现。1855年,英国为了对专业化的文官考试业务实施管理,保证文官考试任用的公正性和权威性,成立了专管文官考试录用的文官委员会,这是现代意义上的第一个独立的、职能化的人事行政管理机构。1883年,美国也效法英国成立了专门负责政府人事行政的管理机构——文官委员会。此后,在法、德、日等国家中,在其各自公务员制度形成的初期,也相继在政府中设立了专门的人事行政管理机构来管理公务员。

发展到今天,西方国家的人事行政管理机构已演变进化成一个比较健全的管理系统,其功能比较齐全,管理形式多种多样,部门分工专业化,管理功能部门化,具有较强的科学性,人事行政的效率也较高,基本上适应了西方国家政府人事行政的需要。

当代西方各国的人事行政管理机构,从组织形式、权力划分、功能配置等方面来看,可以说有着千差万别。若从其功能表现方面考察,可以将这些机构分为四种类型,即:决策和综合管理型、协调和咨询型、监督和仲裁型、部门执行型。

表6-1 人事行政管理机构类型

国别	决策和综合管理型	协调和咨询型	监督和仲裁型	部门执行型
美国	人事管理总署	劳工关系局	功绩制保护委员会	(略)
英国	文官事务部*	惠特利委员会	劳资仲裁法院文官特别庭	(略)
日本	人事院** 总务厅人事局			(略)
法国	行政和公职总局	公职最高委员会 行政对等委员会 技术对等委员会	行政法院	(略)
德国	内政部人事司	联邦人事委员会***	行政法院	(略)

注:*1981年,英国文官事务部撤销,原负责的编制定额、薪金年金等业务划归财政部,其余业务由新成立的管理与人事局承担。**日本人事院同时还具有监督仲裁功能。***德国联邦人事委员会还具有监督仲裁功能。

若从这些机构与政府的关系来考察,则可分为部内制、部外制和折中制三种类型。所谓部外制,也称独立制,是指人事行政的管理机构设立于政府组织系统之外,不受政党和行政首长的干涉和控制,独立掌握整个政府的人事行政事宜。采用部外制的国家主要有美国和日本。所谓部内制,是相对部外制而言的,是指人事行政的管理机构隶属于政府机关系统,是政府机构的组成部分之一。实行部内制的国家主要有法国、德国和瑞士等。所谓折中制,是部外制与部内制之间的一种类型,是指人事行政的管理机构,既有一些独立于政府部门系统之外,也有一些附属于政府机关之内。英国的文官考试委员会和惠特利委员会均独立于行政部门之外,不属于内阁中的任何部门,而财政部的人事管理处,实为人事行政的又一管理枢纽,则隶属于内阁财政部,因而英国的人事行政管理机构是一种典型的折中制类型。

上述各种类型的人事行政管理机构,可以说是各有所长,也各有所短。在实践中,无论采用哪种类型和形式,只有能充分体现科学、理性、效率精神的,能适应国家制度、政府管理、经济增长和社会发展的,并能带来人事行政良性运行的那种人事行政的管理机构,才是最好的模式。

在我国,人事行政的管理机构主要是依据不同时期干部人事管理体制而设置的。在革命战争年代和中华人民共和国建立初期,我国的干部(包括在政府部门中工作的干部),除了军队系统实行单独管理以外,其余的都是由党中央和各级党委组织部门统一管理。中华人民共和国建立以来,人事行政的管理机构随着历史条件的不同发生过多次较大的变动,其具体演变如下:

政务院人事局(1949.10—1950.11):政务院人事局作为政务院的直属机构,协助中央组织部管理政府机关的干部工作。

中央人事部(1950.11—1954.9):1950年11月,中央决定将政务院人事局和政法委、财委、文教委、内务部五家人事机构合并,成立统一的中央人民政府人事部。这是我国政府系统中第一个部级的人事行政管理机构,受政务院领导,负责综合管理全国政府机关的人事工作。这一时期,政府人事管理权相对集中,权限范围也较大。

国务院人事局(1954.9—1959.7):这是为了适应1953年干部管理体制改变后的新情况和贯彻一届全国人大一次会议通过的《国务院组织法》的规定而对中央人事部做出的调整,国务院人事局的业务范围比原政务院人事局的业务范围大大缩小。

内务部政府机关人事局(1959.7—1969.12):这是根据二届人大常委会四次会议关于精简机构的决定做出的机构调整,原国务院人事局的全部业务由内务部政府机关人事局承担负责。"文化大革命"期间,内务部撤销,有关人事行政方面的管理工作,移交中共中央组织部办理。

民政部政府机关人事局(1978.3—1980.7):粉碎"四人帮"后,全国各方面工作进行调整,逐渐趋于正规化,设立了民政部政府机关人事局,负责政府人事行政工作。

国家人事局(1980.8—1982.5):1980年,国务院决定将民政部政府机关人事局与国务院军队转业干部安置工作办公室合并,成立国家人事局,直属国务院,负责综合管理政府系统的人事工作。

劳动人事部(1982.5—1988.4):根据五届人大四次会议精神,本着重叠的机构撤销、业务相通的机构合并的原则,将国家劳动总局、人事局、国家编委和国务院科技干部局合并,于1982年5月成立劳动人事部。这时的劳动人事部业务范围很广,权限比其他时期都大。

国家人事部(1988.4—2008.3):为适应中共十三大提出的进行政治体制改革的形势需要,为加快建立国家公务员制度,加强政府人事工作,七届人大一次会议通过了建立国家人事部的决议。人事部的建立,是改革政府机构、建立国家公务员制度的重要步骤,同时也标志着我国的人事行政体制和人事行政的管理机构逐步走向完善。

国家公务员局(2008.3至今):为进一步转变政府职能和理顺部门职责关系,第十一届全国人民代表大会第一次会议于2008年3月通过了《关于国务院机构改革方案的决定》。根据这一决定,在原人事部与原劳动和社会保障部的职责整合的基础上,组建人力资源和社会保障部,简称"人社部";与此同时,组建国家公务员局,由人力资源和社会保障部管理。国家公务员局是综合管理全国行政机关公务员工作的职能机构,其主要职责是从职位管理、考试录用、考核奖励到培训与监督各个方面,对全国公务员事务进行统筹管理。

三、现代人事行政的主要趋向及特征

人类自有国家以来,便有了人事行政。从古至今,人事行政的演变按照其自身内在的发展规律,大体上经历了这样几个时期:一是以恩赐官僚制为核心的人事行政时期,这一时期人事行政的主要特点是专制统治者拥有对所有官吏的生杀予夺大权,一切官员都是依靠专制统治者的恩赐而取得官职的,人事行政中盛行宗法主义的世袭制,血缘关系是任官的主要标准之一。二是以分赃制为核心的人事行政时期,这一时期人事行政的特点主要表现为,虽然法律上已经确认"人人皆有在政府中任职的平等权利",但在实际的人事行政过程中,却主要盛行着分赃制,即在政府竞选中获胜的那一派别或政党,可以独占所有政府职位,凡是对竞选有功或与党派领袖有个人关系者,均可参与对政府官职的"分赃",捞得一官半职。三是以功绩为核心的人事行政时期,这一时期人事行政的主要特点是政府职位向社会开放,绝大多数官员均需经过公开竞争考试才能得以择优录用,人事行政中崇尚人才主义,贯彻功绩原则。

人事行政的演进发展在世界各国并不是同步进行的,目前世界上仍有一些国家由于受多方面条件的限制,仍然是处于人事行政发展的第一、第二个时期,但多数国家的人事行政已完成或正在完成向现代化的转变,已经或正在进入人事行政的第三个发展时期。

纵观人事行政向现代化演进的过程,我们可以发现现代人事行政具有以下种种趋向:

1. 人事行政中出现政务官与业务官在结构和功能上的分化,对这两种官员开始实行分类管理。政务官指的是以政党选举成败和政策成败为进退标准的政府官员,主要包括政府首脑和政府各部门的行政首长,政务官主要由国家有关的政治制度(如选举法)来管理;业务官指的是政府中除政务官以外的其他常任的职业公务人员,亦即公务员。业务官主要由公务员制度来管理。

2. 由以恩赐官僚制和分赃制为核心的赡恩徇私式的人事行政,向以人才主义和功绩制为基础的现代人事行政的演化。

3. 从随意性、或然性很强的人治式人事行政,发展到系统化、规范化的法治式人事行政。

4. 人事行政的范围日益扩大,出现了许多旧的人事行政所没有的业务内容,如考任、培训、职位分类、保险、抚恤等。

5. 在管理方法上,从非科学的经验管理发展到崇尚理性和效率的科学管理,许多科学的管理理论和方法被逐渐引入到实际人事行政过程中,如职位分类方法、激励理论和计算机管理等。

6. 人事行政由以往只重视通才,发展为通才与专才的并重。日益精细的政府事务,需

要大量的行政专才来参与管理,行政通才多集中于政府上层,中、低级政府官员中行政专才所占比例越来越大,发展到今天,有所谓"专家行政盛行"之说。

从各国人事行政的演进过程和现实状况来看,所谓现代化的人事行政,通常具有下述几项特征:一是公平性,即人事行政中的人员进退、赏罚和升降等,均以客观的、法定的人才主义和功绩原则为标准,而不能以私人关系、个人好恶或其他关系为量衡。二是公开性,即人事行政的全过程都向民众公开,彻底打破人事行政的隐秘性,以杜绝私相授受和其他营私舞弊活动,公开是公平的前提保证。三是超然性,人事行政中的人事任免和其他事宜,均以法规制度为依据,遵照客观事实来做决定,不应受到任何其他外力(如政党或利益集团的压力)的影响与指使,不得由于性别、种族、宗教信仰、政治倾向等理由进行人事行政方面的歧视。人事行政的管理机构超然于政治斗争之外,尽力避免带有政治色彩,以保证人事行政的客观性。四是适应性,即现代人事行政通常都不是机械僵死的,而是具有相当的灵活性和适应性,以满足社会不断发展的需求,这主要表现为管理方法的灵活多变和更新改进以及人事行政制度随形势变化而做出的种种调整。上述四项特征,也是衡量一个国家的人事行政是否达到现代化水平的基本标准。

第二节　现代人事行政制度:国家公务员制度

国家公务员制度是现代人事行政制度的主要存在和表现形式。国家公务员制度自创立以来,经过百余年的政策和制度实践,已经形成了丰富的思想、理论和规制。其中不少内容,值得我们在不断完善我国国家公务员制度的进程中学习和借鉴。

一、西方国家公务员制度的概念与特征

现代意义上的国家公务员制度,最初形成于西方资本主义国家。国家公务员制度的出现,是人事行政制度走向现代化的标志。

"公务员"一词是外来语,译自英文的"Civil Servant"(有些英文国家叫"Public Employee"或"Government Employee")一词,最初中文也有译作"文官"。19世纪中叶,公务员制度首先在当时最发达的资本主义国家——英国得到确立。1883年,《彭德尔顿法》的颁布,奠定了美国公务员制度的基础。迄今为止,绝大多数西方发达国家都实行了国家公务员制度。

在西方国家中,所谓"国家公务员",一般是指通过非选举程序(主要是通过竞争性考试)而被任命担任政府公职的国家工作人员。西方国家的公务员,作为西方各国政治与行政系统中特定的一个群体,构成了在西方各国社会生活中占据着特殊的地位、发挥着特有的功能的社会团体。各国为了对这一社会团体进行有效的管理,提高政府行政工作的效率,逐步形成了一系列有关的规章制度,这些制度对西方各国公务员的考试、录用、考核、奖惩、待遇、晋升、调动、退休以及分类管理等做出了系统的规定。这就是西方国家公务员制度。

二、西方国家公务员制度的基本特征

西方国家公务员制度经过几十年乃至上百年的历史过程,经过在实践中的不断修正

和完善,到现在已经基本上形成了一个比较健全、科学和系统的管理规范体系。总的来说,西方国家公务员制度具有以下七个基本特征:

1. 实行职业常任。即把公务员从事的公务工作当作一种职业性工作,把公务员看成如工程师、医生、教师一样,是一种职业性工作人员,他们不随政党选举的更迭而进退,无过失即可长期任职,不得被随意辞退。

2. 公共权力依附于公务职位。即公务员的权力大小是由公务员所在职位决定的,权力不随人走,公务员只能利用所在职位赋予的权力来完成本职工作。

3. 贯彻用人唯贤原则。即用人根据才能,而不是依据个人背景和人际关系,保证人们具有均等的任官机会,公开竞争考试,按考试成绩择优录用。

4. 实行功绩考核制。即严格按照工作任务等较为客观的标准来确定公务员的工作成效,并以此作为决定公务员升降和奖惩的参考。

5. 对国家公务员进行统一管理。由全国统一的公务员人事管理机构,依据全国统一的公务员法规和政策,对各部门的公务员实行直接或间接的综合管理。

6. 注重专业技术人才。彻底否定政党分赃制倡导者所谓的"政府工作人人皆可为之"的理论,把是否具有现代公务职位所需要的专门知识和技能作为录用公务员的重要标准。

7. 讲究职业道德。要求公务员培养团结合作精神,增强荣誉感和责任心,要忠于国家、廉洁奉公、严守机密、克制言行、不参加任何经商营利活动等。

长期以来,具有上述七项基本特征的西方国家公务员制度,对提高政府的行政管理效率、维持多党竞争条件下国家政权的稳定性和国家政策的连续性,加速经济的繁荣和社会生产力的发展等,都起到了积极的促进作用。当然,同任何一种社会政治制度一样,西方国家公务员制度也存在某些局限和弊病,但是若从宏观的角度,以科学、理性和公平的标准来衡量,它仍不失为一种有效的现代人事行政制度。

三、西方国家公务员制度的确立标志

从19世纪中叶到第二次世界大战前后,西方主要资本主义国家相继建立了现代国家公务员制度。

西方国家公务员制度得到确立的标志之一是常任的职业公务员制的建立。在此以前,西方国家政府公务人员的来源主要有两种:第一种是私人庇荫制,即掌握政府重要权力的那些人,把政府中的职务分给自己的亲属、朋友和其他与自己关系密切的人,给他们以政治上的封荫和庇护;第二种是政党分赃制,即政党在选举获胜以后,把官职作为战利品据为己有,公开在其支持者之间进行肥缺分赃。在这两种情况下,政府中的公务人员没有专门的招聘手续,工作表现不受重视,职务晋升无人过问,人们不把为政府部门服务作为一种终身职业,没有任何保障可以使公务人员不受政治变迁的冲击。恰恰相反,由于公务人员的职位得不到长久保证,会随着政治上庇荫者政治地位的下降或政党选举的失利而丧失自己的政府职位,因而政府的公务人员不能够专心致志地工作,更多的人把大量的时间、精力花费到了织结私交、投机钻营和政党事务之中,造成了政府工作效能的严重低下。常任的职业公务员的建立,使政府中职业政治家和职业公务员得以区分(即政务官和

业务官的区分），职业公务员若没有重大过失即可永久留任,直至退休。这些职业公务员由于工作职位有长久保障,因而能够专心工作,并能够在稳定的职业性工作过程中,不断地积累经验,并得以把积累起来的经验再运用于工作实践之中,这样也就必能大大地提高政府的工作效能。因而,确定公务员的公务工作和公务职位的职业性,是现代人事行政制度即国家公务员制度得到确立的首要标志。

西方国家公务员制度确立的第二个标志是公开考试、择优录用制的建立。考任制是西方各国公务员制度得到确立的最显著、最关键的标志。在此以前,西方各国都还没有形成系统有效的考试录用政府工作人员的制度,政府中的职位常为一些能力低下的庸才所占据,行政效率由于受到工作人员素质的影响而十分低下。而公开考试、择优录用制的建立,则给西方各国的政府工作带来了活力。一方面,考任制把政府工作人员的标准统一化,将大量的平庸之辈排除于政府部门之外,吸纳了大批社会精英人才进入政府之中工作,消除了私人庇荫制和政党延续性的种种弊端,把公平竞争的机制引入了政府人事行政体系之中;另一方面,考任制又保护着公务员集团的特殊利益,它保证了公务员的统一来源,确定了公务员所具有的共同背景——均由考试录用而来,而这相同的背景及其背后隐示着的基本相同的素质,以及由此引发的公务员之间的认同感和对其共同利益的认知,则促使了公务员队伍的凝聚,而一支稳定、团结、强大的公务员队伍则反过来促进了公务员制度的巩固和发展。因而,没有考任制,西方国家公务员制度根本就无从谈起。

第三节　现代人事行政中的职位分类和级别分类

职位分类和级别分类是国家公务员制度的基本内容之一。不管是采用职位分类还是级别分类,分类的标准及其现实合理性、现实可行性、现实效用等,不仅涉及人类社会的价值标准、伦理道德问题,而且涉及公务员的稳定性、工作动机、工作潜能的发挥等一系列的管理问题。

一、职位分类的缘起和发展

所谓职位,是指公务员担任的职务和责任。把公务员的职位按照工作性质、业务内容、简繁难易、责任轻重以及所需资格条件等,区分为若干规范化的种类,以此作为公务员管理的依据,这就是职位分类。

职位分类是为适应现代社会发展的需要,而首先在美国的公务员管理体系中兴起的一种科学的人事管理方法和手段。19世纪末到20世纪初期,随着科技的进步,经济活动的增多,社会分工的精细,政府的职能迅速扩张,政府管理工作日趋复杂,政府公务活动的范围也越来越广。在美国,联邦公务员的数量由1884年的1万多人猛增到1924年的41万多人。机构的膨胀,公务种类的增多,人员的增加,对公务员的管理提出了更高的技术性的管理标准,公务员中诸如"同工不同酬、同酬不同工"的现象随处可见,整个公务员的管理工作显得非常混乱。这种状况显然不能适应社会发展的需要,因而在这一时期美国公务员管理中迫切需要解决的问题,就是要用科学的方法,将政府公务职位加以分类处理,使政府繁多复杂的公务职位得到科学化和专业化的管理。

如前所述,这一时期管理科学的理论研究和实际应用在美国取得长足发展。1895年,被人们誉为"管理科学之父"的美国科学家泰罗,开始从事"工作时间研究",即专门研究完成某项工作所需的标准时间,以提高劳动生产率。他的朋友基尔勃莱夫妇也同时进行人工操作动作的标准化研究。在他们研究的基础上,"工作分析"和"工作评价制度"产生和发展起来,并首先运用于美国的工商企业中。工作分析和工作评价制度在工商企业中取得巨大成效,这逐渐引起了美国人事行政部门的关注。不久,与工作分析和工作评价制度精神实质相同、内容形式相近的职位分类制度,便被引入到美国公务员的管理领域之中。1908年,美国芝加哥市政府首次采用职位分类制,随后,其他一些城市也相继仿效实行。1923年,美国国会正式通过第一个联邦政府职位分类法案,规定成立联邦人事分类委员会,办理联邦公务员的职位分类。这是世界上最早的公务员职位分类制度。

在美国采行职位分类制度以后,一些国家和地区如日本、加拿大、菲律宾也建立了公务员的职位分类制度。数十年来的实践表明,公务员的职位分类是一种比较科学、比较规范化的人事管理方法,比较适合运用于政府系统的人事行政之中,虽然目前世界上只有少数几个国家实行了公务员的职位分类制度,但这种制度的优越性却已被越来越多的行政学专家所明识,也越来越受到更多国家政府的关注。

二、职位分类的基本概念和程序步骤

实行职位分类的国家,一般都制定有专门的职位分类法。这些国家的职位分类法虽然各有特点,其中的具体规定和分类方法也不尽相同,但是从性质和基本内容上看,都是采用与美国基本相同的方式,其使用的基本概念也是类似的。

总的来说,职位分类中的基本概念大致可以包括以下几种:

职系:根据工作的业务性质,把业务性质相同的所有职位划分为一个职系。如办事员职系、机械工程师职系等。

职组:工作性质相近的若干职系集合而成为职组。如办事员职系、速记员职系和打字员职系集合到一起构成文书职组。

职类:又叫职门。由工作性质大致相近的若干职组构成一个职类。它是职位分类中最粗略的单位。如行政执行职类、专门技术职类等。

职级:在工作性质相同的基础上,也就是在同一职系中,按照工作责任大小、业务的简繁难易程度和所需资格条件等,把职位划分为不同的职级。如把速记员分为一级速记员、二级速记员和三级速记员等。

职等:把不同的职系中,工作难易程度和责任大小相同的职位划分归类为同一等级,这些等级就是职等。同一职等的所有职位在工资待遇上相同。职等的划分,是为了比较不同职系之间职位的关系。如三级护士和一级内科医生,虽在职级、职系上都不相同,但由于工作强度(责任大小和难易程度)基本相同,因而在美国被划入同一职等中,二者领取的工资报酬也相同。

公务员的职位分类,可以描述为这样一种过程,即把政府中各种公务职位,按工作性质和业务种类的不同,从横向划分为若干职组、职系,再按工作责任、难易程度和所需资格

条件的不同,在纵向上划分为若干职级、职等,使每一职位都能在横向分类和纵向分类交叉构成的职位分类结构体系中找出自己的位置,从而达到对公务员科学化、标准化、专业化和系统化的管理。职组和职系是录用、晋升、培训公务员时,从工作的业务性质上进行考虑的依据;职级是从掌握业务的程度和工作能力进行考虑的依据;职等则是薪金、待遇、奖惩、调转的依据,同一职等上的公务员,薪金和待遇是相同的。

公务员职位分类的具体过程,一般都是由职位调查、职系区分、职位评价、制定职级规范和职位归类等五个程序组成。

1. 职位调查:就是对政府现有职位的有关情况做详细的了解,并对有关资料加以全面收集的过程。对职位有关情况的了解包括以下内容:工作性质、工作数量、工作时间、工作难易程度(包括所需创造力、工作的复杂性等)、工作责任轻重、工作职权范围、工作报酬、所需资格条件(学历、资历、熟练程度与技术高低等)以及所接受和所施行的监督(即上下级关系)等。也有人以"七 W"来概括职位调查所要了解的情况和内容,即:Who(何人)、What(何事)、Why(为何)、When(何时)、Where(何地)、How(何法)、Whom(为何人)。职位调查所需收集的有关资料主要是指职位所在机关的资料,如各种法律法规、行政命令和条例中的有关机关权限、部门权限、工作流程等方面的规定。职位调查中采用的方法一般有填表法、直接访谈法、实地观察和综合调查法等。

2. 职系区分:即在职位调查的基础上,把职位按照工作性质的异同,分别划分为若干种类的过程。职系区分一般可分三步完成。第一步是先划分出若干职类,即把工作性质大致相近的职位归为一个职类。如可以把所有公务职位大致划分为行政执行类、专门技术类和后勤事务类三大职类。第二步是把每一职类中的职位按照工作性质相近的标准划分为若干职组,如把专门技术类分为医疗职组、工程职组、物理学职组、生物学职组等等。第三步是把每一职组中工作性质相同的职位再划分为若干职系,如把医疗职组划分为内科医生职系、外科医生职系、护士职系等。经由这三个步骤,即完成了职位的职系区分。

3. 职位评价:即按照工作简繁难易、责任轻重大小、担任职务所需教育程度和技术的高低,对各职系的职位进行评价,划分为若干个等级的过程。这一过程包括两个步骤:一是职位定级,即在一个职系里按工作难度、责任轻重、所需教育程度和技术高低划出职级;二是职位定等,即把各职系间工作简繁难易、责任轻重大小以及所需资格条件程度相当的职级划归为同一职等,在不同职系中,难度越大、责任越重的职级,所归的职等就越高。职位评价的关键是把每一职位的全部内容尽可能科学地量化表述出来,以进行品评比较,进而划分出职级和职等。常用的职位评价方法有排列法、因素比较法和评分法等。

4. 制定职级规范:职级规范也叫职位说明或职级说明书,是用文字对一个职位做标准化和尽可能定量化说明的书面文件。其内容一般包括职位名称、职级编号、职级特征(对该职位工作性质、责任待遇、所属等级的概述)、工作举例、所需资格条件与专门技能(如学历、经历、经验、能力、技术、性格、身体状况等)以及其他一些事项。制定职级规范主要是为了指出各职位的工作内容和特性,明确每一职位的职级和职等,以便于对每个职位进行科学化的管理。

5. 职位归类:这是职位分类的最后一道程序,就是将每一现有职位的工作性质、内容、资格条件等,与职级规范上的内容相比较,而把它们归入适当的职类、职系、职级与职等。

这样,就可以在此基础上,参照职位分类的有关法律,对这些职位上的公务员实行科学的管理。

三、职位分类与级别分类的比较

世界上多数国家,实行的是与美国、日本等国不同的公务员分类制度,即公务员的级别分类。这种分类制的特点是把公务员分成不同的级别等级,公务员既有代表其地位高低、资格深浅、报酬多寡的官阶,又有代表其权力大小、职责轻重、任务难易的职位。

职位分类制度与级别分类制度相比,二者有着明显的不同之处和各自的优劣,概而言之:

1. 职位分类是以"事"为中心,以公务员所在职位的工作、责任为分类的依据,以工作的多少来定待遇,按事设职,按职择人;级别分类是以"人"为中心,以公务员个人的资格条件为分类的主要依据,以级别的高低来定待遇。

2. 职位分类制中,公务员本人的等级就是所在职位的等级,职位变动,等级也就变动,等级是随职位而定,而不是随人走;级别分类制中,等级与职位是分开的,同样职位的公务员可能级别等级不同,而同样级别等级的公务员也可能职位不同,当职位变动时,级别却可以不变。

3. 职位分类制中工资差别与职位工作的难度、责任大小和资格深浅成正比,是同工同酬;级别分类制中则以级别等级定工资,存在同工不同酬、同酬不同工的现象。

4. 职位分类制重视专家作用,利于专才成长,实行专才专用原则,非经考试合格,一般不得晋升,而且每一次晋升,几乎都得经过相应的考试,不能"一步登天"式地跨级晋升;级别分类制主要不以考试来确定是否晋升,比较注重公务员的资历,由下级升到上一级比较容易,而且可以有较大的晋升幅度。

5. 职位分类制中,公务员分类较复杂,职类、职系、职级、职等划分较多,办理职位分类的程序比较复杂,技术性要求较高;级别分类制中,公务员只做大体上的分类,分类较少,较为简单,不需很高的技术性。

6. 职位分类制下,任何公务职位都经调查、评价和划分等级,都有规范性的职位说明,公务员的升迁调转范围和程序都有严格的规定,易于对公务员进行科学管理,但是管理方面缺乏灵活性,公务员流动与调转的限制条件较严格,流动与调转的范围也较小;级别分类制下,公务员的管理具有伸缩性,人事管理机构拥有灵活和富有弹性的管理权限,但在级别分类制下,对公务员的管理带有更多的经验色彩和主观性。

各国之间由于具体的历史条件和政治经济情况的不同,或是采用职位分类制度,或是采用级别分类制度,比较这两种选择,可以说是各有利弊。近些年来,这两种分类之间出现了一种相互影响、相互渗透和相互趋向的倾向。一方面,采用职位分类的国家,逐步简化了职位分类的结构,缩减了职系数目和职级、职等层次;另一方面,采用级别分类的国家,也开始重视起对职位的系统调查、评价和分类。这一状况表明,无论是职位分类还是级别分类,都不是尽善尽美的公务员分类制度,这两种制度之间,需要的是相互借鉴和扬长避短。

在我国,由于历史背景和现实条件方面的原因,我们不能将国外的有关公务员的分类制度生硬地移植到我国,但是,借鉴和吸收国外公务员分类制度中所包含的科学性精髓,尤其是职位分类制中的科学的技术手段和方法,建立起适合我国情况并能够行之有效的公务员分类制度,确实应当成为我国国家公务员制度建设的一个基本要求。

第四节　现代人事行政的更新机制:考任、退休与培训

更新是国家公务员队伍建设的基本问题之一。更新问题的产生,不仅由于现任公务员存在新陈代谢问题,而且随着社会发展变化的节奏明显加快,社会问题的复杂性日益增加,政府一方面需要不断提高现任公务员的知识水平、技能水平、政策分析和政策执行能力,另一方面则需要不断补充"新鲜血液",吸纳那些了解、掌握最新知识和技术的新人为政府服务。

一、更新机制的含义

现代人事行政的动态运作,实际上是由三个机制共同完成的,这三个机制一是国家公务员的更新机制,二是国家公务员的激励—保健机制,三是国家公务员的行为调控机制。国家公务员的更新,包括两方面的含义,一是公务员人员的更新,二是公务员人员素质的更新。公务员的考任制和退休制分别管理着公务员在政府人事系统中的"进"和"出",履行公务员新老交替、人员更新的功能;而公务员的培训制,目的是为了提高公务员的业务知识水平和增强公务员的实际工作能力,履行公务员自身素质更新的功能。考任制、退休制和培训制就一同构成了现代人事行政的更新机制。

二、考任制

所谓考任制,就是政府为推行公务,采用公开竞争考试的科学方法,来测量并判断其所需要的人员是否合乎标准,进而按照考试成绩的优劣进行挑选,取其优者来加以任用为政府工作人员的一套制度。考任制犹如公务员系统入口处的闸门,调控着政府部门公务员的人员输入。

现代意义上的考任制最早确立于西方国家,目前,世界上实行公务员制度的国家一般都实行了考任制。考任制由于能很好地发挥为政府广开才路和选贤举能的功能,因而成为许多国家政府录用工作人员的基本途径。各国之间在考任的具体技术细节上可能不同,但是贯穿于其中的基本原则却是大致一样的,这些基本原则包括:

1. 平等原则。凡具备报考资格的公民均可有平等机会报名考试,录用时只能以考生的品德和考试成绩为标准,不得以种族、性别、宗教信仰、政治倾向、年龄、家庭背景等因素为理由歧视或优遇某些人。

2. 公开原则。考试程序、录用条件以及考试成绩都向社会公布,考试事先都公告通知,公开进行。

3. 竞争和择优原则。参加考试的人员一般都多于实际录用的人员,因而考试具有竞争性。经过考试后,主要依据考生考试成绩的优劣,同时参考考生个人的资历、学历、品德等方面的情况,由录用单位来加以择优录用。

4. 长期任用原则。公务员一经考试录用便可以长期任职于政府,任用期间只要无大过失,一般不予免职处分,直到依法正式退休。

5. 独立和超然原则。主持考试事务的机构一般都是自成系统,独立地行使职权,不依附于任何政治势力(包括政党、政府等),超然于各种政治利益与政治斗争之上,以保证考试的公正性和客观性。

从考任的程序来看,一般都由招考、考试和录用三个过程组成。招考的第一步是发布考试公告,这通常由政府和主考部门通过报纸、广播、电视、信函等各种形式向社会发出;第二步是接受考试报名,所有想要参加某一公务员招考的人员,都须向有关部门领取报名表,申请报名参加考试;第三步是进行资格审查,即由有关机关对报考者各方面情况予以审查,审查的内容通常包括报考者的国籍、政治条件、品行、年龄、健康状况和教育程度等;第四步是批准参加考试的人员名单,即有关部门根据审查结果,对符合报考资格条件的人员参加考试予以批准,经过批准可以参加考试的人员名单一般都予以公布。考试过程一般是由初试和复试两轮考试组成。初试一般采用笔试方法,主要检测应试者的文化基础知识、推理判断能力、知识面和敏捷性等;复试多采用口试形式,主要测试考生实际操作的熟练程度、分析和解决问题的专门技能等实际的行政工作能力。考试本身分成竞争性和非竞争性考试两种。录用过程也是由不同的步骤组成的。首先是考试评分和编制候用人员名册,即在对考生考卷评分的基础上,由考试机关根据考生成绩的优劣,按序编排候用人员名册,以供录用机关挑选公务员时使用;其次是按比例选用,即由用人单位按照编排好的候用人员名册,在成绩最好的候选人中按比例挑选使用,比如,规定选用的比例是5∶1,那么用人单位则可在最好成绩的5个候选人中选1名;经过选用的人员,还要经过试用期的试用,最后才能被正式任用为公务员。在有的国家,公务员接受正式任用时,还要进行服务宣誓,以增强公务员的责任心。至此,整个考任程序才告完成。

公务员考试的科目是多种多样的,不同等级和种类的公务员考试所考的科目也是不尽相同的。总的来说,公务员考试的内容一般包括知识测验、能力测验、性格测验和心理测验等四个部分。考试的方法一般多采用笔试法和口试法。近年来,口试在考试中所占的比重越来越大。有的国家的某些公务员考试中,还采用了一些新的方法,如实际操作法、调查法和实地观察法等,目的是为了更加真实和全面地检测出考生实际具有的知识和能力。

三、培训制

现代人事行政中所谓的培训,就是通过有关的培训机构,由具有实际行政工作经验和行政科学理论知识的人员,教导政府公务人员掌握和提高行政工作所需的特定知识和技能的过程。公务员通过培训,可以更新和补充新形势和新环境下所需要的知识和技能,可以在科学技术日新月异的情况下,较迅速地掌握现代化的行政工作技艺和手段,以更加有效地从事政府公务工作。

对公务员的培训,一般都强调学用一致,即要求培训内容与工作实际相结合,在培训中学习到的知识和技能,要与公务员所在职位的工作有密切的关系,能迅速、直接地运用于实际工作之中。在培训过程中,公务员因等级不同、工作种类不同而分别接受不同内容的培训。例如,对于高级公务员来说,对他们的要求是目光远大、灵活多变、知识广博和统顾全局,他们迫切需要的是具有协调各种矛盾、解决宏观问题的"战略技能",因而他们培训的内容侧重于经济学、政治学、社会学、法律学、国际关系、社会政策、运筹学等;而对于低级别的公务员来说,他们需要的大多是从事某项专门技术和工作的技能,因而他们培训的内容多侧重于办公器具使用、档案管理、文书处理、打字和速记等。

公务员的培训,一般分为职前培训和在职培训两大种类。所谓职前培训,就是公务员经考试被录用后,在正式工作之前接受的就业培训。职前培训又叫入门训练、初任进修等。因为初任者原来在学校接受的普通高等教育,其性质和内容与实际公务工作的相关程度不强,而要按照一定的公务程序从事好公务活动,就需在任职以前对职务的业务情况有所了解,需要由具有丰富行政经验、熟悉这些公务工作的人员,向他们传授职位上的工作方法和工作经验,以尽快地适应工作。所谓在职培训,就是公务员在工作一段时间后,由国家有关的培训机构根据需要对他们进行短期或长期的训练,其作用是不断向公务员灌输新观念、补充新知识,让公务员及时掌握先进的工作方法和工作技能,使行政效率在公务员自身素质得到全面更新和发展的同时得到提高。

在实行公务员制度的国家里,公务员的培训制基本上都达到了比较科学、比较健全的程度。概括来讲,这些国家公务员的培训制大体上具有以下几个特点。

1. 培训制度法律化。即把公务员的培训制度以法律的形式确定下来,给以法律保障,明确规定,接受培训既是公务员应享受的权利,也是公务员必须履行的义务。例如,美国在 1958 年就通过了专门的《政府雇员培训法令》,法国在 1984 年 7 月 12 日和 1985 年 6 月 14 日也分别颁布了对地方公务员和中央机关公务员进行职业培训的法令。

2. 领导机构专门化。即设立专门主管公务员培训的领导机构,以便加强对公务员培训工作的领导、组织、协调、监督和研究。如英国早在 1944 年就在财政部中设立了专门的培训教育司,担负全面监督公务员培训的职能;1968 年,在文官事务部中又设立了人事管理培训司,接管原财政部培训教育司的职责。美、日、德等国家也设立有相应的公务员培训领导机构。

3. 培训机构多元化。没有全国统一和整齐划一的培训单位,而是以行政学院或类似行政学院的培训机构为主体,配以专业部门公务员的培训组织(如日本的国税厅培训学校、法国的财政部税务学院)以及普通的高等院校等,形成经纬交织多渠道的培训网络。

4. 公务员培训的终身化和实用化。由于现代社会与科技的迅猛发展,知识老化的速度加快,公务员只有接受"终身教育",经常参加培训,才能在任职期间不断掌握新的知识和技能,才能适应工作的变化;在公务员培训的课程方面,强调实用性的内容、方法和技术,使公务员能够用培训中学到的知识、技能和技巧,迅速地改变工作面貌,提高行政工作效率。

5. 培训、任用和晋升的一致化。即注意把公务员的培训与公务员的任用和晋升挂钩,做到训、用、升的互相配套,这样可以鼓励公务员在培训中努力学习和展开竞争。

在我国,建立和健全一整套国家公务员的培训制度,是我国国家公务员制度建设的重要内容之一。一些在公务员培训方面具有丰富经验的国家的实践表明,一整套系统、完善的培训制度是不断开发和提高公务员智能、更新公务员素质的有效途径。

四、退休制

当公务员因年老或其他原因(如因公致残等)而不适宜继续工作时,由政府机构发给该公务员一定的退休金,并使之退出政府公务职位,这就是公务员的退休。公务员的退休制作为公务员系统的人员输出机制,与考任制一起担负着促进公务员队伍更新代谢的功能,保证了政府部门工作人员新老交替的顺利进行,是使公务员队伍年龄结构保持年轻化、阶梯化、稳定化的有效手段。

公务员的退休,一般都有一定的资格条件限制,只有达到一定的退休条件,公务员才可被准予退休并享受退休待遇。概括起来,公务员的退休条件包括以下三项内容:

1. 年龄条件。一般国家都规定为60周岁左右。如英国、日本都是60岁,法国是65岁、德国男性是65岁、女性为60岁,美国公务员的最早退休年龄也一般不超过70岁。

2. 工龄和缴纳退休保险金的年限。许多国家都对公务员退休的工龄条件做出了规定,即公务员只有工作过一定的时间,才可享受退休待遇。如英国和德国规定,公务员退休的最低工龄条件为10年。在有些国家,公务员退休金的一部分是直接来源于公务员工作期间从工资中抽取并定期缴纳的作为退休储蓄金的保险费,这些国家还对公务员缴纳保险金的年限做了规定。如美国规定公务员退休的工龄和缴纳保险金的最低年限为5年,日本规定为20年,法国规定为15年。

3. 身体与精神状况。一般国家都规定,公务员因伤残、疾病或由于体力、智力、精神上有了缺陷而永远丧失工作能力时,可以准予退休。如德国规定,公务员若因身体健康状况不佳,一直不能完成所担负的工作任务,可安排提前退休。美国也规定,对因伤残、疾病而完全丧失工作能力的公务员,不受年龄限制,只要满5年工龄,即可准予退休,享受退休待遇。

公务员退休的方式可以分为以下几种:

1. 按公务员本人的主观愿望来划分,可分为自愿退休和强制退休。凡具备最低法定退休条件而自愿请求退休者,属自愿退休;公务员达到法定年龄极限时,政府强制其办理退休手续,这是强制退休。大多数国家是这两种方式并行。

2. 按公务员本人身体状况来划分,可分为正常退休和特殊退休。公务员身体状况正常而已达退休年龄的退休,属正常退休;公务员虽未达法定退休年龄但因身体状况不能继续工作而退休者,属特殊退休。

3. 按公务员退休后是否还再参加工作来划分,可分为终身退休和暂时退休。终身退休是指公务员永久退出政府工作,不再参加政府公务的退休;暂时退休是指公务员因特殊原因(如机构撤销、人员精简)而丧失工作,待以后有机会又可重新工作的退休。

由于各国退休的方式和条件不同,退休金的种类也不同,归结起来有普通退休金、退休津贴、一次性退休金、残疾退休金和遗属退休金等五种。各种退休金因国别不同而有不同的计算和发放方法。但从退休金的来源上看,主要有两种渠道。第一种渠道是政府筹款,即来源于政府每年的预算开支;第二种渠道是靠公务员自己逐年筹款而得,即来源于公务员工作期间定期缴纳的退休储蓄金。在一些国家,如英国和德国,采取的是单一渠道的退休金筹集制,即政府筹款制;在大多数国家里,如美国、日本、法国等,采取两种渠道并用的方式,即政府与公务员共同筹款制。这两种筹款制可以说是各有利弊。在许多国家里,还采用了退休金适时增长的方式,其基本做法是将退休金与工资增长指数或物价上涨指数挂钩,退休金随其增长而适当地增长,这样做的目的是为了不降低退休金的实际购买力和保证退休人员的生活随社会整体生活水平的提高而提高。

公务员的退休制度,是现代人事行政才具有的内容,它是社会保障制度的一个重要组成部分。目前,世界上绝大多数国家中(包括未实行公务员制度的国家),都有政府工作人员的退休养老制度,只不过在不同的国家,退休制的具体内容和所达到的科学化程度不同而已。

第五节 现代人事行政的激励—保健机制:
考核、奖励、晋升与工资福利

世界上多数国家的公务员制度都实行退休以前的"职业终身制"。与此相联系,如何实现对国家公务员的激励,使这些执掌国家公共行政权力的行政官员全心全意为国民服务,防止公共权力的异化,同时最大可能地发挥他们的聪明才智,就成为现代人事行政的几乎是永恒的主题。

一、激励—保健机制的含义

现代行为科学的研究发现,与人的工作有关的因素有两类。一类是所谓的"激励因素",如晋升、赏识、责任、工作成就、荣誉等,这些因素可起到激发人的工作动机、使人产生一种内在的工作动力的作用;另一类是"保健因素",如工资福利、安全保障、管理监督等,正如卫生保健不能直接激励人们努力工作,但可以防止产生不满的工作情绪,维持最低的工作标准。

激励因素和保健因素对于工作的影响作用,不仅在现代的企业人事管理中得到了重视,而且在现代的政府人事行政中也得到了一定的关注和应用。随着国家公务员制度的建立健全而逐渐发展完善起来的公务员的考核制、奖励制和晋升制,能够增加公务员在工作中的责任感、自尊感和成就感,能够为公务员创造和提供被赏识、被肯定、被重视的机会,从而能够激发公务员的工作积极性,起到激励因素的作用;而公务员的工作福利制度,则可以保障公务员有安全、良好的正常生活,可以稳定公务员的工作情绪,因而起到保健因素的作用。这几种制度在人事行政系统的实际运行过程中,就共同构成了现代人事行政的激励—保健机制。

二、考核制

考核,是指各级行政机关根据法定的管理权限,在一定的时间内,对公务员的工作成绩和服务情形进行定期和不定期的考察与评价。考核制是公务员制度的重要组成部分,其功用在于可以了解和识别公务员,为公务员的奖惩和晋升提供客观依据,可以发现和选拔优秀的公务员,合理地使用人才,可以激励公务员的奋发向上的工作精神,调动公务员心理中的积极因素,从而保证行政工作效率的提高,增强人事行政体系的生机和活力。

考核的内容在各国有所不同,但一般都有考勤和考绩两个方面,其中以考绩为重点。

考勤,就是考察公务员的勤勉程度,主要包括工作积极性、纪律性、责任心和出勤率等内容。大多国家在此方面都有严格、详细的明文规定。如有的国家规定,公务员在规定的时间里,必须按时上下班,各单位皆备有签到簿或签到卡,由主管长官负责签到工作,对每个公务员的上下班及休息时间,均有明确的记载;公务员在办公时间不准看报、聊天、会客、写信,不准干其他私活。有的国家政府机关还要求公务员每日提交工作报告,借以考察公务员的勤勉程度,作为奖惩的依据。

考绩,是考核制的主要内容,就是对公务员的实际工作成绩(即完成工作的数量和质量)加以考察和评定。总的来看,各国对公务员考绩的内容有"人"和"事"两个方面。人的方面,包括品德、才能、学识、体格等;事的方面,包括工作实际状况和工作成绩大小。具体来讲,各国对公务员考绩的内容和具体方法不完全一致。例如,英国现行的考绩方法是考察报告制,考绩内容包括工作知识、人格性情、判断力、责任心、创造力、可靠性、机敏适应性、监督能力、热心情形、行为道德十项因素;美国实行的考绩方法是工作标准考绩制,主要对公务员的工作数量、工作质量和工作适应能力三项因素进行考察评定。

对公务员的考核,最终都要划定考核等次。如英国对考核的结果从优到劣共划分为五等:特别优异者为A,甚为良好者为B,满意者为C,普通者为D,不良者为E;美国的公务员分为三等:特别优异者,满意者,不满意者。各国一般都强调考核结果与公务员的职务升降、奖惩相结合。考核结果优异者,可以优先升职、越级提薪,考核结果不良者,不能提级,严重的还要降级、降薪或免职。

从目前各国考核制的实践来看,存在的一个主要问题就是考核的客观公正性问题。因为无论是哪个国家,无论在考核中采用哪种方法,都需要有一定的考核人员来进行考核,因而在考核中还不能完全排除考核人员主观感情上对考核结果的影响。因此,目前考核制的一个重要发展趋向,就是运用现代科学技术成果,运用先进的技术方法,来对公务员进行考核,尽量减少主观因素对考核结果的不当影响,尽力达到考核的标准化、具体化、度量化和客观公正性。

三、奖励和晋升制

奖励,是指对成绩优秀的公务员,由上级行政机关或行政首长给予的精神上的表扬和物质上的嘉奖。奖励是对人的某种或某些行为的肯定,可以引导人们的行为趋向,可以在很大程度上激发人们的主动性、创造性和责任心。公务员制度中的奖励制,也正是可以起到人事行政中激励作用的一种重要机制。

1. 精神奖励。就是对受奖者给予荣誉方面的表彰,包括口头表扬、书面嘉奖、记功、授予荣誉称号、授予奖章勋章等形式。精神奖励可以满足人的精神需求,增强公务员工作的光荣感和责任感,从而调动起公务员的积极性。

2. 物质奖励。就是给受奖者发奖金、奖品或工资晋级,给予物质上的奖励。具体做法还包括让受奖者享受特别休假或免费出国旅游等。物质奖励可以满足公务员的物质需求,使公务员从个人物质利益的角度去努力为政府工作,从而达到国家利益和个人利益在一定程度上的协调与统一。

3. 晋升。是指公务员职位等级的提升或工资级别的增加。晋升对公务员是一种最重要的奖励形式,它兼有精神奖励和物质奖励的作用。因为晋升不仅意味着荣誉的获得、权力和地位的提高,也意味着薪金的增加和待遇的增高。

在实行公务员制度的国家中,一般都对公务员晋升的原则、条件、标准、方式方法、审批程序等做了详细的规定,构成了一整套公务员的晋升制。实践表明,科学、完善的晋升制,能够鼓励公务员的工作积极性,激发其竞争心理、服务热情和献身精神;而不适当的晋升制,将造成公务员愤怨懈怠的局面,降低行政工作的效率,影响公务员队伍的稳定。

公务员的晋升,一般都要依据一定的原则,无原则的晋升不可能起到激励的作用。总的来看,各国公务员晋升的基本原则有三条:(1)公平原则。即公务员晋升的标准与条件应当一致,在晋升中,不应考虑公务员的性别、家庭出身、种族、民族、信仰、政治观点和社会关系等,公务员在晋升中,不得由于上述因素而得到优遇或遭受歧视。(2)择优原则。就是对公务员的业务能力、技术能力、学识和工作成绩进行考评,对考评优秀者,优先晋升。(3)资历原则。就是根据公务员在职服务的经历和服务时间的长短来晋升公务员。在不同的国家,晋升的具体条件不尽相同,择优原则和资历原则在晋升中的相对重要性也不相同。有的国家较重公务员的成绩和能力,有的国家较重公务员的资历,但大多数国家都是二者并重,按照不同的情况,分别做出具体的规定,使二者相对平衡,达到一种比较公平合理的状态。

从公务员晋升的形式上来看,一般有考试晋升制、功绩晋升制、年资晋升制和越级晋升制四种。通过竞争性考试,以考试成绩的优劣作为晋升的标准,这就是考试晋升制;以公务员工作的实绩的大小为晋升的基础,称之为功绩晋升制;而年资晋升制,就是以公务员的工作年限为标准来决定晋升的制度;越级晋升制是一种特殊的晋升制,无须通过竞争性考试,可以有随时越级提升的机会。上述四种晋升形式,可以说是各有利弊,至于在一个国家究竟采用何种晋升形式最为合宜,这必须结合该国的历史情况、文化背景、国家制度、政府体制以及公务员管理的具体实践等因素来加以综合考虑和决定。

四、工资和福利制

工资和福利制度,是现代人事行政制度的重要组成部分。公务员以其能力、技术、学识、时间和精力为政府服务,政府按一定的标准发给其报酬,是谓公务员的工资。公务员的福利,主要是指政府举办的、为公务员提供生活优惠的各项福利设施和各种福利补贴,还包括一些其他福利措施。公务员的工资和福利制度,可以为公务员提供稳定的生活费用来源,保障公务员基本生活的稳定,其生、老、病、死都能得到政府适当的照顾,因而可以稳定公务员的工作情绪,使之安心工作。所以,公务员的工资和福利制度,在人事行政的实际运作中,主要担负的是保健机制的功能,它可以基本满足公务员的生存需要和安全需要,为公务员忠诚、安心地为国家效力和服务提供必要的前提条件。

工资制度是否健全合理,对公务员的工作情绪影响很大。假若公务员得不到合理的工作报酬,自然会产生不满心理,这样,行政效率不仅不会提高,甚至很难维持原有水平。因而健全合理的工资制度是维持最低工作水准的基础。比较各国的公务员工资制度,可以发现较理想的工资制度一般都体现下述四项重要原则。

1. 平衡原则。公务员的工资水平应和社会上其他行业的工资水平(主要是工商企业界的工资水平)基本保持平衡。如果公务员的工资待遇过低,如普遍低于工商企业界的话,则政府很难吸引优秀人才到政府中来工作,也很难保住政府现有的优秀人才,从而引起政府行政效率的下降。

2. 平等原则。也叫同工同酬原则,即不论什么行政机关,凡是工作性质相同和等级相同的工作人员,其工资应一样;在工资待遇上,公务员不得因家庭出身、性别、种族、民族、政治信仰与派别、宗教、社会关系等因素而遭受歧视和不平等待遇。

3. 与物价相适应原则。就是国家应定期根据社会物价上涨指数的变动,对公务员的工资做出调整,使公务员的工资增长率高于或等于物价上涨率,这样才不至于使公务员的实际生活水平下降,从而引起公务员的不安情绪。

4. 定期提薪原则。就是国家根据公务员年资的增加而定期提高公务员的工资,目的在于奖励公务员的辛苦,鼓励公务员为政府服务。

在工资的确定标准上,各国有一些共同的依据。这些共同的依据包括:(1)职务,(2)责任,(3)工作性质(包括繁简程度、难易程度和危险程度等),(4)教育程度,(5)工作熟练程度,(6)地区差别,(7)工作时间等。其中各国都把"职务"作为确定工资的最重要的标准和依据。

在许多国家中,公务员的工资中还有各种各样的津贴,作为其基本工资的补充。津贴的种类繁多,各国名称也各有所异,但一般包括工种津贴、工龄津贴、加班津贴、地区补贴、住房补贴、交通津贴、节假日津贴、国外工作津贴等。

在实行公务员制度的国家里,公务员的福利大体上包括社会补助、休假和社会保险三项内容。社会补助主要包括结婚补助、生育补贴、进修补贴、休假补贴、抚养子女补贴等,这些补贴一般多由国家财政支出,有的国家由社会保险费开支。在各国的有关规定中,还规定了公务员的休假制度,但假期形式、假期长短和是否带薪休假等,各国规定不一。从休假形式上看,一般有年休假(带薪)、事假(有带薪,也有不带薪)、产假(带薪)和病假(有带薪,也有不带薪)等。在许多国家的公务员福利制度中,对公务员的生、老、病、伤、残、死和失业等,都规定有相应的社会保险。保险的项目一般包括:养老金保险、残废金保险、医疗保险、失业保险和工伤事故保险等等。保险费一般都是由政府和公务员个人共同承担,而公务员则可在发生生、老病、死等保险条件时,依法享受一定的保险金待遇。

第六节 现代人事行政的行为调控机制:
义务、道德、监督与惩戒

现代人事行政的基本任务之一,在于通过什么样的制度安排和政策选择,实现国家公务员权利与义务的统一,保证国家公务员的普遍的道德水准,在公正的基础上有效地惩戒违背义务和道德者,褒扬忠于职守者。从实践的情况来看,这是一项并不轻松、并不容易的任务。

一、行为调控机制的含义

现代人事行政的动态运作,正如任何有机系统的运作一样,都是由其内部一系列各自履行其功能的运作机制来完成的。公务员的更新机制履行着这一系统的人员与素质更新的功能;公务员的激励—保健机制则从心理方面调控着公务员的工作情绪、工作热情和工作动机。但是,在现代人事行政这一系统中,仅有这两种运作机制是不足的,因为这一系统的主体是各类公务员,而公务员不仅有内在的心理,还有外在的行为,公务员的种种行为势必与整个系统良性运作有极大的关系。因而在现代人事行政系统中,还必须建立起公务员行为的调控机制,它能够从宏观和微观上调控公务员的行为,规定公务员必须做什么、应该做什么、可以做什么和不能够做什么,这样才能够保障整个人事行政系统有条不紊地、有规则和有秩序地运营。

在现代公务员制度中,有关公务员义务、道德的规定,以及公务员的监督制度和惩戒制,就恰恰构成了现代人事行政中的行为调控机制,起着从外在行为上调节、控制、约束和限制公务员种种行动的功能,使公务员的各种行动更加符合国家行政的要求。

二、义务与道德规范

公务员的义务,是指法律对公务员在执行政府公务的过程中,必须做出一定行为或不得做出一定行为的约束。从法理上看,义务与权利是不可分割的,有一定的义务,就有一定的权利。公务员的权利,就是指法律对公务员在执行政府公务的过程中必须享受的权益的确认和保护。各国公务员的法律规则大多明确了公务员所应享受的权利和必须履行的义务。

公务员的权利一般有:(1)身份保障权利,(2)获得职业培训的权利,(3)晋升机会均等的权利,(4)领取法定工资和合理报酬的权利,(5)辞职的权利,(6)个人信仰自由的权利,(7)享受法定保险福利和社会救济的权利,(8)提出申诉、控告的权利等。

公务员的义务一般有:(1)为国、为民竭心服务,将国家和公共利益置于个人利益之上,不得损公肥私、损人利己;(2)忠实于国家和政府;(3)服从法律、服从上级命令;(4)严守国家机密,维护国家利益;(5)恪尽职守,忠实地完成本职工作,言行谨慎,保持职业尊严;(6)限制或严禁从事经营性和营利性的兼职活动;(7)严守"政治中立",在执行公务时,不得因政治因素(如所属政党不同,政治观点不同等)而偏袒某方。公务员不得接受政治捐款,不得参与或主持具有明显政治倾向性的活动等。

公务员的义务是具有强制性的,公务员不得放弃其义务。公务员的义务是对公务员行为的一种强制,它规定了公务员必须做什么和不能做什么,因而起到了控制、约束和调适公务员行为的作用,而这种调控作用,对于整个公务员系统和整个人事行政系统的有秩序运营是不可或缺的。

从事政府的公务活动作为一项职业,正如其他任何职业一样,也有其从业人员应当遵守的职业道德。公务员的职业道德对公务员来说是一种行为自我调控机制,它能够使公务员对其不适当的行为做出一种自觉调整,它不同于公务员的义务,不具有法定的强制性,但是,它是一种潜在的行业制约力量,调控着公务员应当做什么和不应当做什么。各个国家对公务员的道德要求大体上都是一致的,包括:(1)应当模范遵守法律;(2)公正无私,廉洁奉公;(3)尽自己最大努力,运用自己的才能与学识去勤勉工作,忠于职守;(4)以最有效、最经济的方法来完成工作任务,注重时效与节约;(5)自觉抵制与职责不符的行为,揭露任何地方发现的腐化现象;(6)尽可能少地接受礼品和其他馈赠,超过一定价值的礼物要上交国库;(7)不得丧失行政官员的信用,玷污公务员的名誉等。

三、监督制

从调控公务员的行为这一目的来看,仅仅规定了公务员的行为规范,是不能够达到这一目的的。在人事行政系统的运作中,还必须建立起一种机制,它能够监督公务员是否遵守了这些行为规范。公务员的监督制,就是各种监督主体对公务员的行为是否遵守了法律和道德规范实施监督和检查的一系列规定。

对公务员进行的监督,一般有如下几项内容:一是工作监督,主要是对公务员工作绩效的监督,一般是通过公务员的考核制来完成的;二是政治监督,这主要是对公务员是否遵守了"政治中立"原则进行的监督;三是权力滥用监督,包括对公务员是否工作越权和是否以权谋私的监督;四是兼职监督,防止公务员擅自兼任经营性和营利性的职务;五是品德监督,即对公务员是否严格遵守职业道德规范的监督和检查,以督促公务员保持良好品行和高尚道德。

对公务员监督的渠道,一般可以分为外部监督和内部监督两种:

1. 外部监督。是指来自行政系统以外的对公务员行为的监督,包括立法监督、司法监督和社会监督等形式。(1)立法监督。在西方国家中,议会对公务员形成的监督,就是立法监督,其监督方法主要有质询、听证、听取行政部门的工作报告、通过相应的监督法规、在议会中设立专门的行政监察专员等。(2)司法监督。就是国家司法系统对公务员进行的监督。主要通过两种方式来完成其监督过程,一是通过司法审判活动来纠正公务员的违法行为和偏差行动,二是以司法判例来补充公务员的行为规则。(3)社会监督。即直接在社会各个领域和层面的对公务员的监督,包括民众直接对公务员的监督、大众传播媒介的监督、各种利益压力集团的监督等。在多党制和两党制国家中,还包括在野党对公务员的监督。

2. 内部监督。是指来自行政系统内部的对公务员实行的自上而下的监督,包括专门监督和非专门监督两种形式。(1)专门监督。就是设立专门行使对公务员的监督权的监督委员会或其他监察机关对公务员进行的监督。(2)非专门监督。就是本部门的行政首长、人事管理部门和公务员工会对公务员进行的监督。

公务员的监督制可以监测公务员的种种行为,可以防范公务员失职、渎职、违法、以权谋私等腐败现象的产生和滋长,可以对公务员的违法行为进行监控,因而成为现代人事行政系统的行为调控中不可缺少的一个环节。

四、惩戒制

惩戒制,是对公务员违法违纪行为进行种种惩罚的制度。惩戒是一种消极的行为调控手段,其目的是为了延续监督之后的功能,是为维护法纪的权威性和严明性,从而保障人事行政系统按照既定的规则正常运营。

惩戒一般是在公务员有明确的违法乱纪行为的前提条件下进行的。公务员违法乱纪的行为主要有:不履行应尽的法定义务,不恪尽职守,工作渎职,泄露政府机密,从事经商、办企业等营利性活动,以权谋私、滥用职权,不服从上级命令,等等。根据公务员违法犯纪行为情节的轻重,公务员将受到一定程度的惩戒。如公务员有情节轻微的过失,将受到申诫、警告、罚款、记过等处分;情节与后果稍重者,将受到减薪、停薪、停止晋升晋级、停算年资等处罚;而对于有严重违犯法规和服务纪律的公务员,将受到降级、降职、调职、免职、撤职、退职、强制退休、停止领取退休金权利等处罚。至于违反国家刑律和其他法律的公务员,还将移交有关的司法部门,追究法律责任,给予司法惩戒。

在不同的国家,行使公务员惩戒权的主体各有不同,但一般有机关行政首长行使惩戒权、行政性专门惩戒机关行使惩戒权和专门的惩戒法院行使惩戒权三种。

惩戒权的适当运用与否,会直接影响整个人事行政系统的运行。惩戒权运用得适当,可以有效地维持整个系统的秩序,保证行政效率的现有水平;而惩戒权运用得不当,则会造成一些严重后果,如可能会造成惩戒对象合法权益受到侵害,甚至会使公务员受到不当惩戒或蒙受不白之冤等,从而损伤公务员的感情,影响行政工作的效率。因而,许多国家在公务员的惩戒制中都制定了严密的惩戒程序,以防止惩戒中出现的惩戒专断、惩戒不公或惩戒不当;同时,许多国家还规定,如果公务员不服裁决和惩戒决定,有权向有关的机构提出申诉、上诉和要求重审,对于不当惩戒或使公务员蒙冤的惩戒,一经查实,应予重新处理,对公务员因此而遭受的物质和名誉损失,应给予一定的赔偿。

第七节 当代西方人事行政的发展

西方各国人事行政的演进,总体上经历了四个阶段:私人庇荫(恩赐官僚)时期、政党分赃时期、公务员制度的建立与巩固时期以及当代人事行政的改革与发展时期。① 本节简要概述西方各国人事行政近年来进行的改进以及发展的趋势。

一、改进人事行政的管理方法

近些年来,西方各国十分重视人事行政管理方法的改进。具体体现在以下几个方面:(1)各级政府积极研究与制定政府人力资源的战略规划。研究与制定公共人力资源的战略规划的目的,是将政府公共行政的未来需求与目前人事行政的管理活动结合起来,从而保证政府机构能够有计划地吸纳与培养充足的优秀公务人员,以保障政府适应未来社会发展的需求。在制定公共人力资源的战略规划过程中,通常要考虑的因素包括社会价值的变化,经济成长的趋势,技术发展的前景,社会人力资源的供求,政府与私营企业对人才的竞争,以及目前公务人员的技能状态与未来后备公务人员的培养等。(2)在公务员的招聘中,一方面立法严禁各种歧视,尤其是对妇女和少数族裔的歧视,另一方面,通过所谓的"扶正政策"(affirmative action)对历史上曾经遭受过歧视的族裔和社会群体进行录用中的照顾。(3)在公务员的录用考试方法上,传统的笔试和简单的面试多已由综合性的

---

① 以美国为例,这四个阶段大体是:1789 年至 1829 年建国初期以私人庇荫、恩赐官僚为特征的时期,1829 年至 1883 年政党出现以后的政党分赃制盛行的时期,1883 年彭德尔顿法的颁布与实施至 1978 年的现代人事行政制度的建立与巩固时期,以及 1978 年以后以《公务员制度改革法》为标志的当代人事行政的改革与发展时期。参见 N. J. Cayer, *Public Personnel Administration in the United States*, Thomson Learning, 2003。

考试(assembled exam)与实际工作情景模拟(exercise simulation)测试所替代。(4)对空缺职位的描述,在明确责任与权限的基础上,加入更多的人情味和挑战性,以吸引更多的人员前来应聘。(5)对工作绩效的评估,由传统的"上级评定下级",转变为"上下互评"和"自我评估";在绩效评估中,尽可能地使用分类打分的方法,而分类打分和绩效评估的总分常常作为晋职和加薪的依据。(6)对于某些职位,可以灵活地采取"工作分享"(job sharing)的方法。"工作分享"是指将通常一个人可以担当的职位分给两个或两个以上的工作人员,以满足某些工作人员既要缩短工作时间又要保住工作的特殊需要(如家有幼儿需要照顾)。

二、提高公务员的工作绩效

如何提高公务员的工作绩效,是近年西方各国人事行政改革所考虑的一个重点。从指导理论上讲,强调工作环境与金钱刺激重要性的"古典科学管理学派"(Classic Scientific Management School)与强调人的社会需求的传统"人际关系理论"(Human Relation Theory)已经被近年的"行为科学"(Behavioral Science)所取代。行为科学强调人的多重需求(如生理、安全、社交、挑战、成就、自我实现等),主张从人的多重需求出发,来设计出一系列促进公务人员提高工作绩效的机制。从实践上看,近年西方各国政府采取的刺激公务员提高工作绩效的主要途径有:(1)鼓励公务员积极参与所在机构的决策过程,使每个公务员感受到所在职位以及个人的重要性。(2)采用目标管理的方法(Management-by-Objectives),由每个公务员自己提出本职工作的目标,并加以实现。① (3)采取"质量圈"(Quality Circles)方法,将一政府机构中的公务员划分成若干"质量圈",每一质量圈构成一个工作小组,小组成员之间加强沟通,相互协调,发展共识,以更好地完成每一"质量圈"的共同目标。(4)采用"全面绩效测量"(Total Performance Measurement)来弥补仅由政府系统内部对公务员绩效进行评估的不足。全面绩效测量是指由公务员、服务对象和市民一起对某一政府机构的服务水准和服务效率进行评估,评估的结果再反馈给每一个公务员。全面绩效测量的好处是可以让公务员切身了解哪些方面需要改进,并促使他们积极参与到制定改进措施的决策过程之中。

三、重视公务员行为规范与个人权利之间的平衡

为确保公共服务的质量和水准,西方各国在近年人事行政中努力将公务员的行为规范进一步细化:(1)制定限制公务员参与政治活动的细则,规定公务员不得成为政党代表大会的代表,不得加入政治行动委员会(political action committee),不可以寻求和接受政治捐款,不得为某一政党的竞选活动拉选票,不得召集和组织政治性的集会等。(2)为保障公务员做好本职工作,大多数政府机构严禁公务员从事"第二职业"(moonlighting)。

---

① 研究表明,通过目标管理,工作人员自己提出的目标通常比上级管理层提出的目标还高;更为重要的是,通过让公务员自我提出要实现的目标,可以激发其"证明自我"的动机,从而提高工作绩效。参见 R. N. Ford, *Motivation Through the Work Itself*, New York: American Management Association, 1969; D. Daley, "The Trials and Tribulations of Performance Appraisal," in S. W. Hays and R. C. Kearney, eds., *Public Personnel Administration: Problems and Prospects*, 4th, New Jersey: Prentice Hall, 2003, pp. 154-166。

(3)国家制定的公务员道德标准和职业规范,常常高于私有企业和非营利组织对雇员的要求。例如,美国1978年通过的《政府职业道德法》明确要求职位十六级以上的高级公务人员必须申报个人的财务状况,并严禁联邦公务员在离职的两年之内,受雇于那些要与其原所在政府机构打交道的私营企业。(4)多数西方国家的政府,对公务员(尤其是警察、公立学校教师以及涉及国家安全利益的公务员)的职外行为(off-duty behavior)也有详尽的规范,对于违反职外行为规范的公务员,政府会依据是否与工作有关(job relevance)的原则,即职外错误行为是否给本职工作带来危害,是否直接或间接损害政府利益做出相应的惩戒与处罚,甚至开除公职。

虽然公务员是社会中的一个特殊的公民群体,有比一般公民要高的行为规范和职业要求,但作为公民,公务员的正当权利理所应当受到保护。近年来,西方各国在保障公务人员的权利方面,也做出相应的努力。例如,严禁人事招聘、录用、晋职、奖励、处罚和其他人事行政活动中的一切歧视,包括性别、年龄、种族、残疾等方面的歧视;严禁工作中各种形式的性骚扰,建立多种机制保障下级投诉渠道的畅通,设立公正、中立、有外部人员参加的申诉仲裁委员会,保障公务员免受不公平的待遇。

四、贯彻人事行政中的民主、平等与公平原则

在贯彻人事行政中的民主与公平原则方面,西方各国除了继续强调政府有服务社会的责任与义务之外,近年来尤其重视处理以下两个问题:(1)公务员的代表性(Representative Bureaucracy—亦译代议官僚制)。由于历史的原因,西方各国公务员的人员构成中,一些社会弱势群体所占的比例明显不足。通过平等就业机会(Equal Employment Opportunity)和扶正原则(Affirmative Action),解决公务员代表性的问题,是为了让社会中的各个群体,在政府中都有相应比例的来自本群体的公务员,以期更好地代表本群体的利益,其实质是贯彻公平与民主的原则。① (2)公民和社会公益团体的参与。人事行政的目标是造就一个为社会高效服务的公务员系统,但公务员系统一旦建立,会有其本身的种种惰性和弊病。通过从服务对象和相应的社区招纳公民和公益团体的人员担任咨询顾问和人事监察,可以有效地改善政府公务员系统与社会之间的沟通与联系,使政府的决策和行为更加符合社会的需求。

第八节 我国公务员制度

我国公务员制度是我国干部人事制度的一个重要组成部分,它既继承了我国传统干部人事制度的优点,又借鉴了西方发达国家公务员制度的有益经验,是适合现阶段我国国情的人事行政制度。

---

① 戴维·罗森布鲁姆和道格拉斯·金纳德认为代议官僚制可以提供平等的机会、体现社会资源分配的公正性以及保障每个社会群体对政府的影响力。参见 D. H. Rosenblomm and D. Kinnard, "Bureaucratic Representation and Bureaucratic Behavior: An Exploratory Analysis," *Midwest Review of Public Administration*, March 1, 1987, pp. 35-42。

一、我国公务员制度的建立

从中共十一届三中全会以后邓小平同志明确提出改革传统的干部人事制度,到 1993 年 8 月 14 日《国家公务员暂行条例》正式颁布,2005 年 4 月 27 日《中华人民共和国公务员法》正式通过并于 2006 年 1 月 1 日起施行,我国公务员制度的确立和发展大致经历了以下五个阶段。

(一)酝酿和探索阶段(1980—1983 年)

中共十一届三中全会后,邓小平同志多次提出要改革传统的干部人事制度。1980 年,他在中央政治局扩大会议上明确指出:"打破旧框框,勇于改革不合时宜的组织制度、人事制度","关键是要健全干部的选举、招考、任免、考核、弹劾、轮换制度,对各级各类领导干部(包括选举产生、委任和聘用的)职务的任期,以及离休、退休,要按照不同情况,作出适当的、明确的规定。"①在邓小平同志这一思想的指引下,我国开始了改革传统干部人事制度的探索。1982 年、1983 年,中央和地方国家机关先后进行了机构改革,并按照干部"四化"的要求,调整了各级领导班子,建立了老干部离、退休制度,开始废除实际上的领导职务终身制。与此同时,在干部录用、考核、交流、培训等方面也进行了一系列的改革探索。

(二)《国家机关工作人员条例》的起草和修改阶段(1984—1986 年)

1984 年到 1986 年,根据中共中央书记处的要求,中共中央组织部和原劳动人事部组织一批专家学者和实际工作者,着手起草《国家机关工作人员条例》。条例起草过程中,先后征求了几百位专家、十几个省市和几十个部门的意见,九易其稿,最后形成《国家机关工作人员条例(第十稿)》,此即《国家公务员暂行条例》的前身。

(三)明确提出建立国家公务员制度并进行试点阶段(1986 年下半年—1992 年)

1986 年下半年,根据邓小平同志的建议,中共中央组织了干部人事制度改革专题组。专题组根据中央指示精神,在研究提出建立国家公务员制度的基础上,按照公务员制度的特点和中国的实际情况,对《国家机关工作人员条例》作了进一步修改,并将其更名为《国家公务员暂行条例(草案)》。1987 年 10 月,中国共产党第十三次全国代表大会明确提出,"当前干部人事制度改革的重点,是建立国家公务员制度"②。1988 年 4 月,七届人大一次会议进一步提出,要"抓紧建立和逐步实施国家公务员制度","尽快制定《国家公务员条例》,研究制定《国家公务员法》"③,并决定成立人事部,主要负责推行国家公务员制度。人事部成立后,又对《国家公务员暂行条例》进行了多次修改,并在全国范围内多次征求意见。从 1989 年开始,为了取得实际经验,经中央批准,首先在国务院六个部门即审计署、海关总署、国家统计局、原国家税务局、原国家环保局和国家建材局进行公务员制度试点。1990 年,又在哈尔滨、深圳两市进行试点。其后,全国又有二十多个省市相继进行了试点。

---

① 邓小平:《党和国家领导制度的改革》,《邓小平文选》第 2 卷,北京:人民出版社 1994 年版,第 326、331 页。
② 中国共产党第十三次全国代表大会报告:《沿着有中国特色的社会主义道路前进》,1987 年 10 月 25 日。
③ 全国人民代表大会常务委员会办公厅编:《中华人民共和国第七次全国代表大会第一次会议文件汇编》,北京:人民出版社 1988 年版,第 34 页。

（四）正式确立和改革完善阶段(1992—2004 年)

1992 年 5 月 12 日,国务院常务会议讨论并原则同意人事部《关于建立和推行国家公务员制度的汇报提纲》及《国家公务员暂行条例(草案)》。1992 年 12 月 31 日和 1993 年 1 月 14 日,中共中央政治局常委会议和政治局全体会议先后听取了人事部的汇报,原则同意《国家公务员暂行条例(草案)》及实施设想。1993 年 4 月 24 日,国务院常务会议审议通过《国家公务员暂行条例》,1993 年 8 月 14 日,国务院总理李鹏签署中华人民共和国国务院令第 125 号发布《国家公务员暂行条例》,规定自 1993 年 10 月 1 日起施行。《国家公务员暂行条例》的颁布与施行,标志着我国公务员制度的正式确立。

公务员制度确立以来,随着政治经济条件的不断变化,为了实现国家战略、高效地贯彻执行国家的各项政策、加快人力资源开发,在公务员制度框架内,在公务员管理的各个环节都相应地出台了众多的行政规章和政策,使得公务员制度处于不断地完善和调整当中。

在职位分类制度方面,《国家公务员职位分类工作实施办法》(1994)、《公安刑事、技术侦察队专业技术职位设置试行办法》(2001)和《公安刑事、技术侦察队专业技术任职资格标准条件及考试评审试行办法》(2001)都进一步深化和完善了公务员的职位分类制度。

在新陈代谢制度方面,《国家公务员录用暂行规定》(1994),《国家公务员辞职辞退暂行规定》(1995),《关于加强国家公务员录用考试笔试命题管理工作的通知》(1997),《新录用国家公务员任职定级暂行规定》(1997),《关于国家公务员辞职或被辞退后有关问题的通知》(1997),《关于建立国家公务员录用笔试公共科目与通用专业试题库的通知》(1998),2000 年将中央、国家机关公务员录用考试公共科目统一为《公共基础知识》《行政职业能力倾向测验》《申论》三科,2001 年确定了公务员面试的规则和办法等都规范和完善了公务员的新陈代谢机制。

在激励约束制度方面,《国家公务员考核暂行规定》(1994)、《关于实施国家公务员考核制度有关问题的通知》(1995)、《国家公务员职务任免暂行规定》(1995)、《国家公务员奖励暂行规定》(1995)、《国家公务员职务升降暂行规定》(1996)、《国家公务员任职回避和公务回避暂行办法》(1996)、《国家公务员职位轮换(轮岗)暂行办法》(1996)、《"九五"公务员培训工作纲要》(1996);《关于党政机关推行竞争上岗的意见》(1998)、《关于进一步加强国家公务员考核工作的意见》(2000)、《党政领导干部选拔任用工作条例》(2002)、《公务员九项通用能力标准》(2003)等规章、政策和文件丰富和完善了公务员制度的激励约束制度。比如引咎辞职制度就是《党政领导干部选拔任用工作条例》(2002)中首次提出来的。

在职业发展和保障制度方面,《国家公务员培训暂行规定》(1996)、《人事部 2001—2005 年国家公务员培训工作纲要的通知》(2001)等政策文件都丰富了公务员的职业发展与保障机制。

在权利、责任与义务方面,《国家公务员申诉控告暂行规定》(1995)、《国家公务员行为规范》(2002)丰富和发展了公务员权利、责任和义务制度方面的内容。

中共十六大以来,中国改革进入了全面建设小康社会的新阶段,各项改革进一步深化。干部人事制度改革也进入了整体推进的新阶段。2004年3月,中共中央总书记胡锦涛主持召开中央政治局会议,审议通过了《公开选拔党政领导干部工作暂行规定》《党政机关竞争上岗工作暂行规定》《党的地方委员会全体会议对下一级党委、政府领导班子正职拟任人选和推荐人选表决办法》《党政领导干部辞职暂行规定》和《关于党政领导干部辞职从事经营活动有关问题的意见》这五个干部人事制度改革文件,这五个文件加上此前中央纪委和中央组织部联合下发的《关于对党政领导干部在企业兼职进行清理的通知》,以上六个文件标志着中国干部人事制度改革进入了整体推进的新阶段。

（五）法制化阶段（2005年至今）

经过11年的探索和完善,国家公务员制度在2005年进入了法制化阶段。2005年4月27日第十届全国人民代表大会常务委员会第十五次会议通过《中华人民共和国公务员法》,2005年4月27日中华人民共和国主席令第35号公布自2006年1月1日起施行。《中华人民共和国公务员法》使得我国的公务员制度得到法制化,使得公务员制度由行政法规上升为正式法律,大大地推进了我国公务员管理的法制化水平。

较之1993年的《国家公务员暂行条例》,《中华人民共和国公务员法》不但是公务员管理法制化的一大进步,也是在继承、肯定和吸收十多年干部人事管理制度改革的基础上,结合我国的国情,对公务员制度进行了大胆的创新。与《国家公务员暂行条例》相比,公务员法在公务员的范围、权利义务、奖惩、任用和管理等方面都出台了新的规定。

二、我国公务员制度的特点

我国公务员制度与西方公务员制度和我国传统干部人事制度相比,具有鲜明的特点。

首先,与西方公务员制度相比较,我国公务员制度的特点主要体现在以下三点:

第一,我国公务员制度是在传统干部人事制度的基础上逐步建立起来的,其目的是建立一个具有生机和活力的政府。而西方公务员制度则是针对资产阶级"政党分赃制"的弊端而建立的,其目的是保持政策的连续性和维系稳定的行政体系。

第二,我国公务员制度坚持中国共产党的领导和党的基本路线。中国共产党的执政和领导地位,是由我国国情根本决定的,是我国历史发展和现实的必然。坚持中国共产党的领导和党的基本路线,是中国共产党执政和领导地位在人事行政领域的具体体现和实现方式。而西方公务员制度则标榜"政治中立"和"价值中立"原则,强调公务员不得参与政治活动。

第三,我国公务员制度坚持为人民服务的宗旨。我国的社会主义性质决定了我国公务员制度必须以为人民服务为宗旨,必须时时处处以国家和人民的利益为重。而西方公务员制度则具有自身的特殊利益。如英、美等西方多数发达国家,经过多年的发展,公务员已成为一个具有较大影响的、独立的利益集团。

其次,与我国传统干部人事制度相比较,我国新的公务员制度的特点主要有四点:

第一,体现了分类管理原则。新的公务员制度作为各级行政机关实行的人事制度而与其他国家机关、企事业单位的人事制度相区别,改变了以往各类干部集中统一管理的模式。

第二,建立了新陈代谢制度。新的公务员制度一方面对公务员的资格条件和考试录用等做出了严格规定,另一方面又对辞职、辞退、退休等提出了明确要求,有利于克服以往领导干部职务终身制的弊端。

第三,强化了激励竞争机制。新的公务员制度明确规定,公务员的录用,实行公开考试、严格考核、择优录取;公务员的考核,以工作实绩为重点,实行能上能下、优胜劣汰。这有利于克服以往能上不能下、"干好干坏一个样"的弊端。

第四,健全了廉政勤政约束制度。新的公务员制度在保持传统干部人事制度注重思想政治教育的同时,从制度层面入手,把廉政勤政作为对公务员的一项基本要求,贯穿在公务员义务、权利、考核、纪律、职务升降、交流、回避等各个管理环节之中。

三、我国公务员制度的基本内容

我国公务员制度主要包括职位分类制度、新陈代谢制度、激励约束制度、职业发展和保障制度四大内容。

(一) 职位分类制度

我国目前的公务员职位分类制度以规范的职位分类为取向,同时,又兼顾了现阶段我国公务员职位内容和工作方法、工作手段尚不定型的现实,具有过渡性质。其主要规定了我国公务员的职务序列、级别划分以及职务与级别的对应关系。我国公务员职务分为领导职务和非领导职务两个序列。

领导职务序列共10个层次:

1. 总理;
2. 副总理;
3. 国务委员;
4. 省长、自治区主席、直辖市市长、部长、委员会主任、署长、审计长;
5. 副省长、自治区副主席、直辖市副市长、副部长、委员会副主任、副署长、副审计长;
6. 司长、局长、厅长、州长、专员;副司长、副局长、副厅长、副州长、副专员;
7. 处长、县长;
8. 副处长、副县长;
9. 乡(镇)长、科长;
10. 副乡(镇)长、副科长。

非领导职务序列共8个层次:

1. 办事员;
2. 科员;
3. 副主任科员;
4. 主任科员;
5. 助理调研员;
6. 调研员;
7. 助理巡视员;
8. 巡视员。

其中,助理调研员相当于副处级,调研员相当于正处级,助理巡视员相当于副厅级,巡视员相当于正厅级。

我国公务员的级别分为15级,与12个职务层次相对应。具体对应关系为:

1. 国务院总理:一级;
2. 国务院副总理、国务委员:二至三级;
3. 部级正职、省级正职:三至四级;
4. 部级副职、省级副职:四至五级;
5. 司级正职、厅级正职、巡视员:五至七级;
6. 司级副职、厅级副职、助理巡视员:六至八级;
7. 处级正职、县级正职、调研员:七至十级;
8. 处级副职、县级副职、助理调研员:八至十一级;
9. 科级正职、乡级正职、主任科员:九至十二级;
10. 科级副职、乡级副职、副主任科员:九至十三级;
11. 科员:九至十四级;
12. 办事员:十至十五级。

《中华人民共和国公务员法》所称的公务员"是指依法履行公职、纳入国家行政编制、由国家财政负担工资福利的工作人员"[1]。"按照公务员职位的性质、特点和管理需要,划分为综合管理类、专业技术类和行政执法类等类别。国务院根据本法,对于具有职位特殊性,需要单独管理的,可以增设其他职位类别。各职位类别的适用范围由国家另行规定。"[2]

"公务员的职务应当对应相应的级别。公务员职务与级别的对应关系,由国务院规定。公务员的职务与级别是确定公务员工资及其他待遇的依据。公务员的级别根据所任职务及其德才表现、工作实绩和资历确定。公务员在同一职务上,可以按照国家规定晋升级别。"[3]

(二)新陈代谢制度

我国公务员新陈代谢制度主要包括考试录用、交流、辞职、辞退、退休等内容。

考试录用是指国家行政机关通过采取公开考试、严格考察、平等竞争、择优录取的办法,按照德才兼备的标准,择优录用担任主任科员以下及其他相当职务层次的非领导职务公务员的国家公务员的制度。录用特殊职位的公务员,经省级以上公务员主管部门批准,可以简化程序或者采用其他测评办法。新录用的公务员试用期为一年。试用期满合格的,予以任职;不合格的,取消录用。[4]

《中华人民共和国公务员法》首次明确可以设立聘任制公务员职位。"机关根据工作需要,经省级以上公务员主管部门批准,可以对专业性较强的职位和辅助性职位实行聘任制。"[5]

---

[1] 《中华人民共和国公务员法》第二条。
[2] 《中华人民共和国公务员法》第十四条。
[3] 《中华人民共和国公务员法》第十九条。
[4] 《中华人民共和国公务员法》第三十二条。
[5] 《中华人民共和国公务员法》第九十五条。

国家实行公务员的交流回避制度。"公务员可以在公务员队伍内部交流,也可以与国有企业事业单位、人民团体和群众团体中从事公务的人员交流。交流的方式包括调任、转任和挂职锻炼。"①调任,国有企业事业单位、人民团体和群众团体中从事公务的人员可以调入机关担任领导职务或者副调研员以上及其他相当职务层次的非领导职务。转任,公务员在不同职位之间转任应当具备拟任职位所要求的资格条件,在规定的编制限额和职数内进行。对省部级正职以下的领导成员应当有计划、有重点地实行跨地区、跨部门转任。对担任机关内设机构领导职务和工作性质特殊的非领导职务的公务员,应当有计划地在本机关内转任。② 挂职锻炼,根据培养锻炼公务员的需要,可以选派公务员到下级机关或者上级机关、其他地区机关以及国有企业事业单位挂职锻炼。公务员在挂职锻炼期间,不改变与原机关的人事关系。③ 国家公务员轮换,是一种组织行为,由任免机关按照公务员管理权限有计划地安排实施。

辞职是指国家公务员依照法律规定和程序,自愿申请辞去现任公务员职务,终止与行政机关任用关系的制度。辞职是公务员的一项基本权利,是完全出于公务员本人意愿的自主行为。公务员辞职,应当向任免机关提出书面申请,任免机关应在三个月内予以审批,审批期间,申请人不得擅自离职。国家行政机关可以根据实际情况,规定国家公务员三至五年的最低服务年限,未满最低服务年限的,不得辞职。在涉及国家安全、重要机密等特殊职位上任职的国家公务员,不得辞职。公务员辞职后,不再保留国家公务员的身份。"领导成员因工作严重失误、失职造成重大损失或者恶劣社会影响的,或者对重大事故负有领导责任的,应当引咎辞去领导职务。领导成员应当引咎辞职或者因其他原因不再适合担任现任领导职务,本人不提出辞职的,应当责令其辞去领导职务。"④

辞退是指国家行政机关依照法律规定和程序,解除与公务员任用关系的制度。辞退是国家行政机关的一项法定权利,是行政机关单方面的法律行为。只要符合法定事由,行政机关即可按法定程序辞退公务员,而无须征得公务员本人的同意。辞退国家公务员,由所在机关提出建议,按管理权限报任免机关审批,并以书面形式通知本人。被辞退的国家公务员,不再保留国家公务员的身份。需要指出的是,辞退是解除行政机关与公务员任用关系的一般行政行为,不同于开除处分。

退休是指国家公务员达到一定的年龄和工龄,或因病残丧失了工作能力,根据国家规定办理退休手续,离开工作岗位,由国家给予一定数额的退休金和其他生活保障,予以妥善安置和管理的制度。

(三) 激励约束制度

我国公务员激励约束制度包括考核、奖励、处分、职务升降、回避等内容。

考核是指国家行政机关根据有关法律法规,按照管理权限,对国家公务员的德、能、勤、绩、廉进行全面考察与评价,并以此作为对国家公务员奖惩、培训、辞退以及调整职务、级别和工资依据的制度。对国家公务员的考核,应当坚持客观公正的原则,实行领导与群

---

① 《中华人民共和国公务员法》第六十三条。
② 《中华人民共和国公务员法》第六十五条。
③ 《中华人民共和国公务员法》第六十六条。
④ 《中华人民共和国公务员法》第八十二条。

众相结合。"公务员的考核分为平时考核和定期考核。"①"对非领导成员公务员的定期考核采取年度考核的方式。"②"定期考核的结果分为优秀、称职、基本称职和不称职四个等次。定期考核的结果应当以书面形式通知公务员本人。"③

奖励是指国家行政机关对在工作中表现突出、有显著成绩和贡献,以及有其他突出事迹的国家公务员给予精神或物质鼓励的制度。对国家公务员的奖励,坚持精神鼓励与物质鼓励相结合的原则。对国家公务员的奖励分为:嘉奖,记三等功、二等功、一等功,授予荣誉称号。在给予上述奖励的同时,按照规定给予一定的物质奖励。

处分是指对有违纪行为,尚未构成犯罪,或者虽然构成犯罪但是依法不追究刑事责任的国家公务员,依照有关规定给予惩戒的制度。对国家公务员的行政处分分为:警告、记过、记大过、降级、撤职、开除。

职务升降是指依照规定和程序,将国家公务员由原工作职位调任到另一个承担更大或较小责任的职位上,同时其权力相应扩大或缩小、报酬相应提高或降低的制度。职务晋升,公务员晋升职务应当具备拟任职务所要求的思想政治素质、工作能力、文化程度和任职经历等方面的条件和资格。公务员晋升领导职务的,应当按照有关规定实行任职前公示制度和任职试用期制度。④ 降职的对象为在年度考核中被确定为不称职,或者不胜任现职又不宜转任同级其他职务的国家公务员。

回避是指为了防止公务员因个人利益和亲属关系等因素对公务活动产生不良影响,而在公务员所任职务、所执行公务和任职地区等方面做出一定的限制,使其避开有关亲属关系和公务的制度。其主要包括任职回避、公务回避和地区回避。任职回避是指国家公务员之间有夫妻关系、直系血亲关系、三代以内旁系血亲以及近姻亲关系的,不得在同一机关担任双方直接隶属于同一行政首长的职务或者有直接上下级领导关系的职务,也不得在其中一方担任领导职务的机关从事监察、审计、人事、财务工作。公务回避是指国家公务员执行公务时,涉及本人或者涉及与本人有前述亲属关系人员的利害关系的,必须回避。地域回避是指担任县级以下地方人民政府领导职务的国家公务员,一般不得在原籍任职,但是,民族区域自治地方人民政府的国家公务员除外。

《中华人民共和国公务员法》强调激励与约束的统一,强调权利与义务和责任的统一。在重视公务员合法权益保障的同时,强调公务员的法律责任和义务。在合法权益的保障方面,公务员享有八项基本权利,在四种情形下不得辞退公务员,公务员还享有一定的知情权、控告权、申诉权、申辩权,还针对聘任制公务员建立了人事争议仲裁制度。在法律责任方面,《中华人民共和国公务员法》严格规定了公务员的九项义务和四条法律责任。比如《中华人民共和国公务员法》第一百零二条规定"公务员辞去公职或者退休的,原系领导成员的公务员在离职三年内,其他公务员在离职两年内,不得到与原工作业务直接相关的企业或者其他营利性组织任职,不得从事与原工作业务直接相关的营利性活

---

① 《中华人民共和国公务员法》第三十四条。
② 《中华人民共和国公务员法》第三十五条。
③ 《中华人民共和国公务员法》第三十六条。
④ 《中华人民共和国公务员法》第七章。

动"①。这些都有力地保证了公务员激励与约束的统一。

（四）职业发展和保障制度

我国公务员职业发展和保障制度包括培训、挂职锻炼、工资、保险、福利等内容。

培训是指国家行政机关为了提高公务员的政治和业务素质，根据经济、社会发展的需要，按照职位的要求，通过各种形式，对公务员采取的有组织、有计划的教育活动。国家公务员培训，贯彻理论联系实际、学用一致、按需施教、讲求实效的原则。国家公务员培训分为：对新录用人员的培训，晋升领导职务的任职培训，根据专项工作需要进行的专门业务培训和在职公务员更新知识的培训。

工资是国家分配给公务员个人消费品的货币表现。《国家公务员暂行条例》规定，国家公务员的工资主要由职务工资、级别工资、基础工资和工龄工资四部分构成；《公务员法》规定，公务员工资包括"基本工资、津贴、补贴和奖金"四部分。② 与此同时，《公务员法》规定"公务员实行国家统一的职务与级别相结合的工资制度"③"国家实行工资调查制度"④"国家建立公务员保险制度"⑤等相关制度。

保险是指国家依法对因疾病、工伤、年老等原因，暂时或永久丧失劳动能力的国家公务员给予物质帮助的社会保障制度，以"保障公务员在退休、患病、工伤、生育、失业等情况下获得帮助和补偿"⑥。

福利是指国家行政机关为解决国家公务员生活方面的共同需要和特殊需要，在工资和保险待遇之外，对公务员在经济上给予帮助和生活上给予照顾的制度。主要包括各种福利设施、福利补贴、假期待遇和生活困难补助等。

名词与术语

职位	部内制	人事行政	国家公务员	国家公务员制度
职系	部外制	职位分类	私人庇荫制	人事行政管理机构
职组	折中制	职位调查	政党分赃制	
职类	考任制	职系区分	考试晋升制	
职级	培训制	职位评价	功绩晋升制	
职等	退休制	职级规范	年资晋升制	
考核	考核制	职位归类	越级晋升制	
考勤	惩戒制	级别分类		
考绩		职前培训		
奖励		在职培训		
晋升		考试录用		

---

① 《中华人民共和国公务员法》第一百零二条。
② 《中华人民共和国公务员法》第七十四条。
③ 《中华人民共和国公务员法》第七十三条。
④ 《中华人民共和国公务员法》第七十五条。
⑤ 《中华人民共和国公务员法》第七十七条。
⑥ 同上。

义务　　　　　　职务升降
权利　　　　　　挂职锻炼
调任
辞职
辞退
退休
考核
处分
轮换
回避
培训
工资
保险
福利

复习与思考

1. 人事行政的要义。

2. 现代人事行政的趋向。

3. 现代人事行政的特征。

4. 西方国家公务员制度的基本特征。

5. 现代人事行政制度确立的标志。

6. 职位分类的历史缘由。

7. 职位分类制度与级别分类制度的各自的特点和优劣。

8. 考任制的基本原则。

9. 考任制的一般程序。

10. 国家公务员培训制的特点。

11. 公务员退休的条件。

12. 公务员退休的方式。

13. 公务员晋升的一般原则。

14. 公务员工资制度的重要原则。

15. 公务员的一般权利。

16. 公务员的一般义务。

17. 公务员的一般道德规范。

18. 公务员主要的违法乱纪行为。

19. 与西方公务员制度相比较,我国公务员制度的主要特点。

20. 与我国传统干部人事制度相比较,我国新的公务员制度的主要特点。

21. 我国公务员制度中关于领导职务序列、非领导职务、级别的规定。

22. 我国公务员制度中关于考试录用、调任、辞职、辞退、退休的规定。

23. 我国公务员制度中关于考核、奖励、处分、职务升降、轮换、回避的规定。
24. 我国公务员制度中关于培训、挂职锻炼、工资、保险、福利的规定。
25. 完善和发展我国公务员制度建设的理论和实践问题。

主要参考书目

1. 徐颂陶主编:《〈国家公务员暂行条例〉释义》,北京:人民出版社1993年版。
2. 刘德生:《中国人事行政制度概述》,北京:中国社会科学出版社1996年版。
3. 曹志主编:《资本主义国家公务员制度概要》,北京:北京大学出版社1995年版。
4. 曹志主编:《中华人民共和国人事制度概要》,北京:北京大学出版社1995年版。
5. 田培炎:《公务员制度的理论与实践》,北京:中国社会科学出版社1993年版。
6. 张金鉴:《人事行政学》,台北:台湾三民书局1984年版。
8. 赵其文:《人力资源管理》,台北:台湾中华电视股份有限公司1996年修订版。
7. N. J. Cayer, *Public Personnel Administration in the United States*, 4th, Thomson Learning, 2003.
8. S. W. Hays and R. C. Kearney, ed., *Public Personnel Administration：Problems and Prospects*, 4th, New Jersey：Prentice Hall, 2003.
9. R. D. Lee, Jr., *Public Personnel Systems*, 3rd, Maryland：Aspen Publishers, 1993.
10. R. D. Sylvia, *Critical Issues in Public Personnel Policy*, California：Brooks/Cole Publishing Company, 1989.
11. L. G. Nigro, F. A. Nigro, and J. E. Kellough, *The New Public Personnel Administration*, 7th, Cengage Learning, 2013.

第二部分　行政程式与行政技术

第七章 行政决策

第一节 行政决策概述

行政决策是现代行政管理的一个重要环节。自20世纪40年代以来,有关行政决策的研究越来越受到行政管理学家们的重视,形成了多种理论学派的行政决策学说。这些理论和学说分别以自己的理论假设作为理论前提,对行政决策做出了各具特色的解释。在行政管理学中,有关行政决策的研究主要集中在行政决策的类型与特点、行政决策的组织体制、行政决策过程或程序,以及行政决策方法等几个方面。在这一节中,重点讨论了行政决策的含义、特点、类型、作用等问题。这些问题都是研究行政决策的一些最基本的问题,所讨论的主要是行政决策的基本原理。对这些基本原理的掌握,是我们理解整个行政决策理论的基础。

一、行政决策的含义与特点

"决策"(decision-making)一词,简单地说,就是指"决定"或"作出选择"的意思。按照美国学者斯蒂芬·罗宾斯(Stephen Robbins)在《组织行为学》一书中的说法,决策就是决策者"在两个或多个方案中进行选择"①。《中国大百科全书·政治学卷》给"决策"一词下的定义是:"从多种可能选择中作出选择和决定"②。按照上述解释,我们可以把行政决策定义为具有行政决策权的组织或个人为了有效地实现行政目标从多种可能的行政方案中作出选择或决定的过程。

为了更好地理解行政决策的含义,了解行政决策的特点是十分必要的。决策行为作为人的一种基本行为,在人的所有正常活动中,几乎都存在决策行为。马克思曾经指出:"蜘蛛的活动与织工的活动相似,蜜蜂建筑蜂房的本领使人间的许多建筑师感到惭愧。但是,最蹩脚的建筑师从一开始就比最灵巧的蜜蜂高明的地方,是他在用蜂蜡建筑蜂房以前,已经在自己的头脑中把它建成了。"③人的活动与动物活动的最大区别,如前所述就在于:动物的活动是盲目的,而人的活动是一种有目的、有计划的活动。人的活动必须首先经过决策,这就是人的活动的最大特征。但就人的不同性质的行为而言,其决策的特点是不一样的。行政决策的特点主要表现于以下几个方面。

(一) 行政决策的主体是掌握行政权力的个人或组织

任何决策都需要一个决策主体,即做出决策的个人或组织。行政决策是行政权力的

---

① 〔美〕斯蒂芬·P.罗宾斯:《组织行为学》,孙建敏等译,北京:中国人民大学出版社1997年版,第114页。
② 中国大百科全书总编辑委员会《政治学》编辑委员会:《中国大百科全书·政治学卷》,北京:中国大百科全书出版社1992年版,第179页。
③ 《马克思恩格斯全集》第23卷,北京:人民出版社1972年版,第202页。

运用,其主体必然会与行政权力有关。在实行行政首长负责制的行政部门,行政决策权一般由行政首长行使;在实行委员会制的行政部门,行政决策权一般由委员会集体行使。也就是说,从形式上看,在前一种决策形式中,行政决策的主体是行政首长个人;在后一种决策形式中,行政决策主体是行政委员会集体。但从实质上看,由于行政首长作为行政组织的负责人,只是代表行政组织行使决策权,因而行政首长的行政决策本质上仍然是一种组织决策,即行政组织的决策。

(二)行政决策的内容是行政事务

行政决策的内容既涉及行政机关的内部事务,如政府人事行政事务、机关后勤管理事务等,更多地则涉及社会公共事务,如教育、卫生、劳动就业、社会保障、社会治安等事务。作为行政管理的对象,这些事务都可称为行政事务,也是行政决策的内容。政府作为公共事务的管理部门或公共服务部门,其决策内容离不开"公共"二字,或者是有关公共管理的内容,或者是有关公共服务的内容。一般说来,行政决策内容主要是公共领域内的事务,而私人领域内的事务理应由私人自行决策。当然,政府组织有权也有必要为私人行为制定必要的规则,由于这种规则要求每一个个人(私人)都必须遵循,因而它实际上也是一种公共规则。此类决策仍然是一种公共决策。

(三)行政决策的价值取向是公共利益

社会中的每个个人作为"经济人",其决策准则是实现自我利益的最大化。营利性的工商企业也是遵循的这一准则,其具体的决策准则是利润的最大化。然而政府组织作为公共部门,其决策主要服务于公民、企业等行政相对人。公共部门不能是一个"自利性"机构,而应该是一个"追求公共利益"的机构,因此,其决策准则应该是"公共利益的最大化",这不仅是公共部门决策与私人企业决策的区别之一,而且应该把这一点看成是它们两者之间的本质区别。正是从这个意义上说,行政决策在价值取向上应该而且必须坚持公共利益最大化的原则。

二、行政决策的类型

所谓决策类型,是指按照一定的标准对决策所进行的分类。由于决策分类标准的多样性,目前存在着多种分类方法。决策的分类标准是指具体划分决策类型的基本依据。按照决策模式、决策内容、决策目标和决策对象等不同的分类标准,可以将行政决策划分为不同的类型。目前常见的分类主要有:

(一)经验决策与科学决策

经验决策是相对于现代科学决策而言的,主要是指决策者凭经验制定决策的活动与过程,或者说凭经验进行决策。经验决策产生于蒙昧时代,它也有一个发展和完善的过程。按照美国决策理论家西蒙的观点,经验决策的发展大致经历了三个时期:第一个时期是凭习惯决策时期。西蒙认为,从经验决策产生到18世纪以前都属于这个时期。在这一时期,习惯和个人经验长期以来被认为是决策中最普遍的方式。第二个时期被称为标准操作规程时期。18世纪以后,随着工业革命的到来,社会的基本生产组织形式迅速从以家庭为单位转向以工厂为单位。在这样一种历史条件下,先是在工厂里出现了标准的操作规程。以后这些操作规程逐渐健全和完善,有章可循,有法可依,这就是按常规办事,不必事事重新决策。西蒙指出:"标准操作规程提供了一种教育新成员合于习惯性组织活动模式的手段,提供了一种提醒成员注意那些不常使用而至今仍未完全变成他们习惯的模式的手段,提供了一种将习惯模式公之于众、经受检验、修正和改进的手段。"①第三个时期称之为决策组织专门化时期。19世纪与20世纪之交,科学管理的创始人泰罗在他的科学管理著作中,第一次提出把计划职能与执行职能分开,设立专门的计划部门,按照科学规律制定计划,进行决策。在行政决策中,这一方式也逐步得到实现,政府组织及其他公共部门相应地建立了各种专门的计划、决策机构。这种决策方式的出现,是现代科学决策产生的前提。

现代科学决策产生于第二次世界大战期间,是现代科学技术发展的必然结果。相对于经验决策而言,科学决策的核心内容是把科学技术及其方法运用于决策分析,出现了决策分析方法数学化、模型化和分析手段计算机化的趋势。所谓决策的数学化,就是应用现代数学方法来解决决策问题。所谓模型化,是指建立决策模型,即把变量之间以及变量与目标之间的关系,用数学关系式把它们表达出来,然后通过求模型的数学解来选择合理方案。现代决策问题越来越复杂,决策模型中所包含的数量关系十分复杂,因而求解的计算量非常大,这靠人工计算是很困难的。随着现代电子计算机的产生,它为人们解决了这个决策上的难题。几乎在决策的数学化、模型化的同时,也出现了决策分析手段的电子计算机化。所谓决策分析手段的电子计算机化,是指在决策时应用电子计算机作为逻辑计算工具进行解题和作为信息处理工具进行信息处理。电子计算机作为一个快速的逻辑计算工具,大大缩短了解题的时间,从而有可能使运用数学工具做出决策产生在需要行动之前,使这些数学手段对于决策来说真正有了实用的价值,从而使科学决策方法成为一种具有现实意义的决策方法。

(二)程序化决策和非程序化决策

程序化决策是指决策所解决的问题是重复出现的那类决策,又称为常规决策或重复性决策。这是因为,由于这类问题出现多次,我们可以制定出一套例行程序作为解决的办法。每当这类问题出现时,我们就依照这套例行程序来解决它。例如,在行政管理实践中,有一个什么时间上下班和如何办公的问题,对这一类问题的解决,一般采用程序化或常规决策方法,即制定具体的上下班时间和办公制度等。此外,程序化决策还因为决策者在过去对它已有过反复处理的经验,容易摸出规律,有其自身的系统或结构,因此又可称为规范化决策或高结构决策。

非程序化决策是指决策所解决的问题是不能重复出现的那类决策,又称为非常规决策或非重复性决策。这是因为,对于非重复性出现的问题,它的解决由于以往没有经验可资依据,不可能有一套例行的程序作为解决的办法,因而其决策是非程序化的。例如,当前我国公共事业管理体制的改革,是一件前人未从事过的事业。改革的决策,就是一种非程序化的或非常规的决策。此外,非程序化决策还由于它没有自身的系统、结构或系统、结构不严密,因而又称为非规范化决策或低结构决策。这里要特别注意的是,我们说的非

---

① 〔美〕赫伯特·A.西蒙:《管理决策新科学》,李柱流等译,北京:中国社会科学出版社1982年版,第43页。

程序化决策,所考虑的不仅是对这一步骤的最后批准举动,而是制定决策的整个过程,包括收集、处理信息和制定方案等活动,都具有非程序化的特点。

（三）确定型决策、风险型决策和不确定型决策

确定型决策是指这样一类决策:其所要解决的问题只受一种客观状态的影响,对于这类问题的解决,可以提出各种具有确定结果的方案。例如,某单位要通过政府采购方式购买一批办公用品,如有 A、B 两个公司竞标,在品种、质量相同的情况下,为使费用最少,决策者自然会选择价格便宜的公司。对这类问题的解决,由于只受一种客观状态的影响(在此例中只受相对稳定的价格的影响),每一个方案都只有一个确定的结果,因而决策时可通过直接比较各方案的结果进行抉择。当然确定型决策问题并非都如此简单。当涉及更多方案时,对于这类问题的解决,也需要采用线性规划等复杂的数学手段。

风险型决策是指这样一类决策:其所要解决的问题受多种客观状态的影响,不论采用何种解决问题的方案,都会承担一定的风险。例如,投资性决策一般都属于此类决策。风险型决策问题也叫统计型问题,或随机型决策问题。它应具备下列五个条件:(1)存在着决策人所企图达到的一个明确目标;(2)存在着决策人可以选择的两个以上的行动方案;(3)存在着不以决策人的主观意志为转移的两种以上的客观状态;(4)各种客观状态下的损益值是决策者可以把握的,如投资决策中不同方案在某一状态(市场销售良好)出现时的预期收益值是可以测算的;(5)未来将出现哪种客观状态,决策人不能肯定,但其出现的概率,决策人大致地可以预先估计出来。以上五点是构成风险型决策问题的基本条件,舍弃其中的一个条件,就不能构成一个风险型决策问题。

不确定型决策与风险型决策相比较,所不同的是缺少上述条件(5),即存在着两种以上的客观状态,但其出现的概率无法加以预测。因此,对于这类问题决策者不但无法把握确定的结果,而且连决策风险的大小也难以把握。当然,这并不是说决策者在这类问题面前无能为力。事实上,决策者凭借自身的经验对这类问题做出合理决策的事例,在历史上并不少见。当然,由于与决策问题相关的客观状态变化的不可预测性,必然会加大决策的难度。

（四）战略决策与战术决策

战略决策是指那些具有指导意义的、带方向性的、与整个国家或社会的发展远景有关的重大决策。如我国政府关于建设社会主义市场经济体制的决策、关于国有企业改革的重大决策、关于建设社会主义新农村的重大决策,都可以视为重大的战略决策。一般说来,战略决策有以下几个特点:一是战略决策所处理的往往是一些重大的问题,如上面提到的建立社会主义市场经济体制的问题、国有企业改革问题、建设社会主义新农村的问题,都是当前我国政府面临的一些十分重大的问题;二是战略决策往往对政府的工作具有指导意义,是一些涉及国家和社会发展方向的决策,在上述决策中,建立社会主义市场经济体制、国有企业改革、建设社会主义新农村等都与我国经济、社会发展方向密切相关;三是战略决策的影响范围广泛和深远,战略决策往往影响到一个国家或地方行政管理的全局,而且这种影响往往不是短期的,而是长期的。

战术决策是指为解决某一具体管理问题或在具体管理过程中所做出的决策。例如,

某县政府在春耕生产前做出的支援春耕生产事项具体安排的决定；某乡政府做出的政府办公室某个人员调动的决定等，都可视为战术决策。一般说来，战术决策有以下几个特点：一是它所处理的往往是一些日常的管理问题，如上面提到的政府办公室某个人员调动的问题；二是它往往只是涉及政府的某项具体工作；三是它所影响的范围小，而且往往是短期的，而不是长期的。

（五）单项决策与序贯决策

单项决策又称静态决策，它是有关解决某个时期重大问题、提出总任务的决策以及解决有关某个时点状态存在问题的决策的总和。前者如我国政府关于西部开发的决策，后者如国务院任命驻外使馆工作人员的决策。由于这类决策往往是一次性的，因此有人又将这类决策称为一次性决策。在这类决策中，既有战略性决策，又有战术性决策。如在上例中前者属于战略决策的范畴，后者则属于战术性决策的范畴。

序贯决策即动态决策，它与单项决策不同，要求做出一系列相互关联的决策。一般说来，序贯决策有两个特点：第一，它做出的决策不是一个，而是一串决策，因而又可称为"一揽子决策"；第二，这一连串决策不是彼此无关的，而是前一项决策直接影响后一项决策，前后项决策之间存在着这样一种关系，即前一项决策是后一项决策的准备和基础，后一项决策是前一项决策的继续和完成。序贯决策是由一系列单项决策构成的，我们可以把序贯决策系列中的每一项具体决策都看成是一个单项决策，但并不是任何几个单项决策相加都构成序贯决策，只有那些在时间上存在着先后顺序、在内容上存在着逻辑关系的多项单项决策有机地结合在一起，才构成我们所说的序贯决策。

三、行政决策的地位和作用

行政管理学家对行政决策及其重要性的认识经历了一个历史过程。在早期的行政学理论中，决策问题并没有引起足够的重视。在他们的著作中几乎没有关于行政决策的论述。只是到了20世纪30—40年代，行政决策及其重要性才开始引起学者们的关注。首先关注这一问题的学者是美国行政学家古立克，他在《组织理论》一书中提出决策是行政的重要功能之一。其后美国学者巴纳德在《行政领导的功能》一书中更是强调了行政决策对行政领导的重要性。20世纪40年代美国著名决策学家西蒙的一系列著作的出版，使人们充分认识到行政决策在行政管理中占有重要的地位。

行政决策贯穿于行政管理过程中的各个环节。在现代行政管理过程中，由于生产的社会化和组织规模的扩大，管理对象和内容越来越复杂起来。对于行政管理者来说，尤其是对于政府组织的领导者来说，已经不可能事无巨细地样样去管，而只能抓大事。从管理过程来看，抓决策就是抓大事。当然，这并不是说执行、监督等其他管理环节不重要，而是说相对于其他环节而言，决策这个环节更加重要。现代管理学一般把管理的主要职能概括为三项：计划职能、组织职能和控制职能，而决策则贯穿于各项职能中。确定目标、抉择方案、制定计划属于决策的内容，这是毫无疑问的；设置机构、配备干部、分配权限需要决策，这也是毫无疑问的；对工作的检查、监督、控制也同样需要决策。因此，正如西蒙所说：管理就是决策。整个管理过程实际上是一个连续决策的过程，没有决策，也就无管理可言。

行政决策具有优化行政管理目标、节约行政管理成本、提高行政管理效益的重要功能。行政管理作为人的有组织的一种理性行为,需要有明确的目标。确立行政目标是行政决策的一项重要任务。在行政决策过程中,决策者往往提出多个目标,然后通过分析论证,直至找出较优目标;同样,行政决策的主要内容之一就是通过收集大量的信息,在此基础上提出各种可供选择的方案,并通过分析论证最后选择出一个令人满意的方案。一般说来,这个令人满意的方案就是一个成本较少、效益较大的方案。因此,行政决策的过程实际上就是一个优化决策目标和决策方案的过程,就是一个寻找成本较少、效益较大的行政管理途径过程。

第二节 行政决策体制

现行决策主体是一个有机系统,主要由决策枢纽系统、决策信息系统、决策咨询系统三个子系统构成。行政决策体制是指行政决策的各个子系统的组成、职能及其相互关系的总和,是关于行政决策主体的构成及其职权关系的一种制度化的设计。建立合理的、科学的行政决策体制是行政决策科学化、民主化的一项十分重要的内容。同时,合理的、科学的决策体制也为行政决策的民主参与建立了一种有效的制度化机制。在现代行政决策体制中,除了行政决策的枢纽系统外,还包括决策信息系统、公众参与系统和咨询系统。

一、行政决策枢纽系统

所谓行政决策枢纽系统(central system),也称为行政决策中心,是指领导、组织整个决策活动和最终从事抉择方案的领导核心。

(一)行政决策枢纽系统的特点

1. 行政决策枢纽系统是在整个行政决策体制中处于核心地位的子系统。行政决策体制是由决策枢纽子系统、信息子系统、咨询子系统三个子系统组成的一个有机系统。在行政决策体制中,这三个子系统的地位并不是一样的,决策枢纽子系统处于整个行政决策体制中的核心地位,即领导与指挥地位,而另外两个子系统则处于从属地位。它们须服从决策枢纽系统的领导和指挥。从职能上讲,它们是决策枢纽系统的服务系统,它们的基本职能是为决策枢纽系统服务的。

2. 行政决策枢纽系统是一个行使决策领导权的系统。行政决策枢纽系统是其所领导的机关或部门的具有最高权力的领导核心,它在该机关或部门中居于最高领导和指挥地位。在该机关或部门内,它可以领导、指挥其他所有的机构和人员,其他机构和人员都处于被领导地位(当然可以对它进行监督)。只有这样的领导核心做出的决策,才对整个机关或部门普遍有效。

3. 行政决策枢纽系统是一个对自己所领导的机关或部门负有全面责任的系统。领导科学的基本原理告诉我们,领导者的权力与责任是统一的。在行政管理过程中,决策枢纽系统作为其所领导的机关或部门的领导核心,具有最高权力,这就意味着它要承担全面的责任。这里所谓的全面的责任,主要包括两方面的内容。一是说,就决策者与执行者的关系而言,整个机关或部门工作的好与坏,成绩的大与小,应由决策枢纽系统负主要责任,因为决策的正确与失误,是决定整个机关或部门工作绩效的关键。二是说,虽然信息系统与咨询系统也参与了决策,但行使最终决策权的是决策枢纽系统。因此,对于决策的正确与失误,主要责任应由决策枢纽系统来负,信息系统只能负信息是否准确、可靠、全面、及时的责任,咨询系统则只能对方案设计的有关技术问题及其可行性研究等方面负责。

4. 行政决策枢纽系统是一个机关或部门的唯一最高决策机关。决策枢纽系统是行政机关的指挥系统,正如人只能有一个指挥系统即大脑一样,行政系统也只能有一个指挥系统即决策枢纽系统,否则,就会出现"多头"领导、"多头"决策、"多头"指挥,这就可能造成如下局面:一方面,因同时出现几个来自平行权力的决策,执行机构和人员无所适从;另一方面,几个决策枢纽系统之间对于一些难度大的决策则会或者相互推诿,或者互相扯皮。在这样一种体制下,是无管理效率可言的。

(二)行政决策枢纽系统的任务

1. 组织领导整个决策过程。在现代行政决策中,由于科学技术和民主制度的发展,决策的主体呈多元化趋势,但行政决策枢纽系统在整个行政决策系统中处于领导核心地位,这种地位决定着行政决策枢纽系统在行政决策过程中发挥着与其他机构不同的作用。行政管理过程一旦出现问题,行政决策枢纽系统便着手组织有关方面讨论问题,要求信息系统收集相关信息,并向决策咨询系统提出相应的决策咨询。决策的分析、论证也是在决策枢纽系统的组织领导下进行。一句话,整个决策过程都离不开行政决策枢纽系统的组织领导,这种组织领导是决策过程得以顺利进行的有效保证。

2. 确定决策目标。当行政管理过程出现问题后,解决问题就需要决策,决策则需要确定决策目标。行政决策目标由谁确定?由于行政决策枢纽系统在整个决策过程中处于核心地位,因而行政决策的目标也是由行政决策枢纽系统来确定的。因为作为行政系统的领导者,它最清楚应该把行政决策问题解决到什么程度,它有权力决定行政决策应该达到或必须达到什么目的。因此,在行政决策实践过程中,行政决策目标的确立实际上都是由行政决策枢纽系统来完成的。

3. 选择决策方案。这是决策枢纽系统的重要任务,也是它与信息系统、咨询系统的区别之所在。信息系统能够为制定和选择方案提供信息服务,但它不具备选择决策方案的权力;同样,咨询系统能够为决策提出诸多可行性方案,并参与决策方案的分析论证,但它也没有权力对决策方案做出最终选择。即使有些咨询机构参与决策方案的选择过程也只是提出选择方案的具体建议,而最后拍板定案的还是决策枢纽系统。

4. 监督决策的执行。任何决策都是要执行的,再好的决策,如果只是做出而已,不加以实行,那么也是毫无意义的。自然,决策的执行应该是执行机关的事情。但是,执行必须要有检查和监督。决策枢纽系统为了保证其所做出的决策不至于在执行过程中被耽误或被扭曲,就必须对执行过程进行严格的监督。此外,决策在执行过程中也还有需要修正的地方,甚至还有待于追踪决策。决策枢纽系统只有在检查、监督决策的执行情况时,才能进一步发现问题,确定新的目标,寻找新的方案,完善原有的决策。

二、行政决策信息系统

信息系统(information system),从一般意义上来说,是指为了实现共同目标而互相联系、互相制约的各种信息收集、处理及其传输渠道所形成的有机整体。所有的信息系统可分为自然信息系统(如昆虫的复杂有机体)和人造信息系统(如电子计算机系统)两大类。行政决策信息系统属于人造信息系统,它是为决策收集、整理和传输有用、准确、及时的信息的一个信息服务机构,是行政机关的信息处理成员与电子计算机及其他传输工具组成的一个人—机系统。

(一)行政决策信息系统按信息的传输方式所划分的类型

1. 纵向传输信息系统。这种信息系统是将不同级别的组织之间的信息进行传输的一个信息系统。如我国作为中央人民政府的国务院将自己的信息传达给省政府,省政府又传达给县政府,县政府再传达给乡、镇政府等基层单位,这是从上向下的纵向信息传输系统;反之,乡、镇等基层单位则把自己的反馈信息传输给县,县又传输给省,省再传输给国务院,这是从下向上的纵向信息传输系统。

2. 横向传输信息系统。这种信息系统是同一级别的组织为了使各自的决策或行动相互协调而将它们各自的信息互相进行传输。如省发展和改革委员会把有关规划信息传输给省财政厅、人力资源和社会保障厅、教育厅、卫计委等部门,财政厅、人力资源和社会保障厅等单位又把关于本系统的信息传输给省发展和改革委员会等,都属于横向传输。

3. 综合传输信息系统。这种信息系统是前两种系统的集合,其中既有纵向传输,又有横向传输。如县教育局制定的有关教育决策,一方面要报经省教育局批准、备案,并且又要指示各乡、镇教育机关加以执行,这都属于纵向传输;另一方面,还要传输给县财政局等单位,请求协助支持,这又属于横向传输。综合传输信息系统就是这样一种纵横交错的信息传输系统。

(二)信息系统的主要任务

信息系统的主要任务是为决策者收集、处理和传输信息,它是决策体制中的"神经系统",对决策具有极为重要的作用。这种作用主要表现在以下四个方面:

1. 收集、处理信息的及时性和准确性。所谓收集、处理信息的及时性,是指收集、处理信息速度快,对于时过境迁且不能追忆的信息做到当时记录。信息如不能及时收集、处理并传输给决策者,就有可能失去其应有的价值。所谓收集、处理信息的准确性,就是指在处理信息的过程中不能有误或失真,必须准确地反映客观实际。只有使信息及时得到处理并传输给决策者,决策者才有准确的信息,从而做出正确的决策。公共部门决策信息系统解决了现代公共管理过程中产生的大量信息与决策人员手工无法处理的矛盾,使信息的收集、处理和传输适应现代化决策的需要。随着生产自动化的逐步实现,公共管理事务急剧增加,大量信息需要处理,且决策又必须要求有比较全面、准确的信息,对于这些巨大的信息量,是不能仅仅由决策人员来处理的。信息系统将收集并处理好了的信息传递给决策中心,这就使决策人员有了充分的时间和旺盛的精力来专心致志地研究决策本身,以确保决策的准确无误。

2. 提供制定方案的依据。决策方案的提出都是以比较准确、全面的信息为基础的,信息系统将比较全面、准确、及时、适用的信息传输给决策中心,这就使决策中心有了制定方案的依据。例如,因为银行间短期资金利率不断走高,在 2013 年 6 月中国的银行开始闹起了"钱荒"。6 月 20 日,银行间隔夜回购利率最高达到史无前例的 30%,7 天回购利率最高达到 28%。在这一中国银行业"历史最严重的资金短缺"中,人们纷纷希望管理层进一步放松银根。但国务院和央行经过认真调查研究,发现当前的货币存量规模并不小,而是货币的运行效率过低。在存量货币较大的情况下,单纯依靠央行救市,反而只能制造中国式的次贷危机。因此,在随后召开的国务院常务会议上,国务院提出要优化金融资源配置,用好增量、盘活存量,更有力地支持经济转型升级,推出信贷资金支持实体经济、推动民间资本进入等八项金融新政。依靠及时准确的信息,中央顶住了各方面要求出台新的经济刺激措施的压力,为实现经济结构优化和经济水平升级奠定了良好的基础。

3. 帮助进行方案比较和选优。现代决策信息系统要求以电子计算机系统为基础,能够满足现代公共管理对管理效果进行及时、准确的计算、评估的要求,能够对各种因素进行全面考虑,综合分析,提出各种方案进行评价和比较,并能迅速地帮助选择最优方案。

4. 控制决策实施和计划执行的最佳状态。行政决策一旦做出,就必须编制具体计划,加以实施。信息系统不但能够为决策提供比较全面、准确的信息,而且能够控制决策实施和计划执行的要求,从而能使决策的实施和计划的执行处于最佳状态。这就是信息系统的反馈功能。在信息系统的作用下,对大量信息能够高效率地处理,及时编制出下一步的计划,并提前下达,对决策实施过程能够进行准确的控制,对计划执行中的问题能够及时发现,使计划的执行达到最佳状态,从而使决策的实施达到更佳状态。

三、行政决策咨询系统

"咨询"一词,意即商量。商量者必须是两方,一是提出问题找人商量的一方;一是接受咨询并提出适宜建议和解决办法的一方。在国外,前者称为客户,后者称为咨询人员。咨询机构就是由咨询人员组成的专门从事咨询活动的组织,在国外被称为"智囊团""思想库""头脑公司""脑库"等。所谓行政决策咨询系统(advisory system)就是指为行政决策提供咨询服务的组织系统。

国外为行政部门决策服务的咨询机构大致可分为两大类型:一类是官方机构。这是指由官方直接领导和控制的咨询机构。如美国的总统科学咨询委员会,是一个为总统服务的官方智囊机构,专门负责对总统提出的问题进行研究和分析,并就美国发展科学技术的政策和措施提出建议。另一类是非官方机构。这类咨询机构也是为官方服务的,但是它不直接受官方领导和控制,而是采取相对独立的组织形式。如美国的兰德公司,是一个独立的、非营利性的咨询机构。其研究经费主要来源于其咨询活动所得的收入和其他部门的赞助,组织上不隶属于任何政府部门,研究工作也完全独立进行。此外,还有一些半官半民的咨询机构,如美国的胡佛研究所。

(一)服务政府的咨询机构的特点

一般说来,为政府服务的咨询机构具有如下几个特点:

1. 具有鲜明的政治性。政府管理本身所具有的政治性,不能不在为其服务的智囊机构上有所反映。这种反映主要表现于支持某一种意识形态或方针、政策,反对另一种意识形态或方针、政策。例如,美国政府里根总统的智囊团——胡佛研究所的政治立场在胡佛起草的一份文件中写得十分清楚:"这个研究所的宗旨必须是通过它的研究工作和刊物来证实卡尔·马克思的理论——不管是共产主义、社会主义、经济唯物主义,还是无神论——是邪恶的,从而保护美国的生活方式,使其不受这样的思想意识及其阴谋的侵蚀,并重申美国制度的正确性。"[①]在资本主义国家,有些为公共部门服务的咨询机构标榜自己在政治上中立,这只不过是不敢公开承认其政治性而已。

2. 具有合理的智力结构。咨询机构必须起智囊作用,为决策提供咨询服务,因此对智力结构的合理性要求特别高。例如,作为当今美国乃至世界最负盛名的决策咨询机构,兰德公司现有近2000名员工,其中有800名左右的专业研究人员,其学科背景涉及经济学、社会学、政治学、政策分析学、工程学、行为科学、运筹学、国际关系、计算机科学、物理学、生命科学等学科,所汇集的专业知识领域跨越了几乎所有的学术领域。除自身的高素质结构之外,兰德公司还聘用了约600名全国有名望的知名教授和各类高级专家,作为自己的特约顾问和研究员。任何咨询机构都必须注意智力结构的合理性,注意吸收人才和培养人才,这是能够提供高质量咨询的保证。

3. 研究工作的相对独立性。凡咨询机构在研究工作中必须享有相对独立性。唯有这样,咨询才有可能是客观的和科学的。因为咨询是专家或智囊人物以自己科学研究的结论,给领导者提供制定决策的依据,它不能用以阐述或证明领导者的意图。咨询人员只对自己科学研究的结论负责,不对领导者现行的或将来的决策负责。咨询机构中研究人员的研究工作,不能以执行任何领导人的指示为前提,而且他们的研究结论可以与领导人的指示、意图相对立,当然同时必须是科学的。咨询机构只有独立地开展研究工作,才能为决策机关提供科学、客观的咨询意见,从而也才能促使自身进一步兴旺发达起来。

我国咨询机构虽然自古有之,新中国成立后在一定程度上也比较重视咨询机构的建设,但大批地涌现出咨询机构,则是改革开放以来特别是20世纪90年代以来的事情。1978年中国共产党十一届三中全会以后,随着我国社会主义现代化建设事业的发展以及决策的迫切需要,大批的咨询机构才开始出现。

关于我国咨询机构的类型,就目前来看,从咨询机构所属系统划分,可分为如下五类:一是党委系统的咨询机构,如党委政策研究室等;二是政府系统的咨询机构,如国务院的发展研究中心、各级政府的研究室以及政府部门的研究机构,如人事部的人事行政科学研究院等;三是科研系统的咨询机构,包括中国科学院、中国社会科学院、各类专家委员会、学术委员会、科学技术委员会、研究会等;四是高教系统的咨询机构,包括各大学、学院及其所属研究所、学会等;五是综合性的或专门性的咨询机构,这类机构往往是各部门的人兼而有之,如武汉市政府的咨询委员会、中国投资咨询公司等。

(二) 咨询机构及其人员的作用

在行政决策过程中,咨询机构及其人员能起到什么作用呢?

1. 帮助决策者对决策问题做出客观的判断。咨询人员不同于领导干部,他们不在领

[①] 上海铁道学院管理科学研究所:《决策与咨询》,上海:上海交通大学出版社1985年版,第102—103页。

导岗位上,因而不涉及利害关系,而是凭借自己的专业知识和职业上的责任感做出判断。所以,判断出的结果比起有利害关系的决策者自己做出的判断往往更客观、更可靠。所谓"旁观者清",即是如此。

2. 帮助决策者对决策问题做出内行的判断。咨询人员一般是某方面的专家或具有某方面专门知识的人员,且具有一定的实践经验,因而他们在进行判断时,往往运用自己的专业知识对所接受的咨询课题进行深入分析和研究,因而他们所做出的判断就比较内行。内行的判断就能把握问题的实质,能对问题提出正确的解决方法,这是决策的重要条件之一。

3. 帮助决策者提供更全面、更准确的决策信息。信息是决策的基础,行政决策系统虽然有其自己的信息机构,但任何信息机构收集和处理信息的能力都是有限的,特别是涉及一些专业方面的信息和宏观管理方面的信息的收集和处理,咨询机构具有更多的优势。在咨询过程中,咨询机构可以充分利用这种优势,为行政决策系统服务。

4. 帮助决策者提供备选方案。咨询机构也是一种想办法、出主意的机构。如果行政决策者遇到某一个决策难题一时无计可施或拿不定主意找到某个咨询机构,为此类决策者想办法、出主意就成为这个咨询机构的主要业务了。这里的办法、主意,对决策者而言,实际上就是决策的备选方案。这里需要强调,咨询机构只能为决策者提供备选方案而决不能代替决策者选择方案。

总之,咨询人员对于行政决策来说,是完全必要的。通过咨询做出的决策,不仅可以保证其科学性和可靠性,而且也为实现行政决策的优化提供了可能。发挥咨询机构在行政决策中的作用,对于反对决策过程中的主观主义和家长的独裁作风也具有重要意义。

第三节 行政决策过程

行政决策过程或程序是当代行政决策理论讨论的一个十分重要的问题。我们通常所说的行政决策的科学化、民主化在很大意义上取决于行政决策程序是否科学、行政决策过程是否民主。当代决策理论就决策过程问题提出了各种理论模型,每一种理论模型都对决策过程做出了自己的解释。尽管它们之间的不一致是非常明显的,但这并不排除行政决策过程中存在着基本的程序,这种基本程序对绝大多数决策来说基本上是适用的。

一、决策过程的理论模型

决策过程理论模型是决策理论的一个重要组成部分,它随着决策理论的发展而发展,基本理论模型主要有理性决策模型、有限理性决策模型、渐进决策模型和混合扫描或综视决策模型。下面我们将予以简要介绍。

(一)理性决策模型(rational decision-making model)

通常也称之为科学决策模型。就其思想渊源而言,可以追溯到古典经济学理论。主要代表人物有杰里米·边沁(Jeremy Bentham)、泰罗等人。这种理论认为,人类行为决策有一个绝对标准,即人们在决策时所遵循的是最大化原则,这就是谋求最大利益,在经济领域则是求得最大利润;在抉择方案时进行最优选择,即从全部备选方案中选择最优方案。

理性决策模型把决策过程分为以下几个步骤：

1. 发现问题。决策者之所以要进行决策，首先是因为在实际的管理过程中面对一个存在的问题，需要对这个问题加以解决。

2. 提出目标。理性决策模型理论假设作为决策主体的人是完全理性的，他根据自己的目的或价值观，针对已发现的问题提出解决问题的目标，并将这些目标进行排列或组合。

3. 设计方案。决策者将所有可能的解决问题的方案全部一一列举出来，以供备用。

4. 预测后果。决策者运用一系列的科学方法对每一决策方案进行评估，预测执行该方案后所要达到的结果及其可能带来的新问题。

5. 分析比较。决策者将各个方案进行——对比，在比较的基础上排列出先后顺序。

6. 选择最优方案。决策者在对各个方案进行比较分析后，选取其中一个预测结果与目标最为一致的方案作为决策的最佳方案。从理想的角度而言，这一模型确实是一个非常科学化的模型。但是，决策活动则是一项非常现实的活动，它受到很多现实因素的制约。因此，在实际的决策活动中，人们很难严格地遵从这一模型。

（二）有限理性决策模型（limited rational decision-making model）

这一理论的主要代表人物是西蒙。他对理性决策的准则进行了重大修正，提出了著名的满意决策准则。这一准则认为，决策过程中不存在最优决策，而只有满意决策。所以他的理论又被称为满意决策模型理论。西蒙认为，关于决策一词的含义，不应仅仅从狭义上去理解，应该从更加广泛的意义上去理解，而广义上的决策"和管理一词几近同义"①。按照西蒙的理解，决策就不仅仅是最后时刻的事情，它应该包括整个决策过程。这个过程包括四个主要阶段，即找出制定决策的理由；找到可能的决策方案；在诸行动方案中进行抉择；对已进行的抉择进行评价。他把第一阶段称为"情报活动"；第二阶段称为"设计活动"；第三阶段称为"抉择活动"；第四阶段称为"审查活动"，有时也把这一阶段称为执行决策任务的阶段。虽然这四个阶段缺一不可，但是对于一个好的管理者来说，这四个阶段并不是同等重要的。其中，关键性的是前两个阶段，后两个阶段则次之。因此，在时间分配上，管理者及其职员应该用大部分时间去"调查经济、技术、政治和社会形势；判别需要采取新行动的新情况"；用较大部分的时间"独自或者是跟他的同僚们一起去创造、设计和制定可能的行动方案，以应付需要做出决策的形势"；而"用较少时间来选择他们为解决已确认的问题而制定的而且对其后果也已做过分析的决策行动"；同时，"还得用适量的时间去估价作为重复循环一部分的，再次导致新决策的过去行动的结果"。② 以上四个阶段的划分，只是就一般意义上而言。西蒙认为，在实际的决策活动中，诸阶段是互相交织的。一般说来，"情报活动"先于"设计活动"，"设计活动"又先于"抉择活动"。然而阶段循环所提示的序列要复杂得多，制定某一特定决策的每个阶段，其本身就是一个复杂的决策制定过程。例如设计阶段可能需要新的情报活动；而任何阶段中的问题又会产生

---

① 〔美〕赫伯特·A.西蒙：《管理决策新科学》，李柱流等译，北京：中国社会科学出版社1982年版，第118页。
② 同上书，第36页。

出若干次要问题,这些次要问题又有各自的情报、设计和抉择的各个阶段。在西蒙看来,这"也就是大圈套小圈,小圈之中还有圈"①。

(三)渐进决策模型(incremental decision-making model)

这一模型是由美国著名的政策科学家查尔斯·林德布洛姆(Charles Lindblom)提出。他认为,决策过程并非理性决策理论所说的是一个科学分析和理性思考的过程,而是一个理性分析与党派分析相结合的错综复杂的、不断探索的过程。一方面,决策过程是一个不断探索、逐步前进的过程。在这一决策模式下,直接决策者既是"按部就班、修修补补的渐进主义者或安于现状者",同时又是一个头脑清醒、与决策中庞大无比的各种社会政治力量"进行勇敢的角逐的足智多谋的问题解决者"②;在绝大多数情况下,人们并不是在有了明确的目标和方案之后才去行动,相反,人们在有了一个大致的方向时便开始行动,通过"走一步,看一步"逐渐明确行动的目标并形成或完善行动的方案。另一方面,决策过程是一个利益冲突和价值分配的政治过程。在决策过程中由于利益集团发挥着很重要的作用,而不同的利益集团之间的利益又是相互冲突的,因此,决策过程也就成了一个利益集团围绕着利益的争夺而相互冲突和斗争的政治过程,政府的决策实际上是对社会价值的一种权威性分配。因此,决策的形成往往不是某个决策者个人意志的结果,而是各种利益集团相互作用的结果。有人又把这种强调利益集团在决策过程中起重要作用的理论称为团体决策理论模型。不过也有人认为,社会实际上是由少数人统治的,利益集团也是通过少数精英代表来参与政府决策过程的,他们与政府中的统治精英一道共同制定重大决策,因此,只有少数精英才是真正的决策制定者。持这种观点的理论被称为精英决策理论模型。

(四)混合扫描决策模型(mixed-scanning decision-making model)

该模型又译为综视决策模型,最先由美国社会学家阿米泰·埃特奥尼(Amitai Etzioni)提出。作为一个社会学家,尽管他的研究领域不可能以决策问题作为重点,但是,他通过对大量社会管理活动的研究,发现理性决策的理论模型固然有其不足之处,但渐进决策的理论模型也不是十全十美的,而且存在着严重的片面性。出于对人类决策活动规律性进行较为全面的理论概括的考虑,埃特奥尼提出了有自己独特见解的混合扫描的理论模型。他认为决策过程应该是理性决策过程与渐进决策过程的结合。或者说,在决策过程中既要运用理性决策方法,也要运用渐进决策方法。理性决策方法与渐进决策方法虽然都有其不足之处,但都有其合理之处。问题不在于这两种决策方法是否有用,而在于什么情况下使用它们。此外,在渐进决策过程中,具体到这一过程的某个环节、某个方面的决策,也可能需要运用理性决策方法。而且,相当部分决策都不是单纯的理性决策方法和单纯的渐进决策方法所能解决问题的,只有把两者结合起来,才能顺利地做出决策。埃特奥尼把理性主义和渐进主义分别比作两种不同的摄像机,前者是一种对全部空间做穷尽一切的细微观察的摄像机,这种摄像机的运用代价高昂;后者是一种只对熟悉地区进行大致观察的摄像机,其运用的代价较低但准确度不够。混合扫描决策模型则要求同时使用两种

---

① 〔美〕赫伯特·A.西蒙:《管理决策新科学》,李柱流等译,北京:中国社会科学出版社1982年版,第36页。
② 〔美〕查尔斯·林德布洛姆:《决策过程》,竺乾威、胡君芳译,上海:上海译文出版社1988年版,第43页。

不同的摄像机,既要对空间进行多角度的观察,又要对某些部位进行细微观察。两种摄像机的混合扫描,既考察全面,又考察重点,有利于综合考虑以便做出科学的决策。

（五）规范最优模式(normative optimal model)

规范最优模式,有时又被称为最优化模式,是叶海卡·德罗尔(Yehezkel Dror)提出的带有综合性质的决策模式。德罗尔在其《公共政策制定的重新审查》一书中,逐一描述并批判式地考察了全面理性模式和渐进模式等六种主要的决策过程模式,通过对不同决策模式的整合与优化,进而构建了他的最优化模式。① 最优化模式的分析过程共分为3个阶段18个步骤。

第一阶段:元政策制定。它包括8个环节:(1)处理价值问题;(2)认识现实环境;(3)认识问题;(4)调查、处理与开发资源;(5)设计、评估与重新设计决策系统;(6)切实改进政策制定系统;(7)分配问题、价值与资源;(8)确定决策战略。

第二阶段:政策制定。它包括7个环节:(1)细分资源;(2)建立排定优先顺序的动作目标;(3)建立一套排定优先顺序的其他重大价值;(4)准备一套主要的政策方案;(5)对于各种不同方案利益与成本进行可靠的预测;(6)在比较预测的成果后择定最佳方案;(7)估定最佳方案的成本与收益。

第三阶段:后政策制定。它包括3个环节:(1)激励政策的执行;(2)执行政策;(3)政策执行后的评估。② 规范最优模式是一个认同理性、增加理性的过程,人们可以通过多种途径和多方面的努力使得这一过程得以实现。这种认同和增加理性的努力不仅有助于提高决策的理性程度,对于在复杂问题上形成最佳决策也起着至关重要的作用。

（六）垃圾桶决策模式(garbage can decision-making model)

垃圾桶决策模式最早由科恩(Michael D. Cohen)、马奇(James G. March)和奥尔森(Johan P. Olsen)等人于1972年提出③,以垃圾桶比喻决策制定。不同于理性决策模式和渐进主义决策模式面临的井然有序的决策环境,在垃圾桶决策模式下,决策制定过程表现为一种组织化的无序(organized anarchies),这种无序状态具有三个典型特征:目标模糊(problematic preferences)、达成目标的手段和方法不清(unclear technology)以及流动性参与(fluid participation)。在科恩等人看来,在这种状态下,结构性因素并不能完全内化入个人行动的理性选择集。组织的决策受到问题(problems)、解决方案(solutions)、决策人员(participants)和决策机会(opportunities)四种变量的共同影响,决策产出本质上是以上四种变量在无序状态下的"垃圾桶"里随机生成的某种特定排列组合。随后,金登(John W. Kingdon)于1984年将垃圾桶模式引入对美国联邦政府的诸多政策决策过程的分析,发展出了"政策流"的分析路径(policy stream approach),对垃圾桶模式进行了改进。④ 在金登看来,决策实际上是问题流、政策流和政治流三股涌流在"政策之窗"(policy window)

---

① Yehzkel Dror, *Public Policymaking Reexamined*, New York: American Leonard Hill Books, 1968, p. 131.
② Ibid, pp. 163-164.
③ Michael D. Cohen, James G. March, and Johan P. Olsen, "A Garbage Can Model of Organizational Choice," *Administrative Science Quarterly*, 1972, p. 17.
④ John W. Kingdon, *Agendas, Alternatives, and Public Policies*, New York: Harper Collins, 1984, pp. 212-232.

相互激荡的结果。与其他在不同程度上承认理性的决策模型相较而言,垃圾桶决策模型将决策描述为一个基本上非理性但不是完全无理性的过程。① 在此过程中,结构性变量的引入使得许多模糊状态下的决策现象得以解释和处理,从而克服了理性主义范式只研究结构良好、目的明确的决策行为的狭隘取向。在国外近三十年来组织决策理论的发展史上,科恩等人的垃圾桶模式不仅塑造了人们理解组织的观念,甚至还从总体上影响了政治科学和制度理论。②

二、行政决策过程的基本程序

在关于决策过程的讨论中,尽管存在着多种理论,每一种理论对决策过程有不同的解释,但我们认为,行政决策过程中还是存在着基本的程序,这些程序对绝大多数决策来说,都是适用的。

(一) 决策问题的发现和诊断

决策过程就是解决问题的过程,行政决策过程也是如此。什么是决策问题呢? 决策问题就是决策者主观上的期望或标准与客观现实之间的差距或矛盾,行政决策问题是指行政管理者在行政管理实践中所遇到的矛盾。这个矛盾主要由两方面构成:一是社会公众与行政管理者对行政管理对象的期望或行政管理部门要求其管理对象所达到的标准,二是行政管理对象实际存在的客观状况。前者是主观方面,后者是客观方面。如果这两个方面是一致的,则无矛盾可言,因而也就不存在问题。反之,如果这两方面不一致,则表明二者之间矛盾的存在,因而是有问题的。

对决策问题的发现是行政决策的起点。而要发现决策问题,就要求决策者深入实际进行调查研究,进行信息的收集和处理。只有掌握大量的信息,了解行政管理的实际情况,才有可能发现问题。当然仅仅是发现问题,并不等于准确地了解问题,即从实质上把握了问题的性质、程度及其产生的原因。因此,为了正确地制定决策,行政决策者首先必须对决策问题进行认真的诊断,以准确地把握行政决策问题的性质、程度及其产生的原因,这是保证行政决策正确的一个重要前提。所谓决策问题诊断,就是指对决策问题的性质、程度及其产生的原因进行分析和判断的过程。关于决策问题的诊断方法,目前国外常常采用的"6W"法对我们有所启发。这 6W 是:what——什么,where——何处,when——何时,who——谁,why——为什么,how——怎么样。对一个问题的分析,主要是弄清楚这六个方面,即问题是什么? 问题出在何处? 它是什么时候发生的? 谁引起的? 原因何在? 情况怎么样? 把这六个方面弄清楚了,问题也就基本明白了。这一方法同样适应于行政决策问题的诊断。

(二) 决策目标的确立

在对决策问题的性质、程度及其产生的原因把握以后,就应该进一步确定问题解决的

---

① Michael Howlett and M. Ramesh, *Studying Public Policy: Policy Cycles and Policy Subsystems*, Oxford University Press, 1995, p. 140.

② Jonathan Bendor, Terry M. Moe, and Kenneth W. Shotts, "Recycling the Garbage Can: An Assessment of the Research Program," *American Political Science Review*, 95(1), 2001, p. 169.

目标,亦即确立行政决策的目标。在制定行政决策目标时,应该处理以下两种关系:一是要正确处理好必须达到的目标与希望达到的目标的关系。所谓必须达到的目标,是指对该项决策有决定性影响的目标或基本目标。所谓希望达到的目标,是指对该项决策有一定影响,但不是决定性的,这一目标没有达到不会从根本上导致该项决策的失误。在行政决策目标的制定过程中应尽可能把必须达到的目标与希望达到的目标统一起来,既可以使行政决策目标成为可以实现的现实目标,又不至于使行政管理者缺乏对理想境界的追求。二是应该处理好组织目标与个人目标的关系。行政决策目标是一种组织目标,但组织是由个人构成的,作为行政组织中的公务员也有个人目标。组织目标的实现离不开组织中每个成员的努力。因此,在确定组织的决策目标时,也应该适当地考虑每个成员的个人目标,尽可能把组织目标与个人目标统一起来。

(三) 决策方案的制定、评估与抉择

当决策目标一旦确定,下一步的工作就是设计方案。决策方案是指在决策过程中制定的用来解决决策问题的具体方法和措施的总和,它是实现决策目标的重要手段。决策方案的设计主要包括如下两个步骤:一是设想出一项决策可能有多少个方案以及每一方案的初步轮廓;二是对方案的具体措施和细节进行具体确定。前者我们简称为初步设想;后者我们简称为具体设计。

决策方案的评估就是对决策方案进行可行性分析。所谓决策可行性是指某项决策的目标、方案具有可以实行或实施的性质。行政决策可行性分析是指对行政决策的目标、方案是否具有可以实行的性质、实行的条件是否具备、实施后的效益是否优化等方面所进行的分析与评估,其具体内容主要包括以下四个方面:即条件分析、成本分析、效果预测、效益分析及综合评估。分析评估方案,是比较选择方案的基础。

在对决策方案做出有效评估后,行政决策过程就进入了方案的选择阶段。决策方案的选择是由行政决策的枢纽系统来完成的,即由行政领导者来完成的。在现代行政决策过程中,对于一些日常决策来说,在首长负责制下行政首长的个人决策仍然是一种重要的决策形式。在这种决策形式下,决策方案的选择主要由行政首长进行判断、做出决断以选择方案。但在绝大多数情况下,对于一些重大决策则更多地采取集体决策的形式。在这种形式下,一般采用投票的方式按照少数服从多数的原则选择决策方案。

(四) 决策的实施与完善

在行政决策方案的选择阶段完成以后,可以说决策过程已经在理性阶段完成。但是对问题的真正解决,还必须有赖于决策的实施。所谓行政决策实施,是指为实现行政决策目标而对行政决策方案的一系列措施进行具体落实的过程。一般说来,行政决策实施需要经过试点和全面展开两个基本阶段。所谓试点,就是指决策方案的实施在全面展开之前,先在小范围内所进行的试验。通过试点,可以使决策方案的正确性得到初步检验,防止选择错误的决策方案,从而避免全局性的失误;同时可以及时发现新问题,修正原有的方案或进行重新决策;也可以使决策方案的实施者初步得到实施方案的经验,进一步明确实施该方案所需要的环境与条件,这就为下一步全面实施决策方案奠定了基础。决策方案的全面实施,是指在取得试点经验的基础上,全面落实各项决策措施以实现行政决策目标的过程。在决策方案的全面实施过程中,需要投入大量的人力、财力和物力,需要制定周密的实施计划,需要进行有效的领导、组织、指挥和监督。总之,行政决策全面实施的过程也是一个行政决策目标最终实现的过程。

在决策实施过程中,决策实施者又会发现新的问题。为了使决策更加完善,决策者应将实施中的信息迅速反馈到决策中心即决策的枢纽系统,以便决策中心对原有决策进行必要的修正;特别是当发现原有决策失误或原有决策不适应新的情况时,决策中心在接到反馈信息后应及时进行追踪决策,以避免出现重大失误。因此,决策完善的过程也是一个决策实施中的信息反馈、决策修正和追踪决策的过程。信息反馈是指决策执行者将决策方案实施过程中的情况迅速传递给决策中心,使决策中心能够及时对原定方案进行修正、补充或重新决策的一个信息回馈过程。信息反馈可分为正反馈和负反馈。负反馈的特点是反馈信息与原输出信息发生偏离,反馈信息对原输出信息起减弱的作用;正反馈的特点是反馈信息与原输出信息的偏离不断缩小,反馈信息对原输出信息起增强的作用。决策修正是指在已做出的决策基本正确并能继续执行的前提下,为了更好地实现决策目标,从而对决策方案所进行的部分调整和补充的过程。追踪决策是指在决策执行过程中由于发现原有决策失误或无法继续下去而对决策目标和方案所做的一种根本性修改,它本质上是就原有决策问题在新的情况下所做的一次重新决策。决策修正与追踪决策都是为了完善原有的决策,两者不同的根本区别在于:决策修正是在原有决策基本正确并能够实施的情况下进行的,而追踪决策则是在原有决策无法继续实施的情况下进行的;决策修正以不改变原有决策目标为前提,而追踪决策则必须改变原有决策目标而重新设定新的决策目标。在完善决策中,究竟采用决策修正还是追踪决策的方式,则要依具体情况而定。

第四节　行政决策方法

面对日益复杂且变幻不定的社会环境,如何提升行政决策的精确度和可行性,进而满足决策的科学化要求,这不仅依赖于有效的决策体制和规范的决策程序,还要依赖于一套现代化的决策方法。所谓行政决策方法,是指决策者在行政决策过程中为了实现决策目标所运用的各种手段、工具和技术。随着行政决策对象复杂程度的增加,以及决策学和相关科学的不断发展,行政决策的方法也日益丰富和多样。这就要求决策者在不同的行政决策中以及在同一决策过程中的不同环节,积极灵活地采取适当的行政决策方法,真正做到科学决策。概括而言,行政决策方法主要包括定性决策方法和定量决策方法两大类。

一、定性决策方法

定性决策方法(qualitative decision method),亦称决策的"软"技术或"弹性"技术,是人们依据自己的经验、知识,借助分析、判断、推理等思维形式,对决策的质的方面及其性质进行分析的一类方法。定性方法在把握事物发展的本质、趋向和规律,确定决策目标,判定和评价行动方案等方面具有重大作用。定性决策方法主要有以下四种:

(一)德尔菲法

德尔菲法(Delphi method)是一种通过互动但匿名的方式,征求专家、学者和利益团体对复杂决策问题的意见,进而做出决策或预测的方法。德尔菲法于1948年由兰德公司提出,当初最主要的功能是辅助群体小组取得共识。当前德尔菲法已被广泛应用于公共政策分析、方案规划、制度设计等决策领域。其方式为以问卷调查了解具有代表性及多元性的相关领域专家的意见,各专家并不知道其他的参与者,亦不事先交换意见。其互动系由主办单位归纳各专家意见,统计其分布状况,计算其中位数(平均值或集中度)及标准差(分散度),然后经过通常是三个回合之调查与分析,进而获得多元代表性意见,达成整体共识。① 经典的德尔菲法共四轮,通过四轮调查一般结果会趋向一致。德尔菲法的特征在于匿名性、反馈沟通性和对调查结果的统计性。这种预测和调查方法已经成为常用的决策方法。

(二) 头脑风暴法

头脑风暴法(brain storming methocl)又被称作思维共振法,这是通过思维共振而产生创造性思想的方法。头脑风暴法分为直接头脑风暴法和质疑头脑风暴法。前者根据一定的规则,让专家们共同讨论某一具体问题,发挥集体智能,进行创造性思维,从而对方案做出集体预测和评估。后者通过同时召开两个专家会议,第一个会议使用直接头脑风暴法,第二个会议则对第一个会议提出的设想进行质疑,进而获得新的意见和设想。② 作为对专家会议法的发展,头脑风暴法在决策过程中有非常广泛的应用。与德尔菲法不同的是,它的决策过程中参与的专家是不匿名的,而且全过程也没有严格的程序控制,呈现一种自由松散的讨论状态。

(三) 综摄法

综摄法(synectics method)又称类推比拟法、提喻法,是一种依靠创造性设想来解决问题的思维方法,该方法通过把各领域的专家及部门当事人组成小组,按照特定规范进行问题讨论和互动,将陌生的问题转化为熟悉的问题,进而激发决策者的创造性思维,对已知的决策问题提出新颖的解决方案。综摄法需要经过两个步骤:首先,在异中求同的"经验水平模拟"下,将陌生事物转变为熟悉的事物;其次,在同中求异的"颠覆思维"下,对熟悉事物进行多角度观察思考,重新审视该决策问题并赋予新义。综摄法有四种类推比拟方法:自我类比、直接类比、符号类比和幻想类比,在类推比拟的过程中,决策者可以在新旧问题自由转换,进而产生大量的可能解决问题的方法。

(四) 霍皮族法

霍皮族法(Hopi method),是霍皮族印第安人为做出重大部落决策而设计的方法。该方法从核心决策小组(如部落元首)开始,展开公开的讨论,进而形成初步判断。核心决策小组周围围坐几圈部落成员,他们聆听讨论。最靠近元老的一圈由那些地位比元老们稍低的成员组成,如此类推,最外层是青少年。部落委员会讨论完后就移到最外层,其余的都向中心移动一圈。然后现在位于中心的小组成员就他们听到的展开讨论,其余的人皆聆听他们的讨论。这个过程不断重复,直到部落委员会重新回到中心的位置。然后部

---

① 汪明生、胡象明:《公共管理实用分析方法》,北京:中国人民大学出版社2010年版,第172页。
② 沈亚平、吴春华:《公共行政学(第二版)》,天津:天津大学出版社2011年版,第149页。

落委员会成员根据他们自己和其他人对所提问题的看法重新考虑其决定。①

二、定量决策方法

定量决策方法（quantitative decision method），亦称决策的"硬"技术，主要是运用数学、运筹学、系统工程等理论，来研究决策变量与决策目标之间的约束关系，建立决策的数学模型，然后借助电子计算机进行计算，进而求得决策方案的一种科学决策方法。作为决策方法的数学化、模型化和计算机化的一个直接后果，定量分析方法成为行政决策现代化的一个重要标志。当前关于定量决策的方法，已发展为一门内容丰富、阐释严密的学科体系。在这里，只简要介绍以下四种方法。

（一）线性规划法

线性规划法（linear programming method）是运筹学的一种重要分支，其原理是在各种相互关联的多变量约束条件下，解决或规划一个对象的线性目标函数最优的问题，即给予一定数量的人力、物力和资源，如何应用而能得到最大效益。当资源限制或约束条件表现为线性等式或不等式，目标函数表示为线性函数时，即可运用线性规划法进行决策。其步骤是根据决策问题的变量、各种参数、约束条件和目标函数等，建立数学模型，然后通过求数学模型的解以找出决策方案的最优值以供决策者参考。作为一种决策系统的静态最优化数学规划方法，线性规划法最适宜处理有限资源如何得到最佳分配这一类决策问题。

（二）决策树法

决策树法（decision tree method）是一种可以处理多阶段决策问题的决策图法，其主旨是将每一决策各种状态的相互关系用树形图表示出来，并且注明对应的发生概率及其报酬值，从而选择最优决策方案。如同概念里的"树"一样，决策树法的图示由决策点、方案枝、状态点和概念枝顺序延伸而成，最右端是损益值。决策树法的分析过程分为以下三个步骤：(1)画出决策问题的决策树图形，有多少方案就有多少方案枝，并相应地有多少个自然状态点；从自然状态点延伸画概率枝，有多少自然状态就画多少概率枝，并相应地就有多少概率枝末端；最后将有关数据标示在树状图上；(2)计算各方案的期望值，并分别标示在各方案枝末端的自然状态点上；(3)将各方案的期望值进行比较，选择最优决策方案。将劣于最优方案的其他方案删去，最后将最优决策方案的期望值移至决策点。

（三）模拟技术法

模拟技术法（simulation method）实际上是一种决策的试验方法。一般而言，模拟决策法可以分为两个类别：数学模拟和实践模拟。所谓数学决策模拟，是指一种在决策的数学模型上进行试验的方法，即把不同数据代入数学模型，然后观察其运行结果，经过多次反复试验和比较，力求逼近实际，最后确定优化数值，选取最满意的决策方案。数学模拟决策必须建立在已有数学模型基础之上，而对于一些无法建立数学模型的决策问题来说，实践模拟成为一种有效的决策方法。所谓实践模拟法，是指通过模拟一个实际的工作过程，进而归纳和探索出这一工作过程中的规律和原则，并依此做出决策。实践模拟法的核心

---

① 周庆行：《公共行政导论（第二版）》，重庆：重庆大学出版社2012年版，第260页。

是把握工作过程中随机事件出现的概率,依照概率对未来某个时期的工作状态进行决策。

(四) 网络分析法

网络分析法(analytic network process method)是一种通用的图解技术,用以识别一个系统所有互相连接的环节。早在20世纪50年代,美国就开始研究一种运用网络图来制定计划的方法,先后设计出"关键线路法"(critical path method,CPM法)和"计划评审法"(program evaluation and review technique method,PERT法)。在20世纪60年代初期,我国也开始了这方面的研究,著名数学家华罗庚将这种方法命名为"统筹法"。网络分析法的基本原理是将工作项目的计划作为一个系统来看待,即将组成整个系统的各项具体任务的先后顺序,通过网络的形式全面规划,并分轻重缓急进行协调,使该系统对资源(人力、物力、财力)进行合理安排,达到以最少的时间和资源消耗来完成整个系统的预订计划目标。

名词与术语

综摄法	行政决策	程序化决策	混合扫描决策	有限理性决策模型
	行政决策	确定型决策	模型经验决策	
	枢纽系统	风险型决策	定性决策方法	
	行政决策	头脑风暴法	定量决策方法	
	信息系统	线性规划法	非程序化决策	
	科学决策	模拟技术法	理性决策模型	
	行政决策	网络分析法	不确定型决策	
	咨询系统		渐进决策模型	
	战略决策		行政决策体制	
	德尔菲法		团体决策模型	
	战术决策		精英决策模型	
	单项决策			
	序贯决策			
	霍皮族法			
	决策树法			

复习与思考

1. 行政决策的内涵与主要特点。
2. 比较分析确定型决策、风险型决策与不确定型决策的主要区别。
3. 行政决策的地位和作用。
4. 分析赫伯特·A.西蒙的"管理就是决策"的理论命题。
5. 行政决策枢纽系统的主要任务。
6. 正确处理行政决策枢纽系统与行政决策咨询系统的关系。
7. 有限理性决策模型的决策程序理论。
8. 行政决策过程是一个理性分析与党派分析相结合的过程。

9. 行政决策过程是一个利益冲突和价值分配的政治过程。

10. 行政决策过程应该是理性决策与渐进决策相结合的过程。

11. 决策问题诊断方法:"6W"法。

12. 行政决策实施过程中试点的重要作用。

13. 决策修正与追踪决策的区别。

14. 列举几种常见的定性决策方法和定量决策方法。

15. 决策树法的分析过程有几个步骤。

主要参考书目

1. 马克思:《资本论》第一卷,载《马克思恩格斯全集》第23卷,北京:人民出版社1972年版。

2. 毛泽东:《论持久战》,载《毛泽东选集》第2卷,北京:人民出版社1991年版。

3. 薄一波:《若干重大决策与事件回顾》,北京:中共中央党校出版社1991、1993年版。

4. 中共中央文献研究室编:《三中全会以来的重大决策》,北京:中央文献出版社1994年版。

5. 中国大百科全书总编辑委员会《政治学》编辑委员会:《中国大百科全书·政治学卷》,北京:中国大百科全书出版社1992年版。

6. 〔美〕斯蒂芬·P.罗宾斯:《组织行为学》,孙建敏等译,北京:中国人民大学出版社1997年版。

7. 〔美〕赫伯特·A.西蒙:《管理决策新科学》,李柱流等译,北京:中国社会科学出版社1982年版。

8. 〔美〕赫伯特·A.西蒙:《现代决策理论的基石》,杨砾等译,北京:北京经济学院出版社1988年版。

9. 〔美〕查尔斯·林德布洛姆:《决策过程》,竺乾威等译,上海:上海译文出版社1988年版。

10. 〔美〕詹姆斯·E.安德森:《公共决策》,唐亮译,北京:华夏出版社1990年版。

11. 〔美〕托马斯·R.戴伊:《理解公共政策(第12版)》,谢明译,北京:中国人民大学出版社2011年版。

12. 〔美〕威廉·N.邓恩:《公共政策分析导论(第4版)》,谢明等译,北京:中国人民大学出版社2011年。

13. 〔美〕保罗·A.萨巴蒂尔:《政策过程理论》,彭宗超等译,北京:三联书店2004年版。

14. 〔以〕叶海卡·德罗尔:《逆境中的政策制定》,王满船等译,上海:上海远东出版社1996年版。

15. 〔美〕约翰·W.金登:《议程、备选方案与公共政策(第2版)》,丁煌等译,北京:中国人民大学出版社2004年版。

16. 张国庆:《现代公共政策导论》,北京:北京大学出版社1997年版。

17. 上海铁道学院管理科学研究所:《决策与咨询》,上海:上海交通大学出版社1985年版。

18. 刘维林主编:《现代领导决策的体制程序与方法》,北京:中共中央党校出版社1989年版。

19. 姜圣阶等:《决策学基础》,北京:中国社会科学出版社1986年版。

20. 黄孟潘:《决策的科学方法》,北京:海洋出版社1983年版。

21. 胡象明:《公共部门决策的理论与方法(第2版)》,北京:高等教育出版社2007年版。

22. 周庆行:《公共行政导论(第二版)》,重庆:重庆大学出版社2012年版。

23. 汪明生、胡象明:《公共管理实用分析方法》,北京:中国人民大学出版社2010年版。

24. 沈亚平、吴春华:《公共行政学(第二版)》,天津:天津大学出版社2011年版。

第八章 行政执行

第一节 行政执行概述

行政执行(administrative implementation),特指以国家行政机关为主体的多元社会组织,为了落实和实施国家意志、国家目标,依法贯彻法律、法规、公共政策的诸活动的总称。其中,政策的执行亦称为政策执行,行政执行的概念包含了政策执行的概念。本节对行政执行的概念缘起、行政执行的特点、行政执行的分类和行政执行概念的阐释进行了介绍。

一、行政执行的概念缘起和定义

"执行"在英文文献中对应的词汇有"administration,implementation,enforcement,execution",其中"administration"是伍德罗·威尔逊公共行政学的创始文献《行政学研究》一文中指称行政现象的语词。威尔逊认为行政是与政治和宪法相区别又紧密联系的一个研究领域:"行政管理的领域是一种事务性的领域,它与政治领域的那种混乱和冲突相距甚远。……公共行政就是公法的明细而系统的执行活动。"[1]一般认为,"enforcement"与"execution"两词都有执行的含义,意思也有交叉和相互注释的地方。[2]但是学者们一直没有将这两个词作为一个行政学的研究领域来看待。"Implementation"这个词则因为杰弗瑞·普赖斯曼(Jeffrey Pressman)和阿伦·威尔达夫斯基(Aaron Wildavsky)在1973年出版了《执行:华盛顿的宏大期望是如何在奥克兰破灭的或为什么联邦政府计划被执行了一点是令人惊奇的》一书,揭示了政策制定(目标)与实际执行之间的偏差,而成为指称政策科学和公共行政学的一个特定的研究范畴的语词。[3]

从学科发展的角度来看:行政学的古典时期,学者们信奉政治与行政二分,主要采用规范研究方法,借鉴弗雷德里克·泰罗的科学管理思想、亨利·法约尔的一般管理思想和马克斯·韦伯的官僚组织理论,形成了"政策一经制定就会通过官僚组织自动完美地执行"这一理念。[4] 这一时期,"implementation"所指称的政策制定与实际执行结果之间差异这一个特定研究领域并没有进入传统公共行政学者的视野。以至于执行研究被称为"遗漏的环节"。[5]

行政学的修正时期,行为主义的研究方法逐渐成为行政学的主要研究方法。行为主

---

[1] 〔美〕伍德罗·威尔逊:前揭文,载彭和平、竹立家等编译:前揭书,第14—16页。
[2] Nicholas Henry, *Public Administration and Public Affairs*, 7th, Prentice-Hall, Inc., 1999, pp. 345.
[3] Jeffrey Pressman and Aaron Wildavsky, *Implementation*: How Great Expectations in Washington are Dashed in Oakland Or, Why It's Amazing that Federal Programs Work at All, Berkeley: University of California Press, 1973.
[4] T. R. Dye, *Understanding Public Policy*, Englewood Cliffs: Prentice-Hall, Inc., 1978, pp. 5-6.
[5] E. C. Hargrove, *The Missing Link*, Washington, DC: The UrbanInstite, 1975.

义的研究方法反对传统公共行政的规范理论,主张价值中立,转而研究实际的行政行为,将注意力集中在个人心理、组织行为和决策过程的研究。在行为主义学者当中,以赫伯特·西蒙为代表的决策学派,揭示了传统公共行政理论原则之间的内在矛盾,提出了"有限理性"的观点,这一观点动摇了传统公共行政学所信奉的"政策一经制定就会通过官僚组织自动完美的执行"的理念。但是西蒙同时认为"管理就是决策",将决策和管理等同,忽略了决策和执行结果之间存在差异这一客观事实;也就是说,"implementation"所指称的政策制定与实际执行结果之间差异这一个特定研究领域并没有进入西蒙的学术视野。

1952年赫伯特·西蒙和德怀特·沃尔多就"行政取向的行政学,还是价值取向的行政学?"发生了一场著名的辩论,这场辩论之后,行政学进入了一个长达近60年的范式分离、范式竞争和范式危机阶段。行政学的研究出现了行为主义研究方法主导、借鉴其他学科研究方法的多元化特征。进入20世纪70年代后,公共行政学除了古典公共行政学的支持者以及西蒙的追随者之外,还产生了新公共行政学、公共政策学派和公共选择学派。公共政策学派意识到它需要某种和公共行政学相连,但是又区别于"老式"公共行政学的领域,于是在政策学派内复活了公共行政的研究。① 这种复活将政策制定和行政执行结果之间的差异作为一个特定的研究领域来看待,使得行政执行的研究成为一个重要的研究领域。

从实践来看:大致从20世纪30年代开始,以罗斯福新政为标志,美国开始推行国家干预主义,直至"里根革命"之前,公共投资、政府管制和福利国家构成了政府管理的基本特征。其间,美国历届政府陆续制定了许多政府规划项目,按照古典执行模型,这些目的正当、公共财政投入巨大的工程理应达到预期的目的,但是结果却多事与愿违。大致从20世纪70年代开始,一批学者通过对约翰逊政府的"城区新镇"(New Towns in Town)、"伟大社会"(Great Society)、"初等和中等教育规划"(Program of Elementary and Secondary Education)等多项政府项目的系统研究,逐渐开拓了"政策制定和行政执行结果之间的差异"这一"implementation"所指称的研究领域。

"执行"的含义在权威的字典和学者的研究中有大致相同的界定。按照韦氏词典的解释,"implementation"的含义是"贯彻、落实"。执行研究的开创者普赖斯曼和威尔达夫斯基解释为:"目标与行动的设定以及如何完成它们的互动过程。"②行政学家尼古拉斯·亨利(Nicholas Henry)将执行定义为:"执行就是对组织的公共政策或组织间的协议的贯彻和落实。"③其实,执行是工程技术、社会科学、人文科学中常常用到的语词,基本含义指,为了实现某一理念、意图和目标而进行的落实和实施活动的总称。在公共管理学科文献中,执行一般指称公共活动领域当中涉及落实和实施活动的总称,一般被看成公共管理程序性机制当中的一个环节,即决策和评估的中介环节。诸如司法执行、政策执行都隶属于公共活动领域当中的执行范畴。本章中所指的行政执行,特指以国家行政机关为

---

① Richard F. Elmore,"Graduate Education in Public Management: Working the Seams of Government," *Journal of Policy Analysis and Management*, 6(1), 1986, p. 2. 转引自马骏、郭巍青:《公共管理:新的研究方向》,《武汉大学学报(社会科学版)》2002年第1期。
② Jeffrey L. Pressman and Aaron B. Wildavsky, op. cit.
③ Nicholas Henry, op. cit., p. 345.

主体的多元社会组织,为了落实和实施国家意志、国家目标,依法贯彻法律、法规、公共政策的诸活动的总称。鉴于国家行政机关活动的重要形式之一是执行公共政策,而政党、一些社会组织也兼有执行公共政策的职能,因此此处界定的行政执行的概念包含了政策执行的概念。

二、行政执行的特点

(一)行政执行以国家行政机关作为主要的主体

长期以来,国家行政机关一直被认为是行政执行的唯一主体。特别是凯恩斯的国家干预学说和苏联通过计划体制的崛起,导致了 20 世纪 30 年代到 70 年代国家和政府作用的不断扩大,行政国家成为一种历史现象。国家意志、法律、法规、公共政策的贯彻和落实以及公共产品的提供和安排主要通过国家行政机关直接来完成。但是,随着 20 世纪 70 年代西方国家政府改革运动的兴起,许多新理念、新机制和新方法打破了"国家行政机关是行政执行的唯一主体"这一命题。国家行政机关通过扮演掌舵者的角色,利用市场竞争机制,使企业和社会组织直接参与到公共政策的落实和公共产品的提供过程当中,形成了行政执行的多元主体格局。行政执行的主体扩大到企业、第三部门、社会团体、社区等。它们与国家行政机关之间是掌舵和划桨的关系,是公共产品的安排者与公共产品提供者之间的关系,两者都受法律的约束。

(二)行政执行是目的性和手段多样性的统一

行政执行是一项活动,其目的在于贯彻和落实业已形成的国家意志、国家目标、法律、法规和公共政策。它不同于一些目标不明确的、不能事先预见的活动。行政执行的目的性很明显,没有确定的目标就谈不上行政执行的启动。但是行政执行达到目标的手段却是多样的,这导致了行政执行的多样性。

首先,行政执行价值的多样性。行政执行是多种价值冲突和妥协的过程,这些基本的价值包括民主、公正、权利保护、效率等,这些价值本身之间存在冲突,行政执行不是单一价值贯彻始终的过程,而是多元价值冲突和协调的过程。

其次,行政执行方式的多样性。行政执行的主体的多元化、执行客体的复杂性、价值的多样性导致了行政执行方式的多样性。一项任务既可以通过行政机关直接执行,也可以通过委托、合同外包的方式让社会组织执行;既可以通过政府单一主体提供,也可以通过市场竞争的方式提供;既可以由中央政府提供也可以通过地方政府提供。这些都是行政执行方式多样性的体现。

最后,行政执行结果的多样性。作为决策和评估的中间环节,相同的目标会通过不同的执行,得到不同的执行结果。同一法律、政策在不同的行政机关会产生不同的执行结果。行政执行结果的多样性是行政执行研究当中非常关注的问题之一,行政执行研究的核心就在于如何克服行政执行偏离国家意志的现象,提升执行能力和有效性。

(三)行政执行具有直接现实性

与行政决策不同,行政执行具有直接现实性的特点。公共政策、法律和国家意志都是一种精神性的、抽象的存在,需要通过行政执行将这些精神性的、抽象的存在变为现实,也就是说行政执行具有直接性和现实性的特点。这一特点表现为行政执行活动过程当中,需要行政主体针对正在形成或业已形成的公共问题,调用资源,基于效率、可行、公正等价值的考量,据以时势,采用恰当的方式,改变社会现实,使得公共问题得到解决。直接性和现实性表明行政执行的实践特性,要求不断地创新,不断提升行政执行能力和有效性。

(四) 行政执行具有灵活性和经常性

行政执行所要贯彻的国家意志、国家目标、法律、法规和公共政策一般来说都具有一定程度的模糊性。政策边界和作用域需要行政执行主体依据法律和政策精神,根据实际情况,通过一定的民主行政过程逐步地界定和明晰。通过"目标—手段链"的逐步展开而最终落实行政执行的最初目标。① 落实行政执行初始目标的过程就是不断执行的过程,也是不断调整执行主体的价值和手段的过程,也就是说行政执行具有灵活性和经常性的特点。

行政执行具有灵活性和经常性的特点的含义还在于:在行政执行的过程中,涉及众多利益的调整,相关利益团体必然会借助自身的力量,不断地影响执行决策和执行的手段的选择。比如,美国政府的联邦管制机构执行管制政策的过程就是典型的政府与企业、公民博弈的过程。行政执行的灵活性和经常性是由利益博弈决定的。

(五) 行政执行具有相对独立性

一项行政执行任务一旦启动,国家行政机关就可以在原有组织架构的基础上,调用资源,利用、变革、创新现有的行政组织,设计合理的行政流程,形成相对独立的执行领导小组,通力合作以保证执行的高效快捷。行政执行的相对独立性是由行政机关、行政权力的性质和执行的特点决定的。执行不同于决策和评估,基本价值是提升执行的能力和有效性,因此行政执行组织活动和行政执行过程保持相对独立性,可以保证执行过程免受不必要的干扰,保证国家意志的贯彻实施。

三、行政执行的地位和作用

(一) 行政执行是公共行政过程中的重要环节

行政执行在公共行政的程序性机制当中占有重要的地位,是连接行政决策(公共政策)和行政评估的中介环节。尽管传统公共行政学者意识到"执行一部宪法比制定一部宪法更要困难得多"②;尽管"事实上,策略被成功地执行的比例只有十分之一"③。但是长期以来,学者们的研究将焦点集中在官僚组织的过程上,认为只要遵循行政过程和原则就能达到高效的执行结果。以至于20世纪70年代之前行政执行研究成为"遗漏的环节"。

行政执行研究长期被忽视的原因主要有以下几点:"首先,一个天真的假设——执行过程是简单的而且所有人都知道的,并不是一个值得研究的大问题。其次,强调权威决策者的作用而排除低层次官员对执行过程的责任。再次,任务的困难——从方法论上来讲,

---

① 参见〔美〕赫伯特·西蒙:《管理行为:管理组织决策过程的研究》。在该书中作者对"目标—手段链"进行了详细论述。
② 〔美〕伍德罗·威尔逊:前揭文,载彭和平、竹立家等编译:前揭书,第4页。
③ Robert S. Kaplan & David P. Norton:《策略核心组织:以平衡计分卡有效执行企业策略》,台北:台北城邦事业股份有限公司2001年版,第33页。

执行过程涉及棘手的边界问题,往往难以界定相关的行动者。最后,时间和资源的巨大消耗。"①

（二）行政执行是行政决策过程中诸多矛盾的展开和继续

行政行为是一个不断确立价值前提,选择工具的有限理性的过程。行政决策阶段是行政价值前提确立的阶段,而行政价值的确立过程当中充满了诸多的矛盾和利益冲突,是利益相关人通过博弈而形成的一个相对稳定的状态。参加这一博弈的主体包括立法机关、司法机关、行政机关、行政执行的受众、专家团体等,他们分别代表不同的价值和需求。行政决策所形成的法律、法规和公共政策能否被执行,不是行政决策阶段能解决的问题,要在行政执行阶段解决。行政执行阶段通过不断明晰目标,不断调整执行工具使得行政决策阶段积累的矛盾不断地展开和继续,形成执行阶段的"目标—手段链"。

（三）行政执行是检验公共政策质量的重要标准

一般来讲,公共政策质量由合法性、合理性和可行性三项指标构成。政策的合法性实质上是人们对公共政策和权威的自觉认可;形式上是公共政策符合宪法和法律的程度。公共政策的合理性指公共政策是否符合经济原则和科学规律。公共政策的可行性指公共政策是否符合特定的约束条件和执行情景。公共政策制定阶段所形成的公共政策仍然是以观念形态和理论形态而存在的,其质量的高低仅仅符合理论的原则。公共政策质量的高低到底如何,最终需要行政执行的检验。正如刘少奇所言:"执行政策就是实践,在实践中间调查研究,在实践中间认识客观世界,在实践中间发现新问题,制定新的政策,重要的问题在于执行,在于实践。"②总之,通过政策执行可以检验政策的合法性、合理性和可行性,并通过行政执行发现政策当中存在的问题,以便在执行中提升公共政策质量。

（四）行政执行是行政管理诸方面的集中反映

行政执行具有极强的综合性,涉及资源的保有、调动和配置,组织的运作和流程,领导的素质和能力,行政执行决策的恰当和及时等方面,因此行政执行的水准和结果是行政管理诸方面的集中反映。"历史经验表明,许多政策失败并非制定的政策的不当所致,而是由于执行不力或者执行的过程当中政策被扭曲所致。"③行政执行不力和行政执行无能导致的政策失败反映了行政管理综合体存在较大的问题,反之则证明行政管理综合体有较强的能力和有效性。

四、行政执行类别

根据研究的需求和实践的需要,可以从不同角度对行政执行进行分类这是行政执行综合性、多样性的体现。

（一）依据行政执行任务的性质

依据执行任务的性质可以将行政执行分为常规性行政执行和非常规性行政执行。常

---

① D. S. Van Meter and C. E. Van Horn, "The Policy Implementation Process: A Conceptual Framework," *Administration and Society*, Vol.6, No.4, 1975, pp. 445-488.
② 《刘少奇文集》下卷,北京:人民出版社 1985 年版,第 457—458 页。
③ 张金马主编:《公共政策分析:概念、过程、方法》,北京:人民出版社 2004 年版,第 92 页。

规性行政执行主要指行政执行主体对日常的、相对定型化的、例行化的任务的执行。常规性行政执行比较简单,往往通过行政管理的习惯和常识就能解决。比如上情下达、会议通告和联络等日常事务。

非常规性行政执行主要指行政执行主体对于一定时期新产生的特定项目、特定任务或者突发事件、非常态事件等危机状态下的任务的执行。非常规性行政执行仅靠行政管理的习惯和常识是不够的,需要运用新的知识进行执行的决策分析,创设新的组织机构,启用新的执行人员,改变常规的执行方式等,才能事尽其功。而这些都是与非常规事件的不确定性、复杂性、综合性、动态发展性决定的。

(二)依据行政执行任务的渊源

依据行政执行任务的渊源可将行政执行分为执行法律的行政行为和执行公共政策的行政行为。执行法律的行政执行又称作行政执法,就是行政机关落实和适用法律的过程,即行政机关采用具体的、直接影响相对方权利和义务的行为,或者对个人、组织的权利义务的行使和履行情况进行检查的行为。

执行公共政策的行政执行,就是行政机关对公共政策的贯彻和落实。落实公共政策的行政执行又称作政策执行。政策执行在行政执行研究中占有重要的比重。因为行政执法有相对固定的程序和方式;而公共政策因其复杂性、灵活性和现实性,使得执行公共政策成为展现行政执行能力和有效性的重要舞台。本章中所讲的行政执行主要指执行公共政策的行政执行。

(三)依据行政执行的主体

依据行政执行的主体可以将行政执行分为行政机关作为单一主体的行政执行和多主体的行政执行。行政机关作为单一主体的行政执行指的是国家行政机关作为单一的主体直接完成行政任务的执行。比如国家税务机关的执法活动、工商执法活动等。

多主体的行政执行指的是国家行政机关作为主导性的主体,通过政治、管理、法律、市场等途径使得其他社会组织参与行政任务的贯彻和落实的执行。国家行政机关扮演了安排者和掌舵者的角色,通过建立良好的制度基础,维护一个公正的执行环境,建立公私伙伴关系,形成公共事务的良好治理。①

(四)依据行政执行效果

依据行政执行效果可分为成功的行政执行和失败的行政执行。成功的行政执行指的是很好的贯彻和落实了国家意志、国家目标以及法律、法规、公共政策的执行。失败的行政执行是指那些扭曲、改变、不能有效地贯彻和落实国家意志、国家目标以及法律、法规、公共政策的执行。行政执行的失败是政策失败的重要因素之一。②

---

① 〔美〕E.S.萨瓦斯:《民营化与公私部门的伙伴关系》,周志忍等译,北京:中国人民大学出版社2002年版,第105页。

② 参见林毅夫:《强制性制度变迁与诱致性制度变迁》,载〔美〕R.科斯、A.阿尔钦、D.诺思等:《财产权利与制度变迁——产权学派与新制度学派译文集》,上海:上海三联书店、上海人民出版社1994年版,第379—400页。原文是:"维持一种无效率的制度安排和国家不能采取行动来消除制度不均衡,这二者都属于政策失败。政策失败的起因有以下几种:统治者的偏好和有界理性、意识形态刚性、官僚政治、集团利益冲突和社会科学知识的局限性。"

将行政执行区分为成功的行政执行和失败的行政执行是行政执行研究兴起的理论前提。传统公共行政学认为理性的官僚组织能够自动、最优化地实现政策目标，似乎不存在执行失败。而行政执行研究恰恰是发现了行政目标与实际执行效果之间的差异，以及形成这一差异的现实因素，才推动了执行研究的兴起，从而为真实的研究行政行为奠定了思想基础。

第二节 行政执行的能力与有效性

行政执行的能力和有效性是公共行政学研究的一个永恒的主题，这一问题的起源有深刻的社会、历史和学术背景，探讨行政执行能力与有效性的影响因素是学者们关注的主题之一。

一、行政执行能力与有效性的概念和缘起

行政执行能力是政府能力（governmental public executive capacity 或者 administrative capacity）的重要组成部分。[①] 行政执行能力是政府有效地贯彻和落实国家意志、国家目标、法律、法规、公共政策的能力，能力表征执行活动过程中行政执行主体顺利完成执行任务的基本素质、潜能。行政执行能力的高低直接影响国家意志和国家目标的实现，影响法律、法规和公共政策的贯彻和落实，对一个国家经济和社会的发展构成直接的影响。行政执行能力的相关因素是什么以及如何提升行政能力是行政执行研究的核心问题。

行政执行的有效性（effectiveness of administrative implementation）或者有效执行（effective implementation）是从行政执行的结果来考量行政执行，即行政执行主体通过行政执行过程达到国家意志、满足社会需求的程度和结果。行政执行能力和有效性是一个硬币的两面，行政执行能力走低会导致政策失败和行政执行有效性的降低。

对行政执行能力和有效性的关注来源于以下几个方面：

第一，政治学—政治经济学的视角。20世纪80年代，戴维·伊斯顿为代表的"政治系统分析"倡导将"国家"重新纳入政治学研究重要地位的"国家回归学派"的兴起，国家自主性和国家能力问题开始再度受到学者的普遍关注。[②] 亨廷顿等人以及联合国的研究，推进了这类研究的进程。

第二，发展经济学—社会学的视角。贡纳·缪尔达尔（Gunnar Myrdal）则从反面关注了行政执行无能的问题。他把行政执行无能这类现象命名为"软政权"现象。在他看来，"软政权"词义丰富，"包括所有各式各样的社会法律，他们表现为，缺乏立法和具体法律的遵守和实施，各级公务人员不遵从交给他们的规章制度和指令，并常常和那些他们本应

[①] 参见时和兴：《关系、限度、制度：政治发展过程中的国家与社会》，第168页。原文是："所谓国家推行自己意志和目标的能力，实际上也就是国家政策的贯彻能力，这自然离不开政策的执行过程，似乎更能反映国家能力。"

[②] Peter B. Evans, Dietrich Rueschemeyer, Theda Skocpol, *Bringing the State Back In*, Cambridge University Press, 1985.

该管束其行为的有权势的人们串通一气"①。缪尔达尔的研究是非常有见地的,就目前世界存在的经济发展模式来说,拉美模式、印度模式和俄罗斯模式等后发展国家或转型国家就是因为行政执行能力走低而导致了国家意志、国家目标、法律、法规、公共政策难以遵循和贯彻落实,直接影响了国家在满足社会公共需求方面的有效性,阻碍了经济和社会的发展。

第三,管理学的视角。管理学中对管理能力和执行力的研究与行政执行能力的研究直接相关。管理能力是指一系列与管理绩效相关的知识、技能以及态度的集合体。其最为著名的研究来源于英国。② 对执行力的关注则起源于人们管理当中"策略雷同而绩效为何大不相同?"这一问题的关注③,众多的大公司有相同的策略,然而取得的绩效却大不相同,重要的原因就在于执行能力和有效性的差异。"事实上,策略被成功执行的比例只有十分之一。如何改造组织运作形态建立新的策略原理架构成为 21 世纪企业的当务之急。"④为了填补执行力这一"企业管理学最大的黑洞"⑤,执行力研究在管理学中成为热门话题。

第四,公共行政—公共政策分析—公共管理的视角。大致从 20 世纪 30 年代开始,以"罗斯福新政"为标志,美国开始推行国家干预主义,直至"里根革命"之前,公共投资、政府管制和福利国家构成了政府管理的基本特征。其间,美国历届政府陆续制定了许多的政府规划项目,按照古典执行模型,这些目的正当、公共财政投入巨大的工程理应达到预期的目的,但是结果却多事与愿违。在这种条件下,执行的有效性问题日益成为一个引起公众广泛关注、不可回避的、尖锐的政府公共管理问题。大致从 20 世纪 70 年代开始,一批学者通过对约翰逊政府的"城区新镇"(New Towns in Town)项目、约翰逊政府的"伟大社会"(Great Society)项目、约翰逊政府的"初等和中等教育规划"(program of Elementary and Secondary Education)等多项政府项目的系统研究,全面提出了政府公共管理—公共政策的执行的有效性问题。⑥

二、影响行政执行能力和有效性的因素

探寻影响行政执行能力和有效性的因素是行政执行研究的中心话题。传统公共行政学的研究实质上就是执行研究,基本的宗旨之一就是找出最理想的、最好的、最优的行政原则和行政过程。70 年代,在行为主义和公共行政学科融合的基础上,行政执行研究开始兴起,先后经历了自上而下的研究途径、自下而上研究途径和整合的研究途径。在这三

---

① 〔瑞典〕冈纳·缪尔达尔:《世界贫困的挑战:世界反贫困大纲》,顾朝阳、张海红等译,北京:北京经济学院出版社 1991 年版,第 215 页。
② 〔美〕斯蒂芬·P.罗宾斯、〔美〕玛丽·库尔特:《管理学(第 3 版)》,孙健敏等译,北京:中国人民大学出版社 2004 年版,第 13 页。
③ 〔美〕赖利·包熙迪、〔美〕瑞姆·夏蓝:《执行力:没有执行力哪有竞争力》,李明译,台北:天下远见出版股份有限公司,2003 年版,序一,第 1 页。
④ Robert S. Kaplan and David P. Norton:前揭书,第 33 页。
⑤ 〔美〕赖利·包熙迪、〔美〕瑞姆·夏蓝:前揭书,序一,第 1 页。
⑥ 关于约翰逊政府项目的案例研究以及这些案例研究对古典执行模型的挑战,参见 Catherine E. Johnson, Intergovernmental Relation: The Implementation of Federal Policies, UMI(Bell & Howell Information Company), 1999, pp. 34-36。

代研究的过程中,学者们的一个重要的共同旨趣在于寻找制约行政执行有效性的因素以及这些因素之间的联系,以便总结出最优执行的条件,建构合理的执行理论模型。普赖斯曼和威尔达夫斯基、克里斯托弗·胡德(Christopher Hood)、丹尼尔·马兹曼尼安(Daniel Mazmanian)、保罗·萨巴蒂尔(Paul Sabatier)、马尔科姆·郭锦(Malcolm Goggin)等人都对此进行过专门的研究。丹尼尔·马兹曼尼安和保罗·萨巴蒂尔的研究比较有代表性。

马兹曼尼安和萨巴蒂尔将影响政策有效执行的因素概括为三个方面。① 参见表8-1:

表8-1 马兹曼尼安和萨巴蒂尔总结的影响政策有效执行的因素

问题的难易程度	法令控制力	非法令性因素
1.技术难度 2.目标群体行为的差异性 3.目标群体占人口总数的比例 4.要求改变行为的程度	1.目标的精确性和重要性 2.因果理论的符合逻辑性 3.财政资源的最初分配 4.执行机构内部或者执行机构之间的融合程度 5.执行机构的决策规则 6.政策执行官员对法令的认同程度 7.外部人员的正式接触渠道	1.社会经济状况和技术 2.公众的支持 3.追随者的态度和资源 4.统治者的支持 5.执行官员的献身精神和领导技能

资料来源:Daniel A. Mazmanian and Paul A. Sabatier, "Implementation of Public Policy: A Framework of Analysis," *Policy Studies Journal*, Vol. 8, No. 4, 1979-1980, p. 542.

我们可以将诸多的模型当中涉及的因素概括为行政执行的环境因素、行政执行的主体因素、行政执行的任务因素、行政执行的标的因素和行政执行的工具因素五个方面。这些因素之间的结构制约着行政执行的能力和有效性。

第三节 行政执行研究的线索、途径和模型

行政执行的研究领域自从20世纪70年代诞生以来,已经经历了40多年的发展,历经了三代的发展,形成了自上而下的研究途径、自下而上的研究途径和综合研究途径三大途径。每一代研究和每一种研究途径都积累了大量的行政执行理论模型。

一、行政执行研究的基本线索

行政执行作为一个研究领域诞生以来,至今已经经历了近半个世纪的发展。根据研究途径、方法和范围的不同,可以划分为三代研究。②

---

① Daniel A. Mazmanian and Paul A. Sabatier, "Implementation of Public Policy: A Framework of Analysis," *Policy Studies Journal*, Vol. 8, No. 4, 1979-1980, p. 542.
② 萨巴蒂尔和黑尔(Michael Hill)都曾经提出过执行研究的代际划分问题,郭锦等人提出了第三代执行理论的概念后,学者们一般将执行研究划分为三代。参见 Michael Hill, *The Policy Process: A Reder*, Harvester Wheatsheaf, 1993; Paul A. Sabatier, "Social Movement and Regulatory Agencies," *Policy Sciences*, No. 8, 1986, pp. 301-342; Malcolm L. Goggin, Ann O'M. Bowman, James P. Lester, Laurence J. O'Tool, Jr., *Implementation Theory and Practice: Toward a Third Generation*, Scott Foresman/Little, Brown, 1990.

(一) 第一代研究

1973年到20世纪70年代末期是执行研究的第一代。第一代研究具有以下特征：(1)主要采用自上而下的研究途径(top-bottom approach 或者 top-down approach)。自上而下的研究途径还带有传统官僚组织研究的印记，但是自上而下的研究途径试图找到执行过程中目标偏离的轨迹和引起这些偏离的因素，并试图寻求影响执行有效性的要素的合理组合，这与传统官僚组织研究是不同的。(2)第一代研究主要是小规模的案例研究。比如对约翰逊政府的"城区新镇"项目、"伟大社会"项目、"初等和中等教育规划"、奥克兰项目等。① 案例研究的目的主要是总结执行成功和失败的因素，还没有形成一个关于执行的一般性的理论框架。

(二) 第二代研究

20世纪80年代初到80年代末是执行研究的第二代。第二代研究的特点是：(1)主要采用自下而上的研究途径(bottom-top approach 或 Bottom-up approach)。自下而上的研究途径是与自上而下研究途径相对的研究途径，在研究的出发点、关注的中心、执行过程的性质、政策的界定等方面与自上而下的研究途径相对。(2)第二代研究逐渐意识到了第一代研究过分注重案例研究，未能形成一般性理论框架的缺憾，试图提出执行研究的一般理论模型。

(三) 第三代研究

20世纪90年代至今是执行研究的第三代。第三代研究的特点是：(1)试图综合和超越第一代和第二代的理论，具有研究方法和理论工具多样性的特征。综合利用制度分析、组织理论、治理理论、网络分析的理论成果来分析复杂的执行问题，将案例研究和理论模型结合起来，深化了执行研究。(2)扩大了研究的范围，将执行扩展到府际关系的范围和分析层面。

二、行政执行的研究途径

在公共管理文献中，较为常用的词语是"政策执行"的研究途径，在本章中行政执行的概念包括了政策执行，而且法律、法规的执行与政策执行有相似的地方，因此本节中所讲的"行政执行的研究途径"主要来源于"政策执行"研究的文献。根据行政执行研究的出发点、侧重点、理论预设以及行政执行各个因素的理解，行政执行的研究主要包括三大途径：自上而下的研究途径、自下而上的研究途径和整合两者的研究途径。

(一) 自上而下的研究途径

自上而下的研究途径是苏珊·帕雷特(Susan Barrett)和科林·佛杰(Colin Fudge)对20世纪70年代初到70年代末这一阶段政策执行研究主导途径的概括。自上而下途径的最早代表人物是普赖斯曼和威尔达夫斯基，随后托马斯·史密斯(Thomas Smith)提出的政策过程模型(1973)、范·米特(D. S. Van Meter)和范·霍恩(C. E. Van Horn)提出的系统模型(1975)、马兹曼尼安和萨巴蒂尔提出的执行综合模型(1979)，都采用了自上而下

---

① Catherine E. Johnson, op. cit., pp. 34-36.

的研究途径。①

自上而下的研究途径具有以下几个特点：

第一，研究的基点是解释为什么政策过程出现或没有出现成功的结果。这样的解释事先预设了一个所要取得的明确目标，这一点可以称之为"目标假定"。与这种分析性的目标假定相适应，政策执行研究的（价值）目的是怎样使中央政府制定的政策得到更好的落实。

第二，从中央政策制定者的角度看待政策执行问题。"自上而下的政策制定观意味着：决定的重要性取决于它是在科层等级的哪一层做出的，因此，最重要的决策是由政府机构的最高人物做出的，而处于科层等级中级层次的人们，只是执行决策罢了。"②

第三，政策过程被认为是由一系列具有逻辑关系的阶段组成：从以因果关系为基础的意向经由决策再到行动，政策执行开始于政策制定终止的地方。③

第四，区别作为创设初始条件的政策制定（意向合法化）和把政策假设转化为行动的项目设置。④

第五，政策执行就是将政策付诸行动的过程。主要着眼于对政策执行机构的管理（合作、协调等）。⑤ 科层组织的原则和管理方式是提升政策执行能力和有效性的关键因素。

第六，重视外部环境对政策执行过程的影响。

自上而下的研究途径是执行研究兴起时普遍采用的研究途径，这一途径还带有传统公共行政学的印记。不过它将政策制定和政策执行分离了，通过案例研究整合了公共行政学的相关知识，推动了执行研究的发展。随着研究的推进，在20世纪70年代末期和80年代初，这一研究途径在实践中也遇到了许多问题，暴露了自身的缺陷，学者们对此提出了很多批评，具体表现为：

"第一，过多地关注中央行动者的目标和策略，其他行动者在执行过程中扮演的重要角色被忽略了。

第二，所谓的完美的行政的必要的条件在现实生活中是不可能具备的（例如资源的持续稀缺）。

第三，为了应付不确定性，各种组织都不可避免地拥有自由裁量权，基层官员的活动将由此产生"控制赤字"，因为他们发展出了应付压力的各种办法。

第四，通过强调中央的目标，不但忽视了基层官员的适应策略，也忽视了政府行为的意外结果。

第五，某些政策并不具有（已有的政策从来都不具有）明确的目标，他们通过一系列活动者的复杂互动，在相当长的时间里发展和演变而来，因此，并不存在明确的政策评估标准。

---

① "自上而下的研究途径"和"自下而上研究途径"的写作，部分参考了景跃进：《政策执行的研究取向及其争论》，《中国社会科学季刊》（香港），1996年春季卷第14期，第168—186页。

② Edward C. Page, *Political Authority and Bureaucratic Power*, 2th, Harvester Wheatsheaf, 1992, p. 61.

③ Susan Barrett and Colin Fudge, "Examining the Policy-action Relationship," in *Policy and Action*, London: Methuen, 1981, p. 10.

④ Ibid.

⑤ Ibid.

第六,政策制定和政策执行的理论区分,在执行过程中无法维持,因为政策是在执行的实际过程中制定和修正的。"①

正由于自上而下的研究途径的上述缺陷,自下而上的研究途径开始兴起。

(二) 自下而上的研究途径

自下而上的研究途径是 70 年代末以来执行研究的主导研究途径。迈克尔·李普斯基(Michael Lipsky)对街头官僚(street level bureaucracy)的研究,理查德·埃尔默(Richard Elmore)对追溯性筹划(backward mapping)的研究,本尼·贺恩(Benny Hjern)和大卫·波特(David Poeter)对执行结构(implementation structures)的研究是主要的代表。

1975 年理查德·维泽尔勒(Richard Weatherley)和迈克尔·李普斯基在《哈佛教育评论》上发表了《街头层次的官僚和制度创新:执行特殊教育改革》一文,随后李普斯基在1977 年发表了《街头官僚的理论面向》一文,在 1980 年出版的《街头官僚》一书,形成了较为完善的街头官僚理论。街头官僚理论是自下而上执行研究的典型代表,其核心思想在于:街头官僚在政策执行中的作用,并不像自上而下的研究途径认为的那样,消极地、被动地执行上级的政策,恰恰相反,街头官僚拥有很大的自主性和自由裁量的余地。政策目标能否实现即行政执行的有效性与街头官僚的权力、利益、意愿和政策执行能力直接相关。②

追溯性筹划理论是自下而上研究途径的又一重要代表。1980 年埃尔默在《政治科学季刊》上发表了《追溯性筹划:执行研究与和政策决策》一文。③ 作者区分了向前性筹划(forward mapping)和追溯性筹划(backward mapping)两种不同的政策执行的研究方式。向前性的筹划是从上层出发,明确陈述政策制定者的意图,然后层层具体化,在每个阶段规定执行者的角色期望,再把最低层出现的结果与先前的意图相比较,以衡量成与败。追溯性筹划是"从作为政策所要解决问题中心的个人和组织的选择,到与那些选择密切相关的规划、程序和结构,再到用以影响那些事项的政策工具,以及可行的政策目标的追溯性的推论"④。追溯性筹划这一研究方式具有以下几个基本的环节:(1)研究出发点不是领导的意图,而是现实生活中的具体行为——正是这种行为导致的现象,产生了政策干预的需要;(2)分析一系列被认为能够影响这种行为的组织运作过程;(3)描述这些组织运作所预期的效果;(4)然后,明确执行过程的每一个环节对现实政策目标所发挥的作用。(5)如欲实现各自的目标,所需要的资源是什么?⑤

执行结构理论也反映了自下而上的研究途径。1981 年贺恩和波特在《组织研究》上

---

① David Marsh and R. A. W. Rhodes, eds., *Implementing Thatcherite Policy*, Open University Press, 1992, p. 6.
② R. Weatherley, M. Lipsky, "Street Level Bureaucracy and Institutional Innvation: Implementing Special Education Reform," *Harvard Educational Review*, Vol. 47, No. 2, 1975; M. Lipsky, "Toward a Theory of Street Level Bureaucracy," in W. Hawley and M. Lipsky, *Theoretical Perspectives on Urban Politics*, Englewood Cliffs: Prentice Hall, 1977; M. Lipsky, *Street Level Bureaucracy*, New York: Russell Sage Foundation, 1980.
③ Richard Elmore, "Backword Mapping: Implementation Research and Policy Decisions," *Political Science Quarterly*, Vol. 94, 1980.
④ R. Elmore, "Backward Mapping: Implementation Research and Policy Decisions," *Political Science Quarterly*, Vol. 94, 1980, pp. 601-616.
⑤ R. Elmore, op. cit., p. 612.

发表了《执行结构:一种新的行政分析单元》提出了"执行结构"的概念。执行结构是一种分析单元,它区别于市场和官僚组织,介于两者之间的一种协调和联系方式。这种方式通过公共政策这一纽带将政策执行涉及的各种组织以相互依赖的结构联系起来。执行结构不通过权威设立,是在组织成员自我选择和相互作用的过程中形成的。"执行结构的正式程度较低,权威关系不如行政组织系统那样明显;所处的社会环境较容易变动,其行动集合体并非具有法律地位的实体;参加项目执行的决定是模糊的,基于同意和相互妥协。"① 执行结构的概念提出后,学者们对其做了深化和细化,形成了大量的文献。在执行研究的第三代中,执行结构的概念进一步深化为政策网络的概念。

总结上述的研究成果,自下而上的研究途径具有以下特点:

第一,重视基层官员的作用。街头官僚(基层官僚)拥有巨大的行政裁量权、接近执行现场、拥有信息优势,对行政执行拥有巨大的影响力,因此自下而上的研究途径将基层官员看作政策执行和政策创新的重要因素。

第二,认为行政执行活动是多组织或个人(包括公众、社会组织、国家行政机关等)之间互动的过程。通过组织间和个人间的互动形成的执行结构是影响政策执行有效性的重要因素。

第三,从基层和个人出发看待政策执行问题,政策链条中的底层是观察和分析政策执行的基点和焦点。

第四,行政执行过程是不同行动者表达自己意志,提出动议,行动者之间相互谈判和妥协的过程。

第五,政策执行与政策制定是不可分离的,政策制定是执行过程中的内在组成部分,主张用政策和行动关系取代政策制定与政策执行的二分。

自下而上的研究途径也有自身的缺陷,学者们对其的批评主要集中在以下几个方面:

第一,过分地强调基层官员的自由裁量权。

第二,行动者的认知被辨认出来,却没有得到应有的解释。讨价还价规则的起源,互动者之间资源的拥有情况,每一个参与者可资利用的策略范围等有待解释。

第三,自下而上的主张者一开始关心的并非是政策执行问题(即政策执行了没有),而是关注在一个特殊的政策领域,实际的行动者之间的相互作用。

第四,对自上而下的研究途径的批评有失公正,过分夸大了许多因素;有些政策确实具有明确的目标,因此,弄清楚这些目标是否实现是相当重要的。政策形成和执行的区分也并非是理论的精确描述,因为地方或基层行动者的决策环境确实框定了他们做出的政策决定。行动者无处不在的相互作用并没有取消这种区分。②

第五,放弃政策形成和执行的二分法,使人们很难区分政治家和文官的相对影响,故而排除了进一步分析民主负责和官员自由裁量这个问题的可能性。

第六,将政策过程视为一个变动的无缝隙之网,其中没有决策点,因而排除了政策评估的可能性(因为没有政策可以评估)。同时也无法进行政策变迁的分析(不存在界定的

---

① B. Hjern and D. O. Poeter, "Implementation Structures: A New Unit of Administrative Analysis," *Organizational Studies*, No. 2, 1981, pp. 211-227.

② David Marsh and R. A. W. Rhodes, eds., *Implementation Thatcherite Policy*, Open University Press, 1992, p. 7.

政策之变动)。①

(三) 综合研究途径

因为自上而下和自下而上的研究途径都有自身无法克服的困境和理论盲点。20世纪80年代以来,有学者尝试在研究方法和研究的范围上超越自上而下和自下而上的研究途径,并逐渐形成了理论整合和理论创新的趋势。"就执行研究而言:自上而下和自下而上的争论结束了,取而代之的是众多的综合两者的理论。"②

这种综合的趋势表现在以下几个方面:

首先,对自上而下和自下而上的研究成果达成了共识,肯定其取得的成果的同时认识到了两者的局限。对以往理论成果的总结和省视是理论综合的前提。

其次,对自上而下和自下而上研究途径的超越和分析工具的丰富化。自从80年代以来,执行研究途径出现了多元化的倾向,分析工具也变得丰富起来。大规模研究、政府间关系研究、制度分析、治理理论、政策网络、理性选择、统计和计量方法被广泛地运用到执行研究当中,这些有助于综合的理解执行问题。

最后,第三代研究概念的形成。郭锦等人在1990年出版了《朝向第三代的执行理论和实践》明确提出了第三代研究途径。第三代研究途径区别于第一代和第二代的研究途径,主张建立动态的执行图景。第三代研究途径运用混合方法(mixed-method approach)以建立一个整合模式来研究复杂的多层次的、多变量的执行问题,特别是府际关系问题。③

与上述综合的趋势相关,20世纪80末期以来,涌现出了众多的、有代表性的执行理论、途径和模型,比如唐纳德·门泽尔(Donald Menzel)的组织间模型(1987),马尔科姆·郭锦等人的府际关系模型(1990),保罗·萨巴蒂尔的政策变迁和学习模型(1993),理查德·麦特兰德(Richard Matland)的不明确冲突模型(ambiguity-conflict)(1995)、文森特·奥斯特罗姆(Vincent Ostrom)的制度分析途径等。执行研究现在已经进入了一个综合和多元的时代。

总之,将国家意志和国家目标变成现实是公共行政学的一个永恒的主题,与此相关的执行研究也将是一个永恒的主题,必然会随着实践和理论经验的积累而不断地发展和创新。

三、行政执行的理论模型

提炼模型是科学研究的重要方法,即模型方法。模型方法将现实中的关系抽象出来,提炼出几个重要的变量,勾勒出这些变量之间的关系,形成客观现象的一种简明的认识。模型方法通过对现实的简化,使人们能够在整体上认识复杂的事物和活动。行政执行模型就是人们基于一定的理论预设,通过对行政执行活动的观察,提炼出行政执行活动的要

---

① Paul A. Sabatier,"Top-down and Bottom-up Approaches to Implementation Research," in Michael Hill, ed., *The Policy Process: A Reder*, Harvester Wheatsheaf, 1993, p. 276.

② Laurence J. O' Tool, Jr.,"Reseach on Policy Implementation: Assessment and Prospects," *Journal of Public Administration Research and Theory*, Vol. 10, No. 2, 2000, p. 283.

③ Malcolm L. Goggin, Ann O'M. Bowman, James P. Lester, Laurence J. O'Toole,Jr., *Implementation Theory and Practice: Toward a Third Generation*, Scott Foresman/Little, Brown, 1990.

素,并标识出这些要素之间的关系,展现行政执行流程的理论图式。本章中所讲的行政执行主要是对政策的执行,加之政策执行和法律、法规的执行具有相同的地方,因此我们列举的行政执行模型很多来源于政策执行研究的文献。行政执行模型具有重要的理论和实践意义:

首先,行政执行模型有助于我们加深对行政执行现象的认识。行政执行模型简练而概括的提炼出了行政执行的要素、结构和过程。通过行政执行模型可以使我们全面、深入的把握行政执行现象,加深对行政执行本质的认识,从而更加容易认识行政执行的规律性。

其次,行政执行模型有助于行政执行实践的开展。已经总结出来的行政执行模型提供了已有的行政执行活动的规律和原理,根据这些规律和原理设计行政执行流程,合理的安排行政执行的要素、结构和功能,能推动行政执行实践的开展。

最后,行政执行模型是开展行政执行研究的必要环节。行政执行模型是执行知识积累的重要途径。通过实证的研究,就某一个项目提炼出的行政执行模型需要不断的接收实践的检验,通过新的实践发现旧有模型与新的经验之间的不一致,从而进一步对模型进行检验和修订。这是推动行政执行研究知识积累和发展的重要途径。

(一)史密斯的政策过程模型

1973年,史密斯(T. B. Smith)在《政策科学》杂志上发了《政策执行过程》一文。提出了政策执行过程模型。理想化的政策、执行机构、目标、环境因素是政策执行过程中所牵涉的重大因素。参见图8-1:

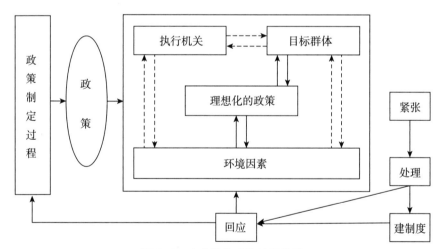

图8-1 史密斯的政策过程模型

资料来源:T. B. Smith,"The Policy Implementation Process," *Policy Sciences*, Vo. 4, No. 2, 1973, p. 203.

(二)霍恩和密特的政策执行系统模型

1975年密特和霍恩在《行政与社会》杂志上发表了《政策执行过程的概念框架》一文,提出了政策执行的系统模型。该模型标示出了影响政策执行的六大要素之间的关系,这六大要素是:政策目标与标准、政策资源、执行方式、执行机关的特性、系统环境、执行人员的价值取向。参见图8-2：

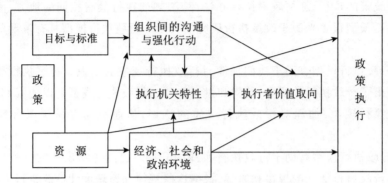

图8-2　密特和霍恩的政策执行系统模型

资料来源：D. S. Van meter and C. E. Van Horn,"The Policy Implementation Process：A Conceptual Framework," *Administration and Society*, Vol. 6, No. 4, 1975, pp. 445-488.

（三）巴达奇的博弈模型

1944年冯·诺伊曼（Von Neumann）和奥斯卡·摩根斯坦（Oskar Morgenstern）开创了博弈论以来，博弈论已成为研究人类行为的一种普遍的方法，在经济、政治、国际关系、军事等领域得到了广泛的运用。在行政执行的研究领域，尤金·巴达奇（Eugene Bardach）将博弈论运用到政策执行的研究当中，较为系统地阐述了政策执行的博弈模型。政策执行的博弈模型将政策执行看作相关决策主体之间的一种博弈，这一博弈是由政策执行的相关人（包括政策执行者和受到政策影响的人）基于利益的考虑，在一定的规则之下，调动各自的资源，通过信息的交流和沟通达到一种博弈结果的过程。①

（四）马兹曼尼安和萨巴蒂尔的综合模型

1979年马兹曼尼安和萨巴蒂尔在《政策研究杂志》发表了《政策执行的分析框架》一文，提出了一个综合性的、动态的政策执行模型。该模型将影响政策执行的变量归纳为政策问题的特性、政策本身的可控变量、政策以外的变量。这些变量构成了执行过程的各个阶段。见图8-3：

（五）门泽尔的组织间模型

1987年门泽尔（Donald Menzel）回顾了20世纪70年代和80年代以来的执行理论后指出：以往的执行研究忽视了组织在公共政策中的角色，也没有一个组织理论或模型能很好地应用到政策执行研究（比如：自上而下的研究途径和自下而上的研究途径都不能很好地解释冲突与协调）。为此，门泽尔采用组织理论的分析工具，构建了政策执行的组织间模型。政策执行的组织间模型认为：执行的成功不但依赖于组织自身的选择，还依赖于其他组织的选择。该模型将焦点集中在互动网络中组织的相对属性上，认为组织间的依赖包括资源依赖和结构依赖两个重要的方面。②

---

① Eugene Bardach, *The Implementation Game*, Cambridge, Mass：MIT Press, 1977.
② Donald C. Menzel,"An Interorganization Approach to Policy Implementation," *Public Administration Quarterly*, Vol. 11, No. 1, 1987, pp. 3-19.

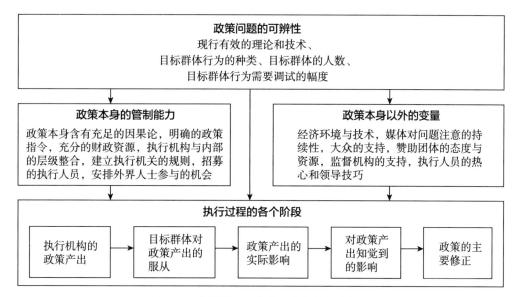

图 8-3 马兹曼尼安和萨巴蒂尔的综合模型

资料来源:Daniel A. Mazmanian and Paul A. Sabatier,"Implementation of Public Policy:A Framework of Analysis," *Policy Studies Journal*, Vol. 8, No. 4, 1979-1980, p. 542.

(六)郭锦等人的府际关系模型

1990年,郭锦等人提出了府际关系模型,该模型认为:第一,中央政府与地方政府之间具有冲突或合作关系;第二,州政府具有自主裁量权,可以解释联邦计划的内容,也能够了解地方政府需要解决的问题;第三,不同时间或不同管辖权下具有不同的执行模式。府际关系模型包括三个变量:(1)因变量。即州政府的政策执行。(2)自变量。包括两项:第一项为联邦政府层次的诱因与限制;第二项为州与地方政府层次的诱因与限制,两者形成交互依赖关系。(3)中介变量。包括州政府本身的决策后果与州政府本身的能力。前述自变量与中介变量构成州与地方政治的执行次级系统(implementation subsystem)。这一系统包括下列要素:州与地方政府机关首长、机关组织、州发言人、州立法委员、地方政府层次的行动者、州政府层次的能力、回馈等,这些要素都是互动性的、互赖性的、多元性的动态过程。参见图 8-4:

(七)萨巴蒂尔的政策变迁与学习的倡议联盟模型

萨巴蒂尔在1993年出版了《政策变迁与学习:一个倡议联盟途径》一书,提出了政策变迁与学习的倡议联盟模型(advocacy coalition framework of policy change)。该模型建立在政治系统论、精英理论和组织学习理论的基础之上,认为政策执行过程本身就是改变政策内涵、政策取向学习(policy-oriented learning)的过程。这一模型包括以下三方面的基本内容,参见图 8-5:萨巴蒂尔的政策变迁与学习的倡议联盟模型。[①]

[①] Paul A. Sabatier, Hank C. Jenkins-Smith, eds, *Policy Chang and Leaning:An Advocacy Coalition Approach*, Boulder, Coli:Weatview, 1993.另外还参考了李允杰、丘昌泰:《政策执行与评估》,台北:元照出版公司2003年版,第92页;郑进明:《影响台北市政府中阶主管业务执行因素之探讨》,台湾世新大学行政管理硕士学位论文,2004年,第9—29页。

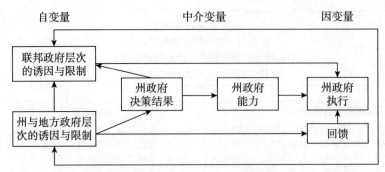

图 8-4 郭锦等人的府际关系模型

资料来源:Malcolm L. Goggin, Ann O'M. Bowman, James P. Lester, Laurence J. O'Toole, Jr., *Implementation Theory and Practice: Toward a Third Generation*, Scott Foresman/Little, Brown, 1990.

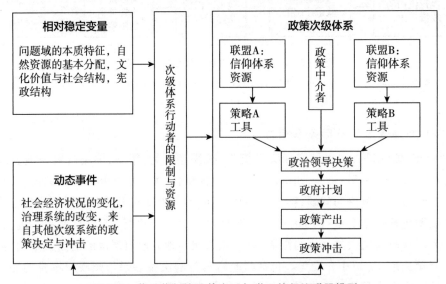

图 8-5 萨巴蒂尔的政策变迁与学习的倡议联盟模型

资料来源:Paul A. Sabatier, Hank C. Jenkins-Smith, eds, *Policy Chang and Leaning: An Advocacy Coalition Approach*, Boulder, Coli: Weatview, 1993.

1. 政策变迁受到两种外在因素的影响。一种是,相对稳定变项(relatively stable parameters),包括问题领域的基本特征、自然资源的基本分配、基本的文化价值与社会结构、基本法制结构等。另一种是动态事件变迁(dynamic events),包括社会经济条件与科学技术的变迁、系统治理联盟(systemic governing coalitions)的改变、其他次级体系的政策的变迁等。

2. 行动者通过倡议联盟影响政策。行动者通过倡议联盟影响政策的基本过程是:具有相似信仰和利益的行动者构成联盟,联盟成员采取若干倡议与公关策略,影响政府的政策,政策的结果再回馈到倡议联盟。倡议联盟之间通过政策中介者(policy brokers)加以协调,以形成平衡的政策影响力。

3. 政策变迁本身就是一种政策取向的学习过程。政策次级体系内的行动者从互动过程中修正自己的想法或行为,累积互动的经验,从而形成新的信仰体系,这就是一种相互学习的动态过程。政策取向的学习表现在下列几个方面:第一,某些联盟成员的信仰体系认为某些变项状态甚为重要,因而采取更为积极的学习态度,以增强信仰的凝聚力。第二,某些联盟成员的信仰体系内所建立的逻辑因果关系,可能有所修正。第三,某些联盟成员可能认同,亦可能挑战其他联盟的信仰体系,因而形成相互对立或妥协冲突的互动关系。

第四节　行政执行的方式

行政执行的方式是行政执行中所偏重的理念、价值以及所采用的工具和手段的总称。行政执行方式的不同反映了行政执行活动的价值和工具的差异。执行同样的任务可以采用不同的方式,这些方式会因为遵循价值的不同,而形成操作手段和工具的不同。在行政执行的过程中,执行方式通常有管理方式、政治方式、法律方式、市场方式和伦理方式。

一、行政执行的管理方式

行政执行的管理方式指在行政执行的过程中,借鉴和吸收管理学的价值、理念、工具、操作手段来处理执行中各个要素之间的关系,形成以效率、效益、经济等管理价值为导向的执行结构,从而实现特定的执行功能。

行政执行的管理方式是公共行政学诞生以来就受到重视的方式。到了20世纪70年代末,与新自由主义日强的趋势相一致,"新公共管理运动"成为风靡西方世界的行政改革潮流。行政执行的管理方式成为20世纪70年以来的西方行政改革的主要取向之一。

行政执行的管理方式主要体现在以下几个方面:

首先,在行政执行中运用管理的理念和价值。即在行政执行中遵循管理的理念和价值开展行政执行的诸项活动、架构行政组织、选择管理方式和评判执行的结果。

其次,在行政执行中运用管理工具。传统公共行政学主要运用科学管理、管理过程理论开发出来的管理方法。行为科学时期的公共行政学将行为科学开发出来的管理工具运用到推进有效执行的过程中。新公共管理兴起以来,众多的企业管理工具被成功地运用于行政执行,诸如合同承包、特许经营、补助、凭单、法令委托、出售、绩效评估、流程再造等新的管理工具在提升行政执行能力和有效性方面发挥了重要的作用。

最后,运用管理方法评估行政执行结果。传统的公共行政学将焦点集中在官僚组织的规则和法律制度上,重视过程而忽略结果。而行政执行的管理方式则重视结果和绩效的测量,其核心在于评价执行的预期目的与实际结果之间的差距,并找到造成差距的原因,达到监控行政执行,提升行政执行能力和有效性的目的。

二、行政执行的政治方式

行政执行的政治方式指的是在行政执行的过程中借鉴和吸收政治学的理念、工具和方法来处理行政执行中各个要素之间的关系,形成以民主、责任、代表性、回应性等政治价值为导向的执行结构,以实现特定的执行功能。

行政执行的政治方式起源于学者们对罗斯福新政以来行政国家现象的反思和批判。行政执行的政治方式倡导运用民主政治的价值观来约束行政权力的不当行使、规范行政执行活动,并形成行政执行活动中诸如听证制度、代表制度、信息公开制度、审查制度、责任制度等民主制度安排。行政执行的政治方式还表现在行政执行的过程中运用政治动员、政治参与等政治方式推动执行工作的开展。比如,苏联、中国等原计划经济体制国家的执行体制就具有典型的准政治动员的特征。[1]

三、行政执行的法律方式

行政执行的法律方式是指,在行政执行的过程中,将行政执行看作运用法律和执行法律的活动,遵循法律的理念、价值和方法来处理行政执行过程中各个要素之间的关系,形成诸如宪法至上、依法行政、权利平等、程序正当等法律价值为导向的行政执行结构,以实现特定的执行功能。

行政执行的法律方式主要体现在以下几个方面:首先,宪法至上。宪法至上是约束行政权力、保护公民基本权利、确保行政程序正当性和减少不良行政行为的根本前提。其次,依法行政。行政执行中的依法行政主要指的是行政执行过程要遵循和依据宪法、法律、行政法规和规章,执行过程符合行政程序法律规范的要求。再次,权利平等。确保公民权利的平等是法律对行政执行的基本要求。也就是说,行政执行过程不能因性别、身份、财产状况、民族、信仰的不同而区别对待权利平等的公民。最后,程序正当。通过正当的法律程序避免行政执行中的随意行为,保障利益相关人通过公正的程序表达和维护自身的利益。

四、行政执行的市场方式

行政执行的市场方式就是国家行政机关将市场机制引入行政执行的过程当中,通过公共产品的多元提供主体之间的相互竞争,利用市场机制来提供公共产品和服务、完成行政执行任务的行政执行方式。

行政执行的市场方式建立在以下几个共识的基础之上:其一,通过打破垄断、打破行政机关在公共服务提供当中的垄断,运用市场竞争能够提高行政执行的效率。其二,分开公共产品的安排和提供。公共产品因其属性的不同,可以采取不同的安排方式和提供方式。[2] 其三,公共产品的提供主体是多元的,政府、企业、社区、第三部门、私人在一定的制度安排之下都能成为公共产品的提供主体。其四,偏好私营企业。私营企业执行公共政策和公共方案比政府更有效率和效益。[3]

行政执行的市场方式广泛地应用在基础设施、教育、福利、医疗、消防、警察服务、监狱管理等方面,改变了公共服务的制度安排,提升了公共服务的效率和效益。

---

[1] 徐湘林:《行政审批制度改革的体制制约与制度创新》,《国家行政学院学报》2002年第6期,第23页。
[2] 〔美〕E.S.萨瓦斯:前揭书,第69页。
[3] Nicholas Henry. op. cit., p. 371.

五、行政执行的伦理方式

行政伦理是人们关于行政活动对错的判断过程以及判断的理由,主要涉及行政主体行动的正当性和合理性,亦即领导决策和执行等行政管理活动中的合法性问题,它既包括公务人员个体在行政管理实践中的道德观念、道德活动与道德规范,也包括行政主体作为群体及组织机构在行政活动中所应遵循的价值规范。行政执行的伦理方式指行政主体自身遵循一定的伦理准则约束自身行为,并通过伦理灌输的方式塑造和影响行政客体,使行政伦理在执行过程中发挥推动与规范作用的执行方式。

第五节 政府执行力与公信力

一、政府执行力和公信力概念缘起

纵观公共行政管理史,从古罗马的"行政奇迹"至今,"执行"(execution)问题一直都是古老而常新的话题。就学科而言,政治学、行政学、工商企业管理学、政治经济学等学科都从各自的视角关注和回应了这一问题。就实践而论,无论是西方国家还是当代中国,都深受国家机关和公共行政机关不能完全、正确、有效地贯彻和落实国家目标和公共行政目标这一执行难题的困扰。就政府管理而言,当代中国政府执行难题在理论上滥觞于"哈耶克兰格论战",在实践上则肇端于对"高度集权的苏联模式"的反思和毛泽东开始的对中国社会主义事业的探索。分权化改革可以看作是对计划经济体制下解决执行难题的战略回应。改革开放以来,中国通过"增量改革"逐渐改变了计划经济体制,初步建立了社会主义市场经济体制。在这一发展转型和渐进改革过程中,国家向社会、企业、市场和地方"放权让利"的速度超过了"国家制度建设"的速度,利益分化和多元利益主体之间的目标冲突和利益矛盾,使得多元主体难以协同指向公共利益,诸侯经济、各自为政、地方保护主义等现象丛生,导致了国家能力(包括国家贯彻政策的执行能力)的衰减。

中共十六大以来,中国的发展理念、发展目标、发展战略、发展方式等都发生了深刻的变化,科学发展观成为"我国经济社会发展的重要指导方针,是发展中国特色社会主义必须坚持和贯彻的重大战略思想"[1]。但是科学发展理念与多元主体目标、利益和既定制度之间的矛盾并不能即刻化解,这些复杂的矛盾阻碍了新时期发展战略的执行,新的理念同旧有的执行体制和执行方式之间的矛盾显得更为突出。"十五"规划环境指标的落空、"铁本"事件、矿难频发、土地违法、食品安全事件频发、宏观调控政策执行乏力等都反映了政策执行不能尽其功,甚至无效的执行难题。正如前教育部副部长张保庆2005年在接受记者采访时所说:"中国目前最大的问题是政令不通,中南海制定的东西有时都出不了中南海。"[2]"政令不出中南海"等现象就充分暴露了长期以来形成的"放权"与"国家制度建设"之间的矛盾。

---

[1] 胡锦涛:《高举中国特色社会主义伟大旗帜 为夺取全面建设小康社会新胜利而奋斗——在中国共产党第十七次全国代表大会上的报告》(2007年10月15日),北京:人民出版社2007年版,第13页。

[2] 谢湘、原春琳:《不是落魄是忧国》,《中国青年报》2005年11月14日。

为了确保科学发展的实现,为了确保政策执行的有效性,温家宝总理在2006年的《政府工作报告》中明确提出,"建立健全行政问责制,提高政府的公信力和执行力"①。"执行力"首次写进政府工作报告,表明执行力和公信力建设将是中国政府自身建设的一个重要组成部分。十六大报告首次提出"按照精简、统一、效能的原则和决策、执行、监督相协调的要求,继续推进政府机构改革"②。十七大报告首次提出"加大机构整合力度,探索实行职能有机统一的大部门体制,健全部门间协调配合机制"③。这些都是当代中国在应对政府执行难题的新认识。十八大报告指出:"创新行政管理方式,提高政府公信力和执行力,推进政府绩效管理。"④提高政府的公信力和执行力成为深化行政体制改革,建立中国特色社会主义行政体制,推进政企分开、政资分开、政事分开、政社分开,建设职能科学、结构优化、廉洁高效、人民满意的服务型政府的基本要求之一。十八届三中全会形成的《中共中央关于全面深化改革若干重大问题的决定》强调指出:"科学的宏观调控,有效的政府治理,是发挥社会主义市场经济体制优势的内在要求。必须切实转变政府职能,深化行政体制改革,创新行政管理方式,增强政府公信力和执行力,建设法治政府和服务型政府。"⑤强政府公信力和执行力成为全面深化改革的关键议题之一。

二、政府执行力的内涵⑥

政府有广义和狭义之分,故政府执行力和公信力亦有广义和狭义的区别。本书所讨论的政府执行力和公信力仅指狭义政府的执行力和公信力,亦可称之为公共行政执行力和公信力。即行政机关为了落实和实施国家意志、国家目标,依法贯彻法律、法规和公共政策的过程和诸活动中体现出来的执行力和公信力。

政府执行力可以有多种理解,比如"政府执行能力""政府执行力度""政府执行效力"等。为了综合性地表达能力、力度和效力等含义,本书将政府执行力看作是政府执行权力的能动形态,从而可将政府执行力定义为政府执行权力结构协同转换过程中所表现出来的合力。政府执行的能力、力度和效力都是政府执行权力运行状态和运行结果的一个侧面。

与政府执行力紧密相关的概念包括:企业管理中的执行力(execution ability)概念,政策执行研究领域的执行的有效性(effectiveness of implementation)概念,政治学领域的国家能力(state capacity)、政治能力(politics capacity)、政府能力(government capacity)概念,政

---

① 温家宝:《政府工作报告——2006年3月5日在第十届全国人民代表大会第四次会议上》,北京:人民出版社2006年版。
② 江泽民:《全面建设小康社会,开创中国特色社会主义事业新局面——在中国共产党第十六次全国代表大会上的报告》(2002年11月14日),北京:人民出版社2002年版,第35页。
③ 胡锦涛:《高举中国特色社会主义伟大旗帜 为夺取全面建设小康社会新胜利而奋斗——在中国共产党第十七次全国代表大会上的报告》(2007年10月15日),北京:人民出版社2007年版。第32页。
④ 胡锦涛:《坚定不移沿着中国特色社会主义道路前进 为全面建成小康社会而奋斗——在中国共产党第十八次全国代表大会上的报告》(2012年11月8日)。
⑤ 新华社北京11月15日电:《中共中央关于全面深化改革若干重大问题的决定》(2013年11月12日中国共产党第十八届中央委员会第三次全体会议通过)。
⑥ 本部分写作参考了曹堂哲:《公共行政执行的中层理论:政府执行力研究》,北京:光明日报出版社2010年版,第30—36页。

党学中的执政(to hold the reins of government)概念,法律中的强制执行(enforcement)概念等。这些概念虽然都表达了将抽象的意志转化为现实的意义,但是这些术语的中英文用词、指称的领域和层次以及定义的视角存在差异。

第一,政府执行力与企业管理的执行力。政府执行与企业管理的执行最主要的区别是政府执行具有公共性,公共性贯穿在执行过程的始终。① 是否具有公共性决定了政府执行与企业管理的执行在环境因素、组织环境关系、内部结构和工作方法等方面都存在显著的差异。② 但是追求执行中的经济、效率和效益则是相同的,只不过政府执行过程中的价值标准更多,冲突更加明显。

第二,政府执行力与国家能力、政府能力、政治能力。国家能力、政府能力、政治能力这类概念都是表述国家实现或者执行国家意志、法律、目标和政策的本领、强度大小和结果的概念。政府执行力概念本身不但含有本领、强度大小的含义,还含有这种本领和强度的方向、作用轨道和作用结果等含义。从概念的外延来看,政府执行力主要刻画行政机关的能力,而国家能力的外延涵盖面更宽,表征整个国家制度体系所具有的实施国家意志的能力。政府执行力与政府能力的关系与上述类似。政治能力侧重从权力实施的角度分析权力实施过程中的制度、合法性和效能。政府执行力主要指称行政机关的执行权力及其运动,政治能力则是从国家层面上分析权力的运行和效能。

第三,政府执行力与执政能力。执政能力的主体是政党,而政府执行力的主体是行政机关。执政能力的执政包括了政党执掌政权的方方面面,而政府执行力则主要涉及行政机关贯彻落实政策的本领、力度等。政党的领导作用决定了执政能力会深刻地影响政府执行力,而政府执行力则在行政执行这一具体方面反映和体现执政能力。

第四,政府执行力与行政执法的执行力。"执法,是指国家机关执行、适用法律的活动。行政执法是行政机关执行法律的行为,既包括抽象的行政行为,也包括具体的行政行为。"③就具体的行政执行行为而言,"即指主管行政机关依法采取的具体影响相对一方权利义务的行为;或者对个人、组织的权利义务的行使和履行情况进行监督检查的行为"④。可以分为行政处理决定、行政监督检查、行政强制执行和行政处罚等。政府行政执行工作一般包括那些综合管理类的事项、行政执法类的事项和专业技术类的事项等,因此行政执法只是政府执行的一个方面。

行政执法的执行力"是指行政机关决定相对方履行某种作为义务,相对方不履行时,行政机关可依法采取一定的手段,迫使相对方履行义务,即行政机关有依法强制执行的权

---

① 按照格雷厄姆 T.艾利森(Graham T. Allison)在《公共事业和私营企业管理:它们在所有不重要的方面是否基本上是相同的》一文的阐述,"如果组织能够简单地分成两大部分,一大部分是公共组织,另一大部分是私人组织,……因此可以把各种组织每个主要属性、特有本质表示在性质图谱上。在多数属性方面,各种组织可区分为'公共属性为主的组织'和'私营属性为主的组织'"。参见彭和平、竹立家主编:《国外公共行政理论精选》,北京:中共中央党校出版社1997年版,第347页。

② 参见雷尼、巴考夫和莱温:《公共行政评论》,载彭和平、竹立家主编:《国外公共行政理论精选》,北京:中共中央党校出版社1997年版,第340—342页。

③ 罗豪才:《行政法学》,北京:中国政法大学出版社1999年版,第183页。

④ 同上。

力"①。行政执法的执行力强调将法律变为现实的必须性和强制性。行政执法和行政强制执行仅仅是政府执行的一种形态,政府执行中还会广泛地使用政治的、法律的、管理的和伦理的手段,换言之,政府执行力包含多种权力运行模式的不同能动形态。

三、政府公信力的内涵②

据中国知网的检索,"公信力"一词在中文学术期刊中的使用首见于1999年,当时主要是新闻传播领域使用该词语。③ 随后该词迅速地扩展到法学、经济学、政治学、管理学、行政学等领域,成为人们普遍关注的一个热点、焦点和重点话题,成为公共领域研究的一个重要范畴。公共管理领域对公信力的研究始于2001年对会计行业社会公信力的关注。④ 2002年有学者开始关注地方政府的公信力问题。⑤ 2003年则有专文论述非营利组织的公信力。⑥ 随后公共管理领域对公信力的研究逐渐趋热,扩展到该领域研究的各个方面。2006年3月5日温家宝总理在十届全国人大四次会议上所作的《政府工作报告》中提出:"建立健全行政问责制,提高政府执行力和公信力",第一次把政府的"执行力"和"公信力"写入政府工作报告,公信力建设成为政府工作和政府自身建设的重要内容。

"公信力"一词抽象程度较高,指涉范围较广,可以从多个侧面、多层次、多角度加以认识。社会哲学层面的公信力,表征社会中主体之间的理性,相当于哈贝马斯(Jürgen Habermas)所说的"主体间性"(inter-subject)、"合法性"(legality)概念。哈贝马斯认为社会世界区别于客观世界和主观世界,是主体间性的世界。主体间性就是当某一主体认为某知识真确时,另一主体也认为真确。在哈贝马斯看来,交往行动的能力和交往行动的正当性规则是保证主体间性的条件。社会行动者通过交往行动达成主体间性,形成社会共识,形成社会规则。如果交往行动能力和交往行动的正当性规则丧失,则主体间性无法达成,主体间的认同程度就会降低。哈贝马斯将社会主体间认同程度的降低所引发的问题称作合法性危机。哈贝马斯认为合法性意味着某种政治秩序被认可的价值以及事实上的被承认。⑦ 合法性危机意味着信任危机,意味着主体间认同、主体间共识、主体间信任程度低,意味着主体间没有正当的交往规则。信任危机已经成为现代社会的一个普遍现象。经济、政治、文化和社会领域普遍存在。

本书认为公信力是"公共信任"和"力"两个概念的组合。"公共信任"指特定组织得到公众认同、认可、信任,公共信任是信任的一种形式。"力"表示程度、力度、效力、能力等多重含义。简言之,政府公信力是政府得到公众认同、认可、信任的程度、力度、效力、能

---

① 罗豪才:《行政法学》,北京:中国政法大学出版社1999年版,第189页。
② 本部分写作参考了马庆钰等:《社会组织能力建设》,北京:中国社会出版社2011年版,第252—255页。
③ 1999年8月《新闻大学》杂志上发表的《科学态度是新闻传媒公信力的基础——兼谈新闻界与科学界联手揭批"法轮功"》提出了公信力的概念。同年11月黄晓芳在《电视研究》上发表的《公信力与媒介的权威性》一文,论述了媒介的公信力问题。
④ 李勇:《认清形势 正视问题 明确方向 励精图治 全面提高行业的社会公信力》,《中国注册会计师》2001年12月。
⑤ 何显明、汪水波:《地方政府公信力与政府运作成本相关性的制度分析》,《国家行政学院学报》2002年12月。
⑥ 李虹:《论非营利组织社会公信力的建设》,《上海交通大学学报(哲学社会科学版)》2003年2月。
⑦ [德]哈贝马斯:《交往与社会进化》,张博树译,重庆:重庆出版社1989年版,第184页。

力。学者们往往使用"问责"(accountability)、"可信性"(credibility)等词作为公信力的对应词语。事实上,这些词语与"公信力"之间存在一定的差异。

第一,信用与公信力。"可信性"(credibility)指可信度、诚实度、可靠度,可信性来源于"信用"(credit)一词。信用是社会伦理、经济和政治领域普遍使用的概念。从伦理角度而言,信用指信守诺言的一种道德品质。从商业伦理的角度而言,信用就是诚信(integrity),即行为与自身所接受的最高行为规范相一致。从经济的角度理解,信用实际上是指"借"和"贷"的关系,指在一段限定的时间内获得一笔钱的预期。货币金融学的"信用创造学派"就认为货币的本质是信用。从法律的角度而言,"信用"一是指当事人形成的契约关系规定双方的权利和义务不是当时交割的,就存在信用;二是指双方当事人按照契约规定享有的权利和义务。现代社会信用已经发育成一套完整的经济和社会制度,比如信用分类制度、信用调查制度、信用评级制度、信用管理制度和信用监管制度。

信用和公信力是两个紧密相关的概念。信用是描述特定货币借贷关系的专业术语。公信力的概念指称比信用更为宽广,是社会组织在公众中认同、认可、信任。众多的因素,诸如社会组织的行为、绩效、提供产品的能力、信息的发布、资金的使用等都会影响到公信力。信用只是衡量公信力的指标之一。

第二,问责、社会交待与公信力。问责是英文"accountability"一词的翻译,还有学者将其翻译为"社会交待""责信""诚信""问责性""课责""释责"等。一般而言,这个词是指特定行为主体,就特定行为和事件,负有向公众的报告、解释、辩护,并接受公众质询的义务和责任。

问责与公信力是紧密相关的,问责是实现公信的重要途径之一,公信力需要通过问责实现,没有问责就难以确保公信力,问责渠道、问责法律、问责制度、问责机制是实现公信力的制度保障。

第三,信任与公信力。"信任"(trust)是一个综合概念,在英语中包含了"信赖"(reliability)、"信用"(credibility)、"责任"(responsibility)等含义。信任的研究有深厚的学术渊源和传承,众多的哲学社会科学学科,诸如经济学、政治学、社会人类学、心理学、社会学等都从不同的视角研究信任,并给出信任相应的学科理论定义和操作定义。① 就研究层次而论,微观层次的信任研究采用心理学范式,将信任定义为个体在特定的社会环境中产生的心理反应或形成的心理特质,理解为由情境刺激决定的个体心理和行为。中观层次的信任研究采用组织范式,将信任定义为个体、组织之间的社会关系。宏观层次的信任研究采用社会学范式,将信任理解为社会制度(法律法规等)和文化规范(道德和习俗等)的产物,理解为与社会结构和文化规范紧密相关的社会现象。② 本书所说的政府公信力就是信任的一种形式,指公众对政府的信任。

政府公信力意味着政府负有就特定事件、组织行为和绩效向公众做出说明、解释和报告的责任,公众可以获知这些信息并能够向特定组织质询。图8-6表达了政府公信力的基本结构。

---

① 郑也夫:《信任论》,北京:中国广播电视出版社2006年版。
② 叶初升、孙永平:《信任问题经济学研究的最新进展与实践启示》,《国外社会科学》2005年第3期。

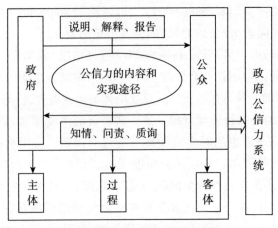

图 8-6 政府公信力的基本结构

名词与术语

软政权　　行政执行　　组织间模型　　行政执行能力　　古典行政执行模型
执行力　　政策执行　　　　　　　　行政执行模型　　政策执行系统模型
公信力　　博弈模型　　　　　　　　政策过程模型　　政策变迁和学习模型
　　　　　综合模型　　　　　　　　府际关系模型
　　　　　　　　　　　　　　　　　行政执行方式
　　　　　　　　　　　　　　　　　行政执行方式

复习与思考

1. 执行的含义是什么，执行研究的领域开辟出来的现实基础和理论背景是什么？
2. 如何理解行政执行主体多元化问题？
3. 行政执行能力的概念是基于什么现实和理论背景提出来的？
4. 影响行政执行有效性的因素有哪些？
5. 行政执行三代研究的概况。
6. 古典行政执行模型的特点及其终结的原因。
7. 第二代执行研究有哪些常见的模型？
8. 如何理解第三代执行研究的特点？
9. 行政执行的常用方式是哪些？
10. 政府执行力和公信力概念提出的背景是什么，如何认识它们的内涵。

主要参考书目

1. 李允杰、丘昌泰：《政策执行与评估》，台北：元照出版公司 2003 年版。
2. 张国庆主编：《公共政策分析》，北京：北京大学出版社 2006 年版。
3. 张金马主编：《公共政策分析：概念、过程、方法》，北京：人民出版社 2004 年版。
4. 曹堂哲：《公共行政执行的中层理论：政府执行力研究》，北京：光明日报出版社

2010 年版。

5. Jeffrey L. Pressman and Aaron B. Wildavsky, *Implementation: How Great Expectations in Washington are Dashed in Oakland*, Berkeley: University of Press, 1973.

6. Laurence J. O'Toole, Jr., "Research on Policy Implementation: Assessment and Prospects," *Journal of Public Administration Research and Theory*, Vol. 10, No. 2, 2000.

7. Nicholas Henry, *Public Administration and Public Affairs*, 7th, Prentice-Hall, Inc., 1999.

8. Francis E. Rourke, *Bureaucracy, Politics, and Public Policy*, 2th, Boston: Little, Brown, 1976.

9. Catherine E. Johnson, *Intergovernmental Relation: The Implementation of Federal Policies*, UMI(Bell & Howell Information Company), 1999.

10. T. R. Dye, *Understanding Public Policy*, Englewood Cliffs: Prentice-Hall, Inc., 1978.

11. Michael Hill, *The Policy Process: A Reader*, Harvester Wheatsheaf, 1993.

12. M. Lipsky, *Street Level Bureaucracy*, New York: Russell Sage Foundation, 1980.

13. Malcolm L. Goggin, Ann O'M. Bowman, James P. Lester, Laurence J. O'Toole, Jr., *Implementation Theory and Practice: Toward a Third Generation*, Scott Foresman/Little, Brown, 1990.

第九章 行政方式方法

行政方式方法,是指国家行政机关以及国家公务员等承担行政管理职责的工作人员在行政管理过程中为履行行政职能、开展行政工作、完成行政任务、实现行政绩效,而在一定的公共行政管理思想和管理原则的指导下采用的各种管理手段、措施、办法、工具、技术、路径的总称,对于行政管理尤其是现代复杂社会条件下的公共行政尤为重要。

第一节 行政方式方法概述

"工欲善其事,必先利其器",说的就是方法或工具的重要性。现实中,人们要处理行政事务,解决行政问题,开展行政工作,就须臾离不开一定的行政方式方法。全面、准确、系统、深刻地掌握了行政方式方法,也就掌握了打开行政管理这个"黑箱"的钥匙,进而登堂入室,把握实际行政,达成事半功倍的效果。也正是基于此,我们不得不承认,要精确、清晰、科学、逻辑地对行政方式方法做出界定,困难极大。从某种意义上讲,行政方式方法就像"尼斯湖怪兽"一样,我们知道它肯定不是什么,但却不知道它到底是什么。①

一、行政方式方法的内涵

方法原意是指量度方形的法则,现指为达到某种目的而采取的途径、步骤、手段等;方式即方法、形式。在一般意义上,行政方式与行政方法可以通称为行政方式方法。从哲学的意义上讲,行政方式方法本质上是主观与客观的统一,是行政主体作用于行政客体的桥梁,是行政思想转变为行政实践的中介,体现了人们通过发挥主观能动性,对行政生态环境、行政事务和行政行为本质的、必然的联系的把握、总结和概括,即行政中规律性的东西。从实证的意义上讲,行政方式方法是目标与结果的统一,是架设于行政目标与行政绩效之间的桥梁和通道。只有通过一定的行政方式方法,才能将既定的行政目标经由一定的系统转换输出为行政绩效。离开了行政方式方法,要实现行政目标和取得行政绩效,无疑就如海市蜃楼一般虚无缥缈。从技术和操作的意义上讲,行政方式方法就是将行政决策、行政实施中的各种行政行为进行通约之后的必然结果,在这里,行政行为是自变量,行政方法构成了因变量,用数学公式表示就是:$AM = f(ABa、ABb、ABc\cdots\cdots)$。这里,AM 代表行政方式方法,ABa、ABb、ABc……分别代表行政行为 a、b、c……函数法则 f 表示求同即取交集。

行政方式方法包括四个方面的内容:(1)基本的行政方式方法,即行政手段、法律手

---

① 尼斯湖位于苏格兰,是英国内陆最大的淡水湖。科学家们认为,尼斯湖怪兽既不是鲸,也不是鲨鱼,可能是一种还不为人类所知的神秘生物。尼斯湖怪兽后来被引申为一种现象:知道一种事物肯定"不是什么",却不知道它究竟"是什么"。

段、经济手段、纪律手段、思想政治工作手段等;(2)政府规制,即政府运用公共行政权力,通过制定一定的规则,对社会组织和公众个体的行为进行限制与调控;(3)网络与电子政务;(4)行政技术,即行政方法中运用自然科学与工程科学方面的技术并逐步实现量化的那部分内容,其特点主要有实践性、条件性、策略性、创造性等。

二、行政方式方法的价值和功用

行政方式方法作为沟通行政理念、行政价值选择与行政目标、行政政策措施的通道和桥梁,在行政管理学和行政管理实践中都具有极其重要的地位和功用。方法就是规律,方法就是捷径。没有行政方式方法,也就没有了现代行政学,也就没有了行政实践。当行政效率长期低下、绩效难以满足公众需求的时候,置换一个行政方式方法,往往能收得很好的效果。可以说,行政方式方法的动态发展和及时适配、及时革新,是确保现代行政管理正常运转和良好发展的必要条件。从操作层面上讲,现代各国政府普遍发生政绩较差、目标错位甚至行政绩效严重背离行政目标等弊病,忽视、轻视、漠视,甚至蔑视行政方法和行政技术,不能不说是一个重要的根源。由此,不难看出行政方式方法对于行政管理的重要性。

详言之,行政方式方法的价值和功用在于:第一,行政方式方法是履行行政职能、完成行政任务、实现行政目标、取得行政绩效所必经的桥梁和途径。第二,行政方式方法是贯彻执行国家法权主体确定的国家主导意识形态和各项路线、方针、政策的重要手段。第三,行政方式方法是行政组织高效率、高质量地开展行政工作的关键。第四,行政方式方法是发展社会主义市场经济、加强国家宏观调控和监督管理的必要条件。第五,行政方式方法是各行政单位调动各方面积极性,实现微观管理目标的重要途径。第六,行政方式方法是我国当前克服行政管理中现存各种官僚主义、效率低下弊端,实施全面改革的迫切需要。

三、从传统行政方式方法走向现代行政方式方法

自现代科学管理兴起以来,企业作为社会组织之一种,高度重视并不断革新企业管理的方法、技术和工具,使得企业管理在历经科学管理、人本管理、系统管理、权变管理、管理模式的丛林等不同阶段后而屹立不倒。反观现代政府的行政管理,长期以来,满足于萧规曹随、抱残守缺,满足于"还凑合""还管用",拒绝革新、拒绝变化、不思变通,甚至视新方法、新工具为洪水猛兽,成了行政组织抵制新的行政方式方法的堂皇借口。我们认为,应该尽快打破这种危机导向型的行政方式方法观,代之以收益导向型的行政方式方法观。只要一种新的行政方式方法相对于旧的行政方式方法能够取得更大的净收益(即行政收益减去行政成本),就要坚决地推行行政方式方法的革新和转换。从各国行政方式方法发展史来看,20世纪70年代末80年代初以来的一个突出景象就是,与行政管理理论与实务从威尔逊-韦伯范式向后韦伯范式的转换相一致,以"新公共管理方法"(New Public Management Method,NPMM)为代表的现代行政方式方法正全面挑战、质疑、取代和优化以威尔逊-韦伯主义为指导的传统行政方式方法。

所谓传统行政方式方法,是指在威尔逊-韦伯范式影响下形成的遵循层级节制、程序至上、计划主义、专业主义、相对封闭、政治与行政二分法等原则的行政方式方法。而具体到中国的行政情境下则有不同,它是指党和政府在长期实践中,运用马克思主义的世界观和方法论解决中国实际问题过程中逐渐总结出来的一系列行政管理方法,主要包括:(1)"开诸葛亮会"的方法,就是组织专家、学者、内行进行研讨调查的方法。(2)"解剖麻雀"的方法,就是对典型案例进行全面、深入细致的分析研究的方法。(3)"走马观花与下马嗅花"的方法,就是全面普查与重点调查相结合的调查研究方法。(4)"透过现象看本质"的方法,就是对调查结果进行定性分析,把感性认识上升为理性认识,以求准确地把握问题的实质与要害。(5)"蹲点种试验田"的方法,即深入下层有代表性的单位,总结、试行先进经验,然后加以推广的方法。(6)"抓主要矛盾"的方法,即以中心关键环节为突破口,全力以赴予以解决,以带动其他次要环节、次要矛盾的解决。(7)"弹钢琴"的方法,即围绕中心问题进行统筹兼顾、系统安排、协调配套地解决问题。(8)"抓两头带中间"的方法,即通过鼓励、宣传先进和鞭策、转化后进来造成"两面夹攻"的局面,以促进整体系统的全面改观与发展。(9)"树标兵,评先进"的方法,即用典型示范、榜样影响来推动一般,带动全局的方法。(10)"谈心、交心"的方法,即通过开诚布公、推心置腹的交谈来沟通思想,交换意见,融洽关系的方法。传统行政方式方法对于推动政府行政组织履行行政职能、完成行政任务、实现行政使命起到了重要的作用,许多方法一直到现在也具有很大的价值和功用。传统的行政方式方法并非一无是处,但需要革新。

所谓现代行政方式方法,是指以现代技术工程学、运筹学、系统论、信息论、控制论、企业管理学、经济学、计算机科学等现代科学为基础而形成的行政方式方法。与传统行政方式方法相比,现代行政方式方法具有如下特点:(1)技术性。现代行政方式方法包含的技术含量越来越多,不仅包括民意测验、网络规划技术等现代社会科学的技术和方法,而且包括大量的现代自然科学技术,如自动化技术、信息技术等。(2)系统性。现代行政方式方法是由许多相互关联配套的方法构成的技术方法,各项技术方法之间互为补充、互为条件,具有明显的互动制约关系,因而把行政客体视为一个有机的、动态的系统来研究、设计和选择特定的技术方法。(3)量化性。数学的发展特别是电子计算机的广泛应用,促进了行政方式方法从单一定性分析到定性、定量分析相结合的转变,目前,定量分析的应用空前发展,行政目标、公务员激励、行政信息处理等,都须臾离不开量化分析。(4)主导性。现代行政方式方法与现代心理学、社会学、行为科学等交相融合策动,极为重视调节人际关系和充分发挥人的主导性作用。

目前,我国政府行政管理水平还不高,行政能力还不强,行政绩效还不能满足公众的需求,其中一个很重要的原因就在于行政方式方法陈旧、管理手段单一。因此,必须充分吸收现代科学技术,在对传统行政进行"扬弃"的基础上,大胆、辩证、全面、系统地借鉴和引进国外行政管理中先进的技术方法,构筑一整套符合时代要求和公众需求的现代行政管理的技术和方法模式,以行政方式方法的丰富和革新推动政府行政管理的体制变革和模式转换,真正在当代行政改革的典范革命中起到"钥匙"和"利器"的作用。

第二节　行政方式方法的类别

在现代行政管理中,常用的行政方式方法主要包括强制性行政方法、诱导性行政方法、参与管理方法、行政责任方法四大类,在各类基本方法下又包括若干具体的行政手段,从而构成了比较完善的行政方式方法系统。

一、强制性行政方法

强制性行政方法是指以事为中心的事务至上的行政方式方法,按照这种方法,人处于从属的地位,其作用的结果是人们不得不服从于行政目标并为之努力工作。强制性行政方法主要包括行政指令方法、法律方法和经济方法等一些具体的行政手段。

（一）行政指令方法

指令方法是行政主体依靠行政组织的权威,运用命令、指示、规定、条例及规章制度等措施,按照行政组织的系统和层次进行行政管理活动的方法。

行政指令方法的实质是通过行政组织中的职务和职位来进行管理,其主要特征有:(1)权威性。行政指令实质上所依靠的是强制性权威,行政职位越高、职务越大,其权威就越强,所带来的服从度也就越高。因此,提高一定职位和职务的权威性,是有效运用行政指令方法的基础和前提。(2)强制性。强制性体现于行政组织体系在思想上、纪律上要求服从集中统一的意志,换言之,行政主体所发出的命令、规定、条例都是必须要执行的,具有相当程度的绝对性。当然,这同法律所具有的普遍约束力那种强制有所不同,它允许例外情况下的灵活变通。(3)层次性。行政指令方法是根据行政组织的纵向结构自上而下、由大到小逐层进行管理的,行政指令都是直线传递,层层下达。(4)具体性。行政指令的内容和发布的对象都是具体的,特别是,一定行政指令只对特定时间和特定对象有效,即因事、因时、因地、因人而异。行政指令方法是行政管理中不可或缺的一种基本方法,尤其适合于需要高度集中和保密的条件或领域,如在战争、自然灾害和严重经济困难等特殊情况下,用此方法便于解决一些特殊的、紧迫的问题。但行政强制方法对上级机关的要求甚高,上级如有失误将会导致连锁反应甚至产生失误的放大效应。另外,执行过程中的无偿性和下级的被动地位,都不利于充分发挥下级的积极性和创造性。有鉴于此,要把它限制在一定范围之内,不可不用,但不可滥用。

（二）法律方法

法律方法是通过各种法律、法规、司法解释、法令等来进行行政管理的方法。法律方法的依据不仅在于国家正式颁布的法律法规,也在于国家各类法权主体制定和实施的准法律性的规范性文件。法律方法除了具有与行政指令方法相类似的权威性与强制性外,还具有以下特征:(1)稳定性。法律法规的制定比较严谨、严格、慎重,一旦予以立法,便具有相对的稳定性、严肃性和普遍的约束力,不得朝令夕改,使公众手足无措。(2)规范性。法律方法对行政客体的适用是普遍的,对其效力范围内的所有组织和个人均具有同等的约束力。法律和法规要用极为严格、规范、准确、科学的语言进行表述,而不能含糊不清产生歧义,更不能产生疑义致人误解。不同层次的法律法规之间应内在统一,下位法应服从于上位法,法规要服从法律,一般法律又要服从宪法。总之,下位法不得同上位法产生背离、龃龉和冲突。法律方法的使用范围比较广泛,涉及宏观的、中观的、微观的等诸多过程,适用于政治的、经济的、科学的、教育的、文化的、社会的等不同领域,尤其适合于解决那些针对大多数行政客体、需要普遍性地调整社会关系的共性的问题。但是,在处理特殊的、个别的问题时,还需要情境性地与行政指令等方法相互补充和整合。

(三) 经济方法

经济方法是根据客观经济规律和物质利益原则,利用各种经济杠杆调节各种不同利益主体之间的关系,以取得较高的经济效益与社会效益的行政方式方法,其主要内容包括价格、工资、信贷、税收、利息、利润、资金、罚款以及经济合同、经济责任制等。

经济方法与指令方法等其他方法相比,具有非常鲜明的特点:(1)间接性。它不像行政手段那样是直接干预,而是通过杠杆作用对各利益主体的经济利益进行调节来实行间接干预。(2)关联性。一种经济手段的变化,不仅会影响到社会多方面经济关系的连锁反应,也会导致其他经济手段的相应调整;不仅影响到当前,还影响到未来。(3)有偿性。与指令方法下的无偿服从不同,经济方法注重等价交换的原则。"有偿交换,互相计价"是其主要规则,有关各方在获取自己经济利益的权益上是平等的。

正确运用经济手段是调动社会积极性的根本方法。现实中,需要注意不同的经济手段在各自作用的领域发挥着不同的功能,运用时切忌千篇一律,更不能张冠李戴。在运用经济方法时,如果把它与行政指令、法律方法等进行有机的集成整合,管理效果会更佳。

二、诱导性行政方法

诱导性行政方法是一种以人为中心的人本主义管理方法,它通过有效利用非强制手段,使行政人员和公众自动、自觉、自愿地去从事政府所鼓励的工作、行为和活动。"徒善不足以为政,徒法不能以自行。"①对于现实中的行政管理来说,仅有强制性手段是远远不够的,还必须要把非强制性的诱导手段和强制性手段结合起来。

诱导性行政方法的特点在于,通过政府和管理者的循循善诱、谆谆教导,使人们自觉地、主动地、积极地、和谐地去行动。诱导性行政方法综合了社会学方法和心理学方法,其内容复杂、手段繁多,但主要可归结为思想政治教育和行为激励两种方法。

(一) 思想政治教育方法

思想政治教育方法是通过对人们进行确定的、有目的的、系统的感化与劝导,使受教育者在身心上养成教育者所希望的思想和品质的行政方法,其在对象上具有多元性,在方式上具有协调性,在作用上有着宏观的控制性。思想政治教育的途径主要包括:(1)情理交融法,即做到动之以情、晓之以理,关键是晓之以理,要摆事实,讲道理,以情感人,以理服人,循循善诱进行说服教育,而不能以强力服人,以大话压人。(2)普遍自我教育法,即鼓励人们自觉学习、自我完善,在工作、学习和生活中自觉树立正确的世界观、人生观、价

---

① 《孟子·离娄上》。

值观,努力提高自己的思想水平、法制观念、政策水平、道德水平、文化水平以及工作能力。(3)个别现象教育法,即树立实际工作中涌现出来的公众喜爱、值得效仿的典型和榜样,通过综合运用先进事迹报告、文学艺术等公众喜闻乐见、感染性强的形式进行示范教育,发挥模范的带头作用和放大效应。(4)以身作则教育法,即领导带头,亲自动手,身先士卒。否则,再好的典型也会失去示范作用。正如孔子所言:"其身正,不令而行;其身不正,虽令不从。"①(5)刚柔相济法。思想政治教育并非万能之策,必须要靠规章纪律做保证,并同其他方法有机结合,恩威并用、宽猛相济,才能取得更好的行政效果。

（二）行为激励方法

行为激励方法作为行为科学方法之一种,是通过有计划地设置一定的条件和情境,激发人们的行为动机,使之产生某种特定的行为反应。可见,思想政治教育方法偏重于人的思想,行为激励方法则偏重于人的行为。行为激励是一个有序的过程,最初发端于一定的需要,由需要而动机,由动机而行为。当人们通过一定的行为满足了原来的需要之后,随着新的需要的出现,必然又产生新的动机,进而导致新的行为,如此循环往复以至无穷。该过程如图9-1所示:

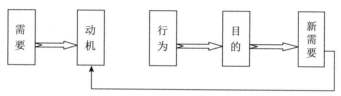

图 9-1 行为激励循环

行为激励的实质在于激发人的动机,其目的在于使人产生某种行为以实现行政工作预定的目标。行为科学对行为激励问题进行了大量研究,提出了多种激励理论,主要包括四类:(1)着重研究激发动机因素的内容型激励理论,主要包括"需要层次论""双因素理论""生存、关系、成长理论",以及"权力、社交、成就需要论"等。(2)着重研究从动机产生到采取行动之心理过程的过程型激励理论,主要包括"期望理论""目标设置论""公平论",以及"归因理论"等。(3)着眼于行为结果的"强化"激励理论,这一理论主要以操作性条件反射为基础。(4)全面反映人在激励中心理过程的综合激励理论。以上述理论为基础,可以归纳出行为激励的不同方式:

1. 目标激励。目标激励是根据人们物质和精神利益的正当需求,设置一定的目标作为一种诱因,作为人们对未来的期望,鼓励人们去追求、进取。这种方法中报酬是一个关键的问题,一方面报酬应与人们所取得的成绩保持合理的正比关系,另一方面报酬还要考虑到人们的多种需要,既包括物质需要,也包括精神需要,还包括职位方面的需要,其中每一种需要又都是有层次之分的。

2. 奖励激励。奖励激励是通过奖励或惩罚手段来诱发人们的动机,激励人们积极性的方法。由于这种激励是超乎正常期望之外的,它对于正常目标的实现有很大的强迫和催化作用,故有人称它为强化激励。奖励激励的特点在于它所建立的一种鼓励与抑制性

---

① 《论语·子路》。

的规定,其原则是奖功惩过、褒勤贬懒、扬善弃恶。其中,奖励大致包括表扬、记功、记大功、授予奖品奖金、升级、升职及通令嘉奖等项;惩戒则有批评、警告、记过、记大过、降级、降职、撤职、留用察看和开除等。

3. 竞争激励。竞争激励是将优胜劣汰原则引进行政工作,使行政活动具有某种集体强化的自觉机制。竞争激励的强化与奖惩激励的强化不同,竞争激励不是自上而下压过来的,而是竞争对手间相互的强化激励;它不是外部诱因的刺激,而是内心激奋的结果。采取竞争激励要注意控制竞争沿着正确方向发展,保证竞争在公平基础上进行,最后对竞争结果也要做出一定的判断。

4. 反激励。反激励就是从反面进行激励的方法,它设置一种强烈的危机情景,使行为者产生一种反作用力,进而形成强大的内压,以取得"置之死地而后生"的效果。所谓"破釜沉舟""背水一战"即是如此,这是一种比较特殊而又具有高超艺术性的方法,比之竞争激励更进一步,需要有特定的客观条件,运用时一定要因人、因事、因情而定,不可盲目行事,以免适得其反。

三、参与管理方法

参与管理方法是通过由下级行政主体或行政客体参加管理和决策来提高人们的积极性和管理效率的一种行政方法,可以激励人们更好地为完成行政目标而努力。这种方法与我们长期提倡的"从群众中来,到群众中去"的群众路线的工作方法有相似之处。

参与管理分为宏观的、中观的和微观的等不同层次。宏观意义上的参与管理是政治民主的一个重要内容。宏观的参与管理既包括直接地行使公民权利,也包括间接的运用权力,如通过人民代表大会来选举国家机关和国家工作人员,并对其实行监督。

中观意义上的参与管理是行政组织工作的一种方法,即行政工作人员都有对行政组织和个人目标的确立、行政工作计划和程序的设计,以及对工作成果的评价发表意见的权利和义务。它作为一种原则,就是行政工作人员和群众要了解机关的真实状况,做到政策公开、财政公开、意见公开、人事公开。当然,机要性、保密性、涉密性的行政工作则不适合采取这种方法。

行政机关参与管理的主要实施途径包括:

1. 团体决策。即行政方针的决定、重要问题的解决,都由组织成员本着民主参与的原则,以团体决策之途径来制定或者抉择。这样可以博采众长,以保证决策方向的正确性。

2. 咨询制度。即行政领导在对一项政策或事务做出决定之前,主动征询下属工作人员或有关方面人士的意见和反映,从而使各项工作更加完善。

3. 建议制度。即行政领导允许并鼓励工作人员对机关公务推行和问题解决中应该发展或改革的事情自由提供意见,以便做决定时来参考。通过建议制度可以广开言路,不断改进各方面的工作。

4. 来信来访制度。即通过专人负责或设立专门机构,来听取人民群众对于政府行政工作的批评建议,及时发现工作漏洞,以保证行政目标的顺利实现。

5. 其他途径,如行政授权也是让下级参与管理的某种形式等。

微观意义上的参与管理是在行政管理中,为提高职工的积极性和管理效率,由员工参加管理和决策的一种方法,内容包括民主选举基层管理人员、建议制度和监督管理等。微观参与管理的具体做法相对灵活些,它可以不过分重视职权的等级制,使下级人员有更多的参与机会,还可以采用相对分散管理的形式。

无论是从宏观意义上、中观意义上还是从微观意义上看,参与管理方法基本上都体现了民主管理思想中主要的、根本的内容。实行参与管理方法,具有许多积极的意义。首先,它可以满足人们的认同感、责任感和成就感,激发起人们的主动性和创造性,使人们能自觉地去完成任务。其次,它集中了各参与主体的正确意见,使政策和决定避免了片面性,更加符合实际情况,更加完善合理。再次,它使行政领导者和被领导者之间建立起一种合作关系,在"同志式"的民主气氛中,各主体互相支持、团结友爱、齐心协力去完成行政工作。最后,它可以维持人事安定,严肃劳动纪律,在相当程度上克服随意离职、退职、辞职、旷工、误工和怠工等现象,使各主体心情舒畅,安心工作,从而产生一种蓬勃向上的和谐氛围。总之,参与管理是现代行政管理中值得大力提倡的一种方法。

四、行政责任方法

行政责任方法作为现代行政管理中的一种综合性管理方法,用行政体制中职权划分的机制将组织中的目标与人事中的职位有机地结合起来,从而使行政工作中的职、权、责、利诸要素一致起来。行政责任方法的本质内容是权力与责任的关系,在这一点上,它实现了以事为中心的事务主义方法和以人为中心的人本主义方法的有机统一,综合了强制性与诱导性两种行政方法所共有的积极效应。

从逻辑上讲,行政责任制包括机关责任制与岗位责任制两个方面。其中,机关责任制的实质是要有效合理地解决各级政府机关上下左右之间的工作关系;岗位责任制则着意揭示行政机关中各个工作岗位自身的特殊要求,以有效解决各岗位之间的工作关系。行政责任方法是一种行之有效的综合行政方法,对于行政管理的制度化、程序化、规范化,对于发挥行政人员的积极性、主动性和创造性,对于制约和克服权责不对等、集体不负责等行政现象,起着积极而深远的作用。但是,行政责任方法不能单兵推进,需要有相应的组织体系、人事制度和行政体制来配套。随着行政改革的不断深入,行政责任方法将进一步发展、规范和完善。

第三节 行政程序

现代行政管理是以科学化、法制化、高效化为主要特征的,因而必须克服行政工作中的混乱、失序、无序状态,代之以有目的、有计划、有步骤的有序状态,亦即通过制定、完善和优化行政程序来实现行政工作的程序化、规范化。

一、行政程序的含义

(一)何谓行政程序

行政程序就是依照时间先后顺序,将每项行政管理活动的整个进程划分为若干例行性的次序、步骤与环节,以协调和促进完成某项行政工作的行政方法。它包含两方面的内容:其一,规范人们行政管理行为的规程;其二,在时间上的先后次序。简言之,行政程序就是行政操作的规程和时序。行政活动中行政工作繁多无比,但具体到每一项行政工作来说,它应该如何发生,实际如何发生,在何时、何地发生、由何人完成,等等。对于诸如此类问题的回答,通常都属于行政程序的范围。行政程序对于行政主体来讲是工作的步骤与次序,对于行政客体讲则是日常所说的办事手续。

我们这里所讲的行政程序是从行政管理的具体工作来说的,它所要说明的是每项具体工作的流程问题。在日常行政管理活动中,人们往往有另外一种理解,就是将行政程序理解为宏观的行政管理过程,包括组织、用人、领导、决策、执行、监督等各种行政管理功能所构成的行为序列。在此,必须把二者区别开来。行政程序虽然存在于一切行政管理之中,并贯穿于整个行政管理活动的始终,但它只是进行行政管理的一种方法,绝不可将其与整个行政管理过程相等同。

理解行政程序,还必须把它与行政法律关系上所说的"行政正当程序"区别开来。在美国等西方国家,为了保障公民权利和经济利益不受损害,便撷取司法程序的精华使之适用于行政情况的特性,这种经过发展的程序条件,被称为法律上的行政正当程序,其基本条件是通告、审问、公证和复审。许多国家的行政程序法就规定了这方面的内容。行政管理中的行政程序则是政府为完成其职能所采取的工作方法,其要件包括办公制度、会议制度、审批制度、办事制度、办事时效、公文运行规则以及监督制度等。行政正当程序是一种消极的防范措施,而行政程序则为一种积极的管理方法。

(二) 行政程序的特性

行政程序从不同的角度可以划分为不同的类别。以其重要性程度为准,可分为手续性程序和决定性程序;以其出现的概率为准,可分为常规性程序和特殊性程序;以其对象为准,可分为内部程序与外部程序;以其特定的内容为准,又可分为人事行政程序、财务行政程序、机关事务程序等不同的类别。

尽管行政程序的类别繁多,但不同的行政程序之间也存在着许多共同特点,主要包括:

1. 合理性。行政程序是行政活动进程客观合理的反映,它是为行政目标服务的,是实现行政目标的有效保证。否则,行政程序就会是不可行的,甚至是毫无意义的。

2. 有序性。行政程序为了确保行政工作有条不紊地进行,必须对每一项工作的步骤,按照时间顺序进行安排,并且要保持一定的连续性,前后应该衔接。

3. 例行性。行政程序一般是为重复性工作的处理提供帮助,以节省行政人员的时间与精力。它一经确定,就具有某种常规性。这一特性使得行政程序与其他行政方法区别开来。

4. 稳定性。其表现在两个主要的方面:一方面是行政程序一般都由一定的法律、法规或规章制度所规定,个别行政程序虽无明文规定,但历来如此,已成为习惯性程序;另一方面是行政程序一旦确定下来,不遇特殊情况不得随便更改。

5. 适应性。在通常情况下,行政程序是稳定不变的,但却不是僵死的、机械的。为了应付紧急情况,对待特殊问题或者适应新的情形,行政程序又需要有若干变通,有某种适应能力和灵活性。

6. 系统性。已经确定的行政程序必须是完整的、统一的,其中每个步骤都应是必要的,不能因其中缺少环节而导致行政工作的阻滞。这就要求考虑周密、规划全面,做到统筹兼顾。

掌握了行政程序的特性,就能进一步了解行政程序的含义。行政程序正是基于上述特性,才同行政计划、行政规则等行政方法区别开来。行政计划是决定行政程序的依据,而行政程序只是实现行政计划的一种方法和手段。行政规则和行政程序虽都是行政章程,但行政规则是要求根据具体的情况规定行政活动的作为和不作为,而不规定时间顺序;行政程序则规定的是某项行政工作必须的步骤,同时还有着极其严格的时间次序。

二、行政工作程序化

（一）行政工作程序化的内容

行政工作程序化,就是使任何行政工作都要有一定的程序,并按照既定的规程和时序去进行工作。行政工作程序化是现代行政管理的要求,现代行政管理要实现科学化、法制化和高效化,首先必须实现行政工作程序化。

行政工作程序化的内容主要包括:掌握和运用资料、编制行政程序、行政程序分析、行政程序操作、行政程序检查等。掌握和运用资料是一项行政工作包括行政程序的起点,资料来源既包括直接调研和社会观察,也可以通过检索工作来取得。

行政工作程序化的关键是编制、设计行政程序。编制行政程序必须做到合理可行、简捷明确、全面具体、系统完整、规范有序。编制好的行政程序,可以用图表表示出来,以便把握各项具体工作步骤与整个流程之间的关系。程序图通常用平面直角坐标系来表示,一般以垂直线(Y轴)表示工作流程,以水平线(X轴)表示逐项工作的加入和展开。行政程序设计出来后,还要针对其特性与设计原则等进行分析,执行人员要对其每一步骤和顺序做到心中有数。

编制程序的目的还是为了操作,所以,行政程序操作是实现行政工作程序化的主要内容。行政程序操作必须注意做到准确、及时。所谓准确,即切实按照规定的步骤去做,所谓及时,即严格遵守时间次序。

最后,在操作过程完成后还要对行政程序进行检查,从而既考核操作情况以奖功惩过,又检查程序是否有利于准确有效地达成行政目标。

（二）行政工作程序化的意义和作用

遵循行政程序既是行政管理的方法,也是行政管理的原则。实现行政工作程序化,对于现代行政管理具有十分重要的意义和作用。

1. 行政工作程序化有助于行政管理的科学化。行政管理要实现科学化,行政工作就必须按照科学规律进行。行政工作程序化,正是在总结行政管理中自然存在的客观规律的基础上将其固定下来,变成人们的行为规范,这样做就可以避免主观蛮干现象。

2. 行政工作程序化是行政管理制度化的重要组成部分。行政工作程序化是以法律、法规、规章制度作为基础的,行政程序本身就是一种规范,有了行政程序并能切实遵循之,行政工作就会井然有序。严格的程序又意味着明确的责任,违法乱纪的现象也会大为减少。

3. 行政工作程序化是行政管理高效化的保证。行政程序将行政工作的具体步骤与环节规定得清楚明了、次序井然，就能避免忙乱现象。行政工作程序化使行政工作的分工明确，专业化程序高，便于工作人员提供简捷的途径和方法，尤其是对重复性工作的处理，可以节省工作人员的时间和精力，从而有利于提高行政效率。

4. 行政工作程序化程度的高低，也是考察一个行政机构工作好坏的标志。程序完善、秩序井然的机构定是成绩斐然、效率显著；反之，程序未健全、秩序紊乱的机构，必然是成绩平平，效率甚低。

三、目标替代：行政程序的极端化

行政工作程序化旨在更好地完成行政任务，有效地实现行政计划，因而行政程序本身不是目的，而是实现目的的手段。然而，在实际的行政管理当中，如果过分地强调行政程序，就是把行政工作的程序和方法置于行政管理的目标之上，坚持规章就是目的，程序就是一切，就会导致本末倒置的"目标替代"现象[①]，导致极度僵化的办事作风，机械地坚持原则，过分地注重形式和常规，结果不仅不能提高行政效率，反倒贻误行政计划的实现，拖延甚至阻碍了行政任务的完成。

"目标替代"，是组织社会学的概念，指组织运行过程中既定目标被另外的目标所置换。德国学者罗伯特·密切尔斯在研究欧洲国家劳工组织和社会主义党派时发现，在民主制度下，组织的成员需要授权领导人去处理组织事务时，组织就会产生等级结构。在组织开始建立和运行的初期，组织制度能够保证大多数人充分的民主参与，组织也确实是为大众谋利益的群众性组织。但是当组织规模越来越大并不断分化时，组织中产生了组织精英，而组织精英与大众的想法出现距离，二者的利益诉求不一致，最终导致组织的两极分化。他在《政党论》中提出，在实际的组织演进过程中，许多组织的正式目标被其他目标替代了。这就是所谓的"目标替代"。政府组织作为科层制的典型代表，主要依赖正式的规章制度进行管理，长期的实践在政府组织中形成了规则为本的服从意识；对行政人员的评估，主要是看他们能否严格遵守规则，而效率、质量和对组织目标的贡献则退居次要地位。因此，过程取向的控制机制即上级对下级工作过程的每个环节和行动都进行控制，导致按命令行事的心态，行政人员既不对组织目标的完成承担义务，也没有"追求卓越"的足够动机，往往造成"程序胜于结果"的局面，导致"目标替代"的现象。过分地注重规章、拘泥于形式，满足于办公室内听报告、关起门来当市长，企图依靠公文报表来解决所有问题的倾向，就是文牍主义。文牍主义在现实的行政管理活动中屡见不鲜，诸如公文旅行、公章旅行，有的事情待图章盖完，客观情境就变了，行政事务也就根本办不成了。因此，在实现行政工作程序化的同时，还必须注意克服由此带来的负效应，防止将行政程序极端化、目的化、本位化，要准确理解行政程序的内容和特点，既要弄清目标和程序之间决定和被决定、保证与被保证的关系，也要确保行政程序稳定性与适应性之间的动态平衡。在上述基础上，克服文牍主义、改变"目标替代"、提高行政效率的一个重要途径就是，不断改进和优化行政程序。而在优化行政程序当中，行政程序的简化构成了核心的内容。

---

① Robert Michels, *Political Parties*, New York: Free Press, 1968, p. 70.

四、行政程序的简化

行政程序的简化是从工业管理中的工作简化发展而来的。工作简化最初起源于弗雷德里克·泰罗的工时研究和加尔布雷斯夫妇进行的动作研究。第二次世界大战之后,工作简化理论广为传播。在欧洲,工作简化又被称为工作研究,而在我国,则有人称其为工时学。工作简化就是通过程序的变更或工作方法的改进,以较简捷的流程取得较高的工作效率。后来,行政学界在工作简化法的基础上,发展起行政程序简化的理论。必须注意的是,行政程序的简化绝非单纯的量的减少,而且包括质的提高。与工作简化法相似,行政程序简化包括方法研究与工作衡量两部分,前者着重工作量如何减少,后者着重无效时间的研究与减少,并以前者所决定的工作量为基础,进而建立该项行政工作所需标准时间。近些年来,我国北京等地大力推行的"全程办事代理制"和"一站式、一门式、一窗式办公"[①]就充分体现了行政程序简化的要求和意义。具体说来,行政程序简化包括如下步骤:

1. 选定准备进行研究的工作,被选定的工作应具有一定的社会价值。对象选定后,对于和行政程序有密切关系的组织条例、组织系统表、组织规章、办事细则、工作分配表、办公位置图等,都要一一进行研究,以便掌握情况,发现问题。

2. 以直接观察的方法,收集记录选定研究工作的全部事实。在记录时,必须有明确的图解来表示行政程序,以利观察分析,这种图即程序图。程序图种类甚多,包括操作程序图、流程图、联合程序图等,这些图大同小异,区别只在于复杂程度的不同,但基本上都是把工作分为操作、传递、检验、等待、储存等类别,然后分别用符号标于图表之上。所用符号也各式各样,这里介绍美国机械工程学会 1947 年建议采用的五种符号以供参考:○代表操作,——代表传递,□代表检验,D 代表等待,FK 代表储存。

3. 认真分析记录的事实,即以客观和科学的态度,对程序图上的记录进行严格的检查,对工作的理由与目的、地点与时间、人员与方法等进行严格的检查。国外在进行操作分析时流行采用的是"6 项疑问分析法",也称"6 何追问法"或称"6W 法",如前面有关章节所述,也有人将其概括为"7W 法"。这 6 项疑问是:第一,何事。要办何事?目的何在?步骤如何?有无遗漏步骤?每一步骤情况怎样?第二,为何。为何必须经此一项工作步骤?取消此步骤会有何结果?第三,何地。此工作步骤在何地进行?为何在此地?若有变更是否更佳?第四,何时。这一步骤需要何时进行?为何必须在何时进行?变换时间次序是否效果更好?第五,何人。此步骤应由何人去做?理由为何?换他人是否恰当?第六,何法。此一步骤应采取什么方法?换一种不同的方法、设备、计划是否更好?何以如此?如何使现有工作更容易做?这六个方面的分析简单明了,值得借鉴。

4. 全盘考虑现行的工作情况,在研讨的基础上加以改进完善,以寻求最佳工作程序。

改善的方式有以下四种:一是剔除原有程序中不必要的工作步骤;二是合并相同或相

[①] 全程办事代理制是 2003 年以来我国某些地方政府改革层层审批的管理流程,实行流程再造,提高行政效率,推动建立服务型政府的一种改革措施,最早由北京、浙江等地探索实行,特别是北京市,已把全程办事代理制作为打造公共服务型政府的重要工作形式在全市推广。

近的工作步骤;三是重新排定各个步骤的先后顺序和衔接关系;四是压缩原有程序中的多余时间,减少该程序中各个步骤和环节上的阻滞。通过这些剔除、合并、重排和压缩等做法,使行政程序在可能的范围内尽量简化,可有可无的步骤与环节一概不要,只保留最必要的程序,确定最简捷的途径和方法,以便加速工作进程。

5. 衡量所确定各步骤的工作量,并认真计算所需标准时间,以便确定工作进度。
6. 在已确定标准步骤及标准时间的基础上,建立新的程序与新的工作方法。
7. 最后是对新的程序进行科学操作,并以适当的控制手段来维持新方法的实施。

第四节 行政计划

现代政府的行政措施大都关系到国计民生,影响深远,没有周密的计划或计划不尽周密,将可能造成人力、财力、物力的巨大浪费,对社会和人民生活造成不利影响。因此,现代政府的所有行政行为都和计划行为分不开。国家行政管理的发展以及现代科技、国防等领域重大工程项目建设的开展,无一不需要运用严格科学的计划来管理,因而,行政计划研究成为了解现代政府运行过程的一个重要环节。

一、行政计划的概念

关于计划概念,带有不同理论目标的学者从各种角度进行了不同的界定。一般地,计划可能指的是集中控制或笼统意义上的干预,或者指公共开支方案,或者指为某些或许多国有企业制定的详细指标,或者指"指示性"计划所特有的目标或规划。此外,在某些人看来,计划意味着条理性、逻辑性和合理性,而在另一些人看来,它可能意味着限制、控制和失去自由。为避免分歧,我们可以给计划下一个简明的、但却有用的定义。计划是未来行动的方案,它具有三个主要特征:(1)必须与未来有关;(2)必须与行动有关;(3)必须有某个机构负责促进这种未来行动,即有一个具体的计划管理机构。计划工作则指制定这种方案的过程。

行政计划作为计划的一种主要形式,是国家行政机关依据法律或其他有关规定,为了实现一定的社会目标或为实现这些社会目标准备条件,所制定的行动方案,这种方案一经制定,便具有法律效力,成为某个特定领域的政府活动的根据和准则。制定这种行动方案的过程便是计划过程或规划过程。

一个完整的行政计划,一般由以下因素构成。(1)计划目标:计划目标是行政计划的灵魂,行政计划就是为了达成各种各样的社会目标而制定的。例如国民经济计划的目标,有增长率、结构变化(产量、就业、价格水平的)、稳定性、军事力量、收入和财富的再分配等。(2)计划主体:包括计划的制定主体和执行主体,它们是自上而下的国家计划管理机构或者拥有法定的编制、执行计划的权力的主体。(3)地理区域:一个行政计划,既可以是地区性的,也可以是全国性的,甚至是国际性的,在计划方案中必须明确反映出来。(4)详细程度:行政计划可以制定得很详细,也可以笼统地规定一些原则,具体取决于计划目标的要求。一个战略性计划,可能是一些原则性的规定;而一个具体的区域性计划,或者一个企业的生产经营计划,则必须十分详细地规定所有细节性因素。另外指导性计划和指令性计划的详细程度,一般也有一定的区别。(5)达成计划的手段:任何一个行政计划,都或详或略地规定达成目标的方式和途径,有的行政计划,基本上全部是关于计划手段的规定。(6)计划期限:无论是长期计划、中长期计划或短期计划、年度计划等,都规定有一定的期限。期限这个因素包括两个方面:时间的长短,制定和执行计划所需的全部时间。(7)权力分布:这个因素是指各级政府组织分担计划规定和执行的责任程度,根据各级政府的层次和它们在职权和责任方面的分工情况,可能有各种不同程度的权力分布。(8)成本和收益:行政计划的成本可以表现为各种形式,如计划管理机构的活动经费,为实现目标所要动用的人力、物力、财力等;收益则表现为一定的经济增长、社会发展或某个工程的完成建设等。成本和收益这个因素反映了实现目标所需付出的代价和计划目标的实现程度。

总之,一个完整的行政计划,包括为决定计划取舍和将来顺利完成计划所必需的一切成分,计划的完整性是计划实现的可靠性和计划有效性的保证。

二、行政计划的编制过程

一个科学的、统一的行政计划的编制,除了需要有正确的指导方针、科学的编制方法,还需要有合理的计划编制过程。

关于行政计划的制定过程存在很多分歧。有些学者和行政人员认为,以常规方式制定政策可以是高度合理的。他们认为,即使是复杂的社会问题,也能或多或少地予以明确的分析,因为必需的资料可以获得,且资料能够顺利地予以处理;可供计划制定者选择的一切重要方案能予以详细的评价;计划的每一个潜在后果能予以探究;选择的标准能予以规定,虽然政府机关必须在有限的时间、财力和人员的条件下来进行工作,但所有这些都能予以完成。

但另一些学者和行政人员却认为,即使是最优的决策,也不能接近上述境况。他们认为,对于复杂的问题,人类不可能找到完全合理、完全理性的解决方法。同时,为解决极为复杂的问题,足够的资料经常是分量太多,谁也不可能全部获得并对资料进行充分处理。他们还认为,有限的时间、人员和财力,不仅妨碍了对每一种可能的选择的后果进行研究,而且也妨碍了对一切可供选择的方案进行详细评价。有用的选择标准也不能找到。因此他们反对计划制定的常规合理过程的观点。

一般地,逻辑上的行政计划编制过程大致包括以下几个基本环节:

1. 确定目标:根据所要解决的行政问题的性质,确定恰当的目标,是编制行政计划的第一个环节。

2. 调查研究:根据所要达到的目标,进行有针对性的调查研究,以获取有关的、相对充分的资料。

3. 资料分析:运用科学的方法和技术手段,对收集到的资料进行分类、处理,进行资料的分析,从而为制定多个计划方案创造必要的条件。

4. 计划方案的拟订和评价:根据计划目标的需要和资料分析的可能性,尽可能地设计更多的逻辑上可行的行动方案,并运用科学方法评价各个可行的方案的优劣。

5. 方案的选择:这是编制行政计划最关键的一个环节,在众多可行的计划方案之间择一而行,作为最终的定案。

6. 计划执行过程的反馈和计划的修正:必须指出,这仅仅是一个计划编制的理论模型,在实际的计划制定过程中,一方面,各个环节之间可能是相通的,互相渗透的,另一方面,各个环节的时间顺序也可以是颠倒的或同时进行的。另外,一些简单计划的制定,可能略去其中一些环节,而一些大规模的、复杂的行政计划的制定,则要经历一个远为复杂而精细的组织过程。因此,必须灵活地运用这种理论上的、初步的计划编制模型。

三、行政计划编制的技术方法

为了编制科学的、有效的行政计划,除了必须具有明确的目标、科学的指导原则和编制程序以外,运用各种先进的科学方法,也是关键的因素。国家计划管理功能,尤其是经济计划管理功能,是随着人类认识自然规律和社会规律的逐渐深化而发展起来的。没有科学的技术方法,就没有国家的行政计划。现代国家行政计划的编制,都是由各行各业的专家,运用各种科学方法来完成的。在各国的经济规划和重大工程项目的管理过程中,都聚集了众多的科学家。这里介绍几种主要的计划方法。

(一) 综合平衡法

它是国民经济与社会发展计划编制的基本方法,指从国民经济总体上反映和处理社会人力、物力、财力资源与社会生产的各部门之间、各环节(生产、分配、交换、消费)之间的相互关系。所谓综合平衡,是指国民经济全局的平衡,而不是指单项的、局部的平衡,但它必须以单项平衡和局部平衡作为补充,才能保证其正确性。搞好综合平衡,首先要从全局出发,对过去的情况进行分门别类的调查研究,找出国民经济的薄弱环节,进一步挖掘扩大再生产的潜力。进行综合平衡的具体方法主要是:(1)从研究计划期社会总产值和国民收入增长的可能入手,统筹安排积累和消费的比例关系,确定财政收支规模,并根据价值形态和实物形态相互平衡的情况,分别确定基本建设的规模和人民生活的水平。在这个总平衡的基础上再进一步安排好其他计划指标。(2)抓住国民经济中速度、比例、效益三个关键性内容,安排好社会总产品的规模和发展速度,农、轻、重的比例关系,人民物质生活的提高水平。(3)组织好各单项平衡和局部平衡。(4)制作部门间产品生产和分配平衡表(即部门联系平衡表),确定国民经济各部门各地区的平衡要求,合理安排国民经济和社会发展的各项计划指标。

(二) 规划—计划—预算系统(Planning Programming Budgeting System, PPBS)

这种系统简称 PPBS 系统,在我国台湾地区又被译为"设计—规划—预算制度"。从一般管理学角度看,PPBS 系统是通过规划把编制计划和预算工作结合起来进行系统管理的一种方法;从行政管理学角度看,PPBS 系统是一种通过确定政府开支目标、寻找可供替代的开支方案、最后确定最佳资金用途的政府预算组织形式。它来源于美国兰德公司的一项研究,1961 年美国国防部长罗伯特·麦克纳马拉(Robert McNamara)在国防部首先启用了这一方法,把以前三军各自为政的计划实行一元化管理,将很多的武器系统计划,作为整个国防系统中的问题加以考虑,借助系统分析编制预算。由于这一方法在编制美国国防预算时,获得了节约预算支出的显著效果,1965 年,美国总统约翰逊下令在其他政府机构中全面推广这一预算组织形式。除美国外,大多数西方国家都实行过这种预算组织的计划方法。

从各国实践看,政府部门使用PPBS进行开支预算时,一般要经过以下三个步骤:

第一,确定目标。预算专家的首要任务是,就某一开支项目弄清楚决策者的目标是什么,或者应该是什么,然后根据一些既定标准在这些目标间进行认真权衡,最后确定预算项目的目标。

第二,寻求多种替代方案。替代方案是指为执行目标明确的预算开支项目,所能够采取的具体做法、具体途径、具体手段等。例如,为了消除某地区的贫困,政府有关部门可以对该地区实行财政补贴,或者增加对该地区的社会基础设施投资,或者免费为该地区培养人才和提供机器设备,抑或也可以采取减轻税赋的办法。当然,在寻求多种替代方案时,预算专家需要确定专门准则,借以判定各种替代方案可能取得的效果,就其满意程度做出优先等次的排列。寻求多种替代方案的意义,是尽可能地增加实现既定预算目标的灵活性和可行性。

第三,比较成本收益。对于多种替代方案,预算专家还要运用成本—收益分析法进行全面评估,以便确定相对来说最佳的方案。在进行成本、收益评估时,专家通常要对各种成本、收益类型进行辨认、计算和比较。在由于市场不完全、人为管制、垄断势力影响和法律规章限制造成许多价格扭曲的场合,预算专家们还须借助"影子价格"概念对有关成本、收益做出必要的调整。另外,预算专家还要设计有效的经济模型。一般意义上,使用经济模式的好处是借着数学工具(如一组数学方程式或电脑计算程序),把现实世界中的重要经济关系完整地表现出来。通过经济模式,预算专家能够模拟某一目标明确的预算开支项目,在执行不同替代方案情况下每种替代方案所发生的成本和效益。相比之下,成本、收益评估是整个PPBS过程中最重要,也是最困难的环节。

在使用PPBS过程中可能会出现这样的一些问题:有些时候,某些预算项目的目标是多元的、相冲突的,或者是含糊不清的;有些时候,虽然努力寻求各种替代方案,但是所有已经找到的替代方案都无法达到项目要求的目标;也有些时候,对成本、收益的衡量限于技术手段欠缺而不能达到必要的可靠程度。对于这些问题,预算专家们通常只能采取反复试验的办法,直到取得满意的或者相对满意的结果。

PPBS方法的最大优点是,尽量把政府预算的编制工作置于明确目标和详尽计划的基础上,最大限度地将政府预算工作与社会经济发展目标联系起来。此外,政府推行PPBS预算组织形式的好处还在于,它可以有效地打破部门之间的人为限制,按照预算开支的具体性质决定开支规模,并责成有关部门执行。例如,按照PPBS预算组织形式,政府教育开支中属于福利性教育开支的项目可以划归社会福利部门负责执行,而非福利性教育开支则仍然由教育部门执行。这样做,可以避免两个部门都以不同理由来搞同一性质的开支项目,从而增加政府额外的财政支出。从上述意义上讲,PPBS方法最适用于目标和计划明确具体,按项目或课题分工的军事、水利、住宅、科技等领域的行政管理。

PPBS方法也不是完美的,它的缺陷在于:(1)这种方法要求比较完备和复杂的计算技术,经济落后、人才短缺的国家政府难以有效使用。(2)大量民用项目实际上难于进行完整的定量分析,从而限制了成本—收益分析法的使用范围。(3)按照项目性质分配预算资金,比按照行政部门性质分配预算资金,在管理上可能更困难,不仅给政府首脑增加了额外的协调工作,也给议会监督带来了诸多不便。因而,PPBS 从一诞生起就不断受到批评。美国行政学家威尔达夫斯基指出:预算在现实中是一个渐进过程,很大程度上受政治因素的影响;PPBS 的计划和分析功能与预算的本质不相吻合,因为政治在预算过程中起到了很大的作用,"决定给 A 项目拨款 X 美元,而不是给 B 项目"可能并非基于什么明确合理的原因。①

(三) 计划评审法(Program Evaluation & Review Techniques, PERT)

这种方法简称 PERT 技术,1957 年由美国海军部特殊计划局和洛克希德航空公司、汉密尔顿管理顾问公司共同发展而成。由于它的应用,美国于 1958 年 9 月成功地完成了宇宙飞船发射计划,较预定时间提早了几个月,从而使人们认识了它的价值。1962 年,美国政府规定,一切由政府参与开发的工程,必须事先提交 PERT 计划,PERT 已成为美国十分盛行的一种管理方法。

PERT 技术是网络规划中的一种方法,主要是利用概率统计方法分析行政现象,研究如何制定完整切实的计划,如何结合实际工作条件制定计划的每一个作业的起止时间,如何在工作进行当中追踪反馈,使整个工作在尽可能短的时间内完成,适用于大型工程和复杂行政计划的设计安排。以一个 ERP 项目建设为例,应用 PERT 技术的基本步骤包括:

1. 绘制网络图。计划评审法的第一步是要做成一个完整的计划,并用作业网络图表示出来,该网络图可以显示出该计划各种工作间的关系及其程序。恰当地确定各项工作范围,以使网络图复杂程度适中。根据实施厂商的实施方法和业主单位的实际情况,制定 ERP 项目工作清单(如表 9-1 所示),工作清单必须包括本项目范围内的所有工作,并对每项工作列出文字说明,保证项目成员准确完整地理解该项工作。

表 9-1 某公司 ERP 项目活动分析表

工作代号	工作名称	紧前作业	三种时间估计(天)			期望时间(天)	方差 σ
			a	m	b		
A	领导层培训		0.5	1	1.5	1	0.166
B	企业诊断	A	9	14	25	15	2.66
C	需求分析	B	1	2	3	2	0.33
D	项目组织	A	1	2	9	3	1.33
E	ERP 原理培训	C、D	1	2	9	3	1.33
F	基础数据准备	D	9	14	25	15	2.66
G	产品培训	E	4	9	20	10	2.66
H	系统安装调试	D	1	2	3	2	0.33

---

① Aaron Wildavsky, *The Politics of the Budgetary Process*, 4th, Boston: Little Brown, 1964; Aaron Wildavsky, "Rescuing Policy Analysis from PPBS," *Public Administration Review*, 1969, 29(2).

续表

工作代号	工作名称	紧前作业	三种时间估计（天）			期望时间（天）	方差 σ
			a	m	b		
I	模拟运行	F、G、H	10	15	20	15	1.6
J	系统验收	I	0.5	1	1.5	1	0.166
K	分步切换运行	J	20	28	48	30	4.66
L	改进,新系统运行	K	15	15	15	15	0

根据工作清单和表 9-1 中各项工作之间的逻辑关系,绘制网络图,如图 9-2 所示：

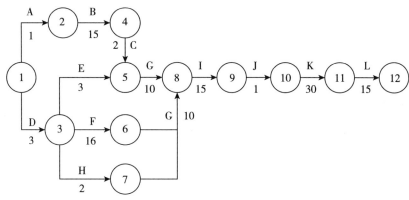

图 9-2　作业网络图

2. 时间估计。作业网络图绘制后,就每项工作需要多少时间加以估计。第一,工作时间估计。估计方法主要包括四种方法。专家判断法：专家判断主要依赖于历史的经验和信息,当然其时间估计的结果也具有一定的不确定性和风险。类比估计法：类比估计即以先前的类似的实际项目的工作时间来推测估计当前项目各工作的实际时间。这是一种最为常用的方法。单一时间估计法：估计一个最可能的工作实现时间。三个时间估计法：估计工作执行的三个时间,乐观时间 a、悲观时间 b、正常时间 c,对应于 PERT 网络则有期望时间 $t=(a+4c+b)/6$。第二,工作最早开始时间。工作最早开始时间是指到某个节点前的工作全部完成所需要的时间,它是本项工作刚刚能够开始的时间。第三,工作最迟开始时间。工作最迟开始时间是指某项工作为保证其后续工作按时开始,它最迟必须开始的时间。第四,时差的计算。时差是指在不影响整个任务完工期的条件下,某项工作从最早开始时间到最迟开始时间,中间可以推迟的最大延迟时间。

3. 管理图表。无论作业网络图的绘制,还是工作时间的估计,目的都在于获得计划管理所需的资料。这些资料以计算为主,所得出的均是具体数字。但仅有数字的资料,有时不易了解,有时不便运用,所以进一步把二者结合起来制作管理图表,以此作为执行及控制整个工作计划的必要手段或工具。

4. 追查进度。计划无论如何严密周详,在执行过程中总不免发生意外或偏差。因此,必须随时追查工作进度,根据工作情况确定与原计划有无出入,如有出入不能按原定计划依期完成时,便要采取适当而有效的措施,以谋补救。

5. 资源调配。将资财、物材等做有效配合。

6. 人力运用。将人员做良好安排。

(四) 关键路径法(Critical Path Method,CPM)

关键路径法是网络规划技术中的一种方法,源于1957年雷明顿兰德公司的詹姆斯·凯利(James Kelly)和杜邦公司的摩根·沃克(Morgan Walker)所做的一项"工程规划与安排"(Project Planning & Scheduling)研究,目的在于以最小成本求取最佳工期。它与计划评审法的主要区别在于:CPM是以经验数据为基础来确定各项工作的时间,而PERT则把各项工作的时间作为随机变量来处理。所以,前者往往被称为肯定型网络计划技术,而后者往往被称为非肯定型网络计划技术。前者是以缩短时间、提高投资效益为目的,而后者则能指出缩短时间、节约费用的关键所在。因此,将两者有机结合,可以获得更显著的效果。

关键路径法的具体做法是:把每道工序画成圆圈标上号码,找出起点和终点(第一道工序和最后一道工序),根据各道工序的特点和关系,用箭线把它们(标号的圆圈)连起来。在箭线上标出每道工序所需时间,形成一个网络图,找出其中的关键工作和关键路线,使关键路线满足用时最少、费用最低的要求。这条关键路线就是最佳工作程序的方案。这种方法便于计算,能使复杂的任务、工程条理分明,井然有序;便于领导者通观全局,抓住关键,安排实施;有利于节省人力、物力和财力。

仍以上述某公司ERP项目为例,详细解释关键路径法的运用。

1. 求关键路径。关键路径指的是:在一条路径中,若每个工作的时间之和等于工程工期,或者每个工作的时差都是零,那么,这条路径就是关键路径。图9-3所示的网络图,关键路径所需时间 = 3+16+10+15+1+30+15 = 90 天。

2. 计算完工期及其概率。设路径 T 的总时间(即路径 T 上各项工作的时间和)为 T ($=\sum t$ 作业路径),标准差为 σT,则在工期 D 内完工的概率为:

$$P_{(T \leq D)} = \varphi_0 \left[\frac{D-T}{\sigma_T} \right] \quad (\text{标准正态分布函数})$$

图 9-3 计算完工期概率公式

资料来源:陈兵:《五步求解PERT图》,《中国计算机用户》2004年第29期。

以表9-1和图9-2为例,关键路径 D-F-G-I-J-K-L, $T=90$

$$\sigma_T = \sqrt{\sigma_D^2 + \sigma_F^2 + \sigma_G^2 + \sigma_I^2 + \sigma_J^2 + \sigma_K^2 + \sigma_L^2} = 6.35$$

$$\text{若 } D=100, P_{(T \leq D)} = \phi_0 \left[\frac{100-90}{6.35} \right] = \phi_{0(0.314)} = 94.18\%$$

图 9-4 计算完工期标准差公式

资料来源:陈兵:《五步求解PERT图》,《中国计算机用户》2004年第29期。

第五节　行政技术

行政技术作为一种特殊的行政方式方法,与行政基本方法主要偏重于人不同,极为侧重和偏重于将现代技术应用于行政管理的实践。行政技术较行政基本方法更为具体,它主要是指行政方式方法当中运用自然科学与工程科学方面的技术,并逐步实现量化的那部分内容。现代社会的发展,不仅使科学技术手段日益向社会领域渗透,而且社会科学与自然科学也逐渐交融在一起,特别是随着电子计算机的广泛应用,更使得现代行政方式方法的技术化趋势日益凸显,现代行政技术日益复杂。在现代行政管理中,从组织到人事、从决策到执行、从机关到财务,无不与行政技术有着十分密切的关系。从第二次世界大战期间开始,在古典科学管理组织理论基础上发展起来的管理科学,对于各种管理技术包括行政管理技术的发展,起到了强有力的推动作用。在21世纪信息化时代,行政管理的技术手段更是异常丰富。根据我国有关部门的推荐,至少共有18种技术方法可供选择,它们是①:(1)系统工程,(2)价值工程,(3)投入产出技术,(4)网络技术,(5)预测技术,(6)决策技术,(7)控制技术,(8)ABC管理法,(9)线性规划法,(10)滚动计划法,(11)目标管理法,(12)可行性研究,(13)盈亏平衡法,(14)全面质量管理法,(15)正交设计法,(16)看板管理法,(17)群组技术,(18)计算机技术。本章择要并拓展介绍系统工程、PDCA循环技术、ABC重点管理技术、平衡计分卡、规划—计划—预算系统、计划评审术、关键路径法等行政技术。

一、系统工程

（一）系统工程的概念和由来

1. 系统工程的概念。系统工程是一种高度综合的管理技术。行政管理系统工程是从系统论的观点出发,运用现代自然科学和社会科学中的有关思想理论,对整个行政管理系统的构成要素、组织结构、信息交换和反馈控制等功能,进行综合分析、设计、试验、实施,以最大限度地发挥人、财、物的作用,以实现行政管理系统的整体优化。系统工程有如下特征:第一,整体性。系统工程在着手解决问题时,强调把自己研究的对象看作是一个系统,并把研究过程、工作过程也都当作一个整体看待。第二,综合性。系统工程强调运用各门学科和各个技术领域内所获得的成就,它以系统的总目标为出发点,并不断创造新型的技术综合体。第三,最优化。系统工程综合应用各种技术的目的就是要达到整体的最优化,它要求在满足一定目标的前提下,做出最合理的决策,选择最满意的方案,并保证执行过程中各方面都取得最佳效果。第四,可行性。系统工程的最满意方案选择并非囿于一种抽象的理性原则,它实际上要求一种现实的有限理性决策。它强调从实际出发,从多种可用的方案中,选择与当时当地主客观条件相适应的可行方案。对此不能做片面的理解。

2. 系统工程的由来。系统工程是社会化大生产发展到一定水平而要求管理现代化的

---

① 何晓明等编著:《现代管理理论与方法》,北京:中国社会科学出版社1992年版,第33—44页。

产物,信息时代的到来和各学科间的相互渗透又使得它逐步发展和完善起来。系统工程最初萌芽于第二次世界大战期间,一般认为1940—1944年间美国生产原子弹的计划是世界上首次采用系统工程,虽然当时没有明确使用"系统工程"这一词语,但在事实上是进行了首次成功的尝试。这项工程代号为"曼哈顿计划",是由罗斯福总统亲自批准的。由于当时使用了科学的组织和管理技术,统筹兼顾,精心设计,经过短短四年的反复试验,就取得了巨大的成功,最后在1943年至1944年间制造出三颗原子弹。其后美国于1958年实行的"北极星导弹计划"也使用了系统的科学管理技术。系统工程史上最有代表意义的要算1961年到1972年美国组织实施的"阿波罗登月计划",此项工程为期长达11年,期间共组织了2万家公司、120所大学,计42万人参加,耗资300亿美元。之后,系统工程作为一种正式的管理技术日益为世界各国所重视,到了70年代,它已成为最活跃的新领域之一。

(二) 系统工程的建立

系统工程是基于科学理论和数学方法及技术成就之上发展起来的技术综合体。建立系统工程一般要经历如下步骤:第一,提出要求,确定总的目标;第二,对系统做初步分析;第三,调查研究,收集资料;第四,系统设计;第五,评价各种设计方案;第六,修改方案;第七,模拟试验;第八,确定最佳优质方案。① 这种程序图示如图9-5。

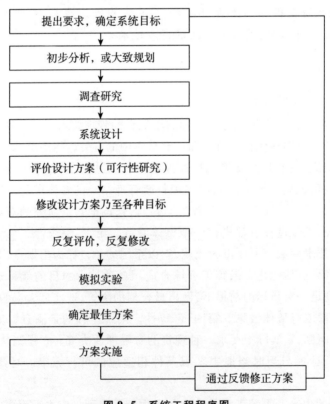

图 9-5 系统工程程序图

---

① 李方:《行政管理学纲要》,北京:劳动人事出版社1989年版,第307—309页。

建立系统工程,必须有坚实的技术基础,主要包括:

1. 最优化理论和方法。最优化观念是系统工程的指导思想和努力的目标。系统工程在提出任务阶段就需要利用最优化理论,达到最合理地提出任务的目的。在设计和实施系统工程阶段,更是需要最优化的方法。采用这种方法,不仅要明确系统设计的目的,还必须明确系统的工作条件,然后在计算机上进行最优化方案设计。最优化方法决不是单凭经验能够确定的,它需要提出有数据的报告,并进行科学论证。最优化方法需要借助大量的数学知识,一般包括两方面的内容,其一是由实际的系统问题形成数学模型,其二是对形成的数学模型进行数学加工和求解。

2. 系统分析。在最优化设计系统工程时,系统分析是一个重要的技术手段。系统分析作为用数学方法研究系统的一种方法,就是根据行政对象所具有的客观的系统特征,从整体出发,着眼于整体与部分、层次、结构、环境等的相互联系、相互作用,求得优化的整体目标的综合方法。用系统分析方法研究行政管理,有利于明确行政系统和环境之间的关系,有利于确定行政系统内部各子系统之间的关系,有利于建立行政管理的正常秩序。进行系统分析需要做到:①确定系统工程的目标;②建立系统的数学模型;③明确系统的环境条件;④进行系统的最优化设计;⑤做系统运行的仿真模拟实施。

3. 数控技术。系统与信息是密不可分的,建立了系统就可以对信息进行分析、加工、处理和输出。而在信息大爆炸的当今时代,传统的口头汇报或简单的书面报表,已经不能适应行政管理现代化的需要,因而,数控技术便成为系统工程的重要技术手段,电子计算机便成为系统工程的重要物质技术基础。

二、电子政务

随着个人计算机的普遍应用和信息化时代的来临,其在已经并将继续深刻改变人类的生产、生活方式的同时,也给政府行政管理模式包括行政技术和方法带来了一场革命。电子政务(electrical government),就是政府综合利用信息和通信技术,有效地实现行政管理、公共服务及内部管理的各种行政技术的总称。作为一种时代性很强的行政技术,电子政务已经成为提高行政效率和政府能力、提升公共服务品质和社会公众满意度的重要方法,以及信息化时代不可或缺的改革工具,并为建设公开、民主参与的政府行政组织提供了有效途径与技术保障。我国在1999年正式启动电子政务建设,将政府上网作为一项国家工程大规模展开至今,我国的电子政务建设取得了显著成绩,对于改进政府行政工作,增强政府组织对公民的回应性,起到了有力的推动作用。2006年1月1日零时,中华人民共和国中央政府门户网站(www.gov.cn)正式开通。该网站是一个史无前例的权威资料库,把国务院令、国务院发文、国办发文等7种文件分门别类上网,还把从2000年以来的200多期国务院公报悉数搬上互联网。1月1日开通当日,点击率高达4048万,页面浏览量为519.5万。中央政府门户网站的开通,对于我国电子政务的发展具有里程碑的意义,对于构建阳光政府、实现公民与政府的双向互动也具有非常重要的作用。

电子政务对现代政府的行政技术具有极为重要的影响。其一,它极大地改善了现有行政方法的信息基础和信息通信手段。例如目前行之有效的网络规划技术,就运用了先进的信息技术予以支持,从而大大提高了行政管理效能。网络规划技术源于19世纪末美国学者甘特(Henry L. Gantt)发明的甘特图(Gant Chart),后发展为横条图形计算法,这是一种比较简单的安排工序和时间的图表。其后,随着科技发展而不断改进成为网络规划技术。著名的美国阿波罗登月计划就因为使用了网络规划技术而使原定14年的计划提前5年实现。网络规划技术具有较高的科技含量,其工作程序的模型化建立就得益于计算机等信息技术的运用。其二,创立全新的行政方法和行政措施。信息技术的发展使决策支持系统(Decision Supporting System, DSS)、群决策支持系统(Group Decision Support System, GDSS)、电子会议系统(Electronic Message System, EMS)、远距离控制、分布式工作的统一协调、动态网络计划成为可能。目前,我国政府上网工程就采用了一整套全新的管理方法,如人民银行网上支付、海关总署报关单和外汇联网的外汇核销系统、工商局红盾信息网提供企业数据库、国税总局增值税发票稽核系统和电子报税等。这些管理方法提高了行政效率,降低了行政成本。

从国际经验看,电子政务的发展也具有依阶段渐次递进的路径,其主要发展阶段包括:

1. 政府上网阶段。在这一阶段,政府以硬件建设为目标,统一建设各自的局域网,通过部门内部信息资源的共享,建成比较简单化的部门网站,并在网站上发布和提供有关信息。但这一阶段的缺点是仅仅是政府上网,很多公民还不能够在网上与政府实现互动,获得的电子服务仍然以政府为中心,政府与公民之间单向性特点明显。

2. 政府整合阶段。在这一阶段,各级政府部门在其机构内部和机构之间进行集成整合,与实体的机构改革相结合,运用现代信息技术,理顺政府部门内部和之间信息传递与共享过程中的体制、机制,最大限度地解决部门打架、职能交叉问题,改变政府网站孤岛林立的局面。

3. 虚拟政府阶段。在完成以上两个阶段工作的基础上,这一阶段最终实现了政府与公民的双向互动。公民可以从各种政府网站上方便快捷地下载各种所需的文件、资料、表格、信息,并将需办理事项和自身意愿通过互联网递交有关部门。对政府而言,只有在这一阶段,才可以说真正为公民提供了"一站式""无缝隙"的公共服务。对公民而言,政府在此阶段才真正由原来的物理实体转变为网络站点,由原来的分散结构转变为一体化的网络门户,由原来的管理主体转变为服务主体。

三、PDCA 循环技术

PDCA 循环技术又叫"戴明循环"技术,是对制定和实现计划的循环过程进行控制的技术,属于全面质量管理的基本方法,由美国统计学家爱德华·戴明(Edwards Deming)首先提出。P、D、C、A 分别是英语"Plan"(计划)、"Do"(实施)、"Check"(检查)、"Action"(处置)的缩写。

从效应控制系统的观点分析,任何管理效应都是在管理系统的运转中实现的,它的运转表现为整个管理系统的各个层次、各个环节都进行 PDCA 循环。简单说来,PDCA 循环包括四个阶段、八个步骤。四个阶段就是效应控制系统运转所经历的计划、实施、检查和处置四个阶段周而复始的循环。其中,计划阶段是先导,是管理系统的各类目标,是整个循环成败的关键;实施阶段是循环的主体部分;检查阶段是控制、把关;处置阶段是进行评价,总结提高,是循环的自我完善。八个步骤包括:第一步,提出问题,收集资料;第二步,用已掌握资料,进行调查分析和预测,找出问题的原因;第三步,按已确定的目标进行平衡,找出影响大的原因;第四步,研究解决问题的措施,编制实施计划;第五步,按计划方案和实施计划进行组织工作,将分工、时间、数量和质量要求落实到部门与人员来执行计划;第六步,检查与了解实施情况与效果,建立原始记录和统计资料,并进行统计分析;第七,对执行中发生的问题提出解决方法,并为防止再度发生而采取巩固措施;第八步,提出尚未解决的问题,并提出对下一阶段计划的改进意见。

在整个循环当中,前四个步骤包含在第一阶段之中,第五个步骤包含在第二个阶段之中,第六个步骤包含在第三个阶段之中,第七、八个步骤包含在第四阶段当中,每一个步骤都有特定的技术手段。具体见表9-2。

表9-2 PDCA循环

阶段	步骤	具体技术手段和方法
P	1. 找出存在的问题,选定课题	排列图、直方图、控制图等
	2. 分析产生问题的原因	因果图等
	3. 找出影响大的原因	排列图、相关图等
	4. 研究措施,制定计划	制订对策表
D	5. 执行措施计划	严格按计划执行、落实措施
C	6. 调查效果	排列图、直方图、控制图等
A	7. 巩固措施	标准化、制定作业标准、检查标准规则等
	8. 提出尚未解决的问题	反映到下一个计划,再从步骤1开始

资料来源:中国管理现代化研究会编:《管理现代化研究和实用教材》,长沙:湖南人民出版社1981年版,第601页。

采用PDCA循环技术,必须注意几个问题:首先,遵循PDCA的工作过程,不超越阶段,也不能止步不前;其次,一个循环结束后,就开始第二个循环,将第一次循环中没有解决或解决不够完善的问题,通过下一次的PDCA循环来解决,经过反复循环不断提高;再次,PDCA循环要在行政机关中形成一个体系,把所有部门、所有人员都组织起来,形成不同层次的PDCA循环体系;最后,必须说明的是,PDCA循环技术需要广泛地、灵活地运用统计方法,一切都要有数量依据,由数据说话。

四、ABC管理法

ABC管理法又叫"ABC重点管理法""分类管理法"或"帕累托分析法",是运用数理统计方法,对种类繁多、错综复杂的事务或问题进行分析排队,并根据一定的数量标准划分类别,以抓住事物主要矛盾的一种定量的科学管理技术。ABC技术引导人们把主要精力集中于重点问题的管理,同时兼顾其他次要问题,以收到事半功倍的管理效果。具体地说,就是对管理对象根据其不同的重要程度,将其分为A、B、C三类,以此来确定哪些是管理的重点对象(A类),哪些是管理的一般对象(B类),哪些是管理的次要对象(C类),并采取有针对性的管理方法。

ABC管理法的做法是依据统计分析的结果,把事务或管理对象按照影响因素,或按事务属性,或按所占比重,划分为A、B、C三类,分别给予重点和一般等不同程度的管理,以达到经济有效地使用人力、物力和财力的目的。这种管理技术起源于19世纪,由意大利经济学家帕累托所创,最初是库存理论,后引入经济管理领域。20世纪50年代,先由美国通用电器公司开始,在管理方面得到了广泛应用。后来,ABC管理法又被广泛应用于经济管理之外的领域。行政管理采用此项技术就是从经济管理中移植过来的。帕累托在分析当时意大利社会财富分配时,从大量的统计资料中发现了占人口比例小的少数人拥有绝大部分的社会财富,而占有少量社会财富的却是大多数人的现象,这被称为关键的少数和次要的多数的关系。他依据统计数字画成排列图,被人们称为"帕累托曲线图"。它的习惯用法通常是,把累积百分数由0%—80%的那些因素称为A类因素,是主要因素;累积百分数在80%—90%的为B类,是次要因素;累积百分数在90%—100%的为C类,在这一区域内的因素是最次要因素。在区分了这些不同的类别之后,再分别采用不同的方法加以管理。ABC管理技术要求对于A类因素给予特别的注意,慎重处理;对于B类因素要比较慎重地处理;对于C类因素则一般处理,以保证重点,掌握关键因素,使管理工作取得较好的效果。ABC技术强调用数据来分类分析,且通俗易懂,简单易行,又易见成效,在现代管理中日益得到普遍的推广和应用。

五、平衡计分卡

平衡计分卡(Balanced Score Card,BSC)作为一种战略管理模式,其理论基础由哈佛大学的罗伯特·卡普兰教授和复兴战略集团总裁戴维·诺顿(David Norton)博士于1995年创建。[①] 他们认为,一个组织的战略必须转化为能被理解和实施的条款,一个对战略描述精确的平衡计分卡可以成为管理体系的组织性框架。平衡计分卡是对欧美国家先进企业的管理经验的概括和总结,它掀起了一场现代社会组织包括行政组织战略管理模式的巨大变革。所谓平衡计分卡,就是根据组织的战略要求而精心设计的指标体系,它作为一种绩效管理工具,将组织的战略目标逐层分解转化为各种具体的相互平衡的绩效考核指标体系,并对这些指标的实现状况进行不同时段的考核,从而为组织的战略目标的完成建立起可靠的执行基础。

平衡计分卡从四个维度与传统的以财务指标为主的业绩评价系统相区别。它强调非财务指标的重要性,通过对财务、顾客、内部业务、创新与学习四个各有侧重又相互影响的业绩评价来沟通目标、战略和企业经营活动的关系,实现短期利益与长期利益、局部利益与整体利益的均衡。

1. 财务维度。与获利能力联系在一起,指标有:营业收入、投资报酬率,甚至可以是更新的一些指标如经济附加值(EVA)等。

2. 顾客维度。可供选择的衡量指标包括:市场份额(市场占有率)、客户保持率、客户获得率、客户满意程度、客户获利能力。

[①] R. Kaplan, D. Norton, "Using the Balanced Scorecard as Strategic Management System," *Harvard Business Review*, Jan.-Feb. 1996, pp. 75-85.

3. 内部业务维度。主要包括：创新阶段、经营阶段、售后服务阶段。各有相关指标可以评价。

4. 创新与学习维度。主要包括三个方面的内容：一是员工能力管理方面，即是否注重员工能力的提高，激发员工的主观能动性和创造力。可用的指标有员工满意程度、员工保持率、员工的劳动生产率。二是信息系统方面，即是否做到信息沟通，使员工获得足够信息，及时、准确、全面了解客户的需求以及企业产品和服务的反馈信息，不断改进生产和服务过程。评价信息系统灵敏度的标准可以有成本信息及时传递给一线员工所用时间以及一线员工了解信息的途径是否多样化等。三是调动员工积极性、员工参与程度方面，即企业的内部环境要有利于激励员工发挥积极性或者企业应授权给员工。衡量指标，如员工建议数量、员工建议质量、被采纳或执行建议的数量等。

可以从四个方面理解平衡计分卡：首先，平衡计分卡是一个核心的战略管理与执行的工具。平衡计分卡是在对企业总体发展战略达成共识的基础上，通过完美的设计，将其四个维度的目标、指标，以及初始行动方案有效地结合在一起的一个战略管理与实施体系。它的主要目的是将企业之战略转化为具体的行动，以创造企业的竞争优势。

其次，平衡计分卡是一种先进的绩效衡量的工具。平衡计分卡将战略分成四个不同维度的运作目标，并依此四个维度分别设计适量的绩效衡量指标。因此，它不但为企业提供了有效运作所必需的各种信息，克服了信息的庞杂性和不对称性的干扰，更重要的是，它为企业提供的这些指标具有可量化性、可测度性、可评估性，从而更有利于企业进行全面系统的监控，促进企业战略与远景的目标达成。

再次，平衡计分卡是企业各级管理者与管理对象进行有效沟通的一个重要方式。为了战略的落实执行，必须将企业的远景规划与各级组织，包括各管理层乃至每个员工进行沟通，使企业所有员工都能够评论和理解战略与远景规划，并及时地给予有价值的反馈。平衡计分卡通过四个不同的维度，将比较抽象、难以表达的公司战略用简单明了的语言表达出来，使每个人"由旁观者变成了主人"，使各个部门和各个岗位的目标同企业的战略目标达成一致，共同为企业战略目标的实现而努力。

最后，平衡计分卡也是一种理念十分先进的"游戏规则"，即一种规范化的管理制度。平衡计分卡在战略执行的过程中，需要在运作目标、工作计划、绩效指标等方面建立一套完整的统计记录表格，并要求实施平衡计分卡的企业，从本单位的实际出发，根据内外部环境和生产经营条件，构建起适合企业自身特点的平衡计分卡管理制度，因而使各个企业的平衡计分卡，无论在形式上还是在内容上都存在着很大的差别。平衡计分卡适用领域比较广泛，包括生产制造业、服务业、上市公司等，目前国外很多跨国公司、一些非营利性组织如医院、政府部门，甚至警察局也采用了平衡计分卡系统，取得了良好的管理绩效。

名词与术语

反激励	政府规制	计划评审术	行政方式方法	新公共管理方法
	行政技术	关键路径法	行为激励方法	网络与电子政务
	行政技术	ABC 管理法	参与管理方法	强制性行政方法
	系统工程	平衡计分卡		诱导性行政方法

　　　　　计划评审术　　　　　　　　　　PDCA 循环技术
　　　　　关键路径法　　　　　　　　　　传统行政方式方法
　　　　　　　　　　　　　　　　　　　　现代行政方式方法
　　　　　　　　　　　　　　　　　　　　基本的行政方式方法
　　　　　　　　　　　　　　　　　　　　规划—计划—预算系统

复习与思考

1. 从哲学的、实证的、技术的意义上，论述行政方式方法的内涵。
2. 行政方式方法的内容、价值和功用。
3. 从传统行政方式方法走向现代行政方式方法的必然性。
4. 新公共管理方法的实际意义。
5. 行政指令方法与依法行政的关系。
6. 中国特色的行政方式方法的内涵与分类。
7. 现代行政方式方法的内涵与特点。
8. 强制性行政方法的内涵简析。
9. 诱导性行政方法的内涵简析。
10. 行为激励方法的主要内容。
11. 参与管理方法的内涵与实现途径、意义。
12. 行政技术与行政基本方法的异同分析。
13. 规划—计划—预算系统的特点、优点和缺陷。
14. 参与管理方法的意义和运用。
15. 平衡计分卡的本质内涵和四个维度。
16. 应用计划评审术的基本步骤。
17. 关键路径法的运用。

主要参考书目

1. 〔美〕奥雷·尤里斯：《最佳管理方法精选》，舒榕斌等译，上海：上海人民出版社1989年版。
2. 〔美〕戴维·H.罗森布鲁姆、罗伯特·S.克拉夫丘克、理查德·M.克勒肯：《公共行政学：管理、政治和法律的途径》，张成福等译，北京：中国人民大学出版社2002年版。
3. 〔美〕德鲁克：《管理的实践》，齐若兰译，北京：机械工业出版社2006年版。
4. 〔美〕哈罗德·孔茨等：《管理学（第九版）》，郝国权等译，北京：经济科学出版社1993年版。
5. 何晓明等：《现代管理理论与方法》，北京：中国社会科学出版社1992年版。
6. 〔美〕理查德·斯蒂尔曼二世：《公共行政学：概念与案例》，竺乾威译，北京：中国人民大学出版社2004年版。
7. 李方：《行政管理学纲要》，北京：劳动人事出版社1989年版。
8. 刘俊生：《现代管理理论与方法》，北京：中国政法大学出版社1995年版。

9. 罗豪才等:《现代行政法的平衡理论》第二辑,北京:北京大学出版社2003年版。

10. 毛林根等:《现代管理技术》,上海:上海人民出版社1994年版。

11. 〔美〕尼古拉斯·亨利:《公共行政与公共事务》,项龙译,北京:华夏出版社2002年版。

12. 张国庆:《现代公共政策导论》,北京:北京大学出版社1997年版。

13. 张国庆:《行政管理中的组织、人事与决策》,北京:北京大学出版社1990年版。

14. Aaron Wildavsky, *The Politics of the Budgetary Process*, 4th, Boston: Little Brown, 1964.

15. Aaron Wildavsky, "Rescuing Policy Analysis from PPBS," *Public Administration Review*, 1969.

16. C. Hood, "A Public Management for All Seasons," *Public Administration*, 69 (Spring), 1991.

17. C. Pollitt, *Managerialism and Public Service: The Anglo-American Experience*, Oxford: Basic Blackwell, 1990.

18. David Osborne, Ted Gaebler, *Reinventing Government: How the Entrepreneurial Spirit Is Transforming the Public Sector*, Addison-Wesley Publishers, 1992.

19. R. Kaplan, D. Norton, "Using the Balanced Scorecard as Strategic Management System," *Harvard Business Review*, Jan.-Feb., 1996.

20. R. M. Linden, *Seamless Government*, Jossey-Bass Publishers, 1994.

21. Robert Michels, *Political Parties*, New York: Free Press, 1968.

第十章 行政效率

第一节 行政效率概述

行政效率是国家行政机关和行政人员行政管理活动的效果的重要衡量标准,提高行政效率既是行政管理者所追求的重要目标,也是行政学研究的核心课题之一。研究行政效率在理论上、实践上和行政管理学学科发展上都具有重要的意义。行政效率体现在行政管理的各个程序、各个环节和各个层次。提高行政效率应该从多方面、多渠道、多层次入手,需要一切行政组织和行政人员的共同努力。

一、行政效率的含义

"效率"(efficiency)最初是物理学和机械学中所使用的概念,指的是产出的能量或功与投入或消耗的能量的比值或比率。后来,这一概念被引入到社会活动中,泛指社会活动所取得的结果和所消耗的劳动量的比率,用以考察社会活动的有效程度。管理学领域对效率的研究虽然已有近百年的历史,但在这一领域的研究依然"充满了矛盾和困境"。迄今为止,人们对效率的含义还没有形成一致的看法。管理学家哈罗德·孔茨(Harold Koontz)等认为:生产率(productivity)这一概念反映了个人和组织绩效的多个层面,包括效益(effectiveness)和效率(efficiency),"效益指的是目标的实现程度,而效率则是用最少的资源达到既定的目标"[①]。

西方学者倾向于对行政效率做狭义解释:行政效率只是广义政府绩效(government performance)或公共组织生产率的一个组成部分。按照国际目前流行的"3E"模式,政府绩效由经济(economy)、效率(efficiency)、效益(effectiveness,又译效能)三部分所构成。"3E"实际上是三种关系,涉及行政管理全过程的四个环节:资源(resources)、投入(inputs)、产出(outputs)、效果(outcomes)。资源转换为行政工作所需的投入,投入转换为产出,产出导致所期望的结果或效果。所谓管理,其实就是对资源到效果的转换过程的驾驭。以环境保护为例:资源这里指环保主管部门获得的财政拨款,它是行政资源的最初形态;部门从事管理活动耗费的人力、物力、办公设施和设备等是其投入;产出既包括"决策活动的产出",如出台的法规政策、实施细则、环保计划、环境标准等,又包括"执行活动的产出",如建设项目审批数、违规企业处罚数或处罚金额、清洁生产技术的推广数目等;效果则主要体现为生态保护或环境质量的改善。管理过程的四个环节与政府绩效"3E"之间的关系可表示如图10-1:

[①] Harold Koontz, Heinz Weihrich, *Management*, 9th., New York: McGraw-Hill, 1988, p. 58.

图 10-1 管理与政府绩效之间的关系

资料来源：HM Treasury, Cabinet Office, National Audit Office, Audit Commission, and Office for National Statistics(UK), *Choosing the Right Fabric: A Framework for Performance Information*, 2001.

"经济"涉及资源或资金与投入之间的关系，可以说是公共资金和投入之间的转换率。经济性表现为获得既定投入时资金成本最低，或者说充分使用已有资金获得最大量和最佳比例的投入。"效率"涉及投入与产出之间的关系，指行政管理活动消耗的人力、物力等要素和实际产出之间的比率。高效率可以表现为获得既定产出时投入最少，也可以表现为投入为既定时产出最大。"效益"涉及产出与效果之间的关系，指政府部门产出是否或者在多大程度上达到所期望的结果，主要包括客观社会效果和公民满意度。

我国学术界对行政效率的界定存在狭义和广义之分。广义界定又称系统效率观："行政效率就是指一国整个行政组织，或某一行政机关，或某一特定行政设施，于一定之时空，以一定之人力、财力、物力，作业之成果，同其预期的成果之比例。"[1]行政效率不仅体现在时效、速度、理想的投入产出比上，"更重要的是体现在社会效益上"，是"数量和质量的统一，价值和功效的统一"。[2] 狭义效率观则认为，"效率指产出与投入之间的比较情况，着重数量层面；效能则指目标达成的程度，着重品质层面"[3]，绩效与生产率则是效率和效能的综合评量。

"行政效率"概念的界定需要兼顾理论上的科学性和实践上的可行性。从理论上看，行政管理活动的直接产出与最终社会效果之间的关系是十分复杂的。首先，最终社会效果较其直接产出而言具有明显的时间上的滞后性。其次，现实中存在行政管理产出提高但效益下降的现象，比如违规排污企业处罚数目或处罚金额上升，但环境生态却持续恶化。再次，部门内部管理机构如人事、保卫、后勤服务等并不直接面向社会，其行政活动的产出很难与社会效果直接联系起来，即这些机构的高效率只能间接地影响到社会效果。最后，单个机构的产出具有局部性，是各个行政"细胞"的功效的展示，社会效果则具有整体性，是一个行政系统的功效的综合反映。从实践上看，行政效率的概念界定要有利于管理操作。由于行政活动的最终社会效果与其直接产出相比具有滞后性、间接性和整体性等特点，效率和效益测定必然存在理论框架、运用范围、分析模型、应用技术与方法上的差别，把效率和效益在概念上区别开来，也就承认了这些差别，有利于在操作中因事制宜，灵活运用。如果把行政效率界定为"包括了社会效益"，且"主要体现在社会效益之上"的一个综合概念，意味着要把效率和效益的测定合二为一、一步到位，这在目前的技术水平下难以实践。鉴于上述原因，本章的讨论主要基于狭义行政效率观，行政效率指的是国家行

---

[1] 富伯平(讲)、杨祖望(记)：《机关管理之研究》，《中国行政》1943年第3卷第4期。
[2] 黄达强、刘怡昌：《行政学》，北京：中国人民大学出版社1988年版，第365—366页；夏书章：《行政效率研究》，广州：中山大学出版社1996年版，第3页。
[3] 吴定、张润书、陈德禹、赖维尧：《行政学》第二卷，台北：台湾空中大学出版社1994年版，第7页。

政机关及其行政人员从事行政管理活动的产出同所消耗的人力、物力、财力等成本要素之间的比率关系,即行政效率=(产出/投入)×100%。

二、行政效率的类型

行政效率可以根据不同的标准划分为不同的类型。

(一)微观效率和宏观效率

按照经济学家查尔斯·沃尔夫(Charles Wolf, Jr.)的观点,微观效率"用私人、市场导向的公司或政府机构提供相同单位的产品或服务所需要的相对成本进行解释",宏观效率"用不同国家中市场和政府(非市场)的相对规模所真正引起的经济增长率来进行解释"。[①] 把沃尔夫的经济效率的观点略加改造,我们就可以划分出两种不同的行政效率。"微观行政效率"可以用特定公共组织提供相同单位的产品和服务所需要的相对成本来解释,亦即具体行政单位管理和服务活动的产出和投入的比率。"宏观行政效率"可以用不同国家中不同制度安排所引起的总体发展速度来解释。其中的制度安排包括政府与市场、政府与第三部门的相对规模和相互关系,政府与社会的关系及政府结构和不同政府部门的职能分工等,总体发展速度既包括经济增长率,又包括文化、教育、社会道德水平等方面的社会发展速度。

(二)技术效率与配置效率

从投入/产出的角度看,一个行政组织的效率未达100%,它即具有无效率特征。根据无效率的不同致因可以划分不同类型的无效率:(1)如果无效率的主要致因是投入的资源未得到充分利用,因而在投入为定值时,产出未达到最大可产出值,这称为"技术无效率",即"技术效率"关注的是各项投入是否得到充分有效的利用;(2)如果无效率的主要致因是多种投入要素未调整到最佳比例,这可称为"配置无效率"或"价格无效率",因为在确定最佳投入比例时,每一单项投入的价格是一个重要的考虑因素,"配置效率"关注的是各项投入是否达到最佳组合或最佳比例。[②]

提高技术效率的方法是充分利用资源提高产出,而提高配置效率主要靠调整投入要素之间的比例,如调整特定单位领导职数和办事员职数之间的比例,或者调整人力资源和其他资源如计算机之间的比例。虽然侧重点有所不同,但只有当技术效率和配置效率都达到较高的程度时,才可以说某个单位的工作具有高效率。

(三)静态效率和动态效率

从所涉及的时间段来看,行政效率可以分为静态效率和动态效率。"静态效率"关注的是在特定时段能否有效利用资源进行管理和提供服务,也就是特定时段内投入产出的比率。"动态效率"关注的是不同时间段效率的变化情况,即投入产出比在不同时间段的

[①] 〔美〕查尔斯·沃尔夫:《市场或政府——权衡两种不完善的选择》,谢旭译,北京:中国发展出版社1994年版,第12页。

[②] M. Barrow, "Measuring the Performance of Local Education Authorities: A Frontier Approach," *Economics of Education Review*, 10(1), 1991, pp. 19-27.

变动率。①

(四) 组织效率和个人效率

行政效率可以在各个行政人员身上体现出来,同时又可以在特定行政单位体现出来。根据效率测定所涉及的对象,可以把效率分为个人效率和组织效率。"个人效率"指特定行政人员在履行职责过程中所体现的时效、办事速度等,其影响因素包括工作积极性、业务素质和能力、人际关系能力等。"组织效率"指特定行政单位从事行政管理活动和提供公共服务的时效、办事速度、投入产出比等。组织效率所涵盖的内容比个人效率要广泛得多,决定组织效率高低的不仅是组织成员的工作态度、办事能力、人际关系能力等,更为重要的是涉及组织之间的职能划分、组织内部的责任分工、组织结构、领导水平、工作流程等一系列因素。

在行政管理实践中,个别或少数行政人员的高效率并不一定带来整个行政组织的高效率,而低效率的行政组织并不意味着每个行政人员都是低效率者。因此,效率研究既应关注行政人员的个人效率,更要关注整体行政单位的组织效率。

三、行政效率在行政管理中的地位

(一) 行政效率是衡量整个行政管理活动的重要标准

行政效率本身不是行政管理活动的环节和手段,但它是衡量行政管理活动客观效果的重要标准,效率高低是行政管理中各种要素组合是否科学的综合反映。通过行政效率可以检验行政管理的主体(行政机关和公务员队伍)是否结构合理、素质优良、分工明晰、关系协调;可以检验行政体制,即行政组织的设置、结构、权责划分是否科学完善;也可以检验行政管理活动的程序,即决策、咨询、执行、信息处理、监督等各个环节是否健全,功能是否正常实现;还可以检验行政管理的技术和方法是否科学先进和是否得到合理运用。

(二) 行政效率高有助于建立政府与社会之间的良性关系

行政学先驱威尔逊曾说过:"与君主制一样,在共和制的条件下,信任政府官员的唯一根据是效率。"②行政效率的高低直接影响到政府和公务人员在公众中的形象。良好的政府形象无疑会提高政府公共部门的权威,减少行政管理活动中的阻力,降低公共政策的执行成本,推动经济发展和社会进步。这反过来会进一步提高政府形象,最终形成政府与公民、国家与社会之间的良性互动关系。怀特和古立克也赞同威尔逊关于公共行政应追求效率的观点,认为"公共行政的目标是最有效地利用行政人员可以支配的资源"③,认为在行政科学中,不管是公共还是私营,最基本的善就是"效率"。

(三) 行政效率高低关系到我国的现代化进程

鉴于政府在当代社会中的重要地位,行政效率的高低确实关系到一个国家的经济、社

---

① 〔美〕保罗·R.格雷戈里、罗伯特·C.斯图尔特:《比较经济体制学》,林志军、刘平等译,上海:上海三联书店1988年版,第34—36页。

② 〔美〕理查德·D.宾厄姆:《美国地方政府的管理:实践中的公共行政》,九洲译,北京:北京大学出版社1997年版,第7页。

③ L. D. White, *The Federalist*, New York: Macmillan, 1948, p. 2.

会发展和现代化进程。列宁曾经指出：行政机关的工作效率是关系到社会主义事业成败的大问题。"如果正在实现社会主义的劳动群众不能使自己的机构像大机器工业所应该做的那样进行工作，那么也就谈不上实现社会主义了。"①邓小平同志赞赏"时间就是金钱，效率就是生命"的口号，指出只有"领导层有活力，克服了官僚主义，提高了效率，调动了基层和人民的积极性，四个现代化才真正有希望"②。

（四）行政效率是行政管理学研究的主题

管理学家邓肯（W. Jack Duncan）指出："如果说人们把一个词与管理联系得最为紧密的话，那么这个词就是效率。"事实上，科学管理运动可以称为效率管理。"正是人们对效率的渴望导致了近代管理思想的诞生。"③上述评论用到行政管理学中同样合适，行政学的创始人威尔逊就明确提出"行政学研究的目标在于尽可能高的效率"。

第二节 行政效率研究的历史与现状

效率的概念由来已久，但把效率作为一个独立领域进行研究始于弗雷德里克·泰罗的科学管理运动。长期以来，行政效率研究因袭管理学的传统和方法，存在诸多局限性。当代行政改革提供了机遇和动力，行政效率研究呈现出一些新的发展趋势。

一、效率研究：一个新领域的出现

从19世纪开始，管理学家就十分重视管理效率的研究。被誉为"科学管理之父"的美国管理学家泰罗以工厂管理为对象，研究怎样用最少的人力，花费最小的成本，尽快地生产出最多最好的产品，以实现所有者的利润最大化。1890年夏，美国几个地方铁路局向州际贸易委员会提出提价申请，同年9月到11月，州际贸易委员会举行了一系列听证会决定是否应准许提价。当时反对提价的主要代言人路易斯·布兰代斯（Louis Brandeis，后任联邦大法官）读过泰罗的著作，模糊记得如果管理得以改善，在提高工资的同时可以减少劳工成本，为了使自己的意见更有说服力，布兰代斯等人在泰罗的同事甘特的住所召开了专家会议。布兰代斯希望所提出的证词都能遵循大致相同的逻辑，并且能用一套普通的术语来描述泰罗的新管理体系，与会人员提出的词汇有泰罗制、职能管理、工场管理等，最后确定为"效率"。从此，效率研究日益引起管理学家的关注。纽约甚至成立了一个效率协会，目标是将效率的原则应用于生活的各个领域。④

二、行政效率研究的传统模式及其局限性

美国管理学家哈灵顿·埃默森（Harrington Emerson）可谓早期效率研究的大师。他于1908年出版了《效率——生产和工资的基础》一书。书中指出，正是人类活动的低效率导

---

① 《列宁全集》第34卷，北京：人民出版社1985年版，第142—144页。
② 《邓小平文选》第3卷，北京：人民出版社1993年版，第180页。
③ W. Jack Duncan, *Great Ideas in Management: Lessons from the Founders and Foundations of Managerial Practice*, Oxford: Jossey-Bass Publishers, 1990, p. 27.
④ Ibid., p. 28.

致了贫困,多数人在完成工作任务的过程中仅达到60%的效率,而人类的效率潜能仅利用了不足1%。书中提出了提高效率的基本原则——只有"适当的人在适当的时间适当的地点以适当的方式去做适当的事情"时,才会产生效率。与科学管理领域其他作品相比,埃默森的著作特别提到了效率与组织设计的关系,认为低效率多是由于缺乏良好的组织造成的。① 埃默森最有影响的著作是他1913年出版的《效率的十二原则》,书中的原则可以归结为五条:(1)采用科学的、客观的、基于事实的分析;(2)明确工作目的;(3)把每一个部分与总体相连;(4)制定标准化的程序和方法;(5)奖励优秀工作者以激励他人。②

早期对效率研究做出重要贡献的还有沃利斯·克拉克(Wallace Clark)和莫里斯·库克(Morris Cooke)等人。前者的贡献是把美国科学管理运动的效率观念传播到世界,后者的贡献在于把效率概念应用到工业以外的领域。1910年,库克发表了题为《学院和工业效率》的研究报告,指出了高等教育领域存在的低效率现象并提出了改进的建议。1911年,经泰罗推荐,库克被聘请为费城的公共工程局局长。他在公共领域实验他关于效率的设想,极大地改善了市政管理。第一次世界大战期间,库克向联邦作战部长建议设立效率机构以保证战争得到"科学的管理",他成了华盛顿特区的一个重要人物。③ 此后,行政效率研究一直受到高度重视。

但是,20世纪70年代以前的有关行政效率的研究属于传统研究模式,存在两个明显的缺陷:第一,基本沿用管理学效率研究的概念、理论和方法体系,忽视了公共部门的公共特性及行政效率研究的特点和特殊要求;第二,这一时期的行政效率研究多采用综合研究模式,在阐释行政效率的定义、类型和研究意义的基础上,关注焦点是影响效率的因素和提高效率的途径,包括良好的组织、有效的领导、科学的决策、高素质的公务员队伍、合理的分工和科学的工作程序等。这样,行政效率研究实际上成为行政管理的综合研究,结论多是一些普遍原则,既没有充分体现出效率这一主题,又缺乏可操作性和实用性。

三、当代行政效率研究的特点及发展趋势

从20世纪70年代末期开始,行政改革浪潮席卷全世界,打破官僚制,构建适应后工业社会和信息时代的政府管理新模式,使得当代行政改革具有划时代的意义。财政困难是行政改革的重要动力,提高行政的经济和效率水平相应成为改革的重要目标。实践对高效率的迫切要求为行政效率研究的深入提供了机遇和动力,行政效率研究呈现出一些新的发展趋势。

(一)行政效率研究中"公共性"的彰显

行政效率的主体是公共部门,公共目标、公共责任、政治环境等构成了公共部门的基本特点并对效率研究提出了特殊要求。行政效率研究中"公共性"的彰显,表现为对管理

---

① Dexter S. Kimball, "Reviewed Work: Efficiency as a Basis for Operation and Wages by Harrington Emerson," *The Economic Bulletin*, 3(2), 1910, pp. 156-158.
② 丹尼尔·A.雷恩,阿瑟·G.贝德安:《管理思想史》,孙健敏等译,北京:中国人民大学出版社2012年版,第186页。
③ W. Jack Duncan, *Great Ideas in Management: Lessons from the Founders and Foundations of Managerial Practice*, Oxford: Jossey-Bass Publishers, 1990, pp. 40-43.

学研究模式的"求异",既不断从管理学效率研究中吸收营养,又在一定程度上摆脱了对管理学效率模式的过度依赖,以适应公共部门的特性和特殊需求。涉及的问题包括:(1)效率在公共部门如何定位,(2)效率在公共部门的特殊体现方式,(3)公共部门低效率的特殊成因,(4)公共部门提高效率的特殊机制等。①

（二）对综合研究模式的超越

从研究重点和角度的选择上看,研究者不再热衷于围绕行政管理活动的各个方面探讨提高行政效率的途径,目的也不再是提出普遍的和笼统的原则,而是集中在行政效率的具体方面进行深入的研究。比如,不同公共部门效率的不同体现方式和评价标准,行政效率测定的技术和方法等,研究目的是针对不同部门设计不同的效率示标,诊断低效率的具体成因,提出具有针对性的改进措施。这样既体现了以效率为主题,又增强了效率研究的可操作性和实用性。②

（三）效率和质量的地位转换

传统效率研究中存在效率优位现象,随着行政改革的深入,当代的关注焦点逐渐转向了"管理效益"和"顾客满意",公共行政的质量被提到首要地位。其表现有:(1)质量概念的泛化,即质量成为核心概念,效率作为兼顾因素被融于质量之中;(2)绩效测定中质量示标所占的比重持续增加;(3)此起彼伏的质量运动,如"公民宪章"(通过社会承诺方式提高服务质量)、竞争求质量、全面质量管理、政府质量奖等。可以说,理论上效率概念作为行政绩效的一个组成部分仍将存在下去,但在西方行政管理实践中,效率运动已被质量运动所取代。③

四、我国行政效率实践与研究的历史与现状

自20世纪30年代行政学引入我国,行政效率就一直是研究的重要主题。民国时期"行政效率即为舆论界与学术界所推崇,其成果很快应用于行政管理的实践层面"④,一些地方政府设立了行政效率促进委员会。张忠绂、李朴生于1935年在《行政效率》杂志先后发表的《政治理论与行政效率》《贯台决口冲出来的行政效率问题》,在当时很有影响力。谢廷式发表于1940年1月《行政评论》杂志创刊号上的《论增进行政效率与考核行政效率》、甘乃光发表于1943年《中国行政新论》一书上的《政权运用与行政效率》,是比较具有代表性的论文。学界痛陈时弊,特别对行政机关的"滥用多用庸人、办事程序僵化、工作方法老旧"等问题展开了批评。

自20世纪80年代初恢复行政管理学科以来,行政效率引起众多专家学者的关注和持续研究。在行政管理体制改革特别是七轮政府机构改革的推动下,围绕建设"办事高效、运转协调、行为规范"行政管理体系的目标,行政效率研究大致经历了两个发展阶段。第一阶段从20世纪80年代初期到2004年,行政效率被作为相对独立的分支领域进行研

---

① 周志忍:《公共性与行政效率研究》,《中国行政管理》2000年第4期。
② 周志忍:《行政效率研究的三个发展趋势》,《中国行政管理》2000年第1期。
③ 周志忍:《公共部门质量管理:新世纪的新趋势》,《国家行政学院学报》2000年第2期。
④ 翁有为:《民国时期的行政督察专员制度及其知识背景》,《史学月刊》2006年第6期。

究,研究的内容重点包括几个方面:(1)行政效率基础理论的研究,包括基本概念界定、在学科中的地位、考察视角和框架、测定技术等;(2)国际行政效率研究趋势的追踪,比如行政效率与政府绩效之间的关系、效率与质量的地位转换、国外提升行政效率的方法和技术等;(3)行政效率提升途径的研究,提出高效率的政府应具有良好的组织、有效的领导、科学的决策、高素质的公务员队伍、科学的分工和工作程序等,研究结论多是一些普遍的笼统原则;(4)地方政府效率实践创新的总结研究,如山西运城市的"机关工作效率标准",各地普遍推行的"目标责任制"和"效能监察",福建省的"效能建设"等。总体上看,这一阶段的行政效率研究采取了传统的综合模式,因而不可避免地带有传统模式的局限性。不过,这一阶段在基础理论、国际发展趋势和中国创新实践等方面的研究成果,为我国的行政效率研究迈入第二阶段奠定了知识和经验基础。2003年初,中国行政管理学会联合课题组提交了《关于政府机关工作效率标准的研究报告》,其中大篇幅讨论了发达国家的绩效管理。① 国务院主管领导批示,"政府实施绩效管理是一件非常有意义的工作"②,责成有关部门研究实施框架。这直接推动了研究重点从"效率"向"绩效"的转变,促使行政效率研究迈向了第二阶段。

行政效率研究的第二阶段从2005年开始直至今日,这一阶段的重要特征是,行政效率失去作为独立研究主题的地位,成为政府绩效评估和绩效管理的一个组成部分。国务院在《2005年工作要点》中提出:要"探索建立科学的政府绩效评估体系和经济社会发展综合评价体系",这是"政府绩效评估"第一次出现在中央政府文件中。随后几年,国家人事部启动了政府绩效评估的试点。2008年,中共十七届二中全会和十一届全国人大决定"要推行政府绩效管理和行政问责制度",绩效评估由此成为绩效管理的一个组成部分。行政改革实践发展推动了学术研究重点从行政效率向绩效管理的转变。在绩效管理框架下的行政效率研究体现出几个趋势:(1)狭义行政效率观占据主流地位,效率与经济、效益、质量、公正等一起,共同构成政府绩效的内涵;(2)对机械效率观和效率中心主义进行了反思和批判,比如宏观经济管理领域对GDP至上的批判,强调转变增长模式,突出发展质量,体现科学发展观;(3)体现以人为本和结果导向等理念,传统的"效率优位"被"效益优位"所取代,效益包括产出的质量、客观社会效果和公民满意。

第三节　行政效率测定与绩效评估

当代行政效率研究的趋势之一是超越传统的综合模式,集中于某些具体方面进行深入的研究。行政效率的科学测定无疑是深入研究的领域之一,也是我国行政管理学研究中的一个薄弱环节。本节讨论组织绩效评估的基本理论和实践,目的是为行政效率测定的技术和方法提供背景知识。由于效率测定是组织绩效评估的一个组成部分,有关绩效评估的事实和结论完全适用于效率测定。

---

① 中国行政管理学会联合课题组:《关于政府机关工作效率标准的研究报告》,《中国行政管理》2003年第3期。
② 周志忍:《我国政府绩效管理研究的回顾与反思》,《公共行政评论》2009年第1期。

一、公共组织绩效评估的作用和意义

(一) 绩效评估与公共管理新理念

传统行政模式以政府垄断为基础,权力高度集中、严格的规章制度、过程取向的控制机制、官吏的非人格化等是其主要特征。公共管理新理念主张公共服务市场化、社会化,强调权力非集中化,公民为本和结果导向等。① 绩效评估为这些新理念的实施提供了有力的技术支持。

1. 绩效评估与公民为本

公民为本的理念是针对实践中公仆意识的缺乏和政府信任危机提出来的,其内涵包括回应公民需求、倾听公民呼声、给公民以选择权、公共服务设计和提供中的公民参与、以公民满意为部门绩效评价的主要标准等。显然,没有公民满意状况的持续调查,没有立足公民对管理活动效果的测定,那么公民为本只能流于空洞的口号。

2. 绩效评估与权力的非集中化

传统行政模式权力过分集中和死板的规章制度压抑人的积极性和首创精神,最终导致效率低下。公共管理的新模式要求分权,"从等级制到参与和协作"②。作为组织绩效的测定和展示,绩效评估为上级提供了充分的信息和控制绩效的手段,从而为分权化改革提供了基础。

3. 绩效评估与"结果导向"的管理

结果导向的管理要求"按效果而不是按投入拨款",而按效果拨款的前提是对结果(即绩效)的科学测定。传统政府管理模式"由于不衡量效果,也就很少取得效果"③。反过来说,现代管理要取得效果,就必须对结果进行科学的测定。

4. 绩效评估与市场机制

市场机制主要是竞争机制,包括公私组织之间、公共组织之间的竞争。绩效评估的意义主要体现在两个方面:在公共服务机构与公众的关系上,绩效评估能提供各个公共服务机构绩效方面的信息,引导公众做出正确的选择,从而对公共机构形成压力,迫使它们提高服务质量和效率;在公共部门内部,绩效评估和在此基础上的横向、纵向比较有助于形成一种竞争气氛,同样会起到提高服务质量和效率的效果。

(二) 绩效评估在管理中的功能

现代政府管理的核心问题是提高工作绩效。要改进工作绩效,必须首先了解目前的工作绩效水平是什么,即必须首先进行绩效评估。绩效评估具有"计划辅助、监控支持、报告现状、奖惩依据、激励反馈、资源优化"6项重要功能,对政府工作效率的提高和改进具有重要的意义。④

---

① 〔美〕盖·彼得斯:《政府管理与公共服务新思维》,载国家行政学院国际合作交流部编译:《西方国家行政改革述评》,北京:国家行政学院出版社 1998 年版;周志忍:《当代政府管理的新理念》,《北京大学学报》2004 年第 6 期。
② 〔美〕戴维·奥斯本、特德·盖布勒:前揭书,第 120—121 页。
③ 同上。
④ Sue Lewis, and Jeff Jones, "The Use of Output and Performance Measures in Government Departments," in Martin Cave, et al, eds., *Output and Performance Measurement in Government: The State of the Art*, London: Jessica Kingsley Publishers, 1990.

1. 绩效评估的计划辅助功能

政府绩效的提高有赖于科学的管理计划。一个具体的管理目标或指标的制定至少要参照三个方面的信息:有关部门前一阶段的工作表现状况;部门内部工作条件、工作程序及环境方面的变化;社会需求与社会环境变化的预测。绩效评估的作用就在于它满足了第一方面的信息需求,某一阶段的评估结果是下一阶段工作计划的基础和出发点。

2. 绩效评估的监控支持功能

行政管理工作走出计划而进入实施阶段后,必须时时对执行情况进行严密的监测与实时性的评估,如发现任何背离计划的情况,就要预测它的可能后果、评估偏差的正负特性与量值,并据此考虑是否采取相应的控制措施,所以说与工作执行同步进行的绩效评估就为工作执行的监控提供了测量标准、全程数据等信息支持。

3. 绩效评估的现状报告功能

绩效评估包含工作绩效标准的科学确立、精确测量与系统性描述等环节,建立科学的工作绩效标准需要了解工作现状,精准的测量工作绩效水平也需要了解现状,对每个员工、每个目标的绩效总结同样是陈述现状,所以绩效评估首先就具有工作现状的报告功能,让政府工作人员对自己、对他人、对部门、对单位的工作现状具有一个清晰的认知。

4. 绩效评估的奖惩依据功能

美国学者曾对绩效评估的激励功能做了这样的说明:若不测定效果,就不能辨别成功还是失败;看不到成功,就不能给予奖励;不能奖励成功,就有可能是在奖励失败。奖励失败的结果是产生荒谬的刺激,导致组织绩效每况愈下。所以绩效评估一定要与奖惩挂钩,因为决定行政效率的最关键性的因素是人的工作积极性,绩效评估不只是要了解目前的工作效率水平,更多的是通过了解每个员工、每个部门的工作效率,为奖励积极、惩罚后进以及培训安排、职务晋升等人力资源管理工作提供执行依据,以奖惩促进行政效率。

5. 绩效评估的激励反馈功能

实践表明,即使未把拨款或报酬同效果联系起来,只是测量工作效果,及时将工作现状的信息反馈给员工,工作状态也会发生显著变化。例如,美国马萨诸塞州福利部的工作差错率高且居高不下,有关部门就开始公布每个办公室的差错率,继而公布每个工作人员的差错率,差错率很快由23%降到8%。可见,绩效评估的及时反馈可以发挥激励功能,有效挖掘政府工作人员的工作潜能。

6. 绩效评估的资源优化功能

在缺乏关于工作效率的客观测评资料的情况下,当行政管理者在决定加强某个领域的工作时,往往不知道把新增加的资金、人员投向何处;当削减预算或机构瘦身时,又不知道削减的是"肌肉"还是"脂肪";而绩效评估有助于考察工作目标的科学性、检验职能分工的合理性,并促进行政机关与工作人员自觉地根据效率与效果兼顾的原则来配置各种资源,而且量化的评估结果与排名比较,会促进后进单位与人员主动找寻先进人物、先进部门的学习工作方法与管理经验,推动资源优化的进程。

(三)绩效评估与政府的政治合法性

绩效评估有助于提高政府的政治合法性,提高政府形象并最终形成政府与公民、国家与社会之间的良性互动关系。

1. 展示绩效状况能赢得公众的支持和理解

政府绩效评估是向公众展示行政管理工作效果的绝佳机会,政府积极展示成果能赢得公众对政府更大的支持。如果把工作绩效与政策紧密挂钩,某些不受欢迎的公共政策(如增税)也可以得到公众的理解和支持。

2. 展示绩效状况能推动公众对政府的监督

许多政府部门的服务处于垄断地位,无法同其他地方或部门比较,公民不可能全面体验所有政府部门的服务,甚至不能直接体验本地区的某些服务(如消防、急救、国防等服务)。政府绩效评估实质上就成为一种信息沟通活动,科学进行评估和及时公布绩效状况,也是让公众体验服务的一种方式,有助于广大群众真正地了解、监督和参与政府的工作。

3. 绩效评估能帮助提高政府的信誉

政府绩效评估并不只是展示成功,它也可以暴露当前行政管理工作中的不足和失败。暴露不足和失败并不一定损害政府部门的信誉,政府主动暴露问题,积极采取整改措施,向公众展示政府为了提高绩效而一直在做出努力,更能有助于提高政府的信誉,更能取得公众对政府工作的支持。

二、公共部门的特点和绩效评估的困难

(一) 公共部门的垄断性

公共部门最显著的特征也许是其产出的非市场性质即垄断性。这种垄断性主要是由公共服务的规模经济性、非盈利性、资源管制性等原因造成的。垄断性对政府组织绩效评估带来了两种后果:一是对服务的垄断往往伴随着对信息的垄断,使得公众难以掌握充分的信息对政府组织的绩效进行科学的评判;二是确定评价标准的困难。由于行政管理者或公共服务提供者的唯一性,所以即使获得了有关信息,公众也无法通过横向比较来确定部门绩效的优劣,更难以确定绩效的理想水平或评价标准。

(二) 公共部门的目标多元性和目标弹性

公共部门的目标多元性主要表现在没有一个统帅各项具体目标的总目标。企业活动的总目标是利润,一切工作和具体目标都是为了实现这个总目标。公共管理活动则不同,追求政治、军事、经济、社会、文化等不同性质的目标,而且目标常常发生变化。与目标多元性相联系的是目标弹性。弹性目标即软目标,表述抽象笼统且难以量化为硬性指标。利润率、市场占有率、单位成本的变化、营业额等指标都是硬性目标,而提高人的素质和道德水平、调动人的积极性、改善公共福利等都是典型的弹性指标。组织目标是评价组织绩效的主要依据,政府行政管理的多元化目标必然导致绩效评估的困难,而目标弹性更加剧了绩效评估的困难性。

(三) 公共部门产出的特征

1. 产出多为无形产品

多数公共部门的产品是公共服务,而非有形的物质产品。公共服务具有无形性、不可储藏性,且只能在提供者和接受者的互动过程来实现等特点。因此,对提供服务的政府组

织的绩效进行评估要困难得多。

2. 产品的中间性质

政府的产出通常为非市场产出,通常是一些中间产品,充其量是最终产出的"代理",而间接的非市场产品对最终产品贡献的程度都是难以捉摸的和难以度量的,导致政府的工作绩效也是难以测评的。①

3. 最终产品的非商品性

公共管理具有垄断性和非盈利性质,因此其产品和服务进入市场的交易体系,不可能形成一个反映其生产机会成本的货币价格,这就带来对其数量及质量进行正确测量的技术上的难度。

（四）公共部门生产过程的特点

1. 密集型的劳动与现场性的劳动

政府管理主要靠政府工作人员密集的现场劳动来实现,机器代替劳动的作用十分有限,尽管可能是执行一致性的公共政策,但面对的始终是最具体的事件与个体,这使得政府管理"标准化"的推行很难,而标准化程度的高低又制约着绩效测定的准确性。②

2. 复杂的生产技术与服务成本

非市场产出所需的技术经常是未知的或不被广泛认知的,比如在国防领域,人们对于投入与国家安全这一期望的最终产出之间的关系,仅仅是有限的了解,普通民众对于军事及国防的相关技术及其成本的无知加剧了外部监督与全面绩效评估的困难。③

（五）公共管理环境的特点

行政管理与公共服务不是公共部门的单向性活动,而是在与社会和公众的互动过程中实现的,这种互动具有相当的复杂性、动态性、多样性和差异性。它要求公共管理有相当的灵活性和管理手段的适应性,这使得标准化很难实现。④

综上所述,"要度量一个行政机关的输出量常常是很困难的——实际上,即使是只对什么是国家部门的输出做一番设想都足以令人头昏脑涨"⑤。

三、公共组织绩效评估的研究与实践

公共组织绩效评估的学术研究可以追溯到1910年。库克在《学院和工业效率》的研究报告中提出了大学工作效率的测定方法。他建议设立"学生学分制"作为衡量效率的单位,用于奖励那些注重效率的教授。

公共组织绩效评估的实践始于第二次世界大战以前。当时,美国"政府机构寻求制定工作准则和业绩作衡量标准的初步技术已在几个机构中运用。……各种专业协会开发

---

① 〔美〕查尔斯·沃尔夫:《市场或政府——权衡两种不完善的选择》,谢旭译,北京:中国发展出版社1994年版,第45页。
② 马骏:《公共行政中的"生产理论"》,《武汉大学学报（哲学社会科学版）》1997年第3期。
③ 〔美〕查尔斯·沃尔夫:《市场或政府——权衡两种不完善的选择》,谢旭译,北京:中国发展出版社1994年版,第47页。
④ Jan Kooiman, *Modern Governance*: *New Government-Society Interactions*, London: SAGE, 1993, p. 35.
⑤ 〔美〕詹姆斯·威尔逊:《官僚制度国家的兴起》,转引自〔美〕R. J. 斯蒂尔曼:前揭书,第143页。

了评级制度以评价行政工作的业绩以及公共服务的需求"。第二次世界大战期间,克拉伦斯·瑞德雷(Clarence S. Ridley)和赫伯特·西蒙合作出版了《市政工作衡量》一书,提出了市政评估的五个方面的内容——"需要、结果、成本、努力、业绩",后三项合并作为对行政效率的测量。① 大规模的公共组织绩效评估始于20世纪70年代初期。1973年,尼克松政府颁布了《联邦政府生产率测定方案》(Federal Government Productivity Program),力图使公共组织绩效评估系统化、规范化、经常化。② 1974年,福特总统要求成立一个专门机构,对所有政府部门的主要工作进行成本收益分析。③

公共组织绩效评估在80年代受到极大的重视和青睐,英国在这方面起了带头的作用:1979年开始的"雷纳评审"(Rayner Scrutiny Programme),1980年引进的"部长管理信息系统"(Management Information System for Ministers, MINIS),1982年的"财务管理新方案"(Financial Management Initiative, FMI),1988年推行的"下一步行动计划"(The Next Steps),1991年的"公民宪章"(The Citizens Charter)和"竞争求质量"(Competing for Quality)运动等,都推动了绩效评估的广泛应用和评估技术的成熟。④

公共组织绩效评估在其他西方国家也得到了广泛应用。1993年,美国政府颁布了《政府绩效与结果法》(The Government Performance and Results Act),克林顿政府依此制定了一个雄心勃勃的十年计划,要求所有联邦机构发展和使用绩效评估技术,并向公众通报各自的绩效状况,绩效评估在美国地方政府的应用更为普遍。除英、美之外,荷兰、澳大利亚、丹麦、芬兰、挪威、新西兰等国家都引进实施了公共组织绩效评估。⑤

鉴于组织绩效评估在其他国家的广泛应用,西方学者惊呼传统的"行政国家"正被"评估国家"所取代。一位专栏作家汉尼森(Peter Hennessey)对此也感叹道:"我们已经生活在这样一个时代:理性思辨不再受尊崇,信服才是一切。……一个东西若不能测定,那它就不存在。"⑥

第四节 行政效率测定的方法与技术

绩效评估和效率测定是需求导致的活动。人类测定组织效率的努力由来已久,但由于多种因素和条件的限制,测定方法和技术经历了一个不断发展的过程。行政效率测定的传统方法包括主观经验判断、资源投入进度监测、特定比例(比如师生比)等,缺乏科学性和合理性,而现代效率测定方法日趋成熟和完善。

---

① 〔美〕艾伦·希克:《通向计划规划预算之路:预算改革的阶段》,载彭和平、竹立家等编译:《国外公共行政理论精选》,北京:中共中央党校出版社1997年版,第249页。
② Christopher Pollitt, "Performance Measurement in the Public Services: Some Political Implications," *Parliamentary Affairs: A Journal of Representative Politics*, 39(3), 1986, pp. 315-329.
③ Grover Starling, *Managing the Public Sector*, Homewood, IL: The Dorsey Press, 1977, p. 274.
④ 中国行政管理学会联合课题组:《关于政府机关工作效率标准的研究报告》,《中国行政管理》2003年第3期。
⑤ OECD, *Performance Management in Government: Performance Measurement and Results-Oriented Management*, Public Management Occasional Papers, No. 3, 1994, p. 23.
⑥ Peter Hennessey, "The Political and Administrative Background," in Martin Cave, Maurice Kogan, and Robert Smith, eds., *Output and Performance Measurement in Government: The State of the Art*, 1990, p. 18.

一、行政效率测定的基本概念

（一）行政效率测定的实施框架

行政效率测定的实施框架是指行政效率测定的总体规划。它包括两个基本方面。一是行政效率测定的业务计划,具体内容包括：测定对象即组织单位的选择,测定什么即测定的具体内容及侧重点,测定所依据的标准即示标体系,测定的过程和步骤即如何测定,数据分析的技术和方法,结果报告的内容、格式要求等。二是行政效率测定的组织安排,包括各实施环节的行为主体及其责任,效率测定的时间安排,结果利用的具体要求等。在实施测定以前,应对这些问题做到心中有数。

（二）行政效率测量指标

指标即指示物、指示器,它显示了某一事物在某一方面的信息。效率指标显示的是人类生产、管理活动的效率方面的信息,且这种显示比较规范。一句话,效率指标是生产、管理活动中效率水平的规范化显示。如果把政府绩效评估视为"绩效信息的系统化收集、分析和报告过程",那么,绩效指标就是信息收集的基本依据,是绩效评估的基本元素。行政管理活动各个方面功效的信息并不是现成的,因而行政效率指标需要设计。一般的效率指标包括单位成本、平均个案处理时间、反应速度等。鉴于行政管理和公共服务活动的多样性,效率指标还要根据不同行政管理部门的活动性质和特点进行专门的设计。

（三）生产函数和成本函数

生产函数的一般表达式为 $Y=f(X)$,成本函数的一般表达式为 $C=C(P,X)$。其中 Y 代表产出,C 表示成本,X 是各种投入组合成的向量,P 是各种投入相对应的价格所组合成的向量。对生产函数而言,所谓效率最优,即为"当投入一定时,产出可以达到一个最大值"；对成本函数而言,所谓效率最优,即为"当产出一定、投入要素的价格一定时,成本可以达到一个最小值"。

效率测定实际上是收集生产函数或成本函数方面的信息,通过分析计算出投入和产出的比率。理论上,当投入一定时,可根据生产函数计算出效率和无效率；产出及投入要素的价格一定时,可根据成本函数计算出效率和无效率。用生产函数测定的效率仅是技术效率,因为生产函数测定中没有利用要素价格方面的信息。成本函数测定的则是总效率值。实践中成本计算是一个复杂的问题,因为行政管理中的要素投入是多元的。仅以人力投入为例,其成本计算可以使用工资等变量,但工资本身就是一个复杂的经济问题,涉及工资制度的合理性、工资与劳动的对应情况、工资的一般社会价值等问题。这些导致行政管理中生产函数和成本函数确定比较困难。

二、行政效率测定的具体方法

（一）工作荷载分析法[①]

工作荷载分析法实际上是一种比较方法,即通过不同单位在工作荷载方面的横向比

[①] 关于工作荷载和工作要素分析法的讨论,可参见 Ku Tashiro,"The Implications of Small Public Services to National Economic Development," in John P. Burns, Bidhya Bowornwathana, eds., *Civil Service Systems in Asia*, Cheltenham: Edward Elgar Publishing Limited, 2001。

较来确定各个单位的效率水平。这种效率测定方法的运用需要满足两个条件:一是所涉及的单位从事同样或十分相近的工作;二是工作性质属于量的处理工作,容易进行量化衡量。比如考核同一省域内市级信访办的工作效率,可使用"接待量、接件量、办结率、个案平均处理时间"等指标进行比较。

(二) 工作要素分析法

要素分析即投入要素与结果要素转换率的分析,它包括单要素分析和多要素综合分析两种类型。单要素效率分析用公式可以表示为:$SFPax = A/X$。其中 SFP 为单要素生产率,A 代表产出,X 代表投入。单要素可以是物质要素(这时的效率即物质投入向物质产出的转换率或两者的比率),也可以是货币要素(这时的效率为投入资源的价值向产出品的价值的转换率)。此外,单要素分析还可以用增值率来计算,即工作人员的人均增值额。增值率可以用货币来计算,也可以用其他尺度来衡量。多要素综合分析即对上述各种投入要素和产出要素进行综合分析。

(三) 工作职能测量法

职能测量法就是根据各个政府部门的行政管理职能建立一整套的工作目标:(1)每个目标均建立理想标准与最低标准,在理想标准与最低标准之间设置分档区间;(2)各个目标之间区分主次,设计权重;(3)各个目标测量后,分别与理想标准与最低标准比较,确定区间,再进行加权计算,得出某个员工或某个部门的职能执行状态。相关标准可以由专家确定,也就可称为"标准比较法";也可以由单位自行确定,也就可以称为"目标比较法"。

(四) 回归模型法[①]

回归模型法属于参数法,因为采用特定的函数形式来匹配已有的数据。标准的回归模型是在已有数据的基础上构造的平均曲线或平均曲面,可以通过如下方法得到投入产出的极限关系并测定样本的效率。

1. 若模型是确定型模型,则整个剩余项被认为是等于无效率的数值。对生产函数而言,其回归线可以向上移动(成本函数的回归线可以向下移动),使得所有样本相应的剩余数≤0,且至少一个样本的剩余数为0。这样,新得到的剩余数的绝对值即是无效率的测量。由此可计算出样本的平均无效率值,也可计算出每个样本的效率值与无效率值。

2. 假设生产函数或成本函数是统计模型更为合理,此时的问题是如何区分统计噪音和无效率。设该模型可以写成:

$$Y_i = \beta_0 + \sum_{j=1}^{N} \beta_j X_{ij} + V_i + U_i$$

其中 i 指样本编号,$j=1,\ldots\ldots,N$,共有 N 个自变量,$V_i + U_i$ 为误差项,V 指随机部分即统计噪音,U 指无效率部分。V 为正态分布,而 $U \leq 0$,那么,生产函数的极限关系为:

$$Y_i = \beta_0 + \sum_{j=1}^{N} \beta_j X_{ij} + V_i \pm |U_i| \quad (|U_i| \text{表明了样本与统计极限值之间的差异})$$

[①] 回归模型法和数据包络分析法的讨论,可参见 Michael M. Barrow, "Measuring Local Education Authority Performance: A Frontier Approach," *Economics of Education Review*, 10(1), 1991, pp. 19-27。

在统计模型中,由于V_i的不可计算性,测量每个样本的无效率值是不可能的。但由于V的平均值为0,因此U的平均值可以计算出来。而且对每个样本而言,当混合的误差项(U_i+V_i)的观测值为已知时,可以得到U_i的期望值。借助这些期望值,可以计算出每个样本的效率和无效率值。值得注意的是,此处所讨论的方法适用于来自样本的横切面数据,即数据是在同一时刻一次性采集的。

3. 当来自样本的数据是批数据(即数据是在不同时期多次采集的)时,模型可以改写成:

$$Y_{it} = \beta_0 + \sum_{j=1}^{N} \beta_j X_{ijt} + V_{it} + U_i$$

其中t表示时序,V_{it}是随机误差。在足够长的时间,V的平均值接近于0。

采用此模型,对每个样本每个时刻的误差组合项$(V_{it}+U_i)$在足够长的时间内求平均值,由于V_{it}的平均值接近于0,因此可以获得U_i的值,即第i个样本的无效率值,亦可计算第i个样本的效率。需要注意的是,要保证每个样本的无效率值U_i对时间而言是个常数。只有满足这一条件时,才可运用该模型。

(五) 数据包络分析法

数据包络分析法(Data Envelopment Analysis,DEA),是一种将观测值以前沿面方式加以包络的衡量方式。它采用数学规划模式,以极大和极小值来得到所谓的效率前沿面或极限曲线,用所有效率良好的受评估单位组成效率前沿,其他效率较差的被评估单位便落在该前沿之内,通过相互比较来确定相关单位的效率水平。数据包络分析法属于效率测定中的非参数法,其特点是无需用特定的函数形式来表达投入与产出的相互关系。

数据包络分析是一种基于线性规划的用于评价同类型组织(或项目)工作绩效相对有效性的特殊工具手段。可以用于政府部门,还可以应用于学校、医院、银行的分支机构、超市的各个营业部等各自具有相同(或相近)的投入和相同的产出的单位。

此处简介DEA中最基本的一个模型——C^2R模型:

设有n个决策单元$(j=1,2,\cdots,n)$,每个决策单元有相同的m项投入(输入),输入向量为

$$x_j = (x_{1j}, x_{2j}, \cdots, x_{mj})^T > 0, j=1,2,\cdots,n$$

每个决策单元有相同的s项产出(输出),输出向量为

$$y_j = (y_{1j}, y_{2j}, \cdots, y_{sj})^T > 0, j=1,2,\cdots,n$$

即每个决策单元有m种类型的"输入"及s种类型的"输出"。

x_{ij}表示第j个决策单元对第i种类型输入的投入量;

y_{ij}表示第j个决策单元对第i种类型输出的产出量;

为了将所有的投入和所有的产出进行综合统一,即将这个生产过程看作是只有一个投入量和一个产出量的简单生产过程,我们需要对每一个输入和输出进行赋权,设输入和输出的权向量分别为:

$$V = (V_1, V_2, \cdots, V_m)^T$$
$$U = (U_1, U_2, \cdots, U_s)^T$$

v_i为第i类型输入的权重,u_r为第r类型输出的权重。

这时,则第 j 个决策单元投入的综合值为 $\sum_{i=1}^{m} v_i x_{ij}$,产出的综合值为 $\sum_{r=1}^{s} u_r y_{rj}$,我们定义每个决策单元 DMU_j 的效率评价指数:

$$h_j = \frac{\sum_{r=1}^{s} u_r y_{rj}}{\sum_{i=1}^{m} v_i x_{ij}}$$

模型中 x_{ij}, y_{ij} 为已知数(可由历史资料或预测数据得到),于是问题实际上是确定一组最佳的权向量 v 和 u,使第 j 个决策单元的效率值 h_j 最大。这个最大的效率评价值是该决策单元相对于其他决策单元来说不可能更高的相对效率评价值。我们限定所有的 h_j 值($j=1,2,\cdots,n$)不超过 1,即 $\max h_j \leq 1$。这意味着,若第 k 个决策单元 $h_k=1$,则该决策单元相对于其他决策单元来说生产率最高,或者说这一系统是相对而言有效的;若 $h_k<1$,那么该决策单元相对于其他决策单元来说,生产率还有待于提高,或者说这一生产系统还不是有效的。

根据上述分析,第 j_0 个决策单元的相对效率优化评价模型为:

$$\max h_{j_0} = \frac{\sum_{r=1}^{s} u_r y_{rj_0}}{\sum_{i=1}^{m} v_i x_{ij_0}}$$

$$s.t. \begin{cases} \frac{\sum_{r=1}^{s} u_r y_{rj}}{\sum_{i=1}^{m} v_i x_{ij}} \leq 1, j=1,2,\ldots,n \\ v=(v_1,v_2,\cdots,v_m)^T \geq 0 \\ u=(u_1,u_2,\cdots,u_s)^T \geq 0 \end{cases}$$

事实上,采用不同的行政效率的测定方法,结果会有较大差异。分析以上方法,可以得出几点结论:第一,虽然上述种种方法都可用于同一部门的效率测定,但由于工作性质不同,对某一部门而言,可能存在一种最佳的测定方法,需要在实践中探讨不同部门效率测定所适用的特定方法。第二,当使用几种方法对同一部门的效率进行测量时,对测定结果出现的差异要进行认真分析,必要时要对少数样本进行微观层次上的分析研究,以确定这些差异出现的具体原因。这不仅能使这一部门效率测定的结果更为准确、客观,而且有助于找出适合这一部门的效率测定的最佳方法。第三,每一种方法都存在内在缺陷,操作上的疏忽会使这些缺陷更为突出并导致大的误差。

由于行政产出与行政投入均具有多样性与复杂性的特点,进行量化测评十分困难,例如员工的工作精力投入虽然可以用工作时间来度量,但工作能力、工作态度等决定工作效率的核心因素却难以用工作时间来反映。但我们相信,有学术界和实际工作者坚持不懈的努力,随着现代信息技术的飞速发展,效率测定方法和技术将不断得到完善。依靠更先进的效率分析模型,不仅动态效率的测定会得到加强,而且宏观效率测定和效率水平的预测将成为可能。

第十章 · 行政效率

名词与术语

经济	行政效率	要素分析法	工作荷载分析法
效率	微观效率	回归模型法	数据包络分析法
效益	宏观效率	职能测量法	
质量	技术效率		
绩效	配置效率		
	组织效率		
	个人效率		
	绩效评估		
	效率测定		
	成本函数		
	生产函数		

复习与思考

1. 对行政效率可以做广义和狭义两种解释,试分析各自的利弊。
2. 对行政效率做狭义解释是否意味着效率测定可以完全不考虑效益和社会后果?
3. 论行政效率的基本类型。
4. 技术效率、配置效率的含义及其相互关系。
5. 公务员考绩的意义已为人们所认识,试论组织效率测定的特点和意义。
6. 论行政效率在行政管理中的地位。
7. 试论行政效率传统研究模式的特点及其局限性。
8. 试论当代行政效率研究的特点及其发展趋势。
9. 行政效率研究中"公共性"彰显的表现形式。
10. 如何理解"效率运动已被质量运动所取代"?
11. 大检查、大评比活动与科学的绩效评估之间有什么区别?
12. 从理论与实践结合上说明绩效评估缺失可能带来的不良后果。
13. 公共管理的新思维与绩效评估的关系。
14. 为什么说绩效评估是分权化改革的基础和技术保证?
15. 试论绩效评估与政府政治合法性之间的关系。
16. 从公共部门的特点看公共组织绩效评估的困难。
17. 论效率测定的传统方法及其局限性。
18. 效率指标的含义及其在效率测定中的作用。
19. 试述效率测定的主要方法。
20. 生产函数和成本函数的含义及其在效率测定中的作用。

主要参考书目

1. 〔美〕查尔斯·沃尔夫:《市场或政府——权衡两种不完善的选择》,谢旭译,北京:中国发展出版社 1994 年版。

2. 〔美〕戴维·奥斯本、特德·盖布勒：《改革政府——企业精神如何改革着公营部门》，周敦仁等译，上海：上海译文出版社1996年版。

3. 黄达强：《行政学》，北京：中国人民大学出版社1988年版。

4. 吴定、张润书、陈德禹、赖维尧：《行政学》第二卷，台北：台湾空中大学出版社1994年版。

5. 夏书章：《行政效率研究》，广州：中山大学出版社1996年版。

6. 周志忍：《政府管理的行与知》，北京：北京大学出版社2008年版。

7. Michael Armstrong, *Performance Management*, London: SAGE, 1994.

8. John P. Burns, *Asian Civil Service Systems: Improving Efficiency and Productivity*, Hong Kong: Times Academic Press, 1994.

9. Martin Cave, Maurice Kogan, and Robert Smith, *Output and Performance Measurement in Government: The State of the Art*, London: Jessica Kingsley Publishers, 1995.

10. W. Jack Duncan, *Great Ideas in Management: Lessons from the Founders and Foundations of Managerial Practice*, Oxford, AL: Jossey-Bass Publishers, 1990.

11. Robert T. Golembiewski, *Public Administration as A Developing Discipline*, New York: Marcel Dekker, 1977.

12. Jacky Holloway, Jenny Lewis, and Geoff Mallory, *Performance Measurement and Evaluation*, London: SAGE, 1995.

13. Harold Koontz, Heinz Weihrich, *Management*, 9th, New York: McGraw-Hill, 1988.

14. Organisation for Economic Co-operation and Development (OECD), *Performance Management in Government: Performance Measurement and Results-Oriented Management*, Public Management Occasional Papers, 1994, No.3.

15. Peter H. Rossi, Howard E. Freeman, *Evaluation: A Systematic Approach*, 4th, Newbury Park, CA.: SAGE, 1989.

16. Grover Starling, *Managing the Public Sector*, Homewood, IL: The Dorsey Press, 1977.

17. W. Jack Duncan, *Management: Ideas And Actions*, 4th, New York: Oxford University Press, USA, 1999.

18. Clarence E. Ridley, Herbert A. Simon, *Measuring Municipal Activities*, Chicago, IL: International City Managers' Association, 1938.

第十一章　机关管理

　　机关管理为行政系统内部组织管理活动的一部分,属于管理技术,即狭义行政管理的研究范畴。机关管理作为行政系统内部的组织管理活动,不同于政府对社会实施管理的行政职能活动,但为保证政府行政目标的实现发挥着不可忽视的重要作用。机关管理不仅在实际行政运作中,而且作为管理技术在行政管理学的研究中,长期以来受到了政府部门和学术界的重视和关注。在我国公共行政学的发展过程中,自改革开放后恢复行政管理学的研究之时起,就开始了有关机关管理领域的探索,并成为公共行政学的一个重要研究领域。本章由机关管理概述、财务管理、文书管理、会议管理、后勤管理五个部分组成,以此展示机关管理及其相关研究所涉及的一般特征、规律和主要内容。

第一节　机关管理概述

　　本节主要通过概述机关管理的具体含义来帮助读者理解把握作为组织内部管理活动的机关管理所具有的一般特征,为我们在本章中进一步学习机关管理的主要内容打下基础。本节主要探讨机关管理的含义及特征、机关管理的意义、机关管理的原则、机关管理的现代化等与机关管理研究密切相关的四个主题。

一、机关管理的含义及特征

　　现代行政管理研究以及公共行政学中所说的机关行政或机关管理(Office Administration 或 Office Management),一般是指对作为行政组织办公地点的机关环境的完善、机关设施的营建、机关物财的配置、文书文件的处理、机关事务的分工或运行等,以提升行政组织运行的效率为目的而进行的有计划、有组织的系统和合理化管理。而在我国的汉语词典中,"机关"一般指的是控制机械运行的部分;同时机关还指办理事务的部门,如行政机关、军事机关、机关工作等。[①] 这些关于"机关"一词的描述和解释,也反映出了机关管理所具备的部分基本特征和内涵。

　　作为现代行政管理研究以及公共行政学分析对象的机关,实际上具有以下含义和功能。首先,机关是指行政系统处理自身事务的部门、固定机构,及其处所、办公地点。前者一般等同于行政组织、政府部门,为广义的机关概念,而后者是指政府处理日常事务的场所或设施,为狭义的机关概念。其次,行政管理中的机关部分,其核心功能在于:作为行政组织的关键部位和枢纽,为组织目标的有效达成起到发动机的作用,发动、控制以及综合

[①] 中国社会科学院语言研究所词典编辑室编:《现代汉语词典(第6版)》,北京:商务印书馆2012年版,第596页。

或统一协调管理组织整体的运行,为政府职能的实现提供组织、环境、条件等的保障。

在我国,机关管理的主体主要是各个行政部门中的办公厅(室),以及与其直接相关的文秘、后勤、总务等具体执行机关管理事务的专职附属办事机构。机关管理,就是由这些固定的机构,依据机关事务处理的原则、制度、规章和技术,为保证机关有效运营而开展的管理活动。而机关管理不懈追求的现实目标就在于机关事务处理的快速性、准确性、经济性、简便性和规范性等,特别是作为政府公共部门的管理更应该强调机关管理费用的节约,杜绝浪费现象的发生。另外,从机关管理发展的角度,应该不断借鉴国外以及非公共部门的机关管理相关经验,通过对机关管理制度以及流程等加以科学合理的设计来完善和提升机关事务的处理效率,这还需要政府行政首脑的支持、所有行政组织成员经常性的努力和机关事务处理经验的不断的积累,最终促进良好的机关文化的生成。

关于机关管理所涉及的相关行政事务,可以总结出以下特征:

1. 机关管理事务的多样性特征。由于机关管理是对政府部门的办公地点、设施、运行等的管理,因此机关管理所涉及的行政事务较为琐碎繁杂,而且种类较多。例如,与组织日常运营和行政活动的开展密切相关的机关办公程序及财务的管理、与政府组织成员的工作和生活条件相关的机关后勤的管理、与政府组织信息的流动和合理利用相关的机关文书的管理、与行政决策密切相关的机关会议的管理等。无论是何种类别的机关事务,都是机关管理不可或缺的一个组成部分,共同构成机关管理系统,其相互作用和有效互动是政府部门连续正常运转和有效开展政府职能活动的前提和保证,共同为政府目标的实现提供前提条件和组织保障。

2. 机关管理事务的固定性特征。机关管理的对象是机关,即政府部门固定的办公处所、地点或设施。政府部门正是在机关处理相关行政事务,并通过机关与行政系统的外部环境发生联系,对外代表政府部门的是机关。固定的机关是政府部门的象征、物质表象和经常性工作的物理空间,正因为有了机关的存在,日常的政府活动才能例行,公共政策才能保持连续性,人们的社会经济生活才能稳定有序。总之,有效的机关管理是政府实施社会管理、履行政府职能的必要条件。

3. 机关管理事务的辅助性特征。实施组织内部管理的机关,一般直接隶属于行政首脑,是辅助行政首脑处理组织内部行政管理事务的办事机构,而负责机关管理事务的政府办公厅(室)则更具有辅助性、从属性、补充性、管理性的特点。[①] 机关管理事务所具有的辅助性具体体现为保证行政首脑与各职能部门间联系的协调性特征,以及在综合性事务方面为各职能部门提供后方支援的服务性特征。因此,由于机关管理事务具有辅助性、协调性和服务性,这就决定了机关管理的评估标准不同于对政府职能活动部门的评估,一般把机关管理的成效与行政首脑和政府职能活动部门对机关管理的评价相联系。

4. 机关管理事务的技术性特征。机关管理事务纷繁复杂、种类多样,虽然机关管理事务一般具有定型、例行和程序化的特点,但无论是政府文书的处理,还是机关环境的安排,或者是机关财务管理的开展等,都需要一定的技术的、制度的和经验的积累,并且随着行政环境的变化而不断开发和创新机关管理的方法和技术,从而形成适应时代和环境变化

---

① 胡鸿杰、申琰、张莉敏编著:《办公室管理》,北京:中国人民大学出版社2001年版,第19—20页。

的良好的机关管理模式或文化。否则巨大规模的政府组织难以稳定运转和连续运营,这也是政府组织本身以及现代国家的行政活动特有的超大规模性特点所决定的。这一政府行政所具有的结构性特征,虽然随着行政改革活动的深化加以部分调整和修正,但并没有发生本质上的变化。

总之,机关管理即政府组织的办公地点、处所或设施的管理,涉及面广、复杂多样,如机关办公的内外部环境的调整、机关物材的采购和保管利用、机关文书和财务的处理以及如何维持机关办公秩序、如何提高会议的效率、如何加强机关的后勤管理来保证机关工作正常运行等,机关管理的事务大量而繁杂。这些机关管理工作,将行政首脑与各个职能部门连结起来,在行政组织系统中发挥着协调和产出信息的作用,被称为"中枢神经",是整个行政活动得以顺利开展,实现组织目标所不可缺少的一部分。

二、机关管理的意义

大量繁杂而细化了的机关管理事务支撑着庞大的现代行政组织的运转,机关管理所具有的特点实际上也反映出现代公共行政组织的特征。在这里,我们结合现代行政组织的特点,进一步探讨行政组织中的机关管理活动所具有的意义。

一般而言,政府履行国家职能、管理社会的行政活动是最根本意义上的行政管理活动,其载体是行政组织。保证行政组织有效、正常运营的行政系统内部的组织管理活动也是一种必不可少的行政管理活动,其重要性也早已被人们所认识。而且正是二者的结合才构成了公共行政和现代行政管理的全貌。[①] 同时,公共行政学的诞生,是作为组织管理技术的研究开始起步的,这种行政管理学的原初形态一直影响着今天这门学问的发展趋向。因此,这也正是我们对作为行政系统内部组织管理活动一环的机关管理进行探讨的意义所在。

现代行政有别于传统行政的特点是政府职能的量变和质变,即政府组织所担负的管理国家和社会的职能活动或行政服务的大量增多和行政活动的专业化。而政府自身的组织管理事务亦随之大量增多,机关管理因此需要具有更高的技术性和熟练性,机关行政事务处理的专业化和科学化已成为当代政府行政发展的重要课题。也就是说,现代国家政府职能的扩展无论是在广度上还是深度上都已超出以往任何社会,而政府的机关管理事务,也随着政府职能、行政服务的增多和复杂化而发生变化。

另外,从机关管理的内涵和它所包含的具体内容分析,我们不难看出,机关管理虽然是政府运营管理的重要内容,但在企业等一般社会组织管理中也存在着与行政系统的机关管理内容类似或相同的组织管理。因此,在这方面无论是企业管理还是行政管理,它在具体内容和实际操作上没有本质差别,是具有共性和普遍性的。而且,也并不因行政活动所具有的公共权力的特殊性而改变机关管理的这一特点。但由于长期以来的传统行政的影响和现代政府行政活动所具有的规模性、法律制约性、政治机制决定性等结构性因素依然存在,所以不仅在我国而且在其他国家,政府行政系统中的机关管理同企业相比特别是

---

① 黄达强、刘怡昌主编:《行政学》,北京:中国人民大学出版社1988年版,第329页;赵国俊、陈幽泓编著:《机关管理的原理与方法》,北京:中国人民大学出版社1999年版,第3—5页。

在效率上存在滞后现象。学习其他社会组织的管理经验,接受社会公众的监督,加强机关管理的研究和改进机关管理,严格遵循制度化、科学化、勤俭办事等原则,都对提高机关管理的效率至关重要,因此具有紧迫性和重要性。

总之,机关管理,即对机关的环境、物材、财务、文书、档案以及日常工作制度和后勤的管理等,其本身并不是目的,而是实现目的的手段。行政系统中的机关管理是为有效开展社会管理的政府行政活动服务的;机关管理问题的核心,是对大量繁杂的机关行政事务的有效处理;而实现现代机关管理的目标则应遵循制度化、科学化、效率化等根本原则。

三、机关管理的原则

正如前所述,机关管理问题的核心是对大量、复杂多样的机关事务的管理,无论其主体、目的有何不同,都存在共性,而且具有较强的连续性和稳定性,有一定的内在规律可循。鉴于机关管理所具有的这一普遍性特征,我们在这里结合韦伯所描绘的适用于所有现代化大规模组织的现代官僚制组织运行形态和行政管理研究中发现的组织管理法则①,并与机关管理的具体内容相关联来思考和总结机关管理的相关原则。

(一)管理程序规范原则

行政组织中所有机关事务的开展都应按着行政组织客观规定的规则、规章制度连续进行,机关管理首先是严格的制度化和规范化的管理,机关办公程序的制度化和规范化使行政部门的正常、连续和稳定运转得到保证。履行机关管理的制度规范原则就是要彻底设定、规范和实施机关管理制度以及维持机关管理秩序。这是机关日常工作制度的管理内容,是机关管理的重要内容,也是保证机关管理的其他要素得以正常、连续运转的前提。

而且与这方面的管理内容相伴出现的具体行政事务,如办公秩序、办公时间、考勤制度的管理等,是现代行政组织管理必不可少的基本前提,也是评价行政效率、保证行政系统合理运营的重要因素。另外,管理制度和程序规范原则也可以进一步延伸为机关行政权责明确划分、行政组织内部分工结构明确合理的原则等。

(二)公私资材分离原则

机关管理的对象不仅包括机关中的人员,还广泛涵盖用于有效实施机关管理的大量资材和物品。而现代行政管理要求行政组织及其成员为完成实际行政工作所必需的设施、设备、用具等资材和物品,一切由办公地点提供。就是说,政府办公地点提供资材,任何行政组织中的成员个人不能任意占有和转为私用,即管理者或办公人员的居住地点与办公地点以及行政组织所有的资材与其成员所有的资材的明确分离和公私分明。

这一原则,是公共行政组织的现代性特征所决定的,而且特别针对机关管理而言,具有明确的指向性。因此,为保证所有行政活动的正常开展以及机关管理的有效实施,就要向政府行政组织提供办公地点以及相应的投入和装备,同时机关要对这些资材的使用进行严格管理,不能流入私用。

---

① 〔日〕西尾胜:《行政学》,东京:有斐阁 1997 年版,第 129—131 页;〔日〕冈部史郎:《行政管理》,东京:有斐阁 1971 年版,第 246—263 页。

（三）文书主义原则

现代行政组织运营的另一个结构性特征还表现为：行政系统内部的信息流动主要以文书的形式记录、传递和保存，即对现代行政组织做出的各种结论、处理结果、指令等，至少是最后的决定，都要求以文书的形式表示、记录、保存下来。我们甚至可以说，"机关"即办公地点就是建立在机关文书和机关人员二者存在的基础之上的。现代行政的正常运营管理，离不开文书这一手段，各种管理职能也是通过文书才得以实现的。

特别是在公共行政领域，由于行政本身的特殊性，文书（即公务文书或公文）的重要性显得更为突出。就机关管理而言，大量的机关行政事务广泛涉及文书的处理，如发文、收文、立卷、档案管理等。与资材管理等一样，有关文书管理的机关管理也需要不断加强制度化、科学化、效率化和专业化的管理，否则难以适应现代行政的发展和社会经济环境的变化。

（四）技能转移的原则

在今天，处理行政事务越来越需要相当熟练的技能。随着公共行政专业化的深入，行政事务的管理内容不断技术化、科学化，更加需要具有高度的技能。因此，从事机关管理的机关行政人员必须高度熟练掌握技能，才能适应公共行政活动特别是机关管理本身专业化、复杂化的要求。机关管理技能和机关事务处理技能的转移，过去很大程度上依赖于有熟练经验的机关人员的传授。但在今天，行政组织内部的培训活动使技能转移合理化。当然，如在我国的大专院校的公共行政学或公共管理学专业开设的机关管理、档案管理、秘书学、公文写作等类别的课程，也在这方面发挥着不可忽视的作用。即使如此，有熟练经验的机关人员传授技能的"活字典"作用在今天也非常重要，而且只要不是将技能视为封闭的、一成不变的固定程序，而是能发展、创新的话，其存在价值也会大大提高，最终有助于良好的机关管理文化的生成，甚至能够促进一个国家的现代行政官僚体系的建构。

另外，技能的转移也是一种由人将技能向机械器材的转移。随着科技的发展，处理机关事务的机械器材得以进步和普及，同时也带来了机关管理的革命。计算机的应用，复印机、打印机等进入机关管理，使处理机关行政事务的效率大大提高，同时也使机关管理更加合理化、高效化，促进了机关管理的进步。因此，行政事务处理的技能，在今天很快地由人向人转移，同时也大大地加快了由人向机械器材的转移。技能的获得和技能的合理转移使得机关管理更加合理化、效率化，同时也是机关管理科学化的第一步。

（五）例外的原则

即便看上去非常复杂、特殊的机关行政事务，如果将它进行具体分类分析的话，也能发现其定型的、单一化的例行特征。这样，就有必要将大量复杂的机关管理事务进行分解、程式化、规范化和标准化。作为管理者，除了将那些需要管理者来例外地、个别地判断决定和处理的行政事务保留在自己的手中外，其他事务则可分担给其他人员管理。

机关管理的事务具有较强的稳定性和连续性，在一定时间内是定型的、基本不变的，可以将其标准化后分配给属下管理；而例外的、保留在管理者手中的行政事务，是一些将来会有新的发展变化趋势或非日常发生的事务，是管理者要特别关心注意的"例外"事务。遵循例外的原则，就会使大量而复杂的机关管理事务得以分类和有效处理，使机关管理职责明确、合理化，同时能更好地应对新的行政环境的变化。

（六）集中管理的原则

集中管理的原则，即各职能部门中存在的相同、类似的机关行政事务，将其尽量归到一处进行集中处理的原则。将相同的机关行政事务归到一处会使其在质和量上处理得更加合理化、效率化。如从部门中心主义来看，各部门都希望尽可能地自给自足，但因此会产生不必要的人员和开支的增加，购买规格不统一的机关物材等管理问题。这不仅不能提高行政效率，相反会增加行政成本，还会成为机构臃肿、人浮于事等行政弊端的根源。

可以集中管理的机关事务，一般有修缮、营建、采购、文书的收签和发件、机关资材的管理等。在我国，办公厅（室）及其直属办事部门，如机关事务管理局、总务处（科）等，作为专门的部门来集中处理这些机关管理的行政事务。今后我国如何进一步加强相同事务的集中管理，如何在行政改革中贯彻这一原则，是使我国机关管理现代化、高效化的前提条件，甚至可以说也是从根本上改革行政管理体制的关键。

（七）机械化的原则

前述的技能转移的原则，必然产生机械化的原则。人类社会的发展方向是向高度的机械化社会迈进，行政活动也不能脱离这一发展潮流。信息化等现代技术革命将其推到一个更高的阶段，而且在社会活动的许多领域自动化程度越来越提高。机关管理的现代化、自动化在我国也是方兴未艾，前景可观。

现代社会信息传递手段和运送手段的飞速发展，不仅方便了人类的生活，也使世界瞬息万变。因此，行政环境的内涵及其变化的速度也与过去不同。如何快速、准确地适应不断变化的社会经济环境，提升政府有效管理和驾驭变化的能力，已成为世界各国政府不断追求的目标和行政变革的原则。同时，现代行政的专业化和规模化也成为深化行政管理机械化、自动化的前提。就机关管理而言，如何有效、合理地处理不断出现的大量的、日趋专业化的行政事务，将机关管理推向现代化已成为当前的重要课题。

事实上，对大量繁杂而且日趋专业化的机关行政事务的处理，已不能像过去那样仅依赖笔和算盘，而是要普及推广机械化，使机关管理向科学化、自动化方向发展。例如，通过计算机对行政信息进行储存、计算和分类处理；机关管理部门与其所服务的部门联网，对资材的储存使用情况进行分析，随时提供所需要的办公用品以及利用电子邮件发送会议通知等；对办公地点进行自动化管理，控制火灾的发生，同时及时根据季节的变化调节办公环境等。

总之，上述机关事务处理的具体原则——管理程序规范原则、公私资材分离原则、文书主义原则、技能转移的原则、例外的原则、集中管理的原则、机械化的原则，是依照现代行政管理的效率性这一评价行政活动的根本价值基准，为适应当代社会行政环境复杂、快速多变的特征而提出来的。从根本上提高公共行政的效率，及时而有效地解决现代社会出现的各种问题从而保证社会的稳定，是各国政府的职责和现代国家发展的关键，也是当前各国公共行政改革的重要目标。从整体上最终实现行政效率的提高，机关管理的现代化和高效化是一个不容忽视的课题，应当成为公共行政改革的内容之一。因为它不仅是保证其他行政活动得以顺利开展的基础，同时也是现代行政官僚制建立的重要指标。

通过对以上原则的简要分析我们不难发现，对机关管理的分析，应从如何构建合理的现代行政官僚制组织这一角度加以认识。政府部门的机关管理不仅仅从属于政府进行社会管理的行政活动，它在今天无论是在规模上还是在技术上都发展到了很高的程度，在支撑、维系着庞大的现代行政系统稳定、连续运行。机关管理是保证行政系统实现其终极目标，行政系统得以高效运营的重要条件；同时，机关管理的正常、有效运营也是测定现代行政官僚制组织确立的重要标志。

四、机关管理的现代化

机关管理的现代化包括双重含义：一是指机关管理的现代性目标如何实现的问题，即如何按照上述机关管理的原则推行有效的机关管理。有关这一问题的讨论，在前述分析中已经得出了初步结论，在此不再赘述。二是具体到如何引进先进的科学技术设备，提高机关管理效率的问题。由于近年来电子传播手段、高科技研究成果开始广泛应用到人们的社会经济生活中，在政府活动的机关管理领域办公自动化、信息传递高速化、资讯储存规模化、办公环境高科技化管理的程度得到飞跃提高，节省了大量的人力和物力，极大地促进了政府公共行政的效率化和机关管理的科学合理化。

在机关管理现代化的进程中，作为机关管理的专业部门和管理者还需要关注以下问题：

首先，机关管理的现代化是一个系统工程，需要根据公共行政和政府机关管理的特点，基于效率和节约原则，确定整个政府部门机关管理现代化的总体目标，制定中长期实施方案。这需要根据政府的财力以及现阶段技术进步的实际分阶段推行，而且需要制定统一的标准和细则，否则无助于行政效率的提高。

其次，在机关管理现代化的推进过程中，机关管理的专业部门应该在政府的机关管理现代化目标的设计、计划的制定、标准和细则的完善上，确立机关管理发展的问题意识、把握好机关管理的特点和现状、了解世界各国以及其他社会组织的组织管理现代化发展的趋势以及存在的问题，进而不断与其他职能部门加强协调，全面引导机关管理现代化的进程。

再次，如何有效引入先进的机关办公设备等，还要对机关事务进行具体详细的分析，找出哪些机关行政事务最需要推进机关管理现代化，然后提供适合该项行政事务所需要的先进办公器材等，这样才能降低机关管理现代化的成本，使其效益最大化，从而提高机关管理的实效。

最后，同其他的行政系统内部的组织管理一样，要根据时间和行政环境的变化，根据需要对机关管理现代化的目标、功能、推进程序、实施方法等进行重新审视和变革。同其他的政府行政管理活动一样，机关管理的不断变革也是机关管理发展的必然规律。

因此，在现代行政的运营中，作为机关事务的管理者不能再像以往那样处于被动的地位，而应该作为机关事务卓越的管理者经常思考如何研发科学的机关事务管理的标准和系统，进行机关事务分析，进而确定科学的机关事务管理规范、流程和完善机关管理的计划，主动推动机关管理的良性发展。

第二节　财务管理

　　财务管理同其他的机关事务的管理最大的不同,可能在于管理对象的不同,即它主要是对政府部门中的金钱或费用等进行的收支管理。现代国家中任何行政活动的开展,可以说无论是行政机关的日常维持运转,还是公共政策和行政计划的实施,都离不开一定的行政成本的投入以及相关管理。本节就机关财务管理的含义和作用展开叙述,重点就政府部门的机关财务管理活动所具有的特殊性进行探讨;在此基础上介绍机关财务管理的主要内容。

一、机关财务管理的含义与作用

　　"财务"一般是指"机关、企业、团体等单位中,有关财产的管理或经营以及现金的出纳、保管、计算等事务"①。这个定义揭示了所有组织"财务"的共性,基本描述和解释出了行政机关的财务管理活动应该具有的基本含义。以此,我们可以得出行政组织中的机关财务管理的基本含义:为保证政府机关的经常性维持管理以及公共政策和行政部门的行政活动的具体实施,政府机关中的财务管理主体,依照具体财务管理授权,严格本着合法合规、效率节约、廉洁效能的基本规范要求对机关单位中的财产、费用等进行的有效管理。围绕这一机关财务管理的含义,我们结合对其作用的相关思考,进行以下具体讨论。

　　首先,机关财务管理的本质问题,在于如何有效管理好社会公众委托给政府部门管理的相关财务事务。现代国家行政活动的开展,始于社会公众对政府行为的信任和委托。社会公众基于一定的政治过程、政府过程和政策过程,以缴纳税款等形式委托政府部门实施以增进社会福祉为目的的行政事务。而机关财务管理的内涵,恰恰体现了这一委托—代理关系,无论是对"财产"的管理,还是对"现金"等的管理,都需要致力于满足作为委托人的公众的意愿和期待,即实现机关财务管理的有效性,这也是机关财务管理的根本目的所在。

　　其次,由于机关财务管理所具有的上述特点,合法合规性是评估机关财务活动开展的首要标准。当然,这与现代国家的法治行政特征相关,同时更与财务活动的具体内容有着密切的联系。在这里,一是机关财务管理的运行,无论是我国还是其他国家,都有严密严格的制度预设,甚至关于相关管理程序以及财务管理者的赔偿责任等,还被规定在专门法律条文中;二是由于机关财务管理的对象和范围是对巨额政府预算、钱款等的管理,因此它也是容易滋生贪污腐败等不良行政现象的特殊管理领域,更需要严格的和彻底的合法合规性的管理规范。② 当前,在我国如何有效预防腐败的发生已经成为重大公共政策课题,而有效的机关财务管理首先是要解决的是如何有效实现清正廉洁的政策目标。当然,推进机关财务公开,不断深化制度性的审计监督、非制度性的媒体监督和社会公众监督,也是当务之急。而加强和健全机关财务管理则是这些外部或准外部监督有效

---

① 中国社会科学院语言研究所词典编辑室编:前揭书,第119页。
② 如我国《公务员法》的第五十三条,就将公务员"违反财经纪律,浪费国家资财"的行为,列入公务员惩戒的范围之中。同时,在该法第六十八条中,由于机关财务管理的性质较为特殊,而将财务工作人员纳入任职回避的对象。

实现的重要条件。

再次,现代国家有效的机关财务管理的目标的基本定位还应该在于如何促进公共政策和政府行政活动的效能提升。这在本书中有关行政效率的探讨中也会涉及,具体到本节管理课题则是如何提高机关财务活动的效率性、节约性和有效性。如通过有效的机关财务管理,使公共政策以及政府活动的开展能够在压缩成本投入的前提下实现最大的行政产出,实现效率和节约的行政管理目标。在这里,还要强调作为机关财务管理者的公务员的管理行为:需要在合法合规这一机关财务管理原则的前提之下,着眼于公共政策和政府行政活动的目标,通过具体的机关财务管理活动,从机关财务管理专家的角度积极参与到相关行政决策过程中,促进机关财务管理和行政活动开展的有效性提升。

最后,与以上讨论相关,特别是机关财务管理涉及的是对机关"物财",即物和财的管理,具有较高的专业性特征。在这里,一是涉及会计、出纳等具体财务知识的专门性,因此需要具有一定财务学习经验的人员担负起机关财务管理工作;二是在以上的叙述中我们已经看到,由于机关财务工作的特殊性,担当机关财务管理工作的公务员,必须是相关任职限制之外的具体人员;三是针对机关财务管理人员的基本要求在于严格的职业规范和专业技术技能条件,同时,在现代国家的行政发展中,如何使机关财务管理有效促进政府效能提升,则更需要管理人员具有相关的公共政策、公共管理等基本涵养和专门训练。

总之,从以上的讨论中我们不难导出机关财务管理者的基本行政责任,即现代国家行政活动实施过程中服从正式职务命令的责任,以及积极回应政府行政的终极监督者——社会公众的诉求、意识和情感的现代行政责任。特别是后者,随着中国社会成熟度和行政参与热情的提高,相关机关财务管理以及财务信息等更需要得到社会公众的理解和认同。因此,财务管理作为机关管理事务,一方面要辅助行政首脑不断提高行政组织管理的效率,加强财务管理者的专业性;另一方面还要正确面对作为委托人的社会公众监督,使相关机关财务管理的基本信息能让一般公众看得懂,推动公共行政或公共管理的变革。

二、机关财务的管理

机关财务与整个政府活动的开展紧密关联、不可或缺,甚至与其他机关管理事务还有部分重叠,其具体内容大体可以分为预算和决算编制等的管理、资金和资产的管理以及财务报销的管理四个部分。相关的机关财务管理还包含了具体制度框架、管理职责分工、操作规范程序和管理流程等具体内容。其目的在于:通过一系列的管理制度和过程,实现机关财务管理所预设的相关原则和目标,保证政府行政活动的连续、有序和有效开展。

(一) 预算管理

现代国家行政活动都是紧密围绕预算管理活动展开的,也是机关财务管理的首要内容。我们在这里主要观察机关财务管理中的预算编制管理。

由于现代国家财政民主主义原则的确立,加上很多国家的政府部门担负起了预算编制的职责,因此预算编制管理就被涵盖进了行政部门中的机关财务管理活动中。当然,这种预算编制管理,是财务处等机关财务管理主体根据被授予的具体管理职责,对行政组织内部的预算编制整个过程进行的综合协调管理,以保证该项工作按计划推进、按具体标准实施以及顺利按时完成。这是因为,如果没有机关财务管理的协调推动,涉及多项政策领域或行政部门中各单位的预算编制方案得不到整合，就更谈不上国家预算能否顺利编制。

因此，机关财务管理中的预算编制管理是一项行政组织内部围绕如何通过有效成本支出来实现政府部门基本责任的年度方案或计划，能否最终成立一般要通过人民的代表机关议决。它也还是政府部门中的机关财务主体每个财政年度都要反复进行、必须例行的经常性管理活动。也正是因为机关财务管理，特别是预算编制管理或预算管理所具有的特殊性，很多国家又以法律的形式对其加以规范，如我国除了《中华人民共和国预算法》外，还制定了相关实施条例和管理办法等。可以说包括预算编制等的预算管理被严格置于相关法律、法规等制度规范下，其具体实施的时限、标准、规程、流程等构成了预算管理的基本要件。

（二）决算管理

在机关财务管理中，与预算管理的关系最为密切的应该是决算管理，即决算编制管理，它是对预算计划执行的数字统计，具有较强的监督控制功能。这是因为按照现代国家行政管理的基本规范，预算管理—决算管理如果能够形成一个很好的管理循环，决算管理的结果就能反馈到下一年度的预算编制和实施过程中，就可以更好地提高预算计划以及预算支出的效率性和有效性。在我国，相关决算管理与预算管理一样也由预算法及其实施条例严格规范，将预算—决算过程纳入同一部法律中统一管理。而机关财务管理的主体，正是在这样的制度环境下推动决算管理的。预算—决算管理循环周期较长，且周而复始地连续反复进行，因此也具有了我们前述的机关事务的特征。

机关财务管理主体对决算的管理过程，与预算管理的过程有一定的相近之处，就是协调本部门中的各单位计算、统计决算数据，这是其主要管理活动内容。不过在这里，我们联系作为政府部门中的机关财务管理主体所具有的综合管理功能和基本作用（本节前述中的预算管理更是如此），进一步强调这一领域可以开拓的机关管理空间。也就是说机关财务管理的主体通过对部门中各单位的预算、决算方案的整合等实施管理行为，不应该仅局限在是否符合相关指标、要求、规定的合法合规性层面，同时还需要从机关财务管理专家的专业和技术层面积极主动地辅助行政首脑，更好地将本年度决算结果进行科学总结分析，有效反馈到下一年度的预算编制中，使决算与预算实现有效对接，真正起到参谋幕僚的作用。

（三）资产管理

资产管理与本章后述的后勤管理有所重叠，在此我们做一些初步探讨。一般而言，我们在这里所说的资产管理主要是指机关财务管理的主体，基于专门的财务管理授权等而对与机关发展相关的固定资产的购置和处置，以及政府采购工作等进行的管理活动。机关资产管理同时涉及机关物材的具体保管等管理以及与此相关的费用成本支出，因此包括后勤管理在内的其他机关管理活动，也与资产管理这一机关财务管理活动发生联系。

与资产管理相关的国有资产的管理、公务用车的购置使用、政府采购工作等，我们国家也有相关的法律法规的规定，也应该属于被严格规范的财务管理范畴。由于机关管理中的资产管理涉及金额巨大，以及公务员工作条件的变化和行政效率的保障等因素，如何有效开展资产管理变得非常微妙和复杂。特别是现代国家的社会意识发生了较大变化，人们加强了对涉及巨大财政支出的行政活动的监督,因此该领域管理的最大问题是如何贯彻合法合规性这一机关管理的原则,并做到公开透明,杜绝违规和特权现象的发生。因此,有关资产管理,不仅需要后勤管理等的进一步合理化和规范化,财务管理主体的积极介入和控制、监督等仍然非常重要和必要。

(四)报销管理

报销管理可能就是人们一般认知意义上的机关财务管理,或最常见的机关管理事务之一,如政府人员为保证行政活动的正常开展所必需的差旅费的报销、会议经费的报销等。在人们的一般印象中,上述预算、决算的管理或资产管理等,由于不涉及所有组织中的成员,或者并不为人所熟知,所以很难将其等同于行政机关的日常财务管理来看待。而财务报销则是很多行政机关中的公务员经常遇到的管理过程,当然在这一过程中他们就自然成了机关财务管理的对象,报销管理更具有日常性、经常性管理的特征。

日常行政活动的开展所必需的相关费用支出的报销管理,可以理解为政府机关维持运营和经常性行政活动开展的必要支出,及时履行报销程序,按照既定的报销流程有效率地完成财务报销过程是促进行政活动的效率化的必要前提。报销管理还需要建立在一定的年度支出计划前提之下,同时相关报销标准和审批环节的明确化、机关内部的周知等,也是提升报销管理效率的基本条件。这一切管理活动的开展及其完善,更需要机关财务管理者有意识地提高报销管理的效率性,即不断通过改良和修正既有的报销流程,来努力减少报销程序以及简化相关手续,减轻管理对象的成本和负担,克服官僚主义,最终实现机关管理的变革,促进良好机关文化的形成。

第三节 文书管理

机关文书管理,简而言之就是对机关中的文书的管理。机关文书,即公务文书,就是我们平常所说的公文,不同于私人文书,是政府部门及公务员为了公共事务的有效开展,在政府部门的决策、沟通、协调、处理、执行等行政活动的过程中,以文本形式,表达和传递政府公共组织的意志、联系各方的最为常用的手段或工具。在社会组织中,特别是公共行政组织中,信息的流动和传播,主要是以公文为媒介进行的。在电子政务、政务公开等政府行政民主化改革、政府治理变革不断推进的今天,公文在公共行政活动中发挥的作用更受到政府及社会的广泛重视,而且也正是由于这些原因,有关公文的处理和管理,作为机关管理的重要内容,其地位也得到了进一步提高。

一、机关文书管理的含义与作用

我国的政府机关公文种类很多,一般可以分为决议、决定、命令(令)、公告、公报、通告、意见、通知、通报、报告、请示、批复、议案、函、纪要等,是政府机关在推行公共行政活动中形成的具有特定效力和规范体式的文本,是依法行政和进行公务活动的依据。另外,公文根据保密程度还可以分为"绝密""机密""秘密"类的文书;根据紧急程度,可以分为

"特急""加急"等。① 政府部门的机关中,经常有大量的文书在流动和保存,是重要的公共行政资源,如果不加以有效的管理,机关文书很快会堆积如山、难以利用,无法发挥其应有的功效。

在我们的日常生活中,个人或组织内部的决策或对外的意志表达,以及我们与他人或其他组织的沟通或联系,通过口头表达,即口述的方式也可以基本实现。但随着社会经济生活的日益复杂化和深化,仅用口头表达的方式,很难保证人们的公共生活有效运营。所以,人们常常借助于文本、文书的作用来提高公共生活的质量,适应现代社会的发展。

这一情况的出现,在很大程度上是由于文书同口述方式相比所具有的优越性和重要作用所决定的。首先是文书的记忆保存功能,即作为记忆手段的文书,在它未受到破损销毁的情况下,可以长期存留,保持功用,并可以随时利用。其次是文书所具有的准确、客观性,即文书能够原原本本记载保留人们或组织决定的结果或表达出的意图。再次是文书所具有的依据或凭证的作用。最后是文书作为信息的传递手段的快速性,即能够在较短的时间里广泛传播,被广泛利用。

由于文书在信息的传递和信息的保存方面所具有的这些特点和重要功用,因此政府组织在行政事务的处理过程中更为重视公务文书的作用。这还与政府组织所具有的特殊性相关:

一是与现代行政组织的规模化特征相关。由于现代行政组织以及行政活动的规模巨大、管理的类型和管理的内容复杂多样,要保证公共政策的连续性、稳定性和政府整体效率的提高,非常需要运用公文的方式开展行政事务。换言之,现代公共行政管理的效率目标决定了在政府部门的机关管理中需要广泛运用文书手段。

二是与公共行政活动以及政府组织运营的法制特征相关。政府部门的行政活动,大部分涉及对社会和国家的管理,是国家公共权力的行使,并被时刻置于全体公众的监督之下;同时任何政府行为都受到法律法规的严格制约,法治行政是现代国家公共行政的最基本特征。而政府方针政策的提出、法律法规的颁布、行政处分的决定以及对公众诉求的回应等,只有以公文的形式出现,才被看作是政府意志的表达,也才具有合法性或强制性,才能被政策相对人所接受,成为政府作为或不作为的依据,同时也使人们对政府的监督具有实效性,保证政府部门真正履行行政责任。这也是我们在本章前半部分关于机关管理原则的讨论中,提到文书主义原则是机关管理所要遵循的原则的原因所在。而且,以公务文书为基本要件的规范化、制度化、科学化的机关管理更是行政民主化、透明化、公开化等政府治理变革成功的前提。

二、机关文书的管理

我国各级政府中的办公厅(室),专掌机关公文的管理,负责本机关的公文处理工作,同时指导和督促检查下级机关的文书管理,是公文处理的管理机构。2012 年 4 月中共中央办公厅和国务院办公厅联合印发的《党政机关公文处理工作条例》要求在各级政府的办公厅(室)中设立文秘部门或者配备专职人员负责机关文书处理工作,提出了机关文书

---

① 中共中央办公厅、国务院办公厅:《党政机关公文处理工作条例》,2012 年 7 月 1 日施行。

管理专业化要求,表现出我国政府对机关文书管理组织和制度建设的高度重视。

机关文书管理流程大体包括公文的收文办理、发文办理、立卷整理、归档管理等内容。流程中的各个环节联系非常密切,规范和加强每个环节的管理,是提高机关文书管理效率和效能的关键。另外,关于机关文书的处理,《党政机关公文处理工作条例》还就此提出了明确的要求和必须遵循的原则,这也是构筑有效机关文书管理的基础。如实事求是的原则、准确规范的原则、精简高效的原则和安全保密的原则等。这些原则应该说对机关文书处理的要求是非常严格的,而且很好地把握了政府公共部门中的机关文书管理的特点,原则的具体遵守,有助于我国机关管理的发展。

机关文书的管理具体包括公文格式、行文、发文办理、收文办理、分类整理、保管保存、归档和销毁等主要内容。一般而言,政府组织对机关文书处理的规范化要求很高,每一个环节都需要按照统一的标准办理,不能因人而异,需要标准化管理。因此,非常有必要专门配置专业人员或文秘部门直接实施机关文书的处理,或需要有专业人员指导和监督这项工作。另外,机关文书是政府组织的重要资源,即与政府人力、财务、物材相并列的行政信息资源,对其活用、发挥政府信息的最大效用是政府机关文书管理成功的关键。因此,应该做到绝大部分机关文书能够及时地为政府组织中的大多数成员阅览,并被有效利用,[①]这样才能提高机关文书管理的地位和重要性。

另外,随着政务公开制度化改革在我国的不断深化,机关文书的利用已经开始不限于政府组织中的成员,开始向一般公众开放,如何保证社会大众有效利用政府机关文书,提高行政监督的实效,已经成为我国机关文书管理制度改革的当务之急。当前要使得机关文书广泛应用到现实行政活动和人们的公共生活中,为公共行政目标的实现做出最大的贡献,重要的是通过强化机关文书管理来提高机关文书的利用率,即如何根据需要,将一些必要的机关文书放在相关人员随时可以阅览的地方,使得政府组织中的成员都能在最短的时间里,查找到所需要的公务文书,杜绝政府组织内部的公共行政信息被垄断的现象发生。同时,还要使得社会公众能以更为简便和低成本的方式阅览到自己需要的公务文书。为此,机关中的文书,不应该成为机关中某个人的专有物,任何个人不能独占公务文书的使用,也不应该完全成为政府组织的资源,而永远远离社会大众。为此,作为现实的管理技术问题,机关文书制作、保管、检索、获取、利用的效率化问题则显得尤为重要。

机关文书的保存管理,在机关文书管理中占较大比重,而且该项工作的专业性较强,需要具有文秘或档案学方面的专业知识技能,同时需要机关文书管理人员的大量劳务付出,以及需要有一定的机关文书保存空间、文件柜、管理费开支等机关物材和财务方面的支持。首先,需要将日常收到的和机关产出的机关文书根据具体类别进行分类整理的管理。例如,根据发文或收文的机构名称进行分类,还可以根据具体的行政活动进行分类整理等。其次,将分类整理过的机关文书进行集中存放管理。最后,对机关文书中由于时间等关系利用率较低或已经处理过的公文等,根据《中华人民共和国档案法》等规定,进行归档管理。

总之,机关文书管理在政府管理中具有无法取代的作用。政府行政活动的开展,甚至

---

① 〔日〕冈部史郎:前揭书,第261—262页。

可以说是通过公务文书的管理来实现的。因此，机关文书管理虽然属于辅助性、事务性的工作，但由于现代公共行政具有的规模性、法制性等特点，使机关文书管理的特殊作用被进一步放大。全球规模的现代国家行政民主化、公共行政公开化、透明化等政府治理变革的趋势不断加强，也为我国今后机关文书管理的改革提出了诸多课题。

第四节　会议管理

"文山会海"，一般是指政府机关运转中的公文、会议过多的现象，是一般社会公众对政府机关存在的低效率行政现象的批判性描述，也被看作是官僚主义的一种表现形式。在第二节中我们谈到机关文书管理应该遵循"实事求是""精简高效"的原则，实际上也是针对同样的问题提出要警惕机关文书的"反功能"现象，不要陷入文牍主义和繁文缛节的形式主义和官僚主义中，使得本来应该发挥效率功能的公务文书，最终阻碍了公共行政活动的有效开展。同样，为了避免政府部门的会议出现类似不良效果，有必要加强对会议的有效管理。

一、机关会议管理的含义及作用

会议和文书一样，作为社会生活的开展和具体工作的推进的方式、手段或方法，广泛存在于一般社会组织或公共生活的管理运营中，而且会议在政府活动开展中也是经常使用的组织管理手段和方式。政府部门的会议是政府组织及其成员等为决策、沟通、协商、协调、听取意见、解决问题，而有目的、有组织地召集三人以上相关人员，汇聚参与、共同议事，来整合组织、推进工作的方法。政府中的机关，除了为推进自身机关管理工作而召开会议、议事决策、解决问题外，同时还负责政府部门中的各类会议的管理工作，因此在我国的机关管理、行政事务研究中，将机关会议管理也作为机关管理的重要组成部分。本节所探讨的会议管理，包含这两部分的内容，但以前者为中心，因为这类机关会议是开展机关日常工作的核心方法和手段。

召开会议的方式是政府为有效开展行政活动而采用的既传统而又重要的工作手段或程序。在远古社会，为处理部落中的公共事务和问题，就已经采取会议的方式协调各方意见，集思广益来实现部落内部的决策和运营。会议方式能够一直延续至今，之所以在政府部门中仍然被广泛和经常运用，重要的原因是它具有多种适应现代社会和现代公共行政活动的功用。机关会议的种类有很多，作为组织管理的手段，机关会议一般是为了商讨和处理机关日常事务，进行沟通和协调，汇集意见和信息、发现问题、寻求解决问题的途径，而最终形成共识、进行决策的会议。这些也是机关会议具有的功能和作用所在。如机关办公会等，是机关组织管理中最为常见的会议形态。

除此之外，根据规模、对象、主题、周期等不同的标准，还有联席会议、动员会、发布会、听证会、学习会、研讨会、各类仪式等。这些会议的规模大小不一，而且参加对象较为多元，都为各自特定的组织和社会管理目标服务；有些形态的会议不是组织内部管理的一环，且目的单一、参与者缺乏主动性。但有关这些会议的筹办、举行、管理，都作为机关管理的一部分，是重要的机关管理事务，即机关为开好各项会议，要对会议的准备、会议的进行、会议的结束等整个过程进行全程管理。

一般而言,机关会议具有的特点之一是会议的组织性和目的性。政府部门的会议,一般是由部门内部的机关办公室根据行政首脑的正式职务命令召集相关人员,为了实现某一目标开展的活动。这一特点存在于现代行政管理中,实际上也是机关会议的构成要件,否则不成为会议,而且轻视机关会议的组织性和目的性特点的会议,也一定是非常低效率的。

同时,会议过多也是政府机关会议的一个特点,仿佛所有的问题和事项只有通过相关人员参与的、召开面对面的会议的形式才能有效做到周知、配合、协调、服从和贯彻执行,这是"会海"现象形成的原因之一。这一机关会议泛滥的现象,实际上使得会议成为目的、成为机关工作的重心和政府推行政务的唯一可行有效的手段和方法,甚至成了一道必须履行的工作程序,出现了目标与手段置换的异化现象。这不仅会影响到机关内部日常工作和政府职能活动的有效开展,也使得机关会议形式化和无效率,无端浪费机关人员的精力和劳力,影响人们开展工作的热情和兴趣,最终给政府行政服务的对象——普通公众带来极大不便和影响。

在电子政务和办公手段日益现代化的今天,政府中的公共管理者有必要变革传统的行政事务处理手法和管理思维,尽量减少大规模的动员会、仪式典礼等会议的召开,尤其需要完全避免在正常工作时间安排学习会等。同时,更有必要提高机关会议的效率,实现对机关会议的合理有效管理。

二、机关会议的管理

"聚众议事的过程"是会议,因此任何有效的会议都应该具备共同的议题、有会议的组织者和相关成员三人以上参与。[①] 效率最低的机关会议,应该是无目的的和毫无结果的无意义的会议。因此,有效的机关会议管理,首先需要确定会议为何而开,会议要达到什么目的,会议会得出哪些结果等。这样会消除会议决策者的随意性,也能提高会议的效率和效益,避免不必要的浪费和成本投入,使得机关会议变得有意义。同时,设计和制定机关会议管理的程序,对保证机关会议的实效和效率的提高,也非常具有现实意义。

确定了机关会议召开的目标、得到举行会议的正式职务命令授权之后,就要进入具体的机关会议管理程序。一般而言,机关会议管理的实效,要受制于人、财、物、信息等公共行政资源的质与量的程度。机关会议能否成立,首先是由参与会议的一定的人员数量所决定的,三人以上人员的参与才使得会议成为可能。而且需要根据会议目标、会议主要议事事项来决定总体的参加会议的人数,适当合理的与会人员人数对机关会议的实效性的提高影响较大。没有必要为了表现机关会议的规模、政府决心的坚决和公众配合热情的高涨而盲目扩大会议规模,强制召集大量人员为会议"捧场"或"凑数"。因为与会人数越多,对现实日常行政工作带来的影响也越大,会议带来的潜在成本也越高,是极端的形式主义的机关工作作风。机关会议管理所追求的目标是机关会议的高效率,机关会议管理追求的最大目标也应该是机关行政效率的最大化。

---

① 胡鸿杰、申琰、张莉敏编著:前揭书,第 196 页。

除了人员数量的问题之外,与会者与机关会议的相关度,也是决定谁来参加会议的主要条件。这里最为重要的是决定会议成败的会议组织者、会议主持人。机关会议的组织者、主持人,在机关会议管理中处于中心地位,对保证会议的效率提高作用很大。机关会议的组织者、主持人,应该由机关内部的管理者或相关负责人员担任,依据职务权威实施对会议的管理,这样能够提高机关会议的实效。如,明确会议目标和议题、监督与会者的出席情况、保证会议按照预定时间进行、为避免会议开得冗长而进行会议时间管理、规定具体会议细则、依照细则完成会议程序、创造活泼民主令人畅所欲言的氛围、围绕会议中心议题来诱导与会者的发言、不时做出阶段性总结、最终得出一定的结论和决定等。当然,仅有主持人的会议是不能成立的,而且机关会议也决不能成为主持人个人自我表现的会议,不应该让会议成为主持人的一言堂和独角戏,这无助于机关会议效率的实现。

确定会议主题和决定召开机关会议后,有时还要做出会议预算,申请机关会议经费,特别是大规模的会议,如果没有机关财政支出的支持则无法实现。在一些政府机关会议管理中,无视会议成本和效果,只追求会议规模、大造声势、显示气派的问题较多,出现一些浪费公共行政资源的高成本、低效益的会议。因此,在机关会议管理中需要强调会议成本意识和会议效益意识。明确划分哪些是必要的机关会议开支,哪些为参加会议者的合理负担等。越是政府机关会议,越应该厉行节约,反对铺张浪费。会议预算规模及成本效益分析结果应该成为机关会议管理绩效评估的标准。可见,前述文书处理工作的相关原则,完全可以原原本本地套入这里的机关会议管理。

会议地点、会场选定、会场的装饰、会议时间的安排、会议资料的准备、会议安排的周知等,关于机关会议管理的具体内容还有很多。虽然都是些繁杂琐碎的机关行政事务,但是对机关事务管理者而言都是重要的机关会议管理程序和步骤,不仅要规范,还要认真有效完成每一项具体程序,否则会影响整个会议的实际效果。机关会议的成功与会议准备得如何关系十分密切。既然机关会议具有目的性和组织性的特点,是正式的政府机关会议,是政府部门的一项行政管理活动,就应该为保证其成功而进行非常周密的准备。例如,预先将会议使用的资料认真准备好,通知与会者做好充分准备,安排好正式会议时间和休息时间,计划好会议的各个程序和发言顺序等。

所以,有研究指出:要减少会议数量、缩短会议时间、降低会议成本、提高会议效率,则需要坚持"6W"原则,特别是会议决策者要在会前、会中经常思考 6 个"W":[①]

1. Why——为什么要召开会议?即会议的目的、理由、要求、方针是什么;
2. What——召开什么会议?即会议的内容、议题是什么;
3. When——什么时间开会?即何时、从何时、到何时;
4. Who——哪些人开会?即与会人员、会议对象;
5. Where——在什么地方开会?即会议的地点、场所、会场;
6. How——怎样召开会议?即会议召开的方法、手段、步骤、程序等。

[①] 杨志贤、钱志群编著:《现代机关科学管理概论》,北京:中国发展出版社 1993 年版,第 270—271 页。

第五节　后勤管理

机关后勤管理工作综合性强,涉及前述的机关财务管理、机关文书管理、机关会议管理等的相关内容,还涉及政府组织成员的工作条件和生活条件,属于为行政活动的开展和机关管理的实现提供后方物质供应保证、组织内部管理的重要环节。应该说凡是有办公处所、"机关"的地方,都需要机关后勤提供服务。因此,机关后勤管理也是机关管理的一项重要内容,机关后勤管理提供的服务是行政组织得以运转的物质前提。当然,机关后勤管理的内容也随着社会经济环境的变化和政府行政改革的深化而在不断调整和变革。

一、机关后勤管理的含义及作用

我国的机关后勤管理工作,主要由机关管理综合部门的直属办事机构,如总务、后勤处(科)或机关事务管理局等负责管理。机关物材的筹措、保管、储存、分配、利用的管理;机关环境、工作场所的安排、配置和完善的管理;机关建筑设施的修缮、营建、分配的管理;机关食堂、宾馆、招待所、澡堂、用车、班车的管理;机关住房、卫生保健、托幼等,都是机关后勤管理事务。机关后勤工作涉及面广,内容复杂且琐碎。但每项机关后勤管理事务都对政府机关的正常运转和改善政府组织成员的工作、生活条件具有重要作用。而且,机关管理事务所具有的服务性特点,通过机关后勤管理的实施表现得最为明显。

政府机关、政府部门的办公场所,首先是由一定的物理空间、建筑设施构建组合而成的,然后配之相应的机关物材、办公用品等才能最终形成完整的机关办公、开展行政活动的办公环境。这些不仅是政府机关成立的要件,同时也是在机关办公的政府组织成员得以在组织内生存发展和职业发展的物质条件和前提。即其管理的好坏、机关办公和工作条件如何直接影响到机关人员的行政效率的提高和个人的安全、身心健康以及权利的维护,最终影响整个政府部门行政效率的提高。

同时,机关后勤管理除了具有供给机关工作条件的功能外,还具有向机关成员提供生活条件的福利功能,这一功能在过去表现得更为明显,因为我国政府机关成员的福利供给很大程度上是通过机关后勤管理来实现的。如何向机关中的工作人员提供较好的后勤服务,保证其生活条件,解除机关人员工作的后顾之忧,激励其以饱满的工作热情和干劲发挥更大的作用,应该说也是机关后勤管理的重要功能。

但在这方面,我国传统的政府机关后勤管理模式具有"大而全""小而全"的特点。即,传统的后勤管理事务可谓包罗万象,政府机关直接经营幼儿园、食堂、招待所、住宅、澡堂、理发店、医务室、班车等,在政府的机关系统中形成了一个自我封闭、自给自足的内部自循环、自我保障型的小社会,出现了被称为"机关办社会"的特权行政现象。其结果是出现了机关后勤人员增多、机关后勤管理机构膨胀、机关后勤管理内容过于多样化、复杂化的效率低下问题,也成为我国传统行政管理的特征。这一在计划经济条件下形成的传统机关后勤管理模式,一直影响着我国现今行政体系的运营,以及我国行政管理的效率化和合理化进程,并已经成为当前我国行政改革的对象。因此,当前我国机关后勤管理改革的价值取向是机关后勤事务的社会化和市场化,也就是人们所说的"社会办后勤"①,特别是在机关后勤管理的福利供给功能的改革上有必要进一步推进。

这一改革的意义非常深远。可以想象,生活在自我封闭、后勤和生活福利条件充裕的小社会中的政府机关成员,他(她)们所关心的只是小社会内部的利益得失和机关后勤是否充实的问题,有可能由此失去培育和生成公共意识的契机。既然政府机关人员的公共意识和精神难以得到培育和健康成长,就无法从根本上实现行政活动的公共性,更无法要求整个社会和所有公众都具有健全的公共意识和精神。因此,机关后勤管理事务的减量经营、政府机关人员后勤福利的货币化改革以及后勤管理事务的市场化、社会化变革,实现由"机关办社会"到"社会办后勤"的机关后勤管理模式的转型,已经成为我国公共行政管理变革的重要内容。同时,这项改革的成败也决定着我国公共行政系统的高效化是否能够实现,甚至决定着在我国现代公共行政管理体制以及市场经济体制和健全的公民社会能否最终成功建立。

二、机关后勤的管理

机关环境管理是机关后勤管理中的经常性的工作。有效的机关环境管理,首先应该有助于机关办公效率的提高,使机关环境能够有助于机关工作人员的工作热情和士气的高扬;有效的机关环境管理还应该有助于作为公共行政对象的普通公众容易接近、亲近和利用政府机关,使机关环境更加人性化,便于公共行政活动的顺利推行;同时,有效的机关环境管理应该有助于机关工作人员的劳动条件的改善;另外,机关环境管理还应该具有灵活性,能够不断适应组织变革的需要。②

机关环境管理直接引出的是机关物材管理,因为机关环境管理的实现是以机关物材的有效配置为依托的。而且几乎所有的机关后勤管理事务,甚至所有的机关管理事务,也都是在机关物材得以有效筹措、分配和利用的前提下开展的。因此,机关后勤管理、机关管理的实施需要大量的机关办公用品等机关物材,是任何国家政府预算的经常性支出和日常政府消费或消耗的重要组成部分,是开展行政活动所必需的支出和成本。

一般而言,政府机关人员的薪酬支出和日常办公用品等机关物材支出,构成政府消费的重要内容。但这一部分的管理消耗如果过大,势必影响为开展政府职能活动而投入的政策性支出规模,难以实现有效的社会管理和稳定的经济生活,因而需要维持一个适度的规模。因此,机关物材管理、机关后勤管理活动中,无时无刻不在强调节约、效率的原则。同时,机关物材管理以及与此相关度较大的机关设施的维持修缮等,都是各级政府部门为了日常事务的开展和有效地为公众提供公共服务而进行的必要投入,需要通过基建和采购、购买等方式得以实现,政府在这方面消费的规模也较大。

正因为后勤管理所具有的规模特点,因而非常有必要在机关财务等财政监督管理下,以法定的方式、方法和程序,公开、透明地购买机关物材、工程或服务,这是我国近年来尝试推行政府采购制度或公共采购制度的缘由所在。③ 这首先是要通过对机关资材的集中

---

① 段甲强、李积万编著:《公共部门机关管理》,北京:中国国际广播出版社 2002 年版,第 252—253 页。
② 〔日〕衣川光正:《例解·事务管理》,东京:公务职员研修学会 1982 年版,第 78 页。
③ 楼继伟主编:《政府采购》,北京:经济科学出版社 1998 年版,第 1 页。

管理来提高机关后勤管理的效率,以此来降低行政成本、减少投入、节约机关经费开支。世界各国的政府采购制度中,一般较多地采用集中采购模式和半集中半分散的采购模式,其主要目的也在于节约人力和财力,提高资金的使用效益,实际上体现了我们前述的相同机关管理事务的集中管理原则。其次对我们国家来说更具有现实意义的是,通过现代政府采购制度的引进来预防和从源头上遏制多发于我国政府部门机关基建、机关物材采购领域的寻租和腐败现象,实现政府公正和廉洁。

随着我国近年来经济建设的高速发展,政府的财政收入也有了较大提高,这为机关事务的管理,特别是机关后勤工作的开展提供了非常有利的条件。而且,实际上近年来我国许多政府机关的设施、办公条件、机关环境等都有了较大的改善,机关资材的供应也较为稳定,办公自动化、办公设施和环境的现代化得到了基本实现。但同时我们还要清醒地看到我国机关后勤、机关设施、机关资材管理中存在的一些问题。例如,一些政府部门动用教育和扶贫款项、养老保险资金营建豪华机关设施,购入高级豪华公务用车等,甚至出现了争相攀比的恶劣行政现象。这必然会加重政府的财政负担,使政府预算不能优先投入到政府的社会管理职能活动中,也就难以向公众提供足够的高质量的公共产品。这当然不利于经济社会的稳定发展与和谐社会的建立,有悖于公共行政活动所追求的目标,也是我们国家的社会主义性质所不容的。

因此,通过对机关后勤管理存在的问题的分析我们可以发现,机关管理的发展和现代化还要从我国的国情和实际出发,将机关管理的着眼点放在如何以最小的投入换取最大的效益上,以经济性、效率性还有程序规范性、合规性为基准,时刻遵循勤俭办事的原则,应该注意机关管理的现代化,不仅仅是办公设施和环境的现代化。

名词与术语

机关　　行政事务　　广义机关管理
　　　　机关行政　　狭义机关管理
　　　　机关财务　　机关后勤管理
　　　　机关文书
　　　　机关会议
　　　　政府采购

复习与思考

1. 办公地点的特殊功能。
2. 机关管理事务的特征。
3. 管理程序规范的原则。
4. 公私资材分离的原则。
5. 文书主义的原则。
6. 技能转移的原则。
7. 例外的原则。
8. 集中管理的原则。

9. 机械化的原则。

10. 机关财务管理的内涵和作用。

11. 机关文书管理的内涵和作用。

12. 机关会议管理的内涵和作用。

13. 机关后勤管理的内涵和作用。

14. 机关财务管理的内容。

15. 机关文书管理的内容。

16. 机关会议管理的内容。

17. 机关后勤管理的内容。

18. 政务公开与机关管理。

19. 会议的功用。

20. 机关后勤管理的改革。

21. 机关管理的现代化。

主要参考书目

1. 张润书:《行政学》,台北:台湾三民书局股份有限公司1979年版。

2. 〔日〕西尾胜:《行政学(新版)》,毛桂荣等译,北京:中国人民大学出版社2006年版。

3. 〔日〕衣川光正:《例解·事务管理》,东京:公务职员研修学会1982年版。

4. 张龙等:《机关行政研究》,北京:中国广播电视出版社1990年版。

5. 杨志贤、钱志群:《现代机关科学管理概论》,北京:中国发展出版社1993年版。

6. 唐小红、李晨:《现代办公读本》,北京:中国水利水电出版社1995年版。

7. 赵国俊、陈幽泓编著:《机关管理的原理与方法》,北京:中国人民大学出版社1999年版。

8. 唐树杰:《国外政府后勤管理概况》,北京:中国人事出版社2000年版。

9. 萧凤舞、杨增武:《政府机关公文写作与处理》,北京:中国人事出版社2000年版。

10. 胡鸿杰、申琰、张莉敏:《办公室管理》,北京:中国人民大学出版社2001年版。

11. 段甲强、李积万:《公共部门机关管理》,北京:中国国际广播出版社2002年版。

第十二章 公共财政和预算

第一节 公共财政的职能与国家预算

公共财政是研究政府理财活动及其对资源配置和收入分配影响的一门学科。所谓公共财政的职能,是指政府的财政活动在经济和社会中所固有的功能,是政府活动对经济的各个方面所产生的影响和变化的高度概括。它既表现为公共财政的作用,也表现为公共财政的职责或责任。现代公共财政学理论认为,经济活动是一切活动的核心,只有把公共财政问题放到经济活动中来研究和考察,才能对公共财政的职能有更深一层的认识。

一、公共财政的概念

在现代社会,所有的经济主体可以分为两类:公共经济部门和私人经济部门。公共经济部门指政府,而私人经济部门主要指家庭和私有企业。

不论是马克思的价值规律还是亚当·斯密所形容的那只"看不见的手",都说明了市场本身是一个极具效率的经济运行体系,它通过自身的规律自发调节着商品的生产和流通,以满足人们的各种需求。在市场中,每个人既是产品的提供者,又是产品的需求者。但现实生活中,市场并不是满足人们需求的唯一系统,因为它不能满足人们的一切需求。最典型的例子是国防、社会治安及国家行政管理,我们可以在市场上买到有关衣食住行的所有私人产品,但却无法买到人人都需要的国防、社会治安等这类"公共产品"。

公共产品和私人产品是社会产品中的两极产品,与私人产品相比,公共产品所具有的两个基本特征是非排他性和非竞争性。对于私人产品,一旦购买者支付了价格就取得了该产品的所有权并可以排斥他人消费这种产品,这就是排他性;而这一产品被一个人消费后,一般来说别人就无法再消费了,这就是竞争性。所以私人产品是具有排他性和竞争性的社会产品。而公共产品则不同,它的消费是共同的,其效用不能在不同消费者之间进行分割;而且公共产品一旦被提供出来,任何消费者对其的消费都不影响其他消费者以及整个社会的利益。例如,我们之所以说国防是典型的公共产品,是因为只要国家建立了防务体系,就几乎不可能排除任何居民享受该体系的保护,即使监狱里的犯人也如此;另外,增加一个居民或减少一个居民也不会妨碍或影响他人享受该体系的保护。显然,这种区别于私人产品,用于满足社会公共需要,具有非排他性和非竞争性的社会产品——公共产品不可能通过市场来提供,只能由政府来提供。

政府是通过国家预算,以有别于市场的方式来提供这类公共产品,满足公共需要的。作为公共经济部门,政府介入经济运行可采用的方式很多,如计划、法律、货币金融政策等,但公共财政指的只是政府的经济行为中与国家预算有关的那一部分。

二、市场失灵与公共财政的职能

如上所述,市场是一个极具效率的经济运行体系,它通过价格和竞争机制,对经济活动进行自发的有效的组织,对社会资源合理配置,从而使每个人都追求个人利益最大化的同时,也给全社会带来共同利益。在理论上,帕累托最优状态的资源配置应该是最具效率的。但完全竞争是一种非常理想的市场状态,当某些条件不存在或不具备时,帕累托最优就无法实现。此外,即使达到了帕累托最优,在市场机制下收入或财富分配的不公和宏观经济的某些失衡也不可避免,这都属于市场机制本身所固有的缺陷。这些缺陷会造成资源配置的低效率,收入分配的不公平和宏观经济的不稳定,这就是市场失灵(见本书第三章)。

市场失灵的客观存在,使政府介入或干预有了必要性和合理性的依据。为了弥补或纠正市场失灵,政府需要从多方面介入社会经济运行,以达到社会资源配置合理,收入分配公平及经济稳定发展的目的。政府可通过行政法律手段、货币手段、财政手段等来干预市场。其中的财政手段,即通过国家预算下的财政收支活动来纠正市场失灵,是极其重要的手段之一。由此,资源配置、收入分配和经济稳定发展也就成为公共财政的三大职能。

(一)资源配置职能

对不能由市场提供的产品,政府通过国家预算政策来提供,这种活动进而会对整个经济资源的使用方式产生影响,这就是公共财政的资源配置职能。资源配置就是利用有限的资源形成一定的资产组合、产业结构、技术结构以及地区结构等,以达到优化资源结构的目的。

市场在资源配置中起基础性的作用,在没有政府干预的情况下,市场会通过价格与供需平衡自发地形成一种资源配置状态。但由于市场失灵的存在,由市场自发形成的资源配置状态,其结构不可能是效率最优的。公共财政的资源配置职能就是为了弥补这种市场失灵,由政府直接介入市场,通过自身的财政收支活动,主动干预资源流向,来提供满足公共需要的公共产品,最终实现全社会资源配置的最优效率状态。

一般来说,政府可通过财政支出和税收等财政手段来进行资源配置。政府可直接提供那些市场供给不足的公共产品,但政府提供并不等同于政府直接生产,比如国防这种典型的公共产品,应由政府提供,但某些具体的国防产品可由私人企业生产,再由政府购买来提供给公众;对于上述市场供给不足的公共产品,政府也可以通过财政补贴的方式刺激私人企业生产,达到与政府直接提供同样的目的;政府还可以购买私人产品,这种购买可视为对该产品的补助,因为它直接体现为对该产品的需求,可以达到刺激该产品的生产,扩大该产品供给的效果;另外,政府还可以通过调整某些产品的税率来鼓励或限制这些产品的生产,以调节社会资源的流向。

(二)收入分配职能

公共财政的收入分配职能,就是在一定程度上纠正由市场机制建立的分配格局,使之达到社会认为的"公平"和"公正"的分配格局。公平分配包括经济公平和社会公平两个层次。经济公平是市场经济内在的要求,强调的是投入和产出相对称,它可以由平等竞争条件下的等价交换来实现。但实际情况是,由于市场经济中的各经济主体或个人所能提供的生产要素质量不同、资源的稀缺程度不同以及各种非竞争因素的干扰,各经济主体或个人获得的收入会出现很大的差异,甚至出现与要求投入和产出相对称大相径庭的现象,这就涉及了社会公平问题。

由于市场机制不能避免收入和财富分配的不公平,因此就需要政府来执行收入分配的职能。一般来说,为了改善收入分配不平等的状况,政府可采取的财政措施主要包括按照支付能力原则设计的税收制度和按照受益能力原则设计的转移支付制度,即政府可以通过征税强制性地把财富从那些应该减少收入的人们手中收集起来,再通过各种补贴或失业救济金等制度,以货币或实物形式把这些财富转移给那些应该增加收入的人们。政府的转移支付是指不以取得商品或劳务为补偿而支付给个人的款项。例如政府可将征收累进所得税筹集的税收收入用于公共事业投资,如安居工程等,以利于低收入阶层;政府还可对奢侈品以高税率征税,对日用品进行补贴,来加重高收入阶层的负担,减轻低收入阶层的负担,借以缩小他们之间的收入差距。

但是,公平并不是绝对平均,公平是一个"规范性"的问题,公平与否很难有一个一致公认的标准。另外,由于公平与效率有着相互制约的关系,如果一味地征收高额累进税,很可能对边际生产力水平较高的人们的工作积极性有挫伤作用,甚至会迫使他们带着自己的资本和智慧迁移到国外去,显然,这对一国的经济发展不利。因此,近年来世界各国财政政策的关注点,逐渐从收入等级顶端的人们的过高收入问题,转移到收入等级下层的人们的适当收入保障问题。特别是对发展中国家来说,当前需要解决的首要问题应当是如何防止贫困,而不是如何限制高收入。

(三)经济稳定发展职能

宏观经济稳定的三大目标是:充分就业、物价稳定和国际收支平衡。充分就业并非指可就业人口的百分之百的就业,而是指可就业人口的就业率达到了由该国当时社会经济状况所能承受的最大比率。物价稳定也不意味着物价冻结不变。应当认识到,即使在经济正常运转时期,物价的轻微上涨也是一个必须接受的事实,所以物价稳定是指物价上涨幅度维持在一个不至于影响社会经济正常运行的范围内。国际收支平衡指的是一国在国际经济往来中维持经常性项目收支的大体平衡,因为国际收支与国内收支是密切联系的,国际收支不平衡往往同时意味着国内收支不平衡。

公共财政的经济稳定发展职能是指政府运用财政政策,以实现经济稳定、持续发展的目的。市场机制不能自发地实现经济的稳定发展,马克思的经济周期理论和凯恩斯的有效需求理论都证明:自由竞争的市场经济必然会出现经济的不稳定,经济不是大幅度波动,就是为长期的持续的失业和通货膨胀所困扰。因此就需要政府的干预和调节,以消除经济中的过大波动,使之能够相对稳定地发展。

这里需要指出的是,经济发展并不仅仅指经济增长。经济增长指的只是一个国家的产品和劳务的数量的增加,通常用国民生产总值或国内生产总值及其人均水平来衡量。而经济发展的含义比经济增长要广,它不仅意味着产出的增长,还包括随着产出增长而带来的产出与收入结构的良性变化,如国民生产总值中农业比重相应下降,制造业、公用事业、金融事业、建筑业等的比重相应上升,而随着劳动就业结构的变化,教育程度和人口素质逐步提高等。对发展中国家来说,经济发展还包括消除或减轻贫困、失业、文盲、疾病和收入分配不公平等现象。

三、国家预算

如前所述,政府的财政政策是通过财政收支来体现的,而政府的基本财政收支计划就是我们通常所说的"国家预算"。国家预算体现了政府的经济政策,包括平衡、紧缩或扩张的财政政策。政府通过在各个时期编制国家预算,就可以有计划地组织收入和合理地安排各项支出,以贯彻政府的政策意图,保证国家各项目标的实现,最终达到促进市场经济和国民经济的协调和稳定发展的目的。所以,国家预算是政府在财政收支上实现计划管理和规范化管理的重要工具。

国家预算作为政府的年度财政收支计划,必须做到形式和内容的有机统一。在形式上,国家预算就是按一定的标准将财政收入和支出分门别类地列入特定的表格,可以使人们清楚地了解政府的财政活动;在内容上,国家预算的编制是政府对财政收支的计划安排,预算的执行是财政收支的筹措和使用过程,而国家预算执行结果的总结就是国家决算。

(一) 国家预算的分类

根据对预算形式和内容的不同划分标准,国家预算可以分为不同的类别。

从形式上,国家预算可以分为单式预算和复式预算。单式预算是指在预算年度内将各类财政资金按收入和支出类别统一在一个计划表格中加以反映和计算,它是传统的预算编制方式;复式预算是指在预算年度内将各类财政资金按经济性质的不同,分别在两个或两个以上的计划表格中加以反映和计算。一般来说,单式预算可以综合反映财政收支活动的总体情况,编制成本低,操作简单;但由于没有按财政收支的经济性质分别列示与平衡,所以反映不出收支结构之间即财政的无偿性支出与有偿性支出、无偿性收入与资本性投入之间的对应平衡关系,特别是不能反映经济建设工程的具体效益情况,从而不利于进行宏观调控。而复式预算正相反,对财政收支结构尤其是经济建设效益状况的反映较为明确,这有利于经济运行的具体分析、分别管理和宏观决策,但其编制成本相对较高,对操作能力的要求也较高。目前,世界上大多数国家实行的都是复式预算,如英国的"线上"和"线下"预算,法国的经常业务预算和临时业务预算,日本的一般预算和特别预算,丹麦的普通预算和投资预算,我国的经常性预算和建设性预算等。尽管各国的复式预算具有不同的名称和形式,但基本上都是按照有偿和无偿原则建立起的符合本国实际的复式预算。

从编制方法上,国家预算可分为增量预算和零基预算。增量预算是指财政收支计划指标是在上一个财政年度的基础上,根据新的财政年度的发展情况而递增的一种预算编制方法;零基预算则是指财政收支计划指标的确定只以新财政年度的实际需求为依据,而不考虑上一财政年度各项支出基数的一种预算编制方法。就增量预算来说,由于是在以往财政收支指标的基础上采取递增一定百分比的方法,操作简单方便;但它可能会使以前预算收支中不合理的因素得以保留,甚至被进一步放大,而且,根据经验确定的增长百分比中,主观随意性相对较大。而零基预算则完全根据新财政年度内各项经济发展的实际需要来安排支出计划,通过对客观因素或变量的科学计算,从而确定新财政年度的财政收支计划指标,显然比较科学合理,既满足了实际需要,同时又摈弃了以往预算中不合理的成分;但其缺点也是明显的,即技术要求和操作成本较高,实际执行中会面临较大的困难。也正因为如此,目前世界上大多数国家的预算,无论是单式预算还是复式预算,都主要采用增量预算法为基础,零基预算为辅助的预算编制方法。

(二)国家预算的原则与构成

国家预算的原则是指国家在选择预算形式和编制预算时所遵循的指导思想,也就是制定政府财政收支计划的方针。一般来说,一个国家的预算原则是通过制定国家预算法来体现的。迄今为止,影响较大并为世界上大多数国家所接受的国家预算原则主要有下述五条:

1. 公开性。由于国家预算反映政府的财政收支活动,与全体公民的切身利益息息相关,所以国家预算以及执行情况必须采取一定的形式公之于众,让纳税人了解政府的财政收支状况,并使其置于纳税人的监督之下。

2. 可靠性。每一收支项目的数字指标必须依据充分真实的资料,运用科学的方法进行计算,以免出现因收入数不落实而支出无法执行,或者人为地缩小支出预算,致使实际上无法执行而需要临时追加支出等情况。可靠性原则要求在国家预算编制过程中充分考虑和预测各种经济因素的变化,使编制的预算具有可执行性。

3. 完整性。国家预算所列示的各项收入与支出项目和数额,应当包括政府的全部财政收支项目和金额。对国家允许的预算外收支,也应在预算中有所反映。完整性原则对保证国家预算资金不被截留、挪用和贪污有重要作用。

4. 统一性。这是指无论是中央政府预算,还是地方政府预算,都必须纳入国家预算。对各级政府预算要求设立统一的预算科目,每个科目都要严格按统一的口径、程序进行计算。

5. 年度性。指国家预算必须按预算年度来编制,预算年度也称为财政年度,是指由国家确定的某一公历日期为年度的起始和终结时间,从而形成国家预算的活动周期。目前世界各国采用的预算年度有两种:

(1)历年制预算

它与公历的时间一致,即预算年度从公历的1月1日起至同年的12月31日止。除了我国,德国、法国等世界上大多数国家预算采用的都是历年制。

(2)跨年制预算

即非历年制预算,预算年度为12个月,但却跨越两个公历年度。如美国的预算年度是从每年的10月1日起,至次年的9月30日,而英国和日本的预算年度则是从每年的4月1日起,至次年的3月31日。

预算年度对政府和国家的各项经济活动都有重要影响,与之相关的税收、会计等活动也必须以国家预算年度为依据,与之相一致。

政府应按照法定预算年度编制国家预算,预算要反映全年的财政收支活动,同时不允许将不属于本年度财政收支的内容列入本年度的国家预算之中。

在我国,国家预算由中央预算和地方预算构成,地方预算由省、市、县和乡镇预算所构成。按照收支管理范围,国家预算又分为总预算和单位预算两类。中央总预算是由中央各部门的单位预算、企业财务收支计划组成;省总预算由本级各部门单位预算、企业财务收支计划以及县总预算组成;县总预算由本级各部门预算、企业财务收支计划以及乡镇总预算组成。这也是我国国家预算体系的构成。

(三) 国家预算的程序

预算编制是整个预算工作程序的开始,是实现国家预算管理的前提。编制国家预算首先由国务院下达关于编制下一年度预算草案的指示。具体事宜由财政部统一部署。各地方政府按国务院规定的时间,将本级总预算草案报国务院审核汇总。各级政府财政部门在本级人民代表大会召开时向大会做关于预算草案的报告。预算草案经人民代表大会审查和批准,方能通过。中央预算由全国人民代表大会批准,地方各级政府预算由本级人民代表大会审查和批准。

预算执行是整个预算工作程序的重要环节。收入解缴、支出拨付以及预算调整都必须严格按照法律和有关规定的程序进行。各级预算由本级政府组织执行,具体工作由本级财政部门负责。

预算调整是预算执行中一项重要的程序。它是指经过批准的各级预算,在执行中因情况变化需要增加支出或减少收入,使总支出超过总收入或使原举借债务的数额增加的部分改变。预算调整,必须经各级人民代表大会常务委员会的审查和批准。未经批准,不得调整预算。

决算是整个预算程序的总结和终结。决算草案由各级政府、各部门、各单位在每一预算年度终了后按国务院规定的时间编制,具体事宜由财政部统一部署,而决算草案的审批与预算草案的审批程序相同。

第二节 公共财政支出

公共财政支出是指政府把筹集到的财政收入有计划地进行分配和使用,转化为政府实现其职能所需要的商品和劳务或其他支出的过程。它不仅是政府实现其职能的主要手段,还是国民经济发展重要的资金来源,实现社会公平的重要途径。

一、公共财政支出概述

(一) 公共财政支出的分类

如果一个政府决定以一定的数量和质量向公民提供产品和服务,那么公共财政支出就是执行这些政策所须付出的成本。根据不同的标准,公共财政支出有不同的分类。

按其是否有直接补偿,公共财政支出可以分为购买性支出和转移性支出。购买性支出直接表现为实现各种职能而用于购买各种商品和劳务的财政资金,它体现各级政府对经济资源的占有,直接影响全社会的产品和劳务的供求关系;转移性支出是指政府根据一定的经济和社会政策,通过特定的方式向企业部门和家庭部门单方面转移的财政资金,它是一种政府对企业和个人的无偿支付。

按公共财政支出的项目,它可以分为基本建设支出、流动资金支出、支农支出、文教科学卫生事业支出、国防支出、行政管理支出及价格补贴支出等。我国现行国家预算支出科目中的"类"级科目,采用的就是这种分类方法。

按国家职能,公共财政支出可以分为经济建设费、社会文教费、国防费、行政管理费和其他支出五大类。

按公共财政支出与再生产的关系,它还可以分为补偿性支出、积累性支出和消费性支出。

按公共财政支出的目的,它可以分为预防性支出和创造性支出。

（二）公共财政支出的原则

公共财政支出的原则是指政府在安排和组织财政支出过程中应当遵循的基本准则。随着公共财政支出规模的不断扩大,它对社会经济的影响也愈加显著,为了使其更好地发挥调节社会经济的杠杆作用,公共财政支出应满足以下三个原则。

1. 经济效益原则。经济效益原则是指通过公共财政支出使资源得到最优化配置,使整个社会的效益最大化,即由于某项财政支出而获得的社会效益应当超过其社会总成本。其中的社会效益包括由于该项财政支出而获得的国家安全、社会稳定和所增进的社会福利；社会总成本则是指政府通过税收或其他方式取得财政收入,而使社会付出的代价。为确定某项支出是否符合经济效益原则,往往需要对其进行成本—效益分析,预测每一方案所消耗的经济资源与其所产生的社会效益的对比关系,以此作为决策的依据,以期用最少的财政支出,取得最大的社会效益。

2. 公平原则。公平原则是指通过财政支出提供劳务和补助所产生的利益在各个阶层的居民中的分配应达到公平状态。它的具体体现是受益能力原则,公民的受益能力与其收入水平呈负相关,即收入水平越低,其受益能力越大,相等的补助对它产生的效用也越大,那么就全社会来说,其效用也就越大。

3. 稳定原则。稳定原则是指公共财政支出应有助于防止经济波动过于剧烈。显然,当公共财政支出有利于就业水平的提高、物价的稳定、良好的国际收支状况时,就会符合此项原则。

但经济运行的事实表明,对每一项财政支出来说,上述三项原则往往很难同时满足,致使政府的决策者常常处于两难境地。比如,一项财政支出投资可能会使商品成本降低,价格水平下降,但同时还会使失业人数增加。这就需要决策者综合分析各方面的因素,以选择最佳的支出方案。

二、公共财政支出的规模与结构

（一）公共财政支出的规模

通常情况下,有两个指标可以衡量公共财政活动的规模,即财政收入占 GDP 的比重和财政支出占 GDP 的比重。一般来说,作为衡量公共财政活动的规模的指标,后者比前者更能说明实际情况。这是因为财政支出通过它的规模和结构,可以直接影响社会再生产的规模和结构,而且财政支出更能全面准确地反映财政对宏观经济运行的调控能力。

对于公共财政支出的规模，或者说财政支出占 GDP 的比重，各个国家有所不同，而在同一个国家的不同历史发展时期也各不相同。就我国来说，经济体制改革之前财政支出占 GDP 的比重较高，这是由计划经济体制下"统收统支"制度所决定的，由于国家在其中扮演了一个家长或"总企业家"的角色，这就决定了整个社会的固定资产投资支出基本上由国家安排，绝大多数的生产资料也归国家所有，所以公共财政支出占国内生产总值的比重较高。随着经济体制改革的深入，尽管财政支出的绝对额呈上升趋势，但它占 GDP 的比重却呈逐年下降趋势。从表 12-1 可以看出，经济体制改革以来，特别是 1990 年至 1995 年间，公共财政支出占 GDP 的比重平均每年下降大约 1 个百分点。1996 年之后，公共财政支出占 GDP 的比重逐年上升。从 1995 年和 1996 年的 11.7% 上升到 2014 年的 23.6%。

表 12-1 中国不同年份财政支出占 GDP 的比重

年份	财政支出（亿元）	GDP（亿元）	财政支出占 GDP 的比重（%）
1950	68	426	16.0
1960	654	1220	53.6
1975	821	2503	32.8
1978	1122	3624	30.9
1980	1229	4518	27.2
1985	2004	8964	22.3
1990	3084	18 548	16.6
1991	6687	21 618	15.7
1992	3742	26 638	14.1
1993	4642	34 634	13.4
1994	5793	46 622	12.4
1995	6824	58 261	11.7
1996	7914	67 795	11.7
1997	9197	75 147	12.2
1998	10 798	78 345	13.8
1999	13 188	82 067	16.1
2000	15 887	89 404	17.8
2001	18 903	110 863	17.1
2002	22 053	121 717	18.1
2003	24 650	137 422	17.9
2004	28 487	161 840	17.6
2005	33 930	187 319	18.1
2006	40 423	219 439	18.4
2007	49 781	270 232	18.4
2008	62 593	319 516	19.6

续表

年份	财政支出(亿元)	GDP(亿元)	财政支出占GDP的比重(%)
2009	76 300	349 081	21.9
2010	89 874	413 030	21.8
2011	109 248	489 301	22.3
2012	125 953	540 367	23.3
2013	140 212	595 244	23.6
2014	151 786	643 974	23.6

注:1.1980年以后国民总收入与国内生产总值的差额为国外净要素收入。2.按照我国GDP数据修订制度和国际通行做法,在实施研发支出核算方法改革后,对以前年度的GDP历史数据进行了系统修订。

资料来源:《中国统计年鉴》各年度。

西方国家的财政支出,无论是绝对额还是占GDP的比重,在20世纪随着社会经济的发展都是不断上升的。下面的表12-2数据可以表明财政支出占GDP的比重在西方各国大幅上升的情况,其中政府财政支出占GDP比重上的差异反映了各国政府对该国经济的影响能力的不同。财政支出这种大幅度的增长引起了经济学家们的关注,并由此引发了公共财政支出的理论研究。如前所述的阿道夫·瓦格纳的"公共支出膨胀法则"。

表12-2 1870—1997年各国政府支出占GDP的比重(%)

	1870	1913	1920	1937	1960	1980	1990	1995	1997
瑞典	5.7	6.3	8.1	10.4	31.0	60.1	59.1	65.6	62.3
比利时	—	—	—	21.8	30.3	58.6	53.6	53.8	52.2
奥地利	—	—	14.7	15.2	35.7	48.1	48.6	52.5	50.7
法国	12.6	17.0	27.6	29.0	34.6	46.1	49.8	52.7	50.6
意大利	11.9	11.1	22.5	24.5	30.1	41.9	53.6	52.7	50.6
荷兰	9.1	9.0	13.5	19.0	33.7	55.2	54.1	51.4	49.1
德国	10.0	14.8	25.0	42.4	32.4	47.9	45.1	49.5	47.7
新西兰	—	—	—	—	26.9	38.1	57.5	46.8	45.9
挪威	3.7	8.3	13.7	—	29.9	37.5	49.7	47.6	44.7
加拿大	—	—	13.3	18.6	28.6	38.8	46.7	46.5	42.6
西班牙	—	8.3	9.3	18.4	18.8	32.2	42.0	44.8	42.2
英国	9.4	12.7	26.2	30.0	32.2	43.0	39.9	43.0	39.7
爱尔兰	—	—	—	—	28.0	48.9	39.0	38.0	36.1
澳大利亚	—	—	—	—	21.2	31.6	34.8	36.2	35.5
日本	8.8	8.3	14.8	25.4	17.5	32.0	31.3	35.6	35.2
美国	3.9	1.8	7.0	8.6	27.0	31.8	32.8	32.9	32.0

资料来源:"Survey of the World Economy," *The Economist*, Sept. 20th-26th, 1997; OECD Economic Outlook, June 1998.

显然,影响公共财政支出规模的因素有很多,但我们可以将其归结为经济性因素、政治性因素及社会性因素三大类。其中,经济性因素主要指经济发展的水平、经济体制的选择及政府的经济政策等;政治性因素主要指国内政局是否稳定和政治体制是否高效;而社会性因素则主要指人口状态、文化背景等。

(二) 公共财政支出的结构

财政支出结构是指财政支出总额中各类支出的项目和各类支出在支出总额中所占的比重。公共财政支出的结构与政府的职能密切相关。按联合国《政府职能分类》,一国财政支出的职能分类大体包括四个部分,一是一般政府服务,主要反映政府需要且与个人和企业劳务无关的活动,包括一般公共管理、国防、公共秩序与安全等;二是社会服务,主要反映政府直接向社会、家庭和个人提供的服务,如教育、卫生、社会保障等;三是经济服务,主要反映政府经济管理、提高运行效率的支出,如交通、电力、农业和工业等;四是其他支出,如利息、政府间的转移支付。2007年之前,我国国家财政按功能性质分类的支出包括政府经济建设费、社会文教费、国防费、行政管理费、其他五类。根据《财政部关于印发政府收支分类改革方案的通知》(财预[2006]13号)的要求,从2007年1月1日起我国开始实施《2007年政府收支分类科目》,改革后的政府收支分类体系包括"收入分类""支出功能分类""支出经济分类"三部分。2016年财政部印发了《支出经济分类科目改革试行方案》对经济分类科目进行了调整,并于2018年1月1日实施。表12-3总结了1978年至2006年我国国家财政按功能性质分类的支出结构。

表12-3 1978年至2006年我国国家财政按功能性质分类的支出结构

(单位:亿元)

年份	支出合计	经济建设费	社会文教费	国防费	行政管理费	其他支出
1978	1122.09	718.98	146.96	167.84	52.90	35.41
1980	1228.83	715.46	199.01	193.84	75.53	44.99
1985	2004.25	1127.55	408.43	191.53	171.06	105.68
1990	3083.59	1368.01	737.61	290.31	414.56	273.10
1991	3386.62	1428.47	849.65	330.31	414.01	364.18
1992	3742.20	1612.81	970.12	377.86	463.41	318.00
1993	4642.30	1834.79	1178.27	425.80	634.26	569.18
1994	5792.62	2393.69	1501.53	550.71	847.68	499.01
1995	6823.72	2855.78	1756.72	636.72	996.54	577.96
1996	7937.55	3233.78	2080.56	720.06	1185.28	717.87
1997	9233.56	3647.33	2469.38	812.57	1358.85	945.43
1998	10 798.18	4179.51	2930.78	934.70	1600.27	1152.92
1999	13 187.67	5061.46	3638.74	1076.40	2020.60	1390.47
2000	15 886.50	5748.36	4384.51	1207.54	2768.22	1777.87
2001	18 902.58	6472.56	5213.23	1442.04	3512.49	2262.26

续表

年份	支出合计	经济建设费	社会文教费	国防费	行政管理费	其他支出
2002	22 053.15	6673.70	5924.58	1707.78	4101.32	3645.77
2003	24 649.95	6912.05	6469.37	1907.87	4691.26	4669.40
2004	28 486.89	7933.25	7490.51	2200.01	5521.98	5341.14
2005	33 930.28	9316.96	8953.36	2474.96	6512.34	6672.66
2006	40 422.73	10734.63	10 846.20	2979.38	7571.05	8291.47

资料来源:《中国财政年鉴》(2007),中国财政杂志社 2007 年版。

值得说明的是,由于影响一个国家的公共财政支出的因素有很多,所以判断一个国家的公共财政支出结构是否合理,不仅要考虑政府在当前阶段所追求的主要经济目标,还要考虑该国所处的经济发展阶段以及财政支出各项目间的相对增长速度。

三、公共财政支出的成本效益

公共财政收支过程,就是通过财政收入将社会资源集中到政府手中,再通过财政支出由政府支配使用。而我们都知道社会资源是有限的,显然,只有当资源集中到政府手中能够发挥更大的效益时,政府占有资源或者说财政收入才是对社会有效益的。所以说,公共财政支出一定要讲求效益最大化。通常,我们说公共财政支出的规模要适当、结构要合理,所追求的根本目标也就是提高公共财政支出的效益问题。

所谓成本效益分析,就是针对政府确立的政策目标,提出若干实现这些目标的方案,比较各种方案的全部预期成本和全部预期效益的现值,通过分析,选择出最优的财政支出方案。

在进行成本效益分析时,需要注意的是,与私人经济部门所追求的利润最大化目标不同,政府进行经济决策是以社会效益最大化为目标的。譬如,在决定修建某一大型水电站时,它必须考虑这一工程对生态环境的影响。所以,作为公共部门的财政支出,在分析其成本效益时,不仅要考虑有形的、直接的、内部的成本和效益,还要考虑到无形的、间接的、外部的及长期的成本和效益。

第三节 公共财政收入

在市场经济条件下,政府是提供社会公共产品的部门,受资源稀缺规律的制约,政府要获得生产公共产品的资源,就必须花钱购买,这就形成公共财政支出。既然有支出,就必须先有收入,所以公共财政收入是公共财政支出的前提和条件,也是政府的各项职能得以实现的前提条件。

一、公共财政收入概述

所谓公共财政收入,是指政府为满足财政支出的需要,自家庭、企业所取得的一切货币收入总和,包括税收收入、公债收入、收费收入、国有企业收入、捐赠收入和其他收入。中国的财政收入总额从 1979 年的 1146.38 亿元,已上升至 2014 年的 140 370.03 亿元。从结构上,税收收入为财政收入的主要来源,2014年的各项税收收入达119 175.31亿元,占全部财政收入的84.9%。[①]

从税收结构上来看,现有统计资料表明1979年至2008年的主要税收收入来源于工商税收,见表12-4。1979年至2014年的主要税收来源于国内增值税,见表12-5。

表12-4　1979年至2008年税收收入构成

(单位:亿元)

年份	总额	工商税收	关税	农业各税	企业所得税
1979	537.82	89.68	4.83	5.49	0
1984	947.35	809.44	103.07	34.84	0
1989	2026.97	1760.49	181.54	84.94	700.43
1994	4418.39	3914.22	272.68	231.49	708.49
1999	10 682.58	8885.44	562.23	423.50	811.41
2004	24 165.68	18 262.39	1043.77	902.19	3957.33
2008	54 223.79	39 588.82	1769.95	1689.39	11 175.63

资料来源:《中国财政年鉴》(2009),中国财政杂志社2009年版。

说明:《中国财政年鉴》对1979年至2008年的税收按照工商税收、关税、农业税和企业所得税进行统计。2009年至2014年的税收按照国内增值税、国内消费税、营业税、企业所得税、个人所得税和关税进行统计。

表12-5　1979年至2014年税收收入构成

(单位:亿元)

时间	各项税收	国内增值税	营业税	国内消费税	关税	个人所得税	企业所得税
1979	537.82				26		
1984	947.35				103.07		
1989	2727.4	430.83	487.3		181.54		700.43
1994	5126.88	2308.34	670.02	487.4	272.68		708.49
1999	10 682.58	3881.87	1668.56	820.66	562.23	413.66	811.41
2004	24 165.68	9017.94	3581.97	1501.9	1043.77	1737.06	3957.33
2009	59 521.59	18 481.22	9013.98	4761.22	1483.81	3949.35	11 536.84
2014	119 175.31	30 855.36	17 781.73	8907.12	2843.41	7376.61	24 642.19

资料来源:国家统计局:国家数据,http://data.stats.gov.cn/easyquery.htm? cn=C01。

通常,公共财政收入按其形式可分为税收和其他收入两大类。这种分类的优点是突出了财政收入中的主体收入,即国家凭借政治权力占有的税收。而其他收入总量相对虽少,却体现了不同的分配关系。我国的财政统计分析就经常采用此种分类方法。

除此之外,依据其他不同的标准,公共财政收入还可进行如下分类。

---

① 国家统计局:国家数据,http://data.stats.gov.cn/easyquery.htm? cn=C01。

经常收入与临时收入。这是以收入有无反复性为标准而划分的。所谓经常收入,是指在每个会计年度连续反复获得的收入,如税收、规费、公有财产及公有企业收入等;所谓临时收入,是指不定期不规则取得的收入,如公债收入、赔偿金及罚没收入等。

直接收入与派生收入。这是根据财政收入的来源渠道划分的。直接收入,指政府的公产与公业收入;派生收入,指政府凭借其管理者身份获取的收入,如税收、各种罚没收入等。

强制收入与非强制收入。这是以收入是否具有强制性为标准划分的。所谓强制收入,是指国家行使其政治权力从国民收入中强制征收的收入,如税收、规费等。非强制收入,则是指国家以所有者身份获取的收入,如公有财产和公有企业收入等。

二、国家税收

（一）概述

1. 税收的定义

税收是国家为了实现其职能,按照法律预先规定的标准,强制地、无偿地取得财政收入的一种手段。

由以上有关税收的定义可以看出,税收作为财政收入的一种重要形式与其他财政收入相比,具有强制性、无偿性和固定性的基本特征。

（1）强制性。税收的强制性是指征税是凭借国家的政治权力,以国家法令的形式强制进行的,依法应纳税者必须履行纳税义务,否则将会受到法律的制裁。

（2）无偿性。税收的无偿性是指国家征税后,既不需要偿还,也不需要对纳税人付出任何代价。税收的无偿性是以强制性为条件的。

（3）固定性。税收的固定性是指在国家征税之前,就以法律的形式规定了征税对象和征税的比例或数额。而且国家只能按预定的标准征税。作为主体收入,税收的这种固定性有利于保证国家财政收入的稳定,也有利于维护纳税人的合法权益。

2. 税收的分类

依据不同的分类标准,税收有下列分类方法。

按征税对象的不同,所有税种可分为所得税、商品税、资源税、财产税和行为税五大类。这是最重要、也是最基本的一种税收分类方法。

按税负能否转嫁,可分为直接税和间接税。一般来说,所得税、财产税属直接税,而商品税属间接税。

按征税依据不同,可分为从价税和从量税。前者指按征税对象的价格征税,后者按征税对象的数量、容量或重量征税。

按税收与价格的依存关系,可分为价外税和价内税。凡税金作为价格组成部分的,称为价内税;凡税金作为价格之外附加的,称为价外税。也就是说,价内税的计税依据是含税价格,而价外税的计税依据为不含税价格。一般来说,价外税比价内税更容易转嫁。

按税收的征收权或隶属关系,可分为中央税、地方税和中央地方共享税。

3. 税收的要素

每一税种都存在着对什么征税、征多少、由谁交纳的问题,这也是税收制度中所列举的税收的三个基本要素,即纳税人、征税对象和税率。除此之外,税收要素还包括:起征点与免征额、纳税环节、减税与免税等。

（二）税收的原则

税收原则是指在税收制度的设计和执行时所应遵循的指导思想。税收原则明确是保证税收制度合理化的重要前提。

1. 公平原则。公平合理是税收的基本原则和税制建设的目标。所谓税负的公平,简单地说,是指不同纳税人之间税收负担程度的比较:纳税人条件相同的纳同样的税,条件不同的纳不同的税。因此公平是相对于纳税人的征税条件来说的,并不仅仅是税负本身的问题。

迄今为止,对税负公平的标准主要有两种解释,即受益原则和纳税能力原则。前者指公平的税负应与纳税人从税收的使用中所获得的利益相对应,后者指公平的税负应与纳税人实际税负能力的大小相适应。

2. 效率原则。税收不仅要公平合理,而且要有效率。根据帕累托最优准则,任何经济活动都应使社会总收益大于社会总成本。税收亦不例外。这里的效率不仅包括征税过程本身的效率,即税收的征管成本和交纳成本应极小化;而且包括征税活动对社会经济本身的影响,即有效率的税收应使其额外损失减少到最低限度,额外收益尽可能增加,或使额外收益大于额外损失。

显然,从理论上讲,既公平合理又具有效率的税收制度是最理想的。但实际中这种税收制度未必行得通。因为要求每一个税种都要公平和有效显然不现实。所以,如何在设计税制时兼顾公平和效率原则,还要结合一国的具体情况和特定的历史发展阶段来考虑。

（三）税制结构

税制结构即税收制度的经济含义,是指按一定税收原则所设计的税收体系,其核心是税种的配置、税源的选择及税率的设计。

税制结构总是由具体的税种所组成。我国的现行税种按课税对象可分为五类:所得税,主要包括个人所得税、企业所得税、外商投资企业和外国企业所得税等;商品税,主要包括增值税、消费税、营业税、关税等;财产税,主要包括房产税、契税、车船税、遗产税等;资源税,主要包括矿产品税和盐税;行为税主要有土地使用税、固定资产投资方向调节税及耕地占用税等。

第四节 公共财政政策

公共财政政策即宏观财政政策,它是指国家为实现一定时期既定的社会经济目标,依据经济规律而确定的财政行动方针和措施,借以指导财政活动,处理各种财政关系。它贯穿政府经济管理活动的全过程,是由税收政策、支出政策、预算政策、国债政策等构成的一个完整的政策体系。

一、公共财政政策的类型

目前尽管世界各国的政府宏观调控政策的目标各有侧重,但基本上都集中在充分就业、经济增长、物价稳定和国际收支平衡上。为了实现这些目标,就必须充分利用各种不同类型的财政政策,最大限度地发挥它们的作用。

1. 根据财政政策对经济周期的反方向调节作用,可分为自动稳定的财政政策和相机抉择的财政政策。

自动稳定的财政政策,是指那些能够根据经济波动情况自动发生稳定作用的政策。它不需要政府采取任何干预措施就可直接产生调节作用。它主要表现在:(1)税收的自动变化。在经济扩张阶段,随着生产规模的扩大和就业的增加,收入增加,政府税收相应增加,特别是实行累进税率的情况下,税收的增长快于国民收入的增长,税收增加意味着居民可支配的收入减少,因而具有抑制总需求扩张和经济过热的作用。反之,当经济处于萧条阶段,国民生产总值下降,个人收入和公司利润下降,税收相应减少,可缓解经济紧缩。所以,在税率不变的条件下,税收随着经济周期自动反方向发挥其调节作用。(2)政府的转移支付。同税收一样,政府的转移支付有助于收入的稳定和社会消费需求的稳定。在经济萧条阶段,随着失业的增加,社会保障社会福利支出增加,反之,在经济扩张阶段政府的这种转移支付会自动减少。

相机抉择的财政政策,是指那些需借助外力才能对经济产生作用的政策,一般地,这种政策需由政府根据当时的经济形势来决定是否采用。如为了防止可能出现的经济衰退,政府可在其年度预算中采取增加政府开支,或减少税收的措施;为了防止可能出现的经济过热,政府则可以减少支出、增加税收,或二者并举。在这个过程中,政府财政收支不平衡是可能的,也是允许的。因为这正体现了政府以财政收支不平衡来换取整个社会总供求平衡的意图。

2. 根据财政政策对社会总需求的影响,将其分为扩张性财政政策、紧缩性财政政策和均衡性财政政策。

扩张性财政政策也称为通货膨胀性财政政策,是指通过减少税收收入和扩大财政支出,特别是扩大投资性支出,来刺激社会总需求的增加。当社会总需求明显不足时,可以通过扩张性财政政策使总需求和总供给的差额缩小以至平衡。而如果总需求与总供给原来是平衡的,扩张性财政政策就会使总需求超过总供给。所以,在减税和增加支出并举的情况下,扩张性财政政策可能会导致财政赤字。

紧缩性财政政策也称为盈余性财政政策,是指通过增加财政收入和减少财政支出来抑制社会总需求。在社会总需求过旺的情况下,可以通过紧缩性财政政策来消除通货膨胀缺口,达到供求平衡。而如果总需求与总供给原来是平衡的,紧缩性财政政策会造成有效需求不足。所以,在增收与减支同时并举时,紧缩性财政政策可能会产生财政盈余。

均衡性财政政策也称为平衡性财政政策,即为一种保持财政平衡的政策,使财政收入和财政支出的总量对比关系对社会总需求保持中性关系,既不会产生扩张效应,也不会产生紧缩效应。按照均衡性财政政策,财政支出要根据财政收入的多少来安排,不允许有较大的赤字发生,也不允许有大量的盈余存在。

二、财政平衡与财政赤字

简单地讲,财政平衡是指国家财政收入与财政支出相等,彼此正好相抵。理论上看,它是最好的一种财政状况,因为它既无财政收入大于财政支出时产生的资金浪费,也无财政支出大于财政收入时产生的赤字或政府公债。但在实际经济运行中,这是很难达到的一种状态。而且,对财政平衡也不能做绝对的理解,应从相对和动态的角度来看。比如,我国一向强调"略有节余"的原则,但如果年年结余,势必造成资金的浪费。如果动用上年结余或累计结余,那么当年就会表现为财政赤字,而整体来看,也许还是财政结余。所以应全面理解财政平衡,实际中,略有结余和略有赤字都应属于财政收支基本平衡。

尽管财政平衡是一种理想状态,但就目前来看,财政赤字已成为一种世界性的普遍经济现象。从表12-6和图12-1可以看出,中国的赤字总额大多数时候都处于递增状态。赤字率则具有间断均衡的特征。

表12-6 中国1950—2014年的赤字总额及赤字率

时间(年)	财政收入(亿元)	财政支出(亿元)	赤字总额(亿元)	国内生产总值(亿元)	赤字率(%)
1950	62.17	68.05	-5.88		
1951	124.96	122.07	2.89		
1952	173.94	172.07	1.87	679.1	-0.28
1953	213.24	219.21	-5.97	824.4	0.72
1954	245.17	244.11	1.06	859.8	-0.12
1955	249.27	262.73	-13.46	911.6	1.48
1956	280.19	298.52	-18.33	1030.7	1.78
1957	303.2	295.95	7.25	1071.4	-0.68
1958	379.62	400.36	-20.74	1312.3	1.58
1959	487.12	543.17	-56.05	1447.5	3.87
1960	572.29	643.68	-71.39	1470.1	4.86
1961	356.06	356.09	-0.03	1232.3	0.00
1962	313.55	294.88	18.67	1162.2	-1.61
1963	342.25	332.05	10.2	1248.3	-0.82
1964	399.54	393.79	5.75	1469.9	-0.39
1965	473.32	459.97	13.35	1734	-0.77
1966	558.71	537.65	21.06	1888.7	-1.12
1967	419.36	439.84	-20.48	1794.2	1.14
1968	361.25	357.84	3.41	1744.1	-0.20
1969	526.76	525.86	0.9	1962.2	-0.05
1970	662.9	649.41	13.49	2279.7	-0.59
1971	744.73	732.17	12.56	2456.9	-0.51
1972	766.56	765.86	0.7	2552.4	-0.03
1973	809.67	808.78	0.89	2756.2	-0.03

续表

时间（年）	财政收入（亿元）	财政支出（亿元）	赤字总额（亿元）	国内生产总值（亿元）	赤字率（%）
1974	783.14	790.25	−7.11	2827.7	0.25
1975	815.61	820.88	−5.27	3039.5	0.17
1976	776.58	806.2	−29.62	2988.6	0.99
1977	874.46	843.53	30.93	3250	−0.95
1978	1132.26	1122.09	10.17	3678.7	−0.28
1979	1146.38	1281.79	−135.41	4100.5	3.30
1980	1159.93	1228.83	−68.9	4587.6	1.50
1981	1175.79	1138.41	37.38	4935.8	−0.76
1982	1212.33	1229.98	−17.65	5373.4	0.33
1983	1366.95	1409.52	−42.57	6020.9	0.71
1984	1642.86	1701.02	−58.16	7278.5	0.80
1985	2004.82	2004.25	0.57	9098.9	−0.01
1986	2122.01	2204.91	−82.9	10 376.2	0.80
1987	2199.35	2262.18	−62.83	12 174.6	0.52
1988	2357.24	2491.21	−133.97	15 180.4	0.88
1989	2664.9	2823.78	−158.88	17 179.7	0.92
1990	2937.1	3083.59	−146.49	18 872.9	0.78
1991	3149.48	3386.62	−237.14	22 005.6	1.08
1992	3483.37	3742.2	−258.83	27 194.5	0.95
1993	4348.95	4642.3	−293.35	35 673.2	0.82
1994	5218.1	5792.62	−574.52	48 637.5	1.18
1995	6242.2	6823.72	−581.52	61 339.9	0.95
1996	7407.99	7937.55	−529.56	71 813.6	0.74
1997	8651.14	9233.56	−582.42	79 715	0.73
1998	9875.95	10 798.18	−922.23	85 195.5	1.08
1999	11 444.08	13 187.67	−1743.59	90 564.4	1.93
2000	13 395.23	15 886.5	−2491.27	100 280.1	2.48
2001	16 386.04	18 902.58	−2516.54	110 863.1	2.27
2002	18 903.64	22 053.15	−3149.51	121 717.4	2.59
2003	21 715.25	24 649.95	−2934.7	137 422	2.14
2004	26 396.47	28 486.89	−2090.42	161 840.2	1.29
2005	31 649.29	33 930.28	−2280.99	187 318.9	1.22
2006	38 760.2	40 422.73	−1662.53	219 438.5	0.76

续表

时间(年)	财政收入（亿元）	财政支出（亿元）	赤字总额（亿元）	国内生产总值（亿元）	赤字率(%)
2007	51 321.78	49 781.35	1540.43	270 232.3	−0.57
2008	61 330.35	62 592.66	−1262.31	319 515.5	0.40
2009	68 518.3	76 299.93	−7781.63	349 081.4	2.23
2010	83 101.51	89 874.16	−6772.65	413 030.3	1.64
2011	103 874.43	109 247.79	−5373.36	489 300.6	1.10
2012	117 253.52	125 952.97	−8699.45	540 367.4	1.61
2013	129 209.64	140 212.1	−11 002.5	595 244.4	1.85
2014	140 370.03	151 785.56	−11 415.5	643 974	1.77

注：赤字率＝(政府开支−政府收入)/国内生产总值×100%

资料来源：国家统计局：国家数据，http://data.stats.gov.cn/easyquery.htm? cn=C01。

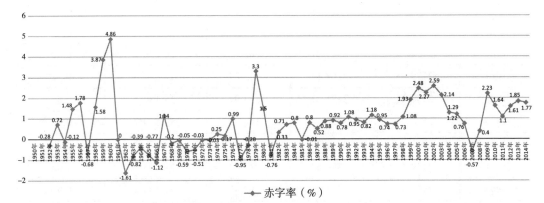

图 12-1　中国 1950—2014 年的赤字率

根据财政赤字产生的原因和经济背景，西方经济学家将其划分为两类：结构性赤字和周期性赤字。前者是指发生在已给定的充分就业之上的赤字，也称为充分就业赤字。它一般用于分析财政赤字对经济的影响，是将财政赤字作为外生变量看待的。后者是指发生在结构赤字之上的赤字，也就是全部财政赤字减去结构性赤字之后的余额。它主要体现的是经济对财政的决定作用，一般作为内生变量看待，其大小随经济的波动而变动。

无疑，财政赤字会对一国的经济产生影响，但其对经济运行产生的效应在相当程度上取决于对赤字的弥补方式。此外，它还与赤字规模的大小有关。弥补财政赤字的方式主要有三种：一是动用财政历年结余，二向银行透支或借款，三是发行政府公债。一般来讲，如果有历年结余的话，动用财政历年结余弥补赤字应当是最好的选择；向银行透支或借款弥补赤字，会因此增加基础货币，但只要把财政借款控制在一定的限度内，一般不会出现货币供应过量的问题，但如果银行的信贷资金不足，巨额的透支只能通过过多的货币发行来弥补，就会导致信贷膨胀和通货膨胀；而通过发行政府公债弥补赤字，则是世界各国通行的做法，因为发行政府债券，一般只会引起货币资金的再分配，即购买力的转移，不会引起货币供给量的增加。

三、公共财政政策与货币政策的配合

判断一项财政政策是否有效,就是看它的作用效果是否达到了预期的目标。由于现实问题的复杂性,政府在对国民经济进行宏观调控时,仅仅依靠实施孤立的财政政策,往往难以奏效,所以需要同时运用不同的宏观政策,其中最主要的是财政政策和货币政策。

所谓货币政策,是指一国政府为实现一定的宏观经济目标所制定的关于调整货币供应量的基本方针及其相应的措施,它是由信贷政策、利率政策、汇率政策等构成的一个有机的政策体系。货币政策的核心是通过变动货币供应量,使其与货币需求量之间形成一定的对比关系,进而调节社会的总需求与总供给。所以从总量的调节出发,货币政策也可以分为扩张性的货币政策、紧缩性的货币政策和均衡性的货币政策三种类型。

在使经济稳定发展的过程中,财政政策和货币政策所产生的效应是有区别的,一般来说,货币政策对投资的影响较大,而财政政策对消费的影响更大。所以,把不同的财政政策和不同的货币政策配合运用,就会出现不同的组合效应。比如扩张性财政政策与扩张性货币政策的配合可以刺激经济增长、扩大就业、解决社会总需求严重不足的问题,但容易引起通货膨胀;紧缩性财政政策与紧缩性货币政策配合可以有效地防止总需求和通货的过度膨胀,但可能会引起经济停滞;紧缩性财政政策与扩张性货币政策配合,在控制通货膨胀的同时可以保持适度的经济增长;而扩张性财政政策与紧缩性货币政策配合,在保持经济适度增长的同时可以有效地避免通货膨胀。

显然,货币政策和财政政策作为政府最主要的调控工具,已成为整个国民经济运行的中枢神经。两种政策配合得好,就有利于经济的稳定发展;配合得不好,则可能会加剧经济的波动甚至导致倒退。所以,在运用财政政策和货币政策时应对造成经济不稳定的因素进行分析,以便选择更有利的政策搭配使经济稳定发展。

名词与术语

税收	强制性	私人产品	帕累托最优	扩张性财政政策
	无偿性	公共产品	购买性支出	紧缩性财政政策
	固定性	市场失灵	转移性支出	均衡性财政政策
		充分就业	非强制收入	经济稳定发展职能
		物价稳定	结构性赤字	自动稳定的财政政策
		经济增长	周期性赤字	相机抉择的财政政策
		经济发展	资源配置职能	
		国家预算	收入分配职能	
		单式预算	国际收支平衡	
		复式预算	公共财政支出	
		增量预算	公共财政收入	
		零基预算	公共财政政策	
		经常收入		

临时收入

直接收入

派生收入

强制收入

财政平衡

财政赤字

货币政策

复习与思考

1. 公共财政的一般意义。

2. 举例说明公共产品与私人产品的区别。

3. 市场失灵。

4. 公共财政的职能。

5. 举例说明通过财政手段如何对资源进行配置。

6. 为了改善收入分配不公平状况可采取的财政措施。

7. 经济发展和经济增长的不同。

8. 公共财政的经济稳定发展职能的层次。

9. 单式预算和复式预算。

10. 增量预算和零基预算。

11. 国家预算的原则。

12. 国家预算的程序。

13. 公共财政支出的分类。

14. 公共财政支出的原则。

15. 举例说明公共财政支出的成本效益分析。

16. 公共财政收入的分类。

17. 税收的基本特征。

18. 税收不同的分类。

19. 税收的原则。

20. 财政政策的类型及其效果的不同。

21. 试分析我国近年来主要的财政政策及其效果。

22. 财政赤字及其对一个国家的经济发展的影响。

23. 结合目前的宏观经济状况,试分析我国财政政策与货币政策的配合。

主要参考书目

1. [美]保罗·萨缪尔森、威廉·诺德豪斯:《宏观经济学(第19版)》《微观经济学(第19版)》,萧琛主译,北京:人民邮电出版社2012年版。

2. 梁小民:《高级宏观经济学教程》,北京:北京大学出版社1993年版。

3. 宋承先:《现代西方经济学》,上海:复旦大学出版社1997年版。

4. 汪祥春主编:《当代西方宏观经济学》,大连:东北财经大学出版社1997年版。
5. 胡庆康、杜莉:《现代公共财政学》,上海:复旦大学出版社1997年版。
6. 马国贤主编:《财政学原理》,北京:中国财政经济出版社1998年版。
7. 陈共主编:《财政学》,北京:中国人民大学出版社1998年版。
8. 曾繁正等编译:《财政管理学》,北京:红旗出版社1998年版。
9. 刘怡编著:《财政学》,北京:北京大学出版社2004年版。
10. 〔美〕大卫·N.海曼:《公共财政》,章彤译,北京:中国财政经济出版社2002年版。

第三部分　行政行为与法制行政

第十三章　依法行政

依法行政作为一种重要的政治思想和法律原则,提出于新兴的资产阶级反对封建君主专制的斗争之初,形成于资产阶级全面控制国家权力之后,发展于资本主义由自由资本主义过渡到垄断资本主义之时并延续至今,前后历经三百余年。与上述历史进程相一致,依法行政的内涵和外延也经历了一个发展变化的过程。在这个过程中,依法行政逐步发展成为一整套的制度——法治或法制行政,并以此作为规范政府的标准。

第一节　依法行政的历史缘由和发展

依法行政的一般性解释是:在权力分立的国家政治体制格局中,公共行政权力主体即狭义的政府,必须依法设定、依法获得行政权力,依法做出行政行为,依法承担行政责任的制度。依法行政的本质是合理运用行政权力和有效制约行政权力。至于对法的解释则在不同的时期、不同的国家有不同的理论和实践。但法的规范性或约束性作用始终是依法行政的核心概念,换言之,"为政遵循法律,不以私意兴作"一直是依法行政的精髓所在。依法行政与其他资本主义的原则一样,从根本上都是源自资本主义经济的兴起和发展,是以资本主义的生产力和交换的发展程度为转移的经济生活状况在政治和法律上的表现。随着资本主义经济的发展变化,依法行政也出现了不同的理解和诠释。从大的历史时期上划分,依法行政大致上经历了三个阶段。

一、依法行政的缘起

依法行政源起于新兴的资产阶级反对封建君主专制的需要,其直接的思想理念源自英国。因为资本主义"最初的过程总是发生在英国;英国是资产阶级世界的缔造者"[①]。英国资本主义于15世纪的最后30年开始进行资本原始积累,18世纪后半期发生产业革命。其间,都铎王朝和斯图亚特王朝的统治者都是视议会为摆设的典型的封建专制君主。1649年1月,查理一世被推上断头台斩首,4个月后,革命者宣告共和国成立。但是,随之上台的克伦威尔"护国主"政权,虽然代表资产阶级的利益,却实行了军事独裁统治,一方面出征爱尔兰、横征暴敛,另一方面驱赶议员、查封了议会。这就严重激化了社会矛盾,最终导致了护国政府的失败和斯图亚特王朝的复辟。当然,这对于新兴的资产阶级是无法容忍的。这才有了1688年的"光荣革命",经过不流血的战争实现了议会的胜利,建立了以新兴资产阶级为主导的、阶级妥协的国家体制——君主立宪制。

"光荣革命"之后,资产阶级于1689年通过议会颁布了在人类法制史上具有重要意义

---

① 《马克思恩格斯选集》第1卷,北京:人民出版社1995年版,第470页。

的《权利法案》,1701年又制定了《王位继承法》,规定国王不经议会同意不得征税,国王没有搁置、暂停、否定法律的权力,国王不能随意更换陪审法官,国王不得拥有常备军。由此,开创了"国王监朝而不理政"的虚君制度,从而极大地限制了王权,开始了人类历史上依法行政的实践。

1688年革命刚过,英国唯物主义经验论哲学家和古典自然法学派的思想家、资产阶级的杰出代表者约翰·洛克,就以《政府论》为标志对革命做了符合资产阶级需要的总结,并设计了更加理想的资产阶级政治制度。洛克提出,每个国家都有立法权、行政权和联盟权三种权力,其中立法权就是如何运用国家的力量来保障每个社会成员的权利以及公布立法的权利,行政权就是执行法律的权利,由以国王为代表的执行机关掌握。但三权并不是平等并列的,立法权是国家的最高权力,行政权和联盟权从属立法权,处于隶属和辅助的地位,因为立法权经过公众的选举、受公众的委托,因而享有至高无上的地位。即使如此,立法权未经本人的同意,也不能取去任何人的财产的任何部分。① 洛克的上述政治思想,一方面反映了刚刚取得国家主导权的资产阶级对封建国家专制政治的憎恨和反对,另一方面也反映了其对类似于克伦威尔军事专制的个人独裁的戒心和忧虑,从根本上则反映了资产阶级对私有财产受到国家保护的本质意愿。

与上述历史条件和理论观点相一致,这一时期依法行政的释义也严格限定为:一切政府公共行政行为,都必须依照法律的规定。其基本的思想,是要对以国王为主导的政府及其行为实施严格的限制,以防止专制重来、自由受限、财产受损。从整体上说,这一时期的依法行政的内涵是狭小的,其外延则是最宽泛的。

二、依法行政的形成

依法行政形成于资产阶级完全控制国家权力,并形成资本主义国家体系之后。1789年法国大革命的胜利,结束了波旁王朝的专制统治。之后,资产阶级以国民议会的名义宣布了历史性的文件《人权和公民权宣言》,两年之后,资产阶级击溃了封建复辟,建立了纯粹资产阶级形态的法兰西第一共和国,制定了充满资产阶级原则精神的共和国新宪法。在此之前,远在北美大陆的美利坚合众国于1776年宣告独立,一开始就展示了发达的历史时代即资本主义基础之上发展起来的年轻国家的革命勇气和创造精神等诸方面的特征。与法国和美国的资产阶级革命的进程大体相当,诸如荷兰、意大利等民族国家也先后完成了资产阶级革命,从而形成了相对稳固的世界范围的资本主义国家体系。

至此,反封建虽然仍是资产阶级的重要任务,但主要任务已转变为如何通过国家政治制度的最佳构造,来实现资产阶级的两个方面并存的目标:第一,在整体上保障资产阶级的经济和政治利益,为此,国家政权机关必须法统原则明确、统一,实践坚强有力、极具效率,同时具有公正的社会形象;第二,在局部上保护财产私有者的特殊的经济和政治利益,为此,必须分权并实行权力间的平衡,且冠之以全民的名义。显然,二者皆为资产阶级所必需。在相互关系上,共同利益与特殊利益是互为条件的,皆由私有财产的本质属性所决定。这样,维持三权分立的政治权力格局以保护不同的特殊利益,同时在三权格局中重心

---

① 〔英〕洛克:《政府论》(下),叶启芳等译,北京:商务印书馆1964年版,第86页。

转移,变议会至上为适当突出行政权力就成为合理的选择。与上述主要任务的转变相一致,依法行政的概念也开始变化,其释义开始宽泛化:依法行政的严格意义在于,凡行政机关限制人民的权利或使人民承担义务时,必须有法律的依据,此外可由行政机关自由决定,即关于人民的权利和义务"法律保留"。

美国的政治体制是上述变化的最典型的反映。1789年制定的联邦宪法规定:立法、司法、行政三权完全分立,总统不能解散议会,也不能免除联邦法官,但总统的命令具有与法律同等的效力,总统对国会法案拥有否决权,也享有司法赦免权,总统还是三军最高统帅,另可提名联邦法官。这种既强调三权分立和制衡,又突出行政权的思想和做法,是同时满足资产阶级维护共同利益、尊重特殊利益双重需要的最佳现实选择。

三、依法行政的发展

依法行政发展于自由资本主义向垄断资本主义过渡之时并延续至今。19世纪末20世纪初,资本主义国家逐步开始向垄断阶段的过渡。与这一进程相一致,资产阶级在国家上层建筑方面也普遍开始突出政府地位、强化政府行政职能。这样做的历史原因在于:一方面垄断资产阶级在扩大其经济利益的同时,相应也有了较之以往更为强烈的主导政治权力的欲望,而政府正是满足这种欲望和需求的最有利的形式;另一方面,由于以"实验室出生产力"为特征的现代科学技术的迅速更新带动了社会生产力的大幅度提高,也由于社会生活的丰富化、社会价值标准的多元化等一系列的复杂原因,"法律有限、人事无穷",法律严重滞后于社会生活现实的矛盾日渐严重。这就要求调整国家权力的运行规则,改善国家权力的功能,以提高公共政策的质量。对此,唯有决策点集中,极具灵活性的政府才有可能对变化做出及时有效的反应。综合以上两个方面的原因,在既定的国家权力格局中,将权力重心进一步向行政倾斜是合乎道理的。早在19世纪中期,马克思就已从社会的躁动中敏锐地觉察到行政扩张的迹象,指出资产阶级"先使议会权力臻于完备,为的是能够推翻这个权力,现在,当它已达到这一步时,它就来使行政权臻于完备"①。

以1911年英国《议会法》为标志,资本主义国家权力重心转移得到法律确认。该法规定,内阁财政法案不需要经过上院批准,而下院议员的任期由七年改为五年,下院也改为五年改选一次;英王根据内阁的请求,可用命令的方式宣布解散下院。由于英王是虚君临朝而不理政,这就使内阁随时拥有了解散议会、举行大选的权力。这不能不说是行政权力的一次极大的扩展。随后的罗斯福新政和戴高乐宪法进一步将行政权力的扩展推向了高潮。罗斯福在实施新政的8年之内大大扩展和加强了总统的立法功能,以及联邦政府管理经济的权力和能力,②通过国家的强制作用结束了强烈放任自由的资本主义时代,从而将美国也将整个资本主义世界从经济衰退和政治崩溃之中解救了出来。这在社会上迎合了大多数选民的要求,在阶级利益上则符合垄断资本的利益。富兰克林·罗斯福也因此打破了乔治·华盛顿、托马斯·杰斐逊总统开创的传统,连续四次当选总统,直至病逝,实际在位达十三年之久。总统权力如此扩张,正是"美国权力机关在国家权力系统中的优势

---

① 《马克思恩格斯选集》第1卷,人民出版社1995年版,第674—675页。
② 参见本书第二章、第二十章。

地位的缩影"①。在法国,随着1958年第五共和国宪法即戴高乐宪法的通过,世界上最强大的立法机关——法国国民议会受到了极大的削弱,相反,总统则获取了在紧急状态下解散议会的权力,以及越过议会直接提交国民公决的权力,从而占据了国家权力的中心地位。以罗斯福新政和戴高乐宪法为代表的行政权能扩展的国家现象,以及后来的进一步发展,被为"行政国家"。

第二次世界大战以后,随着资本主义国家,主要是政府越来越多地干预经济和社会生活,人们已经不满足于行政权能的扩展,而开始对传统的三权分立学说提出质疑。有的学者直截了当地提出,为了有效地管理经济,政府必须拥有立法职能和司法职能,而事实上,行政立法在数量上已远远超出了议会立法。② 正是在这样的历史环境中,依法行政的释义出现了前所未有的宽泛化:只要不违反法律,行政机关就可以自由决定,而不是行政机关的一举一动都需要法律的依据。由此形成了内涵最为丰富、外延最为狭小的依法行政的新概念。依此概念,依法行政实际上只具有了"消极的界限"。

纵观资产阶级革命以来资本主义国家依法行政的理论和实践的历史变迁,我们可以看出以下几个方面的特点:

第一,各主要资本主义国家大体上都经历了一个从重视立法、强调立法高于一切,向重视行政、突出行政职能地位转变的历史过程。这一过程的形成,一方面反映了执掌国家政权的资产阶级经济利益需求和政治任务的转移,另一方面也反映了社会生活在节奏、广度和内容上的巨大变化以及公众价值标准的改变。因此说这一过程是历史的必然。可以预计,在今后相当长一段历史时期内,行政权即狭义政府将沿用对依法行政的最宽泛的释义,继续发挥甚至进一步扩展最活跃、最有力、最经常、最广泛国家权力机关的作用。在快速发展变化且极具不稳定性的未来社会条件下,与议会和法院相比较,政府公共行政管理,将继续是最有效的、最及时的国家管理形式。

第二,资本主义国家依法行政释义的宽泛化,是在三百余年法制(治)基础上出现的一种国家现象。在这个过程中,行政权力虽然扩展甚大,但国家基本的宪政原则,比如,"私有财产神圣不可侵犯"并没有受到任何损害,其基本的政治制度也没有任何改变,相反,行政权由于适应了社会历史条件的变化而得到了加强。这就是说,行政权是在受到现行法律和法的传统的限制,并在社会公众(其中包括政府官员)对法的普遍认同和尊重的基础上扩展的。因此,行政权力扩展的适用范围多以特定或具体事项的变化为对象,通常不涉及立国根本。换言之,"如果说依法行政的概念的核心在于'法',以及现代行政和历史上的行政的前提或标志在'法'的话,那么,依法行政概念的发展变化,主要是法的范围、内容和表现形式不断扩充的结果"③,而不是应不应该改变依法行政。

第三,行政权力的扩展受到了三权分立国家权力体系中其他国家权力主体的制衡,使行政权力不可能恣意妄为。这种制衡一方面表现为立法机关通过法律的间接制衡,例如,1946年美国国会制定的《行政诉讼法》《联邦程序法》,1947年英国国会通过的《国家责任

---

① 朱光磊:《以权力制约权力》,成都:四川人民出版社1987年版,第208页。
② 〔美〕伯纳德·施瓦茨:《行政法》,徐炳译,北京:群众出版社1986年版,第6、138页。
③ 刘瀚:《依法行政论》,北京:社会科学文献出版社1995年版,第35页。

法》《侵权法》；另一方面表现为立法、司法机关对行政机关的违法审查,例如"水门事件"引发的国会调查导致尼克松丢脸挂冠而去,"洛克希德飞机公司行贿案"引发的司法审查迫使田中角荣下野,即使是辉煌的罗斯福新政的不少举措也曾被美国最高法院宣判违宪。可见,在三百余年的历史进程中,行政权虽然得到了有力的扩展,但以三权分立为基本形态的国家权力结构并没有改变,在可以预见到的未来也不会改变。另外,在许多情况下,行政权的作为还受到公众的直接制约,例如,丹麦全民公决对《马斯特里赫特条约》有条件的否定。对行政权力的另一种经常性的制约,表现为新闻舆论对政府及其官员行为的揭露和抨击。上述案件的调查就多是以新闻揭露为前导的。不难理解,在这样的环境中,政府自由作为事实上是不可能的。依法行政正因此而获得了较为坚实可靠的保障,历经三百余年而不衰落。

第二节　依法行政的基础

依法行政是一种政治思想、政治理念,也是一种法律观点、法律制度,还是一种政治道德和社会价值标准。它是资产阶级法治主义的一个重要组成部分。其理论基础构成主要有三:第一,资产阶级在反封建斗争中提出的自然法理论和契约论等构成其原理性的思想源流;第二,资产阶级的权力分立和制衡学说及其实践构成其直接的法政基础;第三,资本主义的经济原理和市场经济规则构成其广泛的社会基础。从根本上说,依法行政的理论和实践是由资本主义生产力及与之相适应的资本主义生产关系所决定的。在这方面,"私有财产神圣不可侵犯"作为资本主义国家本质性的宪政原则对依法行政具有最重要的指导意义。

一、依法行政的思想源流

自然法理论和契约论是依法行政的思想源流。16世纪后半期资本主义生产方式开始在欧洲部分国家崛起,至18世纪产业革命之后逐渐发展成熟。在这个过程中,资产阶级的思想家为了论证资产阶级私有财产的合理性和不可剥夺性,首先和集中批驳了"君权神授"的中世纪神权逻辑和"王位世袭"的封建法统伦理,并在此基础上从不同的侧面提出了资产阶级的国家观,其核心就是自然法理论和契约论。在资产阶级思想家看来,君权是一切封建权力的基础和依托。君权所固有的唯一性、强制性、随意性等诸般特征,是与资产阶级的几乎一切原则相对立的。因此,要发展资本主义,就必须首先从理论上摧毁封建法统。在这方面,资产阶级的思想家们表现出了异乎寻常的激情。在这点上,美国政治思想家杰斐逊的话最具有代表性:"我已在上帝的圣坛上起过誓,永远与任何一种对人类心灵实行专制统治的暴政对抗。"[①]

近代以来几乎所有的资产阶级思想家都一再宣布:私有财产生来具有,是绝对不可剥夺的,而国家或政府的目的就是要保护私有财产。对此,意大利人尼科洛·马基雅维利作为新兴市民阶级的代表提出:人一定要生存,为了生存必需财产。财产关系是政治的基础

---

① 〔美〕托马斯·杰斐逊:《杰斐逊选集》,朱曾汶译,北京:商务印书馆1999年版,第526页。

的理论,人君如不侵犯百姓的财产和荣誉,则大多数人自然心悦诚服。他的上述思想被后来的一切资产阶级思想奉为共同的神圣的原则;近代自然法理论创始人雨果·格劳秀斯(Hugo Grotius)提出:人类最初源于自然状态,在自然状态下享有自然权利。人是自然的动物也是理性的动物,保护自己的生命、自由和财产是人的本性。自然法既来自本性又是理性的命令,是人间的义务和责任的依据。承认人性、理性就承认自然法。自然法规定不得侵犯他人财产。因此,以专制为特征的封建制度既违反人性也违反理性。另一位荷兰人斯宾诺莎(Baluch Spinoza)以人性论为基础创立了天赋人权论。他提出:人生来就赋有自由,尤其是思想和言论的自由,这种自由是天赋的自然权利,每个人权利的大小取决于他自身的实际力量。自我保存是人的本性,理性的真正要求在于每个人都爱他自己并寻求利益,这样纷争就不可避免。为了和平共处、互相扶助,就必须建立国家、放弃一部分自然权利,但如果国家不能满足每个公民的生命和利益就将降低自身的生存权利直至被推翻。①

洛克从工商业发展的和平安定的环境需要出发论证:自然状态是一个自由、平等并有自己财产的社会。自由、平等、个人财产都是人们的自然权利,自然法统治着自然状态。但自然法统治下的自然状态存在着种种的不便。为了弥补这些不便,就要通过社会契约来建立公民社会即国家。"人们联合成为国家和置身政府之下的重大的和主要的目的,是要保护他们的财产。"②洛克的这一论述,可以说是对资本主义国家本质性的集中概括。继洛克之后,另一位思想大家孟德斯鸠进一步提出:自然法就是人的理性,它起源于人们生命的本质。在自然法的基础上还存在着由人的理性所决定的人定法。封建专制制度既不符合自然法也违背人定法,从根本上是违反人类理性的。国家不是源自上帝而是一切个人力量或意志的联合,因此,法的基本精神是不强迫任何人去做法律所不强制他做的事,也不禁止任何人去做法律所许可的事。只有这样才是合乎自然法即合乎人的理性的。③

综上所述,资产阶级政治思想家提出、倡导、强调的自然法理论和契约论,反映了新兴的资产阶级抑制王权,以防止和反对封建君主从经济上对资产阶级财产的索取和剥夺,从政治上对资产阶级权力的压制和践踏的要求。在封建势力依然强大,尤其是执掌国家行政权力的历史条件下,提出自然法理论和契约论以为宣扬立法至上并相应强调依法行政制造理论根据,乃是新兴的资产阶级最为明智的现实选择。

二、依法行政的社会基础

资本主义的经济原理和市场经济的实践是依法行政的广泛的社会基础。"私有财产神圣不可侵犯"是资本主义的最高的和根本的信条。据此,在资产阶级看来,一切不利于私有资产的保护和发展的社会主体、社会行为或社会现象都是违背自然法则和自然权利、违背人的本性和人的理性、违背社会契约和国家主权的。那么,私有财产又是怎么来的

---

① 岳麟章:《从马基雅维利到尼采——西方近代政治思想史》,西安:陕西人民出版社1989年版,第12—18、58—74、418—432页。
② 〔英〕洛克:前揭书(下),第77页。
③ 〔法〕孟德斯鸠:前揭书,第154页。

呢？对此，洛克假设和推论出了一个所谓的"财富原理"。洛克首先确定：一个人所拥有的基本财产就是他本人，对他本人，他拥有充分的和完全的主权。由此推论，人的身体具有劳动力，劳动力可以创造财富，创造财富的身体既然归私人所拥有，那么，由身体所创造的财富也自然归私人拥有。在此基础上洛克进一步推论，"我的仆人所割的草皮"也是"我的财产"，这就是说，雇佣劳动所产生的产品也是雇主的财产。概括起来说，洛克认为人归人的本体所有，财产归人所有，因此私有财产是合乎人性、合乎理论、合乎自然的，因而是不可剥夺的。洛克就这样从一个方面为资本主义奠定了理论基础。①

资本主义作为一种生产方式有着与封建社会完全不同的经济规律。受经济规律的支配，资本主义经济又有着与以往全然不同的特性以及与之相一致的法则和诉求。资本主义经济特性与依法行政的内在联系主要有以下三个方面：

1. 财产私有制。这是资本主义的基石。与此相联系，资本主义生产方式推崇和鼓励个人谋求自我利益的动机和活动。这种动机和活动被认为是天经地义、当然合理的。因为，这种动机和活动可以通过个人资金的积累达成社会财富的总量增值，促进和扩大再生产。因此，根据"法不明言不为罪"的原则，凡不触犯刑典者人人皆有充分的自由扩张他们财富的自然权利。这一权利理应受到政府的有效保护而不是相反。强调国家的这一作用具有十分重要的意义。因为唯有国家（政府）才可与人民产生公法意义上的上下统属关系，②进而产生事实上容易发生却难以纠正的侵权行为，危及私有财产制度。这就必然要求规范和限制政府的行为，即依法行政。

2. 市场竞争。如果说资本主义生产方式发展动力的内在原因是个人致富动机的话，那么，其外在的压力就是市场竞争。从一定的意义上说，市场本是为竞争而存在的，竞争则必以市场为舞台。没有市场就无所谓竞争，没有竞争也就无所谓发展。在资本主义条件下，由于竞争主体是个人的或个人组合集团的，竞争的根本动力是尽可能地争取更好的生存和发展条件，占有更多的物质财富，扩大个人财富的积聚，因此，竞争必是激烈的、残酷的，必以物竞天择、优胜劣汰为根本的法则。为了获取竞争胜利或竞争优势，每个人都必须奋发向上，从而不仅达到财货分配的目的，而且达成社会物质财富的增长。但是，资本主义的市场竞争也是强调自然秩序的，因为首先，如果竞争过于严酷、残忍，或者社会财富过于偏聚，一定会引发社会动荡和冲突，这就必须适时、适地、适事抑制豪强、拯救无业者。战后西方国家普遍实行的"福利国家"政策，就是典型的表现形式。其次，如果不正当竞争，即以不正当的方法损害他人或社会公众利益，牟取暴利，必会引起公愤，引发社会动荡和冲突，特别是权钱交易，利用公共权力谋取私利的不良影响更甚。为此，就必须制定社会普遍遵从的"游戏规则"。比如，公平竞争、等价交换、第三者权威仲裁等。"法律面前人人平等"应是一切规则的总纲。

不难理解，在市场主体权利和义务同等的情况下，唯有"从社会中产生但又自居于社会之上并且日益同社会相异化"③的国家，才有足够的社会公信力和权威性，既当立法者又当执法者，来维护市场竞争的公正性，使市场长期存在下去，推动社会的发展进步。从

---

① 〔英〕洛克：前揭书（上），第18—19页。
② 张孝昭：《国家赔偿法逐条论述》，台北：台湾金汤书局1985年版，第16页。
③ 《马克思恩格斯选集》第4卷，北京：人民出版社1995年版，第170页。

国家的社会职能上说,法是社会公正性的最集中的体现。因此,要维护市场竞争的公正性,就必须依法行政。

3. 管理理性化。资本主义经济是典型的技术经济,其生产特征之一是讲求生产的准确和精细。其目的在于以尽可能低的成本赚取尽可能高的利润。为此,必然要强调手段和目标的合理化,强调效率,强调管理的科学化。这样一种生产方式的特点反映在国家政治生活和社会生活中,必然要求规范、约束、制裁企业和个人的各类法律、法规、法令确切严谨,而不能仅凭原则裁处。这正是资本主义国家法律甚多且裁量细致化的原因所在。这就要求政府以理性的态度而不是感性意识实施公共行政管理,即依法行政。不仅如此,从法理上说,国家在私法关系上与公民是处于平等关系的。据此,当政府的行政行为在客观社会效果上损害公民权利和利益时,必须依据民法、刑法、行政诉讼法的通则和规定承担行政责任,并给予相应的赔偿。只有这样,政府才能获得法律的持久认同和社会的广泛支持。

三、依法行政的宪政基础

资产阶级的权力分立和制衡学说及其实践是依法行政的直接的法政基础。这方面的情况我们与下一部分合并讨论。

第三节 依法行政的制度机制

作为一种法律观点和法律制度,依法行政是以资产阶级的权力分立和制衡学说为其直接的法政理论基础、以分权制的政治体制为其制度表现形式的。分权论和分权制则分别是资产阶级宪政论和宪政制的重要组成部分。按照资产阶级的经典理论,"不分三权,就是专制"[1];要做到依法行政,就必须不仅分权而且以权治权,并以国家宪政制度的形式确定下来。

一、公共权力分立、制衡的由来

资本主义生产方式因其本质的内核——私有资本而必会演化出两个方面的基本的政治理念:其一,个人的独立自主权。"私有制同工业的个体经营和竞争是分不开的"[2],在资本私有和市场竞争的双重条件下,个人必形成强烈的主体意识,不仅要求完全掌握生产经营的决策权,而且会对自己和市场行为担负起成功或失败的责任。其二,社会权利的扩散。在自主经营的过程中,市场主体会逐渐培养出富于冒险的精神和参与社会共同决策的愿望和能力。两个方面相结合,就使得中央集权的政治制度在资本主义社会历史条件下难以成立,相反,三权分立和制衡的政治制度成为普遍现象。

权力分立和制衡的思想源流往前至少可以追溯到生于古希腊高度繁荣城邦民主政治时代的亚里士多德。他指出,政治制度是对诸社会成员权力、地位和管理社会公共事务责

---

[1] 〔法〕孟德斯鸠:前揭书,第158页。
[2] 《马克思恩格斯选集》第1卷,北京:人民出版社1995年版,第237页。

任的分配,而"一切政体都有三个要素,即议事、行政和审判"①。当然,亚里士多德的"三要素说"名词接近但还不是后来意义上的三权分立。几百年以后,另一位希腊人波里比阿结合罗马国家制度的实践,将权力分立和制衡的学说又向前推进了一大步。波里比阿指出,国家权力可以分为三部分,即人民(大会)、元老院和执政官,三方面的关系是相互尊重、彼此配合又相互分立、彼此制衡的。其中任何一方都不可能有优越的地位,均衡才形成不可抗拒的力量。为了维护均势,任何一方自始就得担心其他部门的干涉,任何越权行为都必然会被制止。② 一般认为,提出近代意义上分权论的是洛克。洛克认为,每个国家都有立法权、行政权、联盟权三种权力,其中行政权就是执行法律的权力。这三种权力,尤其是立法权和行政权就是执行法律的权力,必须严格划分职权范围,实行分立。但立法权居于主导的和最高的地位,享有收回法律、惩处不良行政的权力。③ 真正提出完全意义上的三权分立学说并强调其间相互制衡关系的是孟德斯鸠。他提出:每个国家都有立法权、司法权和行政权三种权力。这三种权力是绝对不可混合的,因为一切权力合而为一正是封建专制的特征,所以必须分权。那么,为什么一定要实行权力间的相互制衡呢?孟德斯鸠的理论是:"一切有权力的人们使用权力一直到遇到界限的地方才休止……从事物的性质来说,要防止滥用权力,就必须以权力制约权力。"④对此,美国政治思想家亚历山大·汉密尔顿指出:"权力有一种侵犯性质,应该通过给它规定的限度在实际上加以限制。因此,在理论上区别了立法、行政或司法的几类权力以后,下一个而且最困难的工作,是给每种权力规定若干实际保证,以防止其他权力的侵犯。"⑤这样,孟德斯鸠和汉密尔顿实际上提出了权力制约主体独立和权力制约对等的原则。

那么,为什么三权分立最好呢?一般认为,三点成面,在力学上三角形最具稳定性,权力结构也是如此。三权中的每一权对另一权都处于均势状,当任何一权试图突破障碍,破坏原有均衡,取得某种优势时,就会受到其他两权的联合抵御和反对,使其回到均势中来。通常的情况下,在既定的格局中,1加1之和是大于1的。这就形成了一种机制,即不使任何权力绝对化,以杜绝专制或独裁,从而在首先保证资产阶级私有财产共同利益的基础之上,保证特殊的经济利益以及之相一致的不同的政治主张。这正是三权分立学说和三权分立政治体制以及连带的依法行政原则的阶级实质所在,也正是资产阶级以"极其虔诚的心情把这种分权看作神圣不可侵犯的原则"⑥的原因所在。

二、行政权力的特性与公共权力制衡

在三权之中之所以要突出对行政权的限制,强调依法行政,除了历史上反对封建王权的特殊需要以外,还与行政权即狭义的政府的功能和特性分不开的。一言以蔽之,在三权之中,行政权力最有可能侵权和越权。行政权的特性主要表现在以下4个方面:

---

① 〔希〕亚里士多德:《政治学》,吴寿彭译,北京:商务印书馆1965年版,第214页。
② 〔希〕波里比阿:《罗马史》第6卷,转引自杨共乐选译:《世界史资料丛刊:罗马共和国时期》(上),北京:商务印书馆1997年版,第53页。
③ 〔英〕洛克:前揭书(上),第81页。
④ 〔法〕孟德斯鸠:前揭书,第154页。
⑤ 〔美〕汉密尔顿、杰伊、麦迪逊:《联邦党人文集》,程逢如等译,北京:商务印书馆1980年版,第252页。
⑥ 《马克思恩格斯全集》第5卷,北京:人民出版社1958年版,第224—225页。

1. 在与公民、与社会的关系上,政府行政机关是最直接的、最经常的、最广泛的、最具体的,事实上,"公民从生到死的全部生活都与行政部门所提供的服务密切相关"①,从一体两面说,受到行政部门侵权的可能性也最大。不仅如此,由于社会事务的几乎是无限地发展,政府的职能也几乎是无穷无尽的。

2. 在组织构成和决策程序上,三权当中的立法权是典型的"票决制",司法也有陪审制和两级终审制,唯独行政是首长个人负责制。美国总统林肯著名的"7 人反对、1 人赞成,赞成者胜利"话语,就是关于首长负责制的典型写照。由于权力作为一种社会存在本身具有强烈的扩张性、侵犯性、排他性、诱惑性、腐朽性、渗透性等不良特性②,而人作为一种社会存在行使权力时并不天生就是天使,一如恩格斯所说"人是什么?一半是野兽,一半是天使"③,如果没有法律的限定和其他国家权力的制约,行政首脑是有可能大权独揽,实行行政专横,甚至走向独裁的。

3. 在实际生活中而不是法理上,"权"与"事"合称"权事",权随事走乃是常态,即掌理多少事情就有多大的权力。行政权就是有这方面的特征,因而在潜能和势能上是最强大的。正因为如此,西方发达国家的总统或首相竞选才会是最激烈的争夺。

4. 法律永远不可能对一切关于国家和社会事务的管理做出规定,法律也总是落后于现实生活的发展变化,因而法律的规定总是原则的、有限的,法律的适用也经常是模糊的、有争议的。这就为行政权自行其是提供了极大的客观空间,也提供了极大的主观可能性。例如,美国宪法规定,总统与外国缔约须经参议院批准,而总统常以"行政协议"绕开和规避国会。在建国二百余年中,美国与外国缔结了一千余个条约,却签订了四千多个其效力等同于条约的"行政协议"。④ 富兰克林·罗斯福曾经颁布了 3723 件行政命令。在进入 21 世纪的时候,美国人提出的问题是:"美国最高行政长官的执政是像个总统,还是更像个国王?"他们提出的警告是:"我们距离暴政已经不远。"⑤

三、公共权力分立、制衡的制度原因

分权论、分权制以及连带产生的依法行政论都是资本主义社会化大生产的产物。资本主义社会化大生产必与生产资料的私人占有制产生不可调和的对立和冲突,形成长期影响资本主义社会的基本矛盾。从资本主义社会三百余年的发展过程分析,分权之所以被称之为"永久性"的原则,是因为它在客观上体现了以资本主义生产关系为核心的种种社会关系,对于缓和、抑制上述社会基本矛盾起到了积极的、难以替代的作用。首先,它在社会形象上体现民主、正义和公平,因而有助于"将统治阶级的法律提升为国民的普遍意志"⑥,有利于维护社会公众对"政治"的信心,进而维护社会稳定,为资本主义的经济发展提供社会条件;其次,它在阶级实质上体现统治阶级的共同和根本的利益,同时兼顾不同

---

① 王名扬:《法国行政法》,北京:中国政法大学出版社 1988 年版,第 12 页。
② 王寿林:《社会主义国家权力制约论》,大连:东北财经大学出版社 1993 年版,第 15—17 页。
③ 《马克思恩格斯选集》第 4 卷,北京:人民出版社 1995 年版,第 233 页。
④ 王寿林:前揭书,第 88 页。
⑤ 〔美〕弗朗辛·基弗:《克林顿的"暴政"使国会山痛恨不已》,《参考消息》1999 年 12 月 6 日。
⑥ 《马克思恩格斯全集》第 8 卷,北京:人民出版社 1961 年版,第 214 页。

派别或集团的特殊需求,因而为本阶级所共同维护。概括起来说,"政治统治到处都是以执行某种社会职能为基础,而且政治统治只有在它执行了它的这种社会职能时才能持续下去"①,即能够将统治阶级的利益与公众的利益、国家的阶级职能与社会职能有机地协调起来的政治制度才有可能延续下去。对统治阶级来说,这样的政治制度才是最好的政治制度。分权制就是这样一种制度。因而尽管有各种形态的结构和运行模式,同一模式在不同的历史时期也有不同的强调重点,但分权论始终是资本主义国家普遍认同的立国原则之一,分权制是不可动摇的选择。

需要特别指出的是,分权制作为资本主义国家政治制度的支撑点之一,是与制衡的原则紧密联系在一起的。如果说分权的立意在于"分",那么制衡的目的就在于"合"。② 就阶级的整体利益和长远利益而言,分是相对的,只是对国家主权表现形式的划分,合才是绝对的,以维护资产阶级国家主权的完整和统一。从机制上分析,三权分与合的背后还存在一种约束三权的强大的"一体化的向心力量",这就是资产阶级的政党。政党位处法外制度即国家公共权力主体制度之外的核心,是法外制度的中坚力量。政党通过财政资助和组织服务等方法来挑选立法、司法和行政官员,并通过政纲约束他们的方法"以一治三"③,即沟通三大国家权力机关之间的关系,共同为本阶级的利益服务。正是在这个意义上,恩格斯指出分权"不过是为了简化和监督国家机构而实行的日常事务上的分工罢了"④。

依法行政起源于资产阶级反对封建专制的需要并成其强大的武器,发展于资产阶级巩固政权的需要并成其有力的工具。其间,依法行政释义的内涵和外延虽几经变化,但其精神实质却一如既往地受到肯定和重视,历经三百余年、跨越资本主义三大发展阶段沿用到今日而不衰。这说明,依法行政作为一种思想、一种理念、一种制度是有其历史基础和现实需要的:

首先,在经济基础上,依法行政与资本主义经济的诸要素相吻合。对于生产资料私人占有制,政府依法行政的第一要旨是阻止、反对和惩罚对私有财产的阻挠、侵犯、剥夺,以国家武装力量为后盾充当私有财产的保护神;对于市场经济,政府依法行政扮演执法者和引导者,鼓励合法行为主体自主经营、自负其责,反对任何主体不正当的介入、干涉、胁迫;对于竞争,政府依法行政保证竞争的公正性,竞争规则的合理性,其中包括因政府自身的特殊地位,政府不得以公开或隐蔽、直接或间接的任何手段获得经济利益。否则,市场经济必是无序的、畸形的缺乏持续发展能力的,从而危及资本主义制度。这是资产阶级绝对不能允许的,因此,"违法行政"者必受严惩。

其次,在政治理念上,依法行政与资产阶级的民主、自由、平等等观点和主张相吻合。资产阶级民主的对立物是封建君主专制或独裁,资产阶级自由的对立物是封建强迫服从,资产阶级平等的对立物是封建特权或利益独享。显然,两个方面是格格不入的。在反封建斗争之中,资产阶级的自然权利等理论,不仅有利于资产阶级夺取政权,而且也迎合了除封建阶级之外的其他社会各阶级的要求。这就在阶级观点和公众意识之间寻获了一个

---

① 《马克思恩格斯选集》第3卷,北京:人民出版社1972年版,第21页。
② 朱光磊:前揭书,第130页。
③ 同上书,第57—58页。
④ 《马克思恩格斯全集》第5卷,北京:人民出版社1958年版,第224—225页。

平衡点，从而建立了一个为社会普遍认同的理念，并逐步演化为一种社会意识形态延续下来。资产阶级据此宣称自己是公正的社会，资本主义是永恒的。概括起来说，由于依法行政始于反对封建王权的斗争，也由于社会各界对封建专制的普遍惧怕，还由于行政权具有前面所论及的各种特性，所以，为了维护民主、自由、平等而限制、规范行政权就成为一种社会共识。

最后，在国家政治体制上，依法行政与资产阶级的三权分立及制衡制度相吻合。如前所述，生产资料私有制必产生经济利益的差异进而产生政治主张的不同，"机会均等""利益均沾"等市场经济原则反映在国家政治体制上，就会强调权力分立和制衡，而为了均势，对较多握有实际权力和经营性权力因而最有可能侵权的行政权重点实施限制，就成为最自然不过的逻辑结论。

恩格斯曾深刻指出："政治权力会给经济发展带来巨大的损害，并造成人力和财力的大量浪费。"①政府公共行政权力是典型的政治权力之一种。由于众所周知的原因，我国政府之于社会经济的关系从一开始就具有"全能"的特征，政府介入、干预、调控社会经济的范围、程序、方式、频率、权威性等，是西方国家政府不可比拟的。加之我国虽有源远流长的法制思想史，却无根深蒂固的法制制度史的历史特征，在实行社会主义市场经济的前所未有的历史条件下，如何正确看待"依法行政"与社会主义市场经济的关系，以根据社会主义市场经济的客观需求，及时、全面、有效地转变政府职能，避免恩格斯所说现象的出现及严重化，乃是一个值得深思、刻不容缓的理论与实践问题。

近些年，在"依法治国""依法行政"执政理念的指导之下，中国的依法行政取得了历史性的进步：1989年4月颁布、1990年10月实施了《中华人民共和国行政诉讼法》，1994年5月颁布、1995年1月实施了《中华人民共和国国家赔偿法》，1999年4月颁布、1999年10月实施了《中华人民共和国行政处罚法》，1999年4月颁布、1999年10月实施了《中华人民共和国行政复议法》，2003年8月颁布、2004年7月实施了《中华人民共和国行政许可法》等一系列重要法律，初步形成了中国的行政法律体系框架。具有行政基本法性质的"行政程序法"已经列入全国人民代表大会常务委员会立法规划，《中华人民共和国国家赔偿法》已经列入全国人民代表大会常务委员会修法规划。1999年11月，国务院发布了《国务院关于全面推进依法行政的决定》，2004年3月，国务院发布了《全面推进依法行政实施纲要》。2014年中共十八届四中全会通过了《中共中央关于全面推进依法治国若干重大问题的决定》，对深入推进依法行政，加快建设法治政府做了全面布署。中国依法行政的前景值得期待。

名词与术语

契约论　　虚君制度
　　　　　依法行政
　　　　　君权神授
　　　　　财富原理

---

① 《马克思恩格斯选集》第4卷，北京：人民出版社1995年版，第701页。

三权分立

权力制衡

以一治三

机会均等

利益均沾

复习与思考

1. 依法行政的历史缘由。
2. 依法行政形成的历史条件。
3. 依法行政发展的历史条件。
4. 西方国家依法行政的理论和实践历史变迁的特点。
5. 依法行政的思想源流。
6. 西方国家依法行政的社会基础。
7. 资本主义经济特性与依法行政的内在联系。
8. 权力分立和制衡思想的源流。
9. 强调依法行政的原因。
10. 公共权力分立、制衡的制度原因。
11. 依法行政的历史基础和现实需要。
12. 我国依法行政问题的再思考。

主要参考书目

1.《邓小平文选》第3卷,北京:人民出版社1993年版。
2.〔美〕汉密尔顿、杰伊、麦迪逊:《联邦党人文集》,程逢如等译,北京:商务印书馆1982年版。
3.〔法〕孟德斯鸠:《论法的精神》,张雁深译,北京:商务印书馆1961年版。
4.〔英〕洛克:《政府论》,叶启芳等译,北京:商务印书馆1964年版。
5. 朱光磊:《以权力制约权力》,成都:四川人民出版社1987年版。
6.〔美〕伯纳德·施瓦茨:《行政法》,徐炳译,北京:群众出版社1986年版。
7. 刘瀚等:《依法行政论》,北京:社会科学文献出版社1993年版。
8. 王寿林:《社会主义国家权力制约论》,大连:东北财经大学出版社1993年版。
9.〔美〕古德诺:《政治与行政》,王元译,北京:华夏出版社1987年版。
10. 李景鹏:《权力政治学》,北京:北京大学出版社2008年版。

第十四章　行政行为

第一节　行政行为概述

国家行政行为主体所实施的行政行为,对全社会的各个层面都会产生广泛而深刻的社会影响。因此,全面理解行政行为的含义,合理区分行政行为的种类,准确把握行政行为的特点,对于运用恰当的行为方式,有效地实现行政行为的功能,都具有重要意义。

一、行政行为的含义

(一) 行政行为的含义

关于行政行为的含义,可以从广义和狭义两个方面来理解。

1. 广义的行政行为。是指合法的行政行为主体依据法律的规定,在法定的职权范围内,按照法定程序,通过法定形式,所实施的全部行政管理活动的总称。包括决策行为、组织行为、领导行为、指挥行为、执行行为、监督行为等。广义的行政行为不是本章研究的主要范围。

2. 狭义的行政行为。是指合法的行政行为主体依据法律的规定,在法定的职权范围内,按照法定程序,通过法定形式,在行政管理活动所实施的能够直接发生法律效果的行为。如行政强制、行政许可等。本章所研究的主要是指狭义的行政行为。

(二) 行政行为的构成要素

行政行为的构成要素是指合法的行政行为成立的必要条件,主要有以下五个构成要素。

1. 行政行为主体,指行政行为的实施者。主要包括行使国家行政权的各级行政机关,也包括经法律和国家行政机关授权的其他组织。

2. 行政行为客体,指行政行为的指向对象,包括公民、法人和其他组织。

3. 行政行为内容,指行政行为所反映的实质或具体情况,包括赋予权利、设定义务。

4. 行政行为形式,指行政行为内容的载体,如命令的形式、决定的形式。

5. 行政行为依据,指行政主体实施行政行为的具体根据,包括事实依据和法律依据两个方面。前者指行政行为主体主要依据具体的事实做意思表示,如公证机关做出公证。后者指行政行为主体主要依据自身的合法权力做意思表示,如工商行政管理部门发布关于企业登记注册的规定。

二、行政行为的特点

从行政行为的含义和构成要素中可以看出,行政行为有以下特点。

(一) 组织性

行政行为的主体主要是国家行政机关,国家行政机关是国家根据有关法律,按照法定程序组建的机关,具有高度的组织性、纪律性。其工作人员是这种具有高度组织性、纪律性机关的组成人员,其权利和义务也由法律授予。因此,他们所实施的行政行为不是某个具体行政机关或某个个人意志的反映,而是国家行政机关整体意志的反映,即行政行为不是个体的行为,而是组织的行为。行政行为的这个特点就要求行政行为主体必须要有强烈的大局意识,要自觉站在国家整体利益的高度实施行政管理活动。

(二)关联性

行政行为虽然是由不同的行政行为主体具体实施的,但由于行政行为体现的是国家行政机关的整体意志,因此,行政行为之间存在着内在的关联性,即相互制约、相互影响。一个行政行为主体实施行政行为所产生的后果,也影响其他行政行为主体实施行政行为的后果,甚至对全部国家行政机关都产生一定的影响。行政行为的这个特点就要求每个行政行为主体要善于从全局考虑问题,深入了解相关情况,加强与其他行政行为主体的交流沟通、协调配合,保证行政行为的整体最优。

(三)强制性

行政行为是行政行为主体代表国家实施的管理社会的行为,以国家的强制力为后盾,其发生法律效力无须经过行政行为客体的同意。除非经权力机关或上级行政机关裁决或者有管辖权的法院判决其违法予以撤销,否则,就要假定行政行为具有合法性,国家行政机关及其工作人员有权强制执行,行政行为的客体如果拒不执行,将会受到相应的制裁。行政行为的这个特点要求行政行为主体在实施行政行为时,既要考虑合法性,也要考虑可行性,尽量避免采取强制的方式执行行政行为。

(四)妥协性

行政行为的实施对象是全社会,它所处理的是社会公共事务。从宏观上来看,行政行为能否取得实效,关键在于得到全社会多数人的认可或支持。这种认可或支持不仅仅是依靠权力和法律所能得到的,而是行政行为主体与其他有关方面沟通、协调的结果。因为不同的组织和个人所处的利害关系不同,对问题的认识程度和角度不同,所主张的解决问题的观点和途径也不同。有的主张维持现状,不同意进行任何变革;有的主张在基本格局不变的状态下,做一定的改进;有的主张进行重大变革,改变现状。而行政行为主体所采取的行政行为,往往不是完全采纳某一种主张,而是不同主张妥协的结果。行政行为的这个特点就要求行政行为主体要与社会各阶层的人员相互沟通协调,善于综合、归纳、平衡各种意见,依法采取最适当的行政行为。

(五)适应性

行政行为是针对社会公共事务而实施的管理社会的行为,其目的在于促进国家的进步、社会的发展和人民生活水平的提高。而社会在不断发展变化,人们的要求在不断提高,因此,行政行为不能是一成不变的,必须适应不断发展的形势的要求。行政行为的这个特点就要求行政行为主体必须有高度的适应性,要善于审时度势,根据时代的发展特点,采取相应的管理行为,符合社会上大多数人的意愿并得到他们的支持,使行政行为有最广泛和坚实的社会基础。

三、行政行为的种类

根据不同的标准,可以将行政行为分为不同的种类。

(一)根据行政行为特点的分类

1. 法律行为与准法律行为。法律行为是指行政行为主体依据其合法权力做出或者与其他当事人共同做出的产生法律效果的行为。如命令公民个体纳税,变更行政处分。准法律行为是指行政行为主体依据具体事实做出的产生法律效果的行为。如公证行为、通知行为。

2. 抽象行为与具体行为。抽象行为是指行政行为主体对不特定或一般性事项制定和发布普遍性行为规则的行为。它不是对某一事件做具体的规定,而对一切适用规则范围内的事情加以规范。如国务院根据宪法和法律,下发关于抗震救灾的通知。具体行为是指行政行为主体对特定的或具体的事件进行处理的行为。如对违法经营的商户进行行政处罚。

3. 积极行为与消极行为。积极行为是指行政行为主体实施的变更现存法律关系的行为。如中国人民银行关于调整存款利息的决定。消极行为是指行政行为主体实施的维持原有法律关系不变的行为。如国务院关于"五一"放假维持去年天数不变的通知。

4. 羁束行为与自由裁量行为。羁束行为是指在行政法律规范已经规定得非常具体的情况下,行政行为主体只能严格按照有关规定所实施的没有任何变通余地的行为。如对交通违章处罚必须开具书面罚单。自由裁量行为是指在行政法律规范没有明确规定或规定有一定伸缩幅度的情况下,行政行为主体所实施的可以权衡裁量的行为。如对出售过期食品的商家,执法部门可以在法定范围内自主决定罚款的数额。

5. 无附加条件行为与有附加条件行为。无附加条件行为是指行政行为主体实施的不需要附带任何限制,即可产生法律效果的行为。如执法部门对故意出售变质食品的商家实施经济处罚。有附加条件行为是指行政行为主体实施的需要附带某些限制,并且只有具备限制性条件时,才能产生法律效果的行为。如国家有关部门准许某企业在解决污染治理后才能投入生产。

(二)根据行政行为当事人之间法律关系的分类

1. 单方行为。指行政行为主体所实施的仅根据单方面的意思表示即可成立的行为,单方行为无须征得当事人的同意。在实践中,行政行为主体在实施这一类行为之前,往往会先征求并尊重当事人的意见,但这不是法定程序,也并不受当事人意见的约束,行政行为主体完全有权单独实施其行为。如行政命令、行政处分。

2. 双方行为。指一个行政行为主体同另一个当事人,为达到各自不同的目的,在共同协商一致的基础上,所实施的经过双方认可方能产生法律效果的行为。如行政机关通过赞助经费,委托某一研究机构承担一项课题研究,而该机构接受了委托的工作和赞助的经费,该行政行为即告成立。

3. 多方行为。指行政行为主体同两个或两个以上当事人,为达到共同目的所实施的经过各方面共同认可方能产生法律效果的行为。如政府与若干民营企业经过协商,达成正式协议,共同投资于某项公益事业。

第二节 行政行为的功能

行政行为的功能是指行政行为所产生的实际效果。从总体上说,实施行政行为是为了实现国家的职能,促进社会的发展,维护社会的稳定,保持社会的和谐,保障人民的合法权益。具体来说,依照不同的标准和方法,可以对行政行为的功能做不同的分类。从行政行为在社会中所处的地位和作用来看,其功能主要有以下五个方面。

一、维护功能

维护功能是行政行为的首要功能,可以分为对内对外两个方面。

(一) 对内的维护功能

主要指行政行为主体通过实施行政行为,在社会中建立起大多数人拥护的、合理的行为规范和道德标准,作为各类社会组织和每个公民的行为准则,建立和维护正常的社会秩序,维护组织之间、组织与个人之间、个人与个人之间的良好关系。使得每个社会组织和每个公民都树立强烈的法制观念、责任意识和主人翁意识,自觉遵守国家的法律法规,服从国家机关及其工作人员的管理,在全社会形成和谐、互助、互爱的组织关系和人际关系,共同为社会、组织和每个人的发展做出努力。

(二) 对外的维护功能

主要是指行政行为主体通过实施行政行为,在全社会强化国家安全意识和责任,动员和组织全社会的人力、物力和财力,加强国防建设,维护国家主权独立和领土完整,使全体人民在一个稳定、安全、和平的环境下工作、生活。

二、监管功能

主要指行政行为主体通过实施行为,对各种组织和每个人影响社会的行为进行必要的监督、管理,使社会大多数人的利益得以保证。因为在社会生活中,每个组织和每个公民的行为都具有双重性,既有社会性,也有自我性。一方面,每个组织和每个公民的行为都是社会活动的一部分,与社会其他组织和个人发生必然的联系,这些行为的集合共同促进了社会的发展,具有社会性。另一方面,每个组织和公民的行为都会从自身的立场和利益出发,为自身谋求最大的利益,具有自我性。这种社会性和自我性之间既有和谐的一面,也有矛盾和冲突的一面。当矛盾和冲突发展到一定程度,就会影响到社会的安定和大多数人的利益。为此,行政行为主体就需要实施必要的行政行为加以监管,对有些行为采取鼓励措施,对有些行为采取限制措施,对有些行为暂时不做明确的意思表示。从而将矛盾和冲突控制在一定程度和范围,保证社会的和谐发展。

三、裁判功能

主要指行政行为主体通过实施行政行为,对不同当事人之间产生的一些争执和纠纷进行裁决。在社会生活中,个人与个人之间、个人与组织之间、组织与组织之间在发生各种联系的同时,既相互支持、相互促进,也会产生实际利益上的矛盾、冲突、争执、纠纷。当这些矛盾和冲突不能够通过协商解决时,不仅其中的任何一方当事人不能充当裁判者的角色,其他一般的组织和个人也不能充当裁判者的角色,能够进行裁决的只能是国家。因为国家是从社会中产生,又凌驾于社会之上,它总以公正的面目出现,采取超然的立场,以国家的强制力为后盾,所做出的裁决对于发生矛盾的双方都有权威性。其中,大部分冲突和矛盾都是由行政行为主体通过实施行政行为来裁决的。这种裁决行为具有法律效力,在上级行政机关或权力机关、审判机关予以撤销之前,当事人必须服从,不得抗拒,否则将承担由此引起的法律后果。

四、服务功能

服务功能是行政行为的基本功能,可以分为两个方面。

(一)面向全社会的服务功能

主要指行政行为主体通过实施行政行为,为全社会和全体人民谋福利,推动社会不断向前发展,使人民的工作生活条件不断改善,包括采取各种措施促进经济发展,举办各种公共福利事业,兴建各种公用设施。

(二)面向特定群体的服务功能

主要指行政行为主体通过实施行政行为,为特定的组织、个人服务。包括制定优惠政策鼓励新兴企业、事业的发展,对弱势群体进行救助,对特定人群给予支持帮助等。

五、发展功能

主要指行政行为自身具有不断完善、不断发展的内在要求和趋势。行政行为是行政行为主体代表国家实施的面向全社会的管理行为,社会是不断向前发展的,政治、经济形势和政府的任务在不断变化,人们的价值观念和行为方式也在不断更新,客观上要求行政行为要适应这些变化。行政行为主体需要把握社会发展变化的趋势和阶段,不断提高应变能力,及时发现工作体制、工作结构、工作方法上存在的缺陷和工作人员素质上的不足,有针对性地改革工作体制,完善行政决策,改进工作方法,提高工作人员素质,使行政行为实现自我完善、自我发展,适应社会的需要,促进社会的进步。实现发展功能的常用手段包括战略引导、经济调节、制度创新、行政技术变革、文化重塑等。

第三节 行政行为的基本方式

行政行为的方式有多种,可以按照不同标准进行分类。如果按照行政行为是否具有法律效果为标准,可以分为行政法律行为和行政事实行为。在行政法律行为中,按照行政权作用的表现形式和实施行政行为所形成的法律关系进行分类,可分为行政立法行为、行政执法行为、行政司法行为、行政合同行为和其他行政法律行为。常见的行政事实行为包括行政指导和行政调查等。以下重点介绍行政立法行为、行政执法行为、行政司法行为和行政合同行为。

一、行政立法行为

行政立法行为是指行政机关依据法定授权和权限，按照法定程序制定行政法规和规章的行为。按照行政立法权的取得方式，可以将行政立法分为职权立法和授权立法。行政立法包括行政法规和规章两类。

1. 行政法规。根据《中华人民共和国立法法》(2015年修正)，国务院根据宪法和法律，制定行政法规。行政法规可以就下列事项做出规定：为执行法律的规定需要制定行政法规的事项；《宪法》第八十九条规定的国务院行政管理职权的事项。应当由全国人民代表大会及其常务委员会制定法律的事项，国务院根据全国人民代表大会及其常务委员会的授权决定先制定的行政法规，经过实践检验，制定法律的条件成熟时，国务院应当及时提请全国人民代表大会及其常务委员会制定法律。

2. 规章。根据《中华人民共和国立法法》(2015年修正)，国务院各部委、中国人民银行、审计署和具有行政管理职能的直属机构，可以根据法律和国务院的行政法规、决定、命令，在本部门的权限范围内，制定规章。

部门规章规定的事项应当属于执行法律或者国务院的行政法规、决定、命令的事项。没有法律或者国务院的行政法规、决定、命令的依据，部门规章不得设定减损公民、法人和其他组织权利或者增加其义务的规范，不得增加本部门的权力或者减少本部门的法定职责。涉及两个以上国务院部门职权范围的事项，应当提请国务院制定行政法规或者由国务院有关部门联合制定规章。

自治区、直辖市和设区的市、自治州的人民政府，可以根据法律、行政法规和本省、自治区、直辖市的地方性法规，制定规章。地方政府规章可以就下列事项做出规定：为执行法律、行政法规、地方性法规的规定需要制定规章的事项，属于本行政区域的具体行政管理事项。

没有法律、行政法规、地方性法规的依据，地方政府规章不得设定减损公民、法人和其他组织权利或者增加其义务的规范。

二、行政执法行为

行政执法行为是指行政行为主体依照法定职权和程序行使行政管理权，贯彻实施国家立法机关所制定的法律的活动。常见的行政执法行为包括但不限于以下几类。

（一）行政监督检查

主要指行政行为主体依法对公民、法人或其他组织遵守法律法规以及行政决定等情况进行单方面强制了解的行为。

1. 行政监督检查的种类。按照不同的标准，可以将行政监督检查分为若干类：

一是根据监督检查机构的任务不同，可以将行政监督检查分为专门监督检查和业务监督检查。专门监督检查是指专门的行政行为主体进行的监督检查，如审计机关进行审计。业务监督检查是指负有监督检查职能的行政行为主体进行的监督检查，如人事部门对公务员考试情况的监督检查。

二是根据监督检查的时间不同，可以将行政监督检查分为事前监督检查、事中监督检查和事后监督检查。事前监督检查是指行政行为主体对当事人从事某一行为之前进行的监督检查,如企业成立之前的注册登记。事中监督检查是指行政行为主体对当事人在从事某一行为的过程中进行的监督检查,如对某一企业生产的药品进行检验。事后监督检查是指对当事人在从事某一行为之后进行的监督检查,如对某企业销售产品后的账目进行监督检查。

三是根据监督检查权的来源不同,可以将行政监督检查分为依职权的监督检查和依授权的监督检查。依职权的监督检查是指行政行为主体依据法律法规所赋予的职权进行的监督检查,如工商行政管理局对农贸市场经营情况的监督检查。依授权的监督检查是指行政行为主体依照法律法规的授权所进行的监督检查。

四是根据监督检查对象的特定性不同,可以将行政监督检查分为一般性监督检查和特定性监督检查。一般性监督检查是指行政行为主体对不特定的当事人进行的监督检查,如某地区有关部门对本地区所有单位进行消防安全的监督检查。特定性监督检查是指行政行为主体对特定的当事人进行的监督检查,如有关部门对娱乐场所的消防安全进行定期监督检查。

此外,根据行政监督检查主体管理关系类型的不同,行政监督检查可以分为纵向监督检查和横向监督检查;根据行政监督检查主体的多少,行政监督检查可以分为联合监督检查和单独监督检查等。

2. 行政监督检查的方法。主要有以下几种方法:

一是书面监督检查。主要是指行政行为主体通过审查书面材料的方式对当事人进行监督检查,包括统计、登记、调阅文件材料。

二是实地监督检查。主要是指行政行为主体直接进入现场进行监督检查,包括临时监督检查、定期监督检查、专门监督检查。

三是特别监督检查。主要是指行政行为主体进行的某些特殊的监督检查,如银行存款检查、信件检查。

（二）行政决定

主要指行政行为主体根据法律法规,按照一定的程序,对公民、法人或其他组织做出单方面行政处理的行为,这种行为直接影响到当事人的权利和义务。根据行政决定的内容,可以将行政决定分为若干种类。

1. 行政许可。指行政行为主体根据公民、法人或者其他组织的申请,经依法审查,准予其从事特定活动的行为。

根据不同的标准,可以将行政许可做不同的分类,一般分为以下几类:

一是根据许可存续的时间不同,将行政许可分为永久的许可和附期限的许可。永久的许可是指公民、法人或其他组织取得许可后,只要行政机关不撤销或者持有人不放弃,则许可永久有效,如驾驶执照。附期限的许可是指公民、法人或其他组织取得的许可有一定的时间限制,在规定的时间内许可有效,超过期限后许可自动失效,如临时通行证。

二是根据许可的程度不同,将行政许可分为排他性许可和非排他性许可。排他性许可是指公民、法人或其他组织取得该项许可后,行政行为主体不再给予其他申请人该项许可,如专利许可。非排他性许可是指任何公民、法人或其他组织,只要具备法定条件都可以申请并得到的许可,如驾驶执照。

三是根据许可的范围不同,将许可分为一般性许可和特殊性许可。一般性许可是指法律法规原则上没有特别的限制,凡是符合法定条件的公民、法人或其他组织都可以申请并得到批准的许可,如营业执照。特殊性许可是指法律法规对申请人有特别限制,只有一部分当事人才能申请并得到批准的许可,如持枪许可。

在我国2003年公布的《中华人民共和国行政许可法》中,根据行政许可的性质、功能、适用事项的不同,将行政许可分为五类①:

一是普通许可。是由行政行为主体确认自然人、法人或者其他组织是否具备从事特定活动的条件。

二是特许。是由行政行为主体代表国家向被许可人授予某种权利,特许一般有数量控制。

三是认可。是由行政行为主体对申请人是否具备特定技能的认定。

四是核准。是由行政行为主体对某些事项是否达到特定技术标准、经济技术规范的判断、确定。

五是登记。是由行政行为主体确立个人、企业或者其他组织的特定主体资格。

行政许可的程序主要有:一是当事人提出申请;二是行政行为主体对申请进行审查;三是行政行为主体对批准的当事人颁发许可证,对不批准的申请,应当向当事人说明理由,并告知其权利。

2. 行政奖励。指行政行为主体对符合一定条件的公民、法人或者其他组织给予的物质鼓励、精神鼓励或者其他权益。

根据不同的标准,可以将行政奖励分为不同的种类,概括起来主要分为三类:

一是物质方面的奖励。即给予受奖者一定数量的奖品、奖金或者晋升工资档次等。

二是精神方面的奖励。即给予受奖者通令嘉奖、记功、授予荣誉称号等。

三是职务级别晋升方面的奖励。即对于受奖者,给予晋升工资级别的奖励,或者放宽晋升职务的资格条件。这种奖励较好地体现了物质奖励与精神奖励相结合的原则。

行政奖励的程序主要有:一是行政奖励的提起,包括评选、推荐等;二是行政奖励的审批,包括审查、评议、批准等;三是行政奖励的公示,即在正式授奖之前公布于众,接受各方面的监督;四是行政奖励的授予,即行政行为主体正式做出行政奖励决定。

3. 行政处罚。指行政行为主体依法对于违反行政法律规范的公民、法人或者其他组织所给予的物质或精神的行政制裁行为。

根据不同的标准,可以将行政处罚分为不同的种类,一般分为以下几类:

一是影响声誉的行政处罚。指行政行为主体做出的影响公民、法人或者其他组织声誉的行政行为,如警告、通报批评。

二是影响义务的行政处罚。指行政行为主体做出的使公民、法人或者其他组织承担某种义务的行政行为,如罚款。

三是限制或剥夺权利的行政处罚。指行政行为主体做出的限制或剥夺公民、法人或

---

① 汪永清主编:《中华人民共和国行政许可法释义》,北京:中国法制出版社2003年版,第25页。

者其他组织行为权、财产权或人身自由权的行政行为,如吊销营业执照、没收非法所得、行政拘留。

行政处罚的程序主要有:一是表明自己的执法人员身份及职责,并进行全面、客观、公正的调查;二是向当事人指出其违法事实和实施处罚的依据,包括事实依据和法律依据;三是听取当事人的陈述、申辩,必要时举行听证;四是做出处罚决定,并将行政处罚决定送达当事人,同时告知当事人依法享有的权利。

4. 行政强制执行。指行政行为主体对于拒不履行行政义务的公民、法人或者其他组织,采取强制手段迫使其履行义务或者达到与履行义务相同的状态。

根据不同的标准,可以将行政强制执行分为若干种类,从行政行为主体是否直接取代当事人应履行行为的角度,可以将行政强制执行分为以下三类:

一是间接行政强制执行。又可以分为两种:一种是代执行,指当事人不履行法定义务,而该项义务由他人代为履行也能达到相同的目的,行政行为主体可以自行或者请第三方代为履行,由法定义务人承担相关费用的方法。另一种是执行罚,指当事人逾期不履行法定义务,而此项义务又不能由他人代为履行时,行政行为主体采取使当事人缴纳新的罚金的方法,迫使当事人履行义务。

二是直接强制执行。指行政行为主体对于不履行法定义务的当事人采取直接的强制措施,迫使当事人履行义务或者达到与履行义务相同状态的方法,包括对人身的强制和对财物的强制。

三是即时强制。指当事人事先没有被要求承担一定的义务,行政行为主体只是在遇到重大自然灾害、重大事故或者其他严重影响公民权益和国家重大利益的紧急状态下,依照法定职权,对当事人采取的人身、财物、行为进行强制的方法。

行政强制执行的主要程序有:一是受理和审查行政强制执行的有关情况;二是通知当事人限期执行,尽量减少行政强制执行行为;三是对于在法定期限内拒不执行的当事人,实施行政强制执行。

三、行政司法行为

行政司法行为是指行政行为主体按照准司法程序审理特定案件、裁决特定行政争议活动的方式。"准司法程序"是指这种程序具有司法程序的某些形式与特点,如"答辩、裁决、上诉"等,但又与司法程序不完全相同。

根据不同的标准,可以将行政司法行为分为不同的种类。通常分为以下几类。

(一)行政调解

指由行政行为主体主持,根据有关法律规定,按照自愿的原则,通过说服教育等方法,促使双方当事人进行协商,达成协议的行为。经过调解达成协议之后,当事人和参加调解的人员应在调解笔录和协议书上签名盖章。对于重要的调解案件,根据协议可由有关机构制作调解书发给当事人。

行政调解具有法律效力,达成协议后双方当事人必须履行,否则另一方可申请法院强制执行。

（二）行政裁决

指行政行为主体按照有关法律规定,根据当事人双方或者一方的申请,对当事人之间发生的、与行政管理活动有关联的特定民事纠纷进行审查并做出裁决的行政行为。

根据不同的标准,可以对行政裁决进行不同的分类。比较规范的行政裁决主要有以下几类。

1. 对权属纠纷的裁决

指行政行为主体对双方当事人因对特定财产的所有权或使用权的归属产生的纠纷进行裁决,这些纠纷从性质上属于民事纠纷,但与行政管理有密切关系。如对土地、草原的权属争议。

2. 对侵权纠纷的裁决

指行政行为主体对于一方当事人认为自己合法权益受到侵害后提出的申请进行裁决。如一方当事人认为对方侵犯了自己的商标权。侵权纠纷与权属纠纷的区别在于,侵权纠纷是一方当事人要求排除他人的侵害;而权属纠纷是双方当事人都要求自己的权利。

3. 对损害赔偿纠纷的裁决

指行政行为主体对于当事人之间涉及行政管理事项的赔偿争议进行的裁决。如在交通事故中,一方要求另一方给予一定的经济赔偿。

行政裁决的程序主要有:一是提出申请。即必须有当事人向行政行为主体提起申请。二是受理。行政行为主体对当事人提起的申请进行审查,符合法定条件的应当受理。三是听取答辩。行政行为主体将申请书副本送交对方当事人,对方当事人必须在法定期限内做出答辩。四是调查分析。包括审查有关材料和进行实地调查、勘验。五是做出裁决。即行政行为主体根据有关事实和法律做出裁决。

（三）行政复议

指公民、法人或者其他组织认为行政行为主体的行为侵犯其合法权益,向法定的行政复议机关提出行政复议申请,受理申请的机关对原处理决定进行重新审查并做出相应决定的行为。

1. 行政复议的范围

指行政复议机关受理行政争议案件的范围,也是公民、法人或者其他组织提出复议申请的范围。可以分为具体行政行为的行政复议范围和抽象行政行为的行政复议范围。

关于具体行政行为的行政复议范围,在《中华人民共和国行政复议法》中,列出了11种情形,主要包括对行政机关做出的罚款、行政拘留等行政处罚决定不服的,对行政机关做出的关于确认土地、森林等自然资源的所有权或者使用权的决定不服的等。[1]

关于抽象行政行为的行政复议范围,在《中华人民共和国行政复议法》中,将部分抽象行政行为纳入了行政复议的范围。公民、法人或者其他组织认为行政行为主体的具体行政行为所依据的下列规定不合法,在对具体行政行为申请行政复议时,可以一并向行政复议机关提出对该规定的审查申请,这些规定包括:国务院部门的规定,县级以上地方各

---

[1] 杨海坤主编:《中国行政法基础理论》,北京:中国人事出版社2000年版,第380页。

级人民政府及其工作部门的规定,乡、镇人民政府的规定。

2. 行政复议排除的范围

指行政复议机关不予受理的事项。主要包括以下几项:

一是不服行政机关做出的行政处分或者其他人事处理决定的,依照有关法律、行政法规的规定提出申诉。

二是不服行政机关对民事纠纷做出的调解或者其他处理的依法申请仲裁或者向人民法院提起诉讼。

三是对国防、外交等国家行为不服。

行政复议的主要程序主要有:一是行政复议的申请。指公民、法人或者其他组织,认为被申请人的行为侵犯了自己的合法权益,向行政复议机关提出请求,要求进行审查和处理,以保护自己合法权益的行为。没有申请人的申请,行政复议机关不主动行使复议权。二是行政复议的受理。指行政复议机关对复议申请进行审查后,对符合法定申请条件决定立案审理的行为。三是行政复议的审理。指行政复议机关依法对复议案件进行全面审查的行为,是行政复议程序的核心。四是行政复议的决定。指行政复议机关在对被申请人做出的行政行为进行审查的基础上做出的决定。行政复议机关做出决定后,应当制作行政复议决定书。五是行政复议决定的执行。行政复议决定书一经送达,即发生法律效力,当事人应当履行行政复议决定。当事人不服的,可以在法定期限向法院起诉。逾期不起诉又不履行行政复议决定的,行政机关可以强制执行或者申请法院强制执行。

四、行政合同行为

行政合同行为是指行政行为主体与其他行政行为主体或者与公民、法人、其他组织,根据社会公共利益的需要,经过协商并表示一致意见后达成协议的方式,其目的在于更好地行使行政管理的职能,实现特定的行政管理目标。

根据不同的标准,可以将行政合同行为分为不同的种类。通常将行政合同分为四类。

(一)根据行政合同所基于的行政关系范围的分类

1. 内部合同。指行政行为主体之间或者行政行为主体与其工作人员之间签订的合同,如两个地区的政府签订的共同开发某一项目的合同。

2. 外部合同。指行政行为主体同公民、法人或者其他组织等外部当事人签订的合同,如政府粮食管理部门同农民签订的购销合同。一般所说的行政合同多指外部合同。

(二)根据行政合同的内容的分类

1. 承包合同。指行政行为主体与承揽某些行政事务的当事人签订的合同。

2. 转让合同。指行政行为主体与当事人签订的转让某种财产所有权或使用权的合同。

3. 委托合同。指行政行为主体与当事人签订的委托办理某些事务的合同。

(三)根据行政合同是否涉及金钱的给付的分类

1. 有金钱给付内容的合同。

2. 无金钱给付内容的合同。

（四）根据行政合同事项所涉及的行政管理领域的分类

可以分为工业、农业、交通、科技、教育等不同领域的专业合同。

行政合同订立的程序主要有：一是要约。也称为订约提议，即由行政行为主体（要约人）就拟签订的行政合同提出明确的意思表示，并选择适当的当事人。二是承诺。也称为接受订约的提议，即当事人（承诺人）对行政行为主体的要约表示完全同意。当事人承诺后行政合同即告成立，双方即产生了法定的权利义务关系。

行政合同订立的方式主要有：一是招标。即行政行为主体通过一定方式，公布一定条件，向公众发出订立合同的意思表示，对投标人的承诺进行比较之后订立行政合同。招标又可以分为无限制招标和有限制招标。二是拍卖。指行政行为主体向公众发出订立合同的意思表示，拍卖方同意竞买方的条件后，行政合同即告成立。三是直接磋商。即行政行为主体在某些特定情况下，直接与当事人进行协商、签订行政合同。

第四节 行政行为的合法要件

行政行为的合法要件，是指行政行为所具有的符合法律规定，不会被有关机关、法院依法宣布撤销或者宣布无效的条件。行政行为的合法性是行政行为的核心。只有具备合法要件，行政行为才能产生预期的法律效果，实现国家的行政管理职能，保护公民、法人和其他行政组织的合法权益。行政行为的合法要件可以分为实质要件和形式要件两类。

一、行政行为合法的实质要件

指行政行为主体所实施的行政行为具备符合实体法规定的条件，主要包括以下内容。

（一）行政行为主体合法

即做出行政行为的当事人必须有行政行为主体的资格，其产生和存在有合法的依据，其组织方式、职权范围和活动方式都有明确的法律规定。

（二）行政行为不超越法定权限

即行政行为主体所做出的行政行为必须是在法律确认的或者是其他主体授权范围内。行政行为主体只能在自己的权限范围内做出行政行为，超越权限的行政行为不具有法律效力。

（三）行政行为必须是职务行为

指行政行为必须是由行政行为主体依据法定职权做出的行为。行政行为主体的非职务行为不能构成行政行为。

（四）行政行为的内容合法

指行政行为的内容要符合法律规定，也要符合法律的目的，即符合社会公共利益。在羁束行政行为中，行为内容必须严格符合法定的具体标准；在自由裁量行为中，行为内容也必须在法定的裁量幅度内。

（五）行政行为的意思表示真实

指行政行为的意思表示是内在的真实表示，不是基于误解、胁迫等违反行政行为主体本意做出的;意思是完整的,不是片面的;意思表示是合法的,不能超出法律规定;意思表示要公平合理,既要考虑当事人的利益,也要考虑公共利益,不能只片面考虑一方面的利益,而忽视另一方面的利益。

二、行政行为合法的形式要件

指行政行为主体所实施的行政行为具备符合程序法规定的条件,主要包括以下内容。

(一) 符合法定的形式要求

对于法律有明确规定的要式行政行为,必须按照法律规定的形式做出;对于法律没有特别规定的非要式行为,可以采取不同的形式,但是不得违背法律的限制性要求。

(二) 符合法定的程序要求

一是要符合法定的步骤,即行政行为要符合法定的过程、阶段和手续;二是行政行为各步骤要符合法定的顺序。

(三) 符合法定的时限要求

即行政行为必须在法定的时限内做出。

三、行政行为的生效方式

行政行为具备合法的要件是其发生法律效力的基本条件,但行政行为做出后,还需要通过一定的程序才能生效。概括起来行政行为生效的方式有以下几种。

(一) 即时生效

指行政行为一经做出后即发生法律效力,如行政命令。

(二) 告知生效

指行政行为经过当事人做出意思表示后即发生法律效力。其中,对于不特定的多数人所进行的抽象行政行为,要事先进行宣传、公告;对于特定当事人进行的具体行政行为,要事先以口头或书面的方式告知当事人。

(三) 受领生效

指行政行为从当事人受领之时开始生效。一种情况是文书送达当事人时,行政行为开始生效;一种情况是口头告知当事人时,行政行为开始生效。

(四) 有附加条款的行政行为生效

指行政行为只有满足附加的条款时才能生效。附加条款包括附加条件、期限、权限等。

第五节 行政违法、行政不当及其行政法律责任

实施行政行为既要做到合法,也要做到合理,这是对行政行为的两项基本要求。不合法的行政行为即行政违法,不合理的行为即行政不当。行政违法和行政不当都不能依法产生行政行为主体预期的法律后果。正确把握这两种行为的含义、特点和构成要件,以及

由此而产生的法律责任,有助于促使行政行为主体依法行政,更好地实现行政管理的目的。

一、行政违法

(一) 行政违法的含义和特征

1. 行政违法的含义。行政违法是指行政行为主体因为故意或者过失违反行政法律规范,但尚未构成犯罪,而应当承担行政责任的行为。

2. 行政违法的特征。一是行政违法的主体是行政行为主体。二是行政行为主体主观上有过错,即故意或者过失。三是侵害了法律保护的行政关系但尚未构成犯罪。四是要承担行政责任。

(二) 行政违法的分类

根据不同的标准,可以对行政违法进行不同的分类。

1. 根据具体行政行为主体的不同,可以分为行政机关的行政违法和被授权组织的行政违法。这种分类的意义在于便于分别确定不同行政行为主体的行政责任。其中被授权组织的行政违法,由该组织承担责任,授权的行政机关负连带责任。

2. 根据行为方式的不同,可以分为作为的违法和不作为的违法。这种分类的意义有助于克服过去忽视不作为所产生的危害的现象,对于两种方式的违法都根据实际造成的危害追究责任。

3. 根据违反法律的内容,可以分为实体法上的违法和程序法上的违法。这种分类的意义在于,实体法上的违法行为一开始就没有法律效力,而某些程序法上的违法行为所引起的法律后果较轻,经采取一些补救,仍有可能发生法律效力。

4. 根据所侵害的客体的不同,可以分为侵害组织管理关系、经济管理关系、社会管理关系等。这种分类的意义在于更准确地把握行政违法的危害性,确定具体责任的大小。

5. 根据所侵害对象的不同,可以分为对公民合法权益的侵害、对法人合法权益的侵害和对其他组织合法权益的侵害。这种分类的意义在于更客观、合理地认识行政违法的危害程度,更准确地确定行政责任。

二、行政不当

(一) 行政不当的含义和特征

1. 行政不当的含义。也称为行政失当,指行政行为主体所实施的不违法,但是违反合理性原则的不适当的行为。行政不当主要是不合理地行使行政自由裁量权造成的,从广义上讲,行政不当也是一种违法行为,因为它违反了行政行为必须同时具备合法性与合理性的原则要求。从狭义上讲,它是以合法为前提的,同狭义的不合法行政违法又有区别,可以视为有瑕疵的行政行为。

2. 行政不当的特征。行政不当和行政违法的主体都是行政行为主体。但是同行政违法相比,行政不当具有自己的特征。一是它以合法性为前提,是合法范围内的不当,主要表现为明显不公正;二是行政不当只是发生在自由裁量行为中,而行政违法可以发生在任何行政行为中;三是行政不当一般只会引起补救性行政责任,而行政违法既可以引起补救性行政责任,也可以引起惩罚性行政责任;四是行政不当被确认之后,可能只部分影响其法律效力,也可能全部影响其法律效力,而行政违法被确定后,一般会影响其全部法律效力。

(二) 行政不当的分类

根据不同的标准,可以对行政不当进行不同的分类。

1. 根据具体行政行为主体的不同,可以分为行政机关的行政不当和被授权组织的行政不当。这种分类的意义在于便于分别确定不同行政行为主体的行政责任。其中被授权组织的行政不当,由该组织承担责任,授权的行政机关负连带责任。

2. 根据具体涉及的法律内容,可以分为赋予权利不当和科以义务不当。这种分类的意义在于更明确地区分行政不当的具体内容,采取适当的补救措施。

3. 根据所侵害的客体的不同,可以分为侵害组织管理关系、经济管理关系、社会管理关系等。这种分类的意义在于更准确地把握行政不当的危害性,确定具体责任的大小。

4. 根据所侵害对象的不同,可以分为对公民合法权益的侵害、对法人合法权益的侵害和对其他组织合法权益的侵害。这种分类的意义在于更客观、合理地认识行政不当的危害程度,更准确地确定行政责任。

三、行政责任

(一) 行政责任的含义和特征

1. 行政责任的含义。关于行政责任的含义有多种观点,这里的行政责任是指行政行为主体因在履行职务过程中,实施违法行为或不当行为依法所应当承担的行政法律后果。

2. 行政责任的特征。一是行政责任的主体是行政行为主体。二是行政责任是一种特定的法律责任,它是基于行政法律规范和原则而产生的,不同于其他法律责任。三是行政责任是由行政违法或者行政不当所引起的,是对行政违法和行政不当的救济。

(二) 行政责任的分类

1. 根据所涉及的范围不同,行政责任可以分为内部行政责任和外部行政责任。内部行政责任根据内部行政关系而发生,是行政行为主体作为内部行政法律关系主体实施违法或者不当行为时必须承担的行政责任;外部行政责任根据外部行政关系而发生,是行政行为主体作为外部行政法律关系主体实施违法或者不当行为时必须承担的行政责任。

2. 根据承担责任的形式不同,可以分为惩罚性行政责任和补救性行政责任。惩罚性行政责任是指对于有行政违法或行政不当行为的行政行为主体进行惩罚所引起的法律后果。补救性行政责任是指采取相应的行政措施,对由于违法或者不当给当事人造成的侵害给予补救而引起的法律后果。

(三) 行政责任的形式

1. 惩罚性行政责任的形式主要有两种:

一是通报批评。一般由有权机关以书面形式做出,并在一定范围内予以公布,它主要通过名誉上的惩罚对行政违法或者行政不当的行政行为主体进行警告,既可以适用于组织,也可以适用于个人。

二是行政处分。由有权机关做出的对有行政违法或者行政不当的个体行政行为主体给予的行政处理。

2. 补救性行政责任的形式主要有以下几种:

一是承认错误、赔礼道歉。一般由行政行为主体的领导或者直接责任人以口头或者书面的形式向被侵害人做出,是最轻微的补救性行政责任。

二是恢复名誉、消除影响。由造成侵害的行政行为主体根据当事人名誉的损害程度和影响范围,采取一定的方法承担行政责任,它属于精神上的补救措施。

三是返还权益。行政行为主体将由于行政违法剥夺的当事人的合法权益予以返还,包括政治权益和物质权益。

四是恢复原状。由行政行为主体对于给当事人财产造成的原有状态的损害予以恢复。

五是履行职责。行政行为主体及时履行应履行而未履行或者未及时履行的职责。

六是停止违法。如果行政行为主体的违法行为是一种持续性行为,当被确认时,停止违法行为。

七是撤销违法。做出违法行为的行政行为主体可以自行撤销该行为,有权机关也可以撤销该行为。

八是纠正不当。做出不当行为的行政行为主体可以自行纠正该行为,有权机关也可以纠正该行为,纠正的结果一般是变更该行为。

九是行政赔偿。指因为行政行为主体的行政违法或者行政不当侵害了当事人的合法权益,并造成了实际损害,由国家给予赔偿的法律责任,具体由造成行政侵害的行政行为主体承担。

(四) 行政责任的免除

指在特定情况下,虽然行政行为主体的行为符合行政违法的构成要件,但是由于实施这种行为的目的是为了保护更大的合法权益,所以排除其违法性,免除对其行政责任的追究。主要有以下两种情形:

1. 正当防卫。指行为人为了保护公共利益、他人或者本人的人身安全及其他权利免受正在进行的侵害,而对侵害人实施侵害,以迫使其停止违法行为。正当防卫有三个要素,一是行为人在主观上是为了维护正当权利不受侵害。二是所实施的行为是针对正在进行的侵害行为。三是所实施的防卫行为没有超过必要的限度,否则就是防卫过当,也要承担一定的行政责任。

2. 紧急避险。指行为人为了保护公共利益、他人或者本人的人身安全及其他权利免受正在发生的危险,而不得已采取的侵害法律的行为。紧急避险有三个要素,一是主观上是为了保护合法的权益。二是情况紧急,没有时间、余地或者途径可选择。三是保护的合法权益大于损害的合法权益。

名词与术语

行政行为　　准法律行为　　自由裁量行为　　无附加条件行为
法律行为　　　　　　　　　行政司法行为　　有附加条件行为
抽象行为　　　　　　　　　行政强制执行
具体行为　　　　　　　　　行政监督检查
积极行为
消极行为
羁束行为
单方行为
双方行为
多方行为
行政决定
行政许可
行政奖励
行政处罚
行政合同
行政调解
行政裁决
行政复议
行政违法
行政不当
行政责任
正当防卫
紧急避险

复习与思考

1. 试述行政行为的含义。
2. 试述行政行为的特点。
3. 试述行政行为的种类。
4. 试述行政行为的功能。
5. 试述行政行为的基本方式。
6. 试述行政监督检查的种类。
7. 试述行政决定的种类。
8. 试述行政合同的种类。
9. 试述行政裁决的种类。
10. 试述行政合法的要件。
11. 试述行政行为的生效方式。

12. 试述行政行为的合法要件。
13. 试述行政责任的含义和特征。
14. 试述行政责任的免除。

主要参考书目

1. 汪永清:《中华人民共和国行政许可法释义》,北京:中国法制出版社2003年版。
2. 李贵鲜:《公共行政概论》,北京:人民出版社2002年版。
3. 杨海坤:《中国行政法基础理论》,北京:中国人事出版社2000年版。
4. 莫起升:《行政法学》,北京:中国人事出版社1999年版。
5. 王光辉:《行政法学》,北京:中国人事出版社1998年版。
6. 王恒春:《行政法学》,北京:中国人事出版社1994年版。
7. 杜祖鹏、王界凯:《中国行政法概要》,北京:中国人事出版社1992年版。
8. 许文惠:《行政管理学》,北京:红旗出版社1992年版。
9. 张金鉴:《行政学新论》,台北:台湾三民书局1984年版。
10. 付肃良:《行政管理学》,台北:台湾三民书局1983年版。

第十五章 法制行政

第一节 法制行政概述

法制行政与不法行政相对立,是公共行政现象的最基本的内容之一,也是行政原则和行政原理的最重要的范畴之一。它是现代国家法律制度的重要组成部分,也是现代行政精神的精髓所在。法制行政的基本内涵主要集中在两个相互联系、互为条件的方面:

其一,法制监督,即基于法律和行政法规的规定接受外部监督和进行内部监督;

其二,依法行政,即根据宪法和法律的精神、原则、条款、程序实施公共行政管理。

一、法制行政与法治行政

关于法制行政有两种不同的表述,即法制行政与法治行政。一般说来,法制行政与法治行政是两个可以互换的概念,因为它们都是指法律规范行政、行政贯彻法律的行政现象,或者说,是指行政必须以法律为依据,不得逾越或违背法律规定的法律制度。但具体说来,二者又存在一定差别:法制行政强调关于行政的既定法律制度和其他关于行政的规定性,偏重于静态的行政法律制度;法治行政则注重遵从法律精神或规定开展行政管理活动及其适度的灵活性,偏重于动态的行政依法治理的过程。因此,它们又是两个侧重点不同的概念。

从本质上说,法制行政与法治行政是一个概念、一种理论、一种制度、一种现象、一个过程,都是基于法治行政主义而强调法制对行政的指导作用、规范作用和监督作用,目的都是为了防止和反对行政恣意自为,不受约束,从而危及国家民主政治制度和大众权益。从这个意义说,法制行政与法治行政是完全一致的,其不同,只反映不同时期关于行政研究的不同侧重点,而不反映实质的差别。为了全面表现现实行政的特征,我们在某些问题上使用"法治行政"一词,另一些问题上则使用"法制行政"一词,借以表示不同的侧重点。

二、法制行政的基本法则

法制行政的实质,是行政权的行使必须受到法律的约束,受到由法律所规定的各种权力主体的监督,而约束和监督在现代民主社会中是有一定规范性的。这就产生了关于法制行政的基本法则问题。这些基本法则实际上是关于行使行政权力所应当遵循的一般准则,表现的是行政权力的某些界线或行政与法律的关系。法制行政的基本法则如下:

1. 行政行为必须适合法律或行政法规的规定,即一切行政行为都不得与既定的法律或行政法规相抵触。这有几层意思:

(1) 在既定法律或法规有效期间,即其未被停止或废止之前,行政行为须符合其规定。

（2）一切与宪法、法律和行政法规相抵触的行政命令、行政决定等都不发生效力。

（3）下级行政机关不得抵触上级行政机关的决定或命令。

（4）除特别法明确规定例外，行政须自动适应法律或法规规定。

2. 行政命令不得代替应以法律规定的诸事项，即由宪法、法律和行政法规明文规定的诸事项，不得以行政命令代替之，宪法、法律和行政法规的变更或修改，由制定单位按法定程序进行，行政命令不能代替。

3. 行政裁量也须适合法规和适当原则，即在法律或法规没有明确规定的方面，行政裁量也必须根据宪法、法律和法规的精神，符合其通则，并不得与其他法规规定相抵触。同时，行政裁量必须符合公益目的和通常事理，即适当。

4. 通过对不法行政的监督和矫正，来保障国家和公民的利益。这有两种情况：一是以行政救济制度，来保障法治行政的主旨，在不法行政行为发生的条件下，通过申诉、诉愿和行政诉讼等制度，来保障受害者的权益得到维护。二是在国家或社会利益受到损害的情况下，通过法定监督权的运用，来保障法治行政的主旨，追究行政责任，维护宪法精神和法律制度。

三、现代法治行政的特征

现代法治行政是进取的、有为的、发展的行政，是法治主义与灵活适应相统一的行政，是维护法律制度与推动社会进步相一致的行政，是运用法律原则为全体国民服务的行政。现代法治行政的主要特征如下：

1. 现代法治行政与民主自由相互促进。现代国家是法制的国家，也是民主自由的国家。民主自由应以法治行政为界线，法治行政则是为了保障和扩大民主自由。有法制而无民主自由是专制政治，有民主自由而不讲法制是无政府主义，法制与民主自由是相辅相成、互为条件的。因此，现代法治行政是民主自由基础上的行政，现代民主自由则是遵从法治行政的民主自由。

2. 现代法治行政是积极主动的行政。传统的法治行政是消极被动的行政，行政作用仅限于对法律的执行，行政行为接受法律的较严格的约束。现代行政则享有较多的立法创议权、行政立法权、行政司法权以及较为广泛的行政裁量权。因此，现代法治行政是"法律规范行政"与"法律适应行政"相统一的一种行政观念、行政制度和行政行为。主动施为和积极进取是现代法治行政的一大特征，这种特征集中反映了现代法治行政的主动精神。

3. 现代法治行政包括行政立法和行政司法。行政立法和行政司法是19世纪末、20世纪初以来逐步发展形成的一种国家法律现象和行政现象。它集中反映了政府行政职能的扩展和对社会生活干预力的增强。行政立法主要由职权立法和委托立法组成，行政司法则是指行政机关履行类似司法机关裁判的某些职能且发生效力的行政现象。现代法治行政包括行政立法和行政司法，就是说行政立法和行政司法必须有法律依据或不抵触法律的规定，即同样应当"依法行政"。

4. 现代法治行政包容行政裁量。行政裁量是现代政府行政权的核心所在，它主要指法律没有规定或规定不完备而由政府事权机关自由裁量处置的行政现象。由于现代社会十分复杂和发展变化节奏明显加快,所以,裁量权对政府有效施为是必不可少的。与此同时,现代法治行政强调,即使是行政裁量,也必须遵从宪法、法律和行政法规的精神和原则,即在法制的基础上进行行政裁量。在不抵触法制原理的条件下,法治行政充分肯定和发挥行政裁量的作用。从这个意义上说,现代行政裁量的内涵,是在法制的基础上,充分施展政府领导和管理政务的特有效能。

5. 现代法治行政是法治国家的组成部分。法治行政离不开依法治国,是依法治国的有机组成部分。中共十一届三中全会以来,我国社会主义民主与法制建设取得了显著成绩。中共十五大确立依法治国、建设社会主义法治国家的基本方略,1999年九届全国人大二次会议将其载入宪法。作为依法治国的重要组成部分,依法行政也取得了明显进展。1999年11月,国务院发布了《国务院关于全面推进依法行政的决定》(国发〔1999〕23号)。2004年国务院发布了《全面推进依法行政实施纲要》(国发〔2004〕10号)。这两个文件对于推动依法行政发挥了重要作用。2014年10月23日中国共产党第十八届中央委员会第四次全体会议通过了《中共中央关于全面推进依法治国若干重大问题的决定》,决定确立了全面推进依法治国的总目标是建设中国特色社会主义法治体系,建设社会主义法治国家。其中依法治国、依法执政、依法行政共同推进是该目标的重要内容。

第二节　行政监督

行政监督是法制行政的一个基本的观念和范畴。首先,它是一种制度,即通过监督权的有效运用,来保证法律和行政决策的全面、有力的贯彻执行;其次,它是一种管理功能,即通过时、空、物与人、财、观念的最佳配合,改进工作方法,以强化组织的功能,提高工作效率;再次,它是一种工作方式,即通过有效的启发、激励、辅助和督导,来调动成员的内在工作热情,实现人尽其才、才尽其用;最后,它是一种管制功能,即通过对不法或不当行政行为的惩戒、处置,来约束和促使国家行政人员恪尽职守、勤勉谨慎、不骄不躁,努力为国民服务。

一、行政监督的含义和种类

"监者,临下也、领也、察也、视也。督者,监察也。"在英文中,"监督"一词"supervision"是"super"(在上)与"vision"(观察)组成的。一般认为,所谓行政监督,是指行政组织内部的某些人对另一些人的了解、协助、指导或控制。在多数情况下,行政监督表现为行政上级或行政主管对下级工作状况的监督。在行政组织中,行政监督通常是建立在合法的监督权的基础之上的。

行政监督由四种基本的监督部类组成:

1. 一般监督,指按照行政隶属关系和机关协作关系而产生的监督。一般监督主要包括两种情况,即行政机关上下级之间的监督和不同行政机关之间的监督。例如,国务院对全国一切行政机关的统一监督,各级地方人民政府对自己工作部门及下级政府的监督以及对设在本辖区内不属于自己管理的国家机关的监督等。一般监督没有特定指向,一般以遵守纪律、执行政令为主,在存在行政隶属关系的地方,则还负有指导工作的责任。

2. 职能监督，指政府各职能部门或直属机构依据法定权力，就其主管业务对下级政府对应职能部门的监督，以及对所属企事业单位的监督。职能监督通常围绕着业务职能进行。从世界多数国家来看，职能监督的权限和范围因业务性质和法律传统的不同而存在差别。一般而论，集权型政治体制职能监督较强，分权型则较弱。

3. 主管监督，主要指政府专设的廉政行政机关因特殊授权而对其他行政机关实行的监督，如香港地区的廉政公署等。一般说来，主管监督部门享有较大的和较广泛的监督权限，与此相一致，其监督对象和监督领域也较复杂和广泛。因此，其监督任务、机构设置和技术手段多具有综合性。主管监督部门通常直接向政府首脑负责，但其具体权限因国家不同而存在较大差别。

4. 特种监督，相对一般监督而言，指除主管监督以外的各种普遍适用的专业性行政监督，例如审计监督、环境保护监督等。特种监督的专业技术性较强，通常以某一特定领域为监督对象，并以法律规定保障其监督权的行使。例如，我国1982年宪法就对国务院审计署做了特别规定。

二、行政监督的基本功能和主要方式

（一）行政监督的基本功能

行政监督的基本任务，是要通过保证组织作业程序和工作制度的全面、准确、有效地执行，来推进组织目标的达成。为了实现这一任务，行政监督应具有如下功能：

1. 充分了解监督对象的工作性质、工作内容、工作特点、工作成果、工作态度和开展工作的方法。这种了解对于监督是必不可少的。

2. 按照规定对监督对象的重要行政措施进行领导、指导或协助。

3. 遵从授权和法定程序对监督对象的悖权行为予以制裁，对其不当行为予以纠正。

4. 根据法定类别和进取精神对监督对象的优良表现给予奖励或激励。

（二）行政监督的主要方式

行政监督可以分为高层监督、中层监督和作业层监督三个层次，不同的层次其监督的对象、任务和方法存在一定的差别。一般说来，行政监督的方式主要包括六个方面，即工作分派、工作报告、工作指导、工作管制、工作检评及专案调查。这些方式同时也反映了行政监督的内容。应当指出，这些方式在实际的行政监督过程中是一个连续的过程，其功能是相互配合、相互促进、相互保障的。

1. 工作分派，指行政首长从工作任务出发，根据每一个部属的特定条件，比如品格、学识、才干、经验等，予以较为恰当、合理的工作分派。工作分派既不应当过分琐细，又要明确具体，既不应当完全平均，又要注意同工同酬。工作分派公平、合理、科学，是有效行政监督的基础。

2. 工作报告，指行政下级向行政上级就工作重大措施、主要事项、重大事件、主要问题等所做的工作报告。工作报告可以是书面的，也可以是口头的；可以是定期的，也可以是临时的；可以是全面的，也可以是专项的。工作报告是一种督导制度，它帮助行政上级及时了解下情、掌握动态、发现问题、采取措施，从而有效地领导和监督下级的工作。

3. 工作指导，指工作分派之后，事权者对执行者的督导或督策等，其目的是要按预定进程和标准有效完成任务。工作指导的基本方式是命令、要求、说明、建议等。其基本内容，是充分的授权、有效的行政指示、及时的情况通报、详细的工作说明、明确的工作标准、足够的物资设备等。

4. 工作管制，指对照工作计划了解工作实况，并根据实际需要做适当调整的监督制度。工作管制通常要求反映工作任务的、切实可行的工作计划。管制即督正，也即保证按照工作计划开展行政工作。工作管制的基本方法是审核、检查、规范、限制和改正。一般而论，工作管制应当简明有效，根据监督对象的不同特点实施监督。

5. 工作检评，指对比工作计划与工作成果所做的评定，并根据评定结果，对工作者予以奖励或惩戒。工作检评是对工作成效的检评，也是对行政监督成效的检评。不良工作成果不仅反映工作设计的不足，而且反映行政监督的不力。因此，工作检评是调整行政监督的起点。

6. 专案调查，指事权机关对监督对象的侵犯、损害、不当行政行为的专门调查活动。专案调查通常用于性质比较严重，或者涉及面较大，或者影响较为恶劣以及其他规定性的案件调查和审理。

三、行政监督的内在机制

行政监督的核心问题，是确立和确保行政责任的问题，是保证工作监督和提高工作效率的问题。从法制行政原理上看，所谓行政监督，从广义上说，就是要保证国家行政机关和行政官员，在行政管理过程中认真对国家权力主体负责；从狭义上说，就是要保证其承担与法律所规定的义务、责任以及行政权力相一致的工作责任，并努力奋发工作。

日本行政学者认为："行政官厅以及行政官员，按照行政内在的规则和要求履行其职责，称作自律论，由此产生确保行政责任的内部控制手段。"[①]这种手段是行政权力主体自我控制、自我调节的手段，是国家行政管理体制内部确保行政责任的方法体系。政府通过这种手段的实际运用，来推动行政官员自勤自律，并以此向国家权力主体负责。

（一）行政监督内在机制的意义

国家行政组织是根据宪法而设定的组织形态。这种组织有明确的组织目标，并以一整套法规制度去规范其机关行为和公务人员行为；这种组织以合理—合法的职权观点为基础，是一个井然有序的权责体系；在这个组织中，每一个成员都占有一个职权确定的职位，并以职位高低形成金字塔式的官僚结构。有结构即有功能。由于国家行政组织作为国家机器的一部分代表国家实施行政管理，因此，根据民主宪政的法理对国家权力主体即国民负责，通过一定的法规制度实现自我约束是十分重要的。法规、职权、结构、功能的有机结合，形成行政监督的内在机制。其意义主要表现在：

1. 促进和保证行政机关与行政官员维护宪法、执行法律、主动进取、为民服务，充分履行行政责任。

2. 确保行政机关内部职位、职务、职权与职责相统一，并在此基础上实现上统下属、左

---

① 邹钧主编：《日本行政管理概论》，长春：吉林人民出版社1986年版，第102页。

右联系、首尾相接、政令归一之功效。

3. 在职守明细的条件下，提高行政机关和行政公务人员的工作积极性，并在此基础上提高行政工作的效率。

4. 落实工作责任，贯彻行政纪律，论功行赏、论过行罚、保障行政管理活动的法制化、规范化进程。

（二）行政监督的组织机制

这种机制产生于国家行政组织内部的法规化、制度化的组织体制，并通过国家行政管理部门自身的管理方式表现出来。换言之，现代国家行政机关自身管理方式的优劣，反映行政监督组织机制的强弱。国家行政管理部门自身管理方式的总合，构成行政监督的基本组织条件。这有几层含义：

1. 建立符合国情和国家行政管理规律的、充分体现行政管理职能的国家行政管理体制。行政管理职能是国家职能社会效用的集中反映，是国家行政活动的特有作用和功能。政府通过计划、组织、人事、指挥、协调、报告、预算等项基本职能的有机结合并运用，形成国家行政管理职能的整体，并通过职能的相互协调，形成行政监督的内在动力；而行政机构本身，则是行政管理职能的物质存在形式和行政监控发挥作用的空间场所。一般说来，监控作用的大小与空间场所的大小成正比，而空间场所的大小，则取决于行政机构的设置是否科学与合理，而检验行政机构设置的主要标准，要看它是否适应行政管理职能的客观需要，是否与管理职能相适应。

近年来，为了对付和解决日益尖锐化、复杂化的社会矛盾，西方国家普遍进行了行政改革，其做法主要是：(1) 通过修改组织法来精简和调整行政机构及其人员，并进一步使用法律手段来实施行政监督；(2) 将某些方面繁杂的政府职能交由独立的社会团体行使，以使政府职责更趋确切；(3) 放弃国有企业，并将政府某些部门或职能并入私人企业，简化政府职责；(4) "权力下放"，即缩小中央政府的某些作用及职责，而让地方政府在这些方面承担更多的责任。通过以上改革，不仅使政府机构更为精干，增强了处理复杂社会问题的能力，而且使政府结构更为合理，增强了政府行政工作的活力。从这个意义上说，行政监督的要义在于组织结构的科学化。

2. 建立和健全行政监督制度。行政监督是国家行政机关内部的监督，是政府实现内部管理的最主要的手段之一。它是行政责任自身的内在要求，也是从制度上保证行政内在控制手段的重要环节。在行政组织内部，首先，监督是指行政上级对其所属下级所拥有的指挥权、指示权、决定权、训令权、督导权、取消权、停止权等权限。行政监督的目的不仅在于确保直线行政领导关系，而且在于确保行政责任。在这方面，不少国家有明确的规定，例如，《法国公务员总章程》(1959)规定：公务员应对主管部门的行政长官负责，应保证执行行政长官交给他的旨令。其次，监督是指直接对行政首长负责的独立的监督机构。这种机构归属行政系统，并拥有法定的权限，专司监察与审核、建议与报请、受理与调查方面的行政事务。在某些国家里，行政监督机构还有权直接做出行政惩处，对既定的行政惩处进行复查并重新处理。

3. 实行分工负责、权责一致的管理原则和管理方法。分工负责与权责一致的管理思想在科学管理运动以后一直成为西方国家行政机关普遍实施的原则和方法。其基本内容包括:(1)根据行政权力再分配所形成的权力体系结构,在行政授权、委派工作任务的同时规定相应的责任;(2)根据政令归一的原则,实行首长负责制,行政首长集位、权、责于一身,防止因政出多门而混淆工作责任;(3)根据各司其职的原则,实行行政工作人员工作责任制。许多国家在这方面另外还有一些较为详细的规定。

4. 建立和健全门类齐全、明确严格的行政规章制度,并以此作为规范行政机关和行政公务人员的行政行为的标准,包括考核、任用、晋升、奖惩、培训、工薪福利、辞职、退休、权益保障等。通过一整套规章制度,促使行政工作人员尽职尽责、奋发向上,实现"整体大于部分之和"之功效、充分发挥政府职能。在这方面,许多国家都有较为完备的一套制度。在这里,合理的切实可行的行政规章制度,是产生有效的行政监督组织体制的必要条件。从这个意义上说,行政监督的要义在于法制化。

(三)行政监督的心理机制

如果说组织机制以硬性严格规定为主要特征,那么,心理机制则以灵活适应为主要特征。这种特征以行政机关的良好的机关气氛和行政工作人员的良好的精神状态及心理活动,来确保行政监督的效应为内容。

心理机制强调通过调动行政官员的内在热情来实现积极的行政活动以达到实现行政监督的目的,强调通过提高行政官员的责任感、职业道德和工作专业技术能力来确保行政监督。一般说来,行政监督的心理机制只是间接发挥作用,往往需要借助组织机制来体现其作用。但是,心理机制的作用是组织机制所无法代替的,因此,它在战后受到许多国家的普遍重视和运用。

行政监督的心理机制以行为科学和人际关系学说为理论基础。这是因为,上述学说推动了人们对于组织的再认识:组织不再被简单地看成一种正式的结构,而是一种包括人、非正式群体及其相互间关系在内的完整的社会系统。人的因素被纳入组织中来,甚至被认为是组织中最重要的因素。在组织中,个人不仅受到经济奖励的激励,而且受到各种不同的社会和心理因素的激励。人的行为受感情、情绪与态度的影响。因此,行政监督的内在机制,不仅来自组织的正式结构及其规定性,而且来自组织的非正式结构以及与之一致的心理活动和状态的性质。所以,重视和把握行政监督的心理机制,是实现监督的又一种基本方式。这可以做如下认识:

1. 心理机制的必要性。首先,与现代国家科学技术的发展、生产力的提高和社会生活丰富化的进程相一致,国家行政管理事务也趋于复杂化、专业化和扩大化,但与此同时,国家关于行政的立法活动与行政组织自身的机构调整和法规制度总是落后于现实行政的扩展。这就需要用心理机制来弥补由于组织机制不足而可能产生的脱离行政责任的现象。

其次,在现代国家里,政府委托立法、委托司法和行政裁量职能的扩展,使行政从根本上摆脱了"行政是国家意志的执行"的从属地位,而在相当大的程度上参与并决定国家的大政方针。比如,政府虽然在法律上只是拥有立法创议权之一方,但在实际上议案的大部分和重要议案都是政府提出的。例如,第二次世界大战后日本从第十四届国会到第四十九届国会(1951—1965年)通过的2646件法案中,就有2231件是由政府拟定并由内阁总理大臣提出的,占84%。这种情况在社会主义国家同样明显,例如,1979—1987年我国全国人大制定的57件法律中,有70%的草案是由国务院拟定和提出的,类似的情况在地方则达到95%。这都说明现代国家政府脱离议会的倾向是存在的。这就产生了加强包括心理机制在内的整个行政监督体系的新的时代要求。

再次,20世纪以来,政府行政管理事务的专业化和部门化趋势,造就了一大批"技术官僚"类型的行政官员。这批人一般具有较高的学历或有某一方面专业研究的资历。他们在政府加强文职人员专业水平的背景下进入政府,并往往就任较高的行政职位。例如,1978年英国文官队伍中的专家(科学家、工程师、教授、专家级人员)人数达到40 500人,较之十年前增加了一倍,再例如,美国卡特政府时期的12名内阁部长中,6人是博士,4人是教授。这种专业化的行政官员,虽然在专业知识方面是内行,但在行政管理方面却未必像他们在技术方面一样内行。事实上,这批官员更习惯于技术概念,更重视技术性的方法和手段,相比之下,则不太习惯和重视政治与法律、政策与法规的观念和思维方式,其心理特征更接近于技术人员而不是行政官员。这就产生了通过机关内部心理监控的机制,防止单纯技术行政管理的必要性。

最后,西方国家的常任文官制度在稳定国家行政管理的同时,也使行政官员在长期的职业生活中养成特权观念,"官贵民贱"的思想还比较普遍。这不仅反映在对外关系上,而且反映内部等级关系上,造成行政权力逐渐集中于少数高级官僚手中,而具体行政工作则推给中、下级人员完成,使行政权力与行政责任相脱节的现象。同时,官场中依靠金钱、权势、党派关系的现象日趋严重,而工作责任感和主动精神则明显减弱,以少数高级官僚为核心的行政官员形成所谓"政府官僚",继"朕即国家"之后期许自己"余即国家",拉帮结伙,谋取私利,而置国民利益于不顾。这就产生了通过教育、训导和改变人际关系以实现行政监督的必要性。

2. 心理机制的实现。其主要途径在于行政责任的认同感、职业道德、机关气氛和行政技能的实现。

(1) 行政责任认同感。现代国家政府对自身的行政管理主要通过法律、法规与行政责任认同感二者的有机、有效的配合来加强行政监督体系。在行政机关内部,行政责任的认同常常表现为工作责任的认同,即通过承担并保证一定工作职位的责任来履行并保证行政责任。在实践上,对行政责任的追究也往往表现为对违反一定行政职位责任的追究。行政责任认同感的核心问题,在于增强行政官员的民主意识、法制观念、服务思想、自主精神和对国民负责的原则概念,使其自觉接受和遵守法律关于行政责任的规定,并以此作为规范自身的行政行为的准绳。

(2) 职业道德。政府官员是特定的职业类别,法律和社会对这种职业的品行、品格、行为方式等方面的特殊要求构成其职业道德。战后西方国家普遍加强了对行政官员职业道德的约束性。例如,《日本国家公务员法》规定:所有职员必须做全体国民的服务员,为公共利益进行工作,工作时应竭尽全力,专心致志。法国则有公务员职业上的责任心一类规定。这类规定往往既是政治原则要求,也是职业道德要求。在社会主义国家里,政府工作人员的职业道德要求一般较之西方国家更为广泛。例如,我国《国务院工作人员守则》规定:政府工作人员应当模范执行国家的宪法、法律、法令和行政法规,严格遵守纪律,廉洁奉公,不徇私情,勇于同不良倾向做斗争,特别要同官僚主义做斗争……生活艰苦朴素,遵守社会公德,讲究文明礼貌。谦虚谨慎,不骄不躁,坚持真理,修正错误,经常开展批评与自我批评。社会主义国家对行政工作人员的要求由其多是执政党员而得以加强。

（3）机关气氛。如前所述,行政机关管理由于行为科学、人际关系学说和团体动力学说的介入而改观。现代行政机关管理不仅强调正式组织的功能,而且强调组织与环境的互动,群体与群体的互动、个人与组织的互动,个人之间的互动,以及在互动的过程中调整人际关系、改善机关环境,以创造良好的工作气氛,进而形成健康、向上的个体和群体心理状态,减少惰性和消极情绪,防止和消除泄私愤于公务之中的可能性。实践证明,只有在良好的机关气氛中,才能保持和提高行政官员的工作积极性以及认真负责的工作精神,使其接受和维护行政监督。

（4）技能水平。行政监督的实现不但取决于行政机关与行政官员的价值观念,而且取决于其专业知识和行政管理技能水平。后者又取决于其自身的素质、进取精神和行政管理的经历以及行政培训。技能水平对保证行政责任的作用主要表现在两种能力的结合方面,即依法行政与灵活变通处理复杂行政事务能力的结合。这是因为,行政机关管理既需要强烈的法制意识和法规知识,又需要高超的管理方式和管理手段。不懂得管理规律和技能,那么,即使在主观上信奉民主的原则和价值,愿意遵纪守法,做好工作,但在客观上也难以胜任,表现为"心有余而力不足",其监督也是难以实现的。从这个意义上说,加强对行政官员职前、职期的进取精神和职业技能的教育,是实现行政监督的又一项重要内容。

第三节　法制监督

法制监督是法制行政的另一个基本的观念和范畴,同时又是一项重要的国家法律制度。法制监督是一种外部监督。外部监督主要有两大类,即国家法制监督和社会法制监督。前者主要指西方国家按照三权制衡、以权治权的分权政治体制,除行政以外的立法和司法机关对行政机关及其成员的监督;后者则是指除国家机关以外的社会组织、团体、舆论和公民依法对国家行政机关及其成员的监督。外部监督的实质问题,是法定的权力主体通过享有和行使监督权,来督促和保证行政机关与行政官员遵从法律,对国民尽职尽责,履行行政责任。为了区别起见,我们将国家法制监督简称为法制监督,将社会法制监督简称为社会监督。它们与行政监督一起,共同构成国家法制行政的完整的监督体制和制度。

一、法制监督的特征

法制监督的核心问题是依法监督,即通过国家法律制度的制定和运用,来制约和督促政府及其官员依法行政。法制监督有以下特征:

从监督总体上看,它是除政府以外的其他国家权力主体——立法、司法和检察机关对行政机关及其官员实施的监督。

从监督对象上看,它包括一切国家行政机关和全体政府公职人员及其全部行政行为。

从性质上看,它是不同国家权力主体之间,依据宪法和法律所赋予的权力所实施的国家权力的制约监督。

从监督程序上看,它是严格按照法定程序所实施的合法监督,进而产生合法的效力。

从监督目的上看,它既是为了保证政府依法行政,也是为了督促政府尽心尽责,以优良的公共行政管理服务于国民,推动社会的发展进步。

二、法制监督的主体及具体形式

（一）立法监督

不同国家的政体和国家结构形式是不同的,由此产生国家立法机关在地位和职权方面的差别。内阁制的国家的立法机关的法律地位高于行政机关,如英国;总统制的国家中国会是唯一立法机关,如美国;还有一些国家的立法机关只能制定一般的法律,制定和修改宪法需要另行召开制宪会议,如法国。但一般来说,西方国家的议会多拥有立法权、财政权、监督权、弹劾权和条约权,这些权力构成对政府的直接的立法监督。

1. 立法权。国民选举产生的议会享有立法权并实际行使立法权构成法制监督的核心环节,表现在:政府虽然实际行使广泛的法案创议权,但通过法案一般需要经过议会委员会的审议、议会辩论等程序和多数票的同意,宪法性质等重要法案则还要求三分之二以上多数票同意;此外,议会通过立法在一定程度上还支配和控制着政府的机构设置、权限划分、人员编制和职责范围等。

2. 财政权。议会的主要权力之一,表现为议会通过对政府提出的预算和决算进行审核与批准,来约束政府的行为。政府提出的年度总收入和总支出均须得到议会的同意,政府的支出只能限于议会同意的范围。从西方国家行使财政权的实际情况来看,资财大权主要掌握在政府手中,但议会在一定条件下起到监督作用,主要防止政府对国家资财的浪费或无度使用,以及非法使用。例如,美国国会对政府贩卖武器款项转移一案的追究（伊朗门事件）。

3. 监督权。议会从宪法和法律规定的职权地位出发,对政府行使诸如询问、质问、视察、调查、建议等一类监督权。在某些国家里,议会还拥有批准或任命高级官员的权力。

4. 弹劾权。议会有权根据法定程序对政府高级官吏的违法犯罪和重大失职行为进行控告和制裁。在内阁制国家里,这种监督手段一般适用于政府主要首脑和法官;在总统制国家里,则广泛适用于一切联邦高级官员。不过内阁制国家议会还可以通过不信任案而拥有倒阁权。

5. 条约权。各主要资本主义国家的宪法都有这方面的规定,即国家对外条约——至少重要条约和法律所规定的条约及协定,须经议会批准方产生法律效力。例如,美国宪法规定:总统缔结的条约须经参议院以三分之二多数批准方能生效。在这方面,总统虽然可以使用"行政协定"避开国会,但在国与国之间重大关系方面,毕竟不能取代立法条约。

除了以上五个方面以外,发端于瑞典的议会督察专员制度,也是一种对行政活动进行监督,受理行政诉讼的特别机构。

（二）司法监督

司法机关所形成的法制监督"主要从法律制裁角度,部分地执行行政责任所包含的惩戒功能,纠正由于行政官厅和官员的不负责所造成的不良后果及损失,裁判国民与行政官厅之间的纠纷,审定行政行为合理与否,并借此化消极因素为积极因素,增强行政人员的责任感,推动行政任务的完成,实现行政责任的客观目的"①。狭义的司法机关主要指法院。(行政)法院通过对具体行政诉讼案件的审理和审判来实现对行政行为主体的法制监督。其具体方式主要有两种:

1. 行使违宪审查权。不少国家实行宪法保障制度,其最高法院往往根据宪法而拥有违宪审查权,有的国家还有专门的宪法法院,专门审理违宪案件。

违宪审查又称司法审查,是国家通过司法机关和司法程序,审查和裁决立法与行政是否违宪的一种基本制度。当发生特定的行政行为是否违宪的问题时,司法机关即可行使司法审查权,并宣告特定的行政行为是否违宪或是否有效,一经司法判决随即产生法律效力。为了确保司法审查的有效实施,美国、加拿大、日本等国的普通法院,英国的最高法院都有发布调卷令、执行令、禁止令、宣告性判决等方面的具体审查权和判决权。

另外一些国家,如德国、意大利、法国、奥地利等国则在普通法院之外设立专门的宪法法院,其职权一般也较广泛。例如,意大利宪法法院的职能包括:行使司法审查权,审理法律效力案件;行使行政权限争执裁决权,审理行政机关争执;行使弹劾案件审判权,审理对总统和政府部长的控告案件。其他国家的情况也大体相同。宪法法院审理的具体案件大体上可以分为三类:一是抽象的原则审查案,二是宪法控告案件审查案,三是具体案件审查案。

按照马克思主义的观点,西方司法审查制度尽管在本质上是虚伪的,是为资产阶级服务的,但却对维护资产阶级的民主制度起到了积极的作用。这种制度对于防止和反对个人专制独裁和破坏法制,保持国家政治上和社会上的相对稳定是十分必要的。

2. 审理和判决行政诉讼案件。法院依法对特定行政机关或行政官员的特定行政行为是否违法、越权、侵权、失职、不当进行审理和判决。

20世纪以来,尤其是两次世界大战以来,随着西方国家普遍强化政府职能的进程,国家行政管理活动的范围和种类愈来愈广泛,由此引起和带来了日益增多的行政纠纷和日益复杂的行政法律关系。对此,西方国家不得不扩大和加强行政诉讼机构及其职权,并加强相应的立法。有关行政诉讼的法律、法规、法院已经成为资本主义法律制度的固定和重要的组成部分。

(三)检察监督

在许多国家里,检察机关是代表政府追究责任和提起公诉的机关。但就其功能属性而言,准确地说,应该称之为司法行政机关,是一种行使司法行政权的国家机关,在形式上一般不涉及法院行使审判权的活动。

在大陆法系国家里,一般不设独立的检察机关而附属在法院系统内或归司法行政部门领导,但检察官与审判官一样同具法官地位;在英美法系国家里,检察机关则一般具有相对独立的地位,并与各级法院平行设置。检察官一般按公务员规章办理任命,但为独立行使检察权力,又有与法官同等的法律保障。

检察机关作为公诉机关,检察官作为公诉人,一般有权进行预先调查、侦查和搜查(包

---

① 邹钧主编:前揭书,第111页。

括政府机关),决定被告是否羁押,监督审判的执行,并有权终止追究刑事责任,必要时还可以指挥司法警察,并在公诉阶段享有广泛的自由裁量权。在通常的情况下,许多国家的检察官实行一体化体制,上命下从,自成体系。这对于实现其检察职能起到了保障作用。

从实践的情况来看,西方国家的检察机关滥用自由裁量权,迫害无辜、不当起诉的情况是不少的,如此也受到了社会各方面的责难。但其在揭露官场丑闻、惩治不良分子,维护资产阶级的民主与法制以及所谓"廉洁政治"方面确实也起到一定的作用。在这方面,检察机关的调查和公诉对象甚至包括违法的当权者和政府的头面人物。例如,1976年被揭露的美国洛克希德飞机制造公司行贿案件,就使若干国家的朝野人物受到调查和询问,其中显赫的日本前首相田中角荣也以受贿罪被拘捕并被起诉。再例如,1979年美国总检察长曾建议委任特别检察官以调查卡特政府白宫办公厅主任汉密尔顿·乔丹的吸毒问题,这些都说明,检察机关在对行政主体实行监督方面起着一种独特的作用。

(四)党的监督

党对政府及其官员的监督主要指执政党的监督。在西方国家中,执政党通常对其在政府中任职的官员,主要是政务类官员,具有政纲、政治倾向、重大政策的制定和选择等方面的督导力或约束力。在社会主义国家中,执政党的监督则是社会主义国家法制监督的特殊组成部分,从某种意义上可以说是国家法制监督的主要部分,它对行政机关及其成员的监督具有特别重要的意义。这可以从两个方面加以理解:

1. 社会主义国家宪法一般都有关于执政党政治地位的明确规定,承认和肯定执政党是领导国家政治生活的核心力量。我国宪法所确认的四项基本原则,第一条就是坚持中国共产党的领导。从这个意义上说,执政党对政府及其官员的监督,是一种依据宪法原则所实施的监督,因而可以认为是一种国家法制监督。其监督的基本任务,是要通过导政谋政,制定正确的、反映最广大人民群众愿望和利益的大政方针,来保证国家行政管理的社会主义方向,使政府及其官员履行其政治责任和行政责任。

2. 社会主义国家行政机关工作人员多数是执政党党员,这就使党对行政的监督不仅具有权威性,而且较为广泛,即党通过对自身党员的教育、约束以至制裁,来促进和保证行政机关和行政公务人员依法办事,维护国家的法律制度,积极主动为人民谋利益。同时党员的规范、党的纪律及与之相一致的党的纪律检查机关经常和有效地执行党纪,也有助于强化国家法制监督。

三、行政诉讼

行政诉讼是国家法制监督的不可缺少的、不能替代的重要组成部分。这种对行政机关及其公职人员的监督是按照法律、通过提起诉讼进行的。它是由利害关系人请求有关国家机关,对因公共行政管理而引起的纠纷进行法律审查并做出裁决,以达到监督行政机关和行政工作人员、维护公民合法权益的目的而进行的一种诉讼活动。任何监督的目的都在于预防、发现和纠正错误,而行政诉讼可以最直接地反映出国家行政机关及其工作人员的行政行为有无不当或违法,并使受不当或违法行政行为侵害而造成损失或损害的主体获得应有的赔偿,因此,行政诉讼是国家法制监督的一种特殊的、有效的方式。

(一) 行政诉讼的概念

行政诉讼简称行诉,有狭义和广义两种理解。狭义的行政诉讼是指国家司法机关在当事人和其他诉讼参与人的参加之下,按照一定方式和程序解决具体的行政争诉的活动。广义的行政诉讼则是指国家行政机关之间或与其他国家机关之间,行政机关与社会团体、企事业单位之间,行政机关与公民之间,因行政纠纷,依法由国家行政机关或司法机关处理解决的一种诉讼活动。无论哪种理解,行政诉讼都是由行政纠纷引起的,并最终以司法审理和裁判解决。

(二) 行政诉讼的特征和体制

行政诉讼具有三方面的特征:(1)必须有行政机关或具法人资格的行政官员作为一方当事人参加;(2)必须遵守和适用普通司法程序;(3)案件受理的具体范围由法律明文规定。行政诉讼的种类主要包括:申诉、控告、检举案件,包括行政违法行为案件,经济纠纷案件,职务犯罪案件,对行政机关行政裁决和行政惩处决定提起异议案件等。

从世界各国的情况看,独立的、专职的行诉机构大致存在三种类型:

第一,大陆法系国家,行诉机构归属行政系统,设立专门的行政法院,专门审理行诉案件,如法国、德国、埃及等国。苏联则设立了国家仲裁委员会(1931年改为国家仲裁处)。

第二,英美法系国家,行诉机构归属司法系统,包括行诉案件在内的一切案件均由普通法院审理,如英、美等国。我国采用在普通法院内设立行政审判庭的体制。

第三,某些北欧国家,行诉机构属于立法系统,议会司法性督察专员受理和裁定行诉案件,如瑞典、芬兰等国。

近年来,由于行政诉讼案件的增多和种类的复杂化,以及国家间的相互影响,不少国家开始彼此仿效,不同国家在维持基本行诉体制的同时,学习和采用了其他国家的某些做法。例如,英国在普通法院之外设立了两千所以上的分散的专业性裁判所(但最终审理权归普通法院),美国设立了具有独立管理功能的行业性委员会50个以上,法国则在行政法院之外,设立了一些英美式的裁判所和北欧式的督察专员。

(三) 行政诉讼的范围和程序

按狭义行诉理解,其范围和程序主要包括两个部分,即诉愿与诉讼。所谓诉愿,是指向同级或上级行政机关提出,在行政机关内部采用较简便的行政程序处理行政纠纷的一种制度。诉愿又可以分为诉愿与再诉愿两个审级。与诉愿和再诉愿相联系,所谓诉讼,通常是指对诉愿裁决结果不服,而向司法机关提起、由司法机关按法律程序受理、审理和裁判解决行政纠纷的一种制度。诉愿是否必然是诉讼的先行阶段,取决于不同国家的规定。

(四) 行政诉讼制度的通则

行政诉讼制度是与民事诉讼、刑事诉讼并列的国家三大诉讼制度之一。作为一种法律制度,它适用以下通则:

回避制度:极可能影响公正解决行政纠纷的审理人员都应当自行回避。当事人也有权提出回避要求。

公开制度:为保证当事人的平等地位,除适用国家保密条例外,行政诉讼审理应当公开。

辩论制度:当事人有权在受理机关主持下,就争议的真实性和其他问题,陈述己见,诘问盘驳,以维护自身的合法权益。

时效制度:规定有效追诉期和有效上诉期,超过期限即为自动放弃。

律师制度:当事人均有权根据法律规定聘请辩护律师或自辩。

第四节 社会监督

社会监督是法制监督的一部分,是外部监督之一种,是法制行政的又一个基本的观念和范畴。社会监督的实质,是公民从国家权力主体的地位出发,行使法定的权力,对国家行政机关及其官员所实施的监督。在现代国家中,社会监督具有广泛性、经常性、普遍性和有效性的特征,它对于维护宪法和法律的贯彻实施,保障公民的合法权益,促进政府行政行为的合理性,发展廉政建设,防止和反对不法行政的发生,强化公民的民主意识等,都具有十分重要的意义。

一、社会监督的含义

社会监督通常是指社会舆论、公民、公民团体、社会组织等社会行为主体,依据法定的权力,必要时经过法定的程序,对政府及其官员实施的监督。在实际过程中,社会监督可能具有某些非规定性、非程序化的内容和形式,形成特定的诉求力和舆论压力,比如,流言蜚语、小道消息、公众评价等。这种非正式的社会监督,常常对国家行政机关和行政官员构成潜在的、无形的、间接的监督,并可能诱发现实的、直接的、公开的批评。

二、社会监督的特征

在现代民主宪政国家中,社会监督是国家政治制度的基础之一。这种监督最直接和最广泛地体现国民参政、议政的权利,是国民发表政见、维护权益、鞭策政府及其官员的主要形式。可以说,没有广泛的、行之有效的社会监督,就没有现代的民主政治体制。社会监督具有以下特征:

1. 它是一种政治权利,即社会监督是基于宪法所赋予的权利,并通过这种权利的实际行使来实现的。各国宪法或宪法性文件一般都有关于公民和公民团体(结社)政治权利的原则规定,其中包括参政议政、批评政府及其官员的权利,以及这种批评受宪法保护的权利。

2. 它是一种法律制度,即社会监督是通过宪法和法律制度确认、发挥和保障的。在宪法之下,各国通常都有诸如新闻法、出版法、游行示威法、行政诉讼法等具体法律,并通过以宪法为核心的、诸项有关法律的有机配合,来保证社会监督的实现。

3. 它是一种社会责任,即社会监督是基于对国家、对民族、对全体国民所承担的责任而实施的。这种责任是自然的、普遍的、不可推卸的,每一个公民、每一个社会组织都应有这种责任,只是不同的行为主体的自觉程度不同而已。这种责任是社会监督的原动力之一。

4. 它是一种民主意识,即社会监督是在社会普遍的主权意识基础之上而成其为一种宪法原则和法律制度的。按照自然法的原则,主权是与生俱来的,每一个人都有权对公共权力的行使及其合理性发表政见,因为国家是全体国民的国家,官员是全体国民的公仆。在现代社会中,由于政府职权和职能的大大扩展,民主意识主要表现为对国家公共权力的关注和对自身权益的维护。事实上,二者是相互联系的。民主意识是社会监督的意识形态基础。

三、社会监督的主体及其形式

（一）社会舆论

有些研究者认为,社会舆论是一种广泛的权力,是一种并列于立法、司法和行政权力的"第四权力"。这种权力虽不是正式的权力,却对国家和社会生活产生极大的影响,并对国家行为构成直接的制约,即所谓"舆论控制"。

社会舆论与资产阶级的言论、出版自由相联系,后者作为资产阶级反封建斗争的胜利成果而见之于各国宪法性文件之中。无产阶级胜利后,各社会主义国家普遍在宪法中规定了公民言论、出版、结社自由的权力。马克思曾经评价说："没有出版自由,其他一切自由都是泡影。"[①]有的学者认为,言论、出版自由的核心问题,是保障公民有权了解政府的活动,并有权对政府提出批评。这种自由包括三种权利,即出版自由、批评权利和报道权利。托马斯·杰斐逊曾经主张,报纸要对政府提供一种其他机构所无法提供的监督作用。事实上,西方国家的新闻舆论在一定程度上确实起到了其他方面所无法起到的监督作用。例如,1972年美国《华盛顿邮报》率先发难,通过连续报道掀起了长达22个月,并造成美国建国二百多年来总统辞职先例的"水门事件",尼克松总统被迫下台;再如,1974年日刊《文艺春秋》揭露田中首相财源秘密,田中被迫辞职,继而该刊又刊登洛克希德公司行贿于田中,导致田中被捕;1987年美国发生的"伊朗门事件"同样是报界首先发难,虽未直接攻击总统,但已经使包括白宫办公厅主任兼总统助理唐纳德·里甘(Donald Regan)在内的若干名政府高级官员辞职,并导致国会调查。改革开放以来,我国许多违法违纪案件的调查和处理,也是在新闻舆论的帮助和支持下进行的。

这都说明,以言论和出版自由为基础,以新闻报道为主要形式的社会舆论监督,是监控政府行政行为合法性、合理性的有效力量。在制度方面,不少国家虽然也有诸如保密条例、例外情况一类限制性规定,但总的来说,言论、出版自由是受法律保障的,政府及其官员对社会舆论是重视和顾忌的。这也正是新闻记者号称"无冕之王"的缘故。

（二）公民批评

公民对政府及其官员的监督,是载入宪法的公民的基本权利之一,是社会监督的最重要的内容之一。在社会主义国家里,公民批评是主人对公仆的监督,也是人民群众当家做主的体现。例如,我国《宪法》(1982)规定:公民对任何国家机关和国家工作人员,有提出批评和建议的权利,有就任何违法失职行为向有关国家机关提出申诉、控告或检举的权利,有在受到侵害时要求恢复合法权益、追究行政责任的权利。我国宪法还规定,一切国

[①] 《马克思恩格斯全集》第1卷,北京:人民出版社1956年版,第94页。

家机关和国家工作人员都必须接受人民的监督,倾听人民的意见和建议,努力为人民服务。在实际过程中,公民可以采用上书、走访、行政诉讼、借助新闻舆论等方式,对行政机关和行政人员的违法或不当行政行为进行批评、提出建议和维护自身权益。

(三)公民投票

公民投票亦称公民公决,即由全国公民(主要指选民)用直接投票的办法来通过或批准某项法律,或决定对内对外政策、政治制度等方面的重大事件。

公民投票是直接民主形式之一,是主权在民宪法原则的具体适用。这种方式起源于古希腊的平民表决,发展于资产阶级反对封建君主独裁专横的斗争,并作为民主制度的一种形式保留至今。在人口较少的西方国家里,这种直接民主的形式甚至占有统治地位,比如瑞士现今实行的"广场集会",就具有讨论和决定本州大事的职能。除此之外,许多西方国家还实行公民复决制度,即由公民表决来决定议会通过的议案是否最终产生法律效力。美国现在有49个州的宪法修正案需要提交公民表决,从而有助于公民对政府行为的间接监控。除以上形式以外,有些国家的宪法(如瑞士)还规定,人民有把重大问题交付公民公决的"倡议权",尽管政府有提出反对的对案权,但从实际情况来看,提出公民倡议并交付公民表决且获得通过生效的倡议案还是有的。公民对行政机关及其官员的监控,还表现在某些国家所实行的"宪法日"活动以及其他各种形式的护宪、卫宪活动方面。

(四)压力集团

现代国家不但规定公民有言论、出版自由,而且有集会、结社自由。作为一种基本权利,集会、结社自由同样受法律保障。社会组织和社会团体是现代民主政治的一大特色。

压力集团亦称利益集团,通常由具有共同利益或目标的人所组成,其目的一般在于为自身和其成员谋取利益,或维护既得利益,或争取新的权益。利益集团为了充分实现其利益,就必须经常地向政府或政府官员施加影响和压力,以得到主管部门或主管官员的同情、理解、认可、默许、批准或给予方便。就其施加影响和压力的最常见的方式而言,一是组织公开的宣传、请愿、游行、示威、抗议、联络、申诉、陈情、集会;二是拉选票和提供资助,操纵政党和议员,培植代言人;三是与政府或官员秘密交易或行贿,互相利用。

当压力集团的需要得不到满足时,就有可能采取一定的方式发泄不满或进一步施加压力,揭露或攻击政府及其官员的有关政策和违法失职行为。以实现一定的公益性社会目的为宗旨的社会团体,为了达到其目的,也可能采取类似的行为,这在客观上形成了对政府及其官员的外部监控制约。

(五)地方自治制度

某些国家规定,在地方行政区域内,由地方自治体所属居民直接选举行政长官,组成地方自治政府。地方自治政府在法律许可的范围内根据所辖居民的意愿,独立处理内部各项事务,实行自主管理。国民对行政的民主控制,在地方自治体内得到了较为充分的实现。此外,某些国家(如奥地利)将政府职能的某些方面交由独立的社会团体行使,造成社会生活相当程度上的自治局面,也有助于减少官僚主义,对政府及其官员实行监督。

然而,从世界许多国家的实际情况来看,无论是国家法制监督,还是社会法制监督,都存在相当局限性,具体表现在:

第一,行政裁量行为范围和种类的扩大,使行政权在国家政治生活中的地位明显提高,实际已居于主导地位,外部监控常常徒有其表。

第二,国家行政管理事务的复杂化和技术行政的发展,使外部监控行为往往陷入困境,不得不实行"自我克制"。战后,许多国家实际放弃了对行政裁量行为的司法审理,从而助长了官厅的特权观念和优势地位。

第三,在快速变化的社会条件下,行政决策和行政行为的节奏也相应加快,而立法机制却由于众口不一和程序繁难而缺乏活力,不得不放任行政自由裁量。

第四,在阶级实质上,西方国家的垄断财团需要维持政府的特殊地位以实现自身的特殊利益。

在这种背景下,不少行政学者发出了"收复失地"的呼声,并力促建立公务员弹劾制度、政令审查制度、司法裁定审查制度、行政监察员制度和其他方面的制度,以在新的历史条件下强化和发展对行政的监督,确保政府及其官员依法行政。历史提出的加强法制行政建设的重大课题,有待一切有志之士的不断研究。

名词与术语

诉愿	立法权	法制行政	违宪审查权	地方自治制度
诉讼	财政权	法治行政		
	监督权	行政监督		
	弹劾权	职能监督		
	条约权	主管监督		
		特种监督		
		法制监督		
		社会监督		
		社会舆论		
		公民批评		
		公民投票		
		压力集团		

复习与思考

1. 法制行政与法治行政的异同。
2. 法治行政的基本法则。
3. 现代法治行政的主要特征。
4. 行政监督的基本功能。
5. 行政监督的主要方式。
6. 行政监督的组织机制及其重要性。
7. 行政监督的心理机制及其重要性。
8. 实现行政监督心理机制的主要途径。
9. 法制监督的特征。

10. 法制监督的主体。

11. 行政诉讼的特征。

12. 行政诉讼制度的通则。

13. 社会监督的特征。

14. 社会监督的主体。

15. 监督的局限性。

主要参考书目

1. 张金鉴:《行政学典范(重订第 4 版)》,台北:"中国行政学会"1990 年版。

2. 龚祥瑞:《比较宪法与行政法》,北京:法律出版社 1985 年版。

3. 罗豪才:《行政法学》,北京:北京大学出版社 1996 年版。

4. 姜明安:《行政诉讼法学》,北京:北京大学出版社 1993 年版。

5. 杨海坤:《行政法与行政诉讼法》,北京:法律出版社 1992 年版。

6. 王名扬:《法国行政法》,北京:中国政法大学出版社 1988 年版。

7. 邹钧主编:《日本行政管理概论》,长春:吉林人民出版社 1986 年版。

8. 应松年:《外国行政程序法汇编》,北京:中国法制出版社 1999 年版。

9. 〔美〕罗伯特·考特等:《法和经济学》,张军等译,上海:上海三联书店、上海人民出版社 1995 年版。

第十六章　行政责任

行政责任(administrative responsibility)是人类社会政治法律思想和制度发展史上间接民主阶段的历史产物,是"主权在民"及"权力分立"原则的必然要求。确立和确保行政责任的精义在于:宪法以及与宪法相一致的法律是政府及其官员施政的准绳;公民的权利与义务受法律的规定与保障,政府的行政行为须以完备之方式以昭信守、并负违法失职之责任;一切行政行为均须凭依详细之权限规定;受到政府及其官员公务行为损害的公民,有权提出诉讼并获得赔偿。在当代世界上,行政责任已经成为民主政治体制国家的重要标志。

第一节　行政责任概述

行政责任是近代国家责任政治的产物,是国家行政管理制度的重要组成部分。因此,它是行政管理学的研究对象之一。在现代国家中,行政责任直接发端和表现为两个层次的问题:其一是国家权力的权源、国家权力的分配形式、不同国家权力主体的法权地位及其相互间的制约关系;其二是与上述宏观的国家体制问题相联系,产生出国家行政组织——政府行为的法的依据、后果和政治责任问题,进而产生出国家行政组织的机构、职责和行政公务人员的权利、义务、考核及惩戒等问题,即工作责任问题。

任何管理的问题都存在责任问题,国家行政管理的责任问题即行政责任问题。行政责任所涉及的问题既包括行政管理主体的法权地位、行政管理行为的法律效力问题,也包括行政管理过程的法律程序、行政管理后果的法律责任问题。对政府及其官员而言,承担行政责任不但意味着对全体国民、立法机关和宪法及法律负责,而且意味着对政府自身的行政法规、行政制度和行政上级负责。从这个意义上说,行政责任不仅是国家行政管理的重要问题,而且是国家政治生活、法律生活和社会生活的重要问题。

一、行政责任的含义

行政责任是行政法律责任的简称。行政责任是行政主体——政府、行政官员(公务员)以及行政职权获授主体,因其公权力地位、公职身份而对法律、行政法规及授权者所承担的责任。行政责任是与违宪责任、民事责任、刑事责任并立,且不能以其他法律责任或纪律责任替代的独立的责任,其性质属于行政违法或违反行政纪律,尚不构成犯罪,不能追究刑事责任,只能从行政上追究违法者的法律责任和纪律责任。行政责任的属性可作如下理解:

1. 应为行政责任与不应为行政责任。这包括两层含义,其一,行政责任在性质上是政府依据宪法和有关法律的规定,行使国家行政权、开展国家行政活动、实施公共行政管理所承担的责任。这种责任在理论和实践上均表现为政府及其官员有做一定事情的义务,即负有应为行政责任。

其二,行政责任在后果上规定政府及其官员有不超越行政权限、不实施非行政管理、不侵害公民基本权利的责任。这种责任在理论和实践上均表现为政府及其官员有不做一定事情的责任,即负有不应为行政责任。

2. 广义行政责任与狭义行政责任。从广义上说,行政责任是指政府作为国家行政主体行使行政权力,通过实施国家行政管理对国家权力主体负责。在现代民主宪政国家里,全体国民是国家的最高权力主体,国民授权是国家行政权的权源。因此,政府应当为国民谋利益,并接受国民的监督,从而承担广泛的行政责任,即广义行政责任。

从狭义上说,政府公务人员作为政府的构成主体,在代表国家实施行政行为的过程中,当其违背与其公务身份同时产生的义务和职责时,就必须承担责任即承担狭义行政责任。狭义行政责任又有两种情况,即法律上的行政责任和普通的行政责任。前者主要指因触犯法律而产生的行政责任,其主体恒定属于个人,他人不能为之承担或互换;后者则主要指因具体的工作制度或道德品质而产生的行政责任。在通常情况下,普通行政责任不涉及法律问题,有时还存在因为公务的因果关系而产生的连带变化。所以,普通行政责任常常可以互换承担。

3. 政治责任与行政责任。政治责任是指政府及其官员因其享有和行使国家行政权而承担的维护社会制度,维护宪法精神和原则,维护国家法律制度,维护国家安全,维护公民生命和财产不受侵犯,维护社会稳定、秩序和发展等方面的责任。政治责任与普选制相联系,一般表现为经直接或间接公民选举而就任的政府首脑及其所属政务官员对选民或对议会所负的责任。因此,当政治责任承担者不能履行或背弃其责任时,就将受到授权者的追究,比如,通过不信任案、弹劾案、政府官员辞职甚至政府集体辞职等。

行政责任主要指政府及其官员对既定法律和行政法规所承担的责任,特别是经由考选而就任的政府常务官员的责任。但政务类官员同时要承担行政责任,因为他们是国家行政管理体制的基本组成部分,常务类官员(公务员)同时也要承担政治责任,因为遵从和维护宪法是每一个政府公职人员的当然责任。当常务官员违背行政责任时,通常要受到法律或行政法规的制裁,比如,经济赔偿、行政惩处、开除直至拘捕等。

4. 国家责任与个人责任。这主要指行政责任所包含的两种责任主体:其一,政府从自身法权地位出发构成行政责任的承载主体。政府所承担的行政责任无论在理论或是法律和执行方面均表现为国家责任。其二,政府官员从自身的公务身份出发构成行政责任的承载主体。在通常情况下,政府官员在按规定执行职务过程中所产生的行政责任由国家承担。在特定条件下,则要由导致责任追究的行政官员个人承担。具体情况,将在以下部分介绍。

5. 国家责任与行政责任。国家责任是一个广泛的整体概念。从一般意义上说,国家责任包括一切国家机关对国家权力主体即国民负责,一切国家活动所产生的责任问题都属于国家责任的范畴。立法、司法、行政和军事机关的责任问题都可称之为国家责任,并由国家承担其法律名义和实际后果。行政责任则专指政府及其公务人员对国家权力主体负责,承担由于国家行政行为所产生的责任。在相互关系上,行政责任从属于国家责任,是国家责任之一种。由于在国家责任当中,行政责任后果是大量的、经常的,所以,在多数情况下国家责任实际等同于行政责任。但行政责任毕竟并不完全等同于国家责任。除行政责任外,还有司法责任、检察责任等其他种类的国家责任。

二、行政责任的意义

行政责任作为人类历史上一定发展阶段的产物,有其生成和发展的必然性和条件。在现代社会中,行政责任愈来愈成为国家政治生活的一个重要方面,从而使确立和确保行政责任产生了不同于以往的重要意义,这可以从两个方面来看:

1. 行政权能的扩展。19世纪末20世纪初,西方国家开始出现从立法国家转变为行政国家的国家现象,即行政国家兴起。行政改变了传统的"两分法"和"行政是政治的奴仆"的从属性质,开始取得国家政治生活的主导地位,表现为在立法、司法、行政三权分立的国家权力格局中,政府的地位得到加强,政府的权力、职能和活动范围大大扩展,以至于在国家和社会生活中发挥越来越大的作用。具体表现为三个方面:(1)政府通过各种形式的行政委员会从立法和司法机关接受相当多的委任立法权和委任司法权,并扩大了行政立法和司法行政的范围及种类;(2)政府利用宪法对政府职权的抽象规定,进一步扩大了政府的行政性自由裁量权;(3)政府通过加强对国家经济及社会生活的干预,在扩大国家社会职能的名义下,扩大了自身的权能。

然而,行政权能的扩展也造成了一系列的问题,表现在:(1)政府职权的扩展不可避免地要与以三权分立、天赋人权、普选制、多党制为核心内容的资产阶级民主制度发生矛盾;(2)政府职权的扩展、行政裁量权的增加,为政府与特定利益集团的结合提供了更多的条件,直接影响到政府的公正立场与公益目的;(3)在实质上,垄断资本既需要强化政府的职能以满足共同的垄断需求,又需要对政府的职能有所限制,以维护利益均沾的原则和各自的特殊利益。所以,进入20世纪60年代以来,西方国家通过国家行政改革的方式,一方面进一步扩大政府的某些职权,提高政府工作的效能,另一方面又对政府的其他职权有所削弱。但在总的形态上,政府的职能继续增长。这就产生了如何在变化的社会条件下,既能充分发挥富有灵活性和机动性的行政权的作用,又能维持基本的三权相互制约的国家权力结构以及民主精神、法制精神的问题。解决这一矛盾的核心问题,就是在新的历史条件下确立和确保行政责任的问题。

2. 政府自身的变化。进入20世纪以来,特别是两次世界大战以来,人类社会的发展出现了三个方面的明显标志:(1)科学技术一再取得突破,学科一再分化;(2)生产不断得到提高,生产规模和能力不断扩大;(3)社会生活日益丰富化,人们的需求日益增多和复杂化,这就对国家行政管理的方式、内容和范围提出了新的要求,要求政府通过自身调整以适应不断发展的变化;而政府为了有效地实施行政管理,开展行政活动,也不得不进行自身的变化。变化形成现代国家行政组织的特征,集中表现为政府权力和职能明显扩展,行政管理内容和方式日趋繁多,政府组织结构和行政权力的再分配更为复杂,政府公务人员的数量和种类大为增加。

现代国家行政组织规模庞大、部门横生、人员众多、分工细致、职能复杂的特征,产生行政组织体系内部各个层级、各个部门以及各个行政公务人员之间的、与行政权力的再分配相一致的行政职责分解问题,即通过行政组织内部具体化的责任制度,以保证行政行为的规范化、克服随意性、减少行政失误、提高积极性和工作效率,使行政机关和行政公务人员既分工又合作、既严肃又灵活,从而建立职位、职务、职权、职责相一致的工作责任制度,从基本的工作层次上,确立和确保行政责任。

三、行政责任的历史演变

行政责任不是从来就有的,而是随着近代资产阶级政治思想的提出和民主政治体制的建立而形成、并随着国家政治生活的变迁而发展的。与整体性国家责任的三个发展阶段——国家完全无责、国家有限责任和国家完全责任相联系,行政责任可以做三种社会形态属性的认识。

(一)资本主义社会以前行政无责

在资本主义以前的社会政治生活中,自古相延两种"定律",一是"国王不可能为非",二是"朕即国家",而官吏的权力和行为是国王的权力和行为的延伸。因此,在政治关系上,国王既然无责、不能被控告,那么,官吏也就无责、不能被控告。这就形成虽然国家(官吏)给人民造成大量损害,却可以完全不负责任的历史现象。用我国古时候的话来说,就叫作"只许州官放火,不许百姓点灯"。

但这并不意味着官吏没有责任,不会受到制裁。事实上,封建社会的官吏乃至封建社会以前的官吏受到责难、惩戒的情况并非鲜见,这是因为,官吏对百姓不负责任,却对国王负有责任。不仅如此,行政官吏还对国王形成包括人身依附关系在内的绝对服从关系。当官吏违背对国王的责任时,就将受到制裁。在我国封建历史上,官吏对帝王承担的责任,首先表现为封建帝王对其官吏"因任而授官",在委任的同时明确提出政绩标准、行为规范(包括私生活);其次表现为按官吏尽职尽责的情况给予奖功惩过、升迁降调,并以此制定一整套的官吏考核、评定和责任制度,例如唐王朝的"四善二十七最",明清王朝的"京察"和"大计"。如果把封建官吏对皇帝所负的责任仅仅理解为一种对权力主体所负的责任,那么,我国历史上的封建官吏责任制度以及与其相关的其他制度,是很值得我们研究和借鉴的。

(二)资本主义国家行政责任

三大思想解放运动——14世纪中叶至17世纪初的文艺复兴,16世纪初期至17世纪中期的宗教改革,18世纪初至18世纪末期的启蒙运动,包括"天赋人权""自由平等""主权在民""私有财产神圣不可侵犯""理性主义"等资产阶级启蒙思想和民主主义思想,为资本主义民族国家的确立和行政责任的发端奠定了思想基础。1688年英国"光荣革命"后的《权利法案》,1789年法国大革命后的《人权与公民权宣言》(简称《人权宣言》),1776年美国独立战争后的《独立宣言》以及1787年通过的《美利坚合众国宪法》,作为资产阶级国家标志性的立国文书,不仅明确了资产阶级国家的国家意识形态的价值基点,而且确立了资产阶级国家的法理和法律的原则,同时规定了资产阶级国家的政治制度的基本架构和制度要件,包括三权分立、权力制衡、政党政治、大选等。从根本上说,这些文件达成了国家宪政(constitutional government)共识,确立了国家的宪政体制,即以宪法为中心的、民主与法治相结合的政体,也即"以宪法为前提,以民主为核心,以法治为基石,以保障人权为目的"的政治形态和政治过程。由此,行政责任作为资产阶级民主政治体制的一部分,不仅有了充足的法源和法律的支持,而且有了明确的政治制度规定,逐步发展成为一种较为完备的理论体系和制度体系。

在资产阶级取得政权初期,行政责任与整体国家责任相一致,具有三重使命:一是继续作为反封建斗争的武器,以巩固刚刚到手的政权;二是维护资产阶级"私有财产神圣不可侵犯"的原则,防止和反对国家对资本家的过分侵扰,并在此基础上调整本阶级内部各个部分的利害关系;三是标榜和维护资产阶级的民主与法制,安抚人民,调整国家(资产阶级)与社会其他阶级的关系。经过二百多年的演变,三重使命的第一项已经失去了意义,而后两项则作为行政责任的社会历史条件而继续发挥作用。

众所周知,以科学技术革命为先导,人类经历了几次工业革命:18世纪60年代——19世纪40年代以蒸汽机为主要标志的第一次工业革命,19世纪70年代——20世纪初以电力的广泛应用为主要标志的第二次工业革命,20世纪40年代以后以原子能、航天技术、电子计算机技术的广泛应为主要标志的第三次工业革命。工业革命带来了生产力的质的飞跃和生产关系的深刻变化,与此相联系,资本主义的发展史经历了不同的阶段。资本主义的发展史有不同的划分标准。其中一种划分大致分为资本主义萌芽阶段、自由资本主义阶段、垄断资本主义阶段、国家垄断资本主义阶段、国际垄断资本主义阶段。

一般认为,始于1873年,持续到1879年的第十二次世界经济危机,是资本主义有史以来所经历的历次危机中"最大的一次",标志着资本主义制度开始由自由竞争阶段向垄断阶段过渡。就是在这个时期,普尔(the pool)、卡特尔(the cartel)、托拉斯(the trust)、辛迪加(Syndicate)以及控股公司等垄断组织得到了大发展。我们以此为依据把资本主义国家的行政责任大致分为两个时期:自由资本主义基本形成时期和垄断资本主义趋于完备时期。

1. 自由资本主义时期。行政责任最早发端于英国政府对议会所负的政治责任。这种政治制度由英国多年使用的议会弹劾程序演变而来。议会利用弹劾来反对那些行为不端而按普通法律又不够判罪的奸佞之臣。1742年,英国辉格党人内阁首相罗伯特·沃波尔(Robert Walpole)因得不到议会的多数信任而辞职,从而开创了政府向议会承担政治责任的先例。此后,政府向议会承担政治责任的范围不断扩大,逐年发展成为一种在重大国策问题上都必须得到议会批准的固定制度。

与政府对议会负有政治责任制度相联系的,是以民主主义责任政治原则为指导的、发端于英国的阁员责任制,即"阁员对国政负专责"的制度,根据英国不成文宪法的"国王不能为非(统而不治),要有专人对国王的每一行动负法律上的责任"的原则,国王无实际的责任,同时也无政治上的行为能力,即英王临朝而不理政,而由阁员负实际责任并享有政治上的行为能力。为了使阁员制产生实际效果,英国宪法明文规定,没有阁员附署则国王的行为无效的原则,从而形成了附署制度。在这种制度下,国王的责任是名义的,而阁员的责任则是实际的。

阁员责任制又是同"部长责任论"相联系的。所谓部长责任是指指导中央政府工作的部长就分配给他们各自的部的权力和责任的行使向议会负责,即政府官员对议会负有政治责任。这种理论的最初的含义,是指政府官员要对因其执行公务行为所造成的损害负个人责任(国家不负责),即官员个人责任。在 18 世纪的英国,19 世纪的美国和德国,关于政府官员个人责任的判决并不少见,并且往往同时规定相应的赔偿。只是到后来,情况才有所改变。造成政府官员个人行政责任先于政府行政责任的原因,主要在于在资产阶级革命初期,国家政治制度虽然发生根本转变,但"国家至上"的影响仍然是深重的。因此,从国家构成的薄弱环节——官员打开缺口,显然是确立和确保行政责任制度的必然要求。应该说,官员个人责任的确立较之封建社会官员对人民无责的状况是一种历史性的进步。但是,官员个人的责任必须以政府的责任为前提,单纯的官员责任不仅实际坚持"国家至上",开脱了国家应负的责任,造成国民与国家、公民个人权力与政府公共权力之间的矛盾,而且给政府自身的行政管理带来一系列的不利后果,主要表现为干扰行政,导致行政官员不作为或少作为,阻碍招揽人才;同时造成实际上的不公平,使行政责任难以彻底实施。所以,官员个人责任注定了只是一种过渡形式,全面的行政责任制度必将产生。

在这一时期的初期阶段,无论是政府的行政责任还是官员个人的行政责任都是有限的。国家至上论、主权无责论、国家无责论、国家正确论等理论仍然有着相当大的影响。在稍后一些时期,当国家责任无可逃避,终于得以确立的时候,西方国家又出现了以"国家豁免说"为中心的国家免责论,即国家完全豁免说,实际上仍然强调国家无责。根据这一理论,"代表国王或以国王名义行事的机关或官吏,即使产生侵权的后果,也不可能在法院里被起诉。只有在某种行政行为触及统治阶级根本利益,超出法律许可的范围时,受害人才可以通过请愿,取得国王的许可命令,向行政机关提出赔偿损失的要求。但受害人仍不能控告国家或要求国家负责赔偿"①。尽管如此,"国家有责"的原则毕竟已经确立,这就为全面确立和确保行政责任提供了充足的先决条件。

2. 垄断资本主义时期。19 世纪末 20 世纪初,西方资本主义国家先后过渡到垄断阶段。在这个时期里,西方国家普遍强化了以政府为核心的国家机器,政府开始全面介入和干预广泛的社会生活。这就不可避免地要引起并加剧两类社会矛盾:一类是公民与国家之间的矛盾,另一类是统治阶级之间在既得利益方面的矛盾,进而难以避免地会引起社会各个阶层对政府及其官员行政行为的关注。至此,建立较为完备的行政责任体系的历史条件趋于成熟。

1873 年,法国通过布兰科(Blanco)案件的法院判决,确立了行政法意义上关于国家(行政)责任的三条原则:

(1) 国家官员因过错造成公民损害,国家应承担责任;

(2) 行政责任与民事责任分别处理;

(3) 行政责任案件归行政法院管辖。

这次判决的最重要的意义在于:第一次明确规定国家应对其官员的过错负责,国家是其官员过错的主体。这就开创了国家(行政)责任的先例。因此,这次判决通常被认为标志着严格意义上国家(行政)责任的正式形成。至此,国家无责论和国家豁免说从根本上

---

① 龚祥瑞、罗豪才、吴撷英:《西方国家的司法制度》,北京:北京大学出版社1980年版,第 148 页。

被推翻,行政责任也因此成为西方国家政治法律制度的重要组成部分。

自布兰科案件到第二次世界大战前后,西方国家的行政责任制度在突破了理论和法律障碍的基础上有了较为迅速的发展,表现在三个方面:

(1) 行政责任由宪法加以原则规定,因而获得宪法上的效力。例如,德国1919年《魏玛宪法》规定:官吏在行使被委任的职务上的公共权力,违反对于第三人职务上的义务时,原则上由该官吏所属的国家或公共团体负其责任。例如,1947年《意大利宪法》规定:内阁总理指导政府之总政策并对其负责。再例如,1949年通过的德意志联邦共和国《基本法》规定:联邦总理确定政治方针并对其承担责任。这都表明,行政责任作为一项重要的制度,其在国家政治法律生活中的地位和作用明显加强了。

(2) 形成了与行政责任高度相关的单行行政法法规体系。国家行政管理活动的多样性、复杂性、广泛性、动态性,决定了行政法法律部门很难如宪法、刑法、民法等法律部门那样形成一部轴心的法律或法典,而不得不由许多单行的法律、法规等构成,①但多数国家的许多行政法律文件既规定了实体法规范,又规定了相应的程序法规范,而不是像刑法和民法领域那样实体法与程序法分开,所谓法典,一般指某一法律部门的具有学理性、系统性、确定性和内部和谐一致性的比较集中系统的法律文件,而不是指现有同类规范性法律文件的总汇。从19世纪末20世纪初至今,尽管鲜见统一的国家行政法法典,但各种与行政责任高度相关的法典化(codification)的单行行政法法律法规却逐渐丰富和完整。所谓法典,其中,行政程序法(Administrative Procedure Law)、信息公开法(Information Disclosure Law)、阳光法案(Sunshine Law)、公务员(文官)法(The Civil Law)等行政法法规都成为国家制度的一部分。另外,许多国家还有行政处罚法、行政复议法、行政救济法等行政法法规,有的大陆法系国家如法国、德国还设了行政法院。与行政责任高度相关的单行行政法法规的法典化、制度化,使得行政责任得到了进一步的法律保障。

(3) 行政责任在概念、理论、分类、区分、程序以及其他细节上得到进一步的充实和完善,发展成为一种具有独特的领域的政治法律制度。例如,国家无过错理论—国家有过错理论的形成,公民通过法院对政府及其官员求偿权,以及国家对其官员求偿权的形成,等等。

在此期间,英国于1921年提出了关于国家责任的报告书,进而成立了国家诉讼程序委员会,并继法国之后开始通过司法审判确立公共机关即政府的行政责任;美国也通过特别立法,开始规定适用于国家(行政)责任的条件。然而,这一阶段的行政责任仍然是不够完整的,表现在法律适用方面,是附条件的即特定的行政责任仍然占据主导地位。

第二次世界大战前后,特别是之后,世界形势发生了巨大的变化。其标志是民族解放运动迅猛发展;西方国家人民在反法西斯战争胜利后民主意识普遍得到增强;社会主义阵营得到扩大。这种历史条件的变化有力地推动了社会的发展,同时,垄断财团为了维护既定社会制度的稳定,也需要做出新的调整。这样,就为建立完善的行政责任制度提供了完全成熟的历史条件。

正是在上述背景下,西方国家的行政责任制度得到最终确立:其根本原则从法理上得

---

① 张文显主编:《法理学》,北京:法律出版社1997年版,第104页。

到确认、从法律上得到确立、从制度上得到确保。具体表现在以下几个方面：

第一，行政责任在西方各国普遍得到宪法和法律的完全肯定；集体责任和个人责任并存、政府责任和官员责任并存，各国公务责任法相继问世，并以行政裁决和司法判决为基础实行国家赔偿；即使像日本这样的国家，战后也实行了广泛的行政责任制度。

第二，古老的英国废弃了"国王不能为非"的信条，于1947年制定了国家诉讼法，并确立了国家对其代理人的侵犯行为应与私法上所规定的有行为能力的成年人一样负法律责任的原则，从而明确无误地确立了国家是行政行为责任主体的原则；美国也于1946年颁布了联邦侵权行为诉讼请求法，从而基本上否定了国家豁免说。至此，国家过错责任、严格责任即国家无过错责任开始广泛适用于政府及其官员的行政行为。

第三，行政责任发展成为一项概念明确、法理系统、规定细致、制度完备、程序健全的政治法律体系，并与整体国家责任相联系，成为现代民主政治体制国家制度的固定组成部分。

（三）社会主义国家行政责任

在无产阶级革命的历史上，人民是主人，人民政府及其工作人员是人民的公仆的国家性质和制度，始终是最崇高的奋斗目标之一。早在无产阶级夺取政权的第一次伟大尝试——巴黎公社时期，就曾经实行过选举者可以随时撤换被选举者、被选举者对选举者负责的原则。但是，由于种种复杂的历史原因，社会主义国家行政责任制度的内在机制，一直未能得以明确，官僚主义的侵权和损害行为始终未能得以有效克服。近几年来，与社会主义国家普遍进行的改革进程相一致，确立和确保行政责任受到了更多的重视，运用法律的手段解决行政争端，防止和反对损害行为有了明显的进展。可以相信，随着社会主义民主与法制制度的不断自我完善，社会主义的行政责任制度也将进一步得以确立，下面对我国的行政责任问题作一些探讨。

我国1982年《宪法》第二条规定：中华人民共和国的一切权力属于人民。人民行使权力的机关是全国人民代表大会和地方各级人民代表大会。人民依照法律规定，通过各种途径和形式，管理国家事务，管理经济和文化事业，管理社会事务。第二十七条第二款规定：一切国家机关和国家工作人员必须依靠人民的支持，经常保持同人民的密切联系，倾听人民的意见和建议，接受人民的监督，努力为人民服务。这就从根本上规定了政府和政府工作人员对国家权力主体负责的政治法律原则。《宪法》第四十一条第一款还规定：中华人民共和国公民对于任何国家机关和国家工作人员，有提出批评和建议的权利；对于任何国家机关和国家工作人员的违法失职行为，有向有关国家机关提出申诉、控告或检举的权利，对此，有关国家机关必须查清事实，负责处理，任何人不得压制和打击报复。由于国家机关和国家工作人员侵犯公民权利而受到损失的人，有依照法律规定取得赔偿的权利。显然，这里所说的国家机关和国家工作人员包括国家行政机关和行政工作人员。这说明，我国关于行政责任的宪法原则是明确的。

然而，宪法原则只是构成行政责任制度的法源条件，而不是全部条件。完整的行政责任制度不仅需要宪法原则，而且需要宪法原则指导下的法律、法规规定和具体的实施办法及程序。后者恰恰是造成迄今我国行政责任法制化程度较低的主要原因。这可以从以下几个方面来认识：

1. 在法律制度上，缺乏完整的确立和确保行政责任的体系，于宪法之下既没有配套成龙、分门别类的具体法律、法规，也没有统一的法典，包括国家责任、国家工作人员责任、国家赔偿、行政诉讼、行诉程序、追究行政责任的法律主管部门和行政主管部门及其职权等内容在内的行政责任制度，不是没有，就是尚不健全。这在一定程度上造成了现实生活中的行政责任难以确保、宪法原则在一定意义上停留于形式的状况。这种状况在一定程度上纵容或助长了政府内部的某些不负责的官僚主义现象和侵害人民的行为。近一个时期以来，党和国家为改变这种状况做了相当多的努力，并继续在做出努力，但距高度的社会主义民主与法治的要求仍然相差较多。

2. 在理论研究上，缺乏完整、清晰、正确的概念和较长远的理论规划，轻视系统的理论对建立和完善社会主义行政责任制度的指导意义，因而在实践上常常混淆社会主义的正当的公民权利与崇高的共产主义精神之间的界线，用国家至上、集体至上否定个人的合法的利益与要求。在这方面，国家豁免说的影响是显而易见的，国家豁免说是造成公民合法权益受到损害而不能得到赔偿或全部赔偿的主要原因。另外，在相当长一段历史时期盛行的个人迷信，也是造成行政责任陷于形式的间接原因。

3. 在体制结构上，国家政治体制的各个组成部分的相互关系不够清楚，尤其是党政关系不够清楚。在我国历史上，由政府执行而由执政党导政谋政、制定的大政方针乃至具体政策所导致的失误与过错、由政府机关及其工作人员执行而由党组织决议或决定所造成的违法与侵权并不少见，这就很难都由政府和政府工作人员负责或负完全责任，由于执政党在国家政治体制中居于领导地位，这就容易造成党比法大、党纪比国法和政纪重要，用党纪制裁代替国法追究行政责任的现象，失却政府及其工作人员对宪法、民法、刑法和行政法所承担的法律责任。在这方面，应当在确保中国共产党的政治领导的前提下，通过进一步立法，来确立我国的行政责任体制。

4. 在政府内部，机关各部门之间、工作人员之间缺乏明确、细致、稳定、长期的职位、职务、职权、职责相一致的工作责任制度，权大责小造成胆大妄为、专横跋扈，权小责大则造成谨小慎微、缩手缩脚以至于具体的行政责任主体常常模糊不清，使某些因侵权、损害、失职行为而产生的行政责任问题因责任主体不清而无法追究，不仅破坏公民的合法的民主权利，而且伤害行政机关和行政工作人员的工作积极性，同时妨碍行政纪律的执行以及行政效率的提高。

第二节 行政责任的基本范畴

行政责任是一种有着比较明确的基本范畴的制度和体系，这可以做三点理解，即它的特征、实施条件和构成要件。

一、行政责任的特征

行政责任作为一定历史条件下的特定国家现象，其"性格"特征是十分鲜明和独特的。

行政责任并不像刑事、民事责任一样只限于追究行为的后果所产生的责任，而是具有更广泛的政治、社会、道德的内容及含义的责任体系。在社会制度性质不同的国家里,行政责任具有不同的阶级属性,但无论是资本主义国家还是社会主义国家,其行政责任体系都具有某些共同的一般特征:

1. 行政责任是一种责任。这包括几层意思。第一,行政责任是一种责任:首先,责任(liability)是指分内之事,即有义务作为或者不作为;其次,是指一定的行为主体对自身的所作所为负责,即承担行为责任;最后,是指违背义务的行为要受到相应的追究和制裁。第二,行政责任是一种政治责任:政府由国民直接或者间接选举产生,因而要对国民负责,政府公务人员则由职位所规定,分担政府的责任。第三,行政责任是一种法律责任:政治责任通过法律的形式加以规范性的肯定和保障,并以国家的强制力包括政府强制力为后盾发生约束力。第四,行政责任是一种行政法律责任:由执行职务的行政行为所产生,其责任主体恒定是政府、政府机关或政府公务人员。第五,行政责任是一种道义责任:政府及其公务人员遵循普遍的社会道德规范,在行政行为的过程中"应作为"和"不为非",在增强工作责任心和职业道德水平的基础上,对公务过错进行自我自责和反省悔过。

2. 行政责任是一种义务。"对国家行政官员来说,承受行政责任的过程,是一个承担为国民尽义务的过程,在这个意义上,行政责任就是一种义务。"①这种义务由法律法规所规定,由社会公德和社会舆论所约束,表现在两个方面:(1)行政行为主体对国家权力主体(内阁制国家间接表现为对代议机关)承担尽责效力、谋取利益、提供服务、遵法执行的义务,这种义务具有法律的性质;(2)与行政权力的下授和首长责任制相一致,行政下级对行政上级承担忠于职守、努力工作、提高效率、遵纪守法的义务,这种义务具有行政法规(包括行政规章制度)的性质。

3. 行政责任是一种任务。行政机关和公务人员在承担一定义务的同时,还必须通过一定的履行义务的方式,才能实现和保证这种义务。在这里,履行义务的方式即规定性的工作任务及其相应的制度。国家权力主体以宪法和法律的形式向政府规定工作任务,在此基础上,政府则通过任务分解,将宏观的工作任务分解委派给各个行政机关以至政府官员。各个行政机关及其公务人员通过任务的完成来履行所承担的义务。从这个意义上说,完成工作任务的过程就是履行其义务的过程。除此之外,行政机关和行政官员还可以本着对国家权力主体负责的精神,主动开展虽未明确委任,但确实有益于社会的行政活动,即通过自身主动的行政行为,为全体国民服务。从行政目的的角度看,后一种行政行为也是一种任务。完成这种任务的状况,往往是衡量行政机关及其公务人员工作精神和工作状态的标准。在社会主义国家里,这种任务直接体现政府机关和政府工作人员为人民服务的精神。

4. 行政责任是一种理论。从国王不能为非、国家无责论到国家豁免说、国家免责论,再到国家过错责任、国家无过错责任,行政责任作为一种理论经历了一个从无到有、从简入繁、从单一到全面的发展过程。这一过程反映了人类社会的进步。完整的行政责任理论体系涉及政治思想的理论和原则、法律思想的理论和原则、管理思想的理论和原则。在现代民主制国家里,行政责任的实质是"公仆的责任"。根据主权在民的思想原则,一切

---

① 邹钧主编:前揭书,第94页。

国家公共机关及其公务人员的一切行为,都必须符合和有利于国民的意志、利益和需求,都必须对国民承担责任。其中行政机关和行政公务人员即承担行政责任。为此,作为行政责任的载体,国家行政机关及其官员必须按照法律规范其行政活动,以履行其"公仆的责任"。

5. 行政责任是一种制度。首先,行政责任是国家整体政治法律制度的一部分,又自成体系。在国家整体制度内部,行政机关和行政官员的行政行为受到以法律为主要形式的明令或原则规定,并在现实的政治法律过程中与其他国家机关及其官员发生相互制约的关系。当其违反国家政治法律制度时,其行政行为就将外部受阻,并被追究行政责任。这种内在的机制,首先来自国家政治法律制度的"一套互相发生影响的程序"。其次,行政责任是一种工作制度,即政府在政治法律制度的原则和规定之下,用行政立法和行政规章制度以及行政纪律,将行政责任具体化、固定化和合法化,并以此作为追究行政责任的判据。

6. 行政责任是一种监控体系。这是行政责任的主要特征。在民主政体国家里,行政责任是一种以外力的约束力为支撑力的群体行为,"行政责任的核心在于如何保障国家权力主体对行政部门及其管理行为的有效的监督和控制"[①]。为了确保行政机关和行政官员根据国民的意志和法律的规定开展行政活动,就必须通过一定的形式来防止和反对行政机关肆意追求权力和特殊利益而置国民利益于不顾的现象。这就产生了建立和健全行政责任监控体系的必要性和重要性。从这个意义上说,行政责任"实际就是对国民的利益起保障作用的机制或结构问题"。凡违反法律或违背职守的行政机关和行政公务人员,都是违背行政责任,因而应当受到法律制裁或行政惩处,只有这样,才能确立和确保国民的国家最高权力主体的地位。

二、行政责任的内在实施条件

政府及其官员所承担的行政责任是通过履行对国家最高权力主体所承担的行政义务、执行国家最高权力主体所委任的行政任务来实现的,而履行义务、执行任务必须有一定的实施条件。从权利与义务、权力与责任相对应的原则看,行政责任的内在实施条件主要表现为履行行政责任的行为主体所应当具有的各项权利,其中又可以分为基本权利和一般权利两部分。

基本权利包括:

1. 人格保障权。行政官员(在资本主义国家与文官重合)在工作中享有平等的权利,而不论其政治派别、种族、肤色、宗教、民族、性别、婚否、年龄或身体状态如何,不因上述因素而受到歧视,包括同工同酬和因工作优异而获得同等刺激和奖励的权利。人格保障权是确立和确保行政责任的首要内在条件。

2. 身份保障权。行政公务人员一经正式任用就成为一种终生职务,按照法律规定,非有重大过失而不得对其加以免职或开除,辞退或解聘。

3. 职务保障权。行政公务人员非依法不得被撤职、降职以及给予其他足以影响其职

[①] 邹钧主编:前揭书,第93页。

务的行政处分。同时,政府为揭露违法行为、管理不善、浪费资财、滥用职权、危害公共健康或公共安全的官员提供保障,使之不受打击报复。

一般权利包括:

1. 公物使用请求权。包括公物与公款。行政机关和行政公务人员为完成国家所委任的行政管理事务、开展行政活动,在执行职务的过程中就必须有使用必要的国家物材和资财的权利。比如房屋、设备、用具、差旅费和其他行政开支。没有这种权利或在名义上有这种权利但在实际上却不能得到落实,那么,相应的行政责任就是不公平的,因而在事实上也是难以确立和确保的。

2. 行使职务了解权。行政机关和行政官员在进行行政管理活动的过程中,有权了解与其职权、职务、职位相关的表现,如资料、材料、文件、指示等的一切国家信息,包括属于国家机密和工作机密的信息。这种权利是特定的行政行为主体全面了解背景、准确判断情况以正确做出行政决策、开展行政管理活动的必要条件。没有这种权利及其实现,特定的行政行为主体,就很难进行无论在内容上还是在行政行为方式上都完全符合国家整体行政管理需要的行政活动,没有这种权利而强调行政责任,不仅使行政责任流于形式,而且抑制工作积极性。

3. 执行公务保障权。任何妨碍行政机关和行政官员执行其职务的行为都在法律、法规禁止之列,并要受其追究和制裁。这是因为,国家行政管理以广泛的社会生活和公民为对象,其行为主体以国家作为法人形象,即代表国家,国家一切行政行为都以法的原则和规定为依据,因此,任何妨碍行政行为的行为都要受到法的追究。国家的法权地位正在这里得到体现。另外,只有行政行为能够得到保障,国家行政管理活动才能顺利进行,行政责任也才能得以确立。

4. 行政裁量权。又称自由裁量权,是行政机关和政府官员在一定的法律规范之下从事行政管理活动所享有的自由酌量完成任务的方式方法和解决问题的权力,即有条件的行为选择权。这种权利主要表现为行政机关和行政官员在既定的范围以内,可以采取自以为恰当的时间、地点和方法处理所管辖的行政事务。例如,《日本破坏活动防止法》规定:公安审查委员会对于以团体活动进行暴力主义破坏活动的团体,可以酌情给予三种处分之一种,即行使行政裁量权。

在行政责任内在的实施条件中,裁量权是核心。造成这种状况的原因,主要在于国家行政管理包含非常复杂的内容,是一种非常复杂的过程,不仅涉及诸多的管理原则、条款和对象,而且涉及繁杂的管理环节、技术和方法。在现代国家中,行政管理活动由于社会生活和管理环境的复杂化而进一步复杂化,这就使国家权力主体及其代表机关以及行政上级不可能事先预测、全面了解和详尽规定每一件具体的行政事务的情况和过程。在这种条件下,自由裁量权是不可避免的。同时,享有并有效地行使行政裁量权,是特定的行政行为主体适时、适地、适人进行行政管理的重要条件。其间的关系在于,只有完成工作任务,才能履行行政义务,只有履行行政义务,才能确立和确保行政责任。

5. 自由申辩权。行政机关和行政官员有就自身的行政行为进行申辩或说明理由的权利。特定的行政行为主体在承担一定的行政任务后,由于种种原因最终未能达到预期要求和目的,或者被指控违背法的原则和规定,这时就会产生追究行政责任的问题。在这种情况下,特定的行政行为主体就应当本着对国民负责和实事求是的精神,对法定追究主体及时做出说明,解释造成既定事实的客观原因,或对自己的行为进行合理性辩护。对特定行政行为主体来说,"如不能判断和解决工作过程中出现的各种问题,并就此向国家权力主体或向上级主管部门做出详尽的汇报或申辩,就不算是尽到了责任"①。但是,自由申辩并不等于狡辩,更不等于推卸责任,而是对既定事实陈述真相和制约因素,以避免不恰当的行政处分以及其他追究行政责任的形式。

在不公正行政处分已经发出的条件下,自由申辩权则意味着申诉权,即特定行政行为主体如对处分不服,可以向有关部门提出申诉,要求复查(审)。

自由申辩权及其相应的自由申辩制度,是保证廉明公正行政原则,防止行政上级肆意妄为,杜绝冤假错案的发生,保护行政官员工作积极性,健全行政责任机制的重要一环。在这方面,我国的历史经验教训是值得总结吸取的。

6. 确认事实权。行政责任的内涵,包含着对违法失职行政行为主体的责难和处分,而责难和处分的前提是事实清楚无误。因此,行政责任的内在实施条件就包含对行政行为主体具体违法失职事实的确认。反过来说,事实不清楚就不能追究行政责任。从这方面说,无论是行为主体还是追究行为主体都有确认事实的权利,确认事实是保持行政责任顺利实施准确性和有效性的必要条件,在这里,事实既包括特定行为主体的主观原因,也包括所处环境的客观原因,即动机与事实的统一。在任何情况下,认定事实都是实现行政责任所包含的制裁机制的首要条件,构成确立和确保行政责任的重要依据。

三、行政责任的构成要件

构成要件是一定客观存在得以成立的基本条件。例如,思维是"人"这一客观存在的构成要件。行政责任的构成要件就是使行政责任得以成立的基本条件。换言之,构成要件是实现和形成特定事物性质与特征的某些关键性因素。从行政责任制度的角度说,实现和形成行政责任的性质与特征的关键性因素主要有:

1. 须是国家行政机关或行政公务人员的行政行为。行政责任由代表国家的具有法人地位的政府机关或政府官员的行政行为所产生。行政行为是政府机关与政府官员执行国家权力主体(机关)和行政上级所委任的行政管理事务的行为。由于这种行为总是通过行政官员执行职务来实现的,所以,行政行为通常被理解为行政官员"执行职务过程中的行为"。行政行为按照国家宪法和有关法律、法规实施,是执行法律的行为,是国家的组织活动,是政府职能的主要表现形式。行政行为的出发点和目的在于为了公共利益而行使公共权力。因此,从性质上说,行政行为是典型的国家行为。所以,行政行为的政治和法律责任主体是国家,并由此产生出行政责任的属性:

(1) 没有行政行为不产生行政责任,即非国家(政府)活动不产生行政责任,只有当行政官员以国家的名义实施行政管理、执行职务时,才发生行政责任问题。行政官员以个人的名义进行的职务以外的行为是官员的私人行为,国家对此完全不负责任,而由官员个人负完全公民责任。

---

① 邹钧主编:前揭书,第93页。

（2）行政机关和行政公务人员执行公务的行为都是行政行为，一切行政行为都发生行政责任问题。即使行政机关或行政官员以私法意义上的法人名义从事私营经济行为也产生行政责任，即公法意义上的行政行为产生行政法上的行政责任，私法意义上的行政行为产生民法上的行政责任。

（3）国家行政行为产生行政责任，非行政行为不产生行政责任。在现代民主社会里，国家责任是一个广泛的概念，一切国家行为都产生国家责任。例如，司法判决不当产生国家补偿责任或冤狱赔偿责任，只有国家行政行为才产生行政责任。

（4）非行政机关或行政官员因授权从事国家行政行为也产生行政责任，即行政责任不以行为主体是行政机关和行政官员为完全限制性条件。任何行为主体只要获得合法从事国家行政行为的合法授权并实际从事这种行为，就同时承担行政责任，也就是说，行政责任不以实施行为的主体须是行政主体为构成要件，而以实施行为须是国家（政府）行政行为为构成要件。

2. 须有国家宪法和与宪法相一致的法律、法规的确认。行政责任必须经由国家的法的确认才能产生。没有法的确认，即使发生损害性行政行为及其后果，也不能产生行政责任。这在实践中表现为无法追究行政责任：

（1）行政责任由宪法、有关法律和法规的精神、原则和条款所同意、确认与规定，包括行政责任的性质、内容、范围、条件、后果、种类、限制、确认、程序、执行。西方行政学者认为，对向政府提出诉讼的当事人的补救的适用取决于国会的法律。这就是说，行政责任作为一种特定的国家现象，由法的规定而产生并依照法的规定而执行，离开了法的规定，行政责任就无从谈起。因此，西方国家的法律体系中，一般都有关于行政责任的法律原则及其相应的法律规定。

（2）没有法的规定不产生行政责任，行政机关或行政官员即使在事实上违法、侵权、不当，违背行政责任，但由于没有法的规定而不承担法律行政责任，至多承担道义行政责任。在这里，法律规定是确立和确保行政责任的物质机制，也是追究和执行行政责任的基本的依据。

（3）由法律规定不承担事实后果的行政行为不产生行政责任。这是国家豁免说一种有条件的沿用，在西方国家一般表现为采用特别立法的形式个别限制或否定行政责任的产生，但特别立法本身又受到其他法律的限制。另外，英美法系国家还采用法院判决、形成惯例的办法来规定政府不负行政责任的种类。在通常情况下，有条件行政责任的范围多局限于特定的政治、军事、情报和外交活动方面。对这些方面的行政责任，特别立法或法院多按照"行政裁量行为国家免责"的原则予以维护性限制。

以上可以看出，宪法原则和法律规定是确立和确保行政责任的根本条件；在根本条件的基础之上才能实施有限制的行政责任，即法制基础之上的适度灵活性。这一点，同样应当是社会主义国家行政责任制度所应遵循的原则。

3. 须有特定的行为后果（事实）。只有当行政机关或行政官员的行政行为造成特定的损害性后果时，才产生实际承担行政责任的问题。没有损害性行为后果，行政责任就仅仅是"法理"上的责任，而不构成"法律"上的责任。在这里，法理是法律的理论前提，但只有法律上的行政责任才产生实际执行问题：

（1）（国家）行政责任中受害的一方恒定是公民，包括公民个人和公民团体，而行政责任的一方除了行政机关和行政官员以外，在特定条件下则还包括获得合法行政授权的其他行为主体。

（2）在通常情况下，强调行为后果损害性的同时，还规定行为人须有主观上的过错，即将行为人主观上的过错作为追究行政责任的充足条件，在特定条件下，则只强调行为后果的损害性而不论其主观状态如何。前一种情况，行政行为主体承担的是无过失责任，后一种情况承担的则是无过错责任。

（3）损害性后果与行政行为存在直接因果关系，即行为对象所受到的损害必须是行政行为直接造成或引起的，由于第三者行为或自然力所形成的损害不产生行政责任，（国家）行政机关和行政官员不承担因此而产生的赔偿责任。例如，公务人员或公共团体对使用高速公路者，因气候条件的影响所蒙受的损害不负责任。在此基础上又发展为（国家）行政机关和行政官员对不可抗拒力所造成的损害不负责。例如战争、自然灾害等。不可抗拒力具有三方面的特征：原因的外在性；结果的难以抵抗性；后果的不可预见性。以上三个特征具有统一性，在多数情况下只有同时存在方能不产生行政责任。

直接因果关系的限制形成产生行政责任的条件，三个特征的限制则形成不产生行政责任的条件，二者的统一既防止了被损害对象无限追究行政（赔偿、补偿）责任，又防止了行政行为主体随意逃避行政责任。据此，值得对中华人民共和国成立以来的若干历史问题进行再研讨。

4. 国家全部承担或部分承担损害责任。由于行政行为是以国家名义进行的有组织的国家行为，因此，一切行政责任在名义上和性质上都必须由国家承担。然而，国家的行政行为是政府通过具体的行政机关及其官员的具体行政活动来实现的，同时，法律（诉讼）也要求责任的承担者具体明确。所以，西方国家的行政责任主体在名义上恒定是国家（政府），在实际的法律活动和行政管理过程中则具体分为政府机关、政府官员和获得合法授权的其他组织及个人。但不论哪一种情况，其损害行为的补偿、赔偿都由国家财政支付。其中，完全由行政行为所造成的损害性后果，国家承担完全责任并予以全部偿付，部分由行政行为所造成的损害性后果，国家承担部分责任并部分偿付，完全不是行政行为所造成的损害性后果，国家完全不负责任并完全不予以偿付。

国家（政府）在对其损害性行为及其后果承担责任并予以偿付的同时，还可能根据情况对造成该后果（事实）的具体行为主体予以惩戒或求偿。

第三节　行政责任的确定

行政责任的确定主要指两个方面的情况：首先，是指国家行政组织根据一定的管理原则，与行政权力的再分配相一致，对行政责任进行再分解，使之具体化、规范化，归属于不同的行为主体，并以此作为追究行政责任的依据；其次，是指在国家法律生活中，根据一定的法律原则，通过一定的法定方式，经由一定的法定程序，来判定在具体的事件中，行政责任是否存在、是否成立及责任主体和赔偿内容。

由于不可抗拒力不产生行政责任，因此，行政责任的确定实际上主要在于确定造成违法、侵权、失职、不当行政行为的人为原因、主体和赔偿。本节主要从国家法律生活的角度探讨行政责任的主体和确定行政责任的依据以及行政责任的追究。

一、行政责任的主体(承担者)

在西方国家里,行政法上造成损害的人为原因若以主体资格来说,即以利害人关系来说,有以下三种:(1)被害人;(2)加害人(可以是官员或第三人);(3)国家、国家机关或公共团体等,实际上他们又可以是责任的承担者。在以上三种情况中,由于被害人的行为或过错所造成的损害责任由被害人自负,因第三人(除被害人以及官员以外的其他人)的行为或过错所造成的损害责任由损害人负责,均属私法范畴。只有第三种情况即有政府官员执行职务的行为发生损害时才产生(国家)行政责任,因此,行政责任的主体即国家。但是,行政官员在执行职务中由于个人严重过错所造成的不应有损害,最终却要由官员个人负责。这就产生了行政责任主体的双重属性及其区分:

1. 政府官员行政责任的确定。联邦德国规定:被委任行使公务之人,在执行委托给他的公务时违反对第三者所承担的义务,其责任原则上由国家或公共团体负担,如由于蓄意或重大过失,则个人保留申诉权,国家保留求偿权。其他西方国家也多有类似规定。按照这一规定,官员在执行职务过程中所犯的轻微或一般性过失,官员本人不负责任,而由国家承担;官员故意或犯有重大过失,则必须承担责任,这种责任的构成要件,主要表现为官员损害性行政行为的有意和非规定性质,完全按照规定执行职务或在不知情的条件下执行行政指令、行使自由裁量权而产生的行政过失,官员个人一般不负责任。

至于"故意或重大过失"的条件,西方国家也多有具体规定。例如,美国《加州不法行为请求法》规定:官员要对其欺诈、腐败,以及恶意行为,特别是非职权以内的行为,承担个人责任。在这里,官员自己承担责任的性质和种类可以是多方面的,就赔偿责任而言,主要表现为国家求偿权的应用,在这方面,西方国家又多有程序、时效、抗辩、数额、放弃、免除等限制条件。

国家求偿权的应用与确定官员行政责任的顺序相联系,在一般条件下,实行国家直接责任的原则(国家第一次赔偿责任),即在发生官员个人过失或官员公务过失时,都由国家先行代替官员承担因其损害性行为所造成的赔偿责任,表现为由被害人直接追诉国家,之后,国家再依据有关法律向犯有过失的官员求偿。这又有两种情况:一种是根据代位责任原则被害人只准追诉国家,不准追诉加害人(官员);另一种是根据代位责任与个人直接责任并存的原则,既可直接追诉国家,也可直接追诉加害人(官员),但被害人只能择定其中之一种。从实际的情况来看,由于官员个人财力有限,所以,被害人多以国家为直接追诉对象。

2. 政府机关行政责任的确定。政府是由各个行政机关所组成的整合体。政府的总体职权、功能和责任通过各个行政机关的职权、功能和责任体现出来。由于行政机关具有在本部门管辖范围内单独发布行政法规、命令、指示等权限,因而具有独立的行政行为主体及其相应的行政责任主体地位。这就产生了确定政府机关行政责任的问题。这有四点说明:

(1)确定机关行政责任是为了分清和落实机关责任,而分清和落实机关责任是为了明确机关职守、督促和检查机关工作,防止和反对肆意妄为或无所作为。

(2) 确定机关行政责任是为了在发生行政行为过失的情况下,明确行政诉讼对象或行政惩处对象,以利于奖功惩过、实行有效的考核和执行行政纪律。

(3) 机关行政责任与官员行政责任互为条件,机关行政责任的产生与追究一般以该机关行政首长或其他官员的个人行政责任的产生与追究为转移。在这方面,西方各国通常以代官员负责的行政机关为限制条件,其类型有三种,一是由官员所属的国家行政机关承担责任,二是由官员执行职权的权源机关承担责任,三是由官员所属管理机关和费用担负机关共同连带承担责任。

(4) 由于获得合法委托而从事国家行政管理活动的非行政机关和非行政官员,其行政责任由委托机关承担。

二、确定行政责任的依据

在西方国家里,确定行政责任的主体包括议会、法院、检察机关和政府本身。与此相一致,确定行政责任的依据也包括法律、判例法、检察条例和行政规章制度。具体说来,构成确定行政责任依据的有:

1. 宪法。宪法作为国家的根本大法,一般对国家基本原则问题做出规定。西方国家宪法多有关于行政责任的直接或间接的原则规定。例如,《美利坚合众国宪法》(1787)规定,总统就任之前必须宣誓以忠诚执行总统职务,尽力维护、遵守、保卫合众国宪法,并时时向国会报告合众公务情况;再例如,德国《魏玛宪法》(1919)规定,联邦大总统应竭尽全力谋人民之幸福,增进其利益、去除其弊病,遵守宪章大典,并用正义以临万民。《法国宪法》(1958)则规定,总理要确保法律的执行。

2. 国家责任统一法典,即单行法规,用以全面、详细规定国家(行政)责任问题,既规定性质、种类、适用等实体问题,又规定程序性问题。英、美、法、日、瑞士、奥地利等国均有这类法典。统一法典的好处在于,有利于集中、准确地阐述和规范行政责任并开展行政诉讼,进而使行政责任成为规范国家行政行为和公民维护自身合法权益的有效制度。这一点,也正是我国行政责任制度所面临的紧迫问题。

3. 民法和民诉法。西方国家的行政法和行诉法与民法和民诉法有着极深的历史渊源和相通性,一般规定对国家责任的诉讼程序适用民诉法规定的程序,英美两国则无行诉与民诉之分,一切诉讼均依照普通法律程序进行;法国虽明文规定将行诉与民诉区分开来,但行诉也要遵守民诉中的有关规定。我国现行民诉法中,也有关于行政诉讼的规定。

4. 判例法。英美法系国家和法国实行判例法,法国对具体案件的判决所形成的法律原则对以后国家(行政)责任的审判产生法律上的约束力。例如,美国1971年"毕文斯"一案废除了传统的国家绝对豁免的法律原则,而确立了"规定豁免"法律原则。

5. 议会专门法律、法规。议会通过制定或审定关于政府的专门法律、法规,确定关于行政责任的有关原则。例如,日本《政府组织法》规定:若没有法律的委任,不能设罚则、规定义务和限制国民权利。

6. 地方法规。这种情况多出现在两级立法体制的联邦制国家。地方议会在不违背宪法和国家法律原则的前提下,自行发布具有一定约束力的地方法规,作为规定地方政府及其官员行政责任的依据。例如,美国《加州不法行为请求法》。

7. 行政法规。除国家关于行政责任的统一法典外,政府自身还通过一定的单行行政法规,对行政责任加以规范。例如,《日本东京都集会、集体游行和集体示威条例》规定:东京都公安委员会在不许可或取消许可集会、集体游行和集体示威的情况下,必须将意见并附理由迅速报告东京都议会。再例如,我国国务院常务委员会1980年《国务院关于在对外活动中不赠礼、不受礼的决定》等。

三、行政责任的追究

行政责任的追究,是在行政责任确定的条件下(包括责任主体、责任事实、责任依据等),依据一定的法律原则和规定,对损害性行政行为的责任主体予以一定的行政或法律惩处,并根据情况使之承担赔偿的制度。这种制度是整个行政责任制度的基本的和重要的环节之一,是行政责任制度的归宿,正是这种制度使行政责任得以最终确立。

行政责任的追究的基本问题,是追究责任的主体、程序和实体性问题:

1. 主体和程序性问题。追究行政责任的主体与宪法、法律、法规规定的权限相一致,在西方国家顺序为议会、法院(普通法院或行政法院)、国家检察机关、政府自身和公民。其追究的程序一般表现为调查、受理、起诉以及相应的议案、判决和决定。此处着重探讨公民依法对行政责任的追究和法院依法对行政责任的追究。

公民在受到行政机关或行政官员行政行为侵害(或自认为受到侵害)的情况下,可以依据法律所赋予的权利,通过一定的程序向有关国家机关提出申诉或上诉。在通常情况下,申诉是公民就国家行政机关或行政官员的不当行政行为对自身的侵害而向政府有关部门提出的追究行为。申诉一般由行政机关自行处理,处理的原则与相关法律相一致并以相应行政法规为依据,处理在形式上一般表现为行政仲裁、行政赔偿和行政惩处。申诉成立与否的关键,在于行政主管部门判定特定行为主体的特定行政行为是否失职或不当。

上诉则是公民在受到包括行政机关和行政官员在内的国家机关和国家公务人员的违法行为侵害时,特定向法院提出的追究行为。其中,行政违法行为所造成的公民权益损害由国家承担赔偿责任,司法违法行为所造成的公民权益损害由国家承担赔偿责任。当公民起诉对象为政府机关或政府官员时,法院判决的关键在于行政行为是否违法,例如侵权、越权、违约、滥用权力、程序违法等。

在特定条件下,法院除接受上诉外,也接受申诉,即通过受理具体的行政案件,来判定特定的行政行为是否合法、合理,包括行政仲裁、行政赔偿是否合法、合理,并以此来划定具体的行政责任成立与否。

由于西方国家的国家(行政)责任的诉讼程序大都适用于民诉法和普通法中的诉讼程序,所以,民诉法和普通法中的许多程序规定大都原封不动地适用国家(行政)责任诉讼,例如法院的管辖、公开审判、陪审制、辩护权、回避制度、合议庭等。但国家(行政)责任诉讼是针对国家行政行为而为的诉讼,因而在程序上就要有别于民诉法和普通法的规定。这些特别规定虽也见之于民诉法和普通法,但主要的还在于国家(行政)责任的统一法典或专门法规之中。国家(行政)责任的特别规定主要表现在四个方面,即证据、时效、执行和关于外国人的待遇。

2. 实体性问题。追究行政责任的实体问题主要表现为行政裁决、行政诉讼、行政惩处和行政赔偿。

（1）行政裁决。行政裁决是司法行政之一种，亦称行政仲裁，是国家行政机关受理个别具体案件的行为，一般表现为当事人一方或双方向法定仲裁机构提出仲裁申请、由仲裁机构了解情况后根据有关规定做出裁决。裁决后如当事人不服，还可以在规定期间内向上级仲裁机关申诉或向法院上诉，如在规定期限内不上诉，则裁决产生法律效力，由仲裁机关监督执行。

行政裁决具有四个方面的特征：第一，判决权由法定国家行政机关行使并以此区别于普通司法；第二，法定国家行政机关行使裁判权并以此区别于一般行政活动；第三，其具体任务是裁判个别具体案件；第四，其机构或是主管行政机构本身或是专门机构，但在组织上仍隶属于行政机关。例如，苏联国家仲裁署归属于部长会议。

行政裁决的行为对象主要是行政纠纷。行政纠纷是行政机关之间、行政机关与其他组织及公民之间因行政管理所引起的争议纠纷。其特点，一是纠纷由行政管理所引起，二是当事人之一方一般是行政机关或行政官员。在发生行政纠纷的情况下，一定行政机关可以按照一定程序予以受理，做出调解或裁决。有些国家的法律就明确规定，行政案件在提交法院之前，必须由行政机关按一定程序进行处理，即把行政裁决作为行政诉讼的必要组成部分，只有当事人之一方不服裁决时，才可向法院提出诉讼。若裁决机关裁定行政纠纷之一方的行政机关或其官员行政行为不当，即产生具体行政责任及其赔偿问题，除非其申诉于上级行政机关或上诉法院并胜诉，否则裁决产生法律效力，并必须受裁决机关监督执行。

在西方国家法律体系中，法国等大陆法系国家的行政法院，美国的各种名目的行政委员会，英国的行政裁决所，以及英美的其他独立、半独立机构，都属于行政裁决的范畴。

（2）行政诉讼。行政诉讼是指因违反行政法规而引起的诉讼，主要包括行政机关及其官员因行政行为违法、侵权或者失职以及公民因违反行政法规而受到的诉讼。

（3）行政惩处。国家行政公务人员在被确定违反某种义务或责任而尚未触犯法律的条件下，将受到相应的行政惩处；在触犯法律的情况下，将受到法律制裁。例如，《法国公务员总章程》（1959）规定：一个公务员在任中或行使职权所犯的任何错误应受纪律制裁，必要时按刑法论处。再例如，《日本国家公务员法》规定：国家公务员在违法乱纪、有损全体国民服务员的称号、违反职务义务或渎职条件下应负免职、停职、降薪和警告处分。其他西方国家也有类似规定。

在这方面，我国尚无统一法典，至今仍沿用国务院特别法规的规定。1957年，经第一届全国人大常委会第八十二次会议原则批准，国务院发布了《国务院关于国家行政机关工作人员的奖惩暂行规定》，规定在十二种违法失职情况下，国家行政工作人员将受到八种惩处，分别为警告、记过、记大过、降级、降职、撤职、开除留用察看、开除。同一文件还规定了不同惩处的适用情况和机关惩处权限。直到2005年《中华人民共和国公务员法》通过，我国公务员的奖惩制度才纳入法律体系。

（4）行政赔偿。在发生损害性行政行为后果的条件下，除有法律明文豁免或审判豁免，国家一般要承担赔偿责任。在西方国家里，金钱是国家赔偿的唯一方式，例如，奥地利

1948 年的《公务员责任法》规定:损害赔偿以金钱为限。金钱赔偿的限额,一般以恢复原状为原则,即损害与赔偿等价或等量。但也有例外,在美国,当公民的宪法权利受到侵犯时,则可以获得更多的惩罚性赔偿。西方学者认为,以金钱作为赔偿的唯一方式,既是为了使受害人得到实际的补救,也是为了简便追究责任的方式,同时也可以以此来减轻行政机关的压力和负担。至于赔偿金的来源,一般出自国家税收。在官员犯有故意或重大过失,国家向其求偿,并经法院判决准许的情况下,赔偿金则由官员个人支付。

名词与术语

行政责任　　人格保障权　　应为行政责任　　公物使用请求权
构成要件　　职务保障权　　广义行政责任　　行使职务了解权
行政裁决　　身份保障权　　狭义行政责任　　执行公务保障权
行政诉讼　　自由申辩权　　国家完全无责　　不应为行政责任
行政惩处　　确认事实权　　国家有限责任
行政赔偿　　　　　　　　　国家完全责任
政治责任
行政责任
国家责任
个人责任

复习与思考

1. 现代国家确立和确保行政责任的意义。
2. 资本主义社会以前行政的特点。
3. 自由资本主义时期行政的特点。
4. 垄断资本主义时期行政的特点。
5. 社会主义国家行政责任问题。
6. 行政责任体系的一般特征。
7. 行政责任的构成要件。
8. 行政责任的确定。
9. 政府官员行政责任的确定。
10. 政府机关行政责任的确定。
11. 确定行政责任的依据。
12. 追究责任的主体。
13. 追究责任的程序。

主要参考书目

1.《中华人民共和国行政诉讼法》。
2.《中华人民共和国国家赔偿法》。
3.《中华人民共和国行政处罚法》。

4.《中华人民共和国行政复议法》。

5.《中华人民共和国行政许可法》。

6.〔美〕欧内斯特·盖尔·霍恩、罗纳德·M.利文:《行政法和行政程序法概要》,黄列译,北京:中国社会科学出版社1996年版。

7.〔日〕和田英夫:《现代行政法》,倪健民等译,北京:中国广播电视出版社1993年版。

8.〔美〕廉·韦德:《行政法》,徐炳等译,北京:中国大百科全书出版社1997年版。

9. 王名扬:《英国行政法》,北京:中国政法大学出版社1987年版。

10. 王名扬:《法国行政法》,北京:中国政法大学出版社1988年版。

11. 王名扬:《美国行政法》上、下册,北京:中国法制出版社1995年版。

12. 姜明安:《外国行政法教程》,北京:法律出版社1993年版。

第十七章　行政伦理

第一节　行政伦理概述

行政管理作为国家公共权力的行使过程,必须按照公共事务的性质和规律行事,以公共利益为依托,履行公共责任,创造公共价值。为确保行政权力行使的正当性,就离不开对行政权力的制约。行政伦理正是行政权力的重要制约机制之一。① 因此,认识行政伦理是理解行政管理不可或缺的重要内容。

一、行政伦理和行政道德

"伦理"和"道德"两个词常常相提并论,意思颇为接近。人们判断一个行政官员的行为总离不开"道德的"或"不道德的"等概念,判断一项政府政策总离不开"合乎伦理的"或"不符合伦理的"等概念。从亚里士多德开始,伦理学就成为道德理论的代名词,尽管二者也常常通用,但伦理和道德两个概念仍不断用于相异的判断。人们可以说某人或其行为是"不道德的",但不能说是"不伦理的"。两个词的不同是显而易见的。那么,如何看待二者之间的区别呢?一般认为,道德源于人的内心,属于精神原则,表现为个体的应当,它具有内在性、主观性、个体性,反映人性善恶。伦理是内在道德的外在化,属于客观行为关系,表现为对人们行为进行鼓励或诱导的实在性群体规范,它具有外在性、客观性、群体性,界定行为的对错。道德多指对人的行为动机的判断标准,它按照风俗、习惯、观念和良心直接判定行为的正当性。伦理多指行为关系判断标准的理由,它通过对风俗习惯和观念的检验和反省来对行为进行判断。一言以蔽之,"伦理是对于道德标准的寻求"②。

无疑,行政管理中存在伦理和道德问题,行政管理实践必须考虑其正当性和善的要求。行政活动不可避免会涉及关于对错、好坏、是非、善恶等的判断标准。因而,行政学和伦理学之间也就形成了非常复杂的关系。19世纪行政学产生伊始,由于其脱胎而来的政治学与伦理学之间固有的渊源,伦理价值还是行政学的重要内容。③ 从20世纪初开始到第二次世界大战,行政学的价值色彩明显式微。行政学家虽然触及公正、平等、责任等问题,但"并没有提出系统的行政伦理范畴与规范"④。第二次世界大战之后,伦理道德问题又回到了行政学研究当中,尤其是20世纪70年代新公共行政学的兴起,使得伦理道德问题在行政学领域获得了前所未有的繁荣。20世纪90年代,虽然新公共管理成为一种新的研究范式而得以普及,但新公共行政学所提出的课题并未因此消失,新公共管理因忽略

---

① 参见本书第三章"行政权力"。
② Robert Denhardt, op. cit., p. 101.
③ 参见威尔逊:《行政学之研究》,《国外政治学》1987年第6期。
④ 郭夏娟:《公共行政伦理学》,杭州:浙江大学出版社2003年版,第12—18页。

伦理道德问题而招致的批评恰恰成为行政学研究进一步发展的动力之一。① 从19世纪与20世纪之交开始,到新的世纪之交期间的百年发展,行政伦理研究已经成长为相对独立的专门学科。1994年,行政伦理学家特里·库珀(Terry Cooper)出版《行政伦理学手册》一书,集合世界各地的31位学者对行政伦理学科进行了百科全书式的全面总结,在行政伦理研究中具有里程碑意义,同时也体现了行政伦理学在世纪之交的快速发展。进入21世纪,行政伦理已经成为公共管理毋庸置疑的核心研究领域。正因为如此,国际行政科学学会(International Institute of Administrative Science)专门成立了美德和价值工作组,不断汇集和推进世界各国行政伦理研究的发展。②

尽管伦理道德对于行政管理的意义及其在行政学中的地位已经广为人知,但是,对于行政管理中的伦理道德问题,人们在认识和理解上多少有些分歧。美国行政学家罗伯特·登哈特认为,有必要区分行政伦理和行政道德两个不同的概念,尤其要重视行政伦理的主动性。③ 而沃尔多则认为,虽然伦理和道德存在一定的区别,但人们在使用这两个概念时并不总是那么严格。④ 我们在认识行政伦理和行政道德问题时,既要看到二者之间的区别,也应该看到二者之间的联系。

一方面,二者含义不尽相同。行政道德的概念主要涉及行政主体个人行为的正确判断及其所反映的价值观,这主要是作为行政主体的公务人员在行政管理的职业实践中所形成和表现出来的,它包括公务人员的道德传统、道德意识和道德品质以及由此而形成的道德规范和道德风尚等。比较而言,行政伦理主要是人们关于行政活动与行为关系的判断过程以及判断的理由,这主要涉及行政主体行动的正当性与合理性,它既包括公务人员个体在行政管理实践中的道德观念、道德活动与道德规范,也包括行政主体作为群体及组织机构在行政活动中所应遵循的价值与规范。可见,行政伦理概念的外延要大于行政道德的外延。"简言之,伦理是一种包含着道德,同时又高于道德的社会现象。"⑤

另一方面,由于行政伦理和行政道德都与人们的意识和价值相关,加之伦理和道德两个概念往往联袂使用,行政伦理和行政道德二者又是伯仲相连的,人们在使用过程中也常常相互替代,甚至忽视二者之间的细微差别。有鉴于此,我们在二者含义交叉的情况下,也不再做专门区分。

二、行政伦理的含义

由行政伦理的概念可以看出,其内涵是相当丰富的。就其本质特征、基本要素、主体

---

① George Frederickson, "Public Ethics and the New Managerialism," *Public Administration and Management*, 4(2), 1999, pp. 99-324.

② Terry L. Cooper, ed., *Handbook of Administrative Ethics*, New York: Marcel Dekker, 2001;米歇尔·S. 德·弗里斯等主编:《公共行政中的价值观与美德》,熊缨等译,北京:中国人民大学出版社2014年版。

③ Robert Denhardt, op. cit., pp. 101-103. 无独有偶,Kathryn G. Denhardt 也在其 *The Ethics of Public Service* 一书当中对于行政管理中的伦理和道德进行了区分,参见 Kathryn G. Denhardt, *The Ethics of Public Service*, Westport, Connecticut: Greenwood Press, Inc., 1988, pp. 30-31.

④ Dwight Waldo, *The Administrative State: A Study of the Political Theory of American Public Administration*, 2nd, p. 99.

⑤ 王伟:《行政伦理界说》,《北京行政学院学报》1999年第4期,第7页。

属性、作用过程、根本功能、发展变化等各个方面,都具有明显的特点。① 行政伦理的含义,体现了行政管理在公共利益、公共权力、公共管理、公共服务、公共责任和公共精神等方面的质的规定性。把握这些内涵,是理解行政伦理的起点。

（一）行政伦理是一种关于公私利益关系的观念体系

从本质上讲,行政伦理体现为一种特定的公共利益观念,这种观念的出现是公共权力产生与发展的结果。众所周知,国家权力的出现是社会分工的产物。公共权力产生之际,也就是原始的伦理道德体系崩溃之时。原始伦理是以共同利益为基础的。当时,人们的个体利益融会于整体利益之中,没有公私之分。掌社会管理之职的人员同其他人员一道遵循着共同劳动、相互关怀的伦理规范。然而,社会分工的出现改变了社会的利益结构和权力结构,改变了人们之间的社会关系结构和交往规范。社会分工带来权力分化和利益分化。权力分化导致了人们行为规范的变革,利益分化导致了个人利益和公共利益之间的差别和矛盾,社会伦理观念也随之发生深刻的变革。原始的共同伦理道德解体了。

随着原始共同伦理的解体,需要一种新的公共伦理作为维系和调节人们利益关系的工具,而国家作为公共权力主体,就必须遵守这种公共道德并维护这种公共伦理。然而,由于社会分工和国家自主性的作用,行政主体就获得了相对于公共利益的自主性利益。于是,国家机关及其官员在公共利益和特殊利益面前便会发生冲突,伦理道德的选择就成为行政主体难以回避的问题。所以,如何处理公私关系成为判断行政主体道德与否的伦理标准,从公共利益出发公正行事就成为行政伦理的根本之所在。行政伦理作为一种公共伦理,它区别于一般伦理道德的本质特性就是公共性。维护公共利益就成为行政管理最根本的伦理要求。"那些把担任公职看作横征暴敛的良机或是以权谋私、泽及亲友的人,是公共利益的绊脚石,有损于公职工作的效率和为全民服务的目的。"②

（二）行政伦理是行政权力的一种内在约束机制

行政权力是一种公共权力,行政管理乃是公共权力的分配与行使过程。权力是最容易被人们用来谋取私利的东西。为避免在行政管理领域中出现公权私掌或公权私用等现象,必须有一套行之有效的行政权力约束机制。一般而言,行政权力的约束机制包括自律和他律两种基本类型:一方面,要充分发挥行政主体自身的约束功能;另一方面,更离不开行政权力客体和其他权力主体的约束。显而易见,行政伦理属于一种行政权力的自律机制,是行政权力主体内在的一种约束机制。这种机制体现了行政伦理的主要的和基本的功能。诚然,现代社会的法治行政强调行政权力的外在制约机制。但是,法治行政也同样对行政伦理的内在约束提出了较高的要求。其实人治与法治之间的区别并不在于有无伦理道德的作用,而在于伦理道德如何起作用。

行政伦理作为一种约束机制,它不仅可以加强对行政权力的制约,而且更重要的作用还在于,它作为一种观念力量,可以提高行政权力的正当性。这也就是说,行政伦理在很大程度上影响到公众对于行政权力的认同感和支持程度。行政伦理对于行政管理的公正、廉洁与高效起着至关重要的作用。良好的行政伦理可以树立政府在公众心目中的良

---

① 时和兴:《行政道德面面观》,《中国行政管理》1995年第9期。
② 〔美〕O.格伦·斯达尔:《公务员的伦理标准》,《国外政治学》1986年第5期。

好形象,让行政权力运行获取较高的社会支持与服从。

（三）行政伦理是一种关于权利义务关系的规范体系

行政伦理作为公私利益的观念体系,它是由众多的要素组成的。如何把握这些要素呢？这就必须抓住其最核心的内容。就此而言,权利义务关系是最根本的规定性。伦理道德和法律制度一样,都包含着特定的权利义务关系。但是,伦理道德意义上的权利义务关系不像法律制度上的权利义务关系那样相互对应,而是相对分离的。虽然从结果上看,道德主体在履行了一定的道德义务后常常也应当享有道德权利,可是从动机上看,道德义务具有无偿性和非权利动机性,道德主体履行道德义务时不应以获取某种权利为前提条件。

"义务是一种行为方式,它要求最妥善地使用个人的地位以谋求集体的利益。"①对于行政主体而言,行政伦理意义上的义务在其所承担的各种道德义务中是处于较高层次的义务。由于公共利益至上的本质规定,在各种道德义务发生冲突的情况下,公职人员往往需要牺牲其他道德义务而保全行政道德义务。只有当政府及其官员履行了应尽的义务,社会公众才能享有相应的权利。因此,行政主体必须以义务为本位,履行公共责任,这是由公民的权利本位所反向决定了的。至于权利,行政主体是要做出一定牺牲的。譬如行政主体就不具有经商办企业的权利。不过,作为某种补偿,行政主体也会得到某些特别权利,如行政特权,以及公务人员的身份保障和工作条件保障等权利。如此,也能体现出公职人员权利与义务的一致性。行政主体必须对此种特殊的权利义务关系有清醒的认识,这本身就是行政伦理的基本要求和行政道德的基本内涵。

（四）行政伦理是关于行政管理职业规范的范畴体系

任何伦理道德都包含着一定的规范体系。"从体系性角度分析,行政伦理是包括行政理想、行政态度、行政责任、行政纪律、行政良心、行政荣誉、行政作风等七个主要范畴的行政道德范畴体系。"②

行政理想就是对国家与社会发展方向的追求,它涉及现代汉语中所谓的政治方向问题,属于政治伦理。行政态度是一种职业态度,全心全意为人民服务作为道德准则,引领着公务人员的职业态度。无论理想,还是态度,落脚点都在于责任。行政伦理众多要素当中最重要的就是公共责任。公共责任是行政伦理权利义务关系的具体体现,即行政主体应该承担的义务和履行的职责。行政纪律是对行政主体履行义务和责任的制度保障。行政良心则是行政主体履行公共责任的道德要求,或曰责任心。行政荣誉是衡量行政主体公共责任和行政良心的价值尺度,乃在行政主体履行义务之后所获得的外部评价和内心认同。行政作风是行政主体的道德风尚,是行政主体在行政理想、行政态度、行政责任、行政纪律、行政良心和行政荣誉等方面的综合性、长期性习惯表现。所有这些,都是行政伦理的基本范畴,它们共同构成了行政伦理的规范体系。

（五）行政伦理是一套关于公共服务的价值体系

行政伦理自然应该是行政主体的伦理规定。但是,在认识行政伦理的过程中,人们容

---

① 〔美〕威廉·葛德文：《政治正义论》,何慕李译,北京：商务印书馆1980年版,第12页。
② 王伟等：《中国韩国行政伦理与廉政建设研究》,北京：国家行政学院出版社1998年版,第75—76页。

易将其与公务人员的个人品德等量齐观,这种理解过于狭隘。如果从完整意义上理解行政伦理,它的主体则应该是比较全面的。从主体性看,行政伦理起码包括两个层次,即公务人员个体的伦理和行政组织的群体伦理。"在国家公务员个体作为行政伦理主体的意义上,行政伦理是国家公务员的行政道德意识、行政道德活动以及行政道德规范现象的总和;在行政机关群体作为行政伦理主体的意义上,行政伦理是指行政体制、行政领导集团以及党政机关在从事各种行政领导、管理、协调、服务等事务中所遵循的政治道德与行政道德的总和。"①从更加完整的意义上讲,行政伦理应该是关于整个政府管理的价值观念体系,它包括如下若干层次:公务人员的个人道德、行政管理的职业道德、行政机构的组织伦理及行政过程中的政策伦理等方面。

政府管理的整个活动宗旨,归根结底是为公民提供良好的公共服务。公共服务本身就包含丰富的价值内涵,公共行政理论家登哈特甚至明确指出,公共行政的核心与实质是"促进公共服务的尊严和价值",而与公共服务相关的价值是"公共行政的卓越价值观"。以人为本的公共服务导向和基于共同理想与公共利益的公民意识,是政府赢得公民信任和信心的基本前提。所以,从战略意义上讲,行政管理活动的愿景在于"创造公共价值"②。

(六)行政伦理是一种特定的行政文化层面

行政主体持续的道德积累可以形成一种伦理风尚,也可以造就一种行政文化。行政主体在实践中不断创造、锤炼着自己的文化氛围。作为一个复合的整体,行政文化包括人们对于行政体系特定的态度、情感、信仰和价值观念,以及人们所遵循的行政习惯、传统和规范等。行政伦理正是行政文化的重要内容。就此意义而言,行政伦理在不同文化环境中的含义是不尽相同的。弗雷德里克森在比较二战期间丹麦和德国行政伦理之不同时曾经指出:"在丹麦,官僚的行为是以民主服务中的道德英雄主义而著称的。而在德国,官僚的行为是以痴迷职业的成功而著称的,这种职业的成功最终助长了邪恶。"③行政伦理作为一种特定的文化现象,是在行政环境、行政体制及其运作背景下,通过特定的心理定势、文化积淀和潜移默化所形成的道德意识、道德习惯和伦理传统。正因为如此,随着文化环境的改变,行政伦理也并非是一成不变的,而且,变动中的因素本来就是行政伦理的有机组成部分。看待行政伦理,必须具有这种发展眼光。从发展的眼光看,行政伦理既是以特定的行政文化为基础的,同时又是行政文化的重要层面之一。

弄清了上述各个方面,行政伦理的内涵就昭然若揭。特定的利益关系原则是行政伦理的本质所在,特定的权利义务关系是行政伦理最基本的组成要素,特定的约束机制是其基本功能,特定的范畴构成其基本体系,特定的主体性价值是其基本愿景,特定的文化内涵又反映了行政伦理发展的基本机制。

---

① 王伟等:前揭书,第 73 页。
② 参阅珍妮特·V.登哈特、罗伯特·B.登哈特:《新公共服务》,丁煌译,北京:中国人民大学出版社 2010 年版,第 11—13 页;Mark H. Moore, *Creating Public Value*, Cambridge: Harvard University Press, 1995.
③ 〔美〕乔治·弗雷德里克森:前揭书,第 174 页。

三、行政伦理关系

对行政伦理本质规定性的理解,便于把握其内涵。透过伦理关系,我们又可以看出行政伦理的外延范围。伦理关系是人类社会中的经济关系所决定,并且按照一定的伦理观念、道德原则和规范所形成的一种特殊的社会关系。它体现在个人与个人、个人与整体的关系中。行政伦理关系是一种比较特殊的权利义务关系,它与行政管理活动紧密相关,既包括行政管理中的道德关系,又包括决定行政管理这种特殊职业道德的理由的各种关系,受到行政伦理观念、行政道德原则和规范的支配。简单说来,行政伦理关系应该表现在以行政主体为核心所形成的各种主体内部关系和主客体关系之中。具体划分,可包括如下:

(一)行政主体中个人之间的伦理关系

每一位单个的人是行政主体的基本要素。在行政管理活动中,主体内部不同级别成员之间、不同岗位同事之间、不同族群同事之间、不同性别同事之间发生这样和那样的关系,包括利益关系、人际关系等,所有这些关系,都离不开伦理规范的调节。在这种种关系中,什么样的关系是正当的?正当的个人关系又是由什么证明的?这些都需要受特定伦理道德所界定的规则体系和对这种规则体系进行支持的价值观念。

(二)行政组织与个人之间的伦理关系

行政主体不仅包括个人,而且也包括非人格化的行政组织。个人与非人格化的组织之间的伦理关系是在行政管理活动中经常发生的,包括诚实与忠诚关系、自主与服从关系、权力与责任关系、权利义务关系、贡献与地位关系等。这种关系的实质是行政人的价值判断。西蒙认为,在行政体系当中,组织的价值观会取代个人的价值观,一般情况下的经济人也便会被行政人所取代。行政人把组织目标作为个人决定的价值前提,其显著特点是:组织的影响不仅使他去做某些具体的事情,还使他养成了为实现组织目标与他人合作的习惯。行政人的价值判断实际上是基于对个人和组织关系的考量。①

(三)行政组织相互之间的伦理关系

行政主体由不同的层面组成。在行政管理活动中,不同层面的行政组织之间也存在伦理关系问题,这主要通过政府间关系体现出来而又离不开特定的伦理价值内涵,包括中央与地方关系、上级与下级关系、部门之间关系、地区之间关系等。

(四)行政主体与政治主体之间的伦理关系

行政主体是整个政治体系的一部分,但它在政治体系之中又具有自主性。这样,行政主体与自身之外的政治主体之间、行政管理活动与一般政治活动之间都存在不可避免的关系。行政伦理关系也必然存在于诸如行政部门与立法部门之间、行政部门与司法部门之间、公职人员与党派之间、官僚与政策制定之间、行政管理与民主政治之间等关系之中,这些关系总是要受到特定伦理支配的。

---

① 参见罗伯特·丹哈特:《公共组织理论》,项龙等译,北京:华夏出版社2002年版,第82—83、85页;赫伯特·A.西蒙:《管理行为》,詹正茂译,北京:机械工业出版社2004年版,第258—283页。

(五)行政人员与社会公众之间的伦理关系

每一个行政人员在从属于其所任职的政府组织的同时,都又从属于一定的家庭、宗族、社区、地区、民族等组织。每一个行政人员在服务于社会公众的同时,又都有自己联系的地区、团体和个人。在作为公务人员的个人与自己所从属或联系的部分公众之间,必然会存在角色冲突问题,冲突的解决离不开伦理规范。这些伦理关系的实质是行政人员的角色定位问题。

(六)政府与社会之间的伦理关系

政府与社会之间关系常常是行政道德研究所忽视的领域。新公共行政学为行政伦理学开辟了这一新的领域。这主要体现为公共政策的伦理含义,包括政府权力与个人权利之关系、政府意志与公众利益之关系、政府政策与强势集团之关系、政府政策与弱势集团之关系等方面。在这些关系中如何实现和谐与公正,将是行政伦理学永恒的课题。

第二节 行政伦理的结构与功能

行政伦理内涵丰富,外延宽广。完整理解行政伦理,至少有三个方面是必须注意的:第一,公务人员的伦理道德并非行政伦理的全部,它和组织伦理一样,都是行政伦理的组成部分。第二,公务人员的伦理道德包括个人品德和职业道德两个方面。第三,行政组织的伦理道德又包括行政组织制度伦理和公共政策伦理两个方面。要进一步把握行政伦理的意义,必须理解其结构体系和功能作用。一般而言,结构既是静态要素的排列组合,又包括动态程序的轻重缓急。行政伦理的结构体系就是静态结构与动态结构的统一。静态结构是纯粹的主体性问题,涉及行政主体的个体和群体两个大的层面。动态结构是过程问题,涉及职业道德和政策伦理两大过程。将这些动态与静态结合起来,行政伦理的结构与功能可以从四个层面进行把握,即公务人员的个人品德、行政职业道德、公共组织伦理和公共政策伦理。由这些层面组成的行政伦理完整结构体系,在行政管理中发挥着重要的功能作用,其意义不容忽视。

一、公务人员的个人品德

个人层面的行政道德是行政伦理的传统研究领域。古今中外的行政伦理研究都十分重视公务人员的个人品德,重视它对于公务人员行为的约束。譬如保罗·阿普尔比将公共部门中的个人品德分解为思想态度和思想品德两个因素。[①] 这两个方面,可以作为公务人员个人品德的分析单元。公务人员的个人品德与行政管理体制结合起来,培育、决定并促进着公共道德。

(一)公务人员的思想态度

公务人员的思想态度就是他们从事行政管理活动的职业理想和职业态度问题。行政理想指公务人员从事行政管理职业所追求的价值目标,它反映出公务人员个人的情感、偏

---

① 〔美〕斯蒂芬·K.贝利:《道德标准与公共服务》,载〔美〕R.J.斯蒂尔曼:前揭书(下),第421页。

好和价值观。行政态度指公务人员从事行政管理职业过程中履行义务或责任的积极性,亦即敬业精神,它反映出公务人员对其服务对象的热爱与敬重程度。

公务人员个人拥有什么样的思想态度从事公共行政管理工作,直接影响到其管理行为。阿普尔比指出了影响公务人员思想态度的三个主要方面:(1)所有的人和所有的公共政策在道德上所具有的模糊性。(2)特定环境中的各种力量对于公共服务中的道德要求的影响。(3)各种程序的相互矛盾性。这些态度的取舍,实际上涉及道德范畴中的所谓幸福、荣誉和良心等问题。它们表明公务人员以什么样的价值观去看待公共利益和公众个人福利、个人情感及个人价值之间的关系。公共利益决不是故弄玄虚的空泛东西,它包含社会公众个人实实在在的利益。那种假借公共利益而无视公众个人福利的态度,与公共行政对于公务人员个人思想态度的要求是不相容的。所以,斯蒂芬·贝利(Stephen Beiley)在分析阿普尔比对于公务人员思想态度的论述时认为,"从道德品格来说,那些不愿把(合法的)个人和私人利益纳入支持公私兼顾的事业中来的人,是不适宜于担负公共职务的"①。

阿普尔比对于公务人员思想态度的论述体现了民主社会的要求。与此同时,我们也可以看出,公务人员的个人品德与一般社会成员的个人品德之间存在一定区别。公务人员的个人品德有着更高的要求,即所谓"公仆"观念。公仆观念不仅意味着为抽象的公共利益献身,更意味着为广大的公众实在的个人利益服务。公务人员的思想态度应该是,必须承认一般社会成员对于个人利益的追求,而自己的责任在于正确处理公共利益与个人利益之间的关系,并能够将公共利益同社会公众个人的利益有机结合起来。简言之,这种态度就是对公众的情怀和为大众服务的责任心,它真正能够驱使无私和高尚精神的产生。

(二) 公务人员的思想品德

思想品德指人们比较稳定的道德意识、道德意志和一贯的心理性格特点。无论古今中外,对于公共生活以及公共管理活动而言,除去人人应该具备的社会美德之外,乐观、勇气和仁慈的公正显得尤为重要。

第一,乐观。乐观是一种进步的活力,它代表着追求向上的生活方式。行政管理的核心价值之一就是效率,高效的管理旨在创造一种良好的公共生活。活力政府和公务人员的乐观品质是分不开的。根据行政学家贝利的概括:"一个政府如果没有许多乐观的政府官员在其中发挥作用,那么它很快就会变成愤世嫉俗者操纵的把戏、个人的扩张和寄生虫们的温床。"②在中国行政文化当中,乐观坚强向来就是重要的思想品德。早在中国行政道德萌发阶段的延安时代,毛泽东就强调要把乐观作为一种从事公共事业者的品质。他说:"在困难的时候,要看到成绩,要看到光明,要提高我们的勇气。"③在当代中国的行政伦理当中,这种乐观精神仍不失其重要意义。

第二,勇气。勇气作为公务人员思想品德的关键是无私的勇气,即私人利益的取舍和私人感情的牺牲。华盛顿关于公职问题的看法脍炙人口,广为传诵。当华盛顿一位战友

---

① 〔美〕斯蒂芬·K.贝利:前揭文,载〔美〕R.J.斯蒂尔曼:前揭书(下),第424页。
② 同上书,第430页。
③ 《毛泽东选集》第3卷,北京:人民出版社1991年版,第1005页。

的遗孀致函华盛顿谋职时,华盛顿回函答曰:"我对战争给您的家庭带来的巨大不幸表示同情。作为个人,我的感情将迫使我竭尽一切努力来弥补这一不幸。但作为一个只能为公众利益而行动的公职人员,我必须摒弃个人的好恶和愿望,来决定我职责中的每一具体事项。"①这是非常困难的选择,需要相当的勇气。当然,政策选择也同样需要足够的勇气,这是下文需要提及的问题。行政管理中许多问题和勇气相关。"在政府机构中,勇气仅有的三个朋友是:抱负、责任感和对于无所事事的痛恨。"②将这些方面结合起来就是:勇于思考,勇于探索,勇于开拓,勇于创新,勇于负责。一言以蔽之,"敢字当头"。

第三,仁慈的公正。"敢于一视同仁、不杂私念的勇气如果并没有导致一种公正和仁慈的行为和态度,那么这种勇气是没有价值的。"③仁慈和公正之所以如此重要,这和公务人员所掌握的行政权力的功能紧密相关。行政权力的重要功能在于对社会价值进行权威性的分配或再分配,这种分配的重要尺度是社会公正和社会和谐。公正在操作意义上是很难量化的,其保障自然离不开仁慈,离不开乐善好施的美德。"政府的目的是把政体的价值扩展到所有公民身上并保护每一位公民,那么,乐善好施就是这个目的的必要条件。"④乐善好施的关键是对国家与民众的爱心,它所要体现的是一种服务意识,一种献身于公共服务的信念。乐善好施的仁慈如果和权威性分配结合,再和勇气相伴,它就不再是浅薄者所认为的软弱美德。对于社会弱势集团仁慈的公正意味着在强势集团面前巨大的勇气,而这恰恰是公务人员所必须具备的美德。仁慈的公正对于公务人员个人来说是一种重要的品德,对于整个行政主体而言又包含着深刻的政策伦理,且待后论。

二、行政职业道德

(一)行政职业道德概述

与个人道德不同的是,行政职业道德的主体是由相当数量个人所组成的群体。"所谓职业道德,就是从事一定职业的人们在其特定的工作中或劳动中的行为规范的总和。"⑤它是同人们的职业活动相联系的,仅限于特定的职业生活领域,用以调整该领域人与人之间的关系。任何职业道德,都是由一定的道德原则和道德规范所组成的。道德原则是道德本质的体现。以公共利益为本质内容的行政伦理,其基本道德原则就是如何处理公共利益和个人利益之间的关系。"全心全意为人民服务"虽然是中国话语,但其精神实质却是各国行政伦理都非常强调的内容。道德原则的进一步体现就是道德规范。道德规范是在道德原则基础上所形成的调整人们之间关系的行为准则。所以,道德规范可以说是职业道德的具体表现形式。

职业道德的产生是社会分工的结果。一般认为,古希腊的《希波克拉底誓言》是最早

---

① 〔美〕乔治·华盛顿:《谈公职候选人》,《华盛顿选集》,聂崇信等译,北京:商务印书馆1983年版,第257—258页。华盛顿也对其他登门求职的朋友说过类似的话,参见 Dwight Waldo, *The Enterprise of Public Administration*, Novato, CA: Chandler & Sharp Publishers, Inc., 1992, p. 99.
② 〔美〕斯蒂芬·K.贝利:前揭文,载〔美〕R.J.斯蒂尔曼:前揭书(下),第431页。
③ 同上书,第434页。
④ 〔美〕乔治·弗雷德里克森:前揭书,第176页。
⑤ 罗国杰主编:《马克思主义伦理学》,北京:人民出版社1982年版,第384—385页。

的职业道德准则。行政职业道德也是比较早的职业道德之一。中国古代孔子"为政以德"的思想实际上就是对他以前政治管理道德的总结。由于古代中国的政治权力和行政权力是浑然一体的,所以古代的行政职业道德亦称从政道德。古代从政道德可以概括为廉政和勤政两个大的方面。廉政的道德规范包括:见利思义、守法循礼、仕应守廉、廉为政本等。勤政的道德规范包括:克明俊德、立身惟正、明道善策、举贤任能、教而后刑等。①

世界历史进入工业时代以来,随着社会分工的加剧和社会结构与功能分化的加深,职业道德日渐发达。从20世纪开始,行政管理的职业化倾向愈益明显,其职业道德的地位和作用也越发为人所重视。20世纪行政职业道德发展的重要成果之一,就是职业道德规范的渐趋成熟。

(二) 行政职业道德规范

历史发展到20世纪后,行政职业道德逐渐开始形成具体明确的规范条文。如国际城市管理协会(International City Management Association)和美国公共行政学会(American Society for Public Administration)通过的职业道德规范,分别列举了12条,简明扼要,具有典范意义。归纳起来,这些伦理规范所涉及的内容,可以划分为五类:其一是对公众的爱心,其二是对民选政治官员的服从,其三是对同事同人的诚恳热心,其四是对本职工作的高度责任,其五是对自己品行的严格要求。②

从20世纪80年代中叶开始,中国明确意识到行政管理作为一种职业必须有明确的职业道德规范。③ 从此,人们对于行政职业道德的认识不断深化。目前,从规范上看,行政职业道德至少包括如下内容:

第一,奉公。这是由行政伦理的本质直接引申过来的,也是由行政道德原则所直接规定的。行政管理旨在维护公共利益,公务人员在行使公共权力的过程中就必须做到克己奉公。为此,必须坚持公共利益至上的原则,从国家利益和公众利益出发,做到依法行政,秉公办事。所谓秉公办事,也就是要按照公共利益原则和公共理性的要求,而不是按照个人关系和个人偏好去处理公共事务。克己奉公还意味着廉洁,这不仅要求公务人员正确处理好利益关系,而且要求他们正确对待和使用手中的权力。行政权力的本质特性就是其公共性。公共权力不得用于私人目的。权权交易、权钱交易、权物交易、权色交易等,都是有悖于行政权力公共性的。所以,公务人员的营利活动,为世界各国的行政道德所普遍排斥。

第二,守法。公共利益的原则是通过宪法和法律表现出来并加以维护的。因而,遵守法律本身也是公共利益原则所决定了的。同时,具体的法规和纪律等作为国家法律的延伸和具体化,也是公务人员必须遵守的正式行为规则。遵纪守法是公务人员履行义务的保证,其含义相当广泛。首先,公务人员是一位公民,他必须同其他公民一道,遵守而且要

---

① 王伟等:前揭书,第60—69页。
② 马国泉:《美国公务员制和道德规范》,北京:清华大学出版社1999年版,第97—101页。
③ 其重要标志是1986年9月中共第十二届六中全会通过的《中共中央关于社会主义精神文明建设指导方针的决议》,《人民日报》1986年9月28日。关于中国行政职业道德发展的历史进程,请参见时和兴:《论20世纪90年代以前中国的行政道德发展》,载周志忍等主编:《中国转型期问题的政治学探索》,北京:中国法制出版社2002年版,第392—409页。

模范遵守国家宪法和各项法律,做到在法律面前人人平等。其次,公务人员必须遵守有关公务人员特殊整体的各项法律法规。再次,公务人员必须遵守自己职业所提出的特殊规范要求。最后,公务人员必须遵守本人所处于的特定职位所必须的具体规范和规则。

第三,忠诚。和一般意义的诚实不完全相同,忠诚在这里指的是忠于国家,严守机密。自从国家产生之日起,它就成为公共利益的化身。所谓国家权力,也一般称作公共权力。行政权力是公共权力重要的有机组成部分。因而,对于公共利益的忠诚往往是和对于国家的忠诚相提并论的。爱国主义是公务人员基本的职业规范,而"人们投身公共服务的一个重要原因是某种爱国主义情感"①。公务人员必须忠诚地维护国家利益,服从国家利益的需要,尽心尽力为国家工作。国家行政权力是一个庞大的科层体系,它要求有严格的工作制度。保密制度是其最严格的制度之一。因此,忠于国家是和严守国家机密不可分割的,这是国家公务人员职业特点的体现。在日常公共事务当中,严守机密一般包括不该说的机密,绝对不说;不该问的机密,绝对不问等十个方面。②

第四,负责。所谓负责,就是担负起某种任务或职责。"责任是构建行政伦理学的关键概念",它一般分为主观责任和客观责任两种。行政职业道德中的主观责任,指公务人员从内心主观上认为应该担负的责任,主要包括忠诚、良心和认同等,与"自己认为应该为之负责的事物相关"。行政职业道德中的客观责任,指由制度和职业关系所客观决定的责任,主要包括公共义务(liability)和问责(accountability),即为了公众利益所应当和必须负有的制度和社会方面的责任,与"从外部强加的可能事物相关"③。相比之下,主观行政责任的道德意味较浓,而客观行政责任的伦理色彩较重;主观行政责任根源于一种社会化的价值,客观行政责任来自于法律的、组织的和公众的需要。从道德规范意义讲,负责主要是一种职业责任心和职业态度。它作为一种担当,包括忠于职守、勤政尽责、精通业务、笃行务实等方面的具体要求。

可以说,职业道德是由公务人员的伦理道德迈向行政组织层面伦理道德的过渡,而责任与问责就成为这种过渡的连接点。

三、行政组织层面的伦理

(一)组织层面行政伦理的意义

从一定意义上讲,公务人员的职业道德已经不纯粹是个人层面的道德。职业道德是社会分工的结果。社会分工使得每一个职业都具有特定的行为规范,这种规范通过个人的行为表现出来,但却是依靠特定的组织加以维系的。组织本身又是分工的必然结果。处于社会分工体系当中的组织也如同职业体系中的个人一样,需要规范的引导与维持。所以,组织层面的伦理不容忽视,而且也是无法回避的。

---

① 〔美〕乔治·弗雷德里克森:前揭书,第174页。
② 参见张松业等:《国家公务员道德概论》,北京:国家行政学院出版社1998年版,第79页。
③ Frederick C. Mosher, *Democracy and the Public Service*, NY: Oxford University Press, 1968, p. 7;萧武桐编:《行政伦理》,台北:台湾空中大学出版社1996年版,第15—18页;〔美〕特里·L.库珀:前揭书,第62—63页;John P. Burke, *Bureaucratic Responsibility*, Baltmore: John Hopkins Press, 1986; Kathryn G. Denhardt, *The Ethics of Public Service*, Westport, Connecticut: Greenwood Press, Inc., 1988.

从柏拉图到威尔逊,从韦伯到新公共行政学派,人们对于公共伦理的研究虽然各有侧重,但主要集中于两个大的方面。一是集中考察官员个人的伦理行为,像表现其中的诚实、正直之类的道德品质。另一方面,人们集中考察的是官员组织行为和公共政策中的伦理道德含义。多数的研究以前者为主,而新公共行政学则更加注重后者。20世纪80年代以后,组织层面的行政伦理日益受人关注。约克·威尔本(York Willbern)、登哈特、鲍曼等人都是这方面的代表。根据威尔本的概括,行政伦理主要包括六大层面,即"(1)对法律的最基本的遵守和忠诚;(2)利益冲突问题伦理;(3)服务取向和程序方面的公平合理;(4)有关民主责任方面的伦理;(5)政策制定方面的伦理;(6)妥协和社会整合的伦理"①。他认为,前两项,甚至某种意义上可以包括第三项,都属于较低层面的行政伦理,侧重于个人道德,也就是公务人员个人的伦理行为;而后三项,甚至包括第三项的一部分,属于较高层面的行政伦理,侧重于政府决策的伦理及公务人员集体行动的伦理。显然,仅仅从个人层面,是难以把握行政伦理的完整含义的。

对于组织层面而言,行政伦理主要包括两个大的方面,即制度与程序方面的伦理和政策方面的伦理。这两个方面都和组织相关,但逻辑不尽相同。制度和政策都与组织中的人相关,伦理道德离不开人作为主体。但是,在同人的结合关系上,制度和政策又存在区别。组织伦理和个人伦理结合的桥梁是职业规范。从职业社会化进程对于管理价值观的影响来看,职业规范更像是个人道德。但是,从超越个人的组织职位角度看,职业规范又意味着更大的规范体系、程序和奖励结构,这又使它更接近于组织。政策伦理与个人伦理的结合则是另外的逻辑,这主要是通过价值观表现出来的。人类的价值活动主要表现为判断、预测、选择和导向功能。价值的判断和预测主要体现在个体层面,但价值的选择和导向则主要是通过组织政策实现的。可见,价值观在组织层面的突出表现集中在政策领域。鉴于此,我们将对组织制度伦理和组织政策伦理分别进行介绍。

从整个行政学学科的发展来看,在组织层面的公共伦理进入人们的研究视野之后,行政学的研究也开始朝着两个不同的方向发展,即公共组织制度的研究和公共组织政策的研究。公共管理和公共政策成为行政学学科两个显著的领域。当人类进入21世纪,公共政策研究方兴未艾,公共管理的制度主义研究又开始大行其道。这两个不同的研究领域虽然都和公共组织相关,但分别又有着不同的话语和研究内容。基于这种分析,我们把行政组织伦理和公共政策伦理分开加以论述。

(二) 行政组织层面伦理的内容

在这里,行政组织层面的伦理主要指跟行政组织的程序与制度相关的伦理道德。它的内容非常复杂。我们主要从四个方面进行分析,即程序公正、组织信任、民主责任和制度激励。

1. 程序公正

在行政管理过程中,政府的活动和程序应该是为公众和顾客提供服务。但是,由于提供公共服务需要足够的权力和权威,所以在实际管理过程中,有一个极大的道德危险,那就是权力的价值有可能超越服务的价值,导致目标置换现象的产生。行使权力原本是公

---

① York Willbern, op. cit.

务人员提供公共服务的手段,却有可能变成他们的目的。程序设计的目的变成了为官员服务,而非用之为公众服务。这样,妄自尊大便取代了仁慈,政府官员的便利比社会公众便利更加重要,延误和诡秘甚至成为规范。因此,为了保护社会公众在一定程度上免受官员妄自尊大之苦,程序公正就成为公共道德的基石和公共伦理的核心组成部分之一,程序上的服务顾客还必须与实质上的服务公民有机统一。当然,程序的公正也涉及政策程序的公正问题,这将在下面有关部分中加以介绍。

2. 组织信任

信任意味着期望与义务的一种良性循环关系,意味着一种勇于承担义务的机制。信任关系作为一种公共管理的社会资本,它可以为公务人员的集体行动提供便利。根据社会资本理论的分析,"一个群体如果其成员明显具有可以信赖的特征,并在彼此之间能够投以广泛的信任,那么,这个群体将比另一个比较而言缺乏可信性与信任关系的群体获得更多的成功"①。须知,信任是合作的前提,良好的伦理氛围是整个组织协同工作的保证。行政组织是一个在分工基础上进行合作的整体,这不仅需要正式权力的指挥系统,也同样需要高度信任的道德支柱。从理论上讲,组织的信任应该存在于行政伦理关系的各个层面。总的来说,它包括组织内部的信任关系和组织外部的信任关系两个大的方面。组织内部信任主要表现为行政组织内部的人、群体和组织机构相互之间的义务关系。组织外部信任主要表现为行政组织与作为行政客体的公民之间的义务与期望的关系。高度信赖的行政组织必须履行相应的义务来满足公民所寄托的期望。组织内部的信任关系是行政管理成功的保障,也是政府赢得公民信赖的前提。组织外部的信任关系表明政府的正当性程度,反过来影响到行政权力运作的成功。但需要清楚的是,信任是一种义务与期望之间的关系,因而它属于"一种暗含的利益的表达"②。所以,良好的信任关系有赖于良好的利益达成机制。

3. 民主责任

如前所述,行政伦理责任包括主观责任和客观责任两个方面。如果说主观责任表现为公务人员个人的责任心,那么客观责任可以说表现了行政组织制度的"责任心"。行政组织的客观责任一般包括五大部分:(1)组织要求的责任,(2)法律方面的责任,(3)职业方面的责任,(4)政治方面的责任,(5)社会道德方面的责任。③ 所以,客观层面的行政伦理责任是由制度和职业关系所客观决定的。一方面,组织制度规定了公务人员在其中的角色,从而规定了公务人员的客观责任,与组织角色不服的公务行为理应问责。另一方面,行政组织本身也承担着公共管理主体的角色,组织的集体责任也由制度所规定。公共组织是为着公众的利益而存在的,违背公共利益的自然要受到问责。世界银行把问责作为判断一个政府对社会进行良好治理的重要标志。与此相关的还包括政府治理的正当

---

① James Coleman, *Foundations of Social Theory*, Cambridge: Harvard University Press, 1990, p. 304. 因中文版翻译有出入,故在此的引文直接译自英文。

② 此乃美国政治学家罗索·哈丁(Russel Hardin)所提出的概念,参见马克·E.沃伦(Mark E. Warren)编:《民主与信任》,吴辉译,北京:华夏出版社2004年版,第24页。

③ 萧武桐编著:前揭书,第367页。这里的概括主要来自汤普森,参见 Dennis F. Thompson, "Paradoxes of Government Ethics," *Public Administration Review*, 52(3), 1992, p. 255。

性、透明性、法治、回应和有效性等。① 这些要素都说明了责任对于民主的意义。另外,民主的责任还应该包括在不同社会价值之间的协调与整合,以及对于社会可持续发展价值的体现等,这些都是行政组织伦理的应有之义。

4. 制度激励

行政组织的伦理还体现在组织激励的层面,这一点是较早为人们所认识到的。自从人际关系学派产生,科学管理运动中的非人道主义就已经开始被清算。组织制度对于人本、人性问题的考虑也就成为组织伦理的重要内涵。作为伦理问题的组织激励主要是人本主义价值观的体现,它必须解决两个问题:其一是如何实现组织需要与个人需要之间的平衡;其二是怎样处理效率和公平之间的关系。这些问题在一定意义上又和组织制度的约束机制相关,也和政策伦理相关。

四、公共政策伦理

(一)伦理价值对于公共政策的意义

公共政策伦理既包括政策目的之中的伦理,也包括政策手段上的伦理。在行政伦理的结构层面当中,公共政策伦理是最为复杂的。因为它涉及重大的社会价值,涉及个人选择与社会价值之间的关系,所以公共政策伦理在很大程度上就是选择的伦理。从学理角度出发,公共政策涉及诸多公共理念,这主要包括"公共效率的理念""正义秩序的理念""公共责任的理念""和谐社会的理念"等。② 从实践的角度看,当这些理念演化为道德原则或伦理准则,其内在逻辑和外在效用都使人们面临多种不同的选择。

政策选择既包括利益的选择,也包括价值的选择。利益分析和价值分析是公共政策研究中两个极端。它们分别代表两种不同的取向。然而,对于公共政策研究来说,重要的问题并不在于价值因素是否存在,而在于价值在政策过程中具有什么样的地位和作用。公共政策的分析离不开目的—手段分析、成本—收益分析、风险—收益分析等分析模式。实际上,这些分析的直接意义在于单个的政策。应该清楚的是,"政府伦理是制定良好公共政策的前提。就此意义而言,政府伦理比任何单个的政策都更加重要,原因在于所有的政策都依于伦理"③。在利益资源严重匮乏的情况下,价值就显得更加重要。"价值规定着政治进程和管理过程,并且是资源分配指导原则的核心。"④

从价值意义上看,公共政策伦理就是公共利益和个人偏好之间关系的伦理。正像美国伦理学家理查德·诺兰(Richard Nolan)所指出的:"与政治决策相关的道德选择,是以这样的原理为基础的,即作为安排人力、物力的政治秩序,必须反映出对公正的某种理解……公正的道德职责,是考虑怎样才能平衡个人的权利与社会的需要,个人的权利是指个人为自己做出选择的权利,社会的需要则指社会为了保障和平、秩序以及履行社会责任而限制个人的自由。"⑤

---

① 智贤:《Governance:现代治道新观念》,载《公共论丛》第 1 辑,北京:生活·读书·新知三联书店 1995 年版。
② 万俊人主编:《现代公共管理伦理导论》,北京:人民出版社 2005 年版,第 16—39 页。
③ Dennis F. Thompson, op. cit.
④ 〔美〕R.M.克朗:《系统分析和政策科学》,陈东威译,北京:商务印书馆 1985 年版,第 34 页。
⑤ 〔美〕诺兰:《伦理学与现实生活》,姚新中等译,北京:华夏出版社 1988 年版,第 296 页。

说到底,公共政策伦理所涉及的是正义价值的选择问题,也就是如何做到社会利益和社会负担的合理分配。就正义的价值而言,公共政策伦理所涉及的问题表面看是"选择的伦理"问题,但这实际上是"伦理的选择"问题。"没有一项公共政策所产生的道德效果可以用博弈论理论家们的'总和为零'的说法来评价,即所谓正确的方面获得全胜,错误的方面完全失败。"①在公共政策的抉择面前,不存在伦理观之间的零和博弈。在历史上,人们对于"正义"问题的理解是不尽相同的。选择的伦理在相当程度上受到各种伦理观念的影响,人们常常面临在不同的伦理观之间做出选择的问题。

(二)公共政策的伦理基础

古往今来,存在各种各样的伦理观,主要包括永恒法则论、功利主义、普遍(权利)主义、实用主义、存在主义、公平分配论和个人自由论等。人们各种政策伦理观念的不同,集中体现在对于正义的观点方面。可以说,人们为建立可供选择的道德体系进行了不懈努力,但并没有找到十分满意的结果。究竟哪些因素为公共政策提供了伦理依据,并没有一致的共识。现在看来,涉及公共政策选择的伦理观主要有四种②:

第一,功利主义。从哲学上讲,功利主义是一种目的论。它根据行为后果的效益来评价行为,强调的是人们行为的结果而非动机,其原则是利益至上,认为只有为最大多数人谋取最大利益的政策才是正确的。

第二,权利主义。这是一种义务论。它与功利主义形成鲜明对照,强调动机的意义,认为道德评价的标准主要在于决策或行动的意愿。其原则是每个人的行动应保证其他人在同样条件下也能够做出同样的选择,认为只有保证人们义务一致性的政策才是正确的。

第三,公平正义论。这是一种修正了的义务论。它强调普遍化的单一价值,认为伦理标准以公平的第一性为基础。正义论提出,公共政策就是要做到使利益的分配更加公平,尤其要注意保护弱者,只有能够保证公平分配的政策才是正确的。

第四,个人自由论。这种伦理观反对公平分配论。它虽然也强调普遍化的单一价值,但认为第一性的价值是自由。自由论提出,公共政策要保证个人行动有更大的自由,只有保证社会上所有成员获得充分自由行动权利的政策才是正确的。

在以上各种伦理观当中,义务论和目的论是截然对立的两种价值观。事实上,实际的公共政策更加偏重的是结果,于是,功利主义往往被看作是与政府具有密切关系的学说。"功利主义的鼻祖把功利主义看成是一个社会和政治决策的体系,并认为它为立法者和政治管理者的判断提供了标准和基础……如果公民们依据功利主义基础对私人事务做出个人决定,他们就会把相同的观点运用于公共生活,认为在公共生活中应当做出何种决定,同时又期盼立法机构和行政机构依据同样的精神做出它的决定。"③因而,在当代政策伦

---

① 〔美〕斯蒂芬·K.贝利:前揭文,载〔美〕R.J.斯蒂尔曼:前揭书(下),第424页。
② 〔美〕威廉·N.邓恩:《政策分析中的价值观、伦理观与标准》,载〔美〕那格尔:《政策研究百科全书》,林明等译,北京:科学技术文献出版社1990年版,第633—661页;张文贤等:《管理伦理学》,上海:复旦大学出版社1995年版,第89—109页。
③ 〔美〕J.J.斯马特等:《功利主义:赞成与反对》,牟斌译,北京:中国社会科学出版社1992年版,第132页。对于功利主义政策观的批判性分析,请参见 Amy Gutmann and Dennis Thompson, *Ethics and Politics: Cases and Comments*, Chicago: Nelson-Hall Publishers, 1997, p. 201。

理当中,人们关于正义问题的伦理观念区别,集中地体现于对功利主义的看法上。

罗尔斯是功利主义的重要反对者。他明确指出,"功利主义是一种目的论的理论,而作为公正的正义却不是这样。那么,按定义,后者就是一种义务论的理论,一种不脱离正当来指定善;或者不用最大量地增加善来解释正当的理论"①。当罗尔斯提出"正义论"之际,他的目的在于建立一种不同于目的论的政策伦理观念。然而,他的正义论也如同其他伦理观一样,只能是多种政策伦理观其中的一种。那么,公共政策究竟以什么样的伦理观为基础呢？罗尔斯继续的研究回答了这个问题,那就是公共理性的观念。按照罗尔斯的理解,"公共理性的观念属于秩序良好之民主社会的一种构想",它"位于最深的基本道德和政治价值层面","关怀怎样理解政治关系的问题",必须满足一组政治正义的基本观念。"公共理性的内涵是由一组关于正义的政治概念所赋予的,而不是通过某种单一政治概念获得。"②这也就是说,在自由民主社会当中,公共政策制定并非完全遵循某种单一的全整论说,而是各种政治价值和政策伦理观在民主制度下共同协商的结果。正是在这种意义上,人们提出没有民主便没有公共政策。公共政策的伦理价值体现一种交迭共识,这实际上就是一种民主精神。

第三节　行政伦理制度化

尽管古往今来人们对行政伦理进行了不懈的追求,但是,迄今为止的行政管理都没有避免伦理失范的现象。这其中有许多深刻的原因。从伦理角度看,行政管理中的伦理失范也同行政伦理本身的困境有关。如何克服行政管理中的伦理失范现象,从而走向更加道德的行政管理,行政伦理本身的制度化是当代社会的必然选择。著名哲学家罗素曾说过:"道德至少有两个不同的方面。一方面,它是一种类似法律的社会制度;另一方面,它是有关个人良心的问题。"③可见,制度化是伦理本身发展的应有之义。而在当代,行政道德立法是行政伦理制度化的核心内容。

一、行政伦理失范及其原因

公正、廉洁、高效,是行政管理所追求的目标。然而,就历史与现实的行政管理实际看,这些目标的实现殊非易事。行政管理当中的重大难题之一是行政主体本身的行为失范。行政管理中的失范现象是腐败的重要表现之一。腐败是人类政治生活当中的顽疾。行政伦理失范是行政管理的重要病症。弄清这种病症的病理,有效地预防和克服之,是行政管理健康发展的必要前提。

(一) 行政伦理失范

从本质上讲,行政伦理失范是行政权力的一种异化现象。行政权力本来是一种公共

---

① 〔美〕罗尔斯:前揭书,第27页。
② John Rawls, "The Idea of Public Reason Revisited," *The University of Chicago Law Review*, 64(3), 1997, pp. 765-807.中文版参见时和兴译:《公共理性观念再探》,载哈佛燕京学社和三联书店主编:《公共理性与现代学术》,北京:生活·读书·新知三联书店2000年版,第1—18页。
③ 〔英〕罗素:前揭书,第184页。

权力,它所涉及的对象是公共事务,其所追求的是一种公共利益,其运行过程也称作公共管理过程。然而,在行政权力运行过程中,行政主体往往会置行政伦理的规范和原则于不顾,损害公共利益,假公权以济私利,导致公共权力的滥用和腐败。这种情况就叫行政伦理失范。归根结底,行政伦理失范是公私利益关系的失范。

按照学理分析,行政伦理失范大致可以分为八种类型:(1)经商型,(2)权力寻租型,(3)公款公贿型,(4)贪污腐化型,(5)卖官鬻爵型,(6)渎职型,(7)泄密型,(8)隐匿财产型。① 如果根据实际表现进行归纳,在当代中国,与腐败相关的行政伦理失范包括:政治类失范、组织人事类失范、经济类失范、失职类失范、侵犯公民权利类失范、违反社会公德类失范和违反社会管理秩序类失范等七个大的类型,具体表现超过百种。② 无论什么类型的行政伦理失范,其实质都在于行政权力主体放弃或违背行政权力的公共性,进行非公共的活动,实现非公共的利益。

(二)行政管理中的伦理困境

行政伦理失范的原因是非常复杂的。从行政权力体系内部看,有作为行政主体的人方面的原因,也有作为行政主体的组织方面的原因,还有行政制度与体制方面的原因。从行政权力体系的外部环境看,有现实的原因,也有历史的原因,主要是经济、社会与文化发展所带来的规范转型造成的。在这些问题背后,还隐藏着深层次的原因,那就是行政伦理本身所固有的困境。正是这种行政管理中的伦理困境,使得行政伦理失范在所有国家的各种历史条件下都有可能发生。行政伦理失范的这种发生机制主要包括如下几个方面。

1. 行政管理人员的角色冲突

行政伦理的根本问题就是公私利益关系问题。历史地看,公共管理职位自从与社会相脱离之后,就产生了角色冲突问题。现实地看,角色冲突本质上是利益关系冲突。担任公职的人员在公私利益面前时刻都面临着道德选择。这也就是说,行政主体在履行自己道德义务时往往碰到矛盾的情况,每个公务人员在负有行政道德义务的同时都负有多种道德义务。

由于角色冲突,公务人员时刻面临着牵动良心的伦理抉择。切斯特·巴纳德认为,一个行政官员最重要的素质在于能够处理组织中复杂的道德问题,也就是能够成功地运用各种有效手段去处理那些相互竞争的道德准则,即在法律、技术、个人、职业以及组织上的各类道德准则。③

每个行政管理人员都有可能同时承担许多相互冲突的义务。沃尔多曾经列举了美国政府工作人员应承担的12项义务。这些义务包括:(1)对宪法的义务,(2)对法律的义务,(3)对民族和国家的义务,(4)对民主的义务,(5)对组织和官僚制规范的义务,(6)对职业和职业主义的义务,(7)对家庭和朋友的义务,(8)对自己的义务,(9)对中介群体的义务,(10)对公众利益或总体福利的义务,(11)对人类或世界的义务,(12)对宗教或神的义务。④ 这仅仅是美国的情况,如果再考虑到中国特定的文化传统与社会多样性,中国公

---

① 白钢:《行政道德的失范及其治理》,《道德与文明》1999年第1期,第17—18页。
② 参见《中国共产党纪律处分条例》,北京:中国方正出版社1997年版,第9—37页。
③ 〔美〕R.J.斯蒂尔曼:前揭书(下),第415页。
④ Dwight Waldo, *The Enterprise of Public Administration*, pp. 103-106.

务人员所承担的相互冲突的义务就会更加复杂。

2. 集体行动与个人选择的冲突

由于伦理是一个纯粹原则的王国，这里存在着普遍主义的道德责任，它也会和行政权力金字塔式的命令结构发生冲突。命令结构要求指挥的统一，包括下级服从上级遵守组织纪律、忠于职守、保守秘密等，这是行政组织集体行动的逻辑。按照行政组织集体行动的逻辑，个体的成员只有服从命令的义务。然而，组织所做出的决定、命令等并不总都是正确的，可能有背离普遍伦理的时候，也可能有决策失误的时候，还可能有命令互相冲突的时候。当某一个公务员个体从普遍主义的道德责任出发去反对错误的集体行动时，这便发生了集体行动与个人选择之间的冲突。于是，"一些谙练官场的公务员就遵守上级行政长官的不道德命令和违法命令。他们跟着感觉走，以职业化、高效化的姿态，简单按照上级命令行事"①。这种情况造成集体的、合理的行政伦理失范，也是一种对于公共权力可怕的腐蚀。

3. 公共机构的代表性和自主性之间的冲突

由行政人员的角色冲突我们可以发现，行政主体如果在社会结构中没有相对独立性，它就很难克服角色冲突所带来的困境；而从集体行动与个人选择之间的冲突我们又可以得知，行政主体中个人的独立意志和服从行为本身就存在二律背反。这里的问题就在于公共组织的自主利益和公共机构作为社会利益代表者之间的关系处理。在一定条件下，行政权力的自主性与其应该所具有的代表性之间存在着深刻的矛盾冲突。从公共选择的观点看，行政权力的自主性极有可能成为自利性，从而使其代表性化为乌有。而从代议民主的观点看，自主性要求与社会相脱离，而代表性又意味着行政权力与社会之间的联系。如果行政权力与社会之间的联系是在自主性基础上经由第三者来实现的，那也就有可能实现代表性与自主性的统一，这也就是所谓"公正"的本来含义。但是，问题在于行政权力免不了与社会的直接接触。在行政权力主体与社会上的集团或个人发生关系的过程中，如果不能实现"公正"的交往，那么其代表性与自主性之间的冲突也就成为不可避免的事情了。

但是，在看到行政权力自主性对于公正意义的同时，我们还应该看到其消极的一面。按照传统的行政学，自主性其实意味着政治与行政二分状态，也就是政治中立。这是一种"官僚制伦理观"。公众把权力赋予行政主体，由他们代表公众，按照公众的意愿独立行事。官僚制伦理观实际上是基于卢梭（Jean-Jacques Rousseau）的人民主权假说，认为权力是由大众掌握。但是，按照理性选择的逻辑，行政主体可以独立自主行事，但未必总是按照公众意愿，因为还存在主体福利最大化的问题。于是，就又造成了行政权力代表性与自主性之间的冲突。可见，问题的关键是如何控制行政权力，保证行政主体具有符合民主精神的伦理道德，将民主政治精神贯彻于行政管理过程，而不是让行政权力远离民主政治。根据行政伦理学的最新发展，这是一种"民主制伦理观"②。

---

① Robert H. Simmons, *Public Administration: Values, Policy, and Change*, NY: Alfred Publishing Co., 1977, pp. 10-11.

② Gary M. Woller and Kelly D. Patterson, "Public Administration Ethics: A Postmodern Perspective," *American Behavioral Scientist*, 41(1), 1997, pp. 103-105.

行政权力代表性与自主性的冲突隐含着政治与伦理之间的冲突。"政治是一个权力王国,充满了实在的方案;而伦理是一个纯粹原则的王国,由道德责任所支配。"① 政治与伦理之间的冲突实际上意味着伦理对于政治的双重要求:既需要实在的方案,又需要普遍的原则,这就构成一个困境。要理解此一困境,需要进一步进行目的手段关系的分析。

4. 公共管理目的与手段之间的冲突

行政管理是公共管理的主要组成部分。毫无疑问,"实现公共目的是公共管理的根本任务,也是公共管理者——包括公共管理机构和公共管理人员——的职责所在"②。然而,仅有良好的愿望是不够的,公共目的不能决定一切。这不仅是因为上述公共机构代表性与自主性之间的冲突,而且还有一个很重要的原因,那就是"肮脏之手"的存在。从应然的角度而言,道德上合理的目的的实现需要采取道德上合理的手段。但从实然的角度看,公共管理中却存在大量的不道德手段,甚至还冠以追求公共目的之美名。这种在公共管理活动中使用不道德手段的情况,被人们形象地称作"肮脏之手"③。

公共管理者为纯粹私人目的使用"肮脏之手"自不待言,肯定属于不道德行为。问题在于,公共管理中常常发生为了非纯粹私人目的而使用的"肮脏之手"。马基雅维利主义者认为这是一种必然现象。因为目的证明手段是正确的,而且只有强力才能对抗强力。合理主义者认为这是一种可能存在的合理状态,但不是必然的。"肮脏之手"的出现是支配性的善和公职的傲慢在起作用,是政治理性以其合理方式推翻最严肃的道德思考所致,也就是说,政治目标远远高于道德考量。分析起来,"肮脏之手"的存在是由公共管理主体内部矛盾、公共管理客体内部矛盾及公共管理主客体之间的矛盾所决定的。公共管理主客体之间的矛盾主要在于行政主体的自由裁量权和行政客体的自由权利之间的冲突。在这里,本应成为目的的公民自由可能变得微不足道,而本来属于行政手段的自由裁量权可能变得压倒一切。正是由于以上冲突,"肮脏之手"才在公共管理历史的一定时期和一定范围出现了。

归根结底,行政管理中的伦理困境是在各种利益冲突的条件下发生的,克服困境的出路只有在协调利益关系的机制中去寻找。所以,行政伦理不能仅仅停留在提倡,它的发展也离不开有效的管理机制。

二、行政伦理的管理

行政管理的难题之一是对于行政主体自身的控制。早在 1788 年,被誉为"美国宪法之父"的詹姆斯·麦迪逊就曾经说过:"如果由天使来治理凡人的话,政府就无需内在的或者外界的制约。在规划一个由凡人来管理凡人的政府时,老大难的问题在于:你必须首

---

① Dennis F. Thompson, *Political Ethics and Public Office*, Cambridge: Harvard University Press, 1987, p. 1.
② 万俊人:前揭书,第349页。下文有关概括参见了该书349—373页。
③ 美国学者迈克·沃尔泽较早将"肮脏之手"的概念用于公共伦理分析,参见 Michael Walzer, "Political Action: The Problem of Dirty Hands," *Philosophy and Public Affairs*, Vol. 2, No. 2, 1973, pp. 160-180。接着,丹尼斯·F.汤普森将这一概念引向深入,参见 Dennis F. Thompson, "Moral Responsibility of Public Officials: The Problem of Many Hands," *American Political Science Review*, Vol. 74, No. 4, 1980, pp. 905-916。其后,约翰·伯克又将其引入了专门的公共行政伦理分析,参见 John P. Burke, "Reconciling Public Administration and Democracy: The Role of the Responsible Administrator," *Public Administration Review*, Vol. 49, No. 2, 1989, pp. 180-186。

先设法让政府能够控制被统治者,然后又强制政府去控制它自己。"①行政伦理的管理,就是政府去控制它自己的必要途径和方式之一。所谓行政伦理管理,就是将行政道德观念和伦理原则融合进法律、规则、政策和制度中,构筑伦理基础设施,建立管理体制,完善廉政体系,提升公共信任。

人所共知,"水门事件"暴露了美国政府道德方面的严重问题,震惊了美国各界,也导致美国乃至世界的行政管理的方向性转变和公共行政学研究范式的转换。其后,在政府与社会各界的努力下,美国于1978年颁布的《政府道德法案》,规定设置政府道德办公室。这是在行政伦理管理方面的重大发展。根据《政府道德法案》的规定,政府道德办公室有6大任务:(1)依据政府道德法案,根据公务人员利益冲突的情况,制定有关的规章条例;(2)审查财务公开报告;(3)通过培训道德官员和培训政府雇员预防失范行为;(4)进行解释性的建议和指导;(5)通过检查监督道德计划的执行情况;(6)对道德法和道德条例进行评价,并提出立法建议。② 美国在行政伦理方面的管理对于许多国家起到了示范作用。20世纪80年代以后,许多国家都开始制定并颁布行政道德的法律法规,并成立相应的管理机构。

随着行政伦理管理这一公共行政课题在全球的出现和深入展开,人们开始探讨这种管理内在的机制和原则,并试图总结出相应的规律和操作规程。经济合作与发展组织1998年发布了《公共服务伦理管理原则》建议书,提出了12条行政伦理管理的原则。建议书认为,成员国要采取行动确保体制和制度的良好运行,以推进公共服务中的伦理行为。为此,可以遵循公共服务伦理管理的一些原则。这些原则包括如下条文③:

第一,公共服务的伦理标准应该明确。
第二,伦理标准应该反映法律结构框架。
第三,伦理规则对公务人员应该是实用的。
第四,当公务人员揭露不当举措时,他们应该知晓自己的权利和义务。
第五,对于伦理的政治承诺应该强化公务人员的伦理行为。
第六,决策过程应该透明并对公众公开,受公众监督。
第七,公私部门之间的互动应该具有明确的指导规则。
第八,管理者应该示范并提倡伦理行为。
第九,管理政策、管理程序和管理实践应该推进伦理行为。
第十,公共服务条件和人力资源的管理应该推进伦理行为。
第十一,公共服务应该具有相应的责任机制。
第十二,应该存在适当的程序与制裁措施去处理不当行为。

由于仅仅是建议,因而以上所列12项都是一些应然的原则。要将这些原则付诸实际,尚存许多有待进一步探讨的问题。

无论行政伦理管理的具体方式在各个国家会有多大的不同,确定无疑的是:行政伦理

---

① 转引自马国泉:前揭书,第77页。
② 马国泉:前揭书,第94—95页。
③ OECD Council, "Principles for Managing Ethics in the Public Service," OECD/PUMA *Policy Brief* 4, May 1998.

制度化已经成为 21 世纪行政伦理管理的普遍趋势。① 行政伦理的提升和重建都必须通过制度化来实现。制度安排是道德秩序得以维持和发展的基本保证。

三、行政伦理立法

（一）行政伦理立法的趋势

人们对于道德立法尚未达成共识，原因在于无论是伦理立法还是伦理法规都有利有弊。但毫无疑问，"伦理立法为公共行政人员面临和解决伦理冲突与伦理困境设定了一些一般性的限制"，"也对那些超出由公民设立的权限范围而进行活动的公务员实行制裁"。② 通过伦理立法设立行为准则，公共服务水平可以得到很大提高，这也为 20 世纪的历史所证实。作为行政伦理制度化的一种基本工具，作为行政伦理管理的重要手段，行政伦理立法正在逐渐推广并日益起着积极的作用。

早在 1924 年，国际城市管理协会就通过了《国际城市管理协会道德守则》(ICMA Code of Ethics)，并于 1994 年修订。1990 年还通过了《国际城市管理协会道德守则实施细则》(The ICMA Code of Ethics with Guidelines)，并于 2004 年修订。美国于 20 世纪 70 年代比较早地开始了这项工作。1978 年，美国国会通过了《政府道德法案》。1993 年，美国又颁布了《美国行政部门雇员道德行为准则》。紧接着，加拿大于 1994 年颁布《加拿大公务员利益冲突与离职后行为法》，墨西哥紧随其后制定了《公务员职责法》。法国、德国、英国、荷兰、挪威、芬兰、澳大利亚、新西兰等许多发达国家都先后颁布了类似的道德法典。在亚洲，韩国于 1981 年颁布了《韩国公职人员道德法》，其后，根据形势发展，曾于 1987 年、1988 年、1991 年和 1993 年多次修订。日本于 1999 年制定了《日本国家公务员伦理法》。新加坡、印度、巴基斯坦等许多亚洲国家也都有了明确的行政伦理法规。

综观世界各国行政伦理立法情况，行政伦理法规的形式包括：(1)专门的行政道德法典；(2)宪法、行政法和刑法典中的有关规定；(3)职业守则及法律实施细则。从总的发展趋势看，行政伦理法规的形式趋于专门的行政道德法典。尤其是 20 世纪 80 年代以来，拥有专门行政道德法典的国家越来越多。1998 年，经济合作与发展组织发布的《公共服务伦理管理原则》建议书中提出，为推进公共服务中的伦理行为，成员国需要采取行动，确保体制和制度的良好运行。经济合作与发展组织而且建议，应该给担任公职的公务人员提供明确的伦理规则和道德指南。这样，专门的行政道德法典就显得更加必要。

尽管各国行政伦理法规名称各异，形式不一，但其所包含的内容不外乎两个大的方面：其一是与职业道德规范有关的具体规定，其二是与组织道德相关的内容。至于说公务人员的个人品德以及公共政策伦理问题，则很难通过法律法规形式加以明确规定。其实，公务人员的个人品德通过相应的职业道德规范可以得到锤炼，它还可以通过行政文化的发展不断得以提高。而公共政策伦理既和公共决策者的价值观相连，又和一个国家宪法与法律对于正义观念的选择相关，同时还受到执政党政治纲领的影响。所以，从一定程度

---

① 关于世纪之交世界各国行政伦理管理发展趋势的更为详细情况，请参见时和兴：《国外公务道德建设新趋势》，《云南行政学院学报》2001 年第 1 期，第 59—64 页。至于中国行政伦理管理所面临的挑战，参见时和兴：《论 20 世纪 90 年代以前中国的行政道德发展》，周志忍等主编：前揭书，第 406—409 页。

② 特里·L.库珀：前揭书，第 137 页。

上讲,个人品德和公共政策伦理也是可以通过法律改进或规范的。

(二) 行政伦理立法的基本内容

如上所述,行政伦理立法的基本内容一方面是对于行政职业道德规范的具体化、条文化的规定,另一方面是对于组织道德的保证。

1. 行政职业道德规范的界定

归纳世界各国行政伦理法规对于国家公职人员行为规范的界定,其总体的要求有:公共利益至上,忠诚于国家和社会,忠实地履行法律规定,公正地执行公务,恪尽职守,不谋私利。具体而言,这些规定包括一些详细的措施,以防止伦理规范流于形式。具体措施主要包括如下几个方面的内容①:

第一,必须申报财产,将个人财务公开。这是正确处理公务人员公私利益关系的前提。行政伦理法典对于申报的对象、种类、时限、名称、程序、审查和处罚等,都有明确的规定。

第二,限制公职以外的活动。这些活动包括兼职、营利、募捐、收费等方面的详细规定,尤其是经商办企业的活动。

第三,不得利用公职谋取私利,包括各种直接的和间接的假公济私的行为。

第四,禁止不正当使用国家财产和政府未公开的信息,主要指的是公职人员因执行公务而获得的、未向公众公开的、与官方有关的信息。

第五,严禁在公务活动中收受礼品。收受礼品是公务人员最常见的失范行为。各国对于礼品的定义不尽相同,但一般不包括按价付款所获得的物品。

第六,回避。包括任职回避和公务回避等具体内容。

第七,离职限制。包括离职后的再就业、活动和信息使用等方面。

2. 行政组织伦理的保证机制

建立行政组织伦理的保证机制是一项复杂的系统工程。从发达国家的经验看,这需要制定一系列的规则并不断加以充实、改进,使组织伦理拥有完善的制度、体系和机制。经济合作与发展组织帮助不少国家在这些方面取得了实质性的进展。除了对公务员个人伦理和职业道德的规范外,它们还注重在法律体制、管理政策和管理程序中体现道德准则,规范决策程序和公私部门之间的关系,构建充分的问责机制和处理违规行为的适当程序与措施,提倡管理者在道德行为方面起示范和倡导作用。② 与此同时,联合国相关组织、透明国际(Transparency International)等都在为探索行政组织伦理的保证机制做出不懈努力。总体而言,"实践中的组织伦理问题需要及时应对。如何制定一个连贯的、统一的普世性道德行为框架,使之能够容纳目前已经发展和正在调整的经验性制度安排,是21世纪所面临的重大挑战之一"③。对于发展中国家来说,这些方面的道路更长,任务更

---

① 这里的概括参见了中国监察学会秘书处等编译:《国外公务员从政道德法律法规选编》,北京:中国方正出版社1997年版,第2—12页;马国泉:前揭书,第97—110页;Ralph Clark Chandler,"A Guide to Ethics for Public Servants," in James L. Perry, ed., Handbook of Public Administration, San Francisco: Jossey-Bass, 1990, pp. 602-618。

② 〔美〕杰瑞米·波普:《制约腐败:建构国家廉政体系》,清华大学公共管理学院廉政研究室译,北京:中国方正出版社2003年版,第257—262页。

③ 〔美〕杰拉尔德·凯登:《行政道德文选》,马国泉编,上海:复旦大学出版社2003年版,第333—334页。

加艰巨。在现有条件下,发挥领导者的示范倡导作用,建立一种道德组织制度,确保监督和惩处机制的功用,都属必不可少的当务之急。

行政领导必须对行政组织担负具体的伦理责任。为履行伦理职责,行政领导首先必须对自己的品行负责。自己必须是道德高尚者,是受人尊敬、品行优良的楷模,做到自身正,起表率作用。此所谓"其身正,不令而行"①。为履行伦理职责,行政领导还必须对组织的伦理观念负责。要在伦理方面培养下属的观念和意识,使组织价值观与必须完成的任务联系起来,并让全体行政人员掌握分析伦理问题的方法。为履行伦理职责,行政领导又必须对组织的伦理气氛负责。要创造并保持组织相应的伦理氛围,强化组织成员的信任感与归属感,以形成相互信任、自觉履行义务的工作环境。

就一般意义而言,行政组织伦理的管理实际上就是要建立一种道德组织。建立道德组织必须做到:(1)培育一种组织良心,把组织视为一个有道德的"人",它同样需要负责任;(2)改变组织分工和权力分配,通过权力下放和责任下放扩大道德容量;(3)保护那些为坚持伦理标准而违反组织政策和程序的有道德的个人;(4)展开组织讨论,把它作为组织活动的有机组成部分,提高道德讨论的水平。②

从行政伦理立法的角度看,组织道德的建立离不开有关惩处与监督的规定。惩处规定的内容主要包括其种类、权限、程序,以及受理举报和防止打击报复。③ 这里有两个问题值得关注:第一,道德惩处的"纽伦堡原则"(Principle of Nuremberg Tribunal),即被告遵照其政府或某一长官之命而行动的事实,不能使其免除责任。④ 依此原则,在服从命令和道德良知冲突的情况下,在权力和道德的两难选择面前,放弃道德良知就意味着其后承担责任。第二,道德监督的检举揭发机制(Whistle-Blowing),即对于具有道德良心和正义感而违背组织政策去坚持伦理标准的组织成员的保护。⑤ 检举揭发需要绕开组织程序,或越级举报,或直接向公众揭露,这需要检举人敢于面对自己的上司或本组织成员。检举揭发不仅需要个人勇气,更需要法律和制度保障。当公务人员发现上司或其所在的组织有对公众或公共利益造成危险而向上级举报或向公众揭露实情时,其自身也会处于被打击报复的危险之中。若无相应保护,行政组织伦理将化为乌有。所以,与此相关的证人保护问题也必须在行政伦理立法中有所体现。道德惩处的纽伦堡原则和道德监督的揭发机制这两个问题紧密相关,二者又都是行政伦理困境在组织层面的具体体现,因而也是行政伦理管理不可忽视的核心内容。

名词与术语

| 行政人 | 行政道德 | 仁慈的公正 | 行政伦理关系 |
| | 行政伦理 | 纽伦堡原则 | 行政伦理义务 |

---

① 《论语·子路》。
② Kathryn G. Denhardt, *The Ethics of Public Service*, Westport, Connecticut: Greenood Press, Inc., 1988, pp. 138-156.
③ 中国监察学会秘书处等编译:前揭书,第12—14页。
④ 纽伦堡原则来自第二次世界大战之后的《欧洲国际军事法庭宪章》,参见《国际关系史资料选编》,武汉:武汉大学出版社1983年版,第18页。关于纽伦堡原则在行政伦理中的应用,参见特里·L.库珀:前揭书,第201—202页。
⑤ Joseph Zimmerman, *Curbing Unethical Behavior in Government*, Westport Connecticut: Greenwood Press, Inc., 1994, pp. 173-174; James Bowman, et al., eds., op. cit., pp. 55-78.

公共利益　　　　　　　行政伦理结构
行政理想　　　　　　　行政职业道德
公共责任　　　　　　　行政组织伦理
行政纪律　　　　　　　公共政策伦理
行政良心　　　　　　　行政伦理失范
行政荣誉　　　　　　　官僚制伦理观
行政作风　　　　　　　民主制伦理观
行政文化　　　　　　　行政伦理管理
行政态度
行政品德
职业道德
道德原则
道德规范
行政忠诚
行政负责
组织激励
公共理性
肮脏之手
利益冲突
财产申报
组织良心
揭发机制

复习与思考

1. 行政伦理和行政道德之间的联系与区别。
2. 行政伦理的含义。
3. 行政伦理义务在各种道德义务中所处的层次。
4. 行政伦理关系包括的内容。
5. 行政伦理的结构功能。
6. 行政职业道德规范的主要内容。
7. 行政组织层面伦理的主要内容。
8. 论伦理价值对于公共政策的意义。
9. 公共政策的四种主要伦理观念。
10. 论功利主义的政策伦理。
11. 行政伦理失范分析。
12. 行政管理中的伦理困境。
13. 公共服务伦理的管理应该遵循的原则。
14. 行政伦理立法的基本内容。

15. 关于中国行政伦理建设的思考。

主要参考书目

1. 王伟等:《中国韩国行政伦理与廉政建设研究》,北京:国家行政学院出版社 1998 年版。
2. 王伟等:《行政伦理概述》,北京:人民出版社 2001 年版。
3. 万俊人主编:《现代公共管理伦理导论》,北京:人民出版社 2005 年版。
4. 张康之:《寻找公共行政的伦理视角》,北京:中国人民大学出版社 2003 年版。
5. 郭夏娟:《公共行政伦理学》,杭州:浙江大学出版社 2003 年版。
6. 李春成:《行政人的德性与实践》,上海:复旦大学出版社 2003 年版。
7. 张松业等编著:《国家公务员道德概论》,北京:国家行政学院出版社 1998 年版。
8. 张文贤等:《管理伦理学》,上海:复旦大学出版社 1995 年版。
9. 萧武桐编著:《行政伦理》,台北:台湾空中大学出版社 1996 年版。
10. 马国泉:《美国公务员制和道德规范》,北京:清华大学出版社 1999 年版。
11. 中国监察学会秘书处等编译:《国外公务员从政道德法律法规选编》,北京:中国方正出版社 1997 年版。
12. 〔美〕杰拉尔德·凯登:《行政道德文选》,马国泉编,上海:复旦大学出版社 2003 年版。
13. 〔美〕R.J.斯蒂尔曼编著:《公共行政学》,李方等译,北京:中国社会科学出版社 1989 年版。
14. 〔美〕特里·L.库珀:《行政伦理学》,张秀琴译,北京:中国人民大学出版社 2001 年版。
15. 〔美〕乔治·弗雷德里克森:《公共行政的精神》,张成福等译,北京:中国人民大学出版社 2003 年版。
16. 〔美〕珍妮特·V.登哈特、罗伯特·B.登哈特:《新公共服务》,丁煌译,北京:中国人民大学出版社 2010 年版。
17. 〔荷〕米歇尔·S.德·弗里斯等主编:《公共行政中的价值观与美德》,熊缨等译,北京:中国人民大学出版社 2014 年版。

16. James Bowman, et al, eds., *Ethics, Government, and Public Policy*, NY: Greenwood Press, 1988.
17. Terry L. Cooper, *Handbook of Administrative Ethics*, NY: Marcel Dekker, 2001.
18. Kathryn G. Denhardt, *The Ethics of Public Service*, Westport, Connecticut: Greenwood Press, Inc., 1988.
19. Robert Denhardt, *Public Administration: An Action Orientation*, Pacific Glove, CA: Brooks/Cole Publishing Company, 1991.
20. Amy Gutmann, and Dennis Thompson, *Ethics and Politics: Cases and Comments*, Chicago: Nelson-Hall Publishers, 1997.
21. Dennis F. Thompson, *Political Ethics and Public Office*, Cambridge: Harvard Univer-

sity Press, 1987.

22. Dwight Waldo, *The Enterprise of Public Administration*, Novato, CA: Chandler & Sharp Publishers, Inc., 1992.

23. Joseph Zimmerman, *Curbing Unethical Behavior in Government*, Westport Connecticut: Greenwood Press, Inc., 1994.

24. Frederick C. Mosher, *Democracy and the Public Service*, NY: Oxford University Press, 1968.

25. C. W. Lewis, *The Ethics Challenge in Public Secvice*: *A Problem-Solving Guide*, San Francisco: Jossey-Bass, 1991.

第四部分　行政发展与发展行政

第十八章　现代政府能力

第一节　现代政府能力问题的缘起

政府能力(government capacity)是关于现代政府的基本的衍生问题之一。自政府产生以来,与政府的公共职责、公共权力相联系,政府能力始终就是判断政府优劣的重要标准之一。但是,人们从来没有像现在这样强烈地意识到政府能力的重要性。这是因为,人们从经验分析到理性判断愈来愈认识到:"国与国之间最重要的政治分野,不在于它们政府的形式,而在于它们政府的有效程度。"①从一定的意义上说,有效性即能力。本章主要讨论狭义政府即国家行政机关的公共行政能力(public executive capacity of government)。

一、政府能力的重要性

在现代社会的发展进程中,政府能力的重要性是显而易见的。近年来,在理论上关于政府的有效性问题启于政府的有效性与社会经济的发展之间的关系。其中心理论命题是:"历史反复地表明,良好的政府不是一个奢侈品,而是非常必需的。没有一个有效的政府,经济和社会的可持续发展都是不可能的。……有效的政府——而不是小政府——是经济和社会发展的关键。"②人们注意到,政府的有效性对于经济和社会增长的收益在老牌工业国家非常高,在政府效能较低的后发展国家尤其高。即使政府有效性的小小改善,也会导致人民生活质量的提高,并为更多的改革和进一步的发展铺平道路。据此,人们强调,在国与国之间可视的巨大的经济发展水准反差现象的背后,潜在的决定性因素是政府的有效性。政府行为促进了经济增长,改善了教育、卫生、环境状况,减少了社会不公,同时也造成了一些非常糟糕的结果。③

对发展中国家而言,由于广泛存在政府公共物品供给能力低下的现象,政府的有效性因此具有更为紧迫的意义。④ 政府具有独特的强制力,同时是对全体社会成员具有普遍性的组织,因此,明智政府的积极促进作用,是现代国家经济进步和社会发展的条件。对于正在发生迅速转变的后发展国家而言,更是几乎没有政府可以忽略的问题。人们注意到,"社会需求与政策无能"构成了当今世界社会发展与政府能力问题的正题与反题。⑤ 人们同时注意到,"执政无能",即政府能力弱化和政府公共政策质量走低是导致国家经

---

①　〔美〕塞缪尔·亨廷顿:《变化社会中的政治秩序》,王冠华等译,上海:上海三联书店1989年版,第1页。
②　世界银行:《1997年世界发展报告——变革世界中的政府》,陈秋生等译,北京:中国财政经济出版社1998年版,"前言",第1页,第17—18页。
③　世界银行:前揭书,第1、15页。
④　同上书,第2页。
⑤　〔以〕叶海卡·德罗尔:《逆境中的政策制定》,王满传等译,上海:上海远东出版社1996年版,第135—136页。

济发展乏力和国家间经济差距扩大的主要原因之一。例如,从60年代中期至90年代中期的30年间,有着强大的政府机构能力和良好的公共政策品质的国家,其人均收入年平均增长率达到3%,相反的国家则仅为0.5%。① 这从一个侧面证明,政府能力是实现社会进步的不可或缺的资源,是国家竞争力和国家持续发展能力的基本组成部分。政府的宏观公共行政能力事实上是决定一国经济发展、社会稳定的决定性因素之一。因此,积极、合理地确定和扩展政府的公共行政职能,提升政府的宏观公共行政能力,使政府能够不断形成和输出优质的公共产品,对国家的发展与进步来说就具有至关重要的意义。

基于历史和现实的原因,人们认识到,尽管不同的国家和地区在发展水平、文化传统、基本价值观念等方面存在着明显的差异,相应选择了不同的发展模式或发展道路,政府的地位和作用亦相应存在相当大的不同,但在世界经济一体化程度日益加深、科学技术迅猛发展、国际竞争日趋激烈的今天,政府的宏观公共行政能力正在变得愈来愈重要。例如,无论是采用"盎格鲁-撒克逊模式"或"莱茵模式"或"东亚模式"或其他发展模式的国家,都会要求政府在创造良好的投资条件方面发挥主要的作用,都会要求政府在加强和扩大国际贸易方面发挥重要的作用,都会要求政府在形成和提高本民族自主开发能力方面发挥扶持作用等,但本国政府是否能够及时、有力、有效、合理地发挥这些作用,从实践的结果来看毫无疑问是"因国而异"的。政府能力无疑是那些直接影响一国发展进步、与一国发展进步有着独特的、直接的、重大的利害关系的基本的变数之一。正因为如此,有关政府权力和责任的重新定位、调整,以及连带的政府公共行政能力的提升和强化,就合乎逻辑地成为现代社会普遍关注的焦点问题之一,亦成为公共行政学等学科的焦点问题之一。

二、政府能力问题的现实缘由

与对政府职能的再认识相联系,上述认识直接来自对罗斯福新政和"东亚经济奇迹"的经验分析。

如前所述,罗斯福新政的理念、政策和方法事实上有效地克服了1929—1933年席卷资本主义世界的经济大危机。从那以后,政府干预经济事实上已经成为西方国家的一种普遍的既定国策。但是,政府干预的合理性或实践效用,则取决于政府的以宏观公共政策为核心的宏观公共行政能力。"罗斯福在其第一届任期的头两年中,搞了一项关于行政管理的宏伟实验。他担任了国父、两党领袖和全国人民的总统。他以精湛的技艺扮演了这个角色,充分运用了赋予他的任何一点政治权力以及行政活动。"②罗斯福新政的成功在很大的程度上得益于他自身的某些优秀品质:"一个强有力的领导——而且也是坦率的领导"③,"生气勃勃、敢作敢为、富有进取精神的人。……美国终于找到一个领袖。"④"他声如洪钟,双肩摆动,号召人们做出牺牲、遵守纪律和采取行动,表明他是一个对自己作为国家领导人所具有的权力有信心的人。"⑤"自华盛顿以来,没有哪一位总统像罗斯福那样控

---

① 世界银行:前揭书,第32页。
② 〔美〕詹姆斯·麦哥雷戈·伯恩斯:前揭书,第247页。
③ 同上书,第239页。
④ 〔美〕威廉·爱·洛克腾堡:前揭书,第73页。
⑤ 同上书,第51页。

制他的政府和他的时代,如果说,罗斯福在国内外事务上取得许多进展,确实是他不能控制的环境迫使他做出的,那么,同样真实的是,他也在极大程度上以自己的意志和目的对这些事务施加了影响。"① "罗斯福'对于意志与观念的世界,比叔本华作了更好的说明'。"②

罗斯福"对30年代的政治做出了无与伦比的贡献:他给人民灌注了希望和勇气,他明白地讲……他深切关怀人民的利益,他将动员政府的力量来帮助他们"③。罗斯福"使国家成为保护者的化身"④。"罗斯福就任总统后两个星期,这个国家就像变了样。一度是冷漠和沮丧的美国,现在则具有一种巨大的活动感"……罗斯福只用了两个星期就使民气重振;⑤他使"白宫成为整个政府中心:思想的源泉、行动的倡议者和国家利益的代表"⑥;他"具有创造性。……不仅是一位好的行政官,而且是个足智多谋的改革者";他不仅具有"作为一个竞选者或巧妙处理问题的人的才能",还"深切关怀人民的利益";"从根本上说,他是一个道德家,希望实行某些合乎人道的改革,并以政治学的原则教导国人"。⑦

可见,政府首脑及其领导下的政府的使命感、责任感、理解力、判断力、意志力、决断力以至于谋略等,都可能成为构成政府宏观公共行政能力的要件。

"东亚经济奇迹"的出现、形成及其规模化、持续化,从积极的意义上证明了政府干预以及与之相一致的政府能力之于社会经济发展的突出作用。

后发展的国家在现代化起步的时候由于不存在先发展的国家内蕴发育而成的政治与经济分化,即政府与市场分离的社会性结构,因此,从一开始就面临着一种两难的抉择:"一方面,它得运用权威推行现代化改革,另一方面又得适时地建立一种新控制体系(法制),这就意味着自己去削弱自己的权威。"⑧正是在这一点上,许多国家颇多犹疑,致使现代化的进程颇多曲折、时断时续,始终无法走上一条迅速、持续发展的道路;也正是在这一点上,不同的国家采取了不同的改革方略,选择了不同的发展道路,结果导致在发展速率、发展规模和发展内涵等社会结果方面出现了巨大的差异。一般来说,第二次世界大战以来绝大部分落后国家和地区都是在发展进步的,相比之下,东亚及东南亚"儒文化"国家和地区的经济成就之所以被称为"经济奇迹",不是因为他们有了经济增长,而是因为他们实现了超常规的高速经济增长,并因此区别于大多数后发展的国家;同时,他们保持了长期、稳定的增长速度,扩大了经济增长的内涵,因而又有别于拉丁美洲和非洲的一度辉煌的若干国家。所以,问题不在于是否取得了经济增长,而在于增长了多少、增长了多久、增长了什么。

1974年诺贝尔经济学奖获得者,发展经济学的主要代表人物之一,瑞典经济学家冈纳·缪尔达尔在50年代中期曾经指出:发达国家与不发达国家之间的经济差距正在拉

---

① 〔美〕威廉·爱·洛克腾堡:前揭书,"原书编者序",第1页。
② 同上书,第54页。
③ 同上书,第51页。
④ 同上书,第377页。
⑤ 同上书,第56—57页。
⑥ 同上书,第372页。
⑦ 同上书,第393页。
⑧ 〔美〕兰比尔·沃拉:《中国:前现代化的阵痛——1800年至今的历史回顾》,廖七一等译,沈阳:辽宁人民出版社1989年版,第4页。

大,而且富国致富的速度远远超过了贫国追赶的速度。"只要一切都交给随意发挥作用的市场力量去处理,那么通过具有积累效应的因果循环,一个在生产率和收入上处于优势的国家将趋于变得更具优势,而一个处于劣势水平的国家则趋于被保持在原有水平,或者甚至进一步恶化。"①大约50年后,联合国《2000年人类发展报告》统计,"全球收入不平等状况在20世纪加剧了,其程度超过了以往任何时候,世界上最富国与最穷国的收入差距,1820年是3∶1,1950年大约是35∶1,1973年是44∶1,到1992年则扩大为72∶1"②。

表18-1　1999年经济规模世界概览(部分)

地区	人口(百万)	国民生产总值(10亿美元)
全世界	5975	29 232.1
低收入国家	2417	987.6
中收入国家	2667	5323.2
高收入国家	891	22 921.3

资料来源:世界银行:《2000/2001年世界发展报告——与贫困作斗争》,世界发展报告翻译组译,北京:中国财政经济出版社2001年版,第279页。

在20世纪将要过去的时候,国际货币基金组织承认:"整个世界带着人类有史以来最悬殊的贫富差距进入21世纪。"③世界银行在《2000/2001年世界发展报告》中说:全球各国按其人均年产值可以分为三类:低收入国家(755美元以下)、中收入国家(756—9265美元)和高收入国家(9266美元以上)。低收入的穷国占世界总人口的40%,却只占世界总产值的3.4%;而高收入的富国占世界总人口的15%,却占世界总产值的78%。④ 世界上最富裕的20个国家的平均收入已经是最贫困的20个国家的37倍。⑤

但是,在过去的50年里,也有少数国家和地区脱颖而出,或者已经进入了发达国家的行列,或者正在加速缩小与发达国家的差距。东亚及东南亚大部分"儒文化"圈的国家和地区就属于这样一批新兴的工业化国家和地区之列,而且是最引人瞩目的一群。东亚及东南亚"儒文化"国家和地区成功发展社会经济的基本原因之一,就在于他们运用历史文化的传统,摸索出了一条兼顾"两难"的发展道路,即突出政府权威作用与强调市场调节作用并存的发展道路,也即适度政—经分离的发展道路。

东亚国家和地区在其现代化过程中与政府能力相关的共同性特征可以从以下几个方面加以考察:

首先,它们有效地处理了政治与经济的关系。它们都有一个强大而坚定且得到社会较为普遍认同的推动现代化的政治领导集团,即有一个强大的政府。

---

① 〔瑞典〕冈纳·缪尔达尔:《世界贫困的挑战——世界反贫困大纲》,顾朝阳等译,北京:北京经济学院出版社1991年版,第242—243页。
② 联合国:《2000年人类发展报告》,联合国开发计划署组织译,北京:中国财政经济出版社2001年版,第6页。
③ 国际货币基金组织:《世界经济展望报告——资产定价与商业周期》,中国人民银行国际司组编,北京:中国金融出版社2000年版,第28页。
④ 世界银行:《2000/2001年世界发展报告——与贫困作斗争》,世界发展报告翻译组译,北京:中国财政经济出版社2001年版,第275—279页。
⑤ 同上书,第3页。

其次，它们有效地处理了政府与市场的关系，成功地实现了"有组织的市场经济体制"，市场对资源的基础配置作用和政府对市场的积极而有效的干预较为有效地实现了有机结合。

再次，它们有效地处理了传统文化与现代化的关系，较为成功地实现了新教伦理资本主义精神与传统文化的统一。

复次，它们有效地处理了政治家集团与专业技术群体的关系，政府成功地起用了大批专业性的技术官僚。专业技术人员用其专业所长在政府的公共政策过程中和公共行政管理过程中发挥了重要的、积极的、不可替代的作用，从而制定出了符合国情的、成功的经济发展战略、方针和规制。

最后，它们有效地处理了国家与社会的关系，较为成功地在经济快速发展的基础上实现了社会整合，使其政治制度得到了社会较为广泛的认同，并巧妙地将其政治上的统一转化成了强旺的生命力，从而在经济快速增长的同时基本上保持了社会的稳定。

三、东亚金融危机与政府能力

但是，"东亚金融危机"说明，东亚国家和地区政府能力在持续发展之后出现了明显的问题。对那些在过去20多年的历史区间强劲崛起、超长发展，已经习惯于经济高速增长和社会繁荣的东亚各国和地区来说，金融危机的损失显然是灾难性的。在外汇储备急剧减少、国际货币支付信用发生危机的条件下，东亚各国和地区纷纷实行了紧缩银根、紧缩开支、紧缩需求、紧缩进口等一系列经济紧缩政策。其中，金融危机的"重灾区"泰国、韩国和印度尼西亚被迫以经济主权为代价，向国际货币基金组织提出了巨额紧急援助的要求。与金融危机和经济紧缩直接相联系，这些国家先后出现了物价大幅度上涨、国民收入急剧降低、企业大批倒闭、社会性失业普遍增加、社会保障水平明显降低等一系列的社会后果。东南亚和东亚国家及地区经济发展势头的恢复，取决于多方面因素的综合作用，其中，政府能力的提升无疑是不可或缺的基本因素之一。

尽管一时很难断言，灾难性的金融危机及其引发的严重的经济衰退是否足以证明"东亚经济奇迹"已经破灭、与"东亚模式"和"东亚经济奇迹"直接相连的"亚洲价值观"是否已经失败、"东亚模式"是否已经终结，但人们有充分的理由肯定，这一次金融危机之所以发生在东亚国家和地区，表明在这些国家和地区的高速发展的历史进程中，确实内蕴和隐含着一些重大的与政府能力直接相关的公共政策问题，譬如，在较长一个时期里，银行存贷利率过高，资金流向畸形，外债借贷失控、外债数额过大且与国家外汇存底不成比例、短期贷款在国际借贷中权重过大，紧盯美元的区间浮动汇率制实施时间过长且缺乏应有的弹性，制成品出口单一且技术含量长期偏低，经常收支项目出现巨额逆差，房地产和股市过热，基础设施和教育投资严重不足，超前开放资本市场且缺乏对金融市场的必要和强有力的监督，政府与大企业关系过于紧密且透明度太低，经济结构的调整和经济增长方式的调整明显落后于世界主导经济的发展、落后于国际经济格局的演变，社会平均工资上升速度过快、国民崇尚奢侈性消费等。

通过政府改革适应环境重铸政府能力，是东亚国家和地区面临的重大政策问题。这种改革注定要在一种矛盾的过程中完成：一方面，东亚金融危机清楚不过地表明，政府的理念、体制、能力等存在较为严重的缺陷,距信息时代的客观要求存在着较为明显的差距,另一方面,严酷的现实又要求政府首先承担起克服危机、引导本国经济走出误区的历史责任,并为此动员公共资源和组织全体国民。解决这一矛盾的唯一出路,就在于全面进行具有深重历史含义的、系统的政府行政改革,也就是说,只有在政府的理念、职能、体制、政策、能力具有前瞻性、前导性、坚定性、可行性、有效性的条件下,政府才能负重举纲,引导本国和本地区经济走出困境。从发展的意义上说,这种改革同时构成了东亚国家和地区在21世纪初期顺利实现可持续发展战略的首要的制度创新的内容和途径,成为这些国家和地区社会全面、均衡发展的最大的历史性诉求。而改革的成功与否,首先取决于东亚国家和地区如何从观念形态上审视历史。

经历了十几年的艰难改革和制度重建,今天的亚洲特别是东亚和东南亚已然恢复增长和活力,成为全球经济的增长引擎。在席卷全球的2008年国际金融危机之后,亚洲经济的高速增长与全球经济的温和复苏形成了鲜明对比,争论议题已经变为"亚洲的世纪"还有多远? 但两次金融危机提出的核心问题却没有变,那就是在全球经济艰难复苏的过程中,如何汲取教训,提升政府能力,加快体制改革,以新一轮的制度变革为经济注入新的动力。

第二节 现代政府能力的内涵

现代政府能力的内涵和外延极为丰富。它既与制度、体制等国家法政规范相关,又与社会整体氛围、国民一般价值取向相关,还与历史文化传统、官员普遍素质等因素相关。

一、政府能力的一般含义

关于政府能力,国内外的学者有诸多近似的定义。

观点之一:政府能力是指建立政治行政领导部门和政府行政机构并使他们拥有制定政策和在社会中执行政策特别是维护公共秩序和维护合法性的能力。[1]

观点之二:"政府能力是指(政府)有效地采取并促进集体性行动的能力。"[2]

观点之三:国家能力是指国家将自己意志(preference)、目标(goals)转化为现实的能力,其中包括为四种基本的能力。第一,汲取能力(extractive capacity),是指国家动员社会经济资源的能力,国家汲取财政的能力集中体现了国家汲取能力。第二,调控能力(steering capacity),是指国家指导社会经济发展的能力。第三,合法化能力(legitimating capacity)是指国家运用政治符号在属民中制造共识,进而巩固其经济地位的能力。第四,强制能力(coercive capacity),是指国家运用暴力手段、机构、威胁等方式维护其统治地位。其中财政汲取能力是最重要的国家能力,是国家能力的核心和实现其他能力的基础;汲取能力与调控能力是衡量国家能力的指标,这两个指标值高,就是强政府和强中央,对经济发展和制度变换就有利;反之,就是弱政府和弱中央,就不利于经济发展和体制转轨。[3]

观点之四:有效的政府就是有能力的政府。有能力的政府以强大的、能适应的、有内

---

[1] 〔美〕阿尔蒙德:《比较政治学:体系,过程和政策》,曹沛霖等译,上海:上海译文出版社1987年版,第453页。
[2] 世界银行:《1997年世界发展报告——变革世界中的政府》,第3页。
[3] 王绍光、胡鞍钢:《中国国家能力报告》,沈阳:辽宁人民出版社1993年,第1—20页。

聚力的政治体制为基础,而这样一个政治体制需要权威的合理化,机构离异化和大众参与化,包括合法性、动员力、整合力和公民的忠诚感等指标。①

政府的公共行政能力是国家能力(state capacity)基本的组成部分。广义的国家能力泛指一个国家有效地改变自身生存环境或综合关系形态,从而在比较的意义上获取更好的生存和发展条件的能力;狭义的国家能力主要指中央政府通过正确地制定和有效执行公共政策,将自己的意志、目标转化为社会现实的能力。从公共行政的角度说,与政府的行政职能相一致,政府能力主要指现代国家政府即国家行政机关,在既定的国家宪政体制内,通过制定和执行品质优良、积极而有效的公共政策,最大可能地动员、利用、组合、发掘、培植资源,为社会和公众提供广泛而良好的公共物品和公共服务,理性地确立社会普遍遵从的正式规则并积极引导更为广泛的非正式的社会规则,维护社会公正和秩序,形成有效调节社会关系和社会行为的制度及其机制,进而在比较的意义上促进国家快速、均衡、持续、健康发展的能力。有效性是政府能力的核心概念。

二、政府能力的特点

从经验分析和现象观察上不难理解,不同的政府在宏观公共行政能力方面存在着很大的差异,然而政府宏观公共行政能力却是一种"黑箱"系统,人们事实上无法直观其内里的要素、结构和运行机制,而只能通过其外在的行为表现及其社会效果,来判定其优劣、强弱、大小、高低。在这里,政府宏观公共行政能力的外在行为表现及其社会后果的价值判断,是与政府的公共行政职能和公共行政权力的设定紧密联系在一起的,而现代各国政府的公共行政职能和公共行政权力的设定由于各国在宪法原则、历史传统、发展水平、法外制度等方面存在着较大的差异亦相应存在着明显的不同。因此,要在不同的国家之间进行关于政府公共行政能力的矢量性对比存在着相当多的困难。譬如,如果一个政府被赋予了制定和监督执行经济发展计划的职能和权力,而另一个政府没有,那么,这两个政府在这方面是无法进行有关行政能力的矢量性比较的。但是,这并不妨碍从普遍适用性上界定现代国家政府的能力。"有能力的政府的标志是,它除了有能力促进集体行动外,还有能力制定规则,并使它们发挥功能,这些规则是市场运作的基础。"②

三、政府能力的相关性

其一,现代国家政府的宏观公共行政能力与政府职能相关。在政府基本职能(此处所说政府基本职能主要是指由国家宪政制度所确定的政府职能)确定的条件下可以认为,政府的宏观公共行政能力实际上是政府履行政府职能的能力。"政府职能"是一个"职"与"能"互为表里、相互依存的问题。其中"职"是政府职守,主要指国家最终权力主体即全体国民通过法律及约定俗成的形式赋予政府的关于实施国家公共行政管理的任务;"能"就是政府公共行政能力,主要指政府为完成上述任务所应当建立的正确的行政观念,以及在行政观念指导之下运用公共行政权力、完善政府管理功能、解决公共行政问题、有效实

---

① 〔美〕塞缪尔·亨廷顿:前揭书,第32页。
② 世界银行:《1997年世界发展报告——变革世界中的政府》,第34页。

现"两个提升"以及有效解决其他社会问题的能力。就"职"与"能"的相互关系而言,如果说"职"是标的物和被赋予者,要考虑的是政府应该做什么、不应该做什么的问题,那么"能"就是过程物和自建立,要解决的是政府如何去做、什么时候做、通过什么方式做的问题。通过观察人们不难发现,职守确定而行政无能在当今世界并不鲜见。显然,就政府有效地履行其职能而言,"职"与"能"是互为条件、缺一不可的。在政府职能相对扩展的现代社会的历史条件下,政府的宏观公共行政能力及其提升,对于提高政府的公共行政管理水平以实现积极高效的行政,对于强化政府的自我规范约束或自律以取得国民的信任,对于实现政府的"促动"职能进而推动社会的发展,都具有突出的现实意义。

其二,现代国家政府的宏观公共行政能力与公共行政权力相关。在这里,公共行政权力主要指为使政府完成其职守而由国家宪政制度规定的诸项由政府行使的国家公共权力,其中包括政府的行政裁量权。与政府职能相联系,公共行政权力要考虑的主要是政府能够做什么、不能够做什么的问题。由于政府职能是典型的公共职能之一,而充分履行公共职能总是需要建立在社会契约、历史传统和现实力量对比基础之上的具有广泛社会约束力的公共权力,因此,政府的公共行政权力是构成公共行政能力的必要条件之一。一般而论,在法律上和实际运作上都获取了强大公共行政权力的政府通常公共行政作为的空间比较广大,相应地公共行政的能力亦比较强。但这种能力作用的性质、领域、方式以及社会效果,则因国家和发展阶段的不同而可能全然不同。

其三,现代国家政府的宏观公共行政能力与公共选择相关。现代政府的宏观公共行政能力可以理解为政府正确地制定公共政策和有效地执行公共政策的能力,或者说就是政府正确地选择作为或不作为的能力。[①] 在这里,作为或不作为都是与政府的公共选择联系在一起的,而公共选择本身就包含着政府的判断力、筹谋力、控制力、应变力等诸多的能力及其综合力。因此,作为是作为,不作为亦是作为,选择作为或不作为都直接反映政府的公共行政能力。政府宏观公共政策的质量是政府宏观公共行政能力的核心问题。从宏观目的上说,现代国家政府公共政策的首要目的是为了尽可能地实现"两个提升",即提升综合国力和提升国民生活质量。与此相一致,政府基本的宏观公共行政能力就是如何较快地、有效地实现"两个提升"的能力。在此基础上,又会产生维护社会公理和正义、推动社会均衡发展等一系列重大的宏观公共政策问题。这就要求现代国家政府具有全面的、综合性的宏观公共行政能力。

第三节 现代政府能力的构成

现代政府宏观能力的适用范围,在理论上与现代政府面临的宏观公共政策问题相一致,主要集中在以下几个领域:(1)生存和发展问题以及持续发展的能力问题,包括国民生产总值、国民经济年均增长速度、国民经济构成、经济增长方式、进出口总量及其构成、科学技术政策和自主开发能力等;(2)国民生活质量和均衡发展的问题,包括人均国民收入、住房制度、教育普及、公共交通、生态环境、医疗保健、社会保险、社会安全等问题;(3)社

[①] T. R. Dye, op. cit., p. 1.

会公平和公正的问题,包括社会稳定、社会贫富差距、宗教、民族、种族、政党制度、选举制度、立法制度、行政制度、司法制度等问题;(4)国际政治和国际关系问题,包括国际政治的原则、国家关系的准则、外交战略和政策、军备政策、地区政策等问题。

每一个现代国家的政府都必须处理上述4个方面的问题。从社会效果上看,不同国家的政府的处理能力在客观上存在着巨大的差别。虽然国与国、地区与地区之间存在着许多无法进行矢量性比较的因素,但现代国家的基本功能和社会对政府宏观公共行政能力的要求在基本范畴上却是一致的。从现象上概括,20世纪以来,无论是古罗马、古希腊文化源流的西方国家,还是儒家文化源流的东方国家,或者其他文化源流的国家,其出色的、强有力的政府至少在下述诸方面表现出了令人印象深刻的公共行政能力。从经验分析上可以认为,这些能力在中观层面上构成了现代国家政府能力强弱的主要的价值判断标准。

一、经济管理能力

1. 推动本国社会经济发展的能力。第二次世界大战以来,特别是"冷战"结束以来,发展成为了世界上多数国家的主旋律,只是由于历史的原因,不同的国家在发展阶段和发展内涵上存在着差异。在这里,"发展"的基本含义首先是指社会经济的发展,其次是指以经济的发展为基础的社会的均衡发展。任何国家的任何政府,如果不能在促进本国社会经济方面发挥积极的、直接的、有效的作用,进而通过合理的社会政策促进社会的均衡发展,就不能称之为有能力的政府,亦不能称之为负责任的政府。在这方面,经常使用的对比性的衡量指标既有经济性的,例如国民生产总值及其年平均增长率,也有科技性的,例如产业构成、尖端技术自主开发能力,还有综合性的,例如国民生活质量、社会发展综合指标等。

诚然,由于社会制度的不同、历史文化的差异以及社会发展阶段的距离等原因,各国政府在推动本国经济、社会发展方面所承担的责任和适用的方式是存在明显差别的。一般而论,西方"盎格鲁-撒克逊市场经济模式"的国家比较多地采用诸如政府投资、银行利率、税种税率等方式实施产业导向和规制,其基本的价值取向经常表现为告诉实业界"不应当做什么";东方"东亚市场经济模式"的国家则比较多地通过诸如经济计划、产业政策、行政指导等方式实施产业导向和规制,其基本的价值取向经常表现为告诉实业界"应当做什么"。但不论是西方国家还是东方国家,判断政府经济能力优劣的主要标准都是社会经济的增长速率、增长规模和增长内涵。能够通过公共政策的有效运用以实现社会经济不断、合理增长的政府就是有效的政府;能够推动社会经济快速、超常发展的政府就是卓有成效的政府。

2. 维持税收和保持公共财政收支平衡的能力。与推动社会经济发展的能力相联系,税收和公共财政能力构成了当代政府的另一方面的重要能力。这是因为,税收和公共财政是一个既涉及经济的稳定与发展,又关系社会的公平与和谐的基本公共政策问题。对于现代国家政府来说,处理这一问题的首要任务在于避免和反对税收的流失。税收犹如国家的经济大动脉,税收流失如同动脉出血,在法律上或理论上为任何国家所不容。问题在于,一个政府有没有能力防止税收的流失。其中所得税和关税(包括反走私)最容易流失,因而更多地为强有力的政府所关注。

一般说来,现代国家政府在税收和公共财政方面面临的主要问题是:(1)什么样的公共财政收入和支出的结构比较有利于经济的稳定和发展,比较有利于资源的有效配置和收入的合理分配?(2)税收在公共财政收入中占多大的比重被认为是合理的?税收总量中应包括哪些税种?什么样的税收结构比较有利于资源的有效配置和收入的合理分配?(3)如果现有的公共财政和税收结构不能满足资源的有效配置和收入的合理分配,如何进行调整以使其趋向合理?① 能够有效合理地解决上述问题的政府就是有能力的政府,正确认识和有效解决这些问题的过程,就是政府形成和提升公共行政能力的过程。

3. 有效参与国际竞争的能力。经济全球化是当今世界经济发展的主流特征之一。以网络为基础的信息革命大大缩短了人类的空间距离,进而引发了包括生产方式、交易方式、产权结构在内的世界经济生活方式的深刻变革。与此相联系,出现了两种相反的现象:一方面,信息革命加速了信息流、物流、人流等前所未有的、大规模的跨国界流动,世界各国相互依存的程度空前深化,以至于有人认为世界经济已经进入了一体化的阶段;另一方面,信息革命使得国家间的竞争空前激烈。部分国家凭借资本、技术优势,尤其是信息、观念优势,正在以前所未有的速度积累财富。如前所述,国与国之间的贫富差距不是在缩小,而是在扩大。尽管如此,人们认同,在信息革命不断深化发展的当今世界,参与世界经济活动是一个国家尽快取得经济发展的唯一正确的选择。这就产生了一个与政府职能和能力密切相关的问题,即在参与世界经济活动的过程中,如何趋利避害,最大可能地避免世界经济对本国经济的不良损害,同时借助世界经济体系中的各种资源条件,最大限度地实现本国经济的快速增长。这是"有效"参与国际竞争的价值标准。尤其对于后发展国家,这更是"有效"参与国际竞争的主要价值标准。

二、政治和社会管理能力

1. 维护社会基本秩序的能力。国泰民安历来是各国、各民族所憧憬的社会美景。按照社会契约论的观点,为了实现和维护这种境况,自然状态中的人类先民意识到其必要性并承认和创立了社会公共权威,建立了国家,试图借助国家公共权威的力量来建立和维系一定的社会秩序,避免社会动荡,使人们生活在相对安定的社会环境之中。为此,人们通过契约的方式放弃了自身一部分自由的权力。人们甚至认为:"人当然可以有秩序而无自由,但不能有自由而无秩序。"②与国家的理念相一致,千百年来"秩序原理"已经成为人类社会恒定的基本理念之一,政府则成为社会秩序恒定的"卫道士"之一。

维护社会秩序的能力就是维护典则或法律的能力,就是维护社会正义和公理的能力。但是,一如前文所述,并不是所有国家的所有政府都有足够的能力来履行自己的职能。无论反观人类社会的历史或环视当今的世界,人们都能观察到许多在维护社会秩序方面"无能"的政府。人们同样能够观察到,失序的社会是动荡的社会,动荡的社会是与经济增长和现代化无缘的社会,与经济增长和现代化无缘社会中的人们是不幸的人们。因此,维护社会秩序的能力是国民对现代政府的基本要求之一。需要特别指出的是,在现代民主社

---

① 厉以宁:"序言",载平新乔:《财政原理与比较财政制度》,上海:上海三联书店、上海人民出版社1995年版,第8—9页。
② 〔美〕塞缪尔·亨廷顿:前揭书,第7页。

会里,政府维护社会秩序是以合法、合理和得到社会承认为前提的。政府维护社会秩序的能力有时迫不得已可能需要通过国家暴力的形式体现出来,但在绝大多数情况下,政府维护社会秩序的能力不是依靠暴力而是依靠社会整合实现的。

2. 达成社会谅解和实现社会整合的能力。政府从历史成因和性质上说是"他建立"而不是"自建立"。在现代民主宪政的国家里,政府的社会整合能力之所以重要,与公众的自我意识和民主观念的强化紧密相关,现代社会是价值观念多元化的社会,是群体组合或利益集团高度分化和社会化的社会。因此,如何尽可能多地寻获社会的支持,在建立"求大同、存小异"的社会共识的基础上有效地实现全社会的和谐,避免社会的冲突甚至分裂,图谋共同的事业,就成为检验政府优劣的主要标准之一。从政治学和社会学的意义上说,现代国家政府的社会整合能力主要表现在两个相互联系的方面,即社会基本价值观念的整合与社会公众利益的整合,而这两种整合最终都会集中于现行政治制度的整合。按照戴维·伊斯顿的理论,政治制度可以理解为一个政治系统,当局(权威角色的承担者)、典则(价值、规范和权威结构等系统成员支持的对象)、政治共同体(政治劳动分工联合在一起的人群团体)是构成一个政治系统的三个基本方面。系统成员是由他们都参加公共结构和一系列的过程联结到一起的,并且,他们具有起码的解决共同政治问题的意愿和能力,愿意(继续)依附于这样一个系统。这是人们服从价值权威分配的核心问题。① 政府作为"当局"的主导主体,其社会整合的基本能力表现为通过运用和强化"典则规范"制定和维护全社会的博弈规则(game regulation)的能力。在这方面,政府的最大困难在于:第一,现代社会是快速变化和多元化的社会,"典则规范"因此不仅会改变,而且在许多情况下可能会变得模糊不清或游移不定。这就需要政府在动态的过程中不断判断、确立和推行事关维系现存政治制度的"典则规范";第二,系统成员对于政府或"典则规范"的支持,与对现有权威角色承担者的支持经常是不同的。这就需要政府通过自身的卓越表现,使两种支持合二而一,统一起来。

3. 实现和维护基本社会公正的能力。政府社会整合的能力是与政府实现和维护相对社会公平的能力密切联系在一起的。当代社会的社会公平问题经常表现在这样两个问题上:(1)社会财富的分配问题。尤其在经济快速增长的社会里,如何相对合理地分配迅速增加的社会财富,常常是政府面临的重大现实问题。其中不仅涉及税收和公共财政支出的问题,而且涉及医疗保险制度、救济制度、就业制度、财产制度、养老制度等一系列重要的社会问题。在利益趋向多元化、集团化、区域化的现代社会里,这些问题常常直接构成了对政府社会整合能力的挑战和考验;(2)腐败问题。主要表现为政府公共权力的"寻租现象"或政府官员的腐败,涉及的大多数是公共权力与经济财富之间的交换。反腐败是当代每一个国家的政府都不得不面对的问题。美国、英国、法国、德国、意大利、日本等西方发达国家都不得不为其政要人物的腐败付出政治代价。但对于现代化进程中的国家来说,问题可能更严重。这是因为,"现代化通过它在政治体制输出方面所造成的变革来加剧腐化"②,从而形成了一种亨廷顿悖论,即由于与现代化相关联的政府权威的扩大和受

---

① 〔美〕戴维·伊斯顿:《政治生活的系统分析》,王浦劬等译,北京:华夏出版社1989年版,第十一章。
② 〔美〕塞缪尔·亨廷顿:前揭书,第54—65页。

制于政府的活动的增加,严厉的反腐败举措反而可能增加腐败的机会。这就要求政府自觉地建立起自我规范约束的机制。各国的实践一再表明,自我规范约束对于政府来说常常是困难的。由于政府缺乏自我规范约束的能力而导致政府下台甚至引发社会动荡的事例不胜枚举。正因为如此,自我规范约束的能力才会成为评判政府公共行政能力的一项重要的价值标准。

4. 促进社会均衡发展的能力。促进社会均衡发展的能力是一个与政府管理的"公共"属性直接相关的问题,也是一个与社会的发展进步直接相关的问题。迄今为止,虽然不同的国家和地区由于复杂的原因发展水平存在较大的差异,但是,随着社会的不断发展进步,人们从来没有像现在这样强烈地感受到社会均衡发展的重要性,以及高水准、高品质的政府公共行政管理的重要性。这涉及两对客观上难以避免的矛盾:

其一,"效率"与"公平"的矛盾,表现为人们一方面要求政府承担推动社会经济快速发展的责任,与此相联系,"效率"构成了政府基本的价值判断标准;另一方面,随着社会整体发展水平的提高,公众在更高的层面上要求政府通过公共政策更为合理地分配社会资源,"公平"因此成为政府必须确立的又一种基本的价值标准。换言之,随着国家的不断发展,人们将不仅关心经济是否得到了发展,而且愈来愈关心如何分配经济发展的成果,包括分配标准、分配过程、分配形式等规则及其有效性。政府的"公共"性质,即政府代表全体国民、主持社会正义、从事社会资源合理分配的重要性因此日益显露。

其二,物质生活与精神生活的矛盾,表现为人们在希求不断获得品质更高、内容更为充实物质生活的同时,亦希求不断获得更为多样化、更为丰富多彩的精神生活,包括文化、艺术、教育等,并为此对政府的公共政策不断提出新的诉求。

这两对客观上难以避免的矛盾同时涉及政府的政治功能、经济功能、社会功能、文化功能等功能,因此,相应要求政府具有较好的平衡能力,表现为综合考虑各种性质的政策问题,进而进行系统的政策设计,并在政策执行过程中实现社会均衡发展的目标。

三、行政组织管理能力

1. 有效的反应和应变的能力。以"实验室出生产力"为特征的现代科学技术的迅速发展从根本上支持和推动着社会的发展进步,与此相联系,"信息"的社会性流动和扩散、变化节奏的明显加快构成了现代社会的突出特征,并衍生出了大量的现实和潜在的突发性的、爆发性的、大型的、复杂的公共政策问题和公共行政管理问题。这就要求作为国家公共权力主体的政府能够驾驭形势,大大提高输入信息的广泛性、判断信息的准确性、处理信息的有效性、输出信息的可靠性,对变化及其衍生的各类问题做出及时的、准确的、合理的、有效的反应,最优化地解决各类实际问题。作为一个完整的逻辑过程,现代政府的反应和应变能力至少包括这样一些方面:

第一,社会感应能力。社会感应能力是反应和应变能力的逻辑起点,主要是指政府对国民的要求和态度倾向、社会现实和潜在问题及其发展趋势、科学发现和发明以及新的生产技术等现象的感受和反应能力。在这方面,敏感的政府是有能力的政府,反应快的政府是负责任的政府。

第二,分析判断能力。在充分感应社会变化的前提下,将散乱的信息和直观的感受转化为理性的、系统的、深入的分析判断,是现代政府应具备的又一种能力。信息是大量的、丰富的,经常是无序的、散乱的,有时可能是虚假的;感受是意识流的、朦胧的、多变的,有时可能是不真实的。这就需要运用一定的理念、理论和方法,经过"去伪存真、去粗取精"的过程得出符合实际的结论。

第三,迅速做出最优化对策的能力。在对历史成因、现实条件、制约因素等做出合理解析的基础上,如何在符合时效原则的前提下做出最优化的对策是对政府能力的又一重考验。在这里,对策是否最优在现实生活中实际上是按照"满意标准"来衡量的。对政府公共政策而言,价值评估满意与否取决于政府的自我评价,更取决于公众对政府政策的评价。政府执行既定政策的意志力或决心常常是影响既定政策成败的重要的因素,在某些条件下甚至可能是决定性的因素,因此亦是一种重要的公共行政能力。

第四,预测政策结果的能力。政策的实施结果常常是非预期性的、出乎意料的。但对强有力的政府来说,预期的、意料之中的政策结果的比率较之低能政府会高得多。在实践中,政策预测能力与政策修正能力同等重要,是紧密联系在一起的。

2. 适应环境创新发展的能力。如前所述,创新发展是一个政府乃至一个国家、一个民族的生命力和适应环境能力的主要标志之一。"创新"与"发展"是两个相互联系的范畴。就其经常性的关系而言,可以认为前者是"因",是逻辑的起点,后者是"果",是逻辑的落点。换句话说,只有推陈出新,才能日新月异。如前所述,发展变化的节奏明显加快是后工业化社会以致信息社会的突出特征。按照优胜劣汰的自然法则展开的竞争也已随着市场经济的全球化而日趋激烈。在这种历史条件下,一个国家要想尽可能多地占有资源,获得相对的竞争优势,就必须具有强烈的忧患意识,通过公共政策的有效运用,全面地引导和推动全体国民的创新意识。20世纪以来,美国的罗斯福新政,日本的"有组织的市场经济",中国的"一个中心、两个基本点"等,都是极富创意的宏观政策思想,也都为本国的稳定与发展创造了历史契机。正因为如此,成功的政府无不将创新发展奉为政府的基本的行政精神,强调创新发展之于国家的重大意义,甚至将创新性天然视为政府及其官员公共行政能力的基本标准。

3. 改革和自我更新的能力。现代政府的上述能力无疑是现代政府的基本能力。但这些能力都只在一种条件下才可能形成和得到提升,即政府自身具有自我更新的能力。一般而论,现代政府的自我更新能力是通过行政发展—发展行政的螺旋式前进的方式得到提高的。

所谓行政发展主要是指这样一种以自身为诉求对象的行政现象,即政府随着社会大环境的变化而相应地调整和完善行政体制、领导制度、行政行为方式、行政管理技术等,以适应社会发展变化的需要。改革是行政发展的基调,其直接目的是通过推动行政系统自身的革新以提高政府的公共行政能力。一般来说,政府公共行政管理的现状与社会发展需求之间的矛盾或冲突,是引发行政改革的直接动因。① 所谓发展行政则主要是指一种以社会为诉求对象的行政现象,即政府在良好行政发展的基础上审时度势、主动进取,打破"汉承秦制、萧规曹随"的旧习,通过向社会和公众提供优质的公共产品即公共政策及

---

① 书云等:《行政管理与改革》,北京:中国城市经济社会出版社1990年版,第2—6页。

其执行,来引导、推动、促进社会的快速、均衡、稳定、持续的发展进步。"促动"是发展行政的基调。无论是行政发展还是发展行政,其对提高政府自我更新能力的意义都是以政府自觉输入时代信息、有意识地转变行政观念为前提的。从根本上说,只有顺应历史潮流、反应公众意愿并为社会提供优质服务的政府才是真正有能力的政府。

第四节 公共危机与政府能力

1986年,德国社会学家乌尔里希·贝克(Ulrich Beck)出版了《风险社会》一书,首次用"风险社会"的概念描述了当今充满风险的后工业社会,并提出了风险社会理论。"作为一种社会理论和文化诊断,风险社会的概念指现代性的一个阶段;在这个阶段,工业化社会道路上所产生的危险开始占主导地位。"①贝克指出:"在发达的现代性中,财富的社会生产系统地伴随着风险的社会生产。相应地,与短缺社会的分配相关的问题和冲突,同科技发展所产生的风险的生产、界定和分配所引起的问题和冲突相重叠。……在现代化进程中,生产力的指数式增长,使危险和潜在的威胁的释放达到了一个我们前所未知的程度。"②此后,关于风险社会的研究成为一种显学。不论何种研究角度,学者们共同的结论是:"在未来的几十年内我们将面临深层的社会矛盾和严重的生态危机。"③

进入21世纪以来,各种各样的"天灾人祸"频频撞击着人们的心灵:美国纽约的"9·11"恐怖袭击、俄罗斯的别斯兰人质事件,全球SARS病毒和禽流感肆虐、印度洋海啸席卷沿岸多国、美国的卡特里娜飓风、巴基斯坦大地震、巴黎市郊的骚乱、中国汶川大地震、日本的福岛核泄漏……这些"天灾人祸"都在昭示人们:由突发事件演变而来的公共危机(public crisis),在新的世纪里开始常态化,严重威胁着人类的生命财产安全和社会稳定。因此,如何通过有效的制度安排,建立一套比较完善的公共危机管理机制,以及时应对各种公共危机并实施有效的危机管理,已成为各国政府无法回避的重要问题,同时也成为衡量政府能力的一项重要指标。"危机应对(危机决策)对许多国家具有极大的现实重要性,对所有国家则具有潜在的至关重要性。危机越是普遍或致命,有效的危机应对就越显得关键。危机中做出的决策非常重要而且大多不可逆转。"④

一、公共危机释义

在一般的意义上,"危"是危势、危难、危情,"机"是生机、转机、契机,危机包括有危险和机会两个可以转化的域,也就是说,处理得当,可以大大减少损失,以至化险为夷,处理不当,则可能大大加剧损失,后患无穷,而政府是促成这种转化的决定性因素之一。世界各国关于公共危机的称谓不尽相同,如"非常状态""紧急事件""紧急情况""紧急状态""戒严状态""特别状态"等。值得强调的是,"那些能够预防的'危机'都只能称之为问

---

① 〔德〕乌尔里希·贝克等:《自反性现代化》,赵文书译,北京:商务印书馆2001年版,第10页。
② 〔德〕乌尔里希·贝克:《风险社会》,何博文译,北京:译林出版社2004年版,第1页。
③ 周战超:《当代西方风险社会理论引述》,《马克思主义与现实(双月刊)》2003年第3期。
④ 〔以〕叶海卡·德罗尔:前揭书,第181页。

题,只有那些无法预知的、被忽视的、具有颠覆力的意外事故,才算得上是真正的危机"①。

关于危机的定义,词典的解释大同小异。《现代汉语词典》的解释是:"危机"一是指危险的根由,二是指严重困难的关头。② 关于危机,学者们已经发表了许多的论著,如劳伦斯·巴顿(Laurence Barton)的《组织危机管理》、罗伯特·希斯(Robert Heath)的《危机管理》、乌里尔·罗森塔尔(Uriel Rosenthal)的《危机管理:应对灾害、暴乱与恐怖主义》等,国内学者亦有不少的著述。其中关于危机的定义众多:

观点之一:"危机是指具有严重威胁、不确定性和危机感的情境。"③危机就是对一个社会系统的基本价值和行为准则架构产生严重威胁,并且在时间压力和不确定性极高的情况下,必须对其做出关键决策的事件。因此,危机通常是在决策者的核心价值观念受到严重威胁或挑战、有关信息很不充分、事态发展具有高度不确定性和需要迅捷决策等不利情景的汇聚。

观点之二:危机是"一个会引起潜在负面影响的具有不确定性的大事件,这种事件及其后果可能对组织及其员工、产品、服务、资产和声誉造成巨大的损害"④。

观点之三:危机是一种能够带来高度不确定和高度威胁性的、特殊的、不可预测的、非常规的事件或一系列事件。⑤

我们认为,在最为广泛的意义上,凡危及社会公众生命财产安全和共同利益的状态或事件都属于公共危机的范畴。确切地说,公共危机是一种非常态的具有高度的不稳定性、不确定性和威胁性的,造成了比较严重的生命财产损害,引起了比较广泛的公众心理恐慌,破坏了正常的公共秩序和社会关系,危及了基本的社会价值准则的状态或事件。这种状态或事件包括四个要件:

第一,巨大的人员伤亡或巨大的财产的损失。在本节开头所说的那些公共危机中,绝大部分都出现了数百、数千甚至数万的人员伤亡,同时有巨大的财产损失。巴黎市郊的骚乱虽然几乎没有人员伤亡,但却有数千辆的汽车以及店铺被焚毁。

第二,公众普遍的不安、担忧、紧张的心态。同样在这些案例中,不难理解那个时期那些失去亲人的人们的痛苦,以及更多人们的物伤其类的悲伤,不难理解社会公众对再次发生类似的恐怖袭击、自然灾害或社会骚乱的害怕、恐惧的心态。

第三,公共秩序失范,正常的社会关系被扭曲。由于骤然失去了原本存在的社会行为约束,加上不可遏制的危机心理,一部分人丧失理智,出现了拥挤逃生、争夺、抢劫、纵火、性攻击、暴力攻击等多种犯罪行为,一如美国卡特里娜飓风期间新奥尔良市发生的丑陋的一切。与此同时,另一部分有良知的人们,却表现出了完全不同的种种可贵的品质,一如美国纽约遭受"9·11"恐怖袭击后,包括总统夫人在内的许多人们自愿主动献血的情形。

第四,信念和信任危机。还是在这些案例中,人们普遍对生命权、财产权、社会公平等

---

① 〔美〕劳伦斯·巴顿:《组织危机管理(第2版)》,符彩霞译,北京:清华大学出版社2002年版,第3页。
② 中国社会科学院语言研究所词典编辑室编:前揭书,第1305页。
③ 转引自〔美〕罗伯特·希斯:《危机管理》,王成等译,北京:中信出版社2001年版,第13页;薛澜等:《危机管理——转型期中国面临的挑战》,北京:清华大学出版社2003年版,第25页。
④ 转引自〔美〕罗伯特·希斯:前揭书,第13页。
⑤ M. W. Seeger, T. L. Sellnow & R. R Ulmer, "Communication, Organization, and Crisis," in Michael Roloff, ed., *Communication Yearbook 21*, pp. 230-275; Thousand Oaks, CA: Sage Publications, 1998, p. 56.

信念,以及维护这些的公共政策的合理性、有效性提出了质疑。这也正是为什么危机之后总是会大幅度修正公共政策的原因所在。

公共危机与突发事件相互联系,但并不完全相同。一般而论,突发事件是指没有预计或者无法预计而发生的、造成了或者可能造成重大损害的公共事件。在时效的意义上,突发事件是一种紧急状态(emergency)。突发事件包括各种自然灾害、生产或技术事故、传染性疾病、经济性恐慌、恐怖袭击、暴力冲突、社会骚乱和暴乱甚至叛乱等。突发事件与公共危机的关系,可以理解为突发事件是公共危机的一种前期形态,即在突发事件没有或不能及时得到控制、制止的条件下,将转变成为公共危机。突发事件会不会发展成为公共危机,在很大的程度上取决于政府公共危机管理能力的强弱高低。

二、公共危机的类型

概括地说,公共危机的类型无非"天灾"型、"人祸"型,以及延伸性的"天灾人祸并生"型。如果依据特定的标准,则可以划分出许多的危机类型,例如,以危机的地理范围为标准,可以分为国内型危机、国外型危机与结合型危机;以危机的规模为标准,可以分为小型危机、中型危机、大型危机、全局型或整体性危机;以危机的内容为标准,可以分为单一型危机、复合型综合危机;按照危机的层次分为国家危机、地区危机、组织危机、个人危机;按照复杂程度分为结构优良型危机和结构不良型危机等。① 我们讨论两种类型的危机分类。

其一,按照危机持续的时间以及影响,可分为以下4个类型:(1)"龙卷风型"——危机突然发生后会很快平息,来去匆匆,不会给社会带来长久的影响,如1985年的贝鲁特劫机事件;(2)"腹泻型"——危机发展酝酿有一个过程,但爆发后很快便会结束,如1995年的日本奥姆真理教事件;(3)"长投影型"——危机爆发具有突然性,后续影响深远长时间内难以平息,如1965年的美国洛杉矶黑人骚乱虽然被平息,但1995年再次发生暴乱;(4)"文火型"——危机缓慢形成,逐渐升级,缓慢结束,代价巨大,如1961—1975年的越南战争,美军死亡5.8万人,受伤30.4万人,2千多人失踪。②

其二,按照危机的领域,可分为以下5个类型。(1)政治性危机:包括战争、入侵、武装冲突、革命、政变,也包括大规模的政治(民主化)变革、公共政策变迁、大规模恐怖主义活动、政治腐败、民族分裂主义活动以及其他政治骚乱。政治性危机一般涉及的是政体、国体、主权以及政府合法性。(2)社会性危机:包括社会热点问题的变迁、社会不安、社会骚乱、游行示威、罢工、小规模的恐怖主义活动等。社会性危机事件源于人们的不同信仰、价值观和态度之间的冲突,对现行制度、体制和社会行为规则的认同危机,以及各种反社会心理等。社会性危机的不断出现,预示着政治性或政策性危机的出现。(3)经济性危机:包括恶性通胀或紧缩、汇率巨幅波动、证券市场大幅度振荡、失业率高攀、利率的急剧变化等。经济性危机领域广泛。值得强调的是,公共政策是引发经济性危机的重要的和经常的因素。(4)生产性的危机:包括火车相撞、飞机失事、船舶沉没、化学物品或核泄漏、强

---

① 刘长敏:《危机应对的全球视角——各国危机应对机制与实践比较研究》,北京:中国政法大学出版社2004年版,第14—17页。
② 国务院发展研究中心国际技术经济研究所《国外政府应对重大危机事件运作机制》课题组:《国外应对重大危机事件的理论与实践》,《国际技术经济研究》2005年第1期。

电磁辐射、空气污染、水污染、职业病,以及各种各样的偶然性因素的单一或共同作用引发的危机。需要指出的是,随着国家间日益频繁的经济往来,生产性危机的概率也在迅速增大。因为,随着货物的移动,由病毒、微生物、细菌、物种所引发的生态平衡危机、传染病危机等各种危机是难以避免的。(5)自然(灾害)性危机:包括干旱、洪涝、火山爆发、暴雪、冰雹、地震、台风或飓风、海啸、龙卷风、山体崩塌、滑坡、泥石流、虫害、咸潮、沙漠化、流行性传染病以及其他的自然灾害等。自然灾害可以对人类社会的生活、生产、生命财产造成急剧的、巨大的,甚至毁灭性的破坏,引发公共危机。

三、公共危机管理

公共危机管理是一种公共产品。构建公共危机管理体制是现代国家政府公共管理的基本职能和职责之一。在这方面,不少国家本着"核心小、法律全、信息灵、意识强"的原则构建国家公共危机管理体制。①

关于公共危机管理的定义众多。在不同的国家,公共危机管理的称谓有所不同,如政府危机管理、突发事件应对机制、紧急状态管理等。一种观点认为:所谓政府危机管理,就是政府通过监测、预警、预控、预防、应急处理、评估、恢复等措施,防止可能发生的危机,处理已经发生的危机。②"危机管理的本质是:它需要一个既使用权威又使用民主的决策程序,在此环境中激发反应者做出一个富有弹性但又极具力度的决定。"危机管理的核心问题在于"在一个分散无际、嘈杂混乱的环境中做出及时适宜的决策"③。

在最宽泛的,也是理想状态的意义上,公共危机管理指政府应对公共危机的系统安排。这个系统安排的结构或要素可以从以下角度观察和理解:

第一,时间周期和序列。公共危机管理包括三个阶段:一是在危机未发生时限制危机源,尽可能避免危机的发生;二是在危机发生时尽可能控制事态的蔓延和恶化,减少损失;三是在危机发生后尽早从危机中恢复过来。其中,防患于未然的措施——这是美国卡特里娜飓风的惨痛教训,可靠的预警机制——这是印度洋海啸的惨痛教训,是重要的。

第二,法律规范。公共危机管理必须纳入法制化的轨道。许多国家的实践证明,建立比较完备的法律法规体系有利于危机管理的正当性和时效性。在这方面,几乎所有的发达国家都有以法律为基础的完备的社会危急处理机制。许多国家都有统一、规范和危机应对的专门法律,例如美国的《紧急状态法》、俄罗斯的《紧急事态法》、加拿大的《加拿大危机法》、日本的《紧急事态法》、英国的《民事突发事件法》等。应对危机专门法律的意义,在于明确界定危机状态,规定启动危机应对机制的条件以及颁布进入危机状态的程序、方式、期限、终止方式,规定危机管理的领导体制和组织体制、权力和责任、预警和预演方式以及其他相关事项。

与此同时,许多国家还有上百部的针对各种自然灾害和其他紧急事件的法律法规。例如,美国的《灾害救助和紧急援助法》及其《修正案》《洪水保险法》《洪水灾害防御法》《国家地震灾害减轻法》《美国油污法》《联邦应急计划》等,英国的《应急权力法案》《民防

---

① 王德迅:《国外公共危机管理机制纵横谈》,《求是》2005年第20期。
② 李经中:《政府危机管理》,北京:中国城市出版社2003年版,第35页。
③ 〔美〕罗伯特·希斯:前揭书,第181页。

法案》《地方政府法案》《非军事应急法案》等,日本的《灾害救助法》《灾害对策基本法》,瑞士的《联邦民防法》等。在这方面,我国已经有了不少的与危机管理相关的法律、法规,如《中华人民共和国防震减灾法》《中华人民共和国消防法》《中华人民共和国气象法》《中华人民共和国防洪法》《中华人民共和国安全生产法》《中华人民共和国森林法》《突发公共卫生事件应急条例》《中华人民共和国传染病防治法》等,以及《国家自然灾害救助应急预案》《国家防汛抗旱应急预案》《国家地震应急预案》《国家突发地质灾害应急预案》《国家处置重特大森林火灾应急预案》《国家突发公共事件总体应急预案》《国家安全生产事故灾难应急预案》《国家处置铁路行车事故应急预案》《国家处置民用航空器飞行事故应急预案》《国家海上搜救应急预案》《国家处置城市地铁事故灾难应急预案》《国家处置电网大面积停电事件应急预案》《国家核应急预案》《国家突发环境事件应急预案》《国家通信保障应急预案》等。其中特别值得提到的是 2005 年 3 月 14 日,第十届全国人民代表大会第三次会议审议通过《中华人民共和国反分裂国家法》;2007 年 8 月 30 日第十届全国人民代表大会常务委员会第二十九次会议通过《中华人民共和国突发事件应对法》;2015 年 12 月 27 日第十二届全国人大常委会第十八次会议通过《中华人民共和国反恐怖主义法》。这些法案中有关重大突发事件的规定为防治重大公共危机提供了法治依据和有力威慑。

第三,领导体制和政府组织体制。就领导体制而言,最重要的问题是公共危机管理需要单一、明确、强大的承担危机管理的核心或关键决策职能和指挥职能的权力中心。就政府组织体制而言,最重要的问题则在于相关职能部门和不同层级政府的协同力、执行力。例如,美国于 20 世纪 70 年代建立了"强总统、大协调"的以总统为核心,以国家安全委员会为中枢的国家危机管理综合体制,成员包括副总统、国务卿、总统国家安全事务顾问、国防部长、参谋长联席会议主席、中央情报局长、财政部长等,负责评估美国家安全状况,协调政府相关部门的政策。1979 年成立了联邦应急管理局(Federal Emergency Management Agency),专门负责危机应对的日常事务。克林顿政府期间又建立了类似于国家安全委员会的国家经济委员会,承担国家经济安全的职能。"9·11"事件之后,美国建立了国家国土安全部,专司国家安全事务。再如,俄罗斯普京任总统后建立的俄联邦安全会议。该会议是俄危机管理机制的常设机构,联邦总统担任会议主席,会议秘书由总统直接任命并向总统负责。会议常任委员还包括总理、外交部部长、国防部长、联邦安全局长,其他部门首长则是安全会议委员。该会议下设 12 个常设的跨部门委员会,涉及宪法安全、国际安全、独联体合作、军事安全、信息安全、国防工业安全、经济安全、生态安全、边防政策、居民保健、社会犯罪、反腐败、反犯罪等领域,基本囊括了现代社会可能导致国家危机的各种紧急事态,其任务是向安全会议提供建议和咨询。① 日本的危机管理体制以内阁首相为最高指挥官,由内阁官房负责总体协调、联络,根据危机种类的不同,分别通过安全保障会议、阁僚会议、内阁会议、中央防灾会议、金融危机对策会议、紧急对策小组等决策机构制定危机对策,再分别由警察厅、防卫厅、海上保安厅、消防厅等各省厅、部门根据具体情况予以配合。②

---

① 国务院发展研究中心国际技术经济研究所《国外政府应对重大危机事件运作机制》课题组:前揭书。
② 中国现代国际关系研究所危机管理与对策研究中心:《国际危机管理概论》,北京:时事出版社 2003 年版,第 168—172 页。

第四,危机管理。按照罗伯特·希斯的"4R"危机管理理论,危机管理的主要内容集中在减少危机的攻击力、冲击力、破坏力、影响力,做好应对危机情势的准备,全力应对已发生的危机,以及尽快从危机中恢复过来。这4个方面同时也是衡量政府应对能力的主要标准:(1)缩减力(reduction)。危机缩减管理是任何有效的危机管理的核心内容。因为缩减危机可以通过节约时间和资源直接降低危机的危害范围和程度。缩减危机管理的策略,包括优化环境、结构、系统和人员等。(2)预备力(readiness)。危机预备管理的要义在于增强初始反应能力,基本内容在于预警和监视系统。通过监视,感受每个细节的不良变化,并把信息及时传导给危机管理的其他系统。(3)反应力(response)。危机反应管理所涵盖的范围广泛,基本问题一是如何能够获得更多的时间,二是如何尽可能多地获得全面、真实的信息,三是如何减少损失。(4)恢复力(recovery)。危机恢复管理是在危机过后如何恢复状态和如何评估。①

第五,整合应对资源(力量)。整合的基本问题,在于形成官民协同的多维公共危机应对体制。这有三个基本的问题:(1)政府与媒体的关系。从发达国家的政策实践来看,这种关系的要义在于两者之间以国家利益和公众利益为主旨的相互信任的、稳固的良性互动关系。为了建立这种关系,许多国家都将媒体作为政府危机管理体系的重要组成部分,赋予其传播政府决策和通告政府行动,为政府、社会组织、公众乃至全世界提供及时和正确的信息,引导公众舆论以及安抚、稳定公众情绪等功能。与此相联系,在发生危机的时期,政府的新闻发言人都会加强与媒体的联系,主动通过媒体及时发布各种信息。为了保证危机期间政府信息的准确性、权威性,有的国家还通过立法确立媒体的地位和作用。例如,日本1961年的《灾害对策基本法》明确规定,日本广播协会(NHK)是国家指定的防灾公共机构。(2)政府与专家的关系。一般而论,在应对危机的过程中,专家因其专业判断能力和社会公信力而成为一种不可替代的力量。所以,在各国的实践中,专家的作用历来受到重视。(3)政府和非政府组织的关系。当代社会是组织的社会。非政府组织的兴起和普遍化,是21世纪组织社会的新的发展特征。非政府组织可以承担和更多地承担包括应对危机在内的许多社会功能。例如,1995年1月造成了6400多人死亡的日本阪神大地震的救助,第一个到达现场实施救助的是日本民间组织——日本救援组织。该组织不仅动作快捷,而且拥有世界最好的搜救设备和救助技术。再如,2005年11月中国江西地震,红十字会、红新月会国际联合会、香港世界宣明会等非政府组织都参与了灾后救援行动。与此相关的问题是,政府如果能够根据经验预设危机情形,确立一些适用于非政府组织参加危机应对的程序、方法以及其他的规则,那么非政府组织将有发挥作用的更大空间。

第六,公民危机教育。理性和普遍的公民危机意识是政府公共危机管理的基础,是决定政府公共危机管理效果的关键性因素之一。所以,许多国家在不断强化政府官员危机管理意识的同时,不惜投入巨大的公共资源,不断对全社会的公民进行日常性的危机意识教育和培训。在这方面,政府承担着经常向全社会宣导忧患意识,在全社会普及急救知识、逃生要领和自救互救的方法,并通过经常性的演习提高公民实际自救能力的责无旁贷的公共责任。在这方面,发达国家有诸多的成功经验。政府通过定期出版物、宣传品、互

---

① 〔澳〕罗伯特·希斯:前揭书,第67页。

联网、展览、专题讲座、听众热线、电脑游戏等公众沟通交流方式,不断向公众灌输公共危机意识。日本的儿童刚上幼儿园,多会被带到地震模拟车上体会地震的恐怖。由于长年累月的宣导,日本几乎家家户户的门窗附近,都备有应对危机的必备物品:矿泉水、压缩饼干、手电筒以及急救包等。① 在这方面,政府公共危机管理信奉的理念是:当忧患意识成为政府与公民的一种共同意识,当应对危机成为公民一种日常习惯,甚至成为一种生活方式时,国家和社会的危机应对能力和危机承受能力才是现实可靠的。

公民的危机自救互救是十分重要的。由于危机具有突发性和不确定性,所以,即使是最及时和最有效的危机救援,也需要一定的反应时间,而经验证明,发生危机的最初阶段,往往是人员伤亡最多的时段。所以,在危机发生时,尤其在最初的阶段,以公民的自救精神和自救能力为基础的公民的各自为战的自救便十分重要。在这里,公民的自救既包括个体性的公民自救,也包括群体性的公民自救。与此相关的公共管理目标是,即使出现政府瘫痪、暂时瘫痪、部分瘫痪等严重情形,公民也能够因为普遍具有自救能力而大大减少死亡率。

名词与术语

危机　　政府能力　　亨廷顿悖论　　广义政府能力　　"4R"危机管理理论
　　　　行政发展　　　　　　　　　狭义政府能力
　　　　发展行政　　　　　　　　　公共危机管理
　　　　风险社会
　　　　公共危机
　　　　突发事件

复习与思考

1. 现代政府公共行政能力。
2. "政府能力的重要性是显而易见的"辨析。
3. 政府能力问题的现实缘由。
4. 东亚国家和地区在其现代化过程中与政府能力相关的共同性特征。
5. 政府能力的特点。
6. 政府能力与政府职能的关系。
7. 政府能力与公共行政权力的关系。
8. 政府能力与公共选择的关系。
9. 政府能力主要适用领域。
10. 政府能力的构成。
11. 政府能力的提高及其内涵的变化。
12. 政府能力的提高与依法行政的相互关系。
13. 政府公共危机管理的重要性。

---

① 王德迅:前揭书。

14. 公共危机的要件。
15. 公共危机的类型
16. 公共危机管理的结构或要素。

主要参考书目

1. 〔美〕查尔斯·汉普登、特纳等:《国家竞争力》,徐联恩译,海口:海南出版社1997年版。
2. 王绍光、胡鞍钢:《中国国家能力报告》,沈阳:辽宁人民出版社1993年版。
3. 李晓:《东亚奇迹与"强政府"》,北京:经济科学出版社1996年版。
4. 〔美〕罗伯特·赖克:《国家的作用——21世纪资本主义的前景》,上海市政协编译组等编译,上海:上海译文出版社1994年版。
5. 世界银行:《1997年世界发展报告—变革世界中的政府》,蔡秋生等译,北京:中国财政经济出版社1997年版。
6. 世界银行:《新世纪的发展挑战——2020年的中国》,世界银行中国代表处组织译,北京:中国财政经济出版社1997年版。
7. 世界银行:《东亚奇迹——经济增长与公共政策》,财政部世界银行业务司,北京:中国财政经济出版社1995年版。
8. 经济合作与发展组织秘书处:《危机中的福利国家》,梁向阳等译,北京:华夏出版社1990年版。
9. 〔美〕塞缪尔·P.亨廷顿:《变化社会中的政治秩序》,王冠华等译,北京:三联书店1989年版。
10. 〔德〕乌尔里希·贝克:《风险社会》,何博文译,北京:译林出版社2004年版。
11. 〔德〕乌尔里希·贝克:《自反性现代化》,赵文书译,北京:商务印书馆2001年版。
12. 〔澳〕罗伯特·希斯:《危机管理》,王成等译,北京:中信出版社2001年版。
13. 〔美〕劳伦斯·巴顿:《组织危机管理(第2版)》,符彩霞译,北京:清华大学出版社2002年版。
14. 〔英〕比尔·维特主编:《风险管理与危机解决》,李正全译,上海:上海人民出版社2004年版。
15. 〔英〕迈克尔·雷吉斯特、朱蒂·拉尔金:《风险问题与危机管理》,谢新洲等译,北京:北京大学出版社2005年版。
16. 〔以〕叶海卡·德罗尔:《逆境中的政策制定》,王满传等译,上海:上海远东出版社1996年版。

第十九章　当代中国行政改革

第一节　我国政府机构改革的历史沿革与发展

新中国成立以来,随着国家情势的变化,我国国家行政组织先后进行过多次改革。从整体上看,这些变革基本上是围绕着调整中央与地方关系,调整国民经济结构,调整社会管理重点而进行的,其最基本的表现形式则是调整机构和精简人员,以及后来的转变政府职能。这些变革从历史发展序列或过程上反映了对社会主义国家行政管理的不断再认识。应当说,这些变革在不同程度上都对完善我国的国家行政管理体制产生过积极的影响,在不同程度上起到了加快国家经济建设速度、稳定社会生活的作用,并积累了一些有益经验,但是,这些变革并未完全取得预期效果,而在某些方面强化了管理体制上的某些弊端,因而影响了国家公共行政管理职能的充分、有效发挥,并出现和形成了"精简——膨胀——再精简——再膨胀"的恶性循环现象。因此,总结历史经验教训,探索未来发展模式,对于提高我国社会主义初级阶段政府行政管理的效能,深化改革开放,进而推进社会主义大业,是十分必要的。

一、新中国成立初期的政府机构改革

这一时期从 1949 年 10 月中华人民共和国建立至 1978 年 12 月中共十一届三中全会之前。

(一) 1954 年政府机构改革

新中国创立初期,通过当时代行人民代表大会职能的中国人民政治协商会议的广泛讨论进而制定的《中央人民政府组织法》,成立了称谓为政务院的中央人民政府,下设政治法律、财政经济、文化教育、人民监察 4 个综合性委员会及其所属部、委、院、署、行、厅共 35 个,同时在中央政府以下,省、直辖市以上设立了华北、东北、西北、华东、中南、西南六大区域性地方政府并将其作为中央政府领导地方的派出行政机关。1952—1953 年,中央改六大区人民政府为行政委员会,撤销了其一级地方政府的职能,同时将政务院工作部门增加到 42 个。

1954 年,第一届全国人民代表大会召开,制定了我国第一部社会主义宪法,并在此基础上对政务院进行较大调整:改政务院为国务院,撤销了 4 个综合性委员会;设立了分别协助总理处理政务的 8 个办公室;对部委进行了较大调整,设立了 24 个主管部门。调整后的国务院一共设置了 64 个工作部门。与此同时,各级地方政府比照中央政府对口设置了厅、局,形成了自上而下的以中央为主、与计划经济相一致的部门管理体制。这是中央政府第一次较大的行政改革。这次改革奠定了我国行政管理体制的基本模式。

（二）1958 年政府机构改革

随着 1955—1956 年城乡经济建设事业的发展，中央政府按行业、产品设置的经济管理部门分工愈来愈细，机构愈来愈多。到 1956 年年底，国务院所属部门达到 81 个，形成了中华人民共和国成立以来中央政府机构设置的第一个高峰。国务院行政部门的大量增加，不仅使国务院本身机构臃肿，妨碍了行政效能发挥和提高，而且强化了部门管理体制，加重了中央集权，影响了地方积极性。对此，毛泽东同志在总结第一个五年计划期间社会主义建设经验时提出，应当给地方更多的独立性，扩大一点地方的权力，让地方办更多的事。

根据毛泽东同志的意见，1958 年，中央开始对管理体制进行改革，将中央直属的大部分企事业单位下放给地方管理，同时对国务院行政部门进行了精简调整。到 1959 年年底，国务院所属部门减少到 60 个，小于 1954 年的规模，形成了第二次较大的国家行政改革。这次改革是中华人民共和国成立后关于国家行政管理体制分权的第一次尝试。

（三）"文化大革命"时期政府机构设置

三年困难之后，从 1961 年开始中央对国民经济实行"调整、巩固、充实、提高"的八字方针，认为对有限的资源实行统一领导和集中管理是恢复国民经济的唯一出路。因此，在总体指导方针上中央重新强调集中管理，将 1958 年以来下放的单位先后陆续收回中央管理。与此相适应，中央政府开始恢复和增设机构，到 1965 年年底，国务院行政机构达到 97 个，形成了中央政府机构设置的第二次高峰。

实践证明，在当时的情况下这样做是正确和有效的。在此期间，中央还提出了用经济方法管理经济的某些思想和设想，并进行了某些探索。但这一切不久就被"文化大革命"否定了。十年动乱期间，国务院受到严重破坏，到 1970 年，国务院工作部门只剩下 32 个，行政管理工作几乎瘫痪。这是一种由外力发动的、极不正常的"变革"。1975 年，在周恩来、邓小平同志主持下，国务院部门恢复到 52 个，但其行政管理职能仍受到极大限制。[1]

二、改革开放初期的政府机构改革

这一时期从 1978 年 12 月中共十一届三中全会至 1998 年第九届全国人民代表大会之前。

（一）1982 年政府机构改革

粉碎"四人帮"后，从 1977 年开始，国务院很快恢复了部门管理体制，至 1978 年年底，国务院行政单位达到 76 个。此后，由于种种复杂原因，国务院继续增设机构，到 1981 年，国务院所属各种机构超过了 100 个，形成了中央政府机构设置的第三次高峰，也是最高峰。

机构大量膨胀不仅使国务院机构林立、职责不清、人浮于事、运转不灵，而且导致了严重官僚主义的滋长。这一切显然背离了社会主义国家行政管理原则。对此，邓小平同志尖锐指出，这个问题不解决，不仅"四化"建设没有希望，而且可能要亡党亡国。在这种背

---

[1] 顾加麟：《从机构改革到行政体制改革的实践与思考》，北京：中国发展出版社 1997 年版，第 54—70 页。

景下,党和政府做出重大决策,下决心进行领导体制和管理制度的改革。经过一段时间的准备,从1982年开始,国务院率先进行较大幅度的机构和人员调整,形成了第三次较大的国家行政改革:(1)改革国务院领导体制,国务院副总理由原先的13人减少为2人,同时设置了国务委员,并由国务院总理、副总理、国务委员、国务院秘书长组成国务院常务会议。(2)大幅度精简机构,国务院部委由52个裁并为43个,直属机构由43个裁并为15个,办事机构由5个裁并为3个。国务院行政机构由原有的100个减少到61个(新设国家体委)。(3)大幅度减少各级领导干部职数,规定部、委正副职职数3—5人(计委、经委、外交部除外),部属司、局正副职职数2—3人。(4)实行干部离退休制度,规定部长任职年龄一般不超过65岁,副部长和司局长一般不超过60岁,废除事实上存在的领导职务终身制。(5)精简人员,规定当时国务院及所属各部门51 000名机关人员精简25%。但考虑到精简人员安置的难度,在紧缩编制的同时实行了定编不定人的改革政策,对富余人员进行了在职轮训。

这次改革是在党和国家工作重心全面转移到社会主义现代化建设上来之后首次进行的行政改革,它所提出和建立的关于改革的思想,在一定程度上为以后的行政改革提供了理论基础。它起到了由机构调整到领导制度、管理体制改革的先导作用。它的影响和成果主要集中在六个方面:(1)根据统中有分的原则,实行了党政分工、政企分开、政社分开,并在政府内部按照1982年宪法开始实行首长负责制。(2)根据精干原则和干部"四化"标准调整了领导班子,提拔和使用了一批素质较好的中青年干部,同时安排一部分年老体弱的同志退居二线或离职休养。这样做不仅给行政管理注入了活力,而且打破了实际上存在的领导职务的终身制。(3)根据精简和效能的原则重新划分了职能部门,大幅度裁并了机构,加强了综合性协调机构。(4)根据智力和平衡的原则,除了顾问制度外,还设置了一批研究和咨询机构,同时加强了统计、监督部门。(5)根据管理经济的原则将部分行政管理机构改为经济实体,同时试行市管县体制,探索发挥城市经济中心的途径。(6)宣传和鼓励了改革开放新思维、反对了官僚主义和不正之风。

但是,由于未能建立起与社会主义初级阶段的发展特征相适应的国家行政管理的基本模式,所以,已经精简的机构很快又恢复起来,出现并形成了一种"精简——膨胀——再精简——再膨胀"的恶性循环行政现象。

(二) 1988年政府机构改革

进行这次机构改革的直接原因是国务院机构自身建设的要求,深层次原因则是经济体制和政治体制改革的要求。1982年机构改革时,国务院的工作机构由100个减为61个。可到了1988年,国务院工作机构又增至72个。此外,又成立了12个部委归口管理机构,增设了一批非常设机构、政企不分的公司、政事不分的事业单位等,从而构成了一种膨胀的态势。这种增设机构、扩大编制、提高级别的趋势在某些地方政府甚至更严重。因此,从中央到地方都有必要通过机构改革进行精简和整顿。

根据1984年《中共中央关于经济体制改革的决定》提出的实行政企职责分开、正确发挥政府机构管理经济的职能的要求,以及1987年10月中国共产党第十三次全国代表大会关于政治体制改革七项任务中改革政府机构的要求,1988年政府机构改革再度开始,其目标主要集中在五个方面:(1)转变职能。按照政企分开的原则,弱化直接管理职能,减少具体审批事务,加强决策、咨询、调节、监督和信息等职能,使政府对企业由直接管理逐步转到间接管理,从微观管理逐步转到宏观管理,从部门管理逐步转到行业管理。(2)下放权力。主要是向企业和基层下放权力,逐步理顺政府同企事业单位和人民团体的关系、政府各部门之间的关系以及中央同地方的关系。(3)调整机构。主要是调整专业经济管理部门和综合部门中的专业管理司局,调整党政重复设置的机构和政治体制改革的机构。(4)精简人员。总体上按20%的比例进行精简,减下来的人员有些充实到缺人和需加强的部门,较多的人转到公司、协会等企事业单位和社会团体组织中去工作,达到离退休年龄的,按期办理离休退休手续。(5)搞好配套改革。在改革政府机构的同时,推进干部人事制度改革,抓紧建立和逐步实施公务员制度,开办行政学院,培养行政管理人才。

从实践的情况来看,这次改革较为明显的进展与成效是机构设置上的调整与变化。改革之前,国务院有工作机构72个,经过调整,减为68个。其中部委由45个减为41个,直属机构由22个减为19个,办事机构由4个增至7个;此外,部委归口管理机构由12个增至15个。从精简机构的数量上看虽然不算大,但调整涉及的面还是不小的。更重要的是,这次机构精简,按照转变职能的方向和原则,本着加强综合管理与宏观调控、减少直接管理与部门管理的原则,着重对国务院的专业经济部门和综合部门中的专业机构进行了适当的调整合并,为建立一个适应经济体制和政治体制改革要求的新的行政管理体系打下了基础。但是,这次改革未能有效地促动职能转变的进程,涉及转变职能的几个主要问题,譬如政企分开问题、进一步下放权力问题、加强宏观调控问题、减少部门的直接管理问题以及与政治体制改革相关的几个问题都远未解决。

(三) 1993年政府机构改革

1993年政府机构改革方案经中共十四届二中全会通过和七届全国人大一次会议批准,于当年组织设施,第二年宣告完成改革任务。

1992年10月召开的中国共产党第十四次全国代表大会明确提出,为在我国建立社会主义市场经济体制,要使市场机制在国家宏观调控下对资源配置起基础性作用。为适应经济体制上的这种转换,这次代表大会同时提出了进行行政管理体制改革和机构改革的任务。1993年,经第七届全国人民代表大会第一次会议批准,国务院于当年进行了"文化大革命"后第三次政府机构改革,第二年宣告完成改革任务。这次改革总的指导思想是:把适应建立社会主义市场经济体制和加快市场经济发展作为机构改革的目标,按照政企分开和精简、统一、效能的原则,在转变职能、理顺关系、精兵简政、提高效率方面取得明显进展。改革的重点是转变政府职能。

经过以上改革,国务院原有部委42个,调整为41个;原有直属机构19个,调整为13个;原有办事机构9个,调整为5个。国家局仍设15个。国务院各部门行政编制总计48 000余人,按20%精简。问题在于,国务院这次机构精简,部委只减少了1个,直属机构和办事机构虽然减少10个,但其中有些划归了中共中央机关管理,有些划归了部委管理,有些改为了行政性的直属事业单位。也就是说,这些机构基本上保留着,且继续行使其原来的职能,不同的只是它们的隶属关系有所变更。另外,有人提出,这次改革将1988年国务院机构改革时,按照加强宏观管理、加强综合管理和弱化微观管理、部门管理的改革思路合并一些专业管理部门而成的综合性部委,又拆开来分设,重演合了分、分了合的"三国演义",不能不说是一个问题。因为1988年与1993年两次改革的思路基本一致,那么,为什么一次"合",一次"分"?在公共政策选择上,究竟哪一次改革符合改革方向呢?

三、可持续发展时期的政府机构改革

这一时期从1998年第九届全国人民代表大会召开起到2012年中共十八大召开。

经1998年第九届全国人民代表大会讨论通过,中国各级政府开始进行为期三年的机构改革。3月24日,朱镕基总理在国务院第一次全体会上提出抓紧实施方案,做到"不动摇,不走样,不变调",把工作做细、做实、做好。政府机构改革启动。从整体上看,1998年政府机构改革,是在世纪之交中国共产党和政府审时度势做出的一项重大的理性抉择。从提出的改革思想和涉及的改革问题看,这次政府机构改革无疑是一次具有全面行政改革性质的改革,是在我国全面实行社会主义市场经济体制、实行经济增长方式转变、实行经济发展战略调整的新的历史条件下,集中进行的一次具有相当广度和深度的政府行政改革。相应地,改革难度也是很高的。

从整体上看,这次改革有以下特点和问题。

(一)改革的大背景

从总体特征上看,这次改革在客观情境上是在国内外若干巨大挑战的背景下展开的,在主观认识上则表现为党和政府对这些巨大挑战的认识、理解、把握以及相应的主动进取的政策应对。以卓越的政策应对为转化力量,这些挑战同时构成了我国实现新的历史飞跃的机遇。概括起来,这次改革面临的巨大挑战主要集中在六个方面。

挑战之一:政府管理面临挑战。这种挑战表现为政府传统的管理理念、管理思想、管理原则、管理职能、管理体制、管理方式与社会主义市场经济发展的矛盾日益突出,与现代社会发展的矛盾日益突出,出现和形成了政企不分、市场在资源配置中的基础作用受到妨碍,依靠行政手段管理经济和管理社会、政府不应该地成了责任和事务的矛盾焦点,政府机构庞大、人浮于事的状况助长了腐败,加重了国家财政负担等直接与政府管理相关的不良现象,以至于如果不加紧进行自身改革,政府有可能成为自己倡导和推动的市场经济的障碍物或对立物。1997年中国共产党第十五次全国代表大会进一步提出了以调整所有制关系为基础、以资本为纽带发展市场经济的理论和任务。至此,市场与市场主体均已成型,其合法的结合明显推进了我国市场经济的发育,而市场的进一步完善,则要求全面建立以公平竞争、等价交换为基础的市场规则,进而要求政府进一步转变职能,退出市场竞争,在经由了政府控制经济(计划经济)、政府主导经济(双轨制)的历史阶段之后,加速走向政府宏观调控经济(市场经济),使凌驾于社会之上的公共权力主体回归应该的地位;要求政府加快转变管理方式,变微观管理为宏观管理,变直接管理为间接管理,变单一管理为多元管理,变过程管理为目标管理,变自为行政为依法行政。否则,由于政府职能和政府管理方式的转变滞后于市场经济的发展及其连带的社会进步,我国经济、社会发展的活力和后续力将因此受到影响。

挑战之二:国有企业面临挑战。统计资料显示,"八五"期间,仅由国家财政支付的企业亏损补贴就高达2060.48亿元,相当于同期国家财政支出的7.1%。即使如此,相当多的国有企业生产和经营仍然陷入了困境,事实上已经丧失了进一步发展的活力,丧失了基本

生存能力。随着政府以市场原则为指导进一步调整财政政策和进一步深化金融体制改革,大量的、与国计民生无重大关系的国有企业,将不大可能继续获得政府的保护,不大可能继续无条件地占有国家资源,破产、兼并、改制不可避免。随之而来的大量下岗和失业劳动力及其相关人口,将造成严重的社会问题。这无疑对政府提出了严峻的考验。国有企业改革因此成为新一届政府的主要改革任务之一。

挑战之三:金融体制面临挑战。金融是后发展国家融入世界经济体系、借助国际资本加速实现现代化的有效途径之一,但如果政府金融政策应对失当,其后果可能是灾难性的。东亚金融危机对我国的主要警示在于:(1)畸形发展的金融业是产生泡沫经济的温床之一。诸如超前开放资本市场,银行存贷利率过高,外债借贷失控、外债数额过大且与国家外汇存底不成比例、短期贷款在国际借贷中权重过大,紧盯美元的区间浮动汇率制实施时间过长且缺乏应有的弹性,债券市场开发过晚且债券在整个资本市场所占比重过小,资本结构、信贷结构、外资结构明显不合理,资本流向过于集中于股票、房地产等投机性较强的领域,金融机构不良资产存量过大等,都是形成金融危机的诱因。(2)政府金融政策超前或滞后、金融监管失力是导致金融危机的基本原因之一。(3)金融改革的难度和风险均比较高。日本从1991年泡沫经济破灭至今,仍然没有完成金融体制的改革,可见全面的金融体制改革之难。经过比较不难得出结论,上述诱发东亚国家金融危机的大部分因素都是我国金融体制的现实问题。金融体制改革因此成为新一届政府的又一项主要的改革任务。

挑战之四:国际竞争力面临挑战。由于我国政府承担与大国地位相称的国际责任,在东亚爆发金融危机、继而日元急剧贬值之后承诺人民币不贬值,支撑我国出口的劳动密集型产品的输出正面临激烈的国际竞争,随之而来的出口减少将导致国内开工不足,"出口导向型"经济增长战略因此面临巨大挑战。为此,政府提出了在此次改革后3年投资7500亿—10 000亿美元扩大基础设施建设,开发国内市场,通过国内市场扩容实现可持续发展战略的新的经济发展战略。这意味着我国经济增长战略的重大调整,即由出口导向型的经济增长战略转向了出口导向与开发内需并重的经济增长战略。在投入巨额增量资金开发基础设施的条件下,政府面临的问题主要集中在两点上:(1)在推动经济增长的同时如何继续有效地防止"扩大投资——经济过热——调整——萎缩"的不良循环现象;(2)是否能够通过投资融资体制的改革,有效地处理长期以来存在的重复投资、无序投资、非理性投资、非制度化投资、恶意投资等不良投资融资现象,避免国有资本的无增值、无效益的投入。

挑战之五:国家和民族的文明进步面临挑战。当代人类社会发展进步的主流特征可以用三句话概括,即信息化社会的时代已经到来,知识经济的时代已经到来,经济全球化的时代已经到来。由数千年的农业文明、数百年的工业文明到现今的知识(信息)文明,人类社会进步的节律已由算术级数转变为几何级数,发展的性质、内涵和能力较之农业文明和工业文明时已经不可同日而语。这就要求我国政府必须加快自身的改革,全面提高政府及其官员的素质,全面增强政府能力及其有效性,进而引导和推动我国社会的全面进步,迎接21世纪的挑战。

挑战之六:国家财政面临挑战。我国财政的非生产性支出是惊人的。统计表明,我国财政支出的快速膨胀与财政赤字的快速膨胀存在着正相关关系:"六五"期间我国累计财政赤字约 80 亿元,"七五"期间增至 585 亿元,"八五"期间猛增至 1945 亿元,而 1996 年全国财政支出比 1991 年增加了 4500 多亿元,其中 1993—1996 年期间平均每年支出增幅高达 1000 亿元。与此同时,截至 1996 年底,我国财政供养人员总数已达 3673 万人,比 1978 年增长了 82.3%,大大高于同期我国总人口的 27.1%的增长幅度,财政供养人口已经占到全国人口总数的 3%,即每 30 名国民就要供养 1 名由国库开支的行政事业人员,创下了历史的最高点。在总量上,每年近 2000 亿元的行政事业开支,已经占到了国家财政收入的 40%。国家财政因此不堪重负,并严重影响到经济建设投资和社会保障投资。

以上六方面挑战,实际上构成了我国六个方面的深层次矛盾。及时、有效地解决这六个方面的矛盾,是实现我国可持续发展战略的前提条件,而要及时、有效地消除这六个方面的隐患,政府自身首先必须进行整体性的改革。换言之,行政改革的直接目的在于全面提升政府的三个方面的能力:正确地制定和有效地执行公共政策的能力,综合实施社会公共行政管理的能力,向公众全面提供公共服务的能力。可以预计,随着我国各项改革的深入进行和我国发展水平的不断提高,政府的这三个方面的能力及其有效运用,将很快会成为实现我国行政改革中期目标的主导矛盾。从这个意义上说,这次行政改革的成败,将直接关系到我国各级政府公共政策能力和公共行政管理能力的提高与否,进而关系到我国可持续发展战略的实现与否,关系到我国社会的全面进步,关系到我国建设现代化国家的历史进程。在九届人大一次会议通过《关于国务院机构改革的说明》之后,本次改革已经进入实施阶段。

(二) 改革的新特点

从加快建立现代政府和现代国家的意义上说,这次改革是一次思路清晰、目标明确、成果期望值高,具有一定的整体性和系统性、原创性和飞跃性质的,力度较大的改革。与以往的政府机构改革相比较,这次政府机构改革有着一些新的、显著的特点。

特点之一:力度大的改革。改革开放以来,国务院分别于 1982 年、1988 年、1993 年进行过三次政府机构改革。本次是第四次。相比之下不难看出,本次改革的动作和力度是历次政府机构改革最大的。这可以从三个方面来看。

1. 国务院组成部门精简幅度大。1982 年的改革,国务院机构(部委机构、直属机构、办公机构)在总量上由 100 个减至 61 个,减少了 40%,但其中国务院的组成部门(序列)由 52 个减为 43 个,减量为 9 个,减幅为 17%;1988 年的改革,国务院的组成部门由 45 个减至 41 个,减量为 4 个,减幅为 9%;1993 年的改革,国务院的组成部门由 42 个减至 41 个,减量为 1 个,减幅为 2%;这次改革,国务院的组成部门由 40 个减至 29 个,减量为 11 个,减幅为 27%。可见,这次国务院组成序列的精简幅度是 1982 年以来历次政府机构改革中比例最高的一次。

2. 国务院行政单位人员精简幅度大。这次政府机构改革在精简机关干部人数方面的目标是明确的,即各级政府机关编制总数减少一半,三年完成。1982 年的机构改革,国务院实际的人员减量约为 12 000 余人,即由 51 000 余人缩减到 39 000 余人(其中 6000 余人划转企事业单位),减幅为 25%;1993 年的机构改革,国务院实际的人员减量为 7400,即由 37 000 人缩减到 29 600 余人,减幅 20%;这次机构改革计划减量 16 000 人左右,即由31 000人缩减到15 000人左右,减幅50%,实际减幅47.5%,若减去新增设的国防科工委、纺织、轻工、有色金属工业局、知识产权局新增的编制数,精简一半机关人员的改革目标基本实现。可见,这次国务院行政单位人员精简幅度也是历次政府机构改革中比例最高的。同时,国务院各部门内设的局级机构减少了200多个,减幅达25%。

3. 工业经济专业管理部门裁并幅度大。政府与企业的关系是决定我国市场经济进一步发展与否的关键性因素之一。在政府与企业的相互关系中,政府无疑是矛盾的主导方面。政企分开在我国提出了多年,事实上也有一些进展,但根本问题并没有得到有效的解决。各级政府仍然在直接和多方面地管理企业。企业缺乏"自主经营、自负盈亏、自我发展、自我约束"的独立法人地位,权利和责任因此无法得到应有的体现和保证,我国市场经济的进一步发展因此受到制约。据此,为了进一步把企业推向市场,进而完善和发展我国的市场经济体制,推动我国国民经济的可持续发展,这次政府机构改革全部撤销了政府中机械部、煤炭部、化工部、电力部、电子部、轻工总会、纺织总会、石油天然气总公司、石油化工总公司等主管工业经济的专业管理部门。由此可见,党和政府通过政府机构改革进一步完善和发展市场经济,进而为国民经济的可持续发展开辟道路的决心。

特点之二:时机选择合理的改革。这次机构改革是在国民经济发展势头良好、国家经济实力较前雄厚、社会政治稳定且承受能力增强等有利宏观条件下启动的。此外,下述条件对改革是十分有利的。

1. 理论基础和社会基础。这次政府机构改革是在1997年中国共产党第十五次代表大会提出了产权改革的理论和任务、持续多年的国有企业改革进入重要的历史阶段的时期进行的。这里有三个方面的意义:①在理论和实践上人们都已经明确,以调整产权关系为基础、以资本为纽带进行改革,是国有企业获得生机和活力的唯一途径。②政府是国有资产的代表者。为了防止国有资产的闲置、浪费和流失,各级政府必须承担起调整国有企业产权关系的责任,同时承担起对国有企业保值、增值的监督责任。③为了加快进入已经到来的信息时代和知识经济的时代,为了适应与我国的历史性进步伴生出现的社会生活的丰富化、多元化,政府必须大大强化公共服务的功能及其有效性。这一切都要求我国各级政府通过行政改革,继续承担推动中国社会快速发展的历史责任。由于这些理论或思想获得了中国社会主流的认同和响应,从而为大规模的政府机构改革提供了坚实的理论基础和社会基础。

2. 东亚金融危机的冲击。政府在金融市场全球化之后没有及时跟上经济迅速增长所带来的变化,政府公共政策的滞后、失误以及缺乏足够的前瞻性,政府公共行政能力的走低、弱化以及缺乏足够的坚定性,是造成东亚金融危机的主因。可以认为,这次金融危机在本质上是一次政府公共政策的危机、政府公共事务管理的危机。这次危机的产生和发展,在直观原因上表现为东亚各国政府对这次金融危机的到来及其严重程度普遍估计不足,以至于在危机爆发前没有通过及时和有效的公共政策提前释放危机的能量,避免危机的全面爆发,在危机爆发后又未能通过连续和坚定的公共政策抑制危机的扩大化,减少危机的损失。如前所述,导致东亚金融危机的大多数因素在我国都是现实的问题。因此,通过主动的、强有力的政府政策导向和政策规制,提前防范和化解可能出现的金融危机,进而改造金融体制,使之适应金融市场全球化的趋势,是我国政府必须面对的、刻不容缓的重大政策问题,而问题的有效解决有赖于政府自身的公共政策能力和公共行政能力的提高。东亚金融危机和对发生类似金融危机的警醒,从客观和主观两个方面为我国启动整体性的政府机构改革提供了契机。

3. 政府机关工作人员的理念认同和心理承受力。为了实现可持续发展战略,尽快实现国家的现代化,改革将继续深入进行,这是执政党和全国人民的共识;建立高效、自律的政府,则是我国政府公务员的共识。经过1982年、1988年、1993年的政府机构改革,我国政府机关工作人员的理念认同水准和心理承受能力均有了一定程度的提高。又由于过去20年的发展大大扩展了我国国民择业的空间,同时,持续的改革的思维极大地改变了国民——包括政府官员的择业观念,这就使得政府官员和国民较之过去更能接受为改革而进行必要的人员精简。

特点之三:制度创新的改革。这次政府机构改革蕴含着较为深刻的制度创新思想和一些制度创新的举措。在这里,制度创新主要是指从我国的国情出发,根据一定的理念和原则,对政府及其功能重新进行制度安排,包括对政府与政府外主体的关系、政府机构之间的关系、不同层级政府之间的关系做出必要的调整,对政府的行政权限、管理职能、行为方式、工作制度以及与之相适应的机构设置、人员编制、工作流程、财政预算、行政责任等进行再审视、再设计、再组合、再定位,进而通过新的制度安排,再次构建政府的公共行政管理体制,即有中国特色的行政管理体制。制度创新的目的,在于使政府行政管理体制适应社会主义初级阶段发展的需要,适应完善和发展社会主义市场经济的需要并成为其中的主导力量,进而有效地推动我国社会经济的发展,同时使政府成为维护社会公正的权威之一。这次政府机构改革制度创新的主要举措表现在:

1. 创立了国家局制度。为了兼顾改革的彻底性、有效性、过渡性与可行性的需要,本次改革在政府机构的设置上专门设立了由国务院宏观经济调控部门托管的国家局,即把原国务院工业经济专业管理部门全部降格转换成为国务院经济贸易委员会下设的机构,同时对其职能做出了新的、明确的定位。这样,既大大推进了政企分开,又兼顾了社会的承受能力,包括我国的市场经济尚不完善、政府还不能立即放弃某些职能的现实情况,同时理顺了政府内各部门的职能关系,有助于克服多头管理、政出多门的不良管理现象。

2. 设立和加强了公共服务机构。这次政府机构改革在撤销全部工业经济专业管理部门的同时,明确提出了加强政府的公共服务职能的理念和任务,并为此设立了劳动与社会保障部、国土资源部、信息产业部等新的职能机构,同时设立了由国务院总理主持的高层次的教育科技领导小组。就政府的基本社会职能而言,政府就是为公众、为社会提供公共产品、发展公益事业的公共服务机构,政府公务员因此被称为公仆。这次政府机构改革明确提出、设定和强调政府的公共服务职能,直接体现了政府的行政理念的丰富化,体现了政府职能的进一步转变,即由直接管企业、管生产和分钱、分物"转变到宏观调控、社会管理和公共服务方面来",体现了政府行政管理方式的现代化。

3. 建立了稽查特派员制度。稽查特派员是这次政府机构改革的制度创新的重要举措之一。通过建立稽查特派员制度,可以同时实现两个方面的目标:一方面,通过选调一部分坚持原则的部、局级领导经过业务培训,组成驻国有大中型企业的特派员办公室,可以大大减轻政府人员分流尤其是领导干部分流的压力;另一方面,通过建立稽查特派员制度,探索在市场经济条件下,如何以资本为纽带,形成国家与国有企业关系的新模式。新模式的核心问题,在于如何既不干涉国有企业正常的经营活动,又能监督企业的资产运营和盈亏状况,进而在积极的意义上保证国有资产的保值、增值。另外,由人事部承办、国务院监管的大型企业领导人及稽查特派员的任免事项,也是关于大型企业领导人新型奖惩任免机制的制度创新的重要举措。

特点之四:整合的改革。就内部关系而言,这次改革实际上是一次以政府机构改革为中心,广泛涉及行政理念、行政思想、行政体制、行政管理方式,涉及政府公共政策能力、公共行政管理能力、公共服务能力及其有效性,涉及政府公务员队伍建设以及政府及其官员自律等一系列问题的较具系统性的行政改革。就外部关系而言,这次改革则直接与经济体制改革、社会管理体制改革紧密相连,进而与发展问题紧密相连,从而在更高的层面上表现出了系统的改革思想。

1. 政府机构改革与多项改革互动。新一届政府明确提出了"一个确保、三个到位、五项改革"的任务,即确保国民经济的年增长率达到8%、通胀率小于3%,国有企业改革、金融体制改革、政府机构改革到位,粮食流通体制、投资融资体制、住房制度、医疗制度、财政税收制度实施改革。其中,政府机构改革是前提性的。这是因为,政府是矛盾的主导方面。国有企业的进一步市场化、国有银行的进一步商业化、国民福利保障管理的进一步社会化,都需要政府首先进一步转变行政观念和行政职能,提高政府能力,进而通过制定和执行公共政策有效地加以推动;而各项改革任务的推进,又会为政府改革创造必要的外部条件,从而形成良性的交互影响的循环过程。上述改革任务的提出,表明政府形成了明确的辩证改革观。

2. 政府机构改革与完善和发展市场经济互为因果。如前所述,完善和发展市场经济是我国的既定国策,而要进一步完善和发展市场经济,政府首先必须改革自身,进而为完善和发展市场经济创造不可或缺的条件。在政府与市场的关系方面,这次政府机构改革明确概括和提出的改革目标主要集中在三个点位上:其一,政府直接干预企业的生产经营活动,并连带产生投资责任不清和决策失误的弊端;其二,市场在资源配置中基础作用难以得到发挥的弊端;其三,政府主要依靠行政手段管理经济的弊端。这些正是我国政府与市场的不良关系的主要问题。

3. 政府机构改革与实现可持续发展战略并重。这点与下一部分合并讨论。

特点之五:目标明确且期望值高的改革。可以这样理解这次政府机构改革的逻辑过程:通过系统的政府机构改革同时实现两个方面的直接目标,即在进一步转变政府职能、改变政府与企业、市场、社会、公众关系模式的同时,全面提高自身能力;在实现这两个目标的基础上,实现可持续发展战略,推动中国社会的均衡发展。为此,这次政府机构改革十分强调政府能力的整体性提升和政府公务员素质的全面提升。其具体目标是:

1. 高效、协调的政府。由于长期承担了过多的社会责任,也由于政府机构庞大、职能重叠,我国各级政府的行政效率长期不能尽如人意。为了有效地解决这些问题,这次政府机构改革除了大幅度裁并政府机构和减少政府机关人员外,还锐意清减了政府职能,调整了政府部门职能。经过改革,交转企业、社会中介组织和地方的职能多达二百余项,部门间转移的职能多达一百余项。

2. 行为规范、廉洁的政府。行为规范、廉洁的政府，就是依法行政的政府。依法行政是自为行政和不法行政的反称。在我国，变自为行政为依法行政，即由自以为是的政策和管理方式甚至"不法行政"转变为依据法律、依据党和国家的方针政策实施公共行政管理，还有许多的工作要做。诸如无视政策、曲解政策、另立政策的"政策病"一类的不良行政行为还多见于各级政府主要是各级地方政府的行政行为之中。为了确保公共行政权力主体即各级政府及其行政行为的公正性、客观性、规范性、稳定性、超然性，在思想上、理论上重视依法行政，在制度上、政策上强化依法行政既是这次政府机构改革的基本目标之一，也是政府管理法制化、现代化建设的长期目标之一。为了从制度上为建立行为规范、廉洁的政府创造有利的条件，与政府机构改革相一致，政府启动了投资融资体制和"费改税"等一系列与规范、廉洁直接相关的体制改革。

3. 专业化的公务员队伍和有中国特色的行政管理体制。政府公务员是一种职业，但是否是一种专业，在我国长期是一个较为模糊的概念。"万金油"常常是政府公务员的代名词。这次政府机构改革明确提出，通过开发人力资源、充分发挥机关人员的潜能，进而优化机关公务员队伍和基层工作人员队伍的结构，逐步建立起一支适应多方面需要的专业人才队伍，是政府既定的战略举措。这就为今后全面提高我国各级政府公务员的素质、建立专业行政队伍奠定了理论和政策基础，同时为建立具有中国特色的行政管理体制提供了条件。

特点之六：过渡型的改革。这次政府机构改革表现了强烈的改革意愿、丰富的改革思想和系统的改革举措，并因此昭示着我国政府行政改革进入了一个新的历史阶段。但这次改革仍然是过渡性的，改革的直接目的只在于着力解决目前突出的矛盾。随着我国市场经济的逐步完善，进一步的行政改革是必然的。

1. 工业经济专业管理部门尚存。工业经济专业管理部门退出政府组成序列，转由国务院经贸委管理，是在目前发展阶段上的一种具有制度创新意义的政府管理体制的安排。随着市场经济的完善和发展，由工业经济专业管理部门转变而来的国家局将逐步失去继续存在的必要性。

2. 缺乏关于行政改革的系统理论阐释。这次政府机构改革有着清晰、准确的政策宣示、政策举措、政策规范、政策界限，但缺乏关于改革的系统理论阐释。这种理论直接表现政府及其改革的基本的价值取向和价值标准，包括关于政府职能、组织构成、行为方式的阐释，关于政府与市场、政府与社会、政府与公众关系模式的定位，关于改革的性质、原则、条件、依据、目标、对象、范畴、计划、方式、评价体系的说明，关于改革前景的预测等。因此，关于改革的某些问题事实上长期处于较为模糊的状态。譬如，确定我国各级政府机关公务员人数的主要依据是什么？是人口基数，还是面积基数，或其他标准？再譬如，确定各级政府公务员工资水平的依据是什么？是国民生产总值，还是人均国民收入，还是国民经济增长速度，或是综合计算？为此，实行开放式的改革，充分利用"外脑"，较为广泛地吸收政府体制外的专家学者参与改革的全过程是必要的。应当说，缺乏关于行政改革的系统的理论阐释，是导致我国历次行政改革"精简——膨胀——再精简——再膨胀"怪圈现象的主要原因之一。

3. 缺乏关于改革的明确的考虑标准。行政改革是一项复杂的系统工程，其中不可避免地会涉及诸多的变数和错综复杂的关系。对这些变数和关系的不同理解,常常会导致对改革的不同判断和对改革成果的不同评价。由于行政改革具有完全的"公共"性质,因此,关于行政改革的评价标准必须坚持政府自我评价与社会公众评价的统一,并且以社会公众的评价为主。这就提出了一个建立符合我国国情的、关于政府改革的系统评价体系的问题。

(三)改革的主要难点

用理性的观点看问题,一切政府改革都不可能不涉及公共行政权力关系的调整或改变,都不可能回避公共利益关系的调整或改变。由于本次改革广泛涉及复杂的权力关系、利益关系以及其他众多的变数。因此,改革的难度与改革的预期等高。

难点之一:转变行政观念难。从一定意义上可以认为,一切行政改革的最大难点莫过于行政观念的转变。因为,行政观念的转变是一切行政改革的前提。在这里,行政观念的基本问题在于公共行政的应然性质,其中包括了关于公共行政的理念、理论、思想、方法、技术等诸多的观念范畴。例如,政府应该承担哪些责任不应该承担哪些责任?政府有哪些权力没有哪些权力?政府应该通过什么程序、什么方式实施公共行政管理而不应该违背什么程序、使用什么手段实施公共行政管理?与此相联系,转变行政观念的主要问题就是从我国的国情出发,同时借鉴世界各国成功的公共行政管理经验,具有前瞻性地逐步建立起具有中国特色的、较为先进和系统的行政思想和行政理论。具体说来,就是根据我国社会发展进步的客观诉求,不断校正和确定政府在广泛的经济、政治、社会和文化生活中的角色定位和角色规范的问题。从我国现实的情况来看,进一步明确区分公法与私法意义上的政府的权利与义务,从私法的意义上树立官民平等的行政观念,进而克服"政府中心论"和"官本位"观念,是政府行政改革的主要难点之一。

难点之二:恰如其分地处理集权与分权中存在的悖论难。现代市场经济是建立在一定规则基础上的自由竞争的经济。它要求承认和保护"自主经营、自负盈亏、自我发展、自我约束"的独立经济法人主体,要求承认和保护合法市场主体的正当市场行为,要求承认和保护以利益为导向的社会价值标准和个人的劳动所得,要求承认和保护公平竞争、等价交换、商业信用等基本的市场原则,要求承认和确立第三者权威仲裁的法律制度,并要求政府依据这些原则制定和执行公共政策。

迄今为止,从后发展国家实现现代化的经验来看,后发展的国家在现代化起步的时候,由于不存在政府与市场分离的社会性结构,因此,从一开始就面临着一种权威与市场、权威与制度两难的抉择。换言之,单一制后发展国家至少在现代化进程的初期,政府的公共权力存在着一种集权与分权的悖论:一方面,政府需要足够的权力推动市场经济的完善和发展,推动自上而下的政府系统的改革,进而推动国家的以经济发展为基础的整体进步;另一方面,政府又必须为了实现前一个目标而充分调动各方面的积极性,并为此向企业、社会、公民分权。这意味着,政府需要根据国家发展的进程,准确地判断集权与分权的利弊,及时地调整集权与分权的尺度,同时满足集权与分权的双重需要。例如,根据什么标准确定国家垄断行业?国家垄断的比例应有多大?

难点之三:改变国民包括政府官员的关于政府的社会责任观难。由于我国在较长的一个历史时期内实行计划经济体制,以至于生成了这样一种较为普遍的社会观念,即政府应当并且能够对一切负责。在国民的观念形态上,政府承担着过于广泛而沉重的道义责任、经济责任和社会责任。在现今完善市场经济体制的历史进程中,这种观念仍然没有得到根本的改变,以至于政府似乎必须为几乎所有失去工作的人提供新的工作机会,提供医疗保障,提供退休金,提供住房,提供……仅就中央政府的人员分流而言,中央政府拟提供8000个就学名额,约占分流总数的一半,并在三年内由政府全额提供工资及一切待遇。若各级地方政府参照执行,改革的成本是可想而知的。

难点之四:大幅度精简人员,尤其是精简地方政府人员难。本次政府机构改革关于精简人员提出的目标是,在今后三年内将"机关干部的编制总数减少一半"。这意味着,我国各级党政机关现有的约800万机关工作人员将有约400万要离开机关。目前,即使不计农村剩余劳动力、不计隐性失业,我国的失业率已达7%。如果再考虑到行政事业单位的改革精简,不难理解,本次改革精简400万机关人员的目标的难度无疑是极高的。据此,可以认为,人员分流是本次政府改革的主要难点之一。

难点之五:机构改革与"五大改革"同期启动难。政府机构改革与"五大改革"即粮食流通体制改革、投资融资体制改革、住房制度改革、医疗制度改革、财政税收制度改革,无一不是积累多年、困难重重的问题,无一不是涉及广泛权力和利益关系的复杂问题。这么多艰难、复杂的问题同期启动,无疑对新一届政府的认识、统筹、计划、执行、督导、监控等能力及其有效性提出了尖锐的挑战。

难点之六:在动态的过程中建立关于改革的共识难。根据历史的经验,由于价值取向和价值标准的差异,更由于利益的不同,在政府机构改革的某些原则问题和许多具体问题上,人们事实上很难形成一致的态度和立场。如何使包括各级各地政府及其公务员在内的各种社会群体,就中央政府提出的关于改革的政策规范建立共识,是各级各地政府必须解决的又一个重要问题。

(四) 改革的前提条件

按照生态行政学的观点,任何行政行为都是政府与其社会环境互动的结果。任何行政行为能否取得预期的政策效果,最终都取决于行政行为主体与其社会环境的动态交互作用的性质和方式。本次政府机构改革的相对顺利的实施,取决于多种因素的交互作用,其中以下六个方面的因素是决定这次政府机构改革成功与否的前提条件。

条件之一:中国国家政治领导集团,在涉及政府机构改革以及延伸的党政机关改革、行政事业单位改革的问题上,能否形成共同的立场、一致的态度,并且在持续改革的过程中坚持既定的共同立场和一致态度。行政改革在性质上是典型形态的国家上层建筑的改革。由于我国具有强烈的单一制民族国家的历史传统,更由于我国实行政治领导核心制度和以中央政府为主的现实领导体制,因此,中华人民共和国成立以来的历次行政改革均具有明确的自上而下发动和推动的方式特征,本次政府机构改革亦不例外。这样,改革的成功首先取决于国家政治领导集团在改革的全过程中,面对以利益为内核的多方面的诉求和压力,坚持始终一致的共同立场和一致态度。

条件之二:各级各地政府、各级各地领导干部对本次改革的理念和目标的正确理解与认同程度,进而形成与中央政府相一致的共同立场和一致态度的程度。"职能"和"效能"是本次行政改革的核心问题。本次改革的直接目标,仍在于转变政府职能,潜在目的则在于提升政府的公共政策能力和公共行政能力,表现为通过大幅度减少政府专业性经济主管部门实行政企分开,通过组合和加强综合经济部门提高政府对国民经济的宏观调控能力,通过组合和加强社会保障部门提升政府的社会公共管理能力和加强社会公共服务功能,通过大幅度精简政府机关人员减少行政开支、降低行政成本。从一定的意义上可以认为,本次改革最终是否能够实现预期的目标,取决于各级各地领导干部支持本次改革的认真程度和坚定性,取决于上级政府予以支持的力度,相应衡量本次改革是否实现预期目标的标准,也在于中央政府以下各级各地政府的改革是否到位。

条件之三:分流人员是否能够在各级各地政府的统筹安排下,在预定的时间内相对顺利地离开政府,较为顺利地走上新的工作岗位。这就要求关于人员分流的政策导向、政策标准和政策操作具有公开性和透明度,要求在"工作需要、群众参与、综合考评、组织决定"十六字方针指导下,为实现群众参与和竞争上岗而制定必要的规则、程序和形式。在这方面,具有公开性和透明度的决策及议事、办事的规则、程序和形式,可以成为新一届政府的新的行政理念、新的行政行为方式的新起点之一。

条件之四:1998年以后三年,我国的各项改革以及连带的经济增长是否能够实现预期目标,即朱镕基总理提出的"一个确保、三个到位、五项改革"的任务是否能在预定时间内较为顺利地完成,其中尤以我国经济是否可以实现8%以上的年增长率最为重要。这是因为,国内生产总值每增加1%、第三产业每增加1%,分别可以容纳80万和130万劳动力就业。因此,确保经济增长速度对于创造良好的改革环境至关重要。

条件之五:通过什么样的方式最终确定和巩固本次改革的成果。中华人民共和国成立以来历次行政改革的成果,主要都是通过政策宣示的方式予以总结、政策规定的方式予以确定的,而任何政策都具有一定的随机性、不稳定性、灵活性、调改性甚至随意性。应当按照依法治国、依法行政的立国原则,突出法律对政府行政改革乃至政府行政行为的规范作用,是将我国各级政府建设引入法制化、规范化轨道的基本途径。

条件之六:国际形势是否能够有利于进一步的改革进程。经过坚持不懈、卓越的外交努力,我国已经初步实现了没有直接"敌国"的良好的国际关系格局,并加速融入了世界经济体系。就我国与世界的紧密联系和相互关系而言,在今后三年里,国际形势不会发生不利于我国的重大变化,譬如战争、类似东亚金融危机的危机、重大自然灾害等,是改革成功的重要的外部条件。

1998年政府机构改革绵延的时间比较长。1998年在国务院机构改革之后,党中央各部门、其他国家机关以及群众团体的机构改革陆续展开;1999年以后,机构改革的重点转到省级政府和党委;2000年,机构改革延伸到市、县、乡各级政府。截至2002年6月,经过四年半的机构改革,全国各级党政群机关共精简行政编制115万名。

四、2003年政府机构改革

2003年的政府机构改革是在中国共产党有关决议的指导下进行的。2002年11月的中国共产党第十六次全国代表大会提出了关于深化行政管理体制改革任务:"深化行政管理体制改革。进一步转变政府职能,改进管理方式,推行电子政务,提高行政效率,降低行政成本,形成行为规范、运转协调、公正透明、廉洁高效的行政管理体制。依法规范中央和地方的职能和权限,正确处理中央垂直管理部门和地方政府的关系。按照精简、统一、效能的原则和决策、执行、监督相协调的要求,继续推进政府机构改革,科学规范部门职能,合理设置机构,优化人员结构,实现机构和编制的法定化,切实解决层次过多、职能交叉、人员臃肿、权责脱节和多重多头执法等问题。"①2003年2月中国共产党第十六届中央委员会第二次全体会议审议通过了《关于深化行政管理体制和机构改革的意见》,进一步提出"行政管理体制和机构改革是推进政治体制改革的重要内容,是推动我国上层建筑更好地适应经济基础的一项重要的制度建设和创新,也是建立和完善社会主义市场经济体制的客观需要。要充分认识行政管理体制和机构改革的重要性和必要性,按照十六大提出的要求深化改革,进一步转变政府职能,改进管理方式,改进工作作风,提高行政效率,努力形成行为规范、运转协调、公正透明、廉洁高效的行政管理体制,更好地为改革开放和社会主义现代化建设服务"②。

(一) 改革的背景和特点

这次机构改革的主要动因是:某些管理体制已经不能适应经济和社会的发展,改革的深化,包括加入 WTO 后的国际环境,因此,有必要进一步完善。

1. 国有资产(企业)管理关系不清。国有资产(企业)事关国之基础,关系重大,但若干个部门长期同时承担国有资产的管理责任,犹如"五龙治水",政出多门,企业则"一仆二主",无所适从,以至关于深化国有资产管理改革的思路不清,责任主体不明,国有企业建立现代企业管理制度的进展缓慢。同时,实践证明,诸如电力、电信、民航等比较大的垄断行业的改革,若不与经济发展、产业结构调整、重组等结合起来,是很难深入推进的。因此,有必要重新建构国有资产(企业)体制。

2. 机构设置不利于转变政府职能。其中,国家经济贸易委员会职权庞杂,不仅负有制定行业规划和产业政策,监管经济运行等多项宏观管理职能,而且承担国有企业管理、行政审批等多项具体管理职能。国家经济贸易委员会因此机构庞大,包括1998年机构改革遗留的由原国务院行业管理部门改制而成的许多国家局。同时,国家经济贸易委员会与国家计划委员会并存,职能交叉重叠,而计划委员会的主要职能,亦滞后于社会的发展进步。因此,有必要重组国家宏观调控部门。

3. 职能部门管理关系分割。由于管理逻辑模糊不清,导致政府机构叠床架屋,管理职能各自为战,严重影响政府管理的协同力、执行力和整体效能。例如,体制改革办公室主管改革,计划委员会主管发展,但改革与发展原本是一体化进程;在日渐融入国际经济社会的时代,区分对外贸易经济合作部与国内贸易部已经不合时宜。这种职能分割的状况显然不能适应可持续发展的需要。所以,有必要按照"合并同类项"的原则,理顺管理职能。

4. 在一些事关国计民生的领域里,例如,银行、证券、保险等,国家监管的力度和专业水准严重不足。因此,有必要通过设立专业化的机构,加强国家监管。

---

① 江泽民:《全面建设小康社会,开创中国特色社会主义事业新局面——在中国共产党第十六次全国代表大会上的报告》,人民日报2002年11月18日。
② 《中共十六届二中全会在京举行》,人民日报2003年2月27日。

（二）改革的指导思想和重点

"国务院机构改革的指导思想是：以邓小平理论和'三个代表'重要思想为指导，按照完善社会主义市场经济体制和推进政治体制改革的要求，坚持政企分开，精简、统一、效能和依法行政的原则，进一步转变政府职能，调整和完善政府机构设置，理顺政府部门职能分工，提高政府管理水平，形成行为规范、运转协调、公正透明、廉洁高效的行政管理体制。这次改革要抓住重点，解决行政管理体制中的一些突出矛盾和问题，为促进改革开放和现代化建设提供组织保障……国务院机构改革的重点是：深化国有资产管理体制改革，完善宏观调控体系，健全金融监管体制，继续推进流通管理体制改革，加强食品安全和安全生产监管体制建设。"①

（三）改革的主要任务

与以往尤其是1998年机构改革相比较，这次机构改革并不着意大规模的机构和人员的裁并，而是注重在1998年机构改革的基础上，进一步转变政府职能，理顺管理关系，加强宏观调控和社会监管。这次国务院机构改革的主要任务集中在七个方面。②

1. 深化国有资产管理体制改革，设立国务院国有资产监督管理委员会。
2. 完善宏观调控体系，将国家发展计划委员会改组为国家发展和改革委员会。
3. 健全金融监管体制，设立中国银行业监督管理委员会。
4. 继续推进流通管理体制改革，组建商务部。
5. 加强食品安全和安全生产监管体制建设，在国家药品监督管理局基础上组建国家食品药品监督管理局，将国家经济贸易委员会管理的国家安全生产监督管理局改为国务院直属机构。
6. 将国家计划生育委员会更名为国家人口和计划生育委员会。
7. 不再保留国家经济贸易委员会、对外贸易经济合作部。

（四）改革后的政府机构设置

根据《国务院组织法》规定，国务院组成部门的调整和设置，由全国人民代表大会审议批准。设立国务院国有资产监督管理委员会、中国银行业监督管理委员会，组建国家食品药品监督管理局，调整国家安全生产监督管理局的体制，由新组成的国务院审查批准。

改革后的国务院机构设置分为国务院办公厅、国务院组成部门、国务院直属特设机构、国务院直属机构、国务院办事机构、国务院直属事业单位、国务院议事协调机构和临时机构共七类。

1. 中华人民共和国国务院办公厅。
2. 国务院组成部门28个：中华人民共和国外交部、国防部、国家发展和改革委员会、教育部、科学技术部、国防科学技术工业委员会、国家民族事务委员会、公安部、国家安全部、监察部（中共中央纪律检查委员会机关合署办公，机构列入国务院序列，编制列入中共中央直属机构）、民政部、司法部、财政部、人事部、劳动和社会保障部、国土资源部、建设

---

① 王忠禹：《关于国务院机构改革方案的说明》，人民日报2003年3月7日。
② 同上。

部、铁道部、交通部、信息产业部、水利部、农业部、商务部、文化部、卫生部、国家人口和计划生育委员会、中国人民银行、审计署。

3. 国务院直属特设机构 1 个：国务院国有资产监督管理委员会。

4. 国务院直属机构 18 个：中华人民共和国海关总署、国家税务总局、国家工商行政管理总局、国家质量监督检验检疫总局、国家环境保护总局、中国民用航空总局、国家广播电影电视总局、国家新闻出版总署（国家版权局）、国家体育总局、国家统计局、国家林业局、国家食品药品监督管理局、国家安全生产监督管理局、国家知识产权局、国家旅游局、国家宗教事务局、国务院参事室、国务院机关事务管理局。

5. 国务院办事机构 4 个：国务院侨务办公室、国务院港澳事务办公室、国务院法制办公室、国务院研究室。

6. 国务院直属事业单位 14 个：新华通讯社、中国科学院、中国社会科学院、中国工程院、国务院发展研究中心、国家行政学院、中国地震局、中国气象局、中国银行业监督管理委员会、中国证券监督管理委员会、中国保险监督管理委员会、国家电力监管委员会、全国社会保障基金理事会、国家自然科学基金委员会。（国务院台湾事务办公室与中共中央台湾工作办公室、国务院新闻办公室与中共中央对外宣传办公室、国务院防范和处理邪教问题办公室与中央处理法轮功问题领导小组办公室，一个机构两块牌子，列入中共中央直属机构序列。国家档案局与中央档案馆，一个机构两块牌子，列入中共中央直属机构。）

7. 国务院议事协调机构和临时机构 27 个：国家国防动员委员会、国务院中央军委专门委员会、国家边防委员会、国务院中央军委空中交通管制委员会、全国爱国卫生运动委员会、全国绿化委员会、国务院学位委员会、国家防汛抗旱总指挥部、国务院妇女儿童工作委员会、全国拥军优属拥政爱民工作领导小组、国务院三峡工程建设委员会、国务院残疾人工作协调委员会、国务院扶贫开发领导小组、国务院关税税则委员会、中国国际减灾委员会、国家科技教育领导小组、国家履行《禁止化学武器公约》工作领导小组、国务院军队转业干部安置工作小组、国家禁毒委员会、全国老龄工作委员会、国务院西部地区开发领导小组、国务院抗震救灾指挥部、国家处置劫机事件领导小组、全国整顿和规范市场经济秩序领导小组、国家信息化领导小组、国务院行政审批制度改革工作领导小组、国务院纠正行业不正之风办公室。

五、2008 年政府机构改革

2008 年政府机构改革是改革开放以来又一次具有转折性的重大机构改革，是开始实行大部制改革的重要标志。探索实行职能有机统一的大部门体制，是中共十七大报告提出的一项重要行政体制改革任务。实行大部门体制，是指把相同或者相近的政府职能加以整合，归入一个部门为主管理，其他部门协调配合；或者把职能相同或者相近的机构归并为一个较大的部门。大部门体制关键是部门在职能上实行有机统一，以利于明确责权、协调配合和行政问责。"这次国务院机构改革，综合分析各方面因素，在条件比较成熟的部门迈出了重要步伐，既保持了国务院机构的相对稳定，同时也为今后改革打下了坚实基础。"①

(一) 改革的时代背景

2008年大部门制机构改革是适应中国经济社会发展面临的新形势新任务的要求,顺应世界政府改革与发展潮流的重大改革。这次机构改革具有鲜明的时代背景。经过30年的改革开放和经济高速发展,我国处于全面建设小康社会的重要历史机遇期。而在这一历史时期,行政管理体制中仍存在一些不适应经济社会发展和时代发展要求的地方,必须通过新的改革,进一步消除行政体制对经济社会发展产生的障碍。

具体而言,经过2003年机构改革之后,政府机构及职能设置仍有很多不适应现实发展的地方,尤其与贯彻落实科学发展观、构建社会主义和谐社会等重大战略思想的基本要求还存在较大差距。这是新一轮政府改革的重要现实需求。"政府职能转变还不到位,对微观经济活动干预仍然过多,社会管理和公共服务有待进一步加强;政府机构设置还不尽合理,部门职责交叉、权责脱节和效率不高的问题比较突出;……这些问题,直接影响政府全面正确履行职能,也在一定程度上制约经济社会发展,必须通过深化改革切实加以解决。"②解决行政管理体制自身存在的这些矛盾和问题,必须准确把握我国经济社会发展阶段任务对行政管理体制提出的客观要求,制定符合中国实际的政府改革战略。

在我国经济社会发展处于深刻变革和全面转型的关键历史时期,加快行政管理体制改革已成为继续推进经济体制改革、社会管理体制改革等其他领域改革的重要条件,成为进一步优化资源配置、提高行政效率、加强社会建设和改善民生的重要保障。只有这样,才能更好地适应发展社会主义市场经济和社会主义民主政治的要求,才能更好应对新时期新阶段面临的各种挑战,为推进全面改革、扩大开放创造良好环境。为此,中共十七大报告中明确指出:"要抓紧制定行政管理体制改革总体方案,着力转变职能、理顺关系、优化结构、提高效能,形成权责一致、分工合理、决策科学、执行顺畅、监督有力的行政管理体制。"十七大报告中还首次提出了"大部制"改革思路。这说明了中央政府对行政管理体制改革的认识更加深化,也说明了经济社会发展的新形势新任务对政府体制提出了更高、更紧迫的现实要求。由此,2008年国务院机构改革方案出台,也就拉开了新一轮政府改革的帷幕。

(二) 改革的指导目标和基本要求

2008年2月27日中国共产党十七届二中全会通过了《关于深化行政管理体制改革的意见》,成为今后一段历史时期深化行政体制改革的纲领性文件。该意见确立了我国深化行政管理体制改革的指导思想、基本原则,确立了到2020年我国深化行政管理体制改革的总体目标和今后5年的重点任务以及组织实施这项重大改革的具体要求。

深化行政管理体制改革的总体目标是,到2020年建立起比较完善的中国特色社会主义行政管理体制。通过改革,实现政府职能向创造良好发展环境、提供优质公共服务、维护社会公平正义的根本转变,实现政府组织机构及人员编制向科学化、规范化、法制化的

---

① 王东明:《进一步深化行政管理体制和政府机构改革》,《求是》2008年第7期。
② 华建敏:《关于国务院机构改革方案的说明——2008年3月11日在第十一届全国人民代表大会第一次会议上》,《人民日报》2008年3月12日。

根本转变,实现行政运行机制和政府管理方式向规范有序、公开透明、便民高效的根本转变,建设人民满意的政府。今后5年,要加快政府职能转变,深化政府机构改革,加强依法行政和制度建设,为实现深化行政管理体制改革的总体目标打下坚实基础。

推进政府机构改革的基本要求是:按照精简统一效能的原则和决策权、执行权、监督权既相互制约又相互协调的要求,紧紧围绕职能转变和理顺职责关系,进一步优化政府组织结构,规范机构设置,探索实行职能有机统一的大部门体制,完善行政运行机制。深化国务院机构改革,合理配置宏观调控部门的职能,做好发展规划和计划、财税政策、货币政策的统筹协调,形成科学权威高效的宏观调控体系。整合完善行业管理体制,注重发挥行业管理部门在制定和组织实施产业政策、行业规划、国家标准等方面的作用。完善能源资源和环境管理体制,促进可持续发展。理顺市场监管体制,整合执法监管力量,解决多头执法、重复执法问题。加强社会管理和公共服务部门建设,健全管理体制,强化服务功能,保障和改善民生。

(三) 改革重点与主要任务

这次机构改革的主要任务是,围绕转变政府职能和理顺部门职责关系,探索实行职能有机统一的大部门体制,合理配置宏观调控部门职能,加强能源环境管理机构,整合完善工业和信息化、交通运输行业管理体制,以改善民生为重点加强与整合社会管理和公共服务部门。具体有如下八点①:

1. 合理配置宏观调控部门职能。形成科学权威高效的宏观调控体系。国家发展和改革委员会要进一步转变职能,减少微观管理事务和具体审批事项,集中精力抓好宏观调控。财政部要改革完善预算和税政管理,健全中央和地方财力与事权相匹配的体制,完善公共财政体系。中国人民银行要进一步健全货币政策体系,加强与金融监管部门的统筹协调,维护国家金融安全。国家发展和改革委员会、财政部、中国人民银行等部门要建立健全协调机制,形成更加完善的宏观调控体系。

2. 加强能源管理机构。保障国家能源安全。设立高层次议事协调机构——国家能源委员会。组建国家能源局,由国家发展和改革委员会管理。将国家发展和改革委员会的能源行业管理有关职责及机构,与国家能源领导小组办公室的职责、国防科学技术工业委员会的核电管理职责进行整合,划入该局。不再保留国家能源领导小组及其办事机构。

3. 组建工业和信息化部。加快走新型工业化道路的步伐。将国家发展和改革委员会的工业行业管理有关职责,国防科学技术工业委员会核电管理以外的职责,信息产业部和国务院信息化工作办公室的职责,整合划入工业和信息化部。组建国家国防科技工业局,由工业和信息化部管理。国家烟草专卖局改由工业和信息化部管理。不再保留国防科学技术工业委员会、信息产业部、国务院信息化工作办公室。

4. 组建交通运输部。加快形成综合运输体系。将交通部、中国民用航空总局的职责,建设部的指导城市客运职责,整合划入交通运输部。组建国家民用航空局,由交通运输部管理。国家邮政局改由交通运输部管理。保留铁道部,继续推进改革。不再保留交通部、中国民用航空总局。

---

① 《国务院机构改革方案》(两会授权发布),来源:新华社,2008年3月15日。

5. 组建人力资源和社会保障部。完善就业和社会保障体系。将人事部、劳动和社会保障部的职责整合划入人力资源和社会保障部。组建国家公务员局,由人力资源和社会保障部管理。不再保留人事部、劳动和社会保障部。

6. 组建环境保护部。加大环境保护力度。不再保留国家环境保护总局。

7. 组建住房和城乡建设部。加快建立住房保障体系,加强城乡建设统筹。不再保留建设部。

8. 国家食品药品监督管理局改由卫生部管理。理顺食品药品监管体制。明确卫生部承担食品安全综合协调、组织查处食品安全重大事故的责任。调整后,卫生部要切实履行食品安全综合监督职责;农业部、国家质量监督检验检疫总局和国家工商行政管理总局,要按照职责分工,切实加强对农产品生产环节、食品生产加工环节和食品流通环节的监管。

（四）改革后政府机构设置

这次机构改革涉及调整变动的机构有15个,正部级机构减少4个。其中,建设部、交通部、信息产业部、人事部、劳动保障部和国防科工委被撤销,新组建了住房和城乡建设部、交通运输部、工业和信息化部、人力资源和社会保障部以及环境保护部。

改革后,除国务院办公厅外,国务院组成部门设置27个,具体如下:中华人民共和国外交部、国防部、国家发展和改革委员会、教育部、科学技术部、工业和信息化部、国家民族事务委员会、公安部、国家安全部、监察部、民政部、司法部、财政部、人力资源和社会保障部、国土资源部、环境保护部、住房和城乡建设部、交通运输部、铁道部、水利部、农业部、商务部、文化部、卫生部、国家人口和计划生育委员会、中国人民银行、审计署。

（五）改革的特点与现实意义

这次国务院机构改革是在以往改革基础上的继续和深化,围绕转变政府职能和理顺职责关系,在优化政府组织结构和推行大部门制方面迈出重要步伐。其中主要特点有①:一是,加强和改善宏观调控以及重要领域的管理,促进科学发展。合理配置宏观调控部门的职能,形成科学权威高效的宏观调控体系;加强信息、交通、能源和环境领域的管理。二是,着眼于保障和改善民生,加强整合社会管理和公共服务部门建设。加强人力资源管理,建立健全从就业到养老的服务和保障体系;加快建立住房保障体系,统筹城乡建设;理顺食品药品监管体制,进一步落实食品综合监管责任等,切实解决人民群众最关心、最直接、最现实的利益问题。三是,探索实行职能有机统一的大部门体制。对一些职能相近的部门进行整合实行综合设置,整合完善重要行业管理体制,加强与整合社会管理和公共服务部门,结合职能部门的调整和整合对议事协调机构及其办事机构进行精简和规范。

与以往多次重要的机构改革相比较,这次改革还有如下突出的现实意义。

这次机构改革是第一次对政府机构和职能进行以"大部制"为龙头的重大调整,重点解决政府职能交叉重叠、多头管理等问题,以此为重点优化政府机构组合。这次改革框架并不是特别着重于政府组成部门数量的减少,而是侧重于根据政府职能进行机构重大调

---

① 《中编办负责人就深化行政管理体制和机构改革答记者问》,《法制日报》2008年3月12日。

整。在积极探索大部门体制上,迈出了关键一步,具有转折性意义。"这次机构改革主要是解决机构怎么设置更合理,机构之间怎么更协调,办事效率怎么能提高的问题,而并不在于人员的增加或减少。"①

这次机构改革是第一次对政府组织设置和运行提出严格法制约束的改革。自改革开放以来多次国务院机构改革几乎都是制定"三定方案",而这次机构改革提出的是"三定规定"。这一用词上的变化,体现的是政府机构改革更为严格的法制约束,在摆脱完全的行政主导方面有很大进步。国务院部门"三定规定"是部门主要职责、内设机构和人员编制规定的简称,是具有法律效力的规范性文件,是国务院部门履行职能的重要依据。这次"三定规定",原则上规定一项职能由一个部门负责,需要多个部门共同管理的事项,明确牵头部门,分清主次责任,健全部门之间的协调配合机制。这对于解决政府运行中长期存在的一些权责脱节、重权轻责、缺乏监督等问题起到了重要作用。

总体来看,这次国务院机构改革以实现经济社会全面协调可持续发展的要求和目标为出发点,以着力解决政府运行中存在的突出矛盾问题为落脚点,迈出了大部门制改革的重要一步,同时又保持了政府机构改革的连续性和相对稳定性,为今后继续深化行政改革奠定了坚实基础。

六、2013年政府机构改革

面对经济社会发展的重大国内外挑战,以中共十八大为重要标志,我国进入了全面深化改革开放的新的关键时期。为了实现全面建成小康社会的目标任务,各个领域的改革都必须深入推进。具体到行政改革领域而言,行政体制改革是推动上层建筑适应经济基础的必然要求。根据中共十八大精神和指导思想,按照建立中国特色社会主义行政体制的目标,把职能转变放在更加突出位置,进一步深化政府机构改革和职能转变,继续简政放权、完善制度机制、提高行政效能,为全面建成小康社会提供有力保障。

在这样的宏观背景下,2013年进行了新一轮行政体制改革。而国务院机构改革和职能转变在深化行政体制改革中起着至关重要的作用。因此,2013年行政改革主要是在2008年机构改革基础上,继续推进大部制改革,同时把政府职能转变放在更为重要的位置上。

(一) 改革面临的新形势与新挑战

2013年政府机构改革一个最主要背景或者面临的新形势新任务,就是进一步加快完善社会主义市场经济体制、加快转变经济发展方式、全面建成小康社会,对政府职能履行提出了新的挑战和任务。中共十八大报告指出,"经济体制改革的核心问题是处理好政府和市场的关系,必须更加尊重市场规律,更好发挥政府作用。"同时提出,要按照建立中国特色社会主义行政体制目标,深入推进政企分开、政资分开、政事分开、政社分开,建设职能科学、结构优化、廉洁高效、人民满意的服务型政府。继续简政放权、推动政府职能转变,稳步推进大部门制改革,健全部门职责体系。本次政府机构改革正是在这样的经济社会发展新形势和新任务要求下展开的。

---

① 李金华:《国务院机构改革完全到位尚需较长过程》,来源:中国网,2008年3月16日。

全面建成小康社会的发展目标,不仅要求切实转变经济发展方式,促使经济结构转型升级,还要切实从多方面解决民生问题、促进社会和谐稳定发展。然而我国行政管理体制与这些新要求和新任务还存在一些不相适应的地方。尤其是在政府基本职能配置、在政府与市场和社会的关系上,在政府机构设置上,在运行机制和制度建设上,在管理方式上,都仍然存在诸多不完善的地方,无法很好地应对这些复杂挑战。而且,由于某些机构设置与政府应该履行的职能之间并不完全匹配,还有某些部门之间存在职责交叉、重叠、效率较低的情况,引起了社会和群众对政府的不满与抱怨。所以,本次政府机构改革也是对社会公众诉求的一种回应,是为了更好地解决民生问题。

2013年政府机构改革面临的挑战主要如下:第一,从经济领域看,受2008年国际金融危机的冲击之后,政府对经济的干预又一度强化,在不少领域直接介入市场。"2008年之后由于产能过剩的矛盾凸显,民营资本所进行的生产性投资明显下降,政府投资则充当了一个更为激进的角色。"①结果是,政府过度干预延缓了转变经济发展方式的进程,也影响了市场经济体制的进一步完善。第二,从社会领域看,政府的市场监管职能仍存在缺位问题,而且由于政出多门等导致生态环境日益恶化,食品药品安全问题频繁发生。社会保障体系的不完善影响到民生问题的解决。第三,从政府自身领域看,一方面仍然存在职能履行的缺位、错位问题,需要解决如何重构政府间的关系,合理划分中央与地方以及地方各级政府之间的职责权限,划分同级政府部门之间的职责权限和优化政府机构设置;另一方面政府权力运行还缺乏有效监督与制约,权力寻租和腐败日益严重,需要解决如何建设一个以公共服务为核心的、坚持依法行政的法治政府,适应建设法治国家目标的问题。

在国际国内新形势下,我国政府为积极应对各种来自经济社会领域和自身领域的挑战,开始了2013年的行政改革。这也可以说是我国全面深化改革进入深水区的新一轮行政改革。

(二)改革重点和主要内容

2013年国务院机构改革重点包括两个部分:机构设置的改革;政府职能的转变。这次机构改革,重点围绕转变职能和理顺职责关系,稳步推进大部门制改革。

在机构设置改革部分的主要内容如下②:

1. 实行铁路政企分开。将铁道部拟订铁路发展规划和政策的行政职责划入交通运输部;组建国家铁路局,由交通运输部管理,承担铁道部的其他行政职责;组建中国铁路总公司,承担铁道部的企业职责;不再保留铁道部。

2. 组建国家卫生和计划生育委员会。将国家人口和计划生育委员会的研究拟订人口发展战略、规划及人口政策的职责划入国家发展和改革委员会;国家中医药管理局由国家卫生和计划生育委员会管理;不再保留卫生部、国家人口和计划生育委员会。

3. 组建国家食品药品监督管理总局。保留国务院食品安全委员会,具体工作由国家食品药品监督管理总局承担;不再保留国家食品药品监督管理局和单设的国务院食品安全委员会办公室。

---

① 于学军:《经济泡沫化:中国经济增长模式面临的严峻挑战》,《21世纪经济报道》2013年9月19日。
② 马凯:《关于国务院机构改革和职能转变方案的说明》,《人民日报》2013年3月11日。

4. 组建国家新闻出版广播电影电视总局。国家新闻出版广播电影电视总局加挂国家版权局牌子。不再保留广电总局、新闻出版总署。

5. 重新组建国家海洋局。国家海洋局以中国海警局名义开展海上维权执法,接受公安部业务指导;设立高层次议事协调机构国家海洋委员会,国家海洋委员会的具体工作由国家海洋局承担。

6. 重新组建国家能源局。将现国家能源局、国家电力监管委员会的职责整合,重新组建国家能源局,由国家发展和改革委员会管理;不再保留国家电力监管委员会。

2013年国务院改革的另一个重点是更加突出了职能转变的任务。转变国务院机构职能,必须处理好政府与市场、政府与社会、中央与地方关系,深化行政审批制度改革,减少微观事务管理,充分发挥市场在资源配置中的基础性作用、更好发挥社会力量在管理社会事务中的作用,充分发挥中央和地方两个积极性。同时改善和加强宏观管理,注重完善制度机制,加快形成权界清晰、分工合理、权责一致、运转高效、法治保障的国务院机构职能体系,切实提高政府管理科学化水平。

职能转变的具体任务主要如下:(1)减少和下放投资审批事项。除涉及国家安全、公共安全等重大项目外,按照"谁投资、谁决策、谁收益、谁承担风险"的原则,最大限度地缩小审批、核准、备案范围,切实落实企业和个人投资自主权。(2)减少和下放生产经营活动审批事项。按照市场主体能够自主决定、市场机制能够有效调节、行业组织能够自律管理、行政机关采用事后监督能够解决的事项不设立审批的原则,最大限度地减少对生产经营活动和产品物品的许可,最大限度地减少对各类机构及其活动的认定等非许可审批。(3)减少资质资格许可和认定。(4)减少专项转移支付和收费。完善财政转移支付制度,大幅度减少、合并中央对地方专项转移支付项目,增加一般性转移支付规模和比例。(5)减少部门职责交叉和分散。最大限度地整合分散在国务院不同部门相同或相似的职责,理顺部门职责关系。(6)改革工商登记制度。(7)改革社会组织管理制度。加快形成政社分开、权责明确、依法自治的现代社会组织体制。(8)改善和加强宏观管理。(9)加强基础性制度建设。(10)加强依法行政。加快法治政府建设。①

(三) 改革后的机构设置

2013年机构改革,国务院正部级机构减少4个,其中组成部门减少2个(铁道部和卫生部),副部级机构增减相抵数量不变。改革之后,除国务院办公厅外,国务院设置组成部门有25个:中华人民共和国外交部、国防部、国家发展和改革委员会、教育部、科学技术部、工业和信息化部、国家民族事务委员会、公安部、国家安全部、监察部、民政部、司法部、财政部、人力资源和社会保障部、国土资源部、环境保护部、住房和城乡建设部、交通运输部、水利部、农业部、商务部、文化部、国家卫生和计划生育委员会、中国人民银行、审计署。

国务院直属机构有15个:海关总署、工商行政管理总局、新闻出版广电总局、安全生产监督管理总局、统计局、知识产权局、宗教事务局、国家机关事务管理局、税务总局、质量监督检验检疫总局、体育总局、食品药品监督管理总局、林业局、旅游局、国务院参事室。

国务院直属特设机构1个:国有资产监督管理委员会。

---

① 《国务院机构改革和职能转变方案》,《人民日报》2013年3月15日。

国务院办事机构有4个：侨务办公室、法制办公室、港澳事务办公室、国务院研究室。

国务院部委管理的国家局有16个：国家信访局、能源局、烟草专卖局、公务员局、测绘地理信息局、民用航空局、文物局、外汇管理局、粮食局、国防科技工业局、外国专家局、海洋局、铁路局、邮政局、中医药管理局、煤矿安全监察局。

（四）改革的主要亮点

2013年政府机构改革，是在全面深化改革的新时期，以及全面建成小康社会的关键时期进行的一次更大幅度的机构改革与转变职能的改革。与进入21世纪以来的前两次机构改革相比，有一些亮点值得总结。

1. 更加突出了职能转变，把职能转变放在更为重要的位置。突出政府职能转变，并作为一个重要部分进行说明，是本次改革的第一大亮点。相比以前的国务院机构改革方案，这次方案在题目中增加了"职能转变"四个字，即《国务院机构改革和职能转变方案》，由此可见，职能转变是与机构设置并列的一个最关键问题。在这个方案中，职能转变的任务占了大概一半篇幅，提出了十个方面的任务。具体表现为，围绕职能转变，也即围绕中共十八大报告确定的创造良好发展环境、提供优质公共服务、维护社会公平正义这一转变政府职能的总方向，制定了一系列简政放权和深化行政审批制度改革的重大举措。行政体制改革的核心问题之一是理顺政府与市场的关系。正如美国学者所说，"在世界上所有的政治制度中，大部分政治是经济性的，而大部分经济亦是政治性的"①。这次改革强调以更大力度，在更广范围、更深层次上加快职能转变，重在向市场、向社会、向地方放权。通过强化简政放权的改革，为企业松绑，最大限度激活市场和民间力量，从而进一步为经济社会发展释放红利。机构改革与职能转变紧密结合、同步推进，具有重大的现实意义。

2. 基本遵循和突出了问题导向，主要针对行政体制和权力运行中的一些重要问题进行改革，特别是部门之间职能关系不顺以及政府职能的"缺位""越位"和"错位"。例如，针对当前人民群众面临的食品药品安全问题以及食品药品安全监管涉及的政出多门、环节不顺、矛盾冲突等问题，进行了食品药品监管机构整合的改革。又如，在改革方案中提出的十条职能转变任务，其中有5条是针对政府干预微观经济过多而提出的简政放权和减少行政审批的关键举措。总之，这次改革是把行政权力运行和管理中的一些突出问题、把关系民生的一些重大问题，作为改革的优先选项和重要切入点，突出了问题导向以及改革的重大现实需求。

3. 突出重点进行改革和稳步推进的特点。这次改革的一个基本原则是，"坚持积极稳妥、循序渐进、成熟先行，注重改革的连续性、系统性和前瞻性。抓住重点问题，既巩固以往改革成果，又着力破解重大难题。对条件成熟、形成共识的就先推进，对条件尚不成熟、还需要研究探索的，在进一步创造条件、累积共识后，适时加以推进"②。所以，在这次改革中，充分利用各方面有利条件，突出了对一些影响国计民生重点领域的机构进行稳步整合，使得部门设置更加科学合理、组织更加优化。例如，组建食品药品监督管理总局，就

---

① 〔美〕林德布罗姆：《政治与市场：世界的政治—经济制度》，王逸舟译，上海：上海人民出版社1996年版，第9页。
② 《就国务院机构改革和职能转变中央编办负责人答人民日报新华社记者问》，《人民日报》2013年3月11日。

是通过不同部门之间整合,解决职能交叉、重叠、多龙治水的严重弊端。职能转变部分突出的重点是解决行政权力对微观经济干预过多的问题,稳步推进简政放权的改革,进一步释放经济社会发展活力,释放改革红利。所以,这次改革充分考虑当前经济社会发展面临的复杂形势和各种风险挑战,保持了国务院机构总体相对稳定,同时又突出了重点,对一些长期存在、社会高度关注的问题,通过职能转变进行解决。

4. 改革方案设计中广泛集中民智也是一个亮点。这次机构改革和职能转变方案的设计过程中,除了以往常态化的向不同党政部门、政府机构等主体进行体制内的征求意见和建议的程序之外,有一个突出亮点就是利用了网络形式向社会征集意见建议。这是在互联网迅猛发展的新时代背景下,设计机构改革方案的一个特点。在改革方案设计中,"仅从网上收集到的舆情就达上万条。我们进行了分类、筛选,其中建设性意见,还有些提的很具体的意见和建议,这些就有上千条。""在这上千条意见和建议当中,大致可以分两类,一类涉及机构改革的,一类涉及职能转变。看得出来,大家好像对机构改革这一块更关心,这大概占收集到舆情里面的三分之二。"① 比如,网友比较多的意见集中在政府权力太集中、效率太低、审批太多等问题。可以说,这次机构改革也是对社会民意的积极回应。

总之,2013 年政府机构改革和职能转变具有政府转型的意义,体现了现代政府管理应有的一些基本特征。其中涉及的政府管理理念转变,加强了公共服务职能,强调了对人民群众诉求的回应,进一步理顺中央与地方关系、政府与市场和社会的关系,这些都是现代政府管理需要解决的问题。

七、2018 年政府机构改革

2018 年的国务院机构改革是根据党的十九大和十九届三中全会的部署,按照深化党和国家机构改革的总体要求,统筹推进党和国家机构职能体系优化背景下进行的一次行政机构改革。

这次国务院机构改革调整情况如下。②

(一)关于国务院组成部门调整

(1)组建自然资源部。将国土资源部的职责,国家发展和改革委员会的组织编制主体功能区规划职责,住房和城乡建设部的城乡规划管理职责,水利部的水资源调查和确权登记管理职责,农业部的草原资源调查和确权登记管理职责,国家林业局的森林、湿地等资源调查和确权登记管理职责,国家海洋局的职责,国家测绘地理信息局的职责整合,组建自然资源部,作为国务院组成部门。自然资源部对外保留国家海洋局牌子。不再保留国土资源部、国家海洋局、国家测绘地理信息局。

(2)组建生态环境部。将环境保护部的职责,国家发展和改革委员会的应对气候变化和减排职责,国土资源部的监督防止地下水污染职责,水利部的编制水功能区划、排污

---

① 《机构改革是利益调整需安排好"被改革者"》,http://lianghui.people.com.cn/2013npc/n/2013/0310/c357183-20736334-3.html,2013-03-10。

② 《2018 年国务院机构改革的情况》,中国机构编制网,http://www.scopsr.gov.cn/zlzx/jgyg/201902/t20190213_360120_2.html,2019-01-23。

口设置管理、流域水环境保护职责,农业部的监督指导农业面源污染治理职责,国家海洋局的海洋环境保护职责,国务院南水北调工程建设委员会办公室的南水北调工程项目区环境保护职责整合,组建生态环境部,作为国务院组成部门。生态环境部对外保留国家核安全局牌子。不再保留环境保护部。

（3）组建农业农村部。将农业部的职责,以及国家发展和改革委员会的农业投资项目、财政部的农业综合开发项目、国土资源部的农田整治项目、水利部的农田水利建设项目等管理职责整合,组建农业农村部,作为国务院组成部门。将农业部的渔船检验和监督管理职责划入交通运输部。不再保留农业部。

（4）组建文化和旅游部。将文化部、国家旅游局的职责整合,组建文化和旅游部,作为国务院组成部门。不再保留文化部、国家旅游局。

（5）组建国家卫生健康委员会。将国家卫生和计划生育委员会、国务院深化医药卫生体制改革领导小组办公室、全国老龄工作委员会办公室的职责,工业和信息化部的牵头《烟草控制框架公约》履约工作职责,国家安全生产监督管理总局的职业安全健康监督管理职责整合,组建国家卫生健康委员会,作为国务院组成部门。保留全国老龄工作委员会,日常工作由国家卫生健康委员会承担。民政部代管的中国老龄协会改由国家卫生健康委员会代管。国家中医药管理局由国家卫生健康委员会管理。不再保留国家卫生和计划生育委员会。不再设立国务院深化医药卫生体制改革领导小组办公室。

（6）组建退役军人事务部。将民政部的退役军人优抚安置职责,人力资源和社会保障部的军官转业安置职责,以及中央军委政治工作部、后勤保障部有关职责整合,组建退役军人事务部,作为国务院组成部门。

（7）组建应急管理部。将国家安全生产监督管理总局的职责,国务院办公厅的应急管理职责,公安部的消防管理职责,民政部的救灾职责,国土资源部的地质灾害防治、水利部的水旱灾害防治、农业部的草原防火、国家林业局的森林防火相关职责,中国地震局的震灾应急救援职责以及国家防汛抗旱总指挥部、国家减灾委员会、国务院抗震救灾指挥部、国家森林防火指挥部的职责整合,组建应急管理部,作为国务院组成部门。中国地震局、国家煤矿安全监察局由应急管理部管理。公安消防部队、武警森林部队转制后,与安全生产等应急救援队伍一并作为综合性常备应急骨干力量,由应急管理部管理。不再保留国家安全生产监督管理总局。

（8）重新组建科学技术部。将科学技术部、国家外国专家局的职责整合,重新组建科学技术部,作为国务院组成部门。科学技术部对外保留国家外国专家局牌子。国家自然科学基金委员会改由科学技术部管理。

（9）重新组建司法部。将司法部和国务院法制办公室的职责整合,重新组建司法部,作为国务院组成部门。不再保留国务院法制办公室。

（10）优化水利部职责。将国务院三峡工程建设委员会及其办公室、国务院南水北调工程建设委员会及其办公室并入水利部。不再保留国务院三峡工程建设委员会及其办公室、国务院南水北调工程建设委员会及其办公室。

（11）优化审计署职责。将国家发展和改革委员会的重大项目稽察、财政部的中央预算执行情况和其他财政收支情况的监督检查、国务院国有资产监督管理委员会的国有企业领导干部经济责任审计和国有重点大型企业监事会的职责划入审计署,构建统一高效审计监督体系。不再设立国有重点大型企业监事会。

(12)监察部并入新组建的国家监察委员会。国家预防腐败局并入国家监察委员会。不再保留监察部、国家预防腐败局。

改革后,除国务院办公厅外,国务院设置组成部门26个:外交部、国防部、国家发展和改革委员会、教育部、科学技术部、工业和信息化部、国家民族事务委员会、公安部、国家安全部、民政部、司法部、财政部、人力资源和社会保障部、自然资源部、生态环境部、住房和城乡建设部、交通运输部、水利部、农业农村部、商务部、文化和旅游部、国家卫生健康委员会、退役军人事务部、应急管理部、中国人民银行、审计署。

(二)关于国务院其他机构调整

(1)组建国家市场监督管理总局。将国家工商行政管理总局的职责,国家质量监督检验检疫总局的职责,国家食品药品监督管理总局的职责,国家发展和改革委员会的价格监督检查与反垄断执法职责,商务部的经营者集中反垄断执法以及国务院反垄断委员会办公室等职责整合,组建国家市场监督管理总局,作为国务院直属机构。同时,组建国家药品监督管理局,由国家市场监督管理总局管理。将国家质量监督检验检疫总局的出入境检验检疫管理职责和队伍划入海关总署。保留国务院食品安全委员会、国务院反垄断委员会,具体工作由国家市场监督管理总局承担。国家认证认可监督管理委员会、国家标准化管理委员会职责划入国家市场监督管理总局,对外保留牌子。不再保留国家工商行政管理总局、国家质量监督检验检疫总局、国家食品药品监督管理总局。

(2)组建国家广播电视总局。在国家新闻出版广电总局广播电视管理职责的基础上组建国家广播电视总局,作为国务院直属机构。不再保留国家新闻出版广电总局。

(3)组建中国银行保险监督管理委员会。将中国银行业监督管理委员会和中国保险监督管理委员会的职责整合,组建中国银行保险监督管理委员会,作为国务院直属事业单位。将中国银行业监督管理委员会和中国保险监督管理委员会拟订银行业、保险业重要法律法规草案和审慎监管基本制度的职责划入中国人民银行。不再保留中国银行业监督管理委员会、中国保险监督管理委员会。

(4)组建国家国际发展合作署。将商务部对外援助工作有关职责、外交部对外援助协调等职责整合,组建国家国际发展合作署,作为国务院直属机构。对外援助的具体执行工作仍由有关部门按分工承担。

(5)组建国家医疗保障局。将人力资源和社会保障部的城镇职工和城镇居民基本医疗保险、生育保险职责,国家卫生和计划生育委员会的新型农村合作医疗职责,国家发展和改革委员会的药品和医疗服务价格管理职责,民政部的医疗救助职责整合,组建国家医疗保障局,作为国务院直属机构。

(6)组建国家粮食和物资储备局。将国家粮食局的职责,国家发展和改革委员会的组织实施国家战略物资收储、轮换和管理,管理国家粮食、棉花和食糖储备等职责,以及民政部、商务部、国家能源局等部门的组织实施国家战略和应急储备物资收储、轮换和日常管理职责整合,组建国家粮食和物资储备局,由国家发展和改革委员会管理。不再保留国家粮食局。

（7）组建国家移民管理局。将公安部的出入境管理、边防检查职责整合，建立健全签证管理协调机制，组建国家移民管理局，加挂中华人民共和国出入境管理局牌子，由公安部管理。

（8）组建国家林业和草原局。将国家林业局的职责，农业部的草原监督管理职责，以及国土资源部、住房和城乡建设部、水利部、农业部、国家海洋局等部门的自然保护区、风景名胜区、自然遗产、地质公园等管理职责整合，组建国家林业和草原局，由自然资源部管理。国家林业和草原局加挂国家公园管理局牌子。不再保留国家林业局。

（9）重新组建国家知识产权局。将国家知识产权局的职责、国家工商行政管理总局的商标管理职责、国家质量监督检验检疫总局的原产地地理标志管理职责整合，重新组建国家知识产权局，由国家市场监督管理总局管理。

（10）调整全国社会保障基金理事会隶属关系。将全国社会保障基金理事会由国务院管理调整为由财政部管理，作为基金投资运营机构，不再明确行政级别。

（11）改革国税地税征管体制。将省级和省级以下国税地税机构合并，具体承担所辖区域内各项税收、非税收入征管等职责。国税地税机构合并后，实行以国家税务总局为主与省（区、市）人民政府双重领导管理体制。

八、2023年政府机构改革

2023年的国务院机构改革是根据党的二十大和二十届二中全会的部署，按照深化党和国家机构改革的总体要求，统筹推进重点领域的职责优化和调整、转变政府职能以及加快建设法治政府背景下进行的一次行政机构改革。这次改革也是按照以往惯例，结合政府换届进行的五年一次的政府机构改革。此次改革中，《国务院机构改革方案》还要求中央国家机关各部门人员编制统一按照5%的比例进行精减，收回的编制主要用于加强重点领域和重要工作。

这次国务院机构改革调整情况如下。[①]

（一）关于国务院组成部门调整

（1）重新组建科学技术部。将科学技术部的组织拟订科技促进农业农村发展规划和政策、指导农村科技进步职责划入农业农村部。将科学技术部的组织拟订科技促进社会发展规划和政策职责分别划入国家发展和改革委员会、生态环境部、国家卫生健康委员会等部门。将科学技术部的组织拟订高新技术发展及产业化规划和政策，指导国家自主创新示范区、国家高新技术产业开发区等科技园区建设，指导科技服务业、技术市场、科技中介组织发展等职责划入工业和信息化部。将科学技术部的负责引进国外智力工作职责划入人力资源和社会保障部，在人力资源和社会保障部加挂国家外国专家局牌子。将科学技术部所属中国农村技术开发中心划入农业农村部，中国生物技术发展中心划入国家卫生健康委员会，中国21世纪议程管理中心、科学技术部高技术研究发展中心划入国家自然科学基金委员会。国家自然科学基金委员会仍由科学技术部管理。科学技术部仍作为国务院组成部门。

[①] 《2023年国务院机构改革的情况》，中国机构编制网，2023，http://www.scopsr.gov.cn/zlzx/jgyg/lcgwyjggg/202303/t20230314_386159.html？eqid=8f8a00340002d56f0000000264814e8e。

(2) 优化农业农村部职责。将国家乡村振兴局的牵头开展防止返贫监测和帮扶,组织拟订乡村振兴重点帮扶县和重点地区帮扶政策,组织开展东西部协作、对口支援、社会帮扶,研究提出中央财政衔接推进乡村振兴相关资金分配建议方案并指导、监督资金使用,推动乡村帮扶产业发展,推动农村社会事业和公共服务发展等职责划入农业农村部,在农业农村部加挂国家乡村振兴局牌子。不再保留单设的国家乡村振兴局。

(3) 完善老龄工作体制。将国家卫生健康委员会的组织拟订并协调落实应对人口老龄化政策措施、承担全国老龄工作委员会的具体工作等职责划入民政部。全国老龄工作委员会办公室改设在民政部,强化其综合协调、督促指导、组织推进老龄事业发展职责。中国老龄协会改由民政部代管。

(4) 统筹推进中国人民银行分支机构改革。撤销中国人民银行大区分行及分行营业管理部、总行直属营业管理部和省会城市中心支行,在31个省(自治区、直辖市)设立省级分行,在深圳、大连、宁波、青岛、厦门设立计划单列市分行。中国人民银行北京分行保留中国人民银行营业管理部牌子,中国人民银行上海分行与中国人民银行上海总部合署办公。不再保留中国人民银行县(市)支行,相关职能上收至中国人民银行地(市)中心支行。对边境或外贸结售汇业务量大的地区,可根据工作需要,采取中国人民银行地(市)中心支行派出机构方式履行相关管理服务职能。

改革后,除国务院办公厅外,国务院设置组成部门仍为26个,名称没有变化。

(二) 关于国务院其他机构调整

(1) 组建国家金融监督管理总局。作为国务院直属机构,国家金融监督管理总局在中国银行保险监督管理委员会基础上组建,将中国人民银行对金融控股公司等金融集团的日常监管职责、有关金融消费者保护职责,中国证券监督管理委员会的投资者保护职责划入国家金融监督管理总局。不再保留中国银行保险监督管理委员会。

(2) 深化地方金融监管体制改革。建立以中央金融管理部门地方派出机构为主的地方金融监管体制,统筹优化中央金融管理部门地方派出机构设置和力量配备。地方政府设立的金融监管机构专司监管职责,不再加挂金融工作局、金融办公室等牌子。

(3) 中国证券监督管理委员会调整为国务院直属机构。中国证券监督管理委员会由国务院直属事业单位调整为国务院直属机构。强化资本市场监管职责,划入国家发展和改革委员会的企业债券发行审核职责,由中国证券监督管理委员会统一负责公司(企业)债券发行审核工作。

(4) 完善国有金融资本管理体制。按照国有金融资本出资人相关管理规定,将中央金融管理部门管理的市场经营类机构剥离,相关国有金融资产划入国有金融资本受托管理机构,由其根据国务院授权统一履行出资人职责。

(5) 加强金融管理部门工作人员统一规范管理。中国人民银行、国家金融监督管理总局、中国证券监督管理委员会、国家外汇管理局及其分支机构、派出机构均使用行政编制,工作人员纳入国家公务员统一规范管理,执行国家公务员工资待遇标准。

(6) 组建国家数据局。新组建的国家数据局由国家发展和改革委员会管理,负责协调推进数据基础制度建设,统筹数据资源整合共享和开发利用,统筹推进数字中国、数字经济、数字社会规划和建设等,由国家发展和改革委员会管理。将中央网络安全和信息化委员会办公室承担的研究拟订数字中国建设方案、协调推动公共服务和社会治理信息化、协调促进智慧城市建设、协调国家重要信息资源开发利用与共享、推动信息资源跨行业跨部门互联互通等职责,国家发展和改革委员会承担的统筹推进数字经济发展、组织实施国家大数据战略、推进数据要素基础制度建设、推进数字基础设施布局建设等职责划入国家数据局。

（7）国家信访局调整为国务院直属机构。贯彻落实新时代党的群众路线,加强和改进人民信访工作,更好维护人民根本利益,将国家信访局由国务院办公厅管理的国家局调整为国务院直属机构。

（8）完善知识产权管理体制。将国家知识产权局由国家市场监督管理总局管理的国家局调整为国务院直属机构。商标、专利等领域执法职责继续由市场监管综合执法队伍承担,相关执法工作接受国家知识产权局专业指导。

第二节 当代中国行政改革界说[①]

1992年中国共产党第十四次代表大会明确和正式提出了我国行政管理体制改革的概念和任务。应当说,这是对我国以各级政府为中心的行政系统改革的理论概括。它提出了我国体制改革的新思路,直接反映了我国体制改革大政方略的日趋完善和系统化。至此,形成了我国经济体制改革、政治体制改革和行政管理体制改革三大体制改革并列的理论与实践。可以认为,行政管理体制改革的提出,抓住了现阶段我国体制改革的主要矛盾,因而大大增强了我国体制改革的社会可行性和实际操作性。它对我国社会发展进步的影响将是长期的。

一、当代中国行政改革的内涵

当代中国行政改革毫无疑问是一项极为复杂的系统工程。其中,行政体制与行政制度是一个范畴中的两个紧密相连的问题。体者,结构、系统;制者,规定、法律。行政体制就是经由宪法和法律规定的、具有基本社会公信力和权威性的国家行政组织形态。行政制度则是以一定的政治思想、法律思想和管理思想的原则为前提的,同样经由宪法和法律规定的体制内各权力主体的关系形态或关系模式。由于公共行政管理纯属国家性质,因此,行政改革所涉及的权力主体均是国家各级、各地的公共行政权力主体,各项制度改革则相应具有完全国家法权性质。但若与国家政治制度相联系,行政改革不可避免地要与其他国家公共权力主体发生关系;若与公共行政管理对象相联系,行政改革则不可避免地要与体制外非公共权力主体发生关系。

一般说来,行政体制与关于政府的概念相一致,有广义和狭义之分。从广义政府的意义上说,行政体制涉及与国家公共行政管理相关联的诸方面的法权主体及其相互关系,并以这些法权主体相互关系的改变或调整为体制改革的核心内容。在我国,由宪政制度和政党制度所决定,这些法权主体包括国家最高权力机关人民代表大会及其与政府地位相应的人民法院、人民检察院等国家机关,包括执政党,也包括政治协商会议等准国家机关。在这样一个体制中,狭义政府只是权力、行为和责任主体之一,在某些情况下,狭义政府甚

[①] 本部分内容主要引自张国庆主编:《当代中国行政管理体制改革论》,长春:吉林大学出版社1994年版。原文引文省略。

至可能不是主要的权力、行为和责任主体。比如,在政府作为或不作为的问题上,执政党的决议可能是决定性的。仅从纯粹国家现象上分析,人民代表大会可能是决定性的。人民代表大会对法案的立案、搁置、修正、终止、通过、否决,另如法院和检察院提起诉讼和做出判决的种类、标准、时效、程序、执行等,都有可能对狭义政府的作为或不作为发生直接的、可能是决定性的影响。即使在三权分立和多党制的国家里,上述情况也是时有发生的。与此相联系,广义行政改革实际上包括了一切与国家公共行政权力的归属及其行使相联系的改革。就我国的情况而言,广义行政改革在范畴上接近广义的政府改革,在实施操作方法上,则要求政治、经济、行政三大体制改革几乎同时启动并以其他体制改革的顺利发展为自身顺利发展的充足条件。其难度是可想而知的。

从狭义政府的意义上说,狭义行政改革特指以狭义政府即国家行政机关为中心的国家公共行政系统的改革。从某种意义上说,狭义行政改革等同于狭义政府管理体制改革。在这一体制中,国家行政机关是主要的抑或是唯一的权力、行为和责任主体;相应地,这一改革的主要范畴大多只限于各级国家行政机关自身的改革,而不以外部控制条件的同步改变为前提。从现阶段我国社会经济发展的主要矛盾分析,我国的行政改革宜取狭义,即以国家各级行政机关为中心的国家行政改革。

取狭义而言,我国行政改革的主要任务,是要通过对国家行政组织即各级政府的法定地位、行政权限、管理职能、行为方式、工作制度以及与之相适应的机构设置、人员编制、工作流程、财政预算、行政责任等方面的基本原则的再认识、再设计、再组合、再规定,再次构建政府行政管理体制,通过重新定位,使政府行政管理体制适应社会主义初级阶段的需要,适应建立和发展社会主义市场经济体制的需要,适应丰富和完善具有中国特色的社会主义制度理论与实践的需要并成为其中的主导力量,进而有效地推动我国社会经济的发展,同时使政府成为维护社会公正的权威之一。

二、当代中国行政改革的主要范畴

毋庸置疑,政府是典型的国家公共权力的承载主体之一。国家行政机关是国家政治上层建筑的主要构成部分之一。因此,行政改革在本质上从属于政治体制改革。明确行政改革的这一属性意味着,在设计和实施行政改革的过程中,不应当过分偏重或一味强调这一改革的技术属性或策略层面,而忽视或回避行政改革与政治体制改革的从属关系或割裂二者的内在联系,失却改革的政治目的。事实上,不做一定程度的政治权力的转移或调整,行政改革是很难取得实质性进展,获得长期、稳定社会效应的。这一点,已为中华人民共和国成立以来历次行政改革的"怪圈"现象所证明,当代行政改革应吸取教训。然而,从现实政治与行政运作的角度加以考察,政治体制改革与行政改革在一定的发展阶段或发展时期以及某些范畴或问题上,又确实可以相对独立地进行。二者之间这种既相互联系又相互区别的特性,恰恰与国家的阶级性与社会性相统一的两重性质相吻合。国家的阶级性与社会性的辩证统一关系就在于,只有在国家的社会功能得到较为充分体现的基础上,即在经济发展、社会稳定且又相对公平的基础之上,国家的阶级功能才有可能稳固化。国家的这种双重属性和双重职能构成了行政改革的两个层面的问题,即法理和法律与管理思想和技术方法的问题。需要指出的是,后一个层面的问题从根本上说是由前一个层面的问题所决定的。

1. 属于第一个层面即法理与法律的主要问题有以下三方面：

（1）政府的法定地位：首先是关于行政观念的问题，主要包括两个部分，一是政府在国家权力关系体系中，经由宪法和法律所规定（制度内）和经由传统、惯例等所确认（法外）的政府的地位问题。毫无疑问，在我国，执政党是国家权力关系体系中的核心组成部分。在这方面，政府法定地位的主要问题，是政府在名义上享有、在实际上行使的规定性权力和行政裁量权的属性、程度、范围、方式的问题。比如，政府在实际上是否仅限于"执行机关"？在快速变动的社会环境中，政府应该获得多大的行政裁量权同时受到什么制约或约束？二是政府在社会权力关系体系中，在代表国家与除国家公共权力主体之外的各种社会权力主体的关系中，公共行政权力的属性、程度、范围、方式的定位问题。比如，在多种经济成分和多种所有制并存，并实行社会主义市场经济体制的新的历史条件下，政府公共行政权力的定位问题，即使在全民企事业单位中，政府是否仍是国有资产的唯一代表者？

（2）政府的基本（职能）功能：主要是说政府应当履行什么样的职守，也可以说是政府对经济发展、社会进步、国家强盛、民族和谐、国民富足所承担责任的性质、范畴、大小。与前一个问题相联系，可以认定，在实行社会主义市场经济体制的条件下，政府的基本功能就是通过有效公共行政管理的实施，从宏观上调控国家的经济活动和社会生活，还政府凌驾于社会之上的公共权威的本来面貌。为此，就必须积极探讨和认识社会主义初级阶段市场经济体制条件下公共行政管理的客观规律，进而建立起只有政府才拥有的宏观调控机制。但是，在实际的过程中，"过渡阶段"绝对不应被忽视。在这方面，改革的确切含义是演进而不是突变。

（3）增加公众对政府行政管理的参与：在我国，这种参与的政治方面的实质，是充分体现人民当家作主的主人翁地位；其法理方面的意义则在于，让受政府行政决策和行政行为影响的人们参与制定行政措施，不仅有助于使政府在考虑社会共同利益的同时不至于忽视局部利益，而且可以改善政府对公众利益和要求做出反应的能力，进而使公众更好地了解政府，改善政府与民众的关系。在实行"精英政治"（这在人类社会发展的不同阶段上是难以避免的）和"代议制"民主的条件下，这种改革的逐步推进，应当说是民主政治的基本要求。

2. 属于第二个层面管理思想和技术方法的主要问题有以下几方面：

（1）调整行政组织：主要表现为重新划分政府管理部类。通常表现为根据与科学技术有关的社会生产各部类在国民经济中所占的比例以及各部类之间的有机联系，同时统筹社会文化、福利、安全、公益事业等，来重新组合政府管理部门。其经常的方式包括新建、合并、撤销等以及与之相一致的行政管辖权的扩大、减小、转移等。一般说来，重新划分政府管理部类，将导致行政组织体系结构方面的改变，包括行政权力和行政责任结构的改变，因而是行政改革所必为。调整行政组织是"机构改革"主要内容之一。

（2）提高行政效率：主要表现为根据政府职能重新定位，按照分工明确、集中领导、权责一致和效率、效能的原则合理设置机构和岗位，限制和削减行政机构和行政人员。这一部分既涉及政府机构、人员编制和行政预算，又涉及管理幅度和专业分工，还涉及行政领导的有效性，使行政官员有较为充裕的时间和精力来接收更多的信息，考虑广泛的政策问题，妥善处理内外关系。

（3）强化首长负责制：信息社会的新知识、新技术、新发明、新观念等正以近乎几何倍数的节律在增加,相应产生的新问题也几乎是不计其数的。与以往相比,这些问题自身以及相互关系的复杂程度、发展变化的速度都是前所未有的。为了对变化做出及时有效的反应,强化首长负责制是唯一的选择。但是,应当强调的是,当代政府强化首长负责制的改革方向,一是权力与责任相等,有多大的权力就必须承担多大的责任,并为此建立和固化有效的权力制衡机制;二是行政首长与决策群体相结合,表现为在为行政首长调配训练有素的辅助人员同时,广泛使用各类专家,形成行政决策群体,而不是主张行政权限的个人化;三是政府与公民相结合,在政府集中事权的同时逐步提高政府行政行为的透明度,加强公开性,扩大政府决策过程的公众参与程度。出于同样的理由并与强化首长负责制相联系,改革还应当合理设置综合性部门,以有效处理"公地"或"边境事务"并形成合力,减少烦琐累赘现象。

(4) 扩大行政性分权:分散行政权限的基本意思,是授予地方或区域、地区性行政首长较之现在更多的自主权,从而使他们可在其管辖范围里较为快捷地处理各种事务。由于地方首脑一般来说对当地的自然、社会、人文环境有更多的感受和了解,也由于他们必须同时对地方负责,因而他们应当有关于本地区的更多的发言权和决定权。与社会主义市场经济体制相一致,行政性分权在所难免。但是,行政分权一定应以维护中央政府政令、维护国家主权和统一、维护完整的国内市场为前提。

(5) 推进行政信息公开:政府信息公开是现代公共行政的一项重要制度安排,是加强行政权力公开运行和权力监督的重要手段与途径。推进政府信息公开是实现人民当家作主、发展社会主义民主政治的需要。我国《宪法》第二条规定:"中华人民共和国的一切权力属于人民。"广大人民依法行使民主权利的前提之一是政府信息公开,必须对政府行使权力和履行职能的内容、程序和结果等充分知情,才能更好地行使参与权、表达权、监督权。因此,以有效的制度安排推进政府信息公开,有利于人民群众更有效、更积极地参与政府管理,从而利于社会主义民主政治发展。

就我国政府管理而言,推进政府信息公开,加强信息公开制度建设,是进一步提高政府公信力和管理有效性的重要手段,是加强行政权力监督的重要手段,也是建设廉洁政府和法治政府的重要保障。阳光是最好的防腐剂,加强政府权力运行公开,促使政府行政人员依法行政、公开行政和透明行政,使整个行政系统的运行更加透明,权力寻租也就失去了空间。全面推进政务公开,让社会公众监督发挥作用,促使行政机关以法定权限和程序行使权力,是从源头上预防权力腐败的重要保障。中共十七大报告中强调,"确保权力正确行使,必须让权力在阳光下运行"。2008年3月,"推进政务公开"写进《国务院工作规则》。2008年5月正式实施《中华人民共和国政府信息公开条例》,标志着我国政务公开走上法治化轨道,为推进权力透明运行和建设阳光政府提供了重要法律支持。

随着行政体制改革深入推进,政府信息公开的作用也在逐步扩展。在信息化时代和互联网技术迅猛发展的条件下,各种新媒体的出现也对政府信息公开工作提出了新挑战。政府要主动应对这种挑战,创新信息公开工作方式,以及对互联网络信息的监管方式,这是在信息化条件下提升政府治理能力的重要内容之一。

提高政府公务人员专业水平:由于社会分工不断细化,因而专业行政是行政发展的趋势。在这里,专业行政的含义至少包括三方面要点:其一,政府公务人员专业化,以有效处理日益复杂、科技含量愈来愈高的各类社会事务;其二,保持政府官员队伍的相对稳定性,以利于政府公共政策的稳定性和连续性,防止由于公共政策的剧烈变动对经济发展带来的消极影响;其三,使政府及其官员因其专业行政管理的有效性和公共性而受到社会的较为普遍的尊重。较为合理的公务员制度是迄今为止实现上述目标的较为有效的方法。

改进行政技术:与专业行政相联系、改进行政技术通常是行政改革的另一项内容。因为,新技术革命,比如机械化、自动化、网络化、计算机控制和人工智能等,都将直接影响到政府公共行政管理的各个方面,包括政府公共决策的准确性、程序、有效性,政府组织结构,社会心理系统等。应当指出,关于政府的研究分析方法,也属于行政技术的范畴,即行政"软技术"。

三、当代中国行政改革的核心问题

一言以蔽之,当代中国行政改革的核心问题,是国家行政权力的重新定位和划分的问题。这一问题的产生,是由现阶段我国行政改革的主导矛盾,即政府与社会的关系所决定的。这一矛盾的产生,则是由我国社会经济加速发展的历史性诉求以及与这种诉求相一致的社会主义市场经济体制所决定的。换言之,由计划经济向市场经济过渡,必然会提出政府在经济生活中的地位和作用问题。在更长的一个时期内,也必然会提出政府在社会生活中的地位和作用问题。这些问题归结到一点,就是政府公共行政权力的属性、有效范围、运作程序和方式使用的问题。以下两个方面的关系尤为重要。

1. 行政权力与政府职能。从政府履行国家的社会职能即实施公共行政管理的层面分析,政府的职能主要是指政府的社会公共管理的职能。从说文释义来理解,职者职守即应当做什么,能者能力即可以做什么,简单地说,政府职能就是政府应当做什么和能够做什么。这也就是政府在社会公共生活过程中的角色定位和角色规范,并连带产生下列问题:其一涉及行政目的即为什么要做;其二涉及行政方式即以什么方式去做;其三涉及行政责任即应为而不为或者乱作为而受到相应的惩戒。实践证明,只讲转变职能而不讲改变行政权力关系并以法律的形式加以确认,以此为基础进行行政改革,在理论上至少是不全面的,在实践上则难以取得持久稳定的效果。

政府的"能"与政府的"权"是分不开的。政府之所以"能",首先是由于政府有"权"。政府的权力是一种典型的法权,并因此享有广泛的社会权威性。可以认为,政府的一切公共行政管理都是以政府在名义上享有、在实际上行使的国家公共行政权力为基础的。无法想象,如果政府没有权如何能实施公共管理,如果政府权力过于狭小如何建立和维持正常的社会秩序,如果政府既是市场规则的制定者又是市场活动的参加者如何形成公平的市场竞争,如此等等。因此,要转变政府职能首先就必须重新界定政府行政权力。从一定的意义上说,政府职能与政府行政权力的相互关系是外在形式与实质问题的关系。不首先调整或改变行政权力关系,转变政府职能就缺乏深厚的背景,缺乏强有力的支撑,缺乏足够的合法性,缺乏切实有效的可行性,其最终结果,很可能是小改大不改、明改暗不改、形改实不改、短改长不改。新中国成立后我国历次行政改革循环的怪圈现象,不能不说与此有相当的内在联系。

2. 行政权力与依法行政。依法行政的缘起及核心问题,就在于防止公共行政权力被滥用。依法行政之所以成为我国行政改革的主要问题之一,是由三个方面的因素所决定的:(1)与我国漫长的封建社会的历史特征相一致,我们有着源远流长的法治思想史,但却缺乏根深蒂固的法律制度史。因此,从宏观上说,不断加强法制建设一直是我国面临的一项艰巨的任务。(2)与我国单一制国家的国家特征相一致,政府(行政)历来处于国家公共权力主体的中心位置,并且,在国家与国民的关系方面,政府总是最直接、最经常、最广泛、最具体的公共权力主体。同时,唯有政府在决策体制上是典型的首长负责制,而法律又总是滞后于现实生活的发展,这就为某些政府机关自行其是提供了较大的客观空间,并因此产生了越权和侵权的潜在可能性。(3)我国市场经济的实践正在证明且将继续证明,健康的市场经济是公平竞争的经济,同时是法治的经济,而不是为所欲为的经济,更不是垄断的经济或权力的经济。某些政府机关自觉或不自觉的不良行政行为甚至不法行政行为,事实上已经构成了阻碍我国市场经济进一步完善和发展的主要因素之一。例如,政府机关自设收费、罚没的种类和金额,政府机关或其附属体直接参与市场竞争,某些地方政府采取地方保护主义的举措,等等。由于这些原因,强调依法行政并以此规范各级政府的行政行为对我国政府尤其是各级地方政府来说已经刻不容缓。

如前所述,中外政府管理的实践一再证明:"行政管理的生命线就是权力",但这并不意味着否认公共行政管理其他因素的重要性,而是说行政权力之于行政管理不仅在诸因素中居于极为重要的中心位置,而且权力因素最容易被歪曲或误解,"权力因素在理论上最不受重视,而在实践中忽视这个问题又是最危险的"①,尤其联系到权力的法外状况,情况更是如此。诚然,行政权力关系在行政改革中的核心地位因其与国家相一致的双重属性,也因其在体制改革范围上与经济体制改革和政治体制改革的交叉、重叠性而大大增加了人们在认识和实践方面的难度,因而需要一个达成共识、加深理解的过程。但时至今日,人们应该可以建立起这样一个概念,即我国行政改革的核心问题,是行政权力关系的重新定位问题。

依法治国是我国的基本治国方略,依法行政是建设法治政府的根本保障,是依法治国的重要组成部分。我国全面深化改革进入关键期和深水区,必须有法律保障和政府强有力的执行力,政府的依法行政就至关重要,直接影响着依法治国目标的实现。政府职能转变首先必须坚持"职能法定"原则,依法、科学界定和规范政府应该履行的职能及其与市场和社会的职能边界,防止政府职能履行的随意性导致的缺位、越位和错位等弊端。

中共十八大报告首次提出"法治思维"和"法治方式",要坚持用法治方式和法治思维推进改革。坚持依法行政,必须实现行政权力的法定,行政责任的法定,行政程序的法定等。"法治政府建设成功与否是衡量法治国家建设成功与否的最重要指标。法治国家建设目标在很大程度上要落实到法治政府建设目标、任务的实现上。"②同时,由于行政权力是与经济社会发展最密切的公共权力,依法行使行政权力、建设法治政府,是形成法治社会的基本切入点和关键性突破点。建设法治政府,必须从行政权力和职权法定、行政运行程序法定,到行政责任的法定,把行政权力关进制度的笼子里,加强对行政权力运行的制约与监督。"有权必有责、用权受监督"是对法治政府的基本要求之一。

3. 政府与市场的关系。实现国家治理体系与治理能力现代化,有效的政府治理是一个重要组成部分。其中一个关键内容是理顺政府与市场的关系,这是深化经济体制改革和行政体制改革的核心。政府与市场二者的关系并不是非此即彼的简单关系,而是在不

---

① 〔美〕诺顿朗:前揭文,载〔美〕R.J.斯蒂尔曼:前揭书(上),第211页。
② 姜明安:《实现长治久安的必由之路——我国建设法治国家述评》,来源:新华网,2014年10月20日。

同领域权力划分的不同,这也是政府职能转变的关键之一。全面深化改革要求发挥市场在资源配置中的决定性作用,减少对市场和微观经济运行的干预;同时,不是不要政府管理,而是政府要转变职能重点,更好地发挥政府的作用。政府与市场,"二者是有机统一的,不是相互否定的,不能把二者割裂开来、对立起来,既不能用市场在资源配置中的决定性作用取代甚至否定政府作用,也不能用更好发挥政府取代甚至否定使市场在资源配置中起决定性作用。"①随着市场经济体制的不断完善,二者的关系还要不断调整。

第三节 当代中国行政改革的基本价值选择

行政改革是政府改革的基本组成部分。经过三十多年的改革开放,人们在理论和实践上都可以清晰地看到,由我国的物质生产形态、社会发展阶段和现实的政治体制、管理体制所决定,也由我国单一制民族国家的法统以及历史文化的特质所决定,政府与市场、国家与社会的关系以及与此相关的政府改革,过去和现在都是决定当代中国改革和发展的关键性因素之一。可以预计,在未来的十年,政府改革,尤其是行政改革,仍将是当代中国进一步改革与发展的最大的历史性诉求。

人们在理论和实践上同样可以清晰地看到,改革开放以来,我国历次"机构改革"或"行政管理体制改革",无论在性质、内容上还是在规模、方式上,都属于当代中国政府改革的大范畴。每一次改革亦在不同的意义上取得了相应的成效。然而,不能不看到,迄今为止,我们虽然提出了丰富的关于政府改革的政策阐释,却没有提出、抑或尚未形成用于指导改革实践的较为系统和理性的、较具前瞻力的理论阐释。换言之,理论滞后于实践的问题正在日益成为制约我国政府改革的一个突出问题,与此相联系,经过 1982 年、1988 年、1993 年乃至 1998 年、2003 年、2008 年、2013 年以及 2018 年的政府机构改革,人们不难看到,我国政府平均 4—5 年就要进行一次较大规模的机构改革,其频繁程度在当代世界各国中是少见的。即使是世人瞩目的 1998 年政府机构改革,也因其只在于着力解决当前突出的矛盾而具有明显的过渡性质。② 这意味着,在不久的未来,我国政府还将进行具有相当规模的机构改革。尽管如此频繁地进行改革,我国各级政府机构和政府公务人员却一直在"精简——膨胀——再精简——再膨胀"的怪圈中徘徊,出现了诸如中央政府权威降低,巨额国有资产流失。③ 各级政府尤其是各级地方政府维护国家法律、维护公共秩序与自控、自律的意愿和能力双双降低等多种不良行政现象。这些现象从不同的侧面直接反映出,我国政府改革的有效程度不够高,连带影响了我国政府及其公务员队伍的稳定性;间接反映出,关于我国政府改革理论的理性程度不够高,连带影响了关于我国政府改革的政策思想、政策设计、政策执行的系统集成的有效性。

这就产生了一个不可回避的理论与实践相结合的价值判断问题:在改革开放接近四十年后的今天,我们是否有必要首先从认识论上对我国政府改革进行理性的反思,进而大大提升我国政府改革政策实践的系统性、有效性、前瞻性。当代中国政府作为国家政治上层建筑的一部分,其行政改革是有着深重的历史含义和强烈的现实需求的改革。全面、正

---

① 习近平:《习近平谈治国理政》,北京:外文出版社 2014 年版,第 117 页。
② 罗干:《关于国务院机构改革的说明》,《人民日报》1998 年 3 月 7 日。
③ 陈剑:《流失的中国》,北京:中国城市出版社 1998 年版,第一、二、三、四章。

确地认识这种历史含义和现实需求,是理性地对我国政府改革做出系统的理论阐释和有效的政策规范的基础性前提条件。概括地说,我国政府改革的历史含义和现实需求的基点,可以理解为在市场经济的条件下,在信息社会、知识经济和经济全球化时代正在到来的历史条件下,在国家现代化的目标初步实现且国家发展的命题转向可持续发展的历史条件下,重新寻求、建立和丰富关于当代中国政府的行政原理,进而有序地转变政府的职能,突出政府行政管理的公共属性、时代属性以及有效性,全面提升政府的能力,使政府继续成为推动国家现代化的坚实可靠的力量。其内在的逻辑关系可以表述为:我们需要并历史性地选择了市场来促进经济增长,我们同时需要有能力的政府来发展市场,继续推进国家的现代化进程①,而有能力的政府善于通过有效的政府制度创新对政府进行必要的制度性安排。这里主要从价值选择的角度讨论我国政府改革与市场经济、制度创新、政府能力、目标诉求的关系。

一、市场经济是我国政府行政改革的经济基础

在根本上,我国政府行政改革的历史依据,源自当代中国社会内蕴的发展进步的社会条件和历史性诉求,以及反映这种诉求的中国共产党的思想路线和政治纲领的历史性转变;在基本政策价值取向(国策)上,源自当代中国由计划经济向市场经济的转变,由闭关锁国向改革开放的转变,由非均衡发展向均衡发展的转变;在政府现实公共行政管理层面上,则源自政府传统的管理理念、管理思想、管理原则、管理职能、管理体制、管理方式、管理手段,与社会主义市场经济发展的矛盾,与现代社会发展的矛盾,与可持续发展经济战略的矛盾,与时代变迁的矛盾。其中,社会主义市场经济理论的提出、形成和丰富化,社会主义市场经济实践的出现、扩展和社会化,社会主义市场经济体制的构建、确立和稳固化,构成了我国政府改革的基本历史动因和现实经济基础。

1978年中国共产党十一届三中全会重新确立的"实践是检验真理的唯一标准"的马克思主义的思想路线,实际上重新启动了当代中国全面推进国家现代化的历史进程。自1984年中国共产党十二届三中全会确认商品经济的历史作用,经过1987年中国共产党第十三次全国代表大会确立有计划的社会主义商品经济体制,再经过1992年中国共产党第十四次全国代表大会提出"邓小平建设有中国特色的社会主义理论",进而提出建立社会主义市场经济体制的理论和改革目标,至1997年中国共产党第十五次全国代表大会进一步提出"邓小平理论"及其指导的以调整所有制关系为基础、以资本为纽带发展市场经济的理论和任务,再至1999年宪法修正案确立非公有经济的历史地位,我国的市场经济体制最终全面得以确立。至此,市场经济体制和市场经济主体之于推进国家现代化的重要性、必然性、合理性、有效性,在思想观念、政治理论、意识形态和国家宪法、法律、政策上均得到了较为准确的阐释,并得到了社会较为广泛的认同和支持。

因其历史的重要性,"社会主义市场经济理论实际上构成了推进我国国家现代化的社会共同政治纲领的基础,同时构成了我国政府宏观公共政策选择的基础;社会主义市场经济体制的确立,则从根本上规定了我国政府与市场、社会的关系模式,进而规定了我国政府改革的方向:政府改革首先必须有利于市场经济体制的建立和完善,有利于市场的有效

---

① 朱镕基:《在人民满意公务员代表会议上的讲话》,《报刊文摘》1999年1月28日。

运作及其发展,在根本上则必须有利于解放和发展生产力,有利于提高综合国力,有利于提高人民生活水平。"①在此意义上,市场经济实际上构成了我国政府改革的逻辑起点。一般而论,一个健全的、运转机制灵活的、充满生机和活力的市场至少需要具备三个相互联系的必要条件,即市场、市场主体和市场规则。经过近四十年的努力,我国已经初步建立了市场,确立了市场主体,相比之下,我们还缺乏建立在"法律面前人人平等"基础之上的全面系统的、名实相符的、公平合理的、行之有效的市场规则,我们更缺乏对市场规则的正确理解,对市场规则的普遍遵从,对市场规则的自觉维护。与此相联系,关于市场规则的政府公共政策的低效、失效、反效现象是显而易见的。究其原因,我国各级政府尤其是一些地方政府及其官员的以不正当运用公共权力为手段、以"自利"为目的行政行为,不能不说是主因之一。这些政府及其官员的自为、不良甚至不法的行政行为,事实上已经成为阻碍我国政府有效地规范市场、进而发展市场的危害性力量,而制定和执行以自由竞争为基础的公平合理的市场规则,正是我国各级政府在今后相当长的历史时期的基本的公共职能所在。这就需要通过有针对性的政府改革,着力区分市场行为规范与政府行政行为规范,在严格规范市场主体的市场行为的同时,严格规范政府自身的公共行政行为,并在市场行为规范与政府行政行为规范之间建立起良性的互动关系。市场经济的特性与政府改革的内在价值联系可以做如下理解。

1. 市场经济是以公平竞争、等价交换为基本原则的自由竞争的经济。政府因其公共权力主体的功能定位,不是也不应该成为市场竞争的主体,而只能是市场规则的制定者和执行者。这就要求我国政府:(1)切实转变行政观念,置身于直接的市场竞争之外。为此,必须加快实现政府与市场的功能性分离。这是因为,有分才有合。政府与市场的功能性分离,不仅是促成我国市场经济从小到大、从点到面、由弱变强、由国内到国际快速发展壮大的客观需求,而且是我国在推进现代化的进程中,有效地实现政府功能与市场功能整合的必要条件。(2)实现政府行政职能的公共化、政府行政行为的公开化、政府政策的公平化,通过重新评估和构建政府制度,有效地防止和反对政府权能"越位",防止和反对由于公共行政权力主体广泛且直接地不当介入市场活动而得以滋长的不公平、不规范市场行为的泛社会化倾向。与此相联系,必须强有力地克服地方保护主义,维护国内大市场的统一性、充分性、扩展性。(3)充分尊重、支持和保护独立经济法人的"自主经营、自负盈亏、自我发展、自我约束"的主体地位,并相应在市场推入、融资渠道、进出口贸易权、结汇权等方面广泛地实行普惠制。在这方面,政府政策的底线在于公共财政倾斜,而不在于市场倾斜。与公平竞争、等价交换的市场原则相联系,我国政府改革的价值目标表现为一个一体两面的问题:包括政府在内的一切国家公共权力主体尽快而有序地全面退出市场竞争,"在经由了政府控制经济(计划经济)、政府主导经济(双轨制)的历史阶段之后,加速走向政府宏观调控经济(市场经济),回归凌驾于社会之上的公共权力主体的地位"②。

2. 市场经济是以法制(治)为基础的规则经济。这就要求我国政府按照市场经济的规律和现代国家社会生活的通则,在与市场良性互动的过程中,逐步调整或修正公共行政权力关系,通过发布公共政策不断公开和明确地实施政策导向,不断明晰和强化市场的竞

---

① 江泽民:《在中国共产党第十四次全国代表大会上的报告》,《人民日报》1992年10月22日。
② 张国庆:《1998年中国政府机构改革的若干理论问题——大背景、新特点、主要难点、前提条件》,《中国行政管理》1998年第12期。

争规则,进而建立必要的市场秩序。市场竞争规则公信力的源起和强化,则取决于规则本身的公平性、合理性,规则制定过程的公开性、透明度,维护和执行规则主体的公正性、可靠性。其中,建立和完善以公民的参政议政权为基础的政务公开制度,以行政责任为核心的政府自律制度,以公正的司法审判为保证的司法制度,以新闻报道为主要形式的社会舆论监督制度以及这些制度的有效运行机制,具有紧迫的制度意义。在这方面,"依法行政"是政府一切行政行为的价值准则和行为规范。不仅如此,市场竞争不可避免地会有成败、盈亏,而不论是赢者、胜者或是输者、负者,都会寻求政府的支持和保护,只不过前者所寻求的是对归属于个人的生活资料、生产资料及人身安全的保护,后者寻求的是自身基本生存权利的保护。不论何种支持和保护,都是避免社会生活流于无序状态的不可或缺的条件。政府因其独特的以国家财政、国家武装力量为后盾的公共权威地位,事实上是维护市场规则、提供政府支持和保护的主要公共权力主体。从现实的假冒伪劣产品泛滥,破坏环境事件频发,商业欺诈行为丛生,骗汇逃税案件增多等现象分析,我国市场经济的法制(治)化还有漫长的道路要走。这就要求我国各级政府通过行政改革首先有效地解决自身的思想观念、政策规范、决策程序、管理方式、操作技术等诸方面的法制(治)问题,提高政府政策系统集成的能力,进而通过系统运作有效地提高我国市场的法制(治)水准。

3. 市场经济是以利益为导向的经济。这就要求政府肯定以利益为导向的社会价值标准的合理性,依法保护个人和经济主体的劳动所得。但是,市场竞争不仅会导致个人生活资料和生产资料占有量的两极分化,而且会导致利益的集团化、区域化、行业化,形成普遍的利益集团,并因此产生更为激烈的竞争。利益集团为了保护共同的既得经济利益并争取新的资源,势必通过一切可能的方式试图影响政府及其官员,力争使政府的公共政策发生有利于自己的倾斜,或者使既定公共政策的执行尺度发生有利于自己的改变。显然,由于多年实行公有的产权制度,并相应实行"平均主义"的社会分配原则及方式,我国政府迄今为止既没有积累起足够的在市场经济新的历史条件下如何正确看待和处理两极分化现象的有效经验,也没有积累起足够的如何正确看待和处理利益集团的有效经验,更没有积累起足够的如何正确引导和有效规范政府及其官员行为的有效经验。一言以蔽之,在市场经济新的历史条件下,我国政府尚没有足够的通过连续不断的公共政策,合理而有效地调节广泛社会利益关系的理论和实践,其中包括调节公共利益关系的机制。在这方面,政府的价值标准是一个包含效率与公平的双重目标:寻求和建立一种有效的制度框架,在有利于最大限度地激发生产者的工作动机和经营者的创造欲望的同时,防止财产和社会权力的无限制的两极分化,从而维护社会的基本均衡,而政府及其官员在这样一个制度创新的过程中,只是且只能是社会公共利益的代表者。这就需要在丰富政府的"利益价值观"的基础上,通过政府制度创新实现社会分配制度及其运行机制的更新。

二、制度创新是我国政府改革的主要途径

现代化是当代中国最高的国家和民族利益所在。全面和加速实现国家的现代化因此构成了中共十一届三中全会以来我国政府一切公共政策选择的价值基础。与此相联系,我国提出并发展了具有革命性质的现代化纲领,实施了前所未有的改革开放的系统工程,在宏观公共政策的层面上广泛实行了由计划经济体制向市场经济体制的转变,单一所有制形式向多种所有制形式并存的转变,简单管理方式向复合管理方式的转变,大一统集权

领导体制向参与、分权领导体制的转变等一系列具有制度创新含义的改革,并因此强有力地激发了社会生产力,大大推进了国家的现代化进程。这一切以及世界正在经历的由工业文明向信息文明迈进的时代变迁,为我国政府改革提供了广泛的理论和实践背景,并因此规定了我国政府改革的方向。就基本的价值取向而言,我国政府改革的宏观价值目标可以表述为:通过制度创新重塑政府,进而在现代国家的意义上构建一个适应社会主义市场经济和时代变迁客观要求的职能确定、权力关系明确、自律和自控机制健全、公共政策灵通而有效、公共行政管理坚强有力的政府行政体制。

1. 政府改革与制度安排。就国家形态而言,制度是指以宪法、法律、法规为基本内容的正式规则(formal constraints)和以习俗、传统、习惯等形式存在的非正式规则(informal constraints)交错构成的一整套的规则体系及其实现机制,①是不同的社会群体为了存续和利益分配而在交互作用的过程中,通过复杂的"交易"方式共同选择、共同安排且必须共同遵守的关于人们社会行为的规则体系。就其功能而言,制度是全社会的"游戏规则",是为了确定人们的相互关系而人为设定的一些社会性制约。就其形成而言,制度是制度安排的结果。制度安排则是确定支配经济单位或社会单位之间可能的合作与竞争方式的行为过程。制度安排的主体或促动者,既可能是单个人(法权人),也可能是一批自愿合作在一起的人(法权团体),或者是政府(公共权力主体)。在实际过程中,最广泛的制度安排的形式存在于纯粹自愿的形式与完全由政府控制和经营的形式之间的广大区域。②这可以理解为,政府既是既定制度的固定和重要的组成部分之一,又是实现制度安排的最经常的主体之一。改革,是政府实现制度安排的主要形式。

制度是一种稀缺性的资源,也是政府的公共产品之一种。通过制度创新建立和维护制度环境,实现合理、有效的制度安排并向社会提供制度选择,是政府基本的公共职能。换言之,有为的政府能够通过价值分析和政策合成再生制度资源。在此意义上,我国政府改革的价值取向,可以理解为通过自身具有制度创新含义的改革,回应并推动社会同样具有制度创新含义的改革,进而在政府改革与相关改革之间形成良性的循环往复、交互促动的关系。"一个确保、三个到位、五项改革"任务的提出③,表明我国政府试图在政府改革与国有企业改革、金融体制改革以及粮食流通体制改革、投资融资体制改革、住房制度改革、医疗制度改革、财政税收制度改革之间建立直接的联系,进而表明我国政府进一步形成了系统的改革思想,形成了辩证的改革观。这无疑有助于我国改革的深化。值得强调的是,在现阶段以至可以预见的一段历史时期,政府改革将继续是我国改革互动的主导矛盾。这样,政府行政制度的创新就具有了为多项改革提供制度条件的重要意义。

2. 政府改革与制度环境。政府及政府改革总是在一定的制度环境之中存在和运行的。制度环境是一系列用来建立生产、交换与分配基础的政治、社会和法律基础的规则之和④,或者说是一个国家的以宪法和法律结构为核心的"基础性制度安排"(fundamental institution arrangement)⑤。制度环境决定政府改革的方向,制约其基本的价值选择以及具

---

① 〔美〕道格拉斯·诺斯:《制度、制度变迁与经济绩效》,第3—5页。
② 〔美〕L.E.戴维斯、D.C.诺斯:《制度变迁的理论:概念与原因》,载〔美〕R.科斯、A.阿尔钦、D.诺斯等:前揭书,第271—275页。
③ 《朱镕基总理答中外记者问》,《人民日报》1998年3月20日。
④ 〔美〕L.E.戴维斯、D.C.诺斯:前揭文,载〔美〕R.科斯、A.阿尔钦、D.诺斯等:前揭书,第270页。
⑤ 卢现祥:《西方新制度主义经济学》,北京:中国发展出版社1996年版,第87页。

体的政策选择。在此意义上,政府改革的价值目标,不在于突破制度环境的架构,而在于在既定的制度环境中有效地改变。但是,制度环境一如自然环境也是可以改变的。通常,制度环境的改变源起于人们对收益成本比的预期。当预期的净收益超过了预期的成本,或者出现了边际性的潜在利益,就会引起人们对收益与成本比的重新判断,进而产生改变现行制度和产权结构的企图①,并以各种可能的方式诉诸言论和行动。当一定的制度创新的要求日趋强烈,最终经由政府以国家的名义做出制度安排,并以法律的形式加以确定,就形成了某种制度变迁。在这样的过程中,法律以至于宪法的某些变更是不可避免的。世界各国的宪法修正案大多涉及改变某种制度环境的诉求。例如,1787年制定、1789年实施的《美国联邦宪法》,最初只有7条,经过二百多年的发展,目前已有宪法修正案26条。② 每一次宪法修正案事实上均从一个侧面改变了美国的制度环境。在制度环境得以改变的历史条件下,政府改革的价值选择,就在于相应转变行政观念,实现政府制度的创新。

3. 政府改革与制度创新。制度创新也称制度发展。在广泛的意义上,它是指一种组织行为的变化,即这一组织与其活动环境之间相互关系的变化,以及支配上述行为与相互关系的规则的变化。③ 制度创新的动因,大致可以分为诱致性因素的牵动或强制性因素的推动。前者指一群人响应由制度不均衡引致的获利机会而产生的自发性变迁,后者主要指由政府法令引起的变迁。④ 但不论是何种原因引发的创新,制度创新主要都是指在制度环境相对确定、稳定的条件下,对构成既定制度的次级制度,诸如行政制度、教育制度、金融制度、公司制度等具体的现行制度进行某种变革,并通过规范的、具有社会公信力的方式加以确认的行为过程。在渐进改革而非革命的历史条件下,诱致性制度创新与强制性制度创新一般不存在创新目标方面的对立,创新过程更是紧密联系在一起的。这是因为,即使是原发性的完全自利的制度创新的动机,亦只有进入政府的政策议程才有可能成为具有社会公信力的正式规则,而政府强制性制度创新的提起,亦不可能完全没有社会原因,更不可能不涉及社会群体的利益,这样,实现诱致性制度创新牵动与强制性制度创新推动的协同,就成为政府改革又一种价值选择。

政府制度创新与政府推动制度创新是不同的。前者指政府基于一定的新的价值理念重新审视自身,进而通过一定的法定程序实行广泛的行政改革,实现国家行政制度发展性更新的行为过程。后者指政府主导的制度创新,即政府凭借持有的权威性和公信力,通过实施主动进取的公共政策,推动实现特定制度发展性更新的行为过程。从经验分析来看,政府主导的制度创新是后发展国家制度创新的经常形式,在某些条件下甚至是决定性的创新形式。这是因为:(1)后发展国家的制度环境普遍不够明朗,不够稳定,致使利益预期计算经常性地出现困难,或计算结果纯收益为负数,因而降低了公众制度创新的意愿。这时,政府作为社会共同利益的代表者就成为制度创新的主要推动者。⑤ 推动的主要方式,在于通过积极有效的公共政策的导引和规制,降低制度交易的成本,促成制度交易的

---

① 〔美〕L.E.戴维斯、D.C.诺斯:前揭文,载〔美〕R.科斯、A.阿尔钦、D.诺斯等:前揭书,第274页。
② 王明扬:《美国行政法》(上),北京:中国法制出版社1995年版,第5页。
③ 〔美〕V.W.拉坦:《诱致性制度变迁理论》,载〔美〕R.科斯、A.阿尔钦、D.诺思等:前揭书,第329页。
④ 林毅夫:《关于制度变迁的经济学理论:诱致性变迁与强制性变迁》,载〔美〕R.科斯、A.阿尔钦、D.诺思等:前揭书,第374页。
⑤ Lance E. Davis and Douglass C. North, *Institution Change and American Economic Growth*, Cambridge University Press, 1971, pp. 41-42.

实现,进而实现一种效益更高的制度(目标模式)对另一种制度(起点模式)的替代和转换。① (2)后发展国家的政府在国家政治生活、社会生活中居于传统的中心地位,因而只有政府才具备足够的法权,用于有效地遏制和化解"传统"与"现代化"之间不断产生的矛盾,推动发展性的制度创新。我国改革开放四十多年的历史进程亦经验性地证明了这一点。在此意义上,我国政府改革的价值目标,在于形成新的政策意愿和行政能力,在可持续发展阶段上继续承担推动我国各项制度创新的历史责任。

政府制度创新与政府推动制度创新又是互为条件的。在一种动态的过程中,政府制度创新往往首先构成了政府推动制度创新的制度条件。这是因为,"安排创新的成本收益也会随政府的规模、构成或规则的变化而变化"。② 与此相联系,我国政府制度创新的价值意义,首先在于构建一种新型的国家行政框架,进而在既定的框架内重构行政领导体制、行政组织体制以及诸多分门别类的行政制度,而进一步转变政府职能,修正和调整行政权力关系是构建一种新型的国家行政框架的基础,进一步提升政府能力则构成了为发展提供充满活力的机构性框架的中心问题。③

三、政府能力是我国政府改革的行为诉求

一般而论,政府能力主要由四个方面的相互交织、互为条件的能力构成:政策能力,即正确地制定和有效地执行公共政策的能力;管理能力,即综合实施社会公共行政管理的能力;服务能力,即有效地向公众全面提供公共产品和公共服务的能力;自控能力,即自律和自我更新的能力。

在我国,随着以解决深层次矛盾为诉求对象的各项改革深入进行以及可持续发展阶段的到来,国家现代化进入了关键的发展时期。与此相联系,我国各级政府的能力正面临前所未有的挑战,并因此构成了我国政府改革的宏观价值目标之一。可以预计,随着我国各项改革的深入进行和我国发展水平的不断提高,以及我国进一步融入世界经济体系,我国政府能力问题将逐步凸显,很快会成为我国政府中期改革目标的主导矛盾。

1. 公共政策能力。由我国现实的政策环境所决定,政策能力是我国政府改革价值取向的首要着力点。在现有发展阶段上,我国政府的宏观公共政策的制定能力与微观公共政策的执行能力具有十分重要的意义。正确地制定宏观公共政策的能力之所以重要,是因其涉及国家的发展方向和发展水准而具有决定性的意义。就世界发展特征而言,在新的世纪即将来临的时刻,国家间的生存和发展竞争不是在减弱而是在增强。世界正面临不平等日益加剧、持续发展困难增加、一些国家失却发展方向、和平受到威胁等许多巨大的挑战。④ 对此,每一个国家的政府事实上都不得不依靠自己的判断做出政策选择,并承担因此产生的后果。就国家发展特征而言,我国正处在新世纪实现国家现代化的关键时期,急剧变化是这一时期的突出特点。随着具有制度创新意义的广泛改革的不断深化,随着国家应对东亚金融危机而转向出口导向与开发内需并重的经济增长战略,随着社会利

---

① 卢现祥:前揭书,第71—72页。
② 〔美〕L.E.戴维斯、D.C.诺斯:《制度创新的理论——描述、类推与说明》,载〔美〕R.科斯、A.阿尔钦、D.诺思等:前揭书,第302页。
③ 世界银行:《1997年世界发展报告——变革世界中的政府》,第38页。
④ 〔法〕热罗姆·班德:《发展无国界》,《参考消息》1999年1月27日。

益关系的一再调整和改变,随着公众价值观念的丰富化、多元化等,我国政府的公共政策环境亦相应大大地复杂化。政府的政策意志以及以有效的反应和应变能力、适应环境创新发展的能力为基础的公共政策能力因此面临前所未有的挑战。

由我国可持续发展阶段的主要任务所决定,在可以预计的未来,我国政府与价值选择相联系的宏观公共政策能力面临的主要挑战,将主要集中在如何看待和处理这样一些关系问题上:改革、稳定、发展的关系,政府的职能、权力、行政行为方式与市场主体、市场行为规则、市场运行机制的关系,中央政府、大市场与地方政府、区域经济的关系,经济增长与社会均衡发展的关系,成本、效率与正义、公平的关系,融入世界经济体系与维护民族工业的关系,经济结构调整与社会就业的关系,朝阳产业与夕阳产业的关系,知识经济、先导产业与建立国民经济物质生产基础的关系等。此外,从现阶段我国政府公共行政管理的实际情形出发,为了在日趋复杂化的政策环境中有效地提高公共政策的品质,强调我国各级政府大大改进政策制定系统的能力,将被实践证明具有某种决定性的意义。

2. 行政管理能力。政府的政策过程与政府的管理过程在实际的政府行为过程中并不存在截然的界限。就一级政府的完整功能而言,实施社会公共行政管理的过程与执行既定公共政策的过程是一致的。综合实施社会公共行政管理的过程,就是在同一个时空执行许多不同的公共政策,从而产生系统政策效果的过程。在这个意义上,政府综合实施社会公共行政管理的能力,就是政府通过一定的行政行为,包括管理原则、管理程序、管理途径、管理方式、管理技术的有效运用,使既定的公共政策成为社会公众遵从的行为准则,进而实现既定公共政策价值目标的能力。在可以预计的未来,为了实现国家既定的发展目标,我国政府行政管理能力的基本价值坐标将主要集中这样的问题上:在有效导引和促成经济结构调整的基础上推动我国国民经济持续发展的能力等方面。①

必须强调的是,我国政府提升行政管理能力的价值目标不仅在于政府公共行政管理的实践效率,更在于政府公共管理的实践效力或效果。效果与效率表现不同的价值标准。相比之下,效果更能体现行政目的,更能体现通过公共管理过程实现公共政策价值的程度,因而更应成为我国政府行政行为的价值标准。改革开放四十多年来,我国各级、各地的国家公共权力机关制定的各类法律、法规及"红头文件"不计其数,与此同时,类似綦江彩虹桥倒塌事件以及随之查证的綦江143项工程全部存在问题的现象,国企报表普遍弄虚作假的现象,13省中21个不正常在建项目68亿元打水漂现象等也大量存在,②且在全国各个领域均非鲜见。这说明,我国政府存在的大多数问题并不是政策规定不全或不周的问题,而是政策执行的意愿走低,政策执行的能力乏力,公共行政管理滞后、失效甚至无效的问题。这严重警示我国各级政府,在有序地退出直接市场竞争的同时,政府的某些公共职能已经明显出现了"缺位"或"虚位"。这就要求我国政府通过行政改革重新"站位",尽快"到位",在市场经济的条件下全面履行政府职能,有效实施公共行政管理。

3. 社会服务能力。我国政府的公共服务能力问题,直接源自1998年中央提出的三大政府职能转变问题,即由直接管企业、管生产和分钱、分物"转变到宏观调控、社会管理和公共服务方面来"③。在西方国家的法理或法律上,政府是典型的"他建立"而不是"自建

---

① 张国庆:《论现代政府的宏观公共行政能力——内涵、构成与价值标准》,《北京大学学报政治学与行政管理学专刊》,1996。
② 1999年1月19日《齐鲁日报》,1998年12月28日、1999年2月11日、1999年2月25日《报刊文摘》。
③ 罗干:《关于国务院机构改革的说明》,《人民日报》1998年3月7日。

立"。因此,为授权主体即全体国民服务乃是政府天经地义的职守。但从实践的情况看,政府却可能走上以自我为中心的行政发展道路。在我国,由于存在长期封建文化传统的远因、计划经济体制的中因、政府主导型经济增长战略的近因,"政府中心论"的价值理念是比较根深蒂固的。因此,首先在观念形态上确立政府公共服务的职能,是提出、提升政府公共服务能力的前提条件。在现阶段,我国政府公共服务能力的价值理念问题,主要集中在两个与制度创新紧密相连的问题上:其一,如何尽快开发和开放国家各项公用基础设施,例如,公用信息网络、政府数据库、国立图书馆等,进而最大限度地公开、扩散、辐射、转化除国家保密法规定以外的所有国家信息资源;其二,如何尽快建立和完善政府的社会支持、社会帮助、社会救援的组织体制和制度规定,进而直接为公民及公民团体服务。

4. 自我控制能力。政府的自控能力主要是指政府依据法律和法规,适应社会环境的变迁和公众意愿的改变,对政府及其官员的行为进行有效规范性约束的能力。与制度创新以及政策能力、管理能力相联系,其基本的价值界定,在于如何有效地保障行政宗旨,防止和反对滥用公共行政权力,实现依法行政。作为我国政府改革的价值目标,政府自控能力属于"吏治"的范畴,其实质在于"以法律为准绳"处理官民关系、政府与社会的关系,其主要问题则在于如何有效地制止公共行政权力主体的"寻租"行为。

公共行政权力主体的"寻租"行为,主要指一定的国家公共行政权力主体,利用法律赋予的某些合法的公共行政权力,通过不正当的途径或方式,按照"等价交换"的商品原则,非法地实现一定的公共行政权力与一定的经济财富之间的交易,或一种公共权力与另一种公共权力的交换的特定行政现象,即通常所说的"以权谋私""权钱交易"或腐败。腐败与反腐败是当代几乎每一个国家的政府都不得不面对的问题。更大的危险在于,当政府的反腐败措施不能有效地阻止"寻租"行为的发生,尤其不能有效地阻止基层政府及其官员"寻租"行为的发生,从而产生公共权力适用的泛化,那么,就极有可能以社会政治动荡的形式付出惨重的代价,危及国家的现代化进程。①

近年来我国频频发生的以政府官员为主体的犯罪案,例如,涉及原丹东市市长的重大汽车走私案,涉及原泰安市委书记胡建学的集体贪污受贿案,涉及原惠东县党政"一把手"和公安、工商、打私办等九部门的纵容走私、逃避关税案,涉及原金华县委书记、税务局、稽查大队的增值税票案,涉及原湛江市委书记、常务副市长和海关、边防局、打私办、经济技术开发区的纵私受贿案,涉及原宁波市委书记、副市长的贪污受贿案,以及三十多名省部级高级政府官员犯罪的典型案件②,事实上已经提出了一个日渐尖锐的、不容回避的问题:我国政府尤其是各级地方政府自律自控能力的不足,吞噬很多改革开放的成果。目前在一些地方盛行的跑官甚至卖官鬻爵的现象,贪图享受、挥霍浪费的现象,为己甚而扰民的现象等不良行政行为,广泛涉及官员素质,政府的体制、机构、制度、机制等一系列的问题。③ 说明我国政府有效地克服公共行政权力主体的"寻租"行为,已经到了背水一战的地步。从迄今为止世界各国反腐败的实践情形来看,只要人类尚需要政府,继续赋予政府公共权力以处理共同的问题,根除腐败事实上就是不可能的。所以,我国政府的与价值判断相联系的反腐败的自律自控能力,实际上表现为在一个较长的历史时期内,有效地遏制各级各地公共行政权力主体"寻租"行为的泛化、严重化、持续化。为此,在价值标准上

---

① 〔美〕塞缪尔·亨廷顿:前揭书,第54—56页。
② 《齐鲁日报》1999年1月19日;《报刊文摘》1998年12月28日、1999年2月11日、1999年2月25日。
③ 朱镕基:《在人民满意公务员代表会议上的讲话》,《报刊文摘》1999年1月28日。

固化关于政府的公共性质、政府的宗旨、政府的目的、政府的职能、政府的责任、政府的行为规范等"应然"的行政观念,同时通过广泛、有序、有效的制度创新,在政府制度上形成有利于政府自控的领导体制、组织制度、监督机制、工作制度、激励机制等"实然"的行政制度,并形成观念与制度的融通,构成了我国政府改革的又一个价值目标。

5. 政府现代化治理能力。中共十八届三中全会《决定》提出,实现国家治理体系和国家治理能力现代化的目标,首次提出"有效的政府治理"概念。这是切实转变政府职能的要求,也是国家治理能力现代化的题中应有之意。如果没有政府治理现代化,也就没有国家治理体系和治理能力现代化。

政府作为国家行政机关,是权力的执行者,是国家治理的主体力量。政府根据经济社会发展水平变化以及人民群众诉求的日益复杂性,不断调整改革政府的职能角色和治理方式,成为国家治理现代化的核心。转变政府职能要建立健全政府治理体系,包括宏观调控体系、市场监管体系、社会管理体系和公共服务体系;理顺政府部门之间职责关系体系,优化政府组织运行机制与体系,建立科学的政府绩效评估体系等。

行政体制改革的深入推进,必须以提升政府治理能力为目标。政府治理能力的现代化,除了要提升政府的决策能力、执行能力、依法行政能力、责任追究能力,以及与职能转变相适应的市场监管能力、公共服务能力和社会管理能力外,还包括重要的治理方式现代化。其中一个基本要求是,治理主体从政府主体转向参与、互动、合作式的多元主体治理。这就需要政府大力提升多种主体、多种资源整合和凝聚的能力,共同实现政府治理的目标。

四、社会公平正义是政府改革的目标追求

社会公平正义是人类社会发展所永远面对的问题,人类社会发展的不同阶段,面临着不同层次或不同意义上的公平正义问题。社会主义的本质要求实现公平正义。中国共产党自成立之日起,就把实现和维护社会公平正义作为始终不渝的价值目标。"实现社会公平正义是中国共产党人的一贯主张,是发展中国特色社会主义的重大任务。"[1]公正是社会主义核心价值观的内容之一。中共十八大报告中提出,"公平正义是中国特色社会主义的内在要求"。对公平正义的这种高度定位,说明了公平正义对于建设中国特色社会主义的极端重要性。中共十八届三中全会决定中又强调,全面深化改革要"以促进社会公平正义,增进人民福祉为出发点和落脚点"。要实现社会主义对公平正义的内在要求,政府作为公共权力行使的重要主体之一,必须担负起维护社会公平正义守护者的基本职责。

从公共行政和政府管理角度,公平正义是公共行政的基本价值之一。弗里德里克森曾作出概括:"社会公平强调政府提供服务的公平性,强调公共管理者在决策和组织推行过程中的责任与义务;……社会公平强调对公众要求做出积极的回应,而不是以追求行政组织自身需要满足为目的。总之,倡导公共行政的社会公平是要推动政治权力以及经济福利转向社会中那些缺乏政治、经济资源支持,处于劣势境地的人们。"[2]公平正义与否直接影响着公共行政的基本性质,政府要以实现公共利益为其履行职能的根本出发点,维护社会公平正义是政府变革的重要命题,政府管理的法律制度和政策选择也必须坚持公平正

---

[1] 胡锦涛:《高举中国特色社会主义伟大旗帜为夺取全面建设小康社会新胜利而奋斗》,北京:人民出版社 2007 年版。

[2] 转引自颜广明、李中海:《推进社会公平正义:政府的良心与责任》,《理论研究》2013 年第 6 期。

义的基本价值。"从直接意义上来定位公共行政的价值,政府应当把社会公平放在首位。"①

中共中央总书记习近平在讲话中强调,中国人民"共同享有人生出彩的机会,共同享有梦想成真的机会,共同享有同祖国和时代一起成长与进步的机会"②。因此,要求政府必须加强维护社会公平正义的职能。政府是实现社会公平正义的主要力量,社会公平正义是人民意满意度的晴雨表,也是考量政府公信力的公平秤。推进行政体制改革的每个领域和环节,都要坚持和维护体现公平正义的价值追求。这要求政府行政人员有正义感,树立公平、正义的行政理念。在杰斐逊看来,这种正义感是"一个井然有序的社会的第一要素"③。政府要让公平正义的阳光普照在全体社会成员身上,共同分享社会发展成果,得到公平发展机会。

当前社会深刻转型带来的各种社会矛盾和问题给公平正义带来了极大负面影响。与此同时,随着社会主义民主政治的发展和依法治国基本方略的实施,人民群众的法治意识和权利意识不断增强,追求公平正义的意识也更加强烈。尤其是分配不公问题已不仅是经济问题,更重要的是社会与政治问题。历史也多次证明,严重的社会分配不公会导致严重的政治后果。全面深化改革必须着眼于创造更加公平正义的社会环境,不断克服各种有违公平正义的现象,使改革发展成果更多更公平地惠及全体人民。

加快公共服务体系建设是促进社会公平正义的重要举措,可在一定程度上校正社会财富初次分配的不平衡。政府能否获得人民群众信任,很大程度上取决于缩小城乡差距和贫富差距带来的社会公正的结果。加快推进民生领域体制机制创新,促进公共服务资源向基层延伸、向农村覆盖、向弱势群体倾斜,逐步扩展公共服务供给的范围,实现基本公共服务均等化。

加强维护社会公平正义的制度建设是关键。制度是维护社会公平正义的重要保障。"不论处在什么发展水平上,制度都是社会公平正义的重要保证。我们要通过创新制度安排,努力克服人为因素造成的有违公平正义的现象,保证人民平等参与、平等发展权利。"④加强保障社会公平的制度建设,具体包括保障权利公平、机会公平、规则公平和程序公平的制度建设。在现代社会,社会公平首先意味着权利上的公平,它承认并保证社会主体具有平等的生存发展权利、民主权利、社会经济权利等。机会公平意味着要满足不同阶层、不同身份、不同地位的人的不同需要,确保全体社会成员享有平等机会。规则公平,是实现机会公平和权利公平的一个前提,因此,政府不仅要保证在制度和规则面前所有社会主体一律平等,还要保证社会主体享有平等的规则。程序公平是指在事件处理与决策过程中,利益相关方与当事者都是公平的,尤其是对政府依法定程序公平公正行使权力提出了现实要求,防止滥用权力或违背程序导致的社会不公问题。除此之外,维护社会公平正义还必须实现分配公平,这有赖于科学合理的分配制度,因此要加快推进分配制度改革和完善分配政策。只有更好地解决了分配公平问题,解决了各种收入之间超过合理范围的巨大差距问题,才能使改革发展的成果更多、更公平地惠及全体人民,才能逐步实现社会主义本质所要求的共同富裕目标。

---

① 何力平:《摆动、平衡抑或其他:公共行政的价值定位》,《理论探讨》2006年第6期。
② 习近平:《在第十二届全国人民代表大会第一次会议上的讲话》,《人民日报》2013年3月18日。
③ 〔美〕汤普森编著,《宪法的政治理论》,张志铭译,北京:生活·读书·新知三联书店1997年版,第122页。
④ 习近平:《切实把思想统一到党的十八届三中全会精神上来》,《求是》2014年第1期。

名词与术语

行政改革	公共政策能力	制度创新	政府制度创新
制度安排	广义行政改革	制度环境	狭义行政改革
寻租行为	自我控制能力	行政体制	行政管理能力
行政制度	社会服务能力	依法行政	维护公平正义
法治政府	政府治理能力		

复习与思考

1. 新中国成立初期的政府机构改革。
2. 改革开放初期的政府机构改革。
3. 可持续发展时期的政府机构改革。
4. 全面深化改革新时期的政府机构改革。
5. 广义的行政改革。
6. 狭义的行政改革。
7. 我国行政改革的主要任务。
8. 国家的双重属性和双重职能。
9. 法理和法律层面上行政改革的主要范畴。
10. 管理思想和技术方法层面上行政改革的主要范畴。
11. 当代中国行政改革的核心问题。
12. 行政权力与政府职能的关系。
13. 行政权力与依法行政的关系。
14. 市场经济是我国政府改革的经济基础。
15. 市场经济的特性与政府改革的内在价值联系。
16. 制度创新是我国政府改革的主要途径。
17. 政府能力是我国政府改革的行为诉求。
18. 公平正义是我国政府改革的目标追求。
19. 公共政策能力。
20. 行政管理能力。
21. 社会服务能力。
22. 自我控制能力。
23. 政府治理能力。
24. 我国政府行政改革的难点。
25. 我国政府行政改革的目标模式。

主要参考书目

1. 张国庆主编:《当代中国行政管理体制改革论》,长春:吉林大学出版社1994年版。
2. 联合国教科文组织行政管理问题专家会议论文汇编:《公共行政管理:不同社会文化环境的若干问题》,金庸健译,北京:中国对外翻译出版公司1987年版。
3. 刘智峰:《第七次革命——1998年中国政府机构改革备忘录》,北京:经济日报出版社1998年版。

4. 施雪华:《政府权能理论》,杭州:浙江人民出版社1998年版。
5. 〔美〕R.科斯、A.阿尔钦、D.诺思等:《财产权利与制度变迁——产权学派与新制度学派译文集》,上海:上海三联书店、上海人民出版社1996年版。
6. 任晓:《中国行政改革》,杭州:浙江人民出版社1998年版。
7. 中国共产党第十四次、十五次、十六次、十七次、十八次全国代表大会的报告。
8. 赵紫阳:1981年3月8日在第五届全国人民代表大会上《政府工作报告》。
9. 赵紫阳:1982年3月9日在第五届全国人民代表大会常务委员会第二十二次会议上《关于国务院机构改革问题的报告》。
10. 李鹏:1988年3月25日在第七届全国人民代表大会第一次会议上《政府工作报告》。
11. 宋平:1988年3月28日在第七届全国人民代表大会第一次会议上《关于国务院机构改革方案的说明》。
12. 李鹏:1993年3月15日在第八届全国人民代表大会第一次会议上《政府工作报告》。
13. 罗干:1993年3月16日在第八届全国人民代表大会第一次会议上《关于国务院机构改革方案的说明》。
14. 李鹏:1998午3月5日在第九届全国人民代表大会第一次会议上《政府工作报告》。
15. 罗干:1998年3月6日在第九届全国人民代表大会第一次会议上《关于国务院机构改革方案的说明》。
16. 朱镕基:2003年3月5日在第十届全国人民代表大会第一次会议上《政府工作报告》。
17. 王忠禹:2003年3月10日在第十届全国人民代表大会第一次会议上《关于国务院机构改革方案的说明》。
18. 中华人民共和国国务院秘书厅编:《中华人民共和国国务院公报》,中华人民共和国国务院秘书厅,1954—2014年各期。
19. 温家宝:2008年3月5日在第十一届全国人民代表大会第一次会议上《政府工作报告》。
20. 华建敏:2008年3月11日在第十一届全国人民代表大会第一次会议上《关于国务院机构改革方案的说明》。
21. 马凯:2013年3月10日在第十二次全国人民代表大会第一次会议上《关于国务院机构改革和职能转变方案的说明》。
22. 李克强:2014年3月5日在第十二届全国人民代表大会第二次会议上《政府工作报告》。
23. 〔美〕汤普森编著:《宪法的政治理论》,张志铭译,北京:三联书店1997年版。
24. 江必新:《法治政府的制度逻辑与理性构建》,北京:中国法制出版社2014年版。
25. 段尧清:《政府信息公开:价值、公平与满意度》,北京:中国社会科学出版社2013年版。
26. 孙国华、周元:《公平正义:社会主义法治的核心价值》,北京:中国人民大学出版社2014年版。
27. 陈剩勇等:《政府改革论:行政体制改革与现代国家制度建设》,北京:北京大学出版社2014年版。
28. 宋功德:《建设法治政府的理论基础与制度安排》,北京:国家行政学院出版社2008年版。

第二十章　典范革命与新公共行政

第一节　典范革命

发达国家 20 世纪后二十年的公共行政的理论批判——行政改革运动,是在 60 年代社会科学典范革命的基础上实现的。在典范革命的基础上,以批判官僚制为理论基础,兴起了以创新为基调、以革故鼎新为内容的"新公共管理运动",涌现了许多新的思想、理论和公共政策主张。

一、典范革命

(一) 典范革命的背景

20 世纪 60 年代在当代发达国家的发展史上是具有重要转折意义的时期。以法国的"五月风暴"、美国的反越战运动和民权运动为标志,在这个时期里,许多发达国家出现了明显的社会动荡,反对战争、反对种族歧视、反对不平等、反对政府,构成了这个时期的发达国家较为普遍的社会图景。与此相联系,人们十分关注那些与自己的切身利益密切相关的实际的社会问题,例如,犯罪、安全、污染、住房、卫生、社会保障、公共交通等。与此同时,政府的官僚系统却表现出了太多的保守、消极、被动,太多的官样文章、衙门作风、墨守成规以及腐败,行政傲慢(administrative arrogance)、无效能(ineffectiveness)、无效率(inefficiency)、行政帝国主义(administrative imperialism)比比皆是。[①] 人们在问:我们的社会究竟出了什么问题? 当这些问题变得愈来愈严重时,人们不能不问:"巨物"般地支配着巨额公共财政的政府正在干什么? 70—80 年代的经济滞胀,则进一步加深了人们的社会危机感,进而引发了民众对政府的信任危机。政府的合法性面临严峻的挑战。

受到严重社会问题的激荡和推动,这个时期同时又是新观点、新学说层出不穷的时期。其中,最为引人注目的当属引发了关于社会科学的再思考的典范(paradigm)和典范革命(paradigm revolution)的理论。

(二) 典范革命的理论

典范又称典则、范式、典则规范,典范革命亦称范式转换(paradigm shift)。1962 年,美国科学史家托马斯·库恩(Thomas Kuhn)在其《科学革命的结构》一书中,首次从学术的角度明确提出了关于典范或范式及其意义的概念。库恩指出:在科学的意义上,一个范式就是关于现实的一套较为系统的假设。这一套假设主要包括用以阐释和说明某一类现实的规则,而这些规则表现为人们观察现实世界的观点、理念和基本的价值判断标准。范式

---

① G. E. Caiden, *Administrative Reform Comes of Age*, Walterde Gruyter, 1992. p. 1.

的存在是多种多样的,好的范式的作用就在于其假设可以更全面、更准确地反映现实的世界。但是,范式存在着许多的例外,而且,范式也并不解释它可能遇到的事实。① 在此意义上,范式旨在告诉人们"是什么",而并不回答"为什么"。

塞缪尔·亨廷顿在阐释范式的作用时评论说:人们可以宣称只是根据具体的"客观"事实或"它的是非曲直"采取行动,但事实上因为"在我们的头脑中隐藏着一些假设、偏好和偏见,它们决定我们如何看待现实,留意什么事实和怎样判断它们的重要性和价值"。② 这就是说,范式——即使是简化的,由于人们必须清楚地阐述理论或模式,并运用经过阐释的理论或模式来指导自身的行为,因此对于人类的思想和行动来说是必不可少的。范式的作用集中于:理顺和总结现实,理解现象之间的因果关系,预期和预测未来的发展,从不重要的东西中区分出重要的东西,弄清我们应当选择哪条道路来实现我们的目标。

(三)典范革命与社会科学革命

从后来的发展情况看,库恩及其理论的继承和发展者们的范式理论,包括范式、规范科学、难题解答、异常、危机、核心、反面和正面启发法、保护带和研究规划等,显然属于那种改变学者们的思维方式,使之走向新的研究方向的思想上的突破。虽然,他们的思想并没有直接和最终攻陷传统范式的堡垒,但是,面对大量异质的反例,毕竟动摇了人们对诸多确立已久的范式的信心,并引发了社会科学的关于新旧范式的持久和广泛的争论。③

引发这场社会科学革命的基本命题是:为什么社会科学过去长期构建的大量的知识、理论、方法、技术不能有效地解决现实的社会问题?传统的以理性模式为基础的价值思维是否存在问题、存在什么问题?进而,社会科学的"科学"价值到底体现在哪里?社会科学应当如何响应社会的需求?对于这些问题,许多学者认为,为了使社会科学真正成为"社会的科学",进而有效地解决社会问题,必须改变传统社会科学研究的价值取向,重新构建理论规范,并以新的理论规范作为社会科学研究的价值基础。

这一个时期涉及社会科学典范革命的理论学说是丰富多彩的。其中,以罗尔斯为代表的社会正义理论,以布坎南为代表的公共选择理论,以哈耶克为代表的新自由主义等,都是具有强烈的改变传统理论规范冲击力的学说,并对后来公共行政的典范革命产生了直接和长久的影响。④

第二节 "威尔逊-韦伯范式"的批判

一、"威尔逊-韦伯范式"原则批判

在典范革命的影响下,发达国家 20 世纪后半叶的行政改革是从质疑传统公共行政典则规范的合理性开始的。这一个时期公共行政的典范革命大体上是围绕着否定威尔逊-韦伯式的传统公共行政与主张代表行政现代化的新公共管理展开的。批评者认为,某些

---

① Thomas S. Kuhn, The Structure of Scientific Revolutions, Chicago: University of Chicago Press, 1962, Chapter one.
② 〔美〕塞缪尔·亨廷顿:《文明的冲突与世界秩序的重建》,新华出版社 2001 年版,第 5 页。
③ 〔美〕理查德·H.戴:《混沌经济学》,傅琳等译,上海:上海译文出版社 1996 年版,第 1—3 页,"序"。
④ 参见本书第二章。

被奉为经典的传统行政典则已经过时。一百多年来,西方政府公共管理一直坚定不移地信奉着一些似乎是不可更改的,但在新的历史条件下却是错误的"金科玉律"。①

（一）严格区分政治与行政

严格区分政治与行政被认为是同时保证政治清明和行政效率的前提。这种政治与行政的两分法的经典表述是:政治是国家意志的表现,行政是国家意志的执行。② 这种理论在当时曾经推动了公共部门保持政治中立,并且作为一种制度架构有效地防止了"政党分肥制"等弊端。但现今它既不能保证政治的昌明廉洁,也无助于行政效率的提高。与此相联系,在国家制度趋于完善的条件下,公务员保持政治中立和服从政务官员意志的原则,也已经不再那么重要了。为着不断提高政府的效率、效益、效能,公务员发挥更大的主观能动作用是必不可少的。

（二）官僚制度给政府带来逻辑规范

规章制度和等级结构被认为构成了政府管理的基础。但现今人们观察到的却是一个官僚主义的"大迷宫",一个没有灵活性、缺乏主动精神的刚性系统。过于明细的规章制度和过于森严的等级结构至少是窒息公共管理的生机和活力的基本原因之一。而且,随着公共部门组织机构中权力和权威的来源的不断扩展和增加,过去曾经带来效率的严格规章制度和等级结构正在失去意义。现在,"环境对政府组织(及其雇员)提出的要求是建立一个更加基于绩效的管理模式,注重结果而不是规则"③。

（三）常设官僚机构实现政策的稳定性、连续性和有效性

常设官僚机构被认为可以实现政策的稳定性、连续性和有效性。但是,人们经常观察到的却是政策制定与政策执行的无能。其中心命题可以表述为:"目前已知的政策制定的核心机构,包括各个组织与过程以及它们之间的互动,其最大工作能力有限,具有犯错误的倾向,必然会导致无能。因此,只有极大地改变有关组织、过程以及要素的主要特征,才能提高主要工作能力的最大值,克服犯错误的倾向以及无能。"④

（四）职业公务员是专业管理和专业责任的基础

职业公务员被认为是专业管理和专业责任的基础。但现今人们看到的却是政府管理运转失灵和官僚主义盛行的境况。人们现在需要的是那种能够对"变化"和"诉求"及时做出有效反应、对挑战充满热情和信心的政府官员。为此,常任文官也需要承担必要的政治责任和公共政策责任。与此同时,政府的许多传统职责或许已经再不需要或不适合由政府继续承担了。

总而言之,世界正在变,正在由过去相对独立的民族经济、线性关系、政府官员所熟悉的离散变量甚至常识等组成的世界,变成一个全新的世界。⑤ 反映这个变化的世界并建

---

① 国家行政学院国际合作交流部编译:前揭书,第1、114页;参见周敦仁:"译者序",载〔美〕戴维·奥斯本、特德·盖布勒:前揭书,第1—8页。
② 〔美〕F.J.古德诺:前揭书,第5—12页。
③ 〔美〕罗纳德·桑德斯:《美国的公务员队伍》,载国家行政学院国际合作交流部编译:前揭书,第251页。
④ 〔以〕叶海卡·德罗尔:前揭书,第135—136页。
⑤ 方克定:前揭文,载国家行政学院国际合作交流部编译:前揭书,第12页。

立新的用以观察现实的图示,正是公共行政典范革命的历史缘由。

二、"威尔逊-韦伯范式"官僚制度批判

批评者认为,"当我们渐近20世纪尾声时,世界上没有一个这样的地区:那里的国家对公共官僚和文官制度表示满意。……工业化民主国家贯穿70年代和80年代的不懈改革努力,说明他们普遍意识到,政府和公共机构确实存在重大问题"①。"威尔逊-韦伯范式"官僚制度正是政府和公共机构公共管理失灵的制度原因。按照文森特·奥斯特罗姆、弗雷德里克·赛厄(Frederick Thayer)、威廉·斯科特(William Scott)、戴维·哈特(David Hart)等人的理论,这种范式在严格区分政治与行政的基础上实行"单一中心的行政"和"等级制结构",而官僚等级制及其相关的缺乏竞争等问题正是当今世界社会罪恶的渊薮。这种范式导致了国家权力和职能的几乎无限制的扩张,助长了其对国家财富的巧取豪夺,形成了政府的"组织专横",更"造成了我们现代文化中的一致性、呆板、商业化、不平等及个人自由和尊严的丧失"。②

(一)官僚制度功能失调

人们之所以首先竭尽全力批判官僚等级制,是因为"在当今无序和不确定的世界中,官僚制已经功能失调。它是如此的僵化和墨守成规,以至于不能应付现代政府所面临的挑战"③。按照与工业文明相一致的官僚制价值标准运作的政府产生的官僚主义的问题发展到了实在令人难以忍受的地步,以美国为例,这个官僚主义体制使得"军队用房管理的规章手册厚达800页,军队文职人员管理手册厚达8800页";使得"国防预算的三分之一浪费在执行无益的规章制度上面,做那些不要做的事"④;使得"美国这个重视民选的国家,每128名选民就有一名民选官员。2亿多人口中1510万全日制政府文职工作人员。把老人和小孩也算进去,平均使几个人中就有一个政府雇员;使得"教育改革花了十年,追加了600亿美元。可是测验成绩仍无进步,辍学率比1980年还高"。⑤

政府从严从细地制定了一套规章。主观上几乎把对穷人和弱者的一切照顾福利都交给政府去实施;客观上把太多的社会功能也加在政府的肩上,大大地扩充了政府的职权范围。⑥ 主观上用专款专用、考试录用等烦琐手段约束了为非作歹的政府官僚;客观上却逐渐造成了一个尾大不掉的在很大程度上自我运转的半封闭系统。

这个官僚主义体制在一定程度上抵制了腐败并且安定了美国经济大萧条严重影响的社会,完成了历史使命。但与此同时也就逐渐走向了反面。官僚和官僚机构感兴趣的只是争取更多的经费和更大的权力。太多太繁的规章制度作茧自缚,使政府工作人员失去了解决问题的主动性和实际操作的灵活性。而作为服务对象的居民越来越多地从政府的

---

① 国家行政学院国际合作交流部编译:前揭书。
② 〔美〕文森特·奥斯特罗姆、弗雷德里克·赛厄:《等级制的终结:竞争的终结》;〔美〕威廉·斯科特、戴维·哈特:《组织中的美国》,转引自〔美〕里查德·J.斯蒂尔曼:《美国公共行政重建运动:从"狂热"的反国家主义到90年代"适度"的反国家主义》(上),《北京行政学院学报》1999年第4期,第75页。
③ 〔美〕罗纳德·桑德斯:前揭文,第250页。
④ 〔美〕戴维·奥斯本、特德·盖布勒:前揭书,第10页。
⑤ 同上书,第7页。
⑥ 同上书,第3页。

活动中异化出来,要么把政府看成是冷漠无情的累赘,要么看成是无限依赖的对象。有的地方甚至出现了违忤常理的怪现象,保持失业以吃救济的人反而比找到工作从而失去救济的人生活得更好、更轻松。①

这个官僚主义体制如同机器一样大批量生产一模一样的"标准件",当初"确实业绩彪炳"。"官僚制度给政府带来的逻辑规范,同装配传送带给工厂带来的逻辑规范一样。"②"推进官僚主义制度的决定性理由一直是超过其他任何组织形式的纯技术性优越性……精确、速度、细节分明……减少摩擦、降低人和物的成本,在严格的官僚主义治理中这一切都提高到最佳点。"③这样就形成了一个刚性的系统,没有灵活性,没有主动精神,只有齿轮之间的被动的安排,而且,"安排越是完美,越是排除了竞争的必要和可能"④。

这个"传统官僚主义体制的还有一个特点是对专门技术的崇拜和依靠条块分割的'鸽笼式'的专业化单位来解决不断出现的新老问题。这就导致了'鸽笼'的无休止扩大。部门与部门重叠,机构与机构交叉,最后形成官僚主义的大迷宫。……这种机械性官僚体制的后果是得过且过和不负责任。既然一个齿轮只能随着其他齿轮转,再急再快也没有用,有时反要给其他齿轮找麻烦。于是不求有功但求无过。万一出了问题也是其他齿轮的转动决定的,不必负单独的责任。要负责最多也是系统内负责,系统外是奈何不得的。总而言之,这种官僚主义机器在现代社会里易于变成没有生命、没有生气和没有生机的变革对象是不足为怪的。单单从后工业/信息社会的角度看,便可以知道单个人现在获得的信息总流量大大超过以前,作为信息源和信息加工者的产出也大大超过以前。于是,人的自我价值提高了,人的个性与需求更多样化和复杂化了,事物的变化与速度也大大增加了,政府体制的改革必须顺应这个潮流"⑤。

20世纪80年代行将结束的时候,美国《时代》周刊在其封面上提出了一个严重的问题:"政府死亡了吗?"⑥在问题的背后隐含着另一个更为严重的问题:"对政府的信任一再降到创纪录的最低点。……公众的愤怒与冷漠交替出现。"⑦官僚机构几乎无处不在和官僚主义盛行所造成的严重的政府公共管理问题,是导致人们深恶痛绝官僚机构和官僚主义的历史和现实缘由。美国的有识之士一语道破:"我们原以为我们有钱的问题——但是我们并没有钱的问题。我们有的是管理上的问题。"⑧人们发现,在经历了一百年之后,科层官僚制已经演变成为一个官僚主义的怪物,一个庞大无比巨物。它的主要职能像一个有着特殊利益的国家⑨,而不是国民利益至上的服务机构。"行动迟缓,效率低下和刻板而且无人情味。这就是今天政府这个词在人们脑子里的形象,也就是大多数美国人认为

---

① 〔美〕戴维·奥斯本、特德·盖布勒:前揭书,"译者序",第13页。
② 同上书,"序——美国的改革",第13页。
③ 同上书,"序——美国的改革",第13—14页。
④ 同上书,"译者序",第5页。
⑤ 同上书,"译者序",第6页。
⑥ 同上书,"序——美国的改革",第1页。
⑦ 同上书,"序——美国的改革",第1—2页。
⑧ 同上书,"译者序",第2页。
⑨ 同上书,"序——美国的改革",第1—2页。

美国政府的本质所在。"①一言以蔽之,政府正在走向异化。

（二）政府公共开支的几乎无限制地增长

人们对官僚机构深恶痛绝的另一个重要原因,在于政府公共开支的几乎无限制地增长。"科层制官僚机构相伴生的行政权力和公共预算最大化倾向,导致大政府、大公共开支和高行政成本。"②

正因为如此,公共财政体制改革几乎是每一个发达国家公共行政改革的当然范畴。再以美国为例,在过去的100年里,美国人的平均收入由1900年的8620美元增长为2000年的23812美元,大约增长了2.76倍,而同期联邦政府的预算却由103亿美元增长到1.7万亿美元,增长大约165倍。③ 大政府在合法的条件下已经变成了一个恣意妄为、吃光我们的家当的异物。因此,必须限制政府的公共开支,使其与国民生产总值的增长成比例,同时使公共部门规模的扩大低于私人部门。④"民主行政的范式"应成为韦伯式科层官僚制政府的替代形式。

（三）官僚制的死亡

在激烈批判官僚制的同时,乐观的人们开始宣告官僚制的死亡。"沃伦·本尼斯（Warren Bennis）在他的《官僚制的灭亡即将到来》中说:官僚制是19世纪后半叶和20世纪前50年这一历史阶段中被证实为普遍有效,因而占据组织结构模式主导地位的组织模式。但是,现在这种组织结构已经与当前的社会现实脱节了。环境的不断变化正在促使官僚制走向灭亡。'从60年代算起的20—50年里,人们将目睹并亲自加入官僚制的送葬队伍'。"⑤人们认为:"政府官僚制就是在穷于应付中发展壮大的。不过,其无效性的差距似乎正以类似马尔萨斯（Malthusian）的方式在扩大;尽管其应付问题的能力在以算术级数增长,可事实上,问题的层次性和复杂性却在以几何级数增加。越来越多的人感觉到了政府的局限和腐败。"⑥"智慧的第一步就是认识到,人类文明的主要进步便是破坏其所处时代的社会结构的过程。"⑦迈克尔·巴兹雷（Michael Barzelay）在他的《突破官僚制:政府管理的新愿景》一书中提出:"一种可以替代官僚模式的新的理论已经诞生了,……应该给这一理论下一个准确定义:突破官僚制。"⑧这一种新的理论"以用户为驱动力的服务组织的概念"为基础,要点如下:

官僚机构关心自己要什么,自己怎么看,而以用户为驱动力的机构关心的是用户的要求和看法。

---

① 〔美〕戴维·奥斯本、特德·盖布勒:前揭书,"序——美国的改革",第15页。
② 方克定:前揭文,载国家行政学院国际合作交流部编译:前揭书,第10页。
③ 〔美〕迈克尔·巴龙:《美国世纪》,《参考消息》2000年1月5日。
④ 〔美〕艾郎·威尔达夫斯基:《如何限制政府开支》,转引自里查德·J.斯蒂尔曼:前揭书（上）,第76页。
⑤ 朱国云:《组织理论:历史与流派》,南京:南京大学出版社1997年版,第52—59页。
⑥ 〔美〕戴维·约翰·法默尔:《公共行政的语言——官僚制、现代性和后现代性》,吴琼译,北京:中国人民大学出版社2005年版,第8页。
⑦ 〔美〕戴维·奥斯本、特德·盖布勒:前揭书,"序——美国的改革",第17页。
⑧ 〔美〕麦克尔·巴兹雷:《突破官僚制:政府管理的新愿景》,孔宪遂等译,北京:中国人民大学出版社2002年版,第8页。

官僚机构注重各个部分的角色和责任，而以用户为驱动力的机构注重组织的整体工作。

官僚机构的作用通过它所控制的资源和它完成的工作量来体现，而以用户为驱动力的机构的作用通过它为顾客所实现的成果体现。

官僚机构只会控制费用，而以用户为驱动力的机构创造的价值要大于投入的成本。

官僚机构按惯例办事，而以用户为驱动力的机构根据对服务需求的变化改变自己的工作。

官僚机构为权力而竞争，而以用户为驱动力的机构为工作竞争。

官僚机构坚持依照标准程序办事，而以用户为驱动力的机构做每件事都有明确的目的，同时留给别人选择的余地。

官僚机构公布政策和计划，而以用户为驱动力的机构在制定和修改其工作策略时与客户进行双向交流。

官僚机构把理论与实际分开，而以用户为驱动力的机构授权前台服务人员对如何改进客户服务做出判断。[1]

另一位批评者提出："官僚制在政治理论和经济理论中的地位，与其实际的重要性并不相称。""总有一天，官僚机构的过度扩张会导致整体自由选择范围的减少。"[2]基于"定律"的作用，官僚制度衰落是必然的。这些定律包括：渐进保守主义定律、等级定律、不完全控制定律、协调递减定律、权力转移定律、控制复制定律、控制持续扩张定律、反控制定律、免费物品定律、非货币价格定律、扩张创新定律、个人忠诚定律、组织间冲突定律、目标压力抵消定律等。[3]

但是，批评和反对的意见同样激烈。反对意见认为，尽管在形式上大张旗鼓、轰轰烈烈，但新公共管理运动事实上并没有超越官僚制，既没有改变政府的主要功能，也没有改变政府的基本组织结构，更没有从根本上改变政府的性质，至多只是部分改变了官僚制行政的运作方式。官僚制的以专门化、等级制、规则化、非人格化、技术化为基本特征的行政管理方式，尤其是包含着法制、程序、契约、规则、效率、公正等要素在内的"官僚制精神"，即实质上的理性精神，并没有受到令人信服的批判，更不要说被替代。在更为深刻的层面上，这种"官僚制精神"是与国家的宪政原则相一致的。这意味着，"摧毁官僚制"或许需要改变国家的某些宪政原则和宪政体制。在此意义上，我们需要的是"改革"而不是"替代"或"摧毁"。"我们问题的根本之处在于我们政府的类型错了。我们不需要什么大政府或者小政府，我们需要一个更好的政府，说得更加精确一点，我们需要更好的政府治理。政府治理指的是我们共同解决自己的问题和满足我们社会需要的实施过程。……我们不需要再来一次新政，也不需要再来一次里根革命。我们需要的是一种美国的改革。"[4]

---

[1] 〔美〕麦克尔·巴兹雷：《突破官僚制：政府管理的新愿景》，孔宪遂等译，北京：中国人民大学出版社2002年版，第7—8页。

[2] 〔美〕安东尼·唐斯：《官僚制内幕》，郭小聪等译，北京：中国人民大学出版社2006年版，第1、277—278页。

[3] 同上书，第6、9、11、12、15、17章。

[4] 〔美〕戴维·奥斯本、特德·盖布勒：前揭书，"序——美国的改革"，第25页。

第三节　新公共行政学与公共行政研究的重建

发达国家与典范革命相联系的行政理论研究的创新进程,基本上是在国家与社会、政府与市场关系的框架之下,围绕着政府的职能和政府的有效性展开的。

这一时期行政理论创新的进程大体上可以分为20世纪60年代、70—80年代和90年代三个发展阶段,而在不同的发展阶段,分别有一些令人瞩目的理论和改革实践。如果说60年代的新公共行政强调公共利益和公共责任,首开了质疑传统行政典范合理性的先河①;那么,70—80年代新公共管理(New Public Management)强调的则是通过基于管理主义的政府制度创新,全面增强政府公共管理的有效性;而90年代的"政府再造"(Government Reengineering)或重塑政府(Reinventing Government)运动,则进一步发展为以"企业家政府"为基本价值标准,全面重新审视传统的公共行政,进而重新定义政府。从总体上看,这一进程有三个较为明显的特征:

1. 不同时期的理论具有很强的相关性、一致性和融通性,譬如,都主张改革政府的组织结构和人事制度,都强调降低和限制政府的公共开支,都要求尊重国民参与的意愿和权利,都重视公共利益和公共责任,都反对官僚主义和提高政府管理的有效性等。

2. 不同时期均有占据主导地位的主流理论,从而形成了虽然相通却不同的新的"典则规范"。

3. 否定传统典则规范和创立新的典则规范的深刻程度逐步抬升。

一、新公共行政

1968年9月,由美国行政学家沃尔多号召和资助,32位年轻的行政学学者会聚位于美国纽约州雪城大学(Syracuse University)的明诺布鲁克会议中心,试图通过回顾和检讨公共行政学的发展历程,讨论公共行政面临的问题,寻求公共行政未来的发展方向。会议提出了"新公共行政学"(New Public Administration)作为区别已往行政理论的理论标志,并以政府及其官员在公共行政管理过程中的价值观和伦理观,作为新公共行政学的核心概念和关键性问题。弗雷德里克森成为新公共行政学的主要代表人物。其观点主要集中在1980年发表的《新公共行政学》一书中。会后,会议的成果由弗兰克·马林尼(Frank Marini)编辑成名为《迈向新公共行政:明诺布鲁克观点》(*Toward a New Public Administration: The Minnowbrook Perspective*)的论文集,于1971年出版。1988年,即第一次明诺布鲁克会议20年之后,认同新公共行政观点的学者再次会聚雪城大学,试图总结第一次会议以来的发展变化,研讨所面临的新问题以及解决问题的途径。第二次明诺布鲁克会议之后,《公共行政评论》(PAR)于1989年3、4月以《第二次明诺布鲁克会议:公共行政的变迁纪元》(Minnowbrook II: Changing Epochs of Public Administration)为题专号刊登了会议的观点。概括起来说,新公共行政学的理论观点主要集中在以下几个方面。

---

① 参见本书第一章。

(一) 主张社会正义和社会公平

他们认为,传统的公共行政学注重效率、经济目的和管理行为的协调性或许并没有错,但传统的政府管理已经过于专注于高层管理和重要职能部门的管理,以至于效率、经济目的和管理行为的协调性经常以社会公平为代价,而实现社会正义(social justice)和社会公平(social equity)恰恰是公共行政的根本目的,也是新公共行政学的理论基点以及与传统行政学的最重要的差别。因此,有必要把社会公平作为行政原理和政府目标的一部分,作为政府基本的价值标准之一。他们认为,"行政管理者不是中性的。应责成他们承担起责任,把出色的管理和社会公平作为社会准则、需要完成的事情或者基本原理"[①]。据此,新公共行政主张放弃政府的与逻辑实证论相联系的表面上的"价值中立"(value-neutrality),转而按照后逻辑实证论(post-positivism)专注于更为人道、更为有效、更为公正的新公共行政的价值观和伦理观。因为按照"价值中立"只是对事实做出客观的描述是远远不够的,还必须提出和确定是非判断标准,并实际做出是非判断,社会公平和正义才是政府公共行政管理的真正的规范基础。

(二) 主张改革的、入世的、与实际过程相关的公共行政学

他们认为,公共行政学因其研究对象所然,应当把研究的重点转向与社会环境相关、与公众相关、与政策相关、与政府及其官员相关的问题上来,而不应当仅仅关注那些与学术相关、与理论相关、与思辨相关、与研究方法相关的问题。因此,新公共行政学主张:第一,变革。改变那些妨碍实现社会公平的政策和制度结构。"变革是新公共行政学的基础。"[②]第二,关注政策。通过入世的、积极进取的科学方式更为普遍地改进影响所有人生活质量的各项政策。其名言是"关心国防部,更关心国防"。第三,典范革命,即对传统行政学的基本假定、理论框架、价值规范、研究范畴、研究方法等进行一次重大的调整,重视"行动理论"。

(三) 主张构建新型的政府组织形态

他们认为,传统的科层官僚组织结构已经造就了一种超稳定的能力,政府因此失去了必要的敏感性和同情心,正在远离社会公众。这就需要寻求不断的灵活性,使变革成为经常的组织形式。与此同时,传统的组织理论只关注公共组织的内部问题,且理论构成过于空洞。这就需要从一种完全不同的角度对行政现象进行分解,通过重新定义分配过程、整合过程、边际交换过程和社会情感过程构建新型的公共组织,进而实现社会公平。[③]

(四) 主张突出政府行政管理的"公共"性质

他们认为,"公共"之于政府的重要性意义正在淡化,而公共性质——公共目的、公共利益、公共权力、公共行为等,正是政府公共管理(public management)与以产权私有制为基础的企业管理(private management)的根本性区别。因此,不存在适用于一切组织的"全称性管理科学",为了实现社会公平,必须坚持政府管理的公共性质。在这方面,新公共行

---

① 〔美〕H.乔治·弗雷德里克森:《论新公共行政学》,载彭和平、竹立家等编译:前揭书,第301页。
② 同上书,第302页。
③ 同上书,第305—314页。

政学偏重"公共的"而不是"一般的"。① "公共"的实质意义就在于代表公共利益（public interest），与此一致，政府必须坚持公共目的（public purpose），承担公共义务或公共责任（public accountability）。

（五）主张"民主行政"

他们主张"民主行政"（democratic administration），并以此作为新公共行政的"学术识别系统"。他们认为，民主行政的核心价值观在于，尊重人民主权和意愿，实现社会正义和社会公平，反对滥用权力和行政无能。为此，应当以公众意愿、公众利益为导向，发展以社会公众为中心的政府组织和公共政策，强调政府代表公共利益的职能地位，强调公众参与，强调政府信息和公共政策的公开性，反对政府自利和代表党派利益，反对专业主义。

二、公共行政行动理论

继承新公共行政运动的批判精神，进入80年代以后，发达国家公共行政学的研究开始趋向活跃，一批学者从批判传统公共行政研究的价值观和研究方法入手，先后提出了不少新的、值得重视的理论观点，并受到各方面的广泛注意。从一定的意义上可以认为，他们的理论观点开启了重建或革新公共行政研究的历史时期。其中，行动理论、民主行政理论、行政专业责任理论等较具代表性。

"公共行政行动理论"（Action Theory for Public Administration）是关于理性模式批判众多理论中较具影响的理论之一。该理论以美国学者米切尔·哈蒙（Michael Harmon）为代表，以哈蒙的《公共行政的行动理论》和哈蒙与理查德·梅尔（Richard Mayer）合著的《公共行政的组织理论》等著作作为主要的学术标志。②

公共行政行动理论是从否定传统的理性模式的行政观开始的。哈蒙认为，要纠正传统行政观的不足，首先必须澄清价值观的规范，以新的理论规范作为政府公共行政管理和公共政策选择的价值基础。为此，他主张改变理论的价值方向，实现知识的综合，使理论具有实践效用。他认为，传统的行政观和行政方法的缺陷主要集中在两个方面：

1. 在理性模式的条件下，传统的行政观以古典经济学关于人性的假设——自利的动机，作为社会行为的唯一的、被动的假设，这是片面的，由此导致了公共组织内官僚化程序的形成和工作动机的淡漠。行动理论假定人性是积极的，并具有明确的社会性。因此，应当通过启发人性加强组织内的沟通、理解，促成相互支持，实现组织的协调发展。

2. 传统的行政观过分重视管理模式或通则，因而总是以规范性的人、团体、组织、系统作为基本的分析单元，试图通过对其中行为及其因果互动关系的观察，解释和预测事实，并以此作为提高管理效率的主要途径。这是不够的。与关于人性的假设相一致，行动理论主张加强个体成员之间、个体成员与组织之间直接的接触，通过面对面主观意愿的表达，实现有效的互动，进而达成共识，借此实现公平与正义。

---

① 〔美〕H.乔治·弗雷德里克森：前揭文，载彭和平等编译：前揭书，第304页。
② Michael M. Harmon, *Action Theory for Public Administration*, New York: Longman, 1981; Michael M. Harmon, Richard T. Mayer, *Organization Theory for Public Administration*, Boston: Little, Brown, 1986.

哈蒙认为,他提出的行动理论与传统的理性模式存在典范意义上的差异,具体见表 20-1:

表 20-1 行动典范与理性典范比较

项目	行动典范	理性典范
主要目的	整合理论观点 澄清规范标准 改善行政实践	解释性预测 具体陈述研究议程
主要分析单元	面对面的接触	个人 团体 组织 国家 体系
对自我的假设	积极—社会的	消极—社会的 消极—单因素的 积极—单因素的
认识论	交互主观的现象学	客观的实证主义
描述焦点	行动 社会行为者的主观意义	行为观察
解释方式	行为者对政策纲领表达的动机	因果 系统功能 目标
动机来源	人类关爱 相互实现	自利 系统生存
代表性思想学派	现象学 象征互动论 诠释学 批判理论	行为主义 系统理论 公共选择

资料来源:转引自赖维尧等:《行政学入门》,台北:台湾空中大学出版社 1996 年版,第 320 页。

三、民主行动理论

从一定的意义上说,民主行政理论是 60 年代新公共行政运动的理论在 80 年代的发展。其核心观点认为,民主价值观和政治伦理规范是一切行政价值的基础。因此,按照"主权在民"的宪法精神,有必要强调行政的公共属性,进而使公共行政始终是"主权的委托者"(being trustee of the sovereign),始终尽心尽责维护社会公平和正义,始终以人民的意志为转移,始终以不断增进人民的福祉为己任。民主行政理论涉及的领域是广泛的。民主行政的理论观点概括起来集中在以下几个方面[①]:

---

① 林钟沂:《政策分析的理论与实践》,台北:台湾瑞星图书公司 1995 年版,第 285 页;Jong S. Jun, *Public Administration: Design and Problem Solving*, New York: Macmillan, 1986.

1. 公共行政的核心价值在代表和最大限度地表达公共利益。因此,公共行政必须超越党派观点,超越团体利益,始终如一地维护社会公平、公理、公德,维护社会正义。

2. 通过有效的制度安排实现国民实质性参与公共政策的制定过程。国民参与是保障行政民主的根本途径,而行政民主由于政治与行政的不可分性成为政治民主的必要条件,同时亦是政治民主的不可或缺的重要组成部分。

3. 确保行政"主权的委托者"的功能地位和作用,实现行政的为国民服务的最高宗旨。与此相联系,必须实行开放式的政府公共政策议程,大大增强行政管理的透明度,在防止专业主义或"专家治国"的同时,反对任何以效率或成本为借口实行行政集权,甚至行政专权。

4. 反对"价值中立",主张通过积极的公共政策充分而有效地反映和体现社会各阶层的意愿、需求、利益。

民主行政与传统行政对比性差异具体见表20-2:

表20-2 民主行政与传统行政比较

民主行政	传统行政
政治与行政交互作用	政治与行政两分法
伦理责任	行政中立
解决问题的有效性	效率、生产率
分权与参与	集权与控制
跨文化、区域比较	跨文化比较
重新设计功能和责任	维持功能
参与性的社会规划	广泛、理性的规划
主动学习、改变和解决问题	被动学习、改变和解决问题
批判和检讨事实与价值观	事实与价值分力
多元化和广泛参与式的民主	利益团体的影响
公众参与解决小区问题	注重专家的角色功能
横向通力合作和人际关系网络	垂直的协调和权威控制
在资源有限条件下追求卓越	在资源充裕条件下实现组织成长
信息分享和相互交流	信息累积

资料来源:转引自赖维尧等:《行政学入门》,台北:台湾空中大学出版社1996年版,第330页。

四、全面质量管理

民主行政的思想是广泛的。但公共行政的民主化进程不仅需要理论的批判、思想的突破、观念的转变,而且需要管理模式的替代。在这方面全面质量管理作为一种新型的管理模式与民主行政的理念是一致的,因此对民主行政的实践具有启发意义。

全面质量管理(Total Quality Management)简称TQM,是一种源起并广泛应用于工商管理的管理模式。作为一种新的管理模式,全面质量管理强调全组织"质量"的重要性。

全面质量管理与传统的管理模式的差异首先在于其管理理念的不同。全面质量管理重视"物",但更重视人——顾客、员工、团队——和谐的关系和坦诚的合作,重视"人、财、物"的协同、整体的效应。其要义在于将产品生产和检验的质量管理技术放大、扩展、泛化成为全组织的管理,质量的标准则相应由技术合格转变为顾客满意。在此意义上可以认为,全面质量管理是一种"以人为本"(connecting people)的管理模式。

全面质量管理又是一种新型的管理流程。贯穿该流程的基本管理思想不是传统的成本核算、劳动生产率、产品质量等概念,而是经由全体组织成员共同努力,不断"改善"组织。改进才可能完善,不断改进才可能不断完善。经由全体组织成员从不同的时间、阶段、角度、岗位不断地加以改善,组织才能最大限度地不仅实现组织内的整合,而且实现组织与其公众的整合,从而获得持续生存和发展的能力。全面质量管理具有五个方面的特征①:

1. 顾客导向。强调员工积极地观察、寻求、体验顾客的需求和期望,为此,主张在员工与顾客之间实施开放的、双向的、持续的、良好的沟通——了解、理解、合作。

2. 领导示范。要求各级管理人员,首先是高层领导者带头鼓励革新精神。管理人员应当通过一切可能的方式推介以顾客需要为转移的经营理念和管理理念,并通过具体、可视的积极行动影响和带动全体组织成员。

3. 全员参与。广泛实施质量训练,使每一个组织成员不仅明确"改善"的意义、目标,掌握必要的技术、工具,而且达成"质量共识",建立起关于"质量"的价值观、责任感及承诺。

4. 重视教育。通过不断推进、反复的诱导、固化训练,使员工发自内心地追求和改善质量,形成"顾客之上""追求零缺点""第一次就做好"等质量观念。

5. 强化团队。其理念在于在实现员工工作自主与职责明确相统一的基础上,通过有效的方式,促成员工间广泛的通力合作。团队精神的强弱和团队作业能力的高低,是衡量全面质量管理水平的主要标准之一。

五、行政专业责任

行政专业责任,是指狭义政府即国家行政机关及其官员,因其执掌国家公共行政权力、运用公共行政管理方式履行国家公共行政职能而产生的特殊专业责任(professional responsibility),是狭义的行政责任之一种。专业责任的产生与三种公共行政现象密切相关:

其一,现代官僚科层组织的形成。迄今为止,以韦伯"理想的官僚科层组织理论"为基础,现代国家政府无一例外地实行了官僚科层组织体制。这是因为,除此而外现代国家政府事实上没有更好的选择。与官僚科层组织相联系,产生了职业化的现代官僚集团及其管理形式,即国家公务员及国家公务员制度。政府公共行政管理因此成为一种特殊的行业。

其二,科学管理原理的产生。泰罗的职能主义的科学原理的提出及其社会化,导致了专业化分工的盛行。受科学管理理论的影响,以美国政府的行政实践为代表,公共行政管理亦引入了大量的技术专家,广泛采用了技术分析、技术控制的行政方法。与此相联系,形成了专业行政和专业行政人员(官员),而且,行政技术应用和开发的专精趋势事实上

---

① 赖维尧等:《行政学入门》,第342—344页。

还在加强。

其三,"法律有限、人事无穷"的影响。在快速变动的社会环境中,面对几乎无穷无尽的公众诉求和没完没了公共行政事务,试图通过法律条款和行政命令周全严谨地指导、规范、管制政府官员的行政行为是徒劳的。为了与实际的社会生活同步,推行现实公共行政管理,政府官员在法律、法规上享有、在实际管理实践过程中运用行政裁量权,尤其自由裁量权是不可避免的。

鉴于以上原因,强调政府官员实现专业技能与职业道德的有机结合,承担因公共行政权力的实际行使而产生的行政专业责任,就成为民主行政理论关注的重点之一。

六、重新定义公共行政

这个时期的重新定义公共行政是从"黑堡宣言"(Blacksburg Manifesto)开始。"黑堡宣言"由美国弗吉尼亚州理工学院暨州立大学(Virginia Polytechnic Institute and State University)的公共行政与政策中心的若干位教授合力研究提出,其代表人物有格雷·万斯莱(Gary Wamsley)、约翰·罗尔(John Rohr)、查尔斯·古塞尔(Charles Goodsell)等。他们也被称为"弗吉尼亚工学院重建学派"。其理论观点 1983 年在题为《公共行政与治理过程》(Public Administration and the Governance Process)一文中做了最初的表述。1990 年,万斯莱发表了《重建公共行政》一文。1995 年,万斯莱以及约翰·罗尔等人又发表了《重建民主公共行政》一文,试图对公共行政原理进行再阐释。他们认为,其理论的意义不在"新公共行政"之下。因此,他们以所在学校校址地名"Blacksburg"为名,并将其理论定名为"黑堡宣言",以兹纪念。

他们的基本的立论问题是:政府的本质是什么、政府应当履行哪些职能、什么样的政府是最具有效率的政府等。他们试图重新回答公共行政的许多核心的问题,例如,合法性、责任,甚至国家的定义。他们的中心观点是:公共行政是民主政府治理过程的必然部分,公共行政必须成为公共利益的捍卫者。他们认为,因其专业功能,政府行政人员应成为具有强烈自我意识的公共利益的受委托者,应成为"睿智的少数"而不是"强权的少数"。他们主张按照以下典则重新定义政府:

1. 国家行政组织是具有特定能力、提供特定社会功能以实现公共利益的组织;
2. 公共行政是既定宪政秩序下政府治理过程的正当参与主体;
3. 公共行政权威的合法性应建立在政府的公共政策能够广泛代表不同公众利益的基础之上;
4. 公共行政包括"治道而不仅仅是公共部门管理或行政";
5. 专业行政部门的观念应成为"面向公共机构训练公共行政者的基点";
6. 公民品行和公共利益是政府最高的价值选择,是公共行政的核心规范标杆;
7. 公共行政必须与政治的宪政目标和过程相联系;
8. 公共行政必须在宪法架构内且合法。①

---

① Gary L. Wamsley, eds., *Refunding Public Administration*, Newbury Park California: Sage, 1990;赖维尧等:《行政学入门》,第 348—349 页。

与万斯莱等人的观点相近,另一位学者詹姆斯·斯代弗(James Stever)在《公共行政的终结》一书提出,政府的问题在根本上源自美国文化的矛盾:一方面,人们对官僚机构感到恐惧,另一方面,人们又倾向招致层出不穷的公共行政的项目和目标。传统的公共行政实行的是消极的合法战略,这种战略导致了第二次世界大战后美国公共行政合法化的三大失败:公共行政的复杂性大大增加,公共部门漫无目标地膨胀、扩展;商业价值向公共部门的渗透,公共部门与私营部门的角色界限因此变得模糊不清;公共机构丧失廉洁公正和生机。① 斯代弗认为,解决上述矛盾有三种可能的备选方案:

1. 让矛盾放任自流,但这具有风险性;
2. 减少对政府的依赖,但这"不可能并带有某种浪漫色彩";
3. "展开加强公共行政在美国文化中地位的艰巨工作",即通过"积极合法"的战略使行政国家扮演更为积极角色。

正确选择在于实行第三种战略,即可视的积极合法的公共行政,而要实现这种战略,必须使看得见的合法公共行政成为"政府职业"进而实现公共行政积极的合法化。为此,"政府职业"必须具备一定的必要条件:

1. 具有理论、科学和技术基础;
2. 实施行政理论、科学和技术的培训;
3. 政府雇员具有"有求必应"的态度;
4. 建立公共机构网;
5. 实现对常规工作的控制。此外,另一个充分条件是,公共行政构成了维护社会的关键职能。

斯代弗的理论是富有启发性的,但问题恰恰与弗吉尼亚工学院重建学派所面临的困境一样,即在既定的宪政体制内,如何才能把公共行政推送到"维护社会的关键职能"这样崇高的地位?②

按照理查德·斯蒂尔曼的归纳,过去的二十多年"有效公共行政"构成了人们关于政府的价值基点。为了实现"有效公共行政",人们赞同并按照这样的价值观行事:

1. 行政单位普遍实施广泛的群众参与,特别是群众性的、自愿的参与;
2. 最大限度地实现行政职能分权;
3. 政府运转简单化和公共财政经济化;
4. 尽可能以"它的盈亏底线"为标准实现完全"经济的"公共行政;
5. 以严格的法律约束控制公共支出、行政自由裁量权和政府目标;
6. 广泛使用专业人员或技术人员;
7. 几乎不关心如何有效地推进国家目标。

但是这些观念许多已经不合时宜。人们需要重新思考这样一些公共行政问题:

1. 什么是公共行政?
2. 什么样的生活才是称心如意的生活?

---

① 〔美〕里查德·J.斯蒂尔曼:前揭书。
② 〔美〕R.J.斯蒂尔曼:前揭书(上),第 79 页。

3. 谁应该成为社会的治理者?
4. 政府应当根据什么标准制定政策和采取行动?
5. 应该如何理解小区、社群的性质及其与政府的关系?
6. 行政权力、事务应该集中还是应该分散?
7. 现今应当如何再定义诸如公民的品行、公共利益、责任和义务等概念?①

名词与术语

库恩	五月风暴	官僚制精神	新公共行政学
范式	行政傲慢	新公共服务	民主行动理论
	典范革命		全面质量管理
	政府再造		行政专业责任
	五C战略		公共行政行动理论
	重塑政府		
	"黑堡宣言"		

复习与思考

1. 引发20世纪60年代社会科学革命的基本命题。
2. 西方国家改革官僚制的原因。
3. "严格区分政治与行政被认为是同时保证政治清明和行政效率的前提"辨析。
4. "官僚制度功能失调"辨析。
5. "官僚制的死亡"辨析。
6. "突破官僚制"理论的主要观点。
7. 关于改变威尔逊-韦伯范式的争论。
8. 新公共行政学的主要理论观点。
9. 西方各国普遍开展"重塑政府"或"政府再造"运动的历史背景。
10. "重塑政府"的特点。
11. "重塑政府"的价值标准。
12. "重塑政府"的十大原则。
13. "政府再造"是什么,不是什么。
14. 国家为什么控制"制高点"。
15. 公共行政行动理论关于传统的行政观和行政方法的缺陷。
16. 民主行政的理论观点。
17. 全面质量管理的特征。
18. 行政专业责任产生的背景。
19. "黑堡宣言"的中心观点。
20. "黑堡宣言"重新定义政府的典则。

---

① 〔美〕R.J.斯蒂尔曼:前揭书(上),第76页。

21. 斯代弗关于"美国公共行政合法化的三大失败"及其可能的解决方案。
22. 斯蒂尔曼关于"有效公共行政"的价值观及其重新思考。
23. 新公共服务关于个人的自利动机只能导致自利的政府的观点。
24. 新公共服务理论的要点。

主要参考书目

1. 〔美〕戴维·奥斯本、特德·盖布勒:《改革政府——企业精神如何改革着公营部门》,周敦仁等译,上海:上海译文出版社1996年版。

2. 〔美〕戴维·约翰·法默尔:《公共行政的语言——官僚制、现代性和后现代性》,吴琼译,北京:中国人民大学出版社2005年版。

3. 朱国云:《组织理论:历史与流派》,南京:南京大学出版社1997年版。

4. 〔美〕麦克尔·巴兹雷:《突破官僚制:政府管理的新愿景》,孔宪遂等译,北京:中国人民大学出版社2002年版。

5. 〔美〕安东尼·唐斯:《官僚制内幕》,郭小聪等译,北京:中国人民大学出版社2006年版。

6. 国家行政学院国际合作交流部编译:《西方国家行政改革述评》,北京:国家行政学院出版社1998年版。

7. 彭和平、竹立家等编译:《国外公共行政理论精选》,北京:中共中央党校出版社1997年版。

8. 〔美〕丹尼尔·耶金、约瑟夫·斯坦尼斯罗:《制高点——重建现代世界的政府与市场之争》,段宏等译,北京:外文出版社2000年版。

9. 〔美〕戴维·奥斯本、彼得·普拉斯特里克:《摒弃官僚制:政府再造的五项战略》,谭功荣等译,北京:中国人民大学出版社2004年版。

10. 〔美〕戴维·奥斯本、彼得·普拉斯特里克:《政府改革手册:战略与工具》,谭功荣等译,北京:中国人民大学出版社2004年版。

11. 〔美〕特里·L.库珀:《行政伦理学:实现行政责任的途径》,张秀琴译,北京:中国人民大学出版社2001年版。

12. 〔美〕珍妮特·V.登哈特、罗伯特·B.登哈特:《新公共服务》,丁煌译,北京:中国人民大学出版社2004年版。

13. 赖维尧等:《行政学入门》,台北:台湾空中大学出版社1996年版。

14. 〔美〕史蒂文·科恩、罗纳德·布兰德:《政府全面质量管理:实践指南》,孔宪遂等译,北京:中国人民大学出版社2002年版。

15. 〔美〕拉塞尔·M.林登:《无缝隙政府:公共部门再造指南》,汪大海等译,北京:中国人民大学出版社2002年版。

16. 〔美〕苏珊·韦尔奇、约翰·科默:《公共管理中的量化方法:技术与应用》,郝大海译,北京:中国人民大学出版社2003年版。

17. 〔美〕帕特里夏·基利等:《公共部门标杆管理:突破政府绩效的瓶颈》,张定淮译,北京:中国人民大学出版社2000年版。

第二十一章　新公共管理及其批评

第一节　新公共管理与重塑政府

一、新公共管理

新公共管理（New Public Management）亦称管理主义（Managerialism），近似的称谓还有"后官僚制理论""市场化公共行政理论""企业化政府管理理论""服务行政理论""新治理"（New Governance）等。新公共管理的重要著作包括：克里斯托弗·波利特（Christopher Politt）和海尔特·鲍克尔特（Geert Bouckaert）的《公共管理改革：比较分析》，波利特的《管理主义和公共服务》，欧文·休斯（Owen Hughes）的《公共管理导论》，简·莱恩（Jan-Erik Lane）的《新公共管理》，汤姆·克里斯滕森（Tom Christensen）和佩尔·勒格莱德（Per Lagreid）的《新公共管理——观念与实践的转变》，巴瑞·波兹曼（Barry Bozeman）和杰夫·斯特劳斯曼（Jeffrey Straussman）的《公共管理战略》，世界经济与合作组织的《公共管理发展》，以及戴维·奥斯本和特德·盖布勒的《改革政府——企业精神如何改革着公营部门》，戴维·奥斯本和彼得·普拉斯特里克（Peter Plastrik）的《摒弃官僚制：政府再造的五项战略》《政府改革手册：战略与工具》，丹尼尔·耶金和约瑟夫·斯坦尼斯罗的《制高点——重建现代世界的政府与市场之争》等。

新公共管理理论对近数十年发达国家行政改革的过程中有相当大的影响。所以，被冠之以多种名称，如"新公共管理派""新公共管理思潮""新公共管理运动"等。但是，由于人们的理念以及研究的出发点、目的和方法不同，因此，新公共管理理论及其指导下的行政改革实践也不尽相同。

（一）基本概念

新公共管理或管理主义是一个多维度的宽泛的概念。其理论假设是："公共组织和私营组织的管理在本质上是相似的"，"管理就是管理……用于组织和激励雇员的机制，在公营部门和私营部门都同样适用"。[①] 这是因为，无论是公共部门还是私营部门，其管理功能——决策、计划、组织、领导、沟通、协调、控制都是一样的，相应管理者亦需要相同的管理概念、管理知识、管理技能、管理工具。所以，公共部门与私营部门不存在重要的差异，进而，诸如雇用代理、降低交易成本一类私营组织的通则，同样适用于政府的公共管理。这一理论假设依据的假设又是：政府需要大大提高公共管理的绩效，而私营部门的效率普遍高于公共部门。所以，只有引入自由市场的竞争运行机制，更多地接受商业部门的

---

① 〔美〕盖·彼得斯：《欧洲的行政现代化：一种北美视角的分析》，载国家行政学院国际合作交流部编译：前揭书，第76—77页。

管理技术,进一步执行消费者取向的政策制定标准,才能产生令人满意的政府公共管理的绩效。① 据此,通过行政改革进行自我解构(deconstruction),全面引进私营部门的管理模式,塑造"企业型政府",是政府改革和发展的方向。

观点之一:"'新公共管理'主义主要由 21 世纪初发展起来的古典泰罗主义的管理原则所构成,即强调商业管理的理论、方法、技术及模式在公共管理中的应用。"②

观点之二:"'管理主义'(新公共管理)强调职业化的管理、明确的绩效标准和绩效评估;以结果而不是程序的正确性来评估管理水平;看重金钱的价值;对消费者而非公民的需要保持敏感,强调公共服务的针对性而非普遍性。"③

观点之三:新公共管理有这样几个中心学说:以管理而非政策为焦点;以业绩评估和效率为焦点;将公共官僚机构分解成各种建立在使用者付费基础上的处理事务的机构;准市场的使用和合同承包以培育竞争;一种强调产出目标、限制性项目合同、金钱诱因和自由裁员的新管理风格。④

(二) 主要理论

伦敦经济学院院长克里斯托弗·胡德在就职演说中将新公共管理的主要研究内容概括为七个方面:(1)向职业化管理的转变,(2)标准与绩效测量,(3)产出控制,(4)单位的分散化,(5)竞争,(6)私人部门管理的风格,(7)纪律与节约。⑤

经济合作与发展组织(OECD)公共管理委员会认为:公共管理的新范式已经出现,其主旨意在不太集权的公共部门中培养绩效取向的文化。其特征是:(1)从效率、有效性和服务质量等方面来更密切地关注结果。(2)用分权式的管理环境取代高度集权的科层结构。在分权体制下,关于资源配置和服务供给的决定更接近于供给的核心问题;分权式的管理环境也为顾客和其他利益集团的反馈提供了机会。(3)灵活地寻求能够带来更加有效的政策成果的可行方案,以替代直接的公共供给和管制。(4)极大地关注由公共部门直接提供服务的效率,它包括建立生产率目标,在公共部门组织内部和公共部门组织之间营建竞争环境。(5)其核心目的是为了强化指导政府发展,要求政府自动灵活地以最低成本对外部变化和不同利益需求做出回应的战略能力。⑥

另有学者认为,新公共管理的主要特征集中在八个方面:(1)政府的宏观调控替代了政府直接提供公共服务,(2)公共决策程序的简化与灵活化,(3)节约公共开支以开展革新实践,(4)公共权力分散化、决策与执行机构相分离并建立常任文官主导的自治执行局,(5)为竞争而实行私有化政策,(6)推崇灵活的领导风格与人事管理程序,(7)伴随着决策权、管理权的放宽而产生了公务员的公共责任制,(8)实现以客观事实、既定结果(政

---

① 〔荷〕瓦尔特·基克特:《荷兰的行政改革与公共部门管理》,载国家行政学院国际合作交流部编译:前揭书,第 193 页。
② Christopher Pollitt, *Managerialism and the Public Services: The Anglo-American Experience*, Oxford, Cambridge, Mass., USA: Basil Blackwell, 1990, pp. 52-103.
③ 陈振明:《评西方的"新公共管理"范式》,《中国社会科学》2000 年第 6 期。
④ 同上。
⑤ C.Hood,"A Public Management for All Seasons?" *Public Administration*, No. 69, 1991, pp. 3-19.
⑥ 〔美〕戴维·G.马希尔森:《新公共管理及其批评家》(上),张庆东译,《北京行政学院学报》2001 年第 1 期。

府绩效)和"顾客"为导向的公共政策选择。①

还有学者认为,新公共管理是一种范式,作为管理方法具有以下特点:(1)这是一种更加富有战略性或结构导向型的决策方法(强调效率、结果和服务质量)。(2)分权式管理环境取代了高度集中的等级组织结构。这使资源分配和服务派送更加接近供应本身,由此可以得到更多相关的信息和来自客户及其他利益团体的反馈。(3)可以更为灵活地探索代替直接供应公共产品的方法,从而提供成本节约的政策结果。(4)关注权威与责任的对应,以此作为提高绩效的关键环节,这包括强调明确的绩效合同的机制。(5)在公共部门之间和内部创造一个竞争性的环境。(6)加强中央战略决策能力,使其能够迅速、灵活和低成本地驾驭政府对外部变化和对多元利益做出反应。(7)通过要求提供有关结果和全面成本的报告来提高责任度和透明度。(8)宽泛的服务预算和管理制度支持和鼓励着这些变化的发生。②

一种与新公共管理有着密切联系的研究方向是公共事务(public affairs)。他们主张,应当随着社会的发展,对传统的公共行政进行再认识,公共行政应当向公共事务领域拓展。后者是一个"介于'政府行政管理'与'营利性工商管理'之间的一个宽广的'中间带'"③。作为一种具有代表性的观点,《美国新闻和世界报道》于1998年提出了"公共事务"所涵盖的十大领域:都市管理(city management)、犯罪管理(criminal justice)、环境管理(environment management)、卫生政策与管理(health policy and management)、信息与技术(information and technology)、非营利管理(nonprofit management)、公共财政与预算(public finance and budget)、公共管理(public management)、公共政策分析(public policy analysis)、社会政策(social policy)。④

(三)政策主张

针对传统行政理论,新公共管理提出了截然相反的"政府有限"论和必须以市场来解救"政府失灵"的新公共管理典范。其政策主张大体可归纳为:

1. 改造公共部门。公共部门正在变得无法接受,因此必须进行改造。其直接目标包括:(1)提高公共部门的资源配置的效率和工作效率;(2)增加政府的各种计划、项目的有效程度;(3)通过职能转移,缩小公共部门及其人员的规模,削减政府的预算开支;(4)丰富和改善公共部门提供的产品和服务的质量;(5)增强公共服务对公众需求的反应力,使公众更加容易获得公共服务;(6)增加行政行为的透明度,使公共权力内部化的机会最小化;(7)完善公共机构的责任机制,使公共机构及其主管人员更好地对政务官和议会负责。⑤ 为了实现以上目标,有必要实行另外一些新公共管理的原则和方法。

2. 引入企业管理模式。无论公共部门的管理还是私人部门的管理,其在本质上是相

---

① 〔希〕卡里奥珀·斯帕努:《希腊的行政现代化》,载国家行政学院国际合作交流部编译:前揭书,第142页。
② M. Holemes and D. Shand, "Management Reform: Some Practitioner Perspectives on the Past Ten Years," *Governance*, No. 5, 1995, pp. 551-578. 转引自〔澳〕欧文·E.休斯:《新公共管理的现状》,《中国人民大学学报》2002年第6期。
③ 季明明:《当代公共行政改革实践与公共管理学科的崛起》,《北京行政学院学报》1999年第3期。
④ 汪明生等:《海峡两岸公共行政与跨世纪发展研讨会论文集》,1999年,第32、339页。
⑤ Christopher Hood, "The 'New Public Management' in the 1980s: Variations on a Theme," *Accounting, Organizations and Society*, 20(2-3), February 4, 1995, pp. 93-109.

似的,两者的不同仅存于一些次要方面,而私营部门具有卓越的管理水平,这表现在灵活、效率、质量、服务水平、创新能力等许多方面。因此,政府首先有必要引入"企业家精神",改造行政文化,进而形成充满生机和活力的、具有创新精神和良好应对或应变能力的政府。同时,有必要借鉴企业的管理理论、管理模式、管理原则、管理技术,包括吸收企业的管理人员来改造政府,以克服政府管理的弊端,提高行政绩效水平,改进公共服务的质量。

3. 建立顾客驱动(customer driven)制度。其精髓在于比照"顾客至上"的市场通则,视公众为公共机构的顾客,尊重顾客选择"卖主"的权利,以顾客满意(customer satisfied)为政府施政的目标。在公共部门建立顾客导向制度的意义在于,公共目的即实现公民和公众利益,才是关于公共行政研究和政府管理的最终价值判断标准,才是人们真正关注的焦点,同时,公民或公众才是公共行政研究和政府管理的最终评判者。因此,建立顾客导向制度是开创民主行政研究和服务型政府的基础。为了实现顾客导向制度,公共部门有必要提出明确的服务标准,向顾客做出服务承诺,实行顾客意见调查,以实现改善公共服务质量的目的。英国于1991年制定并颁布的《公民宪章》(The Citizen's Charter),规定了医疗、交通、学校等服务业的明确的服务标准和公众享有的权利,被认为是顾客导向制度的范例。

4. 引入竞争机制。为了提高政府效率、优化公共产品、降低行政成本,引入市场竞争机制是唯一可靠的选择。为此,比照市场竞争的"优胜劣汰""等价交换"一类的规则获取经费等资源,同时需要与其他组织进行竞争。为此,有必要在公共部门推广信息技术,重视人力资源的开发与管理,提高政府的能力,更重要的是,要在政府内部广泛实行绩效管理,明确规定公共机构应达到的工作目标,并且创造诸如量化绩效评定、签订短期就业合同、直接给予物质奖励等合用的方式和技术方法,对最终的工作结果予以评价,同时奖励那些达到或超额完成预期目标的机构及其人员。

5. 重视行政结果。主张公共行政研究和政府管理的重点应当转向"结果"而非"过程"。传统的公共机构是按照一系列正式的规则和一整套固定的程序设计的"刚性"系统。为了维持这个系统的运转,国家投入了太多的公共资源,与此同时,效率低、反应慢和僵化却是这个系统经常性的问题。这显然不能适应后工业化—信息化时代的社会要求。因此,有必要从传统的重视工作过程和投入的行政价值取向,转向注重结果和产出行政价值取向。其目的,在于实现由规则驱动型组织向任务驱动型组织的转变。与此相联系,"解决问题"是新公共管理的核心理念。

6. 推行社会合作。政府应当满足于充当"领航员"的角色,除必须由公共部门单独承担的职能外,许多传统的管理职能,大可通过与企业的合作来实现。为此,公共部门首先必须改变行政理念,打破政府部门对公共资源的垄断,广泛采用市场化运作方式和私营部门的管理方式,通过诸如公开竞标、全面质量管理、目标管理等方式,将公共服务承包出去,同时实现有效的监管。

公共部门与非政府组织(NGO)的合作同样重要。各种各样的非政府组织尽管宗旨、目的、价值标准、组织结构、运作方式等存在明显的差异,但是,它们分布广泛,人数众多,反应迅速、行动快捷,具有相当强的社会影响力和群众动员力。因此,政府应当采取积极的态度与非政府组织进行广泛而灵活的合作,这不仅可以减少政府的职能,而且可以降低政府的公共开支,还可以缓和政府的管理矛盾,更有助于提高国民的理政地位。为此,政府有必要大大放松管制,修改那些已经不合时宜的公共规则,包括陈旧的法律、法规。

从实践的情况看,管理主义指导下的行政改革实践包括了对政府的组织结构、领导体制、公共财政和预算制度、公共人事管理制度、政府业绩评价系统以及地方分权、放松管制和约束、委托制等方方面面的改革。这些改革大大动摇了以一致性、形式化、标准化和中央监控为传统的官僚体制。

（四）关于新公共管理的争论

新公共管理自出现之日,其理论基础、意识形态倾向、政策主张、管理原则、管理方法等,便一直受到来自各个方面的质疑和批评。概括起来,对新公共管理的批判和反思主要集中在以下几个方面:

1. 意识形态狂热。批评意见认为,管理主义的核心思想,根本是一种政治人物所信仰的意识形态①,具有明显的意识形态倾向,是新保守主义在公共管理领域的应用,是右派政府的公共管理哲学。这是因为,管理主义尽管在形式上很热闹,但其主体理论只不过是一种"新泰罗主义","顶多瓶子是新的,但里面的观念却是旧的"。② 在其中心主旨——降低成本方面并没有明显的成效。政府的公共开支仍然巨大,公共服务却不如从前。换言之,在理论上新公共管理并没有以理论创新为基础的重要建树,在实践上新公共管理没有改变多少东西,有的只是意识形态狂热。

2. 背离公共部门社会价值。批评意见认为,新公共管理所主张的管理通则论或一般管理论,混淆了公共部门与私人部门的本质区别。公共管理与私人管理在本质属性上是不同的。管理通则论的根本错误在于忽视了公共行政的源于民主政治理念的"公共"本质③,而这种忽视必然导致公共行政价值背离公共行政的本质属性,即公共性,而公共性的丧失将导致公共管理正当性的丧失,最终丧失公共管理的价值。

批评者还认为,"公共事业管理和私营企业管理的不同之处比相同之处同样地多,并且不同之处比相同之处更为重要"④。或者说,公共管理与私人管理在所有不重要的层面上是相同的,而在所有重要的层面上却是不同的。⑤ 基于性质以及相应的出发点和根本目的的不同,公共管理与私人管理的目标不相同,也不可能相同。私人部门以营利为基本目的,利润是其价值基点,具有单一使命和单一价值。为此,私人部门合乎逻辑地要强调"三E"即经济(economy)、效率(efficiency)与效能(effectiveness)等工具理性。公共部门则必须承担维护国家宪政原则和宪政体制的使命,维护自由、民主、平等民主社会的基本价值,兼顾国家利益、民族利益、公民权利、公民权益、公共利益、公共道德、社会正义、社会公平、社会责任、国际义务、国际道义等结构复杂的多元价值。因此,公共部门不能,也无法追求

---

① Christopher Pollitt, op. cit., pp. 110-148.
② C. Hood, op. cit.
③ Dwight Waldo, *The Administrative State: A Study of the Political Theory of American Public Administration*, New York: Ronald Press, Co., 1948. pp. 159-191.
④ 〔美〕格雷厄姆·T.艾利森:《公共事业和私营企业管理:它们在所有不重要的方面是否基本上是相同的》,彭和平、竹立家等编译:前揭书,第339—340页。
⑤ G. T. Allison, "Public and Private Management Are They Fundamentally a Like in All Unimportant Respects?" OMP Document 127-52-1, 1980, pp. 27-38.

工具理性。换言之,以效率为导向的工具理性引导人们关注手段而非目的,在根本上背离了公共部门的社会价值。① 何况,"在竞争市场上,私人公司通常比政府体制有效率,但仅凭此推断没有竞争也没有市场考验的私人组织会带来效率,将是不实际的想法"②。

3. 理论基础存在偏差。批评意见认为,管理主义并不掩饰与公共选择理论、交易成本理论、委托代理人理论、新古典经济学等自由主义经济学理论的关系,却滥用了自由主义经济学说的假设、理论和方法。这不仅是因为作为一种社会科学,自由主义经济学说存在太多的争论,如果不是存在某种先天的缺陷的话,而且是因为私域与公域的转化事实上会产生难以解释的问题。例如,理性经济人假设如果在公共领域合法化、合理化,那么,应当如何约束和规范政府及政府官员呢?进而,将经济学作为公共管理理论基础的理由是不充分的。

4. "顾客满意"值得怀疑。批评意见认为,政府作为"提供者"与"消费者"的"交易"有一系列独特的内涵。与私域的提供者与消费者的平等商业和民事关系不同,公域的"消费者"不是简单的购买者或者顾客,作为个体他们是公民,作为整体他们是人民,是纳税人,是政治的参与或合作者,是公共部门的授权人,是政府的"所有者"。③ 所以,将公民降低为顾客是不恰当的。问题还在于,在利益和价值多元化的民主社会里,政府作为公共产品的提供者,不可能在同一时空为所有的人提供满足其诉求的所有服务,与此相联系,具体的公共政策的评价主体是谁呢?问题同时在于,政府是公共服务的提供者,但同时也是法律的执行者和管制者。这意味着,政府必须抑制公民的某些需求,才足以保证公共利益的存在。所以,管理主义所主张的"顾客满意"或"顾客导向"在理论和实际过程中都存在难以克服的问题,只能是一个良好的愿望。

5. 放弃政府职责、逃避政府责任。批评意见认为,新公共管理的市场化的改革措施,包括公共部门私有化、顾客至上、内部竞争、成本控制、市场运作等,从根本上改变了政府与公民关系,实际上放弃了政府的公共服务职能,逃避了政府责任。当公共服务在市场竞争机制的作用下被交给私人组织或其他非营利组织的时候,公民对政府的诉求和监督将转换为与私人组织或其他非营利组织的博弈。民主社会的基本价值因此被扭曲。市场化的价值取向还存在另一种潜在的可能,那就是政治领导人基于政治立场而选择高级文官,诱发政治腐败,或者政府官员变成了"老板",诱发权力滥用。

二、重塑政府与政府再造

如前所述,进入 20 世纪 90 年代以来,人类世界明显开始了新的产业革命的进程,人类社会的发展进程出现和形成了许多前所未有的主体特征,即所谓信息化社会的时代已经到来,知识经济的时代已经到来,经济全球化的时代已经到来。在新的历史条件下,如

---

① Laurence E. Lynn, "A Critical Analysis of the New Public Management," *International Public Management Journal*, 1(1), 1998, pp. 107-123.

② Bernardo Bortolotti, Marcella Fantini, Domenico Siniscalco, "Privatisation Around the World: Evidence From Panel Data," *Journal of Public Economics*, 88(1-2), 2004, pp. 305-332.

③ H. George Frederickson, "Comparing the Reinventing Government Movement with the New Public Administration," *Public Administration Review*, 56(3), 1996, pp. 263-271.

何实现经济结构的调整,提高企业的活力,进而提高国家的竞争力,牢牢把握世界经济的主导权,是西方经济发达国家政府的首要的、战略性的任务。与此相联系,通过政府行政改革提高公共政策和公共管理的质量,使政府管理不仅能够跟上时代变迁的潮流,而且能够在其中发挥不可或缺的作用,合乎逻辑地成为历史对政府的新的客观要求。正是在这样的历史要求下,西方各国普遍开展了重塑政府或"政府再造"运动。

(一)重塑政府

在丰富的创新理论的基础上,美国学者戴维·奥斯本(David Osborne)和特德·盖布勒(Ted Gaebler)于1992年发表了《改革政府——企业精神如何改革着公营部门》一书,将60年代后期以来关于公共行政的典范革命推向了高潮。美国总统克林顿对此评价说:"美国每一位当选官员阅读这本书。我们要使政府在20世纪90年代充满新的活力,就必须对政府进行改革。该书给我们提供了改革的蓝图。"美国佐治亚州民主党参议员萨姆·纳恩(Sam Nunn)则更为明确地评价说:"在人们普遍对地方政府表示不满之际,《改革政府》提出了一个批判性的基本见解:政府必须为顾客服务,才能受到人们欢迎。我们的计划需有明确的任务,我们的管理人员需有明确的责任,我们参与公众活动需有明确的管道。"①

1. "重塑"的特点。"'重塑'的一个明确特点是,丢弃与传统公共行政紧密相连的一些陈规旧俗,并期望彻底反思政府的运作。"②"如果要使这场革命取得成功,我们最需要的东西是了解一个政府的一个新框架,一种政府的新思维,——简而言之就是一个新范例。"③奥斯本和盖布勒的立论的出发点是:一场全球性的革命已经开始,以知识为基础的经济全球化的时代已经到来,并正在世界各地破坏种种陈旧的现实存在。这个时代创造了各种美妙的机会,同时制造了各种可怕的问题。我们的政府因此问题成堆;"我们的政府今天已经处于深重的麻烦之中。政府一个接一个地不断更迭,公共制度一个接一个地不断变换,留下的选择只有一个,这就是改造。但是缺少一种新思维——一种新范例——使我们无法向前。我们希望我们展示的新思维将会打开尚未打开的一扇扇大门——在美国政府中,从最小的村庄到最大的联邦官僚机构,彻底发动一个范例的转变。"④库恩说:"当范例发生变化的时候,这个世界本身也跟着它们发生变化。"⑤然而,奥斯本和盖布勒同时强调:"今天我们政府的失败之处,不在目的而在手段"⑥,"改造政府指的是政府,不是政府做什么工作"⑦。

2. "重塑"的价值标准。他们的结论是:解决政府各种问题的唯一正确的价值选择,在于重新定位政府的职能,按照企业家精神重塑一个"企业化政府"。这样做的正当性在于:"'企业家把经济资源从生产率和产出较低的地方转移到较高的地方。'换言之,企业

---

① 〔美〕戴维·奥斯本、特德·盖布勒:前揭书,封底。
② 〔美〕盖伊·彼得斯:《政府未来的治理模式》,第70页。
③ 同上书,第303页。
④ 同上书,第313页。
⑤ 同上书,第310页。
⑥ 〔美〕盖伊·彼得斯:《政府未来的治理模式》,"前言",第8页。
⑦ 同上书,第292页。

家运用新的形式创造最大限度的生产率和实效"①,而这一点,不仅适用于私营部门,而且同样适用于公营部门和志愿者的第三部门。"用新的方法来使用资源,创造最大限度的生产率和实效……把资源注入生产率和产出更高的地方……我们说的公共事业的企业家,指的正是这般行事的人。我们说的企业家式的模式时,指的是习惯这般行事的公营部门的机构,不断地以新的方式运用其来提高其效率和效能。"②"革新采取了建立新的公共事业机构的方式……今后的20年或30年情况将很不相同。对社会革新的需要可能更大,但在很大程度上将是在现存的公共事业机构内部进行社会革新。在现存的公共事业机构内建立企业化的管理机构可能会是这一代人的最重要的政治任务。"③

3. "重塑"的政策主张。他们为人们重新定义政府提供一种新思维,一种新范例,一幅有所裨益的地图,而他们提出的十大原则,就是构成这幅地图的辐条,即新的政府典则规范。其理论观点综述如下④:

(1) 起催化作用的政府:掌舵而不是划桨。

"'政府'这个词的词根来自希腊文,意思是'操舵'。政府的职责是掌舵而不是划桨。直接提供服务就是划桨,可政府并不擅长于划桨。"⑤这样确定政府的职责是至关重要的。为此,"政府必须进行某些调整,而且在某些方面对传统的角色重新下定义。……市政当局将会越来越经常地规定自己扮演催化剂和促进者的角色。……将会越来越多地规定自己的任务是确定问题的范围和性质,然后把各种资源手段结合起来让其他人去解决这些问题……将更加愿意穿针引线把稀缺的公私资源结合起来以达到我们这个小区的目标"⑥。政府必须明白,"我们面对的不是'国家的逐渐消亡'。相反,我们需要一个有活力的、强大的和非常活跃的政府。但是我们面临着选择,选择一个庞大的但软弱无力的政府,还是选择把自己局限于决策和指导从而把'实干'让给他人去做的强有力的政府。(我们需要)一个能够治理和实行治理的政府。这不是一个'实干'的政府,不是一个'执行'的政府。这是一个'治理'的政府"⑦。"任何要想把治理和'实干'大规模地联系在一起的做法只会严重削弱决策的能力。任何想要决策机构去亲自'实干'的做法也意味着'干'蠢事。决策机构并不具备那样的能力,从根本上说那也不是它的事。"⑧

人们可以观察到的事实是,企业界处理许多事情比政府强,而政府反之亦然。所以,问题不在于私有化,而在于在国家主义和自由放任主义两个极端之间规划开辟"一条中间途径",即"第三条道路",也即组合一种新的、兼具企业界(私营部门)与政府(公营部门)优势的第三类部门。"这一类部门的组织是由私人所拥有或者控制的,但同时又是为满足公众的或者社会的需要而存在的,其目的不是为了积聚个人财富。"⑨第三类部门将创造

---

① 〔美〕盖伊·彼得斯:《政府未来的治理模式》,"前言",第5页。
② 同上书,"前言",第6页。
③ 〔美〕彼得·德鲁克:《革新和企业化》,载〔美〕戴维·奥斯本、特德·盖布勒:前揭书,第293页。
④ 〔美〕戴维·奥斯本、特德·盖布勒:前揭书,第1—293页。
⑤ 同上书,第1页。
⑥ 同上书,第3页。
⑦ 〔美〕彼得·德鲁克:《不连续的时代》,载〔美〕戴维·奥斯本、特德·盖布勒:前揭书,第25页。
⑧ 〔美〕彼得·德鲁克:《不连续的时代》,载〔美〕戴维·奥斯本、特德·盖布勒:前揭书,第7页。
⑨ 〔美〕戴维·奥斯本、特德·盖布勒:前揭书,第21页。

一种提供公共产品的优先机制。

(2) 小区拥有的政府:授权而不是服务。

问题是这样提出来的:"所有权的最终形式并不只是在解决问题或提供服务方面的所有权,而是政府的所有权。在理论上,我们的代议制民主体制给我们以政府的所有权。在现实生活中,几乎没有美国人感觉到他们'拥有'或者'控制'自己的政府。"①造成这种现状的原因,在于人们组织公共事业时忘记了历史的教训。人们过分依赖专业人士来解决问题,不知不觉把几乎所有的控制权都交给了警察、医生、教师和社会工作者,人们让官僚主义者控制了公共服务,同时丧失了作为服务对象的自我的任何控制权。②

为了改变这种状况,人们必须建立小区,拥有"小区的政府",进而实现所有权从官僚机构或专业人员到小区的转移。而关于小区的"各项计划若要真正起作用一定要让其服务的对象拥有它们。……一定要在所有权上下功夫"③。这种做法的实质,在于"通过参与式民主给公民授权",当然,需要"处理好从服务到授权的过渡"。建立"小区政府"的好处是显而易见的:小区对其成员的责任关切超过了服务提供系统对其服务对象的责任关切;小区比专业人员更加了解自己的问题;专业人员和官僚机构提供服务,而小区则解决问题;机构和专业人员提供"服务",而小区则提供"关心";小区比提供服务的专业人员花费更少;小区比官僚机构或者专业服务人士更有效地实施行为规范标准;小区针对能力,服务系统针对欠缺。

概括地说:"我们的做法的力量不在于反应式的治理。力量在于我们自己解决自己的问题。这就是政治家们做不到的事,市议会的议员做不到的事。"④

(3) 竞争性政府:把竞争机制注入提供服务中去。

竞争是振兴公共机构的一种手段。⑤ 竞争最明显的好处集中在:竞争提高效率即投入少产出多,竞争客观上迫使公营或私营的垄断组织对顾客的需求做出反应,竞争鼓励而垄断扼杀革新,竞争还会产生责任感,提高公营组织雇员的自尊心和士气。垄断则恰恰相反。垄断导致浪费、停滞、萎缩、低效率,诱发不公平、阻碍改革,垄断是典型的政府方式。对政府而言,"问题不在于公营对私营,而在于竞争对垄断"⑥,包括如何为政府内部的服务工作创造竞争机制。但是,政府需要对竞争进行必要而合理的管理。

(4) 卓有使命感的政府:改变照章办事的组织。

问题在于,由于实行使每个权力中心的力量都很弱的权力制衡制度,以至于每个人都要借助于规章来控制其他人可能做的事情。这样,政府为了控制5%的不诚实的人,规定了过多的繁文缛节,使其余95%的人非常灰心丧气。⑦

毋庸置疑,规章和繁文缛节有助于防止发生坏事。"但是同样这些规章会妨碍出现好事。它们会使政府的办事效率慢得像蜗牛爬行。它们对正在迅速变化中的环境不可能做

---

① 〔美〕戴维·奥斯本、特德·盖布勒:前揭书,第51页。
② 同上书,第28页。
③ 同上书,第26页。
④ 同上书,第53页。
⑤ 同上书,第87页。
⑥ 同上书,第54页。
⑦ 同上书,第91页。

出反应。它们使得时间和精力的浪费成为组织结构的固有组成部分。"①为此,"我们付出的代价是惊人的。照章办事的政府有可能防止某种失败,但要以巨大的浪费作为代价。谁能知道那些自暴自弃的雇员有多大代价?谁能知道日益增多的官僚机构有多大的代价?他们受到各种规章和明细分类项目的严重束缚,以至于如果不增加更多的人力和更多的财力,官僚机构就无法做任何新的事情"②。因此,政府应当相信这样一个理念:"切勿指示人们如何做事。只要告诉他们你要他们实现什么目标,他们将会以自己的智谋使你感到惊奇。"③出路在于,我们必须改变照章办事的人事制度,建立有使命感的预算制度,建立一个有使命感的政府组织,因为:有使命感的组织,放手让其雇员以他们所能找到的最有效的方法,去实现该组织的使命;有使命感的组织的效率超过照章办事的组织;有使命感的组织的革新精神超过照章办事的组织;有使命感的组织的灵活性胜过照章办事的组织;有使命感的组织的士气高于照章办事的组织。④

(5)讲究效果的政府:按效果而不是按投入拨款。

官僚主义的计划表现在,尽管人们制定了种种规章和繁文缛节,但却很少关注计划对于所服务的人们的实际效果,以至于政府的拨款、人员报酬与效果之间几乎没有联系。问题出在人们从一开始就不注意效果。"传统的官僚主义的各级政府……注重的是投入,而不是结果。……官僚主义的政府由于不衡量效果,也就很少取得效果。"⑤对此,合理的解决之道在于按照企业精神对政府的业绩进行必要的测量。其逻辑联系在于:"若不进行测量,就不能辨别成功或失败"⑥,无法辨别成功或失败,就无法奖励成功或惩罚失败,不能奖励成功,实际上可能是在奖励失败;另一方面,看不到成功就不能从中学习,而看不到失败,则无法纠正失败。⑦

为了有效地进行业绩测量,政府有必要贯彻这样的原则:按照业绩付酬、按照业绩管理。其中,按照企业家式的办法,使计划中公共财政预算与计划的使命、产出、效果、顾客一致起来是可取的。

(6)受顾客驱使的政府:满足顾客的需要,不是官僚政治的需要。

必须明白的是:"民主政府是为它们的公民服务而存在的",然而,"大多数美国政府却都是顾客盲。这或许是对官僚政府的最终控告吧"。"企业力求使顾客满意,政府机构却力求使利益集团满意。……大多数人在同政府打交道的经验中,最大的刺激是官僚政治的傲慢。"⑧因此,重塑政府关于政府服务的首要评价原则是:"质量只有由顾客来决定。"⑨为此,必须"把受机构驱使的政府倒转过来"⑩,靠拢顾客,建立一套顾客(公众)驱

---

① 〔美〕戴维·奥斯本、特德·盖布勒:前揭书,第91页。
② 同上书,第93页。
③ 同上书,第88页。
④ 同上书,第93—95页。
⑤ 同上书,第121页。
⑥ 同上书,第129页。
⑦ 同上书,第130—137页。
⑧ 同上书,第149、150页。
⑨ 同上书,第149页。
⑩ 同上书,第169页。

使的制度,把各种资源直接交到顾客手中,把顾客放在驾驶员的座位上,让他们选择服务提供者。这样一个制度必须使用方便,具有透明度和整体性。这样一种制度大有必要:

第一,顾客驱使的制度迫使服务提供者对它们的顾客负有责任;第二,顾客驱使的制度使选择提供者的决定不受政治影响;第三,顾客驱使的制度促进更多的革新;第四,顾客驱使的制度让人们在不同种类服务之间做出选择;第五,顾客驱使的制度浪费较少,因为它们使供求相适应;第六,顾客驱使的制度授权顾客做出选择,而被授权的顾客成为更加尽责的顾客;最后,顾客驱使的制度创造更多公平机会。①

为了增加这样一套制度的可行性、有效性,全面推行质量管理是必要的,其中通过各种可能的途径聆听公众的呼声至关重要,其中可以选择的方式包括:顾客调查、顾客随访、小区调查、顾客联系、顾客联系报告、顾客委员会、专题小组、顾客来访、电子通讯、顾客服务训练、试销、质量保证、检查员、专门调查官员舞弊情况的监察官、申诉追踪制度、800免费电话、意见箱或表格等。②

(7)有事业心的政府:有收益而不浪费。

"我们在美国政府里有1500万受过训练的花钱者,但几乎没有人受过赚钱的训练。"③在这一方面,政府必须以收费来筹款,通过创造新的收入来源以保证未来的收入。"也许筹集非税收入的最好安全之道,是向那些使用公共服务设施的人收费……一种制度使那些从服务中得益并能担负得起的人为此付款,而那些不得益的人则不付款,有哪种制度比这种制度更为公平呢?"④但仅此是远远不够的。政府还必须转变价值观,再把利润动机转向公众使用,尽可能使政府公共管理者转变为企业家,学会通过花钱来省钱、为获得回报而投资。把花钱当投资,习惯于估计回报,是企业家政府的特征之一。⑤ 在具体方法上,必须改革传统的公共财政制度,使管理人员可以从其辛苦赚得的利润中合法、合理地获得好处。"如果我们想要政府管理人像企业家那样思考,我们得把那样做的奖励刺激给他们。"⑥在积极的意义上,有事业心的政府会通过提供创新资本、设立企业基金或利润中心、鉴别服务的实际成本等多种方法实现收益而不是浪费。

(8)有预见的政府:预防而不是治疗。

"官僚政治的模式使政府全神贯注于提供服务——划船。而集中其主要精力于划船的组织就很少花精力去操舵了。它们发展的是狭隘的想象力。因为它们的思维定势以为政府就是靠专业人员和官僚提供服务,它们要一直等到问题变成危机,然后才对那些受到影响的人……提供新的服务。因此我们针对症状花去大量的钱——雇用更多的警察,建造更多的监狱,提供更多的福利金以及更高的医疗补助支出——而对于采取预防对策却又显得资金缺乏。"⑦"不去预先考虑未来的问题和机会,我们跌跌跄跄地从危机走向

---

① 〔美〕戴维·奥斯本、特德·盖布勒:前揭书,第164—169页。
② 同上书,第160—162页。
③ 同上书,第179页。
④ 同上书,第186—187页。
⑤ 同上书,第188页。
⑥ 同上书,第193页。
⑦ 同上书,第202—203页。

危机。"①

现在的问题不同了:社会现在更为需要预防,即解决问题而不是提供服务。因为"未来的新奇和大量的挑战正向我们冲来,我们需要做我们以前从未做过的事情"②。政府现在必须明白这样一个道理:"精明的人解决问题,有天才的人避免问题。"③政府必须为了未来而进行战略规划。"有预见性的政府会做两件根本性的事情:使用少量钱预防而不是花大量钱治疗;在做出重要决定时,尽一切可能考虑到未来。"④由于利益集团等因素不断迫使政府领导人做出短视的政治决定,这两件事都不易做到。或许,我们需要为此改变政治制度。我们不可能在有技术革命、社会革命、信息革命和认识论的革命的同时,而不进行政治革命。"说得简明些,工业时代的政治技术不再是在我们周围形成的新文明世界的适合的技术了。我们的政治过时了。"⑤

不同的政府战略规划程序会有不同的招数,但一般会含有一些基本的步骤:第一,内部和外部状况的分析;第二,组织面对的关键问题的判断或鉴别;第三,组织基本任务的确定;第四,组织的基本目标的表达;第五,前景的建立:要达到什么样的成就;第六,实现前景和目标的战略的形成;第七,战略的时间表的形成;第八,结果的估量和评价。⑥

(9) 分权的政府:从等级制到参与和协作。

如果说五十年前集中权力的机构是必要的,那么今天的情况则已经完全不同。今天的信息实际上是无穷无尽的,同时雇员们都受过良好的教育。但"政府却仍然在收紧绳索加强控制。政府给予雇员的信息依然不变:服从命令,不要动脑筋,不要独立思考,不要独立行事。如果出了问题严格说来不是你的责任,不要管它。如果你确实需要自己做出决定,那就选择保险的办法,绝不要冒风险。……这样的信息具有很大的危害性,几十年来使公共机构的职员胆小怕事,唯命是从,消极被动以至苦恼不堪"⑦。面对日益多变和复杂化的环境,"传统的领袖们本能地……当发生财政危机时,他们就合并机构,加强集中控制。当储蓄贷款协会大量破产时,他们就在华盛顿设立一个超级管理机构。当毒品走私猖獗时,他们就任命一位独揽全国毒品管理大权的官员。但是这种本能做法只会更多地导致失败。集中控制和合并机构只会产生更多的浪费而不是减少浪费"⑧。现在的问题在于:"不论一位老板有多么聪明或一位领袖有多么了不起,如果不跟雇员们一起干而是跟他们作对,那么在调动雇员的潜力时会失败得很惨。"⑨

现在,政府需要协作的组织,需要通过参与管理,分散联邦制度和公共机构的权力。这是因为,分权的机构在比较的意义上有许多的优越性:第一,比集权的机构有多得多的灵活性,它们对于情况和顾客需求的变化能迅速地做出反应;第二,权力分散的机构比集

---

① 〔美〕戴维·奥斯本、特德·盖布勒:前揭书,第 204 页。
② 同上书,第 202 页。
③ 同上书,第 205 页。
④ 同上。
⑤ 同上书,第 232 页。
⑥ 同上书,第 216 页。
⑦ 同上书,第 236—237 页。
⑧ 同上书,第 234 页。
⑨ 同上书,第 233 页。

权的机构更有效率;第三,分权的机构比集权的机构更具创新精神;第四,分权机构产生更高的士气、更强的责任感、更高的生产率。当经理们让雇员做出一些重要的决定时,意味着对雇员的尊重。①

(10) 以市场为导向的政府:通过市场力量进行变革。

长期以来,政府是在运用市场机制达到公共目的。因为人们早已懂得,市场机制有许多胜过行政机制的优点。例如,市场是分权的、竞争性的、对变化反应敏捷的、资源和效果直接联系的。但是,政府的公共管理还不是以市场为导向、以市场为依据的,政府仍面临着一个基本的问题,即"政府中任职的大多数人出于本能,想到的总是行政性的计划。他们相信自己的职业是'管事'而不是组织市场"②。不幸的是,政府因计划而遇到了麻烦:计划受选民而不是顾客推动;计划受政治而不是政策推动;计划创造了"底盘",政府机构不惜代价全力保护;计划倾向于创造分裂的服务系统;计划不是自我改正的;计划难以寿终正寝;计划很难达到为取得重大影响所必需的规模;计划通常运用命令而不是奖励手段。③

计划与指挥和控制直接相联系,而指挥和控制战略同样具有许多缺点:它不能改变推动公司或个人的潜在的经济刺激;指挥和控制战略依赖处罚的威胁,但是在一种政治环境中,许多处罚永远无法确定;指挥和控制式管理是一种非常缓慢的过程;管理规章规定使用指定的技术控制污染会抑制技术革新;因为指挥和控制式的做法把同样的要求强加于全国的工业,花费特别巨大;指挥和控制的做法迫使环境保护局的管理集中在大型机构,不论其为企业还是政府机构;最后,指挥和控制式管理具有只重标不重本的倾向。④

现在的问题是,政府必须重新规范市场。"政府可以用来规范市场以达到其目的的方法几乎是无穷无尽的。"⑤但是,需要明确的重要的一点是:"为达到一种公共目标而规范市场与让'自由市场'去解决一切的主张是恰好相反的——它是一种市场干预方式。"⑥同样需要明确的重要的一点是:"规范市场同建立行政管理的官僚机构提供服务事业也是恰好相反,它是第三种方式,既不同于自由派所主张的行政管理计划,也不同于保守派所要求的政府置身于市场之外的做法。这是一种运用政府力量来影响私人做出决定以达到集体目标的方法,是一种典型的企业化治理的方法:没有官僚主义统治的有活力的政府。"⑦事实上,人们可以观察到的所有合法的市场——除了黑市,都是由政府制定的规章条文加以规范,并由政府监管的。在现实生活中根本不存在自由市场这回事。不仅如此,市场机制也并非总是管用的,许多市场正如人们所感受到的一样,也是有严重缺陷的。罗斯福新政给我们的有益启示,就在于解决市场问题的最有效方法,是重新规范那个市场。

"企业化政府的兴起是一场不可避免的转变而不是一时的流行风尚。"⑧奥斯本和盖

---

① 〔美〕戴维·奥斯本、特德·盖布勒:前揭书,第 235—236 页。
② 同上书,第 63 页。
③ 同上书,第 267—271 页。
④ 同上书,第 282—283 页。
⑤ 同上书,第 272 页。
⑥ 同上书,第 265 页。
⑦ 同上书,第 266 页。
⑧ 同上书,第 310 页。

布勒的重塑政府的基本理念"可以概括为从本质上在政府内部建立企业家动机",但这并不意味着全部按照企业家的价值标准和原则看待和处理一切政府事务,而是要在国家主义和自由放任主义两个极端之间规划具有中间性质的"第三条途径"。据此,既不依赖传统的、端启于20世纪30年代罗斯福新政的大政府,也不倚重新自由主义的、80年代盛行的里根政府的自由市场逻辑,转而寻求兼容二者的优势又弥补二者的缺陷的第三种政府公共管理模式,构成了"重塑政府"意欲建立的新的政府典范的基础。① "当企业化的政府脱离行政性的官僚机构时,它既需要市场也需要社区。"②

(二) 政府再造

戴维·奥斯本既是"重塑政府"的主要研究者,也是"政府再造"的主要研究者,所以,"重塑政府"与"政府再造"尽管存在一些不尽相同的内容,但就价值取向、研究对象、研究方法而言,实际是一种理论的两种不同的表述。

戴维·奥斯本和彼得·普拉斯特里克的定义是:

> 我们所说的"再造",是指对公共体制和公共组织进行根本性的转型,以大幅提高组织效能、效率、适应性(adaptability)以及创新的能力(capability innovate),并通过变革组织目标、组织激励、责任机制、权力结构以及组织文化等来完成这种转型过程。
>
> 政府再造就是用企业化体制来取代官僚体制,即创造具有创新惯性和质量持续改进的公共组织和公共体制,而不必靠外力驱使。政府再造就是创造具有内在改进动力的公共部门——有人称之为"自我更新的机制"。
>
> 政府再造就是使具备能够应付无法预知的挑战的能力。不仅仅是要提高今天的效能,而且还要创造在环境变化的明天也具备改进效能能力的政府组织。③

为了防止"再造"的定义模糊不清,或者使"再造"的定义更加清晰,奥斯本和普拉斯特里克同时解释了"再造不是什么":

"政府再造"不是改革政治体制:如财政体制改革、立法或议会体制改革、任期限制等。在美国,如果要进行重大的政策与统治方式改革,政治体制改革就举足轻重——但这并非我们所说的"再造"。

"政府再造"不是"重组"。再造政府并不意味着对政府组织结构框架进行改造。

"政府再造"也不是减少浪费、政治欺诈或权力滥用。"再造"并非对以前的变革进行效率检查,并列举其变革清单以节约资金,而是要创造一种能够持续寻求高效途径的公共组织。政府再造并不是要除掉"花园中丛生的杂草",而是要造就确保"花园中杂草无处可生"的体制。

或许最为重要的是,"政府再造"不是缩减政府规模的同义语。一些公共组织可能会因较小的预算和人员规模而变得更加有效,而其他的公共组织则不然。我们还从来没有遇见过这么一个人(不管是自由派、保守派还是温和派)——他认为可以通过削减学校预

---

① [美]里查德·J.斯蒂尔曼:前揭书(上),第77页。
② [美]戴维·奥斯本、特德·盖布勒:前揭书,第291页。
③ [美]戴维·奥斯本、彼得·普拉斯特里克:《摒弃官僚制:政府再造的五项战略》,谭功荣等译,北京:中国人民大学出版社2004年版,第14—15页。

算与解雇教师来改进办学质量。

"政府再造"不是"私有化"的同义语。资产出售、签约外包以及其他私有化名义下的所有工具,都只不过是政府再造工具箱内的部分工具而已。但正如《再造政府》所指出的那样,促使政府绩效改进的是竞争和顾客选择,而不只是产权私有化。从公共垄断到私人垄断的简单转变鲜有完美结果。

"政府再造"不是仅仅使政府更具有效率的替身。"政府再造"的部分目标在于提高效率(efficiency),但更为重要的是要提高政府管理的效能(effectiveness)。如果组织或体制效能不足,那么提高效率又有何意义呢?

最后,"政府再造"也不只是管理改革的同义语——"全面质量管理"(TQM)或"企业流程再造"(BPR)的另一种说法。如果能在战略意义上加以运用,这两种工具都可以帮助再造者获取成功。但仅有这些工具还远远不够。①

为了实现政府再造,奥斯本和普拉斯特里克同时提出了"五C战略",即核心战略(Core Strategy)、后果战略(Consequences Strategy)、顾客战略(Customer Strategy)、控制战略(Control Strategy)、文化战略(Culture Strategy)②,以及近百项"再造者工具箱"之"工具",即可供"政府再造"选择的革新方法。③

三、撤出制高点

与重塑政府运动一脉相承,在20世纪即将过去的时候,另两位学者丹尼尔·耶金和约瑟夫·斯坦尼斯罗在1998年出版了《制高点——重建现代世界的政府与市场之争》,试图选择历史的视角和通过经济制度编年史的方式,对20世纪后40年"政府逐渐从直接管理经济的职能中淡出的世界进程",进行描述性的分析。④

(一)新时代已经来临

他们指出,基于一场深刻的变革,我们正在向一个世界经济交融策动、交相呼应的全球一体化的新时代前进。这个新时代是三种力量相互作用的结果:其一,发生于全球的思想转变。"所有这一切变化的基础是思想的根本性的转变。"在过去的数十年里,国家与市场边界不断出现的戏剧性的重新界定,一再证明凯恩斯关于"思想具有不可抗拒的力量"这一名言的正确。那些"曾经是习以为常的、占统治地位的理论,现在却受到广泛批评,有时还信誉扫地,遭到摒弃"⑤。其二,世界经济融合的步调明显加速,不仅贸易和直接投资迅猛增长,而且资本市场无情扩张、国际商贸堡垒日益削弱,同时出现了跨国界体制(如欧盟)的形成等。其三,技术发展。计算机的大众化以及各种价格低廉的通信方式,尤其是国际互联网的迅猛发展,其影响是极其深远的。⑥

---

① 〔美〕戴维·奥斯本、彼得·普拉斯特里克:前揭书,第11—12页。
② 同上书,第41—46页。
③ 同上书,第577—578页。
④ 吴敬琏:"序言",载〔美〕丹尼尔·耶金、约瑟夫·斯坦尼斯罗:前揭书,第3页。
⑤ 〔美〕丹尼尔·耶金、约瑟夫·斯坦尼斯罗:前揭书,第10页。
⑥ 同上书,"中文版前言",第6页。

（二）国家控制"制高点"

他们指出：从第二次世界大战结束至20世纪60年代之后的数十年里，有些国家压制市场的智慧和私人财产，完全实现中央计划和国家所有制。这意味着政府无所不知。在西方工业国家及大部分发展中国家，盛行的是所谓"混合经济"模式，即"政府施展其智慧并发挥强有力的主导作用，但并不完全扼杀市场机制。政府将重构经济，使经济现代化，并推动经济增长，为国民提供公正、机会和体面的生活方式。为了实现这些目标，许多国家的政府谋求夺取和占领其经济的关键部门——'制高点'"①。

"制高点"作为一个特定术语的，始见于列宁1922年11月为在圣彼得堡举行的共产国际第三次大会上准备的演讲提纲。②"所谓'制高点'，是对政府直接控制经济中具有战略意义的领域——甚至更多的领域——这种体系的简称。"③国家控制制高点的"目的都只有一个：确保政府控制国民经济的战略部门——重要的企业和工业。在美国，政府不是通过所有制，而是通过经济管制对制高点实施控制，从而形成了一种特殊的管制资本主义"④。人们相信"政府能够有效地运作经济，并对经济进行微调"，相信"政府所知"——中央决策者的集体智慧，优于"市场所知"——市场中的私人决策者和消费者们的分散的智慧。⑤

（三）国家撤出"制高点"

然而，到了90年代，"当政府变得过于膨胀和野心勃勃，并试图成为经济中的主要行为者而非裁判时所引发的固有困境——而不再是'市场失灵'"⑥时，人们的注意力集中于"政府的失灵"，由此在典范革命的基础上，产生了世界历史上规模最大的一次政府私有化。"政府正在出售从前曾收归国有的公司，各国都试图把仅仅在20年前被它们驱逐出境的跨国公司吸引回来。国家控制被企业家所取代；证券市场的数目剧增；共同基金的经理们都变成了社会贤达"⑦，与此同时，政府正在撤销在过去几乎涉及日常生活每一个方面的管制机构和管制条例。"政府已经变得不再自命不凡了。"⑧这一切的目的在于"不再以政府控制替代市场，而是依靠市场竞争来更有效地保护消费者"⑨。

但是，面对汹涌澎湃的市场化的浪潮，丹尼尔·耶金和约瑟夫·斯坦尼斯罗也合理地提出了问题："世界思维是否会像钟摆一样再摆回去？"⑩

除了以上内容外，在发达国家近三十年的政府改革的过程中，还有许多新的管理方式或方法的应用：标杆（Benchmarking）、业务流程再造（Business Process Re-engineering）、ISO9000质量管理体系（International Standards Organization）、使用者介入（User Involve-

---

① 〔美〕丹尼尔·耶金、约瑟夫·斯坦尼斯罗：前揭书，第6—7页。
② 吴敬琏：前揭文。
③ 〔美〕丹尼尔·耶金、约瑟夫·斯坦尼斯罗：前揭书，"中文版前言"，第5页。
④ 同上书，第7页。
⑤ 同上书，第6页。
⑥ 同上书，第8页。
⑦ 同上书，第4页。
⑧ 同上书，"中文版前言"，第8页。
⑨ 同上。
⑩ 同上书，第6页。

ment)、专家巡视(Expert Inspection)、同行评价(Peer Review)、质量过程分析(Quality Process Analysis)、人力投资(Investor in People),以及战略计划、团队管理、私有化等。①

第二节　新公共管理与重塑政府的理论基础

自20世纪70年代末英国"撒切尔革命"开始,西方发达国家作为一个国家群体开展了一场冠以"新公共管理""重塑政府"等称谓的政府改革运动。这些国家的发展水平比较接近,发展理念和发展基调相同或近似。因而,尽管不同的国家在改革的目标、侧重点、程序、方式、评价等方面不尽相同,甚至存在比较大的差异,但改革的基本动因、客观诉求和主要理论依据却表现出了共同性、一致性、相似性。一般认为,这场全球性行政改革的相关支持理论主要包括:新自由主义、公共选择理论、新制度经济学。

一、新自由主义

新自由主义(neo-liberalism)是一个庞杂的理论体系,构成了西方乃至世界20世纪70—90年代的政治哲学和政治经济学的主导话语。在公共政策选择的层面上,美、英两国的右翼党派执政的政府,是新自由主义及其模式的最积极推进者。

新自由主义是一个包括众多学派的思想和理论体系。狭义的新自由主义主要是指由埃德温·坎南(Edwin Cannan)创立、以哈耶克为核心的伦敦学派。广义的新自由主义则包括以米尔顿·弗里德曼为代表的货币学派,以罗伯特·卢卡斯为代表的理性预期学派,以詹姆斯·布坎南为代表的公共选择学派,以阿瑟·拉弗、马丁·费尔德斯坦为代表的供给学派,以罗纳德·科斯(Ronald Coase)、道格拉斯·诺思(Douglass North)为代表的新制度经济学,以及欧洲的以瓦尔特·欧肯(Walter Eucken)、弗兰茨·伯姆(Franz Boem)为代表的弗莱堡学派(亦称奥尔多自由主义学派)等。其中伦敦学派被认为是最彻底的自由主义。哈耶克的《个人主义与经济秩序》《通往奴役之路》《自由秩序原理》《自由宪章》,罗尔斯的《正义论》《政治自由主义:批评与辩护》,弗里德曼的《实证经济学论文集》《消费函数理范》《资本主义与自由》,卢卡斯的《理性预期与经济计量实践》(合著)、《经济周期理论研究》《经济周期模式》,拉弗的《货币的危机》等,都是新自由主义的代表性著作。本节主要讨论狭义的新自由主义。

（一）主体理论

一般认为,新自由主义是在亚当·斯密古典自由主义思想基础上建立起来的强调市场导向、主张贸易自由化、价格市场化、产权私有化以及以此为基础的全球化的理论和思

---

① 有关内容比较多,参见〔美〕戴维·奥斯本、彼得·普拉斯特里克:《政府改革手册:战略与工具》,谭功荣等译,北京:中国人民大学出版社2004年版;〔美〕特里·L.库珀:《行政伦理学:实现行政责任的途径》,张秀琴等译,北京:中国人民大学出版社2001年版;〔美〕史蒂文·科恩、罗纳德·布兰德:《政府全面质量管理:实践指南》,孔宪遂等译,北京:中国人民大学出版社2002年版;〔美〕拉塞尔·M.林登:《无缝隙政府:公共部门再造指南》,汪大海等译,北京:中国人民大学出版社2002年版;〔美〕苏珊·韦尔奇、约翰·科默:《公共管理中的量化方法:技术与应用》,郝大海译,北京:中国人民大学出版社2003年版;〔美〕帕特里夏·基利等:《公共部门标杆管理:突破政府绩效的瓶颈》,张定淮译,北京:中国人民大学出版社2000年版。

想体系。哈耶克1944年的《通往奴役之路》,被认为是"标志新自由主义创立的宪章"。在本质上,新自由主义是资本主义全球化意识形态的右翼理论表现。① 按照新自由主义者的解释:新自由主义是我们这个时代明确的政治、经济范式——它指的是这样一些政策和过程,即相当一批私有者能够得以控制尽可能多的社会层面,从而获得最大的个人利益。② 这可以从三个方面理解:

1. 经济理论。新自由主义继承了古典自由主义经济理论的自由经济的思想,并推向极端,强烈主张自由化、私有化、市场化。在他们看来,自由是效率的前提。以个人自由为基础的自由市场制度是效率最高的制度,因而也是最好的制度。尊重个人自由,国家就不应该进行干预,而应要让个人在市场中自由选择。"若要让社会裹足不前,最有效的办法莫过于给所有的人都强加一个标准"③,私有制则是推动经济发展的基础,因为私有制是人们"能够以个人的身份来决定我们要做的事情"的唯一正确的选择。④ 而没有市场就无法有效地配置资源,进而谈不上经济。哈耶克说:"人类的主要问题是,这些有限的关心(事实上它的确决定了人们的行动)是怎样能够产生有效的刺激以使他们自愿尽其所能为那些他们不了解的需要做出贡献。经济学家们认为发展完善的市场是一种使得人们加入比他们所理解的更为广泛深入的一种过程的有效方式,正是通过市场才使得他们能够为'与自己毫不相干'的目标贡献力量。"⑤

2. 政治理论。新自由主义坚持否定公有制、社会主义,否定国家干预。在这方面,新自由主义者一致认为,"当集体化的范围扩大了之后,'经济'变得更糟而不是具有更高的'生产率'"⑥。同时,他们认为社会主义就是对自由的限制和否定,因此是一条通往奴役之路⑦,而任何形式的国家干预都只能造成经济效率的损失。在这方面,新自由主义的核心主张是尽可能弱化国家的作用,反对政府在微观层次和宏观层次调控市场,强调市场对经济的绝对统治,主张国家仅仅承担界定产权、确保合同的执行以及调节货币供给等有限的经济职能。

3. 国际关系理论。新自由主义主张以大国为主导的全球一体化,即全球资本主义化。在他们看来,经济全球化是人类社会发展的一个必然趋势和一个自然的历史过程。虽然,这一历史过程并不排除政治、文化的多元化,但这一历史过程只有以超级大国和主流文化为主导才能实现。与此相联系,新自由主义的全球制度安排是由国际货币基金组织(IMF)、国际复兴开发银行(IBRD)即世界银行(World Bank)、世界贸易组织(WTO)以及一系列强国的国际政治组织,如西方七国集团(G7)、经济合作与发展组织(OECD)、欧洲联盟(EU)等制定国际规则,维持国际秩序。为此,新自由主义者在提出普遍主义(universalism)的同时又提出了"世界主义"(cosmopolitanism),强调用全球的而非国家的视角看

---

① 程恩富:《新自由主义的起源、发展及其影响》,《求是》2005年第3期。
② 〔美〕罗伯特·W.迈克杰尼斯:《新自由主义和全球秩序》,"导言",载〔美〕诺姆·乔姆斯基:《新自由主义和全球秩序》,徐海铭等译,南京:江苏人民出版社2000年版。
③ 〔英〕弗·奥·哈耶克:《自由宪章》,杨玉生等译,北京:中国社会科学出版社1999年版,第75—76页。
④ 〔英〕弗·奥·哈耶克:《通往奴役之路》,王明毅等译,北京:中国社会科学出版社1997年版,第101页。
⑤ 〔英〕弗·奥·哈耶克:《个人主义与经济秩序》,贾湛等译,北京:北京经济学院出版社1989年版,第15页。
⑥ 〔美〕詹姆斯·布坎南:《财产与自由》,韩旭译,北京:中国社会科学出版社2002年版,第50页。
⑦ 〔英〕弗·奥·哈耶克:《通往奴役之路》,第29、157页。

待国家的界线问题,主张在经济一体化的时代开放国界,以实现世界主导经济的扩张。

（二）形成和发展

作为一种经济学理论、一种学术思潮,新自由主义产生于20世纪20年代。20—30年代,发生了一场以哈耶克为首的新自由主义与以波兰经济学家奥斯卡·兰格(Oskar Lange)为另一方的关于经济计算问题的大论战。这场论战虽然无果而终,却把新自由主义引上了世界经济学的历史舞台。但是,30年代席卷整个资本主义世界的经济大危机,使得新自由主义仍然不能成为主流理论。这是因为,这场大危机揭示了强烈放任的自由资本主义市场经济的弊端,全面否定了古典自由主义经济原理笃信的"供给会自动地创造自己的需求"的萨伊定律,以及人们愿意在手头持有更多货币的灵活偏好、边际消费倾向递减、投资边际收益递减等三大心理规律。事实证明,传统的自由主义的经济政策,不能解决现实的经济大危机。人们势必要寻求一种能够有效地应对现实危机的理论和公共政策。

在有效需求不足迅速普遍化,并成为经济运行的一种常态的历史条件下,主张以扩大政府公共财政支出以创造社会需求和通过政府干预推动经济增长的凯恩斯主义应运而生,并借助罗斯福新政上升为资本主义世界的主流经济学,进而在长达35年之久的历史时期主导了发达国家的宏观经济运行,形成以国家干预主义为基本标志的"凯恩斯时代"。与此相一致,公共投资和政府管制成为政府公共政策的常态。

在这样的历史条件下,新自由主义回归学院,转而对其理论进行系统化的研究。新自由主义的很多重要著述,就是在这个时期成文的。埃德温·坎南把这个时期的工作称为"伦敦学派的准备时期"。进入70年代以后,以两次石油危机为导火线,整个资本主义世界出现了前所未有的高通胀、高失业、低增长的经济—社会现象,即"滞胀"。面对"滞胀",凯恩斯主义经济理论基本上丧失了解释力,国家干预的政策基本上束手无策。在这种情况下,新自由主义应运勃兴,并借助"撒切尔革命"和"里根革命",不仅迅速上升为西方世界的主流经济学,而且占据了国家宏观公共政策的制高点。他们认为,国家干预过度、政府开支过大,以及由此产生的社会普遍的过分的理性预期,是导致"滞胀"的根源。解决之道,就在于"放松管制",重归古典自由主义经济学的自由之路。在这个时期,除美英之外,西欧诸国的基本党派——中左翼社会党(含社会党、社民党和工党)和中右翼基督教民主党,也成为新自由主义的拥护者。

（三）政策主张及其实践

进入20世纪80年代以后,以全球化的网络为标志,发达国家兴起了前所未有的高、新科技革命以及以高、新科技革命为基础的"新经济",社会生产力得到了巨大的发展。其中,以美国为主的"新经济"强劲增长,创造了持续十来年的经济繁荣。以此为凭借,资本主义开始寻求向国际垄断发展,进而需要一种范式化的、能够在许多国家尤其是广大的发展中国家上升为国家主导意识形态的理论工具。新自由主义恰逢其时,成为以美国为主的国际垄断资本推行全球化的主要的理论形式,由此催生了旨在推进自由化、私有化和市场化的新自由主义的政策宣言——"华盛顿共识"(Washington Consensus)。"华盛顿共识"标志着新自由主义嬗变为美国的主流经济学、主导价值观和国家意识形态。

曾任职世界银行的经济学家约翰·威廉姆森(John Williamson)是"华盛顿共识"这个术语的创造者。1989年,约翰·威廉姆森执笔撰写了《华盛顿共识》。该文件被称为"由华盛顿为基地的机构设计给拉丁美洲国家的各种政策建议的最低公分母"。该文件概要提出了由美国国际经济研究所发起,国际货币基金组织、世界银行、美国财政部以及拉美国家、其他地区部分学术机构代表参加的"华盛顿会议"的十项政策主张:(1)财政纪律。预算赤字应该被严格控制,以防国家用征收通货膨胀税的方式来弥补财政赤字。(2)公共支出优先性的转变。支出应该从那些政治敏感领域撤出,重新配置到那些经济收益较高且潜在地有助于改善收入分配的领域。(3)税收改革。税收改革包括扩大税基和降低边际税率,其目的是增强激励,在不降低经济繁荣程度的前提下提高收入水平的平等性。(4)金融自由化。金融自由化的最终目标是利率由市场来决定,但是实践表明,在市场缺乏信心的情况下,市场决定的利率往往可能过高,以至于对生产性企业和政府的财务偿还能力产生威胁。(5)汇率。各国需要统一的(至少是以贸易交易为目的)汇率体系,汇率应该维持在有足够竞争力的水平之上,以此刺激非传统部门的迅速增长,并保证这些出口部门在将来维持竞争能力。(6)贸易自由化。数量性贸易限制应该被迅速取消,而代之以关税,同时关税应该逐渐降低,直到统一的低关税水平10%(至多20%)。(7)外国直接投资。阻碍外国公司进入本国市场的各种壁垒应该被取消,外国公司和本国公司应该被允许在同等条件下进行竞争。(8)私有化。国有企业部门应该实现私有化。(9)放松管制。政府应该取消那些阻碍新企业进入或限制竞争的各种管制措施,并保证所有管制措施都应该以安全性、环境保护和金融机构的审慎监管为标准进行重新审视。(10)产权。法律体系应该在不导致过高成本的前提下提供安全有效的产权保护,并应该在非正式部门提供同样的产权保护。①

不难理解,"华盛顿共识"全面和透彻地表现了新自由主义的价值基点和理论逻辑,实际上提出了新自由主义的经济模式。进入20世纪90年代以后,美国政府、国际货币基金组织、世界银行开始借改革之名,并利用贷款附加条件、市场准入等方式,推销"华盛顿共识",强制性地推动拉美国家进行新自由主义的经济改革,拉美地区成为新自由主义公共政策的最大试验田。应当说,这个时期拉美国家进行新自由主义的经济改革,主观上得到了国内新自由主义知识分子和政治力量的认同,客观上的确在一定程度上使拉美有的国家实现了从封闭的进口替代模式向外向发展模式的转变,恶性通货膨胀得到有效控制,外资大量进入,国内生产总值年均增长较快,外汇储备增加,宏观经济环境逐渐稳定,甚至一度实现了经济繁荣。

但是,好景不长,1982年墨西哥、巴西、阿根廷等国先后爆发了国际债务危机,而以美国为主的国际资本于1985年在韩国首尔召开的国际货币基金组织和世界银行第40届年会上,提出了以时任美国财政部长詹姆斯·贝克(James Baker)的姓氏命名的"贝克计划"(Baker Plan),1989年制定了以时任美国财政部长尼古拉斯·布雷迪(Nicholas Brady)的

---

① J. Williamson, "What Washington Means by Policy Reform," Chapter 2, in John Williamson, ed., *Latin American Adjustment: How Much Has Happened?* Washington: Institute for International Economics, 1990; J. Williamson, "What Should the Bank Think About the Washington Consensus," Background Paper to the World Bank's World Development Report 2000, July 1999.

姓氏命名的"布雷迪计划"(Brady Plan),强制陷入债务危机的拉美国家按照新自由主义的措施实施"改革措施",否则将不再提供美元再贷款。拉美国家被迫全盘接受。在此期间,大规模的私有化运动不仅增加失业,加剧了社会矛盾,而且降低了民族工业的整体实力,国际资本鼓吹的"非国有化"实际变成了"外国化";1980—1990年间,拉美国家的人均国民收入的下降幅度,最小的为2.4%,最多的为37%;1980年,拉美地区的贫困者的人数为1.12亿,1990年增至1.92亿,占拉美人口的46%,十年间贫困人口增加了大约8000万人,其中一半生活在极度贫困之中;1980—1985年间,拉美地区的年平均工资下降了16%;社会卫生开支被大幅度削减,与此同时各国的社会健康状况明显恶化,例如,巴西的婴儿死亡率从66‰上升到74‰,各种传染病呈上升趋势,80年代后期拉美国家甚至出现了霍乱大流行。拉美国家由此遭遇了第一个"失去的十年"①。

1994年,墨西哥爆发金融危机。二十年来,墨西哥已深陷外债陷阱无法自拔,1980年的外债总额为580亿美元,十五年来偿还本息共1500亿美元,1996年外债总额增加至1800亿美元。在这种条件下,美英垄断资本向墨西哥提出了廉价出售银行系统和石油资源以偿还债务的要求。1995年,墨西哥爆发了更为强烈的金融危机,过去的依靠借贷维持的繁荣土崩瓦解,短短几个月里就有15 000家企业倒闭,300万人失去了工作,居民的购买力缩小了至少三分之一。1998年墨西哥再次爆发金融危机,银行坏账率上升到50%以上,被迫宣布容许外资收购本国银行的100%股权,以及出售战略行业的国有企业以清偿外债。与此相联系,政治动乱、罢工和农民起义震撼着这个国家。墨西哥货币危机的损失在拉丁美洲新兴市场扩散,产生了所谓的"龙舌兰效应"(Tequila Effect)。

2001年,阿根廷在经历了连续四年的经济负增长之后最终出现了金融危机,进而引发了严重的政治和社会危机,致使这个GDP一度居世界第9位的富庶之邦顷刻沦为贫困之国。由于阿根廷经济在拉美地区总产值中占有较大比重,因而对全地区的经济发展带来了冲击。探戈舞之乡阿根廷的经济危机对拉美经济的冲击因此被戏称"探戈效应"。加上全球经济衰退所形成的最糟糕的外部环境,拉丁美洲的经济2001年仅增长了0.5%。

拉美国家由此遭遇了第二个"失去的十年"②。这个时期拉美国家的综合性的经济、政治、社会、文化困境,被称为"拉美化"现象。"所谓'拉美化'是指拉美地区国家在发展过程中出现的以经济危机、政权更迭和社会失范为特征的整体性危机。"③

1997年"东亚金融危机"之后,美国政府、国际货币基金组织、世界银行同样以接受"华盛顿共识"的政策主张作为东亚国家获得援助的条件,同样地,在帮助这些国家度过危机的同时,对这些国家的经济复苏和发展造成了严重和长期的影响。

几乎在同一时期,随着"新经济"的泡沫化,持续十年的美国经济繁荣江河日下、风光不再。"华盛顿共识"的可靠性、有效性,以至新自由主义的合理性、正当性,在发达国家面临挑战。

(四)关于新自由主义的争论

"华盛顿共识"因其浓郁的意识形态特征,被金融大亨乔治·索罗斯(George Soros)称

---

① 杨斌:《威胁中国的隐蔽战争:美国隐蔽经济战与改革陷阱》,北京:经济管理出版社2000年版,第51页。
② 杨斌:前揭书,第52—53页。
③ 胡天舒:《中国经济的"拉美化之忧"——FDI是魔鬼还是天使》,《南方周末》2004年5月20日。

之为"市场原教旨主义"。与此相联系,新自由主义因其极端的价值取向,自诞生之日到辉煌的顶点,从来就存在比较强烈的批评意见。

批评者认为,新自由主义在经济全球化的背景下过分强调资本和市场的世界属性,同时强调民族国家政府的无为而治,会导致两个方面的严重后果:其一,"弱政府"不能有效地解决国内严重的社会问题,如贫富两极分化,生态环境恶化,社会保障缺失,国家防卫能力减弱,公共秩序混乱等,进而丧失政治合法性的基础;其二,"弱国家"不能有效地应对国际问题,因而,别说占领世界"语义高地",甚至可能丧失话语权、生存权,间接促成国际政治强权或强权政治。这与民主政治的基本理念是背道而驰的。

1998年1月,当时的世界银行副行长兼首席经济学家约瑟夫·斯蒂格利茨(Joseph Stiglitz),在芬兰赫尔辛基的联合国大学发表了荣誉性的年度讲演,首次提出了"后华盛顿共识"(Post-Washington Consensus)的概念。斯蒂格利茨是从批判"华盛顿共识"开始的:"往好里说,它是不完全的;往坏里说,它是误导的",共识是有必要的,"而不论新的共识是什么,它都不能基于华盛顿"。①"华盛顿共识"的错误在于:(1)把金融自由化当成目的本身,而不是实现有效的金融体制的手段;(2)它将私有化视为比促进公平竞争更重要的目标,结果造成大量"私有化寻租"(即不平等地瓜分已有财富而非创造新财富);(3)它依赖少数政策工具(如宏观稳定、贸易自由化和私有化)来实现短期目标(如GDP增长),而忽视健康与教育、可持续发展,尤其是公平社会和民主的发展。②斯蒂格利茨更尖锐批评了以美国为主的发达国家在全球推行新自由主义式的结构调整。在他看来,世界银行、国际货币基金组织、世界贸易组织其实是单一统治秩序下的可互相调换使用的面具。它们共同制定准则,然后在许多国家推行"结构调整"的"四部曲":第一步,产权私有化,准确说就是腐败化。在削价出售国有资产的过程中回扣率会达到10%,而这些资产动辄价值数亿美元。第二步,资本市场自由化,即允许资本自由流进流出。路径是由国际货币基金组织和世界银行推动"拯救经济计划"。其结果是投机的"热钱"只是单方向不断流出。一个国家的外汇储备可以在数天、甚至数小时内枯竭。第三步,价格市场化。粮食、水、燃气等民生物品价格飞涨引发骚乱和动荡,进而引起新的资本恐慌性出逃和包括政府崩溃在内的政治动荡,这时外国公司便可以趁机以极低的价格买到银行、企业、人才等价值连城的东西。第四步,贸易自由化,路径是由国际货币基金组织和世界银行推动"消灭贫困计划"。其结果导致这些国家的国际竞争力和国民生活水平进一步降低。这些无异于通过金融和财政手段进行的鸦片战争。③

1998年1月原世界银行高级副行长、首席经济学家、原美国经济顾问委员会主席约瑟夫·斯蒂格里茨在芬兰赫尔辛基联合国大学发表了题为《更多的手段与更广的目标:迈向后华盛顿共识》(More Instruments and Broader Goals: Moving Toward the Post-Washington

---

① J. E. Stiglitz, "More Instruments and Broader Goals: Moving Toward the Post-Washington Consensus," the 1998 WIDER Annual Lecture, Helsinki, January 1998, reprinted Chapter 1 in The Rebel Within, Ha-Joon Chang, ed., London: Wimbledon Publishing Company, 2001, pp. 17-56.

② J. E. Stiglitz, op. cit., pp. 17-56;崔之元:《斯蒂格利茨与"后华盛顿共识"》,《读书》1998年第10期。

③ 〔美〕斯蒂格利茨:《斯蒂格利茨批评新自由主义的结构调整》,张文海译,《国外理论动态》2001年第12期;格雷·帕拉斯特:《一个冰凉的世界——国际货币基金组织带你去地狱的四个步骤》,英国:《观察家》2001年4月。

Consensus)的荣誉性年度演讲。"后华盛顿共识"主张:(1)私有化和金融贸易自由化对制定宏观政策来说并不是目的,而只是促使市场更加有效率和活力的一种手段,而且这种手段必须与监管的竞争政策相结合。在这里,"关键不在于是否私有化或自由化,而在于必须建立一个监管的框架,使金融系统有效地运行,促使宏观经济稳定"。(2)如果不建立一个有竞争的市场,就不可能得到金融贸易自由化的好处。"私人垄断而无竞争对手,效率同样不高,也不会有创新。"(3)"政府应当成为市场的补充,采取行动使市场运行得更好,纠正市场的失效。"(4)政府有必要应用更多的政策工具实现"更广泛的目标",是"相对来说比较狭窄"的目标。所谓"更广泛的目标",也就是"将发展和改造社会作为其核心目标",包括提高生活水平,实现持续发展、均衡发展、民主发展,使所有社会集团都分享发展的结果。①

1998年4月,鉴于"拉美化"的严重后果,美洲国家首脑在智利首都圣地亚哥举行会议,明确提出了以"圣地亚哥共识"替代"华盛顿共识"的主张。"圣地亚哥共识"包括六个要点:(1)必须减少经济改革的"社会成本",使每一个人都能从改革中受益;(2)大力发展教育事业和卫生事业;(3)不应该降低国家在社会发展进程中的作用;(4)健全法制,实现社会稳定;(5)提高妇女和少数民族群体的社会地位和经济地位;(6)完善和巩固民主制度。②

在此之前,由于新自由主义的极端的市场崇拜,相应的新自由主义的经济模式不久首先在倡导国的政策实践中暴露出一些比较明显的问题。从20世纪90年代末期开始,美英等国经济出现了股市动荡等衰退的征兆。刚刚进入新的世纪,在"新经济"的发源地美国,从"安然事件"开始,爆发了一系列的大公司的丑闻,形成了与"新经济"紧密联系在一起的"安然现象"。"安然现象"展现了新自由主义经济模式的重大缺陷。在"新经济"的时代,这些大公司在貌似合法的名义下,屡屡突破道德的底线,违背诚信的原则,在自身获取超额利润的同时,把风险留给了广大的中小投资者,把问题推给了政府,进而引发了金融动荡和一系列严重的社会问题,直至股市泡沫的破灭击碎新自由主义经济模式的"财富效应",最后戳破了"新自由主义模式经济神话"。

在欧洲,自20世纪70年代末至整个80年代,以保守党对福利国家体系的"撒切尔主义"的深度改革为标志,欧洲经历了一次私有化的浪潮,在各国的两大主要党派——中左翼社会党(含社会党、社民党和工党)和中右翼基督教民主党的共同推动下,各国普遍程度不同地推行了一些新自由主义的公共政策,虽一度出现了经济繁荣,但却没有给欧洲带来持续、稳定的经济增长,而且还为此付出了比较惨重的社会代价。进入新世纪之后,以英国为代表,再次进入了周期性的经济衰退。不仅如此,世界范围内的反全球化的浪潮日渐强盛,也促使欧洲人进行理性与良知的双重思考。由此导致欧洲广大的中下层民众和知识群体兴起了反对新自由主义及其模式的政治与社会运动,从而迫使西欧两大主要党派进一步拉开与新自由主义的思想距离,修正政治立场。在这个过程中,社会党公开提出了其经济—社会政策的三原则,即公平价值与效率价值同等重要、市场手段和国家干预相

---

① 钱启东:《国际社会反思五大问题》,《党政论坛》1999年第4期,第20—22页。
② 中国社会科学院《新自由主义研究》课题组:《新自由主义研究》,《马克思主义研究》2003年第6期·特稿。

结合以及积极的福利政策,从而形成与新自由主义对垒的"第三条道路"或"新中间道路"。至此,新自由主义从主流经济学的宝座滑落。

二、公共选择理论

一般认为,邓肯·布莱克在20世纪50年代首创了公共选择的研究方法。之后,经过詹姆斯·布坎南等人的创造性的努力,公共选择理论(Public Choice Theory)在60年代逐渐成形,70年代发展壮大,影响一直绵延至今,被列为当代十大经济学派之一。一般认为,广义的公共选择理论是经济学理论的一个重要流派,但更为准确地说,是一种"新政治经济学"。狭义的公共选择理论将公共选择的理论和方法应用于公共行政管理领域,既把官僚看成是理性的经济人,也把官僚机构作为生产者纳入公共选择理论的供给模型,关注的重点是政府的公共管理和公共政策,因而被称为"官僚经济学"。

公共选择理论的代表人物及其著述包括:邓肯·布莱克的《论集体决策原理》,布坎南的《政府与市场》《两种截然对立的国家观》《自由、市场与国家》等,戈登·图洛克的《官僚政治学》《社会困境:战争与革命经济学》,安东尼·唐斯(Anthony Downs)的《官僚经济论》,威廉·尼斯坎南(William Niskanen)的《官僚与代议制政府》,曼库尔·奥尔森(Mancur Olson)的《集体行动的逻辑》,丹尼斯·缪勒的《公共选择》等。作为公共选择主体理论的开创者,布坎南获得了1986年的诺贝尔经济学奖。

(一)理论特点

公共选择理论着力探讨的是政治过程对经济过程的影响,以及如何使这种影响正当、合理。公共选择理论为此做出的努力是独特的。

1. 问题界定和问题导向。公共选择理论的指向,是政府公共政策的失败和政府公共管理的无能,针对的是凯恩斯主义指导下的国家干预所引发的种种经济的和社会的弊端,试图解决的则是社会经济持续发展的活力问题。

"公共选择"是公共选择理论的切入点。简单地说,公共选择是公共法权和社会法权主体——政府、官僚、政党、选民等的选择,是非市场的集体选择。公共选择与市场选择的不同在于:公共选择是"集体"以公共产品为对象,通过政治市场按照一定的政治程序做出的选择;市场选择则是个人以私人产品为对象,通过完全的经济市场做出的选择。在公共选择理论看来,无论哪种市场、哪种选择,规则都具有极其重要的意义,而公共选择的问题,恰恰在于规则的偏差、缺失和模糊。从"问题"出发,公共选择理论界定了三个研究主题:第一,公共选择行为主体的行为特征;第二,现实民主政治的运行方式,以及如何选择制度、途径、程序以提高公共效率;第三,政府具有天然的自利倾向,而不同的决策规则产生不同的结果预期,因此,有必要重新制定关于公共决策的基本规则。

2. 传承和借鉴。公共选择理论直接继承了亚当·斯密古典经济学的"经济人"的概念、假设以及基本理论,并作为自身的理论基点,同时借鉴了美国的联邦主义和宪政主义的理论,又吸收了19世纪末20世纪初瑞典经济学家、瑞典学派的代表克努特·维克塞尔(Knut Wicksell)以及意大利财政学派用一致同意方法来分析公共产品供求、投票数学理论等理论,进而构筑了包括经济人理性行为假定、个人主义的行为偏好、交换的普遍性这样三个维度的综合研究视角,形成了颇具冲击力的"公共选择理论"。

3. 理论开创和方法创新。"政治科学一直研究人在公共舞台上的行为,经济学一直研究人在市场上的行为。政治科学通常假设政治家追求公共利益。经济学则假设所有的人都追求自己的私利,……但这种两分法成立吗?政治人和经济人能够是同一个人吗?在公共选择领域中,假设他们就是同一个人。我们可以把公共选择定义为对非市场决策的经济学研究,或者简单地定义为是把经济学运用于政治科学的分析"①,即把传统经济学的理论和方法直接应用于政治行为的分析过程之中,分析的重点则在于理性经济人的行为在政治生活领域中表现,即政治的理性经济人如何决定和支配政府行为的集体选择,以及彼此间的交互作用和制约的方式,由此弥补了传统经济学界将政治过程与经济过程截然分开的研究缺陷,进而"提出了公共选择者追求利益最大化与利己主义本性和政治交换过程的性质,即相互尊重契约双方的利益,是经济秩序赖以建立的前提,也是政治秩序赖以建立的前提"的观点,从而形成了"政治交易"市场的概念和理论。② 据此,所谓"公共选择",实际是非市场的集体选择,或者"政治市场"的集体选择,"指的是人们通过民主的政治过程决定公共物品,即把个人的私人选择转化为集体选择的一种过程或机制。这种过程或机制表现的是关于资源配置的非市场决策"③。按照布坎南的说法,"公共选择是一种对政治的看法,它是在把经济学家的工具和方法扩大应用于集体的或非市场的决策的过程中产生的"④,这样做的原因,在于传统的关于国家、政府、官员的假定存在明显的偏差,而公共选择理论的意义,就在于纠正这种偏差。

(二)政治与官僚制度的失败理论

公共选择理论认为,在西方民主宪政体制下,在理论上经过选举产生的政府官员应当是公共利益的代表者和保护者,应该按照公共利益的原则与要求选择公共行动,然而在现实生活中人们看到的却并非如此,相反,由政府官员主导的社会资源的使用效率经常低于市场机制下的效率,换言之,人们看到的是政治、政策与官僚制度的失败或失效,或者"政府失灵"。在他们看来,造成"政府失灵"的原因可以归结为:

1. 关于"政治人"的人性的基本假定存在谬误。传统意义上的"超凡入圣的国家"实际上只是一种逻辑虚构,或者是一种道德神话,尽管强大,但不是神造物,仍只是一种人类的组织,因而并不具有无所不能和天然正确的自然取向。与此相联系,在这里做决定的人们即政府官员,与常人没有什么差别,既不更好,也不更坏。这些人一样会犯错误,一样具有"经济人"的理性思维的利益取向。

2. 政府具有犯错误的天然倾向。所谓"天然倾向",主要指基于经济人的自利动机以及现实的制度设计和制度安排,政府决策失误或失败不可避免。

第一,政治家与选民都是经济人。在"政治交易"市场上,政治家必然要利用信息垄断、解释权和对程序的熟悉,以及基于利益交换的机构间合作,提出能够体现自身利益和价值观的提案,并设法使之通过,而选民虽然同样追求能够体现自身利益和价值观的提

---

① 〔美〕丹尼斯·缪勒:《公共选择理论》,杨春学等译,北京:中国社会科学出版社1999年版,第4页。
② James M. Buchanan, Gordon Tullock, "The Expanding Public Sector: Wagner Squared," *Public Choice*, No. 31, 1977.
③ 文建东:《公共选择学派》,武汉:武汉出版社1996年版,第9页。
④ 〔美〕詹姆斯·M.布坎南:前揭文,第29页。

案,却不拥有对等的优势和能力,因而,很难有效地利用公民的选举权力来制约政府。

第二,利益集团影响。利益集团,尤其是拥有某种政治权势的利益集团,必然要利用它们所拥有的组织力量,以及潜在的政治权势,全面影响选民的意识和选择,间接推动政府做出有利于自身,不利于公众的决策。

第三,选举规则问题。由于普遍应用简单多数制的民主决策规则,即使政府提供的政策方案是最好的,决策结果所体现的只是中间选民的意愿,而不是最优方案。

第四,决策代价权衡。当"改变"的代价高于人们的获利预期时,人们是很难支持关于"改变"的决策的,尤其在短期利益少而代价高昂的条件下,支持更加困难。问题在于,人们很可能因此而失去某种长期利益,甚至重大利益。

第五,扩大和延伸决策错误。决策错误已经显现,由于它或者对特殊利益集团有利,或者对保护决策者的政治利益有利,获益者会利用一切可以利用的资源和手段,包括伪造事实、制造假象,试图欺骗公众,进而导致扩大和延伸决策错误。

3. 政府具有低效率的天然倾向。政府的低效率,主要指政府不能制定和执行确保社会资源得以最佳配置的公共政策,而造成这种现状的基本原因,既在于政治家和官员们天然的趋利动机,也在于现实制度的不可克服的官僚主义。他们认为,就民主宪政制度设计的目的而言,经过民主选举产生的政府及其官员承担宪法和法律赋予的公共职能,因而应当是公共利益的代表者,进而最大可能地合理使用公共资源,但实际情况并非如此。这是因为:

第一,政治家和政府官员存在追逐个人利益的倾向。基于个人效用最大化的原则,政治家和政府官员为了实现个人目标,包括个人的声望、威信、权威、成就等,往往会利用模糊的制度规范,在国家利益或公共利益的名义下,滥用公共资源,造成公共资源的不合理配置以至浪费。在最坏的情况下,官僚主义者会攫取公共资源为个人所有或所用。因此,官吏越多,"官僚敛取物"就越多。

第二,缺乏竞争机制。除极少数竞选产生的政治家外,政府的部门领导人通常由任命(经议会认可)产生。由于这些被任命的政务官与政治家存在直接的利害关系,因此,不会因工作效率低而被解雇。在政府内部,由于精确考核政府绩效客观上存在困难,加之关于公务员的严格的职业保障制度,所以,常务官通常亦不存在因工作效率低而被解雇的危险。与此同时,政府和政府部门都是独特的,彼此之间不存在直接的竞争关系。这样,既没有被解雇的危险,又没有因竞争而产生的压力,所以,官僚主义盛行。官僚主义的行为虽然明显有悖于社会利益,但却是为行为者带来自身利益的一种最佳方式。

第三,缺乏激励机制,尤其缺乏降低成本的激励机制。在制度框架内,政府、政府部门、政府官员的行为不以盈利为目的,且与个人利益没有直接的利害关系。所以,他们没有最大可能地压缩公共活动成本的动机和有效的动力。其结果,过量供给普遍化,不仅使得社会通过税收支付的服务费用超出了社会本应支付的限度,而且社会还不能享有与巨额公共支出相符合的公共服务。这种过量供给实际上是由纳税人承担并支付给某些特权阶层一种变相的集体补贴。

第四,缺乏监督机制。政府的唯一性决定了政府的行为具有一定的垄断性,政府的组织结构具有一定的封闭性。在此意义上,对政治家和政府官员的行为的监督往往是无效的。这是因为,政府的公共职能是复杂的,以至于尽管政府、政府部门、政府官员基于逐利动机,可以利用政府的垄断地位和封闭性,在供给公共产品时降低产品质量,提高产品价格,扩大产品规模,从而使所提供的公共产品的数量、范围、比重超过合理的水平,却可以同时封锁关于公共产品的部分以至全部的真实信息,使得外部和内部的监督部门由于信息不完备而不能准确核算成本,不能准确评价绩效,进而导致监督权虚化,甚至导致监督者操纵被监督者。

第五,政府存在不断扩张的倾向。按照公共选择理论,政府扩张的社会动因集中在五个方面:供给公共物品和消除外部效应、对收入与财富进行再分配、平衡利益集团、增加官僚机构能力、财政幻觉。政府扩张的内在动因,则在于政治家和政府官员追逐利益的本性。在形式上,政府扩张主要表现为两个相互联系的方面,即追求政府规模的最大化与公共开支的最大化,而在形式的背后,则是政治家和政府官员的切实利益。具体而言,政府规模的扩大,可以直接获得更多的财政预算或财政拨款,从而不仅增加自身经济能力,而且可以增强自身的影响力;与此同时,政府规模的扩大势必增加职位数,尤其是高阶职位数,进而,不仅普遍增加了个人得到提升的机会,而且扩大了个人的权力或支配力,以及包括加薪在内的各种获得利益的机会。问题还在于,在政府机构膨胀、公职人员增长的同时,公共财政开支也在无休无止地增加,不仅导致财政赤字,而且诱发通货膨胀。

(三) 政策主张

公共选择理论认为,西方社会出现的诸多问题,并不是市场制度的失败,而是政治(政府)制度的失败,准确地说,是政府制度安排的失败。所以,有必要以宪政改革为基础,建立一个能够有效地制约政府公共行为的政治决策体系,即公共选择制度。

1. 宪政改革。其重点,在于重新确立足以约束政府权力的规则和程序。布坎南认为,"公共选择的观点直接导致人们注意和重视规则、宪法、宪法选择和对规则的选择"①。为此,布坎南他们提出,需要重新构建基本的宪法规则,并创立一种新的政治技术,以使新的宪法规则能够直接用于约束政府的权力。不仅如此,他们强调,选择产生结果的程序和规则,比结果本身更重要。进而有必要建立可靠的公共选择的程序和规则,以规范政府权力的形成,而绝不能让政府自由地改变基本的制度,否则,是不可能对政府产生任何有效约束的。

2. 引入竞争机制。其基本途径,在于打破传统政府机构关于公共物品生产的垄断权,形成竞争结构,进而形成部门间的竞争关系,从根本上消除导致政府低效率的最大障碍。其具体途径,则可以打破传统的部门垄断性分工,允许不同的部门申请同一件行政事务,进而在政府体制内部形成竞争。于此,不仅有助于形成部门和个人激励,而且有助于控制行政成本,最终有助于社会获得更为有效率的公共生产和公共产品。此外,政府还可以借助市场机制以降低行政成本,提高公共效率,譬如,通过竞标,由私人公司承包公共投资项目的开发,或者由私人公司经营公共事业,以及促成非政府投资的公益事业等。

3. 建立激励机制。其要点在于引入商业式的利润观念,建立与个人和部门利益直接挂钩的财政预算制度。譬如,建立成本节余分享制,具体可以采用最高负责人个人占用本

---

① 〔美〕詹姆斯·M.布坎南:前揭文,第22页。

部门节约的部分预算费用、晋升与节约程度相联系、直接给予分成式奖励、自主使用"节约资金"等方式。

4. 改革税制。布坎南认为,赋税是一切政府活动的基础,赋税制度则是表明政治框架的永久性特点之一。① 因此,通过改革赋税制度,约束政府的税收和支出,对于从根本上限制政府的不良行为,抑制政府的自我扩张具有关键作用。公共选择学派认为,改革税制的基本思想,在于确立对政府无限权力的宪法性约束,改革要点则在于确立关于政府税制的制度性约束,即公民的以税基、税种、税率结构为要项的公共选择制度,而不在于传统的平等、效率等伦理规范的约束。在他们看来,"公众愿意"是制度选择的前提,换言之,公众行使关于税基、税种、税率结构的公共选择权,事实上是通过限制政府的税收收入,限制政府权力的重要途径。进而,他们主张,应当从两个方面控制公共预算制度:其一,收支平衡,即通过政府公共财政预算批准程序,保持公共预算收支平衡;其二,增长平衡,即要求政府的收支增长,直接与国民经济的增长挂钩,并保持合理的比例。

5. 监督政府。在这方面,公共选择理论认为,通过成立外部专家委员会,定期对政府机构的职能进行评审,确定其应提供的公共产品量,核定其可以支配的预算资金等,是对政府进行有效监督的新的方式。但是,为了避免专家委员会形成与政府机构一致的利害关系,可以考虑如同挑选"陪审团"一样随机组成专家委员会,而且,需要经常调整工作方式,以防止"格式化"工作方式的局限性。

(四) 关于公共选择理论的争论

公共选择理论在获得广泛赞誉的同时,亦存在许多不同的看法。概括起来,批评意见主要集中在以下几个方面:

1. 关于经济人假说。批评者认为,"公共选择理论作为一种对政治行为动机的描述是不真实的"②。这是因为,作为公共选择理论的逻辑起点,经济人假说并不是关于人类动机的一种全面的看法。关于人类动机的全面的看法是,人不但是"经济人",而且是"社会人",不但是"简单人",而且是"复杂人"。换言之,在人性的意义上,自利的欲望和对物质利益的追逐,是人类的个人基本动机之一,而且,这种动机强烈而持久,所以,任何机构,包括公共机构和私人机构,都必须用某种方式对个人的欲望加以一定约束和限制。但是,同样在人性的意义上,"人类行为中普遍共存着关心自己和关心他人的动机"③,换言之,人类的个人动机还存在利他的欲望和对非物质利益的追求,其社会存在形式包括无私、慷慨、奉献等高尚的品德,以及对他人义务的认同和对非金钱回报的兴趣。

2. 关于方法论。批评者认为,公共选择理论的研究方法的缺陷,导致了其结论的偏误:其一,建立在单一经济人动机基础之上的理论体系,存在一个无法解决的矛盾,即单一经济人动机不能创造和支撑法律、文化和伦理道德的存续,进而,根本无法产生他们所推崇的有效率的生产组织和有效率的市场关系;其二,其分析论证更多的是基于假设性或先验性的逻辑推导,而不是基于对实际过程的全面、深入的观察,因而缺乏必要的实证基础。

---

① 丁煌:《公共选择理论的政策失败论及其对我国政府管理的启示》,《南京社会科学》2000年第3期。
② 〔澳〕休·史卓顿、莱昂内尔·奥查德:《公共物品、公共企业和公共选择——对政府功能的批评与反批评的理论纷争》,费昭晖等译,北京:经济科学出版社2000年版,第156页。
③ 同上。

在此意义上,他们的主张只是一种充满了期望的预言。或许,这就是为什么尽管人们因为公共选择理论而受到了鼓舞,但现实的"公共选择"却变化不大的原因所在。

3. 关于政府失败。批评意见认为,如果基于客观的态度,人们既可以观察到大量的"政府失败"的事例,亦可以举证大量的"市场失败"的事例,换句话说,"政府失败"是客观事实,"市场失败"同样是客观事实。与此相联系,过分强调市场对政府失败的纠正作用而拒绝承认政府对市场的纠正作用,于事实判断和价值判断都是偏颇的。较之"政府失败"理论更为全面和客观的观点是,政府与市场其实都存在先天性的缺陷,都是人类"无奈"的选择,政府与市场又都是维系社会存在、推动社会进步的基本力量、基本形式、基本需要。进一步说,政府与市场根本就是性质和功能完全不同的两种事物,更为重要的是,政府与市场相生相克,正是其轮回般的此消彼长动态平衡,推动了社会的持续发展。其实,只要认真观察世界各国——不论发达国家还是发展中国家,富裕国家还是贫穷国家,东方还是西方国家,南方还是北方国家所面临的大量的、复杂的、无休无止的问题,尽管问题不一样,但是不难理解,我们的任务不是简单地削弱政府,而是要寻求政府作用和作用方式的合理的界限,寻求理解市场并懂得如何与市场共舞的明智的政府。

三、新制度经济学

一般认为,罗纳德·科斯1937年27岁时发表的《企业的性质》标志着新制度经济学(New Institutional Economics)的开端,但当时并没有引起学术界的注意,而他1960年的《社会成本问题》一经发表,却由于其中的关于产权和交易成本的新颖和深刻的经济思想而迅速引起了广泛的关注。以上两篇论文奠定了科斯交易费用理论(Transaction Cost Theory)的基础,也成为他81岁高龄获得诺贝尔经济学奖的关键理由。1966年,乔治·斯蒂格勒(George Stigler)在其教科书《价格理论》中加入了《社会成本问题》一文的内容,并第一次明确使用了"科斯定理"(Coase Theorem)这个名称。自那以来,科斯定理成了经济学教科书的当然内容。"科斯定理:在不存在交易成本和谈判成本的条件下,受外部性影响的各方将会就资源配置达成一致意见,使这种资源配置既是帕累托最优的,又独立于事先的产权安排。皮古的观点是错误的:要解决外部性问题,无需政府的干涉。"①一般认为,科斯定理包括两部分:第一定理是在交易成本为零的条件下,权利的初始界定的重要性并不影响效率,即不管如何界定产权,市场交易都将导致资源处于帕累托最优状态;但现实交易成本不可能为零,资源配置的帕累托最优状态是不可能实现的。因此,科斯第二定理是在正交易费用条件下,交易权利的初始配置将影响交易效率,由此揭示了界定产权的重要性。然而,有趣的是,科斯本人却说:"我没有创造过'科斯定理'这个概念,更没有给'科斯定理'下过精确的定义,这两者都要归功于斯蒂格勒先生。"②

新制度经济学的发展是一个渐进的过程,旗帜下的各种流派五花八门、风格迥异。其有影响的人物及其著作包括:道格拉斯·诺思的《制度、制度创新与经济绩效》《经济史中的结构与变迁》《西方世界的兴起》等,奥利弗·威廉姆森(Oliver Williamson)的《反托拉

---

① 〔美〕丹尼斯·缪勒:前揭书,第37页。
② Ronald Coase, *The Firm, the Market, and the Law*, Chicago: University of Chicago Press, 1988, p. 157.

斯经济学——兼并、协约和策略行动》《治理机制》《资本主义经济制度》等,哈罗德·德姆塞茨(Harold Demsetz)的《企业经济学》《所有权、控制与企业》《竞争的经济》,以及阿蒙·阿尔钦(Armen Alchian)、约伦·巴泽尔(Yoram Barzel)、加利·贝克尔(Gary Becker)、肯尼思·阿罗(Kenneth Arrow)、乔治·斯蒂格勒等。其中,科斯和诺思分别获得1991年和1993年的诺贝尔经济学奖。他们都围绕制度进行研究并做出了各自的贡献,但是,在理论观点、体系和研究方法上存在着不少的矛盾和冲突,以至于很难整合为一个逻辑严密的理论整体。1974年,经威廉姆森命名而统称为新制度经济学。

(一) 理论创新

新制度经济学的开创者被称为"新思想的启迪者和提出者",是因为他们从新的视角解释了制度并检查了它的结果,创造性地提出和论证了新的基本的理论命题:制度是经济发展和经济运行中的内生变量。为此,他们首先试图修正和扩展新古典经济学关于理性经济人的理论假定,主张从新古典经济学的抽象、隐含的人回到现实、具体的人。科斯指出:当代制度经济学应该从人的实际出发来研究人,因为实际的人是在由现实制度所赋予的制约条件中活动的。[①] 进而,"制度经济学的目标是研究制度演进背景下人们如何在现实世界中做出决定和这些决定又如何改变世界"[②]。

其次,他们创造性地提出和论证了产权制度、交易成本、信息、制度创新等新的概念、理论以及以制度作为内生变量的分析方法,探讨了制度变迁的规律及其对经济发展和运行效率的影响,进而引发了经济学革命,并且在法学、政治学、社会学等领域产生了广泛而重要的影响,甚至为整个社会科学注入了活力。

具体说来,科斯在《企业的性质》中提出了一个创新性的核心概念,即"交易费用"。简单地说,交易费用是达成一桩交易所要付出的时间、精力和金钱(不包括作为交易费用的某种商品的价格)。与此相联系,科斯提出了"企业是市场的替代"的著名判断,认为当市场上的交易费用大于企业内部的生产成本时,企业就不会在市场上购买,而会在企业内部生产。进而,市场机制总是能把企业对市场的替代限度调节到能使社会总成本最小的程度。科斯在《社会成本问题》中,则提出了另一个创新性的核心概念,即"产权界定"。科斯认为,传统的通过政府管制解决外部性的办法并不合理,合理的替代性的选择在于界定产权。科斯宣称:只要产权明确,市场就可以自行解决交易问题。因为,只要明确界定双方的产权或权利,双方就会通过市场机制自行寻找使各自损失最小化的合约安排,使社会成本最小,而不需要政府的干预。有人说,科斯的这一研究开创了"法—经济学"研究的先河。概括地说,科斯认为,如果交易费用为正,那么不同的以界定产权为核心的制度(法律)安排会促成不同的资源配置及其结果,即制度安排直接影响经济效率。进而,采取什么样的制度安排取决于何种形式的交易费用或交易成本最低。这样,制度就被当成其他一切既有效用又有费用的经济物品一样,成为经济学的分析对象和内在变量,而且可以互相替代,并进行选择或安排。

[①] 〔美〕罗纳德·科斯:《企业、市场与法律》,盛洪等译,上海:上海三联书店1990年版,第255页。
[②] 〔美〕道格拉斯·诺思:《经济史中的结构与变迁》,陈郁等译,上海:上海三联书店、上海人民出版社1994年版,第1—2页,"中译本序"。

诺思的理论同样对"制度是重要的"这一古老命题做了新的诠释,使人们进一步理解了在关于经济长期变迁的分析中,国家是经济史研究的核心。诺思提出:"国家的存在是经济增长的关键,然而国家又是人为经济衰退的根源。"①诺思的这一观点被称为"诺思悖论"。诺思悖论描述的是国家与社会经济相互联系、相互矛盾的关系。换言之,国家通过提供作为公共产品的制度,介入产权安排和产权交易,界定、保护和实施产权,追求国家或公共利益最大化,成为强制性变迁的主体。在此意义上,没有一个明智政府的积极促进,任何经济增长都是不可能的。与此同时,国家及其政府官员作为国家的代理人,同普通人一样也不可能超越经济人本性,表现为要追求国家利益、个人利益的最大化。与此相联系,国家权力介入产权安排和产权交易,致使国家及其代理人可能与旧制度中的既得利益集团结合在一起,形成对资源的垄断,进而形成对个人财产权利的限制和侵害,造成所有权的残缺,导致无效的产权安排,使任何创新都变得毫无意义,进而导致经济的衰落。

诺思在《西方世界的兴起》中明确地提出:"有效率的经济组织是经济增长的关键;一个有效率的经济组织在欧洲的发展正是西方世界兴起的原因所在"②,而他的研究方法的创新,在于从制度变迁的角度,回答了一个重大问题,即为什么有的国家可以持续几个世纪的经济快速增长,有的国家却停滞不前甚至每况愈下。在诺思看来,原因就在于有的国家建立了明晰的产权制度,进而通过制度安排对发明创造的产权实行了有效的保护和激励。诺思的结论是:无论国家或企业,率先的制度创新如同率先采用先进的机器设备一样,可以得到超过平均利润的社会回报。

(二)主要理论

新制度经济学力图实现新的制度变量与新古典主义经济理论的结合,建立起新的、全景式的政治经济学的图示。他们认为,"制度是一系列被指定出来的规则、守法程序和行为的道德伦理规范,它旨在约束追求主体福利或效用最大化利益的个人行为"③。

制度是一种稀缺性的资源,是一个非常重要的经济变量。制度能够降低交易费用,为合作创造条件,减少个人收益与社会效益之间的差异,激励个人和组织从事生产性活动,优化资源配置,提高经济效率,因而是经济增长的关键性因素之一。在此意义上,如果说新古典经济学解决的是资本、劳动力、土地等生产要素的稀缺及其配置问题,那么新制度经济学就是要解决制度稀缺如何在市场竞争的条件下通过制度创新达到最佳配置的问题。

国家因其界定和明晰产权、降低交易费用的独特职能而在制度合成的过程中发挥着不可替代的作用。但是,从历史上看,国家使社会福利最大化与使统治者岁入最大化的双重属性,经常导致国家产生低效率的所有权,即国家的所有权制度安排偏离社会经济持续增长的方向。不仅如此,关于国家的初始的制度安排不仅会限定当期的资源组合,而且会导致制度变迁的某种"路径依赖"(path dependence)。这就形成了"诺思悖论"。按照既定的理论逻辑,解决这一悖论的相对合理的选择,就在于不断进行制度创新。这是因为,

---

① 〔美〕道格拉斯·诺思:《经济史中的结构与变迁》,第20页。
② 〔美〕道格拉斯·诺思、罗伯特·托马斯:《西方世界的兴起》,厉以平等译,北京:华夏出版社1999年版,第5页。
③ 〔美〕道格拉斯·诺思:《经济史中的结构与变迁》,第225—226页。

"制度创新可以在一个动态变化的过程中不断界定和明晰产权,从而形成关于创新的激励机制,降低'搭便车'等机会主义的可能性,降低交易费用,解决制度的不均衡问题,并减少未来的不确定因素,不断实现有效率的经济组织对无效率经济组织的替换,最终促进经济的不断增长"①。

然而,制度创新不可能在没有诱因的条件下自然发生。就社会经济过程而言,制度创新是一定的社会行为主体基于潜在的外部收益条件的改变(经济规模扩大、技术进步、风险或交易费用降低等),进而产生使外部收益最大内在化的获利动机及现实诉求,为此通过复杂的交互作用的过程促成的新的制度安排。其中,政府发动的制度创新由于不存在"搭便车"的自利行为倾向,而且实现一致性的组织成本比较低,因而在某些条件下具有明显的创新优势,然而,政府主导的制度创新亦存在"政策失败"的潜在风险。②

(三) 关于新制度经济学的争论

批评意见认为,新制度经济学是在新古典主义经济学的分析框架内修正和扩展的,所以,同样不可避免地具有新古典主义经济学的理论局限性。关于新制度经济学的批评主要集中在以下几个方面:

1. "经济人"基本假定存在悖论。新制度经济学主张从人的实际出发来研究人,认为人是具有有限理性和非财富最大化动机的经济人。这较之新古典主义经济学的"经济人"假设更接近现实。但是,他们分析的仍然是人的一般性,是抽象的个体,而不是具有社会行为选择性的现实人。换言之,"新制度学派一方面希望突破新古典的局限,从人的实际出发来研究人,一方面又受新古典的局限,不可能正视现实人的社会性;一方面改良了经济人的非现实性特征,一方面又不能不拘泥于超现实的经济人假定"③。

2. "制度节省交易费用"基本命题上存在悖论:人们承认制度确实能够降低交易费用和提高经济效率,制度变迁确实能够对经济的增长产生巨大的影响,但是,作为一个内生变量,制度不仅有成本,而且成本高昂,甚至可能抵消制度之于降低交易费用的作用,产生反作用。在此意义上,将制度纳入经济学的基本变量是重要的理论贡献,但由此产生的制度选择或许是更为重要的问题。

3. 假设条件错误。"科斯定理的假设条件是:收入上的影响很小而交易费用又可以忽略不计,这两个假设条件在实践上不大可能是正确的。"④进而,科斯定理的三种表达方式"很可能都是错误的或者不过是同义反复"⑤。第一,假设交易费用为零。科斯定理假设交易费用为零,但是事实并非如此。在进行经济活动过程中,交易者为自愿缔结契约和

---

① 陈文申:《试论国家在制度创新过程中的基本功能——"诺斯悖论"的理论逻辑解析》,《北京大学学报》2000年第1期,第37页。
② 林毅夫:《关于制度变迁的经济学理论:诱致性制度变迁与强制性制度变迁》,载〔美〕R.科斯、A.阿尔钦、D.诺斯等:《财产权利与制度变迁——产权学派与新制度学派译文集》,刘守英等译,上海:上海三联书店、上海人民出版社1994年版,第397页。
③ 龚唯平:《新制度经济学究竟"新"在哪里》,《学术研究》2003年11期,第13页。
④ 〔美〕曼德拉和米勒:《微观经济学——理论和政策》,纽约:麦格鲁希尔公司1989年版,第537页。转引自高鸿业:《私有制、科斯定理和产权明晰化》,《当代思潮》1994年第5期,第15页。
⑤ 〔美〕库特:《科斯定理》,载《新包格拉夫经济学辞典》,伦敦:麦克米伦出版社1987年版,第458页。转引自高鸿业:前揭书,第14页。

达成协议交易所必须耗费的各项费用的总和就叫交易费用,包括市场调查、信息收集、条件谈判、起草合同等活动所要付出的成本。这种交易费用是不可能等于零的。这样,既然科斯定理的假设条件在现实交易中不存在,那么,在现实交易中自然也不会出现科斯定理所预期的最有效率的后果。

第二,忽视"策略性行为"。所谓"策略性行为",即交易者利用现实存在的条件使个人利益最大化的行为选择。①"策略性行为"是现实社会普遍的人类行为。因此,即使交易费用为零,由于"策略性行为"的存在,社会仍然达不到最有效率的状态。

第三,忽视现实收入分配的效应。科斯定理从外部性入手,试图证明:只要产权明晰化,任何产权分配方式都会导致帕累托最优状态。但是,产权分配方式不仅会影响资源的配置方式及其有效程度,而且可以造成不同的收入分配,而由不合理的产权分配方式所导致的不公平的收入分配,恰恰是影响帕累托最优,以至社会生产力甚至社会制度的变迁的最重要的因素之一。"换言之,科斯定理所追求的只是最低的成本和最大的产值,至于说谁来支付最低的成本或享用最大的产值则不在该定理涉及的范围之内。"②科斯定理的解释力因此值得质疑。

第三节 新公共管理之后的理论与实践探索

20世纪90年代以来,新公共管理的过度市场化和理性化开始受到越来越多的批评和质疑。第三条道路理论与治理理论强调政府、市场的平衡,强调多元主体的参与治理,奠定了新一轮政府重塑的理论基调。整体政府、网络治理、跨域治理等理论与实践成为新一轮政府重塑的显著特征。这些理论对于全面和准确地理解这个时期发达国家的政策修正和政府改革是必要的。

一、第三条道路

"第三条道路"(The Third Way)是西方国家面对新世纪的挑战所选择的一套理论和政策的体系。寻求经济发展和社会公平分配之间的平衡点,是第三条道路关注的核心问题,既能保持经济的可持续发展,又能逐步改善中下阶层的社会福利,是第三条道路的目标。

20世纪90年代,美国总统克林顿率先把其新的政治经济策略称之为"第三条道路"。在1992年的总统竞选中,克林顿选择了"把人民放在第一位"的竞选主题,宣称:我们必须采取的变革政策"既不是自由主义式的,也不是保守主义式的,既不是民主党式的,也不是共和党式的,它们是全新的,是截然不同的"③。在欧洲,布莱尔在其精神导师安东尼·吉登斯(Anthony Giddens)的理论支持下,成为欧洲第三条道路的代言人。布莱尔定义的第三条道路是这样一条道路:"第三条道路代表了一种现代化的社会主义,热情致力于其社

---

① 〔英〕贾雪:《资源和环境经济学》,伦敦:剑桥大学出版社1985年版,第182—183页。转引自高鸿业:前揭书,第15页。

② 高鸿业:前揭书。

③ Bill Clinton, Al Gore, *Putting People First: How We Can All Change America*, New York: Times Books, 1992, p. Ⅷ.

会公正和中左政治目标,但却是以灵活、创新和富有远见的方式来实现它们。它是以引导进步政治一个多世纪的价值观念——民主、自由、公正、相互责任和国际主义——为基础的。但它是一种第三条道路,因为它坚定地超越了那种专注于国家控制、高税收与生产者利益的旧左派,和那种把公共投资以及常常把'社会'与集体事业当作邪恶而要予以消除的新右派。"①换言之,第三条道路是一种新资本主义模式。"这种模式努力适应客观世界的急剧变化,努力推进西方社会全方位的第二次现代化,把经济增长与社会平等结合起来,把经济现代化与生态现代化结合起来,把供给政策与需求政策结合起来,把社会竞争、个人创业精神与社会团结互助结合起来,创造一种能够缓解目前的大规模失业危机与贫富严重分化局面的新的资本主义模式。"②

第三条道路逐渐演变成欧美国家以至新兴国家的一种新的政治思潮、新的政治运动,成为欧美中左(centre-left)派政党的政治标识,并成为以美国的克林顿政府、意大利的普罗迪政府、法国的若斯潘政府、英国的布莱尔政府、德国的施罗德政府为代表的许多国家政府的公共政策的基调。

第三条道路的最有影响的著作包括安东尼·吉登斯的《超越左和右》《第三条道路:社会民主主义的复兴》《第三条道路及其批评》《失控的世界》,布莱尔的《新英国:我对一个年轻国家的展望》《第三条道路:新世纪的新政治》等。

(一) 概念和理念

作为第三条道路的理论旗帜,安东尼·吉登斯认为,第三条道路的紧迫性来自当前正在发生的两场革命,即全球化和知识经济。正是全球化和知识经济的全面渗透,催生了新的政策议程和新的政治文化。新的政策议程的中心问题,是如何实现两个融合(two inclusions),即与世界融合为一体和实现国内的社会融合,超越传统的左与右的两难境地,使古老和传统的社会正义所包含的那些价值重新焕发生机。吉登斯宣称:"开拓第三条道路在当代政治中不仅是可行的,而且是必要的。在这个世界上,旧的左派教条已陈旧不堪,新的右派思想苍白无力,第三条道路才真正代表了社会民主的凤凰涅槃。正在凸现出来的社会民主机制是全面的、稳健的、广泛的,它重新点燃了政治理想主义的火焰。"③他是这样界定第三条道路的:

"在我的叙述中,'第三条道路'指的是一种思维框架或政策制定框架,它试图适应过去二三十年来这个天翻地覆的世界。这种'第三条道路'的意义在于:它试图超越老派的社会民主主义和新自由主义。"④

"第三条道路政治的总目标,应当是帮助公民在我们这个时代的重大变革中找到自己的方向,这些变革是:全球化、个人生活的转变,以及我们与自然的关系。第三条道路政治应当对全球化采取一种积极的态度,但至关紧要的是,必须将其视作范围比全球市场还要

---

① 陈林、林德山:《第三条道路:世纪之交的西方政治变革》,北京:当代世界出版社2000年版,第5页。
② 张世鹏:《欧洲社会民主党的第三条道路》,《当代世界与社会主义》1999年第2期。
③ 〔英〕安东尼·吉登斯:《第三条道路——社会民主主义的复兴》,郑戈译,北京:北京大学出版社2000年版,封面内容摘要。
④ 〔英〕安东尼·吉登斯:前揭书,第27页。

宽得多的一种现象。"①

"第三条道路政治,在明确承认它所关注的问题范围比旧的左—右分野架构下更加广泛的同时,保留社会正义问题仍然是核心的关注点。……第三条道路政治正在寻找个人与社会之间的一种新型关系、寻找一种对于权利和义务的重新定义。"②

"对国家和政府进行改革应当成为'第三条道路'政治的一项基本的指导性原则,'第三条道路'政治是一个深化并拓展民主的过程。政府可以同公民社会中的机构结成伙伴关系,采取共同行动来推动社会的复兴和发展。这种伙伴关系的经济基础就是我将会谈到的新的混合经济。只有在现行的福利制度得到彻底现代化的情况下,这种经济形态才可能是有效率的。'第三条道路'政治是一国政治。一个世界性的国家不仅可以促进社会的包容性(inclusion),而且还可以在培育跨国治理体系的过程中发挥重要的作用。"③

"新自由主义者想要缩小政府,而社会民主主义者则一直热衷于扩大政府。第三条道路则认为有必要重构国家:超越'把国家当敌人'的右派和'认国家为答案'的左派。"④

"培育一个积极的公民社会是第三条道路政治的一个基本组成部分","公民文化的复兴是第三条道路政治的一项基本抱负"。⑤

"可以这样说:'第三条道路'政治支持一种新型的混合经济。……新型的混合经济则试图在公共部门和私人部门之间建立一种协作机制,在最大限度地利用市场的动力机制的同时,把公共利益作为一项重要的因素加以考虑。它既涉及国际、国家和地方各层次上的调控与非调控之间的平衡,也涉及社会生活中经济因素与非经济因素之间的平衡。"⑥

"第三条道路政治并不把这些问题看成是应剔除福利国家的信号,而把它们视为重建福利国家的理由。"⑦

第三条道路的六项原则:(1)超越左、右划分的旧思维,(2)国家、市场和市民社会之间的有效平衡,(3)责任与权利相平衡的新的社会契约,(4)发展一套广泛的供给经济学的政策以使经济增长与福利国家的结构性改革协调一致,(5)平等与社会多样性原则的统一,(6)重视全球化。⑧

(二)主要理论

在社会民主主义与新自由主义两大理论高墙之间,第三条道路理论选择了一条吸收与扬弃、继承与创新相结合的理论道路:

1. 在政治价值方面,主张打破传统的"左"与"右"的两分法。第三条道路在继承老左派的社会正义观点并作为自己的核心价值的同时,抛弃了阶级政治,转而寻求一种跨阶级

---

① 〔英〕安东尼·吉登斯:前揭书,第67页。
② 同上书,第68页。
③ 同上书,第74页。
④ 同上书,第75页。
⑤ 同上书,第82页。
⑥ 同上书,第103—104页。
⑦ 同上书,第117页。
⑧ 同上书,第51—55页。

的支持。与此同时,第三条道路一方面拒绝新右派的极端自由主义,主张个人自由依赖于集体资源,认为好政府是自由发展和扩散的必要支持,另一方面又反对威权主义和排外主义。

2. 在经济体制方面,倡导一种混合经济。这种混合经济不是要在国有和私有之间取得平衡,而是要在管制与解除管制、社会生活的经济领域与非经济领域之间取得平衡。第三条道路认为没有责任就没有权利,没有民主就没有权威,新自由主义的最大的错误是把解除管制等同于自由,但实际上经济管制通常是自由和繁荣的条件。

3. 在国家功能问题上,试图分解国家的权力。第三条道路认为必须超越社会民主党扩大政府干预范围与新自由主义者缩小国家作用的主张,认为与以往不同的是,自由民主制度现在面对的是民主之间不平衡的危险而非敌人,或言自由民主的衰落是因为它的民主性不够。因此,国家必须找到不同于以往的合法性源泉,重新获得信任和合法性。新的合法性的源泉就在于分解国家的权力,明确新的民主国家的特征,其中,不断扩大共同体,复兴市民社会是基本的路径。

4. 在国家主权问题上,强调建立世界主义的民族国家。第三条道路认为,全球秩序不可能以完全市场化的方式继续下去,因此,有必要重新肯定民族国家作为稳定全球秩序的一种力量的重要性,在一个世界主义的世界中为民族国家寻找到一个新角色,即世界主义的民族国家。世界主义的民族国家认同较之其他民族国家的认同更为开放、更令人信服。

5. 在福利国家问题上,主张变社会福利国家为社会投资国家。第三条道路承认福利国家存在致命弱点,但同时坚持"享有社会福利是公民合法权利",主张对福利国家进行彻底的改革,实现两个转变:"社会福利国家"向"社会投资国家"的转变,"消极福利"向"积极福利"的转变;一个平衡:社会保障制度中权利与义务的平衡,同时广泛建立风险共担的新的社会关系和社会机制。

(三) 关于第三条道路的争论

尽管吉登斯声称第三条道路是一条"宽广的大河",但是,在他的《第三条道路——社会民主主义的复兴》一书出版以后,却遭到了来自多方面的激烈的批评。新自由主义者指责他没有充分地展现当代资本主义的生命力,传统的社会民主主义者则批评他粉饰当代资本主义。为了回应批评,并进一步阐明第三条道路的理论观点,吉登斯发表了《第三条道路及其批评》一书,概括了来自左右的,主要是来自左派的六个方面的批评[①]:

1. 虚无空洞,难于把握,而且没有方向。由于不清楚第三条道路的政治家们反对谁、反对什么,所以也就很难说清他们支持什么。鉴于第三条道路变幻无常的历史和使用频率之高,它的名称本身就暗示了这种模糊性。"第三条道路"内容空洞,因为它只是在与古老的社会民主和新自由主义对比的基础上以否定形式做出定义的。任何有价值的政治观点应当能够给出更积极的定义,言外之意是,要么更接近传统左派、要么更接近新自由主义右翼的其他主张更为逻辑连贯,更能有效地应对当前的政治问题。

2. 没能保持左派的适当观点,所以也就有意无意地滑向了保守主义。第三条道路的鼓吹者把他们自己界定为"中—左"派,但事实上他们偏向了右翼。专注于政治中间路线

[①] 〔英〕安东尼·吉登斯:前揭书,第23—26页。

显然与左派的目标毫不相容。例如,斯迪特·赫尔(Stuart Hall)曾批评新工党的"中间英国"(middle England)政策——它只关注基本上居住在南部的中产阶级选民,而忽视了相对落后的北部。赫尔说,这种取向,是"传统而又落后的观念"。体力劳动者这个左派政党的支柱力量因此而受到了忽视。当阿兰·瑞安(Alan Ryan)说今天第三条道路政治家的观点跟昨日新自由主义者的观点如出一辙时,他也表达了同样的意思。新自由主义者也曾追求中间道路。他们接受过左派价值,但却坚定地与多数社会主义流派保持了距离。

第三条道路的保守主义色彩也被认为主要体现在它关于家庭和控制犯罪的观点中。第三条道路政治家们希望保卫传统的家庭,他们对传统家庭的强调要多于多数左派对犯罪行为的个人责任以及由此产生的严厉的政策的强调。这些不正是右翼的政策吗?这些批评态度佐证了达伦道夫的感觉,即第三条道路政治留给个人自由的空间太少。

3. 接受了新自由主义的框架,特别是其对全球市场的关注。批评者们恰当地把全球化和信息革命确定为第三条道路的主要关注点。但是他们认为,第三条道路把全球化看作是既定的事物,更要害的是,它没有对收入、财富和权力的不平等表示异议。

这顺理成章成为那些更加传统的左派对第三条道路"现代化者"的最常见的批评。全球化中既有胜利者也有失败者,但第三条道路却对失败者置之不理——它当然会这样,因为它接受了胜利者的观点。再分配,这个左派一直以来的主要目标之一好像被抛弃了。批评者们认为,没有国家来矫正市场造就的不平等,追求更大的平等绝非可能。而在这里,第三条道路为了限制政府和国家的作用,又一次接受了新自由主义者的一个主要论调。批评者们认为,根本不必担心政府过于庞大,就像尼瓦洛所说,国家与市民社会并非水火不容。

4. 本质上是盎格鲁-撒克逊的方案,深深刻着它得以产生的社会的烙印。"第三条道路"这一术语是这样一些国家的政治家和学者复活的,在这些国家,福利制度发展程度较低,不平等现象比别的国家更受人注目。在这种背景下提出的政策对社会正义更发达、具备更全面的福利保障的社会而言,没有多大意义。

在这样一些国家引入第三条道路的观念将是一个倒退。到目前为止,第三条道路与发达的福利国家发生的关联就是,它的政策早已为社会民主党所熟知。例如,在美国或英国讨论积极的劳动力市场政策时,瑞典早就建立起来了。

5. 除了让市场说了算之外,没有明确的经济政策。老式的社会民主有一个连贯的经济战略,即对市场的国家干预、需求管理和充分就业。新自由主义者也有一个清晰的政策取向——私有化和对市场解除管制会惠及所有人,无论贫富。第三条道路的经济思路更偏向后者而不是前者,但是缺乏自己明确的政策取向。

由于缺乏明确的经济思路,批评者们认为,第三条道路政治易于摇摆不定,漫无目标。美国经济在近年来可能十分出色,但这看上去好像与政府采取的政策毫不相干。正如阿兰·瑞安所说,第三条道路正赶上了一轮经济繁荣期,一旦出现经济下滑,它将无法应对。

6. 同它的两个主要辩论对手一样,第三条道路对生态问题除了象征性的承认之外,没有有效的应对方法。它接受了全球化,也就默认了世界经济发展对环境的毁灭性后果。它支持技术变革,而漠视对生态的损害。今天,大企业是科学与技术发展的主导力量,但它们却总是把利润置于环境考虑之上。考虑到当前科学发现的深远影响——例如生命科学领域——大企业与科学创新之间的联系比以往更加令人不安。许多生态主义的作者认为,预防性的思路是取得上述发展的唯一途径。在我们确定科学创新的可能影响之前,我们应悬崖勒马。

二、治理理论

英语中的"治理"一词源于拉丁文和古希腊语,原意是控制、引导和操纵。1989年,世界银行首次使用了"治理危机"(crisis in governance)来概括当时非洲的糟糕的发展情形。此后,"治理"一词在社会科学领域被广泛和大量地使用,然而学术界却从来没有形成关于治理理论的共识,以至于有人认为这个词已经成为一个可以指涉任何事物或毫无意义的"时髦词语"。

与国家的公共事务相关的管理活动和社会经济领域以及政治发展研究中,治理理论是一种关于政府与公民共治的价值追求。其代表人物和著作包括詹姆斯·罗西瑙(James Rosenau)的《没有政府的治理》《面向本体论的全球治理》、鲍勃·杰索普(Bob Jessop)的《治理的兴起及其失败的风险:以经济发展为例的论述》、罗伯特·罗茨(Robert Rhodes)的《新治理:没有政府的管理》、格里·斯托克(Gerry Stoker)的《作为理论的治理:五个论点》、让-皮埃尔·戈丹(Jean-Pierre Gaudin)的《现代的治理,昨天和今天:借重法国政府政策得以明确的几点认识》、弗朗索瓦·格扎维尔·梅理安(Francois Xavier Merrien)的《治理问题与现代福利国家》、戴维·赫尔德(David Held)的《全球大变革:全球化时代的政治、经济与文化》、奥兰·扬(Oran Young)的《国际规制》、拉尔夫·达伦多夫(Ralf Dahrendorf)的《论全球化》、马丁·休逊(Martin Hewson)的《走向全球治理理论》等。

(一) 治理的概念

治理理论认为,区分治理(governance)与统治(government)这两个概念是正确理解治理的前提条件。治理理论著名的口号是:少一些统治,多一些治理。

观点之一:治理理论的主要创始人之一詹姆斯·罗西瑙认为,治理是一系列活动领域里的管理机制,是一种由共同的目标支持的管理活动。这些管理活动未必获得正式授权,主体也未必是政府,也无须依靠国家的强制力量来实现,却能有效发挥作用。[1]

观点之二:全球治理委员会在1995年发表的《我们的全球伙伴关系》的研究报告中提出,治理是各种公共的或私人的个人和机构管理其共同事务的诸多方式的总和。它是使相互冲突的或不同的利益得以调和并且采取联合行动的持续的过程。这既包括有权迫使人们服从的正式制度和规则,也包括各种人们同意或以为符合其利益的非正式的制度安排。它有四个特征:(1)治理不是一整套规则,也不是一种活动,而是一个过程;(2)治理过程的基础不是控制,而是协调;(3)治理既涉及公共部门,也包括私人部门;(4)治理不是一种正式的制度,而是持续的互动。[2]

观点之三:治理理论的重要代表人物格里·斯托克对各种治理概念做了一番梳理后

---

[1] 〔美〕罗西瑙:《没有政府的治理》,伦敦:剑桥大学出版社1995年版,第5页;《21世纪的治理》,《全球治理》1995年创刊号。

[2] The Commission on Global Governance, *Our Global Neighbourhood*, Oxford: Oxford University Press, 1995, p. 23.

指出,到目前为止各国学者们对作为一种理论的治理已经提出了五种主要的观点。这五种观点分别是:(1)治理意味着一系列来自政府但又不限于政府的社会公共机构和行为者。它对传统的国家和政府权威提出挑战,它认为政府并不是国家唯一的权力中心。各种公共的和私人的机构只要其行使的权力得到了公众的认可,就都可能成为在各个不同层面上的权力中心。(2)治理意味着在为社会和经济问题寻求解决方案的过程中存在着界限和责任方面的模糊性。它表明,在现代社会,国家正在把原先由它独自承担的责任转移给公民社会,即各种私人部门和公民自愿性团体,后者正在承担越来越多的原先由国家承担的责任。这样,国家与社会之间、公共部门与私人部门之间的界限和责任便日益变得模糊不清。(3)治理明确肯定了在涉及集体行为的各个社会公共机构之间存在着权力依赖。进一步说,致力于集体行动的组织必须依靠其他组织;为达到目的,各个组织必须交换资源、谈判共同的目标;交换的结果不仅取决于各参与者的资源,而且也取决于游戏规则以及进行交换的环境。(4)治理意味着参与者最终将形成一个自主的网络。这一自主的网络在某个特定的领域中拥有发号施令的权威,它与政府在特定的领域中进行合作,分担政府的行政管理责任。(5)治理意味着办好事情的能力并不仅限于政府的权力,不限于政府的发号施令或运用权威。在公共事务的管理中,还存在着其他的管理方法和技术,政府有责任使用这些新的方法和技术来更好地对公共事务进行控制和引导。①

观点之四:治理理论的另一重要代表人物罗伯特·罗茨认为,治理意味着"统治的含义有了变化,意味着一种新的统治过程,意味着有序统治的条件已经不同于以前,或是以新的方法来统治社会"②。治理理论至少包括六种含义:(1)作为最小国家的管理活动的治理,它指的是国家削减公共开支,以最小的成本取得最大的效益。(2)作为公司管理的治理,它指的是指导、控制和监督企业运行的组织体制。(3)作为新公共管理的治理,它指的是将市场的激励机制和私人部门的管理手段引入政府的公共服务。(4)作为善治的治理,它指的是强调效率、法治、责任的公共服务体系。(5)作为社会—控制体系的治理,它指的是政府与民间、公共部门与私人部门之间的合作与互动。(6)作为自组织网络的治理,它指的是建立在信任与互利基础上的社会协调网络。③

"从上述各种关于治理的定义中我们可以看到,治理一词的基本含义是指在一个既定的范围内运用权威维持秩序,满足公众的需要。治理的目的是指在各种不同的制度关系中运用权力去引导、控制和规范公民的各种活动,以最大限度地增进公共利益。从政治学的角度看,治理是指政治管理的过程,它包括政治权威的规范基础、处理政治事务的方式和对公共资源的管理。它特别地关注在一个限定的领域内维持社会秩序所需要的政治权威的作用和对行政权力的运用。"④

(二)治理理论的特点

治理理论既是对社会科学传统范式的一种反思,亦是对经济全球化浪潮的一种反映。

---

① 〔美〕格里·斯托克:《作为理论的治理:五个论点》,《国际社会科学(中文版)》1999年第2期。
② 〔英〕罗茨:《新的治理》,《政治研究》1996年第154期。
③ 同上。
④ 俞可平:《引论:治理和善治》,载俞可平主编:《治理与善治》,北京:社会科学文献出版社2000年版,第5页。

分合(framegration)、全球化(globalizing)、区域化(localizing)、共时性(simultaneous)、交叠(overlapping)、认知共同体(epistemic community)、全球公民社会(global civil society)等新词语,构成了治理理论的语义特点。

治理理论认为,第二次世界大战以后,发达国家出现了一系列的变化:(1)普选制使政府权力的产生和应用,更多地受到社会公众的制约,资本的支配力量受到限制。(2)过度竞争所导致的经济大危机和社会严重不均衡造成的社会冲突,暴露出市场在限制垄断、提供公共品、约束个人的极端自私行为、克服生产的无政府状态、统计成本等方面存在着内在的矛盾,因此不可能达到经济学中的帕累托最优。政府因此采取了限制垄断、强调均衡、支持参与等各种改良措施;与此同时,政府大规模干预,包括各种人为的政策、法令、制度等,不仅不能实现资源配置的最优化,而且可能妨碍公民的政治利益和经济利益。政府因此不得不放弃某些传统的权力和职能。(3)各种自组织即社会自治性组织成为公共事务的直接参与者、决定者。"实行治理,则参与者最终便形成自主自治的网络。"① 公共权力开始自上而下、自下而上的双向运用,政府的公共决策实际成为多种利益团体竞争平衡的结果。(4)公众传播大众化,成为公众参与国家事务,制约国家权力的路径和方式,公民社会进一步显化。这些变化意味着传统的国家统治模式开始转型,治理理论认为,传统的市场与政府的二元结构的治理模式已经不能适应社会的发展需要。随着全球化时代的来临,人类政治过程的重心正在从统治(government)走向治理(governance),从善政(good government)走向善治(good governance),从民族国家的政府管理走向全球治理(global governance)。善治的要义就在于建设公民社会,包括有限的政府、去中心化、发展第三部门等。在他们看来,这是弥补市场缺陷,改善政府管理,从国家与市民社会的"二元对立"走向"一元协作",促使国家与社会的良性互动,推动经济发展和社会进步的必然选择。② "治理理论的目的即在于在各种不同的制度关系中运用权力去引导、控制和规范公民的各种活动,以最大限度地增进公共利益。"③

(三) 主要理论

1. 重视社会管理力量多元化。治理理论强调(处于市场与政府之间的)第三领域及其相应的第三部门管理社会的必要性。政府作为公共权力中心固然重要,但是,除政府外,社会上还有属于第三部门或志愿性的机构,如教会、各种基金会、私立协会、民间慈善组织、福利机构、志愿组织、社区互助组织以及各种社会运动等。它们分别致力于种种社会和经济问题的解决,在负责维持秩序、参加政治、经济与社会事务的管理与调节等方面发挥作用,承担传统上属于政府的一些责任和职能。按照哈耶克的说法,第三领域或第三部门"常常能够,而且也应当能够以更为有效的方式为我们提供大多数我们在当下仍然以

---

① 〔英〕格里·斯托克:《作为理论的治理:五个论点》,华夏风译,载俞可平主编:《治理与善治》,北京:社会科学文献出版社 2000 年版,第 43 页。
② James N. Rosenau,"The Future of Politics," *Futures*, 31(9-10), 1999, pp. 1005-1016.
③ 俞可平:《引论:治理和善治》,载俞可平主编:前揭书,第 5 页。

为必须由政府提供的服务"①。

2. 重新定位政府角色。治理理论认为,在新的社会治理结构中,政府充当元治理(meta governance)的角色,应当被视为"同辈中的长者",承担指导责任和确立行为准则的责任。但它不具有最高绝对权威。具体来说,政府的责任是:(1)"承担设计机构制度,提出远景设想,它们不仅促进各个领域的自组织,而且还能使各式各样自组织安排的不同目标、空间和时间尺度以及后果等相对协调";(2)"在制度上它提供各种机制,促使有关各方集体学会不同地点和行动领域之间的功能联系和物质上的相互依存关系";(3)"促进建立共同的远景,从而鼓励新的制度安排和新的活动,以便补充和充实现有治理模式之不足"。②

3. 倡导网络管理体系。网络管理体系即治理的社会。共识、共治、共享是这个网络管理体系的明显的特征,市场原则、公共利益、社会认同之上的政治国家与公民社会的合作、政府与非政府组织的合作、公共机构与私人机构的合作、强制与自愿的结合等广泛的合作,是这个网络管理体系运作的基本路径。新的管理体系的权力向度是多元的、上下互动的、相互依存,而不是单一的和自上而下的。换言之,政府不再"一权独大",依靠传统的统治权威对社会公共事务实行单一向度的管理,而是通过社会合作网络,即建立在广泛协商基础之上的伙伴关系,实现社会治理。治理的主要特征"不再是监督,而是合同包工;不再是中央集权,而是权力分散;不再是由国家进行再分配,而是国家只负责管理;不再是行政部门的管理,而是根据市场原则的管理;不再是由国家'指导',而是由国家和私营部门合作"③。新的治理模式可以及时和最大限度地产生和交换信息,增进了解,减少隔膜和误会,降低矛盾和冲突的可能性,而这一切有助于同时克服"看得见的手"与"看不见的手"的痼疾,进而构建21世纪的社会。治理理论倡导的网络管理体系突显出治理理论的民主特征。④

(四)关于治理理论的争论

治理理论所描绘的社会管理体系无疑是诱人的,但批评者认为,在理论上治理理论还存在某些不能充分证明的问题,政策实践则有更多的现实困境。

1. 公共权力和社会活力的替代不现实。网络管理体系在权力与个人和社会理性选择方面都存在着局限性。在人类社会的现阶段和可以预见的将来,建立在国家和市场的基础之上的网络管理体系,既不能代替国家而享有合法的政治暴力,也不可能代替市场而自发地对大多数资源进行有效的配置。⑤

2. 合作的基础的建立不可靠。协商的过程就是利益博弈和价值观争执的过程。与此相联系,达成共识以及共同的目标的过程经常是漫长的,有时是不可能的。"治理的要点在于:目标定于谈判和反思过程之中,要通过谈判和反思加以调整。就这个意义而言,治

---

① 〔英〕弗里德利希·冯·哈耶克:《法律、立法与自由》,邓正来等译,北京:中国大百科全书出版社2000年版,第344页。
② 〔英〕鲍勃·杰索普:《治理的兴起及其失败的风险:以经济发展为例的论述》,俞可平主编:前揭书,第79页。
③ 〔瑞〕弗朗索瓦·格力维尔·梅理安:《治理问题与现代福利国家》,《国际社会科学(中文版)》1999年第2期。
④ 俞可平:《经济全球化与治理的变迁》,《哲学研究》2000年第10期。
⑤ 俞可平:《治理和善治引论》,《马克思主义与现实》1999年第5期。

理的失败可以理解成是由于有关各方对原定目标是否仍然有效发生争议而未能重新界定目标所致。"①

3. 全球治理值得质疑。全球治理理论强调治理的跨国性和全球性,存在危险的倾向:"过分弱化国家主权和主权政府在国内和国际治理中的作用,客观上有可能为强国和跨国公司干涉别国内政、推行国际霸权政策提供理论上的支持,有可能成为某些国家和跨国公司干预别国内政、谋求国际霸权的理论依据。这就是说,不仅全球治理会被扭曲,而且全球治理理论本身也有可能被扭曲和被人用来为强权政治辩护。"②

三、新公共服务

新公共服务(New Public Service)是以罗伯特·登哈特和珍妮特·登哈特夫妇为代表的一批公共行政学者批判和反思新公共管理理论,特别是企业家政府理论的理论结果。他们在《新公共服务:服务,而不是掌舵》等文中提出,有必要按照民主政治的基本原则检视公共管理理论。企业家政府理论的基本错误,在于将"重塑政府"或"政府再造"的理念架构在"个人的自利动机可以导致并更好地实现公共利益"的虚构的基点之上。从比较长期的观点看问题,"个人的自利动机"只能导致自利的政府,而不是民主的政府,致力于为民众服务的政府。

所谓新公共服务,"指的是关于公共行政在以公民为中心的治理系统中所扮演的角色的一套理论"③。新公共服务基本的理念是,全体公民才是国家、政府乃至全部国有资产的所有者,所以,政府的基本职能既不是、也不应是"掌舵"或"划桨",而是回应公民诉求,为公民提供服务。换言之,在信息社会和经济全球化的背景下,公共服务的价值必须置于企业家精神之上,而打破"政府僵局"(gridlock)或"难以治理"(ungovernability),解决"公共需求"与"政府能力"失衡的途径,在于建立具有良好整合力和回应力的公共机构。新公共服务理论的要点主要集中在以下几个方面:

1. 政府的职能是服务而不是"掌舵"。政府的重要角色在于帮助公民表达并满足他们共同的利益需求,而不仅仅是控制或引导社会发展的新方向。事实上,公共政策过去是,现在和将来还是多种价值观、多重力量交互作用的结果,而不仅仅是政府"领航"的结果。在信息社会的历史条件下,"公民参与"是大趋势。与此相联系,政府需要的越来越不是传统的管理控制,而是与民主政府理念相一致的协商、调解、中介以及新的解决冲突的技巧。

2. 公共利益是目的(目标)而不是产品。政府应建立集体式的公共利益观念,进而创造共享利益和共同责任,而不是基于民选的政治领袖或被任命的公共行政官员个人的选择寻求快速解决问题的方案,是政府公共管理的法则。为此,政府有责任促进公众的关于发展方向、发展目标的广泛、真诚的对话和协商,有责任鼓励公众形成共同的价值观念、集

---

① 〔英〕鲍勃·杰索普:《治理的兴起及其失败的风险:以经济发展为例的论述》,《国际社会科学杂志(中文版)》1999年第2期。
② 俞可平:《全球治理引论》,《马克思主义与现实》2002年第1期,第31页。
③ 〔美〕珍妮特·V.登哈特、罗伯特·B.登哈特:《新公共服务》,丁煌译,北京:中国人民大学出版社2004年版,序言。

体意识和采取一致的行动,同时有责任确保经由对话和协商程序而产生的解决方案完全符合正义和公正、公平的原则,更有责任确保公共利益居于主导地位。

与传统的制定和执行政策不同,政府实现上述责任的路径,在于使所有相关各方共同参与到制定和执行政策的过程中来。为此,政府有必要着力激发公民的基于公民自豪感和责任感的参与意愿,并为此广泛培养有助于促进公民参与行动的公民领袖。新公共服务的政府,是具有开放性和可接近性,具有回应力,能够为公民服务并且为公民创造机会的政府。

新公共服务理论与新公共管理理论的价值观是不同的。它所主张的是在公民社会建立关注民主价值和公共利益的公共管理。然而,它并不否定新公共管理理论的某些合理性。他们的观点是:"即使在一种思想占据支配地位的时期里,其他思想也从来不会被完全忽略。然而,在民主社会里,当我们思考治理制度时,对民主价值观的关注应该是极为重要的。效率和生产力等价值观不应丧失,但应当被置于民主、社区和公共利益这一更广泛的框架体系之中。在这个框架中,其他有价值的技术和价值观(比如传统公共行政理论或新公共管理理论的核心思想)都可能陆续登场。随着时间的流逝,这个争论肯定还会持续若干年。但新公共服务理论提供了一个令人振奋的观点,即未来的公共服务将以公民对话协商和公共利益为基础。"[1]

四、整体政府理论

"整体政府"是一个比较抽象的概念,与之相关的称谓有很多,如"协同政府"(joint-up government)、合作政府、网络化治理(government by network)、跨部门协作(cross-agency collaboration)等。"整体政府"内容庞杂,涉及多元行动主体,合作的跨界性是整体政府的核心特征。

英国著名行政学家佩里·希克斯(Perri 6)是"整体政府"理论的代表人物,曾经长期在德莫斯(Demos)思想库工作,目前是英国诺丁汉·特伦特大学社会政策系的一名教授。他的许多研究都是基于新涂尔干制度主义理论(neo-Durkheimian institutional theory),运用结构与系统的方法研究公共服务的组织间关系和网络管理等跨组织边界的公共管理问题,发表了与整体政府理论相关的多部论著。在这些论著中,希克斯在对后新公共管理改革中产生碎片化治理及协调与整合问题进行了深入分析的基础上,提出了整体政府理论,形成了一个跨部门协同的系统化理论体系。[2]

(一)整体政府概念

新公共管理改革带来了政府工作效率和公共服务质量的提升,但其强调的部门分工和专业化也导致了政府治理的"碎片化"。为此,20世纪90年代中后期,西方国家掀起了第二轮政府改革运动,改革的重点从分工和专业化转向整体政府(Whole-of-Government, WOG)。

---

[1] Robert B. Denhardt, Janet Vinzant Denhardt, "The New Public Service: Serving Rather Than Steering," *Public Administration Review*, 60(6), 2000, p. 549.

[2] 曾维和:《后新公共管理时代的跨部门协同——评希克斯的整体政府理论》,《社会科学》2012年第5期。

1997年,英国布莱尔政府首先引入"协同政府"的概念,作为其第一个任期公共部门改革的核心目标,旨在更好地处理那些涉及不同公共部门、不同层级和政策范围的棘手问题,作为应对新公共管理改革带来的部门主义、视野狭隘和各自为政的措施。协同政府意味着通过横向和纵向的协调,消除政策相互抵触的状况,有效利用稀缺资源,使某一政策领域的不同利益主体团结协作,为公众提供无缝隙的而非相互分离的服务。① 协同政府认为,众多复杂的公共问题在本质上是纵横交错的,很难简单地划归于某个单一的部门,而部门之间缺乏沟通,合作往往会使问题更加复杂。协同政府的核心目标是整合相互独立的各种组织以实现政府所追求的共同目标。

英国内阁办公室这样评价跨部门合作的协同问题:从特性上说,跨部门合作的政策倾向于拥有更多的利益相关人,但这种合作也更难以监控和评估,具有更大的失败风险和沟通障碍。② 协同更多强调目标和手段的一致,没有关注政策执行的有效性,在协同的程度、范围和方向上,都不能达到全面治理的效果,为此,又出现了"整体政府"的概念,力图建立多中心的全面治理网络。

克里斯托夫·波里特(Christoppher Pollit)在综合相关文献的基础上,提出了一个"整体政府"的定义:"整体政府"是指一种通过横向和纵向协调的思想与行动以实现预期利益的政府改革模式,它包括四个方面内容:排除相互破坏与腐蚀的政策情境;更好地联合使用稀缺资源;促使某一政策领域中不同利益主体团结协作;为公民提供无缝隙而非分离的服务。③

"整体政府"的含义非常广泛:既包括决策的整体政府与执行的整体政府,也包括横向合作或纵向合作的整体政府;"整体政府"改革的实施可以是一个小组、一级地方政府,也可以是一个政策部门。其涉及范围可以是任何一个政府机构或所有层级的政府,也可以是政府以外的组织。它是在高层的协同,也是旨在加强地方整合基层的协同,同时也包括公私之间的伙伴关系。它包括中央行政部门不同政策领域之间日益增加的横向协作、部委与其代理机构之间的内部纵向协作以及地方机构在提供公共服务时进行的协作。④

"整体政府"是"协同政府"的更高级的发展阶段。"至于'整体政府'和'协同政府'之间的区别,核心在于目标和手段的兼容程度,协同政府意味着不同公共部门在目标和手段上不存在冲突,整体政府则更高一个层次,要求目标和手段之间的相互增强。"⑤

(二) 政策主张

希克斯总结了整体政府理论的九大基本内容⑥:

1. 部门间主义。主要包括部门间的工作伙伴关系、部长间团队以及类似的跨越组织

---

① C. Pollitt, "Joined-up Government: a Survey," *Political Studies Review*, 2003(1), pp. 34-49.
② ICTA, *Joint-Up Government: Overview of Main Issues*, Background paper for the videoconference on Public Sector Transformation Towards Citizen-Centric Joined-Up Government Lessons Learned from UK and India, May 30, 2006.
③ Christopher Pollit, "Joined-up Government: a Survey," *Political Studies Review*, 1(1), 2003, p. 35.
④ Tom Christensen, Per Legreid, "The Whole-of-Government Approach-Regulation, Performance, and Public-Sector Reform," Stein Rokkan Centre For Social Studies, 2006, p. 9.
⑤ 周志忍:《整体政府与跨部门协同——〈公共管理经典与前沿译丛〉首发系列序》,《中国行政管理》2008年第9期,第128页。
⑥ Perri 6, *Holistic Government*, London: Demos, 1997, pp. 38-42.

边界进行协同工作的传统策略。

2. 跨功能合作。整体政府理论就是要形成一种运用整体论的思维方式跨机构和专业进行协同工作,以解决职能交叉性问题并提供整合服务的跨功能合作模式。

3. 以网络为中心的协调机制。以网络为中心的协调机制是整体政府整合机构、进行协同运作的核心机制。

4. 中央集权化及增设机构扩展其职责。整体政府是对过度分权化所产生的问题的一种矫正和对适度集权化的理性回归。

5. 限制机构转嫁成本的能力。整体政府是要从根本上遏止成本转嫁问题,以提高政府自身综合解决问题的能力。

6. 协同服务生产方式。协同服务生产方式最重要的是管理人员必须通过多学科的培训,掌握多学科的知识以实现共享性目标。

7. 个案管理者。个案管理者(case manager)是整体政府理论在操作层面上的一个创新。个案管理者的权力不仅来自单个部门,而且可以跨部门和领域来应对它们所面临的交叉性任务和问题。

8. 信息管理与跨组织边界整合。整体政府以现代信息技术为基础,使跨组织界面进行整合成为可能。

9. 整体预算与采购。整体预算能够克服保健和社会医疗机构之间"击鼓传花"式照顾老人的弊端。

经济合作与发展组织在 2006 年的报告《整体政府的方法治理脆弱的国家》中指出,"整体政府"方法("Whole-of-Government" approach,WGA)在治理"脆弱的国家"(fragile states)时不会在操作层面自动起作用,它要求实施一系列政策、治理工具和战略来促进联合工作(joined-up working)。该报告把"整体政府"方法的内容和特征归纳为八个方面:(1)建立协调与管理机制,(2)调和,(3)结盟,(4)认同组织文化差异,(5)雇员能力建设和人力资源开发,(6)灵活性的财政资源,(7)建立部门内与部门间的信息交流系统,(8)建立与信息交流系统相适应的组织汇报结构。①

"整体政府"的四个基本目标是:通过消除不同政策之间的矛盾和张力,直接有效地增加公共政策的效能;通过消除不同项目方案的重叠和冲突而充分利用资源;在政策部门的不同利益主体之间加强合作、传递优秀理念,形成一种协同的工作方式;以公民需要为导向,提供一套无缝隙的服务而不是碎片化的服务。②

(三)关于整体政府的争论

"整体政府"从理论上有效地解决了新公共管理倡导的"企业家政府"模式所形成的"碎片化"问题,成为当代政府组织创新的新趋向,但"整体政府"也受到各种质疑和批评。克里斯滕森和勒格莱德总结了关于"整体政府"的各种争论。

整体政府对公共部门的绩效管理提出了一个关键问题,二者之间存在着一定的紧张

---

① OECD, Whole-of-Government Approach to Fragile State, 2006, http://www.oecd.org/dac/governance-peace/conflictandfragility/docs/37826256.pdf.

② ICTA, *Joint-Up Government: Overview of Main Issues*, Background paper for the videoconference on Public Sector Transformation Towards Citizen-Centric Joined-Up Government Lessons Learned from UK and India, May 30, 2006.

关系。绩效管理鼓励组织和个人去实现他们自己的绩效目标,这就使得组织形式出现碎片化的趋势。与之相反,整体政府的目标是促进组织之间的合作、网络和协作。因为,除非跨部门的目标与组织的专门目标得到同样的重视,否则整体政府将难以成为一项主要的改革工具。①

协同政府与整体政府都很重视发挥政府的积极作用,这一般也被认为是件好事。但需要强调的是,它们所反对的"各自为政"也有充分的存在理由。界定清晰的横向和纵向组织边界不应仅仅被视为一种过时的思想的标志。劳动的分工和专业化是现代组织的一项必然的特点,这意味着协同政府和整体政府在实施上有一定的难度。合作毕竟是一项非常耗费时间和资源的活动。②

整体政府也导致了其他的困难,比如不可知的风险、激进的议程和不可控的结果。③

需要强调的是,整体政府远不是仅仅涉及价值中立的行政技术问题,责任、合法性、权力关系和对政府组织的信任都是根本性的政治问题。即便政府可以制定跨部门的预算、计划和目标,除非在责任体系、组织文化和结构安排上有根本的变化,否则整体政府的实施仍将受到限制。④

同时,克里斯滕森和勒格莱德认为,如同"协同政府"在十年的时间里转向了"整体政府","整体政府"也终将被新的改革思想所取代。

名词与术语

科斯定理　　新自由主义　　后华盛顿共识
诺思悖论　　新公共管理　　新制度经济学
公共选择　　第三条道路　　圣地亚哥共识
治理理论　　华盛顿共识
交易费用
顾客导向

复习与思考

1. 华盛顿共识的主要内容。
2. 后华盛顿共识的主要内容。
3. 圣地亚哥共识的主要内容。
4. 拉美国家"失去的十年"。
5. 西方发达国家20世纪70年代以来政府改革运动的共同性、一致性、相似性。
6. 新自由主义主体理论、政策主张以及关于新自由主义的争论。
7. 公共选择理论的理论特点、政治与官僚制度的失败理论、政策主张以及关于公共选择理论的争论。

---

① Tom Christensen, Per Legreid, op. cit., pp. 20-21.
② Ibid., p. 21.
③ Ibid.
④ Ibid., p. 22.

8. 新制度经济学的理论创新、主要理论以及关于新制度经济学的争论。

9. 新公共管理的基本概念、主要理论、政策主张以及关于新公共管理的争论。

10. 第三条道路的概念、主要理论以及关于第三条道路的争论。

11. 治理理论的概念、理论特点、主要理论以及关于治理理论的争论。

12. 新自由主义、公共选择理论、新制度经济学、新公共管理、第三条道路、治理理论比较。

主要参考书目

1. 〔美〕诺姆·乔姆斯基：《新自由主义和全球秩序》，徐海铭等译，南京：江苏人民出版社2000年版。

2. 〔英〕弗里德里希·奥古斯特·哈耶克：《通往奴役之路》，王明毅等译，北京：中国社会科学出版社1997年版。

3. 〔英〕弗里德里希·奥古斯特·哈耶克：《个人主义与经济秩序》，贾湛等译，北京：北京经济学院出版社1989年版。

4. 〔美〕詹姆斯·布坎南：《财产与自由》，韩旭译，北京：中国社会科学出版社2002年版。

5. 〔美〕詹姆斯·M.布坎南：《自由、市场与国家——80年代的政治经济学》，平新乔等译，上海：上海三联书店1989年版。

6. 〔美〕丹尼斯·缪勒：《公共选择理论》，杨春学等译，北京：中国社会科学出版社1999年版。

7. 〔澳〕休·史卓顿、莱昂内尔·奥查德：《公共物品、公共企业和公共选择——对政府功能的批评与反批评的理论纷争》，费昭晖等译，北京：经济科学出版社2000年版。

8. 〔美〕罗纳德·科斯：《企业、市场与法律》，盛洪等译，上海：上海三联书店1990年版。

9. 〔美〕道格拉斯·诺斯：《经济史中的结构与变迁》，陈郁等译，上海：上海三联书店、上海人民出版社1994年版。

10. 〔美〕道格拉斯·诺斯、罗伯特·托马斯：《西方世界的兴起》，厉以平等译，北京：华夏出版社1999年版。

11. 〔英〕安东尼·吉登斯：《第三条道路——社会民主主义的复兴》，郑戈译，北京：北京大学出版社2000年版。

12. 俞可平主编：《治理与善治》，北京：社会科学文献出版社2000年版。

13. 〔美〕詹姆士·N.罗西瑙：《没有政府的治理》，张胜军等译，南昌：江西人民出版社2001年版。

14. 〔美〕丹尼·贝尔：《社群主义及其批评者》，李琨译，香港：牛津大学出版社2000年版。

第二十二章　修正政策与改革政府

第一节　福利国家、公共管理与改革

20世纪后二十年发达国家普遍以不同的方式修正了政策,改革了政府,改革的深刻程度被认为无异于"一场与传统决裂的转型"①。但在不同地区和国家,在不同的时期,修正与改革的价值取向、路径、方式、重点却不大相同。概括起来,这个时期发达国家修正政策、改革政府的主要内容集中在私有化、市场化、国际化、降低税率、减少福利、限制工会、削减公共开支、缩小公务员队伍、推行绩效管理等方面。

这个时期发达国家的改革大体上可以分为三类:地处北大西洋和南太平洋的英国、美国、加拿大、澳大利亚、新西兰等,在不同程度上推行以新公共管理为主要内容的改革;欧洲大陆的法国、德国、荷兰、瑞典等,连续或不连续性地推行渐进主义的改革;南欧的半岛国家意大利、希腊则力图实现行政的合法化和行政的制度化等。② 而这一切缘于在"典范"的意义上人们认为:公共行政的管理理论在英美民主国家诞生以来,就一直存在着理论的"生存危机"。如今,政府已经迷失了方向,传统的公共行政管理理论赖以生存的核心理念或基础因此正在受到挑战。

一、福利国家与改革

改革直接缘起于人们对福利国家日益增多的不满。

（一）福利国家与政府职能

一般认为,福利国家（welfare state）首次出现在英文文献里是在第二次世界大战期间。英国的大主教威廉·坦普尔（William Temple）把当时纳粹德国称作"权力国家"（power state）,即国家掌握绝对权力、社会为统治者服务,而把预期中的为社会服务的国家称作"福利国家"③。

福利国家是一种国家形态,是第二次世界大战之后发达国家普遍的制度选择。福利国家包含一系列将货币和必需物品、服务分配给公民的制度和政策,而这些制度和政策分配并不建立在市场运作的基础之上。④ 在福利国家的政治理念中,国家的社会管理观发

---

① 〔英〕温森特·怀特:《欧洲公共行政现代化:英国的个案分析》,载国家行政学院国际合作交流部编译:前揭书,第233页。
② 参见方克定:前揭文,载国家行政学院国际合作交流部编译:前揭书,第3页。
③ Christopher Pierson, *Beyond the Welfare State? The New Political Economy of Welfare*, 2nd, University Park, Pennsylvania: The Pennsylvania State University Press, 1998, p. 99;徐延辉:《福利国家的风险及其产生的根源》,《政治学研究》2004年第1期,第71页。
④ David Miller, "What's Left of the Welfare State?" *Social Philosophy and Policy*, 20(1), 2003, p. 95.

生了根本性的改变:国家的对内社会保护职能与国家的对外职能具有同等重要的地位,满足社会需要是政府的基本职能。由于市场的不完善和社会的无力量,国家利用手中的权力,保护国民免于社会风险是国家观念中不可分割的组成部分,也是政权合法性和政府权威的依据之一。与此相联系,政府有责任承担社会保障的职能。换言之,福利国家是那些直接运用有组织的力量(通过政治运作和行政手段)对市场力量的运作进行以下三个方面修正的国家:第一,保证个人和家庭一定的基本收入,而不以他们的工作和财产的市场价值为决定因素;第二,控制"社会偶然事故"(social contingencies,如病、老、失业等)给个人和家庭带来的不安全性的范围;第三,保证所有公民享有能够提供的最好的社会服务,提供服务的对象和所商定的服务范围不以公民的社会地位和阶级归属而定。①

国家的管理方式相应出现了根本性的变革:国家强化公共行政,计划和干预经济,广泛和直接管理社会,通过高额税收和转移支付,实现大规模的收入再分配。国家的社会功能因此得到了空前的扩大、延伸和强化。在福利国家的制度架构内的政府既是公共利益的代表,又是公共利益的实现者,既负责管理经济,又负责提高全民福利。人们认为,在福利国家中政府可以通过公共政策促进经济的增长,通过税收满足社会的需求。因此,需要的只是强化政府的功能,因而,政府改革只不过是为了通过一套适当的组织结构来实施不断扩大的职能范围。②

社会保障制度在欧洲国家具有悠久的历史。早在公元前5世纪的雅典,成年男性中就有近半接受着政府的某种资助。在奥古斯丁(Aurelius Augustinus)的罗马时期,政府近10%的开支用在给罗马平民的救济金上。近代福利政策起源于19世纪80年代的普鲁士王国。当时在德意志帝国第一任总理,人称"铁血宰相"的奥托·冯·俾斯麦(Otto von Bismarck)的强力主导下,普鲁士王国分别于1882年、1884年和1889年颁布法令,对工人的病、老、工伤等实行强制性保险,其他一些欧洲国家如丹麦、比利时和瑞士等相继效仿。

(二)现代福利国家的建立

1920年,被称为"福利经济学之父"的阿瑟·庇古(Arthur Pigou)的《福利经济学》标志着福利经济学的产生。如何处理平等与效率的关系是福利经济学的中心问题,各种经济状态的社会合意性则是福利经济学的评价目标。庇古对"福利"这一概念给出了两个界定:"第一,福利的要素是一些意识,或者说是意识之间的关系,第二,福利可以置于较大或较小的范畴之下。"③这就是说,福利表示的是寓于人的满足之中的人的心理状态,或者说社会的福利取决于其所有消费者的满足水平,同时,福利的大小是可以衡量的。福利经济学从边际效用价值理论出发,在"帕累托最优"和"消费者剩余"概念的基础上提出了两个基本的福利命题:第一,国民收入总量愈大,社会经济福利就愈大;第二,国民收入分配愈均等化,社会福利就愈大。④ 与此相联系,他主张在自由竞争的条件下,使边际社会纯

---

① Asa Briggs, "The Welfare State in Historical Perspective," in Christopher Pierson and Francis G. Castles, eds., *The Welfare State: A Reader*, Cambridge: Polity Press, 2000, p. 19.
② Janos Kornai, "The Reform of the Welfare State and Public Opinion," *The American Economic Review*, 87(2), 1997, pp. 339-344.
③ A. C. Pigou, *The Economics of Welfare*, 4th, Macmillan, 1952, p. 10.
④ Ibid., p. 123.

产品等于边际私人纯产品,从而使社会经济福利最大化;通过累进所得税把向富人征得的税款用来举办社会福利,实现收入均等化,使社会经济福利最大化,进而延伸出了最大社会福利和财富转移支付理论。从20世纪30年代开始,出现了对庇古的福利经济学进行修正的新的福利经济学理论,包括尼古拉斯·卡尔多(Nicholas Kaldor)、约翰·希克斯等人的新福利经济学,阿伯拉姆·伯格森(Abram Bergson)、保罗·萨缪尔森等人的社会福利函数论派,肯尼斯·阿罗(Kenneth Arrow)的"社会福利函数一般不可能性定理"福利经济理论,阿马蒂亚·森(Amartya Sen)的福利经济学等。

"社会福利国家建立在一种部分明确、部分隐晦的社会契约基础之上,这种契约要求确保和促进个人、集体的社会保障,社会公正,确保和促进几代人之间的团结互助。这种社会契约是现代工业社会和民主国家经济、政治、文化发展的基础。它可以使人们付出相应比较低的社会代价,促进经济增长,使本国的资本主义得到广泛的认同。这种社会契约的内容与形式在各国之间、不同地区之间各有不同。但是,无论如何都依据四项基本原则:第一,劳动权利,包括充分就业、终身就业、改善劳动条件。第二,反贫困斗争,包括最低收入线,在反贫困、反社会排挤的斗争中实行各种形式的社会救济。第三,风险保护,社会福利保障,也就是为了保护雇员和他们的家庭抵御疾病、事故、失业、死亡等风险的威胁而提供的保障措施。第四,促进机会平等,包括用于教育、职业教育、职业转换、业余活动的国家开支,资产受歧视的地区、社会集团以及个人的反歧视措施。"[1]

1942年,号称"福利国家之父"的英国的威廉·贝弗里奇(William Beveridge)在名为《社会保险及相关服务》的公开报告中,以充分就业、收入均等化、消灭贫困为目标,提出了福利普遍性和保障全面性原则。1948年,英国宣布建成"福利国家"。在同一个时期里,北欧、西欧、南欧的国家也都大大扩展了社会保障的范围,以"普遍福利"为特征的福利国家在欧洲全面兴起,社会保障制度得到了迅速而广泛的发展。一些北欧国家甚至为国民提供了"从摇篮到坟墓"的福利计划。福利国家因此被称为"有良心的资本主义","福利欧洲"成为人皆向往的人间福地。

(三)福利国家与公共财政

虽然欧洲的社会福利国家具有共同的历史起源、目标与结构,但不同国家的具体制度却不大相同。大体上,欧洲的社会福利国家可以分为四种类型:(1)英国的制度,强调社会与医疗保健服务,但是规定了与收入挂钩的福利金;(2)斯堪的纳维亚或北欧的社会福利国家,借助高额征税,全面提供数额很高的福利金与十分出色的国家兴办的服务事业,包括医疗保健方面的服务;(3)中欧制度,没有十分庞大的社会服务福利,但是具有数量可观的福利金,主要通过就业关系在收取社会保险费的基础上筹集资金;(4)南欧制度,与中欧制度比较类似,但是不那么广泛,国家提供救济水平较低。[2] 在这个时期,人们已经不再讨论政府干预社会的必要性的问题,而是讨论如何根据本国的国情选择不同的政策干预方式方法的问题。国家社会转移支付占国民生产总值的比例在盎格鲁撒克逊国家

---

[1] 张世鹏、李海东:《资本主义发展模式的历史比较》,《商务周刊》2003年第16期。
[2] 〔英〕安东尼·吉登斯:前揭书,第7页。

是34%,在欧洲大陆福利国家占到44%,在瑞典和丹麦甚至占到了53%。[①] 20世纪80年代国家转移支付占平均税率的百分比如表22-1。

表22-1 转移支付占平均税率的百分比(%)

国别	年份	平均税率(%)	转移支付率(%)	转移支付占平均税率的百分比(%)
瑞士	1982	26.0	7.3	28.0
联邦德国	1984	36.0	19.8	55.0
爱尔兰	1987	29.5	20.5	69.5
芬兰	1987	36.9	27.7	75.0
澳大利亚	1985	32.2	11.3	35.1
荷兰	1987	67.2	28.3	42.1
加拿大	1987	24.8	12.4	50.0
瑞典	1987	45.0	35.5	78.9
挪威	1986	32.5	15.1	46.5
英国	1986	31.0	24.3	78.4
美国	1986	30.6	9.4	30.7

资料来源:周弘:《福利国家向何处去》,《中国社会科学》2001年第3期。另见 Anthony B. Atkinson, Lee Rainwater, and Timothy M. Smeeding, *Income Distribution in OECD Countries*: *Evidence from the Luxembourg Income Study*, Paris: Organisation for Economic Co-operation and Development; Washington, D.C.: OECD Publications and Information Center, c1995, pp. 105 & 107, Table 7.3 & Table 7.5。

以上可见,在改革之前,各国的情况差异不小,但发达国家的社会转移支付率普遍比较高,被称为"典型的福利国家"的瑞典和英国,竟分别高达78.9%和78.4%,芬兰也高达75.0%。实践证明,在一定的周期之内,以庞大的福利开支为基本方式的福利国家政策,在客观上扩大了市场需求,可以直接和强烈地刺激社会消费,拉动经济的增长。以英国为例,二战以后英国政府福利开支一直在财政支出中占有较大份额,到20世纪70年代约占政府总支出的50%左右。其间,从50年代到70年代末,英国经济增长始终保持在2%—4%之间;与此同时,"福利普遍性和保障全面性原则"的实施,通过社会再分配提高了中低收入居民的消费水准,改善了他们的生活状况,扩大了他们的边际消费能力,因而对社会的安定、和谐,同时对经济增长起到了重要的作用。

二、公共管理与改革

实践同样证明,福利国家的政策效应难以为继,是不可能长期持续下去的。随着时间的推移,福利国家的不良后果逐步显现,表现为"市场效率"(market efficiency)被严重削弱,而"国家效率"(national efficiency)亦在走低,出现了许多不能接受的现象。

1. 滞胀(stagflation)。20世纪70年代发达国家经济和社会发展出现了滞胀。滞胀指

---

① 周弘:《福利国家向何处去》,《中国社会科学》2001年第3期。

经济停滞不前、通胀持续上升、失业率居高不下的经济现象。经济发展动力不足是造成滞胀的重要原因,而投资萎缩是造成经济发展动力不足的重要原因。投资萎缩与高税收、高成本(工资和社会保障费用)密切相关,高税收、高成本则与高福利政策密切相关。不难理解,对任何除国家以外的投资商来说,高税收、高成本意味着利润回报率的大幅度降低,不仅窒息投资意愿,而且降低投资能力,而缺乏足够投资的经济则很难产生强劲的发展动力。滞胀主要的社会后果之一,是失业率居高不下。1982年底,欧洲共同体国家的平均失业率为10%以上,失业人数约1200万人,经济与合作组织24个成员国失业人数高达到3050万人。①

2. 公共财政状况恶化。为了维持福利国家政策,政府开征了高额税收,扩大了公共财政开支。但是,由于社会福利支出的增长远远超过了经济和劳动生产率的增长速度,所以,公共财政状况逐渐不堪重负,而且引发了通货膨胀。以英国和瑞典为例,1981年,其财政赤字已经分别占其GDP的4.8%和9.3%。为了不断满足社会持续增长的高需求和高期望值,弥补财政赤字,这些国家甚至不惜大规模举债,从而加剧通货膨胀,引发财政危机。②

3. 国民懒惰情绪普遍滋生。普惠式的福利政策导致了一个巨大、周到、覆盖全社会公民基本生活需求的社会保障网络,例如,德国90%以上的家庭都可以获得某些福利补贴,福利补贴成为居民家庭收入的一部分。然而,高福利、高补贴的政策使得劳动者所得在扣除税收后,同不劳动而从社会保障中获得各种津贴者之间的收入差距大大缩小,因而助长了人们的福利依赖情绪,影响了人们的工作积极性,在一定程度上使国民丧失了新教伦理崇尚的勤奋的精神,削弱了国民素质和国家竞争力。

4. 政府机构庞大、行政效率低下、官僚作风盛行。这是推行全民社会保障制度的必然结果。因为,官僚机构是全民社会保障制度的垄断性的组织载体和操作主体。由此形成了"行政国家"现象,与此相联系,如前所述,官僚体制的弊端亦因此显露无遗,成为人们深恶痛绝的对象。

在这种情况下,人们开始感到福利国家的价值基点和政策选择存在误区,相应的公共管理体制根本没有可能长期满足社会关于公共产品的快速增长的需求,因此,要求削减国家津贴水平、增加个人责任、引进市场机制的改革呼声日渐响亮。国家的政治领导人和政府因此受到压力:在维持高水准的福利和其他公共服务的同时,必须降低和保持低水平的公共税收和公共开支。政府必须进行新的改革:要么缩减规模,要么提高效率,或两者兼顾,而市场化运作,是实现公共产品或公共服务有效供给的路径选择。

第二节 市场化、社会化与改革

这一个时期的改革领域是广泛的。其中,政府公共管理事务民营化(privatization)、推崇社群主义(communitarianism)和第三部门(third sector)构成了改革的普遍内容。无论是

---

① 陈银娥:《现代社会的福利制度》,北京:经济科学出版社2000年版,第97页。
② 同上书,第96页。

民营化还是社群主义或第三部门,其典范革命的要义都在于改变传统的国家与社会、政府与市场的关系模式,全面实现政府公共管理方式的转换:变权威管理为民主管理,变单独管理为参与管理,变强制管理为互动管理,变微观管理为宏观管理,变直接管理为间接管理,变一元管理为多元管理,变过程管理为目标管理。

一、民营化

一般认为,民营化源于1979年英国撒切尔政府基于新自由主义的意识而雷厉风行推行的公营事业民营化运动。美国里根总统时期也曾竭力要求政府部分功能实现民营化。"民营化意味着在公共服务的提供中取消垄断,引进竞争,只要促进竞争的程序健康有效,公众就会从竞争中受益。"①

近些年来,民营化已经成为一个公众熟悉的词而经常被使用。民营化既是一种政治,也是一种管理战略。民营化有双重角色,即它既是一种政治学说,又是一种管理工具。一些选任的官员和社会团体是民营化的拥护者。民营化有着三重目的和效能,即提高政府管理的效率,转变政府职能,调整和改善政府与国民的关系。"民营化的一个定义是:政府终止对一个特殊活动的责任,并把它转让给营利或非营利的私人组织。……通常,民营化是'更多地依靠私人组织,更少地依靠政府来满足社会的需要'。"主张民营化的人认为,政府特别是联邦政府已经过于庞大和过度扩张,它已经侵入到许多本应该是私营活动的范围中。这样不但导致了公共开支的增加和公共资源的浪费,而且导致了低效行政的蔓延。他们相信,"私人组织提供的服务花费少效率高。而在财政紧张的年代,私人组织的这种管理优势就更为明显"。②

与公共事务的多元化和差异性相联系,近些年来发达国家的民营化得到了广泛的应用,许多传统的政府事务被委托给民营企业,按照民营企业的经营理念、经营方式进行管理。诸如交通运输、社会福利、医药卫生、教育培训、邮政通信等领域都有许多的实践。

例如,瑞士政府依托新的联邦《邮局法》,从1998年1月至2000年不到两年的时间里,通过对联邦邮局的改造,成功地实现了联邦邮局的两个转变:联邦邮局从一个国家行政机构转变成了自负盈亏的国有企业;联邦邮局由多年靠电信部门盈利来补贴亏损,转变为年盈利上亿瑞士法郎的成功企业。改造后的联邦邮局实行产权与经营权相分离的管理经营模式:其一,联邦邮局是政府监督下的自主经营的企业,国家是唯一的股东,拥有企业的全部股份,因而有权任命公司董事会成员。但从政府任命的邮局董事会9名成员的构成情况看,其中董事长费舍是一家大型跨国运输公司的董事长,其余董事则由企业界人士、专攻企业管理的经济学家和工会代表组成。其二,联邦邮局自负盈亏,邮局自主经营的权利不受政府干预,公司包括固定资产及其资金来源等重大决策都由企业自行决定,但是,企业必须每个财政年度向股东(政府)提交详细的年度经营报告,并需要得到审核批准。政府还有权每隔4年审议一次邮局的发展经营战略,而企业则根据具体的量化指标说明政府制定的发展战略的执行情况。为了保证可操作性,联邦政府明确指定联邦能源

---

① 〔美〕约瑟·A.戈曼兹伊伯尼兹、约翰·R.迈耶:《走向民营化:交通运输业民营化的国际经验》,曹钟勇译,北京:中国铁道出版社2000年版,第38页。
② 〔美〕菲利克斯·A.尼格罗等:前揭书,第187—188页。

交通电信部代表政府行使对企业的监督,议会则设有专门的"管理委员会",监督政府行使监督职能的情况。由于选择了正确的公共管理方式,联邦邮局迅速实现了服务与效益并重的经营方针,并成功开发了许多高附加值产品,企业因此获得了活力,实现扭亏为盈:1998 年度联邦邮局全年完成营业额 55 亿瑞士法郎,实现利润 2 亿多瑞士法郎,同时企业自有资本总额从建立时的 13 亿瑞士法郎增加到了 16 亿瑞士法郎。目前,联邦邮局被誉为"世界上服务质量最好的邮局"。①

从发达国家实践的情况看,民营化的发展高峰期是 20 世纪 90 年代,其具体做法大体上有:签约发包方式,即包给民间公司办理;公有民营方式,即政府拥有所有权,民间拥有经营权;公民合营方式,即成立财团法人与民间公司共同经营;完全民营方式,即完全交给民间公司经营;诱导转助方式,即政府诱导民间受理等。②

尽管民营化取得了令人瞩目的成绩,但是,一种观点认为,民营化不是万能、普遍适用的,因为"提供公共服务的活动中除了费用以外,还有法律、人道等问题。这就是为什么有些工作如监狱,不能民营化的原因"③。这一观点在 20 世纪 90 年代末的发达国家得到了印证,出现了民营化的逆向运动,或"倒合同外包"(reverse contracting)的趋势。④ 在 1999 年大规模民营化达到高峰之后,民营化的发展速度普遍下降,全球民营化的年均收入迅速下降 46%。⑤ 而据美国国际市县管理协会(ICMA)对美国地方政府公共服务民营化发展的调查数据显示,美国倒合同外包的比例在 1997—2002 年间急剧上升 18%,超过了 1992—1997 年的一倍多。⑥ 英国承包铁路轨道建设的公司在 2000 年夏破产后,铁轨建设部分于 2003 年重新被收回国有也是逆向民营化的著名例子。由此可见,面对民营部门缺乏监督,外包商绩效及产品质量问题,劳工、部门领导、选举官员和民众的反对等问题,在民营化与逆民营化之间,当前政府治理能力更受考验。

二、社群主义

社群主义亦译作社区主义,其社会活动形式被称为社群运动(communitarian movement)。其典则基点在于从权利政治走向公益政治,实现"公共善"。社群主义者宣称,社会、历史、整体和关系等非个人性因素在人类道德生活中具有基础性和必然性,因此,社会不只是经由契约联系在一起的个人间的结合,更是一个人们因共享一些相同的习俗和信念而结合在一起的社群。

在理论上,社群主义是从批评新自由主义开始的。因此,在理论范式、基本观点和方法论上都与新自由主义形成了鲜明的对照。从方法论上说,新自由主义的出发点是个人,

---

① 严明:《从联邦邮局转型看瑞士国企改革》,《参考消息》1999 年 11 月 30、31 日。
② 季明明:前揭文。
③ 〔美〕菲利克斯·A.尼格罗等:前揭书。
④ 胡伟,杨安华:《西方国家公共服务转向的最新进展与趋势——基于美国地方政府民营化发展的纵向考察》,《政治学研究》2009 年第 3 期。
⑤ B. Bortolotti & D. Siniscalco, *The Challenges of Privatization: An International Analysis*, Oxford University Press, 2004, p. 2.
⑥ M. E. Warner, M. Ballard, and A. Hefetz, "Contracting Back In: When Privatization Fails," in *The Municipal Yearbook*, Washington, DC: International City County Management Association, 2003, pp. 8-16.

而社群主义的出发点则是社群;从价值观方面看,新自由主义强调个人的权利,而社群主义则强调公共的利益。新自由主义强调"权利政治学",社群主义则倡导"公益政治学"。双方争论的焦点在于:是个人权利优先?还是公共利益优先?① 社群主义理论认为,"当代自由主义只关注'社会的基本结构'对于自由个人之权利的维护与实现的正当意义,而不关注个人权利和行为的社会实践限制及其对于社会共同体价值目的所承诺的责任"。这使其成为一种不具有任何社会理论的政治哲学。包括罗尔斯在内的当代自由主义理论的真正的问题,乃是他们所秉承的自由的个人主义"整个政治哲学传统的内在缺陷"。②

社群主义理论的要点集中在两个方面:其一,无论作为一种经济理论或政治理论,还是作为一种认识论,自由的个人主义都在根本上误解了个人与其社会存在之间的关系;其二,社群观的首要原则是强调道德共同体的价值高于道德个体的价值。③ 基于上述理念,社群主义主张:(1)开拓既不过分依靠政府,也不过分依赖市场的"第三条路";(2)社区作为公共管理基本单位,为其成员提供思维、行为、判断和生活的基本背景④,公民参与社区管理甚至自治管理,进而通过充分利用社区资源,逐步构建以公民为主体的新型公共管理的架构;(3)实现公共利益目标,最终实现政府、市场和社区相互信任、相互依赖、相互合作、相互制衡的理想社会境况。

三、第三部门

20世纪60年代,法兰克福学派的代表人物,德国思想家哈贝马斯(Jurgen Habermas)以国家与社会关系的模糊化,即"国家社会化"和"社会国家化"⑤,进而公民的自由空间受到限制为研究背景,在其《公共领域的结构转型》一书中提出了"公共领域"的概念和理论,并于90年代在世界范围内引发了一场关于"公"和"私"的大讨论。人们评论说:"批判理论的精华在于,随着资本主义与科层制国家的扩张而导致了自由的衰落,同时国家的权力被用来建立和控制社会生活。解决这些问题的方案是复兴公共领域,但在国家权力不断增长的情况下如何才能实现呢?"⑥

哈贝马斯认为,"资产阶级公共领域是一种特殊的历史形态,它尽管与其在意大利文艺复兴时期城市中的前身具有某些相似之处,但它最先是在17、18世纪的英格兰和法国出现的,随后与现代民族国家一起传遍19世纪的欧洲和美国。其最突出的特征,是在阅读日报或周刊、月刊评论的私人当中,形成一个松散但开放和弹性的交往网络。通过私人社团和常常是学术协会、阅读小组、共济会、宗教社团这种机构的核心,他们自发聚集在一起。剧院、博物馆、音乐厅,以及咖啡馆、茶室、沙龙等对娱乐和对话提供了一种公共空间。这些早期的公共领域逐渐沿着社会的维度延伸,并且在话题方面也越来越无所不包:聚焦

---

① 俞可平:《社群主义》,北京:中国社会科学出版社1998年版,第21—22页。
② 邓正来:《哈耶克的社会理论》,载〔英〕弗里德利希·冯·哈耶克:《自由秩序原理》,邓正来译,北京:生活·读书·新知三联书店1997年版,代译序。
③ 同上。
④ Sandel Michael, *Liberalism and the Limits of Justice*, Cambridge:Cambridge University Press, 1982;俞可平:《权利政治与公益政治:当代西方政治哲学评析》,北京:社会科学文献出版社2000年版。
⑤ 〔德〕尤根·哈贝马斯:《公共领域的结构转型》,曹卫东等译,上海:学林出版社1999年版,第179页。
⑥ 〔美〕乔纳森·H.特纳:《社会学理论的结构》,吴曲辉等译,杭州:浙江人民出版社1987年版,第243页。

点由艺术和文艺转到了政治。……这种联系和交往网络最终成了处在市场经济和行政国家'之间'或'之外',但与两者'相关'的某种市民社会的基本要素。一方面,在这些系统中,每一种都满足特定而且有互补性的生产和分配功能,同时在另一方面对决策进行集体性约束。对我们来说有趣的是其政治功能即自从美国革命和法国革命以来,这种新型的市民社会在宪政国家框架之内可以承担的功能。市民社会提供了在政治问题上多多少少是'自由的'舆论能够产生的土壤——一种通过民主参与的法律渠道转变为公民的交往权力的公共影响。"①

在哈贝马斯的理论中,所谓公共领域是:(1)"首先意指我们的社会生活的一个领域,在这个领域中,像公共意见这样的事物能够形成。公共领域原则上向所有公民开放。公共领域的一部分由各种对话构成,在这些对话中,作为私人的人们来到一起,形成了公众。……当他们在非强制的情况下处理普遍利益问题时,公民作为一个群体行动;因此,这种行动本身具有这样的保障,即他们可以自由地集合和组合,可以自由地表达和公开他们的意见,……这种公共性使得公众能够对国家活动实施民主控制。"(2)"公共领域是介于国家与社会之间进行调节的一个领域,在这个领域中,作为公共意见的载体的公众形成了,就这样一种公共领域而言,它涉及公共性的原则——这种公共性一度是在与君主的秘密政治的斗争中获得的,自那以后,这种公共性使得公众能够对国家活动实施民主控制。"②

从某种意义上说,哈贝马斯的"公共领域"理论开启了20世纪晚期关于市民社会(civil society)、第三部门等相关理论研究的先河。

20世纪80年代,在"四场危机"(福利国家危机、发展危机、全球环境危机及社会主义危机)和"两次革命性变革"(通信革命、全球经济发展革命)的历史背景下,从东欧国家开始,经过西方国家的系统化,全球形成了一股市民社会的理论思潮。"它对于20世纪晚期的意义如同民族国家的兴起对于19世纪晚期的意义一样重大。"③市民社会是这股思潮的理想诉求,政府与企业之间的那部分制度和行为空间则是这股理论思潮关注的中心。人们认为,由于着眼点和研究范围的不同,关于这部分空间有许多不同的称谓,如第三部门或第三域、非营利组织(NPO)、非政府组织(NGO)、慈善组织、志愿者组织、免税组织、社会经济等。其中,第三部门和非政府组织的称谓比较流行。

如果说政府组织是第一部门,营利组织是第二部门,那么,第三部门就是各种非政府和非营利组织的总称或集合。美国约翰斯·霍普金斯大学的莱斯特·萨拉蒙(Lester Salamon)认为,凡是具有以下五个特征的组织都属于第三部门:(1)组织性(formal),即有一定的内部制度,有负责人,有经常性活动;(2)民间性(private):即在制度上与政府相分离,独立于政府,但可以接受政府的资助;(3)非营利性(non-profit distributing),即不以营利为目的,不向所有者和管理者提供或分配利润;(4)自治性(self-governing):即独立控制和管理自己的事务;(5)志愿性(voluntary):即自愿参与而不是法律的要求。这些机构接

---

① 〔德〕尤根·哈贝马斯:《关于公共领域问题的答问》,《社会学研究》1999年第3期,第35页。
② 〔德〕尤根·哈贝马斯:《公共领域》,载汪晖、陈燕谷:《文化与公共性》,北京:生活·读书·新知三联书店1998年版,第125—126页。
③ 〔美〕萨拉蒙:《非营利领域及其存在的原因》,载李亚平等:《第三域的兴起》,上海:复旦大学出版社1998年版,第35—37页。

受一定程度的时间和资金的自愿捐献。① 非政府组织：在国际范围内从事非营利性活动的政府以外的所有组织，其中包括各种慈善机构、援助组织、青少年团体、宗教团体、工会、合作协会、经营者协会等。②

市民社会的诉求和第三部门理论思潮的兴起，反映了公众对"市场失灵"和"政府失灵"以及对国家—市场二元框架无果争论的失望。人们逐渐认识到"要么是在相对完善的政府和不完善或不充分的市场间进行选择，要么是在相对完善的市场和不完善的或不充分的政府之间进行选择"③并非合理的选择，更不是全部的选择，而试图用一方弥补另一方的缺陷是不合逻辑的选择。新的选择的方向，就在于"寻求公共组织与私人组织、政府与市场之间新的平衡"④，广泛建立介于公共法人地位和私法法人地位之间新型法权组织，即非政府组织或第三部门。

基于以上理念，自20世纪末开始，一场全球性的"社团革命"逐步兴起。从北美、欧洲到亚洲、拉丁美洲、非洲，各种民间组织广泛介入、参加甚至主导了政府未曾实现或忽视的职能，包括人道救援和服务，保障公民权利，环境保护，维护社会公平，促进基层社会经济发展等，领域几乎涵盖了社会生活的每一个方面，成为独立于国家和市场之外，并对国家和市场产生制约的有生社会力量。

从实践的情况看，第三部门也发生了一些滥用减免特权，工作人员薪酬偏高现象，行政成本趋于过高，贪污现象时有发生，不公平竞争等现象。⑤

第三节 修正政策与改革政府国家案例：英国、美国、新西兰

三大危机，即财政危机、管理危机和信任危机，构成了这个时期西方国家政府改革的直接动因。在改革的价值和路径选择上，改革者主张私有化、市场化、自由化、国际化、放松管制和大幅度削减福利开支，同时主张强化国家对于政治文化生活的干预，甚至推出严刑峻法。这种经济上的自由主义与政治上的保守主义紧密结合的特点，被称为新保守主义。

在所有的发达国家的改革中，欧洲的英国、北美洲的美国、大洋洲的新西兰，其改革理念在这个时期的国家群体中具有代表性、普遍性。所以，我们选择英国、美国、新西兰作为这个时期政府改革的国家案例。

一、英国的改革

英国是新公共管理运动的发源地之一，被公认是20世纪70年代发达国家行政改革

---

① 〔美〕莱斯特·M.萨拉蒙：《全球公民社会——非营利部门视角》，贾西津、魏玉等译，北京：社会科学文献出版社2002年版，第3—4页。
② M. Padron, "The Contributors of NGOs to Development," *Asian Institute of Economics and Social Studies*, 17(1), 1987, p. 12.
③ 〔美〕查尔斯·沃尔夫：前揭书，第5页。
④ 国家行政学院国际合作交流部编译：前揭书，第214页。
⑤ Ulrich Otto, Dawid Friedrich, "The Third Sector in Europe," *International Journal of Nonprofit and Voluntary Sector Marketing*, 10(3), 2005, pp. 197-199.

的先驱。其政府改革起步早、范围广,理念清晰、系统性强,且有相当的连续性和持久性,是欧洲国家最彻底、最激进的改革。

(一) 英国修正政策与改革政府的背景

英国成为新公共管理运动的发源地与英国当时的国家状况直接相关。如前所述,英国是第二次世界大战之后最早推行全面社会保障制度的国家。长期的福利国家政策,使英国的 GDP 降到了西方国家中最低的水平,国内生产停滞、经济衰退,通货膨胀、物价飞涨,失业率居高不下,国家财政捉襟见肘、债台高筑,国际竞争力下降,社会危机四伏,被讥讽为"欧洲病夫",甚至,被迫像发展中国家一样遵从国际货币基金组织的规定以得到贷款,挽救国家经济,而人们却不愿劳动、不思进取,宁愿躺在福利的"温床"之上享受各种补贴。

英国的改革发端于保守党的希思政府时期。爱德华·希思(Edward Heath)1965—1970年、1974—1975年两次担任保守党领袖,1970—1974年任首相。1970年上台后,希思明确提出要"把私营企业的行政管理方法运用到政府机构中,以提高行政效率,克服部门间的扯皮现象"[①]。为此,希思政府成立了首相直接领导的白厅经济政策小组,开始研究这样一些问题:(1)政府是否需要和如何引入优秀的工商业管理人才,以便把成本控制、质量管理、顾客至上等企业管理的理念和机制引进政府部门,提高公共行政效率;(2)是否需要和如何推行政府的组织机构,尤其是工作程序的变革,以建立部门和工作责任制度;(3)是否需要和如何减少公共开支,以削减政府庞大的财政赤字。[②] 在希思首相的直接干预下,英国政府开始在政府内部推广超级大部,文官部和财政部的行政管理审核处合作推出了新的预算方式和技术。希思政府时期英国于1971年加入了欧洲经济共同体,在此期间,英国饱受各种经济问题和社会问题的困扰,经济形势不佳,罢工、工会抗议活动不断,导致希思政府于1974年2月任期届满之前解散。其开启的政府改革被撒切尔政府推向高潮。

撒切尔政府时期是英国改革的高潮时期。1979年,撒切尔政府上台,从此拉开了英国政府全面改革的大幕。撒切尔夫人是英国保守党的第一位女性领袖,也是英国第一位女首相,从1979年至1990年在任11年,有"铁娘子"的称号。撒切尔推行改革的名言是:"除了资本主义别无选择","我唯一能给你的就是:让你更自由地为自己做事"。撒切尔政府一上台便高扬自由主义经济的旗帜,态度坚定地推行自由主义的经济政策,大刀阔斧地改革政府。撒切尔的一系列互为条件的政策主张和政策选择被称为"撒切尔主义"。有学者认为:所谓撒切尔主义是指撒切尔夫人上台后在保守党内出现的占统治地位的"新右派"势力的意识形态,是当代西方"新自由主义"与"保守主义"的混血儿。

(二) 英国修正政策与改革政府的主要内容

撒切尔主义确立了英国改革的理念、基调和几乎所有重要的原则。后来的保守党的约翰·梅杰政府延续和扩大了撒切尔政府的改革,而1997年上台的工党的托尼·布莱尔政府,虽然主张"第三条道路",对撒切尔主义进行了修正,但宣称要继续贯彻撒切尔主义,结束英国人所习以为常的社会福利制度,在总体上继承和坚持了撒切尔政府的大部分

[①] 吴大英、沈蕴芳:《西方国家政府制度比较研究》,北京:社会科学文献出版社1996年版,第271页。
[②] J. Campell, "Edward Heath: A Biography," *European Business Review*, 93(5), 1993, p. XIII.

的路线和制度规范,并有所创新和发展。这样,从1979年撒切尔政府开始到布莱尔政府,英国的改革运动大体上是沿着新自由主义的路线前进的。改革的主要内容如下:

1. 以货币主义取代凯恩斯主义。撒切尔政府以弗里德曼的货币主义的经济理论为基础,明确反对凯恩斯主义的国家干预,"认为过度扩张的国家抹杀了个人、家庭和社会群体的创造性,毫无效率地生产和分配着公共产品"①,认为通过扩大公共投资、增加就业和提高消费来刺激经济发展的政策是导致英国经济衰退的主要原因,为此,撒切尔政府采取"震荡疗法"推出激进的货币政策。第一,紧缩货币供应,通过控制货币流通量抑制通货膨胀。撒切尔政府上台当年便一举削减了10亿英镑的国债,同时强制性地把银行的准备金率提高到10%,把最低贷款利率提高到17%。在实行紧缩货币政策的最初一段时间里,英国经济的"病象"不但未见好转,反而进一步严重化。为此,1981年3月30日,英国364名经济学家在《泰晤士报》联合发表公开信,公开抨击撒切尔政府的政策。但撒切尔政府不为所动,继续推行紧缩货币政策,充分展示了"铁娘子"的强硬作风。年底,英国的经济增长接近为零,全国失业人数达250万。后来的实践证明,这是英国经济转入快速增长的"拐点",之后,英国的物价开始回落,经济开始复苏。第二,调整汇率,使英镑与德国马克挂钩,并大量购买外汇,降低利率,拉动投资。到80年代末,英国的通货膨胀率降到4.9%,经济出现强劲增长。撒切尔的货币政策因此得以确认。②

2. 改变公共财政政策。改革税制,降低税率,削减教育、医疗和社会福利等公共开支,是撒切尔政府公共财政政策的主要内容。为了吸引投资,激发个人勤奋工作的动力,防止人才因惧怕高额税赋而移居他国,撒切尔政府把个人所得税的基础税率从33%减到25%,最高税率由82%减至40%,公司税由52%减至35%,也提高了增值税、高档消费品的附加税等间接税税率,制定了选举人头税。选举人头税使许多穷苦百姓丧失选举权,是撒切尔执政时期被广为诟病、最不得人心的政策。与此同时,撒切尔政府废除大部分福利政策,调整和缩减了社会福利和教育、研究、文化等领域的公共开支,因此被人称为"夺去牛奶的撒切尔夫人"。其母校牛津大学,也因此拒绝授予她荣誉博士学位。

3. 重组公共部门。私有化或非国有化是重组公共部门核心政策理念。撒切尔政府认为,国有企业亏损严重,是国家的一大包袱。因此,有必要大规模和彻底地重组公共部门。

表22-2 英国公共部门重组决策

问题导向	解决方案
不应由政府实施	取消或私有化
不应由政府直接提供	将运作权承包给民营部门,同时保持形式上的控制和责任
与政府相称	权力下放,要么授权于执行部门,要么授权于国家级以下的机构,如地方政府;所有此类机构都受到竞争原则制约

资料来源:英国文化协会中国办公室:《法治与管理》2003—2004系列第一期,第13页。

其政策路径,是鼓励私人资本进入原属国家投资经营的禁区,通过大量出售国有企业

---

① 〔英〕温森特·怀特:《欧洲公共行政现代化:英国个案分析》,国家行政学院国际合作交流部编译:前揭书,第239页。

② 王东京、林赟、孙浩:《撒切尔的"货币主义试验"》,《中国青年报》2001年9月30日。

的股份,大力推行私有化或非国有化,同时把原属地方政府的公房大量出售给私人,大大增加了拥有私房的家庭总数。撒切尔宣称"人人拥有财产,人人去创造财富,建立一个负责的、自由竞争的社会"是英国的理想,而广大民众购买企业股票和住房,不仅激活了投资需求,而且繁荣了市场。1979—1989 年的 10 年间,英国 40% 的国有企业出售给了私人,到 1990 年 11 月撒切尔夫人辞职时,英国未私有化的国有企业只剩下英国铁路公司、煤炭公司、皇家邮政三个部门。重组公共部门不仅使私有化收益在英国年均国内生产总值中所占比例达到 11.9%,而且从 1979—1995 年间,从公有部门分流了约 65 万从业人员,并因此极大地改变了英国政治结构和国家与民营部门的关系。①

表 22-3 1980—1995 年英国主要私有化行业年表

领域	行业	私有化年份
公共服务	石油	1982
	电信	1984
	天然气	1986
	水	1989
	电	1991
	煤	1994
交通	公路运输	1982
	公交系统	1986
	机场与机场管理机构	1987
	铁路系统	1994—1995
工业	造船	1986
	汽车	1988
	钢铁	1988

资料来源:英国文化协会中国办公室:《法治与管理》2003—2004 系列第一期,第 11 页。

但是,私有化并没有降低国家的公共开支:

表 22-4 英国公共支出占国内生产总值的百分比

年份	英国公共支出占国内生产总值的百分比(%)
1970—1971	40.6
1978—1979	43.3(撒切尔当选)
1982—1983	46.7(撒切尔第一任末期)
1986—1987	43.5(撒切尔第二任末期)
平均水平	
1970—1979	43.7
1980—1989	43.8

资料来源:英国文化协会中国办公室:《法治与管理》2003—2004 系列第一期,第 11 页。

---

① 英国文化协会中国办公室:《法治与管理》2003—2004 系列第一期,第 11 页。

4. 限制工会活动。工会是撒切尔政府上述政策的主要反对力量。撒切尔政府认为,工会的市场调节之外的罢工等抵制和反对活动,是工会组织利用劳动力垄断势力向政府、最终是向广大纳税人不断索取市价以外的补贴,是不道德的行为。这种行为严重影响了英国经济的发展,损害了市场和社会公平,是不能容忍的行为。所以,必须改革劳资关系。撒切尔政府一改过去政府处理与工会关系时的协商、谈判的态度,转而采取了针锋相对和不妥协的方针。为此,撒切尔政府推动制定了《就业法》《工会法》,对工会的职权、罢工运动等进行了严格的法律限制。1984 年,英国力量雄厚的煤炭工会为提高工资开始罢工。撒切尔政府通过为公民提供财政补贴的形式与之抗衡,再显"铁娘子"的强硬作风。这场罢工持续了 362 天,最后以无条件复工的方式宣告结束。至此,传统工会强大的力量被大大削弱,工资推动通货膨胀的现象基本得到遏止。撒切尔政府执政期间取消了最低工资制。

5. 改革行政体制。撒切尔夫人上台伊始,便邀请在英国久负盛名的麦克斯·斯宾塞公司的总裁德莱克·瑞纳(Derek Rayner)成立了直属首相的瑞纳评审委员会,并赋予内阁级的政治地位,负责对公共部门的绩效进行调查评估。以此为标志,撒切尔政府开始系统改革行政体制。

(1) 改革组织体制和领导体制。其主导观点是,政府应当具有使命感,权力下放,具备企业精神;决策核心应当小型化,在决策核心的监督下,公务员系统应当等级划分更少、权力更加分散。这被形容为"掏空"政府。[1] 应当按照以下原则建立新的行政机构:

表 22-5　建立新的行政机构的原则方法

- 确定一套始终如一的具体行为,这些行为将成为自治机构的行事根据
- 通过竞争任命一位行政长官管理该机构,竞争通常对政府以外的竞选者开放
- 制定框架协议,其有效期为五年,在战略规划中说明目标与责任
- 每年在业务计划中制定主要的财政、服务和质量目标
- 设立绩效测量与奖励制度以支持该业务计划
- 公务员系统庞大复杂,应该作为单一实体进行管理

资料来源:英国文化协会中国办公室:《法治与管理》2003—2004 系列第一期,第 14 页。

1988 年,撒切尔政府发表了《完善政府管理:下一步》的研究报告。该报告指出:长期缺乏真正的压力导致政府机构绩效不高。政府以往重视的是标准化的程序而忽视了公共服务的结果,而公务员系统的主要职能是提供政府服务;注重的是高级文官的政策咨询功能而非管理功能。现在内阁大臣们的日常问题负担过重,而公务员系统过于庞大和多样化,难以作为单一实体进行管理。为了解决这些问题,该报告建议下放权力,把整体的部(委)分解成若干机构,创立一系列脱离于内阁各部的独立机构,由指定的高级主管而不是以政策为导向的传统公务员进行管理,以此区分大臣与高级官员的职权,同时履行公务员系统的提供政府服务的主要职能和有效政府管理的职责。这些高级主管在政策层面上与大臣和各部高级官员仍然有责任关系,但在管理层面上享有较大的独立性,负责招聘、

---

[1] 英国文化协会中国办公室:《法治与管理》2003—2004 系列第一期,第 12 页。

奖励或解聘员工,辞退表现不良者,奖励表现优秀者,在管理业绩与实际结果之间建立联系。① 撒切尔政府时期,英国政府独立机构的数量明显增加,文书局、就业局、车辆执照局、公司注册局等都被列为政府独立机构。经过梅杰政府的继续改革,"截至1993年4月,92个这样的执行机构雇用了达62%的公务员。两年后,100多个执行机构雇用了70%的公务员,而且政府宣布将90%的公务员转到执行机构"②。到1995年,英国75%的文官都属于这种相对独立的执行机构。

(2) 改革公务员管理制度。其主要内容是建立和推行以竞争、开放、市场化为导向的新的绩效管理制度。这种制度被认为是决定改革成败的主要因素。绩效管理包括对组织机构和个人进行绩效考核。对独立机构等组织的业绩或服务进行评价的指标,以议定的业务计划内的财务执行情况或者满足公共服务目标的情况为导向。对管理者个人的评价,则根据新制度进行内部业绩评估。表现良好者会获得业绩津贴,达不到标准者则不能提高报酬,可能提前退休,或者受到更严密的监督。这种业绩制度增加了行政机构招聘、付薪和奖励的灵活性。

(3) 减少公务员数量。撒切尔政府以至续任的保守党的梅杰政府,都认为减少公务员人数是降低公共开支、提高行政效率的重要方法。因此,在他们任内,如表22-6所示,英国的公务员的总人数有明显的减少。

表22-6　1901—2003年英国公务员数量变化

年份	人数
1901	116000
1939	347000
1979	732000(撒切尔当选首相)
1993	554000
1996	494000(1997年布莱尔当选首相)
2003	512000

资料来源:英国文化协会中国办公室:《法治与管理》2003—2004系列第一期,第15页。

(4) 完善公共服务。从1979年到1997年,保守党政府一直试图把内部公共管理从"官僚政治"文化改造成为"企业"文化。1991年,梅杰政府公布了《为质量而竞争》的政府白皮书,声称"公共服务将逐渐转化为合同制而非官僚体制"。同年,在内阁办公室公民宪章小组指导下,梅杰政府开始鼓励公共组织和公共机构制定、公布并实行一套明确的服务标准和公众享有的权利。这些服务标准和公众享有的权利总称《公民宪章》,见表22-7。它是英国完善公共服务运动的标志性的规范文件。

---

① 英国文化协会中国办公室:《法治与管理》2003—2004系列第一期,第13页。
② 〔英〕温森特·怀特:《欧洲公共行政现代化:英国的个案分析》,载国家行政学院国际合作交流部编译:前揭书,第243页。

表22-7 英国公民宪章六原则

1.制定绩效标准,以此为依据对实际业绩进行评估
2.提供清晰明了的服务信息,包括实际绩效目标
3.对接受服务的用户进行咨询
4.礼貌待客,乐于助人
5.随时准备改正错误,包括做出经济补偿
6.保证物有所值

资料来源:英国文化协会中国办公室:《法治与管理》2003—2004系列第一期,第20页。

截至1998年,英国的公共组织针对重要的公共服务部门和民营公共服务制定了42项公民宪章,如病人服务宪章、纳税人服务宪章、旅客服务宪章;行政部门制定了就业服务处的求职者服务宪章、税务局的纳税人服务宪章等若干宪章;各地制定了一万个地方宪章项目。据说,公民宪章运动明显改善了公共服务的绩效,例如,税务局的顾主满意率达到了84%,护照处办理护照的最长时间减少了79天。[①]

与撒切尔政府相比较,梅杰政府建立在《公民宪章》基础上的公共服务政策有了进一步的发展:

首先,以公众为中心,重新构造行政主客体关系,为社会提供更有效率、更为及时、更加全面、更高水准、更好质量、没有歧视的公共服务。例如,《患者宪章》规定:"当你去门诊医务所,你可望被告知一个约定的就医时间,届时医生将在30分钟内给你检查";"如果你叫救护车,在城区,你可望它14分钟内到达,在农村,则可望在19分钟内到达"。再如,《乘客宪章》规定:"如果在任何一段列车旅程中你被耽误了一个小时以上,我们通常会赠给你相当于该次旅行价格20%或以上的票券。"

其次,"市场测试",扩大外部竞争,只要可能,提供某一服务的政府部门就要与政府外的供应商按照市场规则竞争性投标。在撒切尔政府和梅杰政府时期,通过立法,强制性竞标的适用范围扩大到了垃圾回收、街道清扫、学校卫生与饮食服务、法律服务、计算机服务、人事服务、娱乐管理以及住房管理等许多的公共服务领域。政府因此平均节约了约7%的成本,英国也因此变成了"合同国家"。但是,实行合同制的公共服务项目的宪法和法律权力以及其政治责任,仍属于政治机构,中标者承担管理和提供服务的责任。[②]

表22-8 英国公共服务市场化选择

优先选择项目(截至1993年)	数量
废除	47
私有化	4
立约承包	241
经过市场测试的:	498
外部供应商	153

---

① 英国文化协会中国办公室:《法治与管理》2003—2004系列第一期,第20—21页。
② 同上书,第17页。

续表

优先选择项目(截至 1993 年)	数量
内部供应商	345
内部重组	147
项目共计	937

资料来源：英国文化协会中国办公室：《法治与管理》2003—2004 系列第一期，第 17 页。

最后，约束垄断，强化监督和责任制度。对于尚不能市场化的垄断性的公共服务项目，梅杰政府通过政府管制保障服务质量。例如，规定电讯公司要把电缆线铺设到全国最小、最偏僻的城镇。再如，规定水务公司的收费限额要与英国每年的零售物价指数相一致。为了保证服务质量，《公民宪章》规定，公民有通过一定渠道对政府公共部门违约而侵犯自身合法权益的事项提出申诉，并有权在规定的时间内得到解释。

撒切尔政府的新公共管理改革扭转了英国经济的颓势，改变了英国人的社会生活状况。但是，批评者认为，撒切尔革命是使富人受益的革命。撒切尔税收改革的结果是：1%的纳税人获得了所有减税额的 29%。这样，一个收入为平均工资一半的人的税额将增加到 7%，而一个收入为平均工资水平 10 倍的人的税额将缩减 21%。① 撒切尔所推行的自由市场机制在推进公共事业方面，包括医疗、教育、福利以及其他社会保障方面作为有限，引发社会动荡。保守党对福利制度的敌意导致了公众对保守党的强烈不满。1990 年，在通货膨胀的压力越来越大的情况下，加上与内阁的意见分歧，撒切尔在任期届满前夕于 1990 年 11 月 22 日辞职。

1997 年布莱尔工党政府上台之后，进一步深化了保守党政府的某些改革政策，但在改革的基本理念方面却具有某种"社会民主"的回归，主张"左"与"右"的平衡，走"第三条道路"，进而构筑"欧洲模式"。从一定的意义上说，"第三条道路"是"欧洲模式"的理念价值和政策主张，而"欧洲模式"则是"第三条道路"的政策实践形式。作为一种新的选择，"第三条道路"强调经济行为中的人的价值，强调经济增长中的社会公平。换言之，经济发展与社会和谐并重，是"欧洲模式"的价值基点。"在英国，托尼·布莱尔的伟大成绩就是把公平和包容性的社会民主价值观与撒切尔主义的经济方案相结合。"②

在具体的政策举措方面，布莱尔政府提出了建立"更好的政府"和提供"更优质的公共服务"的目标，继续推行公民宪章制度(改名为"服务第一")。1998 年成立公共部门生产力特别小组，2000 年发表《2000 年开支审查》，引入了"服务交付协议"，2002 年推出《2002 年行政机构评论》，2003 年在中央各部推行"公共服务协议"，贯彻"物有所值"原则。布莱尔政府重要的改革文件包括：1997 年的《行政机构：连续性与变革》、1998 年的《加强政府管理：下一步》，1999 年的《政府现代化》等。在《政府现代化》白皮书中，布莱尔政府提出了公共服务的四项原则：(1)国家标准和明确的责任框架原则；(2)中央政府权力下放至地方政府，鼓励多样性；(3)灵活性和激励性，鼓励一线的突出表现；(4)为用户扩大选择范围。

---

① 胡代光：《剖析新自由主义及其实施的后果》，《当代经济研究》2004 年第 2 期。
② 〔美〕丹尼尔·耶金、约瑟夫·斯坦尼斯罗：前揭书，第 551 页。

为了推进政府现代化,布莱尔政府陆续推出了一系列的改革计划:(1)合作政府计划。1999年布莱尔政府提出,打算在10年内实现"合作政府",其目的在于改变"碎片化"的制度结构和以单项功能为导向的改革,打通相互隔膜的政府部门,加强与民众的互动,打造以包容性和整合性为特征的合作政府。(2)灯塔政府计划(beacon council scheme)。灯塔计划也称标杆计划,全称灯塔地方政府计划,是一种由中央政府的环境、运输和地方事务部颁发的、用以表彰那些通过评审产生的在某一方面为公众提供了最优质服务的地方政府。获奖政府可以获得奖金。2002—2003年共授予了54项这类奖项。发展学习型的公共组织,提高公共服务的质量是灯塔地方政府计划的主要目的。(3)最佳值计划。"在顾客介入和选择的基础上用成本效益模式为顾客提供高质量的服务是最佳值的核心原则。"①最佳值计划以绩效评估为基础,但范围更为广泛,包括评估过程和绩效改进过程以及利益相关者。工党政府用最佳价值计划取代保守党政府在地方政府公共服务中推行的强制性的竞争标准,即CCT(Compulsory Competitive Tendering)模式。最佳值计划的核心是用责任替代强制性的要求,同时鼓励地方政府引入业绩目标和指标来达到"持续改善",允许地方政府选择公共服务的"最佳值"。

二、美国的改革

第二次世界大战之后,美国历届政府以效率与效益为目标,都有一些政府改革的举措。例如,尼克松政府时期建立了全国生产率委员会(后更名为全国生产率和工作质量中心,1978年更名为全国公共生产率中心,主要是研究公共部门的生产率和推动公共部门生产率的发展),卡特政府制定了"文官制度改革法案"等。这些改革被认为都具有"新泰罗主义"的倾向。但真正引起世界广泛关注的美国政府改革,是1980年里根当选总统之后推行的"里根革命",这也被认为是美国"新公共管理"改革的起点。之后克林顿政府的改革,亦有许多引人注目的内容。

(一)里根政府的修正政策与改革政府

1980年,罗纳德·里根当选美国第40任总统。在他上任之前,从20世纪60年代中期开始,美国以至整个西方世界一直在经受凯恩斯主义后遗症即滞胀的折磨,表现为在通货膨胀居高不下的同时,就业率却在下降,产出增长速度也几乎陷入停滞,并伴随着高利率、高国债等一系列现象。大规模的国有化、严厉的政府管制、强烈的政府干预是那个时期政府公共政策的基调。这一段时间也正是里根任加州州长的时间。尤其在1973年第四次中东战争引起的石油危机之后,美国的失业率一直徘徊在10%左右,工业有25%开工不足,劳动生产率严重下降,通货膨胀率高居两位数,资本严重过剩并被逐步销蚀,国家竞争力空前衰落。美国国际经济政策委员会在1973年3月提出的《总统关于国际经济问题的报告》中说,早在1971年,"美国已经在很大程度上丧失了它在工业化的自由世界所曾经拥有过的占压倒优势的经济统治地位"。美国陷入了严重的经济衰退与通货膨胀。里根政府上台之前,1979年会计年度,美国联邦政府预算赤字5800亿美元,1980年美国物

---

① Steve Martin,"Implementing 'Best Value': Local Public Services in Transition," *Public Administration*, 78(1), 2000, pp. 209-227.

价指数上涨幅度为 13.5%,失业率为 7.6%,800 万人没有工作。①

1979—1980 年,在里根上台之前,爆发了第二次世界石油危机,导致美国的能源价格大幅上升,消费物价指数随之大幅度攀升,出现了超过两位数的通货膨胀率。1980 年把钱存入银行的实际收益率是-12.4%。1979 年夏天,美国联邦储备委员会即美联储主席保罗·沃尔克(Paul Volcker)力主实施紧缩的货币政策,不惜一切代价制止通货膨胀,为此连续三次提高了官方利率,骤然把名义利率提高了近 20%,因而吸引了大量的海外资金流入美国,导致美元飙升,从而一举改变了凯恩斯主义关于宏观经济政策要保证"充分就业"的经济思想,形成了所谓"沃尔克震荡",实际开启了里根革命的先声。

里根在 1981 年 1 月 20 日的就职演说中申明了他的政治信条和经验总结:"我们遇到了一次我国历史上最长、也最严重的通货膨胀……在目前的这场危机中,政府的管理并不是解决问题的答案,而是问题本身。"②在 1981 年 2 月 5 日的电视国情演讲中里根宣称:现在"美国的经济情况是大萧条以来最糟糕的",凯恩斯主义已经死亡,进而提出了长达 300 页的"经济复兴计划"。该计划用供给学派的政策主张对付经济停滞,用货币学派的政策主张对付通货膨胀,明确提出了四条施政纲领,并在两届任期内通过许多具体的公共政策不懈地推行。里根政府的政策主张及其理论基础,被称为"里根经济学"(Reganomics)。

1. 大幅度减税和改革税制。里根说:"这种税收制度损害了我们事业的成功,使我们不能保持充分的生产力。"③在里根革命之前,美国的失业率居高不下,一度攀高到 11.3%,通货膨胀加剧,而纳税人的纳税等级却由于政府公共开支不断增加和财政赤字规模的不断扩大而上升,最高税率高达 70%,不仅导致私人资本投资的比率不断下降,而且使税负的增长高于真实所得的增长,导致国民实际生活水平下降。对此,以税收与经济的关系为研究对象的供给学派提出了一套理论。供给学派笃信萨伊定律:供给能够创造自己的需求。供给学派的代表人物乔治·吉尔德(George Gilder)在 1981 年初夏出版的被称为"里根革命的圣经"的《财富与贫困》中提出:按照拉弗曲线(美国南加州大学经济学阿瑟·拉弗教授提出的一个假设,即减税才有可能增税收),税收并不会随着税率的增高而增高。在现代大多数民主国家里,税率的提高有一个限度,一旦超过某一点,税收的总额不仅不会增加,反而还会下降。因为税收不仅取决于税率的高低,而且取决于课税的基础即经济主体收入的大小。换言之,增税即提高高收入者的税率,只会使税收减少,特别是从高收入等级中得到的收入会减少。因为由于无利可图,他们会从生产性用途中抽回财富,去储藏黄金或其他可收藏的东西,或躲入税金庇护所,缩减生产,从而削减了课税基础,使税源萎缩,最终导致税收总额的减少。当税收达到 100% 时,将无人愿意投资和工作,政府税收也将降为零。而只有富人才有足够的资金去刺激经济迅速增长,又只有合理的税率才能诱使富人去投资。因此,按累进税率征税是对社会制度的主要威胁。按照拉弗曲线,美国的税率过高,早已进入刺激富人投资的"禁区"。所以,减免税收是激励企业家精神,从而扩大私人投资,促进经济增长的关键。④

---

① 岳西宽、张卫星译:《美国历届总统就职演说》,北京:中央编译出版社 2005 年版,第 286 页。
② 同上书,第 281—282 页。
③ 同上书,第 281 页。
④ 杜萌昆:《八十年代美国税制改革的回顾与思考》,《涉外税务》2001 年 4 期。

里根政府确信供给学派的理论是正确的,因为企业家追求的是利润最大化,职工追求的是收入最大化,而减税有利于满足他们的共同追求,分别调动他们的经营和劳动的积极性;认为税收是美国经济发展的一个制动器,减税才能促进经营活力,加快经济发展。为此,里根政府不遗余力地推动税制改革。在第一届任期内,里根政府税制改革的重点在解决税负过重的问题,途径则在于大幅度减少个人所得税。从 1981 年到 1984 年的 4 年间,个人所得税的边际税率降低了 25%,原来最低 14% 和最高 70%(个别高达 91%)的个人所得税税率分别降至 11% 和 50%,1981—1983 年减税总额达 3000 亿美元,同时联系通货膨胀因素,实行个税指数化。

但是,与英国撒切尔革命最初的情形相似,里根政府的政策最初是在"危机"中度过的。1981 年 7 月,美国开始进入战后以来持续时间最长、程度最严重的第八次经济危机。1983 年 4 月 13 日《幸福》杂志记载,虽然从 1981 年 10 月起有过两次减税,但 1982 年的私人储蓄额却由 1981 年 1350 亿美元降低为 1250 亿美元,私人生产性投资比 1981 年下降 4.8%,失业率从 1981 年的 7.5% 上升到 9.6%,失业人数突破 1100 万,国民生产总值增长率由 1981 年的 2.5% 下降到 2.1%,全美 500 家大公司的利润下降 27.1%,9 月底止已有 17 000 多家企业倒闭。与此同时,1982 年赤字既不是里根政府预计的 425 亿美元,也不是国会预算办公室估计的 600 亿美元,而是 1100 亿美元。诚如美国报刊评论,美国经济已陷入战后最严重危机,出现了 50 年来最高企业破产数,40 年来最高失业率,有史以来最大预算赤字。面临严重的经济危机,里根政府从 1982 年下半年起不得不自供应学派立场后退,同意增税以减少赤字。1982 年 6 月,国会通过美国历史上和平时期最大增税法案,规定在之后 3 年增收新税 983 亿美元。同年底,国会又通过对每加仑汽油增税 5 美分的法案,使政府每年可增加收入 50 亿美元。①

在经历了 1981—1982 年严重的经济衰退后,大幅度减少所得税的结果开始显现:600 万低收入者实际免除了税收,1982 年以来对新工厂和设备的实际投资年均增长 15.4%,失业率从 1982 年的 10.7% 降为 1985 年的 7.4%,通货膨胀率由 1980 年的 18% 下降到 1987 年的 3%,1984 年的经济增长率为 6.4%,同年第一季度的国民生产总值增长率竟达到了 10.1%,1—6 月综合上涨了 8%,工业开工率突破了 80%。从 1983 年起,经济持续回升达 72 个月,是美国第二次世界大战之后最快的经济发展速度和最好的经济社会状态。从 1982 年 12 月起,美国经济逐渐走出衰退,经济复苏势头比战后历次经济复苏都强劲有力,至 1988 年 5 月,美国经济持续增长 65 个月,成为战后和平时期经济增长持续时间最长的一次。美国国民生产总值占世界的比重也由 1980 年的 23% 上升到 1986 年的 25.2%。②

在第二届任期内,里根政府税制改革的重点转向解决税制过于烦琐的问题。里根政府认为,尽管有了很大的改善,但税制仍是复杂的、不公平的,税率仍然偏高,仍然影响着本来可能的发展速度。于是,1986 年 10 月,里根签署了由政府推动的被称为是"美国第二次革命的核心"的《税制改革法案》(Tax Reformation of 1986: Conference Agreement)。

---

① David Hamilton, "Welfare Reform in the Reagan Years: An Institutionalist's Perspective," *Journal of Economic Issues*, 24(1), 1990, pp. 49-57.

② Peter Hannaford, "Ronald Reagan's Crystal Ball: Accomplishing His Three Major Goals," *Vital Speeches of the Day*, 64(5), 1997, pp. 135-140.

这份 900 页的文件改变了美国税法的绝大多数条款,是自 1913 年美国建立所得税制度以来,对联邦税制做出的最大幅度的调整的税制法案,并引发了六十多个国家税制改革的洪流。该法案的主旨在于实现公平、简化和促进经济成长三大目标:

(1)所谓公平,是要改变税制的基本功能,即实现作为政府政策工具的税制向中性税制的转变。从 20 世纪 30 年代开始,美国政府一直把税收作为实现经济和社会政策目标的一种重要手段。这导致了三个问题:第一,税式支出越多,税基越小;税基越小,要取得既定收入,就必须提高税率;税率越高,越影响人们投资和工作的积极性。第二,广泛运用税收手段,包括税收减免和优惠等税收引诱,不仅腐蚀税基,更重要的是会使税法而不是市场成为决定使用经济资源的主要力量,扭曲劳动力和资本的使用及消费的选择,阻碍市场按最优的方式分配经济资源。第三,多种多样的补助和特殊规定,增加了纳税人对税负不公平的担心。① 改革按照低税率、宽税基、少减免的原则进行,规定公司所得税率在扣除各种优惠后,不得低于 20%。

(2)所谓简化,是要改变传统所得税制的过于复杂和烦琐的规定。改革后,将原最高税率 50%、最低税率 11% 的 15 级个人所得累进税制改为 15% 和 28% 的两档税制,另对高收入者征 5% 的附加税。在公司所得税方面,把原来 15% 到 46% 的五级税率,改为 15%、18%、25%、33% 四档税率,另对特高的数额范围加征 5% 的附加税。新税法同时降低资本所得税率,扩大了研究与开发费用的抵免范围。税制改革的结果,既进一步降低了个人和公司的税负,同时大大简化了税制,降低计算税收的社会成本。

(3)所谓促进经济成长,是指通过"简化"和"公平"的路径,达到刺激经济增长的目的。后来的实践证明,里根革命催生了美国历史上和平时期最长的一次经济增长,同时为美国的"高新技术"的迅速发展和"知识经济"的崛起注入了"催化剂"。在此意义上,罗纳德·里根被尊称为美国"今天的和平与繁荣时代的建筑师"。值得注意的是,里根政府强调通过减税降低生产成本促进经济发展,但是对新自由主义者所主张的取消最低工资的政策建议置若罔闻,拒绝如英国撒切尔政府一样取消最低工资保障。美国在 20 世纪 30 年代曾经经历了严重的劳资流血冲突,并在此基础上出台了《1938 年公平劳动标准法》,其中规定了最低工资保障。至 1997 年,美国的最低工资标准已经提高了 20 倍左右,而且,美国国会一直在寻求不断扩大最低工资的覆盖面。但是,在 80 年代的 10 年间,1% 的社会上层家庭的收入增长了 50%,5% 的社会上层家庭收入增长了 23%,10% 的社会上层家庭的家庭收入增长了 16%,而那些占人口 80% 的社会底层的家庭则全都失去了某些东西。②

2. 控制货币供应量和紧缩信贷。里根政府认为,货币主义的理论和政策主张是应对通货膨胀的最为有效的选择。货币主义亦称货币学派,简单地说是关于货币需求的理论,即认为货币数量的变动在经济活动中具有决定性作用。美国芝加哥大学教授弗里德曼于 20 世纪 50—60 年代在美国创立该学派。他于 1956 年发表了《货币数量论——重新表述》,对传统的货币数量说做了新的论述,为货币主义奠定了理论基础。与凯恩斯主义的

---

① 杜萌昆:前揭文。
② 胡代光:前揭文。

"货币没有意义"的观点相对立,货币主义认为货币有特殊的作用,是经济活动中最重要的因素,货币系统是社会的神经中枢,并相应构成了货币主义的核心命题。货币主义认为,通货膨胀率并不可怕,可怕的是通货膨胀变化率,因为只要通货膨胀变化率保持不变,那么,即使通货膨胀率高达100%,由于经济活动中的个体对通货膨胀有完全的预期,也就没有谁会因此遭受损害,因而与零通货膨胀的社会同样稳定。但是,流通货币数量的大幅度波动引起需求的大起大落,换言之,通货膨胀与过度紧缩都是错误的货币、信贷政策的结果,正是中央银行人为的变化不定、冷热不均的调整通货膨胀率的政策,造成了经济和社会的混乱。因此,解决通货膨胀问题的出路在于政府放弃对经济活动的任何干预,具体说,就是把货币存量作为唯一的政策工具,使货币发行增长率保持一个不变的速度,以使人们对通货膨胀有完全的预期。这种货币机制被称为"弗里德曼规则"(the Friedman Rule),而控制中央银行货币发行增长率的唯一有效的方法,就是在宪法中载明国家每年增发货币的数量,从而彻底剥夺中央银行管理货币的权利。[1]

依据货币主义的理论,里根政府对流通中的货币总量与活期存款实行控制,使通货膨胀率从1980年的12.4%下降到1982年的5.1%;1982年,将高达18%的利率调整到10.6%,并使之不断下降。对货币的控制抑制了通货膨胀,使经济发展减少了大量水分,从而大大提高了它的社会经济效益。但是,里根政府控制货币供应量和紧缩信贷的政策并不大成功。1982年货币供应量原定增长目标为4%—8%,但是,从1982年起,联邦储备委员会实际改变了紧缩的货币政策,开始放松银根,多次降低贴现率,使1982年货币供应量达到了11%。这实际部分地放弃了货币主义理论,部分回归了凯恩斯主义刺激需求的老路。

3. 压缩非国防财政支出和进行行政改革。里根说:"尽管我们课税负担沉重,却一直无法跟上公共支出的增加。"[2]里根政府认为,预算赤字是通货膨胀的根本原因,而社会公共开支和行政开支是导致预算赤字的基本原因。为了平衡财政预算,必须量入为出,从源头上控制通胀,大力压缩社会公共开支和行政开支。

里根上台时,美国的社会福利开支将近5000亿美元,其中,绝大部分是社会保障支出,同期联邦财政赤字超过5000亿美元。在比较长的时间里,美国的社会保障信托基金一直"收支相抵、略有节余"。从20世纪70年代后期开始,由于老龄化的加剧和失业人数的急增,社会保障开支压力不断增大,提高社会保障福利与削减联邦财政赤字的矛盾日益尖锐。1983年,美国社会保障信托基金的储备下降到最低点,仅有197亿美元,仅够支付1.5个月,在美国历史上首次出现了社会保障支付危机。对此,里根政府首先较大幅度地削减社会保障支出,1982年度的预算削减了414亿美元,1986年度又削减了958亿美元,被削减补贴的公共服务的项目涉及失业补助金,铁路、邮政的津贴等。其次,大力推进社会保障的替代。里根政府鼓励发展私人退休金计划,即雇主年金计划,其中的401K计划便是在这一时期兴盛起来的。根据美国1978年《国内税收法》(Internal Revenue Code)中适用于私人公司的第401条k项的规定,国家为雇主和雇员的养老金存款提供税收方面

---

[1] Aleksander Berentsen, Guillaume Rocheteau, "On the Friedman Rule in Search Models with Divisible Money," *Contributions to Macroeconomics*, 3(1), 2003, p. 1121.

[2] 岳西宽、张卫星译:前揭书,第281页。

的优惠。具体做法是,企业为员工设立专门的 401K 账户,员工每月从其工资中拿出一定比例的资金存入养老金账户,企业以不超过员工存入数额的一定的比例存入相应资金。同时,企业向员工提供 3 种到 4 种不同的证券组合投资计划。员工可任选一种进行投资。员工退休时,可以选择一次性领取、分期领取和转为存款等方式使用。这种做法将组织和实施社会福利的权力与职责授予了私人机构,扩展了社会福利体系的社会基础和财政基础,在一定程度上缓解了社会保障的财务危机。最后,主张"还权于州"。里根秉承尼克松政府的"新联邦主义"的政策思路,在 1982 年的国情咨文中提出要在 10 年左右的过渡时期内,把目前由联邦政府管理的大部分社会福利事务转交由州政府和地方政府管理,借以压缩联邦政府的职责、机构和开支。通过将分类补助改为整笔补助,联邦政府可以在 5 年内节省约 240 亿美元。①

里根政府期间,联邦预算赤字曾经一度有所下降,例如,从 1983 年的 1950 亿美元下降到 1984 年的 1750 亿美元,下降了 10.26%。1985 年,里根签署了《平衡预算法案》,从 1986 年财政年度起,逐步削减预算赤字。但是,在更多的年度,里根政府不仅没有能够有效地压缩公共开支,相反,由于面临第八次经济危机的巨大压力,又由于实现"军事凯恩斯主义",谋求与苏联进行军备竞赛的优势,国防开支要以 7% 的比例逐年增长,同时,大幅度削减社会福利项目在政治上存在极大的风险,所以,里根政府提出了一些不能削减的开支项目。最终的结果是,里根政府在实施了历史上最大规模的减税计划之后,又实行了历史上最大规模的增税计划。自 1982 年起,美国的联邦财政赤字开始明显增加,1983 年度高达 2000 亿美元,占美国国民生产总值(GNP)的 6%。这一财政赤字水平一直保持到 1986 年,同年联邦财政赤字达 2210 亿美元,同时国债从 1980 年的 9070 亿上升到 2 万多亿,数额之巨超过了联邦政府历年的总积累。有鉴于此,美国国会 1987 年通过了《葛姆-卢尔德曼-何林斯法案》(Gramm-Rudman-Holling Act, GRH),试图限制政府开支。该法案要求政府的财政赤字应逐年减少,到 1993 年彻底消除赤字,并规定国会应每年制定赤字上限,超过上限就自动按比例削减除国防开支外的全部政府开支。但一直到小布什政府的实践证明,留有制度缺口的规定是限制不了政府公共开支的。2006 年 3 月 20 日,美国总统布什签署一项法案,将美国的国债限额再提高 7810 亿美元,即从此前的 8.184 万亿美元提高到 8.965 万亿美元。这是布什上台 5 年多来,在 2002 年 6 月、2003 年 5 月和 2004 年 11 月三次提高国债限额之后的第四次提高国债限额。②

里根的自由主义的经济政策有效地解决了 20 世纪 70 年代以来经济停滞、通货膨胀问题,但同时留下了天文数字般的赤字和国家债务。里根政府在第一个任期(1981—1985 年)内创造了累计高达 6002 亿美元的赤字,超过 1933—1980 年间美国历届总统任内赤字总和;执政 8 年,累计财政赤字高达 1.3382 万亿美元,比之前的历届美国总统在 204 年中累积的财政赤字总额还要多。③ 几年之后,1992 年,年度联邦赤字高达近 3000 亿美元,累计赤字攀升到 4 万亿美元。与此同时,国家债务从 1981 年的 9980 亿美元增至 1989 年 3

---

① 杨柏华、明轩:《资本主义国家政治制度》,北京:世界知识出版社 1984 年版,第 238 页。
② 《美国总统布什签署法案再次提高美国国债限额》,《证券时报》2006 年 3 月 22 日。
③ Adrian W. Throop, "Reagan Fiscal Policy and the Dollar," Economic Review-Federal Reserve Bank of San Francisco, San Francisco: Summer 1989, pp. 18-27.

万亿美元,增加了 2 倍。

里根政府曾试图通过引入私人公司的管理方法、提高政府绩效、削减政府机构和压缩政府行政开支进行行政改革。里根政府时期的格鲁斯(grace)委员会提出的改革基本思路是,通过把私人部门成功的管理方法引入公共部门管理领域之中,提高政府的效率。1989 年,里根政府的政府管理与预算局(OMB)起草的一份管理报告,亦勾勒了"未来政府"的绩效标准基本轮廓。但从总体上看,里根政府关于政府行政改革的规模、程度、成效均不明显。

4. 放松管制(deregulation)。通过市场化运作解决美国经济的问题,是里根政府基本的政策理念和合乎逻辑的政策选择。在里根上台之前,美国被称为"管制资本主义"①的国家,政府直接拥有一些重要的公司,例如,田纳西流域管理局、地方公共电力事业、邮政体系、机场、码头和运输公司等。早在 1887 年,美国成立的州际商业委员会,就拥有管制铁路的权力。1913 年,美国建立了联邦储备委员会和联邦贸易委员会,随后,建立了罐头业与畜牧围栏管理局(1916)、食品和药品管理局(1931)、联邦通讯委员会(1934)、联邦证券与交易管理委员会(1934)、联邦海运委员会(1936)、民用航空委员会(1938)、联邦公路局(1966),进入 70 年代后,又设立了联邦铁路局(1970)、环境保护署(1970)、联邦邮资委员会(1970)、国家公路交通安全局(1970)、消费品安全委员会(1972)、能源管制局(1974)和核管制委员会(1974)等,连同州一级的政府管制部门,到 1975 年美国共有一百多个政府管制机构,而受管制行业的产值占全部 GDP 的四分之一。② 里根上台之后,以强大的政策意志和政策力道掀起了一场放松管制运动。

放松管制是相对管制而言的。所谓管制(regulation),包含规则、控制、管束、规章的意思,反映的是一种政府与工商企业的关系,即政府运用具有法律效力的规章对企业在市场上活动进行直接干预,或者说是行政机构制定并执行的直接干预市场机制或间接改变企业和消费者供需决策的一般规则或特殊行为。③ 所谓放松控制,即放松或解除国家的以各种经济、社会法规形式存在的规制,包括国家垄断、国家干预,转而限制国家在经济活动中的作用,让市场经济的自发调节机制充分发挥作用。

里根革命之前,政府对很多有高度发展潜力的而且利润率较高的行业,以自然垄断的名义进行很多管制,实行市场禁入,排斥竞争对手,实际上维持着行政垄断。里根政府上台之后,从航空业开始,大幅度解除了对电信、航空、铁路、货运、农业、发电和输电、金融、银行系统的管制,全面取消了市场准入的禁令。解除管制的一个成功典范是航空业。1985 年,里根政府制定了《航空业解除管制法案》,关闭了于 1938 年在罗斯福总统任内建立的民用航空管理局,事实上抛弃了罗斯福总统的"新政"管理体制。此前民用航空管理局的管制规章已经到了近乎荒唐的地步,甚至连"两个财政上有隶属关系的航空公司的职员是否可以穿同样的制服"这样的问题也需由该局审批。"开放天空"使消费者因此得到了巨大的实惠:民航票价大幅度跌落,而对民航服务的市场需求量急剧上升。到 1996 年,同样的航线,旅客少掏 26% 的钱。通信领域的情况是,美国电话电报公司的独家垄断变成

---

① 〔美〕丹尼尔·耶金、约瑟夫·斯坦尼斯罗:前揭书,第 57 页。
② 周其仁:《竞争、垄断和管制——"反垄断"政策的背景报告(三)》,《世界商业评论》2004 年 10 月 10 日。
③ 〔美〕丹尼尔·F.史普博:《管制与市场》,余晖等译,上海:上海三联书店 1999 年版,第 45 页。

了十几家的竞争,电信服务因此得到提升,电信价格下降,电信技术创新速度加快。资料显示,仅仅由于解除管制而为国家每年节约 500—700 亿美元。① 在放松管制的运动中,联邦和州通过证券市场纷纷出售政府拥有的公司权益,包括国有的铁路公司、港口和机场、军队的商业服务资源以及城市供水系统,还出现了民间保安公司部分替代了警察部门向社会提供按照市场规则运行的安全服务,甚至还出现了"公司化的监狱",通过竞标向政府司法部门承担市场化的犯人管理,到 1996 年,全美有 170 家公司制的监狱和看守所。在放松管制的基础上,里根政府开始"重新管制"(re-regulation),成立了联邦航空安全局,负责依法监督和管理各航空公司的飞行安全,而不再从事票价控制、航线分配和市场进入管制。其他领域情况类似。

放松管制也带来了许多严重的问题,例如,"开放天空"虽然使新公司的进入成为可能,却造成了某种程度的垄断,通过兼并,三家主要的航空公司占有了 55%的国内市场份额,同时造成了航线的航空收费比不受兼并影响的航线的航空收费平均增长了 39%。② 再如,解除银行管制后,美国 3000 多家储贷银行开始了疯狂的投机,银行对房地产的贷款在 1986—1990 年间增长了几乎一倍,为 80 年代后半期的房地产危机埋下了伏笔。届时,储贷银行体系事实上已破产。到 1989 年,超过 400 家银行宣布无清偿能力,其余银行也仅靠紧急合并和政府基金注入 3000 亿美元才得以幸存。在整个 80 年代,在解除管制和税法改革的刺激下,投机者借助"垃圾证券"和"杠杆买空",进行疯狂的投机和掠夺,一步步走向并最终酿成了 1987 年 10 月华尔街股市的大崩盘。1987 年 10 月 19 日,华尔街股票交易所的道琼斯 30 种工业股票平均指数下跌了 22.62%,仅低于 1914 年 12 月 12 日下跌 24.39%的历史最高纪录,大大高于触发 20 世纪 30 年代大危机的 1929 年 10 月 28 日下跌 12.82%的幅度。③

几年之后,随着美国能源业巨头安然(Enron)公司于 2001 年 12 月 2 日申请破产,放松管制的后果进一步显现。安然公司成立于 1985 年,总部设在美国得克萨斯州的休斯敦,曾是世界上最大的天然气交易商和最大的电力交易商,还从事纸浆、纸张、塑料、金属交易以及为世界各地的客户提供金融和风险管理服务,在美国公司 500 强中名列第七,在 2000 年《财富》世界 500 强排名第 16 位,拥有资产 498 亿美元,雇员超过 2 万人,年总收入达到 1000 亿美元,利润达到 10 亿美元,其业务遍布欧洲、亚洲和世界其他地区。公司曾被《财富》杂志评为美国最有创新精神的公司,其股价最高达到每股 90 美元。2001 年年底,安然公司利用复杂的财务合伙形式,虚报近 6 亿美元的盈余和掩盖 10 亿多美元的巨额债务的问题暴露,受到美国国会 5 个委员会、美国证券交易委员会、美国劳工部、美国司法部、美联邦调查局的调查。安然公司倒闭所形成的震撼和冲击是极其强烈的,其引发的思考是极其广泛而深远的。从某种意义上说,其影响并不亚于"9·11"事件。这桩世界经济史上最大规模的破产案,以及紧随其后的世通(WorldCom)、施乐(Xerox Corp.)、默克

---

① Murray L. Weidenbaum, "Regulatory Reform: A Report Card for the Reagan Administration," *California Management Review*, 26(1), 1983, pp. 8-25.

② [美]默里·L.韦登鲍姆:《全球市场中的企业与政府》,上海:上海人民出版社、上海三联书店 2002 年版,第 228 页。

③ 李长久:《美国经济增长的特点、问题和启示》,《现代国际关系》2000 年第 3 期。

(Merck)、强生(Johnson & Johnson)、奎斯特(Qwest Communications)、美国在线时代华纳(AOL Time Warner)等美国巨型跨国公司虚报盈余和掩盖巨额债务案,安达信审计公司(Arthur Andersen LLP)销毁有关信息资料以及世界著名五大会计师事务所提供不实会计资料案,摩根士丹利(MorganStanley)、高盛(Goldman Sachs & Co.)、美林(Merrill Lynch)等享誉世界的证券公司发布不实分析误导消费者案①,共同形成了以安然公司为代表的在高速成长期利用信息不对称欺骗投资者以谋取不正当利益的所谓"安然现象"。安然现象警示世人重新审视政府监管。

但是,从整体上看,在里根离去的时候,美国国民生产总值占世界的比重由1980年的23%上升到1986年的25.2%,国民生活状况明显改善,同时,通过军备竞赛拖垮了老对手苏联,这使得他的价值观和政策选择在他离开华盛顿时比他到这里时更受欢迎。

(二)克林顿政府的修正政策与改革政府

克林顿政府上台后,如同英国的布莱尔工党政府在继承撒切尔保守党政府政治遗产的同时秉承"社会民主"的传统价值观那样,它明智地选择了延续里根政府的市场化改革的道路,同时坚守民主党传统的价值观,试图通过市场竞争与国家干预的有机结合,演绎美式的"第三条道路",而增税、改革社会保障制度和改革政府,是克林顿政府选择的实现政治理念和既定政策目标的路径。

里根政府的财政政策导致联邦财政状况持续恶化。到老布什下台时,美国已经积累了4万亿美元的国债。联邦财政赤字已经成为导致长期利率居高不下,约束国内投资的重要因素。与此同时,从80年代后期开始,美国的经济增长趋缓,生产率提高很慢,1990年第三季度终于爆发战后第9次经济衰退。在关于引发这次经济衰退的原因的争论中,公众把原因归于政府的无所作为。正是在这种背景下,克林顿政府一开始就以"行动主义"作为自己的执政标识。

克林顿在1993年1月20日的总统就职演说中宣称:"美国要世世代代存在下去,就必须变革。……当多数人工作增加而收入减少的时候;当其他人根本不工作的时候;当医疗开支给家庭造成沉重负担并给大大小小的企业造成破产威胁的时候;当遵纪守法的公民因为惧怕犯罪活动而失去行动自由的时候;当千百万贫困的儿童甚至无法想象我们呼吁他们去过的那种生活的时候——我们并没有使变革成为我们的朋友。……现在已经到了破除那种不付出代价就想收获的坏习惯的时候了,不能光指望我们的政府或别人。让我们都担负起更大的责任。"②

克林顿在1997年1月20日的总统连任就职演说中宣称:"今天我们可以宣布:政府不是问题,也不是答案。我们,美国人民,我们才是答案。……政府必须随着时代的变化而变化。我们在新世纪需要一个新的政府,一个谦卑得不力图解决所有问题但强大得足以赋予我们解决问题的工具的政府,一个规模较小、量入而出、少花钱多办事的政府,然而,在全世界能够维护我们的价值观和利益的情况下,在能够给美国人力量以便使他们的日常生活发生真正变化的情况下,政府应该多干而不是少干。我们新政府的首要任务,是

---

① 袁铭良:《安然事件引爆"五大"诚信危机》,《新财富》2002年第1期。
② 岳西宽、张卫星译:前揭书,第357—358页。

给所有美国人机会。"①

克林顿政府主要采取了如下措施。

1. 增税。在任何国家,增税都是有一定政治风险的政策选择。克林顿政府为了达到削减赤字,实现财政平衡的目的,抓住美国经济衰退而保守主义的政策不得民心的机会,一反里根政府大幅度减税的政策,大胆地提出了通过增加税收改善国家财政状况、提高公共财政支付能力的主张。同时,在改革策略上,克林顿政府高举税负公平的旗帜,把增税的主要负担放在了富人身上。新税法的所得税的提高只增加了1.2%的高收入层的税负,新税法规定的五年中2460亿美元增税额的80%被由年收入在20万美元的富裕者承担。这就使新税法赢得了大多数纳税人和社会多数人的支持。

1993年,"克林顿税收计划"在参议院表决,尽管共和党人声称加税必将损害经济,反而会减少财政收入而全部投了反对票,但是该议案最后还是以一票之差获得通过。克林顿政府税制改革的主要内容包括六个方面:第一,提高累进制个人所得税的上限,最高税率从31%提到了36%,凡夫妻两人应税收入高于14万美元,单身汉应税收入高于11.5万美元的都要按36%纳税。这样,原来收入在20万美元以上的家庭和15万美元以上的个人被列为富人,现在则分别扩展到14万美元和11.5万美元。第二,对应税收入在25万美元以上者再加征10%的附加税。第三,增加富人的医疗保健税,取消原先13.5万美元的个人医疗保健税的上限,收入超过此数的同样按1.45%纳税。第四,对富人增收社会保障税,原规定应税部分为这种收入的50%,新规定扩大到85%。第五,减少对大公司的税收优惠,公司所得税从34%提高到36%;同时,原规定公司经理请客吃饭的开支可以享受80%的课税扣除,现在降到50%。原来公司经理加入俱乐部的会费以及进行院外游说活动的开销可以享受课税扣除,现在规定年薪在100万美元以上的经理人员不再享受这种优惠。第六,普通家庭承担能源税。对汽油、天然气、煤炭等不同类型的能源规定高低不同的税率,其中,汽油税最高。一个年收入2.5万美元,每年支付2242美元能源费用的家庭,大约要负担10.5美元的能源税。年收入低于2万美元的家庭,将得到补贴或课税减免以保证不增加他们的负担。②

2. 改革社会保障制度。1995年,美国社会保障与医疗保险信托基金托管委员会在其年度报告中指出:社会保障信托基金预计在2030年或2029年陷入破产,而医疗保险信托基金可能在2002年或2001年耗尽。1996年8月1日,经过艰苦的讨价还价,众参两院通过了两度被克林顿否决的关于《社会福利改革法案》的联合决议案,经克林顿签署生效后,正式揭开了自1935年以来美国最大规模的社会保障改革的序幕,改变了实行六十年的联邦政府统筹下的联邦政府现收现付与州政府、地方政府社会援助相结合的社会保障模式,最终结束了联邦政府为公民福利金担保的社会福利政策。

美国的社会保障制度是罗斯福新政的一部分,曾经被称赞是美国政府最伟大的成就之一。罗斯福说:"早先,安全保障依赖家庭和邻里互助,现在大规模的生产使这种简单的安全保障方法不再适用,我们被迫通过政府运用整个民族的积极关心来增进每个人的安

---

① 岳西宽、张卫星译:前揭书,第364页。
② Business Week, Aug. 16, 1993, p. 23.

全保障。"①1935年,在经历了1929—1933年最严重的经济危机后,为了帮助美国人从困境中恢复过来,美国国会通过了《社会保障法案》(Social Security Act),经罗斯福总统1935年8月14日签署,正式设立了联邦社保基金(Old Age Survivor and Disability Insurance, OASDI),进而建立了老年退休金、遗属福利金以及向残疾人提供帮助的制度,而且,为了强调其重要性,规定美国的"社会保障"的两个英文单词的首字母在任何场合总是大写,即"Social Security"。

克林顿政府认为,政府传统的向贫困家庭提供无限期福利补贴的政策,虽在解决穷人的基本生活问题方面发挥了积极的作用,但同时导致懒惰的泛社会化以及依赖福利体系生活的人日益增多的不良结果。国家财政为此事实上已经难以为继。所以,改革势在必行。改革应当注重福利制度的非国家因素和市场化运作,社会保障应让个人、家庭、社区和市场共同发挥作用。克林顿政府社会福利改革的主要内容是:

第一,在六年中削减550亿美元的福利开支,其中大多数的削减来自福利现金,也包括一部分食品券福利金和得到联邦政府援助的合法移民的福利费用,最终达成预算平衡。第二,冻结赠款,州政府而不是联邦政府有权决定如何分配使用联邦有限援助资金,州和地方政府必须对福利基金做出自己的贡献。联邦政府的社会保障职能逐渐从直接责任者向决策者和监督者的角色转变。第三,福利接受者享有福利金限制为五年,有工作能力的成年人在接受福利补助的两年内必须参加工作,有工作能力而又不抚养孩子的人在三年之内只能领到食品券补助。但是,如果没有工作机会该如何处理,该法案没有规定。第四,控制对20%家庭的豁免。第五,18岁以下的未婚母亲必须在校并且和成人住在一起,才能享受福利金。第六,新移民在头五年内没有领取食品券和领取残疾补助的资格。

3.改革政府。政府绩效(government performance)是战后历届美国政府关注的政府管理主要问题之一。例如,1960年,艾森豪威尔政府提出了"规划—计划—预算系统"(PPBS),1970年,尼克松政府提出了零基预算(Zero-based Budgeting),1980年,卡特政府提出了目标管理(Management by Objective)和质量管理(Quality Management),其目的都在于提高政府绩效,有效配置公共资源,但效果一直并不甚理想。

政府绩效同样是克林顿政府改革政府的中心议题。克林顿宣称:"我们的目标在于使整个联邦政府降低开支,提高效率,改变国家官僚机构中骄傲自满、不思进取的现象,增强主动性和责任心。我们力图重新设计、塑造、振兴整个全国政府。"②

1993年,美国国会通过了《政府绩效与结果法》(Government Performance and Results Act,GPRA)。该法案认为,联邦事务中广泛存在着浪费和无效率的行为。这些行为既降低了美国公众对政府的信任,也削弱了政府满足公民需要的能力。同时,由于对结果和绩效的关注不足,政府在政策制定和执行方面存在着严重的障碍。因此,有必要强调政府行动的绩效和结果。为此,该法案明确提出了政府绩效改革的目标:第一,联邦政府必须系统地为自己的行动结果承担责任;第二,通过绩效改革运动,引导政府行为确定项目目标并相应实行绩效评估,向公众公布结果;第三,通过注重结果、服务质量和顾客满意度,提

---

① 〔美〕罗斯福:《罗斯福选集》,关在汉译,北京:商务印书馆1982年版,第58页。
② 卢淳杰:《20世纪美国的政府改革历程与启示》,《学术研究》2004年第5期。

高政府的效率和对公众的责任感;第四,为联邦官员提供更多的关于项目结果和服务质量的信息,促使他们制定实现目标的计划,为公众提供更多的和高质量的服务;第五,为制定相关法令提供更多的关于目标方面的客观的信息,增进国会决策,促进联邦项目的效率和效能;第六,提高联邦政府内部不同机构相互间的管理。同时,该法案规定了政府绩效管理的内容,包括各联邦机构的战略规划、年度绩效计划与年度绩效报告等;规定了通过加强管理责任与管理弹性提高政府的绩效;规定了政府绩效管理的实施进程,包括各联邦机构的战略规划、年度绩效计划、年度绩效报告的制定与提交,以及绩效管理试点;规定了GPRA 与国会监督的关系,与审计总署的关系,与人事机构的关系。①

从推行《政府绩效与结果法》的实际情况看,克林顿政府采取了循序渐进的态度。从1993 年颁布开始,大体上每一年推出一项新的改革措施:1994 年开始绩效评估试点,1995 年开始管理责任与弹性的试点,1997 年开始提交战略规划,1998 年开始绩效预算试点,1999 年开始提交年度绩效计划,2000 年开始提交年度绩效报告。前后历时 7 年,直到 2000 年法案的全部内容才在所有的联邦机构中普遍实施。

赞同意见认为,这些改革动摇了传统的反映工业文明的官僚制模式,昭显了以分权化、顾客中心、结果导向的新的政府管理模式的主要特征。批评意见认为,竞争是企业的精神,而"民主政府最基本的要求是运用法律来驾驭公共官僚制度,而不是通过竞争"②。增强行政管理弹性的改革要求破除的某些规则和程序,恰恰是传统法制行政的基本要求,改革近似违法。所以,7 个试点政府部门和 1 家独立机构共计 61 项有关放权的建议无一获得白宫管理与预算局的批准,其中约四分之三的下放权力的建议因违反法律或其他原因而被直接否决,其余的四分之一则由 OMB 等机构通过其他手段加以折中处理。新绩效预算即以绩效考核为基础而不以部门为单位的自主性预算支出,与现行的预算法的某些规定相悖,所以,只占政府支出的三分之一。新绩效预算对政府部门的工作绩效产生的激励作用有限;不同功能、不同层级政府机关之间的良好的信息沟通与协作只可能是一种愿景,因为,分权与制衡是美国的宪法原则,也是美国国家权力的体系的精义所在。③

贯彻实施《政府绩效与结果法》是国家绩效审查委员会的中心工作。1993 年 9 月,国家绩效评审委员会公布了以奥斯本和盖布勒的《改革政府》一书为指导的第一份报告——《从繁文缛节到结果导向:创造一个花钱少、工作好的政府》,即"戈尔报告"。该报告指出:美国在发展新公共管理方面已经落后了。当代的迅速变化着的世界、闪电般的信息技术、全球性竞争和需求式的顾客,使得庞大、自上而下的官僚体制(无论是私人的,还是公共的)已经失效。因此,必须改革。该报告提出的政府改革的四项主要原则是:第一,消除繁文缛节,由注重过程的系统转变为注重结果的系统;第二,把顾客放在首位;第三,授权雇员以取得成果;第四,一削到底,并创造出一个少花钱多办事的政府。④ 其后,国家绩效评审委员会陆续发表了《国家绩效评价报告:创造优异的领导与管理》《国家绩效评

---

① 林鸿潮:《美国〈政府绩效与结果法〉述评》,《行政法学研究》2005 年第 2 期。
② 卢淳杰:前揭文。
③ 林鸿潮:前揭文。
④ 陈振明:《走向一种"新公共管理"的实践模式——当代西方政府改革趋势透视》,《厦门大学学报》2000 年第 2 期。

价报告:政府服务的改革建议与行动》和《国家绩效评价报告:顾客至上——为美国人民服务的标准》,后者被称为有史以来第一本政府服务标准手册,专题介绍政府各部门制定服务标准的情况。1998年,该委员会更名为全国重塑政府合作伙伴关系委员会(The National Partnership for Reinventing Government)。

1993年9月,克林顿签署了《规章计划评论》(Federal Register)的第12861号行政命令,要求废除过时的规章制度。① 随后,联邦政府清理了厚达64万页的各种规章、法则,取消了16 000页的规章制度,因此节省财政开支达1360亿美元;1994年3月,颁布《联邦雇员重新调整法案》(The Federal Workforce Restructuring Act of 1994),要求联邦政府1999年之前裁减272 500人,为此授权联邦机构"买出"雇员,以鼓励雇员离开联邦政府。从1993年1月到2000年9月,联邦政府共裁减人员426 200人,14个内阁部门中的13个部精简了规模,裁减了7.8万个管理岗位,同时2000多个地方派出机构和250个项目部门减少了管理层级。克林顿政府因此成为美国20世纪50年代以来规模最小的政府。②

此外,同年9月,克林顿政府正式宣布了"国家信息基础设施"(National Information Infrastructure,NII)计划,即"信息高速公路"计划,并视其为美国科学技术战略的关键部分和国家最优先的任务,以及美国未来新型社会资本的核心,把美国经济引入了"新经济"的发展轨道;1994年10月,克林顿政府出台了《联邦采购简化法》,改革了政府的采购制度;1995年5月签署了《文牍精简法》,提出了建立电子政务的原则和要求。

克林顿政府的执政业绩多受到赞扬。克林顿政府执政期间,美国经济经历了第二次世界大战以来最长的一次经济繁荣。虽然这次繁荣始于里根政府时期,但却贯穿整个克林顿政府执政时期。克林顿政府执政8年(1993年1月到2001年1月),美国国内生产总值从里根时期的平均年增长率1.8%,上升为90年代的2.7%,每年增长额度高达7000亿美元,按照每家每户的增收额度计算,平均年增收入即达7000美元,再至2000年的4.7%,年均涨幅高达3.5%;财政状况大为改观,财政赤字从1992年占GDP总值5%的高峰,即2904亿美元,扭转为1998年实现三十年来的第一次预算平衡,财政盈余692亿美元,2000年盈余2370亿美元③;通货膨胀率不到2%,失业率一直在4.6%—4.9%,创24年来最低,创造了1000万个以上的就业机会。其间,以信息产业为代表的高科技产业的国内生产总值创造了国内生产总值的27%。④

克林顿政府也是幸运的。从2000年下半年开始,美国一些大公司开始大幅度裁员,公司利润率大幅度下降。2001年上半年,破产倒闭的网络公司超过500家,比2000年同期增加了9倍以上,截至2001年9月,美国经法院批准破产和向法院申请破产的案件达38 490起,比上一年增加了2400余起,其中包括一些巨型跨国公司。2001年9月21日,作为"新经济"标识之一美国纳斯达克综合指数跌破1500点关口,最低点与2000年3月

---

① Elimination of One-Half of Executive Branch Internal Regulations, Federal Register page and date:58 FR 48255; September 14, 1993.
② 王玉华:《20世纪90年代美国政府创新实践及启示》,《中国经济时报》2005年10月28日。
③ 《世界经济年鉴》(1999—2000年),北京:经济科学出版社2001年版,第291—292、294、561页。
④ Yuhua Qiao, Khi V. Thai, "Reinventing Government at the Federal Level:The Implementations and the Prospects," Public Administration Quarterly, 26(1/2), 2002, pp. 89-117.

10日创下的最高收盘记录5048.62点相比,跌幅高达71.81%,标志着美国经济全面陷入衰退。①

三、新西兰的改革

新西兰人口还不到400万,国内市场非常狭小,而且地理位置属于最偏远的国家之一。20世纪50—60年代的新西兰是世界上最繁荣的国家之一,人均国民生产总值一度居世界第三,并实行了广泛的福利社会保障政策。

(一)新西兰修正政策与改革政府的背景

进入70年代后,由于多方面的原因,新西兰经济繁荣的基础开始动摇,经济陷入了极大的困境之中,同时财政和社会出现危机。有关统计显示,1975—1985年间,新西兰的经济平均增长率为1.79%,同期的消费物价上涨指数则由战后的年平均5.46%,上升为13.16%,通货膨胀率高达17%。1984年,农业成本攀升导致全国失业人数达13万人,公共事业的严重不景气,导致1984年的对外债务比1974年增加了18倍,高达新西兰币143亿元。人均国民生产总值已退居世界第32位。经济事实上已经丧失了竞争力,变得毫无活力。政府不得不靠银行管制、外汇管制、出口管制、冻结物价、冻结工资等管制政策维持社会稳定。管制经济的死路已经走到了尽头。②

(二)新西兰修正政策与改革政府的主要内容

1984年工党政府上台后,在年仅42岁的总理(他的内阁部长们平均年龄45岁)戴维·朗伊(David Lange)和财政部长罗根·道格拉斯(Roger Douglas)的主导下,新政府以财政部和行政人事管理委员会为中心,制定了内容广泛的"道格拉斯改革"计划。1990年国民党代替工党上台执政后,虽然政策有所调整,但基本上继承了工党政府的改革政策。新西兰改革被称为"脱胎换骨"式的改革,其激进和彻底的程度较英国和美国有过之而无不及。

通过法律确立改革的思想、方向和原则,以此增加改革的合法性,是新西兰改革的一个重要的特点。新西兰的改革是建立在四部重要的法律基础之上的:1986年的《国有企业法》(State-owned Enterprises Act)、1988年的《国家部门法》(State Sector Act)、1989年的《公共财政法》(Public Finance Act)和1991年的《雇佣合同法》(Employment Contracts Act)。这四部法律分别为公共部门的公司化、私有化,政府机构和公务员制度改革,改革公共财政体制以及调整劳资关系和劳动合同关系提供了法律依据。在制定相关法律的基础上,新西兰政府对现行管理体制进行了大刀阔斧的改革。

1. 改革经济体制。③ 新西兰的经济改革以新自由主义的理念为指导,以改变政府与市场的关系为主线,以放松管制为基调,以私有化、公司化、自由化为价值取向,内容几乎涵盖经济生活的每一个方面。

---

① 曹兼善、朱秀芬:《资本与改革》,延吉:延边大学出版社2004年版,第285—301页。
② Maurice P. McTigue, "Alternative to Regulation: A Study of Reform in New Zealand," *Regulation*, 21(1), 1998, pp. 34-41.
③ 引自 www.fazhi.com.cn。

（1）改革金融和财政体制。1985年，新西兰开始实行浮动汇率制，1987年取消了对银行数量和银行间竞争的限制，彻底实现了银行自由化。1989年制定了《准备银行法》，明确规定中央银行独立于政府；1989年通过了《公共财政法》，规定了议会批准公共开支的程序，规定每一笔议会限额拨款必须有明确的目的，而且大多数拨款均按各部门向公众提供产品和服务所需费用计算；同时规定了政府及其各部门应就其绩效目标和结果向议会做出报告，应制定政府管理银行账户、投资和借贷的守则。1993年制定了《财政责任法》，规定政府有义务按照企业式的"发生"的会计原则编制财政报告，并予公开。

（2）改革国有企业。改革之前新西兰的许多大型的企业，包括 Telecom，Air NZ，Contact Energy，NZ Post，Transrail 等都是国有的。作为"企业"，它们甚至还要用纳税人的钱来维持。所以，朗伊政府以削减财政赤字和提高效率为目标，广泛推行国有公共事业的私有化和公司化。新西兰政府先后对航空、保险、银行、港口、邮政、机场、铁路、通信、钢铁、煤炭、造船、旅游等四十多个国营事业实行了企业化，其中1987—1996年间有28家实现了完全或部分民营化，出售收益有136亿新西兰元，用来偿还外债。

（3）改革税制。税制改革是新西兰经济改革的重要组成部分，具体的政策措施包括：第一，降低税率，拓宽税基。个人所得税的最高边际税率从原来的66%降到30%，个人所得税累进税率由6级（20%—66%）改为2级（21.5%、33%）。1996年度预算中，将个人所得税税率的低税率由24%调为21.5%。实行宽税基，使个人所得税收入占全部税收收入的比重从1980—1981年度的57%下降到1995—1996年度的38%。第二，降低公司税税率。居民公司的公司税税率，从原来的48%降到33%；非居民公司的公司税税率，从原来的53%降到38%。第三，实行单一税率的增值税，即物品与劳务税（goods and services tax，GST），1986年是10%，1989年提高为12.5%，代替税率档次繁多的营业税。由此改变了税收收入结构，增加了财政收入：1995—1996年度，GST收入（包括海关代征部分）为77.61亿新西兰元，占全部税收收入的25%左右。此外，还包括取消投资税收优惠，征收附加福利税，消除重复征税，改革对年金所得和分配的税收待遇，对利息和股息征收预提税（利息的税率为24%，股息的税率为33%），修改对基础产业的税收优惠，对新西兰居民取得的来源于境外的所得在当期征税，无论是否通过外国实体取得，也无论该所得何时由外国实体分配，以及堵塞避税漏洞等。①

（4）改革劳动政策。1991年制定的《雇佣合同法》规定，雇员和雇主可以自由签订合同，实际废除了以往的按照职业类别组成的各工会以中央集权方式决定工资水准的做法。该法还允许自由成立工会，废除了以往的"强制加入工会制"，代之以任意加入制。同时，该法取消了对商店营业时间的限制，取消了周末工作要必须加付给员工50%或100%工资等规定，使得商家愿意在周末和晚上营业，市场因此活跃，新西兰才有了夜生活与周末生活。《雇佣合同法》实现了多种雇佣形式，明显提高了劳动生产率，尤其是制造业和服务业的劳动生产率。

（5）改革外贸体制。以市场化为导向，新西兰政府不仅取消了大部分的农业补贴和保护农产品价格的制度，而且取消了对出口产品的垄断，同时取消了进口数量限制和进口

---

① 张明娥、王晓悦：《新西兰的税制改革》，《税务研究》1999年第7期。

许可证,分阶段地降低了关税。这一政策一度降低了新西兰的生产能力和出口竞争力,但很快得以恢复,并出现强劲增长。

2. 改革社会保障制度。① 新西兰是世界上最早实行社会保障制度的国家之一,至今已有一百多年的历史。1898年继德国和丹麦之后通过了《老年人退休金法》,1915年通过了《伤残保障法》,1901年通过了盲人保障法,1938年通过了社会保障法,建立了全面的社会福利制度,其后,新西兰的社会福利的适用对象和范围不断扩大。80年代改革以前,新西兰实行免费教育、免费医疗、国家养老金及失业补助等高福利政策,政府向失业者、孤儿、永久残疾者、临时患病者、丧偶者和单身父母等提供7种救济金和36种单独的补助金,而个人无须交纳保费。"全民化、普遍支付、不会有制度不能覆盖的穷人,是新西兰社会保障的一大特点。"②

改革后,新西兰将所有的救济金、补助金合并为一种基础补助金,同时对高等教育和医疗实施部分收费政策,实行由受益者负担一部分费用的福利制度,同时通过多种形式,引入竞争机制和民间企业的管理方式。

3. 改革政府。③ 在经济领域推行私有化、公司化、自由化政策的同时,新西兰以1988年通过的《国家部门法》为依据,对政府行政体制改革进行了全面和系统的改革。改革的重点,在于改变传统的官僚科层结构,建构注重绩效、降低行政成本和自主管理的新公共管理模式。

(1) 重构中央部、局。主要做法之一是把制定政策与执行政策的部门和职能明确区分开来。由总督与内阁成员组成的行政会议是新西兰最高的行政机构。行政会议由总督主持,但内阁掌握实权。改革之后,新西兰政府以内阁(总理、副总理、内阁部长组成)为国家行政决策机构,以总理内阁府、财政部和国家服务委员会(state services commission, SSC,独立性很强,委员长由首相推荐,总督任命)为三大中央机构作为整个政府的核心部门,协调整个政府的活动。同时,中央的部、局专司制定政策的职能,而把公共事业单位和执行部门从政府中分离出来,前者变为国有企业,后者变为执行机构,专司执行职能。

(2) 引入契约管理关系。《国家部门法》规定,建立首席执行官制度,原有各部、局的次官改为首席执行官,不再享受公务员的终身制。首席执行官实行社会招聘,没有资格限制,可以从民间甚至外国人中任用,并实行合同制和任期制(任期最长为五年,期满可以续聘),由此把市场化的契约关系引入了政府管理。各部门首席执行官是公务员系统最高文官,由国家服务委员会雇佣,对本部门主管部长负责,负责本部门的全面日常工作。部长与首席执行官签订合同,合同规定首席执行官需要提供的行政事务或服务的量、质、费用等,同时赋予各部首席执行官相应的自主权:雇佣、解聘本部门工作人员和确定工资待遇的自主权,管理本部门事务,包括购买物品和服务、自主设置组织机构的自主权。首席执行官承担议会对本部门拨款的全面责任。国家服务委员会对首席执行官的业绩进行年底和任期届满考核。国家服务委员会同时负责任免各行政部门首长,以及考核其部门绩效

---

① 张如石:《从国外社会保障制度比较中得到的启示》,《经济纵横》2004年第7期。
② 同上。
③ Derek Gill, "New Zealand Experience with Public Management Reform or Why the Grass is Always Greener on the Other Side of the Fence," *International Public Management Journal*, 3(1), 2000, pp. 55-66.

和促使行政部门首长保持本部门的能力。首席执行官制度使政府的大量公共服务活动经由市场化运作被委托给企业和社会组织。

（3）削减国家公务员,降低行政成本。改革后,政府公务员由1985年的85 000人减为1995年的34 000人,减幅高达60%。被削减的人员半数进入国营企业。与此同时,还对包括政府总理、部长在内的高级公务员以及各级政府官员的住房、公务用车等做出了严格规定。

（4）减少政府资产。经过十几年改革,新西兰政府绝大部分中央和地方政府的房产都已出售给私人,仅保留了内阁和议会办公楼综合体,政府不再拥有任何独立的房产。各部委因此均无自有的办公或业务大楼,而全部租用首都房地产公司（政府将位于首都的九栋原部委大楼的优质资产剥离出来成立首都房地产公司,并公开上市,使之成为股份公司而不再是国有企业。该公司80%的股份由新西兰普通民众拥有）的大楼或附近其他商业大楼。即使保留的内阁和议会办公楼综合体的管理,也完全采用了商业化模式。

改革使新西兰成为经济合作与发展组织成员国中政府管制最少的国家。但在改革的最初阶段,从1984—1991年期间,由于企业的破产倒闭和政府活动的削减,新西兰不仅出现了大量的失业,而且竞争趋向激烈,贫富差距扩大,社会矛盾增加。从1991年开始,新西兰经济开始恢复,1994年在西方经济普遍不景气的情况下,依然保持了6%的增长率,通货膨胀率仅为1.5%。1996年的"世界经济论坛"将新西兰的经济竞争能力排名在全球第三。从1999年开始新西兰经济出现强劲复苏,截至2000年3月,由于新币贬值,出口增加了8.1%,是当时出口增长最快的一年;2000年投资增长了6.6%,GDP增长3.5%,通货膨胀率1.5%,下半年就业率上升,年底失业率仅为5.6%,创造了自1988年以来的最低纪录。①

1999年上台的中左的工党—联盟党的政策取向有所变化,主张政府更多干预经济和提高社会福利水准的政策,包括停止政府执行了15年的改革计划,停止国有企业私有化的改革,废除《雇佣合同法》,调高养老金比例,提高非熟练工人的最低工资,调高薪金高收入者的个人所得税等。②

近年来新西兰的经济状况并不乐观。经济合作与发展组织2005年发展报告指出:新西兰经济在过去两年中表现不错,但是现在的经济显得比较糟糕,特别是经济增长率从2004年的4.4%下降为2005年的2.9%。在经济合作与发展组织的30个国家中生产力最低。截止到2005年7月份,新西兰的外贸赤字总额已经达到了37.7亿美元,而去年同期则为24亿美元,同期出口则下降1.4%,为16.9亿美元,仅7月份的贸易赤字为4.34亿美元,是新西兰有史以来最高的7月份贸易赤字,打破了历史纪录。而世界银行集团发布的《2006年全球企业经营环境报告:创造就业机会》则认为,全球企业经营环境最好的前5个经济体分别是新西兰、新加坡、美国、加拿大和挪威。③

那么,这种现象与1999年上台的中左的工党—联盟党的政策主张是否存在关系、存在什么关系？抑或新自由主义的经济政策乃至任何经济政策的有效性原本就是周期性

---

① 马森述编译：《新西兰的行政组织和行政改革》,载国务院法制办公室中国政府法制信息网。
② Rupert Darwall, "Market Reform: Lessons from New Zealand," *Policy Review*, 2003, pp. 61-73.
③ 珍闻：《世行评析全球经商环境好坏》,《经济参考报》2005年9月21日。

的？这还需要进一步的实践验证。

名词与术语

福利	福利国家	新保守主义	灯塔政府计划	政府绩效与结果法
管制	社群主义	撒切尔主义	弗里德曼规则	国家信息基础设施
民营化	第三部门	沃尔克震荡	管制资本主义	
	公共领域	里根经济学		
	三大危机	最佳值计划		
	欧洲病夫			
	公民宪章			
	欧洲模式			
	灯塔政府			
	还权于州			
	放松管制			
	重新管制			
	安然现象			
	政府绩效			
	戈尔报告			

复习与思考

1. 福利国家是一种制度选择。
2. 社会保障制度对国家管理方式的影响。
3. 社会福利的制度基础。
4. 社会福利国家的基本原则。
5. 欧洲社会福利国家的类型。
6. 福利国家的弊端。
7. 政府公共管理方式的转换。
8. 民营化的目的和方式。
9. 社群主义理论的要点。
10. 哈贝马斯的公共领域理论。
11. 第三部门的特征。
12. 国家—市场二元结构争论。
13. 第三部门理论的诉求。
14. 20世纪70年代西方国家政府改革的直接动因、价值和路径。
15. 英国成为新公共管理运动的发源地的原因。
16. "撒切尔革命"的主要内容。
17. 撒切尔政府的行政改革。
18. 梅杰政府的公共服务政策。

19. 撒切尔政府改革评价。
20. 布莱尔政府的改革政策。
21. 里根政府的政策主张和政策实践。
22. 美国《税制改革法案》的三大目标。
23. 里根政府放松管制的政策理念和政策选择。
24. 里根政府改革评价。
25. 克林顿政府的美式"第三条道路"的政策选择。
26. 美国《政府绩效与结果法》《规章计划评论》《联邦雇员重新调整法案》《联邦采购简化法》《文牍精简法》的主要内容。
27. 克林顿政府改革评价。
28. 新西兰修正政策与改革政府的背景。
29. 新西兰修正政策与改革政府的主要内容。
30. 新西兰政府改革评价。
31. 英国、美国、新西兰政府改革比较。

主要参考书目

1. 〔美〕庇古:《福利经济学》,邓大松译,武汉:武汉大学出版社1999年版。
2. 〔德〕尤根·哈贝马斯:《公共领域的结构转型》,曹卫东等译,上海:学林出版社1999年版。
3. 〔美〕萨拉蒙:《非营利领域及其存在的原因》,载李亚平等:《第三领域的兴起》,上海:复旦大学出版社1998年版。
4. 〔美〕莱斯特·M.萨拉蒙:《全球公民社会——非营利部门视角》,贾西津、魏玉等译,北京:社会科学文献出版社2002年版。
5. 国家行政学院国际合作交流部编译:《西方国家行政改革述评》,北京:国家行政学院出版社1998年版。

第二十三章 问题与争论

第一节 关于"企业家政府"的批评

"企业家政府"概括了 20 世纪后二十年关于改革政府或政府改革的基本的和主要的价值诉求。尽管,以奥斯本和盖布勒的《改革政府——企业精神如何改革着公营部门》为代表的"企业家政府"改革理论受到广泛赞誉,但从来不乏批评之声。批评者指出:在理论上"重塑"具有太多的难以解释的模糊性,在实践上"重塑"的某些做法已近乎违法。①批评承认,通常改革家的思想很少是合乎逻辑的,但奥斯本和盖布勒"他们的灵丹妙药多数是花拳绣腿,混淆了规范和描述——应该是什么和是什么,把一组整体上并不和谐的新旧改革思想不得体地堆砌在一起"。批评提示人们,在兴致勃勃提出各种关于政府的新观点时,必须同时认真思考和回答这样一些问题:

1. 根本不存在一个注定了要凌驾于其他价值或利益之上的价值或利益,即使是顾客取向的公共服务观;

2. "政府是与众不同的",因为政府被赋予了保证竞争性权力中心、个人权利保障、定期选举、联邦主义、分权等独特的宪法责任;

3. 除非人类不再需要国家,否则,试图把一个政府机构变成一个企业,并相应用利润或"盈亏底线"取代公共利益,只能是一种不现实的浪漫乌托邦;

4. 用企业家精神改革公营部门或从本质上在政府内部建立企业家动机固然诱人,但是,美国政府真的可以像麦当劳一样经营吗?②

从现实角度看,以"企业家政府"为代表的新公共管理,在引入竞争机制、强调分权化市场化改革的同时,涌现出大量的执行机构和横向部门,反而滋生了政府各部门之间协调不力、运转不畅的问题,导致了公共服务的碎片化。为此,20 世纪 90 年代中后期,以英国为代表的西方各国又不得不开始推行以"整体政府"为主题的新的政府改革运动,重新正视政府公共管理的特殊性,通过强化政府部门间的运转协调和有机整合进行新一轮的组织设计与创新。

可以断言,哪里有什么"重塑政府"或"政府再造",已经发生的一切在本质上只是一场关于政府管理的改革。或许,称之为"政府管理革命"更为符合实际状况。

第二节 政府职能与"钟摆"

在过去的三十多年里,各种关于政府的理论层出不穷、丰富多彩,修正政策或政策修

---

① 〔美〕盖伊·彼得斯:《政府未来的治理模式》,北京:中国人民大学出版社 2013 年版,第 70 页。
② 〔美〕R.J.斯蒂尔曼:前揭书(上),第 77 页。

正,改革政府或政府改革成为世界性的一种思潮、一种价值追求、一种政策选择、一种运动,甚至一种时尚。不论从什么角度观察和解析,人们都可以同意,在过去的三十多年里,世界经历了一场大变革。

(一) 变革的性质、原因和政府的角色

首先,这场变革的性质是什么?"这是一种运动,对可以产生上佳经济收益的市场经济体系越来越具有充实的信心;同时也强调了融入世界经济秩序的价值。其核心结果是政府的概念从所有者和经济活动的直接管理人向监管人和规则制定人的转变。……这意味着政府和市场之间的分水岭要从根本上重新界定。""划定国家和市场之间的边界,……是本世纪重大的思想和政治交锋,以及不断发生的各种小冲突的主题。……这场斗争构成了20世纪一个伟大的、具有决定意义的事件。今天,这场冲突具有如此深远的意义和丰富的内涵,它正在重塑我们的世界,并为21世纪定下基调。"[1]

其次,是什么促成了全球向传统自由主义的回归?为什么会从国家转向市场?为什么会从一个"国家",即各国政府企图占领并对其经济实施控制的时代,向一个以竞争、开放、鼓励市场和解除管制为世界主流经济思想的时代转变?这一转变是怎样发生的?回答是明晰的:"是对国家所有制和干预的幻灭感"促成了这场变革,促成了全球向传统自由主义的回归。"在本世纪的大部分时间,国家的地位一直在上升,一步步地将其领地延伸到曾属于市场的领域。……扩张的财政负担已经超出了政府的管理能力;债务和赤字太大了。通货膨胀变成摆脱不掉的痼疾。随着意图和实际成效之间可察觉的差距越来越大,对国家的信任变成愤世嫉俗"[2],所以,"到90年代,退却的却是政府。现在人们的注意力集中于'政府的失灵'——当政府变得野心勃勃,并试图成为经济中的主要行为者而非裁判时所发生的固有困境……'政府已经变得不再自命不凡了'"[3]。但是,"无论如何,这一转变并不标志着政府的终结。在许多国家,政府支出的国民收入仍然与从前一样多。在工业国家,这样做的原因是社会支出——转移支付和津贴;而在几乎所有地方,政府仍旧是满足大量社会需求的最后手段"[4]。人们还不能确定,"国家和市场关系的这一根本性转变会导致什么样的政治、社会、经济后果和前景?""还会发生什么更根本性和长期的变化吗?"[5]

最后,政府的新角色是什么?回答同样是明晰的:"没有政府来确定规则和背景,就没有市场。国家创造并维持市场运作的边界,这就是新的方向。国家接受市场的约束;政府不再充当生产者、控制者和干预者——无论通过所有制还是严厉的管制。……政府将转变成一个裁判,制定确保竞争的游戏规则。"[6]"这意味着,尽管边界受到了很大的侵蚀,发生了根本性的技术革命,政府仍然很重要,尤其是政治领导仍然至关重要。它还意味着,即使朝着'更多的市场调节'与'更少的国家干预'的方向发展是一个普遍的全球现象,也

---

[1] 〔美〕丹尼尔·耶金、约瑟夫·斯坦尼斯罗:前揭书,第6—7页。
[2] 同上书,第5、7、13页。
[3] 同上书,第7—8页。
[4] 同上书,第8页。
[5] 同上书,第5、14页。
[6] 同上书,第536页。

不会导致一个单一和共同的结果。"①人们根据经验可以理解,"毕竟,导致政府在经济管理方面承担更积极作用的,正是市场的失灵和对其能力的信心的丧失"②。"市场体系从本质上说与公平问题相对立。因为市场体系的推动力,实际上因为其动机所依赖的刺激的本质,它产生了比那些有着很强的平等主义价值观念、受控制的社会更多的收入的不平等。"③正是由于存在这种不平等,人们有理由提出这样的问题:国家在经济中的领域和责任是什么?国家应当为其公民提供什么样的保护?国家应当提供什么样的服务?它的福利作用是什么?与此同时,私人决策的领域和个人的责任又是什么?④

(二) 历史会发生逆转吗?

16世纪,意大利物理学家伽利略发现了钟摆原理:钟摆自最高点往下运动,来回摆动达到的高度点绝不会高于最高点,并且,摆动的周期与其重量无关,每摆动一次的时间都完全相同。那么,上述改革运动会持久或者说会发生逆转,即重新划分或调整国家与市场的边界吗?换言之,市场的显而易见的胜利会持续下去吗?政府会再度膨胀即再次扩大政府的作用和职责吗?

应当说,回答这些问题或把握未来的发展前景并不容易。这或许将取决于对以下几个关键问题的回答⑤:

1. 可持续发展问题:市场经济能不断带来经济增长、就业和提高生活水平等好处吗?

2. 社会公平和正义问题:如何分配财富?如何重新定义福利国家?市场经济的结果会被看作是公平、合理和正义的吗?

3. 民族特性问题:在新的国际经济中,国家的特性将发生什么样的变化?变化能使大多数国家的公众确定其环境足够安全吗?

4. 环境问题:在环境问题正在成为一个国际性的问题的条件下,如何使不同的国家对广泛的环境关切做出反应?如何寻求进一步改善环境的新的解决办法?

5. 人口问题:市场经济将如何处理人口方面的成本?如何应对发展中国家的年轻人剧增和发达国家的老年人的比重日益上升?⑥

显而易见,这些问题都与政府的职能定位,政府的价值标准和公共政策选择息息相关——从历史发展的轨迹看,在国家与社会、政府与市场、效率与公平的关系问题上,"钟摆"是必然的,问题只在于时间、地点和方式。从亚当·斯密1776年的《国富论》全面阐述自由资本主义经济原理开始,至1933年3月富兰克林·罗斯福就任美国第32届总统,开始推行罗斯福新政为止,在长达一百多年的进程中,"自私的动机、私有的企业、竞争的市场"一直是西方主流经济学的信念,也是这些国家经济制度的基本原则,同时是政府公共政策的信条。以美国为例。1776年7月4日是美国的独立日,恰好与《国富论》的问世同年。建国以后,一直到19世纪中期,美国并不是一个对世界有着举足轻重影响的重要

---

① 〔美〕丹尼尔·耶金、约瑟夫·斯坦尼斯罗:前揭书,第537页。
② 同上书,第550页。
③ 同上书,第551页。
④ 同上书,第6、561页。
⑤ 同上书,第13—14、554页。
⑥ 同上书,第549页。

国家,是西部大开发,尤其是"淘金潮"从根本上改变了美国,形成了具有美国特色的资本主义精神,即冒险、张扬个性与务实相结合,逐利与勤奋、节俭相结合的"美国精神",进而促成了美利坚的繁荣和勃兴。对此,美国经济史家约翰·戈登(John Gordon)在《资本的冒险》一书中做出了生动的描述。

美国建国后,从19世纪20年代开始,具有冒险精神的美国拓荒者在"美国梦"的激励下,不畏艰险,越过阿巴拉契亚山脉,涌入中西部俄亥俄、伊利诺伊、印第安纳等大部分荒无人烟的地区垦殖,使那里成为美国的主要的粮食产区,同时成为世界著名的"小麦王国"。拓荒者继续西进,1846年美国的国旗开始在加利福尼亚的土地上飘扬。1848年1月24日,一个叫詹姆士·马歇尔(James Marshall)的人在今日加州首府三十里外的亚美利加河附近一座磨坊的水塘里,看到了闪闪发光的黄金颗粒,使美国全民为之疯狂,无数人抛妻弃子,从陆地、从海上前往西部加州,淘金热有如瘟疫般传染开来。"大量黄金的突然出现,使美国经济驶入一个繁荣昌盛的快速增长期。"①在后来的大约一百年里,黄金、白银等贵金属以及铜、铁、锌等金属的大规模的工业化开采,不仅使美国直到1898年一直保持着世界最大产金国的地位,使美国成为矿业大国,而且壮大了美国的工业、商业、金融资本及其联盟,同时造就了美国许多繁华的城市,促进了文化的交流,完成了对西部落后地区的大开发,更重要的是形成和强化了美国的崇尚个人奋斗和坚信市场经济"魔力"的价值观。美国作为世界强国全面崛起。在"淘金时代","美国梦的承诺在于:只要你努力工作,你至少使你和孩子们会得到更好的生活回报"②。

我们关注的是,在"淘金时代",美国政府的价值判断标准及其公共政策选择。从淘金大潮涌动开始,美国政府既没有利用土地所有权的垄断优势(以加利福尼亚州为代表的美国西部原本是一片荒凉的土地,美国政府从墨西哥政府手里花1500万美元买入),禁止或限制人们进入,相反,政府放任人们的冒险精神,鼓励人们寻求财富的创业激情,也没有与民争利,而且让利于民,以利益为纽带,积极导引社会资本全面进入大开发;与此同时,美国政府以界定、明晰和保护产权为基本点,积极全面构造美国的法律制度。其结果,在使美国的基础设施,包括公共设施得到了极大的发展的同时,大大延伸了美国的产业链,形成了许多新的、强大的产业群,进而全面推动了美国经济的高速发展。举例来说,1850年,全美铁路通车距离仅为9021英里,"淘金潮"兴起后不过短短10年,至1860年,全美铁路通车距离猛增到3.06万英里。与此同时,通信业、造船业、冶炼业、纺织业等许多产业一并地飞速发展,美国顺利完成了工业革命。③ 按照美国经济学家华尔特·罗斯托(Walt Rostow)的理论,每个国家的经济发展都需要经过传统社会阶段、为起飞创造条件阶段、起飞阶段、向成熟推进阶段、高额群众消费阶段五个阶段(在1971年出版的《政治和成长阶段》一书中,罗斯托增加了第六个发展阶段即追求生活质量阶段)。④ 其中,"起飞"是

---

① 〔美〕约翰·S.戈登:《资本的冒险》,柳士强等译,北京:中信出版社2005年版,第75页。
② 〔美〕马克·赫兹加德:《鹰的阴影——为什么美国既令人着迷又遭人痛恨》,李建华译,北京:东方出版社2003年版,第146页。
③ 〔美〕约翰·S.戈登:前揭书,第71—76页。
④ 〔美〕W.W.罗斯托:《经济成长阶段——非共产党宣言》,郭熙保等译,北京:中国社会科学出版社2001年版,第4页。

五个阶段的分水岭。"起飞时期,新兴工业迅速扩张,……在 10 年或 20 年后,经济的基本结构和社会的政治结构都发生了转变,致使今后稳定增长率能够正常地维持下去。"① 也就是说,工业化直接与生产方式的急剧变革相联系,是经济"起飞"的重要支撑点和转折点。按照罗斯托的标准,美国经济在 1860 年前已经起飞了。"到 1860 年,在美国的发展中,工业化的'问题'就被抛在后面了。"②

进入 20 世纪之后,美国经济在经历了 1920 年第一次世界大战后首次经济危机后,股票、债券等金融资产的迅速增长,在造就了大批的百万富翁的同时拉动了整个经济的快速增长。从 1923 年直到 1929 年秋天,美国的技术革命和管理革命刺激了劳动生产率的大幅度提高,工业生产增长近一倍,年生产率增长幅度达 4%,国民总收入从 1919 年的 650.9 亿美元增至 1929 年的 825.1 亿美元,人均收入从 1919 年的 620 美元增加到 1929 年的 681 美元。③ 由此创造了资本主义经济史上的一个奇迹,并把美国经济推向了世界经济的巅峰。按照罗斯托的理论,以 1913—1914 年亨利·福特的流水装配线作为转折点,美国进入了大众高消费时代。④ 在这个时期,美国向全世界展现着美国神话,被认为是一个充满了"光荣与梦想"的、焕发着勃勃生机和希望的乐土。面对令人自豪的经济成就,美国自"淘金时代"开始的强烈放任自由的资本主义的精神得到了极大的弘扬,令人炫目的"财富效应"促使人们近似疯狂地进行投机和欺诈活动,许多人都沉浸在"永久繁荣"的乐观主义的情绪之中。胡佛总统更是乐观地宣称:"今天我们在任何地方比以往都接近消除人民生活贫困和恐惧的理想。……只要让我们继续执行过去 8 年的政策,我们借上帝之助,很快将看到贫穷从这个国家消失的日子。"⑤在这种条件下,社会的物质享乐之风盛行,纸醉金迷的生活方式成为一种时尚,与此同时,基于宗教信仰的传统的清教徒式的价值观念开始淡化,社会的精神生活趋向浮躁和粗鄙。实际上,美国的经济和社会暗流汹涌,在繁荣的光辉之下隐藏着深刻的矛盾和巨大的隐患。美国历史学家把这时的美国称为精神上的"饥饿时代"或"疯狂的 20 年代"。⑥

这一时期,美国的三任共和党总统,即沃伦·哈定(Warren Harding,1921.3—1923.8)、卡尔文·柯立芝(Calvin Coolidge,1923.8—1929.3)、赫伯特·胡佛(Herbert Hoover,1929.3—1933.3),都是信奉放任自由和无为而治的"企业家总统"。柯立芝总统的名言是:"一个人建造一个工厂,便是建造一座教堂。"他坚信,"既然只有富人才是有价值的,因而政府应该谨防多数人的意见。由于贫穷是罪恶的报应,政府便不应该向高尚的富人征税,以援助卑贱的穷人。由于富人最了解他们利益之所在,政府便不应该干预他们经营的企业,而应该促进企业"。对此,"一些美国史学家认为'三个政府在美国史上构成了一个时代。……在这短短的十年当中,政治生活中道德水平的低下达到无以复加的地步,再要低落就连负

---

① 〔美〕W.W.罗斯托:《经济成长阶段——非共产党宣言》,郭熙保等译,第 8—9 页。
② 〔美〕D.C.诺尔顿:《美国的工业化》,载〔美〕W.W.罗斯托:《从起飞进入持续增长的经济学》,贺力平等译,成都:四川人民出版社 1988 年版,第 73 页。
③ 齐世荣:《世界史:现代史编》,北京:高等教育出版社 1994 年版,第 153 页。
④ 〔美〕W.W.罗斯托:《经济成长阶段——非共产党宣言》,第 11 页。
⑤ 齐世荣:前揭书,第 158 页。
⑥ 同上书,第 155 页。

责公众利益的影子也说不上了'"。①

从历史经验看,美国的"淘金时代",尤其是20世纪20年代的经济繁荣,虽然造就了美国式资本主义发展的黄金时期,但在推动经济繁荣,完成工业化,进入现代国家行列以至成为世界经济强国的同时,也酝酿着深刻的矛盾和危机,为后来的1929—1933年的经济大危机埋下了伏笔。这是因为,在经济高速增长时期,由于"财富效应"明显,社会资本得以源源不断进入市场,产业规模因此不断扩大,产业群因此不断得到拓展,形成新的经济增长点,相应劳动力需求旺盛,形成了相对的"充分就业",而"充分就业"导致社会消费能力上升,反过来又促进了生产的进一步扩大化,导致生产资料消耗水准的上升,整个社会经济得以在良性循环的过程中持续发展。然而,资本的逐利天性与无序的市场竞争结合在一起,出现生产过剩是必然的,而生产过剩将可能导致经济发展过程中的任何一根链条——生产、流通、交换、消费等出现断裂。这种断裂一旦出现,若没有其他资本基于可观的利益回报的及时补救,那么,如同历史一再证明的那样,就有可能迅速蔓延,形成多米诺骨牌式的连锁反应,通过企业不断倒闭引发资本危机和就业危机,最终引发经济危机。

历史同样经验性地证明,社会危机与经济危机如影相随。在经济危机的年代,企业大批倒闭导致工人大批失业,进而引发社会性贫困以及一系列的包括医疗、养老、教育、住房问题在内的严重的社会问题,引发社会动荡,甚至社会革命,直接冲击国家宪政制度的合法性基础。历史还经验性地证明,经济起飞愈快、经济发展愈迅速、经济愈繁荣,则经济危机越严重、持续的时间越长、经济复苏越困难,即一侧的"钟摆"点越高,那么,回荡的力量就越大,另一侧的"钟摆"点相应越高。在此意义上,1929—1933年的经济大危机,是自由市场经济对西方发达国家"经济起飞"即工业化进程的一种规律性的反映方式。其间,美国因其美式资本主义的"疯狂"而承受了较之其他国家更为猛烈的经济和社会的磨难。这或许正是美国率先进行革命性的转折思考,进而率先进行政府干预的原因之一。罗斯福新政应运而生。

历史部分地证明了马克思关于资本主义自由经济制度内蕴的矛盾:"社会的产品被个别资本家所占有。这就是产生现代社会一切矛盾的基本矛盾,现代社会就在这一切矛盾中运动,而大工业把它们明显地暴露出来了。(a)生产者和生产资料相分离。工人注定要终身从事雇佣劳动。无产阶级和资产阶级相对立。(b)支配商品生产的规律日益显露出来,它们的作用日益加强。竞争不可遏止。个别工厂中的社会组织和整个生产中的社会无政府状态相矛盾。(c)一方面是机器的改进,这种改进由于竞争而变成每个厂主必须执行的强制性法令,而且也意味着工人不断遭到解雇:产生了产业后备军。另一方面是生产的无限扩张,这也成了每个厂主必须遵守的强制性的竞争规律。这两方面造成了生产力的空前发展、供过于求、生产过程、市场盈溢、十年一次的危机、恶性循环……资产阶级已经暴露出自己无能继续管理自己的社会生产力。"②

在本质上,罗斯福新政当然与马克思主义无关,但它同样是以反思和批判资本主义自由经济制度的缺陷开始的,而且,在形式或手段上不能不说受到了当年苏联计划经济体制

---

① 齐世荣:前揭书,第157页。
② 《马克思恩格斯选集》第3卷,北京:人民出版社1995年版,第758—759页。

的某些启发或影响。所不同的是,马克思主义的结论是彻底推翻这个制度,罗斯福则试图通过新政修正和完善这个制度:"管制而不是公有制或国有化,反托拉斯而不是集中或合理化,分散控制而不是计划。"①通过采取与自由市场经济的基本教义相悖的政府干预,罗斯福新政挽救了濒临崩溃的自由资本主义经济和社会体制。到 1940 年,美国国民收入基本恢复到 1929 年经济大危机爆发前的水平。

罗斯福新政以 1933 年 3 月的《紧急银行法令》(The Emergency Bank Relief Act)、5 月的《农业救济与通货膨胀法令》(The Farm Relief and Inflation Act of 1933),6 月的《1933 年银行法》(The Banking Act of 1933)和《全国产业复兴法》(The National Industrial Recovery Act)等法律为政策依据,通过"3R"即复兴(Recover)、救济(Relief)、改革(Reform)的方式进行国家干预,其"有形的手"的政策举措主要集中在三个方面:

1. 财政扩张。为了重振经济,罗斯福政府以巨额财政赤字为代价,通过发行巨额国债,筹集了巨额公共资本,继而投入了大规模的公共基础设施建设:民用工程管理局兴建和改建了 50 万英里的公路,40 000 所学校,3500 多个运动场,1000 座飞机场,为 42.3 万人提供了工作,为疲惫的经济注入了 10 亿美元的购买力;联邦紧急救济署建成了 5000 座邮局、行政机关等公共建筑物,7000 座桥梁以及做了大量的清理溪涧,疏浚江河,修整梯田、堤坝、下水道系统等工作。国家的公共投入作为"引动水"引动了社会投资。在此期间,在全美范围内兴建的小型工程项目达到 18 万个。② 这种做法,相当于"国家银行"向市场"注资",借以激活社会存量资本和存量资产,实际上用国家行为部分替代了社会资本的自由市场行为。

2. "政府管制"。"管制,即制定规则,它出于许多目的,包括从健康、安全、环境保护到工作条件、平等公正和社会政策等广泛的内容。""许多经济管制都集中于一个问题——如何对付大企业和垄断。……都是为了解决两个共同的问题——市场失灵和垄断。""罗斯福和其他的政治家们都为这一事业而奋斗。管制就是他们对这一系列弊病的回答。"约束企业的路径和方法则是"'通过筑堤来规范和控制它们。'也就是说,通过规章制度和公众的监督来控制它们。"这样,"新政就确立了一个管制市场",确立了美国式的管制资本主义。③

3. 社会福利。罗斯福认为,一个政府"如果对老者和病人不能照顾,不能为壮者提供工作,不能把年轻人注入工业体系之中,听任无保障的阴影笼罩每个家庭,那就不是一个能够存在下去,或是应该存在下去的政府"④。据此理念,罗斯福总统开出了通过建立社会福利制度实现社会公平的"救世良方",试图通过建立包括救济在内的社会福利制度,拯救穷人,缓和劳资之间的矛盾,缓和财富收入分配严重不均的状况,维持社会的基本稳定。以 1935 年美国国会通过的《社会保障法案》(Social Security Act)为标志,配合以新的税收、信贷、保险等政策,美国式的社会福利制度得以确立。同年,罗斯福创设了"社会保障委员会",并亲自任命其成员。1936 年,美国开始正式使用社会保障账号。1937 年,建

---

① 〔美〕丹尼尔·耶金、约瑟夫·斯坦尼斯罗:前揭书,第 58 页。
② 〔美〕威廉·爱·洛克腾堡:前揭书,第 141—143 页。
③ 〔美〕丹尼尔·耶金、约瑟夫·斯坦尼斯罗:前揭书,第 57—87 页。
④ 解力夫:《身残志坚——罗斯福》,北京:世界知识出版社 1989 年版,第 120 页。

立了低收入者公共住房制度,同时正式开始发放(一次性)社会保障福利。1939 年,首次修订《社会保障法案》,正式建立了社会保障的老年、遗属保险(OASI)计划,并放宽了计划范围,使之包括了被抚养者和遗属福利。1940 年 1 月 1 日,联邦 OASI 信托基金正式成立,同月 31 日,社会保险福利开始按月发放。人们评论说:"罗斯福激起人们的忠诚,在很大程度上是由于新政负起了保证每个美国人的最低生活水准的责任。……'1929 年至 1939 年这十年间,公共福利与救济事业的进展,比美国殖民地建立后 300 年间的进展还大。'罗斯福政府给予这种援助,不是作为施舍,而是作为政府职责。"①

罗斯福新政"使 19 世纪的个人自由主义让位于强调社会保障和集体行动"②,改变了美国宏观公共政策的价值基点,开创了国家直接干预经济生活的先河,实现了国家职能的重大的结构性的变化,进而为资本主义制度注入了活力。作为一种制度创新或制度安排,罗斯福新政所确立的制度原则和制度架构影响是深远的。此后,尽管历届美国政府的政策多有"钟摆"式摇摆,但国家从此开始担负起充分就业、社会保障与经济稳定的责任。但是,"它不曾证实它能在和平时期实现繁荣"③。随着时间的推移,在长达 35 年主导美国公共政策价值取向的过程中,罗斯福新政的某些局限性逐步显现:多个领域、多种形式的政府干预抑制了社会的创造新的财富的欲望和热情,淡化了美国人的奋斗精神,降低了美国的劳动生产率、经济增长率和国际竞争力,恶化了国家的财政状况,造就了庞大而缺乏效率的政府机构。罗斯福新政的"气数"已尽,美国事实上已经难以为继。为了拯救美国,美国需要另一种革命性的转折思考,"里根革命"应运而生。

现在的问题是,新自由主义的影响正在消退,或曰已经消失,那么,"里根革命"的"运道"还有多长?"第三条道路"或"和谐社会"将是新的、可靠的价值和公共政策选择吗?

第三节 公共行政(学)的任务

1980 年,美国著名行政学家德怀特·沃尔多针对当时公共行政的现状提出了一个严肃的问题,即公共行政往何处去?继而提出了 14 个相关的问题④:

1. 如何应付未来成长减缓及资源渐趋稀少的情况?
2. 如何在困难的行政环境下,重新解释经济、效能和效率?
3. 如何在硬性价值(hard values)——秩序、安全、国防、生存等,与软性价值(soft values)——自由、平等、正义等之间做取舍?
4. 如何调和专家及知识的权威与民选官员所代表的权威?
5. 如何应付公部门或公务界的"工会"(unionism)问题?
6. 如何平衡集权与分权的主张及机能问题?
7. 如何应付各种族的伦理价值问题与男女平等问题?
8. 如何应付公共行政知识过时的问题?

---

① 〔美〕威廉·爱·洛克腾堡:前揭书,第 378 页。
② 同上书,第 386 页。
③ 同上书,第 394 页。
④ Dwight Waldo, *The Enterprise of Public Administration: A Summary View*, Novato, California: Chandler & Sharp, 1980.

9. 如何应付在政府体制内及由行政人员制定政策的问题？

10. 如何平衡目前或即将来临的需要与长期未来的需要？

11. 如何设置、管理与控制新型的组织结构？

12. 如何适当发展较少独断及较少结构化的组织？

13. 如何应付伦理道德渐坏的复杂性及混乱的问题？

14. 如何应付冲突与危机的问题？

人类已经进入了21世纪。当人们回顾历史、展望未来，不难发现公共行政（实践）与公共行政学（理论）无疑正面临着许多新的历史性的挑战。人们仍然必须回答同样一个无可回避的问题：公共行政（学）往何处去？对中国政府和中国公共行政学界来说，回答这个问题或把握未来的发展前景同样不容易。为此，我们有必要从四个角度思考以下问题：

（一）发展方向与价值选择的关系

1. 公共行政（学）是否需要"典范革命"以及新的、适应发展的主体理论、研究领域、研究方法？

2. 公共行政（学）是否需要、需要什么样的价值基点以及价值体系？

3. 公共行政（学）在基本特征上应当是"应然的"还是"实然的"？

4. 公共行政（学）应当更多地注重理论研究还是实务研究，或者二者并重？

5. 公共行政（学）是否存在普遍适用的"范式"，是否需要更多地注重差异性？

6. 是否需要以及通过什么方式实现"政府"与"学界"的融通？

（二）国家与社会的关系

1. 应当弱化还是强化政府的政治职能、社会职能？

2. 如何更好地兼顾公平与效率的不同的价值观、不同的逻辑、不同标准？

3. 如何把握"公共权力约束"与"市民社会自治"的双重需求？

4. 如何在进一步扩大国民参政权力的条件下制定和执行公共政策？

5. 如何在利益进一步趋于多元化的条件下实现社会利益的整合？

6. 如何实现"公共权利""专业权利""公民（群众）权利"之间的平衡？

（三）政府与市场的关系

1. 应当弱化还是转变政府的经济职能？

2. 如何看待、界定和处理政府"规范市场"与"干预市场"的界限？

3. 如何实现政府对社会经济发展的"促动"作用与市场对资源的基础配置作用之间的平衡？

4. 政府是否需要继续扮演"公共经济巨物"的角色？

5. 政府对"创新"承担什么责任，或应当发挥什么作用？

6. 世界需要什么样的和如何建立、维持"国际经济新秩序"？

（四）政府行政制度与公共管理有效性的关系

1. 建立什么样的，如何建立政府领导体制和组织体制，并使之长期有效？

2. 建立什么样的，如何建立政府绩效制度，并使之长期有效？

3. 建立什么样的，如何建立行政成本核算制度，并使之长期有效？

4. 如何确定政府规模,并使之与国家的发展进程相一致?

5. 如何改进政策制定系统和政策执行,并使之长期有效?

6. 如何看待、界定和处理诸如"效率与法律""首长负责制与专业责任""专才与通才""国际化与本土化""国际经验与中国特色"一类的问题?

名词与术语

3R　　"淘金时代"　　企业家政府　　社会保障法案
　　　钟摆原理
　　　美国精神

复习与思考

1. 关于"企业家政府"的批评。
2. 过去三十多年世界大变革的性质。
3. 全球向传统自由主义回归的原因。
4. 全球向传统自由主义回归过程中政府的新角色。
5. 国家与社会、政府与市场关系再次发生"钟摆"性回归的条件。
6. "淘金时代"与1929—1933年的经济大危机的关系。
7. "淘金时代"美国政府的价值判断标准和公共政策选择。
8. 美国"疯狂的20年代"。
9. 罗斯福新政修正和完善美国制度的路径。
10. 罗斯福新政的政策举措。
11. 罗斯福新政的局限性。
12. 罗斯福新政的制度创新。
13. 公共行政(学)面临的问题。
14. 中国公共行政(学)往何处去?

主要参考书目

1. 〔美〕塞缪尔·亨廷顿:《文明的冲突与世界秩序的重建》,周琪等译,北京:新华出版社1999年版。
2. 岳西宽、张卫星译:《美国历届总统就职演说》,北京:中央编译出版社2005年版。
3. 〔美〕丹尼尔·F.史普博:《管制与市场》,余晖等译,上海:上海三联书店1999年版。
4. 〔美〕默里·L.韦登鲍姆:《全球市场中的企业与政府(第六版)》,张兆安译,上海:上海三联书店、上海人民出版社2006年版。
5. 〔美〕罗斯福:《罗斯福选集》,关在汉译,北京:商务印书馆1982年版。
6. 〔美〕约翰·S.戈登:《资本的冒险》,柳士强等译,北京:中信出版社2005年版。
7. 〔美〕W.W.罗斯托:《经济成长阶段——非共产党宣言》,郭熙保等译,北京:中国社会科学出版社2001年版。
8. 〔美〕W.W.罗斯托:《从起飞进入持续增长的经济学》,贺力平等译,成都:四川人民出版社1988年版。

重要阅读书目

1. 〔美〕戴维·H.罗森布鲁姆、罗伯特·S.克拉夫丘克:《公共行政学》,张成福等译,北京:中国人民大学出版社2002年版。
2. 〔美〕理查德·J.斯蒂尔曼二世:《公共行政学:概念与案例》,竺乾威等译,北京:中国人民大学出版社2004年版。
3. 〔美〕R.J.斯蒂尔曼:《公共行政学》,李方等译,北京:中国社会科学出版社1989年版。
4. 〔美〕杰伊·M.沙夫里茨、艾伯特·C.海德:《公共行政学经典》(英文),北京:中国人民大学出版社2004年版。
5. 〔美〕尼古拉斯·亨利:《公共行政学》,项龙译,北京:华夏出版社2002年版。
6. 〔法〕夏尔·德巴什:《行政科学》,葛智强等译,上海:上海译文出版社2000年版。
7. 〔法〕贝尔纳·古尔内:《行政学》,江振霄译,北京:商务印书馆1995年版。
8. 〔美〕菲利克斯·G.尼格罗、劳埃德·G.尼格罗:《公共行政学简明教程》,郭晓来等译,北京:中共中央党校出版社1997年版。
9. 〔美〕詹姆斯·W.费斯勒:《行政过程的政治:公共行政学新论》,陈振明等译,北京:中国人民大学出版社2002年版。
10. 〔美〕戴维·奥斯本、特德·盖布勒:《改革政府——企业精神如何改革着公营部门》,周敦仁等译,上海:上海译文出版社1996年版。
11. 〔美〕戴维·奥斯本、彼得·普拉斯特里克:《摒弃官僚制:政府再造的五项战略》,谭功荣等译,北京:中国人民大学出版社2004年版。
12. 〔美〕戴维·奥斯本、彼得·普拉斯特里克:《政府改革手册:战略与工具》,谭功荣等译,北京:中国人民大学出版社2004年版。
13. 〔美〕丹尼尔·耶金、约瑟夫·斯坦尼斯罗:《制高点——重建现代世界的政府与市场之争》,段宏等译,北京:外文出版社2000年版。
14. 彭和平、竹立家等编译:《国外公共行政理论精选》,北京:中共中央党校出版社1997年版。
15. 〔澳〕欧文·E.休斯:《公共管理导论》,彭和平等译,北京:中国人民大学出版社2001年版。
16. 〔美〕格罗弗·斯塔林:《公共部门管理》,陈宪等译,上海:上海译文出版社2003年版。
17. 〔英〕诺曼·弗林:《公共部门管理》,曾锡环等译,北京:中国青年出版社2004年版。
18. 〔美〕史蒂文·科恩、威廉·埃米克:《新有效的公共管理者:在变革的政府中追求成功》,王巧玲等译,北京:中国人民大学出版社2001年版。
19. 〔英〕简·莱恩:《新公共管理》,赵成根等译,北京:中国青年出版社2004年版。
20. 〔英〕克里斯托弗·波立特、〔比〕海尔特·鲍克尔特:《公共管理改革——比较分析》,夏镇平译,上海:上海译文出版社2003年版。
21. 〔美〕乔治·弗雷德里克森:《公共行政的精神》,张成福等译,北京:中国人民大学出版社2003年版。
22. 〔美〕B.盖伊·彼得斯:《政府未来的治理模式》,吴爱民等译,北京:中国人民大学出版社2001年版。
23. 〔美〕雅米尔·吉瑞赛特:《公共组织管理:理论和实践的演进》,李丹译,上海:上海译文出版社2003年版。

24. 〔美〕罗伯特·B.登哈特:《公共组织理论》,扶松茂等译,北京:中国人民大学出版社2003年版。

25. 〔美〕保罗·C.纳特、罗伯特·W.巴可夫:《公共和第三部门组织战略管理:领导手册》,陈振明等译,北京:中国人民大学出版社2001年版。

26. 〔美〕珍妮特·V.登哈特、罗伯特·B.登哈特:《新公共服务:服务,而不是掌舵》,丁煌译,北京:中国人民大学出版社2004年版。

27. 〔美〕安东尼·唐斯:《官僚制内幕》,郭小聪等译,北京:中国人民大学出版社2006年版。

28. 〔美〕麦克尔·巴兹雷:《突破官僚制:政府管理的新愿景》,孔宪遂等译,北京:中国人民大学出版社2002年版。

29. 〔美〕戴维·约翰·法默尔:《公共行政的语言——官僚制、现代性和后现代性》,吴琼译,北京:中国人民大学出版社2005年版。

30. 〔新西兰〕穆雷·D.霍恩:《公共管理的政治经济学》,汤大华等译,北京:中国青年出版社2004年版。

31. 〔美〕文森特·奥斯特罗姆:《美国公共行政的思想危机》,毛寿龙译,上海:上海三联书店1999年版。

32. 〔美〕文森特·奥斯特罗姆:《美国行政管理危机》,江峰等译,北京:北京工业大学出版社1994年版。

33. 〔美〕查尔斯·福克斯:《后现代公共行政》,吴琼译,北京:中国人民大学出版社2002年版。

34. 〔美〕普拉萨德等:《行政思想家评传》,朱国斌等译,广州:广东高等教育出版社1988年版。

35. 〔美〕尼古拉斯·亨利:《公共行政与公共事务》,项龙译,北京:华夏出版社2002年版。

36. 国家行政学院国际合作交流部编译:《西方国家行政改革述评》,北京:国家行政学院出版社1998年版。

37. 〔美〕特里·L.库珀:《行政伦理学:实现行政责任的途径》,张秀琴译,北京:中国人民大学出版社2001年版。

38. 〔美〕史蒂文·科恩、罗纳德·布兰德:《政府全面质量管理:实践指南》,孔宪遂等译,北京:中国人民大学出版社2002年版。

39. 〔美〕拉塞尔·M.林登:《无缝隙政府:公共部门再造指南》,汪大海等译,北京:中国人民大学出版社2002年版。

40. 〔美〕苏珊·韦尔奇、约翰·科默:《公共管理中的量化方法:技术与应用》,郝大海译,北京:中国人民大学出版社2003年版。

41. 〔美〕帕特里夏·基利等:《公共部门标杆管理:突破政府绩效的瓶颈》,张定淮译,北京:中国人民大学出版社2000年版。

42. 〔美〕埃利诺·奥斯特罗姆等:《公共服务的制度建构》,朱全喜等译,上海:上海三联书店2000年版。

43. 〔美〕小劳伦斯·E.列恩:《公共管理案例教学指南》,郗少剑等译,北京:中国人民大学出版社2002年版。

44. 万俊人主编:《现代公共管理伦理导论》,北京:人民出版社2005年版。

45. 〔美〕杰拉尔德·凯登:《行政道德文选》,马国泉编译,上海:复旦大学出版社2003年版。

46. 〔美〕迈克尔·L.瓦休、黛布拉·W.斯图尔特、大卫·G.贾森:《组织行为与公共管理》,刘铮等译,北京:经济科学出版社2004年版。

47. 〔美〕B.J.理德、约翰·W.斯韦恩:《公共财政管理》,朱萍等译,北京:中国财政经济出版社2001年版。

48. 〔美〕孙克姆·霍姆斯:《公共支出管理手册》,王卫星译,北京:经济管理出版社2002年版。

49. 〔美〕大卫.N.海曼:《公共财政》,章彤译,北京:中国财政经济出版社2002年版。

50. 〔美〕F.J.古德诺:《政治与行政》,王元译,北京:华夏出版社1987年版。

51. 〔美〕劳伦斯·彼德:《彼德原理》,陈美容等译,北京:中国文联出版公司,1996年版。

52. 〔英〕C.N.帕金森:《帕金森定律》,潘焕昆等译,台北:台湾中华企业发展中心,1989年版。

53. 〔美〕查尔斯·沃尔夫:《市场或政府——权衡两种不完善的选择/兰德公司的一项研究》,谢旭译,北京:中国发展出版社 1994 年版。
54. 〔美〕詹姆斯·M.布坎南:《自由、市场与国家——80 年代的政治经济学》,平新乔等译,上海:三联书店上海分店 1989 年版。
55. 〔美〕查尔斯·林德布洛姆:《政治或市场》,王逸舟译,上海:上海三联书店、上海人民出版社 1996 年版。
56. 〔奥〕弗里德里希·哈耶克:《通往奴役之路》,王明毅等译,北京:中国社会科学出版社 1997 年版。
57. 〔美〕诺姆·乔姆斯基:《新自由主义和全球秩序》,徐海铭等译,南京:江苏人民出版社 2000 年版。
58. 〔美〕道格拉斯·诺斯:《经济史中的结构与变迁》,陈郁等译,上海:上海三联书店、上海人民出版社 1994 年版。
59. 〔英〕安东尼·吉登斯:《第三条道路——社会民主主义的复兴》,郑戈译,北京:北京大学出版社 2000 年版。
60. 〔美〕詹姆士·N.罗西瑙:《没有政府的治理》,张胜军等译,江西人民出版社 2001 年版。
61. 〔美〕丹尼·贝尔:《社群主义及其批评者》,李琨译,香港:牛津大学出版社 2000 年版。
62. 〔美〕E.S.萨瓦斯:《民营化与公私部门的伙伴关系》,周志忍等译,北京:中国人民大学出版社 2002 年版。
63. 经济合作与发展组织秘书处:《危机中的福利国家》,梁向阳等译,北京:华夏出版社 1990 年版。
64. 〔美〕约瑟夫·斯蒂格里兹:《政府经济学》,曾强等译,北京:春秋出版社 1988 年版。
65. 〔美〕赫伯特·西蒙:《管理行为》,杨砾等译,北京:北京经济学院出版社 1988 年版。
66. 〔美〕伯纳德·施瓦茨:《行政法》,徐炳译,北京:群众出版社 1986 年版。
67. 〔美〕威廉·N.邓恩:《公共政策分析导论》,谢明等译,北京:中国人民大学出版社 2002 年版。
68. 〔美〕斯图亚特·S.内格尔:《政策科学百科全书》,林明译,北京:科学技术文献出版社 1990 年版。
69. 〔美〕史蒂文·凯尔曼:《制定公共政策》,商正译,北京:商务印书馆 1990 年版。
70. 〔美〕E.R.克鲁斯克等:《公共政策词典》,唐理斌等译,上海:上海远东出版社 1992 年版。
71. 〔以〕叶海卡·德罗尔:《逆境中的公共政策分析》,王满传等译,上海:上海远东出版社 1996 年版。
72. 陈庆云:《公共政策分析》,北京:中国经济出版社 1996 年版。
73. 张国庆:《现代公共政策导论》,北京:北京大学出版社 1997 年版。
74. 〔美〕丹尼尔·A.雷恩:《管理思想的演变》,孙耀君等译,北京:中国社会科学出版社 1986 年版。
75. 〔美〕德鲁克:《管理的实践》,齐若兰译,北京:机械工业出版社 2006 年版。
76. 〔美〕哈罗德·孔茨等:《管理学》,郝国权译,北京:经济科学出版社 1993 年版。
77. 〔美〕威廉·爱·洛克腾堡:《罗斯福与新政——1932—1940 年》,朱鸿恩等译,北京:商务印书馆 1993 年版。
78. 〔美〕小艾尔弗雷德·D.钱德勒:《看得见的手:美国企业的管理革命》,重武译,北京:商务印书馆 2004 年版。
79. 〔美〕阿尔弗雷德·D.小钱德勒、托马斯·K.麦克科劳、理查德·S.特德劳:《管理学历史与现状》,郭斌译,大连:东北财经大学出版社 2002 年版。
80. 〔美〕阿瑟·奥肯:《平等与效率——重大的抉择》,王奔洲等译,北京:华夏出版社 1999 年版。
81. 〔德〕马克斯·韦伯:《经济与社会》,林荣远译,北京:商务印书馆 1998 年版。
82. 〔美〕约翰·K.加布尔雷思:《权力的分析》,陶远华等译,石家庄:河北人民出版社 1988 年版。
83. 〔美〕丹尼斯·朗:《权力论》,陆震纶等译,北京:中国社会科学出版社 2001 年版。
84. 〔法〕孟德斯鸠:《论法的精神》,张雁深译,北京:商务印书馆 1963 年版。
85. 〔英〕洛克:《政府论》,叶启芳等译,北京:商务印书馆 1964 年版。
86. 〔美〕汉密尔顿等:《联邦党人文集》,程逢如等译,北京:商务印书馆 1982 年版。

87. 〔法〕卢梭:《社会契约论》,何兆武译,北京:商务印书馆1980年版。
88. 〔英〕亚当·斯密:《国民财富的性质与原因研究》,郭大力等译,北京:商务印书馆1997年版。
89. 〔美〕罗尔斯:《正义论》,何怀宏译,北京:中国社会科学出版社1988年版。
90. 〔美〕查尔斯·汉普登、特纳等:《国家竞争力》,徐联恩译,海口:海南出版社1997年版。
91. 〔美〕塞缪尔·P.亨廷顿:《变化社会中的政治秩序》,王冠华等译,北京:三联书店1989年版。
92. 〔美〕塞缪尔·亨廷顿:《现代化理论与历史经验的再探讨》,罗荣渠译,上海:上海译文出版社1993年版。
93. 〔德〕哈贝马斯著:《公共领域的结构转型》,曹卫东译,上海:学林出版社1999年版。
94. 〔德〕乌尔里希·贝克:《风险社会》,何博文译,南京:译林出版社2004年版。
95. 〔澳〕罗伯特·希斯:《危机管理》,王成等译,北京:中信出版社2001年版。
96. 〔美〕劳伦斯·巴顿:《组织危机管理》,符彩霞译,北京:清华大学出版社2002年版。

教师反馈及教辅申请表

北京大学出版社本着"教材优先、学术为本"的出版宗旨，竭诚为广大高等院校师生服务。为更有针对性地提供服务，请您认真填写完整以下表格后，拍照发到 ss@pup.pku.edu.cn，我们将免费为您提供相应的课件，以及在本书内容更新后及时与您联系邮寄样书等事宜。

书名		书号	978-7-301-	作者	
您的姓名				职称、职务	
校/院/系					
您所讲授的课程名称					
每学期学生人数	_____人_____年级			学时	
您准备何时用此书授课					
您的联系地址					
联系电话(必填)				邮编	
E-mail(必填)				QQ	
您对本书的建议：					

我们的联系方式：

北京大学出版社社会科学编辑部

北京市海淀区成府路 205 号，100871

联系人：梁　路

电话：010-62753121 / 62765016

微信公众号：ss_book

新浪微博：@未名社科-北大图书

网址：http://www.pup.cn

更多资源请关注"北大博雅教研"